일본판례헌법

일본판례헌법

LS憲法研究会 編

민병로 · 손형섭 역

전남대학교출판부

제3판 서문

초판을 출판한 지 벌써 3년, 제1기 3년 과정의 로스쿨 학생들도 졸업을 맞이했다. 그들은 가르침을 잘 받았을까? 우리들은 충분하게 전달했을까? 새로운 전문대학원 교육과정의 여정에서 서로 기대와 실망, 자극과 정성, 웅변과 침묵이 전국 각지의 로스쿨의 한 학기 15학점 내지 30학점 수업에서 문자 그대로 "양방향"으로 반복되었을 것이다. 졸업생들은 그동안 노력의 성과를 가지고 신사법시험에 도전하고, 나아가 유연하고 첨단적인 법조로서의 새로운 유형의 업무에 종사하게 될 것이다. 또한 남은 교원들은 기력과 두뇌를 새롭게 하여 치열한 학업의 장에서 신입생들과 만나게 될 것이다. 당분간 로스쿨은 이러한 호들갑스러운 감상과 결의를 학생과 교원 쌍방에 강요하는 곤혹스러움에 이끌려갈 것임에 틀림없다.

판례를 철저히 분석하여 실무적 현장사고력을 추출할 것, 그것을 장래 발생할 수 있는 사례에 응용할 것을 생각하고 실험할 것, 이러한 욕심으로 구성된 본서는 로스쿨과 마찬가지로 4번째의 봄을 맞이하고 있다. 이번 제3판에서는 더욱 새로운 집필진과 주요한 항목이 추가됨으로써 본서의 취지에 가장 적합한 데에까지 이르렀다고 생각한다. 본서가 조금이라도 교원들의 설문작성의 노고를 덜어주고, 학생들의 자료수집 시간을 절약하여 자습시간을 그들에게 제공해 줄 수 있다면, 편집자 전원에게는 더할 나위없는 기쁨일 것이다.

2007년 봄

편집대표 棟居快行

工藤達朗

小山　剛

제2판 서문

작년 봄, 일본형 로스쿨 개학에 어떻게든 맞추기 위해 본서의 초판 출판을 하게 되었다. 그때「서문」에 기술한「나침반 없는 항해」의 상황은 1년이 지난 지금도 그리 달라진 것은 아니다. 샘플문제나 제1기 합격자 수가 공표되었는데 이것은 로스쿨이라는 이름의 항해에서 기다리는 큰 파도나 폭풍이긴 하지만, 우리들이 목표로 하는 대륙은 아니다. 목표로 해야 할 것은 자유롭고 설득적인 변증이 서로 만나게 될「법의 신세계」이다.

지금부터도 암중모색의 여행은 계속되겠지만, 길잡이 별은 역시 현실의 재판례이다. 이러한 관점(자세히는 초판「서문」에 기술했지만)에서 본서는 이른바 판례를 해부하고 구조분석을 철저히 하는 형태를 취하고 있다. 이것은 판례를 맛나게 잘 요리하는 방법이다. 독자 여러분은 마치 테이블 요리를 기다리는 레스토랑의 손님처럼 본서의 판례분석을 맛보고 싶지는 않을 것이다(동일하게 로스쿨에서의 수강 자세에 대해서도 말할 수 있음). 법조를 목표로 한 여러분은 본서에서의 판례분석을 병사체의 해부에 접한 학생과 같은 자세로 임하고, 자신이 실무법조로서 메스를 다루는 자세를 시뮬레이션 해보기를 바란다.

다행히 초판이 예상 이상으로 호평을 받았기 때문에 빠른 시일 안에 개정의 기회를 가지게 되었다. 초판의 구성을 버리기 힘들다고 생각했지만, 이번 제2판은 주요한 항목을 일단 망라하기로 했기 때문에 양이 대폭 증가되었다. 본서의 취지에 찬동하여 신규 집필에 참여하신 분들이 늘어났을 뿐만 아니라, 당연히 초판 수정도 거쳤기 때문에 내용적으로도 보다 충실한 것이 되었다고 확신한다.

이번에도 신잔샤(信山社)의 柴田尚到씨에게는 지난번과 마찬가지로 수고를 아끼지 않으셨다. 이 장을 빌려 감사의 말씀을 드린다.

편집대표　棟居快行
工藤達朗
小山　剛

초판 서문

드디어 로스쿨 시대의 막이 올랐다. 그리고 헌법학도－공교롭게도－실무법조양성의 필수과목으로 교육상 새로운 책임을 지게 되었다.

어떻게 하면 헌법학의 축적을 실무가 양성과목으로 정리해서 전달할 수 있을까? 이러한 문제관심을 공유하는(그리고 그 이상으로 로스쿨 교단에 서는 데 공포와 전율을 느끼는) 중견 헌법연구자들이 모여 신잔샤(信山社)의 지원 하에 월 1회의 연구회를 시작한 것은 2년 전이었다. 여간해서 실체가 보이지 않는 일본형 로스쿨에서 문자 그대로 제로베이스에서 10여명의 멤버가 토론을 반복했다. LS헌법연구회라 이름붙인 본 연구회의 성과의 일부가 본서이다.

사건은 당연히 현실사회에서 발생하고, 당사자나 하급심은 쟁점을 정리하여 판례나 확립된 이론을 개별 사건에 적용하는 데 심혈을 기울인다. 그리고 실무가의 헌법논의를 당사자의 주장 - 하급심 - 상급심이라는 시계열로 검토해 보면, 그 이론적 세련도는 완벽하지 않다고 하더라도 목적합리성과 실천적 사고에 자주 압도된다. 로스쿨에서는 무엇보다도 과거 실무가가 고민한 흔적을 파악하고, 그것으로 장래의 유사사건의 해결의 실마리를 제공하고, 더욱이 최고재판소 판례의 사정을 확대하거나 축소하는 데 주력할 것이다.

따라서 본서는 다음과 같은 특징을 가지고 있다. 당사자나 하급심의 실천적인 헌법논의를 그 당시의 상황이나 맥락 속에서 체험할 것, 더욱이 대체로 사건의 factor를 바꿔본 경우 그와 같은 사건에 직면하는 당사자・재판관이 판례를 어떻게 적용하여 적절한 해결을 정당화하려고 할 것인가를 예측할 것, 이러한 회고적 방법과 예측적 방법과의 조합이 우리 나름의 프로세스 지향적인 '로스쿨 헌법교육'이다.

Part 1에서는 '회고적 방법'에서, 하급심부터 쟁점형성과 규범의 적용 흐름을 재현하고 기본적 해설을 가미하고 있다. Part 2는 '예측적 방법'에서, 다른 사건을 상정하고 독자나 수강생을 이른바 동요시킴으로써 판례 사정의 이해를 도우려하고 있다. 거기서 정답은 하나는 아니지만, 특히 Part 1의 판례로 되돌아가 거기에서 힌트를 찾아낼 수 있게 구성하고 있다. Part 3은 논점의 이해를 더욱 심화시킬 경우에 어떻게 사고를 진행해가야 할지를 제시하고 있다. Part 4에서는 자습용의 다른 소재를 다루고 있다. 문자 그대로 나침반 없는 항해에서 본서도 프로세스의 도상에 있다. 최선을 다해 항목의 균형을 취하고 충실한 내용으로 채워갈 예정이다.

LS헌법연구회를 탄생시킨 신잔샤(信山社)의 渡辺左近씨, 본서를 독자의 입장에서 엄격하게 체크해준 동 출판사의 柴田尚到씨에게는 이 장을 빌려 깊이 감사드린다.

2004년 로스쿨 탄생의 봄에

편집대표 棟居快行
工藤達朗
小山 剛

역자 서문

이 책은 일본 신잔샤(信山社)의 『프로세스 헌법(제3판)』을 번역한 것이다. 일본에서 로스쿨 시대의 막이 오른 2004년 초판이 발행된 이후 독자들로부터 호평을 받아 2010년 제4판까지 발행된 책이다.

이 책의 번역은 이 책의 편집대표인 게이오대학의 고야마 교수와의 인연으로부터 시작되었다. 법학전문대학원 개원을 앞두고 모두가 「강의를 어떻게 할 것인가?」, 「강의교재는 어떻게 구성할 것인가?」 등으로 고민을 거듭하고 있던 2008년 여름, 우리보다 먼저 로스쿨을 시작한 일본의 교수들을 초빙하여 강의시연과 그동안의 로스쿨의 경험을 듣게 되었다. 이때 고야마 교수로부터 『프로세스 헌법(제3판)』을 소개받은 것이다. 이 책은 판례를 분석할 수 있는 실무능력과 사례 응용능력을 배양하기 위한 로스쿨 헌법교육에 적합하게 구성되어 있었을 뿐만 아니라, 높은 수준의 학계 이론 등이 기본해설 편에 망라되어 있었다. 따라서 법학전문대학원 학생들뿐만 아니라, 연구자들에게도 많은 도움을 줄 것이라 확신하여 이 책을 번역하게 된 것이다.

다른 법학분야와 마찬가지로 일본 헌법의 사례나 이론은 우리나라에서도 가끔 소개되어 학자 및 실무자들에게 그동안 효과적인 참고가 되어온 것이 사실이다. 그러나 그러한 소개와 연구가 부족하거나 부정확한 경우도 없지 않았다. 아직도 우리에게는 일본 헌법과 그 이론에 대한 오해와 이해 부족이 있는 것 같으며, 관련 전문가들은 그러한 오해와 이해 부족을 바로잡고 정확한 소개와 연구를 해야 할 것이다. 이런 점에서도 이 책의 출판은 일정 정도 기여를 할 것이다.

이 책은 일본의 중견 학자들이 헌법의 중요한 테마를 선정하여 관련 판례를 정리하고 기본 해설과 응용 설문까지 가미하고 있다. 이 중에는 우리의 헌법 교과서 및 헌법재판소 결정을 통하여 일부 참고가 되었던 사례 혹은 이론도 있으며, 아직 우리와 같은 단계의 논의를 하는 판례 및 이론도 있어 보인다.

우리는 2009년부터 법학전문대학이 출범하여 대학에서 법학 실무를 교육하기 시작하였지만, 아직도 여러 사정으로 인하여 로스쿨 교육이념에 적합한 교재가 출간되지 못하고 있는 상황이다. 이 책과 같은 헌법판례 교재는 우리의 헌법교육 상황에서 어떻게 헌법 테마를 헌법재판소의 결정 및 대법원의 판례와 헌법이론에 접목시켜 교육할 것인가에 대한 좋은 참고가 될 것이다.

이 책을 번역하면서 판례 번역의 어려움을 실감하였고, 여러 사정으로 인해 생각보다 많은 시간이 소요되었다. 일본의 법률 문장을 원문에 충실하게 번역하려고 노력하였고, 어디까지 문장을 다듬어야 할지 고민하면서 용어와 문맥을 정리하였다.

한국어판 출판을 허락해준 신잔샤(信山社)와 공동저자들에게 감사한다. 아울러 본서의 출간을 위해 바쁜 와중에도 섬세하게 교정을 보아 준 한국여성정책연구원의 박복순 박사와 광주발전연구원의 김행희 박사에게 크게 감사한다. 또한 본서의 출간을 지원한 전남대학교 학술저술기금과, 출판편집에 힘 써주신 전남대학교출판부의 윤화정 선생님에게 감사한다.

이 책이 잘 안다고 생각하지만, 사실은 잘 몰랐던 일본의 헌법 판례와 이론에 대한 지식을 제공하고, 나아가 우리의 헌법이론과 헌법교육에도 조금이나마 기여할 수 있기를 바란다.

공동역자

민병로, 손형섭

번역분담

__민병로

제5장, 제6장, 제7장, 제11장, 제14장, 제15장, 제16장, 제17장, 제18장, 제19장, 제20장, 제21장, 제30장, 제31장, 제32장, 제33장, 제34장

__손형섭

제1장, 제2장, 제3장, 제4장, 제8장, 제9장, 제10장, 제12장, 제13장, 제22장, 제23장, 제24장, 제25장, 제26장, 제27장, 제28장, 제29장

범 례

1. 법령명의 약기법

법령명의 약기법은 有斐閣刊 『육법전서』에 의함. 조문은 아라비아 숫자, 항은 로마 숫자, 호는 괄호숫자로 표기함.

2. 당사자 표기

민사사건, 행정사건의 원고는 X, 민사사건, 행정사건의 피고 및 형사사건의 피고인은 Y로 표기하고, 당사자 이외의 관계는 A, B, C 등 X, Y이외의 알파벳으로 표기했음. 다만, 판결문 등 인용부분에서는 원칙적으로 원문대로 표기했음.

3. 판결문

(1) 인용표시 : 인용부분은 「」으로 표기함. 또한 원본 중의 「」는 『 』으로 바꿈.

(2) 생략표시 : 생략 부분은 일률적으로 「……」으로 표시함.

(3) 고유명사의 표시 : 적절하게 변환함.

(4) 숫자의 표시 : 조문, 연월일 등 한자 표시는 일률적으로 아라비아 숫자로 전환 함.

(5) 오・탈자 표시 : 인용 부분의 명백한 오・탈자는 정정했지만 그것을 삭제하지 않고 그대로 두고, 〔 〕 내에 올바르다고 생각되는 것을 보충했음.

(6) 촉음・요음의 표시 : 원문대로 함.

(7) 전술의 표시 : 원문이 「右」로 표기한 것을 「위」로 표시함.

(8) 논지의 명확화 : 논지를 보다 명확히 하기 위해 집필자가 보충한 경우는 그것을 〔 〕에 넣어 표기함.

4. 참고문헌의 표기법

해설란 내에서 참고문헌은 원칙적으로 (△△ 〔姓〕・後揭)로 표기하고, 각 장의 말미에 일괄하여 표시함.

5. 주요 문헌명의 약기법

民集	最高裁判所民事判例集
行集	最高裁判所刑事判例集
集民	最高裁判所裁判集民事
集刑	最高裁判所裁判集刑事
高民集	高等裁判所民事判例集
高行集	高等裁判所刑事判例集
下民集	下級裁判所民事裁判例集
下行集	下級裁判所刑事裁判例集
行集	行政事件裁判例集
労民	労動関係民事裁判例集
裁時	裁判所時報
刑月	刑事裁判月報
訟月	訟務月報
最判解	最高裁判所判例解説
判時	判例時報
行集	判例タイムズ
判自	判例地方自治
法協	法学協会雑誌
労判	労動判例

목 차

제1장 사적 단체의 강제가입성과 구성원의 인권

[논점]

(1) 법인(단체)의 인권향유 주체성

헌법은 자연인 이외에, 법인(또는 단체)에도 기본적 인권을 보장하고 있는가? 만약 보장하고 있다면 그 보장 범위는 어디까지인가?

(2) 법인(단체)의 인권과 그 구성원의 인권 대립의 조정 원리

법인(또는 단체)의 인권행사가 그 구성원의 인권과 대립할 경우 어떠한 법규범에 근거해 「인권분쟁」을 처리해야 하는가? 특히, 법인의 정치활동의 자유와 구성원의 사상・신조의 자유가 대립할 경우 어떠한 법 원리에 근거해 처리해야 하는가?

(3) 강제가입 단체에 보장되는 인권 범위의 특수성

임의가입 단체와 강제가입 단체 간에 보장되는 인권의 범위에는 차이가 있는가?

(4) 강제가입의 공익단체는 정치단체에의 정치헌금의 자유가 있는가?

강제가입의 공익단체가 정치자금법규정상 정치단체에 금액을 기부하는 것은 그 목적범위 내의 행위라고 할 수 있는가?

(5) 강제가입 공익단체가 행하는 정치활동에 대한 구성원의 협력의무의 한계

강제가입의 공익단체가 법적으로 허용되는 범위의 정치활동을 할 경우 그 구성원의 사상・신조의 자유나 선거에서 투표의 자유는 협력의무의 한계를 긋는 근거가 될 수 있는가?

Part Ⅰ 기본 소재

미나미큐슈(南九州) 세무사회 정치헌금 사건

최고재판소 1996년 3월 19일 제3소법정 판결
1992년(オ) 제1796호 선거권피선거권정지처분무효확인등청구사건
民集 50권 3호 615면, 判時 1571호 16면
[참조조문] 헌 19 민 43 税理(昭 55 개정전) 49 ②政資3

사실 개요

미나미큐슈(南九州) 세무사회 Y(피고, 항소인, 피상고인)는 세무사법(1980년 改正前) 제49조에 근거하여, 구마모토(熊本), 오이타(大分), 미야자키(宮崎), 가고시마(鹿児島)

의 세무사를 구성원으로 하여 설립된 특수공익법인이며, 일본 세무사회 연합회(이하, 「일세련」이라 함)의 회원이다. 또 Y는 법률상 세무사 업무를 경영하기 위해 세무사회 가입이 의무화되어 있는(동법 제2조)결과, 세무사회는 이른바 강제가입 단체가 되었다. Y는 당시 문제가 되었던 세무사법의 개정에 대해 이것을 세무사 업계에 유리한 내용으로 하기 위한 정치공작 자금으로, 일세련의 방침 아래, 1978년 정기총회에서 각 회원으로부터 특별회비 5,000엔을 징수하고 이것을 특별회계로 처리하여 전액을 미나미큐슈(南九州) 각 현(県) 세무사정치연맹(이하, 「각현세정련」이라 함)에 배포하였다. 각현세정련은 세무사의 사회적·경제적 지위의 향상을 도모하고, 납세자를 위한 민주적 세무사 제도 및 조세 제도를 확립하기 위해 필요한 정치활동을 행하는 목적으로 설립된 미나미큐슈(南九州) 세무사정치연맹(이하, 「세정련」이라 함) 산하 현(懸)별로 독립한 세정련(税政連)의 총칭이다. 세정련과 각현세정련은 각각 정치자금법규정상의 정치단체로 등록하고, 각각의 기준에 근거해 특정 정치인 후원회의 정치자금 등에 금액을 지출하고 있다.

세무사 X(원고, 피항소인, 상고인)는 Y의 회원이지만, 본건 특별회비의 징수결의에 반대하고, 결의 가결 후에도 특별회비의 납입을 거부했다. 그런데 Y의 임원선임 규칙에는 임원의 선거권 및 피선거권의 결격사유로 「선거 해의 3월 31일 현재 본부의 회비를 체납하고 있는 자」라는 규정이 있기 때문에, X는 이 규정에 근거하여 본건 특별회비의 체납을 이유로 1979년도 이후부터 1991년도까지 2년마다 총 7회 실시된 각 임원선거에서 선거인명부에의 등재가 거부되어 결과적으로 선거권·피선거권이 정지되어버렸다.

그리하여 X는 ①Y가 각현세정련에 금전을 기부하는 것은 그 목적의 범위 외의 행위이기 때문에 특별회비를 징수하는 취지의 본건 결의는 무효라는 확인, ②X는 Y와의 사이에서 본건 특별회비의 납입의무를 지지 않는다는 확인, ③X가 상기의 각 임원선거에 대해 선거권·피선거권을 가지고 있다는 확인, ④Y가 X에 대해 취한 선거권·피선거권의 정지조치는 무효라는 확인, ⑤상기의 각 임원선거는 무효라는 확인, ⑥Y가 본건 특별회비의 체납을 이유로 각 임원선거에 X의 선거권·피선거권의 정지 조치를 취한 것은 불법행위이기 때문에, 이로 인해 입은 손해배상(위자료나 변호사 비용) 500만 엔 및 지연손해금의 지불을 요구하며 소를 제기하였다.

제1심=구마모토(熊本) 지방재판소

구마모토 지방재판소 1986년 2월 13일 판결
判時 1181호 37면

■ 당사자의 주장 (쟁점)

〈사실에 관련된 주장〉

원고와 피고 사이에 사실에 관한 기본적인 대립은 없다.

〈법적인 근거에 관련된 주장〉

원고 ①세무사회는 강제가입의 공익단체이기 때문에, 정치헌금의 권리능력이 없다. ②정치헌금을 위한 특별회비의 징수는 X의 사상·신조의 자유를 침해하고, 공서양속에 위반된다. ③적정한 절차를 거치지 않고 임원선거 참가 자격을 박탈했다. ④과거의 법률관계라도 확인의 이익은 있다.

피고 ①세무사업무의 개선 진보에 이바지하기 위해서 세무사법 개정에 관한 정치활동을 하는 것은 그 목적의 범위 내이다. ②세무사의 지위향상을 도모하기 위해 정치활동을 행하는 각 현의 세정련(税政連)에 금액을 기부하는 것은 목적의 범위 내이다. ③다수결은 소수파의 사상·신조를 침해하지 않는다. ④과거의 절차 무효 확인 청구는 소의 이익이 없다.

■ 법적 구성

(a) 회원의 협력의무의 범위

회원이 정당한 절차로 결정된 단체의 활동에 참가하고, 회비납입의무를 지는 것은 「단체 일반에 인정되는 고유의 자주적 규율권능에 유래하지만」, 이 협력의무가 무제한인 것은 아니다. 강제가입 단체인 세무사회의 경우, 회원의 협력의무는 세무사법 등의 법령이나 회칙에 정해진 목적에 직·간접 관계하는 한, 본래의 활동 영역을 넘어 정치적 활동에까지 이르지만, 「문제가 된 구체적인 피고 활동의 내용·성질, 이것에 대해서 회원에게 요구되는 협력의 내용·정도·태양 등을 비교형량하고, 다수결원리에 근거하는 피고 활동의 실효성과 회원 개인의 기본적 이익의 조화라는 관점에서, 피고의 통제력과 그 반면으로서의 회원의 협력의무의 범위에 합리적인 한정을 가하는 것이 필요하다」.

(b) 비정치 단체에서의 정치적 활동에 대한 회원의 협력의무

「원래 단체 구성원의 다수결에 따라 정치적 행동을 하는 것을 목적으로 결성된 정치

단체…와 다른 피고로서는 그 다수결에 의한 정치적 활동에 대하여 이와 다른 정치적 사상・견해・판단 등을 가진 각 회원의 협력을 의무지우는 것은 자제해야 한다. 이와 같은 의무를 일반적으로 인정하는 것은 회원 개인의 정치적 자유, 특히 자기 의사에 반한 일정한 정치적 태도나 행동을 취하는 것을 강제 받지 않을 자유를 침해하는 것이다」.

(c) 정치헌금을 위한 특별회비의 납입의무

정치헌금은 뇌물이 될 우려가 있기 때문에 그 징수를 반대하는 것에는 그 나름 합리성이 있다. 세무사법 개정의 찬반은「각 세무사가 국민의 한 사람으로서 개인적・자주적인 사상, 견해, 판단 등에 근거해 결정해야 할 것이기 때문에, 다수결을 통해 회원을 구속하고, 반대의사 표시를 한 회원에게 그 협력을 강제하는 것은 허용되지 않으며, 게다가 위의 운동에 요구되는 특별자금으로 사용하기 위해, 각현세정련에 기부하기 위한 특별회비의 납부를 강제하는 것은 반대의 의사표시를 한 회원에게 일정한 정치적 입장의 지지 표명을 강제하는 것과 다름없기 때문에 허용되지 않는다」.

(d) 과거의 임원선거에서 선거권・피선거권 확인 등

「소송제도가 현존하는 분쟁을 공권적으로 해결하는 제도라고 볼 때, 과거의 권리, 법률관계나 절차의 확인을 요구하는 소송은 원칙적으로 허용되지 않는다」. 또한 선거의 효력에 사법심사가 미칠 수 있다고 하여도,「당해 선거의 관리 및 집행에 대하여 『선거의 규정에 위반』하고, 나아가『선거의 결과를 변화시킬 우려가 있다』는 2가지 요건이 충족되었을 경우에 한해서, 당해 선거의 전부 또는 일부가 무효가 된다고 구성하는 것이 상당하다」.

(e) 선거권・피선거권의 정지조치에 관련된 불법행위의 성립

「회원에게 임원선거의 선거권・피선거권이라고 하는 것이 가장 기본적인 회원의 권리 중 하나임은 의심의 여지가 없다」. X의 선거권・피선거권의 박탈은「피고의 고의에 의한 위의 권리침해인 것도 당연하다」.「선거권・피선거권 정지처분 때 적정절차가 보장되지 않았던 것의 위법성도 간과하기 어렵다」.

■ 적용

(a)~(c)「본건 특별회비 5,000엔의 징수를 결정한 본건 결의는 무효이고, 가령 유효하다고 하더라도 본건 결의에 대해 반대의 의사표시를 한 원고에게 그 강제징수를 하는 것은 허용되지 않기 때문에, 원고는 위의 납입의무를 지지 않는다. 따라서「위의 의무부존재확인을 구한 원고의 청구……는 정당하므로 인용되어야 한다」.

(d)「원고가 선거권・피선거권을 보유하고 있었음을 확인하는 소는 모두 과거의 권리관계의 확인을 구하는 것으로, 더욱이 소의 이익을 인정할 수 없기 때문에 부적

법한 소로서 각하를 면할 수 없다」. 선거의 무효에 대해서도 「선거의 결과에 다른 변화를 미칠 우려가 있는 것」이라는 요건이 충족되지 않으므로, 「임원선거의 무효확인을 구하는 청구는 이유가 없는 것으로 기각을 면할 수 없다」.

(e) 「원고는 피고의 불법행위로 인해 엄청난 정신적 고통을 당했다고 할 수 있으므로, 피고는 원고에게 위 불법행위에 근거하여 손해를 배상할 책임이 있다」.

제2심=후쿠오카(福岡) 고등재판소

후쿠오카 고등재판소 1992년 4월 24일 판결
判時 1421호 3면

■ 당사자의 주장 (쟁점)

〈사실에 관련된 주장〉

항소인 각현세정련은 세무사회 활동에 원조만을 목적으로 하며 다른 일반 정치단체와는 성격이 다르고, 관련 법규의 개정이나 세무사회의 건의 사안을 해결하기 위한 단체이다.

피항소인 추천후보가 있는 정치단체에 특별회비를 기초로 한 기부는 선거활동 자금에 해당한다.

〈법적인 근거에 관련된 주장〉

항소인 ①직능단체의 성격을 가진 세무사회가 세무사 업무의 개선 및 진보를 위해 행하는 정치활동은 본래 목적과 밀접한 관련이 있다. ②각현세정련이 행하는 정치활동의 목적은 미나미큐슈 세무사회의 그것과 같으며, 미나미큐슈 세무사회가 각현세정련에 행하는 기부는 그 목적 수행상 필요하기 때문에 권리능력이 있다. ③각현세정련에의 기부와 특정한 정치적 입장의 강제와의 관련성이 명확하지 않다.

피항소인 ①강제가입 공익단체의 목적수행에 필요한 행위의 범위는 좁게 해석해야 한다. ②본건은 일세련의 격려금 배포가 뇌물이라고 인정된 전례와 같다. ③정치헌금의 강제는 회원의 정치적 사상・신조의 침해가 되므로, 본건 결의는 공서양속에 반해 무효이다.

■ 법적 구성

(a) 정치적 활동이 세무사회의 목적범위 내의 행위인가의 여부

구 세무사법 제49조 등의 제 규정이나 항소인의 법인으로서의 성격에 비추어 보

면, 세무사회가 세무사 제도에 관한 세무사법의 개정이 필요하다고 생각할 경우「원하는 방향으로의 법 개정을 권한이 있는 관공서에 건의하는 것 이외에, 세무사 업무의 개선 · 진보를 도모하고, 납세자를 위한 민주적 세무사 제도 및 조세 제도의 확립을 목표로 하고, 법의 제정이나 개정에 관하여 관계 단체나 관계 조직에 제의하는 등의 활동을 하는 것은 항소인의 목적의 범위 내이며 법률상 허용되어 있다고 할 수 있다」.「위 목적에 따른 활동을 하는 단체가 항소인과 달리 존재할 경우에 항소인이 위 단체에 위 활동을 위한 자금을 기부하고, 그 활동을 조성하는 것은 여전히 항소인의 목적 범위 내의 행위라고 생각된다」.

(b) 각현세정련에의 기부가 목적의 범위 내의 행위인지의 여부

각현세정련의 규약에 의하면, 각 현 세정(稅政)은「항소인에게 허용된 前記 활동을 추진하는 것을 존립의 본래적 목적으로 하는 단체이다. 따라서 항소인이 위 단체의 활동을 조성하기 위해서 기부를 행하는 것은 여전히 항소인의 목적의 범위 내의 행위라고 할 수 있다」.「각현세정이 정치자금법규정에서 말하는 정치단체인 것은 인정한대로이지만, 그 정치활동은 세무사의 사회적 · 경제적 지위의 향상, 민주적 세무사 제도 및 조세 제도의 확립을 위해 필요한 활동에 한정되어 있어, 이외의 어떠한 정치적 주의 · 주장을 표방해서 활동하는 것은 아니며, 또한 특정한 공직후보자 지지 등을 본래의 목적으로 하는 단체가 아니다」.

(c) 다수결과 소수의견자의 사상 · 신조의 자유와의 관계

항소인의 세무사회는 강제가입 단체이지만, 총회의 의결에 대해서는 다수결 제도를 채택하고 있다.「다수결 제도는 다수결에 의해 단체의 의사결정이 이루어진 경우, 원칙적으로 소수의견자는 자기의 사상 · 신조에 반하더라도 다수의견에 의한 의사결정에 따르지 않으면 안 되는 것을 전제로 존재하는 것이기 때문에」총회 결의가 행해졌을 경우,「피항소인이 위 운동에 반대한다고 하여 바로 위 결의가 피항소인의 사상 · 신조의 자유를 침해하고 공서양속에 반하는 것이라 하고, 이것을 무효로 할 수는 없다고 하여야 한다」.

(d) 다수결이 공서양속 위반으로 무효가 되는 경우

「하지만 어느 단체가 그 의사결정에 대해 다수결 원리를 채택하고, 이에 따른 다수의견이 당해 단체의 목적범위 내 활동과 관계되는 것이어도, 다수의견이 일반 통념에 비추어 명백하게 반사회적인 내용이라든지, 다수의견에 의한 의사결정에 따르지 않을 수 없게 되는 소수의견자의 입장이 사회통념에 비추어 시인할 수 없을 정도로 가혹한 경우에는 위 의사결정이 공서양속에 반한다고 하여 무효로 할 수 있는 여지가 있다. 또한 다수의견에 의한 활동의 내용 · 성질과 구성원에게 요구되는 협력의 내용 ·

정도・모양 등과의 균형으로부터, 구성원의 협력의무의 범위에 한정을 가할 필요가 있는 경우도 있다고 생각된다」.

(e) 피항소인을 제외한 선거인명부에 의해 임원선거를 실시한 것의 불법행위 해당성

「본건 결의를 무효로 해야 할 이유가 없는 것은 앞서 설명한 대로이고, 피항소인은 본건 결의에 근거하여 항소인에 대하여 본건 특별회비를 납입하는 의무를 진다」. 통지 및 변명의 기회를 주는 절차를 정하고 있는 것은 항소인의 회칙이며, 임원선임 규칙에는 선거권・피선거권이 정지당할 때의 통지나 변명의 기회를 보장하는 절차가 특별히 정해져있는 것은 아니다. 이 회칙과 임원선임 규칙 간에는 상위규범, 하위규범의 관계는 없다. 게다가 임원선임 규칙에서 말하는 회비는 보통회비와 특별회비의 쌍방을 포함한다.

■ 적용

(a)~(b) 「각현세정이 행하는 활동이 정치활동이라는 것이나, 정치자금법 규정상의 정치단체이기 때문에 각현세정에 대한 기부가 항소인의 목적범위 외로 법률상 허용되지 않는 것이라고는 할 수 없다」.

(c)~(d) 「본건 결의는 그 내용이 반사회적이라고 할 만한 여지는 없으며, 본건 결의의 결과로 피항소인에게 요구되는 것은 금 5,000엔의 거출에만 머무르는 것으로, 본건 결의 후에도 피항소인이 세무사법 개정에 대해 반대의 입장을 유지하고, 그 입장에 많은 찬성을 얻을 수 있도록 언론활동 등을 실시하는 것에 대해, 어떠한 제약을 받을 수 있는 상황도 없다는 것을 생각해보면, 본건 결의의 결과 피항소인이 사회통념상 시인할 수 없는 것과 같은 불이익을 입은 것은 아니고, 또한 위 설시에 비추어 피항소인이 본건 의결에 따르는 것에 한정을 가하는 것을 상당하다고 해야 할 특별한 사정도 인정되지 않는다」. 「본건 특별회비의 거출이 특정 정치인의 일반적인 정치적 입장을 지원하게 된다는 관계는 희박하다고 할 수 있기 때문에, 각현세정이 위와 같은 활동을 한 것은 피항소인에게 본건 특별회비의 거출 의무를 인정하는 것이 피항소인의 정치적 사상・신조의 자유를 침해하는 것으로 허용되지 않는다고 할 만한 사정에는 해당되지 않는다」.

(e) 「항소인이 피항소인에 대하여 본건 각 처분을 한 것이 피항소인에 대한 불법행위를 구성한다는 피항소인의 주장은 채택할 수 없다」. 따라서 상기 확인청구 및 손해배상청구의 일부를 인용한 원 판결은 부당하기에 본건 항소에는 이유가 있다.

(원 판결 중, 항소인 패소부분 취소. 피항소인의 취소에 관련된 부분의 청구기각)

상고심=최고재판소

■ 상고 이유

원 판결은 ①각현세정에의 정치헌금이 상고인의 사상·신조를 침해하여 무효라는 주장에 대한 판단을 결여한 점에서 헌법 제19조, 민법 제90조에 관한 판단 누락·이유 불비, ②본건 특별회비가 정치헌금으로 사용된 것에 대해서는 당사자 사이에 다툼이 없었음에도 불구하고, 그 증명이 충분하지 않다는 점에서 이유 불비·심리부진·채증법칙 위반, ③각현세정의 실태를 무시한 점에서 민법 제43조의 해석 적용이 잘못됨.

■ 법적 구성

(a) 법인이 향유하는 권리의 범위

「민법상의 법인은 법령의 규정에 따라 정관 또는 기부행위에서 정해진 목적범위 내에서 권리를 가지고 의무를 진다(민법 제43조). 그 이유는 회사에 대해서도 기본적으로 타당하지만, 회사에서의 목적범위 내 행위란 정관에 명시된 목적 자체에 국한되는 것은 아니며, 그 목적을 수행하는 데 직접 또는 간접적으로 필요한 행위라면 모두 이에 포함된다……. 또한 회사가 정당에 정치자금을 기부하는 것도 객관적·추상적으로 관찰하여 회사의 사회적 역할을 다하기 위한 것이라고 인정을 받는 한, 회사의 정관 소정의 목적범위 내의 행위이다」.

(b) 회사와 세무사회의 법인으로서의 법적 성격의 차이

「세무사회는 세무사의 사명 및 직책에 비추어 보아 세무사의 의무 준수 및 세무사 업무의 개선 진보에 이바지하기 위해서 회원의 지도, 연락 및 감독에 관한 사무를 행하는 것을 목적으로 하고, 법이 미리 세무사에 그 설립을 의무화하여 그 결과 설립된 것으로, 그 결의나 임원의 행위가 법령이나 회칙에 반하지 않도록, 대장성의 前記와 같은 감독에 복종하는 법인이다. 또 세무사회는 강제가입 단체이며, 회원에게는 실질적으로 탈퇴의 자유가 보장되지 않고 있다」.

「이상과 같이 세무사회는 회사와는 그 법적 성격을 달리하는 법인이며, 그 목적범위를 회사와 같이 광범위한 것이라고 해석하면, 법이 요청하는 공적인 목적 달성을 저해하여 법의 취지를 몰각하는 결과가 될 것이 분명하다」.

(c) 사상·신조의 자유와 관련된 강제가입 단체의 구성원의 협력의무의 한계

「앞서 본 바와 같이 세무사회가 강제가입 단체이며, 그 회원인 세무사에게 실질적으로 탈퇴의 자유가 보장되지 않고 있는 것을 볼 때, 그 목적범위를 판단하기 위해

서는 회원의 사상·신조의 자유와 관련하여 다음과 같은 고려가 필요하다」.「법이 세무사회를 강제가입의 법인이라고 하고 있는 이상, 그 구성원인 회원에는 다양한 사상·신조 및 주의·주장을 가진 자가 있는 것은 당연히 예정되어 있다. 따라서 세무사회가 위 방식에 의해 결정한 내용에 따른 활동에도, 이를 위해 회원에게 요청되는 협력의무에도 당연히 한계가 있다」.

(d) 법 규정상의 정치단체에 대한 금원의 기부의 법적 성격

「특히, 정당 등 규정법상의 정치단체에 대하여 금원의 기부를 할 것인지는 선거에서 투표의 자유와 표리를 이루는 것으로서, 회원 각각이 시민으로서의 개인적인 정치적 사상, 견해, 판단 등에 근거해서 자주적으로 결정해야 할 사항이다. 왜냐하면 정당 등의 규정법상 정치단체는 정치상의 주의 혹은 시책의 추진, 특정 공직후보자 추천 등을 위해 금원의 기부를 포함한 광범위한 정치활동을 하는 것이 당연히 예정된 정치단체이며(규정법 제3조 등), 이들 단체에 금액의 기부를 하는 것은 선거에서 어느 정당 또는 어느 후보자를 지지할 것인지와 밀접하게 관련된 문제이기 때문이다」.「법은 제49조의 12 제1항의 규정에서 세무사회가 세무행정이나 세무사 제도 등에 대해서 권한 있는 관공서에 건의하고 또는 그 자문에 답신하는 것은 가능하도록 하고 있지만, 이러한 것을 정당 등 규정법상의 정치단체에 금전 기부를 할 권한이 있는 관공서에 대한 건의나 답신과 동일하게 취급할 수는 없다」.

(e) 세무사법 제49조 제2항의 목적범위와 정치단체에의 금원의 기부의 관계

「앞서 말한 바와 같이 공적인 성격을 소유하는 세무사회가 이러한 사안을 다수결원리에 의해 단체의 의사로 결정하고 구성원에게 그 협력을 의무로 할 수는 없다고 말할 수 있으며……, 세무사회가 그러한 활동을 하는 것은 법이 전혀 예정하고 있지 않은 부분이다. 세무사회가 정당 등 규정법상의 정치단체에 대하여 금액의 기부를 하는 것은 비록 세무사에 영향을 미치는 법령의 제정·개폐에 관한 요구를 실현하기 위한 것이라도 법 제49조 제2항 소정의 세무사회의 목적범위 외의 행위라 하지 않을 수 없다」.

(f) 각현세정의 활동의 범위와 세무사회 목적과의 관계

「원심은 각현세정은 세무사회에 허용된 활동을 추진하는 것을 존립 목적으로 하는 단체이며 그 활동이 세무사회의 목적에 부합된 활동의 범위에 한정되어 있다는 것을 이유로, 각현세정에 금원을 기부하는 것도 피상고인의 목적범위 내의 행위라고 판단하고 있지만, 각현세정이 규정법상의 정치단체인 이상 앞의 판시와 같이 광범위한 정치활동을 하는 것이 당연히 예정되므로, 각현세정의 활동의 범위가 법 소정의 세무사회의 목적에 따른 활동 범위에 한정된 것이라고는 할 수 없다」.

■ **적용**

(a)~(f)「세무사회가 정당 등 규정법상의 정치단체에 금원의 기부를 하는 것은 비록 세무사에 관련된 법령의 제정・개폐에 관한 정치적 요구를 실현하기 위한 것이라고 해도, 법 제49조 제2항에서 정한 세무사회의 목적범위 외의 행위이며, 위 기부를 하기 위해서 회원에게 특별회비를 징수하는 취지의 결의는 무효라고 해석해야 한다」. 원 판결 파기. 상고인이 본건 특별회비의 납입의무를 지지 않는 것의 확인을 요구하는 청구인용(피상고인의 항소 기각). 상고인의 손해배상청구에 대해 다시 검토하기 위해 이 부분을 원심환송.

기본 해설

1. 법인(단체)의 인권과 구성원의 인권

본건에서 법인의 권리능력의 범위에 관한 민・상법상의 논점이 다루어졌다. 그러나 헌법의 시점에서 볼 경우에는 법인의 인권향유 주체성과 그 범위 및 그 정규의 절차로 결정된 활동 방침을 실시하는 법인의 자유와, 이에 반대의견을 가진 구성원의 사상・신조의 자유의 대립 조정의 형태가 논점이 된다. 나아가 헌법학에서 법인의 인권으로 다루어지는 문제는 실제로는 법인격을 갖지 않는 단체도 포함하는 경우가 많고, 법인과 단체를 구별하지 않는 것도 많다. 본고도 통례에 따라 양자를 엄밀하게 구별하지는 않는다.

현대사회에서는 법인의 사회적・경제적 중요성에 비추어 볼 때, 법인이 인권의 향유주체가 될 수 있다는 것을 인정하는 경향이 강해지고 있다. 그러나 인권은 원래 개인의 권리로 생성하고 발전해온 것이기 때문에 모든 인권이 법인에게 보장되는 것은 아니다. 따라서 통설・판례는 인권규정이「성질상 가능한 한 법인에도 적용된다」고 해석하고 있다. 구체적으로는 선거권, 생존권, 일정한 인신의 자유 등, 자연인에게만 결부되는 인권은 보장되지 않지만, 그 밖의 인권규정은「원칙적으로 법인에도 각 법인의 고유한 성격과 모순되지 않는 범위 내에서 적용된다」고 한다(芦部・後掲, 87~88면).

「각 법인의 고유한 성격」에 모순되지 않는 한도에서 법인에도 인권을 인정할 경우, 실제 그 법인의 정관이나 규약, 혹은 법령에 규정된 법인의 설립 목적에 비추어 그 인권향유 주체성(권리능력)의 유무가 판단된다. 왜냐하면 사법인은 일반적으로「법령의 규정을 따르고, 정관 또는 기부행위로 정해진 목적의 범위 내에서 권리를 갖고 의무를 진다」.(민법 제43조)라고 하기 때문이다. 그렇지만 그 활동은 정관이나 법령에 명시된 법인의 목적범위 내에 반드시 한정되지 않고, 그 법인의 설립 목적에 직접적 내지 간접적으로 관계가 있을 경우에는 널리 인정되고 있다. 최고재판소 판결에 의하면, 특히 회사 등의 영리법인에 의한 특정 정당에의 정치헌금에 대해서는 정당은 현대의 「의회제 민주주의를 유지하는 불가결의 요소」이며, 「그 건전한 발전에 협력하는 것은 사회적 실재로서의 회사에 기대되는 당연한 행위로」, 「회사의 정치자금 기부는 객관적·추상적으로 관찰하여 회사가 사회적 역할을 다하기 위해 행한 것이라고 인정받는 한도 내에서는 회사의 정관 소정 목적의 범위 내의 행위」로 여겨져 왔다(「八幡製鉄政治献金事件」 최고재판소 판결 1970년 6월 24일 民集 24권 6호 625면).

그러나 정당과 같이 그 단체가 본래적으로 정치활동을 목적으로 하는 경우를 제외하면, 단체의 부차적 활동으로서의 정치적 활동은 구성원의 사상·신조의 자유를 침해할 가능성을 항상 포함한다. 왜냐하면 전원일치를 얻을 수 없는 상황에서 다수결 등에 의해 그 단체가 특정한 정치적 활동을 하는 것을 결정할 경우에는 비록 그 절차가 규약상 정규의 것이었다고 하더라도, 그 활동에 반대하는 입장을 가진 구성원은 그러한 활동을 당해 단체가 하는 것까지 인정하여 그 단체에 참가하지는 않았다고 생각하기 때문이다. 헌법 제19조가 자신과 다른 사상·신조를 표명하는 것을 누구에게도 강제당하지 않을 자유를 보장하고 있는 이상, 자신이 참가해 협력하는 단체가 자기의 사상·신조에 반하는 정치적 활동을 하거나 정치헌금을 실시하는 것은 분명히 구성원에게 정신적 고통을 부여한다.

하지만 한편으로 오늘날과 같이 정치가 사회의 구석구석에까지 영향을 미치고, 또한 회사 등의 거대 법인의 지배가 강해지는 가운데 개인의 영향력을 넓히기 위해, 예를 들어 노동조합의 정치활동을 통한 여론형성을 위해 자기가 소속한 단체를 활용해 일정한 정치활동을 하는 것이 사회적으로 허용되고 있는 것도 사실이다. 이러한 현대사회에서 구성원의 사상·신조의 자유를 절대적으로 우선시하고, 전원일치가 없는 경우 정치단체를 제외한 모든 사적 단체가 일체의 정치적 활동을 할 수 없다고 하는 것은 현실을 무시한 생각이다. 결국 이 문제는 사적 단체와 그 구성원 간의 「인권분쟁」이라고 생각하지 않을 수 없다. 따라서 다른 장에서 특별히 다루는 것처럼(28장), 사회통념을 기초로 하면서 당해 사인간 분쟁에 적용할 수 있는 법령의 일반조항 해석에 헌법규정의 취지를 가능한 한 반영할 수 있는 간접적용설의 견해를 여기에서도 살리는 것이 요청된다.

사적 단체와 그 구성원의 「인권분쟁」에 헌법규정을 간접 적용하여 결론을 도출하려고 하는 경우, 지금까지는 2단계를 구별해 각각 별개로 검토하는 방법을 채택해 왔다. 하나는 사적 단체의 당해 행위가 그 단체의 정관이나 그 단체를 규율하는 법령에 규정된 단체의 목적의 범위 내에 있는지 아닌지를 사회통념에 따른 정관·법령 해석에 의거하여 판단하는 단계이다. 여기서는 민법 제43조의 「목적의 범위 내」 규정이 헌법규정을 사인관계에 적용할 때의 일반규정의 역할을 하고 있다(西原・後掲 102면, 山田・後掲① 「2完」 44면). 다른 하나는 당해 행위가 그 단체의 목적의 범위 내에 포함되는 것을 인정한 뒤, 역시 사회통념에 따른 정관・법령의 해석을 통해 그 행위에 대한 구성원의 협력의무의 범위를 확정하는 단계이다. 여기에서는 민법 제90조의 「공서양속」 규정이 헌법규범을 간접 적용하기 위한 일반조항이 된다.

2. 단체 성격의 상위에 따른 목적범위의 한정

단체의 목적범위를 명확하게 하려면 그 단체의 성격을 확정하는 것이 불가결하다. 이 점에서 간접적용설을 취하면서 「국가동시설(国家同視説)」을 추가하는 견해(28장 Part Ⅲ 「이론편」 참조)가 도움이 된다. 이 견해에 의하면 국가(공권력)로부터 특권이나 보조를 받는 등 국가(공권력)와 특별한 관계에 있는 사적 단체의 경우에는 그 단체가 국가와 완전하게 동일하지 않아도 비슷한 존재인 것이 인정되어, 「인권분쟁」 속에서 약자 측에 위치하는 구성원 개인의 자유권이나 평등원칙의 존중을 다른 단체의 경우보다도 우선시하는 것이 헌법상 의무다.

이 점에서 무엇보다 공익성의 유무에 의한 구별이 중요하다. 이 경우 공익단체란 공권력으로부터 공익성이 인정되어 거기에 따르는 일정한 특권이 부여된 단체를 의미한다. 예를 들어, 학교교육법상의 교육기관으로 인가되어 국고 지원을 받고 있는 사립학교를 경영하는 공익법인인 학교법인이 이 경우에 해당한다. 이러한 공익단체는 공익성 그 자체로부터 정치적 중립성과 비영리성이 강하게 요청되므로, 공익단체의 목적범위는 상당히 좁아져, 그 단체의 정관이나 그것을 규율하는 법령이 정하는 목적과 합리적인 관련성을 찾아낼 수 없는 활동은 그 목적의 범위로부터 제외된다고 생각해야 하는 것이다.

다음으로 강제가입과 임의가입의 차이가 중요하다. 회사와 같은 임의가입 단체의 경우 당해 단체의 구성원의 지위가 계속되는지 아닌지는 본인의 자유의사에 의하기 때문에 그 본래 목적을 명백히 저해하는 활동을 제외하고, 또한 당해 단체의 활동을 규율하는 법령에 위반하지 않는 이상 그 단체의 정관에 명시된 목적과 달라도 정규의 절차에 따라 결정된 활동이라면 거의 모든 것이 그 목적의 범위 내가 된다. 반대로, 법령상의 규정 혹은 그 외의 사실상의 강제력에 의해 구성원의 자격을 잃은 사람이 중대한 불이익을 입는 단체는 강제가입성이 있는 단체라고 할 수 있다. 이 경우는 그 구성원에게 사실상 탈퇴의 자유가 없거나 탈퇴하기가 극히 곤란하기 때문에 구성원의 시민적 자유를 존중하기 위해서 그 단체의 목적범위가 정관 등 설립의 근거가 되는 규정상의 목적과 합리적 관련성이 있는 것으로 한정하지 않으면 안 된다(浦部・後掲①, 63면). 예를 들어, 사실상의 강제가입성을 가지면서 공익성을 갖지 않는 사적 단체로서 노동조합이 있다.

세무사회나 변호사회 등의 경우는 공익성과 법령에 근거하는 강제가입성을 갖고 있다. 이러한 단체는 단순한 회원 간의 연락·상조 조직을 넘어 「세무사 〔및 세무사 법인〕 의 의무의 준수 및 세무사 업무의 개선 진보에 이바지한다」(구 세무사법 제49조 제2항 「현 제49조 제6항」)는 것, 혹은 기본적 인권의 옹호와 사회정의의 실현을 사명으로 하는 것 때문에 직무의 성실 집행과 사회질서의 유지나 법률제도의 개선을 직책으로 하는 변호사법 제1조에 근거하여 「변호사 및 변호사법인의 사명 및 직책에 비추어 볼 때, 그 품위를 유지하고 변호사 및 변호사법인 사무의 개선 진보를 도모한다」(동 제31조)는 것을 법정목적으로 하고 있다. 더욱이 법률에 의해 세무사회나 변호사회에의 소속과 당해 전문직의 영업허가가 연결됨으로써 공권력으로부터 구성원에 대한 특별한 권력(강제가입성)을 부여받고 있다. 따라서 일반적으로 법정 강제가입성을 갖는 공익법인의 권리능력은 다른 임의가입의 일반 사법인에 비해, 나아가 사실상의 강제가입성이 있으면서 공익성이 옅은 단체에 비해서도 그 규정상 목적과 합리적인 관련성이 보다 엄격히 인정되는 범위 내에 그쳐야 한다(덧붙여 세무사회나 변호사회는 법령상의 공익법인과는 구별되어 특수공익법인 등으로 불린다).

본건 최고재판소 판결은 강제가입의 공익단체라 하더라도 정치적 활동을 할 권리능력을 갖는 것 자체는 부정하고 있지 않다. 그러나 구성원의 사상·신조의 자유의 존중과의 관계에서 정치적 활동의 자유는 상당히 좁은 범위에 한정된다고 하고 있다. 그리고 규정법상의 정치단체에 정치헌금을 할 권리능력에 대해서는 이런 종류의 정치헌금이 공직선거에서 투표의 자유와 밀접불가분하게 결합되는 행위이며, 구성원 개인이 시민으로서 자주적으로 결정해야 할 사안이라는 것을 근거로, 적어도 강제가입성이 있는 공익단체의 권리능력에는 정치헌금을 할 권리는 일체 포함되지 않는다고 명언하고 있다. 규정법상 정치단체에의 정치헌금이 사실상의 강제가입 단체의 목적범위 외의 사안이며 그 권리능력의 범위에 포함되지 않는 것은 이미 「국철노동조합 히로시마지부 사건」 최고재판소 판결(본장 Part Ⅳ 「두 번째 소재」 참조)에서도 확인할 수 있다. 따라서 최고재판소는 선거에서 투표의 자유를 제한하고, 특정 정당이나 후보자에의 투표를 구성원에게 강제하는 것과 실질적으로 동일하게 되는 것과 같은 정치적 활동을 하는 것은 강제가입성이 있는 모든 단체의 권리능력에 본래부터 포함되지 않는다고 해석하는 것을 알 수 있다.

Part Ⅱ 응용편

◥ 확인질문

1. 「하찌만제철 정치헌금 사건(八幡製鉄政治献金事件)」 최고재판소 판결과 본건 최고재판소 판결을 비교했을 때, 영리 기업을 대표 예로 하는 일반적인 법인의 인권향유주체성에 대한 생각과, 일반적인 법인의 정치적 자유의 보장에 관한 생각에 서로 차이가 있는가? 만약 있다고 하면 그것은 어떤 점인가?
2. 본건 최고재판소 판결에 의하면, 세무사회는 일반 회사와 비교하여 법인으로서 어떠한 성질의 차이가 있는가? 또한 그 차이는 법인의 목적범위에 어떠한 영향을 미치는가?
3. 본건 최고재판소 판결에 의하면, 세무사회와 같은 단체의 경우 그 구성원의 협력의무에는 어떠한 한계가 있다고 생각할 수 있는가?
4. 본건 최고재판소 판결에 의하면, 세무사회와 같은 단체는 구성원 사이에 반대의견이 있을 경우, 정치적 활동이 일체 허용되지 않는가?
5. 본건 최고재판소 판결에 의하면, 세무사회와 같은 단체는 규정법상의 정치단체에 정치헌금을 내는 것이 허용되는가?
6. 규정법상의 정치단체란 무엇인가? 최고재판소 판결은 정치헌금의 금지에 관하여 규정법상 정치단체의 구별을 마련하고 있는가?

◥ 응용문제

설문 1 지금까지의 최고재판소 판례에 의하면, 다음과 같은 단체에 의한 규정법상의 정치단체에 대한 금원의 기부는 당해 단체의 목적의 범위 내의 행위라고 할 수 있는가?

(1) 각지의 변호사회

(2) 영리기업

(3) 노동조합

(4) 특정 비영리활동촉진법으로 인증된 NPO

(5) 반상회(町内会) · 자치회

설문 2 지금까지의 최고재판소 판례에 의하면, 세무사회에 의한 다음과 같은 활동은 그 목적의 범위 내의 행위라고 할 수 있는가?

(1) 특정 정당의 지지 결의를 하는 것

(2) 이 지지 결의를 근거로 회원에게 정당의 선거 운동에의 협력을 의무화하는 것

(3) 상기의 경우에 세무사회의 방침에 반해 세무사회 집행부 1명이 공직선거에 입후보하려고 하자, 세무사회가 이 회원에게 임원자격의 정지 조치를 취하는 것

(4) 세무사회 총회에서 세무사 업무와 관련된 법령의 개정에 반대 결의를 실시하는 것

(5) 상기의 경우에 세무사회의 방침을 여론에 널리 호소하기 위해 전국지에 의견 광고를 싣거나 그 외의 캠페인을 펼치는 것을 결정하고, 그로 인한 지출 행위를 통상 회비에 의한 예산의 범위 내에서 하는 것

(6) 상기의 경우에 같은 캠페인을 통상 예산으로는 조달할 수 없기 때문에 총회에서 특별회비 5,000엔의 징수를 결정하는 것

(7) 세무사회 총회에서 스파이 활동 방지법안 반대 결의를 내걸고, 그 반대 활동을 추진하기 위해 연간 통상 예산 내에서 캠페인 비용을 지출하는 것

(8) 상기의 경우에 전 회원으로부터 임시회비 5,000엔을 징수하는 결정을 하는 것

설문 3 지금까지의 최고재판소 판례에 의하면, 영리목적의 기업이 이하와 같은 행위를 하는 것은 그 주주와의 관계에서 목적의 범위 내의 행위라고 할 수 있는가?

(1) 회사의 주주 총회에서 스파이 활동 방지법안의 성립을 바라는 결의를 내걸고, 그것을 추진하기 위한 활동을 회사의 연간 사업계획에 포함시키는 것

(2) 회사의 이사회에서 특정 정당의 지지를 결정하고, 그 정당 후보자의 선거를 응원하기 위해 회사의 업무에 영향이 없는 범위 내에서 수 명의 종업원을 유급으로 파견하는 것

(3) 상기의 파견에 의해 회사 업무에 현저한 지장이 있는 경우에는 어떠한가?

Part Ⅲ 이론편

◥ 전개 문제

강제가입 단체가 그 구성원 중 반대가 있음에도 불구하고 정규 결정절차를 통해 개개 구성원의 가치 판단과 관련되는 일정한 결정을 실시하고, 나아가 그 활동에 관해 회비를 지출하는 것은 허용되는가?

1. 강제가입 단체와 구성원의 사상 · 양심의 자유

헌법 제19조는 사상・양심의 자유를 보장한다. 그것은 내심의 자유 그 자체에 그치지 않고, 특정 사상 등을 이유로 하는 불이익 취급의 금지나, 사상 등에 관한 침묵의 자유의 보장도 포함한다. 침묵의 자유의 보장 범위에 대해서는 다툼이 있으며, 판례는 세계관・인생관 등 인격 형성과 관계가 있는 내면적 정신작용에 한정된다는 입장을 취하고 있지만(「謝罪広告事件」 최고재판소 판결 1956년 7월 4일 民集 10권 7호 78면), 사물의 시비변별에 관한 사항이나 윤리적 의사의 공표까지도 강제되지 않는다는 견해(동 판결 藤田 반대의견), 혹은 가치 판단이나 윤리적 의미에 관련된 모든 것에 대해 침묵의 자유가 보장된다고 하는 견해도 학설상 유력하다(芦部・後掲, 140-142면).

그러면 사적 단체에서 그 정규 절차에 따라 가치 판단에 관련된 일정한 견해・방침을 결정하고, 이 견해의 공표나 방침의 실현에 필요한 금원을 단체의 회계로부터 지출하는 것은 이에 반대하는 구성원의 사상・양심의 자유에 대한 침해가 되는 것일까? 사적 단체에 그치지 않고, 국가나 그 밖의 공적 단체도 포함해 어떠한 단체라 하더라도 대체로 복수의 자연인에 의해 구성되는 단체에서 그 구성원 중 한명이라도 반대가 있을 경우 다수결 기타의 정규 절차를 따랐다고 하더라도, 그 반대자의 의사에 반하는 결정을 할 수 없다고 주장하는 자는 없을 것이다. 왜냐하면 구성원 각자에게 모든 경우에 거부권을 인정하면 단체의 성립과 유지를 불가능하게 하기 때문이다. 일반론으로 말하면, ①단체의 결정이 구성원 개개인의 인간성의 핵심 부분을 부정하게 될 경우, ②단체가 그러한 결정을 하는 데 법적으로 정당한 이유가 없는 경우에만 그러한 결정이 구성원의 사상・양심의 자유의 침해가 된다고 봐야 할 것이다(浦部・後掲②, 13-138면). 게다가 통설에 따르면, 국가나 그 외의 공적 단체의 경우에 비해, 임의가입 단체든 강제가입 단체든 사적 단체의 경우에는 기본적 인권의 사인간 적용의 문제가 되기 때문에 사회통념에 따라 ②의 요건이 일정 정도 완화되는 것이다.

이상을 검토한 뒤, 구성원의 가치 판단과 관련된 사항의 결정이 강제가입성이 있는 공익법인(특수공익법인을 포함)에 허용되는지 아닌지에 대해서는 각각의 단체마다 각각의 행위의 성질에 따라 개별적・구체적으로 검토하지 않으면 안 된다. 이때, 강제가입 단체의 당해 행위의 합법성 판정 형태로 크게 두 개의 다른 접근이 존재한다. 이하에서는 지금까지 강제가입 단체에 속하는 구성원의 사상・양심의 자유와, 그 금전 부담을 둘러싸고 다투어진 사건에 대한 판결 및 학설의 해석에 나타난 두 가지 접근의 우열을 검토한다.

2. 단체의 목적범위 내인지 아닌지를 일원적으로 처리하는 접근(일원적 접근)

상술한 것처럼, 강제가입 단체라 하더라도 법령상 혹은 규약·정관상 그 단체의 목적범위 내의 활동이면 가치 판단에 관련된 결정을 할 수가 있다. 문제는 어느 범위까지의 가치 판단이라면 허용되는지와 비용 부담에 관해서 어떠한 징수 방법까지 허용되는지 하는 점이다.

이 문제에 관한 유명한 사건인 「군마사법서사회 진재부흥지원금 사건(群馬司法書士会震災復興支援金事件)」에서는 한신·아와지 대지진에 의해 재해를 당한 효고현 사법서사회에 3,000만 엔의 복구지원 거출금을 기부하기 위해서 회원으로부터 등기신청사건 1건 당 50엔의 복구지원 특별부담금의 징수 등으로 수입을 충당하려고 한 군마현 사법서사회의 결정에 대해, ①본건 거출금의 기부가 사법서사회의 목적범위 내의 행위인지 아닌지, ②강제가입 단체에서는 본건 거출금의 조달을 위해 그 지불을 바라지 않는 회원에게 부담금을 강제할 수 있는지가 다투어졌다. 본건 결정의 무효와 본건 부담금지불의무의 부존재의 확인을 요구한 원고의 호소에 대해 동 사건 제1심 판결(前橋地判 1996년 12월 3일 판시 162호 80면)은 지진재해 복구지원 거출금의 기부는 「각자가 자신의 양심에 근거해 자주적으로 결정해야 할 사항이며, 외부로부터 강제될 성질의 것이 아니다」고 말해 그 청구를 인정했다. 동 판결은 본건 기부행위를 사법서사회의 목적범위 외로 할 때의 이유로 강제가입 단체에서는 「다양한 사상·신조 및 주의·주장을 가진 자가 존재하는 것은 당연히 예정되어 있기」 때문에, 「회원에 요청되는 협력의무에도 스스로 한계가 있다」는 것을 들고 있다.

이에 대해서 동 사건 최고재판소 판결(최1소판 2002년 4월 2일 판시 1785호 31면)은 강제가입 단체의 기부행위가 구성원의 사상·양심의 자유에 관련되는지를 다툴 필요 없이, 사법서사법 제14조 제2항에 규정된 사법서사 업무의 개선 진보를 위한 회원의 지도와 연락이라는 사법서사회의 목적으로부터 「그 목적을 수행하는 데 있어서 직접 또는 간접적으로 필요한 범위에서 다른 사법서사회와의 사이에 업무 기타 제휴, 협력, 원조 등을 하는 것도 그 활동 범위에 포함된다」는 것을 도출하고, 이와 같이 확대한 사법서사회의 목적에 「이재민의 상담활동 등을 실시하는 동 사법서사회 내지 이에 종사하는 사법서사에의 경제적 지원을 통해서 사법서사의 업무의 원활한 수행에 의한 공적 기능의 회복에 이바지하는 것」도 포함된다고 판단했다. 그리고 이렇게 하여 목적범위 내의 사항이라는 인정으로부터 곧바로 「거출금의 조달 방법에 대해서도, 그것이 공서양속에 반하는 등 회원의 협력의무를 부정해야 할 특단의 사정이 있는 경우를 제외하고, 다수결 원리에 근거해 스스로 결정할 수 있다」는 것을 인정했다.

그러면 동 사건 최고재판소 판결은 강제가입 단체의 목적범위 내의 활동과 구성원의 사상·양심의 자유의 관계를 어떻게 처리했다고 볼 수 있을 것인가? 하나는 최고재판소가 재해복구지원금의 기부행위와 같은 차원의 문제는 가령 개인의 가치 판단과 관련된 것이라 하더라도, 헌법 제19조의 사상 · 양심의 자유에 관련된 문제는 아니라고 보았다는 견해이다. 이것은 전술한 「사죄광고 사건」 최고재판소 판결의 입장을 답습하는 것이다. 다른 하나는 헌법 제19조의 사상 · 양심의 자유를 좀 더 넓게 개인의 가치 판단에 관련된 내심 일반의 표명 강제로부터의 자유라고 파악한 다음, 「단체 결정에 근거하여 구성원에의 협력 등의 강제가 구성원의 「사상 · 신조의 자유」의 침해가 되지 않는지 어떤지는 당해 결정과 관련된 행위 · 활동이 그 단체의 목적범위 내의 것인지 어떤지에 의한다고 보고」, 「목적범위 내의 행위 · 활동인 한 구성원에 대해 그것에의 협력을 의무로 하더라도 「사상 · 신조의 자유」 침해는 되지 않는다」는 견해이다(浦部 · 後揭③ 8면). 후자야말로, 일원적으로 당해 행위가 단체의 목적범위 내인가 아닌가의 기준만으로 당해 행위의 합법성을 심사하는 접근이다.

이러한 일원적 접근에서는 당해 행위가 목적범위 내라고 인정되고, 나아가 비용의 징수방법이 단체의 정규 절차에 준거하고 있기만 하면, 그 징수액이 비상식적으로 고액인 경우가 아닌 한 회비의 징수방법이 위법이 되지는 않는다. 한편 당해 행위자체가 그 단체의 목적범위 외라고 인정되었을 경우에는, 그 비용이 일반회비 중에서의 지출이던 특별회비로부터의 지출이든 모든 경우에 위법이라고 인정된다.

3. 목적범위인가 아닌가에 의한 판단과 회비 징수방법의 합리성의 판단을 구별하는 접근(이원적 접근)

그러나 종래의 최고재판소 판결은 이러한 일원적 접근을 채택하지 않았다고 보여진다. 예를 들면 사실상의 강제가입 단체의 문제이지만, 「국철노동조합 히로시마지부 사건」(본장 Part Ⅳ 「두 번째 소재」 참조)에서, 안보반대투쟁이라는 정치활동에 충당하기 위한 임시조합비의 징수에 관해서, 최고재판소는 「다수결에 의한 정치적 활동에 대해 이것과 다른 정치적 사상, 견해, 판단 등을 갖는 개개 조합원의 협력을 의무화 하는 것은 원칙적으로 인정되지 않는다」고 하며, 조합의 목적범위 밖의 것이 될 우려가 높다는 것을 지적한 다음, 임시조합비의 징수와 같은 「일정한 정치적 활동의 비용으로 그 지출 목적과의 개별적 관련성이 명백하게 특정되고 있는 자금에 대해 그 거출을 강제하는 것」은 「일정한 정치적 입장에 대한 지지의 표명을 강제하는 것과 동일하다」고 판단하고, 이 부분의 납입의무를 부정하고 있다.

본장 Part Ⅰ의 「미나미큐슈 세무사회 사건」 최고재판소 판결에서는 규정법상의 정치단체에 대한 정치헌금 자체를 「선거에서의 투표의 자유와 표리를 이루는 것」이라고 간주하는 견지로부터, 원래 강제가입의 특수공익단체의 목적범위 외라고 말하고 있지만, 이 판결에서는 특별회비의 납입의무의 유무 밖에 취급하고 있지 않기 때문에, 일반회비에서의 정치헌금의 합법성은 논의되지 않았다. 학설은 이 판결을 「사상・신조의 자유의 판단을 「목적범위」에 의한 한계의 판단으로 하였다」는 점에서 정당한 접근이라고 보고 일반회비에 의한 지출과 특별회비에 의한 지출의 구별이 성립되지 않는다는 견해에 본 판결이 연결되어 있는 것처럼 이해하는 자(山田・後揭②, 17면)도 있지만, 「구성원의 「사상・신조의 자유」의 침해가 되는지 아닌지의 판단을 선행하고, 침해가 되기 때문에 단체의 목적범위 외의 활동이 되거나 목적범위 내라고 하더라도 협력의무는 부정된다는 논법」으로 보아 이원적 접근을 비판하는 견해(山田・後揭②, 7-8면) 쪽이 정당할 것이다. 따라서 회비 납입 방법 자체를 별개로 판단하여 그것을 단체의 정치적 활동의 합법성의 판단기준에 덧붙이는 접근을 취하고 있다고 보아야 할 것이다.

4. 두 개의 접근의 비교

그러면 인권 보장의 관점에서 보았을 때 어느 쪽의 접근이 보다 우수한 것일까? 헌법 제19조의 사상・양심의 자유에 의한 내심의 표명 강제로부터의 자유의 보장 범위를 넓게 취할 수가 있는 점에서도, 목적 외의 활동인 한 정치헌금을 일반회비로부터 지출하는 활동도 위법이라고 인정하기 쉬운 점에서도, 혹은 다른 시점이지만, 재해 구원활동을 강제가입 단체의 목적범위 내로 했을 경우에는 그 때문에 비용을 임시회비에 의해 구성원에게 강제할 수 있는 점에서도, 재해 구원을 기다리는 사람들의 「인권」을 보다 잘 보장할 수 있는 점에서도 일원적 접근이 우수한 것처럼 보인다. 특히, 「미나미큐슈 세무사회 사건」 이전에 나온 「오사카 합동세무사회 회비반환 청구사건(大阪合同税理士会会費返還請求事件)」(최1소판 1993년 5월 27일 판시 1490호 83면)에서는 일반회비 인상이 정치헌금의 강제에 해당하는지에 대해 소극적으로 해석하고 있는 것을 보아도, 이원적 접근을 채택한 경우에는 결과적으로 강제가입의 특수공익법인에게 특별회비 징수에 근거하지 않는 정치헌금을 인정하게 될 가능성이 있다. 다만, 본건에 관해서는 청구 원인의 구성이 불충분했기 때문에 이러한 판결에 이른 것으로 법정의견은 설시하고 있으며, 정치헌금의 일반회비에의 편입이 모두 합법으로 여겨진 것은 아니라는 점에 주의해야 한다(判時 1571호 해설 17면).

한편 일원적 접근과 관련해서 당해 단체의 규약이나 성격의 판단으로부터 곧바로 목적의 범위 내인가 아닌가의 판정이 이루어져, 일원적 접근이 개인의 가치 판단의 자유를 제한하는 논리로 전환되어버린다는 점에 비판이 가해지고 있다. 특히, 강제가입 단체든 임의가입 단체든 재해에 기부를 하는지 마는지와 같은 가치 판단에 관한 결정권을 단체에 위임하고 있지 않기 때문에 구성원이 기부를 강제당하지 않는다는 논자로부터는 스파이방지법 반대 결의에 관해 일원적 접근의 논리에 따른다면, 스파이방지법에 찬성하는 회원으로부터도 스파이방지법 반대운동을 위해 특별회비를 징수하는 취지의 결의를 하는 것이 당해 단체의 목적범위 내의 활동이라면 인정되게 된다는 우려가 제기되고 있다(河内・後掲, 12-15면).

「일본변호사연합 스파이방지법 반대운동 사건(日弁連スパイ防止法反対運動事件)」에서는 스파이방지 법안을 국회에 제출하는 것에 반대하는 총회 결의가 강제가입의 특수공익법인인 일본변호사연합의 회원 중에서 이 총회 결의와 의견을 달리하는 회원(여기에서는 '소수파'라고 함)의 사상・양심의 자유를 침해하고, 그 목적의 범위를 일탈한 것인지에 대한 논점과, 이들 소수파도 납입하고 있는 일반회비에 의해 조달되는 일본변호사연합의 재정에서 동 법안 반대운동의 비용을 지출하는 것이 소수파에게도 총회 다수파의 입장에 대한 지지・협력을 강제하는 것과 동일하고, 소수파의 사상・양심의 자유를 침해하는지에 대한 논점이 다투어졌다.

동 사건 제1심(東京地判 1992년 1월 30일 判時 1430호 8면)은 첫째, 본건 총회 결의를 단순한 사실행위로 보고, 대내적으로도 대외적으로도 아무런 법률상의 효과도 형성하지 않는다고 하여 총회 결의의 무효확인청구를 받아들이지 않았고, 둘째, 반대운동의 자금은 정기 총회에서 승인된 예산에 근거해 지출된 것으로 소수파가 납입한 일반회비의 어느 부분이 반대운동의 비용에 충당되고 있는지를 특정하는 것은 곤란하며, 「원고들의 거출과 본건 반대운동 사이에 직접적인 관련은 전혀 인정되지 않는다」고 하여, 총회 결의에 근거한 일본변호사연합의 반대운동의 가처분청구와 위자료청구를 받아들이지 않았다. 제1심은 일본변호사연합의 내부에서 스파이방지법안 반대운동을 강제하거나 소수파가 동 법안에 찬성의 의사표명을 하는 것을 금지하지 않는 한, 그리고 또한 스파이방지법안 반대운동을 위한 특별회비의 강제징수와 같은 「거출과 지출 목적 사이에 개별적・구체적인 관련성이 특정됨으로써 거출 행위와 그 목적 사이에 일체성을 인정할 수 있는」 경우가 아닌 한, 정치적인 총회 결의를 했다고 하더라도 회원 개개인의 사상・양심의 자유의 침해가 되지 않는다고 하였다.

이에 대해 동 사건 항소심(東京高判 1992년 12월 21일 自由と正義 44巻 2号 101면)은 무효확인청구에 대해서는 본건 분쟁이 법률상의 분쟁에 해당되지 않는다는 판단을 유지했지만, 반대운동의 비용 징수방법에 대해서는 언급하지 않고, 오히려 본건 반대운동이 일본변호사연합의 목적의 범위 내인가 아닌가의 문제를 정면으로 답하고 있다. 이에 의하면, 변호사는 「기본적 인권을 옹호하고, 사회정의를 실현하는 것을 사명으로 하며」(변호사법 제1조 제1항), 「사회질서의 유지 및 법률제도의 개선에 노력해야 한다」.(동조 제2항) 이 사명을 다하기 위해서 변호사회가 필요하고, 따라서 「피항소인 〔일본변호사연합〕 이 변호사의 위 사명을 달성하기 위해 기본적 인권의 옹호, 사회정의 실현의 견지로부터, 법률제도의 개선(창설, 개폐 등)에 대해, 변호사회로서의 의견을 분

명히 하고 나아가 이에 따른 활동을 하는 것도 피항소인의 목적과 밀접한 관계를 가진다」고 하였다. 따라서 본건 결의의 내용이 「전적으로 법이론상의 견지로부터 이유를 명시하여 법안을 국회에 제출하는 것에 반대하는 취지의 의견」에 그치고, 「특정 정치상의 주의·주장이나 목적을 위해 되었다든가, 단체의 중립성 등을 해치는 것이라고 인정」되지 않는 한, 본건 결의는 일본변호사연합의 목적범위 내의 활동으로 여겨졌던 것이다. 덧붙여 최고재판소도 항소심 판결을 지지했다(최2소판 1998년 3월 13일 自由と正義 49巻 5号 213면).

만약 동 사건 항소심 판결(및 최고재판소 판결)을 일원적 접근의 관점에서 해석한다면, 법이론적인 관점에서 여론의 환기에 그치는 스파이방지법 반대운동에 대해서는 그 비용을 일반회비로부터 지출할지 특별회비로부터 지출할지가 문제가 아니며, 어디까지나 동 운동을 일본변호사연합의 목적에서 합리적으로 이끌 수 있는가의 여부만으로 그 합법성을 판단한 것이 된다. 이 입장은 일본변호사연합의 정규 결정 절차에 따라 스파이방지법 반대운동을 위한 임시회비 납입을 전 회원에게 의무로 하는 일도 당연 허용된다. 또한 법 이론의 관점에서 이번 것과 다른 스파이활동방지법이 「필요」하다는 견해에 다수의 회원이 이르렀을 때에는 그러한 스파이활동방지법 찬성 운동을 전개하기 위해 임시회비를 강제 징수하는 일도 허용될 것이다. 일원적 접근은 「일반적으로 어느 특정 직업에 종사하는 자에 대해서는 자기의 자유의지에 근거해 그 직업을 갖게 되었다는 것을 근거로, 그 직업에 기대되는 사회적 역할의 관점에서 일정한 직업상의 의무가 법률 등에 의해 부과된다」(浦部·後揭②, 141면)고 생각하므로, 공적인 강제가입 단체의 구성원이더라도(상식을 벗어난 과대한 금액의 경우를 별도로 하면) 그 직업상의 의무가 인정된다면 그 이행방법도 원칙적으로 단체의 결정에 위임되어 있음을 인정하기 때문이다.

따라서 만약 이러한 결론을 피하려고 한다면, 이원적 접근에 의하지 않으면 안 될 것이다. 상기 「일본변호사연합 스파이방지법 반대운동 사건(日弁連スパイ防止法反対運動事件)」 항소심 판결(및 최고재판소 판결)도 반드시 이원적 접근을 부정하는 것은 아니다. 동 판결은 제1심 판결에서 반대운동 비용의 출처에 관한 판단은 유지한 채로, 제1심에서 빠뜨린 목적범위 내인가 아닌가의 판단을 전면에 내세운 데 지나지 않는다고 해석할 수 있기 때문이다.

이러한 이원적 접근에서는 강제가입의 공익 법인(특수공익 법인을 포함함)이 행하는 정치적 활동이나 사상적 활동에 대해, 우선 그러한 활동이 법령이나 정관, 사회통념에 따라 목적범위 내에 있는지의 여부가 심사되며, 만약 목적범위 내라고 판단된 경우에도 다음으로 회비징수 방법이 별도 심사되어 특별회비의 납입의무화 등, 그 구성원의 개별적·구체적 의무와 당해 정치적·사상적 활동과의 관계가 명확하게 되는 것과 같은 방법이 채택되어졌을 경우에는 그것이 개인의 사상 · 양심의 자유 혹은 투표의 자유를 침해하는 징수방법에 해당하는지가 심사되어, 재차 구체적인 문제나 상황 하에서 심사되므로, 결과적으로 그러한 정치적 · 사상적 활동이 당해 단체의 목적범위 외의 것이 되는 일도 있을 수 있다는 2단계의 이론 구성이 채택되게 된다.

다만, 이러한 이원적 접근에서도 최고재판소의 헌법 제19조 해석에 의한다면, 가령 그것이 강제가입 단체였을 경우에도 구성원 간의 대립이 세계관이나 체계성을 가진 정치사상의 문제에까지 도달하지 않는 단순한 가치 판단 수준에 그치는 한, 이 단체가 정규의 절차를 따라 일정한 선택을 하는 것은 우선 모두 목적범위 내의 행위로 간주되어버리는 것을 인정하지 않으면 안 된다. 그런 다음, 구성원에 대한 의무부여 방법의 점에서 다시금 심사가 이루어지는 것이지만, 최고재판소의 헌법 제19조 해석을 전제로 하는 한, 일반회비에서의 금원의 지출뿐만 아니라 특별회비 징수에 의한 경우에도 이것을 위헌 · 위법이라고 하는 논리를 찾아내는 것은 더욱 곤란하다고 말하지 않을 수 없다. 따라서 개인의 사상 · 신조의 자유를 보다 존중한다면, 사상 · 양심의 자유의 보장 범위에 대해서는 최고재판소 판례와는 달리 가치 판단에 관련된 모든 것이라고까지는 아니더라도 어느 정도 폭넓은 정신적 활동이 포함되는 것과 같은 이론구성이 필요할 것이다.

Part Ⅳ 두 번째 소재

국철노동조합 히로시마지부 사건 (国労広島地本事件)

최고재판소 1975년 11월 28일 제3소법정 판결
1973년 (オ) 제499호 조합비청구사건
최고재판소민사판례집 29권 10호 1698면
[참조조문] 헌 19, 28 労組 2

사실 개요

국철 노동조합(X)을 탈퇴한 60명의 구 조합원(Y)에게 조합비의 미납분이 있어 X가 Y에게 지불을 청구하여 소송이 되었다. 일반회비는 조합 규약으로 월납부로 정해져 있었기 때문에, 미납조합비 가운데 조합 탈퇴까지의 일당 계산에 근거하는 미납분에 대한 X의 청구는 인정되지 않았다(최3소판 1975년 11월 28일 民集 29권 10호 1638면). 한편 임시조합비에 대해서는 이러한 규정이 없고, 지불의무가 인정되는 여지가 있었기 때문에, Y는 이 임시조합비가 노동조합법과 조합 규약이 정하는 조합의 목적 범위의 활동에 충당되는 자금, 특히 그 일부가 조합원의 정치적 신조의 자유를 침해하는 정치적 활동에 충당되는 자금이 되므로, 당해 임시조합비를 징수하는 조합 결정은 무효이며 지불의무는 없다고 주장하였다. 때문에, 노동자의 경제적 지위의 향상에 직결되지 않는 활동, 특히 조합이 정치적 활동을 실시하는 것의 가부와 그러한 활동에 대한 조합원의 협력의무의 유무가 쟁점이 되었다.

원 판결(広島高判 1973년 1월 25일 民集 29권 10호 1676면)은 본건 1인당의 임시조합비 가운데, ①일본탄광노동조합(炭労)의 기업정비 반대투쟁을 지원하기 위한 자금으로서의 탄광노동조합 자금 350엔 및 춘계임금협상투쟁 자금 중 30엔, ②1950년의 안보반대투쟁에 참가하였기 때문에 민사·형사상의 불이익처분을 받은 국철노동조합 조합원을 지원하기 위한 안보 자금 50엔, ③1960년 총선거에 즈음하여 국철노동조합 출신 입후보자의 선거 운동을 지원하기 위해, 각각의 소속 정당에 기부하는 자금으로서의 정치의식 고양 자금 20엔에 대해, ①과 ②는 조합의 목적범위 외의 행위를 위한 자금 징수이며, 또한 ③도 그 납입 강제는 조합원의 정치적 신조의 자유를 침해하므로 어떤 징수 결의도 법률상 무효이며, Y는 납입의무를 지지 않는다고 판시하였기 때문에 X가 상고했다.

상고심=최고재판소

[다수의견]

■ 법적 구성

(a) 노동조합의 목적의 범위와 조합원의 협력의무의 범위에 대해

「노동조합의 활동은 조합원의 일반적 요청에 응해 확대되는 것이어서, 조합원으로서도 어느 정도까지는 이것을 예상해 조합에 가입하는 것이기 때문에, 조합으로부터 탈퇴의 자유가 확보되고 있는 한, 비록 개개인이 조합이 결정한 활동에 반대하는 조합원이어도, 원칙적으로는 이것에 대한 협력의무를 면할 수 없다」. 그러나「노동조합의 활동이 상기와 같이 다양화됨에 따라 조합에 의한 통제의 범위도 확대되고, 조합원이 일개 시민 또는 인간으로서 가지는 자유나 권리와 모순·충돌하는 경우가 늘어나고, 더욱이 최근의 사회적 조건 하에서는 조합에 가입하고 있는 것이 노동자에게 중요한 이익으로, 조합 탈퇴의 자유도 사실상 큰 제약을 받고 있는 것을 생각하면, 노동조합의 활동으로 인정된다는 것만으로 즉시 이에 대한 조합원의 협력의무를 무조건적으로 긍정하는 것은 합당하지 않다」.

(b) 다른 조합의 투쟁 지원자금이 되는 임시조합비에 대한 조합원의 납부의무에 대해

「노동조합 내지 노동자 간의 연대와 상호협력 관계에서 보면, 노동조합이 목적으로 하는 조합원의 경제적 지위의 향상은……널리 타 조합과의 연대 행동에 의해 이것을 실현하는 것이 예정되어 있기 때문에, 그러한 지원 활동은 당연히 위의 목적과 관련성을 갖는다」. 또한 그것은 「어떤 조합원의 일반적 이익에 반하는 것도 아니다」. 따라서 「위의 지원 활동을 할지의 여부는 그것이 법률상 인정되지 않는 등 특별한 경우가 아닌 한, 오로지 당해 조합이 자주적으로 판단해야 할 정책 문제이다」. 본건에 대해서는 「직접적으로 기업정비 반대투쟁을 지원하기 위한 자금이라 하더라도, 이것을 거출하는 것이 석탄정책 전환투쟁의 지원으로 연결되고, 나아가 조합 자신의 前記 투쟁의 효과적인 수행에 이바지하는 것으로 그 목적 달성을 위해 필요가 없는 것이었다고는 하기 어렵다」.

(c) 노동조합의 합법적인 정치적 활동의 범위와 이에 대한 조합원의 협력의무에 대해

「노동조합이 노동자의 생활 이익의 옹호와 향상을 위해서 경제적 활동 외에 정치적 활동을 하는 것은 오늘날과 같이 경제적 활동과 정치적 활동 사이에 밀접・표리의 관계에 있는 시대에서는 어느 정도 필연적이며, 이것을 조합의 목적과 관계가 없는 행위로 그 활동영역에서 배제하는 것은 실제적이지도 않고 합당하지도 않다」. 「예를 들어, 노동자의 권리 이익에 직접 관계하는 입법이나 행정조치의 촉진 또는 반대를 위해서 하는 활동과 같은 것은 정치적 활동으로서의 일면을 가지고, 그 한도에서 조합원의 정치적 사상, 견해, 판단 등과 전혀 무관한 것은 아니지만, 그것과의 관련성이 희박하고 오히려 조합원 개인의 정치적 입장의 차이를 넘어 노동조합 본래의 목적을 달성하기 위한 넓은 의미에서의 경제적 활동 내지 이것에 부수하는 활동이라고 보는 것이며, 이러한 활동에 대해 조합원의 협력을 요구해도 그 정치적 자유에 대한 제약의 정도는 지극히 경미한 것이라고 할 수 있다」.

(d) 노동조합의 정치적 활동에 대한 조합원의 협력의무의 한계에 대해

노동조합의 정치적 활동이 인정되는 경우에도 이에 대한 조합원의 협력의무까지 모두 인정되는 것은 아니다. 「노동조합의 정치적 활동의 기초가 되는 정치적 사상, 견해, 판단 등이 반드시 개개 조합원의 생각과 일치하는 것은 아니기 때문에, 원래 단체구성원의 다수결에 따라 정치적 행동을 하는 것을 예정하여 결성된 정치단체와는 다른 노동조합으로서는 그 다수결에 의한 정치적 활동에 대해서 이것과 다른 정치적 사상, 견해, 판단 등을 갖는 개개 조합원의 협력을 의무로 부여하는 것은 원칙적으로 허용되지 않는다고 해야 한다. 이러한 의무를 일반적으로 인정하는 것은 조합원 개인으로서의 정치적 자유, 특히 자기의 뜻에 반하여 일정한 정치적 태도나 행동을 취하는

것을 강제당하지 않을 자유를 침해하게 된다」.

(e) 노동조합이 안보반대투쟁에 의해 불이익처분을 받은 조합원의 구원 비용으로 징수하는 임시조합비와 조합원의 납부의무에 대해

「노동조합이 공제활동으로 행하는 구원의 주목적은 조직의 유지 강화를 도모하기 위해서 피처분자가 받고 있는 생활 기타의 면에서 불이익의 회복을 경제적으로 원조해 주는 것이며,……그 활동으로 일정한 정치적 입장에 대한 지지를 표명하게 되는 것도 아니」었기에 「그 거출을 강제하여도 조합원 개인의 정치적 사상, 견해, 판단 등에 관계하는 정도는 지극히 경미한 것이며, 이러한 구원 자금에 대해서는 앞서 서술한 정치적 활동을 직접적인 목적으로 하는 자금과는 달라 조합의 징수 결의에 대한 조합원의 협력의무를 긍정하는 것이 상당하다」.

(f) 정당이나 후보자의 지지와 선거에서의 투표의 자유의 관계에 대해

정당이나 의원의 활동은 「각종 정치적 과제의 해결을 위해서 노동자의 생활이익과는 관계가 없는 광범위한 영역에 미치는 것이기 때문에, 선거에서 어느 정당 또는 어느 후보자를 지지할 것인가는 투표의 자유와 표리를 이루는 것으로서 조합원 각자가 시민으로서의 개인적인 정치적 사상, 견해, 판단……등에 근거해 자주적으로 결정해야 할 일이다」.

■ 적용

(a) 「특별히 입법상의 규제가 가해지지 않은 경우에도 문제가 되고 있는 구체적인 조합 활동의 내용 · 성질, 이에 대해 조합원에게 요구되는 협력의 내용 · 정도 · 태양 등을 비교형량하고, 다수결 원리에 근거한 조합 활동의 실효성과 조합원 개인의 기본적 이익의 조화라는 관점에서 조합의 통제력과 조합원의 협력의무의 범위를 합리적으로 한정할 필요가 있다」.

(b) 춘계임금협상투쟁 자금과 탄광노동조합 자금에 대해서는 「前記 특별한 경우에 해당한다고는 인정되지 않는 본건에서, 피상고인들이 위 지원자금을 납부해야 할 의무를 지는 것은 분명하다」.

(c) 「노동조합과 관련된 정치적 활동을 하거나 혹은 이를 위한 비용을 조합기금으로부터 지출하는 것 자체는 법적으로 허용된 것이라고 해야 한다」. 「그러므로 이러한 활동에 대해서는 노동조합의 자주적인 정책 결정을 우선시키고, 조합원의 비용부담을 포함한 협력의무를 긍정해야 한다」.

(d) 「안보반대투쟁과 같은 활동은……직접적으로는 국가의 안전이나 외교 등의 국민적 관심사에 관한 정책상의 문제를 대상으로 한 활동이며, 이러한 정치적 요구에

찬성할지 반대할지는 본래 각자가 국민의 한사람으로서의 입장에서 자기의 개인적이고 자주적인 사상, 견해, 판단 등에 근거해 결정해야 할 것이기 때문에, 조합의 다수결로 조합원을 구속해 그 협력을 강제하는 것을 인정해서는 안 된다」. 강제 당하는 협력이 일정액의 금전 출원에 지나지 않는다고 해도, 「일정한 정치적 활동의 비용으로 그 지출 목적과의 개별적 관련성이 명백하게 특정되어 있는 자금에 대해 거출을 강제하는 것은 관련 활동에 대한 적극적 협력의 강제와 다름없고, 또한 위 활동에 나타나는 일정한 정치적 입장에 대한 지지의 표명을 강제하는 것도 동일한 것이라고 해야 하며, 역시 인정되지 않는다고 하여야 한다」.

(e) 「안보자금은 이른바 안보반대투쟁에 의한 처분이 행해졌기 때문에 오로지 피처분자를 구원하기 위해 징수가 결정된 것이라는 이유로, 위의 설시에 비추어 보아 피상고인 등은 이것을 납부할 의무를 지는 것이 분명하고」, 이것을 부정한 원심의 판단은 잘못된 것이며, 그 위법의 논지에는 이유가 있다.

(f) 「노동조합이 조직으로서 지지 정당 또는 이른바 통일후보를 결정하고, 그 선거 운동을 추진하는 것 자체는 자유지만……, 조합원에 대해서 협력을 강제하는 것은 인정될 수 없다고 보아야 하기에, 그 비용의 부담에 대해서도 이와 같이 해석해야 하는 것은 이미 말한 바와 같이 분명하다. 이와 같은 취지의 이유로 본건 정치의식 고양 자금에 대해 피상고인 등의 납부의무를 부정한 원심의 판단은 정당하다」.

[반대의견]

■ 법적 구성

(b) 다른 조합의 투쟁 지원금이 되는 임시조합비에 대한 조합원의 납부의무

• 아마노 다키미치(天野武一) 재판관

탄광노동조합 자금은 탄광노동조합 조합원의 생활보상자금이나 지원 단체의 활동비에 충당하기 위한 것으로, 「그 징수는 「조합원의 노동조건의 유지 개선 그 외 경제적 지위의 향상」을 위해서 직·간접적으로 필요한 것이라고는 할 수 없다」. 원 판결은 기업 간의 노동조건의 연동성, 인원 정리의 파급효과 등의 주장이 일반론에 지나지 않고, 「본건에 관하여 구체적인 개연성의 존재를 증명하는 데 충분한 증거는 없다」고 판시하고 있지만, 다수의견은 반론의 논거가 되는 구체적인 증거를 제시하지 않고, 단지 「탄광노동조합의 투쟁목적으로부터 합리적으로 생각한다면」, 기업정비 반대투쟁의 귀추가 석탄정책 전환투쟁의 성공 여부에 영향을 미친다고 독자적으로 판단한 뒤, 조합원에게 지원자금의 납부의무가 있다고 단정한 점에서 부당하다. 다수의견은 이러한 결론에 이르는 전제로서 「다수결 원리에 근거한 조합 활동의 실효성과

조합원 개인의 기본적 이익의 조화라는 관점에서 조합의 통제력과 그 반면으로서의 조합원의 협력의무의 범위에 합리적인 한정을 가하는 것이 필요하다」고 설명하면서, 이 일반론과 원심의 판단을 잘못이라고 한 결론간의 관련성이 불명확하다.

(e) 노동조합이 안보반대투쟁에 의해 불이익처분을 받은 조합원의 구원 비용으로 징수하는 임시조합비와 조합원의 납부에 대해서

• **타카쓰지 마사미(高辻正巳) 재판관**

「민주주의사회에서 개인의 정치적 자유, 특히 자기의 뜻에 반하여 일정한 정치적 입장에 서는 것을 강요받지 않을 자유가 귀중하게 여겨지는 것에 비추어보면」, 구원자금의 거출 강제가 조합원에 대해 조합의 정치적 활동에의 적극적 협력을 강제하게 되는 경우와, 그것이 단지 조합의 정치적 활동에의 지원을 강제하게 되는 것에 지나지 않는 경우로 평가를 달리해야 할 까닭은 없다. 피처분자의 「구원을 위한 자금을 거출하는 것이 조합의 정치적 활동을 지원하는 일면을 갖고, 이것을 할 때에 조합원 개인의 정치적 자유와 관계를 가지는 것은 부정할 수 없다」.

■ **적용**

• **아마노 다키미치(天野武一) 재판관**

(b) 「원 판결이 이른바 탄광노동조합 자금의 거출을 조합의 목적범위 외의 것이라고 판단한 것, 즉, 그 거출에 사법상의 의무를 인정해서는 안 된다고 판단한 것은 정당하며 위법적인 부분은 없다」.

• **타카쓰지 마사미(高辻正巳) 재판관**

(e) 「조합의 정치적 활동에 의한 피처분자의 구원에 대해 조합원의 협력의무를 긍정하는 것은 조합이 다수결에 의한 우위의 입장에서 조합원에 대해 그 뜻에 반해 일정한 정치적 입장에 서는 것을 강요하는 것과 같은 것을 용인하게 되는 것이라고 말해야 하며, 민주주의사회에서 특히 귀중하게 여겨지는 前記의 자유의 가치를 부당하게 경시하는 것이라고 할 수밖에 없다」.

기본 해설

1. 노동조합의 강제가입성과 정치적 활동의 가부

사적 단체의 권리 능력의 범위를 확정하여, 그 권리 능력 내의 활동에 대해 구성원의 협력의무의 범위를 확정하려면, 그 사적 단체가 강제가입성이 있는 단체인지 아

닌지, 그리고 공익 단체인지 아닌지의 관점으로부터 구체적으로 검토하는 것이 당연하다는 것은 앞에서 언급하였다. 노동조합의 경우는 세무사회나 사법서사회, 변호사회 등과 비교하면 공익성이 부족하고, 또한 법률에 의한 가입 강제가 없고 통상적으로 가입·탈퇴가 자유로운 점에서 볼 때 강제가입성이 없는 것처럼 보인다. 그러나 자본주의 사회의 실태를 살펴보면, 노동조합에 가입하지 않은 노동자는 그 경제적 이익을 충분히 지키지 못하기 때문에 단순한 결사의 자유(헌법 제21조)가 아닌 노동자의 단결권이 헌법의 명문(제28조)으로 보장되고 있는 것을 볼 때 법적 판단의 전제로 해야 한다는 것을 알 수 있고, 본건 최고재판소 다수의견도 이것을 인정하고 있다. 따라서 자본주의 사회의 실태와 헌법 제28조의 존재를 전제로 하면 노동조합은 어느 정도 사실상 강제가입성을 갖는 사적단체라고 인정해도 좋다. 하물며 사용자측과 유니온 샵(union shop) 협정을 체결한 노동조합의 경우는 조합으로부터의 탈퇴가 실직을 의미하고, 조합과 사용자측이 체결한 노동협약에는 노동조합법 제14조, 제16조, 제17조 등에 의해 사법상의 효력이 발생하는 점에서 보면, 유니온 샵에 근거하는 노동조합의 강제가입성은 법령에 의한 일정한 근거까지 주어진 상당히 강력한 것, 세무사회 등에 준하는 강력한 것으로 간주할 수가 있다.

이미 말한 것처럼, 강제가입성이 강하게 인정되는 사적 단체의 경우에는 구성원의 사상·신조의 자유를 최대한 존중할 것이 요구된다. 노동조합의 목적범위를 확정할 때에도 이 관점으로부터의 판단이 불가결하다.

2. 본건 최고재판소 다수의견과 원심 및 최고재판소 반대의견과의 차이점

그런데 본건 최고재판소 다수의견과 히로시마 고등재판소 판결(원심)을 지지하는 최고재판소 반대의견의 차이는 노동조합이 갖는 강제가입성의 특수성을 고려하고 있는지의 여부에 기인한 것이다. 우선 반대의견은 타 조합의 지원을 위한 금원 거출이 조합의 목적범위 내에 포함되는 것에 회의적이고, 조합원의 노동조건·경제적 지위의 향상이라는 본래의 목적과의 「구체적인 개연성」의 존재까지 요구하는 것으로, 노동조합의 목적범위를 극히 좁게 해석하였다. 그러나 일본국헌법 제28조는 단결하지 않는 자유보다 단결할 권리를 우선시하고 있고, 또한 노동자의 단결권과 단체행동권에는 산업별 혹은 산업 횡단적인 연합체를 형성하고, 업종을 넘어 조합간의 연대 행동을 취하며 유효성을 높여온 역사가 있는 이상, 당해 조합 내부의 경제적 이익에 직결하지 않는 활동을 모든 노동조합의 목적의 범위 외로 생각하는 것은 잘못된 것이다. 다수의견은 특별한 법률위반 혹은 조합원의 일반적인 이익의 침해가 명백하지 않은 한, 어떠한 연대 활동이 목적의 범위 내에 포함되며 그러한 활동의 자금을 위해서 조합원에게 조합비 납입의무를 부과할 것인지 아닌지에 대해서는 노동조합 내의 자주적 판단에 맡긴다는 입장을 취했다.

다음으로 안보반대운동에 참가해 처분된 조합원에 대한 구원자금의 강제징수에 대해서도, 반대의견은 이것을 조합의 정치적 활동에 대한 참가의 강제이며, 조합원의 정치적 사상의 자유 침해라고 보아, 원래 그러한 정치적 성격의 활동은 조합의 목적에 포함되지 않는다고 하였다. 그러나 다수의견은 정치와 경제가 분리되지 않는 현대의 상황을 자각하고, 경제적 활동의 측면을 갖는 정치적 활동이 조합의 본래의 목적에 포함되는 것을 인정했기 때문에, 본건의 안보반대투쟁에 대해서는 위법한 조합 활동이라고 인식하면서도 그것과는 구별되어 조합원의 공제적인 측면과 조합의 단결 강화라고 하는 측면을 갖는 피처분자 지원자금에 대해서는 노동조합의 목적범위 내이며, 나아가 조합원의 협력의무의 범위 내로 했던 것이다.

3. 조합의 정치적 활동에 대한 조합원의 협력의무의 한계

최고재판소 다수의견이 유일하게 조합원의 협력의무를 부정한 것은 정치의식 고양 자금, 이른바 정당에의 정치헌금의 부분이었다. 이 점에서도 최고재판소 다수의견은 조합이 특정 정당이나 후보자의 지지결의를 위해 선거 응원을 하는 것까지는 인정하고 있어, 조합의 정치와의 관련을 인정하는지에 대해 반대의견과 차이가 난다. 학설은 「직・간접적으로 노동조합의 목적과 관계되는 정책을 둘러싼 정치적 활동」과 「개개의 시민에게만 유보되고 있는 선거권의 행사에 직접 관계되는 활동」을 구별하고, 후자에 대해서는 기업도 노동조합도 인정되지 않는다는 입장을 취하는 자도 적지 않았지만(元山健・後掲, 321면), 최고재판소 다수의견은 이 입장을 취하지 않았다.

최고재판소가 위법으로 보는 것은 조합에 의한 특정 정당・후보자의 지원 그 자체가 아니고 임시조합비에 근거한 조합의 정치헌금에 한정된다. 그것은 최고재판소가 정치헌금을 위한 특별한 금원의 강제적 징수를 「일정한 정치적 활동의 비용으로 그 지출 목적과의 개별적 관련성이 명백하게 특정되고 있는 자금에 대해 그 거출을 강제하는 것」이라고 보고, 이러한 활동 속에 일정한 정치적 입장에 대한 지지 표명의 강제를 찾아내, 이 강제를 투표의 자유에 대한 침해로 이론을 구성하고 있었기 때문이다.

강제가입성이 있는 단체에도 일정한 정치활동의 자유를 인정하면서, 구성원의 선거권에 관한 기본적 자유(투표의 자유나 입후보의 자유)를 침해하는 것 같은 특별회비・조합비의 징수 결정만을 공서양속 위반으로 무효로 하는 것은 그 후의 「미나미큐슈 세무사회 정치헌금 사건(南九州税理士会政治献金事件)」 최고재판소 판결에도 이어지고 있음은 이미 살펴본 바 있다.

설문 최고재판소 판결에 의하면, 유니온 샵제를 취하는 노동조합이 다음의 행위를 하는 것은 허용될까?

(1) 조합원 총회에서 스파이활동방지법안에 반대하는 결의를 내걸고, 조합의 연간 방침 속에 활동 계획과 지출 계획을 포함시키는 것
(2) 상기의 경우 그 캠페인 활동의 비용을 위해 전 조합원으로부터 임시조합비 500엔을 징수하는 결정을 하는 것
(3) 상기의 경우 스파이활동방지법안 찬성 캠페인 활동을 하는 조합원에게 임원 선거의 입후보 자격정지 처분을 하는 것
(4) 노동자의 해고를 용이하게 하는 법안에 반대하는 결의를 조합원 총회에서 가결했는데, 그 법안에 구태여 찬성하는 캠페인 활동을 공공연하게 실시하는 조합원에 대해서 임원 선거의 선거권・피선거권을 정지하는 처분을 내리는 것
(5) 조합 총회에서 특정 정당을 지원하는 결의를 했는데, 그 방침에 반하여 다른 정당을 응원하는 행동을 취한 조합원에 대해서 임원선거의 선거권・피선거권을 정지하는 처분을 내리는 것

▌참고문헌▐

芦部信喜『憲法』(岩波書白, 第3版・高橋和之補訂, 2002年)
同編『憲法Ⅱ 人権 1』(有斐閣, 1978年)
浦部法穂 ①『全訂憲法学教室』(日本評論社, 2000年)
同 ②『群馬司法書士会訴訟と思想・良心の自由』神戸法学雑誌52巻3号(2002年)
同 ③『団体の目的の範囲と構成員の思想信条の自由』判タ1108号(2003年)
菟原明「法人の人権享有主体性」憲法判例百選I (有斐閣, 第4版, 2000年)
河内宏「法人の寄付について」判タ1108号(2003年)
西原博史「公益法人による政治献金と思想の自由」ジュリスト1099号(1996年)
宮沢俊義『憲法Ⅱ』(有斐閣, 新版, 1971年)
元山健「労働組合の政治活動と組合費納付義務」憲法判例百選I(有斐閣, 第4版, 2000年)
山田創一 ①「政治献金と法人の目的の範囲(1・2完)」山梨学院大学法学論集42号(1999年), 43号(1999年)
同 ②「群馬司法書士会震災復興支援金事件の最高裁判決の意義とその問題点」判タ1108号(2003年)

(大津 浩)

제2장 신교의 자유와 법령상의 의무

[논점]

(1) 공립학교에서의 처분과 사법심사의 여부

공립학교에서의 원급유치처분(진급거부처분) · 퇴학처분 등은 사법심사의 대상이 되는가? 이러한 처분들에 대해 재판소는 어떠한 재량통제의 방법을 제시했는가?

(2) 공교육에서의 신교의 자유

종교상의 이유에 의한 수강거부에 대한 불이익처분은 신교의 자유를 침해하는가? 처분의 위법성을 판단하는 심사에서 신교의 자유는 어떠한 의의를 가지고 있는가?

(3) 공교육에서의 정교분리 · 종교적 중립성

학교 측이 신교의 자유를 배려하여 대체조치를 강구하는 것은 정교분리의 원칙 내지 공교육의 종교적 중립에 반하는 것인가?

Part Ⅰ 기본 소재

여호와의 증인 검도실기 수강거부 사건

최고재판소 1996년 3월 8일 제2소법정 판결
1995년(行ツ) 제74호 진급거부처분취소 · 퇴학명령처분등취소청구사건
民集 50권 3호 469면, 判時 1564호 3면
[참조조문] 憲 20, 14, 26 教基 9
학교교육법시행규칙 13③

사실 개요

고베시립공업전문학교에서는 보건체육이 필수과목으로 되어, 1990년도부터 제1학년의 체육과목으로 검도가 채택되었다. 동 연도부터 동교에 입학했던 X(원고, 항소인, 피상고인)는 전부터 성서의 내용을 엄격히 준수하는 기독교의 한 종파인 「여호와의 증인」의 신자로서, 성구(聖句)*에 의해 「격투기(格技)」가 금지되어 있으므로 검도실기를 하는 것을 계율위반이라며 거부하였다. X는 검도의 수업 자체에는 출석하고, 강의나 준비체조에는 참가했지만 실기는 거부하고, 도장의 구석에서 정좌하며 수업내용

을 기록한 뒤, 리포트를 작성하여 제출하는 것으로 실기를 대체해달라며 수차례에 걸쳐 제출을 시도하였지만 인정되지 않았다. 또한 X는 다른 체육종목의 이수는 거절하지 않았고, 그 외의 성적은 우수하였다. 학교 측은 검도실기의 보강을 시행하였지만, 실기를 대신하는 대체조치는 취하지 않는다는 것을 일찍이 결정하여, 결국 X의 체육성적은 인정되지 않았고, 동년도(1991년 3월)·차년도(1992년 3월)에 걸쳐 유급처분(원급유치처분, 진급거부처분)이 되어, 연속해서 2회 유급한 자에게는 퇴학을 명하는 학칙에 따라 학교장 Y는 X를 퇴학 처분하였다. X는 Y를 상대로 2번의 원급유치처분과 퇴학처분의 취소를 요구하여 소송을 제기하였다**.

---

* 제1심 인정사실에 의하면, 그 성구는 「가능하다면 여러분들에 관한 한 모든 사람에게 평화를 요구하세요」. 「그들은 그 검을 사랑의 칼로, 그 창을 잔디깎기 가위로 바꿔야 한다. 국민은 국민을 향해 검을 들지 않고, 그들은 이제 싸움을 배우지 않는다」를 가리킨다.

** 본건에서는 1991년 제1차 유급처분과 1992년 제2차 유급처분에 대하여 집행정지 신청이 이루어졌지만 모두 각하되었다(제1차 원급유치처분에 관하여, 고베地決 1991년 5월 16일 判時 775호 75면, 오사카高決 1991년 8월 2일 判時 764호 279면. 제2차 원급유치처분 및 퇴학처분에 관하여, 고베地決 1992년 6월 12일 判時 1438호 50면, 오사카高決 1992년 10월 15일 判時 1446호 46면). 더욱이 처분취소를 구하는 본안 소송은 제1심에서는 제1차 원급유치처분이 다투어지고, 항소심 단계에서 제2차 원급유치처분 및 퇴학처분의 취소를 구하는 사건이 병합되어 심리되었다. 이것에 대한 상고심 판결이 본장에서의 기본 소재이다.

제1심=고베 지방재판소

고베 지방재판소 1993년 2월 22일 판결
判時 813호 134면

■ 당사자의 주장 (쟁점)

〈사실에 관련된 주장〉

원고 ①검도실기 수강은 무도(武道)를 강요하는 것이다. ②피고는 검도실기를 대신하는 대체조치를 채택하는 것이 충분히 가능했음에도 불구하고, 원고의 여러 번에 걸친 대체수업 요청에 대해 전혀 고려하지 않았다. ③본래 검도실기 과목의 도입 자체가 여호와의 증인을 배제하기 위해 기도된 것이다.

피고 ①검도는 신체적인 측면·사회적 태도 발달의 모든 측면에서 뛰어난 체육효과가 있으며, 격투기로 분류되지만 그것이 죽도를 사용하여 행하는 스포츠이기 때문에, 오늘날 검도를 일본도를 사용하기 위한 무기 등으로 생각하고 있는 사람은 없다. 또한, 실기를 강요한 적은 없다. ②피고로서는 여러 번에 걸쳐 원고를 설득하고 실기수업의 보강 기회까지 제공하였다. 또 그 이외의 대체조치를 강구하는 것은 예산, 교사의 수로 인한 곤란함과 동시에, 개인적 이유에 의한 대체조치를 인정하게 되면, 학생 전체에 대한 규율을 유지할 수 없게 된다. 더욱이 원고는 집단교육의 장에서 지도를 거부하는 나쁜 사례를 다른 학생들에게 보임으로써, 학교의 질서와 교육효과에 악영향을 미치는 것을 생각하고 있지 않다. ③검도실기 과목의 도입은 대다수 일반 국민에게 널리 받아들여진 건전한 스포츠를 체육실기의 한 종목으로 도입한 것에 불과하다.

〈법적인 근거에 관련된 주장〉

원고 ①헌법 제20조가 보장하는 신교의 자유는 내심에 머무르고 있는 경우에 그 보장은 절대적이지만, 그러한 경우뿐만 아니라 신앙에 의거하여 국법상 의무로서 가해진 행위 등을 거부한 경우에도, 그 법적 의무가 실질적으로 중대한 공공의 이익에 기여하거나 또는 그것으로 인해 타인의 인권을 제한하는 결과를 가져오는 것이 아닌 한, 이에 대해 뭔가의 불이익을 부과하는 것은 신교의 자유를 침해하는 것으로 허용되지 않는다.

이 점에서, 국가행위와 종교적 신조나 신앙고백이 충돌할 경우 당해 국가행위의 위헌심사기준으로 ⅰ) 국가행위의 고도의 필요성(신교의 자유를 침해하더라도 강행되지 않으면 안 될 정도의 필요성, 그것이 실질적인 공공적 이익을 실현하기 위해 필요불가결한지 아닌지), ⅱ) 대체성의 유무(가령 국가행위가 고도의 필요성에 입각한 것이라고 하여도, 그것이 같은 목적을 달성하기 위해 대체성이 없는 유일한 수단인지 아닌지), ⅲ) 국가행위에 의한 침해의 성질 및 정도, 침해될 종교상의 이익의 중요성, ⅳ) 그 밖의 당해 종교적 행위 자체가 다른 국민의 권리를 침해하는 것인지 아닌지, 각 요건이 심사 검토되어져야 한다. 이것을 본건에 적용해 보면, ⅰ) 학습지도요령 기재의 체육이수 목적규정에서도 고베고등전문학교가 체육학교도 경찰학교도 아닌 점에서도, 검도실기 이수의 필요성은 없고 고도의 필요성이 있다고는 말할 수 없다, ⅱ) 전국에는 대체조치를 취하고 있는 학교가 많이 있고, 또한 내규로도 신체상의 장애를 이유로 실기에 참가할 수 없어 견학한 사람에 준해서 평가하면 된다, ⅲ) 유급은 당해 학년의 전 수업과목의 재이수를 요구하는 것으로, 검도실기 수강이 신앙의 전면부정에 해당하는 이상, 재차 유급할 가능성이 대단히 높고, 그렇게 하면 연속하여 2회 원급에 머물 수 없다는 동교의 규정에 의해 어쩔 수 없이 퇴학하게 되는 불이익을 받을 것이 고려되며, 다른 한편, 이러한 불이익을 피하기 위해 불가피하게 수강을 받도록 하는 것은 계율위반을 강요하는 것이 된다, ⅳ) 다른 학생의 항의가 없고 학교 내의 질서가 흐트러진 일도 없다고 할 수 있다. 따라서 본건 유급처분은 신교의 자유, 교육기본법 제3조 제1항* · 제9조 제1항**에 반하는 위헌 · 위법인 것이다.

②본건 처분은 헌법 제14조의 평등원칙에도 반하고, 또한 헌법 제26조의 교육을 받을 권리 및 학생의 학습권을 침해하는 것이기도 하다.

피고 (피고는 본안 전의 문제로서 유치결정 및 그 전제인 학점인정은 일반 시민법질서와 직접 관계가 없는 교육상의 조치인 반면, 고도의 교육적 · 전문적 평가에 관한 조치로 사법심사의 대상이 되지 않는다고 주장하고, 나아가 원급유치처분의 처분성을 부정하고 있다. 그리고 처분의 위법성에 대하여 다음과 같이 주장)

①확실히 신교의 자유는 내심에 있는 한 어떠한 제약도 받지 않는다. 그러나 신교의 자유도 외부에 표출되어 어떤 행동을 동반하게 되면 타인의 인권과 여러 의무 등과의 긴장 · 충돌을 일으켜, 그것에 의하여 어느 정도의 제약을 받는 것은 예정되어 있고, 그 제약은 기본적 인권에 내재하는 제약이다. 이 점에서 학교에서 면학 등을 계속하기 위해서는 그 규칙을 지켜야 하고, 그 규칙에 반하여 검도수업의 수강을 거부하면, 그것에 의해 발생하는 불이익은 당연히 자기책임으로 지는 것이 당연하다. 결국, 원고의 주장은 신교의 자유를 근거로 하면 무엇을 하더라도 허용된다고 하는 것으로 도저히 받아들일 수 없는 대단히 편협한 논리이다. 대체조치도 재정적 · 물리적 · 질서유지적 관점에서 곤란할 뿐만 아니라, 원고에게 특별한 조치를 강구하는 것은 공교육을 행하고 있는 피고가 학생의 신조에 의해 차별대우를 받게 되어, 오히려 헌법 제14조, 교육기본법 제9조 제2항**에 위반하게 된다. 따라서 본건 처분에는 재량권의 일탈 · 남용이 없다.

②원고를 특별대우하는 것이 오히려 헌법 제14조에 위반된다. 또한, 고베고등전문학교는 의무교육기관이 아니고 원고가 교육기회를 상실한 것은 원고의 책임이다.

---

* 교육기본법 제3조 제1항: 모든 국민은 동일하게 그 능력에 따른 교육을 받을 기회를 부여받아야 하고, 인종, 신조, 성별, 사회적 신분, 경제적 지위 또는 가문에 의해 교육상 차별받지 않는다.

** 교육기본법 제9조 제1항: 종교에 관한 관용의 태도 및 종교의 사회생활에서의 지위는 교육상 이를 존중해야 한다.

동 제2항: 국가 및 지방공공단체가 설치한 학교는 특정 종교를 위한 종교교육 그 밖의 종교적 활동을 해서는 안 된다.

■ 법적 구성

(피고의 부분사회론 채택에 대하여, 본건 처분은 X를 「고베고등전문학교 제1학년으로 유급시키고,……이러한 불이익은 단순히 학교 내부의 문제에 그치는 것이 아니기 때문에, 일반 시민법질서와 직접 관계를 가진다 할 수 있으며」, 「또한, 그 처분의 전제가 되는 단위 인정여부의 점에 대해서도,……그대로 본건 처분에 직접 결부되는 이상 마찬가지다」라고 하여 본건 처분을 사법심사의 대상으로 하

였다. 또한, 본건 처분의 행정처분성에 대해서도 원고가 불이익을 보는 점에서 이것을 긍정하였다. 그리고 다음과 같이 판단하였다.)

「성적평가에 관련한 판단은 고도의 기술적인 교육적 판단이기 때문에 그 판단은 직접 교육에 종사하는 자의 교육적·기술적인 재량에 맡겨져 있는 것이라고 해석하는 것이 상당하다. 따라서 교장의 진급거부처분은 진급의 요건 유무의 판단이 전혀 사실상의 근거에 입각하지 않았다고 인정되는 경우이든가, 또는 교육적인 관점에서 사회 관념상 현저하게 타당성을 결여한 판단권자에게 맡겨진 재량의 범위를 넘는 것으로 인정되는 경우를 제외하고, 판단권자의 재량에 맡겨져 있다고 해석하는 것이 상당하다. 그리고 원고가 주장하는 제반 요소는 이 처분에 대하여 교장의 재량권의 일탈·남용이 있는지를 판단하는 여러 요소의 일부로서 고려하는 것이 상당하다」. 또한 「신교의 자유는 기본적인 인권으로서 내심에 머무르는 한 그 보장은 절대적인 것이라 할 수 있다. 그러나 본건과 같이 그에 의거하여 법적 의무나 사회생활상의 의무수행을 거절하는 등 그것이 외형적 행위가 되어 사회생활과 관련을 갖는 경우에는 종교에 대한 중립적인 일반적 법의무에 의한 필요최소한의 제약을 피할 수는 없다」.

그리고, 재량권의 일탈·남용의 유무는 (a) 검도를 필수로 한 것, (b) 체육의 단위를 인정하지 않은 것, (c) 대체조치를 채택하지 않은 것의 시비라는 점에서 문제가 된다.

■ 적용

(a) 검도를 필수로 한 것의 시비

체육을 필수로 하고 체육 종목으로 검도를 선택한 것은 고등전문학교 설치기준과 고등학교 학습지도요령에 합치하는 것으로 아무런 위법이 없다. 또한, Y에게는 원래 검도실기 도입 의사가 있었고, 도장(道場)이 완성되어 가능해진 것일 뿐, 여호와의 증인을 혐오하여 특별히 필수로 한 것은 아니다. 따라서 재량권의 일탈·남용은 없다.

(b) 체육 단위를 인정하지 않은 것의 시비

X의 '신교의 자유'가 일정 제약을 받고 있는 것은 부정할 수 없지만, 「검도의 이수의무 자체는 아무런 종교적 의미를 갖지 않고, 신교의 자유를 제약하기 위한 것도 아니다」라는 점, 「체육 담당자는 실제로 참가하지 않은 검도실기에 대하여 평가하지 않은 것에 지나지 않고,……검도실기 수강거부에 대하여 특별히 불이익을 과한 것으로 평가할 수 없다」는 점, 그 밖의 종목에 대해 약 8할의 점수를 취득하면 체육 과목의 단위인정을 받는 것도 결코 불가능하지 않다는 점 등에서, 제약의 정도는 낮고 X가 입은 불이익도 과대하다고 할 수 없다.

오히려 검도실기에 참가하지 않았음에도 신교의 자유를 이유로 참가한 것과 같은 평가를 한다면, 「종교상의 이유를 근거로 유리한 대우를 하는 것이 되므로, 신교의 자유의 한 내용으로 다른 학생의 소극적인 신교의 자유와 긴장관계를 발생시킬 뿐만 아니라, 공교육에 요구되고 있는 종교적 중립성을 잃고, 나아가서는 정교분리의 원칙에 저촉될 수도 있다. 교육기본법 제9조 제1항에서 정한 종교에 관한 관용 등도 어디까지나 종교적 중립성을 전제로 하는 것으로, 종교를 교육상 이유로 절대 우선하는 지위를 인정하는 것이 아니다」. 이점에서 「가령 수강하지 않은 검도실기에 대해 이수한 것에 준해 평가하는 것이 정교분리의 원칙에 반하지 않는다 평가하더라도, 반대로 그러한 정교분리의 원칙과 긴장관계에 있는 행위를 해야 할 것이 의무로 과해질 수 없고, 긴장관계를 회피하기 위해 그러한 행위를 하지 않은 것에 대해 재량권의 일탈 또는 남용이 있었다고도 할 수 없다」. 더욱이 이러한 특별조치를 취한다고 해도, Y측에서 「이수거절이 종교상의 이유에 의거하는 것인지 판단해야 되는데 그렇게 되면, 필연적으로 공교육기관인 고등전문학교가 종교의 내용에 깊이 관계하게 되어, 이러한 점에서도 공교육의 종교적 중립성에 저촉할 우려가 있다」.

(c) 대체조치를 취하지 않은 것의 시비

「대체조치를 취하는 것도 전술한 대로 검도에 참가하지 않았음에도 참가한 것에 준하여 처리하는 것은 신교의 자유를 이유로 하는 유리한 취급이고, 게다가 대체조치 실시 · 안전 확보 등에 인원과 예산의 확보 등이 필요하게 된다는 점에서, 이러한 대체조치를 취하지 않는 한 위법이라 할 수 없다」. 또한 「고베고등전문학교에서는 신체상의 이유에 의해 체육 실기에 불참하는 학생에게는 견학 등으로 단위를 인정하고 있으며, 신교상의 이유에 의한 불참가의 경우에도 이와 같은 대우를 해야 하지 않았는가가 문제되지만, 원래 체육 실기에 참가하고 싶어도 신체상의 이유로 참가할 수 없는 경우와 그렇지 않은 경우에 다른 대우를 하는 것은 합리적 이유에 근거한 것이라고 할 수 있다」.

(이상과 같이 특별대우를 하지 않은 것에 합리성이 있는 이상, 평등원칙 위반이 아니고, Y측에게는 재량권의 일탈 및 남용도 없고, 교육 내용이 적정하게 결정되어 운영되고 있기 때문에, 이로 인해 불이익이 발생했다 하더라도 X의 학습권이 침해되었다고는 할 수 없다).

청구기각.

제2심=오사카 고등재판소

오사카 고등재판소 1994년 12월 22일 판결
行集 45권 12호 2069면, 判時 1524호 8면

■ 당사자의 주장 (쟁점)

(2회째 유급처분이 시행되고, 이에 따라 퇴학처분이 현실화된 외에는 쟁점 자체는 기본적으로 제1심과 같다. 항소심 단계의 쟁점으로 특징적인 것을 들면, 퇴학처분의 위법성에 관한 논점과 자유의지론에 근거한 자기책임론인데 이하에서 이를 살펴본다.)

항소인 진급인정 및 퇴학처분은 Y의 권한으로 되어 있지만, 교육재량의 목적은 학교내규 등의 기계적인 적용을 바로잡아 학생의 정신적 자유와 학습권을 최대한 보장하기 위한 것이다. 그러나 피항소인은 항소인이 검도실기에 참가하지 않았다는 사실만을 가지고, 2회의 본건 각 진급 거부처분을 행하여, 1991년도 성적이 단위취득 불인정된 보건체육 점수를 더하여도 평균점수가 90점(순위 1위)인 항소인이 「학력이 열등하고 학습전망이 없는 자」(동교 내규의 퇴학규정. 학교교육법 시행규칙 제13조 퇴학규정에 같은 문언이 있음)에 해당하지 않음이 명백함에도 불구하고, 내규를 기계적으로 적용한 것으로 교육적 재량을 크게 일탈하여 본건 각 처분을 한 것이다.

피항소인 X는 학생편람 등의 배포로 검도수업이 있는 것을 알고 수험에 응해, 입학을 허가받아 동인의 자유의사로 의무교육이 아닌 고베고등전문학교에 입학한 자이기 때문에, 고베고등전문학교의 성적평가 방법에 의거하여 평가, 진급이 행하여지는 것에 이의를 제기할 수 없는 재학관계가 설정되어 있다. 고베고등전문학교는 고베시가 설치한 학교지만 의무교육을 실시하는 것이 아니라, 학생이 수업을 받지 않거나 상급반으로 진급하지 않고 퇴학할 자유를 갖는 한편, 고베고등전문학교는 학습도달도가 불충분하다고 평가한 자에게 단위를 인정하지 않고 진급 불인정과 퇴학처분을 할 권한을 갖고 있기 때문에, 본건 처분은 Y의 교육을 받을 권리를 침해하는 것이 아니다.

항소인의 반론 고등전문학교는 제도적으로 의무교육이 아니지만, 고등학교 진학률이 높은 점에서 보면 국민 일반의 의식으로는 의무교육과 동일시된다. 그리고 입학 당시에 종교상의 이유로 격투기 수업을 거부할 수 있는 고등학교와 고등전문학교는 항소인이 통학 및 수험 가능한 범위에는 없었기 때문에, 자유의사를 이유로 격투기 수업을 거부할 수 없다는 논리는 항소인의 종교의 자유에 대한 중대한 차별을 용인하는 것이다. 더욱이 고베고등전문학교는 입학 전에 격투기가 필수로 되었다는 것만 전하였을 뿐, 격투기를 수강하지 않을 경우 학교의 대응이나 불이익의 정도에 대하여 항소인에게 알리지 않았다.

(a) 내부문제와 사법심사의 여부, 유급처분의 처분성

■ **법적 구성**

일반 시민의 이용에 제공되는 국가의 교육시설이라 하더라도, 일반 시민법질서와 직접 관련이 없는 동교의 내부적인 문제에 대해서는 법령에 특별한 규정이 없는 경우에도 상기 시설의 설치목적에 따라 이것을 자율적으로 처리할 권한 능력을 갖고 있기 때문에 내부문제에 관한 다툼은 사법심사의 대상이 되지 않는다고 해야 한다. 그러나 「분쟁 사항이 단순히 학교 내부문제에 그치지 않고, 그것이 학생의 권리 또는 법률상의 이익에 직접적이고 중요한 관계를 갖는 경우에는 위의 분쟁 사항에 대해서 사법심사의 대상이 된다고 해석해야 한다」.

■ **적용**

「배당된 수업과목의 단위 인정은 상급 학년으로의 진급의 전제가 되기 때문에, 단순히 당해 수업과목을 이수하고, 이수효과가 상당 정도에 도달함을 확인하는 교육상의 조치에 그치는 것이 아니다. 때문에……연속된 2학년도의 수업과목의 단위 불인정은 퇴학처분의 전제요건을 구성한다. 이 사실에 입각하면, 고베고등전문학교를 포함한 고등전문학교의 학생의 퇴학처분은 물론, 진급시키지 않는 처분도 모두 학생이 일반 시민으로서 공공의 교육시설인 고등전문학교의 수업을 받아 이를 이용할 권리를 침해하는 것으로 본건 각 처분은 사법심사의 대상이 되어야 한다」.

고등전문학교의 학생을 진급시키지 않는 처분이 단순히 교육적 조치가 아닌, 학생이 고등전문학교라는 교육시설을 이용할 권리를 제한하는 것인 이상, 본건 각 진급거부처분은 행정사건소송법 제3조의 행정처분에 해당한다.

(b) 대체조치의 필요성

■ **법적 구성**

「학업성취도의 평가에서 평가의 기준이 되는 객관적인 사실의 파악에 큰 오류가 없고, 평가가 명백하고 현저하게 불공평하지 않은 이상, 그 평가는 교육 전문적·기술적인 것으로, 정량적인 것이 아닌 성질상, 원칙적으로 평가를 하는 교원의 재량에 맡겨져 있는 것이며,……위의 평점이 현저하게 불합리, 불공평하다고 할 수 없다」. 「본건에서 본건 각 처분이 적법한지의 여부에 관한 쟁점은 고베고등전문학교의 항소인에 대해 대체조치를 취할 필요가 있었는지에 수렴된다」.

인정된 사실에 의하면, 항소인은 신앙상의 이유로 검도실기 참가를 거부하였다. 이 점에서 「헌법이 보장하는 신교의 자유는 그것이 내심의 신앙에 머무르는 한, 이것을 제약하는 것은 허용되지 않지만, 신앙이 외부에 적극적 또는 소극적인 형태로 나타나는 경우에 다른 권리나 이익을 침해할 때에는 항상 그 자유가 보장되는 것은 아니다. 그리고 이러한 경우에는 신교의 자유를 제약함으로써 얻어지는 공공적 이익과 그것에 의하여 상실하는 신앙인의 이익에 대해 각각의 이익을 법적으로 인정한 목적, 중요성, 각 이익이 제한되는 정도 등으로 경중을 비교형량하여 신교의 자유를 제한하는 것이 적법한지를 결정해야 한다. 따라서 본건에서는 고베고등전문학교가 항소인에게 검도실기를 대신하는 대체조치를 취하지 않음으로써 유지할 수 있는 공공적 이익과 항소인이 검도실기 수강을 거부함으로써 받아야 했던 불이익, 즉, 본건 각 처분과의 경중을 비교형량하여야 한다」.

■ 적용

체육과목으로 검도 종목을 채택한 것에 불합리한 점은 없고, 또한 고등전문학교라 하더라도 체육과목 이수의 중요성은 부정할 수 없지만, 「검도실기의 습득이 어떤 것으로도 바꾸기 어려운 필요불가결한 것으로, 검도실기를 하지 않고 그 대체조치로는 교육효과를 거둘 수 없다고까지는 할 수 없다」.

고베고등전문학교는 의무교육이 아니라 학생의 자유의사로 입학하지만, 고베시가 설치한 공공교육시설로 수업 기타의 시설 이용에 대하여 문호를 개방하고 있기 때문에, 입학을 인정받은 학생에게 설치목적에 따른 가능한 한 예정되어 있는 수업을 듣게 하고, 시설이용에 대하여 충분한 기회를 부여하기 위한 교육적 배려를 해야 할 의무가 있다. 이점에서 검도 종목의 실시를 외부에 주지시켰다고 해서 교육적 배려가 불필요한 사정이라 할 수 없고, 항소인이 사전에 검도실기 수강을 승낙했다고도 할 수 없다.

항소인에게 상기 교육적 배려로서 대체조치를 취한 경우, 「항소인이 검도실기를 수강할 경우와 비교하여 담당교원 등의 부담이 다소 증가하여도, 그 외 피항소인이 주장하는 것처럼 고베고등전문학교의 교육질서를 유지할 수 없거나 학교 전체의 운영에 간과할 수 없는 중대한 지장이 발생할 우려가 있다고 인정할 수 있는 증거는 없다」.

다른 고등전문학교에서는 대체조치를 채택하고 있는 곳도 있지만, 고베고등전문학교는 본건의 피항소인의 신청에 대해서도 시종일관 이것을 거부하여, 교육적 배려로서의 대체조치를 취할 필요성이 있는지에 대해 충분한 검토를 하지 않았을 가능성이 높다.

「항소인은 신앙상의 자유로 검도수업을 거부하고, 소극적인 형태로 항소인의 신앙을 외부에 행동으로 나타내고 있지만, 항소인에게 이 거부행위는 항소인의 신앙의 핵심적 부분과 밀접불가분한 것이다……. 그리고 위의 거부는 고베고등전문학교의 교육방침과 양립할 수 없어 항소인은 본건의 각 처분을 받았고, 본건 진급 거부처분은 항소인이 1학년에서 배운 각 과목 및 체육과목의 검도실기 이외의 과목 학습을 전부 무효로 하여 부득이 재학습해야 하는 효과를 갖는 것이며, 피항소인의 생각으로는 본건 각 처분에 대하여 재량의 여지가 없고 연속 2회의 진급 불인정은 퇴학처분으로 이어지는 것이다……. 그렇다면 검도실기 수강을 거부함으로써,……항소인이 받는 불이익은 대단히 크고, 본건 퇴학명령 처분은 항소인을 고베고등전문학교에서 배제하여 위의 교육을 받을 기회를 전부 박탈하는 처분이기 때문에 이로 인해 항소인이 입은 불이익이 너무 막대하다는 것이 명백하다」.

「그렇다면……, 고베고등전문학교의 교육시설로써의 공공적 이익과 항소인이 잃게 되는 이익을 비교형량하면, 본건의 경우 피항소인은 신앙상의 이유로 검도실기 수업에 참가하지 않는 항소인에게 대체조치를 취하는 것에 대한 법적 · 실제적 장해가 없는 한, 교육적 배려에 근거하여 검도실기 수업을 대신하는 대체조치를 취해야 했다고 하지 않을 수 없다」.

(c) 대체조치를 강구함에 있어 법적 · 실제적 장해의 유무

■ 법적 구성

「헌법 제20조 제3항의 규정(정교분리)에 따라, 교육기본법 제9조 제2항은 공립학교가 특정 종교를 위한 종교 교육을 하거나 교육활동을 하는 것을 금지하고 있으며, 피항소인이 항소인에게 위의 대체조치를 취하는 것은 종교상 이유에 의한 항소인의 검도실기 수업 불참가를 결과적으로 승인하는 것을 전제로 하는 것이다」.

■ 적용

그러나 「대체조치를 취하는 목적은 가능한 한 항소인이 고베고등전문학교에서 신교의 자유를 침해받지 않는 상황에서 교육을 받을 기회를 보장하려는 것이다. 그 조치도 항소인의 수강거부에 대하여 다른 학생과 비교하여 유리한 학습조건을 마련할 것이 요구되는 것이 아니라, 前記의 체육과목의 교육목표, 교육효과나 다른 학생과의 공평성 등을 고려하면서 교육적 배려를 하도록 피항소인의 재량에 맡겨져 있다. 따라서 이 재량이 적절하게 행사된다면 대체조치에 의해 항소인에게 특별히 유리한 지위를 부여하지 않고, 신체상의 이유 등으로 체육 실기에 참가할 수 없는 학생에 대한 대체조치를 마련하는 경우와 실질적으로 차이가 없고, 위의 대체조치가 종교적 색채를 띠지 않는 것은 물론이고, 피항소인이 대체조치를 채택 · 실시했다고 하여 항소인이 신봉하는 종교(여호와의 증인)를 원조, 조장 또는 촉진하는 효과 또는 다른 종교 신앙자와 무종교자에게 압박이나 간섭의 효과를 발생할 가능성은 없다고

봐야 한다」.

또한, 「검도실기 수강거부를 인정한다고 한다면 그 거부 이유를 판단해야 하지만,……피항소인이 해야 할 거부이유에 대한 판단은 교육자로서의 충분한 경험을 갖고 있는 교원이라면, 항소인이 주장하는 이유가 단순히 수업을 소홀히 하기 위한 구실인지 아닌지, 항소인이 설명하는 종교상 신조와 검도실기의 수강거부와의 관련성에 대해 나름대로의 합리적 근거가 인정될 수 있는지 정도의 조사로 충분하다. 그 이상으로 해당 종교의 교의·내용에 관한 심사를 하는 것은 필요하지 않고, 또한 해야 하는 것도 아니기 때문에 위와 같은 정도 조사를 하는 것이 공교육의 종교적 중립성에 반한다고 할 수 없다」.

게다가 「피항소인은 항소인의 거부이유에 대해 조사할 것까지도 없고, 여호와의 증인인 학생이 격투기 수업을 신앙상의 이유로 강력히 거부하는 것을 사전 또는 사후에 충분히 알고 있었다」.

따라서 「피항소인은 종교상 이유에 의한 항소인의 검도실기 수업 불참가에 대하여 대체조치를 취하는 것이 위의 헌법 및 교육기본법 규정 또는 그 취지에 반하거나 또는 헌법 제14조(공평원칙)에 반한다고 할 수 없으므로, 피항소인이 위의 대체조치를 취하는 것에 법적 장해가 있었다고 할 수 없다」.

덧붙여, 대체조치 실시에서는 「예산과 교원 수의 제한을 고려하면서 가능한 범위에서 유연하게 대응하고 차선의 방책을 강구하는 것이 전혀 불가능하다고는 생각할 수 없기」 때문에 「실제상 장해」도 없다.

이상을 종합해 보면 피항소인은 본건 각 처분을 행함에 있어 그 처분이유 및 처분의 필요성 판정에서 사용되어야 할 재량권을 현저하게 일탈하여 본건 처분을 한 것이고, 따라서 본건 각 처분은 위법이라 할 것이다.

원 판결취소.

상고심=최고재판소

■ 당사자의 주장 (쟁점)

항소심과 기본적으로 같다.

■ 법적 구성

「고등전문학교 교장이 학생에 대한 유급처분 또는 퇴학처분을 할지의 판단은 교장의 합리적인 교육적 재량에 위임되어야 하고, 재판소가 그 처분의 적부를 심사하는

데 있어 교장과 동일한 위치에 서서 당해 처분을 해야 하는지 등에 대하여 판단하고, 그 결과와 당해 처분과의 비교를 통해 그 적부, 경중 등을 논해야 하는 것이 아니라, 교장의 재량권 행사로써의 처분이 전혀 사실의 기초를 결여하였거나 사회 관념상 현저하게 타당성을 결여하고 재량권 범위를 넘거나 또는 재량권을 남용하였다고 인정되는 경우에 한하여 위법이라고 판단해야 한다(최고재판소 1967년 (行ツ) 제59호 동 1974년 7월 19일 제3소법정 판결 · 民集 28권 5호 790면). 그러나 퇴학처분은 학생의 신분을 박탈하는 중대한 조치이고, 학교교육법시행규칙 제13조 제3항에도 4개의 퇴학사유를 규정하고 있는 것으로 보아, 당해 학생을 학교의 외부로 배제하는 것이 교육상 불가피하다고 인정되는 경우에 한하여 퇴학처분을 선택해야 하고, 그 요건의 인정에 대해서는 다른 처분의 선택과 비교하여 특별히 신중한 배려를 필요로 한다(전술 1974년 7월 19일 제3소법정 판결 참조). 또한 유급조치도 학생에게 그 의지에 반하여 1년간에 걸쳐 이미 이수한 과목이나 종목을 부득이 재이수하도록 하여 상급 학년의 수업을 받을 시기를 연기시켜 졸업을 늦추며, 유급을 2회 연속하여 받은 경우에 퇴학처분으로 연결되기 때문에, 그 학생에게 부여되는 불이익의 크기에 비추어 유급처분의 결정에서도 마찬가지로 신중한 배려가 요구된다고 봐야 한다」.

■ 적용

(a) 재량권 행사의 위법성—신교의 자유와의 관련

「1. ……고등전문학교의 검도실기 이수가 필수항목이라고는 말하기 어렵고, 체육과목에 의한 교육목적의 달성은 다른 체육 종목의 이수 등의 대체적 방법으로 시행하는 것도 성질상 가능하다고 봐야 한다」.

「2. 한편 前記 사실관계에 의하면, 피상고인이 검도실기 참가를 거부한 이유는 피상고인의 신앙의 핵심 부분과 밀접하게 관련한 진지한 것이었다. 피상고인은 다른 체육 종목의 이수는 거부하지 않고 태만하지도 않았지만, 검도 종목 점수를 35점 중 겨우 2.5점밖에 받지 못하여 다른 종목의 이수만으로 체육 과목 합격점수를 받는 것이 매우 어려웠던 점이 인정된다. 따라서 피상고인은 신앙상의 이유에 의한 검도실기 이수거부의 결과로 다른 과목에서는 성적이 우수함에도 불구하고, 유급 · 퇴학이라는 사태에 몰렸다고 봐야 하고 불이익이 대단히 컸다는 사실도 명백하다. 또한, 본건 각 처분은 그 내용 자체가 피상고인에게 신앙상의 교의에 반하는 행동을 명한 것이 아니고, 그 의미로는 피상고인의 신교의 자유를 직접적으로 제약한다고는 할 수 없지만 피상고인이 그에 대한 중대한 불이익을 피하기 위해서는 검도실기의 이수라는 자기의 신앙상의 교의에 반하는 행동을 어쩔 수 없이 취해야 하는 성질을 갖는 것이 명백하다.

상고인이 취한 조치가 특별히 신앙의 자유와 종교적 행위에 대한 제약을 목적으로 하는 것이 아니라, 교육 내용의 설정 및 이수에 관한 평가방법에 대한 일반적 규칙을 따른 것이라 해도, 본건 각 처분이 위의 성질을 갖는 것인 이상, 상고인은 前記 재량권의 행사에 있어 당연히 그에 상응하는 고려를 할 필요가 있다. 또한 피상고인이 자신의 자유의사에 의해 필수인 체육과목의 종목으로 검도수업을 채택하고 있는 학교를 선택한 것을 이유로 앞서 본 것처럼 피상고인에게 현저한 불이익을 부여하는 것이 당연하게 허용되는 것은 아니다」.

(b) 재량권행사의 위법성—대체조치의 가능성과 정교분리

「3. 피상고인은 리포트 제출 등의 대체조치를 인정해주길 바라는 뜻을 계속 제의하였다……. 이에 대해 고베고등전문학교는 피상고인 『여호와의 증인』인 학생이 신앙상의 이유로 격투기 수업을 거부하는 뜻을 제의하자마자, 검도실기 이수거부는 인정하지 않으며 대체조치는 취하지 않을 것을 밝혀, 피상고인 및 보호자의 대체조치를 취해달라는 요구도 일체 거부하고, 검도실기 보강을 받을 것만을 설득하였다. 본건 각 처분의 성질에 비추어 보면 본건 각 처분에 이르기까지 뭔가의 대체조치를 취할지의 시비, 그 방법, 상태 등에 대해 충분히 고려했어야 했지만, 본건에서 고려되었다고 할 수 없다.

소론은 고베고등전문학교는 대체조치를 취하는 데 실제적인 장해가 있었다고 한다. 그러나 신앙상의 이유에 근거한 격투기 이수거부에 대해 대체조치를 취하는 학교도 실제로 있고, 다른 학생에게 불공평한 느낌을 갖게 하지 않을 적절한 방법·상태에 따른 대체조치를 취하는 것이 가능하다고 생각된다. 또한 이수거부가 신앙상의 이유에 근거하는 것인지는 외형적 사정의 조사로 쉽게 명백해질 것이고, 신앙상의 이유를 빙자하여 이수거부를 하려는 자가 다수 있다고도 생각하기 어렵다. 나아가 대체조치를 취함으로써 고베고등전문학교의 교육질서를 유지할 수 없다거나, 학교 전체 운영에 간과할 수 없는 중대한 지장을 발생할 우려가 있다고는 인정할 수 없다는 원심의 인정 판단도 시인할 수 있다. 그러면 대체조치를 취하는 것이 실제로 불가능했다고 할 수 없다.

소론은 대체조치를 취하는 것은 헌법 제20조 제3항에 위반된다고도 주장하지만, 신앙상의 진지한 이유로 검도실기에 참가할 수 없는 학생에 대해 대체조치로서 예를 들면, 다른 체육실기 이수·리포트 제출 등을 요구한 뒤 그 성과에 따른 평가를 하는 것이 그 목적에 있어서 종교적 의의를 갖고 특정 종교를 원조·조장·촉진하는 효과를 갖는다고 할 수 없고, 다른 종교인 또는 무종교인에게 압박·간섭을 가하는 효과가 있다고 할 수 없다. 대략 대체조치를 취하는 것은 그 방법·상태 여하를 불문하고 헌법 제20조 제3항에 위반하지 않는다는 것이 명백하다. 또한 공립학교의 경우 학생

의 신앙을 조사 탐색하여 종교를 서열화하여 각별한 취급을 하는 것은 허용되지 않지만, 학생이 신앙을 이유로 검도실기 이수를 거부할 경우에는 학교가 그 이유의 당부를 판단하기 위해 단순히 수업을 피하기 위한 구실인지, 당사자가 설명하는 종교상 신조와 이수거부의 합리적 관련성이 인정되는지를 확인하는 정도의 조사를 하는 것이 공교육의 종교적 중립성에 반한다고 할 수 없다고 해석된다. 이러한 것은 최고재판소 1971년 (行ツ) 제69호 동 1977년 7월 13일 대법정 판결・民集 31권 4호 533면의 취지에 비추어 보면 명백하다」.

「4. 이상에 의하면,……상고인의 조치는 고려해야 할 사항을 고려하지 않았고, 또는 고려된 사실에 대한 평가가 명백하게 합리성을 결여하고, 그 결과 사회 관념상 현저하게 타당성을 결여한 처분을 하였다고 평가할 수밖에 없고, 본건 각 처분은 재량권의 범위를 넘는 위법한 것이라 할 수밖에 없다」.

상고기각.

기본 해설

1. 내부문제에 대한 사법심사의 여부, 본건 조치의 처분성

본건에서는 우선 학교 내부문제에 대한 사법심사가 가능한지가 문제되고 있다. 제1심・항소심도 이 점을 명시적으로 다루고, 상고심에서는 이미 당연한 전제로서 각각 사법심사의 가능성을 승인하고 있다.

학내 문제에 대한 사법심사의 여부에 관해서는 후지야마(富山)대학 사건에 관한 최고재판소 선례(최3소판 1977년 3월 15일 民集 31권 2호 234면(①사건 판결), 최3소판 동일 民集 31권 2호 280면(②사건 판결)가 존재한다. 여기서는 대학은 국공립인지 사립인지를 불문하고, 교육연구 시설로서 설치목적을 달성하는 데 필요한 제 항목에 대해서는 법령에 특별한 규정이 없는 경우에도 포괄적・자율적인 권능을 갖는 것을 전제로, 이른바 부분사회론을 채택하여, 그 예에 따라 당해 분쟁이 「일반 시민법질서와 직접 관계를 갖지 않는 내부적인 문제에 머무는지」 아닌지를 기준으로 사법심사 여부가 검토되고 있다. 그 결과 단위인정 행위는 「수업과목을 이수하여 시험에 합격한 것을 인정하는 교육상 조치로 졸업 요건을 이루지만, 당연히 일반 시민법질서와 직접 관계를 갖는 것은 아니다」고 하여 사법심사의 가능성을 부정했다(①사건 판결). 한편, 또 하나의 쟁점인 전공과 수료인정에 대해서는 국공립대학이 「국가의 교육연구시설로서 일반시민의 이용에 제공된 것으로, 학생은 일반시민으로서 이러한 공공시설인 국공립대학을 이용할 권리를 갖는다」고 하여, 그 인정을 하지 않는 것은 실질적으로 국가의 시설이용을 거부하고, 학생이 일반시민으로서 갖는 공공시설을 이용할 권리를 침해한 것이기 때문에, 수료 불인정 행위는 사법심사 대상이 된다고 판결하였다(②사건 판결).

앞서 서술한 대로 본건에서는 제1심・항소심은 명시적으로, 상고심은 묵시적으로 부분사회론의 적용을 부정하였다. 문제가 된 조치는 과목수득불인정 → 제1차・제2차 유급처분 → 퇴학처분이라는 흐름으로, 이러한 조치의 모든 것이 문제가 된 항소심 판단에서는 본건의 과목수득인정 행위는 단순한 이수효과 확인이라는 교육상의 조치에 그치지 않고, 2번의 수득불인정이 퇴학처분의 전제요건을 구성한다는 것, 각각의 수득불인정 그 자체도 유급조치의 전제요건을 구성하는 것에 주목하여, 어떻든 학생이 일반시민으로 공공의 시설인 고등전문학교를 이용할 권리를 제한하는 것으로 단순한 내부문제라고는 할 수 없다고 판단하여 진급거부처분을 사법심사의 대상으로 인정하였다. 후지야마대학 사건(①사건 판결)에서는 단위인정 행위가 내부문제로 되었지만, 이처럼 그것이 미치는 효과에 따라서는 사법심사 대상이 되는 것이 명백하게 되었다. 이러한 항소심의 논법은 상고심에서도 당연한 전제가 되었다고 생각된다.

한편, 이처럼 계쟁의 내부적 조치가 학생의 권리(또는 법률상의 이익)를 침해할 가능성이 있는 한 사법심사 대상이 되는 동시에, 이러한 조치가 학생에게 미치는 법적 불이익도 인정되어 행정사건소송법 제3조의 「처분성」의 요건을 충족시키는 것으로 연동하여 인정되고 있다(제1심・항소심). 이 점도 상고심은 전제로 하고 있다고 생각된다.

2. 판례 법리의 기본적 구성—재량통제론

이상과 같이 재판소는 사법심사 가능성과 처분성을 인정하여 실체적 판단에 들어간다. 본건은 일반적으로 교육적 조치의 신교의 자유에 대한 배려, 또는 신교의 자유와 정교분리의 상극관계를 다루었다고 이해되지만, 상고심 판결 논리의 기본적 구성은 반드시 이러한 헌법상의 논점이 중심축이 된 것이 아니라는 점에 주목할 필요가 있다.

상고심 판결에서 우선 학교 내부문제에 대해 종래의 행정법리에 따라 학교장의 교육상의 재량을 광범위하게 인정하여, 이른바 판단대치형(判断代置型) 심사를 채택하지 않는 자세를 내세워, 원칙적으로 i) 사실적 기초가 결여된 경우, ii) 사회 관념에 비추어 현저하게 타당성이 결여된 경우에만 재량권의 일탈・남용이 인정되어 위법이 된다는 판단구조를 제시하였다. 게다가 본건 각 처분에 더하여 학생에게 가해진 불이익이 중대했다는 점에 비추어, 광범위한 재량권을 축소하여 「신중한 배려가 요구된다」는 관점에서 검도실기 이수 이외의 대체조치를 강구할 필요성과 가능성을 인정하고, 이러한 논리에 근거하여 각종 요소를 형량한 것으로, 그런 한도에서는 행정법상의 재량권 문제로 사안을 해결했다고도 할 수 있다.

상기한 바와 같이 상고심 판단의 기본적 구성은 교장이 취한 조치를 종래의 재량권 통제법리(「사회 관념에 비추어 현저하게 타당성이 결여되는」지 여부)라는 관점에서 음미한 것이다. 이때 최고재판소는 이러한 타당성의 음미를 신중하게 행해야 할 직접적 근거로 신교의 자유에만 근거하고 있는 것은 아니다. 오히려 「신중한 배려가 요구되는」 근거로 최고재판소가 염두에 두는 것은 (1) 퇴학처분은 신분박탈이며, 유급처분은 재이수를 강제하는 것으로 어느 쪽도 「중대한 조치」인 점, (2) 학교교육법시행규칙 제13조 제3항에도 퇴학사유를 한정하고 있는 점 두 가지이다(동항은 퇴학사유로서 「성격과 행동불량으로 개선될 가망이 없다고 인정된 자」, 「학력 열등으로 학업을 마칠 가망이 없는 자」, 「정당한 이유 없이 출석하지 않는 자」, 「학교 질서를 어지럽히고 그 밖의 학생으로서의 본분에 반하는 자」의 네 가지를 열거함). 그리고 사회 관념상의 타당성, 신중한 배려의 유무를 판정하는 데 있어 최고재판소가 고려한 것은 ①검도실기 이수가 필수라고는 말하기 어렵고 대체적 조치도 가능한 점, ②X의 이수거부 태도도 진지하고, 다른 과목의 성적도 우수했던 점, ③본건 조치는 X에게 신앙상의 교의에 반하는 행동을 부득이하게 시킨다는 점, ④자유의사에 의한 학교선택과 중대한 불이익을 받을 수 있다는 승인이 반드시 당연하게 연결되는 것은 아니라는 점, ⑤세 번에 걸친 대체조치 간청에 대하여 Y측이 그 가부에 대해 충분히 검토한 흔적이 없다는 점, ⑥대체조치를 취함에 있어 Y측에게 실질적인 장해가 없었다는 점, ⑦대체조치를 취하는 헌법상의 장해(정교분리 위반, 신교의 자유 침해)도 없었다는 점 등 여러 가지이다.

이러한 기본적 구성 하에서 검도 수강 강제와 관련해 신교의 자유를 쟁점으로 하는 것이 필수였을까? 예를 들어, 각 조치의 중대성도 학생의 신분박탈이나 재이수 강제라는 점에만 의거하여, 상기의 고려요소 중 ①, ②, ④를 이유로 X는 「성격과 행동불량으로 개선될 가망이 없는 자」도 「학업을 마칠 가망이 없는 자」도 아니기 때문에, 본건 조치는 학교교육법시행규칙이 규정한 퇴학사유에 해당하지 않는다는 논리로 충분히 결론에 달하였다고 할 수 있을지 모른다.

그러나 품행방정하고 학업이 우수한 학생이 「검도보다 펜싱이 기호에 맞으니까……」라는 이유로 이수를 거부한 경우, 과연 그것은 인정되어야 할 것인가? 불이익의 중대성 인정(③)과 대체조치의 법적 장해 검토(⑦)의 문맥에서 신교의 자유나 정교분리의 원칙 등 헌법적 쟁점의 언급이 보이는 것처럼, 거부 이유가 신교의 자유에 의거한다는 점은 결정적인 핵심이 아니었을까? 과연 본 사안이 행정법의 재량권론, 학교교육법시행규칙 등의 법령 해석, 신의칙 법리의 적용 유무 등에만 환원될 수 있는가하면 그렇지도 않을 것이다. 이들 헌법적 관점 없이 법령해석만으로 본건과 같은 결론에 달했다고는 말하기 힘들다. 그렇지만 행정법리인지 헌법법리인지 그 판별자체가 실무에서 중대한 의미를 갖는 경우는 그다지 많지 않다. 어쨌든 「열망(aspiration)

을 자극하면서도 적용(application)에서는 좀처럼 나서지 않는다」는 공법소송에서 인권규범의 실무적 역할이 수행되고 있는 사례라고 할 수 있다.

3. 신교의 자유와 이수거부

종래의 판례・학설도 신교의 자유에 대한 제약의 가부에 관한 「내면적 신앙/외형적 행동」 이분론을 채택해 왔다.

예를 들면 목회 사건 판결(고베 간이재판소 1975년 2월 20일 刑月 7권 2호 104면)은 「목회활동은 형식적으로는 종교의 직에 있는 목사 직무의 내용을 이루는 것이며, 실질적으로는 일본국헌법 제20조의 신교의 자유 중 예배의 자유라고 하는 예배의 일부 내용(즉, 기독교의 복음적 신앙의 일부)을 이루는 것이다」고 하고, 「다만, 내면적인 신앙과는 달리 외면적 행위인 목회 활동이 그런 차이 때문에 공공복지에 의한 제약을 받을 경우가 있다는 것은 말할 필요가 없다」고 하면서, 한편 「그 제약이 결과적으로 행위의 실체인 내면적 신앙의 자유를 사실상 침해할 우려가 많기 때문에 제약할 경우에는 최대한 신중한 배려를 필요로 한다」고 하였다. 또한 고도(古都)보존협력세 조례 사건 판결(교토 지방재판소 1984년 3월 30일 行集 35권 3호 353면)은 고도보존협력세 조례에 의한 참배자의 과세에 대하여 「유상으로 행하는 문화재 관상이라는 객관적・외형적 행위에 주목하여 그러한 관상자에게 문화재 관상의 목적을 갖는지, 신앙의 목적을 갖는지 또는 이것이 뒤섞여 있는지 등의 관상자의 내심을 묻지 않고 일률적으로 본세를 과하고 있고」, 「문화재 관상이라는 행위의 종교적 측면 자체를 부정하는 것이 아니라, 대가를 지불하는 유상의 문화재 관상이라는 행위의 객관적・외형적 측면에 담세력을 찾아내 이것에 본세를 부과하기로 한 것뿐이다」라고 판단하였다(또한, 옴진리교 해산명령 사건・최1소결 1996년 1월 30일 民集 50권 1호 199면에서도 이와 같은 이분론이 보이지만, 이에 대해서는 Part Ⅳ 참조). 이러한 이분론은 내면적 신앙에는 두터운 보호를, 외형적 행위에는 다른 이익과의 조정을 요구하는 것에 착안점이 있다.

검도수강거부 판결의 특징은 본건의 이수거부 이유를 「신앙의 핵심 부분과 밀접하게 관련된 진지한 것」이라고 인식하고, 그 중대성을 강조하고 있는 점이다. 본 판결에서 최고재판소는 「내면적 신앙/외형적 행동」 이분론의 채택을 명시하고 있지 않지만, 이수거부라는 외형적 행위에 대해 가해진 제약이더라도, 내면적 신앙에 관한 간접적 제약으로 파악하여 그것이 신앙의 「핵심 부분」에 저촉할 경우에는 엄격하게 검토한다는 자세를 보였다고 해석할 수 있다. 즉, 「내면적 신앙/외형적 행동」은 기계적으로 구별할 수 없고, 양자의 관련성을 음미할 필요가 있으며, 경우에 따라서는 외형적 행위의 규제도 내면에 대한 제약으로 연결될 수 있는 것이 명백해졌다. 이러한 관점은 신교의 자유뿐만 아니라, 다른 정신적 자유권 영역에서의 이분론(예를 들면 표현의 자유에 관한 내용규제/수단규제, 직접규제/간접규제)에도 응용될 수 있다.

그렇다면 상고심은 외형적 행위에 대한 제약을 내면적 신앙의 제약이라고 판단할 때에 어떤 실질적 요소에 주목한 것일까? 판례를 보면 이수거부로 귀결되는 불이익의 중대함과 그것을 회피하기 위해 희생해야 할 신앙상 이익의 중대함의 상관관계에서 판단하고 있는 것 같다. 즉, 유급・퇴학이라는 중대한 불이익을 회피하기 위해서 교의에 반하는 행위를 어쩔 수 없이 해야 하는 선택이 강요되는 이상, 학교 측에 그런 의도가 없고 또한 그러한 직접적 효과가 없다고 하더라도, 본건 조치는 교의에 반하는 행위의 강제에 해당한다는 판단했다. 결국 교의와 이수거부 사이에 ①문제가 된 교의가 「신앙의 핵심 부분과 밀접하게 관련되는 것」이고, 동시에 ②거부가 「진지한 것」임이 인정되어 이수의 강제 효과가, ③교의에 반하는 행위의 강제에 해당한다고 판단될 경우에는 내면적 신앙에 대한 제약에 준한 배려가 요청된다는 것이다.

또한 항소심은 이분론의 구조를 명확하게 내세우고 이수거부를 외형적 행위로 평가하여 제약 가능성을 긍정하고, 비교형량의 수법을 채택하는 취지를 명시한다. 반복되지만, 상고심에서는 이분론의 구조가 명확하게 채택되고 있는 것은 아니다. 또한, 최고재판소가 배경적으로 의거하고 있다고 여겨지는 이분론이 「외형/내면」인지 「간접/직접」인지에 대해서도 논의가 있지만, 어쨌든 최고재판소는 이분론의 기계적 준별의 폐해를 인식한 뒤 실질적 고찰에 이르렀다고 할 수 있다.

4. 대체조치와 학교의 종교적 중립성

우선 본 판결은 학교 측이 제시한 대체조치를 취하기에 실제적 장해가 있는데 반해, 다른 학교에서도 실제로 대체조치를 채택하고 있는 곳이 있다는 점, 거부이유의 정당성 조사가 그다지 시간이 들지 않는 비교적 용이한 것이라는 점, 거부가 자주 일어나서 교육질서가 침해되는 사태가 발생할 개연성이 낮다는 점을 이유로 그것을 인정하지 않고 「실제로 불가능하다고 할 수 없다」라고 하였다.

다음으로 학생의 신앙의 자유를 배려하여 대체조치를 취하면, 일정한 정교접촉이 발생할 가능성이 있어 법적 장해의 존재가 문제된다. 하지만 최고재판소는 정교분리에 관하여 일관되게 모든 정교접촉을 부정하는 완전분리설이 아닌, 일정 한도 내에서 정교접촉을 허용하는 상대분리설에 입각하여 왔다. 본건 상고심 판결도 허용되는 접촉과 허용되지 않는 접촉을 식별하기 위해 1977년 쓰지진제(津地鎮祭) 판결(최대판 1977년 7월 13일 民集 31권 4호 533면)에서 채택한 목적효과기준을 원용한 뒤, 대체적인 교과내용을 할당하여 그 성과에 대한 정당한 교육적 평가에 의거한 단위인정인 한, 목적과 효과 모두 정교분리에 저촉되지 않고, 학교의 종교적 중립성을 침해하지 않는다고 판단하였다.

게다가 학교가 학생의 신앙내용을 조사 탐문하여 종교를 서열화하는 것과, 이수 거부 이유를 조사하는 것을 준별하여, 후자는 학교의 종교적 중립성에 반하는 것이 아니라고 판시하였다.

Part Ⅱ 응용편

◥ 확인질문

1. 이하의 여러 가지 점을 확인하면서 본건에서 헌법규범(신교의 자유, 정교분리)을 원용하는 의의는 어디에 있다고 생각할 수 있는지 검토해보시오.
   (1) 본건의 각 조치는 학생에 대해 「중대한 불이익」을 부여한다고 상고심은 인정하였지만, 그 「중대한 불이익」이란 어떠한 것인가?
   (2) 상고심도 인정하고 있는 것처럼, 본건 각 조치는 「특별히 신앙의 자유와 종교적 행위에 대한 제약을 목적으로 하는 것이 아니라, 교육 내용의 설정 및 그 이수에 관한 평가방법에 관한 일반적인 규정에 따른 것」에 지나지 않는다. 그럼에도 불구하고, 상고심이 각 조치를 위법이라고 판단한 것은 어떠한 논리와 사고요소에 근거한 것일까?
   (3) 학교 측은 대체조치를 취할 때에 실제적 장해와 법적 장해가 존재하는 것을 들고 있다. 그것은 어떤 것이고 또 상고심은 그러한 주장에 어떠한 판단을 내렸는가?
2. 본건 각 심급의 비교에 대해서
   (1) 제1심 판결은 본건 조치를 Y의 재량권의 범위 내에 있다고 하여, X의 청구를 기각하였다. 왜 제1심은 항소심・상고심과 다른 판단을 내린 것일까?
   (2) 어떤 논자에 의하면, 본건 항소심 판결과 상고심 판결을 비교할 경우, 전자에서는 신교의 자유를 중심축으로 형량(衡量)이 진행되는데 반해, 후자에서는 신교의 자유의 시점이 다소 약해진 것으로 시사되고 있다(土屋・後掲 97면). 그러한 대비는 타당한가?
3. 본건 상고심 판결에서는 교장의 재량권 행사에 관한 사법심사에서 이른바 「실체판단대치형(実体判断代置型) 심사」를 회피하는 것과 같은 자세를 취하면서도, 재량의 실질에 대한 심사를 하였다. 「실체판단대치형 심사」는 어떠한 것인가? 상고심 판결 중에서 확인하시오.
4. 본건에서는 취소소송 이외에 집행정지 신청도 이루어졌다. 집행정지결정을 하

는 데에는 어떠한 요건을 고려해야 하는가? 취소소송과의 차이를 의식하면서 제2차 유급처분에 대한 고베지방재판소 결정(1992년 6월 12일 判時 1438호 50면)을 참조하여 생각해보시오.

◥ 응용문제

설문 1 본건과 사안의 구조가 유사하다고 불리는 일요수업참관 사건 판결(東京地判 1986년 3월 20일 行集 37권 3호 347면)과 본건 상고심 판결을 비교하여, 양방의 유사점과 차이점을 명확히 하시오.

설문 2 공립고등학교에서의 이하의 가상적 유사 사례에 대하여, 본건 상고심 판결의 법리가 어떻게 응용될 수 있는지 검토해보시오.

(1) 검도수강 거부에 대한 과목수득불인정이 퇴학처분과 유급처분에 결부되지 않을 경우

(2) 다른 사람의 혈액을 수혈하지 않는다는 신앙상의 이유로 출혈을 걱정하여 체육 실기과목 수강을 모두 거부한 경우

(3) 학교축제에서 같은 학교 학생이 조직한 기독교 동아리가 그들이 믿는 기독교의 성립에 관한 역사연구를 전시발표하고 싶다고 신청하였을 때, 학교장이 종교적 중립성의 관점에서 거부한 경우

(4) 교복을 채택한 고등학교에서 이슬람교도의 여학생이 이슬람교의 상징인 스카프 히잡을 착용하였을 때, 학교장이 종교적 중립성과 교복의 철저한 관철을 위해 교복착용 이외에 종교적 상징의 착용을 금지하는 교칙을 정하여, 계속해서 착용한 당해 학생을 정학 처분한 경우

설문 3 본건이 사립고등학교에서 발생했을 경우 어떻게 판단할 수 있을까? 또한, 당해 사립고등학교가 창설자의 건학 정신에 유래하여 무도(武道)과목 이수를 필수로 정했을 경우에는 어떨까?

설문 4 상고심 판결은 검도실기 수강 이외의 대체조치의 필요성과 가능성을 인정하였다.

(1) 어떠한 대체조치가 가능할까?

(2) 학교 측은 대체조치를 취할 경우, 이수거부가 종교적 이유에 근거하는 정당한 것인지를 조사할 필요가 생기고, 그것이 신교의 자유와 정교분리에 반할 가능성이 있음을 대체조치의 법적 장해로 주장하고 있다. 상고심은 그러한 법적 장해는 인정되지 않는다고 판단하였지만, 어떠한 조사방법이 가능했을까?

Part Ⅲ 이론편

전개문제

1. 신교의 자유와 정교분리는 긴장관계 · 상극관계에 있다고도 한다. 그것은 어떤 의미에서 인가? 과연 양자는 정말로 긴장관계 · 상극관계에 있는가? 신앙을 이유로 하는 일반적인 법적 의무의 면제의 여부와 관련하여 검토해보시오.

일본국헌법 제20조는 신교의 자유를 보장함과 동시에 정교분리의 원칙도 정하고 있다. 공권력에는 신교의 자유를 보장할 책무가 있고, 그것은 경우에 따라서 신교의 자유를 실현하기 위해 일정한 법률적 의무의 면제와 편의의 제공이 공권력에 요청되는 것을 의미한다. 그러나 그러한 신교의 자유에 대한 배려는 특정 종파 또는 종교 그 자체를 특별 취급하는 것으로 정교분리의 원칙에 저촉될 우려가 있다. 나아가 「신교」 내지 「종교」의 헌법적 정의를 둘러싼 논쟁에서 신교의 자유라는 관점에서는 보장을 감축하지 않기 위해 정의를 넓게 내릴 것이 요구되지만, 정교분리의 관점에서 광범위한 정의는 국민의 정신활동을 공권력으로부터 분리하게 되어 불편을 초래한다. 이와 같이, 신교의 자유와 정교분리의 원칙 사이에는 일정한 긴장관계・상극관계가 있다고 할 수 있다.

1. 정교분리의 원칙에 관한 「인권설」과 「제도적 보장설」

이러한 긴장관계를 검증하기 위해서는, 신교의 자유와의 관련에서 정교분리의 원칙이 어떠한 기본성격을 가지는지를 확인할 필요가 있다. 이에 대해서는 「인권설」과 「제도적 보장설」이 대립한다.

인권설은 정교분리와 신교의 자유를 구별하지 않고 일체적으로 파악하는 입장이다(浦部・後揭, 135-136면). 이 입장에 의하면 신교의 자유와 정교분리의 긴장관계는 해결될 수 있다. 그러나 그렇다고 해서 정교분리라는 헌법적 요청이 없어지는 것이 아니라, 그 요청이 그대로 신교의 자유의 내용 중에 포함되는 것에 지나지 않는다. 예를 들어, 신교의 자유의 보장을 확실하게 하기 위해서 공권력이 종교와 일정한 접촉을 하지 않을 수 없는 경우, 인권설의 입장에서는 정교분리위반을 구성하지 않게 된다. 하지만, 당해 접촉에 의해 이익을 부여받는 종파 이외의 종파의 신앙인 또는 신앙을 갖지 않는 세속적 일반시민에게 그것은 정교분리에 반하는 사태이고, 나아가 그들의 신교의 자유에 대한 침해를 구성하게 된다. 결국 인권설에서는 신교의 자유와 정교분리의 긴장관계로 이해되어온 문제가 신교의 자유간의 긴장・상극으로 이해된다.

제도적 보장설은 정교분리를 신교의 자유라 하는 인권의 보장을 「보다 확실한 것」으로 하기 위해 마련된 것으로, 「신교의 자유 그 자체를 직접 보장하는 것이 아니라, 국가와 종교와의 분리를 제도로 보장함으로써 간접적으로 신교의 자유의 보장을 확보하려는 것」으로 보는 주장이다(쓰지진제 판결 · 최대판 1977년 7월 13일 民集 31권 4호 533면). 이 입장의 논리에 따르면, 정교분리라는 제도 내지 준칙이 '신교의 자유의 보장을 한층 확실히 하기 위한 것'인 이상 신교의 자유와 충돌하는 정교분리의 준칙이라는 것은 있을 수 없다. 하지만 정교분리라는 제도가 자명한 것이 아닌 한, 그 제도설계에 따라 신교의 자유와 긴장관계에 서게 된다.

논자 중에는 정치와 종교가 서로 해방되어 자립적으로 영위되어야 하는 근대적 의의를 중시하고, 신교의 자유에 항거해서라도 정교분리의 원칙을 관철해야 하는 것으로 설명하는 사람도 있다(樋口 · 後掲, 212-215면). 이 설은 긴장관계를 정면으로 인정하는 자세를 취하고 있다. 위에서 본 두 주장에서도, 정교분리가 신교의 자유와 긴장관계 · 상극관계에 설 경우는 이론적으로도 현실적으로도 있을 수 있다. 따라서 인권설도 제도적 보장설도 각각의 주장에 종교에 관하여 개인의 자유의 실현과 국가의 중립성이 조화된 평균점을 자신의 주장 속에서 준비해야 한다.

2. 신앙을 이유로 한 법적 의무의 면제 여부

안넨 준지(安念潤司)에 의하면, 신교의 자유와 정교분리가 충돌할 경우 다음의 두 가지 대응이 있을 수 있다(이하의 안넨의 주장에 대해서는 安念 · 後掲, 193-200면).

제1대응은 어떤 법령이 「명시적으로 또는 숨겨진 의도로 신교의 자유를 제약하려고 할 목적을 갖지 않는 한, 신교의 자유를 침해하는 것이 아니다」라는 것이다. 이 입장은 「직접적인 불이익을 부과하는 것만이 신교의 자유에 대한 제약이 된다고 정의하는 것」으로, 「그 배경에는 일반적으로 적용되는 법령에 의한 간접적 · 우연적인 제약까지도 신교의 자유를 침해한다는 이유로 적용 면제된다면, 당해 신앙을 갖는 자에게 그 신앙을 이유로 혜택을 부여하는 것이 되어 평등원칙에 반하는 것이 된다(안넨은 이 입장을 「평등취급설」이라 함). 그리고 평등원칙에 반함과 동시에 종교를 이유로 한 혜택 부여인 이상 정교분리의 원칙에도 반하게 된다」.

제2대응은 「신교의 자유에 대한 제약은 그것이 직접적인 경우뿐만 아니라, 간접적 · 우연적인 경우에도 신교의 자유의 행사를 일정 정도 이상 방해한 때에는 위헌이 될 수 있다」는 입장이다. 일정 정도의 방해가 위헌이 되는지에 대해서는 논의가 나눠지지만, 「당해 신앙이 진지하면서 방해 정도가 중대한 경우에는 규제에 의해 얻어지는 이익이 특히 중대한 공공의 이익일 경우를 제외하고, 간접적 · 우연적인 제약도 당해 신앙인에 대한 관계에서 위헌이 된다」라는 기본자세가 채택된다(安念은 이 입장을 「의무

면제설」이라 부른다).

여호와의 증인의 검도실기 거부사례에서의 대체조치의 제공에 관하여 말하자면, 「평등취급설」을 따를 경우 그것은 종교적 동기로 나타난 행위와 세속적 동기로 나타난 행위를 똑같이 취급하였기 때문에 위헌이 아니고, 오히려 특별취급하면 평등원칙・정교분리의 원칙에 반하게 된다. 한편 「의무면제설」을 따를 경우, 신앙의 핵심에 반하는 행위의 강제를 피하기 위한 조치로 타당한 조치라 평가된다.

그러나 후자의 「의무면제설」에는 그러한 특별취급이 평등원칙・정교분리의 원칙에 반하는지 의문이 든다. 이에 대해서는 ①평등원칙이라 해도 실질적 평등관으로 합리적 차별은 인정된다고 해석된다, ②앞서 본 것처럼 정교분리의 원칙도 일부 유력설을 제외한 통설은 신교의 자유 우위를 상정한 뒤 논의되어 왔다, ③종교 그 자체를 특별 취급하는 것과, 신교의 자유라는 헌법 명문의 요청을 배려하는 것과는 다른 것으로, 전자는 종교목적이 의심받는 것에 반해, 후자는 세속목적에서 나온 것이다 등의 관점에서 이것을 옹호할 수 있다.

무네스에 토시유키(棟居快行)의 견해도 보자. 무네스에는 정교분리의 의의에 대하여 다음의 두 가지를 구별한다(이하의 棟居의 주장에 대해서는 棟居・後揭, 323-330면).

제1형식은 「실체적 분리설」이다. 이것은 「국가기관과 종교단체・신자가 서로 별개의 사회적 실체로 분리되면서 공존해야 한다」는 관점에서 「국가(기관)는 사회적 실체로서의 종교(단체・신자)의 존재를 인식하면서, 『종교』를 구성하는 여러 단체・개인(무종교를 포함함)과의 사이에서 같은 거리를 유지할 것」이 요청된다. 즉, 「국가는 국민에게 규제나 급부를 행할 때에는 특정 종교에 특별한 불이익 혹은 유리한 결과를 미치게 하면 안 된다」고 본다.

제2형식은 「기능적 분리설」이다. 이것은 「국가작용과 종교활동・신앙이 서로 다른 성질의 사회적 기능으로 준별되면서 양립해야 한다」는 관점에서 「국가기관이 입법・행정・사법작용을 영위할 때에는 상대방이 되는 사적 단체・개인의 종교적 색채를 일절 무시하고 국가작용의 목적을 관철하면 되」고, 「그 결과가 특정 종교에게 유리 혹은 불리하게 작용해도 정교분리의 원칙이 관여할 바가 아니다」 고 본다. 이러한 기능적 부분설에서는 신교의 자유와 정교분리는 「국가에 의해 종교를 기준으로 차별받지 않을 권리」 및 「국가가 종교를 기준으로 차별해서는 안 되는 의무」로 보고, 결국 「종교에 의거하여 구별해서는 안 된다」는 단일 명제의 표리를 구성하고, 양자의 대항관계는 존재하지 않는다고 본다.

이 구별에 따라 여호와의 증인 검도실기 거부를 생각해보면, 「실체적 분리설」에서는 결과적으로 특정 종파・신자에게 이익을 부여하게 되어 정교분리의 원칙에 관한 뭔가의 판정기준을 설정하여 그것에 부합하지 않는 한 대체조치를 강구하는 것은 위헌이 된다. 한편, 「기능적 분리설」에서는 심신의 건강상의 문제로 수강할 수 없는 학생에게 대체조치를 인정하고 있는 이상, 그 학생들과 여호와증인을 같은 예로 다루는 것이 「종교를 고려하지 않을 것」의 귀결이며, 오히려 헌법적으로 요청되게 된다.

2. 여호와의 증인 검도실기 수강거부 사건의 거부이유가 신앙이 아닌 사상 · 양심의 자유에 의거하는 경우에는 어떻게 생각해야 할까?

예를 들어, 자기의 세속적 신조로서 극도로 반전 · 비폭력을 확신하는 학생이, 검도실기 수강을 진지하게 거부했을 경우, 한편으로는 신앙상의 거부를 인정하면서 이러한 사상 · 양심상의 간청을 각하하는 것은 인권의 보장에 차이를 가져오게 된다.

앞서 소개한 안넨은 이 논점에 관하여 위에서 기술한 바와 같이 세속적 신조에 근거한 대체조치 요구도 긍정해야 한다고 한다(이하의 안넨의 주장에 대해서는 安念 · 後掲, 198-200면). 안넨은 이 점을 명백하게 하기 위해서 헌법이 왜 신교의 자유를 보장하는지를 물을 필요가 있다고 주장한다. 안넨에 의하면, 종교에 「상당한 정도 넓게 보이는 특질」로 그것이 「죽음의 공포를 극복하거나, 완화하고 혹은 화해하려고 하는 시도」라고 하였다. 그는 인권보장의 기초에 있는 자기실현이라는 인간의 근원적인 욕구는 「인간의 유한성, 즉, 죽음의 불가피성에 대한 자각」에 근거하고 있다고 한다. 죽음을 자각하고 공포를 극복하기 위하여 이에 대처하려고 하는 것 자체가 인간에게 「가장 근원적인 일」이라고 한다. 따라서 「본인에게서 죽음에 대한 대처방법을 빼앗으려는」 자유의 제약은 그것이 신교의 자유나 사상 · 양심의 자유로부터 유래하는 것이라 하더라도 모두 헌법적으로 허용되지 않는다. 안넨은 검도실기 거부 사례에서는 이러한 논법이 어떻게 적용되었는지를 분명하게 하지 않는다. 아마도 검도실기의 강제는 신앙의 핵심에 위반이 되는 행위를 의미하고, 종교적인 죽음을 의미하며, 따라서 현세적 죽음을 넘어서 획득한 안녕의 경지를 학생에게서 빼앗고, 다시 죽음의 공포에 처하게 한다는 논리가 전개되는 것이다. 한편, 세속적 신조에서 반전 · 비폭력을 확신하고 있는 학생에게 같은 논리가 전개되는지는 일률적으로 말할 수 없다. 자기실현의 근원에 죽음의 불가피성에 대한 자각이 있다면, 모든 자기실현에 대한 법적 의무의 면제가 필요하게 될 가능성이 있다. 법령에 의한 제약이 「개개인이 고유하게 구상하고 있는 죽음에의 대처법을 부정한다」는 것에 해당하는 경우에만 상기의 주장은 타당하다고 생각된다.

결국 이 논점은 신교의 자유는 특별한 것인가라는 논쟁과 관계되는 것이다. 신교의 자유의 특이성 중 하나는 헌법에 종교분리라는 원칙이 세트가 되어 보장된다는 점이다. 최고재판소 판례는 정교분리의 원칙과 종교적 중립성을 호환적으로 사용하고 있다(쓰지진제 판결 · 최대판 1977년 7월 13일 民集 31권 4호 533면). 그러나 일반적으로 국가는 인권제약의 경우에 종교적 신념뿐만 아니라 개인이 생각하는 모든 교설(教說) · 사상에 대하여 중립적 입장을 가질 것이 요구된다(물론, 국가는 헌법의 범위 내에서 주어진 정책선택에 있어서 중립적일 필요는 없다. 민주과정의 토론에 의한 당파적 선택이 오히려 가능한 경우도 많다). 그런 의미에서 종교적 중립성은 국가의 일반적인 도덕적 중립성의 일국면에 지나지 않는다.

그렇게 되면 정교분리의 원칙도 그러한 국가 중립성의 일국면에 지나지 않는지가 문제된다. 특히, 헌법이 정교분리의 원칙을 명문화한 것에 특별한 의미를 찾아내려고 하면 이 원칙은 단순한 국가의 중립성 이상의 무엇을 요구하고 있을 가능성이 있다. 일반적으로 중립성이라 할 경우, 「정당화의 중립성」과 「귀결의 중립성」을 구별할 수 있다. 전자는 공권력행사의 목적과 수단 선택의 논리가 중립적인 논거에 근거한 것이라면, 결과적으로 특정 집단이나 특정 개인에게 이익 혹은 불이익이 귀결되어도 이것을 용인한다. 후자는 귀결되는 특정 집단이나 특정 개인에게 그러한 사태를 발생시키는 것 자체를 중립성에 어긋난다고 생각한다. 국가에게 요구되는 일반적 중립성이 「정당화의 중립성」이고, 그것과는 구별된 함의가 정교분리에 있다고 하면 그것은 「귀결의 중립성」의 요구이며, 종교단체나 신앙인에게 한정된 제한이나 특권은 모두 위헌으로 판단될 것이다.

PART Ⅳ 두 번째 소재

종교법인 옴진리교 해산명령 사건 특별항고심 결정

최고재판소 1996년 1월 30일 제1소법정결정
1996년(ク) 제8호 종교법인해산명령에 대한
항고기각결정에 대한 특별항고사건
民集 50권 1호 199면, 判時 1555호 3면

사실 개요

옴진리교는 1989년에 설립등기가 이루어지고, 동경도를 주된 사무소 소재지로 하는 종교법인이었다. 동 교단의 대표임원은 다수의 신자와 함께 계획적 · 조직적으로 불특정다수의 인간을 살해할 목적으로 동 교단의 시설인 제7사티안(真理를 의미함) 내의 화학공장에서 맹독성 사린의 생성을 획책하였다. 이 행위는 살인 예비에 해당하고 종교법인법* 제81조 제1항 1호 및 동 2호의 해산사유에 해당하는 것으로, 동경지검 검사장과 관할청인 동경지사가 1995년 6월에 동경 지방재판소에 대하여 동 교단에 대한 해산명령청구를 구하였다. 이에 대해 교단은 사실관계를 다툼과 동시에, 해산명령은 사건에 관여하지 않은 다수의 신자의 행복추구권(헌법 제13조)・신교의 자유(제20조)를 침해한다고 주장하였다.

제1심은 청구를 인정하여 해산결정을 하였다(동경 지방재판소 결정 1995년 10월 30일 判時 1544호 43면). 이에 대하여 교단이 즉시 항고를 신청하였지만, 제2심은 항고를 기각하였다(동경 고등재판소 결정 1995년 12월 19일 判時 1548号 26면). 교단은 최고재판소에 특별항고를 신청하였다.

* **종교법인법의 관련조문**

제2조(종교단체의 정의)

이 법률에서 「종교단체」란 종교의 교의를 널리 알리고, 의식행사를 시행하고, 신자를 교화 육성하는 것을 주된 목적으로 하는 다음과 같은 단체를 말한다.

一 예배 시설을 갖춘 신사, 사원, 교회, 수도원 그 밖의 이와 유사한 단체

二 전호(前号)에 들은 단체를 포괄하는 교파, 종파, 교단, 교회, 수도회, 사교구 그 밖의 이와 유사한 단체

제81조(해산 명령)

1 재판소는 종교법인에 대하여 다음의 각호의 一에 해당하는 사유가 있다고 인정되는 때에는, 관할청・이해관계인 혹은 검찰관의 청구에 의해 또는 직권으로 해산을 명할 수 있다.

一 법령에 위반하여 현저하게 공공의 복지를 침해한다고 명백하게 인정되는 행위를 한 경우

二 제2조에 규정한 종교단체의 목적을 현저하게 벗어난 행위를 한 경우 또는 1년 이상에 걸쳐 그 목적을 위한 행위를 하지 않은 경우

(三호 이하 생략)

특별항고심=최고재판소

■ 법적 구성

「항고대리인의 항고이유 3 및 4에 대하여 소론을 요약하면 항고인을 해산하는 취지의 제1심 결정(이하, 「본건 해산명령」이라 함) 및 이에 대한 즉시항고를 기각한 원 결정

은 항고인인 신자의 신앙생활의 기반을 상실하게 하는 것으로, 실질적으로 신자의 신교의 자유를 침해하기 때문에 헌법 제20조에 위반된다. 이하 주장에 비추어 검토한다.

본건 해산명령은 종교법인법(이하, 「법」이라 함)에서 정한 대로 법인격을 부여받은 종교단체인 항고인에 대하여 법 제81조 제1항 1호 및 2호 전단에 규정하는 사유가 있다고 인정되었다.

법은 종교단체가 예배시설 그 밖의 재산을 소유하고 이것의 유지 운용 등을 위해 종교단체에게 법률상의 능력을 부여하는 것을 목적으로 하고(법 제1조 제1항), 종교단체에게 법인격을 부여할 수 있도록 하고 있다(법 제4조). 즉, 법에 의한 종교단체의 규제는 오로지 종교단체의 세속적 측면만을 대상으로 하여, 그 정신적・종교적 측면을 대상 외로 하고 있는 것으로, 신자가 종교상의 행위를 하는 등의 신교의 자유에 개입하려는 것이 아니다(법 제1조 제2항 참조). 법 제81조에서 규정한 종교법인의 해산명령제도도 법령에 위반하여 현저하게 공공의 복지를 침해한다고 명백하게 인정되는 행위(동조 제1항 1호)와 종교단체의 목적을 현저하게 벗어난 행위(동항 2호 전단)가 있을 경우, 혹은 종교법인 내지 종교단체로서의 실체가 부족한 경우(동항 2호 후단, 3호에서 5호까지)에는 종교단체에게 법률상의 능력을 부여한 채로 두는 것이 부적절 혹은 불필요하게 되어 사법절차에 의해 종교법인을 강제적으로 해산하고, 그 법인격을 잃게 하는 것이 가능하도록 한 것으로 회사의 해산명령(상법 제58조)과 같은 취지로 해석된다.

따라서 해산명령에 의해 종교법인이 해산되어도 신자가 법인격을 갖지 않는 종교단체를 존속시키거나 혹은 새로 결성하는 것을 저해받는 것이 아니고, 종교상의 행위를 행하여 그 용도로 제공하는 시설이나 물품을 새로 갖추는 것을 저해하는 것도 아니다. 즉, 해산명령은 신자의 종교상의 행위를 금지하거나 제한하는 법적 효과를 일절 동반하지 않는다. 종교법인의 해산명령이 확정된 때에는 그 청산절차가 행해지고(법 제49조 제2항, 제51조), 그 결과 종교법인에 귀속되는 재산으로 예배시설 그 밖의 종교상의 행위용으로 제공된 것도 처분되기 때문에(법 제50조 참조), 이러한 재산을 이용하여 신자들이 행하던 종교상의 행위를 계속하는 데 어떠한 지장이 발생할 수 있다. 이렇게 종교법인에 관한 법적 규제가 신자의 종교상의 행위를 법적으로 제약하는 효과를 동반하지 않는다고 하여도 이것에 어떠한 지장을 발생시킨다고 한다면, 헌법이 보장하는 정신적 자유의 하나로 신교의 자유의 중요성에 대하여 생각하고, 헌법이 그러한 규제를 허용하는지를 신중하게 음미하여야 한다」.

■ 적용

「이러한 관점에서 본건 해산명령을 보면, 법 제81조에서 규정한 종교법인의 해산명령 제도는 前記한 바와 같이 전적으로 종교법인의 세속적 측면을 대상으로 하고,

나아가 전적으로 세속적 목적에 의한 것으로, 종교단체나 신자의 정신적·종교적 측면에 용이하게 할 의도에 의한 것이 아니므로, 그 제도의 목적도 합리적이라 할 수 있다. 그리고 원심이 확정한 것에 따르면, 항고심의 대표임원인 아사하라 쇼우꼬(松本智津夫) 및 그 지시를 받은 항고인 다수 간부는 대량살인을 목적으로 독가스인 사린을 대량으로 생산할 것을 계획한 후, 다수의 신자를 동원하여 항고인의 물적 시설을 이용, 항고인의 자금을 투입하여, 계획적·조직적으로 사린을 생성한 점에서, 항고인이 법령에 위반하여 현저하게 공공의 복지를 침해한다고 명백하게 인정되어, 종교단체 목적을 현저하게 일탈한 행위를 한 것이 분명하다. 항고인은 위와 같은 행위에 대처하기 위해 항고인을 해산하여 그 법인격을 상실시키는 것이 필요하고 적절한 한편, 해산명령에 의해 종교단체인 옴진리교와 그 신자들이 행하는 종교상의 행위에 어떠한 지장을 발생시키는 것을 피할 수 없다고 하여도, 그 지장은 해산명령에 동반되는 간접적인 사실에 머무른다. 따라서 본건 해산명령은 종교단체인 옴진리교와 그 신자들의 정신적·종교적 측면에 미치는 영향을 고려해서라도 항고인의 행위에 대처하는 데 필요한 필수불가결한 법적 규제라 할 수 있다. 또한 본건 해산명령은 법 제81조의 규정에 의거하여 재판소의 사법심사에 의해 발생되었기 때문에 그 절차의 적정함도 담보된다.

종교상의 행위의 자유는 원래 최대한 존중되어야 하지만 절대무제한이 아니며, 이상의 여러 부분에 비추어보면, 본건 해산명령 및 이에 대한 즉시 항고를 기각한 원결정은 헌법 제20조 제1항에 위배되는 것이 아니라고 해야 하고, 이렇게 해석하는 것이 당 재판소의 판례(최고재판소 1961년(あ) 제485호 동 1963년 5월 15일 대법정 판결·刑集 17권 4호 302면)의 취지에 비추어보아 명백하다. 논지는 채택할 수 없다」.

항고기각.

기본 해설

1. 「신자의 헌법상의 권리」를 주장하는 적격

본건에서 항고인인 종교법인은 본건 해산명령이 헌법 제20조에 위반된다는 이유로 법인격을 박탈함으로써 신자의 신앙생활의 기초가 박탈되어 실질적으로 신교의 자유가 침해된다고 주장한다. 이 점에서 종교법인이 그 구성원인 신자의 인권침해를 채택할 수 있을지가 문제된다.

원 결정(동경 고결 1995년 12월 19일 判時 1548号 26면)에서는 항고인이 신자의 헌법 제13조 및 동 제20조의 권리를 채택하였지만, 항고인에게 이것을 채택할 적격을 부여하는 것이 상당하다고 해야 할 사정에 대하여는 구체적인 주장이 없었다. 원 결정은 헌법 제13조에 관련된 주장에 대해서는 판단하지 않았지만, 신자의 헌법 제20조상의 권리를 주장할 적격이 항고인에게 있는지에 관하여는 이를 「제3자의 헌법상 권리주장의 적격」에 관한 논점의 검토로 부과하였다.

이에 의하면 「제3자의 헌법상 권리주장의 적격」이란 「법령 또는 이에 의거하는 재판 등의 국가행위에 의한 불이익을 받는 당사자가 그 효과를 다투는 재판상의 절차에서, 이 절차의 당사자가 아닌 특정 제3자의 헌법상의 권리가 위의 국가행위에 의해 침해될 경우 당해 국가행위가 헌법에 위반되는 취지를 주장하는 적격」을 말한다. 제3자 소유물 몰수 판결(최대판 1962년 11월 28일)을 조사해보면, 이러한 채택적격에 대해서는 「위의 특정 제3자의 헌법상의 권리의 성질, 당사자와 제3자와의 관계, 제3자가 독립절차에서 스스로 당해 헌법상의 권리를 옹호할 기회를 갖는지, 당사자에 대하여 제3자의 헌법상 권리의 실효성을 잃게 될 우려가 있는지 등을 고려하여, 당사자에게 위의 적격을 부여하는 것이 알맞다고 인정될 경우에는 특별히 인정하고, 그렇지 않은 한은 허용되지 않는 것이라고 해야 한다」고 한다.

게다가 신자의 헌법 제13조・제20조의 권리를 원용하는 사정에 대해 항고인에게 구체적으로 설시할 필요가 없다고 하더라도, 앞서 말한 것처럼 원 결정은 신자의 신교의 자유에 관해서는 검토를 하였다. 원 결정은 종교법인 내지 종교단체와 이에 속하는 신자와의 특별한 관계에 비추어 「위 종교법인에 그 신자의 신교의 자유권에 대해서, 해산명령에 의해 그것이 침해되는 취지를 주장하는 적격을 부여하는 것이 적합하다고 하는 사정이 있다고 생각될 여지가 있다」라고 한다. 그러나 「종교법인에 대한 국가행위에 의한 그 신자의 신교의 자유권이 침해된다는 취지의 종교법인의 주장에 대해서, 실체적인 헌법판단을 하기 위해서는……신자 개인이 그 헌법상의 다음 권리에 의거하는 주장을 한 경우에 실체적인 헌법판단을 부과하기 위해 필요한 요건과 동일한 요건을 구비할 필요가 있다고 해석해야 한다」고 하며, 따라서 실체적인 헌법판단을 하기 위해서는 ①「우선, 항고인의 신도가 각각 특정되고」, ②「각자에게 그 신앙이 헌법 제20조의 종교 내지 종교상의 신조로, 나아가 그것이 진지하게 형식・유지되는 것이 개별적으로 명백하게 되고」, ③「또한, 당해 해산명령 및 그에 의거하는 청산의 결과가 각자 신도에게 종교상의 신조의 포기 또는 다음 신조에 반하는 행위를 어쩔 수 없이 취해야 하는 등 위의 신도 개개인의 신교의 자유권에 대한 중대한 부담 내지 제한 등의 불이익을 과하게 된다는 것을 구체적으로 인정할 수 있는 사정의 존재가 필요하」고, ④「위의 각 사항 전부가 명백하지 않는 한, 위의 주장에 대하여 실체적인 헌법판단을 과할 필요가 없다」라는 구조를 제시했다. 그리고 상기의 여러 관점이 항고시점에서 어느 것도 명백해지지 않았고, 청산의 구체적 전개를 기다려야만 한다는 점도 있어, 결국 실체적 헌법판단을 할 필요가 없다고 판단하였다.

한편, 최고재판소의 특별항고심에서는 민사소송법 제336조 제1항은 특별항고사유를 「헌법 해석의 오류가 있고 그 밖의 헌법의 위반이 있을 때」로 한정하여 그만큼 특별항고인인 종교법인에게 신자의 헌법상의 권리의 원용 적격이 중요한 전제문제가 되었다.

이러한 점에서 처음부터 특별항고심에서는 개별 신자의 신교의 자유의 구체적 침해사태가 불분명하다는 이유로 헌법판단을 불필요하다고 한 원 결정의 입장을 채택하지 않고, 거의 원용적격을 당연하게 긍정하고 있다고 해석된다.

본건과 같은 사례에서 신자는 당해 종교법인에 있어 「제3자」에 지나지 않을까? 원 결정은 종교법인 내지 종교단체와 그 신자의 관계에 있어 ①「자연인인 개인의 신앙이 다른 사람과의 연대 또는 공동행위를 통하여 형성・유지되는 것으로, 다른 사람과의 연대 또는 공동으로 행하는 의식행사 그 밖의 종교상의 행위가 개인의 신교에 있어 필요불가결한 것 등에 비추어 보면, 종교법인 내지 종교단체와 이에 속하는 신자 사이에는 신앙에 관한 특별한 관계가 있다고 할 수 있다」, ②「개별 신자의 신교의 자유가 침해될 때에는 신자가 소속하는 종교법인의 약체화를 초래하고 존립에도 영향을 끼칠 우려가 있는 등 신자 개인의 신교의 자유와 종교법인의 존재 사이에도 밀접한 관계가 있다」, ③「종교법인에 대한 해산명령 절차에서 당해 종교법인의 신자는 당사자가 될 수 없기 때문에, 신자가 스스로 헌법 제20조의 규정에 의거하는 신교의 자유권을 옹호할 기회가 없고, 위의 권리의 효과성을 잃어버릴 우려가 있다」는 점에 비추어, 신자와 종교법인・종교단체와의 실질적 관계를 인정하고 있다.

종교단체나 사상단체와 같은 「결사모델」형의 법인은 법인과 각 구성원이 인격적으로 결합하고 있다고 생각되기 때문에, 회사와 같은 「직능복합모델」형의 법인과 사정이 다르다고 생각된다(「결사모델」형의 법인관과 「직능복합모델」형의 법인관에 대해서는, 駒村・後揭, 32-34면). 어떤 논자가 말하는 것처럼 「신자는 단순한 제3자가 아니라, 종교법인의 해산명령의 절차에서 당해 종교법인에는 신자의 신교의 자유 침해를 이유로 해산명령의 위헌성을 주장할 적격이 있다고 해석하는 것이 솔직한 해석이다」(近藤・後揭, 74-75면)라고 할 수 있지 않을까?

2. 결정의 법적 구성

특별항고심의 결정은 「종교적 측면/세속적 측면」 이분론에 입각하고 있다. 이는 종래의 최고재판소가 제시해 온 「내면적 신앙/외형적 행위」 이분법과 거의 같은 의미를 포함한다고 해석된다. 즉, 각각의 전자에 미치는 규제는 엄격하게 심사됨에 반해, 후자에 관한 규제는 기본적으로 신교의 자유와의 저촉문제를 야기하지 않는다는 것이다.

본 결정은 우선 종교법인법에 의거하는 법인격 부여의 구조 자체가 예배시설 그 밖의 재산을 소유하여 이것을 유지 운영하기 위해 법률상의 능력을 부여하는 것을 목적으로 하여 종교단체에 법인격을 부여하게 하였고, 그것은 종교단체의 세속적 측면만을 문제로 하고 있어, 신교의 자유에 개입하는 것이 아니라고 하였다. 그 다음으로 종교단체로부터 법인격을 박탈하는 해산명령도 동법에 명기된 사유에 의거하여 종교단체에 법률상의 능력을 부여한 채로 두는 것이 부적절 혹은 불필요할 경우에 그것을 박탈하는 것으로 회사의 해산(상법 제58조)과 같은 취지의 것으로 규정하고 있다.

이렇게 하여 종교법인의 해산명령은 종교단체로부터 세속적인 재산유지 운영능력을 박탈하는 데 그치는 것을 근거로 이러한 명령을 받아 청산절차에 들어갔다 하더라도, 「신자가 법인격을 갖지 않는 종교단체를 존속시키거나 혹은 새로 결성하는 것을 저해하는 것이 아니고, 또한 종교상의 행위를 행하여 그 용도로 제공하는 시설이나 물품을 새로 갖추는 것을 저해하는 것도 아니다」라고 하여, 「해산명령은 신자의 종교상의 행위를 금지하거나 제한하는 법적 효과를 일체 동반하지 않는다」라고 판결하였다.

최고재판소 결정의 중요한 점은 그러한 전제에 서면서도, 종교행위의 용도로 제공했던 예배시설 등의 재산이 처분될 경우 「이 재산을 사용하여 신자들이 행하던 종교상의 행위를 계속하는 데 어떠한 지장을 발생시킬 수 있다」라고 하여, 법적인 지장이 아니라 해산의 실질적 파급효과에 주목하여 「종교법인에 관한 법적 규제가 신자의 종교상 행위를 법적으로 제약하는 효과를 동반하지 않는다고 하여도, 이것에 어떠한 지장을 발생시킬 수 있다고 한다면, 헌법이 보장하는 정신적 자유의 하나로서의 신교의 자유의 중요성을 감안하여, 헌법이 그러한 규제를 허용해야 하는지를 신중하게 음미하지 않으면 안 된다」라는 견해이다.

그리고 이상의 판단 구조를 적용한 결과, 최고재판소는 본건의 경우에는 ①항고인을 해산하고 법인격을 빼앗는 것은 필요하고 적절하며, ②그것에 의하여 신자의 종교상의 행위에 지장이 발생하더라도 「그 지장은 해산명령에 동반되는 간접적인 사실상의 것에 그치는」 것이고, ③명령은 재판소에서 발행한 것으로 절차적 적정도 확보되고 있다고 하여 해산명령을 합헌이라고 판단하였다.

이렇게 최고재판소는 종교/세속, 법적 제약/사실적 지장 등의 이분법에 서면서도, 그 기계적 적용을 피하고, 게다가 신교의 자유뿐만 아니라 정신적 자유 일반을 사정에 넣어 「신중한 음미」를 하려고 한 것이다. 그렇지만 과연 「신중한 음미」가 이루어 질지는 불확실하다.

우선 첫 번째로 일정한 논리적 모순이 있다. 본 결정은 「해산명령은 신자의 종교상 행위를 금지하거나 제한하는 법적 효과를 일절 동반하지 않는다」고 하지만, 실질적으로는 지장이 있을 수 있기 때문에 정신적 자유로서의 신교의 자유의 중요성에 비추어보아, 「신중한 음미」를 필요로 하면서도 결국은 법적 조치가 창출하는 파급적 지장은 「간접적으로 사실상에 그친다」라고 인정하였다. 법적 효과 이외의 실질적 지장을 「신중한 음미」라고 한 이상, 「간접적이며 사실상의 것」을 음미하게 될 것이다. 그럼에도 불구하고, 최고재판소의 상기 적용에 의하면, 「그 지장은 해산명령에 따른 간접적이며 사실상의 것에 그치기」 때문에 합헌이라 한다. 본건 결정의 법적 구성의 출발점과 모순되는 것은 아닌가?

또한 두 번째로 신중한 음미에 비해 「간접적이며 사실상의 것」인 것의 분석이 희박해 보인다. 본건 결정은 명백하게 하고 있지 않지만, 아마도 간접적이라는 것은 다음의 두 가지를 가리키는 것으로 해석된다(近藤・後揭, 78-79면). ⅰ) 해산명령의 확정에 의해 청산절차가 개시되지만, 신자의 종교행위에 불가결한 재산・시설이 처분될지는 청산의 추이를 보지 않으면 확정될 수 없다. 그런 의미로 해산명령은 신자의 종교행위의 재산적 기반의 박탈을 직접적 목적으로 하고 있지 않다. ⅱ) 신자의 종교행위의 재산적 기반을 박탈하는 것은 신자의 신앙의 물리적・세속적 측면에 관계되는 것에 지나지 않고, 그 내면적 신앙에 직접 효과를 미치는 것이 아니다. 「신중한 음미」라고 한 이상, 적어도 이상의 관점에서 검토를 부가할 필요가 있다고 생각된다.

설문 1 법인격의 부여에 의해 종교단체에는 어떠한 편익이 야기될까?

설문 2 종교법인의 해산권자를 법무부장관으로 하는 것은 가능한가?

설문 3 본 결정과 같이 해산명령이 신자의 종교행위에 미치는 효과가 간접적이며 사실상이라고 하여도 청산과정에서 발생할 수 있는 지장에 대해서는 어떻게 생각해야 할까? 청산과정에서 발생할 수 있는 종교행위상의 지장에는 어떠한 것이 있을 수 있을지 또한 그러한 지장은 법적인 쟁점으로 구성될 수 있는가?

설문 4 신교의 자유에 대한 제약의 합헌성을 판정할 때에 종래 재판소는 여러 가지 이분론을 채택해 왔다. 한 번 더 그러한 이분론을 추출하여 그 차이점과 사정을 확인해 보자.

❙ 참고문헌 ❙

1. 여호와의 증인 검도실기 수업거부 사건 상고심 판결의 평석

孝忠延夫・判例セレクト'96 (月刊法学教室198別冊付録)(1997年)

榊原秀訓・行政判例百選I 〈第4版〉(別冊ジュリスト150)(1999年)

小林武・民商法雑誌115巻6号(1997年)
川神裕・最高裁判所判例解説・民事編(1996年度(上))(1999年)
土屋英雄・憲法判例百選I 〈第4版〉 (別冊ジュリスト154号)(2000年)
棟居快行・法学教室192号(1996年)
木下智史・法学セミナー43巻5号(1998年)
木幡洋子・季刊教育法108号(1997年)
矢島基美・1996年度重要判例解説 (ジュリスト臨時増刊1113号)(1997年)

2. 종교법인 옴진리교 해산명령 특별항고심 결정의 평석

近藤崇晴・最高裁判所判例解説・民事編(1996度(下))(1999年)
光信一宏・憲法判例百選I 〈第4版〉 (別冊ジュリスト154号)(2000年)
笹川紀勝・法学教室188号(1996年)
笹田栄司・1997年度重要判例解説(ジュリスト臨時増刊1091号)(1996年)
小林武・南山法学21巻1号(1997年)

3. 이론

浦部法穂『全訂・憲法学教室』(日本評論社, 2003年)
樋口陽一『憲法・改訂版』(創文社, 2001年)
安念潤司「信教の自由」樋口陽一編『講座・憲法学3 権利の保障(1)』(日本評論社, 1994年)
棟居快行「信教の自由と政教分離の『対抗関係』同『憲法学再論』(信山社, 2001年)
駒村圭吾『ジャーナリズムの法理』(嵯峨野書院, 2001年)

(駒村圭吾)

제3장 정교분리의 원칙(1)

[논점]

(1) 정교분리의 원칙에 의해 금지된 공권력의 행위
헌법 제20조 제1항 후단, 제20조 제3항, 제89조의 정교분리의 원칙은 공권력과 종교와의 어떠한 관계도 금지하는가?

(2) 목적효과기준의 의미와 평가
정교분리의 원칙 위반의 판단에서 최고재판소 다수의견이 의거한 이른바 목적효과기준이란 어떤 것인가? 이 기준에는 어떠한 문제점이 있고, 어떠한 대체방안이 가능한가?

(3) 지진제(地鎮祭), 옥관료(玉串料), 충혼비(忠魂碑)와 정교분리의 원칙
시가 신사신도식 지진제를 주최하여 비용을 공금에서 부담한 행위, 현이 야스쿠니신사(靖国神社)의 예대제(신사에서 매년 정례로 개최하는 큰 축제) 등에 옥관료(나무 가지에 닥나무 섬유로 만든 종이 오리를 달아 신 앞에 바치는 것) 등을 공금으로 봉납한 행위, 시가 유족회에 대하여 충혼비의 이설 비용을 부담하고 설치장소를 무상 대여한 행위는 각각 정교분리의 원칙에 위반하는가?

Part Ⅰ 기본 소재

쓰지진제(津地鎮祭) 소송

최고재판소 1977년 7월 13일 대법정 판결
1971년(行ツ) 제69호 행정처분취소등청구사건
民集 31권 4호 533호, 判時 855호 24면
[참조조문] 헌 20, 89

사실 개요

1965년 1월, 미에현(懸) 쓰(津)시가 사립체육관 기공식 때에 신사의 신관을 초대하여 신사신도식 지진제(地鎮祭: 토목, 건축 등의 기초공사를 착수하기 전 그 토지의 신에게 무사를 기원하는 종교행사)를 거행하여 그 비용을 시비(市費)로 부담하였다. 이에 대해 시의회 의원이 이러한 시의 지출은 헌법 제20조 제3항・제89조에 위반하는 것으로서 지방자치법

제242조의 2에 근거하여 주민소송을 제기하여 시장에게 시의 손해를 보전하도록 요구하였다.

제1심(津地判 1967년 3월 16일 行集 18권 3호 246면)은 본건 기공식이 풍습적 행사라고 하여 청구를 기각하였지만, 항소심(名古屋高判 1967년 5월 14일 行集 22권 5호 680면)은 본건 기공식이 종교적 활동에 해당한다고 하여 공금지출의 위법성을 인정하였다. 그래서 시장 측이 상고한 결과, 최고재판소는 이러한 지출은 위헌이라 할 수 없다고 하여 항소심 판결을 파기하였다.

제1심=쓰(津) 지방재판소

쓰(津) 지방재판소 1967년 3월 16일 판결
行集 18권 3호 246면, 民集 31권 4호 606면

■ 당사자의 주장 (쟁점)

원고 헌법 제20조 제3항은 국가가 모든 종교에 대하여 중립적인 입장에 설 것을 요청하고, 여기에는 종교단체에 대한 원조의 금지도 포함된다. 제89조 전단은 이 취지를 재정(財政)면에서 확인한 규정이다. 본건 기공식은 그 식의 순서에서도 신도의 종교 활동인 것이 명백하며, 시가 여기에 신관 보상비 등을 지출한 것은 헌법위반이다. 본건 지출은 지방공공단체에 대해 신도식의 기공식을 금지하는 행정실례 등이 있음에도 불구하고 시행되었다는 점에서 사무의 성실한 관리·집행의무를 집행기관에 부과하는 지방자치법 제138조의 2에도 반한다. 피고는 시에 대해 본건 지출에 의해 발생한 손해를 보전할 의무를 지닌다.

피고 헌법 제20조 제3항에서 말하는 종교적 활동이란 포교와 이를 위한 의식이나 신자의 교화육성 활동을 의미한다. 그러나 본건 기공식은 종파를 초월한 관습으로 공사(工事)의 무사안전을 기원하여 거행되어 온 형식적 의례에 지나지 않고, 헌법이 금지하는 종교적 활동 내지 종교적 행위에는 해당되지 않는다.

■ 법적 구성

원고는 본건 기공식은 헌법 제20조 제3항의 종교적 활동에 해당하고, 이를 위한 금원(金員)지출은 헌법 제89조에 위반된다고 주장하기에, 그 당부(当否)에 대하여 판단한다. 지진제는 언뜻 보기에 신사신도 특유의 종교적 행사처럼 보이지만, 그 실태를 고찰하면 종교적 색채는 희박하고, 오히려 풍습적 행사라고 하는 것이 적절하다. 지진제의 발생기원이 된 토지신 신앙처럼 원시신앙은 근대적 종교의 성립발전에 따라 점차 국민

의 심층의식에 자리 잡아 지진제도 본래의 신앙적 요소를 상실하고, 건축공사 착공에서 시행되는 풍습적 행사로서 어떠한 종교적 의식도 수반되지 않고 거행되고 있다.

■ 적용

본건 기공식도 이러한 신사신도식 지진제 일반의 예외가 아니라, 외견상은 신도의 종교적 행사에 속하지만 그 실태는 신도의 포교 선전의 목적이나 의식을 수반하지 않는 풍속적 행사에 지나지 않는다. 따라서 본건 지출도 헌법 제20조 제3항 등에 위반하지 않는다.

「원고의……지방자치법 제242조의 2에 의거하는 청구……는……기각한다」.

제2심=나고야(名古屋) 고등재판소

나고야 고등재판소 1971년 5월 14일 판결
行集 22권 5호 680면, 民集 31권 4호 616면

■ 당사자의 주장 (쟁점)

항소인 신사신도는 전쟁 전에 사실상 국교화 되어(국가신도), 이에 의거하는 국민의 사상적 지배와 신교의 자유의 침해가 군국주의화의 정신적 배경이 되었다. 일본국헌법의 정교분리의 규정은 이러한 국가신도에 의한 이데올로기적 지배를 완전히 불식시키기 위해서 만들어졌다. 따라서 신사신도의 방식에 의한 의식의 거행이 정교분리의 원칙에 위반하지 않는지에 대해서는 특별히 신중하게 판단할 필요가 있다.

원 판결의 「지진제 풍속론」은 신사신도의 성격을 이해하지 못하고 있다. 토지신 신앙은 오늘날에도 신사신도로 이어지고, 지진제는 신사신도의 「잡제(雜祭)」(여러 가지 축제)의 중심으로 평가되고 있다(平岡好文 『잡제식 전범(典範)』). 지진제는 결코 풍속화된 단순한 양식이 아니다. 무릇 신사신도의 종교활동의 중심은 제사이다. 신사신도의 권위 있는 교과서도 「신사신도는 특히 제사를 중히 여기는 종교이다. 신사의 종교적 활동은 제사의 운영에 있다고 하여도 좋을 정도이다」라고 기술하고 있다(西角井正慶 『제사개론』). 원 판결은 지진제가 포교활동이 아니라는 점을 지진제 풍속론을 근거로 하고 있지만, 이렇게 제사 중심의 종교인 신사신도에 대해서 종교의식과 종교 활동을 구별할 수 없다. 「신사신도에 있어서 제사의 관습은 소위 침묵의 웅변으로 가장 위대한 교설이다」(신직(神職)양성학교 교과서 『신도교화개설』).

풍속적 행위와 종교적 행위와의 구별은 감정인이 말하는 것처럼 주재자가 종교 전문가인지, 의식의 순서가 종교계에서 인정된 것에 따르고 있는지의 두 가지 측면에서 오

로지 외형적으로 판단되어야 한다. 이 측면에서 보면, 본건 지진제는 신사신도의 종교활동에 있어서 공금 지출은 헌법위반이다.

피항소인 「본건 기공식 또는 지진제는 일본국헌법 제20조 제3항에서 정한 종교적 활동 또는 종교교의(教義)의 선전을 목적으로 하는 행위가 아니다. 본건 지진제는 예로부터 다양한 종류의 변천이 있었지만, 사회적 의례 혹은 풍속적 행사의 하나로 종교적 행사가 아니기 때문에 위헌이나 위법이 결코 아니다」.

■ 법적 구성

「헌법에서 말하는 종교란 『초자연적, 초인간적 본질(즉, 절대자, 조물주, 지고의 존재 등, 특히 신, 부처, 영령 등)의 존재를 확신하고 경외하고 숭배하는 마음과 행위』를 말하고, 개인적 종교인지 집단적 종교인지 아니면 자연적으로 발생한 종교인지 창시된 종교인지를 불문하고, 모두 이를 포함하는 것으로 해석하는 것이 옳다」. 「이러한 관점에서 생각해보면, 가령 신사신도가 제사중심의 종교라도, 자연 종교적, 민족 종교적 색채가 있어도, 신사의 제신(祭神: 신령)이 개인의 종교적 신앙의 대상이 되는 이상, 종교학상은 물론 법률적으로도 종교임이 분명하다」.

일본 정부는 구 헌법 아래에서도 제사와 종교를 분리하여 신사를 종교단체법의 적용 예외로 하는 등, 신사는 구 헌법 제28조에서 말하는 종교가 아니라는 해석에 의거하여 신사신도에 대해 국교적 성격을 부여하였다. 전쟁 후, 이른바 신도지령에 의해 이러한 국교적 성격이 폐지되고, 신사가 법체계상 종교인 것이 명백하게 되었다. 「전쟁 전의 국가신도 아래의 특수한 종교사정에 대한 반성이 일본국헌법 제20조 정교분리주의의 제정을 자발적 혹은 적극적으로 지지하는 원인이 되었다고 생각하며, 일본의 정교분리의 원칙의 특질은 바로 전쟁 전·전쟁 중의 국가신도에 의한 사상적 지배를 헌법으로 완전히 불식시켜, 신교의 자유를 확립, 보장한 것이라 해도 좋다」. 또, 일본처럼 종교가 다원적으로 발달·병존하고 있는 나라에서는 「국가와 특정 종교와의 결합을 배제하기 위해 정교분리를 철저히 해야 비로소 신교의 자유가 보장될 수 있다고 할 수 있다」.

그래서 신사신도가 국법상 종교인 것을 전제로 하여, 신사신도식의 지진제를 비종교적 풍속행사라고 할 수 있는지에 대해서 검토를 한다. 본건 지진제가 종교적 행위인지 풍속적 행위인지를 구별하는 객관적 기준으로 다음의 세 가지 측면을 들 수 있다. (i) 당해 행위의 주재자가 종교인인가, (ii) 당해 행위 의식의 순서가 종교계에서 정한 것인가, (iii) 당해 행위가 일반인에게 위화감 없이 받아들여질 정도로 보편성을 갖고 있는가.

■ 적용

본건 지진제의 주재자는 의관 속대(束帶)의 예복을 걸친 전문 종교인인 신직(神職)(大

市 신사의 영사 외 3명)이다. 본건 지진제 의식의 순서는 수복(修復)의식・강신(降神)의식・헌찬(献撰)의식・축사주상(奏上)・청발(清抜)의식・예의식(刈初め) 등 1907년 내무성 고시에 의해 제정된 신사신도 고유의 제식에 준거하여 거행되었다. 공사의 무사안전을 기원하는 이 종류의 의식은 신사신도 이외의 종교・종파에 의해서도 각각 독자적인 방식으로 행해지고, 본건과 같은 신사신도식의 지진제만이 국민 사이에 폭넓게 관행으로 행해져 저항 없이 받아들여질 정도의 보편성을 갖는다고는 할 수 없다.

본건 지진제는 풍속적 행위가 아닌 헌법 제20조 제3항에 의해 국가・지방공공단체가 거행하는 것이 금지된 종교적 활동에 해당한다.

「원 판결 중 지방자치법 제242조의 2에 근거한 청구의 기각한 부분을 취소한다. 피승소인은 쓰시(津市)에 대해 금 7,663엔……을 지불할 것」.

상고심=최고재판소

■ 상고이유

본건 지진제가 헌법 제20조 제3항에 위반된다는 원 판결의 판단에는 다음 세 가지 측면의 오류가 있다.

①「지진제는 사회의 일반적 관행으로 인정되고 있는 풍속적 행사이다」. 기독교도에는 크리스마스가 단순한 풍속적 행사일 리 없으므로, 원 판결이 크리스마스 트리의 풍속성을 단정하는 것은 평균적 일본인의 의식과의 관계에 있어서이다. 불교식 장례식이나 신도식 결혼식도 일반적으로 사회적 관행으로 공인되고 있는 종교의식이다. 신사신도식 지진제도 주재자가 종교인이고 의식의 순서가 종교계에서 정한 것이라 하여도 국민적 상식에서는 사회적 관행으로 이해되고 있다.

②「원 판결은 헌법 제20조의 해석, 적용을 잘못하고 있다」. 원 판결은 헌법 제20조 제2항의 「종교상의 행위, 축전, 의식 또는 행사」와 제20조 제3항의 「종교적 활동」을 동일시하고 있지만 이것은 틀린 것이다. 국가가 거행하는 것을 금지하고 있는 제20조 제3항의 종교적 활동이란 종교의 교의 전도・교화・선전으로 이해되어야 하는 것에 반해, 국가에 의한 참가 강제가 금지되는 제20조 제2항의 종교적 행사에는 종교적 활동이라고 할 수 없는 종교의식도 포함된다. 불교식의 장례식, 신도식의 결혼식, 그리고 신사신도식 지진제는 「종교활동이 아닌 종교의식」에 해당한다. 본건 지진제는 기원적으로는 종교의식이지만, 현대의 국민대중의 의식에는 종교적 의미는 매우 희박하고, 제20조 제3항의 종교적 활동으로 금지되어 있지 않다.

③「원 판결의 『정교분리』에 관한 판결은 위법이다」. 점령군 당국도 신도지령으로부

터 발생한 국가와 종교의 분리정책이 너무 심한 것이라고 자각하고 있었다. 그 후 정부의 자세는 국민상식을 존중하여 점차 완화되어 수정의 방향으로 진행되어 왔다. 1961년 자치성 행정과장 회답에서도 현청사(県庁舎)의 기공식을 신도식으로 거행하여, 공금에서 필요 경비를 신관에게 지불한 것은 헌법위반이 아니라고 여겨지고 있다. 원 판결은 이러한 행정실례의 변천을 무시하고 있다. 또한, 정초 참배(初詣), 출산 후 참배(初宮詣), 아이의 성장 참배(七五三), 신전(神前) 결혼식 등의 인생의례나 연중행사를 보면 알 수 있듯이 「신사신도가 일본 국민의 집단적 정신생활에서 차지하는 지위는」 미국의 기독교 이상으로 중요하다. 풍속성의 문제에 관한 중요한 판단기준인 「위화감의 유무」는 이러한 사회적 실정을 제외하고는 판단할 수 없는데, 원 판결의 정교분리 해석은 이러한 측면을 고려하지 않고 있다.

[다수의견]

■ 법적 구성

「일본은 과거에……국가신도에 대해 사실상 국교적인 지위가 부여되어, 경우에 따라서는 그에 대한 신앙이 요청되거나 혹은 일부 종교단체에 대해 엄격한 박해가 가해지는 등의 일도 있어, 구 헌법 하에서 신교의 자유 보장은 불완전함을 벗어날 수 없었다……「신」 헌법은 메이지유신 이후 국가와 신도가 밀접하게 연결되어 앞서 말한 바와 같이 종종 폐해를 일으킨 점에 비추어 새로이 신교의 자유를 무조건적으로 보장하기로 정하고, 더욱이 그 보장을 한층 확실하게 하기 위해 정교분리의 규정을 마련하게 되었다」.

「원래 정교분리의 규정은 이른바 제도적 보장의 규정으로 신교의 자유 그 자체를 직접 보장하는 것이 아니라, 국가와 종교의 분리를 제도로 보장함으로써 간접적으로 신교의 자유 보장을 확보하려고 한 것이다. 그런데 종교는……지극히 다방면에 걸친 외부적인 사회현상으로서의 측면을 수반하는 것이 일반적으로……거기에서 오는 당연한 귀결로 국가가 사회생활에 규제를 가하거나 혹은 교육, 복지, 문화 등에 관한 조성, 원조 등의 여러 시책을 실시하는 데 있어 종교와의 관련을 갖게 되는 것을 피할 수 없다. 따라서 국가제도로서 국가와 종교의 완전한 분리를 실현하는 것은 현실상 불가능에 가깝다」.

「정교분리의 원칙은 국가가 종교적으로 중립에 있을 것을 요구하지만, 국가가 종교와의 관련을 갖는 것이 전적으로 허용되지 않는 것이 아니라, 종교와의 관련을 초래하는 행위의 목적 및 효과에 비추어, 그 관련성이 다음 여러 조건에 비추어 상당한 한도를 넘는 것으로 인정될 경우에 이것을 허용하지 않는다고 해석해야 한다」.

헌법 제20조 제3항에서 말하는 「종교적 활동이란……대체로 국가 및 그 기관의 활동에서 종교와의 관련을 갖는 모든 행위를 가리키는 것이 아니라, 그 관련이 다음에서 말하는 상당한 한도를 넘는 것으로 제한되어야 하고, 당해 행위의 목적이 종교적 의의를 갖고 그 효과가 종교에 대한 원조, 조장, 촉진 또는 압박, 간섭 등에 해당하는 행위를 가리키는 것이라 해석해야 한다. 그 전형적인 것이 동항에 예시된 종교교육과 같은 종교의 포교, 교화, 선전 등의 활동이지만, 그 밖의 종교상의 축전, 의식, 행사 등도 그 목적, 효과가 前記와 같은 것일 경우 당연히 이에 포함된다. 그리고 이러한 점에서 어떤 행위가 다음에서 말하는 종교적 활동에 해당하는지를 검토하는 데 있어서는 당해 행위의 주재자가 종교자인지, 그 식의 순서작법이 종교에서 정한 방식에 따른 것인지 등 당해 행위의 외형적 측면만을 볼 것이 아니라, 당해 행위가 거행된 장소, 당해 행위에 대한 일반인의 종교적 평가, 당해 행위자가 당해 행위를 시행하는 의도, 목적 및 종교적 의식의 유무, 정도, 당해 행위가 일반인에게 미치는 효과, 영향 등 여러 가지 사정을 고려하여 사회적 통념에 따라 객관적으로 판단해야 한다」.

■ 적용

「기공식은 토지신을 진정시키고 제사를 지낸다는 종교적인 기원을 갖는 의식이었지만, 시대의 추이와 함께 그 종교적인 의의가 점차 희박해지고 있다는 것은 의심할 여지가 없다. 일반적으로 건물 등의 착공에서 공사의 무사안전 등을 기원하는 의식을 행하는 것 자체는 『기원한다』는 행위를 포함하지만, 오늘날에는 종교적 의의가 거의 인정되지 않는 건축상의 의례가 되어, 그 의례가 가령 기존의 종교에서 정한 방식을 빌려 시행되는 경우에도 그것이 오랜 세월에 걸쳐 널리 거행되어 온 방식의 범위를 벗어나지 않는 한, 일반인의 의식에서는 기공식에 그다지 종교적 의식을 인정하지 않고, 건축착공 시의 관습화된 사회적 의례로서 세속적인 행사로 평가하고 있다고 생각된다. 본건 기공식은 신사신도 고유의 제사의례에 따라 거행되는 것이지만, 이러한 의식은 국민일반 사이에 이미 오랜 기간에 걸쳐 널리 시행되어 온 방식의 범위를 벗어나지 않는 것으로 일반인 및 이것을 주최한 쓰시(津市) 시장과 관계자의 의식에는 이것을 세속적 행사로 평가하여, 이를 그다지 종교적 의식이라고 인정하지 않았던 것으로 생각된다」.

「원래, 일본에서는 많은 국민들이 지역사회의 일원으로서는 신도를, 개인적으로는 불교를 믿고, 관혼상제에서도 서로 다른 종교를 적당히 골라 사용하는 것에 그다지 모순을 느끼지 않는 종교의식의 잡거성(雑居性)이 인정되어, 국민 일반의 종교적 관심도가 반드시 높다고 말하기는 어렵다. 한편, 신사신도 자체에 대해서는 제사의례에 전념하여 다른 종교에서 볼 수 있는 적극적인 포교와 같은 대외 활동이 거의 이루어지지 않는다는 특색이 보인다. 이러한 사정과 前記와 같은 기공식에 대한 일반인의 의식에 비추어보면, 건축공사 현장에서 가령 전문 종교인인 신관(神職)에 의한 신사신도 고유의 제사의례에 따라 기공식이 거행된다고 하여도 그것이 참례자 및 일반인의 종교적 관심을 특별히 높인다고는 생각되지 않고, 이에 의해 신도(神道)를 원조, 조장, 촉진하는 효과가 있다고도 인정되지 않는다. 그리고 이것은 국가가 주최하여 사인과 동일한 입장에서 본건과 같은 의식에 의한 기공식을 행한 경우에도 다른 것이 아니기 때문에, 국가와 신사신도 사이에 특별하게 밀접한 관계가 발생하거나, 나아가 신도(神道)가 재차 국교적인 지위를 얻거나 신교의 자유가 위협당하는 결과를 일으킨다고는 도저히 생각할 수 없다」.

「원 판결 중 상고인 패소부분을 파기한다」.

[반대의견]

- 藤林益三・吉田豊・団藤重光・服部高顕・環昌一 **재판관**

전쟁 전의 국가신도 체제와 종교탄압, 점령군에 의한 신도지령과 헌법제정의 취지를 생각하면 「헌법 제20조 제1항 후단, 동조 제3항 및 제89조에 구현된 정교분리의 원칙은 국가와 종교와의 철저한 분리, 즉, 국가와 종교는 각각 독립하여 서로 결합되지 말아야 하고, 국가는 종교의 개입을 받지 않고 또한 종교에 개입해서는 안 된다는 국가의 비종교성을 의미하는 것으로 해석해야 한다」.

종교상의 축전・의식・행사 등도 종교적 신앙심의 표명 형식이기 때문에 제20조 제3항에 의해 국가에 금지된 종교적 활동에 포함되는 것으로, 다수의견처럼 한정적으로 이해해서는 안 된다. 종교에 기원을 갖는 의식・행사라도 시대의 추이와 함께 종교적 의의・색채를 완전히 상실한 풍속적 행사는 제20조 제3항의 종교적 활동이라 할 수 없지만, 풍속행사처럼 되었다 해도 여전히 종교성이 있다고 인정되는 것은 종교적 활동에 포함된다.

본건 기공식은 신관이 주재하고 신사신도 고유의 제식에 따라 거행된 종교의식이다. 기공식 그 자체는 시대의 추이에 따라 대개 풍속행사화 되었지만, 인정사실에 비추어 보면 본건 기공식 자체는 지극히 종교적 색채가 짙은 것으로, 비종교적인 풍속적 행사라고 도저히 말할 수 없다. 지방공공단체가 주최하여 이러한 의식을 거행하는 것이 신사신도를 우대・원조하는 결과가 되는 것은 당연하다. 본건 기공식은 헌법 제20조 제3항에 위반된다.

기본 해설

1. 정교분리의 관념

본건 최고재판소 판결은 헌법 제20조 제1항 후단, 제20조 제3항, 제89조 전단을 일괄하여 「정교분리의 규정」을 파악하고 있다(民集 31권 4호 538면). 최고재판소에 의하면, 정교분리란 국가와 종교의 분리이다. 「정교분리의 원칙이란 대체로 종교나 신앙의 문제는 원래 정치적 차원을 넘는 개인의 내심에 관계되는 사항이기 때문에, 세속적 권력인 국가……는 이것(종교나 신앙의 문제)을 공권력으로부터 멀게 두어, 종교 그 자체에 간섭해서는 안 된다는 국가의 비종교성 내지 종교적 중립성을 의미한다」(538면). 학설도 일반적으로 헌법 조항을 국가와 종교의 분리라는 의미로 정교분리를 정한 규정으로 이해하고 있어(芦部・後揭 ②), 이 점에서는 최고재판소와 일치한다.

그런데 헌법이 그 자유를 보장하는 종교(신교)란 무엇인가라는 점에 이르면 헌법학설이 일치한다고 할 수 없다. 어림잡아 말하자면, 학설은 본건 항소심 판결에 따른 종교의 유명한 정의－「초자연적, 초인간적 본질(즉, 절대자, 조물주, 지고의 존재 등, 특히 신, 부처, 영령 등)의 존재를 확신하고 경외 숭배하는 심정과 행위」－에 따르는 이른바 「객관설」(다수설)과, 원래 헌법해석 차원에서 정부기관이 종교를 정의하는 것 자체가 종교의 자유를 제한하는 것으로 헌법은 종교를 파악하는 방법 그 자체를 개개인에게 위임하였다고 이해하는 「주관설」(松井 등)로 구별할 수 있다.

이러한 헌법상의 종교개념 이해의 차이에 더하여, 정교분리의 경우에 종교의 의미에 대해서도 학설의 이해는 사실 일치하지 않는다. 다수설은 신교의 자유 대상이 되는 종교의 경우에는 전술한 본건 항소심 판결의 정의에 따라 넓게 파악하고, 정교분리의 대상이 되는 종교의 경우에는 「어떠한 고유의 교의체계를 갖춘 조직적 배경을 갖는 것」이라고 하여 좁게 파악하는 「종교개념의 이원적 이해」를 따른다(芦部・佐藤幸). 그러나 그중에는 신교의 자유의 대상이 된 종교와 정교분리의 대상이 되는 종교를 모두 「성스러운 것에 관한 신앙과 행위의 통일적 체계」로 일원적으로 파악하는 사고방식이나(土屋), 정교분리의 경우의 「教」는 종교 일반이 아닌 교회, 즉, 종교단체의 의미로 정교분리 개념을 다수설보다 더욱 좁게 파악하는 견해도 있다(百地・大石真).

종교와 관련을 갖는 정부활동의 합헌성 판단은 이러한 정교분리를 무엇과 무엇의 분리로 간주할지, 즉, 정교분리의 종교를 넓게 해석할 것인지 좁게 해석할 것인지에 따라서도 달라진다.

2. 헌법 제20조 제2항의 「종교상의 행위」 등과 제20조 제3항의 「종교적 활동」

그러나 본건 최고재판소 판결은 항소심 판결처럼 헌법상의 종교의 정의를 제시하지도 않고, 또한 정교분리를 국가와 「종교단체」의 분리에 특별히 국한하지도 않고, 이러한 종교개념의 문제에 깊이 들어가지 않으면서 논의를 진행하고 있다. 오히려 최고재판소 다수의견의 큰 특징은 상고이유를 받아 공권력에 의한 참가의 강제가 금지된 제20조 제2항의 「종교적 행위」 등과, 공권력이 행하는 것을 금지한 제20조 제3항의

「종교적 활동」을 구별하고, 후자를 좁게 해석한 점에 있다. 즉, 고등재판소까지는 제20조 제2항과 제3항을 특별히 구별함이 없이 쓰시(津市)의 행위가 허용되지 않는 종교적 행위에 해당하는지, 아니면 허용되는 풍속적 행위에 해당하는지가 판단의 분기점이라 생각되었다. 이에 반하여, 최고재판소 다수의견은 「종교상의 행위」 등(제20조 제2항)의 안에는 시민에게 참가를 강제하려고 하든 아니든 간에 공권력이 행하는 것을 금지한 「종교적 활동」(제20조 제3항)과 함께, 시민에게 참가를 강제하지 않으면 공권력이 행하는 것도 허용되는 종교적인 색채를 지닌 행위유형이 포함된다고 생각한다. 이러한 이해의 입장에서 제3항 위반의 구체적인 판단기준으로 최고재판소가 제시한 것이 이른바 「목적효과기준」이다.

3. 목적효과기준

일반적으로 목적효과기준을 나타내는 부분은 본건 최고재판소 판결의 다음의 설명에서 나타난다. 「정교분리의 원칙은 국가가 종교적으로 중립에 있을 것을 요구하지만, 국가가 종교와의 관련을 갖는 것이 전적으로 허용되지 않는 것이 아니라, 종교와의 관련을 초래하는 행위의 목적 및 효과에 비추어 볼 때, 그 관련이 다음 여러 조건에 비추어 상당한 한도를 넘는 것으로 인정될 경우에 이것을 허용하지 않는다고 해석해야 한다」. 헌법 제20조 제3항에서 말하는 「종교적 활동이란 전술한 정교분리의 원칙의 의의에 비추어 보면, 대체로 국가 및 그 기관의 활동에서 종교와의 관련을 갖는 모든 행위를 가리키는 것이 아니라, 그 관련이 다음에 해당하는 한도를 넘는 것에 한정된다고 할 수 있다. 당해 행위의 목적이 종교적 의의를 갖고, 그 효과가 종교에 대한 원조, 조장, 촉진 또는 압박, 간섭 등과 같은 행위를 가리키는 것으로 해석해야 한다」. 「어떤 행위가 다음의 종교적 활동에 해당하는지를 검토하는 데 있어 당해 행위의 주재자가 종교인인지, 그 식의 순서가 종교가 정한 방식에 따르는 것인지 등 당해 행위의 외형적 측면만을 보는 것이 아니라, 당해 행위가 행하여지는 장소, 당해 행위에 대한 일반인의 종교적 평가, 당해 행위자가 당해 행위를 행하는 의도, 목적 및 종교적 의식의 유무, 정도, 당해 행위가 일반인에게 미치는 효과, 영향 등 여러 가지 사정을 고려하여 사회통념에 따라 객관적으로 판단해야 한다」.

이러한 목적효과기준의 내용에 대해서는 몇 가지 확인해야 할 점이 있다. 우선 첫 번째로, 본건 최고재판소 판결은 직접적으로는 헌법 제20조 제3항의 「종교적 활동」을 해석할 때 이 기준을 전개했지만, 제20조 제3항 위반의 문제를 상세하게 검토한 뒤, 본건 기공식이 제20조 제1항 후단, 제89조에도 위반하지 않음을 아주 간단히 인정하고 있다. 최고재판소의 이러한 심사방식은 미노 충혼비(箕面忠魂碑) · 위령제 소송(最3小判 1993년 2월 16일 民集 47권 3호 1687면)에서도 동일하다. 게다가 에히메 옥관료(愛媛玉串

料) 소송 판결(최대판 1997년 4월 2일 民集 51권 4호 1673면)은 보다 명료하게, 헌법 제89조가 규정하고 있는 종교상의 조직・단체에 대한 공금지출 등의 금지도「前記의 정교분리의 원칙의 의의에 비추어 공금지출 행위 등의 국가와 종교의 관련이 前記의 상당한 한도를 넘는 것을 가리킨다고 해석해야 하며, 이에 해당하는지를 검토할 때에는 前記와 같은 기준「지진제 판결의 목적효과기준」에 따라 판결되어야 한다」고 판시하였다(1681면). 즉, 최고재판소의 목적효과기준은 정교분리의 규정 전체에 적용되는 위헌심사기준인 것이다(棟居・後掲, 安念・後掲).

두 번째로 지적해야 할 것은 당해 행위의 목적이 종교적 의의를 가지고(목적요건), 효과가 종교의 원조・조장・촉진, 또는 압박・간섭(효과요건)이 되는 경우라는 두 요건의 관계가 반드시 명확하지 않다는 점이다. 요건의 하나라도 충족하면 위헌이라는 해석과, 요건이 둘 다 충족되어야 비로소 위헌이 된다는 해석, 어느 쪽이든 성립할 수 있다. 최고재판소는 합헌판단을 내린 지진제 사건, 자위관 합사(自衛官合祀) 사건(최대판 1988년 6월 1일 民集 42권 5호 277면), 미노 충혼비・위령제 소송에 대해서는 두 가지 요건 중 어느 쪽도 충족되지 않는다고 판단하였고, 위헌 판결을 내린 에히메 옥관료(愛媛玉串料) 소송에서는 두 가지 요건이 모두 충족되었다고 판단하고 있기 때문에, 최고재판소의 목적효과기준은 두 요건 모두 충족되지 않으면 위헌이 되지 않는다는 취지의 해석이 유력하다(鼎談 : 長谷部).

세 번째는, 목적・효과를 인정할 때 고려하는 요소의 문제이다. 항소심의 감정(鑑定)에 의하면, 종교적 행위와 풍속적 행위의 판별은 주재자가 종교인인지, 식의 순서가 종교계에서 인정된 것인지가 외형적으로 판단되어야 한다는 것이다. 항소심은 위의 두 가지 점 이외에「일반인에게 위화감 없이 받아들여질 정도의 보편성」요소를 더한 외형적 기준을 세웠다. 최고재판소의 다수의견은 위에서 논한 것처럼 종교인지 풍속인지 하는 문제로부터 허용되지 않는 종교적 활동인지 여부의 문제로 논점을 옮기면서, 항소심의 3요소에 의한 판단도 명확히 부정하고, ①행위의 장소, ②일반인의 종교적 평가, ③행위자의 의도・목적・종교의식, ④일반인에게 미치는 효과・영향 등 여러 가지 사정을 고려하여 사회통념에 비추어 객관적으로 판단되어야 한다고 한 점에 특징이 있다. 그러나 그 후 에히메 옥관료 최고재판소 판결의 가베 재판관의 반대의견을 계기로 이 4가지 요소를 한정적인 예로 볼 것인가 아니면 예시로 볼 것인가에 대해 판례이해가 대립하고 있다. 에히메 옥관료 소송에서는 현에 의한 야스쿠니 신사의 제례 등에 대한 옥관료 등의 지출의 위헌성에 대하여 최고재판소 대법정이 쓰지진제(津地鎮祭) 최고재판소 판결의 목적효과기준에 따라 위헌이라고 판단한 다수의견, 목적효과기준에 따르지 않고 위헌이라 판단한 다카하시(高橋久子)・오자키(尾崎行信) 재판관의 의견, 목적효과기준에 의거하여 합헌판단을 내린 가베 재판관의 반대의견

등으로 나뉘었다. 여기서 가베 재판관의 반대의견은 상기 ①~④의 네 가지 요소를 한정적인 열거로 파악한 후, 에히메 옥관료 소송의 사실관계에 대해 네 가지 요소의 유무를 상세하게 검토하여 합헌판단을 유도하는 논법을 채택하여 다수의견을 엄중하게 비판하였다.

4. 정교분리의 규정의 성격

지금까지 살펴본 것처럼 정교분리의 규정은 어떤 의미내용을 갖는가, 위반의 유무를 어떻게 판단해야 하는가라는 실체적인 문제와는 별도로, 정교분리 위반의 유무를 누가 어떤 형식의 소송으로 추궁할 수 있는가라는 절차적 문제도 존재한다. 통설은 신교의 자유(헌법 제20조 제1항 전단・제2항)는 개인이나 단체의 주관적 권리를 보장하는 규정인데 반해, 정교분리의 규정은 이른바 제도적 보장의 규정이라 해왔다. 제도적 보장이라는 관념은 1919년 독일헌법(바이마르 헌법)의 기본권 규정의 해석을 위해 독일 학계에서 제창되어 일본의 헌법학에도 도입된 것이다. 그러나 정교분리의 규정이 제도적 보장이라고 불리는 경우에 반드시 독일 학설과 동일한 관념을 염두에 두는 것은 아니다. 일본 학설의 주장은 정교분리의 규정이 객관적인 헌법원칙을 정한 것으로 정부기관에 의무를 부과하지만, 개인・단체의 주관적 권리를 보장하는 것은 아니라는 취지이다. 본건 최고재판소 판결도 이러한 입장에 서있다.

그러나 최고재판소 다수의견이 이러한 「제도적 보장설」을 국가와 종교의 완전한 분리가 현실적으로 불가능하고 불합리하다는 것을 설명하고, 목적효과기준에 서서 상기의 네 가지 요소 등의 종합판단에 의한 정교분리의 원칙의 유연한 운영을 제시한 것에 대한 비판이 하나의 계기가 되어, 정교분리의 규정도 개인・단체의 주관적 권리를 보장한 것이라고 하는 학설이 나타났다(浦部). 이른바 정교분리의 규정에 관한 「인권설」이다. 인권설이 착안한 것은 정부기관의 행위에 제20조 제1항 후단・제3항, 제89조 전단 위반의 의심이 있는 경우 개인・단체는 이것을 이유로 소송을 제기하여 당해 행위의 취소나 국가배상을 요구할 수 있다고 주장하는 점에 있다. 주관소송의 가능성을 열기 위하여 말하자면 거기에서 역산하여 정교분리의 규정의 「권리성」을 주장하는 논리구조이다.

「제도적 보장설」의 입장에서는 지방자치법 제242조의 2의 주민소송과 같은 특수한 제도가 존재하지 않으면 가령 정교분리의 규정 위반으로 보이는 정부행위가 있더라도 소송으로 다투기 힘들다. 실제로 국가 차원에서는 주민소송과 같은 제도가 존재하지 않기 때문에 수상의 야스쿠니 신사 참배의 위헌성을 다투는 소송은 종교적 인격권의 침해라는 법적 구성으로 제기되고 있지만, 재판소가 받아들이고 있지는 않다. 「인권설」은 현행 소송법상의 이러한 난관을 타파하려는 실천적 의도에 근거한 해석이지만, 정부기관이 종교적 활동을 하더라도 특정 개인・단체가 참가를 강제당하는 등 구체적인 불이익을 받지 않는다면 전통적 의미에서의 권리침해를 주장하기에도 역시 곤란하다.

5. 주민소송 제도의 개정

위와 같이 시민들이 정부기관의 행위를 정교분리의 원칙 위반이라고 생각하는 경우에도, 그것을 인권침해로 구성하는 것은 어렵기 때문에 쓰지진제 사건 · 에히메 옥관료 소송 등 정교분리관계 소송의 대부분은 지방자치법 제242조의 2에 규정된 「주민소송」이라는 특수한 소송유형으로 다투어져 왔다.

즉, 시민들이 지방자치체의 주민의 자격으로 공금지출이 헌법의 정교분리의 원칙 위반의 의미로 위법이라는 이유로 당해 지출의 최고책임자인 시장이나 지사를 상대로 소송을 제기하고, 위법인 공금지출에 의해 지방자치체가 받은 손해를 단체장 개인이 배상하도록 요구하여 왔다(지방자치법 구 제242조의 2 4호 청구). 이것은 상법상의 주주대표소송과 같은 구조의 책임추궁 제도이다.

이 4호 청구소송에는 지방자치체 단체장 등이 지위를 벗어난 후도 포함되어 비용이나 시간을 개인적으로 부담하여 자기가 응소하여야 하고, 예를 들어 공공 공사를 둘러싼 부정지출 사례 등에서도 억 단위의 손해배상을 명령받을 가능성도 있다. 그래서 지방자치단체는 주민소송의 건수가 증가함에 따라 공무원 개인의 부담이 과중하여 행정수행에 위축효과를 일으킨다고 비판하였다.

내각총리대신의 자문기관으로서 1998년 10월에 총리부(현 내각부)에 설치된 제26차 지방제도조사회는 이러한 의견을 수용하여 주민감사제도 · 주민소송제도 전반을 재검토하여 4호 청구소송에 대해서도 개정을 답신하였다. 이것이 정부안으로 국회에 상정되어 2002년 지방자치법개정에 의하여 4호 청구소송의 구조가 크게 개정되었다. 따라서 현재 주민이 지방자치체 기관의 정교분리의 원칙 위반을 다투는 경우에는 쓰지진제 사건이나 에히메 옥관료 소송의 경우와는 제도가 다른 점에 주의할 필요가 있다.

신 4호 청구소송은 공금 지출에 관한 주민감사청구의 결과에 불복할 경우에, 주민이 제기할 수 있는 소송의 한 종류인 점에서 구 4호 청구와 다르지 않다. 또한 소송의 대상이 되는 위법행위의 범위, 단체장이나 직원의 책임 정도에 대해서도 구 4호 청구의 내용을 축소하려는 개정은 시행되지 않았다.

구 4호에서 신 4호로의 큰 변화는 소송구조의 차이점이다. 구 4호에서는 원고인 주민이 「지방자치단체를 대신하여」 단체장 등 손해보상 등의 책임을 지는 직원을 피고로 하여 직접 소송을 제기하는 구조로 되어 있었다. 이에 반해 신 4호에서는 원고인 주민이 당해 지방자치체의 집행기관 또는 직원을 피고로 하여 손해배상 등의 책임을 지는 직원을 상대로 한 소송을 일으키도록 청구하는 소송을 제기하도록 되었다(제1소송). 이 소송에서 원고인 주민의 승소가 확정된 다음에는 당해 지방자치단체의 단체장이 원고가 되어 재차 손해배상 등의 책임을 지는 직원을 피고로 하는 소송을 제기하여야 한다(제2의 소송→신 제242조의 3).

신제도에서는 제1의 소송단계에서 단체장 등의 직원 개인이 소송 전면에 서지 않기 때문에, 정신적・시간적・경제적 부담과 위축효과를 일으키지 않게 되었다. 그러나 이 구조에서는 주민이 지방자치단체와 같은 측에 서서(지방자치단체와 대립하여) 직원 개인의 책임을 추궁하는 구조로부터 지자체가 이른바 직원을 감싸는 입장에서 주민의 소송을 받아들이는 구조로 제도 취지의 근본적인 전환이 이루어져, 이러한 2단계 제도에 의해 주민에 의한 책임추궁이 어렵게 되었다는 비판도 있다(주민소송제도의 개정을 검토 입안한 입장의 논문에는 成田頼明「주민감사청구・주민소송제도의 재검토에 대하여(상・하)」자치연구 77권 5호 3항 이하, 동 77권 6호 3면 이하. 개정에 비판적인 입장의 논문으로는 阿部泰隆「주민소송 개정안의 사소한 의문」자치연구 77권 5호 19면 이하).

Part Ⅱ 응용편

◥ 확인질문

1. 주민소송이란 무엇인가?
2. 본 판결의 다수의견은 정교분리의 규정의 목적과 법적 성격을 어떻게 생각하고 있는가?
3. 다수의견은 제20조 제2항의「종교상의 행위」등과 제20조 제3항의「종교적 활동」과의 관계를 어떻게 생각하고 있는가?
4. 다수의견의 목적효과기준의 내용, 목적효과기준에 의한 판단방법을 확인하고, 항소심의 판단기준론과 비교해 보시오.
5. 다수의견・반대의견・항소심 판결에 의한 본건 기공식의 평가를 비교해 보시오.

◥ 응용문제

설문 1 본건 최고재판소 다수의견의 목적효과기준과 그 적용에 따른다면 다음의 사례는 정교분리의 규정에 반하는 것인가?

(1) 시가 주최하여 비용도 부담하는 불교식 지진식・기공식을 거행한 경우

(2) 시가 주최하여 비용도 부담하는 기독교식 기공식을 거행한 경우

(3) 시의 공사 주문을 받은 건설업자가 주최하여 비용도 부담하여 시 직원의 자주적인 참석 하에 신사신도식 지진제를 거행한 경우

(4) 시의 공사 주문을 받은 건설업자가 주최하여 비용도 부담하여 시 직원의 자주적인 참석 하에 기독교 기공식을 거행한 경우
(5) 「예대제」·「영혼제」에 옥관료·헌등료(献灯料)를 봉납한 경우
(6) 외국인 묘지에서 거행된 기독교식 위령제에 시가 관광진흥책의 일환으로 조성금을 지출한 경우
(7) 내각총리대신이 전몰자 위령의 목적으로 총리대신으로서 야스쿠니(靖国)신사에 가서 신사신도의 작법에 따라 참배한 경우
(8) 내각총리대신이 전몰자 위령의 목적으로 총리대신으로서 야스쿠니(靖国)신사에 가서 신사신도의 작법에 따르지 않고 참배한 경우

설문 2 본건 항소심 판결의 판단기준에 따르면, 설문1에서 예로 든 8가지의 사례는 각각 종교분리 규정에 반하는가?

설문 3 이른바 「레몬 테스트」의 일반적 이해(Part Ⅲ 2 참조)의 판단기준에 따르면, 설문1에 예로 든 8가지 사례는 각각 정교분리의 규정에 반하는가?

설문 4 에히메 옥관료 소송 최고재판소 판결의 다카하시(高橋)·오자키(尾崎) 의견의 사고방식에 따르면 설문1의 8가지 사례는 각각 정교분리의 규정에 반하는가?

설문 5 지방자치법 제242조의 2의 구 규정과 신 규정에서는 시에 의한 지진제 거행의 위헌성을 다투는 소송은 어떻게 변화하는가? 내각총리대신의 야스쿠니(靖国) 참배의 위헌성을 소송에서 다투기 위해서는 어떠한 법적 구성을 생각할 수 있는가?

Part Ⅲ 이론편

1. 목적효과기준의 한정론·부정론

일본국헌법의 정교분리의 규정의 해석은 최고재판소의 판례 법리인 「목적효과기준」의 주위를 돌고 있다고 해도 과언이 아니다. 목적효과기준의 내용에 대해서는 Part Ⅰ 「기본 해설」에서 확인하였기 때문에 여기에서는 이 기준에 대한 평가문제를 다루려고 한다.

쓰지진제 사건이 하급심에서 상고심으로 다투어진 1970년대에는 목적효과기준 자체에 대한 학계의 부정적인 견해도 강했다고 할 수 있다. 예를 들어, 다카야나기(高柳信一)는 미국 최고재판소의 판례이론 연구를 근거로, 목적효과기준의 적용영역을 국가의 복지적 급부의 정교분리 위반이 문제가 되는 경우에 한정해야 한다고 주장하였다. 복지국가 이념에 의거하여 정부가 사회적 약자에게 금전과 서비스를 급부하려고 해도, 당해 조

치 대상자가 어떤 종교적 성격을 가지기 때문에 이러한 복지적 급부가 정교분리의 규정에 위반된다는 이유로 불가능하게 되는 사태를 피하기 위해서는 당해 조치의 목적과 효과를 검토하는 것이 유용하지만, 쓰지진제 사건처럼 정부 스스로 그 주체가 된 종교적 행위의 위헌성이 다투어진 경우에는 이러한 기준이 타당하지 않다고 한다.

또한, 에히메 옥관료 판결에서는 다카하시(高橋)・오자키(尾崎) 두 재판관의 「의견」이 다수의견의 위헌판단에 동조하면서 목적효과기준에 부정적인 태도를 취하여 주목받았다. 두 의견은 국가와 종교의 완전한 분리가 헌법의 취지라는 이해를 출발점으로 하여 목적효과기준은 애매하고 불명확하기 때문에 이러한 판단기준으로 헌법 제20조 제3항의 「종교적 활동」을 좁게 해석할 경우에는 공권력이 관여할 수 있는 종교적 행위의 범위가 무제한적으로 확대되어 신교의 자유가 위협당할 수밖에 없다는 것이다. 나아가 다카하시의 의견은 「나는 완전한 분리가 불가능, 부적절하다는 이유가 제시되지 않는 한, 국가가 종교와 관련을 갖는 것은 허용되지 않는 것」이라 하여(民集 51권 4호 1703면), 합헌성의 입증책임을 공권력 측에 완전히 부담시키는 매우 엄격한 위헌심사를 주장하였다.

2. 레몬 테스트

그러나 학설의 대다수는 문제가 되고 있는 정부행위의 목적・효과를 검토하는 자세로 정교분리 문제 전반에 접근하려는 점에서는 지진제 판결 이후의 최고재판소 다수의견과 견해가 일치한다. 다만 대다수의 학설은 미국 최고재판소의 판례이론연구를 근거로 일본 최고재판소보다도 엄격한 위헌심사를 제창하는 특징을 갖는다.

학설이 미국 연방재판소의 판례이론에서 특히 주목한 것은 1971년 레몬 판결이다. 이것이 미국의 목적효과기준을 확립한 판결이라고 불리기 때문에 미국 최고재판소의 목적효과기준은 「레몬 테스트」라고 칭해진다. 레몬 테스트란 「①문제가 된 국가행위가 세속적 목적을 갖는지, ②그 행위의 주요한 효과가 종교를 진흥 또는 억압하려는 것인지, ③그 행위가 종교와의 과도한 관련을 촉진하는 것인지, 라는 세 가지 요소를 개별적으로 검토함으로써 정교분리의 원칙 위반의 유무를 판단하고 한 가지 요소라도 해당하면 그 행위를 위헌이라고 하는 것이다」.(芦部・後掲①)

레몬 테스트는 일본 판례의 목적효과기준의 모델을 제공하였다고 여겨지지만, Part Ⅰ「기본 해설」에서 확인한 것처럼 최고재판소 다수의견의 목적효과기준은 「과도한 관련」을 독립 요건으로 하지 않는 점, 종교적 목적(요건1)과 종교에 대한 원조・촉진 내지 압박・개입(요건2)의 두 요건을 충족할 때만 위헌이 된다고 이해하고 있는 점, 이 두 요건의 충족 유무가 일반인의 평가를 포함한 4가지 요소 등의 여러 가지 사정을 고려하여 결정되는 점, 이러한 측면에서 레몬 테스트보다 상당히 유연한 위헌심사기준이라고 비판받아 왔다. 비판설은 레몬 테스트 수준으로 목적효과기준의 「엄격도를 높이고 그것을 구체적 사건에 적용하는 것은 판례를 변경하지 않아도 가능하고, 또한 일본국헌법이 정한 정교분리의 원칙의 취지로부터 보면 오히려 헌법상 요청되고 있다」고 주장한다(芦部・後掲 ②).

3. 엔도스먼트 테스트(Endorsement Test)

전문 연구에 의하면, 레몬 판결 이후의 미국 최고재판소의 판례동향도 그렇게 단순하지 않은 것 같지만, 그 중에서 일본 학설이 특히 주목한 것은 1984년 린치 판결의 보충의견으로 오코너 판사가 제창한 엔도스먼트 테스트(endorsement test)이다. 엔도스먼트 테스트란 「정부행위가 종교에 대한 정부의 승인(endorsement) 혹은 부인인지의 여부를 심사하는」 수법으로 「그 종교의 신자가 아닌 자에게 그들이 부외자(部外者)로 정치적 공동체의 완전한 구성원이 아니라는 메시지를 보내는 동시에, 신자에게는 그들이 부외자로 정치적 공동체 내에서 우대되는 멤버라는 메시지를 보낼지 묻는 것이다」. 또한 그 판정자로서는 「법률의 조문, 입법의 연혁 및 시행 실태를 숙지」한 「합리적 관찰자가 상정되어 있다」(高畑・後掲). 엔도스먼트 테스트는 정부의 현실 목적이 종교의 승인인지, 정부행위의 효과가 종교에 대한 시인의 메시지의 전달에 해당하는지를 심사하는 것으로서 주창자인 오코너 판사에 따르면 레몬 테스트의 목적심사・효과심사를 수정하여 명확히 한 것이다(諸根・後掲).

엔도스먼트 테스트에 대해서는 「합리적 관찰자」에 의한 판정이라는 가정은 결국 쓰지진제 판결의 다수의견과 마찬가지로, 사회 다수파의 의식을 최우선으로 하는 결과가 되지 않을지 등의 비판도 있지만(土屋・後掲), 일본의 정교분리문제가 역사적으로 신사신도의 관계로 집약되어 신사신도가 자주 공동체의 종교로 평가되어 온 점에서, 공동체 구성원에 대한 정부행위의 메시지를 기준으로 한 엔도스먼트 테스트는 일본에서도 일정한 유용성을 가진다는 견해도 있다(諸根 後掲).

실제 1997년 에히메 옥관료 판결에서 다수의견의 위헌판단은 엔도스먼트 테스트에 의거한 것이라고 일컬어진다(鼎談 : 横田・長谷部・百地 등). 판결 중 「일반인에 대해 현이 당해 특정 종교단체를 특별히 지원하고 그 종교단체들이 다른 종교단체와 달리 특별하다는 인상을 주어, 특정 종교에 대한 관심을 불러일으킨다고 말하지 않을 수 없다」는 판시가 그것이다(民集 51권 4호 1683면). 그렇게 해석한다면, 에히메 옥관료 판결은 조사관 평석이 말하는 것처럼(越山・後掲) 단순히 쓰지진제 사건과 동일한 목적효과기준을 다른 사안에 적용시킨 것만이 아닌 것이 되며, 확실히 그 점을 평가하는 학설도 있다(高畑・後掲).

4. 목적효과기준에 대한 회의 · 한정

위와 같이 최고재판소의 목적효과기준을 전제로 하여 이것을 미국의 레몬 테스트, 엔도스먼트 테스트를 참고로 엄격하게 운영해야 한다는 것이 학설의 대세이지만, 목적효과기준 자체에 대한 회의는 1990년대 이후의 학설에서도 다양한 형태로 제기되고 있다. 예를 들어, 쓰지진제 판결의 합헌판단은 제1심과 같이 지진제가 세속적 행사라는 인정에 의거하는 것으로서 에히메 옥관료 판결의 위헌판단은 옥관료 등의 봉납 대상이 된 야스쿠니신사의 「영혼제」 「예대제」 등을 세속적 행사로 인정하는 것은 아무리 해도 무리였기 때문에, 목적효과기준은 사실 판단기준으로 기능하고 있지 않다. 목적효과기준을 액면 그대로 적용하면 정부와 종교의 분리는 「이상한 수준까지 항진(亢進)」하기 때문에, 본래 적절한 판단기준이라고 할 수 없다는 견해도 있다(安念 · 後揭).

또한 국가와 종교의 관계를 ①국가가 주최하는 종교적 행위, ②종교단체가 행하는 종교적 행위와 비종교적 행위에 대한 국가의 관여, ③비종교단체가 행하는 종교적 행위에 대한 국가의 관여로 유형화하여, 국가와 종교의 거리를 문제로 하는 목적효과기준은 ②③의 유형에 적용하는 것이 적절하고, 쓰지진제 사건과 같은 ①의 유형에는 타당하지 않다는 견해(吉崎 · 後揭)도 제기되고 있다. 에히메 옥관료 소송과 같이 타 주체의 종교적 행위에 대한 정부의 관여에 대해서는 정부행위의 메시지를 묻는 형태로 목적효과기준의 적용을 고려하고, 쓰지진제 사건과 같이 정부 자신의 종교적 행위에 대해서는 정부에게 그 필요성과 적절성의 입증책임을 지게 하는 엄격한 심사를 시도해보는 발상도 정교분리의 원칙을 엄격하게 이해하려는 입장에서 가능한 선택지일 것이다.

Part Ⅳ 두 번째 소재

미노(箕面) 충혼비 · 위령제 소송

최고재판소 1993년 2월 16일 제3소법정 판결
1987년(行ツ) 제148호 운동장일부폐지결정무효확인 등,
위령제지출금지청구사건
民集 47권 3호 1687면, 判時 1454호 41면
[참조문헌] 헌 20, 89

사실 개요

현 오사카부 미노(箕面)시에 제2차 대전 전에 건립된 충혼비는 전쟁 후 점령군 총사

령부의 이른바 신도지령(神道指令)을 받아 한동안 유기되었지만, 1952년경 재건되어 1955년부터 시 유족회에 의해 유지 관리되었다. 1975년에 미노시는 노후화된 초등학교의 건물을 재건축할 때 인접한 충혼비의 부지를 학교용지로 편입하기 위해 대체지를 취득하여 충혼비를 그 대체지에 공금으로 이설・재건하였다. 이것을 기회로 권리관계도 정리되어, 충혼비의 소유권은 시 유족회에 귀속하는 것으로 정해져 본건 부지는 시가 유족회에 무상 대여하는 것으로 시의회에서 결정되었다.

이에 대해 주민으로부터 헌법상 정교분리의 규정 위반을 이유로 무상 대여된 토지의 명도를 시유족회에 청구하지 않는 시장의 행위에 대한 위법확인, 토지취득에 사용된 공금의 손해배상 등을 시장에게 요구하는 지방자치법 제242조의 2에 의거한 주민소송이 제기되었다(충혼비 소송).

제1심(오사카 지판 1982년 3월 24일 行集 33권 3호 564면)은 원고의 청구를 일부 인용했지만, 항소심(오사카 지판 1987년 7월 16일 行集 38권 6・7호 561면)은 원 판결을 파기하였다. 제1심 원고의 상고를 받은 최고재판소는 상고를 기각하였다.

또한, 본건 충혼비의 앞에서 시 유족회의 하부조직인 미노지구 전몰자 유족회가 1976년에 거행한 신도식 위령제와 1977년에 거행한 불교식 위령제에 교육장이 내빈으로 출석하여 옥관(玉串)을 바치거나 분향한 행위 등이 정교분리의 규정에 반한다고 하여 교육장 등을 상대로 한 주민소송도 제기되었다(미노 위령제 소송).

제1심(오사카 지판 1983년 3월 1일 行集 34권 3호 348면)은 원고의 청구를 인정하였지만, 항소심(同上)・상고심(同上)은 충혼비 소송과 마찬가지로 모두 제1심 원고의 주장을 인정하지 않았다.

상고심=최고재판소

■ 법적 구성

(a) 제20조 제3항 위반의 논점에 대해서

쓰지진제 사건 최고재판소 판결(民集 31권 4호) 538면 5줄부터 11줄까지, 539면 16줄부터 530면 1줄까지, 541면 1줄부터 542면 1줄까지(「기본 소재」의 상고심 다수의견의 「법적 구성」 제2단부터 제4단에 해당하는 부분)가 거의 동일.

(b) 제20조 제1항 후단 제89조 위반의 논점에 대해서

제20조 제1항 후단에서 말하는 「종교단체」, 제89조에서 말하는 「종교상의 조직 혹은 단체」라는 것은 국가가 특권을 부여하거나 공금을 지출하는 것이 「특정한 종교에 대한 원조, 조장, 촉진 또는 압박, 간섭 등」이 되는 것, 「바꿔 말하면, 특정한 종교

의 신앙, 예배 또는 보급 등의 종교적 활동을 행하는 것을 본래의 목적으로 하는 조직 내지 단체를 가리키는 것이라고 해석하는 것이 상당하다」.

■ 적용

(a) 충혼비 소송에 관한 제20조 제3항 위반의 논점에 대해서

미노시가 충혼비를 이전·재건하는 토지를 취득한 행위 및 시유족회에 당해 토지를 무상 대여한 행위는 「모두 그 목적은 초등학교 교사의 재건축 등을 위해 공유지상에 있는 전몰자 기념비적인 성격을 갖는 시설을 다른 장소에 이전하여, 그 부지를 학교 용지로서 이용하는 것을 주안점으로 하는 것이며」, 그 방책으로 대체지의 취득, 충혼비의 이전·재건, 시 유족회에 부지 무상대여를 실시한 것이기 때문에, 「전적으로 세속적인 것이라고 인정되어, 그 효과도 특정 종교를 원조, 조장, 촉진하거나 또는 다른 종교에 압박, 간섭을 가하는 것이라고 인정할 수 없다. 따라서 미노시의 위 각 행위는 종교와의 관련성의 정도가 일본의 사회적, 문화적 조건에 비추어, 신교의 자유의 보장의 확보라는 제도의 근본 목적과의 관계에서 상당하다고 여겨지는 한도를 넘는 것이라고는 할 수 없고, 헌법 제20조 제3항에 의해 금지되는 종교적 활동에 이르지 않는다」.

(b) 충혼비 소송에 관한 제20조 제1항 후단·제89조 위반의 논점에 대해서

유족회는 「전몰자 유족의 상호부조·복지향상과 영령의 현창(顕彰)을 주된 목적으로 하여 활동하고 있는 단체이며」, 회원의 요망에 따라서 전몰자의 위령·추도·표창을 위한 제반 행사를 행하고 있지만, 제20조 제1항 후단 제89조 소정의 특정한 종교의 신앙·예배·보급 등의 종교적 활동을 본래의 목적으로 하는 조직·단체에는 해당하지 않는다.

(c) 위령제 소송에 대해서

충혼비는 전몰자 기념비적 성격의 것, 시유족회는 특정한 종교의 신앙·예배·보급 등의 종교적 활동을 본래의 목적으로 하는 단체가 아닌 것, 교육장의 위령제에의 참례는 유족회가 주최하는 전몰자의 위령·추도를 위한 종교적 행사에 즈음한 사회적 예의로서 조의·애도의 뜻을 표할 목적으로 행하여진 것, 이러한 점에 비추어 보면, 교육장의 본건행위는 「전몰자 유족에 대한 사회적 예의를 다한다고 하는 전적으로 세속적인 것이며, 그 효과도 특정한 종교에 대한 원조, 조장, 촉진 또는 압박, 간섭 등이 되는 것과 같은 행위라고는 인정되지 않는다」.

상고 기각.

기본 해설

1. 지금까지 정교분리의 원칙 위반여부가 소송에서 다투어진 공권력의 행위에는 여러 가지 성격의 것이 포함되어 있다. 그것을 분류하면 예를 들어, 다음과 같은 유형으로 구별할 수 있다.

첫 번째는, 공권력이 종교적 행위를 함으로써 국가의 종교적 중립성을 해하는 것이 아닌지가 문제가 된 유형이다. ①미에현(三重懸) 쓰시가 신사신도식 지진제를 주최한 「쓰지진제 사건」(최대판 1977년 7월 13일 民集 31권 4호 533면 → Part Ⅰ「기본 소재」), ②자위대 야마구치 지방연락부가 사단법인 대우회(隊友会) 아마구치현 지부연합회와 함께 순직 자위관의 합사를 현(懸)호국신사에 신청한 것이 문제가 된 「자위관 합사 사건」(최대판 1988년 6월 1일 民集 42권 5호 277면), ③나카소네(中曾根康弘) 수상의 야스쿠니 신사 공식참배의 위헌성이 다투어진 「오사카 야스쿠니 소송」(大阪高判 1992년 7월 30일 判時 1434호 38면), ④황실신도에 의거한 즉위의 예・대상제(大嘗祭)를 공적인 황실행사로 집행하고 공금을 지출한 행위의 위헌성이 다투어진 「즉위의 예・대상제 소송」(大阪高判 1995년 3월 9일 行集 46권 2・3호 250면), ⑤마을이 관음상을 설치한 행위가 문제가 된 신구시(新宮市) 관음상 소송(松山地判 1991년 4월 27일 판タ 1058호 290면) 등이 그러하다.

두 번째는, 민간단체가 영위하는 종교적인 색채를 지닌 행사에 공무원이 참례하거나, 공권력이 참여한 행위가 국가의 종교적 중립성을 해하는 것이 아닌지가 문제가 된 유형이다. ⑥미노지구 전몰자 유족회가 충혼비 앞에서 거행한 신도식・불교식 위령제에 대한 시교육장의 참례가 문제가 된 본건 「미노 위령제 소송」(최3소판 1993년 2월 16일 民集 47권 3호 1687면), ⑦대상제에 관련하여 거행된 「발수제(抜穂의 儀: 즉위식에 사용될 햇쌀을 수확하는 의식)」에 오이타현(大分県) 지사가 참례한 행위가 다투어진 「발수제 위헌소송」(최3소판 2002년 7월 9일 判時 1799호 101면), ⑧가고시마현(鹿児島県) 지사가 대상제에 참례・예배한 행위가 문제가 된 「가고시마 대상제 위헌소송」(최1소판 2002년 7월 11일 民集 56권 6호 1204면) 등이 이러한 유형에 포함된다. 또한 ⑨에히메현이 야스쿠니 신사의 예대제에 옥관료, 영혼제에 헌등료, 현호국신사의 위령대제에 공물료를 봉납한 행위의 위헌성이 다투어진 「에히메 옥관료 소송」(최대판 1997년 4월 2일 民集 51권 4호 1673면), ⑩마찬가지로 이와테현(岩手県) 의회의 총리대신 야스쿠니 공식참배 요망결의의 위헌성과, 이와테현이 야스쿠니 신사에 봉납한 옥관료・헌등료의 위헌성이 문제된 이와테 야스쿠니 소송(仙台高判 1991년 1월 10일 行集 42권 1호 1면)도 공무원이 종교적 행사에 참례한 것은 아니지만, 동종의 의의를 갖는 사건으로 파악될 수 있을 것이다.

세 번째는, 종교적(인지 여부에 분쟁이 있는) 시설・단체에 대하여 공권력이 경제적 지원을 하는 것이 국가의 종교적 중립성을 해하는지가 문제가 되는 유형이다. ⑥충혼비의 이설・재건비용을 시가 부담하고, 충혼비를 위해 시가 토지를 무상 대여한 본건「미노 충혼비 소송」(최3소판 1993년 2월 16일 民集 47권 3호 1687면)은 그 대표적 예이다. 동종의 사건으로 ⑪오사카시가 주민자치회(町会)에 무상 사용하게 한 행위가 문제가 된「오사카 지장상(地蔵像) 소송」(최1소판 1992년 11월 16일 判時 1441호 57면), ⑫충혼비의 유지관리와 위령제를 위해 시가 보조금을 지출한 행위가 문제된「나가사키 충혼비 소송」(福岡高判 1992년 12월 18일 行集 43권 11/12호 1537면), ⑬헌곡제(献穀祭)를 위해 조직된 봉찬회에 대한 현과 시의 보조금 지출이 문제가 된 시가현(滋賀県) 헌곡제 소송(大阪高判 1998년 12월 15일 判時 1671호 19면), ⑭유족회에 대한 보조금 지출의 합헌성이 문제가 된 미노시 유족회 보조금 소송(최1소판 1999년 10월 21일 判時 1696호 96면) 등을 예로 들 수 있다.

2. 위의 예로 들은 14건 중 최고재판소 판결은 ①②⑥⑦⑧⑨⑪⑭의 8건이지만, 위헌 판결을 내린 것은 에히메 옥관료 소송 판결뿐이다. 한편, 6건의 하급심 판결 중 ⑤신구시(新宮市) 관음상 소송 제1심 판결과, ⑬시가현 헌곡제 소송 항소심 판결은 공권력의 행위의 위헌성을 인정하고, 나아가 원고의 청구를 인정하였다. 또한 ⑩이와테 야스쿠니 소송 항소심 판결은 이른바 법기술적인 이유로 제1심 원고측 청구를 인정하지 않았지만, 내각총리대신의 야스쿠니신사 공식참배 자체는 위헌이라 판단하였다. 또한 ③오사카 야스쿠니 소송 항소심 판결과, ④즉위의 예・대상제 소송 항소심 판결은 모두 공권력의 행위에 위헌의 의문이 있다고 하면서도, 이러한 행위에 의하여 제1심 원고의 사상・양심의 자유, 신교의 자유, 종교적 인격권이 침해되었다고는 할 수 없다고 하여 청구 자체를 받아들이지 않았다.

재판소에는 공권력의 행위를 유형화하는 발상은 보이지 않고, 14가지 판결은 모두 유형의 차이에 관계없이 정교분리의 원칙 위반을 판단하는 데 있어 쓰지진제 사건 최고재판소 판결의 목적효과기준에 의거하고 있다. 또한, 최고재판소・하급심과 함께, 목적・효과의 인정에서는 행위의 장소, 일반인의 평가, 행위자의 의도・목적・종교적 의식, 일반인에게 미치는 효과・영향 등 제반 사정을 종합적으로 고려하여 결론을 도출하는 방법을 채택하여 목적심사와 효과심사를 독립적으로 하지 않는 점이 특징적이다. 결과적으로 심사는 일반적으로 완화된 경향이 강하다. 위헌판단이나 위헌의 의문을 제시한 하급심 판결도 ③④는 정교분리의 규정이 개인의 권리를 보장하는 것이 아니고, 국가에 대해서는 납세자 소송제도도 존재하지 않기 때문에 원고의 청구 그 자체는 기각되는 것이 전제가 된 판단이고, ⑤는 자치단체 자체가 관음상을 건립하였다는 이례적인 사안이기 때문에 자치단체의 행위가 목적효과기준에 의해 위헌이라 판단되어 청구로 인용된 것은 여기서 예로 든 하급심 판결은 ⑬뿐이다. 이 판결은 헌곡제에 대한 오우미하치만(近江八幡)시의 원조 목적은「농업진흥」등 세속적이지만, 원조를 받은 제사 자체는 종교적이며, 이에 대하여 488만 엔이라는 많은 액수의 조성을 하지 않아도 지자체가 내건 목적은 달성 가능하다고 하였다. 공권력 행위의 목적은 세속적이더라도, 지원을 받은 측의 행위의 성격이 종교적인 경우에는 지원의 규모 등에 의해서 이른바 수단위헌이 될 수 있다는 발상은 매우 흥미롭다.

3. 본건 미노 충혼비 · 위령제 소송은 민간단체의 시설 · 행위에 대한 공권력의 관여가 문제가 된 유형으로 최고재판소의 판단이 제시된 주요한 판결이다. 판결에서 유족회는 종교단체가 아니고, 충혼비는 전몰자 기념비적인 것으로 특정 종교와의 관련이 희박하며, 이설 · 재건의 목적은 초등학교의 재건축이라는 세속적인 것이며, 위령제에 참례하는 것은 사회적 의례라는 등의「제반 사정」의 종합판단에 의하여 합헌성을 도출하였다. 행위주체가 비종교단체라고 인정된 경우에는 시설 · 행위의 종교성도 낮다고 어림잡을 가능성을 보여주고 있다는 점, 신도식 · 불교식 위령제라는 순전히 종교적 행사의 참례도 사회적 의례시하여 허용되는 쓰지진제 판결의 흐름을 타고 있다는 점 등, 최고재판소의 목적효과기준의 특징을 잘 나타내는 판결이라고 할 수 있다.

설문 공권력 행위의 목적, 효과, 종교와의 관련 정도를 각각 독립적으로 심사하는 레몬 테스트의 수법이나, 공권력의 행위가 특정 종교에 대한 시인의 메시지의 발신이 될 수 있는지를 묻는 엔도스먼트 테스트의 수법으로, 미노 충혼비 · 위령제 소송의 사안을 심사하여 보자.

❙ 참고문헌 ❙

芦部信喜 ①『憲法』(岩波書庖, 第3版・高橋和之補訂, 2002年)
同 ②『憲法学Ⅲ』(有斐閣, 増補版, 1998年)
同 ③『宗教・人権・憲法学』(有斐閣, 1999年)
安念潤可「信教の自由」樋口陽一編『講座憲法学第3巻』(日本評論社, 1994年)
大石和彦「判例による憲法形成の一断面—愛媛玉串料違憲訴訟大法廷判決・再考」新正幸=早坂喜子=赤坂正浩編『公法の思想と制度』(信山社, 1999年)
大石異「政教分離原則の再検討」ジュリスト1192号(2001年)
越山安久「調査官解説」法曹時報33巻22号(1981年)
佐々木弘通「『厳格な政教分離』学説の再構築に向けて(一)」成城法学62号(2000年)
高畑英一郎「エンドースメント・テストと愛媛玉串料訴訟最高裁判決」日本法学66巻3号(2000年)

高柳信一「国家と宗教一津地鎮祭判決における目的効果論の検討」法学セミナー增刊『思想・信仰と現代』(日本評論社, 1977年)

土屋英雄「アメリカにおける政教分離と「保証」テスト」芦部古稀『現代立憲主義の展開(上)』(有斐閣, 1993年)

戸松=長谷部=横田「鼎談・愛媛玉串料訴訟最高裁大法廷判決をめぐって」ジュリスト1114号(1997年)

棟居快行「信教の自由と政教分離の『対抗関係』」芦部古稀『現代立憲主義の展開(上)』(有斐閣, 1993年)

百地章「愛媛玉串料訴訟最高裁判決の問題点」法律のひろば1997年7月号

同 ②『政教分離とは何か』(成文堂, 1997年)

諸根貞夫「『目的効果基準』再検討に向けた一考察」高柳信一古稀『現代憲法の諸相』(専修大学出版局, 1992年)

吉崎暢洋「目的効果基準の再検討」平成法学7号(2002年)

(赤坂正浩)

제4장 정교분리의 원칙(2)

[논점]

(1) 정교분리의 원칙의 의의와 그 근거
헌법의 정교분리의 규정의 배후에 있는 정교분리의 원칙은 완전한 분리를 요구하는 것인가? 만약 그렇다면 그렇게 해석하는 근거는 어떤 것인가?

(2) 목적효과기준의 유효성, 객관성, 필요성
목적효과기준에 대한 비판으로는 어떤 것을 생각할 수 있는가? 목적효과기준에 의해서도 정교분리를 엄격하게 적용할 수 있을까?

(3) 내각총리대신의 공식참배의 합헌성
내각총리대신이 전몰자 추도를 위해 신도(神道)에 근거한 정식참배가 아닌 형식으로 야스쿠니신사(靖国神社)에 참배하는 것은 정교분리의 원칙에 반하는가? 그 합헌성을 다루기 위해서 어떤 소송을 제기할 수 있을까?

Part Ⅰ 기본 소재

에히메 옥관료(愛媛玉串料) 소송

최고재판소 1997년 4월 2일 대법정 판결
1992년(行ツ) 제156호 손해배상대위청구사건
民集 51권 4호 1673면, 判時 1601호 47면
[참고문헌] 헌 20, 89

사실 개요

1981년부터 1986년에 걸쳐서 에히메(愛媛)현은 종교법인 야스쿠니(靖国)신사가 거행한 봄, 가을 예대제(例大祭)에 봉납하는 옥관료(玉串料)[1]로 9회에 걸쳐 각 5,000엔을, 여름의 「영혼제」에 봉납하는 헌등료로 4회에 걸쳐 각 7,000엔 또는 8,000엔을, 그리고 종교법인 에히메현 야스쿠니신사가 거행한 봄·가을의 위령대제에 봉납하는 공

1) **역자 주:** 비쭈기나무 가지에 닥나무 껍질의 섬유로 만든 흰 천 또는 종이 오리를 달아서 신전에 바치는 것.

물료로 9회에 걸쳐 각 1만 엔을, 현의 공금에서 지출하였지만(이하, 「본건 지출」이라 함). 이에 대하여 현의 주민 X 등(원고, 항소인・피항소인, 상고인), 본건 지출이 종교적 활동에 해당하여 헌법 제20조 제3항, 제89조에 위반된다고 하여, 당시 지사의 직에 있던 Y_1(피고, 항소인・피항소인, 피상고인) 및 현의 동경사무소장 또는 현의 생활복지부 노인복지과장의 직에 있던 Y_2 등(피고, 항소인, 피상고인)에게 지방자치법 제242조의 2 제1항 4호에 근거, 현을 대위(代位)하여 본건 지출에 의해 현이 입은 손해배상을 청구하였다.

제1심=마쯔야마(松山) 지방재판소

松山地裁 1989년 3월 17일 판결
判時 1305호 26면

■ 당사자의 주장 (쟁점)

〈사실에 관련된 주장〉

피고 현의 호국신사에 대한 공물료(供物料)의 지출은 현의 유족회에 대한 것이다.

원고 현의 유족회는 단순히 중개인의 역할을 한 것에 지나지 않고, 당해 지출은 현에 의한 현 호국신사에 대한 공금의 지출이다.

〈법적 근거에 관련된 주장〉

원고 쓰지진제 사건 최고재판소 판결의 목적효과기준에 의하여 본건 지출의 합헌성을 판단하면, 현의 야스쿠니신사, 현의 호국신사에 대한 본건 지출은 신도의 제식에 따라 행하는 제사 시, 옥관료 등이 신도 고유의 종교상 명목으로 이루어졌기 때문에 지출의 종교성은 분명하고, 또한 전물자의 위령 및 유족의 위로라는 지출의 목적도 신도 고유의 제식(祭式)에 따라 행하는 의식으로 실현할 것을 예정하고 있는 점에서 대단히 종교성이 강하다. 게다가 본건 지출은 1회 지출금액이 소액이라고 하여도 매년 계속적으로 이루어지고 있고, 일반인에 대하여 야스쿠니신사나 현의 호국신사가 현과의 사이에서 특수한 계속적인 관련성을 갖고 있다는 인상을 주어, 야스쿠니신사 또는 현의 호국신사에 대해 원조, 조장, 촉진하는 효과가 있기 때문에 본건 지출은 헌법 제20조 제3항 및 제89조에 위반된다.

피고 현의 유족회는 그 목적 및 사업으로 볼 때 종교단체가 아니기 때문에 현에서 현의 유족회에 대한 공물료로서의 공금 지출은 헌법 제20조 제3항 및 제89조에 위반하지 않는다. 오늘날 옥관료 등은 새전(賽錢)과 같이 종교적 의의가 극히 희박해져

사회적 의례로 되어 있다. 야스쿠니신사나 현의 호국신사에서의 전몰자 위령 행사는 종교적인 것이 아니며, 본건 지출의 목적도 전몰자의 위령 및 그 위자(慰藉)라는 세속적인 것이다. 또한, 본건 지출에 있어 피고에게 종교적 의식은 없고, 그것은 일반 현민의 의식 사이에서도 마찬가지이다. 따라서 본건 지출의 목적 및 효과의 어느 점에서도 헌법 제20조 제3항 및 제89조에 위반하지 않는다.

■ 법적 구성

①지방공공단체인 에히메현은 헌법 제20조 제3항에 의해 종교 활동이 금지된 주체에 해당한다.

②전쟁 전의 국가신도 체제 하에서 중핵을 담당한 신사 중 하나였던 야스쿠니신사는 전쟁 후 일반 종교단체와 같은 조직이 되었다. 신식 신도에서는 제사, 즉, 신을 모시는 의식이 가장 중요하고, 야스쿠니신사의 봄, 가을의 예대제 및 영혼제 행사는 그것에 해당하는 종교상의 의식이다. 옥관료 등은 그 의식의 일부를 대신하여 신사에 봉납되는 금원을 의미하고, 제사에 참가하는 행위와 밀접하게 관련되어 있다.

■ 적용

①어떤 종교의 신자가 동시에 다른 종교의 신자이거나, 특정 종교단체에 명확한 소속 의식을 갖지 않는다는 신앙의 다원적 중층성 혹은 종교적 잡거성 등에서 보이는 일본인의 종교와 관계되는 방법의 실태 등에 입각해도, 신사의 중요한 의식을 갖는 제사에서 제사에 참가하는 행위와 밀접하게 관련되는 옥관료 등의 명목으로 공금을 지출하는 것은 지출 목적을 전적으로 세속적인 것이라 할 수 없고 종교적 의의를 갖는다.

②지출금액은 통상의 사회적 의례의 범위에 있다 하더라도, 그것이 계속적으로 이루어져 현과 야스쿠니신사나 현의 호국신사와의 관련성이 다른 종교단체와의 사이에는 보이지 않는 특별한 관련성을 형성함과 동시에, 관련성이 널리 알려진 때에는 일반인에게 야스쿠니신사 등이 특별한 것이라는 인상을 형성·강화·고정시키게 되고, 나아가 자신의 신앙만을 믿는 다른 종교의 신자의 신교의 자유를 침해하게 된다.

③본건 옥관료 등의 지출은 현과 야스쿠니신사 등과의 관련성을 상징적으로 나타내는 역할을 하기 때문에 정신적 측면에서 보면 그러한 역할의 결과, 야스쿠니신사의 종교적 활동을 원조, 조장, 촉진하는 효과를 갖는다.

④따라서 본건 옥관료 등의 지출은 헌법 제20조 제3항에서 금지하는 종교적 활동에 해당하여 위법이다.

⑤또한 본건 옥관료 등의 지출을 실질적으로 결정하는 것은 지사의 직에 있던 Y_1

는, 스스로 본건 지출을 하였다고 평가할 수 있는 점, 미필적이라고는 해도 본건 지출이 위법이라는 인식이 있었다고 인정되기 때문에 옥관료 등의 지출에 의해 현이 입게 된 손해배상의 의무를 갖는다. Y_2에 대해서는 Y_1의 정치적 신념이라 할 수 있는 강고하고 명확한 의사와 다른 판단에 근거한 행위를 할 것을 기대할 수 없었기 때문에 직무상 요구되는 의무 태만은 없다고 하지 않을 수 없기 때문에 손해배상의무는 지지 않는다. Y_1에 대한 청구는 인용, Y_2에 대한 청구는 기각. Y_1 및 X 등이 각각 패소 부분에 대해 항소하였다.

제2심=타카마쯔(高松) 고등재판소

高松高裁 1992년 5월 12일 판결
判時 1419호 38면

■ 당사자의 주장 (쟁점)

제1심 원고 헌법 제20조 제3항의 문언에서 명백히 나타난 것처럼 행위가 종교적 의의를 갖는 한 어떠한 정도의 것이라 하더라도 위헌이다. 만약 그렇지 않다고 하더라도 국가와 종교의 관련성에 대한 합헌성은 목적효과기준에 의해 판단되어야 한다. 그리고 헌법 제20조 제3항에서 금지하는 종교적 활동의 구체적 행위에는 「일반 국민에 대하여 국가가 특정 종교를 특별시하고 우대하고 있다는 인상을 주어, 그 종교에 대한 관심을 불러일으키는 것」도 포함된다. 목적효과기준을 적용하면 옥관료의 지출은 신도상의 의식으로 종교적 의미를 갖고, 지출 장소는 야스쿠니신사 등으로 옥관료 등에 대한 일반인의 종교적 평가는 제2차 대전 중과 같다. 옥관료 등의 1회 금액은 소액이지만 일반인에게 그러한 지출행위가 국가가 신사신도를 원조, 조장, 촉진하고 있다고 평가되는 효과가 있다. Y_1의 옥관료 등 지출은 위헌이 아니라 해도 공금 지출의 실정법상 근거가 없어 위법이다. 만일 그렇지 않다고 하더라도 Y_2에 대한 감독의무가 있는데 그것을 태만히 한 과실이 있다.

제1심 피고 신사에 대한 옥관료 등의 지출에 대한 일반인의 종교적 평가는 낮고, 새전(賽銭)이나 기진(寄進)과 같은 정도의 사회적 의례 내지 풍속으로 보여진다. 또한 예전의 국가신도 사상도 완전히 사라졌다. Y_1이 옥관료 등을 지출한 것은 선거의 중요한 지지단체의 요청에 응답하는 유족원호행정의 일환으로 전몰자 위령을 위해 이루어진 것으로, 정치활동 목적이다. 또한, 옥관료 등의 지출의 회수 및 금액도 사회적 의례의 정도를 넘는 것이 아니고, 지출 때의 Y_1의 종교적 의식도 일반인과 같은 정도이다. 일본의 종교적 잡거성 및 신도가 전도 활동을 거의 하지 않는 점에서 보면, 옥관료 등의 지출이 일반 국민의 야스쿠니신사 등의 신도에 대한 관심을 특별히 높이는 효과를 갖지 않는다. 또한 Y_1의 행위는 유족원호행정에 관한 여러 법규 및 통달에 의거하여 그 범위 내에서 위령 목적으로 옥관료 등을 지출한 것으로 적법이며, 또한 Y_1은 옥관료의 지출에 관해 Y_2 등이 감독을 한 적이 없기 때문에 감독 책임을 지지 않는다.

■ 법적 구성

「헌법 제20조 제3항의 정교분리의 규정은 이른바 제도적 보장 규정으로 사인에 대하여 신교의 자유 그 자체를 직접 보장하는 것이 아니라, 국가기관이 행할 수 없는 행위의 범위를 정하여 국가와 종교의 분리를 제도로 보장함으로써 간접적으로 신교의 자유를 확보하려는 것이다」.

「자연인이 행하는 종교행위에 관하여 그 장소를 제공하고 각 신교의 내용을 가르쳐 이끄는 등의 종교적 활동을 행하는 종교법인 등에 관하여, 국가기관인 입법, 사법, 행정의 각 기관이 신교에 관한 사항을 취급하는 것은 국민의 정부인 이상 당연한 이치이다」.

국가기관에 의한 종교와의 관련성의 목적, 방법, 정도 등에 관해서는 헌법 제20조 제3항이 제한하지만, 그 때의 판단은 목적효과기준에 의한다.

■ 적용

일반인이 본건 옥관료 등 지출에 대한 종교적 평가는 현의 지사인 Y_1에 의한 지출이라도 특별히 야스쿠니신사와 밀접한 관계를 갖는다고 인식하지 않는다.

야스쿠니신사 등을 제2차 대전 중의 법적 지위, 법률관계로 부활하기 위한 입법은 폐안되었고, 현재 국민 대다수의 의견도 그러하다. Y_1의 의도·목적은 회장이 된 유력한 지지기반인 현의 유족회의 요청에 응하려 한 것으로 유족원호행정을 이용한 정치활동이다. 또한 동경도 전몰자 묘지, 히로시마시의 평화도시기념비 등에서의 전쟁기념일 행사도 기성의 특정 종교에는 속하지 않는 새로운 종교집단에 의한 종교행사인 것을 부정할 수 없다. 그리고 그에 대해서도 공금의 지출 등이 이루어지고 있다.

본건 옥관료 등의 지출 정도는 소액으로 일반인의 경우와 다르지 않고, 사회적 의례의 범위에 그친다. 본건 옥관료 등의 지출이 「공인에 의한 공금 지출을 조장하고 또는 일반 국민에 의한 특정 종교인 신사신도의 기풍을 일으키고 그것을 조장하고 또는 정신적인 원조를 하게 된다」고 생각하는 것은 전혀 근거가 없는 기우에 지나지 않는다.

이러한 사정 등을 종합 고려하여 사회통념에 따라 객관적으로 판단하면 본건 옥관료 등의 지출은 헌법 제20조 제3항에서 금지하는 국가기관에 의한 종교적 활동에 해당하지 않고, 헌법 제89조에도 위반하지 않는다.

또한 본건 옥관료 등의 지출은 유족원호 등 행정에 관한 규범, 통달에 따른 적법한 것으로서 Y_1에게 고의 또는 중대한 과실은 보이지 않는다. 또한 Y_1에게는 Y_2에 대한 감독 책임도 인정되지 않는다.

이상과 같이 설시하여 제1심 판결 중 Y_1에 대한 청구를 인용한 부분을 취소하고, X의 청구를 전부 기각하였다. 따라서 X 등이 상고하였다.

상고심=최고재판소

■ 상고이유

원 판결은 목적효과기준에 따른 판시처럼 보이지만, 그 판시 내용은 목적효과기준의 이름을 차용한 독자적인 것으로 헌법 제20조 제3항의 해석 적용에 오류가 있다.

[다수의견]

■ 법적 구성

정교분리의 규정은 제도적 보장의 규정으로 국가와 종교의 분리를 제도적으로 보장함으로써 간접적으로 신교의 자유의 보장을 확보하려는 것이다. 「헌법의 정교분리의 규정의 기초가 되고 그 해석의 지도원리가 되는 정교분리의 원칙은 국가가 종교적으로 중립일 것을 요구하지만, 국가가 종교와의 관련성을 갖는 것을 전혀 허용하지 않는 것이 아니라, 종교와의 관련성을 초래하는 행위의 목적 및 효과에 비추어 생각해보아, 그 관련성이 일본의 사회적·문화적 여러 조건에 비추어 상당한 한도를 넘는 것으로 인정될 경우에 이것을 허용하지 않는다고 하는 것으로 해석해야 한다」.

「정교분리의 원칙의 의의에 비추어보면 헌법 제20조 제3항에서 말하는 종교적 활동이란 대체로 국가 및 그 기관의 활동으로 종교와 관련성을 갖는 모든 행위를 가리키는 것이 아니라, 그 관련성이 위에서 말하는 상당한 한도를 넘는 것에 한정해야 하며, 당해 행위의 목적이 종교적 의의를 가지고 그 효과가 종교에 대한 원조, 조장, 촉진 또는 압박, 간섭 등이 될 수 있는 행위를 말하는 것으로 해석되어야 한다. 그리고 어떤 행위가 위에서 말하는 종교적 활동에 해당하는지를 검토함에 있어서는 당해 행위의 외형적 측면에만 얽매일 것이 아니라, 당해 행위가 행해지는 장소, 당해 행위에 대한 일반인의 종교적 평가, 당해 행위자가 당해 행위를 행하는 의도, 목적 및 종교적 의식의 유무, 정도, 당해 행위가 일반인에게 미치는 효과, 영향 등 여러 가지 사정을 고려하여 사회통념에 따라 객관적으로 판단해야 한다」.

「헌법 제89조가 금지하고 있는 공금 그 밖의 공공재산을 종교상의 조직 또는 단체의 사용, 편익 또는 유지를 위해 지출하는 것 또는 그 이용에 제공하는 것도 前記의 정교분리의 원칙의 의의에 비추어 공금지출행위 등의 국가와 종교와의 관련성이 前記에 상당한 한도를 넘는 것을 말한 것으로 해석되어야 하고, 이에 해당하는지를 검토하는 데 있어서는 前記와 같은 기준에 따라 판단해야 한다」.

■ 적용

예대제, 위령대제 및 영혼제는 신도의 제식에 따라 이루어지는 의식을 중심으로 하는 제사이며, 각 신사가 거행하는 항례(恒例)인 제사 중에서도 중요한 의의를 갖고 각 신사도 종교적 의의를 갖는다고 생각하고 있다. 따라서 옥관료 등의 봉납에 의해 「현이 특정 종교단체가 거행하는 중요한 종교상의 제사에 관련성을 갖는다는 것이 분명하다」. 또한 옥관료 등의 봉납은 「종교적 의의가 희박해지고 관습화된 사회적 의례의 하나에 지나지 않는다고는 도저히 말할 수 없고, 일반인이 본건의 옥관료 등의 봉납을 사회적 의례에 지나지 않는다고 평가하고 있다고 생각하기 힘들다」. 게다가 「본건에서 현이 다른 종교단체가 거행하는 같은 종류의 의식에 대하여 같은 지출을 하였다는 사실이 짐작되지 않고, 현이 특정 종교단체와의 사이에서만 의식적으로 특별한 관련성을 갖는다는 것을 부정할 수 없다. 이러한 점에서 보면, 지방공공단체가 특정 종교단체에 대해서만 본건과 같은 형태로 특별한 관련성을 갖는 것은 일반인에 대해 현이 당해 특정 종교단체를 특별하게 지원하고 있고, 이 종교단체들이 다른 종교단체와는 다른 특별한 것이라는 인상을 주어, 특정 종교에 대한 관심을 불러일으킨다고 말하지 않을 수 없다」.

본건 지출이 「유족원호행정의 일환으로 전몰자의 위령 및 유족의 위사라는 세속적인 목적으로 행해진 사회적 의례에 지나지 않는다」고 하는 것은, 메이지유신 이후 국가와 신도가 밀접하게 결부되어 종종 폐해를 발생한 것에 고려하여 정교분리의 규정을 설치하는 데 이르게 된 헌법제정의 경위로 볼 때, 아무리 상당수의 사람들이 현청이 공적 입장에서 야스쿠니신사 등에서 제사지내고 있는 전몰자의 위령을 행할 것을 바라고 있다고 하여도, 그런 이유로 지방공공단체와 특정 종교의 관련성이 상당한 한도를 넘지 않고 헌법상 허용된다고 할 수 없다. 전몰자의 위령 및 유족의 위사라는 목적은 특정 종교와 특별한 관련성을 갖는 형태가 아니라도 행할 수 있다고 생각된다. 또한 옥관료 등의 봉납은 습관화된 사회적 의례라고 인정할 수 없다.

「이상의 사정을 종합적으로 고려하여 판단하면, 현이 본건 옥관료 등을 야스쿠니신사 또는 현의 호국신사에 前記한 대로 봉납한 것은 그 목적이 종교적 의의를 갖는 것을 피할 수 없고, 그 효과가 특정 종교에 대하여 원조, 조장, 촉진한다고 인정하여야 하며, 이에 의해 초래되는 현과 야스쿠니신사 등과의 관련성이 일본의 사회적·문화적 여러 조건에 비추어 상당한 한도를 넘는 것으로 헌법 제20조 제3항에서 금지하는 종교적 활동에 해당한다고 해석하는 것이 옳다. 그렇다면, 본건 지출은 동항에서 금지하는 종교적 활동을 행하기 위해 한 것이므로 위법이라 해야 한다」.

또한 야스쿠니신사 및 현의 호국신사는 헌법 제89조에서 정한 종교상의 조직 또는 단체에 해당하여, 본건 옥관료 등을 야스쿠니신사 또는 현의 호국신사에 봉납하여 이르게 되는 현과 야스쿠니신사 등과의 관련성이 일본의 사회적·문화적 여러 조건에 비추어 상당한 한도를 넘는다고 해석되기 때문에, 본건 지출은 헌법 제89조에서 금지하는 공금의 지출에 해당되어 위법이다.

피상고인 Y_1은 야스쿠니신사 등에 대하여 피고인 Y_2에게 옥관료 등을 지참시키는 등 이것을 봉납하였음이 인정되고, 본건 지출에는 헌법에 위반하는 중대한 위법이 있었다는 점, 지방공공단체가 특정 종교단체에 옥관료, 공물료 등을 지출하는 것에 대하여 문부성, 자치성 등이 정교분리의 원칙에 비추어 신중한 대응을 요구하는 취지의 통달, 회답을 하여온 점 등도 고려하면, Y_1은 지휘감독상의 의무에 위반한 것으로, 이에 따라 적어도 과실이 있었다는 것이 상당하다. 따라서 피상고인 Y_1은 현에 대하여 위법인 본건 지출에 의해 현이 부담한 본건 지출금 상당액의 손해를 배상할 의무를 지게 된다. 이에 반해 Y_2는 보조직원으로 지사의 지휘감독 하에 본건 지출을 하였고, 게다가 본건 지출이 헌법에 위반하는지의 여부를 매우 용이하게 판단할 수 있었다고 하기는 어렵기 때문에, 현저하게 주의의무를 태만하였다는 중대한 과실이 있었다고 할 수 없다. 따라서 피상고인 Y_1이외의 피상고인들은 현에 대해 손해배상책임을 지지 않는다.

원 판결 중 주문 제1항(Y_1에 대한 청구를 기각한다는 부분)을 파기하고, 피상고인 Y_1의 항소를 기각한다. 그 외의 상고는 기각.

[보충의견]

• 오노 마사오(大野正男) 재판관

「본건에서 중시되어야 하는 것은 옥관료 등의 봉납이 전몰자의 위령, 유족의 위사를 목적으로 하는 것이라 하더라도, 그것이 어디까지나 야스쿠니신사, 호국신사라는 특정한 종교단체의 제사에 대하여 이루어진다는 사실이다.……헌법 제20조 제3항에서 말하는 종교적 활동에 해당하는지 아닌지의 판단기준의 하나가 되어야 할 행위의 목적은 당해 행위자의 주관적, 내면적인 감정의 유무나 강도에 의해서만 판단되어야 하는 것이 아니라, 그 행위의 태양 등과의 관계에서 객관적으로 판단되어야 하고, 특히 지출이 종교단체의 세속적인 행위가 아닌 그 종교적인 행위 자체에 행해질 때는 세속적 목적이 있다고 해서 그 행위의 객관적 목적의 종교적 의의가 곧바로 부정되는 것은 아니다」.

• 후쿠다 히로시(福田博) **재판관**

「신도도 종교의 하나인 점은 신교의 자유를 보장하는 헌법 제20조가 당연히 전제하고 있다. 따라서 정교분리의 규정을 적용하여 국가(지방공공단체를 포함함. 이하 동일함)와 종교의 관련성을 어디까지 허용할 것인가를 검토할 때에는 정교분리의 원칙이 지향하는 국가의 비종교성 내지 종교적 중립성의 이념은 신도를 포함한 모든 종교에 대해서 동일하게 들어맞는 이념임을 항상 염두에 두는 것이 불가결하다고 생각된다」.

[의 견]

• 소노베 이쓰오(園部逸夫) **재판관**

「본건의 공금지출은 공금지출의 헌법상 제한을 정한 헌법 제89조의 규정에 위반하는 것이며, 이 점을 위헌이라고 판단해야 한다」.「종래의 최고재판소 판례는 공금을 종교상의 단체에게 지출하는 것을 제한하고 있는 헌법 제89조의 규정에 대한 해석에 대해서도, 헌법 제20조 제3항의 해석에 관한 모든 목적효과기준이 적용된다고 하고 있지만, 나는 위 기준의 객관성, 정확성 및 실효성에 대해서 오자키(尾崎) 재판관의 의견과 동일한 의문을 가지고 있으며, 특히 본 판결에서 그 느낌이 강하다」.「본건의 쟁점인 공금지출의 위헌성 판단에 대해 당해 지출이 헌법 제89조의 위 규정에 위반하는 것이 명확한 이상, 헌법 제20조 제3항에 위반하는지를 판단할 필요는 없다」.

• 다카하시 히사코(高橋久子) **재판관**

「헌법은 신교의 자유가 인간의 정신적 자유의 핵심이 되는 기본적 인권이며, 전술한 것처럼 일본에서는 역사적 사정이 있었던 것을 생각해보면 신교의 자유를 무조건 보장하는 것이 아니라, 국가가 어떠한 종교와의 관련성도 배제하기 위해서 국가와 종교의 완전한 분리를 이상으로 국가의 종교적 중립성을 확보하려고 한 것으로 해석된다」. 그러나 다수의견은 헌법이 말하는「국가와 종교와의 완전한 분리」를「이상」으로 뒷전으로 하고, 국가는 실제 종교와 어느 정도의 관련을 가지지 않을 수 없다는 것을 전제로 한 뒤, 목적효과기준을 채용하고 있지만 이 목적효과기준에 대한 몇 가지 의문을 가지지 않을 수 없다.

첫째, 「헌법 제20조 제3항의 규정은 종교와 관련을 갖는 모든 행위를 원칙적으로 금지하고 있다고 해석해야 하고」, 특별 취급하기 위해서는 그 이유를 제시할 필요가 있다고 생각한다. 둘째, 일본에서는 종교적 감각이 관용적이라는 것은 「그 자체로 나쁘다고 할 수 없지만, 종교가 국민일반의 정신 통제를 용이하게 할 수 있는 위험성을 내포하고 있기」 때문에 「정교분리의 원칙은 엄격하게 준수되어야 하고, 『사회적·문화적 여러 조건에 비추어 상당한 한도』, 『사회통념에 따라 객관적으로 판단』과 같이 현실 시인의 척도에서 판단되어서는」 안 된다. 셋째, 목적효과기준은 지극히 애매한 명확성을 결여한 기준으로 거기서 말하는 「사회적·문화적 여러 조건」이란 무엇인지, 「상당한 한도」란 어느 정도를 가리키는지가 분명하지 않고, 또한 어느 행위가 종교적 활동에 해당하는지를 판단하는 데 있어 고려할 사정도 무엇을 어떻게 평가하는지가 분명하지 않다. 이른바 눈금이 없는 기준이다.

• 오자키 유키노부(尾崎行信) 재판관

정교분리의 규정을 설치한 것은 국가와 종교의 완전한 분리를 이상으로 하여, 국가의 비종교성 내지 종교적 중립성을 확보하려는 것으로 해석되어야 한다. 쓰지진제 대법정 판결의 취지에 따라 정교분리의 규정을 해석하면 「국가와 종교의 완전분리를 원칙으로 하고, 완전분리가 불가능하고 나아가 분리를 고집하면 불합리한 결과를 초래할 경우에 한하여 예외적으로 국가와 종교와의 관련이 헌법상 허용되어야 한다」. 이러한 사고방식에 서면, 헌법 제20조 제3항의 규정도 이와 같이 해석되어야 하고, 「국가는 그 시책을 실시하기 위해 행위가 종교와의 관련을 가질 때에는 먼저 금지된 활동에 해당한다고 하여 이것을 피하고, 종교성이 없는 대체수단이 존재하는지를 검토해야 한다」. 「그러나 종교와의 관련을 갖지 않는 방법으로는 당해 시책을 실시할 수 없고, 이것을 포기하면 사회생활상 불합리한 결과가 발생될 때에는, 더욱 나아가 당해 시설의 목적이나 시책에 포함된 법적 가치, 이익은 어떠한 것인지, 이 가치는 그 행위를 함으로써 신교의 자유에 미치는 영향과 비교하여 우월한 것인지, 그 정도는 어느 정도인지 등을 고려해야 한다」. 「정교분리의 원칙의 적용제외의 예로서 특별히 허용할만한 고도의 법적 이익이 명백하게 인정되는 한, 국가는 의문이 있는 활동에 관여해서는 안 된다. 이러한 해석이야말로 헌법이 정교분리의 규정을 설정한 전술의 경위나 취지와 가장 잘 합치하며, 문언에도 충실할 것이기 때문에 합헌성의 판단기준으로도 명확하게 의문이 적은 것이라 할 수 있다. 그리고 위 검토 결과, 명확하게 예외적 사정이 있다고 판단되지 않는 한, 그 행위는 금지된다고 해석하는 것이 제도의 취지에 따른 것이라 생각된다」.

「법해석의 원칙은 법문을 통상의 의미·용법에 따라 해석하고 그것이 분명하지 않을 때에는 입법자의 의사를 탐구하는 것이다. 『어떠한 종교적 활동』도 금지한다는 문언을 그대로 읽어보면 종교와 관련을 갖는 행위는 모두 금지된다고 해석하는 것이 매우 분명하므로 『원칙금지, 예외허용』의 입장을 취하는 것이 당연하다」. 헌법 제20조 제3항은 미국헌법의 유사한 규정(수정 제1조)과 달리, 「단적으로 모든 종교적 활동을 금지 대상으로 하고 있기 때문에, 대체로 종교 색을 띄는 행위는 일의적으로 금지한 뒤, 특별한 경우에 허용되는 등의 기준을 마련하는 것이 자연」스럽고, 미국헌법 수정 제1조에서 헌법상 규정된 것에 덧붙여 무엇이 헌법상 허용되지 않는 행위인지를 결정하기 위해 채택된 목적효과기준을 이용한 것은 조문의 올바른 해석이 아니다. 또한 목적효과기준의 용어가 명확하지 않고, 「적용할 때에 판단을 틀리게 할 위험이 있으며, 합헌성을 좌우하는 기준으로 이러한 불명확함이 허용되어서는 안 된다」.

다수의견의 입장에서는 「모든 종교적 활동은 예시된 것처럼 다양한 고려요소에 비추어 종합평가하여 비로소 허용되지 않는 종교적 활동의 범위에 속하는 것이 결정된다. 검토해야 할 대상도 많고, 검토사항도 광범위하고 특히 종합평가라는 막연한 판단기준에 의지해야 하므로 객관성, 명확성의 측면에서 큰 불안을 느끼게 한다. 판단기준이라고 한 이상, 단순히 고려요소를 열거하는 것만으로는 부족하고, 각 요소의 평가방법이나 경중에 대해서도 뭔가의 기준을 제시하지 않으면, 척도로서의 의미를 갖지 않는다」.

[반대의견]

• 미요시 도루(三好達) **재판관**

목적효과기준을 채택해야 한다. 우선 「본건 지출을 평가하는 데 있어서 사회적 · 문화적 여러 조건으로 많은 국민들은 야스쿠니신사를 전몰자의 추모, 위령의 중심적 시설로 의식하고 있는 점 등을 충분히 고려해야 한다」. 「헌법 제20조 제3항에서 금지하는 종교적 활동 및 동 제89조에서 금지하는 공금의 지출에 해당하는지의 판단은 많은 국민들의 의식을 고려하여 이루어져야 하는 것이지, 야스쿠니신사의 입장에서 이루어지는 것이 아니다」. 「여러 가지 사정을 종합하면, 본건 지출은 모두 유족원호 업무의 일환에서 이루어진 것으로 지출의 의도, 목적은 전몰자를 추도하고 위령하고 유족을 위로하는 데 있다고 보아야 한다. 많은 국민들도 그렇게 받아들이고 있다고 할 수 있고, 국민일반에게 미치는 효과 · 영향 등에서도 전몰자를 추모, 위령하여 일본이나 세계의 평화를 기도하고 유족을 위로하는 마음을 원조, 조장, 촉진한다는 적극적으로 평가되어야 할 효과, 영향 등은 있지만, 특정 종교를 원조, 조장, 촉진하거나 또는 다른 종교에 대한 압박, 간섭 등의 효과 · 영향 등이 있다고는 도저히 말할 수 없다. 이로 인해 초래되는 에히메현과 야스쿠니신사 또는 에히메현 호국신사와의 관련은 일본의 사회적·문화적 여러 조건에 비추어 상당한 한도를 넘었다고 할 수 없다」.

• **가베 쓰네오**(可部恒雄) **재판관**

쓰지진제 대법정 판결이 정립한 목적효과기준에 따라 열거한 (1) 당해 행위가 행하여지는 장소, (2) 당해 행위에 대한 일반인의 종교적 평가, (3) 당해 행위자가 당해 행위를 행하는 의도, 목적 및 종교적 의식의 유무, 정도, (4) 당해 행위가 일반인에게 미치는 효과·영향이라는 네 가지 고려요소를 감안하면 합헌이란 결과가 된다. (1)에 대해서 살펴보면, 다수의견은「신사신도에서 중심적인 종교상의 활동인 제사 중에서도 중요한 의의를 갖는다고 평가되고 혹은 가장 성대한 규모로 행하여지는 봄, 가을의 예대제, 영혼제 또는 위령대제가 각 신사의 경내에서 거행되는 것을 강조하고 있는 것처럼 보인다.……그러나 정기적인 종교상 제사인 예대제, 영혼제 또는 위령대제가 신사의 경내에서 거행되는 것은 너무나도 당연한 것이다」. (2)에 대해서 살펴보면,「야스쿠니신사와 현의 호국신사는 원래 전몰자의 위령을 위한 장소·시설이다. 전쟁 후 점령정책의 일환으로 종교법인으로서의 성격이 주어졌지만, 그 때문에 전몰자의 위령을 위한 장소·시설로서 기본적 성질이 없어진 것은 아니다」. 옥관료 등을 바치는 것은 종교와 관련된 것이지만 습관화된 사회적 의례로서의 측면을 갖는다. (3)에 대해서 살펴보면, 현의 공금지출은 종교적 목적을 위해서가 아니라, 어디까지나 위령이나 위족의 위사에 그 목적이 있다.「『현이 다른 종교단체가 거행하는 동종의 의식에 대하여 동일한 지출을 하였다는 사실이 엿보이지 않는다』라는 이유로『현이 특정 종교단체와의 사이에서만 의식적으로 특별한 관련을 갖는다는 것을 부정할 수 없다』고 판단하는 것은 공정성이 결여된다」. (4)에 대해서 살펴보면, 당해 행위의 효과가 종교에 대한 원조, 조장, 촉진 또는 압박, 간섭 등인지의 판정은 오로지 정신면에서의 인상이나 가능성, 상징을 주요한 단서로 결정되어서는 안 된다. 이렇게 추상적이고 내용적으로 구체적인 내용이 없는 관념이 지표가 될 때에는 위헌심사권 행사는 자의적이지 않을 수 없다.

기본 해설

1. 본건 판결의 특색

본건 판결은 쓰지진제 사건 최고재판소 대법정 판결로 제시된 이래, 정교분리의 원칙에 관한 판례 법리로 많은 비판을 받으면서도 정착해 온 목적효과기준에 따라 현지사가 야스쿠니신사와 현의 호국신사의 예대제에 옥관료 등의 명목으로 공금을 지출한 것이 정교분리의 원칙에 위반된다고 한 판결이다. 쓰지진제 사건 판결은 지방공공단체가 신직(神職)을 초대하여 신도의식에 따라 거행된 지진제에 공금을 지출한 것이 합헌이라 판시했지만, 본 판결은 지방공공단체가 종교단체에 대하여 그 종교단체가 거행하는 제사에 공금을 지출한 것은 위헌이라고 판시하였다. 본 판결은 정신적 자유의 분야에서 최초의 위헌 판결이라는 점에서 그 의의가 크게 주목되고 있다. 그러나 목적효과기준에 따른 쓰지진제 사건 판결 이래의 최고재판소 판결은 모두 합헌 판결이다.

즉, 최고재판소는 목적효과기준을 처음으로 제시한 쓰지진제 사건 대법정 판결(최대판 1977년 7월 13일 民集 31권 제4호 533면), 그 뒤의 자위관합제거부 소송 대법정 판결(최대판 1988년 6월 1일 民集 42권 5호 277면), 오사카지장상 소송 판결(최1소판 1992년 7월 9일 判時 1441호 56면), 미노 충혼비・위령제 소송 대법정 판결(최대판 1993년 2월 16일 民集 47권 3호 1687면) 등에서도 목적효과기준을 적용하여 합헌판단을 내려왔다.

이렇게 본건에 이르기까지 최고재판소의 선례가 목적효과기준을 적용하여 합헌 판결을 반복해온 점에 반해, 학설은 그 이유를 목적효과기준의 유연한 적용에 있다고 보며, 미국의 정교분리에 관한 법리인 레몬 테스트 등의 전개를 반영하여 목적효과기준의 보다 엄격한 적용을 주장해왔다. 그러한 점에서 본건 판결이 목적효과기준을 적용하여 위헌판단을 내린 것은 학설의 주장과 부합하는 결과를 나타낸다고 할 수 있지만, 반면 그것은 종래의 판례와 본 판결의 관계를 검토할 필요성을 의미하고 있다.

2. 본 판결의 판례상의 자리매김

우선, 목적효과기준을 적용한 선례로서 들어진 4가지의 판결을 쓰지진제 사건과 같이 국가나 지방공공단체가 종교적 활동을 하였다고 하여 다툰 경우와, 미노 충혼비・위령제 소송과 같이 국가나 지방공공단체가 종교단체가 거행하는 종교 활동에 원조하였다고 다툰 경우를 구별할 때, 본건 판결은 후자의 예에 해당한다. 그러나 이 분류에 적용하는 것만으로는 본 판결의 위헌 판결을 설명하는 것은 곤란하다.

여기서 상기 각 선례를 더욱 고찰하면, 목적효과기준의 적용이나 구체적인 판단에서 각각의 사건의 특색에서 발생하는 여러 가지 특징을 발견할 수 있다.

우선, 쓰지진제 사건 판결의 특징으로는 다음의 점을 들 수 있다. ①기공식이 전문 종교인인 신직의 주재로 신사신도 고유의 제식에 따라 거행된 점에서 종교와의 관련을 부정할 수 없다고 본 점, ②기공식의 종교적 의의에 대해서 일반인의 의식 및 관계자의 의식을 기준으로 종교적 의의가 희박해지면서 행사의 세속화가 지적된 점, ③목적은 세속적이라고 하지만, 효과의 점에 대해서는 객관적인 판단이 구체적으로 이루어지지 않았다는 점이 있다.

다음으로, 자위관 합사거부 사건에서는 이하의 특징이 발견된다. ①현의 호국신사에 합사신청은 자위대 야마구찌 지방연락부 직원(이하, 「지방연락부 직원」이라 함)과 사단법인 대우회(隊友会) 야마구찌현 지부연합회의 공동행위가 아니라고 한 뒤, 지방연락부 직원의 행위에 목적효과기준이 적용되었다는 점, ②지방연락부 직원의 행위의 목적은 자위대원의 사회적 지위 향상과 사기 고양에 있다고 하는 한편, 효과에 대해서는 객관적인 형태로 구체적인 판단이 제시되지 않았다는 점, ③구체적인 고려요소로서 당해 행위의 외형적 측면이 고려되지 않았다는 점, ④평온한 종교적 환경 하에서 신앙생활을 보내는 이익은 종교상의 인격권으로 불법행위상 보호되는 이익에는 해당하지 않는다는 점이다.

더욱이 시가 정(町)의회에 대하여 지장상의 건립·이설을 위해 시유지의 무상사용을 승인하는 등의 행위의 합헌성이 다투어진 오사카 지장상 사건에 대한 판결에 대해서는 다음과 같은 특징을 지적할 수 있다. ①사원 외의 지장상에 대한 신앙이 세속화 되고 있는 것을 전제로 목적효과기준이 적용된 점, ②정(町)의회는 종교적 활동을 목적으로 하는 단체가 아니라는 점, ③목적에 대한 판단은 제시되어 있지만 효과는 제시되지 않은 점이다.

마지막으로, 미노 충혼비·위령제 소송에 대해서는 다음과 같은 특색을 보인다. ①충혼비를 특히 신도 등의 특정 종교와의 관련의 관점에서 파악한 뒤, 전쟁 후 그 관련이 희박하게 되어 충혼비를 마을의 야스쿠니로 볼 수 없다고 한 뒤 목적효과기준을 적용한 점, ②목적에 대해서는 자세히 다루어지고 있지만, 효과에 대해서는 거의 검토되지 않았다는 점, ③헌법 제20조 제1항 후단 및 제89조에서 말하는 종교단체에 대하여 「특정 종교의 신앙, 예배 또는 보급 등의 종교적 활동을 행하는 것을 본래의 목적으로 하는 조직 내지 단체」로 정의되어 특정 종교와의 관련이 강조된 점이다.

3. 본건에서의 목적효과기준

위에서 예로 든 것처럼 각 선례에 대한 특징에서 적어도 다음의 세 가지 점이 주목된다. 첫 번째로, 목적효과기준의 적용이 형식적으로 그치는 경우와 실질적으로 시행되는 경우가 있다는 것이다. 즉, 지장상 신앙은 이미 세속화 되었다고 판단한 오사카 지장상 사건 판결이나, 합사신청이 지역연락부 직원과의 공동행위인 것을 부정한 자위관 합사거부 사건 판결에서는 목적효과기준이 결론을 정당화하기 위한 단순한 부가에 그치는 것으로 보인다. 특히, 자위관 합사거부 사건의 중심을 종교적 인격권 침해에 근거한 불법행위소송이라고 본다면, 목적효과기준에 관한 선례로 하는 것이 타당한지의 의문이 부과된다. 문제는 본건 판결이 자위관 합사거부 사건 판결을 선례로 하여 인용하고 있는 것을 어떻게 해석해야 할 것인가이다.

한편, 목적효과기준을 실질적으로 적용한 예로서는 쓰지진제 사건 판결과 미노 충혼비・위령제 사건 판결을 들 수 있다. 다만, 미노 충혼비・위령제 사건 판결에 대해서는 충혼비를 마을의 야스쿠니가 아니라고 한 후에 목적효과기준을 적용하고 있는 점에서, 언뜻 보면 형식적인 적용의 예에 포함되는 것처럼 보인다. 그러나 이 소송에서는 오사카 지장상 사건과 달리 충혼비와 신도와의 관련이 실질적으로 다투어진 점에서 보건대, 목적효과기준을 신도라는 특정 종교와의 관계로 한정하여 주의 깊게 적용한 예로 볼 수 있다.

두 번째로, 모든 최고재판소의 선례가 목적에 대해서는 실질적인 판단을 내리고 있지만, 효과에 대해서는 거의 판단을 제시하지 않는다는 점이다. 이 점은 목적효과기준과 미국의 판례에서 확립된 법리(레몬 테스트)가 다른 점과 관련되어 있다. 레몬 테스트는 국가의 행위가 정교분리의 원칙에 반하는지를 세속적 목적의 유무, 주된 효과가 종교를 촉진 또는 억제하는지, 국가와의 과도한 관련성의 3가지 선택지를 개별적으로 물어, 어느 하나라도 해당하는 경우에는 위헌이라는 법리로 엄격히 해석하고 있다.

이에 반해, 목적효과기준을 적용한 판결에서는 목적이 합헌이라고 판단된 단계에서 실질적으로 합헌의 결론이 굳어져 있고, 그 의미로 목적이 효과에 비해 상당히 중요성을 갖는 것으로 되어 있다. 그 때문에 목적과 효과는 서로 독립하고 있는지, 독립하고 있다고 생각된 경우에 목적이 합헌이면 효과가 위헌이라고 해도 합헌이 되는지, 합헌이 되기 위해서는 효과도 합헌일 필요성이 있는지, 바꿔 말하면 목적, 효과 어느 것이 위헌이 되면 당해 행위도 위헌이 되는지가 문제가 된다.

마지막으로, 목적효과기준을 구체적으로 판단할 때 고려요소의 사용법이 명백하지 않다는 것을 들 수 있다. 쓰지진제 사건 판결은 목적효과기준을 적용하는 데 있어서 구체적인 고려요소로서 행위의 외형적 측면, 행위 장소, 행위에 대한 일반인의 종교적 평가, 행위자의 의도・목적 및 종교적 의식의 유무・정도, 행위가 일반인에게 미치는 효과・영향을 들었지만, 각각의 상호 관계가 명확하지 않다는 것이다.

쓰지진제 사건 판결은 상기의 고려요소를 예로 든 뒤, 「제반 사정을 고려하고, 사회통념에 따라 객관적으로 판단」할 것을 요구하고 있다. 거기서는 고려요소가 단순한 예시로 들어진 것에 지나지 않은 것 같다는 인상을 준다. 그러나 동 판결에서는 지진제가 신직에 의해 신사신도 의식에 따라 거행된 의미를 희박하게 하기 위해 「행위의 외형적 측면에만 얽매이지 않고」, 다른 요소를 고려하도록 요구하고 있다고 볼 수도 있다.

이에 반해, 자위관 합사거부 사건 판결에서는 행위의 외형적 측면은 고려요소로 언급되지 않았다. 나아가 미노 충혼비 · 위령제 사건 판결 및 오사카 지장상 사건 판결에서는 고려요소에 대하여 실질적인 판단은 거의 제시되고 있지 않다.

4. 본 판결의 의의

지금까지 언급한 바에 따르면, 본건 판결의 의의는 다음과 같은 점에서 찾을 수 있다. 먼저, 쓰지진제 사건 판결이나 미노 충혼비 · 위령제 사건 판결과 같이 목적효과기준을 실질적으로 적용하고 있다는 점, 그리고 종래 명확하지 않았던 구체적인 고려요소를 개별적 · 구체적으로 검토하고 있다는 점이다.

다음으로 본건 판결이 옥관료 등의 봉납은 「유족원호행정의 일환」으로 「전몰자 위령 및 유족의 위사」라는 세속적 목적을 나타낸 것이라는 현의 주장을 관습화된 사회적 의례로 인정할 수 없다고 배척한 것을 들 수 있다. 이 점에 대해서는 오노 재판관의 보충의견이 「지출이 종교단체의 세속적 행위가 아닌, 종교적 행위 그 자체로 행해질 때에는 세속적 목적이 있다고 해서 그 행위의 객관적 목적의 종교적 의의가 곧바로 부정되는 것은 아니다」라고 하는 점이 주목된다.

더욱이 효과 면에서 지방공공단체가 특정 종교단체에 대해 옥관료 등을 봉납한 것은 특정 종교에 대한 원조 · 조장 · 촉진이 된다고 실질적으로 판단하고 긍정하고 있는 점이 주목된다.

그렇지만 본건 판결은 목적효과기준의 적용에서 위헌이라고 말할 수 있기 위해서는 목적과 효과 중 한 쪽의 요건만 충족하면 좋은지, 아니면 모든 요건을 충족시켜야 하는지의 점에 대해서는 명확한 입장을 제시하고 있지 않다. 이 점에 대해서 가베 재판관의 반대의견은 미국의 레몬 테스트와 달리 목적과 효과의 2가지 요건을 함께 충족하는 경우에 위헌이라고 하지만, 본건 판결은 그러한 이해를 명시적으로 제시하지 않는다. 따라서 이 점은 이후 판례가 가베 재판관이 지적한 것처럼 유연한 심사기준을 취할지, 아니면 레몬 테스트처럼 엄격한 심사기준을 적용할지라는 선택에 달려있다고 할 수 있다.

다만, 최근의 최고재판소의 정교분리 사건에 관한 판결에서는 그러한 선택을 보여주려는 자세가 보이지 않는다. 예를 들어, 대상제에 관련된 일련의 사건에 대한 최고재판소의 판결은 지사가 대상제에 참례한 행위의 합헌성이 문제된 '가고시마 대상제 사건'(최1소판 2002년 7월 11일 民集 56권 6호 1204면)과, 또한 지사들이 대상제에 관련하여 거행된 의식에 참례한 행위의 합헌성이 문제된 '발수제 사건'(최3소판 2002년 7월 9일 判時 1799호 101면) 어느 쪽도 참례의 목적은 「천황의 즉위에 따른 황실의 전통적 의식 때에 일본 및 국민통합의 상징인 천황에 대한 사회적 의례를 다한다」는 것으로 합헌이라고 판시하고 있으며, 효과에 대해서는 실질적인 판단을 보이지 않는다.

다음으로 본건 판결에 대해서는 거기에서 말하는 특정 종교와 국가와의 관련이 신사신도와 국가와의 관련을 가리키는 것이라 한다. 이 점은 명확하지 않지만, 목적효과기준을 국가와 특정 종교의 관련에만 적용하는 것은 정교분리의 규정의 해석으로 타당하지 않다고 할 수 있다. 목적효과기준은 종교 일반에 대한 정식으로 이해해야 한다. 본건 판결이 특정 종교와의 관계를 중시한 미노 충혼비・위령제 소송 판결을 선례로 인용하지 않은 것도 그러한 이해에 의거한다고 보아야 한다. 최고재판소는 본건 판결 후, 앞서 진술한 대상제에 관련된 행위의 합헌성이 문제된 주민소송에서 쓰지진제 사건 판결과 본건 판결을 인용하여 국가와 종교 일반의 관련을 논하고 있다.

그렇지만 이러한 견해에 견지하였다 하더라도, 특정 종교 즉, 신사신도와 국가의 관련성에 대한 합헌성이 문제된 경우, 국가와 다른 종교의 관련이 문제되는 경우와 비교하여, 국가신도의 부활 가능성을 근거로 다른 차원의 심사기준을 적용할 가능성은 아직 남아있다. 다만, 그렇게 해석하면 신사신도와 그 밖의 종교 일반 사이에서 심사기준이 달라져 심사기준으로서의 의미를 적지 않게 잃게 되기 때문에 적당하다고 할 수 없다. 이러한 점에서 전술한 대상제에 관련된 최고재판소 2개의 판결에는 문제가 있다고 할 수 있다.

마지막으로 본건 판결과 레몬 테스트 및 엔도스먼트 테스트와의 관계에 대해서 언급해둔다. 우선, 레몬 테스트와의 관계이다. 본건 판결은 구체적인 고려요소에 관한 판단의 결과로 「본건에서는 현이 특정 종교단체와의 사이에서만 의식적으로 특별한 관련을 갖는 것을 부정할 수 없다」고 설시하고 있지만, 그것은 레몬 테스트에서 말하는 과도한 관련성에 해당하는 것처럼 보여, 만약 그렇다고 한다면 목적효과기준의 레몬 테스트에 대한 접근이 보여진 것이다.

또한 본건 판결은 현과 특정 종교단체와의 특별한 관련을 갖는 것이 일반인에게 현이 다른 종교단체에게 특별한 지원을 함으로써 「다른 종교단체와는 다른 특별한 것이라는 인상을 주어, 특정 종교에 대한 관심을 불러일으킨다고 하지 않을 수 없다」고 하기 때문에 미국에서 말하는 엔도스먼트 테스트를 채택하였다고도 말해진다.

엔도스먼트 테스트는 일반적으로 미국에서 레몬 테스트를 완화하여 그에 대체하는 것으로 주장되었다고 이해되고 있지만, 목적효과기준은 레몬 테스트를 장래의 기준점으로 하는 것으로 이해하면, 전술한 판시부분은 목적효과기준의 효과에 관련되는 것으로 파악할 수 있다. 그와 같이 해석하면, 본건 판결은 레몬 테스트에 대체하는 기준으로 주장된 엔도스먼트 테스트를 채택한 것이라고는 할 수 없게 된다.

또한 본건 판결은 야스쿠니신사 또는 호국신사에 대한 옥관료 등의 공금지출의 합헌성에 대해서도 야스쿠니신사 및 호국신사를 헌법 제89조에서 말하는 종교상의 조직 또는 단체로 파악한 후에, 헌법 제20조 제3항과 마찬가지로 목적효과기준에 따라 본건 공금지출을 사회적·문화적 조건에 비추어 상당한 한도를 넘는 것으로 헌법 제89조가 금지하는 공금지출에 해당하여 위법이라고 판단하고 있다. 이러한 점에서 소노베 재판관의 의견과는 다르다.

Part Ⅱ 응용편

확인질문

1. 본 판결이 채택하는 합헌성 판단기준은 쓰지진제 사건 대법정 판결의 기준과 같은가? 다르다면 어떠한 점인가?
2. 헌법 제89조가 금지하는 공금 지출에 해당하는지 아닌지의 판단기준으로 본 판결에서는 어떠한 기준이 채택되었는가?
3. 본 판결에서 타카하시 재판관이나 오자키 재판관은 목적효과기준을 비판하고 있는데, 어떠한 점을 문제로 삼고 있는가?
4. 본 판결에서 현 지사는 손해배상의 책임을 지고, 현 직원은 지지 않는다고 하였는데, 그 이유는 무엇인가?

응용문제

설문 1 국가와 종교의 관계를 ①국가가 주체가 되어 종교적 활동을 할 경우, ②국가가 종교단체를 원조할 경우, ③국가가 종교단체가 행하는 비종교적 활동에 관여할 경우, ④국가가 비종교단체가 행하는 종교적 활동을 원조할 경우로 나눌 경우, 지금까지 최고재판소의 선례 및 본건 판결은 어떻게 평가될까?

설문 2 본건 최고재판소 법정의견에 따른 경우, 다음의 사례는 정교분리의 규정에 반하는가?

(1) 현이 유력한 종교단체가 주최하는 종교제사에서 다수의 현민의 요청으로 그 종교의 의식에 따른 방식으로 공금을 지출한 경우
(2) 현이 각 종교단체가 행하는 전몰자 위령행사 때에, 각각의 종교상의 의식에 따른 방식으로 공금을 지출한 경우
(3) 현이 종교단체가 합동으로 행하는 전몰자 위령행사에 대해 공화료(供花

料)라는 명목으로 공금을 지출한 경우

(4) 현 내의 불교단체가 가맹한 불교회의 주최로 전몰자 위령 및 유족 위사라는 목적으로 거행된 의식에 향전료, 공화료라는 명목으로 현의 공금을 지출한 경우

(5) 현이 종교단체를 포함한 각종 단체로 구성된 운영협의회가 거행하는 전몰자 추모식전에 공화료라는 명목으로 현의 공금을 지출한 경우

설문 3 타카하시 재판관의 정교분리의 원칙의 이해에 대해서는 그 견해에 의하면, 특정 종교와 관계하는 사학의 조성, 문화재 유지보존을 위한 종교단체에의 보조, 형무소 등의 교정활동 등은 평등원칙에 따라 처리되지만, 평등원칙에 따라 처리할 수 있는지 의문이라고 지적된다. 이러한 비판은 오자키 재판관의 정교분리의 원칙의 이해에도 적합한가?

Part Ⅲ 이론편

◥ 전개문제

목적효과기준에 대한 비판에 입각한 오자키 재판관이 제시하는 새로운 기준은 어떤 의미를 갖는가? 또한 그것이 정교분리의 원칙의 근거와 어떻게 관련되는가?

1. 목적효과기준에 대한 비판과 배경

본건 판결은 목적효과기준을 적용한 첫 위헌 판결이라는 점에 더하여, 목적기준을 둘러싸고 목적효과기준을 엄격하게 비판하는 타가하시, 오자키, 소노베 재판관의 의견과, 그와 반대로 목적효과기준에 따른 뒤 합헌 판결을 내려야 한다고 한 미요시, 카베 재판관의 반대의견이 상세한 형식으로 제시된 점에서도 주목되었다. 특히, 오자키 재판관에 의한 반대의견에서는 목적효과기준을 대신하는 새로운 기준도 제시되었다. 이러한 재판관의 견해의 차이 · 대립을 배경으로 목적기준 그 자체의 유효성에 더하여, 판례 법리와 법해석에 대한 견해, 그리고 정교분리의 원칙의 이해에 관한 차이를 들 수 있다.

2. 목적효과기준의 유효성에 대한 의문

목적효과기준의 유효성에 관해서는 지금까지도 여러 차례 의문이 제기되었다. 주요한 비판에는 ①국가와 종교의 관련이 상당한 한도의 것에 한하여 목적과 효과의 심

사에 들어있기 때문에 심사가 형식적이고 유연해지기 쉽다. ②심사기준을 적용하기 전에 어떤 종류의 가치관에 의해 결론이 이미 거의 결정되어 있어, 심사기준으로 적절한 것이라고 말하기는 어렵다. ③목적과 효과의 판단이 어떠한 고려요소를 중시하여 이루어지는지 명확하지 않고 일관성을 담보하기 어렵다. ④고려요소 중에는 당해 행위를 행하는 자의 종교적 의식 등 주관적인 것이 포함되고, 또한 최종적으로는「제반 사정」에 의해 판단되기 때문에 판단의 진폭이 크다는 것 등을 들 수 있다.

이러한 목적효과기준에 대한 의문은 지금까지 주로 학설을 중심으로 제기되었지만, 본건 판결에서는 타카하시 재판관과 오자키 재판관이 정면으로 비판하였다.

타카하시 재판관이 목적효과기준에 대한 의문으로 든 것은 3가지 측면이지만, 그 중에는 정교분리의 원칙의 이해에 관련되는 것도 포함되어 있다. 목적효과기준 그 자체에 대한 비판으로는「사회적・문화적 조건」이 무엇을 가리키고, 또한「상당한 한도」가 어느 정도를 가리키는지가 불명확하다는 점이다. 그렇지만 그 비판 자체는 쓰지진제 사건 판결의 반대의견도 진술하고 있어 특히 새롭다고 할 것은 아니다. 이에 반해 오자키 재판관의 비판은 보다 근본적인 것으로 주목된다.

오자키 재판관은 우선 목적효과기준에서 말하는「당해 행위」가 국가의 활동으로 종교와의 관련을 가져오는 행위와, 국가의 관련 대상이 되는 행위 어느 쪽에 해당하는지 명확하지 않은 채 채택되었다고 한다. 그 점도 중요하지만 보다 주목할 것은 다음의 점이다. 즉, 목적효과기준 하에서는 미국의 레몬 테스트를 배워 헌법 제20조 제3항에서 금지하는 종교적 활동에 대하여 일정한 목적과 효과를 갖는 행위를 금지한다는 형태로 해석되고 있지만, 그것은 미국헌법의 비슷한 규정(수정 제1조) 하에서 금지되는 행위를 명확하게 할 필요가 있기 때문이다. 이에 반해, 헌법 제20조 제3항은「종교적 활동」을 처음부터 원칙적으로 모두 금지하고 있다. 이 점을 무시하는 해석은 적절하지 않다는 것이다.

오자키 재판관의 비판은 종래 학설 비판이 주가 되어 레몬 테스트를 기준점으로 하여 거기에서 판례의 유연한 심사의 불충분함과 엄격화를 주장하던 것에 비하면 주목할 만한 것이라 할 수 있다.

3. 오자키의 의견과 카베의 반대의견

또한 오자키 재판관의 비판은「법해석의 원칙은 법문을 통상의 의미・용법에 따라 해석하고, 그것으로 분명하지 않을 때에는 입법자의 의사를 탐구하는 것이다」라는 입장에 근거한 것으로도 주목된다. 이 입장은 본건의 카베 재판관의 반대의견과 대조를 이루고 있다.

카베 재판관의 반대의견은 목적효과기준에 따라 거기서 들고 있는 4가지 고려요소를 감안하면, 당연히 합헌의 결론이 나온다는 것이다. 4가지 고려요소란 ①당해 행위가 행해지는 장소, ②당해 행위에 대한 일반인의 종교적 평가, ③당해 행위자가 당해 행위를 행하는 의도, 목적 및 종교적 의식의 유무, 정도, ④당해 행위가 일반인에게 미치는 효과, 영향이다.

카베의 반대의견은 지금까지 선례가 목적효과기준의 적용에 있어서 구체적인 고려요소에 대하여 상세한 판단을 제시하지 않았던 점을 보완하여 필요성을 명백하게 한다는 점에서 중요성을 갖는다. 그러나 목적효과기준의 적절한 적용이라는 관점에서 본 경우에는 문제가 많다. 예를 들어, 목적효과기준의 판단을 위한 구체적인 고려요소가 왜 4가지인가, 쓰지진제 사건 최고재판소 판결에서 예로 든 행위의 외형적 측면은 어떻게 생각할 것인가, 또 판결에서 든 고려요소는 열거가 아니라 예시가 아닌가라는 의문이 든다.

그리고, 4가지 고려요소에 대한 상세한 판단은 보이지만, 그것에 근거하여 본건의 경우 목적 및 효과를 어떻게 해석할지에 대한 설시가 보이지 않는다. 이러한 고려요소는 본래 목적과 효과를 판단하기 위한 것으로, 그것에 근거한 목적과 효과를 어떻게 판단할지가 중요하다고 할 수 있다.

더욱이, 카베의 반대의견은 「당해 행위가 일반인에게 미치는 효과, 영향」을 목적효과기준의 가장 중요한 요건에 관한 것으로 한 뒤, 엔도스먼트 테스트와의 관련성이 지적된 다수의견의 판시부분에 대해 추상적이며 구체성이 결여된다고 하며, 이러한 관념이 지표가 된다면 위헌심사권의 행사가 자의적으로 된다고 한다. 그러나 본건에서는 당시 자치성(自治省)의 지도로 자숙하여 다른 현에서는 그다지 행해지지 않았던 현청에 의한 옥관료 등의 지출이 매년 소액이지만 야스쿠니신사 등의 종교단체에게 종교적 의의를 갖는 예대제 등의 기회에 다년에 걸쳐 행해져, 거기에서 금액은 적더라도 강한 상징적 관련이 거기에서 명백해진다고 말할 수 있는 한, 그것을 사회적 의례라고 하기는 어렵다. 또한 사회적 의례가 아니라고 입증하는 것은 곤란하며, 위헌을 주장하는 측이 과도한 입증책임을 지게 된다.

카베의 반대의견처럼 지금까지 목적효과기준을 좁히면서 엄격성을 유연하게 생각한다면, 본래는 목적효과기준의 요건의 재검토 또는 새로운 기준의 설정이 요구될 것이다. 선례가 존재하는 이상 그 논리에 따라 판단을 내려야 한다는 입장은 일반적으로 헌법판단의 형태로 바람직하다고 할 수 있지만, 본건과 같이 사회적 의례로 파악되는 것이 현저하게 곤란한 사안까지 선례의 이름으로 처리하는 것은 적절하다고 할 수 없다.

4. 오자키 재판관의 신기준

이에 반해, 오자키 재판관은 정교분리의 원칙 하에서 종교적 활동은 원칙적으로 금지되어 있고, 따라서 어떠한 경우에 예외를 인정해야 할지의 관점에서 종교적 활동에 관한 기준을 평가해야 한다고 한다. 그리고 지금 진술한 점에서 보아 적합하지 않다면, 선례로서 지금까지 채택되었다고 하더라도 목적효과기준에 구애되지 않아야 하고, 보다 자유로운 법해석을 취해야 한다고 주장한다. 구체적으로 오자키 재판관은 우선 정교분리의 규정의 해석에 대하여, 국가와 종교의 완전분리가 원칙이며 예외적으로 국가와 종교와의 관련이 헌법상 허용된다고 한 뒤에, 국가의 행위가 종교와의 관련을 가질 때에는 우선 종교성이 없는 대체수단 유무의 검토를 거친 후에, 당해 시책에 포함된 가치, 신교의 자유에의 영향, 헌법적 가치의 침해 유무를 비교형량하고, 당해 행위에 정교분리의 원칙의 제외사례에 충분한 고도의 법적 이익이 명백하게 인정되는 경우에만 합헌이라는 기준을 제시한다.

이러한 신기준은 목적효과기준에 수반되는 불명확성을 넘어 보다 엄격한 기준을 제시하려는 것이라 할 수 있다. 목적효과기준이 미국 레몬 테스트에서 유래하는 것이라고 하면, 그 엄격도는 본래 상당히 높을 것이지만, 신기준은 앞서 말한 미일 정교분리의 규정의 차이에 대한 이해를 전제로 하고 있으며, 보다 더 엄격도가 높은 것을 요구하는 것이라 할 수 있다.

5. 신기준의 의의

이 신기준은 최고재판소가 이를 채택하고 구체적으로 적용한 경우에, 결국은 개별 사건별로 판단하게 되어 엄격함을 유지할 수 없지 않은가라는 비판을 받고 있다. 확실히 신기준에서는 비교형량론이 채택되고 있어 개별 구체적인 판단을 행하게 된다. 또 현실에서는 예외로 허용될 경우인지 아닌지의 판단을 행하는 것이 어려운 경우도 적지 않다. 예를 들어, 오자키의 의견은 정교분리의 원칙에 대해서 국가의 비종교성을 의미한다고 강조하고 있지만, 동 의견이 예외로 허용되는 특정 종교와 특별한 관련을 갖지 않는 형태에서의 「위령」도, 위령 그 자체가 종교적인 의미를 갖는 이상 위헌이 되지 않는가라는 의문이 발생한다.

더욱이 예전에는 종교적 행사라고 생각되었던 것이 그 후 종교적 의미를 잃고 세속행사화 되어갈 경우에 어느 과정을 채택하여 종교적 의의를 갖는 행사와 세속적 행사의 구별을 할지가 곤란하다고 할 수 있는 상황도 충분히 예상된다.

지금 예로 든 것처럼 의문이 상정된 가운데, 신기준이 목적효과기준을 대신하는 유효성, 객관성을 확보할 수 있는지는 확실치 않지만, 목적효과기준에 포함된 「상당한 한도」를 넘을 때에만 목적, 효과를 판단한다는 유연한 심사를 유도하기 쉬운 부분이 포함되어 있지 않다. 그런 의미에서 신기준은 심사를 위한 기준으로 목적효과기준보다도 더 명확하다고 할 수 있다.

신기준에서 한 가지 더 유의해야할 것은 헌법 제20조 제3항은 레몬 테스트를 창출해 낸 미국의 유사규정보다도 정교분리를 한층 더 강하게 요구하는 것이라는 견해에서 출발하고 있다는 점이다. 헌법 제20조 제3항의 입법자 의사는 국가신도의 부활에 대한 위험성의 제거에 있고, 그것은 현재에도 여전히 중시해야 할 것이다. 다만 그것을 과도하게 강조하면 특정 종교가 특별한 대상이 되어 신기준이 종교 일반을 대상으로 한 기준으로 제시되는 것과 어긋날 우려가 있다.

6. 정교분리의 원칙을 뒷받침하는 근거

위에서 본 바와 같이 신기준의 기초에 있는 헌법 제20조 제3항이 미국의 유사규정과 달리 보다 엄격한 정교분리를 요구한다는 견해는 정교분리의 원칙을 뒷받침하는 근거의 재검토를 요구한다고 할 수 있다.

지금까지 정교분리의 원칙의 법적 성질이나 분리의 정도를 둘러싸고 여러 가지 논의가 있었다. 그러나 정교분리의 근거 그 자체에 대해서는 반드시 충분한 논의가 이루어지지 않았다. 학설은 레몬 테스트를 국가의 종교에의 불개입을 주장하는 분리주의파와, 개입을 평등원조의 관점에서 인정하는 편익공여파의 양자를 종합하는 기준으로 여겨왔지만, 이 두 입장의 근거에 대해서는 충분히 의식하지 않았다.

최근 학설에 의하면 이 점에 대해서 정교분리를 뒷받침하는 근거로 공화주의, 정치적 다원주의, 종교를 공익이라고 파악할 수 있는 입장이 있다고 한다. 공화주의의 입장에 의하면, 정치의 영역은 이성적인 숙고에 근거한 토의와 결정의 장이며, 종교는 기본적으로 비합리적인 것이라 생각되는 이상, 정치의 영역에서 가능한 한 배제되어야 한다.

정치적 다원주의에 의하면, 정치의 영역은 다양한 이익을 갖는 사람들이 자유로운 경쟁 속에서 상호간 거래나 타협을 통하여 그 목적의 실현을 도모하려는 장소이기 때문에, 특정 종교가 정치권력과 유착하는 등 정치과정이 왜곡되지 않는 한, 집단에 의한 종교적인 이익 표출은 인정되지 않는다. 나아가 건전한 정치과정의 유지라는 점에서 종교적인 소수파의 신교의 자유가 오히려 적극적으로 보장되어야 한다.

종교를 공익적인 것으로 보는 입장에 의하면, 종교를 사회 일반에게 이익을 가져오는 것이라 파악되기 때문에, 국가에 의한 종교에의 편의공여가 적극적으로 인정된다. 또한 국가가 특정 종교에만 특별한 취급을 하는 것은 인정되지 않지만, 국가가 종교 일반을 무종교 등보다도 호의적으로 취급하는 것은 용인된다.

지금 서술한 것처럼 정교분리를 뒷받침하는 근거가 현실적으로 어떠한 정교분리의 정도를 요청하는지는 정치나 종교의 파악방법이나 구체적인 정치상황에 의존하고 있어 당장 결론을 끌어낼 수 있는 것은 아니다. 그러나 헌법의 해석에 영향을 미칠 가능성은 있어, 그것을 이해하는 것이 중요하다고 할 수 있다. 예를 들어, 최근의 대상제 관련 최고재판소 판결은 목적효과기준을 채택하지만, 거기에서는 정치적 다원주의나 종교를 공익으로 파악하는 입장이 상당히 짙게 반영되어 있다고 볼 수 있다. 이에 대하여 오자키의 반대의견이나 정교분리의 원칙의 「불개입」 요소를 원칙으로 하면서도 목적효과기준의 요소의 객관화를 통하여 엄격화를 도모한다는 입장은 공화주의와 친화성을 갖는다고 볼 수 있다.

PART Ⅳ 두 번째 소재

이와테(岩手) 야스쿠니공식참배 소송

센다이 고등재판소 2001년 1월 10일 판결
1987년(行コ) · 1990년(行コ) 10호 손해배상대위청구소송, 동 부대소송사건
行集 42권 1호 1면, 判時 1370호 3면
[참고조문] 헌 20, 89 자치 242조의 2

사실 개요

〈甲사건〉

1979년 12월 19일, 이와테현 의회는 甲사건 피고인 동 의회의장을 포함한 의원 39명의 찬성에 의해, 천황, 내각총리대신 등의 공식참배가 실현되도록 요청하는 취지의 의결(이하, 「본건 의결」이라 함)을 하였다. 그리고 동 의회의장은 동 의회를 대표하여 본건의결사항을 내용으로 한 의견서, 청원서, 진정서를 작성하고 1979년 12월 21일, 이것을 지참 상경하여, 내각총리대신, 총리부 총무장관에게는 의견서를, 중참 양의원 의장에게는 청원서를, 각 정당에는 진정서를 제출하였다. 이러한 의견서 등의 인쇄비, 교통비는 현에서 지출되었다. 이에 대하여 이와테현 주민인 X 등은 본건 의결은 특정 종교단체인 야스쿠니신사의 제신(祭神)에 대한 국가기관으로서의 천황, 내각총리대신 등의 공식참배를 요구하는 것으로 이러한 공식참배는 국가기관의 종교 활동, 특정 종교에 대한 원조 행위에 해당됨과 동시에, 참배를 위한 공금 지출이 특정 종교단체에 대하여 편익을 주게 되는 점에서 헌법 제20조 제1항 후단, 동조 제3항, 제89조에 위반하는 위헌행위이고, 그것을 요구하는 의결도 위헌이라고 하여 지방자치법 제242조의

2 제1항 4호 전단에 의거하여 의장 및 의원에 대하여 손해배상을 청구하는 대위청구소송을 제기하였다. 그리고 예비적으로 지방자치법 제242조의 2 제1항 4호 후단에 의거하여 의장에게 부당이익의 반환을 청구하고, 의원에게 손해배상을 청구하는 대위청구소송을 제기하였다.

〈乙사건〉

이와테현은 야스쿠니신사에 대하여 1981년 4월부터 10월에 걸쳐, 봄・가을의 예대제에 옥관료로, 영혼제에 헌등료로 각 7,000엔씩 합계 21,000엔을 공금에서 지출하였다. 그리고 이러한 옥관료 등의 지출(이하, 「본건 지출」이라 함)에 관련된 지출부담 행위 및 지출명령은 「이와테현지사부국행정조직규칙(岩手県知事部局行政組織規則)」, 「이와테현지사부국대결전결규정(岩手県知事部局代決専決規定)」에 의해 현복지부 위생원호과장이 전결하였다. 이에 대하여 이와테현의 주민인 X 등은 본건 지출이 헌법 제20조 제1항 후단, 제20조 제3항, 제89조에 위반된다고 하여 이와테현 지사, 복지부장 및 위생원호과장에 대하여, 지방자치법 제242조의 2 제1항 4호 전단에 의거하여, 손해배상을 요구하는 대위청구소송을 제기하였다.

제1심(盛岡地判 1987년 3월 5일 判時 1223호 30면)은 甲사건에서는 X 등의 청구를 각하 내지 기각하고, 乙사건에서는 청구를 각하하였기 때문에 X 등은 항소하였다.

항소심=센다이 고등재판소

■ 법적 구성

〈甲사건〉

①지방자치법 제99조 제2항에 의거하여, 주민의 의향을 대표하는 의회로부터 의결에 근거한 의견서의 제출이 있을 경우, 관계 행정청은 그것을 존중하여 수리할 의무를 지기 때문에 의결을 단순한 사실행위 또는 정치적 의견의 표명에 지나지 않는다고 평가하는 것은 상당하지 않다. 그리고 의견서 제출에 대해서 기관의사결정을 위한 의결의 내용이 위헌 또는 위법일 경우에는 의견서 제출을 위한 인쇄비 등의 지출은 위법인 공금의 지출이 되며, 그 의결에 관여한 의원의 표결 등의 위법성의 문제가 발생하여, 주민소송상의 책임을 묻는 경우가 있다.

②지방공공단체의 의원에게는 헌법 제51조의 발언, 표결의 면책특권이 부여되지 않기 때문에, 의회 내에서의 의원의 발언 및 표결은 헌법 및 법령의 규정에 반할 수 없다. 어떤 의안에 관한 법적 해석이 일의적이지 않고, 아직 확정되었다고 할 수 없는 상황의 경우에도, 의회 내에서의 의원의 발언 혹은 표결의 위법성이 명백하고, 고

의・과실이 인정되어 그 결과 지방공공단체에게 위법인 지출을 시키는 등 손해를 주었을 때에는 불법행위가 된다.

③의장은 의결이 위헌 또는 위법인 경우에도 그에 따른 직무를 수행하여야 하고, 후에 재판소에서 의결을 위헌 또는 위법으로 판단하여도, 의결 당시 위법성이 일견 명백하지 않은 경우에는 의장이 행한 직무행위는 위법이라고 평가되지 않는다.

〈乙사건〉

①지방자치법 제242조의 2 제1항 4호 전단에 근거한 청구에 대하여, 여기에서 말하는 「당해 직원」이란 「당해 소송에서의 적부가 문제가 되는 재무회계상의 행위를 행할 권한을 법령상 본래적으로 갖는다고 인정되는 자로부터 권한의 위임을 받는 등으로 위의 권한을 갖게 된 자」를 의미한다.

②본건 지출이 헌법 제20조 제3항에 반하는지 아닌지에 대해서는 목적효과기준이 적용된다.

③공금 지출이 지방공공단체장의 보조집행자인 전결자에 의해 시행된 경우, 장은 전결자에 대한 지휘감독상의 의무위반이 있을 때에 한하여 책임을 진다. 그리고 전결자에게 귀책사유가 인정되지 않을 경우에도 장에게 지휘감독상의 고의, 과실이 있을 때에는 보상책임을 진다.

■ 적용

〈甲사건〉

①본건 의결은 천황, 내각총리대신의 공식참배가 국가의 공식의식으로 행하여지는 것을 당연한 전제로 하고 있다. 그리고 야스쿠니신사의 연혁, 제신, 전전・전후의 천황, 내각총리대신의 야스쿠니신사 참배, 내각총리대신의 야스쿠니신사 공식참배 문제의 경위에 근거하여, 본건 의결이 요망하는 천황 및 내각총리대신의 공식참배가 헌법 제20조 제3항에 위반하는지를 검토하면, 공식참배는 천황, 내각총리대신이 공적인 자격으로 종교법인인 야스쿠니신사를 향하여 예배하는 것을 의미하기 때문에 종교와 관련을 갖는다. 또한 공식참배의 주관적 의도가 추모의 목적이더라도 참배의 종교성을 배제 내지 희박하게 하는 것이 아니라, 공식참배 모습이 신사신도의 정식참배라는 방식에 따르지 않는 참배라고 하더라도 그 실질이 변하는 것은 아니다. 공식참배는 그 목적이 종교적 의의를 가지고, 그 행위의 모습을 보더라도 국가 또는 그 기관으로서 특정 종교에 대한 관심을 불러일으키는 행위이고, 게다가 공적 자격에 의한 공식참배가 초래하는 직접적, 현재(顯在)적인 영향 및 장래 예상되는 간접적・잠재적인 동향을 종합고려하면, 공식참배에서의 국가와 야스쿠니신사의 종교상의 관련은 헌법상의 정교분리의 원칙에 비추어 상당한 한도를 넘는 것으로, 헌법 제20조 제3항에서 금

지하는 종교적 활동에 해당하는 위헌적인 행위이다.

②본건 의결은 위헌이지만, 본건 의결이 이루어지는 전후의 공식참배에 관한 법적 해석은 확정적인 것이 없고 유동적이며, 위헌인지 아닌지는 개별적 사안에 대해서 재판소의 판단이 확정될 때까지는 다양한 법적 평가가 발생하지 않을 수 없는 사정이고, 의원들의 발언 및 공식참배 요망에 대한 찬성 표결은 의결 당시에 아직 의원으로서의 품위에 반하거나 상당한 근거와 합리성을 결여한 것이라 인정될 수 없기 때문에 곧바로 위법이라 할 수 없다. 또한, 의장도 인쇄비 등에 관하여 부당이득을 취했다고 할 수 없다.

〈乙사건〉

①현 지사는 본건 지출에 대하여 재무회계상의 행위를 행할 권한을 본래 갖는 자이기 때문에, 부하직원의 전결에 의해 본건 지출에 현실적으로 관여하지 않은 경우에도 지방자치법 제242조의 2 제1항 4호 전단에서 말하는 「당해 직원」에 해당한다.

②본건 지출이 헌법 제20조 제3항에서 금지하는 종교적 활동에 해당하는지 아닌지에 대하여 목적효과기준을 적용하면, 본건 지출은 종교법인인 야스쿠니신사의 종교적 의식에 참가하는 행위와 밀접한 관련을 갖는 옥관료 등의 명목으로 지출되었기 때문에 종교와의 관련을 갖는다. 본건 지출은 전몰자 추모라는 의례적, 세속적 측면과, 야스쿠니신사의 제사에 대한 외경숭배라는 종교적 측면을 불가분적으로 겸비한다. 때문에, 세속성에 의해 종교성을 배제 내지 희박하게 할 수는 없다. 또 본건 지출은 1회의 금액은 적었지만, 특정 종교단체에 대해 항상적 계속적으로 행해져, 그 행위의 태양으로부터 현이 다른 종교단체와 비교하여 야스쿠니신사를 특별시하고 있다는 인상을 사회일반에 주는 효과를 가지고, 다른 시정촌(市町村)도 동일한 지출행위를 독촉하는 잠재적 파급효과를 갖는다. 따라서 본건 지출은 정교분리의 원칙에서 요청되는 이와테현의 비종교성 내지 중립성을 해칠 우려가 있다. 또한 본건 지출에 의해 발생하는 현과 야스쿠니신사의 관련은 상당한 한도를 넘기 때문에 본건 지출은 헌법 제20조 제3항에 위반된다.

③옥관료 등의 지출은 복지부 위생원호과장의 전결사항으로 1962년도부터 다년에 걸쳐 시행되었기 때문에, 본건 지출에 대해서도 신문에 보도될 때까지 담당과장은 지사, 복지부장에게 상담, 지시를 받지 않았다. 따라서 지사에게 지휘감독권의 행사를 태만히 한 과실은 없다.

기본 해설

1. 야스쿠니신사 공식참배 소송

이와테 야스쿠니 공식참배 소송은 그 이름이 나타내는 것처럼 야스쿠니신사 공식참배를 둘러싸고 지금까지 많이 제기되어 온 소송(이하, 「공식참배 소송」이라 함) 중 하나이다. 공식참배 소송으로는 1985년 나카소네 수상의 공식참배의 합법성을 둘러싸고 제기된 오사카 고등재판소 1992년 7월 30일 判時 1434호 48면), 후쿠오카 소송(제1심 · 福岡地判 1989년 12월 14일 判時 1336호 81면, 항소심 · 福岡高判 1992년 2월 28일 判時 1426호 85면), 播磨 소송(제1심 · 神戸地 姫路支 判時 1990년 3월 29일 송월 36권 7호 1141면, 항소심 · 大阪高判 1993년 3월 18일 判時 1457호 98면)을 우선 예로 들 수 있다. 그리고 2001년의 고이즈미(小泉)수상의 공식참배를 둘러싼 동경, 찌바(千葉地判 2004년 11월 25일), 오사카(大阪地判 2004년 2월 27일 判時 1859호 76면, 大阪地判 2004년 5월 13일 判時 1876호 70면), 에히메(松山地判 2004년 3월 16일 判時 1859호 76면), 후쿠오카(福岡地判 2004년 4월 7일 判時 1859호 76면), 오키나와(那覇地裁 2005년 1월 28일 那覇地裁 주요 판결 속보)의 전국 여섯 지구에서 소송이 제기되었다. 본건을 포함하면 공식참배 소송의 수는 적어도 10개를 넘을 것이다. 그 중에서 오사카 소송 항소심 판결 및 후쿠오카 소송 항소심 판결이 위헌의 여지가 있다고 한 외에는, 공식참배에 대해 명확히 위헌판단을 제시한 것은 본건 판결과 상기의 2004년 4월 7일에 내린 큐슈 · 야마구찌 소송이다.

큐슈 · 야마구찌 소송은 2001년 8월 13일에 고이즈미수상이 비서관을 동반하여 공용차로 야스쿠니신사를 향하여 「내각총리대신 小泉純一郎」라고 명부에 기입한 후에 본전에서의 제사에 일례하는 방식으로 참배하고 그 때 「헌화 내각총리대신 小泉純一郎」라고 명패가 달린 헌화를 하고, 헌화료로 사비 3만 엔을 지출한 것이 정교분리의 규정 등에 반하는 위헌행위로, 이에 의해 종교적 인격권 등이 침해되었다고 하여 손해배상이 청구되었던 일련의 사건 중 하나이다.

후쿠오카 지방재판소 판결은 국가배상법 제1조 제1항에서 말하는 직무와의 관계에서 참배를 내각총리대신의 직무의 집행으로 인정하고, 우선 동 참배는 「야스쿠니신사가 주재하는 것이지만 신도방식에 따른 참배방법이 아니고, 또한 야스쿠니신사에 합사되고 있는 전몰자의 추도를 주된 목적으로 하더라도 종교와의 관련을 가진다」는 것은 부정할 수 없다. 그런 다음, 일반인의 의식에서는 동 참배를 단순히 전몰자의 추도로 평가하고 있지 않다는 점, 헌법의 정교분리의 규정은 신도를 염두에 둔 규정이라는 점, 신도의 종교적 의의를 부정하는 것은 상당하지 않다는 점, 또한 「장래에도 계속적으로 국가의 기관인 내각총리대신으로서 야스쿠니신사에 참배할 강한 의지를 갖고 있는 것이 엿보이는 점에서, 단순히 사회적 의례로 본건 참배를 하였다고 말하기는 어렵고, 또한 국가기관인 내각총리대신으로서의 전몰자 추도는 야스쿠니신사에 대한 참배 이외의 행위에 의해서도 할 수 있다」라고 하였다. 그리고 판결은 상기의 여러 사정을 고려하여 사회통념에 따라 객관적으로 판단하면, 본건 참배의 효과는 「신도의 교의를 넓히는 종교시설인 야스쿠니신사를 원조, 조장, 촉진하는 것」으로 본건 참배는 헌법 제20조 제3항에 위반된다. 다만 본건 참배에 의해 손해배상의 대상이 되는 법적 이익의 침해가 있었다고 할 수 없기 때문에 불법행위는 성립하지 않는다고 판시하였다.

후쿠오카 지방재판소 판결은 공식참배의 합헌성을 판단하는 데 있어 목적효과기준을 적용하고, 목적뿐만 아니라 효과에도 중점을 두어 위헌판단을 제시하고 있다는 점, 결론부분에서 「재판소가 위헌성에 대하여 판단을 회피하면 이후에도 같은 행위가 반복될 가능성이 높아, 당 재판소는 본건 참배의 위헌성을 판단하는 것을 스스로의 책무로 생각하여」 판시하였다고 하는 등의 점에서 주목된다.

더욱이 결론적으로는 공식참배에 의해 원고들의 권리・이익이 침해되었다고 할 수 없고, 불법행위는 성립하지 않는다고 하여 원고의 소송을 기각하였지만, 원고 측이 위헌판단을 얻은 것을 실질적 승소라고 판단하여 항소하지 않고 판결이 확정된 점에서 본건 판결과 동일한 특색을 가지는 점도 주목된다.

2. 목적효과기준과 공식참배

공식참배 소송에서는 목적효과기준을 적용하여 공식참배의 합헌성을 판단해야 하는지가 주목되었다. 본건 판결은 결론적으로 손해배상청구를 거절하였지만, 쓰지진제 사건 최고재판소 판결이 명확히 하고, 그 후 선례로 확립된 목적효과기준을 적용하여 처음으로 공식참배를 위헌이라고 한 주목해야 할 판결이다. 본건 판결의 목적효과기준의 적용에 대해서는 공식참배의 주관적 의도가 추도의 목적이고 그 태양이 신사신도의 정식참배를 따르지 않는 것이라 해도 참배의 종교적 실질이 변하지 않고, 그 목적이 종교적 의의를 갖는다는 점, 공식참배의 태양에서 볼 때 국가 또는 그 기관으로서 특정 종교에 대한 관심을 불러일으키는 행위인 점, 그리고 지방자치단체 나아가 천황에 의한 공식참배의 길을 열게 되는 등 공식참배가 초래하는 여러 가지 영향 및 동향을 고려하고 있다는 점 등을 그 특색으로 들 수 있다.

본건 판결에 대해서는 쓰지진제 사건 판결 이후, 최고재판소가 정교분리의 원칙 그리고 목적효과기준을 유연하게 적용하는 경향이 있다는 점에 대한 불만 등에서 학설로부터 호의적인 평가를 받았다.

정교분리 사건에서 최고재판소 및 하급심은 그 후에도 목적효과기준을 유연하게 적용하고 있지만, 에히메 옥관료 사건에서 최고재판소는 지방공공단체가 종교단체에 그 중요한 종교상의 제사 때에 옥관료 등을 공금에서 지출하는 것은 목적효과기준 하에서 위헌임을 판시하기에 이르렀다. 이 때, 학설에서는 동 판결에 의해 공식참배도 위헌으로 해석되어야 한다고 지적하였다.

물론 신사신도의 작법에 따른 정식참배의 경우에는 목적 및 효과의 양면에서 보아 위헌일 가능성이 높다고 할 수 있다. 문제는 이른바 공식참배가 지금까지 신도의 교의에 따른 정식참배의 형태로는 거행되지 않았다는 것이다.

이 점에서, 본건 판결 및 후쿠오카 지방재판소 판결은 참배의 주된 목적이 전몰자의 추도라는 점에서 공통되지만, 본건 판결이 참배가 미치는 효과에 중점을 두어 위헌판단을 이끌어내고 있는데 반해, 후쿠오카 지방재판소 판결은 일반인의 의식, 종교분리규정과 신도의 관계를 강조하여, 목적에 대해서도 종교적 의의를 잃지 않는 것으로 판시하고 있다는 점에서 차이가 존재한다.

그러므로, 정교분리의 규정과 신도의 결부를 어느 정도 중시할지가 문제된다. 그 결부를 과도하게 강조하면 정교분리의 규정 그리고 목적효과기준과 종교 일반의 관계를 애매하게 할 우려가 발생하게 된다. 또한 이러한 판결에서 목적효과기준의 적용에 있어서 목적과 효과의 두 가지 요건을 충족하지 않으면 위헌이라고 판단할 수 없는가라는 점도 문제되지만, 어느 하나의 요건만 충족되면 된다는 것도 충분히 생각할 수 있다.

3. 공식참배 소송의 유형

공식참배 소송에서 다투는 방식은 크게 두 가지 유형이 있다. 첫 번째 유형은 공식참배에 의해 개인의 신교의 자유 등의 권리와 자유가 침해되었다고 하여, 내각총리대신이나 국가에 손해배상을 청구하는 것이고, 두 번째 유형은 주민소송 형태로 지방공공단체에 대위하여 손해배상을 제기하는 것이다.

앞서 예로 든 후쿠오카 지방재판소 판결은 내각총리대신이 직무로서 공식참배한 것은 정교분리의 규정에 반하는 위헌행위로 신교의 자유, 종교적 인격권 및 평화적 생존권이 침해되어, 정신적 손해를 입었다고 하여 원고들이 국가(국가배상법 제1조 제1항) 및 내각총리대신(민법 제709조)에 대하여 손해배상을 청구한 사안으로 제1유형이다. 이에 대하여 본건은 지방자치법 제242조의 2 제1항 4호에 의거한 주민소송으로 제기되었고 제2유형에 속한다.

제1유형의 소송에 대해서는 지금까지는 손해배상이 인정될 가능성이 높다고 '할 수 있지만, 원고의 의도에서 보면 공식참배를 위헌으로 하는 판단이 제시되기만 하면 좋다고 할 수 있다. 다만 그러한 소송이 원고의 의도 및 소송의 형태로서 과연 적절한지 아닌지 의문이 남는다. 제2유형에 대해서는 소송으로 제기할 수 있더라도, 내각총리대신 공식참배의 합헌성을 묻는 수단으로는 약간 우회적이라는 느낌을 부정할 수 없다. 또한 헌법판단의 형태로서도 적절한지 아닌지 문제가 될 여지가 있다.

4. 최고재판소

최고재판소의 공식참배에 관한 판단은 2006년 6월 23일 제1차 오사카 소송에 대한 제2소법정 판결에서 제시되었다. 최고재판소 판결은 후쿠오카 지방재판소의 위헌판결에서 나타난 국가기관으로서의 내각총리대신이 그 직무로서 공식적인 형태로 야스쿠니신사를 참배하였는지 아닌지에 대하여 논하지 않고, 원고가 주장한 종교적 인격권만 언급하여 그것에 대하여 부정적인 견해를 나타냈다.

최고재판소 판결에 의하면 「사람이 신사에 참배하는 행위의 목적은 타인의 신앙생활 등에 대하여 압박, 간섭을 가하는 성질이 아니기 때문에, 타인이 특정 신사에 참배하여 자기의 심정 내지 종교상 감정이 침해된다고 하여 불쾌한 생각을 갖는다고 해도, 이것을 피침해이익으로 하여 곧바로 손해배상을 청구할 수 없다고 해석하는 것이 맞다」라고 하였다. 그리고 「이것은 내각총리대신의 지위에 있는 자가 야스쿠니신사를 참배한 경우에도 다르지 않다」. 따라서 「본건 참배에 의해 상고인들에게 손해배상의 대상이 될 수 있는 법적 이익의 침해가 있었다고는 할 수 없다」라고 하여 손해배상청구를 기각하였다.

본 최고재판소 판결은 공식참배에 관한 첫 판결이지만, 그 구조에 따르면 손해배상청구가 인정되지 않은 것은 물론, 후쿠오카 지방재판소 판결과 같이 정교분리의 원칙을 문제로 하지 않을 것이다. 이런 의미로 공식참배 소송을 다투는 제1유형의 길은 크게 제한된다. 다만 정교분리의 원칙에는 신교의 자유의 보장을 보다 확실하게 한다는 측면에 더하여, 정치권력에 의한 피치자 통제를 위한 종교 이용의 방지라는 측면도 있고, 이 점에서 어떻게 판단해야 하는지는 엔도스먼트 테스트와의 관계에서 문제가 될 수 있는 여지가 있다.

설문 1 본건 판결 및 큐슈·야마구찌 소송 후쿠오카 지방재판소 판결은 내각총리대신의 공식참배의 합헌성에 대하여, 목적효과기준을 적용하는 형태로 위헌판결을 내리고 있지만, 에히메 옥관료 소송 최고재판소 판결에 따라 그 합헌성을 생각해보면 어떻게 되는가?

설문 2 본건 판결은 내각총리대신의 참배의 목적을 전몰자 추도 목적이라고 하는데, 위령목적이라고 하는 경우와는 다른 헌법판단의 결과를 가져올까? 또한 본건 판결에 따른 경우, 내각총리대신이 아닌 전몰자가 많은 지방자치단체의 예를 들어 시장이 공적 자격으로 공식 참배하는 것은 위헌이 될까? 천

왕의 경우는 어떠한가?

▌참고문헌▐

第1審判決（松山地判1989年3月17日判時1305号）
第2審判決（高松高判1993年5月12日判時1419号）
野坂泰司「愛媛玉串料訴訟大法廷判決の意義と問題点」ジュリスト1114号(1997年)
小泉洋一「大法廷判決における政教分離原則違反の判断方法」ジュリスト1114号(1997年)
大石和彦「判例による憲法形成の一断面—愛媛玉串料違憲訴訟大法廷判決・再考」新正幸=早坂喜子=赤坂正浩編『公法の思想と制度』(信山社, 1999年)
大石眞「政教分離原則の再検討」ジュリスト1192号(2001年)
佐々木弘通「『厳格な政教分離』学説の再構築に向けて(一)」成城法学62号(2000年)
高畑英一郎「エンドースメント・テストと愛媛玉串料訴訟最高裁判決」日本法学66巻3号(2000年)
土屋英雄「アメリカにおける政教分離と「“保証”テスト」芦部古稀『現代立憲主義の展開(上)』(有斐閣, 1993年)
戸松秀典=長谷部恭男=横田耕一「鼎談・愛媛玉串料訴訟最高裁大法廷判決をめぐって」ジュリスト1114号(1997年)
百地章「愛媛玉串料訴訟最高裁判決の問題点」法律のひろば1997年7月号
吉崎暢洋「目的効果基準の再検討」平成法学7号(2002年)
日比野勤「インタビュー芦部信喜先生に聞く」法学教室203号(1997年)
松井茂記「愛媛玉串料訴訟大法廷判決の意義」法学教室203号(1997年)
林知更「政教分離原則の構造」高見勝利=岡田信弘=常本照樹『日本国憲法解釈の再検討』(有斐閣, 2004年)
井上禎男「最新判例演習室－靖國参拝違憲等確認請求事件最高裁判決」法学セミナー621号(2006年)
安西文雄「信教の自由の展開」安西文雄他『憲法学の現代的論点』(有斐閣, 2006年)

(大沢秀介)

제5장 외설 표현의 개념

[논점]

(1) 문서의 예술성과 외설성의 관계
예술성이 높은 문서에서는 외설성이 상대화되는 것은 아닌가?

(2) 전체적 고찰방법
외설성 판단은 특정 문구를 전체와 분리하여 판단해도 되는가?

(3) 외설표현규제의 요건
성표현은 어떠한 경우에 법적 규제가 허용되는가?

Part Ⅰ 기본 소재

「악덕의 번영(悪徳の栄え)」 사건

최고재판소 1969년 10월 15일 대법정 판결
1964년(あ) 제305호 외설문서판매, 同 所持 피고사건
行集 33권 10호 1239면, 判時 569호 3면

사실 개요

문예평론가이자 번역가인 Y_1(渋沢龍彦)은 출판사를 경영하는 Y_2의 요청에 따라 18세기 프랑스의 엽기적인 작가인 마르퀴스 드 사드(Marquis de Sade)의 『줄리엣 이야기, 또는 악덕의 번영』을 초역하고, Y_2는 1959년에 이것을 상하 두 권으로 나누어 『악덕의 번영』 및 『악덕의 번영(속)—줄리엣의 편력—』이라고 각각 제목을 붙여 판매하였다. 이 중 하권(이하, 「본건 번역서」라 함)은 주인공 줄리엣이 유럽을 편력하면서 교황, 귀족, 경찰청장, 대도적 등등과 기교한 자태·방법으로 난교, 수간 등을 벌리고 악덕을 다하면서 부귀영화를 누린다는 이야기이며, 더구나 그 전후에 걸쳐 살인, 태형, 화형, 고문 등 잔학한 행위가 반복되는 내용이다. 원서는 18세기 유럽의 기독교 문명에 도전하고 인간성에 잠재하는 암흑을 철저하게 폭로하는 사상 소설이라는 평가를 받고 있지만, 번역서는 성묘사의 대담함 때문에 1960년 전후 일본에서 비교적

판매 실적이 좋았다(반년 동안 1,500권 정도). 번역서에는 십여 곳 넘게 성교나 성기에 관한 노골적 묘사가 있었기 때문에, Y_1, Y_2 모두 외설 문서 판매·소지죄(형법 제175조=1995년 형법개정에 의해 히라가나 표기)로 기소된 형사사건이 본건이다.

제1심=동경 지방재판소

동경 지방재판소 1962년 10월 16일 판결
判時 318호 3면

■ 당사자의 주장 (쟁점)

〈사실에 관련된 주장〉

본건 소송의 쟁점은 노골적인 성묘사를 포함한 본건 번역서가 형법 제175조가 처벌대상으로 하는「외설 문서」에 해당하는가라는 한 가지 점이다. 이 쟁점은 사실에 관한 다툼이라고 볼 수 있지만, 본건 번역서가 무엇을 쓰고 있는가라는 사실의 문제는 다툴 여지가 없고,「외설 문서」에 해당하는지는「외설 문서」라는 구성요건을 어떻게 해석하는가라는 법률문제(법해석상의 문제)이므로, 결국 본건 소송에서는 사실에 관한 다툼은 없었다고 할 수 있다.

〈법적인 근거에 관련된 주장〉

검사 본건 번역서는 채털리부인 사건 최고재판소 대법정 판결(1957년 3월 13일 行集 11권 3호 997면)이 확인한 판례이다.「외설 문서」의 3요건(이른바「외설 3요건」.「그 내용이 (가) 공연히 성욕을 흥분 또는 자극하면서, (나) 보통인의 정상적인 성적 수치심을 해하고, (다) 선량한 성적 도의관념에 반하는 것을 말한다」〔부호추가〕)에 비추어「외설 문서」에 해당한다.

피고인 1. 문서의 외설성의 판단은 당해 문서가 놓인 구체적 상황에 따라 이루어져야 하고(상대적 외설 개념), 게다가 판단기준인「보통인」은 서적의 간행 목적, 간행 부수, 정가, 광고 등의 판매 방법에 의해 서적을 읽을 것이 객관적으로 예정된 독자이다. 본건 번역서의 경우 이른바 지식층 독자가 예상되므로, 외설성의 유무도 지식인을 「보통인」으로 판단해야 한다.

2. 문서의 예술적·사상적 가치 측면은 외설성의 유무와 별개로 판단하고, 예술적·사상적 가치와 외설성과의 비교형량에 의하여 외설 문서 판매죄의 구성요건 해당성을 논해야 한다.

■ 법적 구성

(a)「외설 3요건」은 3가지 요건을 모두 충족할 필요가 있다.

(b) 외설 문서 판매죄의 존재 이유는「성행위 비공연성의 원칙」에서 유래하지만, 행위와 문서는 다르므로, 문서에는「당해 묘사가 갖는 내용과의 관련 내지 당해 묘사가 작품 속에 놓여 있는 전후 상황 등을 전체적으로 고찰」하여야 하고,「개개의 기재가 갖는 과도한 성적 자극이 경감 또는 없어지지 않고 독서 후에까지 남아있는 문서야말로 외설 문서라고 할 수 있다」.

(c)「재판소는……작품의 외설적 가치의 존재 여부를 판단할 권능 및 직무를 갖지 않는다」.

■ 적용

본건 번역서의 내용은 공상적이고 무미건조하고, 독자의 정서나 관능에 호소하는 요소가 빈약하며 또한 그 묘사는 보통인인 일반 독자에게 거의 성욕을 자극 흥분시킬 겨를도 없을 정도로 추악하고 잔인한 정경 묘사의 연속이다. 이와 같은 서적을 전체적으로 볼 경우 그 내용은 보통인의 정상적 성적 수치심을 해하고, 선량한 성적 도의관념에 반한다고 인정할 수 있지만, 공연히 성욕을 흥분 또는 자극한 것으로는 인정할 수 없기 때문에 본건 번역서는「외설 문서」에 해당하지 않는다. Y_1, Y_2 모두 무죄.

제2심=동경 고등재판소

동경 고등재판소 1963년 11월 21일 판결
判時 366호 13면

■ 당사자의 주장 (쟁점)

〈법적인 근거에 관련된 주장〉

검사 「외설 3요건」을 별개 독립적으로 적용해야 하는 것은 아니고, 당해 문서가「성행위 비공연성의 원칙」에 반하는 내용을 포함하고 있다고 판단되는 이상 당연히 3요건은 충족된다.

피고인 사회적으로 가치 있는 작품에 외설 문서 판매죄를 적용하는 것은 표현의 자유 및 학문의 자유에 대한 침해이다.「성행위 비공연성의 원칙」은 현실의 성행위에 관한 원칙이며, 문서에 의한 성행위 표현에 적용되어서는 안 된다.

■ 법적 구성

(a) 「외설 3요건」은 채털리부인 사건 판결 등에서도 시사하고 있듯이, 별개 독립적으로 각 요건의 충족을 요구하는 것으로 해석하여야 한다.

(b) 재판소는 당해 문서의 예술적 · 사상적 가치를 판정할 권능이 없다. 피고인은 예술지상주의에 서 있다.

(c) 문서에 의한 성표현에 대해서도 「성행위 비공연성의 원칙」이 적용된다.

(d) 독자층이 한정된 경우에는 그 독자층의 평균인을 기준으로 하여야 한다는 의미에서 상대적 외설개념을 인정할 수 있다. 표현의 외설성의 유무는 표현의 구체적 부분을 대상으로 해야 하지만, 당해 부분의 외설성의 판단은 당해 문서의 성격, 전후 상황 등에 의하여 좌우되는 것이며, 전체를 떠난 당해 부분만을 단편적으로 고찰해서는 안 된다.

■ 적용

본건 번역서의 문제 부분은 공연히(과도하게) 성욕을 자극시키기에 충분한 기술 묘사이므로, 본건 번역서는 3요건을 모두 충족하고 있는 외설 문서에 해당한다. Y_1은 벌금 7만 엔, Y_2는 벌금 10만 엔에 처한다.

상고심=최고재판소

■ 상고이유

예술적 · 사상적 가치가 있는 문서는 외설 문서에 해당하지 않는다. 문서가 갖는 외설성에 의하여 침해받는 법익과, 예술적 · 사상적 문서로서 갖는 공익성을 비교형량하여 외설 문서 판매죄의 성립 여부를 결정하여야 한다.

[법정의견]

상고기각. 13인으로 구성된 대법정에서 8명이 법정의견(보충의견 1명, 의견 1명), 5명이 반대의견이었다.

■ 법적 구성

(a) 외설성과 예술성 · 사상성의 관계

채털리부인 사건 최고재판소 대법정 판결이 판시하는 바와 같이 외설성과 예술성 · 사상성이란 차원을 달리하는 개념이고, 예술성 · 사상성의 문서라도 이것과 차원을 달리하는 도덕적 · 법적 면에서 외설성을 갖는다고 평가받는 것이 불가능하지 않다. 예술가도 그 용도를 수행함에 있어 수치심과 도덕적인 법을 존중하여야 하고, 일반 국민이 부담하는 의무에 위반하여서는 안 된다. 문서가 갖는 예술성 · 사상성이 문서의 내용인 성적 묘사에 의한 성적 자극을 감소 · 완화시키고 형법이 처벌대상으로 하지 않을 정도로 외설성을 해소시키는 경우도 있다고 생각할 수 있지만, 위와 같은 정도로 외설성이 해소되지 않는 한 예술성 · 사상성의 가치가 있는 문서라도 외설 문서로서의 취급을 면할 수 없다.

(b) 전체적 고찰 방법

문서의 개별 문구 부분은 전체 문서의 일부로서의 의미를 갖는 것이므로 그 문구 부분의 외설성의 유무는 문서 전체와 관련지어 판단되어야 하는 것이다. 따라서 특정 문구 부분을 전체로부터 분리하여 그 부분만을 가지고 외설성의 유무를 판단하는 것은 적합하지 않지만, 특정 문구 부분에 관하여 외설성의 유무가 판단되고 있는 경우라도 그 판단이 문서 전체와 관련해서 이루어지고 있는 이상, 그것을 부당하다고 할 이유는 존재하지 않는다.

(c) 표현의 자유, 학문의 자유와의 관계

출판 기타 표현의 자유나 학문의 자유는 민주주의의 기초를 이루는 극히 중요한 권리지만 절대 무제한의 것은 아니며, 그 남용이 금지되고, 공공복지의 제한 아래에 있다는 것이 채털리부인 사건 최고재판소 대법정 판결의 취지이다. 그리고 예술적 · 사상적 가치가 있는 문서에 관하여도 그것이 외설성을 갖는 경우에는 성생활에 관한 질서 및 건전한 풍속을 유지하기 위해 이것을 처벌 대상으로 하는 것이 국민생활 전체의 이익에 합치하는 것으로 인정되므로, 헌법 제21조, 제23조에 위반된다고 할 수 없다.

■ 적용

본건 번역서는 「외설 문서」에 해당한다. 상고기각.

[반대의견]

■ 법적 구성

전체적 고찰방법의 구체적 기준에 관하여

• 요코다 마사토시(横田正俊) 재판관(大隈健一郎 재판관 동조)

정상적인 성적 사회질서의 유지는 궁극적으로 종교, 도덕 기타 사회적 양식에 맡겨져야 한다. 외설성은 상대적인 것이고, 작품 전체를 통하여 판단하여야 한다.

• 오쿠노 겐이찌(奧野健一) 재판관

외설성에 의하여 침해받은 법익과 예술적·사상적·문학적 작품으로서 갖는 공익성을 비교형량하고, 후자를 희생시키더라도 전자의 요청을 우선시켜야 할 합리적 이유가 있는 경우에 비로소 형법 제175조에 해당한다.

• 다나카 지로(田中二郎) 재판관

형법 제175조에서의 외설 개념은 평균인을 기준으로 하지만, 그 사회의 문화 발전의 정도, 기타 여러 환경의 추이에 조응하여 그 작품 등의 예술성·사상성 등과 연관지어 평가·판단하여야 하는 것이고, 이런 의미에서 「외설」 개념의 상대성이 인정되어야 한다. 형법 제175조에 해당하는지는 그 작품이 갖는 예술성·사상성 및 그 작품의 사회적 가치와 관련하여 판단하여야 한다.

• 이로카와 고타로(色川幸太郎) 재판관

그 작품의 주제가 진지·성실하고 서술에서도 성의 묘사가 주제와 밀접하여 더구나 예술적 가치가 높은 경우에는 작품을 전체적으로 관찰하는 이상, 외설성 승화 현상도 있을 수 있다. 본건 번역서는 괴기한 기술에 만족하고, 부분적으로는 성욕을 자극하는 곳이 있어도 전체적으로는 그 효과가 감쇄되어 있다.

■ 적용

본건 번역서는 「외설 문서」에 해당하지 않는다.

기본 해설

1. 문서의 예술성과 외설성의 관계

(가) 본건도 채털리부인 사건과 동일하게 해외 문학 작품의 번역이 형법 제175조에 위반한 것으로 제소되었다. 이 종류의 재판에서는 다수의 문학가·작가가 증인으로서 당해 문서의 예술성의 높이를 법정에서 증언하도록 되어 있다.

(나) 그렇지만 이와 같은 법정진술에 관하여는 애당초 재판소가 당해 문서의 예술성을 증인의 도움을 빌린다 할지라도 사실로서 인정할 권한과 능력을 갖고 있는가라는 기본적인 문제가 있다(출판 동기나 피고인의 정상을 판단하는 데 유익하다는 것은 말할 필요도 없다).

(다) 더욱이 가령 예술성이 높은 작품인 경우라도 그것에 의하여 외설성이 저하되

는 것인가라는 문제가 있다.

채털리부인 사건 최고재판소 대법정 판결(1957년 3월 13일 刑集 11권 3호 997면)에서는「형법 제175조의 외설 문서에 해당하는지의 판단은 당해 저작에 관하여 이루어진 사실인정의 문제가 아닌 법해석의 문제이다」,「그러므로 이 저작물이 일반 독자에게 주는 흥분, 자극이나 독자가 느끼는 수치심의 정도라고 하더라도 재판소가 판단하여야 한다」,「예술 면에서 뛰어난 작품이라도 이와 차원을 달리하는 도덕적, 법적 측면에서 외설성을 갖고 있는 것으로 평가받는 것은 불가능하지 않다」고 하였다.

채털리부인 사건 판결은 위의 (다)에 관하여 소극·부정적으로 해석한 것이라고 할 수 있다. (가)에 관하여는 직접적으로 언급하지 않았지만, 예술성의 유무·정도는 원래「외설성」이라는 형법 제175조의 구성요건 (외설성을 약화시키는 소극요건으로서)에 포함된 것은 아니라는 것, 외설성 요건은 주장입증의 대상이 되는 사실문제가 아닌 순수한 법해석의 문제라는 것을 확인하고 있다.

이상과 같은 채털리부인 사건 판결을 더욱 발전시킨 것이 본건 판결이다.

2. 전체적 고찰방법

외설성과 예술성·사상성은 양립하는, 바꾸어 말하면 예술성·사상성이 높다고 하여 외설성이 저하되는 것은 아니라는 명제가 전술한 바와 같이 채털리부인 사건 판결에서 확인되었다. 본건 피고인은 이 명제에 과감하게 도전하며 예술성·사상성이 높은 작품은 외설적 부분의 법익 침해성보다도 예술적, 사상적 부분의 공익성이 앞서기 때문에 형법 제175조에 해당하지 않는다고 주장하였다. (a) 예술성·사상성과 외설성은 무관한 것인가(양립설이라고 한다), 아니면 (b) 전자가 후자를 감쇄하는가(상관관계설이라고 한다)? 채털리부인 사건 판결은 (a)를 채택한 것이고, D. H. 로렌스라는 20세기 문호에 의한 걸작 소설이「외설 문서」라 하기 위해서는 (b)설을 채택할 수밖에 없었다. 본건 번역서의 원서는 지금 보면 치졸하고 정서적이지 않은 문체라는 등의 비판적 평가도 본건 소송 중 일본 문학자로부터 나오고 있지만, 18세기 프랑스에서 이 서적이 사상적으로 갖는 의의와 중요성에 관하여는 본건 각 심급에서 일관되게 인정하고 있다. 따라서 예술성·사상성이 높다고 미루어 짐작되는 본건 번역서에 대해 (b)설의 시비가 문제되는 것이다.

양설의 어느 쪽이 타당할 것인가? 우선 (b)설에는 몇 가지 기본적인 난점이 있다. 첫째, 예술지상주의라는 것이다. 둘째, 재판소가 작품의 예술성을 판단한다는 것은 불가능하고 권한 밖이기도 하다. 그리고 설령 그와 같은 심사가 행해진다고 하더라도, 이는 예술표현의 자유를 지키려고 하면서 오히려 그것을 국가기관(재판소)의 손에 맡기는 역설적인 상황이 된다. 이와 같이 생각하면 채털리부인 사건 판결과 동일하게

(a)설이 타당하다고 볼 수 있다.

전술한 바와 같이 채털리부인 사건 판결은 원래 「외설성」 유무를 경험적인 「사회통념」에 따라 판단하는 것을 거부하고, 『백만인이 가로막아도 나는 가리라』(역자 주: 스스로 돌아봐서 잘못이 없다면, 천만인이 가로막아도 나는 가리라. -맹자)라는 규범적인 「외설성」의 개념을 전제로 하고 있었지만, 본건 판결은 「외설성」을 사실 차원에서 이해하는 방향으로 옮기고 있다(참조, 阪口, 後掲 119면). 그 결과 외설 문서에 해당하는지의 판단은 평균인을 기준으로 하게 되지만, 평균적인 독서 방법이라는 것은 책을 통하여 읽고 하나의 전체 감상(독후감)을 갖는 것으로 개개의 외설 표현이 된 부분도 전체의 감상 속에서 역시 「외설」이라고 할 수 있어야 「외설성」을 긍정할 수 있는 것이다. 한 개의 독후감 속에 「외설성」의 인상보다도 예술성 · 사상성의 인상이 앞서고 평균적 독자에게 오로지 본건 번역서의 예술적 사상적 메시지가 마음에 남는다고 하면, 독서가 끝난 시점에서는 「공연히 성욕을 흥분 또는 자극시킨다」는 「외설의 3요건」의 하나가 충족되지 않게 된다. 이것은 예술성 · 사상성의 적극적 가치가 「외설성」의 소극적 가치에 우선하여야 한다는 (b)설의 가치판단에 따른 것은 아니지만, 평균인에게 발생하는 사실의 문제로서 예술성 · 사상성이 「외설성」의 구체적 차원을 줄이는 것이다. 이 귀결은 채털리부인 사건 판결이 제시한 (a)의 견해와 동일한 근거로 그것을 부정하는 것은 아니지만, 결론이 다르다. 이것이 이른바 「전체적 고찰방법」이다.

성행위가 비공연이어야 한다(「성행위 비공연성의 원칙」)고 하여도 문장이라는 간접적인 방법으로 성행위를 묘사하고 있는 것에 불과한 문학 작품에서는 결국 성행위를 묘사한 곳만 뽑아내어 「외설성」을 판단하는 것은 그야말로 「성행위 비공연성의 원칙」에서도 (문장에 의한 묘사의 경우에 「성행위를 일부러 보이게 하였다」고 평균적 독자가 느끼는지는 독후감을 기다려야 하기 때문에) 논리가 통하지 않는 것이다.

결국 (a), (b) 양설 중 어느 것도 아니지만, 예술성 · 사상성이 「외설성」을 감소시키는 것을 인정한 점에서 말하자면, 양설의 중간적인 견해가 설득력을 갖게 된다. 본건 판결은 이와 같은 견해(전체적 고찰방법)에서 본건 번역서에서는 여전히 「외설성」이 해소되는 것은 아니라는 구체적 판단을 하여 유죄 판결을 유지한 것으로 생각된다.

3. 상대적 외설개념

법정의견이 채택한 「전체적 고찰방법」과, 반대의견 중 특히 다나카 지로(田中二郎) 재판관이 명언한 「상대적 외설개념」은 유사한 것 같지만 사실은 다르다. 「전체적 고찰방법」에서는 어디까지나 독후감이라는 심리상태 속에서 예술성 · 사상성이라는 正의 벡터(Vector)와 「외설성」이라는 負의 벡터가 서로 상쇄하고 있다. 예술성 · 사상성에 특별한 질적 가치를 두지 않는 오로지 양적인 판단방법이다. 이에 대하여 「상대적 외설 개념」이라는 말과 함께 작품의 「사회적 가치」를 언급하는 다나카 재판관은 결국 예술성・사상성에 특별한 질적 가치를 인정하고 이른바 질량(사회적 가치)이 시대나 사회에 따라 가변적이라는 것을 말한 것이다.

Part Ⅱ 응용편

◥ 확인문제

1. 본 판결은 「외설 문서」를 어떻게 정의하고 있는가?
2. 본 판결에 의하면, 세간에서 예술성이 높다는 평가가 확립되어 있는 작품이라도 외설 표현이 될 수 있는가? 원래 작품의 예술성과 외설성은 어떠한 관계에 있는가?

◥ 응용문제

설문 1 고명한 작가인 X는 대부의 자전적 소설 『연옥(煉獄)』을 발표하였지만, 그 속에 자신과 애인 사이의 이상한 성행위를 회화나 심리묘사를 곁들여 수십 면에 걸쳐 적나라하게 기술하였다. 문단에서는 X의 최고 걸작이라고 하여 높은 평가를 받고 있다. 이에 대하여 동 작품의 성묘사 부분은 외설 표현에 해당한다고 하여 X 및 출판사인 S사의 사장 W가 기소되었다.

(1) X측으로부터의 작품 성격에 따른 이하의 주장을 각각 검토하라.

(a) 오가이(鴎外)의 「vita sexualis」(역자 주: 제명은 라틴어로 성욕적 생활을 의미한다)에서 보이듯이 자신의 성행위를 포함한 고백 소설은 문학의 전통적 방법으로 확립되어 있으므로, 이른바 외설 3요건에는 해당하지 않는다.

(b) 고명한 작가 X의 작품이므로 독자층도 분별 있는 성인으로 사실상 한정되어 있고, 외설성의 인정은 이른바 「일반인」 보다 약간 상위 수준의 이성적 인격자를 기준으로 하여야 한다.

(c) 문단의 작가 동료나 평론가가 동 작품은 예술성이 높으며, 더구나 성묘사가 그 예술성의 중심을 이루고 있다고 증언하고 있다. 이와 같이 객관적으로 예술성이 높은 작품은 외설 표현에 해당하지 않는다.

(d) X의 성장에서 유래하는 정신적 고뇌가 전편에 걸쳐 독자에게 전해지

고 있고, 통상의 독자라면 당해 성묘사 부분도 그 고뇌와 결부지어 읽을 것이므로 더 이상 외설표현이라 받아들이지 않을 것이다.

(e) 가령 당해 성묘사 부분만을 취하면, SM 에로 소설류에 가까운 것이라도 일반인을 기준으로 한다면 이와 같은 이상한 성애 묘사는 오히려 일반인에게 혐오감을 초래할 뿐이므로 외설 표현에 해당하지 않는다.

(f) 소설이므로 성묘사 부분만을 읽는 특수한 독자를 기준으로 외설성의 유무를 판단하여서는 안 된다.

(2) 다음과 같은 경우에 각 재판관은 어떠한 판단을 하여야 한다고 생각하는가?

(a) X와 같은 유명 작가가 아닌 무명 작가가 동일한 소설을 발표한 경우

(b) X의 작품이지만 문단의 유력한 작가나 평론가의 평론이 정면으로 충돌하여, P는 변호인측 증인으로 동 작품을 극찬하였지만, Q는 검사측 변호인으로 동 작품을 「저열한 에로 소설」이라 비방한 경우

(c) X의 동 작품이 당초는 월간지에 연재된 것이고, 당해 부분이 어떤 달 게재면의 전체를 차지하고 있던 경우

(d) X의 애인인 여성이 누드 사진집을 발표한 적도 있는 유명 여배우인 경우

(e) X의 당해 작품이 해외에서도 높이 평가받고, X에게 노벨 문학상이 수여된 경우

(f) X의 성묘사 내용이 동성애 행위로 일반인(이성애자인 사회의 「평균인」)의 성적 관심을 거의 끌지 않는다고 생각되는 경우

Part Ⅲ 이론편

◥ 전개문제

형법 제175조는 표현의 자유의 합헌적 규제의 요건을 충족하고 있는가?

1. 성도덕의 유지를 이유로 한 규제의 합헌성

본건 소송의 피고인 측으로부터 강하게 주장되면서 판결에서 충분히 전개되지 않았던 주제로, 형법 제175조는 표현의 자유・학문의 자유를 침해하므로 위헌은 아닌가라는 논점이 있다. 이 점에 대해 채털리부인 사건 판결에서도 확인되고 본건 판결

도 전제로 하고 있는 「외설 3요건」이 「선량한 성적 도의관념에 반한다」는 것을 그 하나로 들고 있는 것이 고찰의 단서가 된다.

그 내용의 애매함은 논외로 하더라도 본래 「선량한 보통인」을 기준으로 특정 성적 도의관념, 즉, 특정한 성도덕을 표현의 자유·학문의 자유의 규제의 정당화 근거로 인정할 수 있는지가 큰 문제이다. 근대국가가 정교분리의 원칙을 확립하고 종교적 가치로부터 중립적 존재로 된다는 것을 선언한 것은 그렇지 않으면 끝나지 않을 신(神)들의 분쟁에 의하여 국내의 평화와 질서를 달성하는 것이 곤란했기 때문이다. 특정 종교나 그로부터 파생된 특정 도덕에 국가가 관여하지 않는 것이 개인의 신교의 자유, 인격적 자율에 불가결할 뿐만 아니라 근대 합리적 국가의 성립과 존속 자체에 필요하였던 것이다. 이러한 넓은 관점에서 말하면, 국가가 형벌에 의하여 특정한 도덕관을 국민에게 강제하는 것은 국가가 해야 할 행위를 일탈하는 것이라고 할 수 있다.

이상을 다른 관점에서 말하면, 원래 자유권의 하나인 표현의 자유를 규제할 수 있는 것은 이른바 「내재적 제약」의 경우로 한정되고 타인의 인권행사, 타인의 개인적 존엄, 타인의 생명건강이라는 자유권에 당연히 포함되어 있는 한계를 명문화한 유형의 규제밖에 허용되지 않는다. 여기에 포함되지 않은 다수의 이익이나 감정, 나아가 도덕관 등은 자유권을 제약하는 일반적 정당화 사유에는 해당하지 않는다.

이 점에서 「선량한 성적 도의관념」을 외설 문서규제의 요건으로 든 판례는 이미 자유권의 합헌적 규제 근거로부터 벗어나 있다고 할 수 있다.

이상의 치명적이라고 생각되는 점을 도외시한다고 하여도 원래 「선량한 성적 도의관념」이 무엇인가가 문제된다. 물론 외설 문서에 관하여는 합리적 평균인을 상정하면 일정한 범위에서 객관적으로 「선량한 성적 도의관념」이 무엇인가를 확정할 수 있다는 견해도 있을 수 있다. 그렇지만 성을 둘러싼 개인의 심층 심리는 일반적으로 표면화되지 않고 매우 개인적인 성격의 것이므로 애당초 평균인의 일반적인 도의관념을 이 영역에서 발견하는 것은 곤란할 것이다.

2. 그 밖의 규제 이유의 합헌성

나아가 「성행위 비공연의 원칙」이 표현행위에까지 미치고, 문서에 의한 성표현이 「성행위 비공연화」로 볼 수 있는 경우에만 형법 제175조를 적용한다는 억제적 해석 운용을 전제로 하는 정당화론도 있을 수 있다. 이 논의에 의하면 규제 대상은 표현행위의 형태를 취한 성행위 그 자체라는 설명도 가능할 것이다. 그렇지만 「성행위 비공연의 원칙」 자체가 일반적 법이기보다는 특정한 성도덕(taboo관)에 입각한 것이라고 말하지 않을 수 없다. 그렇다면 공연히 성행위를 한 자, 혹은 그것을 묘사하고 표현물로서 일반대중에게 제시한 자에 대해서는 도덕적 비난으로 그것을 억제하는 것이 고작이고, 어차피 예의범절의 문제에 그치기 때문에 법에 의한 강제에는 부적합한 것이 아닐까 생각된다(물론 청소년보호의 관점에서의 법적 규제는 청소년 자신에게 도덕적 비판능력이 충분하지 않다는 점에서 가능할 것이다).

또한 「외설 문서」 일반이 아닌 현실의 「외설 문서」에 대해서 살펴보면, 여성만을 성의 대상으로 하여 남성 손님에게 판매하기 위한 상품이 넘쳐나고 있다. 이와 같은 「외설 문서」는 내용의 호색적 성격 이외에 성차별적이기도 하다. 그래서 「외설 문서」는 여성차별적 표현이라고 파악하고, 차별적 표현의 규제로서 형법 제175조를 합헌으로 보는 견해도 있다. 그렇지만 차별적 표현 일반에 대하여 차별적 표현이라고 하여도 「사상의 자유시장」에 던져져 대항언론에 의하여 도태되어야 한다는 관점의 차별적 표현규제 위헌론이 유력하다. 이와 같은 대항언론 지상주의라고도 할 수 있는 입장에서는 「외설 문서」에 관한 차별적 표현인 것을 이유로 하는 규제 합헌론은 역시 지지할 수 없을 것이다.

Part Ⅳ 두 번째 소재

은밀한 방 사건 (四畳半襖の下張事件)

최고재판소 1980년 11월 28일 제2소법정 판결
1979년(あ) 제998호 외설문서판매피고사건
刑集 34권 6호 433면

사실 개요

나가이 카후(永井荷風)의 작품인 춘본(春本)과 유사한 통속 오락 소설 『은밀한 방(四畳半襖の下張)』을 잡지 『面白半分』 1972년 7월호에 게재하였다고 하여, 작가 Y(野坂昭如) 등이 형법 제175조 위반으로 기소된 사건이다. 제1심 동경 지방재판소(1976년 4월 27일 판시 812호 22면), 제2심 동경 고등재판소(1979년 3월 20일 판시 918호 17면) 모두 유죄 판결을 내렸다. Y 등이 상고.

본 판결도 원심판단을 유지하였다.

상고심=최고재판소

■ 법적 구성

채털리부인 사건 판결, 『악덕의 번영(悪徳の栄え)』 사건 판결을 인용하면서 「문서의 외설성의 판단에서는 당해 문서의 성에 관한 노골적이고 상세한 묘사서술의 정도와 그 방법, 위 묘사서술이 문장 전체에서 차지하는 비중, 문서에 표현된 사상 등과 위 묘사 서술과의 관련성, 문서의 구성이나 전개, 나아가서는 예술성·사상성 등에 의한 성적 자극의 완화 정도, 이들 관점에서 당해 문서를 전체적으로 볼 경우에 주로 독자의 호색적 흥분에 호소하는 것으로 인정되는지 등의 여러 가지 점을 검토할 필요가 있다.

■ 적용

『은밀한 방(四畳半襖の下張)』은 남녀의 성행위를 선정적 필치로 노골적으로 상세하고 구체적으로 묘사한 부분이 양적·질적으로 문서의 중추를 차지하고 있고, 그 구성이나 전개, 나아가서는 문예적, 사상적 가치 등을 고려하여도 주로 독자의 호색적 흥미에 호소한 것이다. 상고기각.

기본 해설

1. 춘본과 문예·오락 작품의 구별

본건 판결은 소법정 판결이고, 채털리부인 사건 판결, 『악덕의 번영』 사건 판결이라는 두 개의 대법정 판결을 인용하고 답습한 자세를 취하고 있다. 이 점에 관해 「문예적, 사상적 가치 등을 고려」한다는 표현 등(단 가정적으로 언급되고 있는데 불과할 가능성도 있다)을 액면 그대로 받아들이면 「전체적 고찰방법」은 물론, 더 나아가 「상대적 외설 개념」에 의거하고 있는 것처럼 보일 가능성도 있다.

그렇지만 『은밀한 방』 사건 판결은 오히려 춘본과 그렇지 않은 예술·오락 작품으로 대별하고, 「주로 독자의 호색적 흥미에 호소한」 춘본에 대해서는 예술성·사상성에 의한 「외설성」의 감쇄라는 문제에 고뇌할 필요도 없이, 당연히 형법 제175조에 해당한다고 하는 것으로 생각할 수 있다. 채털리부인 사건, 『악덕의 번영』 사건 모두 예술성·사상성은 부정할 수 없었지만, 『은밀한 방』은 나가이 카후의 작품이긴 하지만 춘본을 흉내 낸 통속 오락 소설이고, 처음부터 사안이 다른 형법 제175조의 전형 사례라고 할 수 있을 것이다. 또한 본건 원심 동경 고등재판소 판결은 「외설」 표현에 대해 춘본류로 한정하여 파악한 뒤「전체적 고찰방법」의 기준을 명시하고, 그 중에 예술적・사상적, 학문적 가치가 표현의 성적 자극을 감쇄할 가능성을 인정하고 있었다. 이른바「문서가 외설이라고 평가되기 위해서는 우선 성기 또는 성적 행위의 노골적이면서 상세한 구체적 묘사서술이 있고, 그 묘사 서술이 정서, 감각 혹은 관능에 호소하는 방법으로 되어 있다는 두 개의 외적 사실의 존재가 최소한 필요하다」.「위의 외적 조건을 충족한 문서라도 이것을 객관적으로 볼 경우에 그 지배적 효과가 오히려 성에 관한 진지한 사상표현으로서, 호색적 흥미에 호소하는 것이 아니라고 평가되는 것은 외설 문서에 해당하지 않는다」.「위에서 말한 지배적 효과를 판단함에서는 (가) 위의 두개의 외적 사실에 해당하는 묘사 서술이 그 문서의 전부 또는 대부분을 차지하고 있는지 혹은 그 일부에 포함되어 있는 것에 불과한지, (나) 위의 외적 사실에 해당하는 성표현이 그 문서에 포함되어 있는 사상 등을 전달하는 데 필연성 내지 합리적 관련성을 갖는지, (다) 당해 성표현이 독자에게 주는 성적 자극 내지 인상이 문서 전체의 구성이나 전개 방법 등과 관련해서 감소, 완화되어 있는지, (라) 그 문서의 내용에 예술적, 사상적, 학문적 등의 중대한 사회가치가 인정되는 경우 그 예술성, 사상성 등에 의해 당해 성표현의 성적 자극 내지 인상이 승화, 극복되어 있는지 등의 여러 가지 점이 종합 고려되어야 한다」. 동 판결의 형법 제175조에 대한 억제적인 해석 방법은 주목할 가치가 있다.

춘본과 문예・오락 작품의 구별은『악덕의 번영』사건 판결의 이로카와 신타로(色川幸太郎) 재판관 반대의견에 언급되어 있으며, 나아가 이른바「비닐 책」사건 최고재판소 1983년 3월 8일 제3소법정 판결(刑集 37권 2호 15면)의 이토 마사미(伊藤正己) 재판관의 보충의견에 의한 하드코어 포르노와 준하드코어 포르노의 구분도 다소 유사하다.

이로카와(色川) 재판관의 반대의견을 인용하고자 한다.「본건 번역서는 소설이므로 그 장르에 속하는 책의 어떠한 부분이 형법 제175조에서 말하는 외설 문서에 해당하는가를 판단함에 있어 크게 두 가지를 생각해야 한다. 하나는 단적으로 춘본이고, 다른 것은 외설성(실은 외설이란 무엇인지가 종국적인 문제이지만, 여기에서는 우선 원 판결이 의거한 이른바 채털리부인 사건 최고재판소 대법정 판결이 제시한 바에 의한다. 외설 문서의 의의에 관한 사견은 후에 설명하는 바와 같다)은 있지만, 춘본류에는 속하지 않는 오락 작품이나 문예 작품이다. 춘본은 성을 우롱・향락의 도구로 보는 입장에서 쓰인 오로지 성적 흥미를 돋우는 것을 목표로 하는 외설을 위한 외설서로서 전편에 걸쳐 내용 및 표현 형식에서 용이하게 춘본임을 알 수 있다. 춘본은 만일 그것이 널리 공중에게 제공된 경우 사회의 건전한 성적 질서의 부패・타락을 초래할 위험성을 내포하고 있고, 더구나 그것을 상쇄시킬 수 있는 사회적 가치가 아무것도 없으므로 틀림없는 외설 문서로 그 배포, 판매가 형벌로써 금지되는 것이 당연하다. 이에 반하여 전술의 후자는 성을 소재로 하고 성적 행위에 관한 서술을 포함하고 있지만 호색, 음란한 흥분이나 관심을 돋우는 것을 작품의 기조로 하는 것은 아니라는 점에서 질이 다르다고 하여야 하고, 또한 각각 크고 작은 사회적 가치를 갖는 점에서 춘본과는 결정적으로 그 유형을 달리한다. 설령 저속한 오락 작품이라도 대개 오락이 대중사회에서 필수 요구인 이상(오락이 없는 사회가 얼마나 삭막할지는 긴 설명이 필요하지 않다) 어느 정도 사회적 가치를 인정할 수 있지만, 문예작품에 관하여는 더욱 그러하며, 양과 질은 작품에 따라 각각 차이가 있다고 하여도 거기에 사회적 가치가 존재하는 것은 누구도 부정할 수 없을 것이다. 소설이 외설성을 갖는다고 하여 그 때문에 지니는 반가치(反価値)와 작품 그 자체가 갖는 사회적 가치를 신중하게 비교형량하지 않고 바로 이것을 형법 제175조에서 말하는 외설 문서라고 판단하는 것은 허용되지 않을 것이라 생각한다.

또한 이토 재판관은 다음과 같이 보충의견을 말하였다. 채털리부인 사건 판결에 의하여 확립된 「『외설』의 정의는 본 재판소가 일관되게 채택하고 있는 바이고, 추상적인 정의로 반드시 시인할 수 없는 것은 아니다. 그러나 그 정의만을 가지고 구체적 사안에 적용되는 경우에 『외설』의 개념이 여전히 충분히 명확하다고 생각할 수 없고, 나아가 그것이 억제하는 범위가 너무 넓어질 우려가 있다고 생각한다. 특히, 표현의 자유를 법적으로 제한하는 경우에는 법적 규제를 받는 범위에 대해 통상의 경우보다 명확성의 강도가 한층 요구된다고 해석하는 것이 상당하다(규제 범위의 명확성을 결여한 법령에 의하여 표현의 자유가 제한받는 경우에는 이른바 위축적 효과가 널리 미치고, 헌법상 보호받아야 할 표현도 억압할 위험이 크다는 것은 종종 지적되는 바이다)」.

「나는 문서도화가 『외설』개념에 해당하는지가 문제되는 경우에 이른바 하드코어 포르노와 거기에 해당하지 않지만 『외설』적 요소가 강한 것(이하, 「준하드코어 포르노」라 함)을 구별하여 생각하는 것이 적당하다고 본다」. 「이 구별을 할 때에는 우선 무엇이 하드코어 포르노에 해당하는지가 문제된다. 이 점은 일반인이 직접 그 문서도화를 접하고 상식적으로 판단하면 충분하다고도 생각할 수 있지만, 굳이 정의를 한다면 성기 또는 성교를 구체적으로 노골적이고 상세한 방법으로 묘사 서술하고, 그 문서도화를 전체적으로 볼 경우에 그 지배적 효과가 오로지 독자의 호색적 흥미에 감각적・관능적으로 호소하는 것으로 그 시대의 사회통념에 의해 불쾌하다고 평가될 수 있는 것이 그에 해당한다고 할 수 있다. 이와 같이 하드코어 포르노는 특정 사상이나 의견을 전달하는 것이라고는 할 수 없고, 사회적 가치를 결여하고 있든지, 또는 법적으로 평가할 수 있는 가치를 거의 갖지 않는 것이라 여겨진다. 따라서 대개 모든 표현에 관하여 금지된다고 해석되는 검열은 이와 같은 하드코어 포르노에 대해서도 배제된다고 하더라도, 사후 처벌이나 제재에 대해서는 헌법 제21조 제1항의 보호 범위 밖에 있고,

여기에 법적 규제를 가하더라도 표현의 자유에 관한 헌법적 보장의 문제는 발생하지 않는다고 생각되기 때문에 이것의 반포 등의 행위를 처벌 대상으로 하는 형법 제175조의 규정은 위헌이 아니며, 그 법령 위헌을 주장하는 소론을 채택할 수 없다(물론 그 규정이 입법정책으로 타당한가는 별도로 생각해야 한다. 또한 하드코어 포르노에 관하여도 그것을 스스로 이용하기 위해 소지하는 것까지 법적 규제를 가한다면 개인의 프라이버시 면에서 문제를 야기할 가능성도 있지만, 그것은 형법 제175조와는 다른 문제이다)」.

「『외설』인 문서도화의 반포 등의 죄를 둘러싸고 곤란한 문제를 야기하는 것은 준하드코어 포르노이다. 무엇을 가지고 준하드코어 포르노라고 정의하는가는 하드코어 포르노의 경우보다도 곤란하지만, 성기 또는 성교의 직접적·구체적 묘사는 아니라도 그 묘사로부터 용이하게 성기나 성교를 연상시키고, 그 지배적 효과가 오로지 또는 주로 호색적 흥미를 돋우는 것으로 사회통념에 비추어 하드코어 포르노에 준하는 불쾌함을 갖는 문서도화가 그에 해당한다고 할 수 있을 것이다. 이들 문서도화 중에는 예술성이나 사상성의 요소를 포함하여, 어느 정도 사회적 가치를 갖는 것이 있을 수 있으므로 그것들이 헌법상 표현의 자유의 보장 범위 밖에 있다고는 할 수 없다. 따라서 준하드코어 포르노를 『외설』에 해당한다고 하여 형법 제175조를 적용하게 되면 적용위헌의 문제를 야기할 여지가 있다. 그리고 준하드코어 포르노의 범위가 반드시 명확하지는 않기 때문에 『외설』의 개념 그 자체를 애매하게 할 우려가 있고, 그 때문에 표현의 자유의 행사에 위축적 효과를 미치며, 널리 표현의 자유를 억압할 길을 열게 될 수도 있음과 동시에 또한 위반의 적발에 공평이 결여되는 것을 피할 수 없어 법의 권위를 손상시키는 결과도 된다. 이와 같은 점에서 보면, 형법상 규제 대상이 되는 『외설 문서, 도화』를 하드코어 포르노로 한정하고, 그 이외의 것을 형법상 처벌로부터 해방시켜야 한다는 견해에는 일리가 있음을 부정하기 어렵지만, 준하드코어 포르노 중에도 성적 자극의 정도에서 하드코어 포르노와 별반 차이가 없고, 더구나 살펴야 할 사회적 가치를 갖지 않는 것도 존재하기 때문에 준하드코어 포르노를 일률적으로 형법의 규제 대상 외로 하는 것도 역시 의문이라 하지 않을 수 없을 것이다. 그렇지만 준하드코어 포르노를 형법의 규제 대상으로 할 경우에는 전술한 바와 같이 헌법에서 보장된 표현의 자유와의 저촉 문제를 낳을 수 있으므로, 어떤 성표현물이 『외설 문서, 도화』에 해당하는지의 판단에서는 당해 성표현물에 의하여 초래되는 해악의 정도나 위 작품이 갖는 사회적 가치와의 이익형량이 불가결하게 되는 것이다」.

「그리고 위의 이익형량에서는 특히 다음의 두 가지 점에 주의할 필요가 있다. 첫 번째는 당해 작품이 단지 오락적 가치를 갖는 데 불과한 경우에는 어찌되었든, 그것이 정치적 언론을 포함하고 있거나 학문적·예술적 가치를 갖는 경우에는 위의 이익형량이 특히 신중하게 이루어져야 한다는 것이다. 정치적 언론의 자유나 학문·예술상의 표현의 자유는 헌법 제21조 보장의 핵심을 이루는 것으로 헌법상 최대한의 존중을 필요로 하는 것이므로 적어도 『외설』 단속을 빙자하여 정치적 언론이나 학문·예술상의 표현의 자유에 대한 부당한 억압을 시인하려는 것은 허용되지 않아야 한다. 두 번째는 『외설성』(특히, 당해 성표현의 『불쾌함』의 판단의 전제가 되는 사회통념의 파악)의 문제이다. 여기서 말하는 사회통념은 그 사회에서 넓은 의미의 문화적인 역사나 전통을 배경으로 하여 형성된 구성원의 의식이나 감정에 기초를 둔 것으로 반드시 보편적인 것은 아니므로, 외국의 실정이 아닌 우리나라의 사회 실태에 따라 생각하지 않으면 안 된다. 그러나 그 경우도 그것을 고정적으로 파악하지 말아야 할 필요가 있다. 재판소가 경직된 사회통념을 구실로 삼아, 추상적인 성행위 비공연의 원칙에 근거하여 사회를 도덕적 퇴폐로부터 구하려는 태도를 취하는 것은 적당하지 않고, 오히려 사회의 실태가 유동적이라는 것을 인정하고 일반인이 이와 같은 성표현에 접하는 것조차 자극을 받지 않도록 길들여지는 현상이나, 일반인에게 있어서 그와 같은 표현이 사회에 널리 제공되어 있는 사실을(적극적으로든 소극적으로든) 받아들이고 있는 상황, 나아가서는 단속 당국이 이와 같은 사회의 상황에 따라 준하드코어 포르노의 유통을 방임하고 있는 사정 등을 고려해야 할 것이다. 이와 같은 사회의 현실을 직시하지 않고서는 형법 제175조와 헌법 제21조의 타당한 조화를 꾀하는 것은 불가능하다고 생각한다」.

이상의 장문의 인용에서 볼 수 있듯이, 춘화 내지 하드코어 포르노에 관하여 마치 그들이 표현의 자유의 보호 대상에 포함되지 않는다는 접근방법은 원래 헌법이 보장하는 표현의 자유란 무엇인가라는 정의의 차원에서 문제를 해소하는 방법이다. 표현의 자유가 민주주의를 위해 불가결한 인권이라는 그 공공적 성격을 강조하면 대개 민주주의와는 상관없다고 생각되는 춘본류의 표현행위는 제21조로부터 배제된다.

2. 춘본을 배제하는 것의 옳고 그름

그렇지만 이와 같은 접근방법은 표현의 자유의 보장으로서 적절하다고 할 수 없다. 왜냐하면 표현의 자유가 민주주의를 위해서만 존재하는 것이 아니기 때문이다. 개인이 표현내용, 표현방법을 자율적으로 결정하고 다른 사람과의 의사소통을 어떻게 진행해 가는지는 전면적으로 개인적 선택의 문제이고, 거기에 국가에 의한 질적 음미가 개입되는 것은 개인의 자율을 국가적 관점에서 서열을 매기는 것으로 연결된다. 물론 이와 같은 견해에 대해서 춘본류가 인격적 자율을 핵심으로 하는 개인의 자율로서도 유해할 뿐이므로 규제해도 된다는 반론이 있을 수 있다. 헌법 제13조의 개인주의 및 행복추구권에 포함되어 있는 인격적 자율의 관념이 헌법이 기대하는 헌법적 타당성을 갖는 일정한 자율영역과 연결되어 있다고 생각한다면 그와 같은 반론에도 이유가 있을 것이다.

하지만 역시 표현의 자유의 대상에 우선은 춘본류도 포함하여 이해해야 한다고 생각한다. 그와 같은 표현행위는 법으로 금지하는 것이 아니라 다른 사람과의 의사소통에서 실은 불리하고 의사소통을 저해한다는 사실(포르노는 실은 반의사소통적이고 독자를 고립시킨다)을 본인이 다른 사람으로부터 비난을 받으면서 경험적으로 배워가는 것으로 시정되어야 하는 것이다. 이와 같은 자성적인 접근방법도 또한 「개인의 자율」에 포함된다고 볼 수 있다.

또한 표현의 자유가 중요한 이유로 민주주의, 개인의 인격적 욕구와 양립할 수 있는 「진리에 대한 접근」(혹은 「사상의 자유시장」)이라는 견해에 관해 말하자면, 춘본이나 포르노에 엄밀하게는 「대항언론」이 존재할 수 없다는 이질성이 엿보인다. 대항언론이 성립할 수 없다고 하면 사상의 자유시장에의 투입을 보장할 필요도 없게 될 것이다.

요컨대 춘본류는 민주주의 및 사상의 자유시장이라는 근거로는 표현의 자유의 보장에 익숙하지 않지만, 개인의 자율이라는 관점에서는 여전히 표현의 자유로 보장대상이 될 수 있다고 생각된다. 단 일반 언론에 비하여 정당화 근거가 상당히 약해져 있는 이상, 당해 표현규제 입법에 대한 사법심사 기준은 통상의 표현행위에 관한 것보다는 완화되어도 무관하다고 할 수 있을 것이다.

설문 1 하드코어 포르노의 제작 판매업자 Y는 「성표현의 자유화」를 주장하는 정치 단체의 대표를 맡고 있고, 통신 판매로 상품을 선전하는 한편, 동 상품의 구입 희망자에게는 정치 단체의 취지에 찬동하여 입회절차를 취하도록 요구하고 있다. Y가 형법 제175조에 위반으로 기소되어도 Y는 정치적 표현의 자유를 이유로 유죄를 면할 수 있는가?

설문 2 기괴한 변사체 사진 등의 판매를 금지하는 법률이 제정되었다고 한다면, 동 법률은 표현의 자유와의 관계에서 어떠한 문제를 낳게 되는가?

▌참고문헌▐

奥平康弘=環昌一=吉行淳之介『性表現の自由』(有斐閣, 1986年)

紙谷雅子「性的表現と繊細な神経」長谷部恭男編著『リーディングズ現代の憲法』(日本評論社, 1995年)

阪口正二郎「わいせつの概念—『悪徳の栄え』事件」憲法判例百選Ⅰ[第5版](有斐閣, 2007年)

建石真公子「わいせつの概念の再構築—『四畳半襖の下張』事件」憲法判例百選Ⅰ[第5版](有斐閣, 2007年)

(棟居快行)

제6장 표현의 자유와 퍼블릭포럼

[논점]

(1) 표현의 자유와 옥외광고물 조례의 관계

옥외광고물 조례에 기초하여 미관풍치의 유지 및 공중에 대한 위해 방지를 목적으로 가로수 지주에 입간판을 설치하는 행위를 금지하는 것은 표현의 자유에 반하지 않는가?

(2) 「퍼블릭포럼(Public Forum)」론의 의의와 문제점

이토(伊藤) 보충의견에서 「퍼블릭포럼」론은 헌법상 어떠한 의의와 문제점을 갖는가?

(3) 표현의 자유 규제에서 「표현내용 규제」와 「표현내용 중립적 규제」의 이분론

헌법학에서 통설적 지위를 점하고 있는 표현의 자유 규제에서의 「표현내용 규제」와 「표현내용 중립적 규제」를 구분하는 이분론에 대해서 검토하시오.

(4) 전단 배포 · 전단 부착, 입간판의 의의

현대 민주주의사회에서 전단 배포 · 전단 부착, 입간판 등의 의사전달수단이 갖는 의의에 대해서 서술하시오.

(5) 소유자 내지 관리자의 승낙과 표현활동의 관계

전단 배포나 전단 부착에서 소유자 내지 관리자의 승낙이 없는 경우 어떻게 법적으로 평가할 수 있는지에 관하여 검토하시오.

Part Ⅰ 기본 소재

오이타(大分)현 옥외광고물조례 사건

최고재판소 1987년 3월 3일 제3소법정 판결
1984년(あ) 제1090호 오이타(大分)현 옥외광고물조례위반사건
刑集 41권 2호 15면, 判時 1227호 141면
[참고조문] 헌 21 광고 4Ⅱ 오이타(大分)현 옥외광고물조례 4 Ⅰ③

사실 개요

피고인 Y는 오이타시 보행도로 위에 오이타현 옥외광고물 조례에서 금지하고 있는 광고물 표시를 동 보행도로상의 가로수 2그루의 각 지주에 폭 $3.5cm^2$, 두께 $2cm^2$, 길이 약 1.5m의 지주부분(각재)의 앞에 못을 박은 가로 $61cm^2$, 세로 $45.5cm^2$의 베니

어판에 일본공산당 대연설회 연사(3명) · 일시 · 장소가 인쇄된 가로 60.5cm^2, 세로 42cm^{2}의 포스터를 붙인 이른바 플래카드식 포스터를 각각 1매씩, 합 2매를 철사로 동여매여 옥외광고물을 표시하였다.

그 상황은 경찰관 2명이 야간방범 순찰 중 Y가 플래카드 포스터를 철사로 가로수 지주(支柱)에 동여매고 있는 것을 현장에서 확인한 뒤, Y에 대하여 직무상 질문을 한 후 Y를 오이타현 옥외광고물 조례위반의 용의로 하여 현행범으로 체포하였던 것이다.

또한 옥외광고물법 제2조는 「이 법률에서 옥외광고물이란 상시 또는 일정 기간 계속하여 옥외에서 공중에게 표시된 것으로, 간판, 입간판, 벽보 및 광고탑, 광고판, 건물 기타 공작물 등에 게시하거나 표시된 것 및 이에 유사한 것을 말한다」라고 정하고, 제4조 제2항은 다음과 같이 규정하고 있다. 「제4조 제2항: 도도부현(都道府県)은 조례로 정한 바에 의해 미관풍치를 유지하기 위해 필요하다고 인정할 때는 아래의 각 호에서 열거하는 물건에 광고물을 표시하거나 광고물을 게시하는 물건을 설치하는 것을 금지하거나 제한할 수 있다. 1. 교량 2. 가로수 3. 동상 및 기념비 4. 전 각호에 열거된 것 외, 당해 도도부현(都道府県)이 특히 지정하는 물건. 오이타현 옥외광고물 조례 제4조 제1항 3호는 동법 제4조 제2항에 근거해 「다음 각 호에서 열거하는 물건에 광고물을 표시하거나 광고물을 게시하는 물건을 설치해서는 안 된다. ③가로수, 길가수 및 그 지주」라고 규정하고 있다.

제1심=오이타 간이재판소

오이타 간이재판소 1983년 6월 21일 판결
刑集 41권 2호 42면

■ 당사자의 주장 (쟁점)

〈법적인 근거에 관련된 주장〉

피고인

(a) 옥외광고물법으로부터의 일탈

옥외광고물법에 의한 광고물의 규제는 미관풍치의 유지, 공중에 대한 위해방지를 위해 필요최소한도의 것이어야 하고, 법의 위임에 근거한 조례로 규제할 때에는 법의 기준을 넘어 규제할 수 없다. 조례는 「지주」를 규제대상으로 하고 있지만, 지주 자체에는 미적 가치가 없고 오히려 미관풍치를 해한다. 따라서 조례 제4조 제1항 3호에 「가로수, 길가수 및 그 지주」라고 규정한 것은 법 제4조 제2항의 수권범위를 일탈하고 있다.

(b) 구성요건 불해당성에 관하여

본건 포스터는 비영리광고물이므로 최대한 존중되어야 한다. 더구나 조례 제5조에 의한 허가를 받은 것이고, 포스터 자체의 형태, 게시예정기간, 방법 등에 비추어 사회적 상당성이 있으므로 벌칙을 적용하여서는 안 된다.

(c) 공소권 남용에 관하여

본건은 경찰이 전국적 통일지령 하에 일본공산당에 타격을 주기 위해 이루어진 검거의 일환이고, 수사당국은 사전 정보에 기초한 특정 정당(일본공산당)의 선전활동에 대한 탄압의도 하에 계획적으로 겨냥하여 부당하게 검거, 기소한 것이다.

■ 법적 구성

(a) 「지주」는 그 자체로서 독립하여 존재가치가 있는 것이 아닌, 가로수 등의 생육, 유지를 위해 사회통념상 가로수 등과 일체물로 존재하고 있다. 따라서 조례 제4조 제1항 3호는 법 제4조 제2항의 수권범위를 일탈하고 있지 않다.

(b) 옥외광고법 제2조에서는 영리, 비영리의 구별을 두고 있지 않다. 오이타현이 그 지역 특수성을 고려하여 지주를 포함하여 규정한 것은 주민을 위해 그 사회생활환경을 미관풍치의 면에서 유지하여 보다 풍부한 문화적 마을만들기를 꾀하는 한 방법으로 해석되고, 조례 제6조의 제외사유가 아닌 한, 조례 제4조 제1항 3호에서 규정하는 금지물에 광고물을 표시하는 것은 허용되지 않는다.

(c) 그 외에 조례위반으로 검거, 기소된 사건의 유무도 분명하지 않고, 다른 증거를 종합하여 고려해 보아도 본건이 특정 정당(일본 공산당)의 선전활동에 대한 탄압의도 하에 계획적으로 겨냥된 것이라고는 할 수 없다. 그 밖의 모든 사정을 고려하여도 검찰관의 본건 공소기소 자체는 직무범죄를 구성하지 않는다.

■ 적용

본건에서의 피고인의 행위는 조례 제33조 1호, 제4조 제1항 3호에 해당하므로, 벌금 1만 엔에 처한다.

제2심=후쿠오카(福岡) 고등재판소

후쿠오카 고등재판소 1984년 7월 17일 판결
刑集 41권 2호 50면

■ 당사자의 주장 (쟁점)

〈법적인 근거에 관련된 주장〉

피고인

조례 제4조 제1항 3호, 제33조 1호는 표현의 자유를 보장한 헌법 제21조에 위반하고 있어 그 자체로 무효이든지 아니면 적어도 본건에 적용되는 한에서는 헌법 제21조에 위반된다.

■ 법적 구성

「본건 오이타현 조례도 옥외광고물법에 근거하여 동현의 미관풍치의 유지 및 공중에 대한 위해 방지라는 사회공공상의 이익의 관점에서 광고물의 표시의 장소, 방법 및 광고물 게시 물건의 설치유지 등에 대한 규제를 한 것이고, 이런 종류의 금지규정에 위반하는 행위를 처벌하는 것이 헌법 제21조에 위반하지 않는다는 것은 최고재판소 1968년 12월 18일 대법정 판결 및 동 재판소 1970년 4월 30일 제1소법정 판결에 의해 분명하다」.

「본건 오이타현 조례에 의해 보호되는 공공의 이익이 미관풍치 및 공중 안전에 있는 것인 이상, 그것은 광고물이 표현하려고 하는 내용이 영리적인가, 비영리적인가의 문제가 아니고, 광고물의 외형적인 존재 그 자체가 미관풍치 및 공중의 안전을 해하는 것을 문제로 하고 있기 때문에 광고물의 표현내용이 영리적인지, 비영리적인지에 따라 규제에 차이를 두고 있지 않다고 해서 그 규제가 불합리하다고는 할 수 없다」.

「본건 오이타현 조례 제4조 제1항 3호는 가로수, 길가수 외 그 수권법인 옥외광고물법 제4조 제2항 2호에 직접 규정되어 있지 않고, 나아가 전국적으로도 조례에 의한 규제의 예가 적은 가로수, 길가수의 『지주』도 광고물표시금지물건으로 하고 있지만, 가로수 또는 길가수라는 것은 그 성장하는 모습이 배경과 어울려 독립수로서도 또는 가로수로서도 미관풍치의 풍취를 한층 증가시키는 것이므로 여기에 광고물이 표시되면 그 미관풍치가 손상되는 결과가 발생할 것은 자명한 바, 가로수 또는 길가수의 『지주』 그 자체에는 이것을 보호하지 않으면 안 될 정도의 미관풍치의 풍치는 없지만, 『지주』는 문자 그대로 『물건을 지탱하는 기둥(버팀목)으로 지지받는 물건의 존재를 전제로 하고 있고, 가로수 또는 길가수의 『지주』는 가로수 또는 길가수를 유지하는 것을 목적으로 하여 여기에 근접한 위치에 설치된 관계상 그 위치, 형태 및 목적에서

가로수 또는 길가수의 부속물로 볼 수 있는 것으로 그『지주』에 광고물을 표시하는 것이 방임되면, 가로수 또는 길가수에 광고물이 표시 또는 광고물 게시물건이 설치된 경우와 완전히 동일하고 이들 행위를 금지하여 미관풍치를 유지하거나 그 근처를 통행하는 공중에 대한 위해를 방지하려고 하는 옥외광고물법의 목적이 달성되기 어려운 것은 자명한 이치이므로 위 목적달성을 위해 가로수 또는 길가수 뿐만 아니라 여기에 부속하는 그『지주』도 광고물 표시 등의 금지대상물건으로 하는 것은 합리적인 근거가 있다고 할 수 있고, 그렇다고 한다면 본건 오이타현 조례 제4조 제1항 3호가 광고물 게시 가능 물건 모두를 금지물건에 포함시키고, 옥외광고물의 게시를 실질적으로 전면 금지하는 것과 같은 상태에 두고 있다고 할 수 없는 것은 물론, 어떠한 금지위반 행위도 모두 행정적 대응만으로 그 금지 목적을 달성하는 것이 가능하다고는 할 수 없고, 그 목적을 달성하기 위해서 행정적 대응과 형벌적용의 양면에서 여기에 대처하는 것이 오히려 합리적인 경우도 있는 측면에서 보면, 본건 오이타현 조례가 행정적 대응만으로 금지목적을 달성할 수 있는데 곧바로 형벌을 가지고 대응하고 있다고도 할 수 없다」.

따라서「본건 오이타현 조례 제4조 제1항 3호, 제33조 1호가 기본권 제약의 필요최소한의 원칙에 반한다고는 할 수 없고, 앞에서 인정한 사실관계 하에서는 위 조례 제4조 제1항 3호, 제33조 1호를 본건에 적용하는 것이 위헌이라고 해석할 수도 없다」.

항소기각.

상고심=최고재판소

■ 상고이유

「지주」를 일률적으로 광고물 표시 금지물건으로 지정한 본건 조례 제4조 제1항 3호는「문언해석상 위헌위법이고, 합헌적 한정해석을 함으로써만 위의 위헌위법의 비난을 면할 수 있는바, 원 판결은 오히려 위 해석을 채택하지 않고 문제의식 없이 본건 조례를 문언 그대로 해석한 결과, 본건 피고인의 행위를 동 조례위반으로 처벌하는 법령해석 적용상의 잘못을 범하였다」.

[법정의견]

■ 법적 구성

헌법 제21조 위반에 관하여

「오이타현 옥외광고물 조례는 옥외광고물법에 근거하여 제정된 것으로, 위 법률과 더불어 오이타현의 미관풍치의 유지 및 공중에 대한 위해방지의 목적을 위해 옥외광고물의 표시장소·방법 및 옥외광고물을 게시하는 물건의 설치·유지에 관하여 필요한 규제를 하고 있는 바, 국민의 문화적 생활의 향상을 목표로 하는 헌법 하에서는 도시의 미관풍치를 유지하는 것이 공공의 복지를 유지하는 행위이고, 위 정도의 규제는 공공의 복지를 위해 표현의 자유에 대하여 허용된 필요하면서 합리적인 제한이라고 해석할 수 있다」.(최대판 1948년 5월 18일 刑集 3권 6호 839면, 최대판 1949년 9월 27일 刑集 4권 9호 1799면, 최대판 1968년 12월 18일 刑集 22권 13호 1549면 참조)

■ 적용

「오이타현 옥외광고물 조례에서 광고물의 표시를 금지하고 있는 가로수 2그루의 각 지주에 일본공산당 연설회 개최의 고지 선전을 내용으로 하는 이른바 플래카드식 포스터 각 1매를 철사로 동여맨 피고인의 본건 행위에 관해 동 조례 제33조 1호, 제4조 제1항 3호의 각 규정을 적용하여 이것을 처벌하여도 헌법 제21조 제1항에 위반하는 것이 아니라는 점은 위의 각 대법정 판례의 취지에 비추어 분명하며, 소론은 이유가 없고, 그 나머지는 사실오인, 단순한 법령위반의 주장으로 적법한 상고이유에 해당하지 않는다」.

상고기각.

[보충의견]

• 이토 마사미 (伊藤正己) 재판관

■ 법적 구성

「본 조례 및 그 기초로 되어 있는 옥외광고물법은 모두 미관풍치의 유지와 공중에 대한 위해방지를 목적으로 하여 옥외광고물의 규제를 하고 있다. 이 목적이 공공의 복지에 적합하다는 것은 말할 필요도 없다. 그리고 이 중 공중에 대한 위해방지를 목적으로 하는 규제가 상당히 넓은 범위에 미치는 것은 당연하다. 정치적 의견을 표시하는 광고물이 아무리 헌법상 중요한 가치를 포함한 것이라도 그것이 낙하하거나 무너짐으로써 통행인에게 위해를 미칠 우려가 있는 경우에는 그 게시를 용인할 수 없고, 오히려 그것을 제거하는 것이 관계 당국의 의무가 될 것이다. 이에 반하여 미관풍치의 유지라는 목적에 관하여는 이것과 동일하게 생각할 수 없다. 무엇이 미관풍치에 해당하는가의 판단에는 취미적 요소도 포함되고, 특정인의 판단으로 규율하는 것이 적절하지 않은 경우도 적지 않으며, 그만큼 미관풍치의 유지라는 목적에 적합한가의 판단에는 신중함이 요구된다고 할 수 있다. 그렇지만 현대 사회생활에서는 도시와 전원을 묻지 않고 어떤 공통의 통념이 미관풍치에 대해 존재하고 있는 것은 부정할 수 없고, 그것을 유지해야 하는 것의 필요성은 일반적으로 승인받고 있다고 할 수 있다. 따라서 추상적으로 생각하는 한 미관풍치의 유지를 법의 규제 목적으로 하는 것이 공공의 복지에 적합하다고 생각하는 것은 잘못이 아니라고 생각된다」.

「미관풍치의 유지가 표현의 자유에 법적 규제를 가하는 것을 정당화하는 목적으로 인정할 수 있다고 하여도, 이것이 그 목적을 위해 취하고 있는 수단을 당연히 정당화하는 것은 아니라는 점은 말할 필요도 없다」.

본건의 규제수단에는 다음과 같은 「의문점」이 있다.

①「본 조례의 규제대상이 되는 옥외광고물에는 정치적 의견이나 정보를 전달하는 전단, 포스터 등이 포함되는 것이 분명하지만, 이들을 공중에게 알리기 쉬운 장소, 물건에 게시하는 것은 의견이나 정보를 극히 용이하게 타인에게 전달하는 효과를 거둘 수 있는 방법이다. 더욱이 길거리 등에서의 전단배포와 같은 방법에 비하여 영속적으로 광범위한 사람들에게 전달할 수 있는 점에서는 유효성이 뛰어나고, 그것을 위한 비용이 저렴하여 특히 경제적으로 풍족하지 않은 자에게 간편하고 효과적인 표현 전달 방법이다……. 이것은……특히 사상이나 의견의 표시와 같은 표현의 자유의 핵심을 이루는 표현에 관하여 그렇다고 할 수 있다.……이와 같은 전단이나 포스터를 첨부하는 데 적당한 장소나 물건은 도로, 공원 등과는 성격을 달리하는 것이지만, 내가 말한 공개토론의 장(Public Forum)(1984년(あ) 제206호 동년 12월 18일 제3소법정 판결, 刑集 38권 12호 3026면의 나의 보충의견 참조)의 성질을 띠는 것이라고 할 수 있다. 그렇다고 하면, 특히 사상이나 의견에 관련된 표현의 규제가 되는 경우에는 미관풍치의 유지라는 공공의 복지에 적합한 목적을 갖는 규제라는 것만으로 쉽게 합헌이라고 판단하는 것은 지나친 속단이라고 생각한다」.

②「본 조례가 취한 수단이 규제목적에서 보아 필요최소한을 넘지 않는 것으로 단정할 수 있는가……예를 들면 『전신주』류는 상당수의 조례에서 게시금지물건에서 제외되어 있는 바, 규제에 지역차가 있는 것을 고려하여도 이들 조례는 최소한도의 필요성을 충족하고 있지 않다고 볼 수 있을까? 혹은 오이타현의 특수성이 그것을 필요로 하고 있다고 생각할 수 있을까?」「형사벌에 의한 억제는 극히 제한되어야 한다고 여겨지므로 행정적 대응만으로는 목적달성이 가능하다고 할 수 없고, 형사벌로 규제하는 것이 유효하므로 이것을 병용하는 것도 필요최소한도를 넘지 않는다고 하는 것은 조금 지나친 속단일 것이다」.

③「본 조례가 정한 일정한 장소나 물건이 광고물 게시의 금지대상이 되어 있다고 하더라도, 이들 광고물의 내용을 적법하게 전달하는 방법이 널리 다르게 존재하는 경우는 헌법상의 의심스러운 점이 적어지고, 미관풍치의 유지라는 공공의 복지를 위해

어느 정도의 규제를 하는 것이 허용된다고 해석되지」만, 「공공의 게시장이 충분히 마련되어 있거나, 금지된 장소나 물건이 한정되어, 이 이외에 부착할 수 있는 공중 전달에 적합한 것이 널리 존재하고 있는 경우에는 본 조례가 정한 규제도 위헌이라 할 수 없다고 생각한다. 그러나 본건에서는 이러한 점이 분명하지 않다. 또한 소유자의 동의를 얻어 사유 가옥이나 벽 등을 게시장소로 이용하는 것은 가능하다. 그러나 일반적으로 소유자의 동의를 얻는 어려움은 추정하기 어렵고, 표현의 자유의 보장이 특히 사회 일반의 공감을 얻고 있지 못한 사상을 표현하는 것의 확보에 중요한 의미를 갖는 것을 생각하면, 이와 같은 표현에 있어 소유자의 동의를 얻는 것은 반드시 용이하지 않다고 여겨지며, 사유장소나 물건의 이용 가능성을 과대하게 평가할 수 없다」.

그렇지만 본 조례는 「그 규제의 범위가 다소 지나치게 넓어진 아쉬움」이 있지만, 이하의 이유에 의해 위헌무효라고는 할 수 없다.

「본 조례가 목적으로 하는 바는 미관풍치의 유지와 공중에 대한 위해의 방지로,……표현의 내용과 전혀 관계없이 미관풍치의 유지 등의 목적에서 옥외광고물의 게시 장소나 방법에 관하여 일반적으로 규제하고 있는 것이다. 이 경우에 위와 같이 엄격한 기준을 적용하는 것이 반드시 상당한 것은 아니다. 그리고 일본의 실정, 특히 도시를 현저하게 난잡하게 할 공고물의 게시 우려가 있는 것에서 표현의 내용을 고려하지 않고 미관풍치의 유지라는 관점에서 일정 한도의 규제를 하는 것은 용인하지 않을 수 없다」. 그렇지만 「본 조례 제36조(옥외광고물법 제15조도 동일하다)는 『이 조례의 적용에서는 국민의 정치활동의 자유 기타 국민의 기본적 인권을 부당하게 침해하지 않도록 유의하여야 한다.』고 규정하고 있는」 것에 비추어보면, 「본 조례도 적용위헌이 되는 경우가 있다는 것을 시사하고 있다」고 파악할 수 있으므로, 「경우에 따라서는 적용위헌의 사태를 낳는다」. 따라서 「각 사안의 구체적인 사정에 비추어, 광고물이 첩부되어 있는 장소가 어떠한 성질을 갖는가, 주의가 어떠한 상황인가, 첩부된 광고물의 수량, 형상이나 게시 방법 등을 종합적으로 고려하고 그 지역의 미관풍치의 침해 정도와 게시된 광고물에 나타난 표현이 갖는 가치를 비교형량한 결과, 표현의 가치가 갖는 이익이 미관풍치의 유지의 이익에 우월하다고 판단되는 경우에는 본 조례가 정한 형사벌을 과하는 것은 그 적용에서 위헌이 되는 것을 면할 수 없다」.

■ 적용

「원 판결에는 그 결론에 이르는 논증과정에서 이유 불비가 있다」고 하여도, 「본건에서 피고인은 정당의 연설회 개최 고지 선전을 내용으로 하는 포스터 2매를 게시한 것이지만, 기록에 의하면 본건 포스터가 게시된 장소는 오이타현 상점가의 중심에 있는 가로수(그 지주도 가로수에 부수한 것으로 이것과 동일시해도 좋을 것이다)이고, 길의 경관의 일부를 구성하고 있어, 미관풍치의 유지관점에서 요보호성이 강한 물건이라는 것, 본건 포스터는 가로 약 60㎝, 세로 약 42㎝의 포스터를 베니어판에 첩부하여 각재에 철사로 동여맨 이른바 플래카드식 포스터로 그것이 게시된 가로수에 비하여 걸맞지 않게 커서 사람들 눈에 띄기 쉽고, 주의 환경과 조화되기 어려운 것이라는 것, 본건 현장 부근의 가로수에는 동일한 포스터가 다수 게시되어 있지만, 피고인의 본건 행위는 그 일환으로 된 것이라는 것은 인정된다」.

기본 해설

1. 본건 판결에서 보이는 사법소극주의

본 사건의 중심적 주제는 「도시의 미관풍치」의 「유지」라는 그 자체로 정당한 입법목적 하에서 어떤 표현의 자유에 대한 규제라면 헌법상 허용되는가라는 문제이다. 또한, 일반적으로 「미관」은 건물의 미관을, 그리고 「풍치」는 그 부근 일대의 풍경을 관념한다고 한다.

본 사건에서 제1심 판결, 제2심 판결, 상고심 판결(법정의견)이 공통으로 채택한 사고방식은 헌법론의 관점에서 치명적인 결함이 있다고 하지 않을 수 없다. 그것은 「도시의 미관풍치」(혹은 그에 더하여 「공중에 대한 위해방지」)라는 입법의 규제목적을 제시함으로써 바로 규제수단이 정당화되고, 본 사건에서 문제된 법이나 조례가 채용하는 규제수단의 헌법적 관점에서의 적부에 대해서는 전혀 검토되지 않은 것이 되어버렸기 때문이다. 쉽게 이해할 수 있듯이, 이와 같은 견해는 규제목적의 정당성이 승인되기만 하면, 입법자가 어떠한 규제수단을 취하더라도 모두 합헌이 되는 결론에 도달해 버리기 때문이다(이 비판은 전단부착이 오사카시 옥외광고물조례위반이 다투어진 사건의 최고재판소 판결(대법정 1968년 12월 18일 刑集 22권 13호 1549면)에서도 완전히 동일하게 적용된다). 원래 전후 초기의 헌법판례에서는 헌법 제12조 및 제13조에 제시된 인권총칙 규정의 「공공의 복지」라는 관념에 착안하여, 이것으로부터 모든 인권제약을 위한 근거를 도출하는 경향이 지배적이었다. 예를 들면, 최고재판소는 표현의 자유의 영역에서 본 판결이 두 번째로 명시적으로 인용한 판결인 호별방문금지의 합헌성에 관하여 「헌법 제21조는 절대 무제한의 언론의 자유를 보장하고 있는 것은 아니고, 공공의 복지를 위해 때, 장소, 방법 등에 관해 합리적 제한이 스스로 존재하는 것은 이것을 용인하는 것으로 생각할 수 있으므로, 선거의 공정을 기하기 위해 호별방문을 금지한 결과로 언론자유의 제한을 초래한다 하여도 이러한 금지규정을 소론과 같이 헌법에 위반하는 것이라고는 할 수 없다」(최대판 1949년 9월 27일 刑集 4권 9호 1799면)고 판시한 것이다. 여기에서는 「공공의 복지」라는 명분 아래 대부분 모든 표현의 자유가 「절대 무제한」은 아니라는 것—이라는, 대개 논의의 여지가 없는 자명한 사항—이 높이 선언된 뒤에 그 규제가 바로 정당화되고 있었다. 이것은 입법부의 판단을 최대한 존중하여 입법부에 대한 겸양을 추구하는 철학=사법소극주의의 표명이고, 여기에는 메이지 헌법하에서 「신민의 권리」가 「법률의 범위 내」에서 인정되고 있었던 것과 다를 바 없게 되어 버렸다. 그래서 전후 헌법학은 그 정력을 경주하여 이와 같은 「공공의 복지」의 관념을 함부로 사용하는 것에 대해 계속적으로 비판을 하였기 때문에 판례는 연이어 「공공의 복지」를 토대로 대략적인 방법에 의한 입법의 정당화를 점차 반성하게 되었다. 예를 들면 최고재판소의 도교조(都教組) 판결이나 약사법 판결 등이 그와 같은 경향을 대표하였다. 그렇지만 판결의 중요한 경향은 학설이 특히 강하게 받아들일 것을 요구해 왔던 「이중의 기준론」을 유효하게 작동시키지 않을 뿐만 아니라, 공권력에 의한 규제가 표현의 자유에 대하여 오로지 「때, 장소, 방법 등」이라는 관점으로부터, 표현내용과는 중립적으로 이루어지는 유형의 규제(이른바 표현내용 중립적 규제)에 속하는 경우에는 목적에 관한 수단의 최소한도성 등의 음미를 거부하는 사법소극주의가 거의 그대로 이어지고 있고, 오히려 그 방향에서 심사기준이 일정한 정치화(精緻化)의 양상을 보여왔다(후술 Part Ⅲ 「이론편」 전개문제 2, 참조).

본건에 관하여 이와 같은 판례의 경향이 헌법학에서 볼 때 특히 중대한 문제를 안고 있는 것은 현대 민주주의사회에서는 매스미디어가 고도로 발달해 있고, 대량 정보가 시민사회에 유통되고 있지만, 입간판 설치, 전단부착, 전단배포 등의 소박한 수단에 기초한 정치적 의사 등의 표명이 매스미디어에 의해 다루어지는 것을 기대하기 어려운 경우에 특히 사회 내 소수자에게는 오늘날 여전히 간편하면서도 유효한 방법으로 스스로의 생각을 전달할 수 있는 수단이라는 점(참조, 최3소판 1974년 12월 18일 刑集 38권 12호 3026면 이토 마사미 보충의견, 히라카타(枚方) 간이재판소 1968년 10월 9일 下刑集 10권 10호 981면)에 비추어보면, 이에 대한 안이한 규제는 정보·사상의 자유로운 유통을 빼고서는 존립할 수 없는 민주주의사회의 모습 그 자체를 심하게 손상시키기 때문이다.

2. 최고재판소에서의 예외로서의 이토 마사미 재판관의 헌법론

그 당시 최고재판소 구성원 중에 유일한 학자 출신이고 오랫동안 도쿄대학에서 영미법을 강의하고 있었기 때문에 미국 헌법에 대한 조예가 깊으며 또한 일본 헌법에 관하여도 이미 많은 저작을 발표하고 있던 이토 마사미(伊藤正己) (주저 『言論・出版の自由』)는 위에서 본 판례의 모습은 그 결론의 타당성은 인정된다고 하더라도 아무래도 그 근거가 빈약하고, 스스로의 판결을 설득해야 하는 상급의 재판소가 존재하지 않는다고 해도, 그것을 보강하지 않으면 헌법판례로서의 설득력을 결여한다고 생각했다. 그렇지만 이에 대하여 이토 이외 4명의 재판관은 종래로부터의 사법소극주의의 입장을 그대로 계승하면 된다고 생각하고, 이토우의 견해를 받아들이지 않았기 때문에, 본 판결에서 이토는 1인으로 보충의견을 집필하게 되었다(이토는 재임 중 최고재판소 판결에서 본 판결과 같이 적지 않은 보충의견이나 반대의견을 집필하고 있다.)

이토는 「미관풍치」라는 관념의 고도의 주관성을 지적한 뒤에, 종래의 헌법학이 강조해 왔던 명제—「미관풍치의 유지가 표현의 자유에 법적 규제를 가하는 것을 정당화할 목적으로 인정할 수 있다고 해도, 이것은 그 목적을 위해 취해지고 있는 수단을 당연히 정당화하는 것이 아니라는 점은 당연하다」—를 출발점으로 하여 본 판결의 법정의견이 전혀 검토를 시도하지 않았던 본 조례에 의한 규제 형태의 적부를 헌법적 관점에서 심사하였다. 그 결과 ①「전단이나 포스터를 첩부하는 데(적당한 장소나 물건」은 「공개토론의 장(Public Forum)」이라는 관념에 관하여는 후술 「전개문제 1」 참조)에 해당하기 때문에 안이하게 합헌 판단을 하여서는 안 된다. ②본 조례에 의한 규제가 정말로 최소한도의 규제인가에 관하여 신중하게 검토하여야 한다. ③본 조례에 의하여 규제를 한다고 해도 공공의 게시판이나 그 이외의 게시장소가 충분히 존재하고 있는가가 본건에서는 분명하지 않다는 세 가지 점에서 「의문점」이 있는 것은 인정하면서도, 이하의 이유에 의하여 본 조례가 위법 무효라고는 생각하지 않는다고 하였다. 즉, ①특히, 일본의 도시의 실정에 비추어 보면, 「표현의 내용을 고려하지 않고 미관풍치의 유지라는 관점에서 일정 한도의 규제를 하는 것은」 인정된다. ②본건은 적용위헌이 될 여지가 있지만, 「광고물이 첩부되어 있는 장소가 어떠한 성질을 갖는 것인가, 주의가 어떠한 상황인가, 첩부된 광고물의 수량·형상이나 게시방법 등을 종합적으로 고려하고, 그 지역의 미관풍치의 침해의 정도와 게시된 광고물에 나타난 표현이 갖는 가치를 비교형량한 결과」, 본건의 규제를 정당화할 수 있다고 하였다.

기본적으로 이토 보충의견의 틀에 의해 본건을 다시 검토할 경우 ①지주와 가로수를 동일시 할 수 있는가? ②플래카드식 포스터는 첩부된 전단과 달리 용이하게 떼어낼 수 있다는 것이 미관의 유지 관점에서 긍정적으로 평가받을 여지는 없는가? ③표현활동으로 이루어진 것이 사람들 눈에 띄기 쉬운 곳에 게시되어 있는 것은 당연하지 않는가? ④현장 부근에 피고인 이외의 자에 의하여 게시된 전단 등이 게시·방치되어 있는지도 문제될 수 있지 않는가라는 점을 고려하면, 위헌 판결을 도출하는 것도 가능하지 않는가라는 의문이 있을 수 있다(형사법학에서는 가벌적 위법성론의 관점에서 무죄를 이끄는 접근방법이 시사되어 있다). 또한 원래 적용위헌의 방법을 표현의 자유의 영역에서 이용하면 예측가능성의 결여 때문에 위축적 효과를 초래한다는 비판이 유력하다(長岡徹).

또한, 피고인의 주장에도 있듯이 이와 같은 사례에서 특정 정치세력·사회운동

등을 겨냥하여 법령을 적용하고 있는 것은 아닌가라는 의심스러운 경우가 종종 있다. 그러한 것이 있다고 하면, 그것은 공소권의 남용이나 운용위헌으로 판단하지 않으면 안될 것이다.

Part Ⅱ 응용편

확인질문

1. 본 판결에서는 어떠한 방법으로 법령의 합헌성 심사를 하고 있는가?
2. 이토 재판관의 보충의견의 취지는 어떠한 것인가?
3. 적용위헌이란 무엇인가? 이와 같은 위헌판단의 방법에는 어떠한 의의와 문제가 있는가?

응용문제

설문 1 본 판결 법정의견의 입장에 설 경우, 이하의 규제의 합헌성을 검토하시오. 또한 각각에 대해서 이토 재판관의 보충의견에 서면 어떠한가도 아울러 검토하시오.

(1) 미관풍치를 유지하기 위해 모든 영리광고의 입간판을 금지하는 규제
(2) 당해 지역에서는 불교계 사원이 밀집해 있기 때문에, 그 평온한 분위기를 지키기 위해 종교 광고를 포함한 모든 게시물을 금지하는 규제
(3) 정온한 주택환경을 유지하기 위해 주택주민의 강한 희망에 기초하여 정치적 견해와 관련된 입간판을 금지하는 규제
(4) 미관풍치를 유지하기 위해 각 지역에 만들어진 공공게시판 이외에서의 모든 게시물을 금지하는 규제

설문 2 본 판결의 이토 재판관 보충의견의 입장에 설 경우, 이하의 사례를 헌법적 관점에서 검토하시오.

(1) 시민에게 배포되어 있는 시 홍보의 자유투고란에 종교적 견해를 게재하는 것을 금지하는 편집방침
(2) 소유자의 동의를 얻지 않고 중심가에 접한 가옥 담에 현 시정(市政)의 오직부패(汚職腐敗)를 호소하는 입간판을 건 자를 처벌하는 것
(3) 시영공원에 만들어진 자유표현 공간에 공립남자학교 · 여자고등학교의 존속을 호소하는 연설이 계획되어 있었던 바, 시가 제정한 남녀공동참

여사회조례와의 관계에서 중지를 요구한 것
(4) 시영 케이블TV 국에서 정치적 중립성에 대한 배려로 선거에서 선출되어 직무에 취임해 있는 자의 출연을 모두 금지하는 원칙
(5) 전신주의 전단부착에 관하여 이른바 선정적인 전단만 금지하는 행위

Part Ⅲ 이론편

전개문제

1. 「퍼블릭포럼」론의 의의와 과제에 대해서 논하시오

「퍼블릭포럼」이라는 관념이 처음으로 일본 판례에 등장한 것은 민영철도의 역 구내에서 직원에게 무단으로 전단 부착 및 연설을 한 후 역관리인의 퇴거명령을 무시하고 체류한 행위가 철도영업법과 퇴거불응죄로 다투어진 사건의 최고재판소 판결(1984년 12월 18일 刑集 38권 12호 3026면 → Part Ⅳ 「두 번째 소재」 참조)의 이토 마사미(伊藤正己) 재판관의 보충의견이었다. 이토 재판관의 의견에 의하면 「어떤 주장이나 의견을 사회에 전달하는 자유를 보장하는 경우에 그 표현의 장을 확보하는 것이 중요한 의미를 갖고 있다. 특히, 표현의 자유의 행사가 행동을 수반하는 경우에는 표현을 위한 물리적인 장소가 필요하게 된다. 이 장소가 제공되지 않을 때에는 수신인에게 많은 의견을 전달할 수 없게 된다고 할 수 있다. 일반 공중이 자유롭게 출입할 수 있는 장소는 각각 그 본래의 이용목적을 갖추고 있지만, 그것은 동시에 표현을 위한 장으로서 역할을 하는 것도 적지 않다. 도로, 공원, 광장 등이 바로 그 예이다. 이것을 「퍼블릭포럼」이라고 부를 수 있을 것이다」고 한 것이다. 일정 장소에 대해 그것이 공통의 성질을 갖고 있다는 이유에서 「퍼블릭포럼」으로 묶는 이유가 어디에 있는가 하면 그것은 「이 퍼블릭포럼이 표현의 장소로 이용되는 경우에는 소유권이나 본래의 이용목적을 위한 관리권에 기초한 제약을 받지 않을 수 없다고 하여도, 그 기능에 비추어 표현의 자유의 보장을 가능한 한 배려할 필요가 있다」는 헌법상의 요청이 작동하기 때문이다. 즉, 여기서 중요한 것은 일단 「퍼블릭포럼」이라고 인정되면, 설령 그 장소가 사적인 소유권에 속하거나 관리권에 따르는 장소라도 헌법론의 지평이 열려, 표현의 자유의 실질적 보장 내지 그 환경정비라는 관점에서 양자의 구체적 상황에 따른 이익형량이 요구된다는 것이다. 이리하여 예를 들면 철도영업법 제35조가 규정하는 「철도지」 중에서 「역전 광장」이나 본건에서 문제된 「전단이나 포스터를 첩부하기에 적당한 장소나 물건」은 「퍼블릭포럼의 성질을 강하게 가질 수 있다」고 되

는 것이다(그 결과 예를 들면 순수하게 사기업이 소유·관리하는 쇼핑센터에도 이 법리를 적용하는 것이 가능하게 된다).

그런데 퍼블릭포럼에 관한 문제가 미국의 헌법학설에서는 어떻게 논해지고 있을까? 각각의 논자에 따라서 다양한 변형이 있지만, 어떤 장소가 퍼블릭포럼이 아니라면 그 장소에서의 표현활동이 전면적으로 금지되더라도 불가피함에 반해, 퍼블릭포럼이라면 전면적으로 금지할 수 없을 뿐만 아니라, 때(時), 방법(方法) 등의 규제가 합리적이지 않으면 안 된다. 또한 퍼블릭포럼에서는 다양한 표현자에게 평등한 접근권이 보장되어야 한다. 또한 퍼블릭포럼인지 아닌지는 그 장소의 소유권이나 관리권의 소재보다도 표현행위와 본래의 사용이 양립가능한지에 의하여 판단된다. 미국 판례에서는 1897년의 공원이나 ≪고속도로 관리인≫과 ≪사인의 가옥 소유자≫를 완전하게 동일시하는 논법에 따른 판결을 뛰어넘어 1930년부터 40년에 걸쳐 형성되어 온 법리라고 할 수 있다. 이 법리에 의하면 ①공유재산에 대한 정부의 권한을 근거로 하는 것만으로는 표현목적을 위해 도로·공원 등을 이용하는 것을 전면적으로 금지할 수 없다, ②미관·평온의 유지라는 법익은 규제이유로 충분하지 않다, ③적절한 장소에서의 표현의 자유는 다른 장소에서도 행사할 수 있다는 이유(대체 채널의 존재)로 제약할 수 없다, ④도로·공원 등의 이용을 전면적으로 금지하는 것이 아니라 제한적이지 않은 대체 방법에 의하지 않으면 안 된다는 것이다. 그 뒤 버거 코트 Burger Court(1968-1986) 시대가 되면서, 어떤 장소가 퍼블릭포럼인지가 전례 없이 중요한 문제로 되었다고 할 수 있다. 그것은 연방최고재판소가 퍼블릭포럼이라는 용어를 의식적으로 사용하기 시작하였기 때문이고, 특히 화이트(White) 재판관이 1983년의 판결(Perry Education Association v. Perry Local Educator's Association)에서 퍼블릭포럼의 유형론을 전개하여 ①전통적 퍼블릭포럼(도로, 보도, 공원), ②지정적 퍼블릭포럼(공회당, 공립극장 등), ③비퍼블릭포럼의 세 개로 분류하게 되었기 때문이다. 그렇지만 그 뒤의 판례 법리의 전개를 검토하면, 퍼블릭포럼의 유형화라는 접근방법이 현실적으로 반드시 표현 보호적으로 기능하고 있지는 않으며, 오히려 전통적 퍼블릭포럼 이외의 장소에서는 엄격한 규제를 하여도 좋다(공항로비, 직장의 모금활동, 학교지역내의 우편망이나 학교우편창구의 이용)는 논법이 지지받고 있다는 지적이 유력하다. 이것과 이토 재판관의 보충의견의 접근방법을 비교하면, 후자에서는 특별한(ad hoc) 접근방법으로부터 개별적 비교형량에서 고려해야 할 한 요소로 받아들이고 있고, 그 결과 예측가능성이나 객관성의 측면에서 표현행위를 안정적으로 보호하는 역할을 할 수 있는가라는 점에서 의문이 생겨난다. 일본에서는 미국에서의 교훈을 거울삼아 표현행위를 안정적으로 보호하는 방향에서의—즉, 「미관풍치의 유지」나 「안전 확보」 등과 같이 안이하게 표현활동을 규제하는 관리상의 이유를 인정하지 않는 방법으로—유형화를 시도하는 것이 과제라고 할 수 있다.

2. 표현의 자유에 대한 규제를 「표현내용 규제」와 「표현내용 중립적 규제」로 구분한 뒤, 후자에 대해서는 전자와 달리 완화된 심사기준으로 합헌성을 판단해야 한다고 하는 견해는 타당한가?

전후 헌법학의 통설적 견해는 미국의 헌법판례와 헌법학의 영향 하에서 본 질문에 있듯이 표현의 자유에 대한 규제를 「표현내용 규제」와 「표현내용 중립적 규제」로 구분한 뒤에, 후자에 관하여는 전자와 달리 완화된 심사기준으로 합헌성을 판단하여야 한다고 하는 입장을 견지해왔다. 이와 같은 입장을 대표하는 아시베 노부요시(芦部信喜)는 다음과 같이 말한다. 「내용규제란 예를 들면 위법행위를 선동하는 표현이나 치안 문란적인 비방(모욕)표현을 금지하거나, 국가의 비밀정보의 공표를 금지하거나, 정부의 폭력적 전복을 창도하는 교사의 고용을 금지하는 등의 법률처럼, 의사소통을 그것이 전달하는 메시지를 이유로 제한하는 규제」이고, 「표현내용 중립적 규제」란 「그러한 내용 내지 메시지의 전달적 효과와 관계없이(즉, 표현내용에는 중립적인 입장에서) 표현을 제한하는 규제, 예를 들면 병원 근방에서의 소음의 제한, 주택지역에서의 옥외광고물 게시의 금지, 선거운동의 자유 제한」 등이 해당한다. 그리고 전자의 규제인 경우에는 「표현의 자유의 보장에 미치는 영향이 극히 중대하므로 원칙적으로 허용되지 않고, 그 종류의 규제입법의 합헌성은 엄격하게 심사되는 것」임에 반해, 후자의 경우에는 「원칙적으로 재판소의 실질적 심사를 가능하게 하는 내용규제에 거의 준하는 기준을 이용하는 것이 필요하다」고 하여, 미묘한 표현을 하면서 확실하게 서로 다른 유형적인 구별이 부여되어야 한다고 한다. 이와 같은 구별이 인정되는 근거로 ①내용규제는 표현내용을 차별화하여 민주주의사회의 존립에 불가결한 공적 토론을 왜곡하여, 사상의 자유 시장의 작동을 곤란하게 만들어 버린다. ②일견 정당한 입법목적으로 규제가 행해지고 있는 경우에도, 특정 견해나 메시지를 승인하지 않기 위해서 규제가 이루어지고 있으므로 사법권은 그 이유를 확실히 점검할 필요가 있다. ③원래 내용규제가 이루어지는 이유는 표현활동의 수신인을 착안하여 그들의 반응을 예측한 결과, 즉, 「전통적 효과」에 착안한 결과규제가 정당화되고 있는 것이지만, 민주주의사회의 대원칙은 사회에서 의사소통이 자유롭게 이루어질 것이므로 본래 「전통적 효과」에 착안한 규제는 바람직하지 않다는 세 가지 이유가 지적되어 왔다. 이에 더하여 ④전략적 관점에서 재판소가 적어도 표현의 자유를 존중하는 판례를 내리도록 작동시키기 위해서는 단일한 기준에 의하기보다 「심사기준의 큰 틀을 만드는 쪽」이 바람직한 것은 아닐까 생각되었기 때문이다. 또한 내용에 관한 규제는 특정 견해를 배제하려고 하는 유형의 규제(「견해규제」)와 일정한 주제를 배제하려고 하는 유형의 규제(「주관규제」)로 구별되지만, 전자가 내용규제에 해당하는 것은 당연하지만, 후자의 경우는 「특정한 쟁점에 관한 언론에 한하여 대상이 되는 규제」에 한하여 내용규제와 동일시된다.

또한, 이와 같은 규제방법에 따라서 다원적인 틀로 심사기준을 설정해야 하는 것은 아닌가라는 견해는 최고재판소에서의 표현의 자유에 관한 규제 법리의 형성에 커다란 영향을 주었다고 추측되는 고죠 토시마루(香城敏麿)(최고재판소 조사관의 지위에 있었음)에 의하여 제창된 공무원의 정치적 표현의 자유에 관계된 사루후쓰 사건(猿払事件) 상고심 판결이나 호별방문금지 합헌 판결을 비롯한 최고재판소 판례의 합리성에 대한 설명도식을 만들어내게 되었다. 이에 의하면, 표현의 자유뿐만 아니라 인권 일반에 대한 규제에 관하여 「소극적 규제인가 적극적 규제인가」(「경찰규제」가 전자에, 「정책적 규제」가 후자에 해당한다)라는 축과, 「직접규제인가 간접적 부수적 규제인가」(「규제대상 행위가 초래하는 폐해의 제거가 오로지 입법목적인 경우」가 전자에, 「그 이외의 이익을 실현하는 수단으로 규제대상 행위를 규제하는 경우」가 후자에 해당함)라는 축으로 정리한 뒤에 「직접・소극규제」의 경우에는 극히 엄격한 심사가 요구되지만, 본건과 같은 옥외광고물 규제가 「간접・소극적 부수적 규제」에 해당하는 경우에는 이익형량을 한 뒤에 이에 갈음하는 분명하고 유효한 규제수단이 없는 경우에 규제가 정당화되고, 「간접・적극규제」인 경우에는 분명히 불합리한 규제가 아닌 한은 허용된다고 한다.

이상과 같은 견해에서 제시하고 있는 「표현내용 규제」와 「표현내용 중립적 규제」의 이분론 그 자체에 대하여 의문을 제시하는 논의도 학설상 유력하게 주장되고 있다(市川正人・奥平康弘・浦部法穂). 그들 견해에 의하면, ①「특정 견해나 메시지에 승인을 주지 않기 위해 규제가 이루어지는」 것이 아니라면, 표현의 자유에 대한 규제는 그만큼 문제시 되어서는 안 된다는 견해는 애당초 타당하지 않다. ②「전달적 효과」에 착안한 규제가 아니라고 하여 표현의 자유에 대한 침해가 적다고는 할 수 없다. ③반대로, 특정 견해를 특별 취급하는 규제가 「전달적 효과」에 기초한 규제인 것만은 아니다. ④보다 일반적으로 말하면, 내용 중립적 규제도 표현의 절대량을 감소시킨다는 점에서 내용규제와 동일하고 정보의 자유로운 전달의 저해는 개인의 자기실현이나 자기통치를 손상시킨다. ⑤표현행위에서는 표현내용뿐만 아니라 표현의 때, 장소, 방법 등의 선택이 중요한 경우가 적지 않다. ⑥현대사회에서 보다 세련된 교묘한 표현의 자유 규제 수단이 개발되어 있고, 내용 중립적 규제야말로 보다 경계적인 시선이 집중되어야 한다.

위와 같이 「표현내용 규제」와 「표현내용 중립적 규제」의 구별은 적절한 위헌심사기준을 모색할 때 「중요한 실마리의 하나」로서는 그 나름대로 유용하지만, 반드시 「결정적인 것」이라고 까지는 할 수 없다고 해야 할 것이다(浜田純一).

Part Ⅳ 두 번째 소재

역 구내에서의 전단배포와 표현의 자유

최고재판소 1984년 12월 18일 제3소법정 판결
1984년(あ) 제206호 철도영업법위반, 건조물침입피고사건
刑集 38권 12호 3026면
[참고조문] 헌 21 형 130 철도영업법 35

사실 개요

피고인 Y를 비롯한 4명은 어떤 재판을 비판하는 집회 참가를 통행인들에게 호소할 목적으로 동 역 직원의 허락을 받지 않고 민영철도 A주식회사의 B역 구내의 남쪽 출구 1층 계단 부근에서 「○○집회에 결집합시다!」라는 제목의 전단 여러 장을 배포하고, 또한 「○○재판은 부당한 재판이다. ○○피고를 구합시다」. 「내일 영화모임에 참가해 주세요」라고 호소하는 연설 등을 하기도 하였다. 또한 Y 등은 B역 보좌 역원으로부터 제지를 받고 퇴거요구를 받았음에도 이에 따르지 않고, 경찰관으로부터 제지를 받았음에도 불구하고, 동 남쪽 출구 1층 계단 부근에 계속 체류하였다.

이러한 사실에 의하여 Y 등은 동경 지방재판소 및 동경 고등재판소에서 철도영업법위반 등에 관한 유죄 판결을 받았기 때문에 최고재판소에 상고한 것이 본건이다.

상고심=최고재판소

■ 법적 구성

「소론은 헌법 제21조 제1항 위반을 말하지만, 헌법 제21조 제1항은 표현의 자유를 절대 무제한으로 보장한 것은 아니고, 공공의 복지를 위해 필요하면서 합리적인 제한을 시인한 것으로, 설령 사상을 외부에 발표하기 위한 수단이라도 그 수단이 타인의 재산권, 관리권을 부당하게 침해하는 것과 같은 것은 허용되지 않는다고 하여야 한다」.

「철도영업법 제35조에서 말하는 『철도지』란 철도의 영업주체가 소유 또는 관리하는 용지・지역 중에서 직접 철도운송업무에 사용되는 것 및 이와 불가분의 이용관계에 있는 것」을 말한다.

■ **적용**

「B역 구내에서 동 역 직원의 허락을 받지 않고 다른 여러 명과 함께 승·하객들에게 전단 여러 장을 배포하고 연설 등을 반복한 뒤, 동 역 관리자로부터의 퇴거요구를 무시하여 약 20분간에 걸쳐 동 역 구내에 체류한 피고인 4명의 본건 각 행위에 대해 철도영업법 제35조……를 적용하여 이를 처벌하여도 헌법 제21조 제1항에 위반하는 것은 아니다」. 상고기각.

또한 본 판결에는 이토 마사미 재판관에 의한 보충의견이 있다.

기본 해설

이미 Part Ⅲ「이론편」 전개문제 1에서 설명한 바와 같이 본 판결의 이토의 보충의견은 퍼블릭포럼 관념에 관하여 언급하였다. 이토가 이와 같이 생각한 것은 Part Ⅰ「기본 소재」의 판결에서와 마찬가지로 법정의견의「타인의 재산권, 관리권을 부당하게 침해하는 것과 같은 것은 허용되지 않는다」는 논법(여기에서는「공중의 교통질서의 유지」나「불쾌감이나 민폐」의 방지 등의 사후적으로 재판소에 의하여 실체적으로 판단 가능한 법익의 존부는 문제될 수 없다)이 현대사회에서의 표현의 자유라는 헌법의 요구를 내용있는 보장으로 하기 위해서는 극히 불충분하다고 생각하기 때문이었다. 그러나 이와 같은 견해가 다른 구성원에게 논의할 가치가 있을 정도로 중요하다고 생각하지 않았기 때문에 보충의견이라는 형태를 취했다고 할 수 있다. 이와 같은 실정에서 본 판결문의 독자는 이토가 최고재판소 재판관 퇴임 후에 최고재판소 재판관이 일반적으로 헌법을 다루는 것을 피하는 경향이 있는 것에 관하여「일본의 정신적 풍토, 그것을 지탱하는 움직임을 하는 헌법소송이론, 일본의 재판제도나 그 현실의 운용을 통하여 형성된 재판관의 헌법감각 등이 중첩되어, 일본의 재판관 특히 최고재판소의 재판관 사이에 사법소극주의가 강해지는 것은 피하기 어렵다」고 술회한 문맥을 분명히 이해할 수 있다.

위와 같이 표현의 자유에 관하여 다른 구성원과 질적으로 다른 예민한 감각을 가진 이토의 보충의견은 전단배포가 민주주의사회에서 갖는 의미에 관하여「일반 공중이 자유롭게 출입할 수 있는 장소에서 전단을 배포함으로써 자기의 주장이나 의견을 타인에게 전달하는 것은 표현의 자유의 행사를 위한 수단의 하나로서 결코 경시할 수 없는 의미를 갖고 있다. 특히, 사회의 소수자가 갖는 의견은 매스미디어 등을 통하여 그것이 수취인에게 널리 알려지기를 기대하는 것이 반드시 용이한 것은 아니고, 그것을 타인에게 전달하는 가장 간편하고 유효한 수단의 하나가 전단배포라고 해도 좋을 것이다. 아무리 정보전달의 방식이 발달하여도 전단배포라는 수단이 갖는 의의는 부정할 수 없는 것이다. 이러한 수단의 규제가 어떤 의견이 사회에 전달될 기회를 실질적으로 빼앗는 결과가 되는 경우도 적지 않다」고 매우 적절하게 평가하고 있다(단, 「전단배포가 언론출판이라는 순수한 표현형태가 아닌, 일정한 행동을 수반하는 것만으로 다른 법익과의 형량의 필요성이 높다고 할 수 있다」고 한다). 특히, 본건과 같은 심각한 사회문제에 관한 첨예한 의견표명에 관하여는 그야말로 이러한 상황이 적용된다고 하지 않을 수 없을 것이다. 이토의 보충의견은 이와 같은 전단배포에 관한 인식을 전제로 한 뒤에 「철도 직원의 허락을 받지 않고……철도지 내에서 승객 또는 공중에게……물품을 배포하고 기타 연설권유 등의 행위를 한 자는 과료에 처한다」고 규정한 철도영업법 제35조상의 「철도지」인 본건 장소의 퍼블릭포럼 해당성을 검토하여, 역의 플랫폼이나 선로 등이 직접 철도운송업무에 사용되는 장소가 아니고, 「역전 광장 등의 장소는 구체적 상황에 따라서 퍼블릭포럼의 성질을 강하게 가질 수 있고, 이와 같은 경우에 그곳에서의 전단배포를 동조 위반으로 처벌하는 것은 헌법에 반한다는 의심이 강하」지만, 본건의 장소는 「역사(駅舎)의 일부이고, 퍼블릭포럼의 성질이 반드시 강하지 않고, 오히려 철도이용자 등 일반 공중의 교통이 지장 없이 이루어지기 위해 역장이 갖는 관리권이 널리 인정되어야 할 장소이다」고 인정하여 퍼블릭포럼이 될 수 없는 「철도지」라고 하여 법정의견의 판단에 동조하였다. 장소의 기능을 존중하는 이토 보충의견의 퍼블릭포럼론에 선 경우 도회형 대규모 역에 속하는 본건의 장소에 관하여 기능적으로 관찰하면 그것은 오히려 역전 광장과 유사한 일반통행인 및 승·하객의 통행로로서의 역할을 하고 있는 것은 아닌지라는 의문이 있을 수 있다. 또한 일반 도로에서 전단배포가 이루어지는 경우에는 도로교통법 제77조 제1항의 규제의 문제가 된다.

그런데 본건에서는 역 구내에서의 무허가 전단배포 등이 문제되었지만, 전신주에 대한 전단부착에 대해서도 유사한 문제가 발생한다. 그것은 이와 같은 사례에서는 전신주의 소유자 내지 관리자에게 무허가로 거기에 전단부착을 하는 행위가 「함부로 타인의 가옥 기타 공작물에 벽보를 한……자」(33호 전단)에 관하여 「이것을 구류 또는 과료에 처한다」고 규정한 경범죄법 제1조의 규정이 적용될 수 있는지가 문제되기 때문이다(따라서 전단부착 행위는 경범죄법과 옥외광고물조례에 의한 두 측면에서의 규제대상이 된다). 본조에서 「함부로」라는 문언을 전신주의 소유자 내지 관리자에게 허가 없이 전신주에 전단을 부착하는 행위라고 파악할 것인가의 여부에 따라 이러한 사안에 관한 판단은 크게 달라진다. 이 점 최고재판소 1970년 6월 17일 대법정 판결(刑集 24권 6호 280면)은 「경범죄법 제1조 33호 전단은 주로 타인의 가옥 기타 공작물에 관한 재산권, 관리권을 보호하기 위해 함부로 이들 물건에 벽보를 붙이는 행위를 규제 대상으로 하고 있는 것으로 해석할 수 있는 바, 설령 사상을 외부에 발표하기 위한 수단이라도, 그 수단이 타인의 재산권, 관리권을 부당하게 해하는 것과 같은 경우는 물론 허용되지 않는다고 하지 않을 수 없다. 따라서 이 정도의 규제는 공공의 복지를 위해 표현의 자유에 대하여 허용된 필요하면서 합리적인 제한으로, 위 법률 조항을 헌법 제21조 제1항에 위반하는 것이라고 할 수」 없다고 한 뒤에, 「위 법률 조항에서 말하는 『함부로』란 타인의 가옥 기타 공작물에 벽보를 부착하는 것에 대해 사회통념상 정당한 이유가 있다고 인정되지 않은 경우를 지칭하는 것으로 해석하는 것이 상당」하다고 하였다. 따라서 「사회통념상 정당한 이유」가 실질적으로 소유자 내지 관리자의 승낙의 유무에 의하여 정해진다고 하면, 역 구내의 전단배포 사건에서의 법정의견과 동일한 논법으로 해석될 것이다(「타인이 관리하는 장소를 이용하여 멋대로 자기의 정치적 의견을 공표하는 것은 타인에게 자기의 정치적 의견을 강요하는 것과 동일하고, 타인의 표현의 자유를 침해한다」고 한 판례(吳簡判 1968년 2월 5일 判時 509호 79면)는 이와 같은 견해를 극도로 추천한 것이다).

최고재판소가 어떠한 관점에서 「사회통념상 정당한 이유」를 판단하려고 하는지는 반드시 분명하지 않지만, 하급심 판례 속에는 구체적인 사실관계에 개입한 뒤에 「함부로」에 해당하는지를 판단하여 무죄 판결을 내린 적이 있다(大森簡判 1967년 3월 31일 下刑集 9권 3호 366면). 학설에서는 순수한 개인 소유의 가옥에 승낙 없이 전단부착을 하면 「사회통념상 정당한 이유」라고 할 수 있지만, 전신주의 경우에는 단지 승낙이 없는 것뿐만 아니라, 「정당성이 없다는 것의 구체적이면서 적극적인 증명이 검사에 의하여 이루어져야 한다든가, 전신주에 대한 전단부착은 떼어내기 용이한 방법으로 한다든지, 기존의 광고를 해하지 않는 방법으로 한다는 등의 배려가 되어 있으면 인정된다는 개별적 · 유형적인 기준이 설정되어 있어야 할 것이다」(高橋和之)는 제언이 이루어지고 있다. 그리고 이토의 견해에서도 전신주가 기본적으로 퍼블릭포럼에 해당하는 것은 분명하므로, 이와 같은 사고에 입각하면 소유자 내지 관리자의 승낙만을 판단기준으로 하여서는 안 되고, 어떠한 장소에서 어떠한 형태의 전단이 부착되고, 어떠한 정보전달적 작용을 하고 있는지가 사실에 따라 구체적으로 검토되지 않으면 본조에서 말하는 「함부로」에 해당하는지가 분명해지지 않게 될 것이다.

설문

(1) 표현행위로서의 전단배포가 전단부착과 비교하여 어떠한 특색을 갖는가?

(2) 퍼블릭포럼이란 어떠한 장소를 가리키는가? 사인이 소유하는 토지나 건물이라도 퍼블릭포럼이 될 수 있는가?

(3) 본건에서 역 이용자가 드물어 피고인들의 전단배포에도 불구하고, 통행상 아무런 지장이 없었던 경우에도 규제는 가능한가?

(4) 본건에서 전단배포가 역 구내가 아닌, 민영철도 소유의 역전 광장에서 이루어진

경우에도 규제할 수 있는가? 역사 밖의 노상에서 이루어진 경우에는 어떠한가?

(5) 본건에서 역전 광장에는 이미 다른 단체가 연설을 하고 있었기 때문에 부득이하게 역 구내에서 전단배포를 하기로 했다면 어떠한가?

(6) 본건에서 영업전단 배포는 규제된 적이 없는데, 정치적 전단만 규제하고 있던 경우에는 어떠한가?

(7) 정치적 전단 전반이 아닌, 특정 경향의 전단배포만을 규제하고 있던 경우는 어떠한가?

▌참고문헌▐

芦部信喜『憲法学Ⅱ人権総論』(有斐閣, 1994年)

同『憲法学Ⅲ人権各論』(有斐閣, 増補版, 2000年)

同『宗教・人権・憲法学』(有斐閣, 1999年)

同他「研究会 憲法判例の30年』ジュリスト638号(1977年)

同他「研究会 憲法判断の基準と方法』ジュリスト789号(1983年)

市川正人『表現の自由の法理』(日本評論社, 2003年)

伊藤正己『裁判官と学者の間』(有斐閣, 2003年)

浦部法穂「21条」樋口=佐藤=中村=浦部『注解法律学全集2 憲法Ⅱ』(青林書院, 1997年)

同『全丁憲法学教室』(日本評論社, 2000年)

大久保史郎「ビラ貼りと表現の自由」憲法の基本判例 (有斐閣, 第2版, 1996年)

奥平康弘『憲法裁判の可能性』(岩波書店, 1995年)

紙谷雅子「屋外広告物条例による美観規制と政治的表現」法学教室85号(1987年)

同「パブリック・フォーラム」公法研究50号(1988年)

同「パブリック・フォーラムの落日」芦部信喜先生古稀祝賀『現代立憲主義の展開 上』(有斐閣, 1993年)

香城敏麿「最高裁判所判例解説」法曹時報27巻11号(1974)(『最高裁判所判例解説刑事篇 昭和49年度』)

清水睦「屋外広告物条例と表現の自由」憲法判例百選Ⅰ(有斐閣, 第4版, 2000年)

高橋和之『立憲主義と日本国憲法』(放送大学教育振興会, 2001年)

同「ビラはりと表現の自由」憲法判例百選Ⅰ(有斐閣, 第4版, 2000年)

長岡徹「表現の自由と規制類型論(1)(2・完)」香川大学教育学部研究報告第1部68, 69号(1987年)

同「表現の自由の時・場所・方法の規制」佐藤=初宿編『人権の現代的諸相』(有斐閣, 1990年)

同「駅構内でのビラ貼りと表現の自由」憲法判例百選Ⅰ(有斐閣, 第4版, 2000年)

浜田純一「言論の内容規制と内容中立規制」憲法の争点(有斐閣, 第3版, 1999年)

日本弁護士連合会『ビラ配布・貼付問題に関する報告書』(1987年)

(山元 一)

제7장 표현의 자유와 인격적 이익

[논점]

(1) 인격적 이익과 출판중지 가처분 판결의 가부
프라이버시권, 명예권, 명예감정의 침해를 이유로 출판중지 가처분 판결이 인정되는가? 또한 그 요건은 무엇인가?

(2) 소설표현의 특수성
소설이라는 표현 형태에 의한 (1)의 법익의 침해 사례에서는 가처분의 기준이 보도나 논픽션 등의 경우와는 다른 것이 되는가?

(3) 사법에 의한 예술성 평가의 가부
재판소가 소설표현으로서의 성립여부, 그 수준을 판단하는 것이 허용되는가?

Part Ⅰ 기본 소재

「돌에 헤엄치는 물고기(石に泳ぐ魚)」 출판중지가처분 사건

최고재판소 2002년 9월 24일 제3소법정 판결
2001년(オ) 851호, 동13(受) 837호 손해배상등청구사건
判時 1802호 60면
[참고조문] 헌 21, 13

사실 개요

X(원고, 피항소인, 피상고인)는 1969년 동경도 태생의 한국 국적의 여성이지만, 유년기에 정맥성 혈관종이라는 혈관 기형병에 걸려 그 결과, 안면에 큰 종양을 갖고 있다. X는 초등학교 5학년까지 일본에서 지낸 뒤, 한국에서 교육을 받고 R대학 미술학부를 졸업하고, 일본의 G대학 대학원에 진학하였다. X의 아버지는 강연을 위해 방문한 한국에서 간첩 용의로 체포된 바 있고, 그 사건은 일본에서도 보도된 적이 있다. Y_1(피고, 항소인)은 재일한국인 여성으로 1993년에 희곡 「물고기 축제(魚の祭)」로 기시다 쿠니오(岸田国士) 희곡상을, 1997년에 소설 「가족 시네마」로 아쿠타가와(芥川)상을 수

상한 작가(유미리, 柳美里)이지만, 1992년 희곡 「물고기 축제(魚の祭)」의 상연준비를 위해 방문한 한국에서 당시 대학생이었던 X와 서로 알던 사이라서 X의 집에 수일 머물렀다. 그 때 Y_1은 X의 집에 있는 피아노 위에 물고기가 서서히 변화를 거쳐 새가 되는 과정을 묘사한 타일화가 걸려 있는 것을 보았다. 나이가 비슷한 X와 Y_1은 의기투합하여 X는 Y_1에게 자신이 재일 3세인 것, 초등학교 5학년까지 일본에서 살았던 것, 아버지의 경력 등을 들려주었다. 그 뒤 X는 1993년에 일본으로 와서 G대학 대학원에 진학하였지만, Y_1과는 그다지 접촉하지 않았다. 본건 소설 집필에 있어 Y_1은 X에게 소설을 쓰고 있다는 취지는 알렸지만, 모델에 관해서는 이야기하지 않았다.

그런데 1994년 월간지 『신조(新潮)』 9월호에 「애증으로 채색된 선명하고 강렬한 자전적 처녀소설」 등의 선전문구(Catch phrase)와 함께 본건 소설 「돌에 헤엄치는 물고기(石に泳ぐ魚)」가 게재되었다. 그 내용은 재일동포 2세의 극작가 「양수향(梁秀香)」을 주인공으로 하고, 그 가족, 극단원, 남자친구 및 도예가인 「박리화(朴里花)」나 「감나무 남자」의 인물 등과 주인공의 교류를 그린 것이다. 즉, 재일한국인 여성인 「양수향」은 극단에 소속된 극작가이고, 공연준비를 위해 방문한 한국의 R대에서 도예를 전공하고 있는 「박리화」와 알게 되었다. 「박리화」는 얼굴에 큰 종양이 있고, 아버지는 과거 간첩 용의로 체포된 경력이 있는 등 「박리화」가 X를 모델로 하고 있는 것은 분명하였다. 또한 이 점은 Y_1 자신이 뒤에 「표현윤리학(Ethica)」이라는 글(『新潮』 12월호)에서 인정하고 있다. 본건 소설에는 「나는 리화를 응시하였다. 리화의 얼굴에 달라붙어 있는 이상한 생물이 더욱 팽창하는 것은 아닐까 하는 공포를 뿌리치려고 하였다」, 「얼굴 좌측에 큰 종양이 있어,……그러므로 코도 입술도 오른쪽으로 뒤틀려 있다」, 「당신의 얼굴은 살찐 구더기 같다」, 「꼭 익사체 같다」 등의 기술이 있다.

X는 1994년 9월 12일 지인의 연락으로 본건 소설이 『新潮』지에 게재되고 있는 것을 알고, 2주 뒤에 그것을 입수하여 통독한 바, 자신이 지금까지 형성해 온 인격이 모두 부정되는 것과 같은 충격을 느꼈다. 그래서 같은 해 10월 4일 X는 Y_1과 만나, 본건 소설을 받아들일 수 없다고 알리고, 단행본으로 출판하는 것을 중지할 것을 요구하였다. Y_1과의 협의가 이루어지지 않았기 때문에 X는 변호사와의 상담 후, 1994년 11월 본건 소설의 출판 중지를 구하는 가처분을 신청하였다(동경 지방재판소 1994년 (ㅋ) 제6216호 사건). 동년 12월 16일 동 사건의 심문기일에 채무자(가처분 신청의 상대방)인 Y_1, 한국판 대리인 Y_2(피고, 항소인) 및 출판사 Y_3(피고, 항소인, 상고인)(新潮社)는 잡지 『新潮』에 발표된 본건 소설을 내용 그대로 단행본화하거나 상연, 영화화 등 모든 방법에 의한 공표를 하지 않을 것, 앞으로 동 소설을 공표할 경우에는 다음과 같은 수정을 가하도록 할 것 등을 진술하고, 이에 대하여 채권자(가처분 신청자)인 X는 가처분 신청을 취하하였다. 수정판의 요점은 「박리화」의 속성 중 출신대학, 진학 대

학원, 대학원에서의 전공을 각각 다른 것으로 바꾸고, 또한 일본에서의 거주시기를 1년 늦추는 이외에, 동인의 얼굴의 수술력, 부친의 체포력 등을 삭제하고, 더욱이 동인의 얼굴 장애에 대해서는 그 존재를 암시하는 데 그치도록 하는 것 등이었다.

본건 소설의 단행본화 등을 우려한 X는 Y_1, Y_2, 및 Y_3에 대하여 손해배상 및 사죄광고의 게재 및『新潮』게재의 본건 소설 및 수정판의 출판, 상연, 영화화 등 모든 방법에 의한 공표의 중지를 구하여 본건 소를 제기하였다.

제1심=동경 지방재판소

동경 지방재판소 1999년 6월 22일 판결
判時 1691호 91면

■ 당사자의 주장 (쟁점)

〈사실에 관련된 주장〉

당사자 간에 사실관계 그 자체에 관한 대립은 거의 없다.

〈법적인 근거에 관련된 주장〉

원고

(a) 모델소설적 성격에 관하여

본건 소설은 모델소설이고, 소설 속에서 Y_1은 스스로를 모델로 하여 주인공「양수향」을 묘사하고, 또한 수 개의 속성이 X와 공통하는「박리화」를 등장시키고 있다. 본건 소설의 독자는「박리화」와 X를 용이하게 동정(同定: 동일인물이라고 인식)할 수 있다.

(b) 본건 소설의 허구성에 관하여

본건 소설에서는 자료・취재 등에 기초한 소재사실과 Y_1이 창작한 허구사실이 혼연일체가 되어 구별할 수 없는 형태로 기술되어 있기 때문에, 본건 소설의 독자로 하여금「박리화」에 대해 기재된 허구사실이 마치 X에 대해 현실로 존재하는 사실인 것처럼 오인시킨다.

(c) 프라이버시 침해에 관하여

부친이 간첩 용의로 한국에서 체포된 것, 그 때문에 모친과 X가 한국에 귀국한 것, 얼굴 종양 수술을 몇 번이나 받았던 것, 보다 나은 수술상담을 위해 일본에 왔지만 효과가 작고 위험성이 상당히 커서 단념하였던 것, 일본인인 첼리스트와 편지왕래를 하고 있었지만, 실제로 만나자는 말 한마디도 하지 않고 헤어진 것 등을 다룬 본건 소설부분은 X의 프라이버시 침해에 해당한다. 또한 외모(얼굴)에 관한 사실도 이것을 소설에서 발표하는 것은 프라이버시 침해에 해당한다.

(d) 명예훼손에 관하여

본건 소설 중 「박리화」 부친의 체포・복역 사실, G대학 대학원의 합격자 선발과정에서 얼굴 장애 때문에 동인에게 유리한 선발이 된 것과 같은 인상을 주는 사실, 동인이 신흥종교에 입신하였던 것처럼 허위사실의 기재는 모두 모델인 X의 명예훼손에 해당한다.

(e) 명예감정의 침해에 관하여

본건 소설의 「박리화」에 대한 모욕적 표현(「사실 개요」에서 인용한 곳 등)은 X의 명예감정을 침해하는 것이다.

또한 「표현윤리학(Ethica)」(『新潮』 1995년 12월호)에 의해 「박리화」의 모델이 X라는 것이 더욱 명확하게 특정되었기 때문에 동고의 발표 자체도 X의 프라이버시, 명예 및 명예감정을 침해한다.

피고 (Y_1, Y_2와 Y_3의 주장에는 약간의 차이가 있지만, 여기에서는 일괄하여 다룬다)

(a) 모델소설적 성격에 관하여

순수 문학인 본건 소설의 일반 독자들 중에 새삼스럽게 「박리화」의 모델이 누구인가에 관하여 관심을 갖는 자는 없다. X는 한 유학생에 불과하고, 저명인이 아니므로 X를 알지 못한 일반 독자가 모델적 흥미를 갖고 본건 소설을 읽지도 않는다.

(b) 본건 소설의 허구성에 관하여

본건 소설은 현실에서 영감을 얻었다고 하여도 실재 인물의 행동이나 성격이 변용되고 현실의 사실과 의미나 가치를 달리하는 것으로 표현되어 있으며, 실재하지 않은 상상 속의 인물도 등장시켜 이들 인물들과 연결되는 가운데 주제가 전개되고 있다.

(c) 프라이버시 침해에 관하여

X가 안면에 종양을 갖고 있는 사실은 외관에 관한 사실이고, 비익성(秘匿性)을 결여하므로 프라이버시 침해의 문제는 발생하지 않는다.

(d) 명예훼손에 관하여

본건 소설의 내용에 의하면, X 부친의 체포 원인은 남북한의 정치과제에 있는 것으로 추측되므로, X의 사회적 평가를 저하시키는 성질의 것은 아니다. 「박리화」의 신홍종교 입신에 관한 기술은 당해 종교의 교의, 조직이 전혀 불분명한 것 등에서 본건 소설의 독자는 당해 사실이 허구라는 것을 쉽게 알 수 있다.

(e) 모욕(명예감정의 침해)에 관하여

본건 소설의 주제는 「고난으로 가득 찬 〈삶〉을 어떻게 살아갈 것인가」라고 하는 인간에게 있어 보편적이면서 중요한 것이며, 「박리화」는 「고난으로 가득 찬 〈삶〉과 직면하면서도 강하게 살아가는 인물로 묘사되어 있어, 본건 소설은 Y_1이 X에게 바친 삶의 찬가이다.

본건 소설의 전체적인 작품 의도, 이야기 전개, 인물 구성, 희곡 형식으로 그려진 배려 등에 비추어보면, X가 명예감정을 침해한다고 주장하는 부분은 명예감정의 침해에 해당하지 않는다.

(f) 위법성 · 유책성에 관하여

표현의 자유는 헌법이 정한 인권규정에서도 우월적 지위를 차지하는 중요한 인권이다. 그러므로 (가) 표현행위가 사회의 정당한 관심사에 관한 것이고, (나) 그 내용 및 방법이 부당한 것이 아닌 경우에는 가령 당해 표현행위에 의해 프라이버시가 침해되는 경우라도, 표현의 자유와의 조정의 법리에 의해 당해 표현행위는 위법성 내지 유책성을 결한다. 본건 소설의 주제는 「고난에 가득 찬 〈삶〉을 어떻게 살아갈까」라는 인간에게 있어 보편적이고 중요한 것이므로 사회의 정당한 관심사이고, 또한 본건 소설의 내용 및 방법이 부당한 것은 아니다. 따라서 본건 소설은 불법행위에 해당하지 않는다.

(g) 가처분 청구에 관하여

프라이버시 및 명예감정은 배타성을 갖는 권리가 아니므로, 이들 침해를 이유로 공표 중지를 청구할 수 없다.

명예훼손을 이유로 하는 가처분 명예훼손은 현실적 악의를 갖고 행해진 경우에 한하여 인정되어야 하는 데, 본건 소설의 발행은 현실적 악의를 갖고 이루어진 것이 아니므로, X는 본건 소설의 공표 가처분을 청구할 권리를 갖지 않는다.

■ 법적 구성

(a) 모델 소설적 성격

본건 소설 속에서 「박리화」에게는 X의 성장, 출신대학, 진학 대학원, 전공분야 및 얼굴에 종양의 존재, 그 수술력, 부친의 간첩 용의로의 체포력 등의 점에서 X의 속성 전부가 주어져 있다. 이들 속성을 개별적으로 골라낼 경우에는 이것을 갖는 인물을 특정하기에 충분하지 않지만, 이들을 조합시킨 경우에는 특히 그것이 구체적으로 눈에 띄는 것이니 만큼 한 사람의 인물 즉, X를 특정하기에 충분한 것이다. X와 면식이 있는 자 또는 앞에서 서술한 X의 속성 몇 개를 알고 있는 자가 본건 소설을 읽은 경우 독자는 「박리화」와 X를 쉽게 동정할 수 있다.

(b) 본건 소설의 창작성 · 허구성

X와 면식이 있거나 X의 특징 몇 가지를 알고 있는 독자는 본건 소설의 일부가 현실 사실과 일치하는 것을 인식할 수 있는 바, 본건 소설에서는 이와 같은 현실 사실과 Y_1이 창작한 허구 사실이 곁들여져 혼연일체가 되어 기재되어 있다고 인정되므로, 독자는 이들 사실 〔현실 사실과 허구 사실〕을 용이하게 판별할 수 없다. 그 때문에 본건 소설의 독자는 허구 사실을 현실의 사실로 오해할 위험성이 높다.

(c) 프라이버시 침해에 관하여

육친이 범죄용의로 체포된 사실은 통상 누구에게 공표하고 싶지 않은 사실이므로 X의 아버지가 강연처인 한국에서 간첩 용의로 체포되었다는 사실에 관해서는 X의 프라이버시를 침해한다. 외모에 관한 사실에서도 X의 존재는 알면서 X와 면식은 없고 그 얼굴에 종양이 있는 것을 알지 못한 사람이 본건 소설의 독자가 될 가능성을 부정할 수 없고, 그와 같은 독자와의 관계에서 이러한 사실의 공표는 프라이버시의 침해가 된다.

(d) 명예훼손에 관하여

대개 가족의 일원이 범죄용의에 의해 체포되었다는 사실은 통상적으로 당해 가족의 다른 구성원에 대한 사회적 평가도 저하시키므로, X의 아버지가 간첩 용의로 체포되었다는 기술은 X에 대한 명예훼손에 해당한다.

(e) 명예감정의 침해에 관하여

X의 얼굴의 종양에 관한 「이상한 모습」 「뒤틀려 있다」 「구더기」 「익사체」 등의 기술은 종양이 있는 자의 명예감정을 손상시킨다. 또한 Y_1은 「종양에 대해 심하게 말하면 말할수록 실은 박리화의 혼(魂)에 대한 찬가가 된다는 의도로 썼습니다」라고 진술하고 있지만, Y_1이 X에 대한 진정한 우정의 발로로 X의 안면 종양을 언급한 것이라면, 그것은 본래 Y_1과 X와의 완전한 사적인 세계에서 이루어져야 하는 것이다.

(f) 위법성 · 유책성에 관하여

「고난에 가득 찬 〈삶〉을 어떻게 살아갈까」라는 본건 소설의 주제를 들어, X의 프라이버시를 개시하는 것이 필요하고 빠질 수 없는 것이라고까지는 말하기 어렵다.

■ 적용

위자료에 관해 본건 소설의 공표로 X가 입은 정신적 고통을 위로하는 데에는 100만 엔의 지급을 하는 것이 상당하고, 「표현윤리학(Ethica)」의 공표에 의해 X가 입은 정신적 고통을 위로하기에는 30만 엔의 지급을 하는 것이 상당하다.

수정판의 가처분에 대해서는 수정판의 독자가 가령 X와 면식 있는 자라도 「박리화」와 X를 동정하는 것은 곤란하므로 그 공표 중지를 구한 X의 청구는 이유가 없다. 본건 소설의 공표 중지에 대해 X가 출판중지의 가처분신청을 취하할 때에, 본건 소설을 수정판과 같이 수정함이 없이 공표하지 않는다는 합의가 X와 Y_1, Y_2, Y_3과의 사이에 성립했다고 인정되므로, 본건 소설의 공표 중지를 구한 X의 청구는 나머지 점에 관하여 검토할 필요도 없이 이유가 있다.

원상회복에 대해 『新潮』 1994년 9월호가 발행되고 나서 상당기간이 경과하고 있는 점 등에서 사죄광고의 게재, 회수의뢰 광고의 게재, 도서관 수신의 통지서 송부의 각 처분의 필요가 있다고는 해석되지 않는다.

제2심=동경 고등재판소

동경 고등재판소 2001년 2월 15일 판결
判時 1741호 68면

■ 당사자의 주장 (쟁점)

항소인(Y_1, Y_2, Y_3) 이하 이외에는 거의 제1심에서의 주장과 동일하다.

(a) 동정가능성에 관하여

일반 독자의 대다수는 피항소인 X의 특징을 알고 있지 못하므로, 동정가능성이 있다고는 할 수 없다. 소설 속에서 생명이 주어진 인물은 현실에 존재하는 인물과 다르다.

(b) 얼굴 종양의 묘사의 의미

「박리화」의 안면 종양에 관한 묘사는 본건 소설에서 필요하고 빠져서는 안 되는 것이다.

■ 법적 구성

(a) 프라이버시 침해에 관하여

사인이 그 의사에 반하여 스스로의 사생활에서 정신적 평온을 해하는 것과 같은 사실을 공표당하지 않을 이익(프라이버시)은 이른바 인격권으로서 법적 보호의 대상이 된다. X의 아버지의 체포 경력에 대해서는 그 사정이 어떠하든, 일반적으로 본인 및 가족이 공개하는 것을 바라지 않는 사실이고, 일단 공개된 사실이라도 시간의 경과 등 그 후의 사정에 의해 그 비익이 법적 보호의 대상이 되는 경우가 있다.

비익할 수 없는 외모에 관한 사실이라도 개인의 장애나 질병 사실은 개인에 관한 정보 중에서도 가장 타인에게 알리고 싶지 않은 정보이고, 얼굴에 종양이 있는 자는 그 장애 사실이나 수술력 등을 일부러 공표하고 싶어 하지 않는다. 이것을 무단으로 공표하는 것은 타인의 호기심이나 차별로 고통당하고 있는 자의 정신적 고통을 배가하는 불법행위로서 인격권의 현저한 침해로 당연히 프라이버시의 침해에 해당한다.

소설이 현실에 의거하여 작성되었다고 하더라도 그것은 어디까지나 허구의 세계에 속하는 것이라고 할 수 있다. 그러나 소설에서 실재 인물의 프라이버시를 그대로 기술하는 것이 허용되는 것은 아니다. 현실에서 소재를 구한 경우도 이것을 소설적 표현으로 승화시키는 과정에서 현실과의 단절을 꾀하고, 타자에 대한 시점에서 명예나 프라이버시를 손상하지 않는 표현방법을 사용할 수 있을 것이다. 이와 같은 창작상의 배려를 하지 않고, 소설의 공표에 의하여 타인의 존엄을 해하게 되면, 그 소설의 공표는 예술의 이름에 의해서도 용인되지 않는다. 소설 속의 인물로 모델이 된 실재 인물의 속성이 많이 부여되어 있다면, 현실과는 객관적으로 다른 행동·성격도 현실과 동일하거나 이에 가까운 것으로 오해되어 버릴 가능성이 있다.

(b) 명예훼손에 관하여

X의 아버지가 간첩 용의로 체포된 사실을 기술하는 것은 공공의 이해에 관한 사실에 대하여 오로지 공익을 꾀할 목적에서 나온 경우에 해당한다고는 인정되지 않는다.

(c) 명예감정의 침해에 관하여

본건 소설 속의 「박리화」의 얼굴 종양에 관한 기술은 모두 얼굴에 종양 장애를 입은 자에 대한 배려를 결한 것이고, 그 표현이 가혹하다고 할 수 있으므로, X의 명예감정을 해한다.

(d) 위법성·유책성에 관하여

소설을 창작할 때, 타인의 인격적 가치, 특히 장애를 가진 자를 모델로 할 경우는 그 자의 마음의 고통도 고려하여 모델과의 동정 가능성을 배제할 수 없을 리는 없다.

(e) 가처분 등에 관하여

인격적 가치는 극히 중요한 보호법익이고, 물권과 동일한 배타성을 갖는 권리라고 할 수 있다. 침해행위의 사전중지가 인정되는지는 침해행위의 대상이 된 인물의 사회적 지위나 침해행위의 성질에 유의하면서, 예상되는 침해행위에 의하여 피해자측이 받을 불이익과 침해행위를 중지시킴으로써 침해자측이 받을 불이익을 비교형량하여 결정하여야 한다.

■ 적용

지방재판소가 인정한 손해액은 소액에 지나지 않지만, 이 점에 관해 X는 불복신청을 하지 않았기 때문에, 본건 소설에 의해 100만 엔, 「표현윤리학(Ethica)」에 의해 30만 엔을 지급하라.

인격권에 근거한 본건 소설의 출판 등의 가처분 청구는 이것을 인정하여야 한다.

상고심=최고재판소

(Y_1, Y_2와 Y_3은 달리 상고하였지만, 같은 날 같은 소법정에서 같은 취지의 판결이 내려졌다).

■ 상고이유 및 상고수리신청 이유

하급심에서의 Y_1 등의 주장과 동일함.

■ 법적 구성

원심이 확정한 사실관계에 의하면, 공공의 이익에 관계되지 않는 피상고인의 프라이버시에 관련된 사항을 표현내용에 포함한 본건 소설의 공표로 인해 공적 입장에 없는 피상고인의 명예, 프라이버시, 명예감정이 침해된 것으로, 본건 소설의 출판 등에 의해 피상고인에게 회복 곤란한 중대한 손해를 입게 할 우려가 있다고 할 수 있다. 따라서 인격권으로서의 명예권 등에 기초한 피상고인의 각 청구를 인용한 판단에 위법은 없고, 이 판단이 헌법 제21조 제1항에 위반하는 것이 아니라는 점은 당재판소 판례(석간 와카야마시사 사건 최고재판소 1969년 6월 25일 대법정 판결 刑集 23권 7호 975면, 북방저널 사건 최고재판소 1986년 6월 11일 대법정 판결 民集 40권 4호 872면)의 취지에 비추어 분명하다.

■ 적용

상고기각.

기본 해설

1. 표현의 자유의 의의와 사전억제

본건 소송에서는 제1심부터 최고재판소까지 일관되게 출판(소설의 단행본화)의 가처분이 인정되었다. 이와 같이 표현행위를 그것이 이루어지기 전 단계에서 금지하는 것을 「표현의 사전억제」라고 한다. 본건에서 다투어진 프라이버시 침해, 명예훼손, 명예감정의 침해라는 해악을 방지하는 방법으로서는 표현을 본건 가처분 판결과 같이 사전억제하는 것이 유효하고, 특히 프라이버시권의 침해는 사후억제로는 구제가 곤란하다는 것에는 의심의 여지가 없다. 그렇지만 다른 한편으로 표현의 자유에 있어 사전억제는 심대한 영향을 미친다. 표현행위가 수신자인 사회공중에게 전달되기 이전단계에서 표현행위를 금지하는 조치는 사람들이 다양한 의견에 접촉할 수 있는 기회를 빼앗는다. 그 결과 본래라면 민주적 정치과정이나 「사상의 자유시장」에서 반대 측으로부터의 「대항언론」과 서로 경합해야 할 표현이 대부분 세상에 나올 가능성을 차단당한 채, 사람들에 의하여 선악과 진위 여부의 판정을 받지 않고 비밀리에 매장되게 된다.

2. 검열의 의의

이와 같은 사태를 막기 위해 헌법은 제21조 제1항에서 표현의 자유를 보장함과 동시에 동 제2항에서 검열을 절대적으로 금지하고 있다. 제21조 제2항의 「검열」의 정의로서는 세관검사 사건 최고재판소 대법정 판결(1984년 12월 12일 民集 38권 12호 1308호)이 「행정권이 주체가 되어 사상 내용 등의 표현물을 대상으로, 그 전부 또는 일부의 발표의 금지를 목적으로 하여 대상이 된 일정한 표현물에 대해 망라적, 일반적으로 발표 전에 그 내용을 심사한 뒤, 부적당하다고 인정되는 것의 발표를 금지하는 것」이라고 하고 있다. 이 정의에 의하면, 주체가 행정기관인 경우에만 「검열」에 해당되므로, 본건과 같이 재판소가 주체로 표현행위를 정지시킨 경우에는 「검열」에 해당하지 않게 된다.

3. 인격권에 기초한 사전중지 요건

이상과 같이 재판소에 의한 가처분 판결은 바로 「검열」에 해당하는 것은 아니다. 그렇지만 그것이 「검열」이 아니라고 하여도 표현의 자유의 사전 억제의 일종인 것은 틀림없다. 그래서 본건과 같이 재판소에 의하여 표현행위의 중지 판결을 내리는 것에 관해 어떠한 요건이 요구되는가가 문제된다. 이 점에 관해 본건 판결이 인용한 석간 와카야마시사 사건 최고재판소 대법정 판결은 명예훼손죄에 관한 형사사건이지만, 「형법 제230조의 2〔명예훼손죄의 면책요건=2005년 형법개정에 의해 제230

조의 2〕의 규정은 인격권으로서의 개인의 명예를 보호하고, 헌법 제21조에 의한 정당한 언론의 보장과의 조화를 꾀하는 것」이라고 하고 있다.

또한, 북방저널 사건 최고재판소 대법정 판결(본서 제10장 Ⅰ참조)은 지사선거 입후보자가 자신의 명예훼손적 기사를 게재할 예정이었던 잡지의 인쇄・반포 등을 금지하도록 가처분을 신청하고 재판소에 의해 인정된 데에 대해, 당해 가처분이 위헌의 불법행위라고 하여 잡지사 측이 손해배상을 청구한 사안이었다. 동 판결은「인격권으로서의 명예권에 기초하여 가해자에 대하여 현재 이루어지고 있는 침해행위를 배제하거나 장래 발생할 수 있는 침해를 예방하기 위해 침해행위의 정지를 구할 수 있다」고 하였다. 구체적으로 동 판결은 당해 표현이 (가) 표현내용이 진실이 아니고, (나) 또는 그것이 오로지 공익을 꾀할 목적이 아닌 것이 명백하며, (다) 중대하고 현저히 회복 곤란한 손해의 우려가 있는 경우, 재판소에 의한 사전중지가 허용된다고 한다. 더욱이, 동 판결은 (라) 구두변론 또는 채무자의 심문이라는 신중한 절차를 요구하고 있다. 이 중 (가)(나)는 형법 제230조의 2가 열거한 명예훼손죄의 면책요건이다. 또한 (다)(라)는 북방저널 사건에서 문제된 가처분명령에서 요구된 요건(참조, 민사보전법 제13조 제1항, 제23조 제1항・제2항) 중 엄격한 것을 요구하고 있는데 지나지 않는다 하여도(穴戸, 後揭 149면은 명백성을 요구하는 요건의 소명의 정도로서 채권자 측에는「거의 증명에 필적하는 것이 요구된다」라고 한다), 인격권으로서의 명예권의 배타적・물권적 성격을 전제로 하여 가처분의 실체 요건과 절차 요건을 나열하는 것으로 받아들이는 것이 타당하다고 생각된다. 즉, 표현의 자유이기 때문에 특칙을 판례로 창조한 것이라고까지 할 수 있는가라는 의문의 여지도 있다(오히려 공인이라고 할지라도 선거관련 악질 주제라는 점에서 피해의 회복곤란성에 착안했을 것이다. 그렇다면 선거전에서의「대항언론」에 맡겨져 있었다는 지적도 가능하다〔참조, 穴戸, 後揭 149면〕). 어쨌든 헌법학설에서는 동 판결이 표현행위에 대한 재판상의 사전중지의 일반적 요건을 표현의 자유의 중요성에 배려하여 확립한 획기적인 판례로 자리 매김 되어 있다.

4. 본건 판결의 의의

(a) 북방저널 사건과의 차이점과 공통점

본건 판결은 북방저널 사건 판결을 인용하여 프라이버시권, 명예권(명예훼손법리에서 보호되는 법익을 이렇게 부를 수 있다), 명예감정(명예권만큼 객관성은 없지만 그 침해는 불법행위에 상당하다)을 내포하는「인격권」을 근거로 표현행위의 중지를 인정하였다. 북방저널 사건에서는 앞에서 인용한 바와 같이「인격권으로서의 명예권」에 의한 중지의 가처분을 일정한 요건 하에서 인정하고 있지만, 본건 판결은 프라이버시권 및 명예감정의 침해가 원고 측의 주요한 주장이었던 사안에 대해서도 역시 인격권을 근거로 표현행위의 중지(본안 판결)를 인정하고 있다. 즉, 북방저널 사건 판결의 일반론을 본안차원에서 답습하면서(단 동 판결의 요건 중 「현저하게」의 부분이 본안 판결로서의 중지 요건을 확립한 본 판결에서는 빠져 있다), 프라이버시권 및 명예감정에 대해서도 인격권을 근거로(그만큼 반대로 북방저널 사건 판결도 표현의 자유를 특별히 다루지 않고, 인격권 침해의 경우의 가처분의 요건을 세운데 불과하다는 것을 알 수 있지만) 표현행위의 중지를 인정한 점에서 본건 판결의 새로움이 있다(본건 사안은 소설표현이라는 특수성에서 유래한다는 논점에 관하여는 Part Ⅲ 「이론편」 참조).

(b) 외모와 프라이버시

또한 본건 사안에서는 외모라는 남의 눈에 비쳐지는 부분의 장애가 문제되었다. 이와 같은 부위의 장애가 프라이버시권으로 보호되는 비익정보라고 할 수 있는가에 관하여는 이론이 있다. 그렇지만 X와 같이 눈에 띄는 외모의 특징을 갖고 있기 때문에, 소설 속의 「박리화」와 X의 동정이 용이하고, 본건 소설을 읽은 독자가 X를 찾아낸다든가 혹은 우연히 X를 발견하게 될 때에 그 외모를 가차없이 관찰하든지, 내면을 들여다 본 것 같은 기분이 드는 것은 피하기 어렵다. 이러한 사태는 「사생활의 평온」이라는 고전적인 프라이버시권의 보호법익을 침해하는 것이다(프라이버시권의 정의 및 보호요건에 관해 Part Ⅲ 「이론편」 1. 참조). 이 점과 관련하여 다소 거리가 있지만, 용모를 멋대로 촬영당하지 않을 보장으로서의 초상권이 프라이버시권과 동일하게 헌법 제13조에 포함된다는 것이 참조될 수 있을 것이다. 이른바 교토부학련 사건(京都府学連事件) 최고재판소 대법정 판결(1969년 12월 24일 刑集 23권 12호 1625면)은 「개인의 사생활상의 자유의 하나로서 누구라도 그 승낙 없이 멋대로 그 용모·자태……를 촬영당하지 않을 자유를 갖는다」고 하였다(「초상권」이라는 명명에 관하여는 유보하고 있다).

(c) 전과와 프라이버시·명예

또한 본건에서는 X의 부친의 체포·복역 등의 전력의 공표도 프라이버시침해 및 명예훼손에 해당한다고 하였다. 애당초 형사사건(본건에서는 한국에서의 사건이고, 또한 간첩 사건이라는 정치범이므로 특수하지만)에 관하여는 사적인 일이 아니므로 프라이버시권은 문제되지 않고, 그 공표는 공공의 이해에 관계되고 통상은 공익 목적인 것도 추정되고, 체포·복역은 진실이기 때문에 명예훼손에도 해당하지 않는다는 견해도 성립한다.

그렇지만 이른바 전과조회 사건 최고재판소 제3소법정 판결(1981년 4월 14일 民集 35권 3호 620면)은 「전과 및 범죄경력……은 사람의 명예, 신용에 직접 관련되는 사항이고, 전과 등이 있는 자도 이것이 함부로 공개되어서는 안 되는 법률상 보호할 이익을 갖는다」고 하여 시구정촌장(市区町村長)이 변호사회로부터의 조회 요청에 따라 전과 사실을 전달한 것은 위법이라고 하였다. 또한 Part Ⅳ「두 번째 소재」에서 다루는 논픽션『역전(逆転)』에 관한 최고재판소 판결도 전과를 함부로 공개하는 것은 불법행위에 해당한다고 하고 있다.

이와 같이 범죄에 관한 정보라 하더라도 함부로 소설이나 논픽션 기타 방법에 의하여 공표된다면 프라이버시권 및 명예권의 침해가 된다. 이와 같은 관점은 과거에 범죄를 범한 자의 갱생이라는 점에서도 지지받는 것이다.

Part Ⅱ 응용편

확인문제

1. 프라이버시권 침해, 명예훼손, 명예감정의 침해의 판정기준을 각각 서술하시오.
2. 프라이버시권, 명예권, 명예감정에 근거한 사전중지의 요건을 서술하시오.

응용문제

설문 1 본건 판결의 견해를 전제로 하면, X측의 사정이 다음과 같은 사례에서는 어떠한 판단이 내려질 것으로 생각되는가?

(1) X가 본건과 동일하게 무명인물이지만, 자기 얼굴의 종양을 둘러싼 마음의 갈등을 고백한 자서전을 실명으로 자비 출판한 적이 있는 경우. 게다가 동서는 시판되지 않고 의료관계자 등 지인에게 무상으로 배부했을 뿐이고, 일반 도서관에도 수납되어 있지 않다고 하자.

(2) X가 역시 작가이고, 자신의 얼굴 종양을 주제로 하여 본건 소설과 동일한 작품을 집필 중 Y_1이 먼저 집필했기 때문에 억울한 생각을 떨쳐 버리지 못하고 본건 소송을 제기하고 있는 경우

(3) X의 종양이 얼굴이 아닌 등에 있는 경우. 게다가 X의 등에 소설에서 묘사된 바와 같은 종양이 있는 것이 X의 초등학교 때나 현재 동급생의 범위에서는 널리 알려져 있고, 소설을 읽은 이 범위의 지인은 모델이 X라는 것을 용이하게 알 수 있다고 하자.

(4) X의 종양에 관한 구체적인 묘사는 없고, 다만 얼굴 특징에서 X가 모델이라는 것을 알 수 있는데 그치고, 소설에서는 오로지 X의 마음의 갈등이 묘사되어 있는데 불과한 경우

(5) X가 마음의 갈등을 극복하여 유명한 종교인이 되어 있고, 얼굴을 숨기지 않은 채 전도를 위해 전국을 분주하게 돌아다니고 있는 경우
(6) X가 「얼굴에 종양을 갖고 괴로워하는 乙녀」라고 자기소개를 하는 라디오 인생 상담의 진행자로서 얼굴은 일반에게 알려져 있지 않지만 청취자에게 절대적인 지지를 얻고 있는 경우

설문 2 본건 판결의 견해를 전제로 하면, Y_1측의 사정이 다음과 같은 경우에 어떠한 판단이 내려질 것으로 생각되는가?
(1) Y_1이 노벨상 수상 작가이고, 본건 소설도 수상 이유의 하나로 되어 있는 경우
(2) Y_1이 논픽션 작가이고, 국가가 특수한 치료약을 인가하지 않았기 때문에 환자가 고통 받고 있는 것을 고발하기 위해 본서가 논픽션으로 쓰여진 경우
(3) Y_1이 X의 친언니이고, 얼굴에 장애가 있는 언니와 미모의 자신과의 애증으로 가득 찬 자매관계를 소설의 주제로 하고 있는 경우. 본건 소설의 발표에 관해 Y1이 동생 X의 양해를 얻고 있지 않다고 하자.

설문 3 본건 소설의 견해를 전제로 하면, 본건 소설이 아닌 다음과 같은 작품을 X가 소송 제기한 경우 어떠한 판단이 내려질 것으로 생각되는가?
(1) 모델 소설이지만 전시 중의 공습으로 얼굴에 부상을 입은 여성의 그 뒤의 인생이 그려져 있고, 그 마음의 갈등의 서술을 읽은 X주변의 사람들이 주인공과 동일한 상황에 있는 X의 마음속을 들여다 본 듯한 기분이 드는 경우
(2) 소설이 아닌 만화로 X가 모델이 되어 있고, 상처의 묘사는 X를 아는 사람에게는 있는 그대로의 것에 불과하고, 또한 만화이기 때문에 마음의 갈등 묘사는 이루어지지 않고, 오로지 X가 그 용모 때문에 파란을 야기한 특수한 캐릭터로 등장되어 있는데 불과한 경우
(3) X의 동의 없이 진찰 중에 촬영된 종양 사진이 담당의사에 의하여 의학부 강의용 교과서에 수록되어 있고, 그 결과 본인이 교과서에 나와 있는 것을 같은 대학 동아리 친구들이 알고, 더욱이 병명이나 치료의 어려움, 마음의 치유가 필요한 것 등의 지식을 갖기에 이른 경우

Part Ⅲ 이론편

◥ 전개문제

소설이라는 표현유형이 표현의 허용 범위나 정도에 영향을 미치는가?

1. 본건 소설이 대학의 걸작이라는 평가를 확립하고 있는 경우에는 본건 소송의 귀추가 다른가?

본건 사안의 특징으로 이른바 모델소설이라는 독특한 표현형태의 사안이었던 것을 들 수 있다. 일본에서는 전통적으로 사소설(私小説)이라는 방법이 확립되어 있고, 자신이나 가족, 혹은 전혀 무관한 제3자(유명인이든, 일반인이든)의 일상이나 생애를 상세하게 묘사하는 작품을 많이 볼 수 있다. 또한 심리묘사가 많은 것도 특징이다. 이러한 일종의 리얼리즘은 작품에 인간에 대한 고찰의 깊이를 부여함과 동시에 진실이든 허구이든 작품에 쓰인 모델의 프라이버시권, 명예권 및 명예감정을 침해할 가능성이 높다.

그래서 미시마 유키오(三島由紀夫)의 『연회가 끝난 뒤(宴のあと)』에서 모델이 된 정치가(낙선한 도지사 선거후보)가 제기한 손해배상청구 등의 소송에서 동경 지방재판소 판결(1964년 9월 28일 判時 385호 12면. 동 소송은 고등재판소 단계에서 X가 사망하여 화해로 종결되었다)은 프라이버시가 「사적인 것을 함부로 공개당하지 않을 보장」이고 인격권에 내포되지만 하나의 독립된 권리라 하면서, 공개당한 내용이 (가) 사생활상의 사실 또는 사생활상의 사실로서 받아들여질 우려가 있는 사항이고, (나) 일반인의 감수성을 기준으로 하여 당해 사인의 입장에 설 경우 공개를 바라지 않을 것이라고 인정되는 사항이며, (다) 일반인들에게 아직 알려져 있지 않은 사항일 것이라는 프라이버시 보호의 3요건을 들었다.

이러한 판단기준에는 모델소설 측의 표현의 자유에 특단의 배려를 하는 자세로 볼 수 없고, 오히려 동 판결은 「문예에는 프라이버시의 보장이 존재할 수 없는 것처럼, 또한 존재할 수 있다고 하여도 언론, 표현 등의 자유의 보장이 우선되어야 한다는 피고 등의 견해는 프라이버시의 보장이 개인의 존엄성의 인식을 통하여 민주주의사회의 근간을 배양한다는 것을 경시하고 있는 점에서 도저히 찬성할 수 없다」고 하고 있던 바이다. 이와 같이 판결은 쓰는 측의 자유(표현의 자유)보다도 쓰임 당하는 측의 권리(프라이버시권, 명예권 및 그들을 내포한 인격권)를 기준으로 하여 오로지 쓰임 당한 측의 권리가 침해받고 있는가 여부를 판단기준으로 하여 표현행위의 적법 위법 여부를 논해 왔다.

예외로서 다카하시 오사무(高橋治) 『이름도 없는 길을(名もなき道を)』의 모델의 유족이 프라이버시권 및 명예권의 침해를 다툰 사건의 제1심 동경 지방재판소 판결(1995년 5월 19일 判タ 833호 103면)은 실재 인물의 행동이나 성격이 변용되고 그것이 예술적으로 표현된 결과, 일반 독자로 하여금 소설 전체가 작가의 예술적 상상력이 탄생시킨 창작으로 허구라고 받아들이게 하는 데 이르고 있다는 등의 이유로 청구를 기각해 주목받았다(고등재판소 단계에서 화해). 이와 같은 판단기준(소설 전체가 작가의 예술적 상상력이라고 독자에게 받아들이게 하는 데 이르고 있는가의 여부)은 결국 재판소가 소설의 예술작품으로서의 완성・미완성 여부를 판단하는 것을 필요로 하므로 애당초 사법권의 수비범위에 들어가지 않아 적절하지 않다. 오히려 동 판결은 작품의 허구성이 실재 인물에 대한 독자의 관심을 통째로 빼앗아버리는 것처럼 말하고 있지만, 현실에서 독자(의 일부)는 실재 모델의 실화로 혼동하면서 읽거나, 혹은 독후감으로서는 허구가 현실 측에 더해지게 되는 것이다(만들어낸 이야기까지도 실화처럼 생각하게 된다). 앞서 본 본건 제1심 판결이 정당하게 지적한 바이다.

『이름도 없는 길을』 판결에서 제시된 독자적인 판단기준이 미시마 유키오(三島由紀夫)의 필치에 적용되었다면 『연회가 끝난 뒤』 사건의 동경지방재판소 판결은 전혀 다른 것이 되었겠지만, 『연회가 끝난 뒤』가 일반적으로 어떻게 읽혀졌는가를 상기하면, 평균적 독자의 상정에서 환상은 금물일 것이다.

추리소설풍이지만 역시 모델소설의 예로 이른바 가부토야마(甲山) 사건을 소재로 한 시미즈 잇코(清水一行)의 『수사 1과장』이 있다. 『이름도 없는 길을』 사건 제1심 판결에 시기적으로 가까운 『수사 1과장』 사건의 제1심 오사카 지방재판소 판결(1995년 12월 19일 判時 1538호 98면), 제2심 오사카 고등재판소 판결(1997년 10월 8일 判時 1631호 80면) 모두 오히려 사실과 허구와의 경계가 애매하기 때문에 일반 독자에게 모두 사실로 받아들여졌다는 것을 이유로 명예권, 프라이버시권의 침해를 인정하였다(최판 1999년 2월 4일(판례집 미등재)은 상고기각). 앞의 『이름도 없는 길을』과 『수사 1과장』의 두 사건에서 내려진 판결의 방향성은 전혀 반대의 것이다. 본건 판결은 말할 필요도 없이, 『수사 1과장』 사건 판결과 나란히 종래의 인격권 보호를 중심으로 한 판단기준을 따른 것이라고 할 수 있다.

2. 소설에서 허구의 인물이나 이야기가 실재하는 인물이나 실화와 혼연일체로 그려지고 있는 경우는 어떠한가?

이미 1에서 언급했지만 표현의 자유 속에서도 소설 표현의 고유의 문제로서 다음과 같은 논점이 있다. 즉, 모델을 둘러싼 허구와 사실이 뒤섞여서 기술되어 있는 경우, 평균적 독자에게는 허구까지도 사실로 혼동시켜 버릴 것이다. 물론 소설표현이 실재 인물을 모델로 하고 있어도 그것이 소설인 이상, 작품 의도나 주제는 당해 인물을 논픽션으로 그려내는 데 있지 않고, 작가가 무언가의 예술적 영감을 독자에게 전달하기 위한 한 수단으로 당해 모델을 등장시키고 있는 것에 불과하다. 또한 기술도 실재 인물의 속성을 그대로 반영할 뿐만 아니라, 작품 의도나 주제에 따라 실재 인물과 다른 속성을 보여주고 있고, 혹은 외부에서는 알 수 없는 내면을 작가의 상상력과 창조력으로 묘사한 것은 소설의 방법으로 당연히 이루어진다. 이와 같이 작가의 주관으로서는 모델의 명예나 프라이버시를 침해할 의도는 조금도 없다. 오히려 작품 속의 인물로서의 리얼리티는 자신의 필력 때문에 충분히 강해질 것이므로, 독자는 가령 모델이 된 실재 인물을 동정할 수 있다고 하여도 여전히 당해 작품의 내용이 실화라는 등의 오해는 하지 않을 것이라는 것이 작가 측의 생각이다.

그렇지만 실제로는 작품으로서의 예술적 승화의 정도가 어떠한 수준이든 모델소설은 모델이 된 인물 그 사람의 내면을 발굴하거나 내면 묘사가 허구라도 사실로 받아들여지게 되고(앞에 나온 『연회가 끝난 뒤』 판결(판결 (가) 참조), 사람에게 알리고 싶지 않은 내용이라면 프라이버시 침해가 된다. 또한 모델을 동정할 수 있는 독자와의 관계에서 같은 사람에게 일정한 사회적 이미지를 부여해버리는 이상, 그것이 마이너스의 것이라면 명예훼손이 된다.

또한 작품의 예술성에서 인격권의 침해를 정당화하려고 하면, 재판소가 다쿠가와(芥川)상 선정위원회와 같은 역할을 수행하게 되어 버린다. 예술표현의 자유를 지키려고 한 나머지, 오히려 국가기관인 재판소에 예술성의 판정을 맡기는 우를 범해서는 안 될 것이다.

Part Ⅳ 두 번째 소재

논픽션 『역전(逆転)』 사건

최고재판소 1994년 2월 8일 제3소법정 판결
1989년(オ) 제1649호 위자료청구사건
民集 48권 2호 149면
[참고조문] 헌 13, 21

사실 개요

논픽션 작가 이사 치히로(伊佐千尋)(Y)의 『역전(逆転)』은 1964년 당시 미합중국의 통치 하에 있던 오키나와(沖縄)현 기노완(宜野湾)시 후텐마(普天間)에서 발생한 본건 원고 X 등 네 명과 미군 병사 사이의 싸움이 원인이 되어 미군 병사 1명이 사망하고, 1명이 부상한 사건에 관해 X 등이 같은 해 9월, 미합중국류큐열도민정부(琉球列島民政府) 고등재판소의 기소배심 결과, 미군 병사 1명에 대한 상해치사 및 다른 1명에 대한 상해 각 죄로 기소되고, 배심평의의 결과 1명의 상해치사의 공소사실에 관하여서는 무죄이지만, 이에 포함된 상해의 공소사실에 관하여는 유죄, 다른 1명에 대한 관계에서는 무죄라고 답신을 받고, X 외 2명이 징역 3년의 실형을 받은 판결을 소재로 한 것이다. X는 상기 재판으로 복역하고 가출옥한 뒤 오키나와에서 잠시 일하고 있었지만, 이윽고 오키나와를 떠나 상경하여 도내 버스회사에 운전사로 취직하였다. X는 그 뒤 결혼하였지만, 회사에도 아내에게도 전과를 숨기고 있었다. 동 사건 및 동 재판은 당시 오키나와에서는 크게 신문 보도되었지만, 본토에서는 신문 보도도 없었고 동경에서 생활하고 있는 X의 주위에는 그 전과에 관한 사실을 아는 사람이 없었다.

상고인 Y는 상기 재판의 배심원의 1인이었지만, 그 체험에 기초하여 『역전』(본건 저작)을 집필하고, 본건 저작은 1977년 주식회사 신조사(新潮社)에서 간행되고 논픽션 작품으로서 높은 평가를 받고, 1978년에는 제9회 오오야 소이찌(大宅壮一) 논픽션 상을 수상하였다. 그 내용은 X 등이 미군 병사 1명에 관한 상해치사에 관계되어 있던 사실을 의심하고, 배심에서 다른 배심원을 설득하여 상해치사에 관하여 무죄를 쟁취하는 과정을 그리고 있으며, X에게 불명예스러운 기술은 없었다. 또한 저작 단계에서 X는 동서(同書)의 존재조차 알지 못하였다. 그런데 본건 저작을 기초로 하여 NHK방송 논픽션 프로그램을 제작하고 거기에서 실명이 사용되어 있는 것을 안 X는 동서가 널리 읽혀지거나 NHK방송에서 X의 실명으로 방영되어 그 전과 이력이 널리 알려지게 되면 근무처에서 경력 사칭으로 해고되는 것은 아닌가라는 강한 불안감을 갖고, 또한 전과를 알지 못하고 결혼한 아내로부터 이혼을 청구 받지 않을까하는 걱정을 하였다. 그래서 X는 NHK를 상대로 동경 지방재판소에 텔레비전 방영금지 가처분을 신청하고, NHK가 『역전』 방영에서 그 실명을 이용하지 않고 가명을 사용하는 것으로 화해하였다.

이상과 같은 일련의 사건에 말려든 것도 Y가 『역전』을 저작하여 간행한 것이 원인이고, 또한 지금까지 X의 전과를 알지 못한 다수의 사람들에게 그 사실을 알게 한 것은 그 자체로 X에게는 심대한 정신적 고통을 초래하는 것이라고 하여 X가 위자료 지급을 구하여 제기한 것이 본건 소송이다. 제1심 동경 지방재판소 1987년 11월 20일 판결(判タ 658호 60면)은 본건 저작의 X의 전과에 관한 기술은 그 사생활상의 사실이고, 일반인이 X의 입장에 설 경우에 공개를 바라지 않을 사항이다. X의 전과는 오키나와 이외의 사람들에게는 아직 공표되어 있지 않은 사실이고 또한 일단 공개된 사실이라고 하여 언제라도 공표되어도 좋다는 것은 아니며, 시간의 경과에 따라 다시 법적 보호의 대상이 되는 본건 저작의 기술이 공공의 이해에 관한 공익 목적이 있다고 하여 X의 실명을 이용할 필연성은 없다는 점 등을 이유로 X의 청구를 인정하였다. 제2심 동경 고등재판소 1989년 9월 5일 판결(判タ 715호 184면)도 제1심을 기본적으로 지지하였기 때문에 Y가 상고하였다.

상고심=최고재판소

■ 법적 구성

어떤 자가 형사사건에 의해 피의자가 되고, 또한 피고인으로서 공소제기를 받아 판결을 받고 특히 유죄 판결을 받고 복역하였다는 사실은 그 자의 명예 혹은 신용에 직접 관계된 사항이므로, 그 자는 함부로 위의 전과 등에 관한 사실을 공표당하지 않을 것에 대해 법적으로 보호할 가치 있는 이익을 갖는다고 하여야 한다. 그 자가 유죄 판결을 받은 뒤 혹은 복역을 마친 뒤에는 한 시민으로서 사회에 복귀하는 것이 기대되므로, 그 자는 전과 등에 관한 사실 공표에 의하여 새롭게 형성되어 있는 사회생활의 평온을 침해받고 그 갱생을 방해받지 않을 이익을 갖는다고 할 수 있다.

그렇지만 어떤 사람의 전과 등에 관한 사실은 다른 한편 그것이 형사사건 내지 형사재판이라는 사회 일반의 관심 혹은 비판의 대상이 되어야 할 사항에 관한 것이므로 사건 그 자체를 공표하는 것에 역사적 또는 사회적인 의의가 인정되는 경우에는 사건의 당사자에 관하여도 그 실명을 분명히 하는 것이 허용되지 않는다고는 할 수 없다. 또한 그 자의 사회적 활동의 성질이나 이것을 통하여 사회에 미치는 영향력의 정도 등의 여하에 따라서는 그 사회적 활동에 대한 비판 혹은 평가의 한 자료로서 위의 전과 등에 관한 사실이 공표되는 것을 수인하지 않으면 안 되는 경우도 있다고 하지 않을 수 없다. 또한 그 자가 선거에 의하여 선출된 공직에 있는 자이거나 그 후보자 등 사회 일반의 정당한 관심 대상이 되는 공적 입장에 있는 인물인 경우에는 그 자가 공직에 있는 것에 대해 옳고 그름 등을 판단하는 하나의 자료로서 위의 전과 등에 관한 사실이 공표되는 경우는 이것을 위법이라고 할 수 있는 것은 아니다.

그리고 어떤 사람의 전과 등에 관한 사실이 실명을 사용하여 저작물로 공표된 경우에 이상의 여러 가지를 판단하기 위해서는 그 저작물의 목적 성격 등에 비추어, 실명을 사용하는 것의 의의 및 필요성을 아울러 고려할 것을 요한다고 할 수 있다.

■ **적용**

이상을 종합하여 고려하면, 본건 저작이 간행될 당시, X는 그 전과에 관한 사실을 공표당하지 않을 것에 대해 법적으로 보호할 가치 있는 이익을 갖고 있었던 바, 본건 저작에서 Y가 X의 실명을 사용하여 위 사실을 공표한 것을 정당화할 것까지의 이유는 없다고 할 수 있다. 상고기각.

기본 해설

논픽션의 경우 소설 표현과 같은 허구와 현실의 혼연일체라는 문제는 애당초 없다. 논픽션은 실재 인물을 소재로 하고, 다수는 실명으로 기술된다. 그 가치는 어디까지 「진실」에 다가서고 있는가에 의하여 정해지는 것으로, 인간 존재를 파고들었거나 어떠한 주제를 추구했는가라는 소설에서 요구되는 가치는 본래부터 문제되지 않는다. 그래서 소설과 같은 마음 속 깊은 내면을 도려내는 기술은 적다고 하여도, 철저한 취재를 통하여 세간에 알려져 있지 않은 사실이 부상하게 되면, 문자 그대로의 논픽션=사실의 무게감에 따라 기술내용이 독자에게 다가선다.

그래서 논픽션에서는 보도와 동일하게 프라이버시 침해 및 명예감정의 침해는 허용되지 않고, 명예훼손에 관하여도 면책 3요건을 충족하지 않은 경우에는 그 성립을 긍정하지 않을 수 없다. 한편 논픽션은 사회적으로 중요한 주제를 추구함을 목적으로 하여 그 기술에 설득력을 갖게 하기 위해 실화를 수록하는 것이므로(예를 들면 소년범죄의 배후를 추구하기 위해 사건 피해자가 된 소년이나 그 가족을 상세히 그리는 것도 있을 수 있다), 그 의미에서는 실화 그 자체가 궁극의 목적이라기보다는 오히려 저작 전체의 주제를 탐구해 가기 위한 수단으로 실화를 등장시킨 것이라고도 할 수 있다. 그렇다면 이야기를 창작하는 것이 허용되지 않는 것은 말할 필요도 없지만, 실재 인물을 가명으로 하는 것이 오히려 주제 그 자체에 아무런 지장을 주지 않은 경우도 있게 될 것이다.

본건에서는 쓰는 쪽인 Y가 실명 등의 구체적인 것까지도 정확하게 재현함으로써 당해 폭행사건 및 배심재판의 내실을 묘사하고, 결과적으로 이른바 X의 명예회복까지 겨냥했을 것이다. 그러나 그와 같은 Y의 의도는 동시에 X의 전과라는 지우기 어려운 오랜 상처를 언급하는 것이 되어 버렸다. 그래서 본건 판결은 본건 저작의 주제를 X의 명예회복이라는 개별적인 목표가 아닌 배심제의 훌륭함 등의 일반적 주제에 있었다고 파악한 뒤에, 그것을 위해서는 X의 실명을 낼 필연성은 없다고 결론 맺은 것이다.

또한 범죄에 관한 사실은 공공의 이해에 관한 사안이고, 체포시의 실명보도에는 이론(異論)도 있지만, 기소로부터 유죄 판결 확정, 형 집행(복역)에 이르는 과정은 실명보도나 논픽션의 발표에 문제가 없다. 본건 저작은 사건발생으로부터 판결에 이른 시간대를 주로 언급하고 있으므로, 그 시점을 기준으로 생각하면 실명공표는 허용되었을 것이다. 그런데 본건 판결은 시간의 경과(형기 종료)로 인해 이제는 정당한 공공의 관심사가 되지 않는다는 입장을 채택하고 있다. 형을 복역했다는 사실이 형기 종료와 함께 정당한 공공의 관심사이었던 것을 멈춘다고 하면, 전과가 된 단계에서는 진실을 그려도 명예훼손이 되고, 더욱이 애당초 사회적 평가를 받을 수 있는 사안이 아닌 것이기 때문에 프라이버시 침해라고도 할 수 있다(제1심 판결은 프라이버시 침해성을 강조하고 있다). 본건 판결은 「새롭게 형성하고 있는 사회생활의 평온을 침해받거나 그 갱생을 방해받지 않을 이익」이 본건 저작에 의하여 침해받았다고 하였지만, 당해 법익의 정체는 「사생활의 평온」이라는 고전적인 프라이버시권보다는 넓고, 개인의 사적인 실정(본건에서 X는 아내에게도 전과를 숨기고 있었다)에서 대외적인 실정(사회와 관계될 때에 개인이 보이고 있는 외관. 본건에서는 회사에 전과를 전하지 않았다)까지를 포함하고, 이러한 타자와의 관계의 공간에서 개인이 보이는 이미지를 설령 그것이 허명(虛名)이라도 보호한다는 것일 것이다.

여기에서 말하는 「사회생활의 평온」이라는 법익은 사람의 「사회적 평가」에 대한 권리로서의 명예권과 유사한 것으로 볼 수 있지만, 양자의 관점은 크게 다르다. 「사회생활」이라고 한마디로 말하여도 내용은 다양하지만, 본건 X와 같이 무명 시민의 「사회생활」이란 본건에서 문제되었던 근무처에서의 고용관계 등 「사생활」의 연장의 성질을 갖는다. 그러한 장에서의 본인의 인격에 대해 본건 논픽션과 같은 보다 고차원의 관점에서의 「사회적 평가」가 가해지는 것은 그 당부(내용이 부당하다면 명예훼손이 될 수 있다)와는 별개로 애당초 본인의 「사회생활의 평온」을 해하고, 나아가서는 자율적 인격권을 어렵게 한다. 본건 판결은 「프라이버시」라는 말을 이용하고 있지 않지만, 실질적으로는 이상의 의미에서 (확대된) 프라이버시 보호를 꾀한 것으로 해석할 수 있다(참조, 加藤・後掲 62면, 滝沢・後掲 201면).

본인의 현재의 사회적 이미지에 불리한 전력을 개시할지의 여부를 선택할 자유는 기본적으로 본인에게만 유보되어야 한다. 이와 같은 「갱생」의 채널이 언제라도 열려 있는 것은 과장해서 말하면 개인주의의 이념에 포함되어 있다.

그렇지만 다른 한편으로 과거의 범죄력이 성범죄 등 상습성이 있고, 이웃사람에게 위협을 미칠 수 있는 유형인 경우, 일률적으로 전력 개시를 위법시하여서는 안 된다. 이 점에 대해서도 본건 판결은 주도면밀하게 예외를 마련하고 있다(「사건 그 자체를 공표하는 것에 역사적 또는 사회적 의의가 인정될 수 있는 경우에는 사건의 당사자에 관하여도 그 실명을 분명히 하는 것이 허용되지 않는다고는 할 수 없다」라는 부분을 참조).

설문 1 논픽션 작가 Z가 다음과 같은 저작에서 무명의 시민 P의 실화를 실명으로 기재한 경우, 본건 판결의 입장에서는 P 본인이나 그 가족에게 불법행위라고 할 수 있는가?

(1) 지하금융의 악을 들추어낼 목적으로 쓰인 저작 속에서 영세기업 사장 P가 자살한 것은 지하금융에 보험금에 의한 채권의 청산을 독촉받았기 때문이라는 진상을 밝힌 경우

(2) 정치가와 기업인 사이의 뿌리 깊은 파벌을 고발하는 저작 속에서 유력 정치가의 장남이지만 검소한 연구직에 취직해 있던 P가 유명 기업사장 딸과 맞선을 보아 결혼하고 바로 이혼했다는 사실을 밝힌 경우

(3) 아동성폭력 사건의 범인에게 상습성이 있는 것을 밝힐 목적으로 쓰인 저작 속에서 과거에 한 번 아동성폭력 사건을 일으켜 복역하고 현재는 성실하게 일하고 있는 P를 포함한 전력자의 성명・주소를 공표한 경우

설문 2 다나카 마키코(田中真紀子) 의원의 장녀의 개인적인 일(이혼 사실)에 관한 폭로기사를 게재한 『주간문예』(2004년 3월 25일호)에 관해 프라이버시 침해에 해당하다고 하여 장녀 측이 출판사를 상대로 제기한 출판금지 가처분 신청에 대해 동경 지방재판소는 이를 인정하고, 나아가 이의신청을 기각하는 결정(2004년 3월 19일 判時 1865호 18면)을 내렸지만, 동경 고등재판소 2004년 3월 31일 결정(判時 1865호 12면)은 가처분명령을 취소하였다(확정). 지방재판소, 고등재판소 모두 북방저널 사건 최고재판소 판결이 제시한 3요건을 프라이버시 침해를 이유로 하는 출판정지(가처분)의 동 사건에 적용하였지만, 이혼 사실의 기재가 「중대하고 현저하게 회복 곤란한 손해를 입을 우려」가 있는지의 여부에서 상이한 결론에 이르렀다. 이 사건에서 동경 지방재판소의 가처분 명령의 옳고 그름을 논하시오.

▌참고문헌▐

Part Ⅰ～Ⅲ

大江健三郎「陳述書と二つの付記」世界665号(1999年)

紙谷雅子「小説による名誉毀損とプライバシー侵害」法律時報73巻4号

大村普介「『石に泳ぐ魚』事件判決の評価をめぐって」法律時報72巻7号

駒村圭吾『ジャーナリズムの法理』(嵯峨野書院, 2001年)

宍戸常寿「名誉毀損と事前差止め—北方ジャーナル事件」メディア判例百選(別冊ジュリスト

179号)
渋谷秀樹『日本国憲法の論じ方』(有斐閣, 2002年)
杉浦正典「モデル小説と名誉毀損・プライバシー侵害の成否」法律のひろば1999年12月号
鈴木秀美「小説『石に泳ぐ魚』事件東京高裁判決」法学教室252号
曾我部真裕「プライバシー侵害と表現の自由」憲法判例百選Ⅰ[第5版](別冊ジュリスト186号)
松井茂記「自伝的小説の公表とプライバシー侵害・名誉毀損・侮辱」法律時報72巻4号
棟居快行「小説『石に泳ぐ魚』をめぐる最高裁判決」法律のひろば 2004年5月号
大石泰彦「ノンフィクション作品における前科等事実の公表」メディア判例百選(別冊ジュリスト179号)
加藤新太郎 「ノンフィクション作品における実名使用による前科の公表と不法行為の成否」NBL566号
鈴木秀美 「表現の自由と事前差止(名誉毀損)」 小山剛=駒村圭吾編著 『論点探求憲法』(2005年, 弘文堂)
滝沢孝臣「最高裁判所判例解説」法曹時報49巻2号
田島泰彦「ノンフィクションと前科の公表」憲法判例百選Ⅰ[第5版](別冊ジュリスト186号)

(棟居快行)

제8장 표현의 자유와 명예보호

[논점]

(1) 형법 제230조의 2에 의한 표현의 자유와 명예보호의 조정
형법 제230조의 2 제1항에 정해져 있는 면책요건 중 진실성에 대해 행위자가 그것을 증명할 수 없는 경우, 행위자가 그것을 진실이라고 오신(誤信)하고, 나아가 그 오신한 것에 대해 상당한 이유가 있는 경우 명예훼손의 면책을 인정할 수 있을까?

(2) 명예훼손법의 의의와 한계
공공의 이해(利害)에 관련된 사실에 대해 전적으로 공익을 도모할 목적으로 진실을 표현한 것인지, 진실이라고 오해한 상당한 이유가 존재하는 경우에 면책을 인정함으로써 표현의 자유와 명예보호의 조정을 도모하고 있는 명예훼손법은 표현의 자유를 충분히 보호하고 있을까? 반대로 불충분하다면 어떠한 수정을 해야 하는 것인가?

(3) 인터넷상의 명예훼손에 대한 프로바이더의 책임
인터넷상의 명예훼손에 대해 이른바 프로바이더(provider)의 삭제의무를 부과하고 이것을 소홀히 할 경우에 손해배상의무를 지게 하는 것에는 헌법상 어떠한 문제가 있는가?

Part Ⅰ 기본 소재

「석간 와카야마시사(和歌山時事)」 사건

최고재판소 1969년 6월 25일 대법정 판결
1966년(あ) 제2472호 명예훼손피고사건
刑集 23권 7호 975면, 判時 559호 25면
[참조조문] 憲 21 刑 230, 230조의 2

사실 개요

「와카야마 시사(時事)」 신문사를 경영하고 「석간 와카야마 시사」의 발행을 주업으로 하고 있는 피고인 Y(피고인, 항소인, 상고인)는 폭로기사에 의한 명예훼손이나 공갈 전과를 가진 동업자 S의 언론인으로서의 자세를 비판하는 기사를 쓰고, 이것을 게재한 석간 와카야마 시사 수천 부를 와카야마 시내의 정기구독자 등에게 배달 혹은 우송하여 배포한 것으로 인해 S의 명예를 훼손했다고 기소되었다. 문제의 기사는 1963년 2월 11일부터 같은 달 18일경까지의 기간 동안 「거리의 진드기 S의 죄상」 또는 「흡혈귀 S의 죄업」이라는 제목으로, Y가 7회에 걸쳐 쓴 연재의 일부였다. 제1심 판결은 최근 S본인 또는 S의 지시에 의해, S가 경영하는 「와카야마 특종 신문」의 기자가 와카야마 시청 토목부의 아무개 과장에게 「낼 것을 내면 눈감아 주겠다. 켕기는 것이 있으니 해 주는 거지. 듣기 좋은 대사는 그만두고, 이번에는 상층의 모 주간을 노리고 있어. 오는 정이 있어야 가는 정도 있다는 말도 있는데 어때 너에게도 오직(汚職)의 혐의가 있는데, 자리를 옮겨서 한잔 하면서 이야기해볼까? 라며 으름장을 놓았다」는 취지가 기재되어 있던 기사에 대해 명예훼손죄의 성립을 인정했다. 피고인측은 피고인의 부하인 편집장 J의 증언과 J의 메모 A와 B에 의해 진실성을 입증하려 했으나, 판결은 당해 기사의 진실성을 인정하지 않았다. 제2심에서는 「증명가능한 정도의 자료, 근거를 가지고 사실을 진실이라고 확신했기 때문에 피고인에게는 명예훼손의 고의가 조각되어 범죄는 성립하지 않는다」는 피고인 측의 주장은 배척되었다.

최고재판소는 피고인 측의 헌법 제21조 위반의 주장을 「실질은 모두 단순한 법령 위반의 주장이었고 적법한 상고이유에 맞지 않는다」라고 했지만, 직권 검토한 결과 원 판결과 제1심 판결을 파기하고 본건을 와카야마 지방재판소로 돌려보냈다.

제1심=와카야마 지방재판소

와카야마 지방재판소 1966년 4월 16일 판결
刑集 23권 7호 984면

■ 당사자의 주장 (쟁점)

〈법적인 근거에 관련된 주장〉

피고인 Y가 공소사실기재의 기사를 게재한 사실은 인정하지만, Y의 본건 행위는 Y가 S의 편집발행에 관련된 신문의 악덕성을 철저하게 비판하고, 그 자세를 바로잡아 신문의 자주적 윤리 규범과 품위를 확립하는 것을 목표로 한 것으로, 모두 공공의 이해에 대한 사실과 관계되고 그 목적은 전적으로 공익을 도모하기 위한 것이며, 적시사실은 진실에 부합함으로써 모든 것이 형법 제230조의 2 제2항의 각 요건을 충족하고 있으므로 무죄이다.

또한, 설령 적시 사실의 진실증명이 이루어지지 못했다고 하더라도, 신문의 사회적 사명과 언론보도라는 정당한 업무로 미루어보아 악덕 신문을 비판하고 취재한 범위 내에서 언론인의 부당한 행위를 논한 것은 정당행위이다.

■ 적용

인정된 적시 사실은「토목부의 아무개 과장에게『낼 것을 내면 운운』의 폭언을 내뱉은 취지의 사실(이하 甲사실)」과「상층의 아무개 주간(主幹)에게『오는 정이 있어야 가는 정 운운』이라고 위협한 사실(이하 乙사실)」, 이렇게 두 가지의 사실이다.「이것들은 적시하기엔 특종신문 관계자 중 한 명의 폭언이지만 내용적으로는 이와 같은 두 개의 사실을 적시하는 것이다.……어차피 위의 양 사실이 S의 명예를 훼손하는 것임은 부정하기 어렵다.

그러나 양 사실이 단적으로『아직 공소 제기되지 않은 사람의 범죄행위에 관한 사실』이라고는 말하기 어렵지만, 이에 준하여 공공의 이해에 관한 사실에 관한 것이라고 인정하는 것이 상당하며, 피고인이 전적으로 공익을 도모할 목적을 가지고 본건의 행위로 이어졌다는 것은 前記 인정한 바와 같다」.

각 사실(前記 甲, 乙사실)의 진실성에 대해서는「(1) 앞서 든 각 증거 외에 압수한 메모 2매……에 의해서도 결국 이것을 증명하기에 충분한 증거는 없다. 다만 각 증거에 의하면 같은 해인 1963년 1월 20일 경 특종 신문의 S가 와카야마 시감리과(市監理課)를 방문해 K과장에게 앞의 1의 건에 대해 문의하고, 마찬가지로 그 즈음 특종 신문의 기자가 같은 문제에 대해 같은 곳을 방문한 사실이 인정되어 이것이 前記 甲사실과 일단 관련된 것임이 추인되었다. 하지만 그 중 중요한 부분인 甲사실 그 자체인 폭언 내용에 대해서는 이것을 인정하기에 충분한 증거는 없으며 甲사실의 진실의 증명이 없다고 할 수밖에 없다.

게다가 乙사실의 기사의 소재가 된 것으로 추측할 수 있는 사실로서 같은 해 1960년 8월경 특종 신문이……H공원(公園) 과장의 토지매매문제를 부당하게 문제 삼았는데, 그 무렵 와카야마시 경제부 공원과에 방문한 특종 신문의 기자에게 과장이 강하게 항의하자, 기자가「자리를 옮겨 이야기하자」고 말을 꺼낸 사실이 인정되었다. 그러나 위 사실과 乙사실은 그 일시에 있어 약 2년 반의 격차가 있어 그 장소, 행위의 상대방에 현저한 차이가 있고, 특히 그 내용에서 단지『자리를 옮겨 이야기한다』는 점이 유사할 뿐, 그 외의 협박적인 언동의 정도와 종류에 대해서는 乙사실의 경우가 H과장에게 대할 때 보다 현저히 강도, 또 이질적인 것 등 그 사이에 대부분 사실의 동일성이 인정되지 않는다고 할 것이다. 이로써 乙사실에 대해서도 진실의 증명이 있었다고는 도저히 말할 수 없는 부분이다.

(2) 또한 피고인이 甲, 乙 모두 적시 사실을 진실이라고 믿는 것에 대해 상당한 이유가 있었던 것인지 아닌지 혹은 진실이라고 믿는 것에 대해 과실이 없었던 것인지의 여부에 대해 검토할 때, 피고인이 양 사실을 집필할 때 그 자료로 삼은 것은 그 신문사의 J편집장 외의 종업원이 취재하여 그들로부터 받은 메모……나 구두보고이다.

甲사실에 대한 자료는 매우 근거 박약한 전문에 의해 얻은 정보에 지나지 않는다. 또한 동일인물의 작성으로 보이는 메모 B에는「그 녀석은 인색하니까」라는 기재가 있을 뿐, 설령 J가 신뢰할 수 있는 기자라고 해도 관련된 자료에만 근거해서 피고인이 甲사실을 진실이라고 믿는 것에 대해 상당한 이유가 있었다라고 인정하는 것은 불가능하다. 또 乙사실에 대해서는 J가 H에게 직접 취재한 정보를 메모 A라 하여 동일 기자로부터 제공된 것 같지만, 피고인이 위와 같은 자료에 근거해서 인정된 사실을 사실로 적시하고 있었다고 한다면 증인 H의 당 공판정에서 공술과 더불어 그 사실의 진실성의 입증이 용이하게 되었던 것인지 피고인이 현실에 적시한 사실은 乙사실이며, 양 사실 간에는 前記 (1)과 같이 동일성이 결여된 것으로, 이 점에서 피고인은 그 자료의 사실적 판단 및 가치판단을 과실로 잘못한 것이라고 하지 않을 수 없다.

(3) 게다가 본건은 甲, 乙 모두 적시 사실에 대해 진실의 증명이 될 수 없더라도 신문의 사회적 사명과 언론보도라는 정당한 업무로 미루어보아 정당업무행위로써 그 위법성이 조각되는 경우일까? 이미 설시한 바와 같이 신문이 사회의 공기(公器)로서 사회적 사명을 띠고 언론보도라는 정당한 업무를 가지며, 피고인의 본건 비판활동과 같이 두드러지게 그 일환을 이루는 것이지만, 앞의 (2)에서 설명한 것처럼 前記 甲, 乙 양 사실의 적시에 관한 한, 그 근거가 된 자료는 박약하여 상당한 근거에 입각한 것이라고는 말할 수 없기 때문에 정당업무행위로써 위법성이 조각되는 경우에는 해당되지 않는다. 피고인을 벌금 3,000엔에 처한다.

제2심=오사카 고등재판소

오사카 고등재판소 1966년 10월 7일 판결
刑集 23권 7호 995면

■ 당사자의 주장 (쟁점)

피고인

(a) 증거배제 결정에 대해

원 재판소가 증인 J의 증언 중 검찰관이 지적한 부분 전부를 전문증거라 해서 증거배제 결정을 한 소송절차에 법령의 위반이 있다. 명예훼손죄에서 진실임을 증명하는 것은 피고인 측에 거증책임이 전환되고 있는 경우로, 거기에도 엄격하게 전문법칙을 적용하는 것은 증거 수집상 검찰관에 비해 불리한 입장인 피고인의 입증활동을 현저하게 곤란하게 하며, 필요 이상으로 피고인의 입장을 불리하게 하는 것이어서, 피고인에게 직접 증거를 법정에 제출하는 것이 매우 어려운 사정이 있는 경우 전문법칙의 적용을 완화하고 전문증거도 허용되도록 해석해야 한다.

(b) 진실성의 증명에 대해

원 판결 인정처럼 피고인이 S의 명예를 훼손했다는 두 개의 적시 사실은 모두 그 사실의 중요한 골자에 대해 진실임을 증명한다. 또한 가령 사실의 증명이 충분하지 않다고 해도 피고인은 증명 가능한 정도의 자료와 근거를 가지고 사실을 진실이라고 확신했으므로 피고인에게는 명예훼손의 고의가 인정되지 않으며 범죄는 성립하지 않는다.

「본건의 기사는 가령 그 일부 기재에 다소의 부정확, 착오가 있다고 하더라도 그것의 강한 공익성과 중요성, 신문의 사회적 사명과 언론보도라는 정당한 업무로 미루어보아 형법 제35조의 규정 혹은 실질적 위법성 조각의 법리에 의해 정당행위로 용인되어야 한다」.

■ 법적 구성

(a) 진실성의 증명에 대해

「명예훼손죄의 경우, 형법 제230조의 2가 규정하는 적시 사실의 진실인 것을 입증하기 위한 증거에 대해, 특히 피고인 측에 전문법칙의 적용을 완화하고 전문증거를 허가한다고 해석해야 할 이유는 없다」. 「명예훼손죄에서는 형법 제230조의 2의 규정에 의해 사람의 명예를 훼손하는 사실을 공연히 적시해도 그것이 공공의 이해에 관한 사실이고, 전적으로 공익을 도모할 목적에서 한 것이라고 인정되며, 나아가 그 사실이 진실임이 적극적으로 입증된 경우에 비로소 피고인이 무죄가 된다. 때문에 조사결과 그 사실이 허위인 것이 명백하게 된 경우는 물론 진부불명(真否不明)의 경우에도 진실의 증명이 없었다는 것으로 피고인은 불이익한 판단을 받게 된다」.

(b) 증거배제 결정에 대해

「피고인이 적시한 사실에 대해 진실임을 입증하는 증명이 없는 이상, 피고인이 진실임을 오신하였다 해도 고의를 조각하지 않고, 명예훼손죄의 형을 면하지 못하는 것은, 이미 최고재판소의 판례(1959년 5월 7일 제1소법정 판결, 刑集 13권 5호 641면)의 취지이며, 이것과 견해를 달리하는 논지는 채택할 수 없다」.

피고인이 본건 기사를 게재한 동기목적은 참작이 된다 하더라도, 「상당한 근거도 없는 사실을 적시하여 사람의 명예를 훼손하는 행위를 그 수단으로 하는 것은 보도기관으로서 결코 정당하다고 할 수 없다」.

■ 적용

「원심에서 조사한 모든 증거를 상세히 검토하더라도, 본건 적시 사실의 모든 것에 대해서도 진실의 증명이 있었다고는 인정할 수 없기 때문에 이점의 논지는 이유가 없다」.

「본건 기사가 상당한 근거에 입각한다고 할 수 없는 것은 원 판결이 정당하게 지적하는 바이기 때문에, 피고인의 행위가 신문보도로서 허용되는 정당행위의 범위를 이탈한 것이라고 말하지 않을 수 없다」.

항소기각.

상고심=최고재판소

■ 당사자의 주장 (쟁점)

피고인 만일 형법 제230조의 2의 해석으로 「진실임에 대한 증명이 없는 이상 피고인이 진실이라고 오신하고 있다고 하더라도, 고의를 조각하지 않고 명예훼손죄의 형사책임을 면할 수 없다」는 견해를 채택하게 되면, 아무리 공공의 이해에 관한 사실이며, 아무리 그 공표의 목적이 공익의 도모를 위한 것이며, 나아가 그 사실이 진실인 경우조차 사실을 공표한 자는 장래 뭔가의 사정으로(강제수사권은 물론 가질 수 없고 현실에서 증인확보가 곤란한 상황은 자주 일어난다) 그 사실의 진실성을 증명할 수 없는 경우가 있을 수 있다는 점에서, 언제나 명예훼손죄의 형사책임을 지게 될 위험성을 지고 있다고 하지 않을 수 없다.

타인이 원하지 않는 사실을 공표한 자는 언제나 명예훼손죄의 형사책임을 지는 위험성을 가지고 있다는 결론을 끌어내는 前記와 같은 원 판결의 형법 해석이 우리들의 진실을 알 자유, 보도의 자유를 부당하게 제약하고 언론의 자유를 필요 이상으로 제한하며 헌법 제21조에 위반되는 것이 명백하다. 적어도 행위자가 사실의 진실성의 증명이 가능한 정도의 자료근거에 입각해, 사실을 진실이라고 믿었던 것이라면 가령 그것이 오신이었다고 해도 역시 고의를 결여한 것으로 명예훼손죄는 성립하지 않는다고 해석해야 한다.

따라서 원 판결의 형법 해석은 헌법 제21조에 위반되므로, 파기를 면할 수 없다.

■ 법적 구성

형법 제230조의 2의 규정은 인격권으로서 개인의 명예보호와 헌법 제21조에 의한 정당한 언론 보장과의 조화를 도모한 것이다. 이 양자 간의 조화와 균형을 고려한다

면 가령 형법 제230조의 2 제1항에서 말하는 사실이 진실로 증명되지 않는 경우에도 행위자가 그 사실을 진실이라고 오신하고, 그 오신에 대해 확실한 자료, 근거에 비추어 상당한 이유가 있을 때에는 범죄의 고의는 없으며, 명예훼손죄는 성립하지 않는다고 해석하는 것이 상당하다. 이와 달리 위와 같은 오신이 있었다 해도 대체로 사실이 진실로 증명되지 않는 이상 명예훼손죄의 책임을 면할 수 없다는 당 재판소의 판례(1958년 (あ) 제2798호, 1959년 5월 7일 제1소법정 판결, 刑集 13권 5호 641면)를 변경해야 함을 인정한다.

■ 적용

(a) 진실성의 증명에 대해

본건에서는 피고인이 본건의 기사 내용을 진실이라고 오신한 것에 대해, 확실한 자료와 근거에 비추어 상당한 이유가 있었는지 어떤지를 신중히 심리 검토한 후에 형법 제230조의 2 제1항의 면책이 있는지의 여부를 판단해야 한다.

(b) 증거배제 결정에 대해

앞서 기술한 인정사실에 상응하는 항소사실에 관해, 피고인 측이 신청한 증인 J가 공소사실의 기사내용에 관한 와카야마 시청 직원에게 들은 것을 피고인에게 제공한 취지를 증언했는데, 이것이 전문증거인 것을 이유로 검찰관으로부터 이의제기가 있어 제1심은 이것을 인정, 이의가 있었던 부분 전부에 대해 이것을 배제할 것을 결정했다. 그 결과 피고인은 위 공소사실에 대해 아직까지 기사의 내용이 진실임을 증명할 만한 것이 없고, 또한 피고인이 진실이라고 믿은 것에 대해 상당한 이유가 있었다고 인정할 수 없다고 해서 前記 유죄 판결을 받게 된 것이며, 원 판결도 위의 결론을 지지하고 있는 것이 명백하다.

그러나 제1심에서 변호인이 「본건은 그 동기, 목적에서 공익을 도모하기 위해 어쩔 수 없었던 것으로 형법 제230조의 2의 적용에 의해 당연 무죄이어야 한다」는 의견을 폈고, 前記 공소사실에 대해 증인 J를 신청해 제1심이 입증취지에 아무런 제한을 가함이 없이 증인을 채택하고 있는 등 기록에 나타난 본건의 경과로 미루어보면, 증인 J의 입증취지는 피고인이 본건 기사내용을 진실이라고 오신한 것에 대해 상당한 이유가 있었다는 것을 포함한 것으로 해석하는 것이 상당하다.

그렇다면, J의 증언 중 제1심이 증거배제를 결정한 부분은 본건 기사 내용이 진실인지 아닌지에 대한 전문증거이지만 피고인이 본건 기사내용을 진실이라고 오신한 것에 대해 상당한 이유가 있었는지는 전문증거라고 할 수 없기 때문에, 제1심은 전문증거의 의의에 관한 법령 해석을 잘못했고, 배제해서는 안 되는 증거를 배제한 위법이 있으며, 이것을 시인한 원 판결에는 법령의 해석을 잘못하여 심리부진(審理不尽)에 빠진 위법이 있다고 하지 않을 수 없다.

원 판결 및 제1심 판결 파기. 와카야마 지방재판소에 환송.

기본 해설

1. 형법 제230조의 2에 의한 면책의 범위

형법 제230조의 2 제1항은 타인의 명예를 훼손하는 행위라도 그것이 「공공의 이해에 관한 사실과 관련된 동시에 그 목적이 전적으로 공익을 도모하는 것에 있었다고 인정되는 경우에는 사실의 진위여부를 판단하여 진실임이 명백할 때에는 이것을 벌하지 않는다」고 정하고 있다. 형법 제230조는 명예훼손죄의 성립에는 적시한 사실의 진위여부를 묻지 않는다고 되어 있다. 그러나 동 제230조의 2의 규정에 의해 「진실의 적시」를 처벌하지 않기로 함으로써, 헌법 제21조가 보장하는 표현의 자유와 헌법 제13조에 의해 보호되고 있는 명예권의 조화가 도모되고 있다.

다만, 이 규정에는 표현의 자유와 명예보호의 조화라는 관점에서 볼 때, 여전히 검토를 요하는 문제가 있었다. 그것은 행위자가 적시한 사실의 진실성을 증명할 수는 없지만, 그것을 진실이라고 오신하고 있고, 나아가 오신한 것에 상당한 이유가 있는 경우에 명예훼손의 면책을 인정하는 것이 가능한가 하는 문제이다. 형법의 학설에서는 진실성을 증명할 수 없는 경우 ①오신을 포함해 처벌해야 한다는 견해, ②오신에 대해 상당한 이유가 있는 경우에 한해 무죄로 보아야 한다는 견해, ③상당한 이유의 유무와는 관계없이 오신은 무죄라는 견해가 대립하고 있다(前田・後掲, 141면).

이에 대해 최고재판소는 피고인이 적시한 사실에 대해 진실임을 증명할 수 없는 이상, 진실이라고 오신하고 있었다 하더라도, 고의를 조각하지 않고 명예훼손죄의 형사책임을 면할 수 없다고 하고 있다(최1소판 1959년 5월 7일 刑集 13권 5호 641면). 다만 하급심에서는 이 최고재판소 판결 전 뿐만 아니라, 그 후에도 오신에 대해서 상당한 이유가 있는 경우는 고의를 조각한다고 하여 처벌을 부정한 경우가 몇 건 있었다(오사카 고등재판소 1949년 12월 23일 高刑判特 15권 95면, 동경 고등재판소 1956년 2월 27일 高刑集 9권 1호 109면, 동경 고등재판소 1961년 12월 14일 下刑集 3권 11・12호 1019면 등).

진실성의 증명에는 자주 곤란이 따르기 때문에 ①의 견해에 따라 진실성의 오신도 처벌되면 행위자는 진실성의 증명에 실패할 경우를 우려해 표현행위를 자제하게 될 수 있어 표현의 자유에 위축효과를 불러오게 된다. 이에 대해 ③의 견해에 따를 경우 행위자가 경솔하게 오신한 경우도 무죄가 되어 명예보호를 경시하게 된다. 따라서 진실이라고 오신한 것에 대해 상당한 이유가 있는 경우에 한해 무죄로 하는 ②의 견해가 지지를 얻게 된다. 최고재판소도 본 판결에 의해 판례를 변경했다(그러나 그 결론을 어떤 해석으로 이끌어낼 것인가에 대해 형법학에서는 격심한 견해의 대립이 있다).

2. 본건에서 재판소의 판단

본건의 경우, 피고인 측은 진실성의 증명이 없는 경우에도 악덕 신문을 비판하는 기사는 정당행위로서 용인되어야 하며(제1심 · 제2심) 또한 진실성의 증명이 가능한 정도의 자료, 근거를 가지고 사실을 진실이라고 믿었기 때문에 가령 그것이 오신이라 하더라도 고의가 아니며, 범죄는 성립하지 않는다고 주장했다(제2심 · 상고심). 이 점에 대해 본건 제1심 판결은 오신에 상당한 이유가 있는 경우는 고의를 조각한다는 견해에 의거하고 있었지만, 결론에서는 고의의 조각을 인정하지 않았던 것에 비해, 제2심은 최고재판소의 1959년 판결을 따랐다. 최고재판소는 판례 변경에 의해 표현의 자유와 명예보호의 조화와 균형을 고려한다면, 진실성의 증명이 없는 경우라도 「행위자가 그 사실을 진실이라고 오신하고, 그 오신에 대해 확실한 자료, 근거에 비추어 상당한 이유가 있는 경우는 범죄의 고의가 없으며 명예훼손죄는 성립하지 않는다」는 판단을 내려 본건을 제1심으로 환송했다.

그러나 최고재판소는 이 판결에 앞서, 민법상의 명예훼손에 대해 진실임이 증명되지 않아도, 그 행위자에게 그 사실을 진실이라고 믿게 한 상당한 이유가 있을 경우에는, 위 행위에 고의 혹은 과실이 없고, 결국 불법행위는 성립하지 않는다고 해석하는 것이 상당할 수 있다(이것은 형법 제230조의 2의 규정의 취지에서도 충분히 살펴볼 수 있다)는 판단을 내리고 있다(최1소판 1966년 6월 23일 民集 20권 5호 1118면). 본 판결은 형법상의 명예훼손에도 민사판례와 동일한 해석을 채택하고 있음을 명백히 한 것이라고 할 수 있다.

본 판결에서 제시된 「상당한 이유」론에 대해서도 「여전히 언론에 대해 지나치게 엄격한 감」이 있다는 비판도 있으며(浦部 · 後揭, 145면), 표현의 자유의 관점에서 검토해볼 필요가 있다(이 문제에 대해서는 Part Ⅲ 이론편 참조).

여전히 본 판결은 증인 J의 증언 중 제1심에 의해 전문증거라고 해서 증거배제가 결정된 부분(제2심 同旨)에 대해 증인 J의 입증취지는 피고인이 기사 내용을 진실이라고 오신한 것에 상당한 이유가 있었다는 것을 포함하는 것으로 해석하고, 제1심 판결에 배제해서는 안 되는 증거를 배제한 위법이 있다고 판시했다. 부차적이지만 본건의 처리에 큰 영향을 준 논점이라고 할 수 있다.

3. 「상당한 이유」론에 관한 판례의 전개

본 판결은 「상당한 이유」에 대해, 「확실한 자료와 증거에 비추어」 보았으나, 특히 형법상의 명예훼손에 대해서 요건을 엄격하게 하는 취지라고는 생각되지 않고 있다. 판례는 그 후의 구체적인 사안에서 「상당한 이유」의 유무를 엄격히 판단하고 있고, 최근 몇 년간 그 경향이 강해지고 있다. 최고재판소 판례로는 범죄보도의 경우 수사당국이 아직 공식발표하지 않은 단계에서는 수사관에게 취재한 경우에도, 더욱이 뒷받침이 되는 취재와 본인 취재를 필요로 한 사안(최1소판 1972년 11월 26일 民集 26권 9호 1633면, 최1소판 1980년 10월 30일 判時 986호 41면), 통신사로부터 배신(配信)기사를 지방지・스포츠지에 게재한 경우에도, 배신 기사라는 것만으로 진실이라고 믿는 것에 상당한 이유가 있다고는 인정되지 않는다는 사안(최3소판 2002년 1월 29일 民集 56권 1호 185면, 최2소판 2002년 3월 8일 判持 1785호 38면)이 있다. 또 최고재판소가 상당한 이유를 인정한 것으로서 형사사건의 제1심 판결에서 유죄로 되어야 할 사실로 제시된 범죄사실, 양형의 이유 중 인정된 사실이 있다. 이 판결을 자료로 해서 인정사실과 동일성 있는 사실을 진실이라고 믿어 적시한 경우, 판결의 인정에 의심을 제기하는 특단의 사정이 없는 한, 나중에 항소심에서 이것과 다른 인정판단이 된다하더라도 상당한 이유가 있는 것으로 되었다(최3소판 1999년 10월 26일 民集 53권 7호 1313면). 최근 하급심 판례도 상당한 이유에 대해 엄격한 태도를 보이고 있다(동경 지방재판소 2001년 3월 27일 判時 1754호 93면, 동경 고등재판소 2001년 7월 5일 判持 1760호 93면, 동경 고등재판소 2003년 2월 26일 判時 1824호 43면 등).

Part Ⅱ 응용편

◥ 확인질문

1. 형법의 명예훼손죄 보호법익인 「명예」는 헌법상 어떤 조문에 의해 보호되고 있는가?
2. 최고재판소의 판례는 본건에 의한 변경까지 피고인이 적시한 사실을 진실이라고 오신한 것에 대해 상당한 이유가 있을 때에도 명예훼손의 책임을 면할 수 없다고 하고 있고, 학설에서는 이 판례가 표현의 자유를 현저히 제약하고 있다고 비판하고 있다. 그 이유는 무엇인가?
3. 피고인이 적시한 사실을 진실이라고 오신한 것에 상당한 이유가 있음을 입증하기 위해서는 어떠한 증언 혹은 증거가 필요한가? 최고재판소는 본건에서 피

고인이 적시한 사실을 진실이라고 오신한 것에 상당한 이유가 있었는지를 검토하기 위해, 구체적으로 어떠한 증언 혹은 증거를 단서로 해야 한다고 생각하는가?

◥ 응용문제

설문 1 주간지에 게재된 보험금 살인 의혹에 관한 기사가 어떤 사람의 명예를 훼손했다고 해서 편집장에게 형사책임을 묻고 있지만, 진실성을 증명할 수 없는 경우 피고인은 다음과 같은 자료나 근거에 의해 기사를 집필했다고 주장함으로써, 이 기사 중에 적시한 사실을 진실이라고 오신한 것에 상당한 이유가 있다고 인정할 수 있는 것이 있는지 검토하라.

(1) 경찰의 공식발표가 없는 단계에서 기자가 담당 형사로부터 개인적으로 취재한 정보에만 의거하여 당해 기사를 집필했다.

(2) 경찰의 공식발표에만 의거하여 당해 기사를 집필했다.

(3) 경찰의 공식발표 외에 독자적으로 취재하여, 의혹의 와중에 있는 본인도 취재한 후 당해 기사를 집필했다.

(4) 보험금 살인이 지방에서 발생하여 독자취재를 할 수 없었기 때문에 통신사의 배신기사를 그대로 게재했다.

(5) 보험금 살인이 외국에서 발생하여 독자취재를 할 수 없었기 때문에 외국 통신사의 배신기사를 그대로 게재했다.

설문 2 주간지에 게재된 유명 스포츠 선수 X의 채무 문제에 관한 기사에 대해, X로부터 명예훼손을 당했다는 이유로 주간지를 발행하고 있는 출판사 Y가 손해배상청구를 당했다. 기술내용의 일부에 대해 진실성을 증명할 수 없는 경우, 다음과 같은 자료나 근거에 의해 당해 부분을 집필했다고 주장함으로써, 거기서 적시한 사실을 진실이라고 오신한 것에 대해 상당한 이유가 있었다고 인정할 수 있는지 검토하라.

(1) 잡지 발행일이 임박했었기 때문에 이틀밖에 취재를 하지 못한 채로 X의 전화취재나 지인을 대상으로 한 취재에 그쳤다. X를 대상으로 한 본인 취재도 전화로 2회 시도했지만 부재여서 본인 취재를 하지 않은 채로 당해 기사를 집필했다.

(2) X가 외국에서 지내던 탓에 본인 취재는 하지 않고, X의 근황을 잘 알고 있는 X의 가정부로부터 전화나 전자메일을 통해 제공받은 정보에만 의거하여 당해 기사를 집필했다.

(3) X의 전처에게 정보제공 제의를 하였으나, X에게도 취재를 할 경우에는 정보제공을 하지 않겠다는 전처의 조건이 있었다. 때문에 X 본인에게는 취재하지 않고 전처로부터 제공받은 정보만으로 당해 기사를 집필했다.

(4) 기자가 X를 직접 인터뷰하여 그 내용에 의거해서 당해 기사를 집필했으나, 테이프에 녹음되어 있던 X의 발언의 취지가 명확하지 않은 경우

(5) 기자와 정보제공자와의 신뢰관계를 보호하기 위해 기사 내용의 신빙성을 법정에서 입증하는 것이 곤란한 이른바 off the record 정보에 의거해 당해 기사를 집필했다.

설문 3 방송국의 정보방송을 담당하고 있는 캐스터 Y가 어떤 약해(薬害) 사건의 피고인 X를 독자적으로 조사하여 그 성과를 저서로 간행했는데, X로부터 명예훼손을 이유로 손해배상청구를 당했다. 하지만 기술내용의 일부에 대해 진실성을 증명할 수 없는 경우, 다음과 같은 자료나 근거에 의해 당해 부분을 집필한 것이라는 주장에 의해 거기서 적시한 사실을 진실이라고 오신한 것에 상당한 이유가 있었다고 인정되는지 검토하라.

(1) Y가 당해 약해 사건의 공판을 방청하고 법정에서의 취재를 기초로 당해 부분을 집필했다.

(2) 당해 약해 사건으로 제1심에서 X에 대한 유죄 판결이 내려져 동 판결의 사실인정에 의거하여 당해 부분을 집필한 것을 저서가 간행된 후에 제2심에서 X에게 무죄 판결이 내려졌다. 이것이 확정된 경우

(3) 당해 약해 사건에 대해 잡지기사나 저작에 의거해서 당해 부분을 집필했다.

(4) 당해 약해 사건이 국회에서도 심의되어 그 심의자료를 입수하여 당해 부분을 집필했다.

Part Ⅲ 이론편

◥ 전개문제

명예훼손에 대해서는 형법도 민법도 공공의 이해에 관한 사실에 대해 전적으로 공익을 도모할 것을 목적으로 진실을 표현한 경우, 또는 진실이라고 오신한 상당한 이유가 존재할 경우에 면책을 인정하는 것으로 표현의 자유와 명예보호 간의 조화를 도모하고 있다. 그리고 이것들의 면책요건에 대해서는 표현의 자유를 사용한 면(피고

인 또는 피고)을 입증해야 하는 것으로 되어 있다. 때문에 표현내용이 진실이라 하더라도 표현행위를 한 자가 진실성 또는 상당한 이유의 존재를 증명할 수 없는 한, 명예훼손 책임을 지지 않으면 안 된다.

이와 같은 명예훼손법은 표현의 자유를 충분히 보호하고 있다고 할 수 있을까? 또한 가령 불충분하다고 하다면 명예훼손법을 어떻게 수정해야하는지 검토하라.

1. 형법 제230조의 2와 표현의 자유

형법 제230조의 규정은 전후(戰後)의 형법개정(1947년)에 의해 설립된 것이다. 기본 해설에서 서술한 대로, 형법 제230조는 명예훼손죄의 성립에는 적시한 사실의 진위를 묻지 않은 것으로 되어있으나 동 제230조의 2의 규정에 의해「진실의 적시」를 처벌하지 않음으로써 표현의 자유와 명예권과의 조정이 도모되고 있다.

다만 전쟁 전(戰前)의 신문지법에도 신문에 게재할 만한 사항에 대해 명예에 대한 죄의 공소를 제시할 경우에 그 사적 행위에 이르는 것을 제외한 것 외에 재판소에서 악의가 아닌 전적으로 공익을 위해 한 것이라고 인정될 때는 피고인에게 사실을 증명할 것을 허용하고, 그 증명의 확립을 얻을 수 있을 때에는 그 행위는 벌하지 아니한다는 규정(제45조)이 있고 출판법에도 이와 같은 규정(제31조)이 있다. 때문에 전쟁 전에도 인쇄미디어에 의한 명예훼손에 대해서는 이러한 법률이 인정하는 범위 내에서 진실성을 증명함으로써 면책이 가능했다. 그러나 전후에는 신문지법과 출판법이 폐지되고 형법 제230조의 2가 신설되었다.

형법 제230조의 2의 신설에 대해서는 일반적으로 일본국헌법에 의한 표현의 자유의 보장을 받아들여 비로소 실현되었다고 이해하는 경향이 있다. 역시 이 규정에는 신문지법에 비해「그 사적 행위에 이르는 것을 제외한 것 외에」라는 규정이나, 표현매체에 대한 한정은 보이지 않는 등 면책의 범위는 전쟁 전(2차 세계대전)보다도 확대되고 있다. 그러나 이 규정을 신설한 입법자의 의식은 신문지법과 출판법의 폐지에 따른「구 법률규정을 옮겨 규정한 것에 지나지 않고, 표현의 자유를 위해 전쟁 전에는 없었던 무언가를 적극적으로 새롭게 창설하려는 의욕을 갖고 있었다고 생각할 수 없다는 등의 지적도 있다(奧平 · 後揭①, 168면). 실제 형법 제230조의 2 제1항은 전쟁 전의 개정가안 제412조 그대로이고, 제2, 3항만이 새로운 것이라고 한다(小野清一郎「명예와 법률」 6면 이하).

이와 같은 배경을 가진 형법 제230조의 2의 규정은 헌법의 학설로 보아 표현의 자유와 명예보호의 가치를 유형적으로 형량하여 그 조정을 기도한 것으로,「미국법에서 말하는 **정의붙은 형량**(definition balance)의 사고방식을 법문에 구체화하려고 하는 자세를 보였다고 해석된다는 점에서 가치를 달리한다. 그러나 진실성의 증명을 그대로 요구하면 표현의 자유에 현저히 불리하게 된다」(芦部・後揭, 351면)는 문제가 있다.

2. 「현실적 악의」의 법리

본 판결이 형법상의 명예훼손에 대해 「상당한 이유」론을 채택한 것은 「표현의 자유를 배려한 정의붙은 형량을 명확히 한 것(芦部・後揭, 353면)으로. 또한 표현의 자유를 확립하기 위해서 「처음으로 신기축(新機軸)을 내세운 것」(奧平・後揭①, 168면)으로 적극적인 평가를 받았다. 다만 「상당한 이유」론은 「여전히 언론에 대해 지나치게 엄격한 감」이 있다는 비판도 있다(浦部・後揭, 145면). 그러한 의견에 의하면, 표현의 자유와 명예보호의 조정은 「공공성의 문제에 대한 발언은 자유인 것이 원칙이며, 고의로 혹은 아무런 근거도 없이 무책임하게 허위사실을 적시하여 타인의 명예를 침해한 경우에만 명예훼손죄를 인정되어야 한다」고 한다. 이것은 아메리카 합중국 최고재판소가 1964년 뉴욕 타임즈 대 설리번 사건(New York Times v. Sullivan, 376 U.S. 254)에서 채택한 「현실적 악의(actual malice)」의 법리에 적합한 사고방식이다.

이 법리에 의하면 공직자가 그 직무행위에 관한 명예훼손에 대해 손해배상을 청구하기 위해서는 그 표현이 허위임을 알고 있었는지 혹은 허위인지 아닌지 의식하지 않고 한 것인지, 즉, 표현의 행위자가 현실적 악의를 갖고 있었던 것을 증명해야만 한다. 「현실적 악의」에 대해 거증책임을 지는 것은 공무원측이다. 「현실적 악의」의 유무는 보도기관의 주관에 의해 판정된다. 보도기관이 부주의로 그 내용을 진실이라고 오신한 경우에도 주관적으로는 그것을 진실이라고 믿고 있었기 때문에 「현실적 악의」의 존재는 부정된다(喜田村・後揭, 28면). 미국의 보도기관은 불법행위에서 명예훼손을 표현의 자유의 관점에서 다시 파악한 이 판결 이후, 명예훼손의 손해배상을 두려워하지 않고 스스로 진실이라고 믿는 기사를 공표하는 것이 가능하게 되었다. 이 법리는 그 후의 판례에 의해 공직자에 한정되지 않고 공적 인물(public figures)에게도 그 영향을 미쳤다.

미국과는 다르게 일본의 명예훼손법은 표현의 자유를 행사한 측에 면책요건에 대한 거증책임을 지우고 있다. 때문에 표현내용이 진실이라 하더라도 표현의 자유를 행사한 측이 진실성 혹은 상당한 이유의 존재를 증명할 수 없는 한, 명예훼손의 책임을 져야만 한다. 일본에서도 산케이신문 사건의 하급심 판결(동경 지방재판소 1977년 7월 13일 判時 857号 30면, 동경 고등재판소 1980년 9월 30일 判持 981号 43면)이나 북방저널 사건 최고재판소 판결(최대판 1986년 6월 11일 民集 40巻 872号의 谷口 재판관의 의견) 등에 「현실적 악의」 법리의 영향이 나타난다. 여기에서도 거증책임은 표현의 행위자측이 진다고 되어 있다. 그리하여 「현실적 악의」 법리를 일본에도 도입하여 거증책임을 검찰측・원고측에게 지게 해야 한다는 의견이 있다(浦部・後揭, 145면, 松井・後揭① 102면, 平川・後揭, 107면 등). 구체적으로는 명예훼손의 피해자를 공인(공직자 혹은 공적 인물)과 일반인으로 구별하는 것을 전제로 공인이 원고가 되어 명예훼손에 대해 다투는 경우에는 일본 법제의 3개 면책요건 ①적시사실의 공공성, ②목적의 공익성, ③적시사실의 진실성과 「상당한 이유」 중에, ①의 요건은 충족된다 하더라도 나머지 ②와 ③의 요건에 대해서는 문제의 표현행위가 이 요건들 중 일부를 간과하고 있다는 것을 원고측의 공인이 입증하도록 해야 한다는 실무가의 의견이 있다(喜田村・後揭, 193면). 이 때, 공인과 사인의 구별은 대상이 되는 보도가 공공의 논의라고 할 수 있는지, 명예훼손의 피해자가 이 논의에 어떤 형식으로 어느 정도 관여하고 있는지 등을 감안하여 판단된다.

「현실적 악의」 법리를 일본에 도입하는 것에 대해서는 이것이 일본 법체계에 맞을 것인가 하는 문제를 지적하면서도, 「적어도 면책요건의 거증책임을 표현자 측에 지우고 있는 현행 법제를 검토할 필요가 있다」고 논하여지고 있다(長岡・後揭, 106면). 또한 이러한 문제의식에 의거해서 공직자에 한정해 진실성과 상당한 이유에 대한 입증을 전환한다는 제안도 검토되고 있다(駒村・後揭, 205면).

최근 몇 년 간, 판례가 표현의 자유보다도 명예보호를 우선시하고 있는 경향이 강해지고 있는데, 「상당한 이유」론이나 「현실적 악의」법리와 같은 양자 조정을 위한 규칙에 대해서는 이후에도 논의를 계속해야 할 필요가 있다.

3. 민사소송으로의 일원화

표현의 자유와 명예보호의 조정의 문제는 종래의 형법 제230조의 존재를 전제로 하여 형법 제230조의 2 규정에 의한 조정의 형태를 중심으로 논의되어 왔다. 이에 대해 명예훼손에 관한 현행 형법의 원칙에는 위헌의 혐의가 있다고 지적하고, 명예침해행위에 대한 형사제재를 폐지하고 민사소송으로 일원화할 것을 진지하게 검토해야 한다는 제안도 나타난다(山元・後揭, 奥平・後揭②, 140면도 같은 논지). 실제로 명예훼손죄에 의한 처벌은 매우 적어지고 있다.

이 제안에 따라 명예훼손을 민사소송으로 일원화할 경우에는 피해자의 구제에 대해 민법 제723조에 의거하여 명예회복처분으로써 반론권의 가능성 등 형사제재 이외의 유효한 법적 수단을 검토할 필요성이 높아지게 된다(제12장 「산케이신문 사건」, 특히 Part Ⅲ과 Ⅳ를 참조).

PART Ⅳ 두 번째 소재

니프티 서버(ニフティサーブ) 사건

동경 고등재판소 2001년 9월 5일 판결
1997년(ネ) 2631호 · 2633호(乙사건) · 2668호(丙사건) · 5633호(丁사건)
손해배상 · 반소각청구항소(甲 · 乙 · 丙사건), 부대항소(附帯控訴)(丁사건)사건
判時 1786호 80면
[참조조문] 헌 21 민 709, 415

사실 개요

원고 X는 컴퓨터 통신(니프티 서버) 상의 「현대사상포럼」에 개설된 「페미니즘회의실」에서 Y_1의 발언이 X의 명예를 훼손한다고 해서 발신자인 Y_1, 포럼의 관리자 Y_2, 컴퓨터 통신 니프티 서브를 주재하는 회사 Y_3을 상대로 손해배상을 청구했다.

제1심은 Y_1의 발언이 명예훼손에 해당되며 Y_1의 불법행위책임을 인정하고, Y_2에 대해서도 관리자가 포럼상의 전자회의실에 타인의 명예를 훼손하는 발언이 작성된 것을 구체적으로 안 경우, 그 자의 명예가 부당하게 훼손되지 않도록 하는 데 필요한 장치를 마련해야 하는 작위의무가 있으며, Y_2는 이것을 태만히 했다고 불법행위의 성립을 인정했다. Y_3에게도 Y_2의 불법행위에 대해 사용자책임이 있다고 했다.

원고 · 피고 쌍방이 제기한 항소에 대해 제2심은 Y_1(항소인 甲)에 대해서는 명예훼손과 모욕에 의한 불법행위책임을 인정했지만 Y_2(항소인 乙)와 Y_3(항소인 니프티)에 대한 X(피항소인)의 청구를 기각했다(확정). 제2심에서는 제1심에서 X의 명예를 훼손하고 불법행위를 했다고 인정된 Y_1의 발언 가운데, 상스럽게 욕을 퍼부은 것에 지나지 않는 발언은 논의 정도를 넘어 명예훼손으로 용서될 수 없지만, X에 대한 비판이나 비난은 가령 표현이 과열되어 있다하더라도 X의 사회적 평가를 저하시키는 사실의 공표를 포함하지 않으며 명예훼손에 해당되지 않는다고 했다. 다만 Y_1의 배상액은 제1심과 동일 금액.

제2심=동경 고등재판소

■ 법적 구성

Y_2의 책임에 대해

「관리자는 회원규약에 근거해 포럼의 적절한 운영 및 관리를 유지하기 위해 비방 등의 문제 발언을 삭제할 권한이 있고, 당해 발언의 삭제로 완전하지는 않을지라도 다른 회원의 눈에 띄지 않도록 하여 피해의 확대를 막는 것은 가능하다. 표적이 된 회원은 스스로 문제발언을 삭제하는 것이 불가능하고, 당해 발언이 포럼에 계속 남아 있는 것으로 인해 계속된 피해를 막으려면 관리자에게 이를 신고하고 관리자의 처리를 기다리는 수밖에 없다」. 관리자는 「그것이 주업이 아니라 다른 직업을 가진 자가 담당하던 당시의 실정 때문에 문제의 발언을 일일이 점검하고 삭제 여부를 검토하는 것을 적시에 하는 것이 불가능했다. 본건 포럼은 페미니즘이라는 사상에 대해 논의하는 것을 표방하고 있기 때문에, 사후라 하더라도 이미 작성된 글에 대해 관리자가 회원의 발언내용을 심사하는 것은 민주주의사회의 논의 방식과는 배치된다」.

「비방 등의 문제발언은 본래 표적이 된 사람이 당해 발언을 한 자에 대해 민사상의 불법행위책임의 추궁 혹은 형사책임의 추궁을 함으로써 본래 해결되어야 하는 것이다」. 「비방 등의 문제발언은 논의의 심화, 진전에 기여하기는 커녕, 표적이 된 사람이나 이것을 읽는 사람으로 하여금 불쾌감을 느끼게 할 뿐, 이것이 삭제된다고 해서 발언자에게 피해가 생기는 것은 아니다」.

「위와 같은 모든 사정을 종합하여 고려해보면, 본건과 같은 전화 회선 및 주재회사의 호스트 컴퓨터를 통한 통신 수단에 의한 의견이나 정보의 교환방법에서는 회원에 의한 비방 등의 문제발언에 대해 포럼의 원활한 운영 및 관리라는 관리자의 계약상 부여된 권한을 행사하는 것이 필요하고, 표적이 된 사람은 포럼에서 자신을 지키기 위해 유효한 구제수단을 가지고 있지 않다. 회원들에게서 받은 지적들을 기초로 대책을 강구하여도 여전히 그 효과가 드러나지 않는 등의 경우, 관리자는 포럼의 운영 및 관리상의 운영계약에 기초하여 당해 발언을 삭제할 권한을 갖는 것에 그치는 것이 아니라 이것을 삭제해야 할 조리상의 의무를 진다고 해석하는 것이 상당하다」.

■ 적용

본건의 사실 경과 및 관리자의 삭제의무를 전제로 한다면, 본건에서 항소인 乙에 대해 관리자로서의 삭제 의무를 위반했다고 인정할 수 없다.

왜냐하면 「논의를 거듭함으로써 발언의 질을 높이고자 하는 생각으로 본건 포럼을 운영해온」 항소인 乙은 「회원에게 받은 지적 또는 스스로의 판단으로 삭제를 요하는 본건 발언에 대해 지체 없이 항소인 甲에게 주의를 환기시키는 것 외에 피항소인으로부터 삭제 등의 조치를 요구받는 경우에는 대상을 명시해야만 하며, 대상이 명시되고 항소인 니프티도 삭제가 적절하다고 판단할 때에는 삭제할 것, 삭제가 피항소인의 요청에 의한 것임을 명시하고 삭제 조치를 강구할 절차에 대해 양해를 구해야 한다. 피항소인이 받아들이지 않아 삭제할 수 없었더라도 그 후 피항소인의 항소대리인으로부터 삭제를 요구받아 삭제하고, 소송의 제기를 받아들이며 새롭게 명시된 발언에 대해서도 삭제의 조치를 강구하고 있으며, 그동안의 경과를 고려하면 항소인 乙이 삭제를 하기까지의 행동에 대해 권한의 사용이 허용한도를 넘어 지체했다고 인정하는 것은 불가능하다」.

또한, 「항소인 甲의 본건 발언 중, 명예훼손 및 모욕의 불법행위가 되는 것은 논의의 내용과는 거의 관련이 없고, 이것에 대해 반론하는 등 대항하는 것을 상당하게 하는 내용은 아니다. 항소인 乙은 관리자로써 그 운영방법에 대해서 앞서 말한 생각에 따라 이러한 발언에 대해서도 발언자에게 의문을 제기하는 것 외에 회원이 서로 작용함으로써 논의의 준칙에 어긋나는 불규칙 발언을 방지하는 것도 기대한 것이고, 이러한 운영방법에 대해서도 적절치 못하다고 할 만한 이유는 눈에 띄지 않는다. 특히, 항소인 甲의 발언 중에는 사상을 다루는 포럼에서 다른 의견을 배제하거나 동항소인에 대해서 개인적인 정보를 신의에 어긋나는 방법으로 얻은 피항소인에 대한 비난이 포함되어 있어 피항소인에게 변명을 요하는 사정에도 관계하고 있다. 일방적으로 항소인 甲만을 추궁하는 것이 불가능한 사정이 인정된다. 이러한 것들도 고려한다면, 항소인 甲의 불법행위가 되는 본건 발언이 논의의 내용과 관련이 없고, 반론해야 하는 내용을 포함하지 않는다 하여 항소인 乙이 삭제의무를 위반했다고 인정할 수 없다」.

기본 해설

인터넷으로 대표되는 정보네트워크가 보급됨에 따라 전자회의실이나 전자게시판에서 발생하는 명예훼손에 대해 이른바 프로바이더(provider)의 법적 책임이 문제가 되었다. 프로바이더에는 인터넷 서비스 프로바이더 외에 서버의 관리자나 운영자 등도 포함되어 있다.

신문의 경우 신문사는 자사가 발행하는 신문의 내용에 대해 법적 책임을 진다. 이에 대해 전기통신서비스를 제공하는 전기통신사업자는 검열의 금지(전기통신사업법 제3조), 통신의 비밀보호(동법 제4조)가 요청되고, 전화 내용을 탐지하는 것은 원칙적으로 허용되지 않는다. 전화를 통한 대화 내용을 정하는 것은 이용자이며, 전기통신사업자가 이용자 간의 대화에 관여하는 경우는 없다. 그렇다면 프로바이더는 어떨까?

전자회의실이나 전자게시판에서의 발언은 익명으로 쓰이기 때문에 피해자는 발신자가 누군지 알아내는 것이 간단하지 않다. 따라서 피해자는 프로바이더에게 발언의 삭제나 피해배상의 지불을 청구하게 된다. 다만 인터넷상의 전자회의실이나 전자게시판의 경우 그곳에서 어떤 발언을 할 것인지는 이용자에 의해 결정되며, 이용자의 발언에 프로바이더가 관여하는 정도는 프로바이더에 따라 다르다. 이른바 대항언론을 중시하여 발언 삭제에 소극적인 경우가 있다면, 이용규약에 근거하여 일정한 부적절한 발언을 삭제하고 있는 경우도 있다. 전자회의실 이용자의 발언에 의한 명예훼손에 대해 발언자를 특정할 수 없는 경우, 발언에 의한 명예훼손의 책임을 프로바이더에게도 물을 수 없다고 한다면 피해자의 구제를 도모하는 것이 어려워지게 된다. 따라서 프로바이더에게 삭제의무를 부여하고, 그 의무를 태만히 한 경우에는 손해배상의 책임을 지도록 해야 한다는 주장도 있지만, 그렇게 된다면 의심스러운 발언은 프로바이더에 의해 모두 삭제되기 십상이며 인터넷상의 표현의 자유에 위축효과를 초래할 수 있다.

컴퓨터 통신이지만 프로바이더의 책임에 대해 일본에서 처음으로 재판소의 판단이 내려진 것이 본건이다. 제1심(동경 지방재판소 1997년 5월 26일 判時 1610호 22면)은 Y_1의 발언에 의한 명예훼손의 성립을 인정하고, 이 전자회의실을 운영하고 있던 Y_2도 그 발언을 구체적으로 알게 된 때부터 조리상의 삭제의무를 진다고 하고, 그 의무를 태만히 한 것에 대해 손해배상 지불을 명했다. 이에 대해 본 판결은 제1심과 마찬가지로 Y_2의 조리상의 삭제의무를 인정했으나, 구체적 판결에서는 논의를 거듭하여 발언의 질을 높인다는 Y_2의 운영방법을 중시하여 Y_2가 X로부터의 발언삭제 요청에 응하지 않고, 회의에서의 논의로 Y_1의 불규칙발언을 방지하려한 것에 대해 삭제의무 위반은 인정되지 않는다 하였다.

그 후의 판례는 명예를 훼손한 발언자가 명백한 경우 프로바이더에게 법적 책임을 지게 하는 것에 신중한 태도를 취하고 있다. 대학의 시스템 내에서 명예훼손에 해당하는 홈페이지가 개설된 사건에서는 네트워크 관리자가 피해자에 대해 그 발언을 방지해야할 의무를 지는 것은 명예훼손문서가 발신된 것을 실제로 인식했을 것뿐만 아니라, 「명예훼손문서에 해당하는 것, 가해행위의 행태가 대단히 악질인 것 및 피해의 정도가 심한 것이 명백한 지극히 예외적인 경우에 한한다」고 되어 있다(동경 지방재판소 1999년 9월 24일 判時 1707호 139면).

이에 대해 '니찬넬'이라는 인터넷상의 무료 전자게시판에서 발생한 명예훼손 사건에서는 관리자측이 연이어 패소했다. 동물병원이 악덕이라는 등의 발언에 의한 명예훼손분쟁 사건에서는 제1심(동경 지방재판소 2002년 6월 26일 判時 1810호 78면) · 제2심(동경 고등재판소 2002년 12월 25일 高民集 55권 3호 15면)에서 관리자의 법적 책임을 인정했다(관리자측이 상고). 제2심은 '니찬넬'의 운영방침이 익명성을 중시해왔기 때문에 발언자를 특정하는 것이 어려우며, 발언을 삭제할 수 있는 것은 관리자뿐이라는 사정 등으로부터 항소인에게는 「그러한 발언이 게시된 때에 피해자의 피해가 확대되지 않도록 하기 위해 곧바로 이것을 삭제할 의무가 있다」고 했다. 이 사건에서는 명예훼손적 발언을 한 이용자가 밝혀지지 않은 채, 피해자는 관리자만을 상대로 손해배상을 청구하고 있다.

'니찬넬'이라는 전자게시판의 특성을 배려할 필요가 있다고 해도, 제2심이 삭제의무 위반에 의한 손해배상에 대해 프로바이더에게 명예훼손의 면책요건인 진실성과, 「상당한 이유」에 대한 조사 확인의무를 부과한 것에 의문이 든다. 인터넷상의 표현의 자유를 확보하기 위해서 프로바이더는 「이의를 받은 발언이 법적으로 명예훼손에 해당되는 것이 명백한 경우를 제외하고는 삭제의무 위반에 의한 손해배상 의무를 지지 않는다고 해석해야 하는 것」(岡村久道 편 「사이버법 판례해설」 59면(町村康貴))은 아닐까(이와 다른 견해로서 橋本 · 後揭, 23면).

그런데 컴퓨터 통신이나 인터넷에 의한 논의와 같이 양자가 대등한 언론수단을 가지고 있음과 동시에 그 부담을 요구하더라도 불공평하다고 할 수 없는 경우, 「언론의 폐해에 대해서는 더욱 더 언론으로 대항하는 것」이 원칙이라고 하면서, 어느 쪽의 변명이 정당한지는 이용자의 판단에 맡기고, 국가가 거기에 개입해서는 안 된다는 주장이 있다(高橋和之 · 松井茂記 편 『인터넷과 법 제3판』(有斐閣 2004년) 47면 참조 「高橋和之」). 이것을 대항언론의 법리라고 한다. 이 법리에 의하면 논의의 장(場)에서의 발언에 대한 반격은 그것이 설령 명예훼손적이라 해도 위법성 조각이 인정된다. 다만 그러한 때에는 반격에 의해 실제로 피해자의 명예가 회복되었는지의 여부는 관계가 없다. 본 판결도 Y_1이 X에 대해 한 비판이나 비난은 명예훼손에 해당되지 않는다고 하고 있으며, 「『대항언론』이라는 어휘를 명확하게 사용하고 있지 않지만, 실질적으로는 그 이론을 판단의 근거로 삼고 있다」(西土 · 後揭, 225면). 다만 본 판결은 Y_1의 명예훼손적 발언에 대해 위법성 조각을 인정한 것이 아니고, 사회적 평가의 저하를 부정하고 있는 것에 주의할 필요가 있다(동경 지방재판소 2001년 8월 27일 判時 1778호 90면은 컴퓨터통신상의 명예훼손에 대해 피해자의 반론이 그 목적을 이룬 경우에는 가해자의 발언에 대해 구성요건 해당성을 부정하고, 상당성을 결여한 피해자의 발언으로부터 유발된 피해자의 발언에 대해서는 위법성 조각을 인정했다).

한편 2001년 11월 일정 요건 하에서 프로바이더의 법적 책임이 성립한 경우를 제한하는 법률(이른바 프로바이더책임법)이 제정되었지만, 이 법률이 기대된 역할을 다할 수 있을지에 대해서는 의문의 목소리가 높다(松井 · 後揭②, 240면).

설문 다음과 같은 경우 명예훼손 발언에 대한 프로바이더의 책임에 대해 본 판결의 판단을 그대로 적용하는 것이 가능한가?

(1) 국립대학의 교육용 시스템 내에 개설된 전자게시판에 명예훼손적 발언이 게재된 경우

(2) 이용자의 자유로운 발언을 존중하는 방침을 들어, 회원규약 중 비방・중상 등의 문제발언의 삭제를 비롯한 발언내용에 대한 통제를 행하는 것을 명문화하고 있는 민간의 등록제 전자게시판에 명예훼손적 발언이 작성된 경우

(3) 누구라도 자유롭게 이용 가능하고, 이용자의 IP주소 등의 액세스 로그를 보존하지 않는 방침을 취하고 있기 때문에 발언자를 특정하는 것이 어려운 민간의 전자게시판에 명예훼손적 발언이 작성된 경우

▎참고문헌 ▎

▽「기본 소재」에 대한 판례 평석

浦部法穂「言論の自由と名誉毀損における真実性の証明」憲法判例百選(有斐閣, 第4版, 2000年)

平川宗信「記事内容の真実性に関する錯誤-夕刊和歌山時事事件」堀部政男・長谷部恭男編『メディア判例百選』(有斐閣, 2005年)

木村静子「名誉毀損罪における事実の真実性に関する錯誤」刑法判例百選II (有斐閣, 第5版, 2003年)

鬼塚賢太郎「事実を真実と誤信したことにつき相当の理由ある場合と名誉毀損罪の成否」最高裁判所判例解説・刑事篇, 1969年

藤木英雄「事実の真実性の錯誤と名誉毀損罪」法協86巻10号 (1969年)

▽「두 번째 소재」에 대한 판례 평석

제1심 판결에 대해 –

山口いつ子「パソコン通信における名誉毀損-ニフティサーブ事件」法律時報69巻9号(1997年)

手嶋農・判例評論470号(1998年)

加藤新太郎「パソコン通信における名誉毀損-ティサーブ事件訴訟第1審判決」判タ965号(1998年)

松本恒雄「ニフティサーブ事件-インターネットの光と影」法学教室248号(2001年)

제2심 판결에 대해 –

潮見佳男「パソコン通信での名誉毀損等とシステムオペレ-タ-の発言削除義務」コピライト489号(2002年)

山下幸夫「サイパ-スペ-スにおける名誉毀損とプロパイダ-の責任」NBL723号(2001年)
橋本佳幸・判例評論530号(2003年)
大谷和子「ニフティサーブ『現代思想フォーラム』事件」岡村久道編『サイバー法判例解説』別冊 NBL79号(2003年)
西土彰一郎「パソコン通信上の名誉毀損とシスオペの削除義務」堀部政男・長谷部恭男編『メディア判例百選』(有斐閣, 2005年)

▽ 명예훼손에 대해서

芦部信喜『憲法学III』(有斐閣, 増補版, 2000年)
奥平康弘 ①『憲法裁判の可能性』(岩波書店, 1995年)
同 ②『ジャーナリズムと法』(新世社, 1997年)
松井茂記 ①『マス・メディア法入門』(日本評論社, 第3版, 2003年)
同 ②『インターネットの憲法学』(岩波書庖, 2002年)
松井茂記「変貌する名誉段損法と表現の自由」ジュリスト1222号(2002年)
駒村圭吾『ジャーナリズムの法理』(嵯峨野書院, 2001年)
前田聡「名誉毀損における『相当性理論』の憲法的考察(1)・(2)」筑波法政38号(2005年), 39号(2005年)
山元一「真実性の抗弁」法学教室236号(2000年)
長岡徹「表現の自由と名誉毀損」憲法の争点(有斐閣, 第3版, 1999年)
喜田村洋一『報道被害者と報道の自由』(白水社, 1999年)
前田雅英『刑法各論講義』(東京大学出版会, 第3版, 1999年)

(鈴木秀美)

제9장 표현의 자유와 청소년 보호

[논점]

(1) 소년법 제61조의 신원추지보도(身元推知報道) 금지와 표현의 자유
소년법 제61조에 위반하는 보도에 대해 불법행위책임을 묻는 경우, 위법성 조각을 인정할 여지가 있을 수 있는가? 위법성 조각이 인정될 수 있다면 그 범위는 성인의 범죄보도에 의한 프라이버시 침해의 경우와 어떤 점이 다른가?

(2) 소년법 제61조에 의해 금지된 신원추지보도의 판단기준
어떤 보도가 신원추지보도에 해당되는지 아닌지는 어떠한 기준에 의해 판단되어야 하는가?

(3) 소년의 성장발달권
소년법 제61조의 보호법익으로 주장되고 있는 소년의 성장발달권을 소년의 고유한 인권으로 인정할 수 있는가?

(4) 유해도서 규제와 표현의 자유
①청소년보호육성조례에 의한 유해도서규제에는 규제를 뒷받침하는 입법사실이 존재하는가? ②유해도서의 지정은 검열에 해당되는가? ③유해도서의 정의는 명확한가?

Part Ⅰ 기본 소재

소년「묻지마 살인사건」실명보도 손해배상청구 사건

오사카 고등재판소 2000년 2월 29일 판결
1999년(ネ) 제2327호 손해배상청구항소사건
判時 1710호 121면
[참조조문] 憲 13, 21 少 61

사실 개요

X(원고, 피항소인)(범행시 19세)는 1998년 오사카부 사카이시 시내에서 시너를 흡입, 환각 상태에서 자택 식칼을 가지고 나와 등교길의 여고생을 찔러 중상을 입힌 후, 유치원의 통학버스를 기다리고 있던 모자를 덮쳐 도망가려다 넘어진 5세의 유아를 살해, 딸을 보호하려 한 아이 어머니의 등에도 중상을 입혔다(이른바 사카이거리 묻지마 살

인 사건. 이하, 「본건 사건」이라 함). X는 Y출판사(피고, 항소인)가 발행하는 월간지에 게재된 X의 실명, 얼굴사진 등에 의해 X 본인임이 특정된 내용의 기사(이하, 「본건 사건」이라 함)가 게재되었기 때문에 프라이버시권, 성명초상권, 명예권 등의 인격권 내지 실명으로 보도되지 않을 권리가 침해되었다고 해서 본건 기사의 집필자, 잡지의 편집장 및 Y에 대해 불법행위에 의한 손해배상과 사죄광고를 요구했다.

제1심 판결은 Y에게 250만 엔의 손해배상 지불을 명하였다. 이에 대해 Y의 항소가 이루어졌고, 제2심은 원 판결을 취소하고 X의 청구를 기각했다. X는 상고했지만 뒤에 이것을 취하하고 제2심 판결이 확정되었다.

제1심=오사카 지방재판소

오사카 지방재판소 1999년 6월 9일 판결
判時 1679호 54면

■ 당사자의 주장 (쟁점)

〈법적인 근거에 관련된 주장〉

원고 사람들은 헌법 제13조에 의해 보장된 프라이버시권, 성명초상권, 명예권 등의 인격권에서 파생된 인격적 이익으로 「실명 보도되지 않을 인격적 이익」을 가지고 있다. 이러한 인격적 이익은 가정재판소의 심판을 받는 소년에 대해서는 소년법 제61조의 존재에 의해 「실명으로 보도되지 않을 권리」까지 특별히 보장되어 있다고 해석해야만 한다. X는 본건 사건의 게재에 의해 이 권리를 침해당했다.

피고 소년법 제61조는 그 적용 범위를 한정해야만 하고, 이 조항에서 말하는 소년의 추지보도 금지는 소년의 보호보다도 국민의 「알권리」라는 사회적 이익의 옹호가 강하게 우선하는 것 경우, 예를 들면 소년 사건이 현실적으로 보면 성인의 범죄와 동일시할 수 있는 경우 사회방위가 필요한 경우에 대해서는 제외되어야 한다. 본건 사건은 사회 일반에 큰 불안을 준 사건으로 「소년」의 보호보다도 명백하게 「사회적 이익이 강하게 우선되는 경우」에 해당하는 사례라 할 수 있으며, 피의자인 X의 추지보도는 소년법 제61조에 반하는 것이 아니다.

■ 법적 구성

소년법 제61조의 취지는 「추지보도를 금지함으로써 비행을 범한 소년의 성명, 연령, 직업, 거주지, 외모 등이 무분별하게 공표되지 않는 법적 보호라 할 수 있는 이익을 보호함과 동시에, 공공의 복지나 사회정의의 관점에서 소년이 가지는 이익의 보호나 소년의 갱생에 대한 우월적인 지위를 주어 강한 보장을 부여하는 것으로 해석된다.

따라서 동 규정에 반하여 본인임을 알 수 있는 방법으로 일반인이 그 입장에 선다면 공개를 바라지 않고, 일반인에게는 아직 알려져 있지 않은 사항이나 얼굴 사진 등이 신문지나 그 외의 출판물에 게재되어 널리 공표된 경우, 그것이 예외 없이 곧바로 피게재자에 대한 불법행위를 구성한다고까지는 할 수 없다. 하지만 성인의 경우와 달리 본인임을 알 수 있는 방법으로 보도하는 것이 소년이 가진 이익의 보호나 소년의 갱생이라는 우월적 이익을 초월하는 특단의 공익상의 필요성을 도모하는 목적이 있었든 아니든, 위 목적으로 미루어보아 수단과 방법이 어쩔 수 없었다고 인정되는 것이 입증되지 않는 이상 그 공표는 불법행위를 구성하고, 피게재자는 위 공표에 의해 입은 정신적 고통의 배상을 요구할 수 있다고 해야 한다」.

■ 적용

본건 사건은 악질·중대한 사건이며「피해자로 체포된 원고가 시너를 마신 상태로 피해자들과 어떠한 인연도 없는 자였다는 것과 더불어」,「사회 일반에 큰 불안과 충격을 준 사건인 것은 피고가 주장하는 대로이며, 사회 일반인에게도 어떤 인물이 위와 같은 범죄를 범하고, 또한, 어떤 이유로 이러한 범죄를 일으키게 되었는가에 대한 강한 관심을 가졌을 것이라고 생각된다. 하지만 원고는 범행 후 현행범으로 체포되었고 또 다른 피해를 막기 위해 사회방위상 실명 및 얼굴 사진을 공표할 필요가 있는 경우가 아닌, 본건 사건의 악질성, 정도의 중대성이나 사회 일반의 관심을 가지고 보더라도 원고의 범죄와 관련된 사실을 실명 및 얼굴사진과 함께 공표되질 않을 법적 이익 등을 넘는 특단의 필요성이 있었다고 할 수 없다.……본건 기사에서 실명 및 얼굴 사진 등 원고를 특정할 수 있는 표현이 없었다고 해도, 다른 보도가 소년법 제61조의 취지에 따라 원고의 가명보도를 하고 있는 상황에서 오히려 같은 조항에 반하여 실명 및 얼굴 사진 등을 게재한 것 그 자체가 가지는 충격성은 없을지라도, 그 기사 내용의 가치에 변화가 생긴다고는 해석되지 않고, 피고들이 본건 기사의 후기에서 서술하는 것처럼 본건 사건의 본질이 감추어지는 것이라고 생각할 수 없다」.

「원고가 범행 시, 소년법이 적용되지 않는 성인이 될 때까지 반년을 남겨둔 연령이었던 것에 대해서도 우리나라는 소년법에서 일률적으로 20세 미만의 자를 소년으로 정하고 범죄행위를 한 소년에게 성인과 다른 처우를 한다는 시책을 취하고 있는 이상, 성인에 가까운 연령이라 해도 소년에 해당하는 연령인 원고를 다른 소년과 구별해야 할 이유는 없다」.

제2심=오사카 고등재판소(확정)

■ 당사자의 주장 (쟁점)

제1심과 동일

■ 법적 구성

(a) 표현의 자유와 프라이버시권 등의 침해와의 조정

표현의 자유와 프라이버시권 등의 침해와의 조정에서는 표현행위가 사회의 정당한 관심사이고, 또한 그 표현내용과 방법이 부당한 것이 아닐 경우에는 그 표현행위는 위법성을 결하고 있고, 위법인 프라이버시권 등의 침해는 성립되지 않는다고 해석하는 것이 상당하다.

그리고 사회의 정당한 관심사인지 아닌지는 대상자의 사회적 지위나 활동 상황과 대상이 되는 사정의 내용에 의해서 정해진다고 해야 할 것이고, 범죄 용의자에 대해서는 범죄의 내용과 성질에 따르는 것이기는 하지만, 범죄행위와의 관련에서 그 프라이버시는 사회의 정당한 관심사가 될 수 있는 것이며, 또한 반대로 정당한 관심사여도 표현행위가 그 내용과 방법에 있어 부당하다면 그 표현행위에 위법성이 없다고는 할 수 없다.

실명 보도되지 않을 인격적 이익 내지 실명 보도되지 않을 권리에 대해 검토하는데 인격권에는 사회생활을 영위하는 데 자기에게 불이익을 초래할 수 있는 사실에 관해 함부로 실명 공개되지 않을 인격적 이익도 포함되어 있다고 할 수 있다. 그러나 프라이버시권 등의 침해, 특히 타인에게 알려지고 싶지 않은 사생활의 사정이나 정보의 공개에 대해서는 실명보도 내지 그와 비슷한 보도를 전제로 하고 있기 때문에, 인격권 내지 프라이버시의 침해와는 별개로 함부로 실명공개를 당하지 않을 인격적 이익이 법적 보호를 받을 만한 이익으로 인정되는 것은 그 보도의 대상인 당해 개인에 대해 사회생활상 특별 보호되어야 하는 사정이 있는 경우에 한정되는 것으로, 그렇지 않은 한 실명보도는 위법성이 없는 행위로 인용된다고 해야 한다.

소년법 제61조의 「규정은 소년의 건전한 육성을 도모하고, 비행 청소년에 대해 성격의 교정 및 환경의 조정에 관한 보호처분을 행하는 것을 목적으로 하는 소년법의 목적에 따라 장래성 있는 소년의 명예와 프라이버시를 보호하고 장래의 개선·갱생을 저해하지 않도록 하는 등 배려를 기초로 하는 것이다. 또한 동시에 기사 등의 게재를 금지하는 것이 재범을 예방하는 것에도 효과적이라는 관점에서 공공의 복지나 사회정의를 지키고자 하는 것이다. 즉, 소년법 제61조는 소년의 건전육성을 도모한다는 소년법의 목적을 달성한다는 공익목적과 소년의 사회복귀를 용이하게 하고 특별

예방의 실효성을 확보한다는 형사정책적 배려에 근거를 두는 규정이라고 해석해야 한다.

그러므로 소년법 제61조가 신문지 그 외의 출판물의 발행자에 대해 실명보도 등을 금지함으로써 그 보도의 대상인 당해 소년에 대해서 사회생활상 특별 보호되어야 하는 사정이 있는 경우에 해당한다 하더라도, 원래 이 조항은 위와 같이 공익목적이나 형사정책적 배려에 근거를 두는 규정이기 때문에, 동 조항이 소년시절에 범죄를 저지른 소년에게 실명으로 보도되지 않을 권리를 부여하고 있다고 해석할 수 없다. 또한 가령 실명으로 보도되지 않을 권리를 부여하고 있는 것이라고 해석할 여지가 있다 하더라도, 소년법이 그 위반자에게 어떤 벌칙도 규정하고 있지 않은 점으로 미루어보면, 표현의 자유와의 관계에서 동 조건이 당연히 우선시되어야 한다고도 해석할 수 없다.

소년법 제61조의 위반자에 대한 어떠한 벌칙도 규정되어 있지 않은 것은 헌법에서의 언론출판 등의 자유의 규정에 대한 고려 및 소년법의 사회적 기능에 비추어, 이러한 규정의 도입을 가능한 한 사회의 자주규제에 완전히 맡긴 것이다. 신문지 그 외의 출판물의 발행자는 본건의 취지를 존중하여 양심과 양식을 가지고 자기억제가 필요함과 동시에, 표현행위를 향유하는 측에서도 본건의 취지에 반하는 신문지 기타 출판물 내지 그들의 발행자에 대한 엄격한 비판이 요구되고 있다.

또한 신문협회의 보도 준칙에 의하면, 20세 미만 비행 청소년의 성명, 사진 등은 지면에 게재해서는 안 된다. 다만 (1) 도주 중이며 방화, 살인 등의 흉악한 죄가 명백하게 예상되는 경우, (2) 지명수배 중인 범인수사에 협력할 경우 등, 소년보호보다 사회적 이익의 옹호가 더 우선시되는 특수한 경우에 성명, 사진의 게재를 인정하는 제외예(除外例)로 하도록 당국에 요망한다. 그리고 이것을 신문계의 관행으로 확립하고자 하는 취지를 정한 것은 일반적으로 알려져 있으며, 신문계가 이 준칙을 지키고 신문지상에 소년의 실명을 기재하지 않는 보도를 해온 자주적 자세는 귀중하지만, 소년법 제61조의 해석으로 위와 같은 예외를 인정할 수 있는지 의문이 드는 이외에, 반대로 예외가 위와 같은 경우에 한정된다고 쉽게 말할 수 없다.

따라서 표현의 자유와 프라이버시권 등의 침해와의 조정에는 소년법 제61조의 존재를 존중하면서도 표현행위가 사회의 정당한 관심사이며 또한 그 표현내용과 방법이 부당한 것이 아닌 경우에는 그 표현행위는 위법성이 없고, 위법인 프라이버시권 등의 침해는 될 수 없다고 하지 않을 수 없다.

(b) 표현내용 · 방법

본건 사건의 표현내용과 방법이 부당한 것인지 아닌지에 대해 검토한다면 일반적으로 범죄의 피의자 내지 피고인의 이름이 시민의 알권리의 대상인지 아닌지에 대한 논쟁이 있었으나, 범죄의 피의자 내지 피고인은 아직 범인이라고 확정되지 않았다는 무죄추정의 원칙과, 범인이라고 해도 가족 등에게 영향이 있어 본인의 자연스런 사회복귀에 지장을 준다는 이유에서 범죄사실의 보도는 익명인 것이 바람직하다. 이것은 범인이 성인인지 소년인지에 의해 차이가 나는 것은 아니다.

한편, 사회 일반의 의식으로는 위 보도에서 피의자 등의 특정은 범죄뉴스의 기본적 요소로 범죄사실과 함께 중요한 관심사로 보이기 때문에 범죄사실의 형태, 정도 및 피의자 내지 피고인의 지위, 특질 혹은 피해자 측의 심정 등으로 미루어보아 실명보도의 허용은 있을 수 있는 것으로, 이것을 일률적으로 정하는 것은 불가능하다. 하지만 적어도 흉악·중대한 사건에서 현행범이 체포된 것과 같은 경우에는 실명보도도 정당하게 시인되는 것이라고 하지 않을 수 없다.

■ 적용

(a) 본건 사건은 악질·중대한 사건으로 피의자로 체포된 항소인이 시너를 흡입하고 피해자들과 어떠한 인연도 없던 자였다는 것과 함께, 사회 일반에 커다란 불안과 충격을 주었던 사건이고, 사회 일반인에게도 어떠한 인물이 그와 같은 범죄를 저지르고 또한 어떠한 사정에서 이런 범죄를 저지르게 되었는가에 대해 강한 관심이 있었다고 볼 수 있기 때문에 사회적으로 정당한 관심사임이 인정된다.

(b) 본건 범죄 사실은 위와 같이 지극히 흉악·중대한 범죄이고 피항소인이 그와 같은 범죄사실에 대해 현행범으로 체포당했다는 것과, 피항소인과는 아무런 관련이 없음에도 불구하고 무참히 살상된 피해자 측의 심정을 고려한다면, 실명보도를 한 것이 반드시 피항소인의 권리를 침해한 것은 아니라고 해야 한다.

확실히 사건 관계자 이외에는 거의 알려져 있지 않은 범죄사실에 대해 실명 및 사진 등으로 소년이 특정되는 보도가 나면, 어떤 지역으로 돌아와 그 지역 안에서 생활하게 될 소년에게는 범죄보도로 인해 비행소년 혹은 범죄자라는 꼬리표가 붙게 되는 것이며 갱생을 방해받게 될 수 있다는 것은 피항소인의 주장대로이다.

그러나 본건 범죄 사실은 위와 같이 지극히 흉악·중대하며 실명보도는 없었다 하더라도 피항소인의 범행사실을 목격한 사람이 많고, 게다가 신문이나 TV 등의 매스컴에 연일 보도되고 있어 입소문으로 전해지는 경우도 많기 때문에, 소년이 주거하게 될 지역주민에게는 본건 사건이 나기 전부터 피항소인의 실명이나 본건 범죄사실을 상세히 알고 있다고 보는 것이 상당하다. 또한 지역주민 이외의 일반시민은 본건 사건에 의해 피항소인의 실명을 알게 된다고 생각되지만, 가령 그렇다 하더라도 피항소인을 모르는 일반시민이 피항소인의 실명을 영원히 기억하고 있을 것이라고도 생각할 수 없다. 설사 일부 시민이 피항소인의 이름을 기억하고 있다 하더라도 그것으로 인해 바로 피항소인의 갱생이 저해된다고 생각하기도 어렵다.……본건 기사에 피항소인의 실명이 기재됨으로 인해 피항소인이 사회복귀한 후의 갱생을 방해할 가능성이 추상적으로 있다 해도, 또한 갱생에 방해가 될 추상적인 가능성을 배제하는 것이 소년법 제61조의 입법취지라 해도 그것을 가지고 항소인들에 대한 손해배상 청구의 근거로 하는 것은 불가능하다고 해야 한다.

피항소인도 본건 기사의 내용이 허위이고 그 때문에 피항소인의 명예가 손상됐다는 주장을 하고 있지 않기 때문에, 본건 기사의 내용은 사실에 반하는 것은 아님이 인정된다. 또한 본건 기사에는 피항소인의 친가족에 대한 기재도 있는데 그들에게 프라이버시침해가 있는지 없는지는 잠시 제쳐두기로 하고, 피항소인에 관한 한 그 성장력, 환경, 가족이나 주변과의 관계를 스스로 발로 뛰어 취재한 자료에 근거해 기재된 것으로 표현방법에서 특히 문제시될 부분도 눈에 띄지 않는다.

본건 사건은 표현행위가 사회의 정당한 관심사이며, 그 표현내용과 방법이 부당하다고 할 수 없기 때문에 X의 프라이버시권은 침해되지 않고 있다.

기본 해설

1. 소년법 제61조와 표현의 자유

소년법은 소년심판을 비공개로 함(제22조)과 동시에 제61조에서 가정재판소의 심판에 넘겨진 소년 혹은 소년시절에 저지른 죄에 의해 항소 제기된 자에 대해 성명, 연령, 직업, 주거지, 용모 등으로 그 자가 당해 사건의 본인임이 추지될 수 있는 기사 혹은 사진을 신문지나 그 외의 출판물에 기재해서는 안 된다고 하여 신원추지보도를 금지하고 있다. 다만 소년법에는 제61조 위반에 대한 벌칙이 마련되어 있지 않아, 보도기관이 의도적으로 신원추지보도를 하는 경우에도 법무성이 취할 수 있는 조치는 시정권고 정도이다. 여기서 본건 사건의 실명보도 및 나가라카와(長良川) 린치살인의 가명보도에 대해 소년측이 출판사를 상대로 손해배상을 청구하여 제소하기에 이르렀다. 본건에서는 고등재판소 판결이 확정된 것에 대해, 나가라카와 린치 살인 가명보도에 대해서는 출판사 패소의 고등재판소 판결이 최고재판소에서 파기환송되었다(나고야 지방재판소 1999년 6월 30일 判時 1668호 151면, 나고야 고등재판소 2000년 6월 29일 判時 1736호 35면, 최2소판 2003년 3월 15일 民集 57권 3호 229면).

여기서는 소년법 제61조의 제도 취지로 되돌아와 신원추지보도에 민사의 책임을 지게 하는 것이 표현의 자유와 모순되고 있는가를 검토할 필요가 있다(棟居・後揭, 15

면). 구체적으로 살펴보면, 소년법 제61조를 위반하는 신원추지보도는 바로 불법행위 책임을 지는 것인가, 아니면 위법성 조각이 인정될 여지가 있을 수 있는가라는 점 이외에, 위법성 조각이 인정된다고 한다면 그 범위가 성인의 범죄보도의 경우와 같은지 아닌지도 문제가 된다. 이 외에 나가라카와 린치 살인 사건의 보도에 대해서는 가명보도의 신원추지성도 논의되고 있다(신원추지보도의 판단기준에 대해서는 Part Ⅲ 이론편을 참조).

소년법 제61조의 보호법익에 대해서는 지금까지 소년 및 그 가족의 명예・프라이버시를 보호함과 동시에, 그것을 통해 죄를 범한 소년의 갱생을 도모하려 하는 것으로 넓게 형사정책적인 관점에 입각한 규정이라고 해석된다(田宮裕=広瀬健二編 「注釈少年法」, 「改訂版」 431면). 또한 최근 소년법 제61조의 배후에 헌법이나 국제인권법에 근거한 인권으로서 소년의 성장발달권이 있다는 견해도 유력하게 주장되고 있다(소년의 성장발달권에 대해서는 Part Ⅲ 이론편을 참조). 소년법 제61조가 소년의 명예권과 프라이버시의 권리뿐만 아니라, 소년의 성장발달권을 보호하는 것을 목적으로 하고 있다고 보는 입장은 양자의 조정에 있어 표현의 자유의 보장보다 소년의 권리보호에 주안점을 둔다. 소년법 제61조는 신원추지보도를 절대적으로 금지하고 있으며, 위법성이 조각되는 것은 소년이 도주 중일 경우 등 특별한 경우에 한한다고 한다(山口・後掲, 104면 이하). 이에 대해 소년법 제61조를 소년의 권리보호보다 소년의 갱생을 도모한다는 형사정책적 목적의 규정이라고 해석하는 경우는 필수불가피한 이익을 달성하기 위해 필요불가결한 경우에 한해 표현의 자유 제약이 허용되며 신원추지보도에 대한 손해배상청구가 인정된다고 한다(松井・後掲, 175면 이하).

한편 실무에서는 본 판결대로 일본신문협회의 보도준칙이 일정한 범위에서의 실명보도도 가능하다고 한 보도준칙을 마련하고 있다. 또한 2003년에는 정부의 「청소년육성시책대강」에 소년 사건의 공개수배 방법을 검토하는 것 등을 담고 있는 것을 받아들여, 경찰청은 동년 12월 연속살인 등의 흉악 사건으로 도주한 용의자를 지명수배하는 경우 소년일지라도 예외적으로 사진이나 몽타주, 주소, 성명 등의 수사 자료를 공개할 방침을 정했다. 경찰청은 지명수배한 용의자가 소년일 경우 소년 자신의 보호와 사회적 이익과의 균형, 수사의 필요성 등을 종합적으로 감안하고, 필요하면서 적절하다고 판단되는 경우에는 예외적으로 공개가 허용된다고 생각하고 있다.

2. 본건에서 재판소의 판단

본건의 경우 X는 제1심, 제2심에서 모두 성장발달권을 직접 근거로는 하지 않았지만, 소년의 장래 갱생을 저해할 수 있으므로 소년범죄의 신원추지보도는 허용되지 않으며, 소년은 실명 등이 보도되지 않을 법적 권리를 가진다는 것이 소년법 제61조에 명확히 규정되어 있다고 주장했다. 이에 대해 Y는 피의자의 성명, 얼굴 사진 등의 공개가 범죄뉴스를 구성하는 기본적 요소인 것은 소년의 경우도 마찬가지이며, 소년의 보호보다 사회적 이익의 옹호가 강하게 우선되는 경우에는 신원추지보도도 인정되어야 한다고 반론했다.

본건 제1심 판결은 X의 주장을 인정하고 소년법 제61조의 취지에 대해 소년의 성명 등을 무분별하게 공표하지 않는다는 법적으로 보호할 만한 이익을 보호함과 동시에, 소년이 가진 이익의 보호나 소년의 갱생에 대한 우월적인 지위를 주어 강한 보장을 주는 것이라고 해석했다. 그리고 신원추지보도는 예외 없이 바로 피게재자에 대한 불법행위를 구성한다고는 볼 수 없지만, 그것이 소년의 이익보호나 소년의 갱생이라는 우월적인 이익을 초월하는 것과 같은 특단의 공익상의 필요성을 도모할 목적이 있었는지, 수단·방법이 위의 목적에서 볼 때 불가피하다고 입증되지 않는 이상, 그 공표는 불법행위를 구성한다고 했다. 이러한 법률구성에 의하면, 본건 사건이 악질·중대하고 사회 일반에 커다란 불안과 충격을 안겨준 사건이라 해도 X가 현행범으로 체포되어 더 이상의 피해를 막기 위해 실명과 얼굴 사진을 공표할 필요가 인정되지 않는 것 등을 고려하면, X의 범죄에 관한 사실을 실명 및 얼굴 사진을 사용하여 공표하지 않는 것에 대한 법적으로 보호할 만한 이익을 초월하는 공익상의 특단의 필요성이 있었다고도, 공익을 도모할 목적 하에서 필요하면서 상당한 수단·방법으로 행해진 것이라고도 인정할 수 없다고 하였다.

이에 대해 제2심 판결은 Y의 주장을 인정했다. 이에 의하면 소년법 제61조는 소년의 건전육성을 도모한다는 소년법의 목적을 달성하는 공익목적과 소년의 사회복귀를 용이하게 하고, 특별예방의 실효성을 확보한다는 형사정책적 배려에 근거를 둔 규정이다. 이 조항이 소년시절에 죄를 저지른 소년에 대해 실명으로 보도되지 않을 권리를 부여하고 있다고 해석할 수 없고, 가령 그렇게 해석될 여지가 있다고 하여 소년법이 위반자에 대한 벌칙을 규정하고 있지 않은 것도 생각하면, 「표현의 자유와의 관계에서 소년법 제61조가 당연히 우선한다고도 해석할 수 없다」. 표현의 자유와 프라이버시권 등의 침해와의 조정에서는 소년법 제61조의 존재를 존중하면서도, 한편으로 표현행위가 사회의 정당한 관심사이며, 동시에 그 표현내용과 방법이 부당하지 않은 경우에는 그 표현행위는 위법성이 없으므로 위법한 프라이버시권 등의 침해는 되지 않는다고 해야 한다.

이러한 제2심의 법적 구성에 의하면, 본건 사건은 악질·중대하고 사회 일반에게 커다란 불안과 충격을 안겨준 사건이며, 사회 일반인에게도 어떤 인물이 이와 같은 범죄를 저지르고, 또한 어떤 사정이 있어 이런 범죄를 저지르게 되었는지에 대한 강한 관심이 있다고 생각되기 때문에, 본건 기사는 사회적으로 정당한 관심사였다고 할 수 있다. 또한 피의자와 피고인에게 범죄보도가 익명일 것이 요구되는 것은 명백하지만, 사회 일반의 의식으로서는 범죄보도에서 피의자 등의 특정은 범죄뉴스의 기본적인 요소로 범죄사실과 더불어 중요한 관심사이다. 때문에 범죄사실의 내용이나 정도, 피의자와 피고인의 지위나 특징, 피해자 측의 심정 등으로 볼 때 실명보도가 허용되는 것은 있을 수 있는 것으로, 적어도 흉악・중대한 사건에서 현행범으로 체포된 경우에는 실명보도도 정당하다고 인정되며, 본건은 그러한 경우에 해당된다고 했다. 또한 X도 본건 기사의 내용이 허위라고는 주장하고 있지 않기 때문에, 본건 기사의 내용은 사실에 반하는 것이 아니라, 본건 사건은 X에 대한 성장과정, 환경, 가족이나 주변 사람들과의 관계를 직접 발로 뛰어 취재한 자료에 근거하여 기재된 것이므로 표현방법에서 특히 문제시되는 부분도 눈에 띄지 않는다고 판단되었다. 또한 제2심은 신원추지보도가 소년의 장래의 갱생을 저해하는 것이어서 허용되지 않는다는 X의 주장에 대해, 소년법 제61조의 입법취지가 실명기재에 의해 장래의 갱생을 방해받을 추상적인 가능성을 배제하고 있다고 해도, 그것을 손해배상청구의 근거로는 할 수 없으며, 본건 기사에 의한 실명기재가 갱생을 저해한다는 것에 대한 입증을 X에게 요청했다.

그 때문에 제1심이 신원추지보도의 위법성 조각에 대해 소년의 이익보호를 넘는 특단의 공익상의 필요성을 요구한 것에 대해, 제2심은 소년법 제61조의 존재를 존중해야 하면서도 위법성 조각에 대해서는 성인의 범죄보도와 동일한 일반적 기준을 채용했다. 최근 판례에서 표현의 자유의 보장보다 명예와 프라이버시권의 보호가 중시되는 경향이 강해진 가운데, 제2심 판결이 표현의 자유의 우월적 지위에 저촉되고 프라이버시권 등과의 조정에서도 표현의 자유의 그러한 헌법상의 지위를 고려하여 신중히 판단해야한다는 것은 주목할 만 했다. 다만 X가 현행범으로 체포되었고, 게다가 피해자 측의 심정을 고려하면 실명보도도 허용된다고 한 것뿐이며, 소년 사건의 범죄보도가 어떠한 경우에 사회의 정당한 관심사가 되는 것인지, 또 그것은 왜 그러한지에 대해 충분한 설명이 없었다(笹田・後掲, 34면).

범죄보도에서 표현의 자유와 이와 대립하는 법익과의 비교형량에 대해 피의자와 피고인이 성인인 경우와 소년인 경우에는 어떤 점이 다른지 고려해야 할 구체적인 요소를 보다 상세히 제시할 필요가 있다고 생각된다.

3. 나가라카와 린치살인 가명보도 사건

나가라카와 린치살인 가명보도 사건에서는 주간지가 소년 사건을 가명으로 보도한 것에 대해 소년의 실명과 유사한 가명을 사용한 것이 쟁점이 되어 제1, 2심에서는 출판사측이 패소했다. 이 가운데 제2심의 나고야 고등재판소 판결은 그 4개월 전에 내려진 본건 제2심의 오사카 고등재판소 판결과는 다르게 소년법 제61조의 보호법익으로 성장발달의 과정에 있는 소년이 건전하게 성장하기 위한 권리를 인정해서 주목을 받았다. 다만 최고재판소는 주간지의 가명보도에 의한 신원추지가능성(소년법 제61조 위반)을 부정한 탓에 소년법 제61조의 보호법익에 대한 깊이 있는 판단을 하지 않았다.

Part Ⅱ 응용편

◥ 확인질문

1. 소년법 제61조가 소년 사건에 대해 실명보도를 금지하고 있는 이유는 무엇인가?
2. 소년법 제61조를 위반한 보도기관은 어떠한 제재를 받을까?
3. 프라이버시권을 침해하는 표현행위에 대해 위법성 조각이 인정되는 것은 어떤 경우인가?
4. 일본신문협회의 보도준칙은 어떠한 경우에 소년법 제61조의 예외가 인정된다고 하고 있는가?
5. 본 판결은 어떤 경우에 범죄의 피의자와 피고인의 실명보도가 허용되도록 하고 있는가?
6. 본 판결은 어떤 경우에 소년법 제61조의 예외가 인정되도록 하고 있는가? 또한 이것에 대해 제1심 판결은 어떤 판단을 내리고 있는가?

◥ 응용문제

설문 1 본 판결에 의하면, 소년 사건에 대해 다음과 같은 시점에서 실명보도는 허용될까?

(1) 17세의 소년들이 집단으로 귀가 중인 샐러리맨을 덮쳐 금품을 빼앗던 중에 현행범으로 체포된 시점

(2) 17세의 소년이 은행에 습격하여 행원을 살해하고 현금을 빼앗았지만, 급히 달려온 경찰관에게 현행범으로 체포된 시점

(3) 17세의 소년이 은행에 습격하여 행원을 살해하고 현금을 빼앗은 후, 흉기를 가지고 도주하여 누범(累犯)의 가능성도 예상되는 시점

(4) 17세의 소년이 모친을 살해하고 자택에 방화한 후 도주하여 자살의 가능성도 예상되는 시점

(5) 세 명의 17세 소년이 11일간 우연히 마주친 행인 4명을 폭행하고 금품

을 갈취한 것뿐만 아니라, 범행을 은폐하기 위해 피해자를 살해하고 그 시체를 산속에 버려 체포된 시점

(6) 상기 (1)～(5)의 사건에서 소년의 연령이 13세였던 경우 혹은 19세인 경우는 어떠한가?

(7) (5)의 사건에서 소년들이 검찰관에 송치(送致)되어 기소되고 공개법정에서 재판을 받고 있는 시점

(8) (5)의 사건에서 사건발생 후 10년이 지난 후에 피고인의 사형 판결이 확정된 시점

설문 2 본 판결과 다르게 소년법 제61조에 위반하는 실명 등의 추지보도에 대해「보호되어야 할 소년의 권리 내지 법적 이익보다 명백하게 사회적 이익을 옹호하는 요청이 강하게 우선되어야 한다는 등 특단의 사정이 있을 경우에 한해 위법성이 조각되고 면책된다」(나가라카와 린치살인 가명보도 사건 제2심 판결)고 생각되는 경우 설문 1 (1)～(8)의 각 시점에서 실명보도는 허용될까?

설문 3 본 판결에 의하면, 다음과 같은 경우에 대해 실명이 보도된 본인이 보도기관을 상대로 손해배상을 청구한 경우 그 청구는 인정될까?

(1) 정신과에 입원했던 자(성인)가 일시귀가 중에 자택을 빠져나와 우연히 마주친 행인을 충동적으로 살해하고 체포된 사건에 대해서 사건발생 시점에서 실명으로 보도된 경우

(2) 정신과에 입원한 적이 있지만 현재는 정신과에 통원하고 있지 않은 자(성인)가 우연히 마주친 행인을 충동적으로 살인하고 체포된 사건에 대해 사건발생 시점에서 실명으로 보도된 경우

(3) 우연히 마주친 행인을 충동적으로 살해한 사건의 피의자(성인)에 대해 체포부터 기소에 이르기까지 실명으로 보도되던 중에 재판에서 형사책임능력이 없는 심신상실자라고 인정되어 무죄가 된 경우

(4) 29세의 시점에서 성범죄를 반복하여 유죄 판결을 받고 복역하던 자가 형기를 마치고 머지않아 출소하는 시점에서 출소사실이 실명으로 보도된 경우

(5) 19세의 시점에서 성범죄를 반복하여 소년원에 수용되어있던 자가 머지않아 퇴원하는 시점에서 퇴원사실이 실명으로 보도된 경우

(6) 전후 일본의 중대 사건을 특집으로 다루는 TV 방송에서 20년 전에 유죄가 확정된 강도살인 사건에 대해 범행 시에 성인이었던 범인이 복역 후, 현재는 전과가 알려지지 않은 채 평온한 생활을 보내고 있었음에도 불구하고 그 사건에 대해 실명으로 보도된 경우

Part Ⅲ 이론편

◥ 전개문제

소년법 제61조에 관련하여 이하의 두 가지 사항에 대해 검토하라.

①어떤 보도가 소년법 제61조에 의해 금지된 신원추지보도에 해당되는지 아닌지는 어떤 기준에 의해 판단되어야 하는가?

②소년법 제61조의 보호법익으로 주장되고 있는 소년의 성장발달권을 소년 고유의 인권으로 인정할 수 있는가?

1. 신원추지보도의 판단기준

Part Ⅰ「기본 해설」에서 기술한대로 나가라카와 린치 살인 사건에서는 가명보도의 신원추지성이 쟁점이 되었다. 이 사건에서는 원고 A가 18세 당시에 범한 살인죄 등이 공소사실로 기소되어 심리를 받던 중 B발행의 주간지에 용이하게 A라고 추지하기 쉬운 가명을 사용하여 A의 범행 내용, 비행력, 교우관계 등을 기재한 기사가 게재된 것을 원인으로 A가 B에 대해 손해배상을 청구했다. 제1심과 제2심은 그 가명보도가 신원추지보도에 해당된다고 하여 B의 불법행위책임을 인정했지만, B가 상고하여 최고재판소에 의해 가명보도의 신원추지성이 부정되었기 때문에 사건은 제2심에 환송되고, 명예훼손・프라이버시침해에 대해 재차 심리하게 되었다.

가명보도의 신원추지성에 대해 제2심 판결은 기사에서 사용된 가명이 A의 실명과 유사하며 사회통념상 그 가명을 사용함으로써 동일성이 은닉되었다고 하기는 어려우며, 기사 중 생년월일, 출생지, 비행력이나 이력, 교우관계 등 A의 경력과 일치하는 사실이 상세히 기재된 것으로 인해 A와 면식이 있는 특정다수의 독자 및 A가 살고 있는 지역사회의 불특정다수의 독자는 가명의 인물과 A의 유사성을 눈치채고 그것이 A를 가리키는 것을 쉽게 추지할 수 있다고 인정하는 것이 적절하다고 판단했다.

이에 대해 최고재판소는「소년법 제61조에 위반되는 추지보도인가는 그 기사 등에 의해 불특정다수의 일반인이 그 자를 당해 사건의 본인이라고 추지할 수 있는지를 기준으로 판단해야 하며, 본건 기사는 피상고인에 대해 당시 실명과 유사한 가명이 사용되어 그 경력 등이 기재되어 있지만 피상고인이라고 특정하기에 충분한 사항의 기재는 없으므로, 피상고인과 면식 등이 없는 불특정다수의 일반인이 본건 사건을 통해 피상고인이 당해 기사의 본인이라는 것을 추지할 수 있다고는 할 수 없다. 따라서 본건 기사는 소년법 제61조의 규정을 위반하는 것은 아니다」라고 하였다.

다만 최고재판소도「피상고인과 면식이 있거나 범인정보 혹은 피상고인의 이력정보를 아는 자는 그 지식을 단서로 본건 기사가 피상고인에 관한 기사라는 것을 추지할 수 있으며, 본건 기사의 독자 가운데 이러한 자가 존재할 가능성을 부정할 수는 없다. 그리고 이들 독자 중에 본건 사건을 읽고 비로소 피상고인의 그러한 점까지 알게 된 자가 있을 가능성도 부정할 수는 없다」고 하여, 가명보도에 의한 명예훼손과 프라이버시침해가 성립할 가능성을 인정했다. 다만 파기환송심(나고야 고등재판소 2004년 5월 12일 判時 1870호 29면)은 가명보도가 흉악하고 잔혹한 중대한 범죄사실에 관한 것이라는 점을 중시하여, 명예훼손・프라이버시 침해에 의한 불법행위의 성립을 부정했다. (가명에 의한 표현행위에 대해 프라이버시 침해를 인정한 최근의 사건으로 동경 고등재판소 2001년 7월 18일 判時 1751호 75면, 최3소판 2002년 9월 24일 判時 1802호 60면「돌에 헤엄치는 물고기」사건이 있다).

최고재판소가 신원추지성에 대해 피상고인과 면식 있는 특정다수의 독자 및 피상고인이 생활하고 있는 지역사회의 불특정다수의 독자에 의한 신원추지성이 충분하다고 한 제2심 판결을 뒤집고, 그 기사 등에 의해 불특정다수의 일반인이 그 자를 당해 사건의 본인이라고 추지할 수 있는지 없는지를 기준으로 하여 판단해야 한다고 한정적으로 해석한 것에 대해서는 소년의 성장발달 혹은 갱생을 저해하지 않을 것을 목적으로 한 소년법 제61조의 기능을 불완전하게 할 수 있다는 비판도 보인다. 왜냐하면 이 기준에서는 소년이 생활해 온 지역사회의 불특정다수의 사람들 혹은 소년의 신원을 특정할 의도를 가지고 조사하는 사람이 신원의 특정을 쉽게 할 수 있는 정보가 규제의 대상에서 제외되어버릴 우려가 있기 때문이다(渕野・後揭①, 120면). 그러나 제2심 판결의 판단기준에 의하면, 설령 소년 X라는 가명이었다 하더라도 A를 아는 특정다수의 독자와의 관계에서는 추지보도에 해당되며, 소년 사건의 보도자체가 상당히 곤란해지는 것을 고려한다면 최고재판소가 든 신원추지성의 판단기준은 소년 사건보도에 대해 보도의 자유 관점에서 일정한 배려를 나타낸 것(위 右崎・後揭 55면. 広瀬・後揭 56면도 같은 취지)으로 긍정적으로 평가되어야 한다.

2. 소년의 성장발달권?

소년법 제61조의 배후에 헌법이나 국제인권법에 근거한 인권으로 소년의 성장발달권이 있다는 견해가 최근에 유력하게 주장되고 있다(山口・渕野・平川・葛野・服部의 後揭 논문 등). 그 근거가 되고 있는 것은 헌법 제13조 전단의 개인의 존중과 후단의 행복추구권, 제25조의 생존권, 제26조의 교육을 받을 권리, 아동의 권리에 관한 조약 제6조의 생명에 대한 권리이다. 소년 사건과의 관계로는 국제인권규약 B규약 제14조 4항에「소년의 경우 절차는 그 연령 및 갱생의 촉진이 소망되는 것을 고려한 것」이라고 규정되어 있는 것, 아동의 권리에 관한 조약 제40조에「형법을 범했다고 제기되어 소추되거나 인정된 모든 아동」이 「사회에 복귀하거나 사회에서 건설적인 역할을 할 수 있도록 촉진될 것을 배려한 방법에 의해 취급되어지는 권리」가 규정되어 있는 것, 「소년사법 운영에 관한 국제연합 최저기준 규칙」(북경준칙)에 「원칙적으로 소년범죄자의 특정에 결부될 수 있는 어떠한 정보도 공표되어서는 안 된다」고 규정되어 있는 것(규칙 8) 등도 근거가 된다. 아동 특유의 인권으로서 성장권이나 발달권을 인정하는 견해는 형사법학 이외에 교육학, 교육법학에서도 주장되고 있으며, 헌법학에서도 이것을 지지하는 적극설(戸波・後掲, 204면)이 있다.

다만 헌법학에서는 아동의 인권보장에 대해 이념론이나 운동론에서 발달권을 주장하는 의의를 인정하면서도, 아이의 인권침해 인정과 구제라는 관점에서는 아이의 인권을 특별시하는 것보다 「아이를 다루는 방법이 헌법상 어떤 개별 인권과 얼마나 저촉하는가를 문제시 한다면 일단은 충분하다」는 소극설(赤坂・後掲, 52면)도 주장되고 있다. 아동의 인권향유주체성을 인정한다 해도 아이의 성장발달권을 새로운 인권으로 인정하는 것에 소극적인 입장은 그 이유로 성장발달권이 새로운 인권을 헌법상의 권리로 인정하기 위한 요건(①질적 한정의 요건, ②명확성・특정성・독자성의 요건, ③헌법상의 근거가 있어야 할 요건, ④헌법 제13조의 보충적 적용설을 동반하는 요건)을 충족하고 있지 않다는 점을 들고 있다(竹中・後掲, 148면, 松井・後掲, 178면도 성장발달권의 구체적 내용이 확실하지 않다고 비판하고 있다). 필자도 소극설이 타당하다고 생각한다.

여기서 소년 사건의 신원추지보도가 헌법상의 어떤 개별 인권에 어떻게 저촉되고 있는지가 문제가 된다. 소년의 성장발달권을 인정하는 것이 불가능하다 해도 소년법 제61조의 주요 보호법익이 가소성(可塑性)이 풍부한 소년의 사회복귀인 것에 이론은 없을 것이다.

성인에 의한 범죄의 경우, 신문사는 체포 시부터 원칙적으로 실명으로 보도한다. 형사재판의 피고인도 실명으로 보도되고 그 밖에 유죄 판결을 받아 복역 후, 가출소를 보도할 때에도 경칭 혹은 직함을 붙인다고는 하지만 실명이 사용된다(요미우리 신문사・後掲, 92면 이하). 판례는 이른바 '실명・경칭을 붙이지 않은 보도소송'에서 사회 일반의 의식으로 보아 범죄보도에서 피의자의 특정은 「범죄뉴스의 기본적 요소이며, 범죄사실 자체와 더불어 공공의 중요한 관심사라고 관념시되는」 점을 인정하고, 피의자를 실명으로 할 지를 포함해 그 특정의 방법, 정도의 문제는 일의적으로 정하지 않는다. 결국에는 범죄사실의 내용, 정도 및 피의자의 사회적 지위, 특질(公人으로서의 성격을 갖고 있는가), 피해자 측의 피해의 심정, 독자의 의식, 감정 등을 비교형량함과 동시에, 인권의 존중과 보도의 자유 내지 알권리의 옹호라는 균형을 감안하면서도 신중히 결정해 나아가는 수밖에 없다고 하고 있다(나고야 고등재판소 1990년 12월 13일 判時 1381호 51면).

또한 전과의 공표에 대해서는 전과 및 범죄경력(이하, 「전과 등」이라 함)은 사람의 명예, 신용과 직접 관련되는 사항이며 어떤 사람도 전과 등이 무분별하게 공개되지 않는다는 법적으로 보호할 만한 이익을 가진다고 되어 있다(최3소판 1981년 4월 14일 民集 35권 3호 620면). 논픽션 작품에 의한 전과 공표의 불법행위책임이 인정된 「역전(逆転)」 사건에서도 전과 등이 있는 자에게도 유죄 판결을 받은 후 혹은 복역을 마친 후에는 한 명의 시민으로 사회에 복귀할 것이 기대되므로, 그 자는 전과 등에 관련된 사실의 공표에 의해 새롭고 평온하게 보내고 있는 생활에 악영향을 받지 않을 이익을 가진다고 되었다. 최고재판소는 실명에 의한 전과의 공표가 일정한 범위에서 허용된다 하더라도 논픽션 작품 「역전」의 경우 사건과 재판에서 그것을 소재로 삼아 저작이 간행되기까지 12년이 경과되었고, 그동안 가출소하여 사회복귀를 위해 노력하며 새로운 생활환경을 만들고 있던 인물에게 실명으로 전과 등이 공표되지 않을 법적으로 보호할 만한 이익이 있고 실명으로 공표되는 것은 정당화되지 않는다고 판단했다(최3소판 1995년 2월 8일 民集 48권 2호 149면 「7장 논픽션 「역전」 사건」을 참조).

소년 사건의 신원추지보도에 의한 불법행위의 성립여부를 판단함에 있어서 성인의 실명보도 및 실명에 의한 전과의 공표에 대한 판단의 사고방식에 의거하면서도, 특히 사회복귀의 이익에 대해 소년과 성인의 차이를 구체적으로 검토할 필요가 있을 것이다.

PART Ⅳ 두 번째 소재

기후현(岐阜県) 청소년보호육성조례 사건

최고재판소 1989년 9월 19일 제3소법정 판결
1987년(あ) 제1462호 기후현청소년보호육성조례사건
刑集 43권 8호 785면, 判時 1327호 9면
[참조조문] 헌 21 기후현청소년보호육성조례

사실 개요

기후현 청소년보호육성조례(이하, 「본 조례」라 함)에 의하면 현의 수장인 지사는 도서의 내용이 현저하게 성적 감정을 자극하거나 현저하게 잔인성을 조장하기 때문에 청소년의 건전한 육성을 저해할 우려가 있다고 판단할 때, 긴급을 요하는 경우를 제외하고 현(県) 청소년보호육성심의회의 의견을 물어(제9조) 당해 도서를 개별적으로 유해도서로 지정하는 것이 가능하다(제6조 제1항). 또한 유해도서로 지정해야할 것 가

운데 특히 「저속한 자태 내지 성행위를 피사체로 한 사진 혹은 이러한 사진을 게재한 지면이 편집지면의 과반 이상을 차지한다고 인정되는 간행물」에 대해 개별지정을 대신하여 당해 사진의 내용을 미리 규칙으로 정하여 포괄적으로 지정할 수 있다(제6조 2항). 이와 관련하여 본 조례의 시행규칙 제2조는 본 조례 제6조 제2항의 사진 내용에 대해 「1. 전라(全裸), 반라(半裸) 혹은 이에 가까운 상태에서의 저급한 자태, 2. 성교 혹은 이와 유사한 성행위」로 정하고, 나아가 기후현 고시(告示)가 그 구체적 내용에 대해 보다 상세한 지정을 하고 있다.

자동판매기(이하, 「자판기」라 함)에 의한 도서판매를 주업으로 하는 주식회사 Y_1과 그 대표 Y_2는 1985년에 5회에 걸쳐 기후현 내의 자판기 2개소에 기후현 지사가 미리 지정(포괄지정)한 유해도서에 해당하는 잡지를 넣은 것으로 인해 본 조례에 위반했다하여 기소되었고, 제1심(岐阜簡判 1987년 6월 5일)에서 벌금 6만 엔의 유죄 판결을 받았다. 제2심(나고야 고등재판소 1987년 11월 25일)도 이를 지지하여 항소를 기각했기 때문에 Y들은 본 조례의 헌법위반을 주장하고 상고했지만 최고재판소는 상고를 기각했다. Y 등은 제1심부터 제3심을 통해 ①본 조례에 의한 유해도서규제는 헌법 제21조에 위반된다, ②유해도서의 정의가 불명확하여 헌법 제31조에 위반된다, ③유해도서 지정요건, 벌칙 등에 대해 도도부현(都道府県)에 격차가 있어 헌법 제13조에 위반된다는 3가지 이유로 헌법위반을 주장했다. 또한 Y_2는 1988년 11월 사망했기 때문에 공소기각이 되어 본 판결은 Y_1에게만 내려졌다.

상고심=최고재판소

■ 법적 구성

「본 조례가 정하는 유해도서가 일반적으로 사리분별이 미숙한 청소년의 성에 관한 가치관에 악영향을 미치고 성적인 일탈행위나 잔학한 행위를 용인하는 풍조를 조장하는 것으로, 청소년의 건전한 육성에 유해하다는 것은 이미 사회공통의 인식이 되어 있다고 해도 좋다. 더욱이 자판기에 의한 유해도서의 판매는 판매자와 대면하지 않기 때문에 심리적으로 구입하기 쉬운 점, 주야를 불문하고 구입가능하다는 것, 수납된 유해도서가 거리에 방치되어 있기 때문에 구입의욕을 자극하기 쉽다는 점에 있어 서점 등에서의 판매보다 그 폐해가 대단히 크다. 나아가 자판기업자도 위의 심의회의 의견청취를 거쳐 유해도서로 지정되기까지의 기간에 당해 도서의 판매를 완료하는 것이 가능하며, 이러한 탈법적 행위에 유효하게 대처할 수 있으려면 본 조례 제6조 제2항에 의한 지정방식도 필요성이 있으며, 동시에 합리적이라고 해야 할 것이다. 그렇다면 유해도서가 자판기에서 판매되는 것을 금지하는 것은 청소년에 대한 관계에서 헌법 제21조 제1항에 위반되지 않음은 물론, 성인에 대한 관계에서도 유해도서의 유통을 다소 제약하는 것이 되지만, 청소년의 건전한 육성을 저해하는 유해환경을 정화하기 위한 규제가 동반되는 필요불가결한 제약이기 때문에 헌법 제21조 제1항에 위반하는 것은 아니다.

기본 해설

일본에서는 나가노현(長野県)을 제외한 모든 도도부현(都道府県)에서 청소년(18세 미만의 자)을 보호하기 위한 조례가 제정되어, 이에 의해 청소년에게 유해한 도서에 대한 규제가 마련되어 있다. 본 판결은 종래부터 논의되어 온 유해도서 규제의 합헌성에 관한 최고재판소의 첫 판단이다.

본 판결은 Y 등의 위헌 주장을 모두 물리쳤다. 그 중 본 조례에 의한 유해도서 자판기 판매 금지가 헌법 제21조 제1항을 위반하지 않는다는 것에 대해 형법 제175조의 외설 문서 배포에 관한 두 개의 판결(최대판 1957년 3월 14일 刑集 11권 3호 997면 「채털리부인 사건」, 최대판 1969년 10월 15일 刑集 23권 10호 1239면 「악덕의 영예」 사건」)과, 성행위의 자유에 관한 후쿠오카현(福岡県) 청소년보호조례 사건 판결(최대판 1985년 10월 23일 刑集 39권 6호 413면)의 취지에서 명백하다. 또한 본 조례에 의한 유해도서의 지정이 헌법 제21조 제2항 전단의 검열에 해당하지 않는 것은 세관검사 사건 판결(최대판 1974년 12월 12일 民集 35권 12호 1308면)과 「북방저널」 사건 판결(최대판 1986년 6월 11일 民集 40권 4호 872면)의 취지에서 명백하게 나타나며, 유해도서의 정의가 불명확하다고는 할 수 없다고 하면서, 본 판결은 더 나아가 「법적 구성」의 부분에 인용한 설명을 덧붙였다.

그렇지만 법정의견을 보면, 제21조 제1항 위반에 대해 선례로 인용된 각 판결이 본건의 쟁점과 어떠한 관련이 있는지가 제시되어 있지 않으며, 그 판례 원용(援用)은 전혀 적절하지 못하다는 비판을 받고 있다(手島 · 後掲, 50면). 또한 이토 마사미 재판관의 보충의견은 청소년의 알 자유와 보장의 정도는 성인의 경우에 비해 낮고, 그 제약의 헌법 적합성에 대해서는 엄격한 기준이 적용되지 않는다는 입장에서 본 판결이 합헌 판결을 내린 것에 대해 보다 상세한 이유를 덧붙일 것을 시도하고 있으나, 모든 논점에서 규제목적인 청소년보호를 최대한 이용하여 합헌의 결론을 도출하고 있으며, 법정의견과 큰 차이는 보이지 않는다(芹沢 · 後掲, 85면).

학설은 본 조례에 의한 유해도서규제의 ①입법사실의 존재, ②검열의 해당성, ③법문의 명확성에 대해 본 판결의 문제점을 지적하고 있다.

우선 본 판결은 본 조례가 정하는 것처럼 유해도서가 일반적으로 사리분별이 미숙한 청소년의 성에 관한 가치관에 악영향을 미치고, 성적으로 일탈행위나 잔학한 행위를 용인하는 풍조를 조장하며, 청소년의 건전한 육성에 유해한 것은 이미 사회공통의 인식이 되어 있다고 해도 무방하다는 설명에 의해, 단호하게 유해도서규제의 필요성을 긍정했다. 이에 대해 표현의 자유를 중시하는 입장은 청소년에게 악영향을 끼친다는 이유로 표현의 자유를 규제하기 위해서는 그러한 사실이 존재한다는 과학적 증명이 필요하다고 주장하고 있다(横田・後掲, 94면). 다만 그 과학적 증명이 용이하지 않기 때문에, 이 입장에 따르는 한 유해도서규제는 허용되지 않게 된다. 이토 재판관의 보충의견은 본 조례의 합리성을 뒷받침하는 입법사실에 대해 청소년보호를 위한 유해도서 규제가 합헌이기 위해서는 청소년 비행 등의 해악을 일으킬만한 상당한 개연성이 있다는 것으로 충분하다고 하고 있으나, 학설에서는 입법사실론의 취지에서 보면, 상당한 개연성은 구체적인 사실인식에 입각한 엄격한 의미를 가진다고 해석해야 한다는 지적이 있다(芦部信喜「헌법학 Ⅲ」증보판 340면).

다음으로 검열 해당성에 대해 본 판결은 선례를 원용하여 유해도서의 지정이 검열에 해당되지 않는다고 했다. 판례에 의하면, 검열이라는 것은「행정권이 주체가 되어 사상, 내용 등의 표현물을 대상으로 하여, 그 전부 혹은 일부의 발표 금지를 목적으로 하여 대상이 된 일정의 표현물에 대해 망라・일반적으로 발표 전에 그 내용을 심사한 후에 부적절하다고 판단되는 것의 발표를 금지하는 것」이다. 이 정의에 의하면 유해도서의 지정은 발표 후의 도서를 대상으로 하기 때문에 검열에 해당되지 않는다. 이에 대해 검열을 보다 광의로 해석하여「사상・정보 수령 시」를 기준으로 그 전 단계의 억제도 검열의 문제가 될 수 있다고 생각한다면 유해도서의 지정제도가 검열에 해당될 가능성도 생긴다. 또한 유해도서의 지정이 검열에 해당되지 않는다 해도 본 조례에 의한 자판기 판매금지는 내용 판단에 의해 자판기에 의한 유통을 사전에 전면적으로 금지하는 것이다. 다른 판매방법만으로는 판매목적을 달성하는 것이 불가능하고, 실질적으로는 발표금지의 효과를 갖는 것이기 때문에 사전억제로 허용되지 않는다는 지적도 있다(横田・後掲, 94면).

이 밖에 현저하게 성적 감정을 자극하고 또는 현저하게 잔인성을 조장한다는 본 조례의 개별 지정기준이 법문의 명확성 요건을 충족한다고 할 수 있는지의 문제가 있다. 표현의 자유를 규제할 경우, 법문언이 막연히 불명확하다면 표현행위에 대해 위축 효과를 끼치기 때문에 합리적인 한정해석으로 그 막연한 불명확성이 제거되지 않는다면 문면상 무효가 된다. 본 판결의 법정의견은 이유를 표하지 않고 본 조례가 정하는 기준의 명확성을 인정했다. 이에 대해 이토 재판관의 보충의견은 본 조례만으로는 반드시 명확성을 갖는다고는 할 수 없는 면이 있다는 것을 인정하면서도, 기후현 청소년대책본부 차장 통달에 의해 심사기준이 구체화되어, 그것으로 하나의 한정해석이 제시되어 있기 때문에, 청소년보호라는 사회적 이익을 여러모로 생각한다면(명확성의 요구도 완화되기 때문에) 기준의 불명확성을 이유로 그것을 법령으로서 위헌이라고 판단할 수 없다고 했다(芦部信喜 「헌법학Ⅲ」 증보판 344면도 동일한 취지). 다만 학설에는 하위의 규범에 의한 명확화는 법률(조례) 자체에 의한 사전 고지의 취지에 반하는 것은 아닐까 하는 지적도 있다(芦部 · 後掲, 85면).

학설은 대체로 표현의 자유보다 청소년보호를 중시한 본 판결에 비판적이다. 일본이 1994년에 비준한 아동의 권리에 관한 조약이 「아동의 자기결정능력의 가능성을 전제로 하여 그것을 육성하고 증진시키는 방향」이 취해져야 한다는 생각에 입각하고 있으며, 일본의 청소년관에도 변화가 나타나는 것을 지적하고, 청소년의 일반적 미숙성을 전제로 하는 본 판결은 재구성을 강요받고 있다는 주장도 있다(奥平康弘 「저널리즘과 법」 307면). 다만 판례는 그 후에도 미야자키현 청소년보호조례에 근거하여 플로피디스크의 유해도서 지정을 본 판결에 의거하여 합헌이라 한 것(최3소판 1999년 12월 14일 판례집미등재) 외에 연령식별장치를 붙인 자판기에 의한 유해도서의 판매를 유죄로 한 것(동경 지방재판소 2000년 2월 16일 判タ 1035호 278면)도 있다.

최근에는 인터넷이나 휴대전화 등의 보급에 따라 청소년보호대책으로서 풍속법의 개정(1998년), 아동매춘 · 아동포르노금지법의 제정(1999년), 만남사이트 규제법의 제정(2003년) 등이 잇따르고 있는 것 외에 자민당과 민주당은 각각 청소년에게 유해한 미디어를 규제하기 위한 법안을 준비하고 있다. 청소년을 보호하기 위해 법률이나 조례로 표현의 자유를 규제할 필요성이나 규제의 내용, 정도에 대한 더 많은 검토가 필요하다.

설문 본 판결에 의하면 청소년을 보호하기 위해 현저하게 성적 감정을 자극하거나 현저하게 잔인성을 조장하는 표현을 청소년에게 유해한 표현이라고 정한 법률을 제정하고, 다음과 같은 방법으로 이 유해표현을 규제하는 것은 헌법 제21조에 반하는가?

(1) 내각총리대신이 청소년보호육성심의회의 의견을 들은 후, 유해표현을 포함한 도서(서적 · 잡지 외에 비디오, DVD, 게임 소프트웨어 등의 패키지미디어를 포함함)를 개별적으로 유해도서로 지정하는 것이 가능하다고 하고, 유해도서로 지정된 도서를 자판기에서 판매하는 것을 금지하고 이것을 위반한 경우 처벌하도록 하는 것

(2) (1)에서 유해도서로 지정된 도서에 대해 이것을 자판기에서 판매하기 위해 운전면허증에 의한 연령식별장치를 자판기에 부착해야만 하고, 이것을 위

반한 경우 처벌되도록 하는 것

(3) 청소년이 이용하는 도서관이나 인터넷 카페 등, 인터넷에 접속된 모든 컴퓨터에 대해 유해표현을 수신자 측에서 차단할 수 있는 필터링 소프트의 설치를 의무화하고 이것을 위반하는 경우에 처벌되도록 하는 것

▌참고문헌▐

▽ 「기본 소재」에 대한 판례평석

浜田純一「少年犯罪の実名報道と表現の自由」ジュリスト2001年, 重要判例解説

斉藤小百合「少年の実名掲載と少年法61条—少年通り魔実名報道名誉毀損損害賠償事件」(法学教室判例セレクト2000年)

田島泰彦「少年の実名掲載と少年法61条—『新潮45』少年実名報道事件」法律時報72巻9号 (2000年)

飯室勝彦「妥当なジャーナリズム論と法律論の分離」新聞研究586号(2000年)

木村哲也「『新潮45』少年実名掲載記事訴訟」子どもの人権と少年法に関する特別委員会等編『少年事件報道と子どもの成長発達権』(現代人文社, 2002年)

棟居快行「出版・表現の自由とプライバシー」ジュリスト1166号(1999年)

坂田仰 「少年の実名報道と少年法61条-堺通り魔殺人事件訴訟」 堀部政男・長谷部恭男編『メディア判例百選』(有斐閣, 2005年)

▽ 長良川 린치살인 가명보도 사건 상고심 판결에 대한 판례 평석

右崎正博「報道の自由に一定の配慮-『週刊文春』少年報道めぐる最高裁判決」新聞研究 622号(2003年)

飯室勝彦「事件報道に大きな影響を与える長良川事件・最高裁判決-少年の身元推知をめぐって」法学セミナー582号(2003年)

渕野貴生 ①「少年法61条による推知報道の禁止と仮名報道」法学セミナー583号(2003年)

広瀬健二「少年法61条で禁じられる推知報道の判断基準-長良川リンチ殺人報道訴訟事件」法学教室277号(2003年)

山下幸夫「最高裁が示した『推知性』のダブルスタンダード-少年法61条の解釈をめぐって」刑事弁護35号(2003年)

▽ 소년 사건 보도에 대하여

山口直也「子どもの成長発達権と少年法61条の意義」山梨学院大学法学論集48号(2001年)

淵野貴生 ②「少年事件における本人特定報道禁止の意義」静岡大学法政研究5巻3・4号(2001年)

平川宗信 「少年推知報道と少年の権利」広瀬健二ほか編 『田宮裕博士追悼論集上巻』(信山社, 2001年)

葛野尋之「犯罪報道の公共性と少年事件」立命館法学271・272号(2000年)
服部朗「少年事件報道と人権」沢登俊雄古稀祝賀『少年法の展望』(現代人文社, 2000年)
山田健太「少年事件報道と人格権侵害」『新・裁判実務大系9 名誉・プライパシ一保護関係訴訟法』(青林書院, 2001年)
松井茂記『少年事件の実名報道は許されないのか』(日本評論社, 2000年)
田島泰彦ほか編『少年事件報道と法』(日本評論社, 1999年)
読売新聞社『新・書かれる立場 書く立場』(読売新聞社, 1995年)
高山文彦編著『少年犯罪実名報道』(文事春秋, 2002年)

▽ 성장발달권에 대하여

戸波江二「人権論としての子どもの『成長発達権』」子どもの人権と少年法に関する特別委員会等編『少年事件報道と子どもの成長発達権』(現代人文社, 2002年)
竹中勲「演習 憲法1」法学教室 274号(2003年)
赤坂正浩「必要なのは子ども扱い? 大人扱い?-子どもの人権」法学教室265号(2002年)
服部朗「成長発達権の生成」愛知学院大学論叢法学研究44巻1・2号(2002年)

▽ 청소년보호와 표현의 자유에 대하여

笹田栄司「青少年保護」法学教室236号(2000年)
植村勝慶「表現の自由と青少年保護」憲法の争点(有斐閣, 第3版, 1999年)
安部哲夫『青少年保護法』(尚学社, 2002年)

▽「두 번째 소재」에 관한 판례평석

高見勝利「『有害図書』指定と表現の自由」憲法判例百選I(有斐閣, 第5版, 2007年)
芹沢斉「自販機によるポルノ販売と『有害図書』規制」法学教室114号(1990年)
戸松秀典・判タ717号(1990年)
手島孝・判例評論376号(1990年)
横田耕一「有害図書規制による青少年保護の合憲性-岐阜県青少年保護育成条例違憲訴訟最高裁判決をめぐって」ジュリスト947号(1989年)
橋本基弘「自販機によるポルノ販売と有害図書指定」堀部政男・長谷部恭男編『メディア判例百選』(有斐閣, 2005年)

(鈴木秀美)

제10장 명예훼손과 가처분

[논점]

(1) 명예훼손에 대한 구제수단에는 어떠한 것이 있는가? 출판금지가처분은 구제라는 관점에서 보면 어떠한 장점을 가지는가?
(2) 출판금지가처분은 헌법 제21조 제2항이 금하는 「검열」에 해당되는가?
(3) 출판금지가처분이 인용되기 위한 요건은 무엇인가? 명예훼손과 프라이버시 침해의 경우에 그것은 달라지는가?

Part Ⅰ 기본 소재

북방저널 사건

최고재판소 1986년 6월 11일 대법정 판결
1981년 오(オ) 제609호 손해배상청구사건
民集 40권 4호 872면
[참고조문] 헌 21, 13

사실 개요

(1979년 4월 시행예정의) 지사 선거에 입후보할 예정이었던 Y는 자신의 지사후보자로서의 적합성을 공격하는 기사를 게재하려고 한(동년 2월 하순 발매 예정의) 잡지 「북방저널」(예정 발행부수 2만 5000부)의 판매 등을 금지하는 가처분을 청구했다. 상기 기사 「어떤 권력주의자의 유혹」은 홋카이도 지사에 적합한 사람은 총명하고 책임감이 강하며, 인격이 청결하고 원만해야 한다고 주장한 후, Y는 그런 적격요건을 갖추고 있지 않다는 논지를 전개했다. 우선, 동 피고의 인물론을 논하는 데 있어 동 피고는 「거짓, 허세 그리고 컨닝에 뛰어난」 소년이었다고 하거나, 「언어의 마술사이며, 가짜제품을 파는 (정치적인) 길거리 상인」 「천성이 거짓말쟁이」 「아름다운 가면 뒤에 감춰진 추악한 성격」 「자신의 이익, 출세를 위해서라면 수단을 가리지 않는 기회주의자」 「암캐 엉덩이 같은 시장」 「코우조(広三)의 본 얼굴은 낮에는 사람을 가장한 사기꾼, 밤에는 어둠

속의 흉적으로 변하는 두 얼굴의 인간」 등의 표현으로 피고의 인격을 평가하고, 피고의 사생활에 대해 「클럽(중략)의 호스티스를 하고 있던 새로운 여자(중략)를 얻기 위해, 비열한 수단을 사용하여 죄도 없는 아내와 이별하고 자살시켰다」라던가, 「노부와 젊은 어머니의 사랑을 이용하여 배다른 형을 쫓아냄」 등의 일이 있는 것처럼 기술하고, 그 행동양식은 「항상 보신을 생각하고 선거를 의식하며 극단적인 인기몰이 정책을 무계획으로 추진하며, 시민에게 봉사하는 것보다 자기선전에 더 힘을 쓰고 이권취득에 있어 교묘하고, 특정 업자와 유착하여 사리사욕을 채우고 부정을 만연시켰다」, 「교묘하게 법망을 피하고 체포를 면했다」라고 표현했다. 그리고 지사 선거 입후보는 「지사가 되어 마음대로 권세를 부리는 것이 목적」이라고 하고, 피고는 「홋카이도에 있어 쓸모없고 해만 끼치는 인물이므로 사회당이 정말 혁신의 깃발을 휘두른다면 신속히 후보를 바꿔야 할 것」이라고 주장하였다.

Y의 북방저널 4월호의 인쇄, 배포 등의 금지를 명하는 가처분신청에 대해 삿포로 지방재판소는 상기 잡지의 발행자 X의 심문을 행하지 않은 채 신청이 상당하다고 인정하여 가처분결정을 내렸다. 이에 대해 X는 Y에 의한 가처분신청 및 삿포로 지방재판소의 가처분결정이 위법이라며 Y 및 국가에 대해 손해배상청구소송을 제소했다.

제1심=삿포로 지방재판소

삿포로 지방재판소 1980년 7월 16일 판결
民集 40권 4호 908면

■ 법적 구성

명예훼손은 언론과 그 외의 표현행위에 의해 이루어지는 것이다. 그렇다고 해서 상기 가처분에서 보이는 것 같은 사전금지가 곧바로 표현의 자유를 침해하는 것이 아닌 것은 표현하려는 행위가 타 권리법익을 침해하고, 그러한 한 외관상은 기본적 인권의 행사와 같이 보인다 해도 헌법에서 보장되는 표현의 자유에 해당하는 것이 아닌 경우인 것이다. 결국 사후에 불법행위라고 판단될 것을 단지 사전에 판단하는 것이라고 할 수 있기 때문이므로 긍정할 수 있다. 그러나 이것은 결과적으로 같다는 논의 위에서 말할 수 있을 뿐이며 실제로 차이가 크다는 것이 명확하고, 만일 실수로 안이하게 금지를 허용하는 일이 생긴다면 설령 그것이 당사자로부터의 신청에 응하여 특정의 표현물에 대해 사법기관이 판단하는 것으로 직접 그것에 해당되는 것이 아니라고 해석되더라도, 헌법이 검열을 금지하고 표현의 자유를 보장하려고 하는 취지가 희석되기 때문에, 사전금지를 허용함에 있어서는 침해자와 피해자 쌍방의 이해의 신중한 비교형량을 행한 후에 판단을 내려야 하며, 안이한 기준을 세워 대처하는 것은 피해야 한다고 생각할 수 있다. 하지만 적어도 사전금지가 허용되는 것은 명백히 명예훼손에 해당하는 행위가 일어나려고 하고 있는 것 및 그 명예훼손 행위가 행해지면 피해자가 받는 손실은 대단히 크며, 그 회복을 사후에 도모하는 것이 불가능하거나 현저히 곤란한 경우라는 것이 먼저 긍정되지 않으면 안 된다고 해석된다.

■ **적용**

원고가 게재예정인 본건 기사는 「피고 Y에 대해 사생활면을 거론하여 비난을 섞어서 매우 야비한 표현을 사용하여 그 인물을 평가하고, 정치자세도 인기 영합 정책을 취하여 이권 낚시를 하고 있다며 공격하고 있는데, 위 기사가 홋카이도지사로서 피고 Y가 적격인지 아닌지에 대한 인물론을 주제로 하고 있다 할지라도, 어째서 피고의 소년시대나 사생활을 거론하여 저급하다고 할 수밖에 없는 표현을 사용하여 논의를 진행시켜야만 하는가? 그 외에도 전편에 나온다고 할 정도로 많은 부분에서 야비한 말로 인물 비평을 해야만 하는지 도저히 납득할 수 없으며」, 「홋카이도 지사라고 하는 지위에 어울리는 사람의 적격을 논한다」라고 하면서, 「결국 본건 기사는 피고 Y를 중상, 비방하며 그의 명예를 명확하게 훼손하고 있다고 할 수 있다」. 다음으로 5만부 발행예정인 북방저널 4월호는 지방잡지로는 적지 않은 부수이며, 그것이 「유권자의 눈에 보인다면 입후보예정자라는 입장에서 피고 Y로서는 상당한 손실을 입게 될 것이 명백하다. 그리고 선거에 관해 입은 손실의 배상은 수량적으로 파악하기 어렵고 회복은 매우 곤란하다고 간주된다」. 「그 외에 이미 인정한 원고 대표자 본인의 본건 기사 집필에 대한 태도나 본건 기사의 진실성에 관한 사정 외에 본건의 제반사정을 모두 고려한 결과, 본건 기사를 게재한 잡지의 배포를 사전에 금지하는 것은 마땅히 허용된다고 할 수 있으며, 피고 Y에게는 이를 요구하는 가처분을 요구할 피보전 권리가 있다고 할 수 있고, 또한 앞에서 인정한 잡지배포 예정시기와 선거 시행시기 기타 제반 사정을 참조하면 보전의 필요성도 시인가능하다」.

청구기각

제2심=삿포로 고등재판소(1심 지지)

삿포로 고등재판소 1981년 3월 26일 판결
民集 40권 4호 921면

상고심=최고재판소

■ 상고이유

(a) 본건 가처분에 의한 기사의 사전금지는 검열에 해당하며, 검열을 금지하는 헌법 제21조 제2항에 위반될 뿐만 아니라, (b) 언론·출판의 자유를 보장하는 헌법 제21조 제1항에도 위반된다.

[법정의견]

■ 법적 구성

(a) 가처분에 의한 사전금지는 검열에 해당되는가?

헌법 제21조 제2항 전단에서 말하는 검열은「행정권이 주체가 되어 사상·내용 등의 표현물을 대상으로 하여 그 전부 또는 일부의 발표금지를 목적으로 하고, 대상이 되는 일정 표현물에 대해 발표 전에 망라적·일반적으로 그 내용을 심사한 후에 부적당하다고 보여지는 발표를 금지하는 것을 그 특질로 구비하는 것을 가리킨다고 해석해야」한다(최고재판소 1984년 12월 12일 民集 38권 12호 1308면).「그렇지만 일정한 기사를 게재한 잡지, 그 외의 출판물의 인쇄, 제본, 판매, 배부 등의 가처분에 의한 사전금지는 재판의 형식을 따른다고 해도, 구두변론 내지 채무자의 심문을 필요로 하지 않고, 입증에 대해서도 소명으로 충분하다고 여겨지는 등 간략한 절차를 따르는 것이며, 또한 이른바 만족적 가처분으로 다툼이 있는 권리관계를 잠정적으로 규율하는 것으로 비송적인 요소를 가진다는 점은 부정할 수 없으나, 가처분에 의한 사전금지는 표현물 내용의 망라적·일반적인 심사에 근거한 사전규제가 행정기관에 의해 그 자체를 목적으로 행해지는 경우와 달리, 개별적인 사인간의 분쟁에 관하여 당사자의 신청에 근거하여 지방재판소가 사전금지청구권 등의 사법상의 피보전권리의 존부, 보전의 필요성의 유무를 심리 판단하여 발생되는 것」이므로「검열」에 해당되지 않는다.

(b) 가처분에 의한 사전금지는 헌법 제21조 제1항 위반인가?

명예를 위법하게 침해당한 사람은 손해배상 또는 명예회복을 위한 처분을 요구하는 것이 가능한 외에「인격권으로서의 명예권에 근거하여 가해자에 대해 현재 행해진 침해행위를 배제하고, 또한 장래 발생할 침해를 예방하기 위해 침해행위의 금지를 요구하는 것이 가능하다」. 여기서는 인격권으로서의 개인명예의 보호(헌법 제13조)와 표현의 자유의 보장(제21조)이 충돌하여 그 조정을 필요로 하기 때문에 「어떠한 경우에 침해행위로서의 규제가 허용되는가에 대해 헌법상 신중한 고려가 필요하다」. 그리고 「형사상 및 민사상의 명예훼손에 해당하는 행위에 대해서도 당해 행위가 공공의 이해에 관한 사실과 관련되고, 그 목적이 오로지 공익을 도모하는 것일 경우에는 당해 사실이 진실이라고 증명된다면, 위 행위에는 위법성이 없으며 또한 진실이라고 증명되지 않더라도 행위자가 그것을 사실이라고 오신한 점에 대해 상당한 이유가 있을 때에는 위 행위에 고의 또는 과실이 없다고 해석되므로, 이에 따라 인격권으로서의 개인의 명예보호와 표현의 자유의 보장과의 조화가 도모된다」.

「표현행위에 대한 사전억제는 신문, 잡지, 그 외의 출판물과 방송 등의 표현물이 사상의 자유시장에 나오기 전에 억제되어 그 내용을 독자 내지 시청자 측에 도달시킬 길을 폐쇄하거나 그 도달을 늦추어 그 의의를 잃게 하여 공개적인 비판의 기호를 감소시키는 것이고, 또한 사전억제의 성질상 예측에 근거하는 것이 될 수밖에 없는 점 등의 이유로 사후제재의 경우보다 광범위하게 퍼지기 쉽고 남용될 우려가 있을 뿐만 아니라, 실제상의 사전억제 효과가 사후제재의 경우보다 크다고 간주되기 때문에 표현행위에 대한 사전억제는 표현의 자유를 보장하고 검열을 금지하는 헌법 제21조의 취지를 참조하여, 엄격하고 명확한 요건을 바탕으로 할 때만 허용되는 것이라고 할 수 있다.……특히 그 대상이 공무원 또는 공직선거의 후보자에 대한 평가, 비판 등의 표현행위에 관한 내용일 경우에는 그것 자체로, 일반인에게 그것이 공공의 이해에 관한 사항이라고 할 수 있으므로」, 헌법 제21조 제1항의 취지를 참조하면 「그 표현이 사인의 명예권에 우선하는 사회적 가치를 포함하고, 헌법상 특히 보호되어야 할 것이라고 간주한다면, 당해 표현행위에 대한 사전금지는 원칙적으로 허용되지 않는 것이라고 해야 한다. 단, 위와 같은 경우에서도 그 표현내용이 진실이 아니고, 또는 오직 공익을 도모할 목적이 아님이 명백하며, 거기에 피해자가 중대하고 매우 회복하기 힘든 손실을 입을 우려가 있을 때는 당해 표현행위는 그 가치가 피해자의 명예보다 덜 하는 것이 명확한데다, 유효적절한 구제방법으로 사전금지의 필요성도 긍정되기 때문에, 이러한 실체적 요건을 구비하는 경우에 한해서 예외적으로 사전금지가 허용된다」. 「사전금지를 명하는 가처분명령의 발생에 관해서는 구두변론 또는 채무자의 심문을 행하여 표현내용의 진실성 등에 대한 주장입증의 기회를 부여하는 것을 원칙으로 해야 한다고 해석하는 것이 상당하다」.

■ 적용

「본건 기사는 홋카이도 지사 선거에 재차 입후보를 예정한 피상고인 Y의 평가라고 하는 공공적 사항에 관한 것으로 원칙적으로는 사전금지를 허용해서는 안 되는 유형에 속하는 것이나, 위와 같은 기사내용·기술방법에 비추어 그것이 동 피상고인에 대해 심하게 저급하고 모욕적인 언사를 통한 인신공격 등이 다분히 포함되는 것이므로, 도저히 그 기사가 오로지 공익을 도모하자는 목적을 위해 작성되었다고는 여길 수 없으며, 게다가 진실성이 결여되어 있다는 점이 본건 기사의 표현내용 및 소명자료에 비추어보아 본건 가처분 당시에도 명확」하다. 「본건 잡지의 예정 발행부수(제1쇄)가 2만 5000부이므로 홋카이도 지사 선거를 2개월 남짓 남겨두었던 입후보 예정자인 동 피상고인으로서는 본건 기사를 게재할 본건 잡지의 발행에 의해 사후적으로 회복하기 어려운 막대한 손실을 입을 우려가 있었을 것임이 가능하므로, 본건 잡지의 인쇄, 제본 및 판매 또는 배포의 사전금지를 명한 본건 가처분은 금지청구권의 존부에 관련하는 실체 면에서 헌법상의 요청을 충족하고」 있으며, 또한 「구두변론 내지 채무자의 심문을 경유한 것임은 원심이 확정하지 않은 바이나, 절차 면에서도 헌법상의 요청에 결여되는 것이 없었다」고 할 수 있고, 결국 본건 가처분에 위헌의 혐의는 없으며, 상기 위헌을 전제로 한 본건 가처분 신청의 위헌 내지 위법의 주장은 전제가 결여되어 있다.

따라서 「이상과 동 취지의 원심의 판단은 정당한 것이라 할 수 있으며, 그 과정에서 위헌, 위법은 없었다고 할 것이다. 논지는 채용할 수 없다.

이에 따라, 민소법 제396조, 제384조, 제95조, 제89조에 따라 재판관 이토 마사미(伊藤正己), 동 오하시 스스무(大橋 進), 동 마키 케이지(牧 圭次), 동 나가시마 아츠시(長島 敦)의 보충의견, 재판관 타니구치 마사타카(谷口正孝)의 의견이 있는 것 외에 재판관 전원일치의 의견으로 주문과 같이 판결한다」.

상고기각

[의 견]

■ 사전금지의 요건

• **타니구치 마사타가**(谷口正孝) **재판관**

「표현의 사전규제는 사후규제의 경우에 비해 각별히 신중함이 요구되므로, 명예의 침해·훼손의 피해자가 공무원, 공선에 의한 공직후보자 등의 공적 인물로, 그 표현내용이 공적 문제에 관한 경우에는 표현에 관련된 사실이 진실에 반하더라도 쉽게 규제의 대상으로 해서는 안 된다. 그러나 그 표현행위가 이른바 현실의 악의를 가지고 행해진 경우, 바꿔 말하면 표현에 관련된 사실이 진실에 반해 허위인 것을 알면서도 그 행위에 나선 경우, 또는 무모하게도 허위인지 아닌지를 무시하고 표현행위를 단행한 경우에는 표현의 자유의 우월적 보장은 후퇴되어 그 보호를 주장할 수 없는 것으로 간주된다. 생각컨대, 위와 같은 경우에는 고의로 허위 정보를 흘리는 것으로 표현내용의 진실성에 무관심한 것이라고 할 수 있으므로, 표현의 자유의 우월을 보장한 헌법 제21조의 근거에 비추어 볼 때, 이와 같은 표현행위를 보호할 필요성·유익성은 없다고 판단되기 때문이다」. 다수의견은 「표현내용이 진실하지 않고, 또는 그것이 오로지 공익을 도모할 목적을 가진 것이 아님이 명확한 경우에는 공적 문제에 관한 잡지기사 등의 사전금지가 허용된다」고 하지만, 나는 이 점에 대해서는 동조할 수 없다. 「생각컨대, 다수의견도 인정하고 있듯이, 기사내용이 공무원 또는 공선에 의한 공직후보자에 대한 평가, 비판 등일 때는 그 자체가 공공의 이해에 관련된 사항이라고 할 수밖에 없으므로 이와 같은 사항에 대해서는 공익 목적을 가지는 것이라는 점은 법률상으로도 의제된다고 간주할 수 있다」(형법 제230조의 2 제3항 참조). 따라서 「이와 같은 표현행위에 대해서 오로지 공익을 도모할 목적을 가진 것이 아니라고 하는 것과 같은 불확정적인 요건을 이유로 공적 문제에 관한 잡지기사 등의 사전금지를 허용한 것은 그 요건이 명확한 기준성을 가지지 않은 만큼 표현의 자유의 보장에 대한 수단은 되지 않을 것이라 판단하기 때문이다」.

기본 해설

1. 출판금지가처분은 헌법 제21조 제2항이 금지하는 「검열」에 위반하지 않는가?

명예훼손 및 프라이버시 침해에 대한 구제수단으로서는 손해배상, 사죄광고, 반론문 게재가 있을 수 있으나, 이들은 사후적인 방법이다. 이에 반해 가처분에 의한 금지는 사전억제(구제방법)이며, 출판물이 판매되어 일반에 유포되는 것을 저지하는 것이기 때문에 권리의 구제라는 면에서 매우 효과적인 것이라고 평가할 수 있다. 한편, 표현자 측에서는 출판금지가처분이 표현의 자유에 대한 과도한 제한으로 받아들여진다.

그런데 사전억제의 금지와 검열의 금지의 관계에 대하여 학설은 다음과 같이 해석하고 있다. A설은 사전억제에는 광의의 사전억제(공권력에 의한 그것)와 「행정권에 의한 사전심사, 그리고 부적당하다고 여겨지는 경우에는 그 표현행위의 금지를 행하는 것」의 두 가지 유형이 존재한다고 한 후, 후자는 헌법 제21조 제1항에 의해 절대적으로 금지된다(佐藤·後揭). 이에 반해, 검열의 금지는 사전억제금지의 이론을 정립한 것이라고 해석하는 B설이 있다. 이에 따르면 검열이란 「공권력이 밖으로 발표되어야 할 사상의 내용을 미리 심사하여 부적당하다고 판단될 때는 그 발표를 금지하는 행위」이며, 검열의 주체는 공권력(주로 행정권)이며, 검열의 대상은 「사상의 내용」에 더하여 현대 사회에서는 넓게 「표현의 내용」이라고 파악해야 한다. 또 검열의 시기는 발표의 전인가 후인가의 구분이 아니라 사상·정보의 수령시를 기준으로 한다. 알권리를 중심으로 구성되는 입장이며, 수령 전의 억제나, 사상·정보의 발표에 억제적 효과를 미치는 것과 같은 사후억제도 검열」이라고 해석한다(芦部·後揭①).

더욱이 양자의 차이는 그 정도로 크지 않다. 검열을 넓게 파악하는 B설도 재판소에 의한 사전금지는 그것이 공정한 절차에 의한 것이므로 엄격한 요건이 수반된다면 예외적으로 인정한다. 또 A설의 경우 재판소에 의한 사전금지는 광의의 사전억제에 들어가며 사전억제의 원칙적 금지와 예외적인 허용의 문제라고 파악한 후에 적정한 사법절차를 통하여 행해지는 경우에는 사전억제가 허용되는 경우가 있을 수 있다.

이러한 점에 대하여 제1심에서는 논쟁되지 않은 듯하지만, 제1심 판결은 「만일 실수로 안이하게 사전금지를 인정하는 것 같은 일이 있다면, 설령 그것이 당사자로부터의 신청에 응하여 특정의 표현물에 관해 사법기관이 판단하는 것으로 직접 그것에 해당하는 것이 아니라고 해석된다 해도, 헌법이 검열을 금지하여 표현의 자유를 보장하려고 한 취지를 無로 하는 것이다」고 하였다. 그리고 X가 상고이유 중에서 당해 가처분이 검열에 해당한다고 주장했기 때문에 최고재판소는 삿포로 검열 사건 최고재판소 대법정 판결(1984년 12월 12일 民集 38권 12호 1308호)에서 나온 「검열」 개념을 전제로 하여 「가처분에 의한 사전금지는 표현물의 내용의 망라적·일반적인 심사에 근거한 사전규제가 행정기관에 의해 그 자체를 목적으로 행해진 경우와는 달리, 개별적인 사인간의 분쟁에 대하여 당사자의 신청에 근거하여 사법재판소에 의해 금지청구권 등의 사법상의 피보전권리의 존부, 보전의 필요성의 유무를 심리 판단하여 발하여진 것」이므로 「검열」에는 해당하지 않는다고 판시한 것이다.

최고재판소는 검열의 주체를 행정권으로 해석하고 공권력을 주체로 하는 사전억제의 문제는 헌법 제21조 제1항에 관련되는 것으로 간주된다. 최고재판소는 행정권에 의한 검열과 공권력에 의한 사전억제를 모두 검열이라고 해석하는 B설을 채택하지 않은 것이다(더욱이 A설에서는 최고재판소 판례와의 유사성을 지적하고 그 「검열」 개념이 지나치게 좁아서 부당하다는 비판이 나오고 있다(참조, 佐藤·後揭)). 그러므로 최고재판소의 이해에 따르면, 사법재판소에 의한 금지가처분은 헌법 제21조 제2항이 금지하는 「검열」에 해당하지 않으며, 남겨지는 것은 그것과 헌법 제21조 제1항과의 관계이다.

2. 사전억제의 원칙 금지와 헌법 제21조 제1항

재판소에 의한 금지가처분이 헌법 제21조 제2항이 금지하는 「검열」에 해당하지 않는다 해도, 당해 가처분이 표현의 자유의 행사를 제한하고(경우에 따라서는) 행사의 기회를 빼앗는 것인 만큼 재판소가 가처분을 어떠한 기준으로 용인하는가는 중요한 문제이다. 이 점에 대해서는 인격적 이익(프라이버시권 및 명예권) 침해를 이유로 하는 상영금지 가처분이 문제가 된「에로스+학살」사건의 1심 및 2심 결정이 중요하다. 1심 결정(동경 지방재판소 결정 1970년 3월 14일 판시 586호 41면)은「인격권의 침해에 대한 법적 구제는 개인의 존엄, 행복추구의 권리와 표현의 자유의 보장과의 접점의 문제로서 신중한 배려를 필요로 하며」,「인격권의 침해에 대해 사전금지청구권을 인정할 것인가 말 것인가에 대해서는 논쟁이 있을 수 있지만, 이를 적극적으로 해석하더라도 표현의 자유에 대한 중대한 제약인 점을 감안하여 검열을 금지한 헌법 제21조 제2항의 정신을 고려하여 권리침해의 위법성이 고도한 경우에만 금지청구를 인정해야 한다고 해석하는 것이 상당하다」고 하고 있다.「고도의 위법성설」을 채택한 것으로 여겨지는 이 결정에 대해 2심 결정(동경 고등재판소 결정 1970년 4월 13일 판시 587호 31면)은 인격적 이익을 침해당한 피해자는「가해자에 대하여 현재 행해지고 있는 침해행위의 배제를 요구하거나, 아니면 장래 발생할 침해의 예방을 요구하는 청구권을 가진다」라고 한 후,「일반적으로 위 청구권의 존부는 구체적 사안에 대하여 피해자가 배제 내지 예방의 조치가 취해지지 않은 채 방치되는 것에 의해 입는 불이익의 형태, 정도와 침해자가 위의 조치에 의해 그 활동의 자유를 제약받는 것에 의한 불이익의 그것과를 비교형량해서 결정해야 한다」라고 판시했기 때문이다(「비교형량설」).

그럼, 본건 사건의 1심은「사전금지를 허용함에 있어 침해자와 피해자 쌍방의 이해의 신중한 비교형량을 행한 후에 판단을 내려야 한다」라고 하여, 기본적으로 비교형량설의 입장을 취하고 있으며, 금지가 허용되는 요건을 종래의 판례보다 구체화하고 있다(전개문제를 참조). 그리고 최고재판소 판결은「표현행위에 대한 사전억제는 표현의 자유를 보장하고 검열을 금지하는 헌법 제21조의 취지에 비추어 엄격하고 명확한 요건을 바탕으로 했을 때만 허용할 수 있다」라고 하고 있고, 특히 그 대상이 공무원 또는 공직선거의 후보자에 대한 표현행위인 경우에는「그것 자체가 일반에게 그것이 공공의 이해에 관한 사항이라는 것이 성립된다」는 헌법 제21조 제1항의 취지를 감안하여,「당해 표현행위에 대한 사전금지는 원칙적으로 허용될 수 없다」라고 하고 있다.

최고재판소는「엄격하고 명확한 요건」이 있음으로써 금지가 허용되며, 특히 공적 인물 등에 대해서는 원칙적으로 허용되지 않는 점에서 비교형량설의 입장을 취하는 것은 아니다(竹田・後掲①). 그리고 오하시(大橋) 보충의견(마키 판사 동조)에서도 볼 수 있듯이,「각종 표현행위의 가치를 유형화하여 명예 등에 우월하는 것을 명확히 열거하」는 유형적 비교형량론에 입각한 견해가 유력하다(加藤・後掲. 이토(伊藤) 보충의견도 그렇게 이해한다. 더욱이 芦部・後掲②). 한편, 이토(伊藤) 보충의견이 지적하는 것과 같이 유형적 비교형량론이 「표현의 유형을 어떻게 분류하는가? 각각의 유형에 대하여 어떠한 판단기준을 채용하는가?」에 대해서 복잡한 문제를 제기하는 점도 간과해서는 안 된다. 또 타니구치(谷口) 의견의 「현실의 악의」에 대해서는 「그 이론적 근거가 반드시 명확한 것이 아니고」, 정책적인 규칙이기 때문에 「사전억제의 법리가 아니므로 이를 우리나라 일반(공적 인물에 대한 것이라고 한정지어도)의 명예훼손행위에 대한 사전금지의 요건에 포함시키기에는 이유 매김이 상당히 곤란하다고 할 수밖에 없다」라고 하는 견해(加藤 · 後揭)가 있는 한편, 적극적으로 해석하는 견해도 있다(참조, 竹田 · 後揭②, 28면).

Part Ⅱ 응용편

확인질문

1. 본 판결의 검열 이해에 대해서 그 주체, 대상, 시기에 대하여 논하라.
2. 표현행위에 대한 재판소의 사전금지는 「검열」(헌법 제21조 제2항)에 해당하는가?
3. 표현행위에 대한 재판소의 사전금지가 「검열」에 해당하지 않는다고 하더라도 그것은 사전억제에 해당하여 헌법 제21조 제1항을 위반하지 않는가?
4. 인격권으로서의 명예권에 대한 침해에 대한 법적 구제수단으로서는 어떠한 것이 있는가?

응용문제

설문 1 본건 최고재판소 대법정 판결에 따르면, 다음과 같은 경우 X는 출판물발행을 금지하는 가처분을 요구하는 것이 가능한가?

(1) X의 명예를 훼손하는 기사를 게재하는 출판물이 시판되어 있는 경우

(2) 지사 선거가 행해지는 반 년 전에 Y가 X의 명예를 훼손하는 기사를 게재하는 잡지를 출판하려고 하는 경우

설문 2 본건 최고재판소 대법정 판결의 인정사실에 따르면, Y의 표현행위는 「그 내용과 표현이 문맥상, 주제인 논평과 전혀 무관계하며 명확하게 공공의 이해에 관련하지 않는다고 인정되는 것」(大橋보충의견)이라고 할 수 있는가?

설문 3 명예회복을 위해서 X가 Y에 대해 사죄광고를 요구하는 경우, 어떠한 헌법상의 논점이 생기는가?

설문 4 금지가처분이 청구된 경우의 심리는 어떻게 행해지는가? 그 대략적인 흐름을 설명하고 그것에 포함되는 헌법상의 논점을 지적하라?

Part Ⅲ 이론편

전개문제

1. 표현행위에 대한 금지가처분의 요건으로 무엇을 열거할 수 있는가?

명예・프라이버시 침해의 구제를 고려한 경우, 사후적인 것에는 구제의 실효성을 감안해 한계가 있다는 점에서 사전구제인 금지가처분이 주목을 끌게 된다. 이때 금지가처분은 표현의 자유에 대해 강력한 억제효과를 발휘하는 것이므로, 헌법 제21조는 구두변론 또는 표현자의 심문을 행하고 표현내용의 진실성 등의 주장입증의 기회를 부여할 것을 요구한다. 그러나 표현자측의 두터운 절차보장은 일면 명예・프라이버시 침해의 구제를 요구하는 측면에서 불이익이 될 수 있다. 왜냐하면 「그로 인해 금지가 시간적으로 늦어지게 된다거나 상대측에 알려져서 집행방해의 행위가 이루어질 수 있는 우려가 있기」 때문이다(加藤・後掲, 57면). 이와 같은 요건의 문제는 중요한 것이며, 최고재판소도 본건 판결에서 「표현행위에 대한 사전억제는 표현의 자유를 보장하고 검열을 금지하는 헌법 제21조의 취지를 참조하여 엄격하고 명확한 요건을 바탕을 했을 때만 허용될 수 있다」라고 판시하고 있는 바이다.

금지가처분의 요건에 대해서 제1심 판결은 「본건 가처분은 금지청구권의 존부와 관련되는 실체 면에서 헌법상의 요청을 충족하고 있다」고 한 뒤, 사전금지가 허용되는 것은 「명확하게 명예훼손에 해당하는 행위가 행해지려고 하는 것」 및 「그 명예훼손 행위가 행해지면 피해자가 입을 손실」이 매우 큰 점, 「사후에 그 회복을 꾀하는 것이 불가능 내지 현저히 곤란한 경우인 점」이 긍정되어야만 한다고 판시하고 있다. 나아가 최고재판소는 정치(精緻)화하여 「구두변론 또는 채무자의 심문을 행하고 표현내용의 진실성 등의 주장 입증의 기회를 부여한다」는 점을 원칙으로 하지만, 「(a) 표현내용이 진실이 아니고, 또는, 그것이 오로지 공익을 도모한다는 목적이 아닌 것임이 명백하고, 게다가 (b) 피해자가 중대하고 현저한 회복 곤란한 손해를 입을 우려가 있을 때는」 예외적으로 금지가 허용된다고 판시한다. 더욱이 최고재판소가 제시한 상기요건 (a)는 「형법 제230조의 2」의 사고를 사용하고 있음을 확인해 두고 싶다.

그렇다면 상기 (a)와 (b)에 대하여는 누가 소명책임을 지는가? 또 (a)와 (b)의 소명의 정도는 같은가? 라고 하는 문제가 있다. 소명은 「당사자의 주장이 일단 확실한 것일까 라는 심증을 재판관에게 부여하는 거증(挙証)」이다. 이에 반해, 증명은 「그 주장이 확실하다는 심증을 부여하는 거증」이라고 해석된다(瀬木・後掲). 그런데 여기서 채무자라는 용어를 사용하고 있으나 금지를 요구한 사람은 일정의 급부(부작위)를 청구하는 것이므로 채권자로 해석된다.

또한, (a)와 (b)의 소명의 정도에 대해서는 쌍방 모두 「『소명』 이상의 입증」을 요구하는 것이라고 해석하는 견해도 있으나(渋谷・後掲), 나카고미(中込) 판사는 (a)를 「인정할 만한 사실에 대해서는 그 존재가 『명백하다』라고 할 수 있을 정도의 고도의 것이어야 한다」라고 하는 것에 비해 (b)를 「인정할 만한 사실에 대해서는 판시는 명백성을 요구하고 있지 않으므로 통상의 가처분과 같은 정도의 소명이 있으면 괜찮다」라고 하고 있다. 피해자가 입게 될 손해가 중대한 것인가 또는 회복 곤란한 것인가는 「평가의 문제이므로 사실상 소명의 문제는 아니다」(中込・後掲)이기 때문이다. (a)에 대해 요구되는 소명의 정도는(고도의 행정판단 권한을 가짐) 공무원이나 공직후보자보다 유명인, 나아가 유명인보다 일반인(통상의 공무원은 여기에 들어감)으로 내려간다. 그렇지만 (b)에 대해서는 변동이 없고 통상의 소명으로 충분하다.

본건 최고재판소 대법정 판결이 표현행위에 대한 금지가처분의 요건을 고려하는데 있어 여전히 주요 판례인 점은 명확하다.

그런데 본건 사안의 경우 명예훼손 침해가 문제가 되었으나 프라이버시 침해가 쟁점이 된 사안의 경우 요건은 달라지는 것인가? 이 점에 대해서는 Part IV 「두 번째 소재」에서 다룬다.

2. 본건 최고재판소 대법정 판결은 채권자가 제출한 자료에 의해 상기 (a)와 (b)의 요건이 있다고 인정된 경우는 구두변론 등을 거치지 않아도 금지가처분명령을 하는 것도 가능하다고 하지만, 이 점의 판단은 타당한가?

본건 사안에 대하여 채권자측이 제출한 자료 등에 의해 예외 사례로서 「금지」가 용인된 점은 비판이 있을 수 있다(鈴木・後掲). 판결 당시는 민사보전법 제정 전이고, 구두변론이 원칙이고, 급박한 경우에만 이를 거치지 않았고, 실무상 구두변론을 대신하여 당사자 쌍방심문이 통상적으로 행해졌다(中込・後掲, 265면. 구 민소법 제757조 참고). 본건 판결은 급박성의 요건이 존재하고 있는 점과, 본건 사례의 특수성을 고려해서 상기 설문과 같은 판시를 행하고 있다(加藤・後掲는 「稀有의 사례」라고 함). 오하시(大橋) 보충의견은 「『채권자가 제출한 자료에 의해』라는 것은 채무자 측의 자료를 포함하지 않는다고 하는 취지이며 공지 사실 또는 재판소에 현저한 사실을 배척하는 취지가 아니다」라고 한 후에, 본건 사안에 앞서서 본건과 유사한 기사를 게재한 『북방저널』 1978년 11월호의 판매・배포 등 금지가처분에 대하여 가처분 재판소에 의해 X에게 일시의 여유를 두고 서면에 의한 반론의 기회가 주어진(가장 정중한 방식에 의한 채무자 심문임) 점을 지적하고 있다. 그것에 덧붙여서 본건 기사의 표현내용 및 소명자료로부터 사전금지가처분명령이 채무자 심문을 거치지 않고 발해졌다고 해도 「그것을 이유로 본건 가처분이 헌법의 요청에 반하는 것은 아니라는 점은 명확」하다고 서술하고 있다(마키(牧) 판사도 동 취지).

더욱이 민사보전법 제정 후는 채무자 심문 없이 금지가처분명령을 발하는 것을 예외적으로 여기고 있고(민사보전법 제23조 제4항), 「그 기일을 거침으로써 가처분명령 청구의 목적을 달성할 수 없는 사정」을 「무한정 넓게 해석해서는 안 된다」(瀬木・後掲, 242면). 출판물의 발행이 임박하여 채권자를 불러낼 시간적 여유가 없는 경우, 집행관 보관 등의 집행이 곤란한 경우(가처분의 대상이 되는 출판물의 완성품이나 판의 은닉 등)가 고려된다(中込・後掲, 266면). 그러므로 민사보전법 제정 전에 나온 본건 최고재판소 대법정 판결의 이 점과 관련된 판시는 「채무자 심문의 필요성이 명문으로 정해진 현행법 하에서는 채무자 심문을 생략할 수 있는 경우를 종전보다 한정적으로 해석할 필요가 있다」라고 세지(瀬木) 판사는 서술하고 있다(瀬木・後掲, 244면).

PART Ⅳ 두 번째 소재

「자니즈 쫓아가기 맵・스페셜」 출판・판매 등 금지청구사건

동경 지방재판소 1998년 11월 30일 판결
1998년 와(ワ) 1603호 출판등금지청구사건
判時 1686号 68면

사실 개요

「SMAP」 등의 아이돌그룹의 멤버인 원고 X 등은 Y_1출판사 및 그 대표이사인 Y_2가 X 등의 자택과 본가의 번지・소재지도 등을 게재한 『자니즈 골드 맵』이라는 출판물을 출판・판매할 예정인 것을 알고 프라이버시 침해를 이유로 동 서적의 출판・판매 등의 금지가처분을 신청했다. 코베 지방재판소 아마가사키(尼崎) 지부가 이 신청을 인정하는 가처분결정을 내려 본안 소송인 동경 지방재판소에서 동 서적의 출판・판매를 금지하는 요지의 판결이 내려져 항소・상고하여 확정되었다. 그런데 상기 소송의 항소심 계속 중에 Y_1 등은 『자니즈 골드 맵』과 똑같이 X 등의 자택・본가의 소재지의 번호, 지도, 건물의 사진을 게재한 『자니즈 쫓아가기 맵・스페셜』제목의 출판물(이하, 본건 서적)을 출판・판매했기 때문에 X 등은 프라이버시 침해를 이유로 본건 서적 및 동종의 출판물의 출판・판매 등의 금지를 요구한 것이다. 코베 지방재판소 아마가사키 지부는 상기 청구를 인정하는 가처분결정을 내렸다. 본건은 그 본안 소송이다.

Y_1 등은 ①개인의 주거정보는 개인의 프라이버시에 해당하지 않는다, ②(가령 ①이

부정된다고 해도) 저명인인 X 등의 주거정보는 공공의 이해에 관한 사항으로 그 공표에는 위법성이 없다, ③동종의 출판물의 출판·판매 등의 금지는 추상적 부작위청구이므로 표현의 자유에 대한 과도하게 광범위한 규제가 되어 허용되지 않는다고 주장했지만, 본 판결은 이하와 같이 서술하며 본건 서적 및 동종의 출판물의 출판·판매 등의 금지청구를 용인했다(게다가 본건 서적의 발송·배달·배포 등의 금지청구에 대해서는 출판·판매가 행해지지 않으면 상기발송 등은 있을 수 없다고 하여 기각했다).

■ 판시

(a) X 등의 주거정보의 요보호성

「일반적으로 타인에게 알려지고 싶지 않은 사적사항이 함부로 공표되지 않을 이익(이하, 「프라이버시 이익」이라 함)은 개인의 인격적 생존에 불가결한 인격적 이익으로 법적 보호의 가치가 있다고 할 만하며」, 「공표된 어떤 사항이 법적 보호의 대상이 되는 『타인에게 알려지고 싶지 않은 사적사항』으로 인정받기 위해서는 그 사항이 ①사생활상의 사항일 것, ②일반인의 감성을 기준으로 해서 공개를 원하지 않을 것이라고 인정받는 사항일 것, ③일반의 사람들에게 아직 알려지지 않은 사항일 것을 필요로 하는 것이라고 해석된다」. 우선 「사생활상의 본거지인 자택 등의 주거는……극히 사사성(私事性)이 높은 공간」이므로 前記 ①에 해당하고, 또 「자택 등의 주거의 소재지가 생면부지인 사람에게 알려지게 된다면 혹은 자신의 평온한 사생활이 침해당하는 것은 아닌가 하는 불안을 안게 되어 일반적으로 무언가 심리적인 부담을 느끼는 사항」이며, 「일반인의 감성을 기준으로 하여 공개를 원하지 않을 것이라고 인정받는 사항(前記 ②)이라고 할 수 있다」. 나아가 상기 정보는 당해 개인의 주변에는 주지되어 있는 경우가 비교적 많다고 생각되지만, 「일반인에게 널리 알려져 있는 사항은 아니기」 때문에 ③의 요건을 충족한다.

(b) 본건 서적의 출판·판매 등의 가처분의 적합여부

「일반적으로 프라이버시의 이익은 그 성질상 일단 미디어에 의한 공표라고 하는 모양으로 침해당하면 그 회복이 극히 곤란한 것이 많다. 물론 표현의 자유의 인권체계상의 우월적 지위로 본다면 표현행위의 사전금지에 대해서는 대단히 억제적이어야 하지만, 위 프라이버시 이익의 원상회복의 곤란성을 감안하면, 개인의 프라이버시 이익을 위법으로 침해하는 표현행위의 대해서는 그 표현행위의 내용이 오로지 공익을 도모할 목적을 가지지 않는 것이 명백하며, 나아가 피해자가 중대하고 현저하게 회복곤란한 손해를 입을 우려가 있는 경우에 한해 예외적으로 그 사전금지가 허용된다는 것이라 해야 할 것이다」.

■ **적용**

(a)에 대하여

원고 X 등이 「연예인이라고 해서 그 사생활상의 사실이 전부 공적이라고는 할 수 없다. 연예인에게도 자택 등의 주거가 극히 사사성이 높은 공간이라는 것은 일반인의 경우와도 변함없는 것이므로, 연예인의 경우라도 역시 자택 등의 주거 소재지에 관한 정보가 함부로 공표되지 않을 이익에 대해서는 법적 보호의 대상이 되는 것이라고 해석해야 할 것이다」.

(b)에 대하여

X 등은 「연예인이지만 그 사생활에 대해서는 그것이 특별히 사회적인 사건이나 범죄행위 등과 관련되지 않는 한, 그 공표에 어떠한 공익 목적이 인정되지 않는다」. X 등이 「인기 연예인이라는 점을 고려해도 개인의 주거공간이 사사성이 높다는 것을 참조하면 도저히 그들의 주거정보를 특히 사회적인 사건이라고 판단하는 것은 불가능하며」, 본건 서적의 내용으로 봐도 「본건 서적의 출판·판매가 오로지 공익을 도모할 목적을 가지지 않는 것임은 명확하다」. 「또한 본건 서적의 출판·발매에 의해 원고들의 다수의 열광적인 팬 등이……, 그곳에 기재된 원고들의 자택 또는 본가의 소재지로 찾아가거나 우편물을 보내는 것」에 의해서 X 등의 「사생활의 평온이 구체적으로 침해당하는 것과 같은 사태가 발생할 것이라는 점은 쉽게 상상이 가능하기」 때문에, 「일반인이라도 자신의 주거 소재지가 미디어에 의해 널리 공표되어 버리면 상당한 위협을 느끼는 것이 자연스럽다고 생각되어지며 특히 위와 같은 사태에 직면할 것이 예상되는 원고들의 심리적인 부담과 불안감에는 커다란 심각성을 찾을 수 있다」라고 추측되어 「본건 서적의 출판·판매가 계속되면 원고들이 중대하고 현저한 회복곤란한 손해를 입을 우려가 있다는 것도 명확하다」. 본건 서적의 출판·판매의 금지는 허용되는 것이라고 해석해야 하겠다.

동종 출판물의 출판·판매 등의 금지에 대해서는 Y_1 등의 「태도 및 종전의 경위를 감안하면, 피고들에게 있어 가까운 장래 본건 서적과 동종, 같은 내용의 출판물을 출판·판매할 우려가 매우 높은 것으로 단정 짓지 않을 수 없다. 즉, 본건에서는 가까운 장래에 피고들의 동종 출판물의 출판·판매행위에 의해 원고들의 프라이버시 이익이 침해당할 것이라는 현실적인 위험성이 존재한다고 할 수 있다」.

기본 해설

1. 먼저 논의해야 할 문제는 주거정보가 프라이버시에 포함되는가 여부이다. 프라이버시의 권리는 당초 「사생활을 함부로 공개당하지 않을 법적 보장 내지 권리」(「연

회가 끝난 뒤(宴のあと)」 사건, 동경 지방재판소 1964년 9월 28일 下民集 15권 9호 2317면)로 해석되어왔으나, 정보화 사회의 진전과 함께 「자기에 관한 정보를 통제할 권리」로 보는 시각이 유력해졌다. 그것은 「개인은 그 영역에 대한 정보를 타인에게 비밀로 해두고 싶은 권리」라고 하는 것이다(野中也・後掲). 한편, 프라이버시권은 「타인이 보거나 듣거나 접촉하거나 하면 본인이 곤혹감을 느끼는 것이 합리적일 것 같은 사적 사항을 보유할 권리」(内野・後掲)라고 파악하는 견해도 있으나, 그것은 프라이버시의 권리가 다의적이면서 상대적인 측면을 가진다는 것을 나타내고 있다.

최고재판소 판례는 프라이버시의 권리를 정면으로 승인하고 있지는 않으나, 그 일부를 구성하는 초상권(최대판 1979년 12월 14일 刑集 23권 12호 1625면), 전과 및 범죄경력(최3소판 1981년 4월 14일 民集 35권 3호 620면), 그리고 지문(최3소판 1995년 12월 15일 刑集 49권 10호 842면)에 대해서는 인정하고 있다. 본건 사안에 대해서도 동경 지방재판소는 「일반적으로 타인에게 알려지고 싶지 않은 사적사항을 함부로 공표당하지 않을 이익(이하, 「프라이버시의 이익」이라 함)은 개인의 인격적 생존에 불가결한 인격적 이익으로서 법적 보호의 가치가 있다」라고 판시하고 있다. 이 「타인에게 알려지고 싶지 않은 사적사항」에 포함되는가 아닌가의 기준에 대해서, 동경 지방재판소는 ①사생활상의 사항일 것, ②일반인의 감성을 기준으로 했을 때 공표를 원하지 않을 것이라고 인정받는 사항일 것, ③일반인에게 아직 알려지지 않은 사항일 것의 세 가지 점을 열거하고 있다. 그리고 개인의 자택 소재지・전화번호 등의 주거에 관한 정보가 거기에 포함되는지에 대해서는 자택 등의 주거는 본인 및 가족의 사생활상의 본거지이며, 「안식, 평화의 장소가 되는 곳이므로 극히 사사성이 높은 공간」이며, 주거정보를 함부로 공표당하지 않을 이익은 프라이버시의 이익으로서 법적으로 보호되어야 한다고 해석한다.

2. 프라이버시의 침해의 구제방법이 다음의 문제이다

명예훼손의 구제와 대비해서 프라이버시 침해의 구제를 생각해보면, 손해배상은 양자에게 공통되지만, 명예훼손의 경우는 사죄광고 및 (좀처럼 판례에서는 인정되지 않지만) 반론문 게재가 있을 수 있다. 명예훼손의 경우 공표 그 자체의 당부가 아니라 「허위의 사실의 공표에 의한 『명예』가 훼손된 점이 문제가 되기」 때문에 사죄광고・반론문 게재가 구제수단으로 검토되지만, 「프라이버시 침해의 경우 참이냐 거짓이냐가 아니라 『공표』되었다는 점 그것의 당부가 문제시되기」 때문에 구제수단으로 사죄광고 등은 고려될 수 없다(奥平・後掲). 본건 동경 지방재판소도 「일반적으로 프라이버시의 이익은 그 성질상 일단 미디어에 의한 공표라는 형태로 침해당하면 그 회복이 대단히 곤란한 경우가 많고」, 「본건 서적의 출판・발매에 의해 원고 등의 다수의 열광적인 팬 등이……, 그곳에 기재된 원고 등의 자택 또는 본가 소재지에 찾아간다거나 우편물을 보낸다거나 하는」 것에 의해 X 등의 「사생활의 평온이 구체적으로 침해당할 사태가 발생할 것이라는 점은 쉽게 상상할 수 있다」고 판시하고 있다. 이와 같이 주거정보의 공표를 바라지 않는 인기탤런트의 주거정보가 일단 공표되면 그(그녀)들의 사생활의 평온은 쉽게 혼란을 겪을 것이다. 경우에 따라서는 자택의 이전, 전화번호의 변동이 여의치 않게 된다. 즉, 지금까지 열거한 구제방법으로는 공표 이전의 원래 상태로 되돌리는 것은 불가능하다. 이와 같은 사태를 회피하기 위해 가장 효과적인 방법이 서적의 출판금지이다. 그러나 그것은 표현의 자유에 대한 중대한 제약이며 쉽게 용인되는 것이 아니다. 「표현의 자유의 인권체계상의 우월적 지위에서 보면 표현행위의 사전금지에 대해서는 매우 억제되지 않으면 안 된다」라는 것이다(본건 동경 지방재판소).

금지청구는 「사전의 억제」이므로 헌법 제21조 제2항이 금지하는 「검열」에 해당되지 않는가가 문제가 된다. 이 점에 대해서는 Part I 「기본 소재」에서 본 것처럼, 최고재판소는 북방저널 사건에서 사전금지는 (행정기관이 아니라) 사법재판소가 당사자의 신청에 근거한 금지청구권 등의 사법상의 피보전권리의 존부, 보전의 필요성에 대해서 심리 판단하여 발하는 것이므로 「검열」에 해당되지 않는다고 판시하고 있다(최대판 1986년 6월 11일 民集 40권 4호 872면). 나아가 최고재판소는 동 판결에서 공공적 사항에 관한 표현행위에 대한 사전금지는 원칙적으로 허용되지 않는다고 한 후, 예외적으로 금지가 허용되는 요건으로, ①그 표현내용이 진실이 아니고 또는 그것이 오로지 공익을 도모한다는 목적을 가지지 않는 것이 명백하며, ②나아가, 피해자가 중대하고 현저하게 회복 곤란한 손해를 입을 우려가 있을 때를 열거한다. 그렇지만 그것은 명예훼손에 대해서이므로 그것이 프라이버시 침해에 그대로 타당한가에 대해서는 견해가 나누어진다. 동경 지방재판소는 북방저널 사건 최고재판소 판결에 입각하여 「개인의 프라이버시의 이익을 위법하게 침해하는 표현행위에 대해서는 그 표현행위의 내용이 오로지 공익을 도모한다는 목적을 가지지 않는 것이 명확하고, 나아가 피해자가 중대하고 현저하게 회복 곤란한 손해를 입을 우려가 있는 경우에 한해 예외적으로 그 사전금지가 허용된다고 할 수 있다」라고 판시하고 있다. 여기에서는 상기 최고재판소 판결의 ①의 진실성의 요건이 제외되어 있는 것이 특징이다. 「진실성이 프라이버시 침해의 손해배상의 면책요건이 되지 않는 것은 현재의 통설적 견해」이며, 이 점을 「가처분에 대해서도 똑같이 해석해야 함」(前田・後揭)으로 본건 동경 지방재판소의 판단은 타당할 것이다.

3. 서적의 출판 등의 사전금지가처분의 요건에 대해서는 우선, 서적에 의한 공표 대상이 프라이버시 해당 사항인 점이 전제되지만, 이미 서술한 바와 같이 주거 정보는 거기에 해당한다.

다음으로 출판에 의해서 단순한 불안이나 부담에 그치지 않고 실제 피해가 예상되는 것이 요구되지만 문제는 피해의 정도이다. 「실해(実害)」라고 하는 것도 있으나(中込・後掲, 276면 이하) 표현의 자유의 보장을 감안하면 본건 동경 지방재판소와 같이 「피해자가 중대하고 현저하게 회복 곤란한 손해를 입을 우려」라고 하는 요건이 적절할 것이다. 마지막으로 표현행위・표현내용이 문제가 된다. 여기서 정치가 등의 「공공의 이해에 관한 사항」에 관계가 있는 사안에 대해서는 상기 ①에서 진실성 요건을 제외하고 「그 표현행위의 내용이 오로지 공익을 「도모할 목적이 아닌 것이 명백」(전게・동경 지방재판소)한 요건을, 또한 「공공의 이해」에 관계하지 않는 사안에 대해서는 표현행위・표현내용이 정당한가 아닌가라고 하는 요건을 고려할 수 있다(긴급성을 요하는 「가처분」에서 출판 측의 「현실적 악의」의 존재까지 가처분의 요건으로 하는 것은 무리가 있는 것은 아닐까? 이 점에 대해서 竹田・後掲②).

설문 인터넷상의 홈페이지에 존재하는 명예훼손표현에 대해서 그 표현의 게재금지 및 그 삭제를 프로바이더에게 요구하는 가처분명령의 청구는 용인되는가?

▌참고문헌▐

佐藤幸治『憲法』(青林書院, 第3版, 1995年)
芦部信喜 ①『憲法』(岩波書居, 第3版・高橋和之補訂, 2002年)
竹田稔 ①「北方ジャーナル判決の民事上の諸問題」ジュリスト867号(1986年)
加藤和夫「時の判例」ジュリスト867号(1986年)
芦部信喜 ②『憲法学Ⅲ人権各論(1)』(有斐閣, 増補版, 2000年)
瀬木比呂志『民事保全法』(判例タイムズ社, 2001年)
渋谷秀樹『日本国憲法の論じ方』(有斐閣, 2002年)
中込秀樹「書籍, 新聞, 雑誌等の出版等差止めを求める仮処分の諸問題」東京地裁民事保全研究会『詳論民事保全の理論と実務』(判例タイムズ社, 1998年)
鈴木秀美「表現の自由と名誉 ②」杉原・野中編『新判例マニュアル憲法 II』(三省堂, 2000年)
野中他『憲法』(有斐閣, 第4版, 2006年)
内野正幸『憲法解釈の論点』(日本評論社, 第3版, 2000年)
奥平康弘『ジャーナリズムと法』(新世社, 1997年)
前田陽一「住居情報の公開によるプライバシー侵害と書籍の出版・販売の差止め」判タ1062号(2001年)
竹田稔 ②『「増補改訂版」プライバシー侵害と民事責任』(判例時報社, 1998年)

(笹田栄司)

제11장　헌법 제21조와 비교형량

[논점]

(1) 표현의 자유(헌법 제21조)의 사정(射程)

보도의 자유나 취재의 자유라는 권리는 헌법 제21조의 표현의 자유로부터 어떠한 논리에 의하여 도출되는가? 이러한 논리 속에 보도기관은 헌법적으로 어떻게 자리매김 되어 있는가?

(2) 헌법 제21조와 다른 헌법적 요청과의 조정

보도 · 취재의 자유와 공정한 형사재판의 실현이라는 두 개의 헌법적 가치를 어떻게 조정해야 하는가?

(3) 비교형량이라는 심사법리

표현의 자유의 심사법리로서 비교형량의 수법을 채택하는 것은 타당한가? 비교형량의 수법에서는 어떠한 고려요인을 대조시켜 형량을 해야 하는가? 또한 형량의 적정을 어떠한 기준에 의하여 판단해야 하는가? 비교형량의 수법은 이른바 엄격심사기준의 정신과 어울리지 않는 것일까?

Part Ⅰ　기본 소재

하카타(博多)역 TV필름제출명령 사건

최고재판소 1969년 11월 26일 대법정 판결
1969년(し) 제68호 취재필름제출명령에 대한
항고기각결정 특별항고사건
刑集 23권 11호 1490면, 判時 574호 11면

사실 개요

1968년 1월, 미국 원자력 항공모함 엔터프라이즈의 사세보(佐世保) 입항 저지투쟁에 참가할 목적으로 하카타(博多)역에 하차한 전학련(全学聯) 학생 약 300명과 경비를 위해 대기하고 있던 후쿠오카현(福岡県)현 경찰기동대원 및 철도공안기동대원들로 구성된 대략 870명의 경찰관이 충돌하였다. 당시 경찰관 측에서 특별공무원폭행유린죄 및 직권남용죄에 해당하는 행위가 있었다고 하여 학생 측으로부터 고발이 이루어졌다. 지방검찰은 이에 대하여 불기소처분을 하였기 때문에 학생 측에서 형사소송법 제

262조에 근거하여 재정심판(付審判)청구가 후쿠오카 지방재판소에서 이루어졌는데, 사건 상황에서 범행형태의 상세를 용이하게 알 수 없었기 때문에 RKB 매일방송 외 방송국 3사에 사건 당일 범행현장을 촬영한 필름의 임의제출을 요구하였다. 그 때 동 지방재판소는 필름에는 결정적이라고도 할 수 있는 증거가치가 있다는 것, 당해 필름이 방송 완료되었다는 것, 일단 압수되어도 가환부 등에 의하여 장래 사용에 대응할 수 있다는 것 등의 고려를 하였다. 그러나 임의제출이 거부되었기 때문에 동 지방재판소는 형사소송법 제99조 제2항에 의거해 방송국 4사에 대하여 당해 TV 필름의 모든 제출을 명하였다(후쿠오카 지방재판소 1969년 8월 28일 제3형사부심판 刑集 23권 11호 1513면). 이에 대하여 방송국 4사가 항고신청을 하였다.

항고심=후쿠오카(福岡) 고등재판소

후쿠오카 고등재판소 1969년 9월 20일 결정
高刑 22권 4호 616면, 判時 569호 23면

■ 당사자의 주장 (쟁점)

〈항고이유〉

(a) 항고이유1

원 결정(제출명령)은 헌법 제21조에 위반하는 것으로 취소되어야 한다.

①표현의 자유는 헌법상 기본적 인권의 가장 중요한 것의 하나이고, 이른바 보도의 자유도 표현의 자유의 한 형태로 출판의 자유 등과 함께 헌법 제21조에 의해 보장되어 있다. 사실을 바르게 전달하는 활동인 「보도」의 자유는 민주주의사회의 기반을 이루는 것으로 헌법상 특히 중요한 지위에 있다. 「생각컨대, 국권의 모든 발동은 모두 국민에게서 유래하고, 국민이 이 권능을 선거 또는 그 이외의 장에서 발동하기 위해서는 국가나 사회에 관한 모든 정확한 정보를 가져야 하기 때문이다. 따라서 보도기관이 갖는 보도의 자유는 보도를 수취하는 국민 측에서 보면 국민이 그 여러 권리의 발동의 기반으로 자유로운 판단을 형성하기 위해 불가결한, 이른바 국민의 『알권리』로서 파악되고 있다. 이와 같이 보도기관이 갖는 보도의 자유는 국민의 『알권리』와 표리일체를 이루는 것으로, 보도기관이 공적 기관으로서 갖는 책임은 중대하고, 민주주의를 관철하는 입장에서 보도의 자유는 이와 같은 공적 기관이 갖는 특권으로 최대한 존중받아야 한다」.

②취재의 자유, 즉, 뉴스원에 접근하고 소재를 획득할 자유는 보도의 자유를 완수

하는 데 불가결한 것이다. 「취재는 널리 국민일반, 사회일반의 협력을 얻지 못하면 그 목적을 달성할 수 없는 것이 분명하다. 그리고 지금까지 널리 보도기관에게 취재의 자유가 확보되어 온 것은 보도기관이 취재에 있어 항상 보도만을 목적으로 하고, 취재한 결과를 보도 이외의 목적에 제공하지 않는다는 확고한 신념이 있으며, 국민측에서도 이에 대한 커다란 신뢰가 있었기 때문이다」. 따라서 만일, 취재결과가 「보도 이외의 목적, 특히 형사사건의 증거로 사용되게 되면(수사기관에 의한 수색, 압수허가장의 발포 청구의 남용의 위험도 예측할 수 있다), 뉴스소재나 정보제공자는 제공에 소극적이 되고, 보도기관에 협력한 결과가 언제 어디에서 어떻게 이용될지 모른다는 불안감을 끊임없이 갖고 취재에 응하지 않는다든지, 응하더라도 의도적인 소재제공을 하는 것 등이 우려될 뿐만 아니라, 취재하는 측의 기자, 카메라맨 등도 취재 결과가 보도 이외의 목적으로 이용될 수 있다는 것을 염두에 두고 취재하게 될 것이다. 더욱이 취재자에 대한 적극적인 방해 행위도 용이하게 예상되는 바이다」. 이리하여 취재는 불가능하게 되거나 왜곡된 사실이 유통되게 된다.

③항고인도 공정한 재판 및 그것을 위한 진실발견이라는 공공의 복지를 위해 사법권의 발동이 중요하다는 것은 쉽게 이해할 수 있지만, 이것과 충돌하는 보도의 자유가 위에서 서술한 정도의 중대한 의미를 갖고 있는 이상, 본건 제출명령은 공공의 복지의 이름으로 허용되는 제한을 넘었다고 하지 않을 수 없다.

(b) 항고이유2

원 결정에는 필요성에 관한 판단, 형량을 잘못한 위법이 있다.

형소법 제99조 제1항은 「필요가 있는 경우는 증거물 또는 몰수하여야 할 것으로 사료되는 것을 압류할 수 있다」고 규정하고, 동조 제2항은 이를 받아 그 물건의 제출을 명할 수 있다고 규정되어 있고, 그 필요성의 유무 판단은 궁극적으로 재판소의 판단에 의하지만, 그것이 자의적으로 행해져서는 안 된다는 것은 당연하다. 본건과 같이 명령을 받은 자가 보도기관인 경우 그 공공성 때문에 단지 피명령자의 불이익보다는 보도의 자유, 표현의 자유, 언론의 자유에 대한 중대한 침범이 될 수 있다. 따라서 선례인 국학원(国学園) 영화연구회 필름 압수 사건 결정(최고재판소 1969년 3월 18일 제3소법정 결정)에서 말한 「범죄의 형태, 경량, 압류물의 증거로서의 가치, 중요성, 압류물이 훼손될 우려의 유무, 압류에 의하여 받는 피압류자의 불이익의 정도, 기타 제반사정에 비춘다」는 설시(説示) 이상으로, 압류에 의하여 받을 피압류자의 불이익의 정도, 기타 제반사정을 고려해야 하였음에도 불구하고, 이러한 배려를 결여하여 제출명령을 발하기에 이른 것은 형소법상 그 해석을 잘못하였다고 하지 않을 수 없다.

이 선례의 원심에서는 「위 필름을 압류당한 소지자인 영화연구회에 주는 불이익

(그 하나로서 그들은 이를 기일이 임박한 대학축제에 상영할 목적을 갖는 것 등)과 비교형량해 본 경우에는 위 필름의 강제적인 압류까지는 허용되지 않는 것으로 해석하는 것이 상당하다」고 하여 압류처분이 취소된 것이다(동경 지방재판소 1966년 11월 22일 결정). 또한 이 선례에서 문제된 필름은 단지 대학축제에 상영하기 위한 것에 불과한 바, 본건의 경우 순수하게 보도를 그 사명으로 한 피명령자에 있어 공공목적을 위해 헌법 제21조에 의하여 보장받는 기본권에 근거하여 촬영한 필름이기 때문에 상기 각 결정 설시 이상으로 신중한 형량, 판단을 필요로 할 것이 명백함에도 불구하고 그 형량을 결여한 제출명령은 前記 형소법의 해석을 잘못한 것이라고 하지 않을 수 없다.

■ 법적 구성

(a) 항고이유1에 관하여

「대체로 보도기관은 현대 민주주의사회에서 일반 국민에게 사상, 판단의 기초가 될 수 있는 각종 지식을 보급하는 중요한 근원으로서 극히 중요한 사회적 사명을 담당하는 것이고, 이들 보도기관이 진실을 보도하는 것은 헌법 제21조가 인정하는 표현의 자유에 속하는 것이라고 할 수 있는 것으로, 사실을 정확하면서 신속하게 보도하는 데에는 필연적으로 그 불가결한 전제로서 자유롭게 널리 취재를 하는 것이 요청되는 것은 이를 수긍하기에 충분하다. 그러나 헌법이 국민에게 보장하는 자유도 절대무제한의 것은 아니고, 항상 공공의 복지를 위해 시간, 장소, 방법, 형태 등에 대해 합리적 제한이 존재하는 것은 최고재판소 판례가 여러 차례 제시한 바이다.

그런데 형사소송법은 제99조에서 『재판소는 필요한 경우 증거물 또는 몰수하여야 하는 것으로 사료되는 것을 압류할 수 있다. 다만 특별한 규정이 있는 경우에는 그러지 아니한다. 재판소는 압류할 수 있는 물건을 지정하고, 소유자, 소지자 또는 보관자에게 그 물건의 제출을 명할 수 있다』고 규정하여, 국민에게 재판소가 하는 압수 수인의무를 가하고 있고, 예외적으로 동법 제103조 내지 제105조에 의하여 공무상 및 특종 업무상의 비밀이라는 초소송법적 요청에서 압수거절권이 있는 경우를 정하고 있지만, 이것도 또한 단서에서 엄격한 제한을 두고 있다. 이러한 규정의 취지에 비추어보면, 위 예외는 한정적 열거로 해석할 수 있고 이것을 쉽게 다른 경우에 유추 적용하여서는 안되므로, 따라서 보도기관에 대하여는 이것이 적용되지 않는다고 하지 않으면 안 된다. 그리고 이들 압수 수인의무는 국민의 소유권, 점유권 등의 재산권에 대한 중대한 제한이라고 할 수 있는 바, 법이 국민에 대하여 이러한 의무를 가한 까닭은 국민의 가장 중요한 임무의 하나인 사법재판이 실체적 진실을 발견하고 법의 적정한 실현을 기대한다는 사명을 달성하기 위해 절대 불가결한 것이다. 이러한 사명달성이라는 사회공공의 복지를 위해 필요한 제도라 할 수 있는 것은 다언을 요하지 않기 때문에, 설령 그 때문에 보도기관에 대하여 취재한 물건의 제출을 강제할 수 있는 것에 의해 취재의 자유가 방해받고, 나아가서는 보도의 자유에 장애를 초래하는 결과를 낳는 경우가 있어도, 그것은 위 자유가 공공의 복지에 의해 제약을 받을 수밖에 없는 어쩔 수 없는 결과라고 할 수 있으므로, 헌법 제21조가 보장하는 표현의 자유를 침해하는 것이라고는 할 수 없다」.

(b) 항고이유2에 관하여

「형사소송법 제99조 소정의 압수 필요성 유무의 판단은 범죄의 경중, 압수물의 증거로서의 가치, 중요성, 압수물이 훼손될 우려의 유무, 압수에 의하여 받는 상대방의 불이익의 정도, 기타 제반 사정을 고려하여 이루어져야 하는 것은 바로 소론과 같다」. 「또한 본건 필름은 다른 일반 증거물과는 취지가 현저하게 다르고, 보도기관이 오로지 보도를 위해 몸을 바쳐 고심을 거듭하여 취재해 스스로 제작하여 중요하게 보관하고 있는 것이라고 생각되는 경우, 어쩌다가 그 TV 필름이 재판상의 증거가 된다고 하여 쉽게 그 취지에 반하여 강제력을 이용하여 TV 필름의 개시를 구하는 것과 같은 일은 엄히 삼가해야 하고, 보도기관의 입장도 신중히 고려한 뒤에 이러한 조치는 달리 구할 수 없는 적절한 증거도 없을 때 부득이한 최후의 수단으로 채택되는 것이 바람직한 것은 물론이다」.

■ 적용

(a) 항고이유1에 관하여

형사소송법 제99조와 관련한 동법 제103조 내지 제105조의 예외규정은 한정열거인 이상 보도기관에 유추 적용되지 않는다. 또한 국가의 가장 중요한 임무의 하나인 적정한 형사재판의 실현이라는 공익을 위해 취재의 자유가 방해받고, 보도의 자유에 장애가 초래된다고 하여도 불가피하다.

(b) 항고이유2에 관하여

① 「범죄의 양태 경중, 압수물의 증거로서의 가치, 중요성」

「그래서 본건 특별공무원폭행유린 등 부심판청구 사건의 기록을 사정함에 그 피의사실은 요컨대 후쿠오카현 경찰본부장, 동 경비부장 하카타 철도공안실장 기타 성명미상의 경찰관, 철도공안관 8백여명이 하카타역에 하차한 전학련 소속 학생 약 300명의 행동을 경비할 때, 위 전원이 공모하여 다수 학생을 전후에서 협공한 뒤, 통로계단 위에서 내던지고, 다리후리기로 넘어뜨리고, 또한 주먹과 경찰봉으로 머리, 등 부위 등을 구타하였다는 사실 등에서 피의자 특히 성명미상의 피의자나 피해자가 방대한 수에 이르고, 범행 양태도 복잡, 미묘한 것이 있어 지금까지 수집된 주요한 증거는 각종 진술조서라고 할 수 있다. 그러나 피해자 측의 진술조서는 불과 수 통으로 모두 이 범죄의 성립을 긍정하는 내용의 것임에 반하여 피의자 측의 진술조서는 범행을 철저히 부정하는 내용의 것으로 쌍방의 진술이 뚜렷이 달라 서로 대립하고, 제3자 입장에 있는 자의 진술이 거의 발견되지 않고 있다. 더구나 앞의 각 진술조서 이외의 자의 진술을 찾는 것은 쉽게 기대할 수 없는 상황에 있기 때문에 범행 양태를 자세히 파악하여 검토하는 것이 용이한 작업은 아니라는 점을 살펴볼 수 있고, 보도기관이 중립적 입장에서 현장 상황을 촬영한 본건 필름은 당시의 쌍방의 동정을 여실히 연속적 또는 동적으로 파악한 것으로 증거상 극히 중요한 가치를 갖는 것을 알 수 있다」.

② 「압수에 의하여 받은 상대방의 불이익의 정도, 기타 제반 사정」

「그런데 본건 필름은 사회 공공을 위해 진실보도를 사명으로 하는 보도기관이 오로지 보도목적을 위해 취재한 점이라는 것에 비추어보면, 이것을 보도목적 이외의 형사소송의 증거자료에 이용하는 것은 보도의 자유를 표방하는 보도기관에 대하여 상당한 불이익을 초래하는 것은 부정할 수 없다. 그러나 위 필름은 이미 방송이 끝난 것도 있을 뿐만 아니라, 외부에 발표되지 않을 것이라는 상대방의 강한 신뢰관계의 기반에 서서 취재된 것으로는 인정하기 어렵고, 오히려 어떠한 곳을 보도할 것인가는 보도기관의 자유 선택에 속하는 것이라는 점에서도 위 필름은 그 취재시 이것을 보도하여 일반에게 공개할 것을 예정했던 것이라고 할 수 있다. 따라서 위 필름이 우연히 재판의 증거로 이용된다고 하여도 그것은 양태를 달리한 공개라고도 볼 수 있다. 이 때문에 보도기관이 입을 불이익은 보도기관이 그 비익을 최고 윤리로 하고 있는 취재원에 대해 개시를 요청받는 경우와 비교할 수 없음을 특히 유의하여야 할 것이다」.

③ 부심판청구의 심리와 일반공판절차

「그리고, 부심판청구는 청구가 이유 있는지의 여부, 즉, 사건을 공판에 붙일 수 있는지를 심리하는 절차로서 피고사건에 대한 일반공판절차와 달리 증거조사의 정도도 당연히 차이가 있는 것은 소론과 같다. 그러나 이 절차는 여전히 재판소가 위 청구 이유의 유무를 독자적인 견지에서 심리 판단하는 것으로 그것이 재판인 이상 재판 일반에 강하게 요청되는 적정한 판단이 기대되는 것이라고 할 수 있고, 그 때문에 상당한 각종 증거를 구하는 것도 또한 부득이하다고 하지 않을 수 없다. 그렇기 때문에 형사소송법은 심판청구를 받은 재판소에 대하여 수소법원(受訴法院)과 동일한 권한을 주고 자유롭게 강제처분을 할 수 있게 한 것이다」.

④ 「불가피한 최후의 수단」 인지의 여부

「위에서 자세히 설명한 각종 사정을 여러 가지로 고찰하면, 원 재판소가 본건 부심판청구 사건의 심리를 위해 필요하다고 인정하여 항고인 등에게 본건 필름의 제출명령을 발한 것은 정말로 부득이한 조치로서 상당하다고 할 수 있고, 필요성의 판단을 잘못한 것이라고 할 수 없다」. 보도기관의 입장을 신중하게 고려해야 하는 바, 「원심의 조치도 또한 이러한 배려에서 나온 것임을 살펴볼 수 있다」.

항고기각.

특별 항고심=최고재판소

■ 당사자의 주장 (쟁점)

〈항고이유〉

①헌법 제21조와 보도의 자유 · 취재의 자유에 관한 총론적 주장은 원 결정 때와 동일함.

②원 결정은 공공의 복지에 관한 추상적 일반론에서 바로 헌법 제21조가 보장하는 표현의 자유의 침해는 없다고 결론내리고 있다. 「공정한 재판이든 보도의 자유이든 모두 공공의 복지를 담보하는 두 개의 중요한 버팀목이라는 것은 의심의 여지가 없는 바이므로, 본건의 경우에는 특히 각각이 담보하는 공공의 복지의 구체적 의의나 내용이 문제시 되어야 하며, 사법재판이 갖는 중요한 사명 달성이라는 사회공공의 복지를 위해 필요한 제도로 형소법 제99조의 규정이 보도의 자유에 우선한다고 간단하게 결론내릴 것은 아니다」.

③원 결정은 형소법 제103조 내지 제105조 및 단서 규정에서 보도기관이 동법 제99조의 적용 예외에 해당하지 않는다고 하였지만, 보도기관의 보도, 표현의 자유는 일반인이 갖는 이들의 자유와는 그 비중을 달리하고, 민주주의의 근원에 깊이 관계된 것이다. 상기 형소법 제외 예가 공무 및 특종 업무상의 비밀이라는 초소송법적 요청에 기초한 것이라고 하면, 공무상 내지 특종 업무상의 비밀조차 초소송법적 요청으로 압수거절을 인정한다면, 보도기관이 의거할 기반을 뒤흔든 본건 제출명령에 대하여는 형소법상 제외의 예로서 규정을 결여하고 있다고 하여도 초소송법적 요청의 가장 현저한 예로서 압수거절」이 인정되어야 한다고 해석할 수 있다.

④원 결정은 「위 필름은 이미 방영이 완료된 것일 뿐만 아니라 외부에 발표되지 않는다는 상대방과의 강한 신뢰관계의 기반에 서서 취재한 것으로 인정하기 어렵다」고 하였다. 그러나 보도기관의 취재의 대상은 불특정다수인으로 특정 상대방과의 신뢰관계에 의거한 것은 아니다. 이 점에서도 보도기관이 갖는 신뢰관계를 형소법 제103조 내지 제105조의 증명거절자와 그 신뢰관계에 있는 자와의 관계와 동일한 차원에서 고찰하는 것은 잘못이다.

⑤원 결정은 취재원 개시와는 달리 필름 제공만으로는 보도기관이 입을 불이익이 경미하다고 생각하고 있는 듯하다. 그렇지만 필름만 보아도 촬영 장소, 시간을 특정하는 것은 곤란하고 따라서 그 취재자를 증인으로 하여 소환조사하지 않는 한 촬영의 시간, 장소의 특정은 할 수 없으므로 원 결정 스스로 인정하는 보도기관의 최고 윤리인 취재원의 비익도 개시를 독촉받는 것은 불가피하다.

⑥필름의 압수에 의하여 침해받는 이익으로 항고인의 관심사는 필름에 대한 보도기관의 단순한 소유권, 점유권이 아닌 보도기관의 취재의 자유, 보도의 자유 및 국민의 알권리로서, 바로 보도기관의 존립 목적 그 자체, 민주주의사회의 기초 그 자체이다.

■ 법적 구성

「소론이 지적하는 바와 같이 보도기관의 보도는 민주주의사회에서 국민이 국정에 관여하는 데 중요한 판단 자료를 제공하고, 국민의 『알권리』에 봉사하는 것이다. 따라서 사상 표명의 자유와 나란히 사실 보도의 자유가 표현의 자유를 규정한 헌법 제21조의 보장 하에 있는 것은 당연하다. 또한 이와 같은 보도기관의 보도가 올바른 내용을 갖기 위해서는 보도의 자유와 함께, 보도를 위한 취재의 자유도 헌법 제21조의 정신에 비추어 충분히 존중될 가치가 있다고 할 수 있다.

그런데 본건에서 제출명령의 대상이 된 것은 이미 방영된 필름을 포함한 방영을 위해 준비된 취재필름이다. 그것은 보도기관의 취재활동의 결과 이미 얻어진 것이므로 그 제출을 명하는 것은 위 필름의 취재활동 그 자체와는 직접 관계가 없다. 그렇지만 보도기관이 그 취재활동에 의하여 얻은 필름은 보도기관의 보도목적을 위한 것으로 이와 같은 목적을 갖고 취재된 필름이 다른 목적, 즉, 본건에서와 같이 형사재판의 증거를 위해 사용되는 경우에는 보도기관의 장래의 취재활동의 자유를 방해하게 될 우려가 없는 것도 아니다.

그러나 취재의 자유라고 하여도 물론 아무런 제약을 받지 않는 것은 아니고, 예를 들면 공정한 재판의 실현이라는 헌법상의 요청이 있는 경우 어느 정도의 제약을 받을 수 있는 것도 부정할 수 없다.

본건에서는 바로 공정한 형사재판의 실현을 위해 취재의 자유에 대한 제한이 허용되는지가 문제된 것이지만, 공정한 형사재판을 실현하는 것은 국가의 기본적 요청이고, 형사재판에서 실체적 진실의 발견이 강하게 요청되는 것은 말할 필요도 없다. 이와 같은 공정한 형사재판의 실현을 보장하기 위해 보도기관의 취재활동에 의하여 얻어진 것이 증거로서 필요하다고 인정되는 경우에는 취재의 자유가 어느 정도의 제한을 입게 되는 것도 불가피한 것이라 할 수 있다. 그렇지만 이와 같은 경우에도 일면에서 심판의 대상이 되고 있는 범죄의 성질, 양태, 경중 및 취재내용의 증거로서의 가치, 나아가서는 공정한 형사재판을 실현함에 있어서 필요성의 유무를 고려함과 동시에, 다른 면에서는 취재한 것을 증거로 제출당함으로써 보도기관의 취재의 자유가 방해받는 정도 및 이것이 취재의 자유에 미치는 영향의 정도 등 기타 제반 사정을 비교형량하여 결정해야 하고, 이것을 형사재판의 증거로 사용하는 것이 부득이 하다고 인정되는 경우에도 그것에 의하여 받는 보도기관의 불이익이 필요한 한도를 넘지 않도록 배려하지 않으면 안 된다」.

■ 적용

「이상의 견지에 서서 본건에 관하여 보자면, 본건의 부심판청구 사건의 심리 대상은 다수의 기동대 등과 학생과의 충돌 때 행해진 기동대원 등의 공무원직권남용죄, 특별공무원폭행유린죄의 성립 여부에 있다. 그 심리는 현재 피의자 및 피해자의 특정조차 곤란한 상태로 사건 발생 후 2년 가까이 경과한 현재로서는 제3자의 새로운 증거는 더 이상 기대할 수 없고, 따라서 당시 위의 현장을 중립적인 입장에서 촬영한 보도기관의 본건 필름이 증거상 극히 중요한 가치를 가지고, 피의자들의 죄책의 유무를 판정하는 데 거의 필수적인 것으로 인정되는 상황에 있다. 한편 본건 필름은 이미 방영된 것을 포함한 방영을 위해 준비된 것이고, 그것이 증거로 사용됨으로써 보도기관이 입을 불이익은 보도의 자유 그 자체가 아닌 장래의 보도의 자유가 방해될 우려가 있다는 것에 그친다고 해석되는 것으로, 부심판청구 사건이라고는 하여도 본건의 형사재판이 공정하게 이루어지는 것을 기대하기 위해서는 이 정도의 불이익은 보도기관의 입장을 충분히 존중하여야 한다는 견지에서도 수인할 수 있는 정도의 것이라고 할 수 있다. 또한 본건 제출명령을 발한 후쿠오카 지방재판소는 본건 필름에 관해 일단 압수한 뒤에도 시기에 따라 가환부 등의 조치에 의해 보도기관의 필름 사용에 지장을 주지 않도록 배려한다는 것을 표명하고 있다. 이상의 논점과 그밖의 제반 사정에 비추어 볼 때, 본건 필름을 부심판청구 사건의 증거로 사용하기 위해 본건 제출명령을 발한 것은 불가피한 것이라고 인정된다.

전술한 바와 같이 생각하면, 본건 필름의 제출명령은 헌법 제21조에 위반되는 것이 아님은 물론 그 취지에 저촉되는 것도 아니고, 이것을 정당하다고 유지한 원 판단은 상당하고 소론은 이유가 없다」.

항고기각.

기본 해설

1. 본 결정의 기본구조

특별항고심에서 제시된 논리의 기본구조는 아래와 같다.

①보도기관에 의한 보도의 민주주의적 의의를 강조하고, 사실 보도의 자유가 표현의 자유를 규정한 헌법 제21조의 보장을 받는 것을 분명히 하고, 또한 보도를 위한 취재의 자유를 「헌법 제21조의 정신에 비추어 충분히 존중할 가치가 있는 것」이라 하였다. ②취재의 자유라고 하더라도 제약이 없는 것은 아니고, 공정한 재판의 실현이라는 「헌법상의 요청」이 있을 때에는 일정한 제약을 받는다. ③취재의 자유의 제한 여부는 한편으로는 당해 범죄의 성질, 양태, 경중 및 취재물의 증거로서의 가치, 나아가서는 공정한 형사재판을 실현하는 데 있어서의 필요성 유무를 고려함과 동시에, 다른 한편으로는 취재물의 제출 강제에 의해 취재의 자유가 방해받는 정도 및 이것이 보도의 자유에 미치는 영향의 정도 등 기타 제반 사정을 비교형량하여 결정하여야 한다. ④본건에서 피의자의 죄책의 유무를 판정한 뒤에 취재필름은 「거의 필수적인 것」이고, 다른 한편 보도기관이 입을 불이익은 보도의 자유 그 자체는 아니고 장래의 취재의 자유가 방해받을 우려가 있다는 데 불과하고, 또한 제출명령은 보도기관의 필름사용에 지장을 초래하지 않도록 배려할 예정이었다(또한 본 결정 뒤 후쿠오카 지방재판소는 방영 완료의 필름에 한하여 압류, 피의사건의 검토를 하였지만, 결국 부심판청구를 기각하였다).

이상의 논리에 대해서는 사건의 특수성을 고려한다해도 다양한 비판이 제기되어 왔다. 예를 들면 i) 본 결정은 취재의 자유에 표현의 자유와 동등한 헌법상의 자리매김을 부여하고 있지 않지만, 표현행위가 「정보취재-구성-발표의 연쇄」인 이상, 동등하게 보장해줄 수 있는 것은 아닌가? ii) 취재의 자유의 주체를 보도기관으로 한정하고 있지만, 보다 넓게 「보도자」를 주체로 상정하여야 하는 것은 아닌가? iii) 비교형량의 방법은 형량에 관련된 이익・불이익으로 인정・선별이 적절하게 행해지는 기준이 없으면 재판관의 자의에 맡겨질 위험이 있다(横田・後掲, 158-159면, 佐藤・後掲, 143-144면). 그 중에서도 비판이 집중된 것은 본 결정의 법리 자체에 논의의 여지가 있음에도 불구하고, 이하에서 보는 바와 같이 본 결정의 틀이 거의 그대로 다른 문제의 국면에 적용・확대된 결정이 계속 나온 점이었다.

2. 하카타(博多)역 사건 결정의 법리의 적용 확대—일본텔레비 사건, TBS 사건

하카타역 사건 결정은 부심판청구를 심리하는 재판소의 제출명령에 관한 것이었지만, 동 결정의 법리는 수사단계에서의 검찰관 혹은 사법경찰직원의 청구에 관계되는 압류처분에 확장 적용되었다.

(a) 니혼텔레비 사건 결정

본건은 이른바 리크루트 의혹 사건에 관한 국정조사권의 행사 등에서 관대하게 조처를 받았기 때문에 피의자 X가 중의원의원(나라자키 야노스케 楢崎弥之助)에 대하여 고액의 현금제공을 의뢰해 온 현장을 뇌물 사건의 고발을 위해 증거보전을 의도한 나라자키씨의 의뢰를 받은 니혼텔레비의 촬영반이 비밀촬영을 한 취재필름이 문제되었다. 도쿄 지검은 X의 뇌물피의 사건의 해명과 입건을 위해 재판관 발급의 압류허가장에 근거하여 당해 취재필름을 압류, 이에 대하여 니혼텔레비 측이 준항고를 신청하였지만 기각되었기 때문에 최고재판소에 특별항고를 하였다.

이를 받아들여 최고재판소(최2소판 1989년 1월 30일 刑集 43권 1호 19면, 判時 1300호 3면)는 헌법 제21조와 취재의 자유에 관한 하카타(博多)역 사건 최고재판소 결정을 그대로 인용한 뒤에 「원래 동 결정[하카타역 사건 결정]은 부심판청구 사건을 심리하는 재판소의 제출명령에 관한 사안임에 반해, 본건은 검찰관의 청구에 의하여 발부된 재판관의 압류허가장에 근거한 검찰사무관이 행한 압류처분에 관한 사안이지만, 국가의 기본적 요청인 공정한 형사재판을 실현하기 위해서는 적정하고 신속한 수사가 불가결한 전제이고, 보도의 자유 내지 취재의 자유에 대한 제약의 가부에 관하여는 양자 사이에 본질적인 차이가 없는 것은 긴 설명을 필요로 하지 않는 바」라고 하여, 본건에서도 하카타역 사건 결정의 비교형량의 방법을 그대로 채용한 것이다.

구체적인 형량 과정에서 최고재판소는 ①본건은 「국민의 관심을 받고 있던 중대한 사범인」 것, ②사건의 해명은 그 성질상 당사자의 진술에 의지하는 바가 크지만, 피의자 X가 부인하고 나라자키씨의 기억도 반드시 명확하지 않은 것, ③더구나 X는 본건 비디오테이프 속의 미방영 부분에 자신의 변명을 뒷받침할 내용이 존재한다고 강하게 주장하고 있었던 것 등을 지적하여, 「면담상황을 있는 그대로 수록한 본건 비디오테이프는 증거상 극히 중요한 가치를 가지며, 사건의 전체를 해명하고 범죄의 성부를 판단하는 데에 거의 불가결한 것으로 인정된다」고 판단하였다. 다른 한편 보도기관이 입을 불이익에 관하여서는 압류대상이 이른바 원본테이프이더라도 니혼텔레비는 압류시에 이미 편집과 방영을 끝냈기 때문에 입을 수 있는 불이익은 「본건 비디오테이프의 방영이 불가능하게 되고 보도의 기회를 빼앗긴다는 불이익이 아닌, 장래 취재의 자유가 방해받을 우려가 있다고 하는 불이익에 그친다」고 하고, 나아가 「본건 비디오테이프는 그 취재 경위가 증거의 보전을 의도한 나라자키씨로부터의 정보제공과 의뢰에 의한 특수한 것이라는 것, 나라자키씨가 본건 뇌물피의 사건을 고발함에 있어 중요한 증거자료로 비디오테이프의 존재를 들고 있는 것, 압류에 앞서 검찰관이 보도기관으로서의 입장을 배려한 사전 절충을 신청인과의 사이에서 하고 있는 것」 등 기타 제반 사정을 종합하면, 보도기관의 보도의 자유, 취재의 자유가 제약을 받는 것도「수인하지 않으면 안 되는 것이고, 본건 압류처분은 부득이 하다고 인정된다」고 판단하였다.

이에 대하여 시마타니 로쿠로(島谷六郎) 재판관은 반대의견을 제시하였다. 동 반대의견은 하카타역 사건 결정의 법리의 적용 그 자체에는 기본적으로 동의하면서도 ①하카타역 사건의 경우는 피의자와 피해자를 특정하는 것조차 곤란한 상황이었기 때문에, 필름의 제출은「사안 해명을 위해 거의 필수적인 것이었다고 생각되지만, 이에 대해 본건 뇌물피의 사건에서는 이미 금원 제공자와 그 상대방 및 행위 일시, 장소, 양태가 특정되어 있고, 다만 금원 제공의 취지 등에 관하여 다툼이 있었던 것에 불과한 것이고, 본건 비디오테이프 압류의 필요성은 하카타역 사건 결정의 경우에 비하여 현격한 차이가 있는」것이고, ②보도·취재의 자유에 대한 불이익을 과소평가하여서는 안 되고,「보도기관의 취재결과를 압수하는 것에 의한 폐해는 개별적인 사안의 특수성을 뛰어 넘는 곳에서 발생하는 것이고, 본건 비디오테이프의 압수가 초래하는 폐해를 취재 경위의 특수성 때문에 경시하는 것도 적당하지 않은 것으로 생각되는」것을 지적하고 있다.

(b) TBS 사건 결정

TBS(도쿄방송)는 야쿠자조직의 다큐멘터리 프로그램에서 폭력단원에 의한 채권추심의 현장을 약 11분에 걸쳐 방송하였다. 이 방송을 계기로 추심을 한 조직원이 폭력행위 등 처벌에 관한 법률 위반·상해 혐의로 체포되었지만, 담당 사법경찰원이 범행상황을 해명하기 위해 동경 간이재판소 재판관이 발급한 압류허가장에 근거하여 TBS 본사내에서 원본테이프 29권을 압수하였다. 이에 대해 TBS는 압수처분의 취소를 구하며 준항고를 신청하였지만 기각되었기 때문에 이에 불복하여 최고재판소에 특별항고하였다.

이를 받아들여 최고재판소(최2소판 1990년 7월 9일 刑集 44권 5호 421면, 判時 1357호 34면)는 하카타역 사건 결정을 이으면서 니혼텔레비 사건 결정과 동일한 비교형량의 방법을 채택하였다.

구체적인 형량 과정에서 최고재판소는 ①본건이「경시할 수 없는 악질적인 상해, 폭력행위 등 처벌에 관한 법률위반 피의 사건의 수사로서 이루어진」것, ②「피의자, 공범자의 진술이 불충분하고 관계자의 진술도 일치하지 않고, 상해 사건의 중요한 부분을 확정하기 어렵기 때문에 진상을 분명히 하는 데 필요상,……위 비디오테이프는 사안의 전체를 해명하여 범죄의 성부를 판단하는 데에 중요한 증거가치를 갖는 것으로 인정된다」는 것을 지적하고, 본건 비디오테이프의 압류 필요성을 강조하였다. 한편, 보도기관이 입을 수 있는 불이익에 관하여는 예전과 마찬가지로「[압수 대상이 된 것은] 모두 이른바 원본테이프이지만, 신청인에게 압류할 당시 이미 방영을 위해 편집을 종료하고, 편집에 관계된 것이지만 방영을 끝내고 있어, 본건 압류에 의해 신청인이 입을 불이익은 본건 비디오테이프의 방영이 불가능하게 되어 보도의 기회를 빼앗기는 것은 아니었다」고 하여 하카타역 사건 결정, 일본텔레비 사건 결정과 동일한 논법을 채택하였다. 덧붙여 본건이 범죄자의 협력과 승인을 얻어 범죄현장을 취재한 특수 사례였던 것에 착안하여 최고재판소는 ①「본건의 촬영은 폭력단 두목을 비롯한 단원의 협력을 얻어 이루어진 것으로, 위 취재협력자는 본건 비디오테이프가 반영되는 것을 알고 있었기 때문에, 보도기관인 신청인이 위 취재협력자를 위해 그 신원을 비익하는 등 옹호해야 할 이익은 거의 존재하지 않는」 것 ②「본건은 촬영개시 후 복수의 단원에 의해 폭행이 반복적으로 이루어지고 있는 것을 현장에서 확인하면서 그 촬영을 계속한 것으로 범죄자의 협력에 의해 범죄현상을 촬영 수록한 것이라고 할 수 있지만, 그와 같은 취재를 보도를 위한 취재의 자유의 한 양태로 보호해야 할 필요성은 의심스럽다고 하지 않을 수 없는」 것을 지적하여, 본건 압류에 의하여 「장래 본건과 동일한 방법에 의하여 취재를 하는 것이 만일 곤란하게 된다고 하더라도, 그 불이익은 그다지 고려할 가치가 없다」고 판단하고, 방송국 측의 불이익은 수인하여야 한다고 한 것이다.

이에 대하여 오쿠노 히사유키(奧野久之) 재판관은 반대의견을 제시하였다. 동 재판관은 니혼텔레비 사건 결정에서는 다수의견에 가담하였지만, 본건과 니혼텔레비 사건을 구별하여 본건 압류를 위법하다고 하였다. 오쿠노 반대의견의 주요내용은 ①「니혼텔레비 사건의 범죄는 국민이 널리 관심을 기울이는 중대한 뇌물사범이었지만, 본건의 범죄는 경시할 수 없는 악질사범이라고는 하여도, 니혼텔레비 사건만큼 중대하다고는 할 수 없」다. ②「니혼텔레비 사건의 경우에는 비디오테이프가 범죄입증을 위해 거의 불가결하였지만, 본건의 경우에는 폭력단원이 불충분하지만 범행을 인정하고 목격자도 있고, 다만 그들의 진술과 피해자의 진술이 일치하지 않은 점이 있어서 비디오테이프가 필요하였기 때문에 비디오테이프의 증거로서의 필요성은 일본텔레비 사건보다도 약하다」는 두 가지 점에서 압류 필요성의 빈약함을 지적했다. 다른 한편으로 ③「니혼텔레비 사건의 경우에는 뇌물의뢰를 받은 자가 뇌물사건을 고발하기 위해 증거를 보전하는 것을 목적으로 하여 보도기관에 대하여 비디오테이프의 채록을 의뢰하고, 보도기관이 이 의뢰에 따라 비디오테이프를 채록하였기 때문에 보도기관은 이른바 수사를 대행한 것이라고도 할 수 있다. 하지만 본건의 경우는 보도기관이 오로지 폭력단의 실태를 국민에게 알린다는 보도의 목적으로 비디오테이프를 채록한 것이기 때문에, 본건의 보도기관의 입장을 보호해야 할 이익은 니혼텔레비 사건의 그것과 비하여 현격히 크다고 할 수 있다」고 하여 본건에서 보도기관이 입을 수 있는 불이익 쪽에 형량의 추를 기울였다.

(c) 결정의 추이가 의미하는 것

이상의 제반 사건에서 취재자료의 제공을 강제하는 주체는 재판소→검찰→경찰로 변천해 왔다. 그 전부에 관하여 최고재판소는 하카타역 사건 결정의 법리를 그대로 적용해 온 것이다. 이와 같은 전개에 관하여 논평하자면, 취재의 자유에 제약을 가하는 「공정한 형사재판의 실현」의 사정을 그 전제인 적정하고 신속한 수사에까지 확장한 것은 공소제기에 의하여 형사재판에 깊게 관여하는 검찰과 그 자체는 소추권한을 갖지 않은 경찰관을 구별하지 않은 점이 다소 마음에 걸리지만, 완전히 부정할 수는 없다고 생각된다.

또한 재판소의 제출명령과 검찰・경찰에 의한 압류처분을 구별하고, 사법과 행정의 권력특성의 차이에 비추어 후자의 압류처분에까지 비교형량의 논법을 가지고 들어와서는 안 된다는 견해가 제기된 적이 있지만, 압류처분도 재판관이 발급하는 허가장에 근거한 이상, 그와 같은 대비는 바로 타당하지 않다(압류허가장의 발급실태의 문제성은 있을 수 있지만…).

3. 비교형량의 문제성

오히려 문제는 비교형량의 구성방법이나 이익의 형량과정에서의 판단 방법 자체에 있다고 생각된다(상세한 검토는 Part Ⅲ 「이론편」을 참조할 것).

(a) 표현의 자유, 보도의 자유, 취재의 자유

하카타역 사건 결정과 이후의 제반 결정은 일관되게 다음과 같은 헌법 제21조론을 채용해 왔다. 그것은 보도기관에 의한 보도의 자유를 국민의 정치참가를 촉진하는 민주적 기능과 국민의 알권리에 대한 봉사기능을 강조하여 사상표명의 자유와 나란히 헌법 제21조의 보장 하에 있다고 하였다. 이러한 보도의 자유에 표현의 자유와 동등한 보장 강도를 부여하는 한편, 취재의 자유에 관하여는 「보도기관의 보도가 올바른 내용을 갖기 위해서」라는 문맥에서, 「헌법 제21조의 정신에 비추어 충분히 존중할 가치가 있는 것」이라고 평가하였다.

이상과 같이 최고재판소는 그것이 보도의 자유에 있어 중요한 활동이라는 것은 인정하면서도, 취재의 자유에 관하여는 보장차원을 구별하고 있다. 「헌법 제21조의 정신에 비추어 충분히 존중할 가치가 있는 것」이라고 되어 있기 때문에 그다지 구애받을 필요가 없다는 견해도 있을지 모른다. 그렇지만 실제로는 취재의 자유 보장 차원은 제21조의 규정 자체에 보장 근거가 착상되어 있는 보도의 자유와는 구별되어 있다. 그것은 다음의 세 가지 점에서 나타나 있다.

우선 첫째, 취재의 자유는「충분히 존중할 가치 있는 것」이지만, 동일하게 다른 헌법가치와의 조정국면에서는 일정한 제약을 면할 수 없다고 되어 있다. 본건에서 문제된 대항적 헌법가치는 형사재판의 실현, 신속하고 적정한 수사라는 공익으로 종래 인권의 내재적 제약으로 승인되어 온 인권 상호간 조정이 직접 문제되어 있는 것은 아니다. 둘째, 그 조정 법리로서 ii)에서 서술하는 바와 같은 문제가 많은 비교형량의 수법이 적용되었다. 셋째, 취재자료의 제공 강제에 의하여 보도기관이 입을 불이익은「보도의 자유 그 자체가 아닌」장래적인 것에 불과하다고 되어 있다. 취재의 자유에 대한 불이익은 보도의 자유에 대한 그것과는 직결되지 않는다고 된 것이다.

(b) 비교형량의 적용과정에서의 문제성

형량과정에서 고려할 요인을 설정하거나 형량결과를 판정하는 기준에 관하여도 불안감이 남는다.

형량이란 대항하는 제반 이익을 비교검토하고 이익이 더 큰 쪽에 승리를 판정하는 것이지만, ①어떠한 이익・불이익을 감안하는지, ②어느 정도의 차이가 있으면 승리를 판정하는지가 바로 문제되고, 각각에서 예견 가능한 기준이 제시되어 있지 않는 한 형량의 귀추는 재판관의 재량에 맡겨지게 된다. 나쁜 의미에서는 자의로 흐를 위험성을 떨쳐낼 수 없게 된다(비교형량론의 총괄 비판으로는 駒村・後揭, 제3장 제3절 3 또한 후술 Part Ⅲ「이론편」을 참조하기 바란다).

상기 ①에 관하여는 공권력 측의 이익이 중시되고, 보도기관 측의 불이익이 과소평가되고 있는 경향을 부정할 수 없다. 각각의 이익・불이익은 당연하지만, 당해 사건에서의 취재활동의 실태에 비추어 감안되어야 한다.

위에서 보아온 세 결정은 이 점에서 흥미 깊은 사안이 되고 있다. 우선 하카타역 사건에서의 취재는 역 구내라는 공공의 장소에서의 소란을 제3자로서 촬영한 것으로, 그 때문에 중립성이 높은 증거라고 할 수 있고, 또한 취재 대상자와의 사이에 특별한 협력관계가 있었던 것도 아니다. 그렇지만 동시에 공공의 장소에서의 촬영인 이상, 다른 목격자도 존재할 수 있으므로 곧바로 취재자료에 의거하지 않으면 안 되는 것은 아니다. 니혼텔레비 사건에서의 취재는 밀실범죄의 비밀촬영으로 더구나 나라자키씨 자신이 고발을 뒷받침하는 소재로 촬영시켰기 때문에 증거로서 필수적이라면 취재협력의 상실도 생각하기 어렵다(이상과 같은 대비에 대한 비판으로는 이미 언급한 니혼텔레비 사건 결정에서의 시마타니 재판관의 반대의견을 참조). 또한 TBS 사건에서의 취재는 확실히 시민의 감각에서 보면 기이한 느낌이 드는 사례이다. 최고재판소 결정도 본 사례와 같은 취재에 관하여「장래 본건과 동일한 방법에 의해 취재를 하는 것이 설령 곤란하게 된다고 하여도, 그 불이익은 별로 고려할 가치가 없다」고 단언하고 있는 바이다(그렇지만 이와 같은 잠입취재의 의의는 간단히 부정할 수 없고, 그렇다면 거기에서 구축된 취재상의 신뢰관계도 보호할 가치가 있을 가능성이 있다). TBS 사건 결정에서의 오쿠노 재판관이 반대의견으로 지적하고 있듯이 동 사건에서의 「압류 필요성의 빈약함」이 잠입취재에 대한 어떤 편견 앞에 제거되어버린 것이 아닌가라고도 말할 수 있을 것이다.

또한 모든 사례에서 공통된 것이지만, 보도기관의 취재상의 신뢰관계로서 보호하지 않으면 안 되는 것은 당해 취재에서의 개별적 신뢰관계뿐만이 아니다. 개개의 취재활동을 통하여 국민 일반과 구축하고 있는 신뢰관계가 훼손될 불이익도 정당하게 감안하여야 할 것이다(니혼텔레비 사건 결정에서의 시마타니 재판관 반대의견 ② 참조).

②에 관해서는 형량기준이 명시될 필요가 있을 것이다. 이 점에 관하여 최고재판소는 하카타역 사건 결정과 일본텔레비 사건 결정에서 문제되고 있는 취재자료가 증거로서 「거의 필수적인 것」인 경우에 형량의 추가 공권력 측에 기우는 자세를 취하고 있다. 실제로 「거의 필수적인 것」이었는지는 상술한 바와 같이 의심스러운 면이 있지만, 헌법 제21조가 문제되는 쟁점에서는 타당한 형량기준이라고 할 수 있을 것이다. 문제는 「거의 필수적인 것」이라는 요청이 비교형량의 법리 속에 정식화되어 있는 것은 아니고, 그 적용과정에서 언급되어 있는데 불과하다는 점이다. TBS 사건 결정에서는 취재 테이프를 「중요한 증거가치를 갖는다」고 평가하는 데 그치고, 「거의 필수적인 것」이라는 요구수준을 적용하지 않았다. 이와 같은 평가는 범죄자의 협력에 의한 잠입취재에 취재의 자유로서 그것을 보호할 가치를 인정하지 않은 것과 연동하고 있다고 해석된다. 즉, 취재의 자유로서 보호할 가치가 없는 취재활동・자료에 관하여는 그것과 비례하여 대항하는 공익에서 요구되는 가치(증거로서의 필요성・가치)도 낮아진다고 생각하고 있는 듯하다. 만일 「거의 필수적인 것」이라는 요구 수준을 비교형량의 법리 자체 속에 정식화한 경우는 당해 자료의 증거로서의 필수성에 관하여 「거의 필수적인 것」인 것이 취재자료의 헌법상의 가치 고저에 관계없이 요구될 것이다. 그 의미에서는 공권력측이 미국에서의 이중의 기준으로 일컬어지는 「필수불가결한 공익(compelling public interests)」을 입증하여야만 하고, 비교형량의 수법은 엄격심사기준에 한발 더 가깝게 된다. 민사재판에서의 증언거절이 문제된 시마다(島田)기자 사건 결정(삿뽀로 고등재판소 결정 1979년 8월 31일 判時 937호 16면)이 「증거의 필요성은 당해 증명을 요하는 사실에 관하여 다른 증거방법의 조사가 이루어졌음에도 불구하고, 여전히 취재원에 관한 증언이 공정한 재판의 실현을 위해 거의 필수적인 것이라고 재판소가 판단하는 경우에 비로소 긍정될 수 있다」고 하여, 「거의 필수적인 것」의 요건을 법리로서 자각적으로 정식화하고 있는 것을 주목할 수 있다.

Part Ⅱ 응용편

확인문제

1. 부심판청구란 무엇인가?
2. 일반적으로 비교형량의 수법은 심사법리로서 어떠한 의미와 한계를 갖는 것으로 이해되고 있는가?
3. 하카타역 사건, 일본텔레비 사건, TBS 사건의 비판적 검토
   (1) 상기 제반 사건의 사실관계를 비교하여 어떠한 차이가 있는지를 명기하시오.
   (2) 「기본 해설 2, 3」을 참조하여 각 사례에서 타당한 법적 처리를 고안해보시오.
4. 하카타역 사건 결정에서의 「보도기관」의 헌법상의 자리매김에는 어떠한 특징이 있는가?

응용문제

설문 1 취재의 자유, 취재자료의 보호, 취재원의 비익

(1) 취재의 자유의 한 요소로서 「취재원의 비익」을 들 수 있다(이시이기자 사건, 최대판 1952년 8월 6일 刑集 6권 8호 974면). 하카타역 사건과 같은 사례에서 취재의 자유, 취재자료의 보호, 취재원의 비익의 3자는 어떻게 관계되어 있다고 생각할 수 있는가?

(2) 민사소송과 형사소송에서 취재자료의 보호, 취재원의 비익 보장의 정도는 달라질 것인가?

설문 2 Part Ⅰ 「당사자의 주장 (쟁점)」에는 나타나 있지 않지만, 하카타역 사건에서의 항고이유 속에는 「취재자료의 제출에 응할 지의 여부는 어디까지나 보도기관의 자주성에 의하여야 하고, 임의제출을 넘어 제출명령을 내려서는 안 된다」는 주장도 된다. 헌법 제21조의 관점에서 이것을 어떻게 평가할 것인가? 자주제출론에는 문제가 없는가?

설문 3 TBS 사건 결정에서는 범죄자와의 협력에 의한 범죄현상의 잠입취재에 관하여 취재의 자유로서 보호할 가치가 빈약하다고 판시했다. 동 결정의 논리로부터 이와 같은 잠입취재를 옹호해 보라.

설문 4 하카타역 사건에서 현장을 촬영한 것이 학생 측의 사상에 부합하는 경향적인 보도기관이었던 경우, 결정의 논지는 달라질 것인가?

Part Ⅲ 이론편

◥ 전개문제

1. **정신적 자유에 대한 규제에는 엄격심사가 타당하다는 것이 표준적인 이중의 기준론의 입장이었다. 하카타역 사건 결정 등에서 전개된 비교형량론은 이와 같은 표준적 이해와 어떻게 정합되는 것일까? 헌법 제21조를 둘러싼 판례 속에서 최고재판소가 엄격심사기준과 비교형량론에 관하여 전개해 온 이론을 비교하면서 논하시오.**

1. 최고재판소의 헌법 제21조론

학설에서는 표현의 자유를 단순한 발신의 자유로서가 아닌, 정보의 수집→발신→수령으로 이루어진 정보 유통의 전 과정에서의 포괄적 권리로 이해하는 것이 일반적이지만, 최고재판소는 기본적으로 표현의 자유를 정보 발신의 자유로 한정하여 이해하려고 하는 경향이 강하다(이하의 논술의 상세는 駒村・後掲, 제3장 제1절 1을 참조 바람).

예를 들면 현행 헌법이 발효하고 얼마 되지 않은 무렵 최고재판소는 취재원을 비익하기 위해 증언을 거절한 것의 시비가 다투어진 이른바 이시이(石井)기자 사건 판결(최대판 1952년 8월 6일 刑集 6권 8호 974면)에서 헌법 제21조의 표현의 자유는 「말하고 싶은 것을 말하게 하지 않으면 안 된다는 것」을 보장하는 것으로 「아직 말하고 싶은 것의 내용도 정해지지 않고, 지금부터 그 내용을 만들어내기 위해 취재에 관해 그 취재원에 대해……증언 거절의 권리까지도 보장한 것은 아니다」고 판시하였다. 이 초기 판결에서 분명한 것은 표현의 자유를 전적으로 「말하고 싶은 것을 말할」 정보 발신의 자유로 파악하고, 「말하고 싶은 것의 내용을 만들어 낼」 정보수집의 자유의 측면을 표현의 자유의 구성요소로부터 교묘하게 제외하고 있는 점이다.

이와 같은 표현의 자유관은 초기 판례에 한정되지 않는다. 본장에서 소개한 하카타역 사건 결정에서 취재의 자유는 사상표명의 자유・보도의 자유라는 정보 발신의 자유와 구별되어, 「헌법 제21조의 정신에 비추어 충분히 존중할 가치가 있는 것」으로 평가되고, 동조의 직접적인 보장 영역에 포함되지 않는 것은 이미 살펴본 바이다. 그 이외에도 예를 들면 미결구금자의 신문열독(閱讀)의 자유가 다투어진 요도호 하이잭 기사말소 사건 판결(최대판 1983년 6월 22일 民集 37권 5호 793면)에서는 「의견, 지식, 정보전달의 매체인 신문지, 도서 등의 열독의 자유가 헌법상 보장되어야 하는 것은,……표현의 자유를 보장한 헌법 제21조 규정의 취지, 목적으로부터 이른바 그 파생원리로서 당연히 도출된다」고 판시하고, 또한 동일하게 법정 내 메모를 기록할 자유가 다투어진 이른바 Repeta 사건 판결(최대판 1989년 3월 8일 民集 43권 2호 89면)에서도 「각자가 자유롭게 다양한 의견, 지식, 정보에 접근하고 그것을 섭취하는」 것은 헌법 제21조의 「규정취지, 목적에서 이른바 그 파생원리로서 당연히 도출된다」고 하였다. 이들 판례를 보고 있으면 거기에서 사용되고 있는 「파생원리」나 「당연히 도출된다」는 말의 의미에도 있지만, 최고재판소는 정보를 수집할 자유를 곧바로 표현의 자유 속에 포함하는 것을 교묘하게 피하고 있는 듯한 인상을 받는다(최고재는 「파생원리」, 「당연히 도출된다」 외에 「정신에 비추어 존중할 가치있는 것」이라는 유형을 사용하고 있지만, 양자의 차이에 관해서는 다음의 3을 참조할 것).

이와 같이 최고재판소는 일반적으로 표현의 자유를 정보 발신의 자유로 파악하고, 정보수집의 자유로서의 측면을 헌법 제21조가 직접 보장하는 대상으로 승인하는 것을 주저하고 있는 것으로도 볼 수 있다. 발신의 자유와 수집의 자유 사이에 이러한 보장의 비대등성은 단순한 분류의 문제에 그치지 않고, 다음과 같은 실제적 의의를 갖는다. 예를 들면, 위에서 인용한 Repeta 사건 판결에서 최고재판소는 메모를 할 자유는 그것이 정보수집을 보조하는 것으로 이루어지는 한, 「헌법 제21조 제1항의 규정 정신에 비추어 존중되어야 하지」만, 이 메모를 할 자유는 「헌법 제21조 제1항의 규정에 의하여 직접 보장되고 있는 표현의 자유 그 자체와는 다른 것이므로, 그 제한이나 금지에는 표현의 자유에 제약을 가한 경우에 일반적으로 필요한 엄격한 기준이 요구되는 것은 아니다」라고 하고, 메모의 제한에 관한 재판장의 광범위한 재량권을 인정한 것이다. 이와 같이 「헌법 제21조의 표현의 자유」 그 자체와 「제21조의 정신에 비추어 존중되어야 할 자유」를 구별해 주는 방법은 보도의 자유를 전자로, 취재의 자유를 후자로 분류한 하카타역 텔레비필름 사건 결정과 동일하고, 그 의미하는 바는 정보의 발신은 「제21조의 표현의 자유」로서 엄격심사에 의한 보호를 받지만, 정보의 수집은 「제21조의 정신에 비추어 존중되어야 하는 자유」이지만, 엄격심사에 의한 두터운 보호는 받지 못하고 광범위한 재량 하에 제약이 가능하게 된다는 것이다(다른 한편, 헌법 명문의 보장조항을 갖는 집회의 자유에 관하여는 대체로 엄격심사에 대한 지향성을 읽을 수 있다. 예를 들면 이즈미사노시泉佐野市 시민회관 사건 판결(최3소판 1995년 3월 7일 民集 49권 3호 687면).

2. 유형적 구별로부터 원리적 구별로

그렇다고 하더라도 최고재판소는 이시이기자 사건 판결 때와 비교하여 정보수집의 자유를 결코 낮게 평가하고 있는 것은 아니라고 생각한다. 재차 요도호 하이잭 기사말소 사건 판결을 인용하지만, 최고재판소는 「대개 개개인이 자유롭게 다양한 의견, 지식, 정보에 접하고, 이것을 섭취할 기회를 갖는 것은 그 자가 개인으로서 자기의 사상 및 인격을 형성 · 발전시키고, 사회생활에서 이것을 반영시켜 가는데 결여할 수 없는 것이고, 또한 민주주의사회에서의 사상 및 정보의 자유의 전달, 교류의 확보라는 기본적 원리를 진실로 실효적인 것으로 하기 위해서도 필요한 것이다」라는 평가를 분명히 하고 있고, 그런 면에서는 이시이기자 사건 당시와는 동떨어진 자세를 취하고 있다고 할 수 있다.

여기에서 말하는 「인격의 형성 · 발전」이나 「민주주의의 유지」는 모두 표현의 자유의 보장 근거이고, 또한 이중의 기준론의 논거이기도 한 「개인의 자율」이나 「자기통치」와 중복될 수 있는 것이고, 그 의미에서는 표현의 자유도 정보수집의 자유와 다를 바는 없다. 아마도 최고재판소는 헌법 조문에 「표현」이라고 하고 있는 이상, 「속에 있는 무언가를 밖으로 나타내는 것」을 헌법 제21조가 보장하는 자유의 핵심에 두려고 할 것이다. 문맥에 충실하려고 하는 해석 자세는 일정한 평가 가치가 있지만, 표현하는 것의 의의는 역시 「수집→발신→수령」이라는 정보의 유통 속에서 이해할 필요가 있는 것, 위의 요도호 사건 판결에서 보이는 듯한 정보수집 활동에 대한 원리적 평가를 최고재판소 자신이 내리고 있는 것 등에서 보면 표현의 자유와 정보수집의 자유를 구별하는 것은 타당하지 않다. 만일 최고재판소가 여전히 「제21조의 표현의 자유」와 「제21조의 정신에 비추어 존중되어야 할 자유」의 구별을 유지하고자 한다면, 그것은 발신인지 수집인지라는 유형에 의한 구별이 아닌 정보수집 활동에 대한 최고재판소 자신의 평가 속에 나타난 「인격의 형성 · 발전」 「민주주의의 유지」라는 보장 근거와의 원근에 의한 원리적 구별이 되어야 한다.

3. 「파생원리」와 「정신에 비추어 존중할 가치가 있는 것」—수평적 파생과 수직적 전개

그럼, 위에서 본 여러 판례는 표현의 자유의 변형을 「헌법 제21조의 규정취지, 목적에서 이른바 그 파생원리로서 당연히 도출되는……」(파생원리 접근법)것과, 「헌법 제21조의 정신에 비추어 충분히 존중할 가치 있는 것」(존중 접근법)이라는 두개의 다른 언설을 사용하여 왔다. 이와 같은 구별은 이하에서 보듯이 이론적 중요성을 띄고 있다고 해석할 수 있다.

(a) 파생원리 접근법에 의한 제21조의 수평적 파생

전자의 파생원리 접근법이 채용된 것은 「정보전달의 매체」인 신문의 「열독의 자유」(요도호 사건 판결)나 「정보를 섭취할 자유」이다(Repeta 사건 판결). 이 접근법 하에서 채택된 심사법리는 어떠한 것이었을까? Repeta 사건에서는 정보섭취의 자유보다 계층이 하나 아래인 필기행위의 자유가 쟁점이 되었기 때문에, **정보섭취의 자유 자체**에 어떠한 심사기준이 상정되어 있는 것인지는 불명확하지만, 엄격심사의 적용이 없는 취지를 분명히 말한 필기행위의 자유와는 달리, 보호의 정도가 높은 심사기준이 적용될 가능성은 남아 있다. 예를 들면, 요도호 사건 판결에서는 재감(在監)관계에서의 열독의 자유의 제한에 관하여 「감옥 내의 규율 및 질서 유지를 위해 이들 피구금자의 신문, 도서 등의 열독의 자유를 제한하는 경우에도 그것은 위의 목적을 달성하는 데 진실로 필요하다고 인정되는 한도에 그쳐야 한다」고 하고, 「그 열독을 허용함으로써 감옥 내의 규율 및 질서 유지상 방치할 수 없을 정도의 장애가 발생할 상당한 개연성이 있다고 인정되는 것이 필요하다」고 하였다. 재감관계의 특수성이 지배하는 법 관계였던 것을 고려하면, 이것은 **상당히 엄격한** 틀이라고 할 수 있다(실제 적용의 타당성에 관하여는 논의의 여지가 있다).

또한 위의 제반 자유는 정보전달 매체를 읽을 자유든, 정보수집의 자유든 이른바 「알권리(알자유)」와 같은 의미에 가깝고, 표현의 자유의 원리적 범주라고 할 수 있는 자유이다.

이와 같이 파생원리 접근법은 ①표현의 자유의 변형 속에서도 그 원리적 범주로서 비교적 추상도가 높은 자유 유형을 수평적으로 파생시킨 것이고, ②따라서 주어진 보장 강도도 본래의 표현의 자유에 대한 보장과 같은 정도의 것이 상정되고, 심사기준도 비교적 엄격하게 된다…고 해석하는 것이 가능할 것으로 생각한다.

(b) 존중 접근법에 의한 수직적 전개

다른 한편, 존중 접근법이 채택된 것은 취재의 자유(하카타역 사건 결정)와 필기행위의 자유(Repeta 사건 판결)이다. 하카타 사건 결정에서는 취재의 자유의 제약에 관하여 비교형량의 수법이 채택되었다. Repeta 사건 판결에서는 파생 접근법에 의하여 표현의 자유로부터 정보섭취의 자유를 도출한 뒤, 이러한 정보섭취의 자유의 「보조수단」으로서 필기행위의 자유가 자리매김 되고, 이러한 자유에는 표현의 자유 본래의 엄격심사는 적용되지 않는다고 명언되었다. 그리고 취재의 자유도 필기행위의 자유도 보도의 자유나 정보섭취의 자유라는 상위의 권리개념에 있어 수단적인 유효성이 인정되는 한에서 승인되는 자유이다.

이와 같이 존중 접근법은 ①표현의 자유와 동등한 범주로 평가되는 자유에 있어 유효한 수단적 신분을 가질 자유를 이른바 목적=수단의 수직적 연관 속에서 도출하는 것이고, ②따라서 주어진 보장강도도 표현의 자유와 동등하지 않은 비교형량의 수법 등에 의하여 대항적 공익과의 조정에 따르고, 기본적으로 엄격심사는 적용되지 않는다.

4. 비교형량론의 원리적 난점과 형량의 자의성

비교형량이라는 틀은 여러 차례 설명했듯이 하카타역 사건 결정 이후 취재의 자유와 공정한 재판의 요청을 조정할 때에, 재판소가 빈번하게 이용하는 상투적 수법으로 되어 있다. 그렇지만 이 비교형량이라는 수법은 실은 번거로운 수법인 것이다.

확실히 중요한 두 개의 대립적 법익을 저울질한다는 것은 쉽게 알 수 있다. 그러나 그것은 두 개의 공익을 원리적으로 대등한 것으로 다루기 때문에, 기본적으로 양자의 원칙적 우선순위와 그 예외를 설정하려고 하는 자세를 갖지 않는다(본래, 형량이란 대등하게 보이는 것 사이에 이루어질 것이다. 코끼리와 쥐를 저울질 하는 사람은 없다). 따라서 형량의 귀추는 눈금을 붙이는 방법과 두 개의 천칭 위에 올려질 대상에 의해 정해지지만, 이미 서술한 바와 같이 ①거기에는 실은 여러 요소가 포함되고 더구나 어떤 요인에 재판소가 무게를 두고 있는가가 반드시 명료하게 제시되어 있는 것은 아니다. ②형량결과를 가치판단과 결부 짓는 기준이 제시되지 않으면 형량 자체가 무궤도로 된다는 위험성이 수반된다. 이는 비교형량이라는 수법이 재판관의 자의적 형량을 허용해버리기 쉬운 법리로서 종종 비판받아 온 까닭이다.

오쿠다이라 야스오(奥平康弘)는 최고재판소의 비교형량에 관하여「독자는 몹시 세세한 것을 많이 필요로 하고 있다는 인상을 갖는 것은 아닐까? 재판소는 아무래도『비교형량』이 되면 이와 같이 모조리 여러 형량요소를 들고 싶어지는 것이다. 그렇지만 실제 재판심리에서는 이들 개별 요소가 특수적으로 다루어지고, 특수적으로 저울질된다는 엄밀한 형량방법이 취해진 것은 아니다. 따라서 독자 여러분으로서는 이러한 형량요소의 나열을 두려워하거나, 반대로 이것을 금과옥조로 암기하거나 하는 등의 하찮은 일을 할 필요는 없다」,「재판소로서는 무원칙적으로『비교형량』하는 것이 아닌, 원칙에 대한 예외가 있어야 하는 것을 당사자가 사실에 입각하여 논리를 정리하고 설명하고 있는지의 여부가 문제를 해결하는 열쇠는 아닌가 하는 것이 나의 생각이다」고 지적하였다(奥平・後掲, 104면). 역시 이 지적대로 최고재판소는「원칙에 대한 예외가 있어야 하는 것」을 보일 필요가 있다. 최고재판소가 말한 것을 호의적으로 해석하면 그것에 응하는 것에는 본장에서 살펴본 제반 결정 속에 나타난「거의 필수적인 것」이라는 요청을 비교형량의 법적 정식 속에 편입하고, 저울의 눈금 바늘을 취재의 자유 쪽으로 기울여 갈 것이다(상술의 기본 해설 3 (b) 참조할 것).

2. 최고재판소는 하카타역 사건 결정 외에 보도기관의 보도의 자유를 국민의 알권리에 의해 기초지우고 있다. 이와 같은 논법의 문제점을 검토하시오.

1. 국민의 알권리의「봉사자」

이미 살펴본 바와 같이, 최고재판소는 보도기관을 국민의 알권리에 봉사하는 기관으로 평가할 수 있는 것을 보도의 자유의 승인 근거로 하고 있다. 하카타역 사건 결정은 「보도기관의 보도는 민주주의사회에서 국민이 국정에 관여하는 것에 관하여 중요한 판단 자료를 제공하고 국민의 『알권리』에 봉사하는 것이라고 하였다. 그래서 사상의 표명의 자유와 함께 사실보도의 자유는 표현의 자유를 규정한 헌법 제21조의 보장 하에 있는 것은 당연하다」고 하였던 바이다. 이와 같이 보도기관을 국민의 정보수집 활동에 대한 봉사자로 파악하는 것에서 보도기관의 자유를 도출하는 논리는 보도기관의 자유와 국민 일반의 자유을 비교한 경우에 어떠한 특이성을 주는 것일까(이하의 논술의 상세에 관하여는 駒村・後掲, 제3장 제1절 2를 참조 바람).

일본과 동일하게 미국에서도 일반적으로 보도기관을 국민의 알권리와의 관계에서 평가한다. 미국 연방대법원은 보도기관을 「일반 공중의 대행자(surrogates for the public)」라고 표현하고 있다(Richmond Newspapers, Inc. v. Varginia, 448 U.S. 555, 573 (1980)). 그렇지만 동시에 표현의 자유론의 차원에서는 미국 연방대법원은 보도기관과 일반 공중을 동등하게 다루고 있고, 대행자인 보도기관에 뭔가 권리론상의 우위를 승인하는 것은 오히려 드물다. 그러나 예를 들면 일반 공중과 보도기관이 모두 형사법정에 대하여 동등한 접근권을 갖고 있다고 하여도, 보도기관에는 우선적으로 방청석이 주어지고 있다는 다른 취급을 인정하고 있지만, 그것은 오늘날 많은 시민이 직접 방청에 의하지 않고 인쇄미디어나 전자미디어에 의하여 법정의 모습을 알 수 있기 때문이며, 직접 방청자를 넘어서는 다른 미디어의 「보다 많은 방청자」의 확실한 대행자로서 기능하고 있기 때문인 것이다(Richmond Newspapers, Inc. v. Virginia, at 576-573). 대행자는 어디까지나 대행자로서 그 대행자로서의 역할을 근거 지우는 특성이 소멸해 버리면 개개의 국민과 보도기관은 동치(同値)이다. 그리고 그 특성이란 보도기관이 개개 국민과 달리 강력한 정보수집 수단과 독점적인 전달방법을 보유하고 있는 점에서 찾아지고 있는 것 같다.

그럼 이상과 같이 독점적인 정보수집・전달매체의 보유에 착안한 봉사자론・대행자론은 과연 타당한가? 현재 보도기관의 매체독점은 여전히 확고부동하지만, 그와 같은 정보수집 전달수단에서의 우위가 소실되어 버리면, 특히 미국의 대행자론이 그러하듯, 보도기관과 일반 시민 간에 차이가 없고, 권리론에서는 보도기관을 특별 취급할 이유가 없어진다. 일본의 봉사자론은 그 구체적 내용을 분명히 하고 있지 않지만, 그것이 보도기관의 매체적 우위에만 착안한 논의라면 동일한 결론이 될 것이다.

이 점에 관하여 보도기관이 국민에 대하여 갖는 대행자적・봉사자적 지위는 보유하는 정보매체의 우위성뿐만 아니라 비판정신・진실규명이라는 표현의 자유의 공공적 사용 이념을 실현하기 위한 직능에서의 우위성에 기초하여 주어진 것이라고 해석하여야 한다. 보도기관은 저널리스트로서의 직능에서 탁월하기 때문에, 국민의 대행자・봉사자일 수 있는 것이지, 보유매체의 우위성이 그 지위의 본질은 아니다. 또한

「국민의 알권리」에 대한 봉사라고 하여도 거기에서 말하는 「국민」 또한 국민이 「알고 싶은 것」도 자명하지 않고, 그것은 저널리즘의 직능에 비춘 부단한 해석에 의하여 탐색되어야 하는 것이다. 따라서 대행자 · 봉사자라도 국민의 단순한 수단적 종속물이 아닌 강도의 자율적 주체성이 필요하게 된다. 일본의 봉사자론은 이상과 같은 의미에서 재해석되어야 할 것이다.

2. 인권과 헌법상의 권리

통상, 기본적 인권은 개인의 자유를 근거로 그 보장이 근거있다고 해석되고 있다. 국민에 대한 봉사를 논거로 하여 인정되는 보도기관의 보도의 자유는 이와 같은 인권관과 어떠한 관계에 서는 것일까? 보도기관을 비롯한 매스미디어의 권리를 개인의 인권과 구별하는 견해가 유력해지고 있다. 그 중에서도 법인의 인권향유주체성론에 대한 비판적 관점에서 명확하게 그것을 주장하고 있는 것은 하세베 야스오(長谷部恭男)이다.

하세베는 우선 인권개념을 「인권」과 「헌법상의 권리」로 재정리하는 것에서부터 시작한다. 그에 의하면 「인권」이란 개인의 인격의 근원적 평등에서 유래하는 것으로 모든 사회적 이익을 전복시킬 수 있는 「비장의 수단으로서의 권리(rights as the trump)」로 기능하는 것에 한정되는데 반해, 다른 한편 「헌법상의 권리」란 사회전체의 이익(공공의 복지)의 관점에서 당해 법익의 공공재로서의 성격에 착안하여 보장된 것이라는 것이다(長谷部 · 後揭, 122-123면. 하세베의 법인의 인격론, 매스미디어의 자유론에 대한 검토의 하나로서 駒村 · 後揭, 30-34면 참조). 이 구분에 따르면 법인은 개인이 아닌 이상, 개인의 자율을 근거로 하는 「인권」의 주체가 될 수 없고, 법인 활동의 공공재적 성격에 비추어 「헌법상의 권리」가 인정되는데 불과하게 된다.

이와 같은 인권론을 배경으로 하세베는 매스미디어의 자유에 관하여 다음과 같이 말한다. 「현대사회에서 거의 독점적인 정보제공자인 매스미디어가 표현의 자유를 향유하는 근거는 매스미디어의 표현활동이 국민의 알권리에 봉사하고 그 귀결로서 민주적 정치과정의 유지나 수신인이 되는 개인의 자율적인 삶을 뒷받침하는 기본적 정보 제공 등 사회전체의 이익을 실현하는 데 있다. 매스미디어는 개인이 아닌 이상, 자신의 삶의 방식을 스스로 생각하고 결정하는 개인과 동일한 의미에서의 표현의 자유를 향유할 수 없다」(長谷部 · 後揭, 217-218면). 여기에서 분명하게 나타나듯, 「국민의 알권리에 대한 봉사자」로서의 보도기관의 자유를 근거 지운 하카타역 사건 결정의 논지는 보도라는 공공재의 제공에 착안한 「헌법상의 권리」의 승인으로서 성격을 갖는다고 할 수 있다. 동 결정이 「위의 현장을 중립적인 입장에서 촬영한 보도기관의 본건 필름」이라 논하고, 보도기관이 중립적이라는 것을 상정하고 있는 점에서도 그 활동이 사회전체의 이익에 기여한다고 생각하고 있는 것을 알 수 있다.

그럼, 이와 같은 「헌법상의 권리」로서 매스미디어의 자유를 평가할 경우 어떠한 귀결이 초래될 것인가? 하세베에 의하면 「첫째, 매스미디어의 표현의 자유가 사회전체의 정보 수신인의 이익을 근거로 하고 있다는 점에서 보도나 취재 등의 활동에서 개인에게는 인정되지 않는 특권을 매스미디어에 인정할 가능성이 도출된다」고 하고, 「둘째, 원래 사회전체의 이익을 그 보장근거로 한 이상, 같은 사회전체의 이익이 매스미디어의 자유의 제약을 요구하는 경우에는 방송사업자에 대한 광범위한 규제처럼 개인에 대하여는 인정되지 않는 특별한 제약을 가할 여지도 발생한다」고 하였다(長谷部・後掲, 218면).

Part Ⅳ 두 번째 소재

법정 메모 소송(Repeta 사건) 상고심 판결

최고재판소 1989년 3월 8일 대법정 판결
1988년(オ) 436호 메모채취불허가국가배상청구사건
民集 43권 2호 89면, 判時 1299호 41면

사실 개요

X는 미국 워싱턴 주 변호사 자격을 갖고 있는 자로 국제교류기금의 특별연구원으로 일본의 증권시장 및 이에 관한 법적 규제의 연구에 종사하고, 이 연구의 일환으로 1982년 10월 이래 동경 지방재판소에서의 소득세법 위반 피고 사건의 각 공판기일의 공판을 방청하였다. 상기 사건을 담당하는 재판장은 각 공판기일에서의 방청인이 메모를 하는 것을 사전에 일반적으로 금지하고 있었기 때문에 X는 각 공판기일에 앞서 허가를 구하였지만, 본건 재판장은 이를 허용하지 않았다. 본건 재판장은 사법기자 클럽 소속의 보도기관의 기자에 대하여는 각 공판기일의 메모를 하는 것을 허가하고 있었다.

X는 불허가는 헌법 제21조, 제82조, 제14조 등에 위반된다고 하여 국가배상법 제1조에 기한 손해배상청구소송을 제기하였다. 제1심(동경 지방재판소 판결 1987년 2월 12일 判時 1222호 28면), 항소심(동경 고등재판소 판결 1987년 12월 25일 判時 1262호 30면) 모두 청구기각하였기 때문에 X는 상고하였다.

상고심=최고재판소

[법정의견]

(a) 필기행위의 불허가와 헌법 제82조 · 제21조

■ 법적 구성

「Ⅱ. 헌법 제82조 제1항의 규정은 재판의 대심 및 판결이 공개법정에서 이루어져야 하는 것을 규정하고 있지만, 그 취지는 재판을 일반에게 공개하여 재판이 공정하게 이루어지는 것을 제도로서 보장하고, 나아가 재판에 대한 국민의 신뢰를 확보하는 데 있다.

재판 공개가 제도로서 보장되어 있는 것에 수반하여 개개인은 재판을 방청할 수 있게 되지만, 위 규정은 각인이 재판소에 대하여 방청하는 것을 권리로 요구할 수 있는 것까지 인정하고 있는 것은 아님은 물론, 방청인에 대하여 법정에서 메모를 하는 것을 권리로 보장하고 있는 것도 아니라는 점은 당연한 바이다.

Ⅲ. 1. 헌법 제21조 제1항의 규정은 표현의 자유를 보장하고 있다. 그리하여 각자가 자유롭게 의견, 지식, 정보에 접하고 이것을 섭취할 기회를 갖는 것은 그 자가 개인으로서 자기의 사상 및 인격을 형성, 발전시키고, 사회생활에서 이것을 반영시켜가는 데에 있어 결여할 수 없는 것이고, 민주주의사회에서의 사상 및 정보의 자유로운 전달, 교류의 확보라는 기본적 원리를 진정으로 실효성 있게 하기 위해서도 필요하고, 이와 같은 정보 등에 접하고 이것을 섭취할 자유는 위 규정의 취지, 목적에서 말하자면 그 파생원리로서 당연히 도출되는 바이다(최고재판소 1977년(オ) 제927호, 1982년 6월 22일 대법정 판결, 民集 37권 5호 793면 참조). 시민적 · 정치적 권리에 관한 국제협약(이하, 「인권규약」이라 함) 제19조 제2항의 규정도 동일한 취지이다.

2. 필기행위는 일반적으로 인간의 생활 활동의 하나이고, 생활의 다양한 장면에서 이루어지고, 상당히 광범위하게 미치고 있으므로, 그 모두가 헌법이 보장하는 자유에 관계되는 것이라고는 할 수 없지만, 다양한 의견, 지식, 정보에 접하고, 이것을 섭취하는 것을 보조하는 것으로 이루어지는 한 필기행위의 자유는 헌법 제21조 제1항의 규정의 정신에 비추어 존중되어야 하는 것이라고 하지 않을 수 없다.

재판 공개가 제도로서 보장되어 있는 것에 수반하여 방청인은 법정에서의 재판을 방청할 수 있으므로 방청인이 법정에서 메모를 하는 것은 그 견문하는 재판을 인식, 기억하기 위해 이루어지는 것인 한 존중할 가치가 있고, 이유 없이 방해받아서는 안 되는 것이라고 할 수 있다.

Ⅳ. 그렇지만 정보 등의 섭취를 보조하기 위해 하는 필기행위의 자유라고는 해도, 타자의 인권과 충돌하는 경우에는 그것과의 조정을 도모하는 가운데 또는 이것에 우월한 공공의 이익이 존재하는 경우에는 그것을 확보할 필요에 의해 일정한 합리적 제한을 받는 경우가 있는 것은 불가피하다. 더구나 위의 필기행위의 자유는 헌법 제21조 제1항의 규정에 의하여 직접 보장되어 있는 표현의 자유 그 자체와는 다른 것이므로 그 제한 또는 금지에는 표현의 자유에 제약을 가하는 경우에 일반적으로 필요한 엄격한 기준이 요구되는 것은 아니라고 할 수 있다」.

■ 적용

「이것을 방청인의 메모를 할 자유에 관하여 말하자면, 법정은 사건을 심리, 재판하는 장, 즉, 사실을 심리하고 법률을 적용하여 적정하고 신속한 재판을 실현해 가는 재판관 및 소송관계인이 모든 신경을 집중해야 하는 장으로, 거기에서 가장 존중되어야 하는 것은 적정하고 신속한 재판을 실현하는 것이다. 방청인은 재판관 및 소송관계인과 달리 그 활동을 견문하는 자로, 재판에 관여하여 무언가의 적극적인 활동을 하는 것이 예정되어 있는 자는 아니다. 따라서 공정하고 원활한 소송의 운영은 방청인이 메모를 하는 것에 비하면, 훨씬 우월한 법익인 것은 긴 설명을 필요하지 않는 바이다. 그렇게 보면 그 메모를 하는 행위가 법정에서 공정하고 원활한 소송 운영을 다소라도 방해하는 경우에는 그것이 제한 또는 금지되어야 하는 것은 당연하다고 할 수 있다. 적정한 재판의 실현을 위해서는 방청 그 자체도 제한할 수 있다고 되어 있는 바이기도 하다(형소규칙 제202조, 제123조 제2항 참조).

메모를 하는 행위가 통정한 방청인에 의하여 일제히 이루어지는 등, 그것이 시위양상을 보이는 경우 등은 논외로 하더라도, 당해 사건의 내용, 증인, 피고인의 연령이나 성격, 방청인과 사건과의 관계 등 제반 사정에 따라서는 메모를 하는 행위 그 자체가 심리, 재판의 장에 어울리지 않는 분위기를 자아내거나 증인, 피고인에게 부당한 심리적 압박 등의 영향을 미치는 경우가 있고, 나아가 공정하고 원활한 소송의 운영이 방해받을 우려가 발생한 경우가 있을 수 있음을 부정할 수 없다.

그렇지만 그럼에도 불구하고 방청인이 메모를 하는 행위가 공정하고 원활한 소송의 운영을 방해하기에 이르는 것은 통상적으로 있을 수 없는 것으로 특단의 사정이 없는 한 이것을 방청인의 자유에 맡겨야 하고, 그것이 헌법 제21조 제1항의 규정 정신과 합치하는 것이라고 할 수 있다」.

(b) 재판장이 필기행위를 금지할 수 있는 실정법적 근거와 그 한계

■ **법적 구성**

「Ⅴ. 1. 법정을 주재하는 재판장(개정을 한 1인의 재판관을 포함함. 이하 같다.)에게는 재판소의 직무 집행을 방해하거나 부당한 행위를 하는 자에 대하여 법정 질서를 유지하기 위해 상당한 처분을 할 권한이 부여되어 있다(재판소법 제71조, 형소법 제288조 제2항). 위 법정경찰권은 법정에서의 소송의 운영에 대한 방청인 등의 방해를 억제, 배제하고 적정하고 신속한 재판의 실현이라는 헌법상의 요청을 충족하기 위해 재판장에게 부여된 권한이다. 더구나 재판소의 직무집행을 방해하거나 법정 질서를 어지럽히는 등의 행위는 재판의 각 상황에서 다양한 형태로 나타날 수 있는 것이고, 법정경찰권은 위의 각 상황에서 그때마다 이에 즉응하여 적절하게 행사되지 않으면 안 된다. 이에 비추어 보면, 그러한 권한의 행사는 당해 법정의 상황 등을 가장 적확하게 파악할 수 있는 입장에 있고, 나아가 소송의 진행에 전 책임을 지는 재판장의 광범위한 재량에 맡겨져야 하는 것이라고 할 수 있으므로 그 행사의 필요성, 집행할 조치에 관한 재판장의 판단은 최대한 존중되지 않으면 안 된다」.

■ **적용**

「2. 재판소법 제71조, 형소법 제288조 제2항의 각 규정에 의해 법정에서의 재판소의 직무집행을 방해하거나 부당한 행위를 하는 자에 대하여 재판장이 법정 질서를 유지하기 위해 상당한 처분을 하는 것이 인정되어 있는 이상, 재판장은 방청인의 메모 행위라고 하여도 공정하고 원활한 소송의 운영을 방해할 우려가 있는 경우는 그 권한에 근거하여 당연히 이것을 금지하거나 규제하는 조치를 취할 수 있는 것으로 해석하는 것이 상당하므로, 실정법상 법정에서의 방청인에 대한 메모를 하는 행위를 금지할 근거가 되는 규정이 존재하지 않는다고는 할 수 없다」.

「3. 재판장은 방청인이 메모를 하는 것을 그 자유에 맡겨야 하고, 그것이 헌법 제21조 제1항의 정신과 합치하는 것이라는 것은 앞에서 제시하는 바와 같다. 재판장으로서는 특히 구체적으로 공정하고 원활한 소송의 운영을 방해할 우려가 있는 경우에만 법정경찰권에 의해 이를 제한하거나 금지하는 것이 바람직하다고 할 수 있지만, 사건의 내용, 방청인의 상황 기타 당해 법정의 구체적 상황에 따라서는 방청인이 메모를 하는 것을 사전에 일반적으로 금지하고, 상황에 따라서 개별적으로 이것을 허가하는 취급도 방청인이 메모를 하는 것을 이유 없이 방해하는 것이 되지 않는 한 재판장의 재량의 범위 내의 조치로서 허용되는 것이라고 할 수 있다」.

(c) 기자 클럽의 특권성에 대해

■ 법적 구성

「Ⅵ. 본건 재판장이 각 공판기일에 상고인에 대하여는 메모를 하는 것을 금지하면서 사법기자 그룹 소속의 보도기관의 기자에게는 이를 허가하고 있는 것은 앞에서 제시한 바이다. 헌법 제14조 제1항의 규정은 각인에 대하여 절대적인 평등을 보장한 것은 아니고, 합리적 이유 없이 차별하는 것을 금지하는 취지로 각각의 사실상의 차이에 상응하여 법적 취급을 구별하는 것은 그 구별이 합리성을 갖는 한, 전혀 위 규정에 위반하는 것은 없다고 해석할 수 있다(최고재판소 1980년(行ツ) 제15호 1985년 3월 27일 대법정 판결, 民集 39권 2호 247면 등 참조). 또한 그와 동시에 보도기관의 보도는 민주주의사회에서 국민이 국정에 관여하는 것에 관해 중요한 판단 자료를 제공하는 것으로, 사실 보도의 자유는 표현의 자유를 정한 헌법 제21조 제1항의 규정의 보장 하에 있는 것은 말할 필요도 없고, 이와 같은 보도기관의 보도가 올바른 내용을 갖기 위해서는 보도를 위한 취재의 자유도 헌법 제21조의 정신에 비추어 충분히 존중할 가치가 있는 것이다(최고재판소 1969년(し) 제68호, 같은 해 11월 26일 대법정 결정, 刑集 23권 11호 1490면)」.

■ 적용

「그렇다고 보면, 이상의 취지가 법정경찰권의 행사에 있어 배려되더라도 재판의 보도의 중요성에 비추어보면 당연하고, 보도의 공공성, 나아가 보도를 위한 취재의 자유에 대한 배려에 근거해 사법기자 클럽 소속의 보도기관의 기자에 대해서만 법정에서의 메모를 허가하는 것도 합리성을 결한 조치라고는 할 수 없을 것이다.

본건 재판장이 취한 상기 조치는 이와 같은 배려에 기초한 것으로 사료되므로, 합리성을 결여하였다고까지는 말할 수 없고, 헌법 제14조 제1항의 규정에 위반하는 것도 아니다」.

(d) 불허가조치의 불합리성과 국배법상의 위법성

■ 법적 구성

「Ⅶ. 1. 원심이 확정한 앞의 사실관계 하에서는 본건 재판장이 법정경찰권에 기초하여 방청인에 대하여 사전에 일반적으로 메모를 하는 것을 금지한 뒤, 상고인에 대하여 이것을 허가하지 않았던 조치(이하, 「본건 조치」라고 함)는 타당한 것으로 이것을 적극적으로 긍정할 수 있는 사유를 찾을 수 없다. 상고인이 메모를 하는 것이 법정 내의 질서나 평온을 어지럽히거나 심리, 재판의 장에 어울리지 않는 분위기를 만들어 내거나 증인, 피고인에게 부당한 영향을 주는 등의 공정하고 원활한 소송의 운영을 방해하게 될 우려가 있었다고는 할 수 없으므로, 본건 조치는 합리적 근거를 결한 법정경찰권의 행사라고 할 수 있다.

과거에 이른바 공안관계 사건이 재판소에 넘치고 혼란스러운 법정이 일상이었던 당시에는 이들 재판의 원활한 진행을 꾀하기 위해 각 법정에서 일반적으로 메모를 금지하는 조치를 취하지 않으면 안 되었던 적이 있고, 전국의 상당수 재판소에서 오늘날에도 그와 같은 조치가 필요하다고 보는 견해 하에 본건 조치와 동일한 조치가 취해져 오고 있는 것은 당 재판소에 현저한 사실이다. 그러나 본건 조치가 취해진 당시에는 이미 대다수 국민의 재판소에 대한 이해가 깊고, 법정에서 방청인이 재판소에 의한 소송의 운영을 방해하는 사태는 거의 모습을 감추고 있다는 것도 또한 당 재판소에 현저한 사실이다.

재판소로서는 오늘날 방청인의 메모에 관해 배려를 결여하고 있는 것을 솔직히 인정, 금후의 방청인의 메모 행위에 대해 배려를 하는 것이 요청되는 것도 인정하지 않을 수 없다.

그렇지만 이것은 법정 질서나 평온을 해하거나 공정하고 원활한 소송 운영에 지장을 초래하는 등의 문제가 없는 것을 전제로 하는 것임은 당연하고, 재판장은 방청인의 어떠한 행위라도 적어도 그것이 위와 같은 사태를 초래할 수 있다고 인정되는 경우에는 엄정하고 단호하게 법정경찰권을 행사할 직무와 책임을 갖고 있다는 것도 잊어서는 안 될 것이다.

2. 법정경찰권은 재판소법 제71조, 형소법 제288조 제2항의 각 규정에 따라 행사되어야 함은 당연하지만, 앞에서 제시한 바와 같은 법정경찰권의 취지, 목적, 나아가 법의 지배 정신에 비추어보면, 그 행사에 있어서의 재판장의 판단은 최대한 존중되어야 한다. 따라서 그것에 근거한 재판장의 조치는 그것이 법정경찰권의 목적, 범위를 현저히 일탈하거나 그 방법이 심히 부당하다는 등의 특별한 사정이 없는 한, 국가배상법 제1조 제1항의 규정에서 말한 위법한 공권력의 행사라고 할 수 없는 것으로 해석하는 것이 상당하다. 이것은 앞에서 제시한 바와 같은 법정에서의 방청인의 입장에 비추어 볼 경우, 방청인의 메모 행위에 대한 법정경찰권의 행사에 대해서도 타당하다고 하지 않을 수 없다」.

■ 적용

「본건 조치가 취해진 당시에는 법정경찰권에 기초한 방청인이 메모를 하는 것을 일반적으로 금지하고 개정(開廷)하는 것이 상당하다는 견해도 널리 채용되고, 상당수의 재판소에서 동일한 조치가 집행되고 있었던 것은 앞에서 제시한 바이고, 본건 조치에는 앞에서 제시한 바와 같은 특별한 사정이 있다고까지는 할 수 없으므로, 본건 조치가 배려를 결하고 있던 것이 인정됨에도 불구하고 이것이 국가배상법 제1조 제1항의 규정에서 말하는 위법한 공권력의 행사에 해당한다고까지는 단정할 수 없다.

Ⅷ. 이상 설시한 바와 같은 취지에 속하는 원심 판단은 결국 이것을 시인할 수 있다. 원 판결의 소론의 위헌, 위법은 없고, 논지는 어느 것도 채택할 수 없다」.

상고기각.

[의 견]

● **요쯔야 겐**(四ツ谷巌) **재판관**

「법정은 이른바 공공의 장소가 아닌 사건의 심리, 재판을 하기 위한 장이라는 것은 말할 필요도 없다. 따라서 거기에서는 냉정하게 진실을 탐구하고, 엄정하게 법령을 적용하고, 적정하고 신속한 재판을 실현하는 것이 최우선되어야 한다. 법정을 주재하는 재판장에게 법정경찰권이 부여되어 있는 것도 소송의 운영에 대한 방해를 억제, 배제하여 항상 법정을 심리, 재판에 적합한 장으로 유지하고, 적정하고 신속한 재판의 실현이라는 헌법상의 요청을 충족하기 위함이다. 그리하여 이와 같은 법정경찰권의 취지, 목적 및 재판권을 행사함에 있어서의 재판관의 헌법상의 지위, 권한에 비추어보면, 법정경찰권의 행사는 오로지 재판의 진행에 전 책임을 지는 재판장의 재량에 맡겨져 있는 것이라고 할 수 있고, 방청인의 행위도 재판장의 재량에 의하여 규제받아야 하는 것이다. 메모를 하는 행위도 예외는 아니다. 그렇다고 하면, 재판장은 그 재량에 의해 방청인이 메모하는 것을 금지할 수 있고, 그 결과 방청인은 법정에서 정보 등을 섭취할 자유를 충분히 향유할 수 없게 된다. 하지만 법정은 앞에서 제시한 바와 같이 심리, 재판을 위한 장소이며, 방청인은 그 자유로운 의사에 의해 재판장의 주재 하에 재판이 이루어지는 법정에 들어가고, 재판관 및 소송관계인의 활동을 견문하는 데 불과한 입장이라는 것에 비추어보면, 그것으로 헌법 제21조의 규정에 위배된다고는 할 수 없음은 물론, 그 정신에 위배된다고도 할 수 없다」.

「2. 이 기회에 방청인의 법정에서의 메모를 그 자유에 맡기는 것의 당부에 관하여 부언한다. 방청인의 메모를 그 자유에 맡겨야 하는 것이 헌법 기타 법령상 요청되고 있지 않다고 하여도, 만일 그것이 일반적으로 공정하고 원활한 소송의 운영을 방해할 우려가 없다고 하면 특단의 사정이 없는 한 이것을 그 자유에 맡기는 것도 하나의 방법일 것이다.

그렇지만 법정은 진실을 탐구하는 장이라는 것은 앞에서 제시한 바이므로, 가장 배려되어야 하는 것은 법정을 진실이 나타나기 쉬운 장소로 두어야 하는 것으로, 법정에서 방청인이 메모를 하고 있던 경우 설령 그것이 조용하게 이루어지고 있어 법정 질서를 어지럽히지 않았다고 하더라도, 증인이나 피고인에게 미묘한 심리적 영향을 주고, 진실을 말하는 것을 주저하게 할 우려가 완전히 없다고는 할 수 없는 것이다. 그리하여 그와 같은 영향의 유무는 많은 경우 사전에 예측하는 것이 곤란 내지 불가능에 가깝고, 더구나 그 때문에 법정에서 진실이 나타나지 않은 경우에는 당해 사건의 재판에도 돌이킬 수 없는 영향을 미치는 것임은 긴 설명이 필요하지 않다. 또한 영향은 반드시 증인이나 피고인에 대해서만 미치는 것이 아니다. 방청인이 메모를 하고 있는 법정에서는 엄숙해야 할 그 분위기가 어지럽혀지는 등, 그 때문에 마음을 집중해야 할 진실 탐구에 지장을 줄 우려가 있다는 것도 생각해야 할 것이다.

다음으로 법정 정황을 기술한 문서가 방청인이 법정에서 한 메모에 기초하여 작성된 것으로 반포된 경우에는 그것이 부정확한 것이라고 하더라도 세상 사람들에게 마치 그 내용이 진실인 것과 같은 인상을 주어 의혹을 일으키기 쉽고, 이와 같은 사태를 사전에 방지하는 것은 사실상 불가능하고, 더구나 일단 세상 사람들에게 준 인상은 용이하게 불식시킬 수 없다. 위와 같은 폐해를 초래하지 않기 위해서는 법정 정황에 관한 보도는 원칙적으로 사법기자 클럽 소속의 보도기관에 의하여 이루어지는 것으로 하는 것이 상당하고, 위 클럽 소속의 보도기관의 기자에 대해서만 메모를 허용하는 것도 헌법 제14조 제1항의 규정에 위반하는 것이 아니라는 것은 다수의견이 설시하는 바이다.

더욱이 앞에서 제시한 바와 같이, 법정에서의 메모를 방청인의 자유에 맡기고, 메모를 함으로써 증인, 피고인에게 심리적 영향을 줄 우려가 있다든지 또는 법정을 심리·재판에 적합한 장으로 유지할 수 없는 우려가 있는 경우에만 재판장이 법정경찰권에 근거하여 이를 금지하는 조치를 강구하도록 하는 경우에는, 나의 경험에 의하면 예외적으로 금지 조치를 취한 법정에서 그 조치를 둘러싼 분쟁이 있고, 원활한 소송의 운영이 방해받을 우려도 충분히 있기 때문에, 이것을 방지하기 위해서는 각 법정에서 사전에 일반적으로 방청인이 메모를 하는 것을 금지하고, 신청을 기다려 재판장의 재량에 의해 개별적으로 그 허용여부를 결정하도록 하는 것이 상당한 것이 되는 것이다.

따라서 지금까지도 적잖이 재판장이 방청인의 메모에 관하여 이른바 허가제를 채용하고, 방청인이 메모를 하는 것을 일반적으로 금지한 뒤, 그것을 희망하는 방청인의 신청이 있는 경우에는 방청 목적, 증인, 피고인의 연령, 성격, 당해 사건의 내용, 당해 공판기일에 예정되어 있는 절차 등을 고려하여 메모를 하는 것에 의한 폐해 우려의 유무를 판단하고, 그러한 우려가 없다고 인정되는 경우에 한하여 이것을 허용한다는 조치를 취하여 오고 있는데, 나는 현 시점에서의 법정 실상에서 보면, 이와 같은 조치를 취하는 것이 하나의 타당한 방책이라고 생각한다. 허용여부를 결정하는 데 있어서 당해 방청인이 메모를 하려고 하는 목적 등 그 개별적 사정에 관하여도 충분히 고려하여야 함은 당연하다」.

기본 해설

1. 본 판결의 기본구성

본 판결은 국가배상청구를 기각한 상고인 패소 판결이지만, 그 실질은 거의 승소 판결에 가깝고, 바로 그 점이 특이한 것으로 되어 있다. 제기된 논점과 판시내용은 다양하지만 대체로 다음과 같이 정리할 수 있다.

(a) 헌법 제82조 제1항의 공개재판의 원칙은 이른바 제도적 보장이고, 이러한 보장의 일환으로 국민에게 재판의 방청이 인정되고 있지만, 이 규정은 방청을 권리로 요구할 수 있는 것까지 보장하고 있는 것은 아니고, 또한 방청인이 메모를 하는 것을 권리로 보장한 것도 아니다.

(b) 정보를 취득할 자유는 헌법 제21조 제1항이 보장하는 표현의 자유의 파생원리로서 당연히 도출되는 것이다. 또한 필기행위의 자유(메모할 자유)는 정보취득의 보조로서 이루어지는 한, 헌법 제21조 제1항의 정신에 비추어 존중되어야 하고 이유 없이 방해받아서는 안 된다. 그렇지만 필기행위의 자유는 동 조항이 직접 보장하는 표현의 자유 그 자체는 아니므로 이른바 엄격심사에 의한 보호를 받지 못한다. 또한 방청인은 법정 활동을 견문하는 입장에 그치고, 법정의 주된 목적이 적정하고 신속한 재판의 실현에 있기 때문에 메모를 할 자유가 법정에서의 공정하고 원활한 소송 운영을 다소라도 방해하는 경우에는 그것이 제한 또는 금지되는 것은 당연하다. 그렇지만 그와 같은 사태는 통상 있을 수 없으므로, 특단의 사정이 없는 한 이것을 방청인의 자유에 맡겨야 하고, 그것이 헌법 제21조 제1항이 규정하는 정신에 합치한다고 할 수 있다.

(c) 재판소법 제71조 및 형소법 제288조 제2항에서 재판장의 법정경찰권이 인정되고 그 행사는 재판장의 광범위한 재량에 맡겨져 있다.

(d) 헌법 제14조 제1항은 합리적인 구별을 허용하고 있다. 사법기자 클럽 소속의 보도기관의 기자에 대하여만 메모 기록을 허가하는 것은 재판보도의 중요성, 보도의 공공성, 나아가서는 보도를 위한 취재의 자유에 대한 배려에 기초한 것이므로, 합리성을 결여한 조치라고는 할 수 없다.

(e) 본건의 불허가조치는 공정하고 원활한 소송의 운영을 방해할 우려가 없었음에도 불구하고 이루어진 것으로서 합리적 근거를 결여한 법정경찰권의 행사라고 할 수 있다. 그렇지만 법정경찰권의 행사는 그것이 법정경찰권의 목적, 범위를 현저하게

일탈하거나 그 방법이 심히 부당한 등의 특단의 사정이 없는 한, 국가배상법 제1조 제1항의 규정에서 말하는 위법한 공권력의 행사에 해당하지 않는다고 해석하는 것이 상당하다. 본건 조치가 이루어진 당시에는 메모를 하는 것을 일반적으로 금지하고 개정(開廷)하는 것이 상당하다는 견해도 널리 채용되고, 상당수의 재판소에서 동일한 조치가 이루어지고 있었던 것을 감안하면, 「특단의 사정이 있다」고까지는 할 수 없으므로 본건 조치가 배려를 결여하고 있던 것이 인정됨에도 불구하고, 국가배상법 제1조 제1항의 규정에서 말하는 위법한 공권력의 행사에 해당한다고까지는 할 수 없다.

2. 헌법 제21조 제1항과 필기행위의 자유

본 판결에서는 정보취득의 자유가 헌법 제21조의 표현의 자유에서 그 파생원리로 승인되고, 한편 필기행위의 자유는 이러한 파생원리인 정보취득에서의 수단적 가치 때문에 동조의 정신에 비추어 존중되어야 할 법익으로 평가되었다(파생원리 접근법(수평적 파생)과 존중 접근법(수직적 파생)의 이동과 각각의 심사기준에 관해서는 Part Ⅲ 「이론편」의 전개문제 1의 해설 참조).

이러한 헌법상의 위치를 부여받은 필기행위의 자유의 제약에 관하여 본 판결은 「정보 등의 취득를 보조하기 위해서 하는 필기행위의 자유라고 하더라도 타자의 인권과 충돌하는 경우에는 그것과의 조정을 꾀하는 가운데, 또는 이것에 우월한 공공의 이익이 존재하는 경우에는 그것을 확보할 필요에서 일정한 합리적 제한을 받을 수 있는 것은 불가피하다」는 인권 제약의 일반 법리를 제시할 뿐이다. 하카타역 사건 결정 등의 선례에 의하면, 여기에서는 비교형량의 방법이 채용되었다. Repeta 사건 판결에서는 명료하지 않지만 비교형량적인 논법으로 논리적 줄거리가 진행되고 있는 것으로도 해석할 수 있지만, 형량의 틀도 기준도 명시되어 있지 않았다. 메모의 폐해를 측정함에 있어서, 본 판결의 다수의견과 요츠야 재판관의 의견 사이에 법정에 관한 관점의 격차가 있는 것을 생각하면, 해악 인정에 관한 일관된 태도가 유지될 수 있는지에 대해 불안이 남는 바이나, 좋은 관행의 축적을 기대하고자 한다.

3. 보도기관의 특권성

본 판결은 사법기자 클럽 소속의 보도기관의 기자에게 일반 방청자에게는 허가되지 않은 메모채취 행위를 허가한다는 「특권」의 부여가, 헌법 제14조의 평등의 원칙에 위반하지 않는다고 판단하였다. 그 때 ①하카타역 사건 결정에서 제시된 보도기관 내지 보도의 민주적 기능, 헌법 제21조에 비춘 취재의 자유에 대한 존중 등에서 올바른 보도를 위해 취재활동에 대한 배려가 도출되는 것, ②그와 같은 배려를 고려한 재판장의 법정경찰권의 행사가 불합리하다고는 할 수 없는 것을 논거로 하고 있다(보도기관이라는 매스미디어가 그 공공재적 성격 때문에 헌법상의 권리가 인정되는 논리에 관해서는 Part Ⅲ 「이론편」 전개문제 2의 해설 참조).

또한 이 점에 관하여는 일반 방청자와의 비교에서 사법기자 클럽 소속의 기자가 갖는 특권뿐만 아니라, 사법기자 클럽에 속하지 않는 기자와의 사이에서 메모채취 허가를 둘러싼 차이가 발생한 경우의 차별도 문제될 수 있다(기자클럽의 법적 문제 일반에 관하여는 駒村・後掲, 145-153면 참조).

설문 1 헌법 제82조 제1항으로부터 방청인이 메모를 할 권리를 도출하는 것은 어떠한 주장이 가능한가? 그 경우 헌법 제21조 제1항으로부터 도출되는 메모의 자유와 어떤 차이가 나게 될 것인가?

설문 2 본 판결에서는 필기행위의 자유의 제약에 관하여 애매한 이익형량이 이루어지고 있고, 심사의 틀이 반드시 명확하게 되어 있지 않다.

(1) 형량되어야 할 제반 이익을 명확하게 하는 것을 의식하여 본 사례를 소재로 제대로 비교형량하여 보시오.

(2) 본 사례를 「목적의 정당성, 목적과 수단의 관련성」의 기준, 보다 제한적이지 않은 대체수단의 유무에 관한 법리(LRA의 기준)에서 처리한다면 어떻게 되는가?

설문 3 요츠야 재판관의 의견과 다수의견의 법정관・방청인관에 차이는 있는가? 있다고 하면 구체적 사례에서 어떠한 차이가 발생하는가?

설문 4 기자 클럽에 속하지 않은 외국 언론 기자가 메모 허가를 요청한 후, 재판장에 의하여 거부되었다고 하자. 본 판결의 논리를 전제로 하면 이 경우 어떻게 처리하여야 하는가?

설문 5 재판관의 직무행위에 대한 국가배상법의 적용에 관한 아래의 작은 문제를 門口・後掲 82면 이하를 참고로 하여 검토하시오.

(1) 국가배상법상의 위법성은 공권력 행사의 효력발생의 요건으로서의 위법성과는 다르다는 것이 통설・판례이지만, 재판관의 직무행위의 위법성에 관하여는 나아가 그 특수성을 고려할 필요가 있다고 되어 있다. 그것은 어떠한 「특수성」이며, 어떠한 배려를 요하는 것인가?

(2) 본 판결에서는 「재판장의 조치는 그것이 법정경찰권의 목적, 범위를 현저하게 일탈하거나 그 방법이 심히 부당하다는 등의 특단의 사정이 없는 한, 국가배상법 제1조 제1항의 규정에서 말하는 위법한 공권력의 행사라고는 할 수 없다」는 틀 아래, 이러한 「특단의 사정」이 인정되지 않

기 때문에, 국가배상법상 위법이 되지는 않았다. 그럼 어떠한 사실이 인정되면 본 사례의 경우 「특단의 사정」이 있는 것이 되는가?

▌참고문헌▐

1. 하카타역 사건 최고재판소 결정 관련

刑事判例研究会, 捜査研究37巻12号(1988年)

鈴木茂嗣, マスコミ判例百選〈第2版〉(別冊ジュリスト85号)(1985年)

船田三男, 最高裁判所判例解説, 刑事編 (昭和44年度) (1972年)

古川純, 憲法の基本判例 (別冊法学教室 基本判例シリーズ ①) (1985年)

横田耕一, 憲法判例百選Ⅰ〈第4版〉(別冊ジュリスト154号)(2000年)

2. 니혼텔레비 사건 최고재판소 결정 관련

永井敏雄, 最高裁判所判例解説, 刑事編 (1989年度) (1991年)

3. TBS 사건 최고재판소 결정 관련

立山紘毅, 憲法判例百選Ⅱ〈第4版〉(別冊ジュリスト154号)(2000年)

山田利夫, 最高裁判所判例解説, 刑事編 (1990年度) (1992年)

4. 법정 메모 소송(Repeta 사건) 판결 관련

阿部照哉, 判例評論369(判例時報 1321号) (1989年)

渥美東洋, 刑事訴訟法判例百選〈第7版〉(別冊ジュリスト148号)(1998年)

門口正人, 最高裁判所判例解説, 民事編 (1989年度) (1991年)

小林節, 判タ698号(1989年)

浜田純一, 憲法判例百選Ⅰ〈第4版〉(別冊ジュリスト154号)(2000年)

松井茂記, 民商法雑誌101巻4号(1990年)

毛利透, 法協108巻3号(1991年)

5. 이론 관련

奥平康弘『ジャーナリズムと法』(新世社, 1997年)

駒村圭吾『ジャーナリズムの法理』(嵯峨野書院, 2001年)

佐藤行治「表現の自由と取材の権利」公法研究34号(1972年)

長谷部恭男『憲法』(新世社, 第3版, 2004年)

(駒村圭吾)

제12장 반론권, 사죄광고, 정정방송

[논점]

(1) 표현의 자유에 근거한 반론문게재청구권(액세스권)은 인정되는가?

(2) 명예훼손의 성립여부에 관련되지 않는 인격권에 근거한 반론문게재청구권은 인정되는가?

(3) 액세스권으로서의 반론권을 법률에서 제도화하는 것은 표현의 자유에 반하지 않는가? 또한 인격권보호를 위해서 사실적시에 대한 반론(본인에 의한 정정)의 권리를 법률에서 제도화하는 경우는 어떤가?

(4) 방송사업자가 정정방송을 거부한 경우, 재판소는 방송법 제4조 제1항에 근거하여 방송사업자에게 정정방송을 명령하는 것이 가능한가?

(5) 재판소가 이른바 명예회복처분(민법 제723조)으로 사죄광고의 게재를 명령하는 것은 양심의 자유에 반하지 않는가? 또한 재판소가 명예회복처분으로 피해자의 반론문의 게재를 명령하는 것은 표현의 자유에 반하지 않는가? 정정방송의 경우는 어떤가?

Part Ⅰ 기본 소재

산케이신문 사건

최고재판소 1987년 4월 24일 제2소법정 판결
1980년 오(オ) 제1188호 반론문게재청구사건
民集 41권 3호 490면, 判時 1261호 74면
[참고문헌] 헌 21 민 709, 710, 723

사실 개요

Y신문사(피고, 피항소인, 피상고인)는 1973년 12월 2일 발행하는 신문에 소외(訴外) 자유민주당을 투고자로 하여 이른바 의견광고(이하, 「본건 광고」라고 함)를 게재・배포했다. 이에 대해서 X(일본공산당) (원고, 항소인, 상고인)는 본건 광고가 X에 대해서 응답을 요구하고 있는 도전광고일 뿐만 아니라, X는 이에 대해서 반론하지 않을 수 없게 되었다고 하며 똑같은 신문의 조간에 본건 광고와 똑같은 크기로 X의 반론문을 무료로 게재할 것을 요구하여 Y를 상대로 소송을 제기했다.

의견광고는 광고료를 신문사에 지불하고 지면에 의견을 표명하는 것이다. 신문사는 의견광고의 게재에 소극적이었으나, 1968년에 처음으로 의견광고가 게재된 이후, 편집방침에 반하지 않는 한도라는 조건을 붙여 의견광고의 게재에 응하게 되었다. 그런데 Y는 1973년 9월부터 Y의 편집방침과는 관계없이 어떠한 의견에 대해서도 통상의 광고보다도 비교적 싼 광고란을 제공하고 있어, 본건 광고에 대해서 타지가 게재를 거부하는 사이에 Y와 소외 일본경제신문사만이 그 게재에 나섰다.

X의 제소에 앞서 X와 Y의 사이에는 X의 반론광고 게재를 둘러싸고 교섭이 이루어졌다. Y는 본건 광고 게재와 함께 X에 대해서 본건 광고에 대한 반론광고의 유료게재를 제의하였으나, X는 이를 거절하고 본건 광고가 신문윤리강령과 신문광고윤리강령에 위반하는 것 등을 지적하며 무료의 반론광고의 게재를 요구했다. 이 요구를 Y가 거부함으로써 교섭은 결렬되고 X는 제소에 나섰다.

X는 본건 광고에 의해 명예를 훼손당했다고 하여 명예회복처분으로 반론문의 무료게재를 요구하는 가처분을 신청했으나, 동경 지방재판소는 명예훼손의 성립을 부정하고 신청을 각하했다(동경지결 1974년 5월 14일 判時 739호 49면). 여기서 X는 본안소송에서 ①언론의 자유, ②인격권과 조리, ③명예회복처분(민법 제723조) 등을 근거로 반론문의 무료게재를 Y에게 요구했으나, 제1심 · 제2심 · 상고심 모두 X의 청구를 인정하지 않았다. 본건에서는 의견광고에 의한 명예훼손의 성립여부에 대하여, Y로부터 「공정한 논평」과 「현실의 악의」의 법리도 주장되었으나 이하에서는 반론문게재청구를 둘러싼 헌법 논의의 흐름을 제시한다.

제1심=동경 지방재판소

동경 지방재판소 1977년 7월 13일 판결
判時 857호 30면

■ 당사자의 주장 (쟁점)

〈사실에 관련된 주장〉

원고 본건 광고는 자민당의 정책자체를 주장하는 것이 아닌, X를 지목하여 국회, 자위대, 안보조약 등의 문제에 관해 X의 당강령과 정부강령제안이 모순되며, 후자가 전자를 사실상 속이고 있다고 지적하며, 이 점에 대한 X의 응답을 요구함과 동시에, 혹시 X가 이에 응답하지 않는다면 자민당의 지적대로라고 독자에게 강한 인상이 남도록 계산한 내용으로 되어 있다. 그러나 이것은 완전히 사실을 왜곡한 것이며, 혹시 이러한 오해가 생긴다면 국민의 X에 대한 정치적 신뢰가 현저하게 훼손되는 상황을

피할 수 없다. 본건 광고에는 적어도 Y가 발행하는 신문의 200만 독자들 사이에 X의 정치적 신뢰를 떨어뜨려, 이로써 정당으로서의 X의 활동에 막대한 방해를 주는 타격효과가 있다.

Y가 본건 광고의 게재에 의한 반론게재의 필요성을 만들어 낸 것은 사실상 인정하면서, 유료 게재를 고집하며 무료의 반론문의 게재를 거부한 것은 본건 광고의 타격효과를 그대로 방치하고 있다. X가 유력 정당이라도 본건 광고에 의한 X의 정치적 신뢰의 훼손은 반론게재 이외의 방법으로 회복하는 것은 불가능하다

피고 「본건 광고에 의한 사실의 진술 내지 의견의 개진은 하등 명예훼손을 구성하는 등 부당한 것이 아니다」. 본건 광고는 X의 당강령과 정부강령제안의 요점을 정확히 인용 적시한 것으로, 허위의 부분은 전혀 포함되어 있지 않다. 당강령과 정부강령제안이 「모순」되고 있다는 지적은 자민당의 비판적 의견을 개진한 것이다.

〈법적인 근거에 관련된 주장〉

원고

(a) 표현의 자유에 근거한 반론문게재청구권

「헌법 제21조가 보장하는 언론의 자유는 어느 언론의 대상이 되는 상대편의 언론의 자유도 당연히 보장하고 있으며, 언론 자유의 보장이란 본래 반론의 자유의 보장을 포함하고 있는 것이나, 위의 반론의 권리는 공격의 방법・내용 등의 특수성에 따라 충분히 효과적인 반론을 행하는 것을 그 내용으로 가지고 있다」. 원고가 요구하는 반론문 게재의 청구는 본건 광고가 ①200만 명의 고정 독자를 가진 일반 신문의 광고라는 수단을 이용하고 있는 점, ②원고를 지명하고 있는 점, ③원고의 중요한 기본적 정책에 대해 심하게 왜곡된 표현을 사용하여 공격하고 있는 점, ④원고에 대해 사회통념상 동일 지면에서 응답할 것을 요구하는 것이라고 간주되는 자세를 취하고 있는 점, ⑤만약 원고가 이 공격에 반론하지 않으면, 그 공격과 관련된 내용이 진실이라는 인상을 부여하는 구성을 취하고 있는 점, ⑥그것들에 의해 원고에 대한 국민의 정치적 신뢰를 손상시켜 원고의 정치활동을 방해한 점 및 피고가 ⑦원고가 반론하는 것이 여의치 않는 지위라는 것을 알면서도, 굳이 前記의 여러 가지 특징을 가지는 본건 광고를 게재, 배분한 점, ⑧피고는 신문업을 경영하는 자로서 스스로 원고가 요구하고 있는 반론문을 산케이신문에 게재함으로써, 원고가 입은 정치적 신뢰의 훼손 및 정치활동의 방해를 회복・배제할 수 있는 지위라는 점, 이상의 구체적 사실이 존재하는 본건의 경우에는 원고에 대한 헌법 제21조의 보장을 완수하기 위해 피고에 대해 별지에 게재의 반론문(이하 「본건 반론문」이라고 한다)의 게재를 요구하는 것 이외에 다른 유효한 수단・방법이 있을 수 없다. 「따라서 원고는 피고에 대해 헌법 제21조에 근거한

직접, 본건 반론문의 게재를 청구할 수 있는 것이다.

또한 원고에 위와 같은 권리를 인정해야 하는 합리성은 국민의 알권리를 보장한다는 실질적 견지로부터도 강력하게 지지받는 것이다. 공공의 사항에 대하여 일방적인 공격·중상만이 일반 신문의 지면에 게재되고, 이에 대한 공격·중상을 받은 측의 반론게재의 권리가 인정되지 않는다면 국민의 알권리가 보장되었다고 말할 수 없을 뿐만 아니라, 오히려 한 쪽 견해의 평면적 유포만이 허용되었다는 의미에서 알권리는 유린당한 것이다. 국민이 일반 신문의 지면상에서 다른 쪽의 견해도 공평하게 아는 것이 가능한 경우에만 비로소 알권리가 보장된 것이라고 말할 수 있다」.

현행법으로는 방송법 제4조 제1항이 정정 또는 취소 방송에 대해서 규정하고 있다. 신문윤리강령도 비난받은 자에게 변명의 기회를 부여해야 한다고 되어 있다. 「본건과 같은 구체적 사례에서 반론의 기회를 부여해야 할 실정법적 근거는 충분히 존재한다」.

(b) 인격권과 조리에 근거한 반론문게재청구권

「인격권이라는 것은 그것에 의해 보호되는 인격과 관련된 이익이 손해배상으로 전보되는 것만으로는 부족하고, 그 성질상 당연히 원상회복을 필요로 하기 때문에 만들어지고 발전되어 온 권리이므로, 인격권 침해에 대해서도 단순히 불법행위상의 금전배상·회복처분에 머무르는 것이 아닌 금지청구권(이것은 침해행위의 사전억제인 방해예방청구권과 지속하는 침해행위의 정지·제거를 요구하는 방해정지·배제청구권의 총칭이며, 그 法源은 결국 조리에 요구되어져야 하는 것이다)을 인정할 필요성이 매우 높으며 그 실효성도 크다.

또한 본건 광고게재 후 피고가 원고에 대해 반론문광고의 적극적인 유인을 한 점, 피고는 원고와의 모든 교섭과정을 통해서 원고가 산케이신문 지면상에서의 반론의 필요성을 인정하고 있었던 점 및 원고가 본건 반론광고를 필요로 하게 된 구체적 사정을 고려한다면, 한편으로는 민주주의사회의 사활에 관련된 언론 책임자를 자인하는 공기(公器)인 피고가 끝까지 원고에게 광고비용의 부담을 요구하는 것은 현저하게 어울리지 않는다는 것이 명백하며, 다른 한편으로는 자민당에 의한 의견광고의 금권지배와 저열한 중상광고를 기성사실로 인정하는 것과 같은 일은 국민의 기본적 자유존중의 관점에서 보면 도저히 허용할 수 없다. 과학적 사회주의 정당인 원고로서는 손상된 정치적 신뢰를 회복할 민주적인 방법은 무료에 의한 반론문의 게재 이외에는 없는 것이 명확하므로, 명예훼손의 성립여부에 관계없이 인격권 및 조리의 존재와 작용에 의해 본건 반론문의 게재의 필요성 및 정당성이 승인되는 것이다. 따라서 피고는 인격권과 반론권의 조리와 겹치는 부분에서 성립된 의무에 의해 원고의 반론문 게재신청에 응하여 이를 무료로 산케이 신문 지면상에 게재해야만 한다」.

(c) 명예회복처분

「피고가 본건 광고를 게재, 반포한 점 및 반론문의 무료게재를 원고에 대하여 보장하는 의사 없이 본건 광고를 게재, 반포한 점은 모두 불법행위를 구성하므로, 원고는 훼손된 정치적 신뢰와 그것에 의해 방해받은 정치활동상의 손해를 회복하는 데 가장 적절한 처분으로, 민법 제709조, 제723조에 근거하여 청구의 취지가 기재된 판결을 요구한다. 정당으로서의 원고의 정치적 신뢰와 정치활동에 가해진 손해를 회복하기 위해서는 반론의 게재는 가장 적당한 처분이며, 이 외에는 이를 회복할 방법이 없다」.

피고

(a) 표현의 자유에 근거한 반론문게재청구권

반론문게재청구권은 「사법상의 청구권으로 구성하는 것이 가능해야 한다. 원고는 헌법상의 언론의 자유를 채용하고 있으나, 헌법은 본래 공법관계를 규율하는 것이며 사법적인 실정규범의 성격을 가지고 있는 것이 아니다. 특히, 헌법 제21조의 언론·표현의 자유의 보장은 국가가 이를 침해해서는 안 된다는 자유권을 보장하는 것이다. 그러므로 이로부터 즉시 일반 신문업을 경영하는 피고에게 『국민에게 알릴 의무』가 나오지 않으며, 가령 이와 같은 의무가 생긴다고 해도 그것은 어디까지나 일반 신문사업자의 공법상의 의무 내지 사회적 의무에 머무른다」.

(b) 인격권과 조리에 근거한 반론문게재청구권

「원래 방해배제청구권은 계속되는 침해행위의 금지를 요구하는 것이며, 그 행위가 현재 계속 행해지고 있다는 것이 그 전제이며, 또한 청구내용도 현재 행하여지는 위법한 침해행위 그 자체의 배제·정지에 한정되는 것이며 본건과 같이 일회성의 과거의 게재행위는 그 내용의 여하에 관계없이 방해배제청구권의 대상에 적합하지 않은 것이다. 게다가 반론문의 게재를 요구하는 것은 이전의 행위의 금지 이상의 내용을 요구하는 것이므로 방해배제의 한계를 넘는 것으로 도저히 허용할 수 없다」. 「외국에는 반론문게재청구권을 인정하고 있는 국가도 있으나 그것들은 전부 특별 입법에 의한 것이며, 판례법으로 위 제도를 확립한 예는 없다」.

(c) 명예훼손처분

원고가 주장하는 반론문게재청구권은 민법 제723조의 적당한 처분에 해당하지 않는다. 「민법은 불법행위에 근거한 손해배상의 방법으로서 금전배상을 원칙적으로 채용하고 있으며, 동법 제723조는 이에 대한 유일한 예외이므로 공연히 넓게 해석해서는 안 된다. 더욱이 종래 일본에서는 그 구체적인 방법으로 신문·잡지 등을 통하여 이루어지는 사죄광고 또는 취소광고에 한정하는 것이 정착한 판례법으로 되어 있을 뿐만 아니라, 그 내용은 신청의 범위 내에서 재판소가 피해자의 명예를 사회적으로 회복하는 데에 적당하다고 판단하는 내용이 자유롭게 확정되어 선고되는 것이다.

그러므로 원고가 주장하는 반론문게재청구권은 정착한 판례법을 무시하는 것일 뿐만 아니라, 재판소가 그 판단에 의해 상당성과 재판내용을 자유롭게 판정하는 것을 허용하는 민법 제723조와도 서로 맞지 않는 것이다.

(d) 반론문게재를 인정하는 것이 표현의 자유에 끼치는 영향

「원고가 주장하는 반론문게재청구권은 신문의 자유와 존립을 파괴하는 것이다. 가령 그것이 인정된다면, 이는 광고만을 대상으로 하는 것이 아니기 때문에, 반론문에 관련된 게재장소・활자・공간・게재시기 등에 대해 신문편집자의 자유는 전부 빼앗기게 되며, 신문으로서는 그 생명인 편집의 자유를 상실하는 것이 된다. 또한 정확함과 신속함을 신조로 하는 신문의 편집・인쇄의 예정은 반론문의 우선적 게재에 의해 완전히 혼란 상태에 빠지게 될 것이다. 이러한 침해는 신문의 취재・보도・논평・편집 등의 유기적인 연관을 가지는 각각의 부문의 자유에 대한 직접 또는 간접 침해가 되며, 담당자의 열의를 둔화시키며 반론청구의 우려가 있는 사실에 관련되는 보도・논평의 회피(신문의 겁먹은 자기규제), 또는 타협적인 보도・논평(신문의 위축)으로 가는 길을 여는 결과이며, 신문기사의 질적・양적인 저하를 초래함으로써 간접적으로는 신문에 의존하는 독자의 알권리를 해치게 되는 중대한 결과를 초래하는 것이 된다」.

■ 법적 구성

(a) 표현의 자유에 근거한 반론문게재청구권

원고는 前記 ①내지 ⑧의 요건이 충족되어 있는 본건의 경우에는 피고에 대해 헌법 제21조에 근거하여 직접 본건 반론문의 게재를 청구할 수 있다고 주장하지만, 「왜 이와 같은 요건 하에서 원고에게 민사상의 반론문게재청구권이 발생하는지 당 재판소로서는 이해할 수 없는 부분이다」. 「원고가 주장하는 헌법 제21조에 근거한 반론문게재청구권은 본건 광고가 명예훼손이 아니라도 발생하는 것이다. 그러나 명예훼손이라는 위법성을 갖춘 불법행위가 발생한 경우가 아니라, 피고에게 위법성도 없는 경우에는 피고에게 책임을 지우지 않는다는 것이 근대법의 대원칙이며, 본건의 경우에서 말하자면, 위법한 사태에 대해 피고가 책임을 져야만 하는 경우를 제외하고 피고는 상품인 광고 공간의 출연을 요구당할 이유가 전혀 없을 것이다. 그럼에도 불구하고 원고는 피고에 대해 민사상의 청구권으로 본건 반론문의 게재를 청구할 수 있다고 주장하고 있으므로, 원고는 그러한 주장의 이유를 제시하지 않으면 안 된다. 그러나 원고의 주장은 앞서 제시한대로 간접적인 근거로 앞서 게재한 8항목의 요건사

실의 주장뿐이며, 이 외에는 원고가 반론할 수 없는 경우의 사실상 불리한 사정의 주장뿐이다」.

원고는 방송법 제4조를 채용하고 있지만, 신문을 「방송과 동일시하는 것 자체가 타당하지 않다」. 이 규정은 원고의 「반론」을 그 자체로 게재할 것을 요구할 수 있는 근거가 되지 않는다.

「원고가 종류별로 논하는 여러 간접적인 근거도 원고의 반론권을 뒷받침하는 근거로서는 무력하다고 말할 수밖에 없다. 원고의 주장은 이미 입법론이므로 언론의 자유와 관련된 현행법의 해석으로 이른바 반론권을 도출하려고 하는 것은 불가능하다고 하지 않을 수 없다」.

(b) 인격권과 조리에 근거한 반론권게재청구권

「원래 방해배제청구권이라고 하는 것은 현재 계속되고 있는 위법한 침해행위의 배제 · 정지를 요구하는 것이므로, 본건 광고와 같이 과거의 일회적인 행위에 대해 『금지』를 요구한다는 것은 불가능하다고 하지 않을 수 있다」.

(c) 명예회복처분

「당 재판소는 민법 제723조의 『적당한 처분』에는 경우에 따라 반론문의 게재도 포함되는 것이며, 그 반론광고는 반드시 명예훼손광고와 똑같은 크기여야만 하는 것은 아니고, 『적당』한 처분이라고 하는 이상 게재장소가 피해자에게 불리한 곳이라고 한다면 오히려 크게 하더라도 지장은 없으며, 또한 위와 같이 『적당한 처분』이어야만 하므로 재판소는 그 내용에 대해 당연히 개입할 수 있다고 사료되지」만, 명예훼손의 성립이 부정되었으므로 더 이상 이 문제를 검토할 필요는 없다」.

■ 적용

「원고의 본소 청구는 결국 현행법의 범위 내에서는 위와 같이 허용되지 않는 것이다」.

제2심=동경 고등재판소

동경 고등재판소 1966년 10월 7일 판결
判時 981호 43면

■ 당사자의 주장 (쟁점)

항소인 제1심에서의 주장과 거의 동일하지만, 항소인은 제1심에서 주장한 8가지 요건이 존재하면 표현의 자유를 근거로 하는 것이 불가능한 경우도, 조리에 의해 반론문게재청구권이 인정된다고 주장했다. 나아가 인격권에 근거한 반론권에 대해서 다음과 같이 주장했다. 「인격권에 근거한 방해배제청구권으로 반론권이 성립하기 위해서는 다음의 3가지 요건이 필요하다」. 그것은 ①「신문의 보도, 논평, 광고 등에 의해 인격의 동일성이 침해되고, 그 내용, 정도 또는 양태가 인격의 존엄의 견지에서 볼 때 사회통념에 비추어 견디기 어렵다고 인정될 것」, ②「신문에 의해 인격의 동일성을 침해당한 자로부터 그 신문에 대해 前記와 같은 동일성의 침해가 있었다고 기재하고, 나아가 절도를 갖춘 반론문을 제출하여 그 게재를 청구할 것」, ③「그 신문에 의한 前記 반론문게재의 거부」이다. 「이러한 요건이 갖추어지면 인격의 동일성을 침해당한 자는 신문에 대해 무료로 반론문의 게재를 청구할 수 있는 반론권을 취득한다. 여기서 인격의 동일성이라는 개념은 종래 일본에서 인정받지 못했던 새로운 법익, 게다가 명예훼손의 보호법익과는 다른 인격감정을 기초로 하는 법익을 가리킨다. 그리고 인격의 동일성을 침해한다는 것은 자기의 인격영역에 속하는 중요한 사항에 대해서 신문이 허위 혹은 부정확한 사실을 유포함으로써 신문독자, 일반 공중에게 인격에 관한 잘못된 인식이 형성된 것을 말한다.

이와 같은 경우에 반론권을 발생시키는 법적 근거는 인격의 존엄을 보호법익으로 하는 인격권이며, 인격의 동일성의 유지는 인격권에서 빼놓을 수 없는 내용을 형성한다. 그리고 그 인격의 동일성을 포함한 인격권은 절대권으로 인격을 침해당한 자가 그 침해자에 대해 침해행위를 그만두어야 할 것, 또한 침해의 결과 파괴된 인격의 회복을 위해 일정한 조치를 강구해야 할 것을 요구하는 등의 구체적인 청구권을 파생시키는 것이다. 그것은 마치 소유권이 그 침해자에 대해 방해배제청구권 등의 구체적인 청구권을 파생시키는 것과 같다」.

피항소인 항소인의 인격권에 근거한 주장은 「독일에서의 란트신문지법에 의한 반론권 입법에 관한 학설, 그 중에서도 인격권을 주축으로 한 반론문게재청구권을 뒷받침하려고 하는 학설을 중요한 참고자료로 하는 것이지만, 위 주장은 근거가 없는 것이다」. 「학설은 모두 입법 없이 반론문게재청구권이 존재하는지 존재할 수 있는지를 논하는 것이 아니라, 그 청구권이 각 란트신문지법에 의해 입법되어 있는 것을 전제로 하여 그 청구권의 입법이유, 법률상의 성질을 논하고 있는 것이다. 때문에 이러한 학설을 인용하여 입법이 불필요하다는 근거로 삼아 일본 현행법 체계에서도 반론청구권을 현존시켜 입법을 필요로 하지 않고 인정할 수 있다고 논하는 것은 불가능함이 명확하다」. 또한 「인격의 동일성을 주장하는 권리에 근거하여 반론문게재청구권을 뒷받침하는 사고방식 자체도 의문이다」. 「불법행위, 고의과실, 권리침해, 부진실 등의 존재도 증명도 필요로 하지 않는 선행의 기재기사에 대해 왜 반론(그 자체도 또한 진실임을 증명하는 것은 법률상 요구되어 있지 않다)의 게재가 허용되는가」, 인간의 존엄, 인격권 혹은 인격의 동일성을 주장하는 권리만을 이유로 하는 것은 대단히 이해하기 어렵고 명확하지 않다.

■ 법적 구성

제2심의 이유는 원 판결의 이유 중 일부를 삭제하고 일부를 부가하는 것 이외에 원 판결의 설시와 동일하다. 더욱이 제1심의 법적구성(c)의 부분은 삭제되었다(삭제된 부분에 대해서 신문연구 353호(1980) 73면 참조).

항소인의 인격의 동일성을 유지하는 권리의 주장에 대해서는 다음과 같은 판단이 제시되었다. 「항소인은 인격의 존엄에서 출발하여 인격의 동일성의 유지는 인격권에서 결여될 수 없는 내용이며, 이것을 법률적 기초로 하여 반론권의 성립을 주장한다」. 그러나 「여기서 주장되고 있는 반론권은 상당히 특수한 기술적인 색채가 짙은 것이며, 따라서 특단의 입법을 가지지 않고 이러한 권리의 존재를 인정하는 것은 가능하지 않다고 할 수밖에 없다」.

■ 적용

「항소인의 본소 청구는 이유가 없으므로 이를 기각한 원 판결은 상당하다」.

상고심=최고재판소

■ 상고이유

하급심에서의 X의 주장과 같음. 단, 상고이유 중에서 인격의 동일성에 근거한 반론권에 대하여 독일의 학설·판례를 상세히 기술하고, 또한 반론권의 필요성을 일본의 매스컴 상황, 특히 신문의 독점·집중경향과, 그로 인해 발생되는 여론조작의 위험성과 인격침해를 강조하였다.

■ 법적 구성

(a) 표현의 자유에 근거한 반론문게재청구권

「헌법 제21조 등의 이른바 자유권적 기본권의 보장규정은 국가 또는 지방자치단체의 통치행동에 대해서 기본적인 개인의 자유와 평등을 보장하는 것을 목적으로 하는 것이며, 사인상호의 관계에 대해서는 가령 상호적 힘 관계의 차이로부터 한 쪽이 다른 한 쪽에 우월하고 사실상 후자가 전자의 의사에 복종해야만 하는 때라 하더라도 적용 내지 유추적용되는 것이 아닌 점」은 당 재판소가 판례로 하는 부분이며, 「그 취지로 삼는 부분에 비추어보면 사인 간에 있어서 당사자 한 쪽이 정보의 수집, 관리, 처리에 관해 강한 영향력을 가지는 일간 신문지를 전국적으로 발행·발매하는 자인 경우에도 헌법 제21조의 규정으로부터 직접 반론문게재의 청구권이 다른 한 쪽 당사자에게 발생하는 것이 아님은 명확하다」. 이것과 동 취지의 원심의 판결은 정당하다고 시인할 수 있다.

(b) 인격권과 조리에 근거한 반론문게재청구권

소론과 같이 반론문게재청구권을 인정하는 법의 명문규정은 존재하지 않는다. 민법 제723조는 명예를 훼손한 자에 대해서는 재판소가 명예회복처분을 명령하는 것이 가능하다고 하고 있으며, 또한 「인격권으로서의 명예권에 근거하여 가해자에 대해 현재 행해지고 있는 침해행위를 배제하고 또는 장래 발생할 침해를 예방하기 위해 침해행위의 금지를 청구하는 것이 가능한 경우가 있다는 것」은 당 재판소가 판례로 한 부분이다. 그러나 명예회복처분과 금지의 청구권은 「단순히 표현행위가 명예침해를 가져왔다는 것만으로는 부족하며, 인격권으로서의 명예훼손에 의한 불법행위의 성립을 전제로 해야 비로소 인정받는 것이므로, 이러한 전제없이 조리 또는 인격권에 근거하여 소론과 같은 반론문게재청구권을 인정하는 것은 도저히 가능하지 않은 것이라 하겠다. 더욱이 소론과 같은 반론문게재청구권은 상대방에 대해 자기가 청구하는 일정한 작위를 요구하는 것이고 단순히 부작위를 요구하는 것이 아니며, 부작위청구를 실효적으로 하기 위해 필요한 한도에서의 작위청구의 범위를 넘는 것이며, 민법 제723조에 의해 명예회복처분 또는 금지청구권이 인정되는 경우가 있다는 점으로부터 소론과 같은 반론문게재청구권을 인정해야 할 실정법상의 근거로 삼는 것은 불가능하다. 소론에서 말하는 『인격의 동일성』도 법의 명문규정이 없이 당연히 소론과 같은 반론문게재청구권이 인정받을 수 있는 법적이익이라고는 해석할 수 없다」.

「신문 기사에 거론된 자가 그 기사의 게재에 의해 명예훼손의 불법행위가 성립하는지 아닌지에 관계없이 자기가 기사에 거론되었다는 이유만으로, 신문을 발행·판매하는 자에 대해 당해 기사에 대한 자기의 반론문을 무수정으로, 게다가 무료로 게재하는 것을 요구하는 것이 가능하다는 이른바 반론권제도는 기사에 의해 자신의 명예가 손상되거나 혹은 그 프라이버시에 속하는 사항 등에 대해 잘못 보도된 자에게 기회를 놓치지 않고 동 신문의 지면상에 자기의 반론문 게재를 가능하도록 하고, 이에 의해 원 기사에 대한 자신의 주장을 독자에게 주장할 길이 열리는 것이 되므로, 이러한 제도가 명예 혹은 프라이버시의 보호에 기여한다는 것은 부정하기 어렵다. 그러나 이 제도가 인정될 때는 신문을 발행·판매하는 자에게 원 기사가 옳고 반론문이 잘못되었다고 확신하고 있는 경우에도, 혹은 반론문의 내용이 그 편집방침에 의거 게재해서는 안 되는 것이라 해도 그 게재가 강제되게 되며, 또한 그 때문에 본래라면 다르게 이용되었을 지면을 할애하지 않으면 안 되는 등의 부담을 강요받게 되며, 이러한 부담이 비판적 기사, 특히 공적 사항에 관한 비판적 기사의 게재를 주저하게 만들어 헌법이 보장하는 표현의 자유를 간접적으로 침해할 위험으로 이어질 우려가 다분히 존재하는 것이다」. 반론권제도는 민주주의사회에서 극히 중요한 의미를 가지는 신문 등의 표현의 자유(북방저널 사건 대법정 판결 참조)에 대해 중대한 영향을 끼치는 것이며, 가령 「전국 일간지에 의한 정보의 제공이 일반 국민에 대해 강한 영향력을 가지며, 그 기사가 특정 인물의 명예 내지 프라이버시에 막대한 영향을 미치는 점이 있다고 해도, 불법행위가 성립되는 경우에 그 사람의 보호를 도모하는 것은 별론으로 하고, 반론권의 제도에 대해서 구체적인 성문법이 없음에도 반론권을 인정하는 것과 상응한 상고인 주장과 같은 반론문게재청구권을 쉽게 인정하는 것은 가능하지 않다고 할 수밖에 없다. 더욱이 방송법 제4조는 정정방송의 제도를 정비해놓았으나 방송사업자는 한정된 전파의 사용면허를 받은 자로서 공적인 성격을 가지는 자이며(동법 제44조 3항 내지 5항, 제51조 등 참조) 그 정정방송은 방송에 의해 권리의 침해가 있었다는 점 및 방송된 사항이 진실이 아니라는 점이 판명된 경우로 한정되어 있고, 또한 방송사업자가 동등한 방송설비에 의해 상당한 방법으로 정정 또는 취소 방송을 해야 한다고 정해놓은 것에 지나지 않는 등, 그 요건, 내용 등에서 이른바 반론권의 제도 내지 상고인 주장인 반론문게재청구권과는 현저하게 다른 것이므로 동법 제4조의 규정도 소론과 같이 반론문게재청구권이 인정되는 근거로 할 수는 없다.

상고인 주장과 같은 반론문게재청구권을 인정할 수 없다고 한 원심의 판단은 결론적으로 정당하다고 시인할 수 있으므로 원 판결의 소론에 위법이 있다고 할 수 없다」.

■ 적용

상고기각

기본 해설

1. 액세스권과 반론권

「정보의 수신자인 일반 국민이 정보의 송신자인 매스미디어에 대해 자신의 의견 발표의 장을 요구하는 권리」를 일반적으로 액세스권이라 한다. 이 권리가 주장된 배경에는 정보의 송신자와 수신자의 분리라는 문제가 있다. 미국의 경우 1960년대 후반 매스미디어의 집중・독점의 경향이 강해지면서 강대한 사회적 권력이 된 매스미디어는 그에 맞게 사회적 책임을 져야 한다는 견해가 유력하게 주장 되었다. 정보의 송신자와 수신자의 호환성이라는 근대적인 표현의 자유의 전제가 사라지고 있다는 문제의식으로부터 일반 국민에게 정보의 송신자로서의 지위를 회복시키는 동시에, 다양한 정보가 유통되는 상태를 확보하기 위해 매스미디어에 대해 액세스할 권리가 제창되었다. 액세스권은 정보의 일방적인 수신자가 되어버린 일반 국민에게 사상의 자유시장에 참여할 기회를 확보하기 위한 권리이며, 구체적으로는 의견광고나 반론기사의 게재, 지면이나 방송 참가 등에 의해 실현되었다.

다만, 가령 입법・행정・사법과 나란히 하는 「제4의 권력」으로 불릴 정도로 강대한 사회적 권력이라고 하더라도 매스미디어는 사인이다. 때문에 표현의 자유로부터 사인인 매스미디어에 대한 구체적인 액세스권을 도출하는 것이 가능한지, 또한 법률에 의한 액세스권을 구체화하여 매스미디어에 일반 국민에 의한 액세스의 기회 확보를 강제하는 것이 가능한지가 문제가 된다.

대륙법계의 여러 나라에서는 액세스권의 전형으로 여겨지는 반론권이 법률에 의해 제도화되어 있다. 연혁적으로 반론권은 혁명 후 프랑스에서 발생되어 19세기 중에 주변 나라들로 확산되었다. 일본에서는 그다지 알려져 있지 않으나 반론권에는 의견표명과 사실적시의 양 쪽에 대한 반론을 인정하는 프랑스형과, 사실적시에 대한 반론만을 인정하는 독일형이 있다. 독일에서는 의견에 대한 반론을 인정하지 않고, 매스미디어에 의한 자기와 관련된 잘못된 사실적시에 대한 반론권리만 인정되고 있다. 독일형 반론권은 실질적으로 본인에 의한 정정문게재청구권이다. 이 권리는 비판받은 자의 인격권 보호를 목적으로 하고 있지만, 동시에 보도의 진실성 확보에 도움이 된다는 특징이 있다. 이에 대해 프랑스의 반론권은 매스미디어에 의해 비판・공격받은 자에게 매스미디어에 대해 사실적시에 대한 반론뿐만 아니라, 의견표명에 대해 의견으로 대항하기 위한 권리를 부여하는 점에서 인격권 보호뿐만 아니라, 다양한 의견의 유통을 가능하게 한다는 특징이 있다.

이상과 같은 차이가 있지만 프랑스형도 독일형도 매스미디어에 의해 비판・공격받은 자가 그 매스미디어에 대해 원칙적으로 비판・공격을 한 기사나 방송과 동일한 길이의 지면 또는 방송시간을 신속하게 무료로 반론을 위해 제공할 것을 청구할 권리이며, 법률에 의해 구체화되어 있다는 점에서는 공통적이다.

일본에도 1949년에 폐지된 신문지법에는 반론권의 규정이 있었다. 또한 미국에서도 플로리다나 미시시피에서는 주법으로 공직후보자에 반론권을 인정하고 있었다. 그러나 연방대법원은 마이애미・헬라도 사건에서 신문에 대한 반론문게재 강제가 보도에 위축적 효과를 미친다는 점을 지적하고 플로리다 주법을 위헌이라고 선고했다(芦部・後掲 277면). 단, 연방대법원도 렛・라이온 사건에서 공공적인 중요성이 있는 논쟁적인 쟁점에 대해서 한 쪽의 의견을 방송한 경우에, 반대의 의견에 반론의 기회를 부여하는 것을 방송사업자에게 의무화하는 연방통신위원회(FCC)규칙(이른바 「공평원칙」)을, 전파의 유한・희소성을 이유로 합헌으로 하는 등(芦部・後掲 245면 이하, 279면 이하) 신문과 방송에서 다른 태도를 취하고 있다.

더욱이 렛・라이온 판결은 변경되지 않았으나, FCC의 판단에 의한 공평원칙은 1987년에 폐지되었다. FCC는 방송사업자의 표현활동에 위축적 효과를 주며, 사상의 자유시장에 대한 공권력의 개입을 증대시키기 때문에 공평원칙은 위헌이라 하여 방송에 대한 규제를 완화하였다. 다만, 공공적인 중요성이 있는 쟁점에 대해서 방송 중에 사람의 명예 등을 공격한 경우 및 사설방송에서 특정 후보자를 지지하거나 반대한 경우 원칙적으로 무료로 반론의 기회를 부여할 것 등을 방송사업자에게 의무화하고 있는 FCC규칙(이른바 「개인공격・정치적 사설」 규칙)은 존속되고 있다.

2. 일본의 법제도와 반론권

일본의 현행법에는 반론권을 구체화하고 있는 법률은 없으며, 방송법 제4조가 「정정 또는 취소 방송」에 대하여 제45조와 제52조에서 정견방송에 대해 방송시설의 평등한 이용 권리에 대해 정해 놓고 있는 것에 지나지 않는다. 그런 까닭으로 본건에서 X는 X의 정책을 비판하는 자민당의 의견광고를 게재한 Y에 대해 명예훼손이 성립하지 않는 경우에도 언론의 자유 또는 인격권과 조리에 근거한 반론문의 무료게재가 인정되어야 한다고 주장했다. 다만, 제1심, 제2심, 상고심의 모든 판결이 X의 주장을 각하했다.

X의 주장에 대해서는 미국의 액세스권론의 영향도 있어 표현의 자유에서 반론권을 도출하는 것이 가능할 지에 대한 문제를 중심으로 논의되어 왔다. 단, 학설의 대부분은 이를 소극적으로 해석하고 있다. 가장 큰 이유는 재판소에 의한 반론문의 게재나 방송의 강제는 그것을 명령받은 매스미디어의 표현의 자유, 특히 지면이나 방송을 편집할 자유를 직접 제약할 뿐만 아니라, 재판소에 의해 반론권행사가 인정받을 가능성이 있다는 이유로 매스미디어에 비판적 기사의 게재나 비판적 프로그램의 방송을 꺼리게 되는 위축적 효과를 미쳐 간접적으로도 표현의 자유를 제약할 우려가 있기 때문이다.

이 점에 대해서 본건 판결은 헌법 제21조 등의 이른바 자유권적 기본권의 사인간 효력에 대해 미쓰비시수지(三菱樹脂) 사건 판결(최대판 1975년 12월 12일 民集 27권 11호 1536면) 등을 채택하여 그 적용 내지 유추적용의 가능성을 부정하였다. 그리고 그 취지를 살펴보면, 당사자의 한 쪽이 강한 영향력을 가지는 전국지를 발행하는 신문사라 해도 헌법 제21조의 규정에서 직접 다른 당사자의 반론문게재청구권이 발생하는 것이 아님은 명확한 것으로 여겨졌다.

본건 판결은 불법행위의 성립을 전제로 하지 않는 조리 또는 인격권에 근거한 반론문게재청구권도 부정했다. 그 이유에 대해서는 ①반론권제도가 인정되면, 신문사는 「원기사가 옳고 반론문은 그릇된 것이라고 확신하고 있는 경우에도, 혹은 반론문 내용이 그 편집방침에 따르면 게재되어서는 안 되는 것이라 해도 그 게재를 강요받는 것이 되며 또한 그 때문에 본래라면 다르게 이용되었을 지면을 할애해야만 하는 부담을 강요받는다」. 그리고 ②「이런 부담이 비판적 기사, 특히 공적사항에 관한 비판적 기사의 게재를 주저하게 만들어 헌법이 보장하는 표현의 자유를 간접적으로 침해할 위험으로 이어질 우려가 다분히 존재한다」라고 하고 있다. 상고심은 민주주의사회에서 신문 등의 표현의 자유에 극히 중요한 의미를 인정한 북방저널 사건 판결(최대판 1986년 6월 11일 民集 41권 4호 872면)을 채택하여 반론권은 그러한 신문 등의 표현의 자유에 대해 막대한 영향을 끼치므로 「불법행위가 성립되는 경우에 그 자의 보호를 도모하는 것은 별론으로 하고, 반론권제도에 대해 구체적인 성문법이 없음에도 반론권을 인정하는 것과 동등하게, 상고인 주장처럼 반론문게재청구권을 쉽게 인정할 수는 없다」라고 판시했다. 상고심이 지적하는 신문사의 표현의 자유에서의 반론권의 문제성(상기① · ②)은 학설의 인식과 일치하고 있다.

다만, 상고심이 인권을 사인간에 직접 적용할 수 없다는 것을 이유로 표현의 자유에서 반론권을 도출하는 것은 불가하다고 결론내린 것에 대해서는 「다소 설명이 부족한 채로 형식적으로 처리했다는 느낌은 부정할 수 없다」라는 지적이 있다.(山口 · 後揭 167면). 그것은 반론권을 실마리로 논의되고 있는 액세스권을 둘러싼 문제가 표현의 자유의 사인간 효력의 문제라기보다도 표현의 자유에서 국가로부터의 자유만이 아니라 국가에 의한 자유로서의 측면을 인정할 수 있는지의 문제이기 때문이다(長谷部 · 後揭①, 36면, 右崎 · 後揭① 참조). 액세스권 주장에는 매스미디어의 집중 · 독점이 진행되는 가운데 일반 국민에게 정보의 송신자로서의 지위를 회복시키는 동시에, 다양한 정보가 유통되는 상태를 확보한다는 의도가 있다는 것은 전술했던 바이다. 이러한 목적을 위해서 표현의 자유에 근거하여 액세스권을 구체화하는 국가의 의무를 인정하는 것은 가능한지, 그것이 가능하지 않다하더라도 판결 또는 입법에 의해 액세스권을 인정하는 것은 헌법상 가능한가? 이런 문제에 대한 최고재판소의 판단은 본 판결에서는 제시되지 않았다.

학설은 인격권이 아니라 표현의 자유에 근거하여 액세스권을 법률로 제도화하는 국가의 의무를 인정하는 것은 가능하지 않다는 점에서 일치하고 있다. 정책적 판단에 의해 액세스권을 법률로 제도화하는 것에 대해서는 매스미디어의 사기업성을 기본에 두고 판단한다면 소극적으로 해석되어진다(芦部 · 後揭 276면). 이에 대해 다양한 정보

유통의 실현 · 유지라는 사회적 이익의 관점에서는 액세스권을 「다양성 유지를 위한 다른 모든 제도와의 관련성에서의 구상」이라는 여지도 생겨난다(駒村 · 後掲 265면).

더욱이 인격권 보호를 위한 반론권에 대해 최고재판소는 「구체적인 성문법이 없다」는 점을 이유로 이를 인정하지 않았다. 이 논점에 대해서는 Part Ⅲ 「이론편」에서 검토한다. 또한 명예훼손이 성립하는 경우의 명예회복처분(민법 제723조)으로서의 반론문게재에 대해서는 Part Ⅳ 「두 번째 소재」에서 검토한다.

Part Ⅱ 응용편

확인질문

1. 의견광고란 어떠한 것인가?
2. 본건의 쟁점이 된 「반론권」은 어떠한 권리인가?
3. 본건에서는 어떠한 근거에 기초하여 반론문의 게재가 청구되었는가?
4. 최고재판소는 X가 주장하는 반론문게재청구권에 대해 어떠한 판단을 내렸는가?
5. 왜 정정방송제도가 방송에 대해서만 존재하고 신문 · 잡지 등의 인쇄미디어에 대해서는 같은 제도가 존재하지 않는가?

응용문제

설문 1 최고재판소 판결의 입장에 섰을 경우, 이하와 같은 사례에서 X는 표현의 자유를 직접적인 근거로 반론문의 게재를 Y에게 요구하는 것이 가능한가?

(1) 전국지 Y가 동사 발행의 신문기사에 의해 과격한 환경보호운동을 전개하고 있는 비정부조직 X의 활동을 비판한 경우

(2) 전국지 Y가 동사 발행의 신문기사에 의해 정세가 불안하여 외국인의 유괴가 빈발하고 있는 지역에서 봉사활동을 이어가고 있는 일본인 X를 비판한 경우

(3) TV방송국 Y가 동사의 뉴스에서 과격한 환경보호운동을 전개하고 있는 비정부조직 X의 활동을 비판한 경우

(4) TV방송국 Y가 동사의 뉴스에서 정세가 불안하여 외국인의 유괴가 빈발하고 있는 지역에서 봉사활동을 이어가고 있는 일본인 X를 비판한 경우

(5) 동경도가 도의 홍보지 기사에 의해 과격한 환경보호운동을 전개하고 있

는 비정부조직 X의 활동을 비판한 경우

설문 2 다음과 같은 액세스권을 법률로 제도화하는 것은 표현의 자유에 반하지 않는가?

(1) 「신문사는 사설적 성질의 논평 주제가 된 개인 또는 단체로부터의 요구에 근거해 당해 개인 또는 당해 단체의 반론을 받은 뒤, 가능한 신속하게 당해 반론을 유발한 기사와 동등한 위치에 게재해야만 한다. 단, 당해 반론은 그것을 유발한 기사보다 더 큰 지면이 되어서는 안 되는 것으로 한다」라고 규정한 뒤, 신문사가 이에 위반한 경우에 대한 벌칙을 정한다.

(2) 「신문사는 사설적 성질의 논평 주제가 된 개인 또는 단체로부터의 요구에 근거해 당해 개인 또는 당해 단체의 반론을 받은 뒤, 가능한 신속하게 당해 반론을 유발한 기사와 동등한 위치에 게재해야만 한다. 단, 당해 반론은 그것을 유발한 기사보다 더 큰 지면이 되어서는 안 되는 것으로 한다」라고 규정한 뒤, 신문사가 이를 거부한 경우 반론을 요구한 개인 또는 단체에 재판소의 가처분절차에 의한 민사구제의 가능성을 인정한다.

(3) 「방송국은 방송에서 사설적 성질의 논평 주제가 된 개인 또는 단체의 요구에 근거해 당해 개인 또는 당해 단체의 반론을, 당해 반론을 유발한 방송과 동일한 방송에서 무료로 즉시 방송해야 한다. 단, 당해 반론은 그것을 유발시킨 논평에 필요했던 시간을 넘지 않는 것으로 한다」라고 규정한 뒤, 방송국이 이를 거부한 경우 반론을 요구한 개인 또는 단체에 재판소의 가처분절차에 의한 민사구제의 가능성을 인정한다.

(4) 「신문사가 신문지면에서 공직선거 후보자의 개인적 성격을 공격하여 당해 후보자의 부정행위를 비판하거나 다른 사람에게 그러한 목적을 위해 무료 지면을 제공한 경우, 신문사는 공격·비판받은 당해 후보자의 요구에 근거해, 그 사람의 반론을 당해 반론을 유발한 기사와 동일한 조건으로 무료로 즉시 게재해야 한다. 단, 당해 반론은 그것을 유발한 기사보다 더 큰 지면이 되어서는 안 되는 것으로 한다」라고 규정한 뒤, 신문사가 이를 거부한 경우 반론을 요구한 당해 후보자에게 재판소의 가처분절차에 의한 민사구제의 가능성을 인정한다.

(5) 「방송국이 방송에서 공직선거 후보자의 개인적 성격을 공격하고 당해 후보자의 부정행위를 비판하거나 다른 사람에게 그러한 목적을 위해 무료 방송시간을 제공한 경우, 방송국은 공격·비판받은 당해 후보자의 요

구에 근거해 그 사람의 반론을 당해 반론을 유발한 방송과 동일한 방송에서 무료로 즉시 방송해야만 한다. 단, 당해 반론은 그것을 유발한 공격・비판에 필요한 시간을 넘지 않는 것으로 한다」라고 규정한 뒤, 방송국이 이를 거부한 경우 반론을 요구한 당해 후보자에게 재판소의 가처분 절차에 의한 민사구제의 가능성을 인정한다.

Part Ⅲ 이론편

◥ 전개문제

1. 인격권 보호(인격의 동일성의 확보)를 위해 독일형 반론권(본인에 의한 정정문게재청구권)을 법률로 제도화하는 것은 표현의 자유에 반하지 않는가? 「개인정보의 보호에 관한 법률」(2005년 4월 1일 시행)이 민간 사업자에 대해서도 본인으로부터의 개인정보의 공개, 정정, 삭제 등의 요구에 응하는 것을 의무화하는 것과 비교하여 검토하라.

본건 판결은 X가 주장한 조리 또는 인격권에 근거한 반론권을 「구체적인 성문법이 없음」에도 재판소가 이를 인정하는 것과 같은 X의 주장을 쉽게 인정하는 것은 불가하다고 판단했다. 본건에서는 X가 독일형 반론권과 그에 대한 판례・학설을 상세히 검토하여 「인격의 동일성」에 근거한 반론권을 주장했다. X는 제2심 이후 신문에 의해 인격의 동일성을 침해당한 자는 반론권을 취득한다는 주장을 전개했다. 인격의 동일성을 해친다는 것은 「자기의 인격영역에 속하는 중요한 사항에 대해서 신문이 허위 혹은 부정확한 사실을 유포함으로써 신문 독자, 일반 공중에게 인격상에 관한 잘못된 인식이 형성되는 것을 말한다」. 다만, 제2심・최고재판소 모두 이 주장을 인정하지 않았다.

그렇다면, 일본에서 인격의 동일성에 관한 법적 이익을 보호하기 위해 매스미디어에 의한 사실의 적시에 대해 본인에 의한 정정문게재청구권을 인정하는 독일형 반론권을 구체적인 성문법에 의해서 제도화하는 것이 가능한가? 당해 입법이 매스미디어의 표현의 자유에 대한 제약으로 허용되는지가 문제가 된다.

독일의 경우 19세기에 프랑스의 영향을 받아 반론권을 도입했을 때 그 대상을 사실의 적시에 한정했다는 전통이 있어, 전쟁 이후에 각 란트의 법률에 의해 제도화된 반론권도 이 전통을 계승하고 있다. ①매스미디어에 의해, ②사실적시의 대상이 된 본인은, ③반론문의 게재가 거부된 이유가 본인 측에 존재하지 않고, ④반론(정정)을 문서에 정리해 서명을 하고, ⑤그 게재를 매스미디어에 청구하면, ⑥그것이 법률에서 정해진 기간 내에 이루어진 한 반론권을 행사하는 것이 가능하다. 매스미디어는 반론의 대상이 된 기사・방송의 범위를 넘지 않는 한도에서 그에 상당한 기사・방송에 의해서 반론문(정정문)을 그대로 공표해야 한다. 그 때 명예훼손의 성립여부나 매스미디어에 의한 사실 적시와 본인에 의한 반론(정정)의 진실성은 문제되지 않는다.

독일의 헌법판례는 이 제도를 기본법 제1조와 연계되어 있는 제2조 제1항에 의해 보장된 일반적 인격권에 근거하는 것이라 해석하여 그 합헌성을 인정하고 있다. 독일형 반론권은 본인이 매스미디어에 의한 자신에 관한 묘사를 부적절하다고 판단한 때, 스스로 제시한 묘사로서 그에 대항할 기회를 보장하기 위한 제도이다. 매스미디어에 의한 보도의 영향력을 배려하여 무료로 그리고 신속하게, 같은 정도의 효과로 보도피해로부터 개인을 보호하는 것을 목적으로 하고 있다. 반론권이 의견표명을 대상으로 하지 않고, 반론권 행사의 효과가 그 계기가 된 보도의 효과와 동일한 정도로 한정되어 있으며, 나아가 매스미디어뿐만 아니라 본인의 입장에서의 사실적시를 가능하게 하여 보도의 진실성 확보에도 기여하는 면이 있다는 등의 이유로 반론권에 의한 매스미디어의 표현의 자유에 대한 제약은 헌법이 허용하는 범위 내라고 해석되어진다(BVerfGE 97, 117. 鈴木・後揭① 참조). 이러한 헌법판례의 배후에는 매스미디어의 자유(기본법 제5조의 언론의 자유와 방송의 자유)에 대해서 매스미디어의 사기업성 뿐만 아니라, 매스미디어가 개인의 의견 형성이나 여론의 형성에 봉사하는 사회적 이익도 동등하게 중시하는 해석이 존재한다(鈴木・後揭 ② 13면 이하 참조).

일본에서도 헌법 제13조의 보장으로 명예・프라이버시 등의 인격적 이익이 포함되는 것은 인정된다. 최근 프라이버시의 권리에 대해서는 자기정보통제권으로도 이해되면서 그것을 구체화하는 개인정보보호법제에서 행정기관뿐만 아니라, 민간사업자도 그 업무에 이용하는 개인정보 데이터베이스 등에 포함되는 개인 데이터에 대해서 본인으로부터의 공개, 정정, 삭제 등의 요구에 응할 것을 의무화하였다(2002년 「개인정보의 보호에 관한 법률」 제26조. 藤原・後揭 22면, 101면 참조). 이러한 의무화는 카드회사, 은행, 백화점 등의 일반적인 민간기업에 경제적인 부담을 강요하는 것이며, 직업의 자유를 제약하지만 프라이버시의 권리를 비롯하여 개인의 권리이익의 보호와의 관계에서 헌법상 허용된다. 다만, 「보도기관」에 대해서는 개인정보보호법의 의무를 부과하는 것이 취재・보도를 곤란하게 한다는 배려에서 적용제외되었다(법 제50조 1호). 이 때문에 보도기관에 대해서는 개인정보보호법에 근거하여 개인정보 데이터베이스 등에 포함되는 개인 데이터의 공개나 정정을 요구하는 것은 불가능하다.

독일형 반론권은 보도에 대항해서 본인의 반론문(정정문)의 공표를 매스미디어에 의무화하는 것이다. 개인정보보호법에 의한 개인정보 데이터베이스 등에 포함된 개인

데이터의 본인 공개나 정정 등의 의무화는 매스미디어의 취재원 비익을 곤란하게 하는 등 취재 활동을 제약하여, 그 결과 보도내용의 저하 등의 영향을 미치는 일은 있어도 매스미디어의 표현 활동을 직접 제약하는 일은 없다. 이에 비해 반론권은 매스미디어에 반론문 공표를 위해서 지면 또는 방송 시간의 할애를 강요하는 것으로 그 표현 활동을 직접 제약한다. 또한 가령 반론의 대상을 사실적시에 한정하여도 표현의 자유에 대한 위축적 효과라는 문제를 회피하는 것은 불가능하다. 때문에 표현의 자유를 매스미디어의 사기업성을 기본에 두고 판단한다면, 프랑스형이 아니라 독일형 반론권의 입법에 대해서도 소극적인 태도를 취하지 않을 수 없다. 단, 미국의 렛・라이온 판결과 같이 방송에 대해서는 다른 고려 사항이 작용할 여지도 있을 것이다.

2. 방송에 의해 권리가 침해당했다는 자로부터 정정방송을 요구받은 방송사업자가 조사 결과, 방송의 내용은 진실이며 정정할 필요성이 인정되지 않는다고 하여 정정방송을 거부한 경우, 정정방송을 거부당한 자의 제소에 의해 재판소가 방송법 제4조 제1항에 근거하여 방송사업자에게 정정방송을 명령하는 것이 가능한가?

방송법 제4조 제1항에 따르면, 「방송사업자가 진실이 아닌 사항을 방송했다는 이유로 그 방송에 의해 권리의 침해를 입은 본인 또는 그 직접적인 관계인으로부터 방송이 있는 날로부터 3개월 이내에 청구가 있을 때는, 방송사업자는 지체 없이 그 방송사항이 진실이 아닌지 어떤지를 조사해서 진실이 아니라는 점이 판명된 때는, 판명된 날로부터 2일 이내에 그 방송을 한 방송설비와 동등한 방송설비에 의해 상당한 방법으로 정정 또는 취소방송을 해야만 한다」. 방송법 제56조 제1항은 방송법 제4조 제1항의 규정에 위반한 경우의 벌칙을 정하고 있다.

본건에서는 X가 그 제도도 반론권의 실정법적 근거가 된다고 주장하였으나 재판소는 이를 인정하지 않았다. 최고재판소는 정정방송제도에 대해서 그 요건, 내용 등에서 X가 주장하는 반론권과는 현저하게 다른 것이므로, X의 주장의 근거로 삼는 것은 가능하지 않다고 하였다.

반론권의 근거라고는 할 수 없다 해도 방송법 제4조 제1항의 정정방송에 대해서는 방송에 의해 권리를 침해당했다고 한 자로부터 정정방송을 요구받은 방송사업자가 조사결과, 방송의 내용은 진실하며 정정할 필요성이 인정되지 않는다며 정정방송을 거부한 경우, 재판소가 방송사업자에게 정정방송을 명하는 것은 가능한지의 문제가 있다.

이에 대해서는 일본방송협회(NHK)의 방송으로 명예를 훼손당하고 프라이버시를 침해당했다고 제소한 원고 A가 위자료뿐만 아니라, 방송법 제4조 제1항에 근거한 정정방송을 요구한 사건을 계기로 최고재판소의 판단이 제시되었다(최1소판 2004년 11월 25일 判時 1880호 40면). 이 사건에서는 방송 「생활! 출발아침」이 「아내로부터의 이혼장・갑작스런 이별에 당혹스런 남편들」이라는 제목의 특집을 방송한 것에 대해서 익명이지만, 얼굴을 가리지 않은 채 장남과 함께 그 방송에 출연한 남성의 전처 A가 일방적으로 이혼선언을 하고, 당혹스러워 하는 남편과 아들을 버려둔 채 이혼을 강행한 아내로 거론되었던 점에 대해 제소했다.

제1심은 A의 청구를 모두 기각했으나(東京地判 1998년 11월 19일 판례집 부등재), 제2심은 명예훼손과 프라이버시 침해를 인정하여 NHK에 손해배상과 방송법 제4조에 근거한 정정방송을 명했기 때문에(東京高判 2001년 7월 18일 判時 1761호 55면) NHK가 상고했다. 제2심이 명한 정정방송은 A의 청구 내용을 거의 그대로 인정하기에 이르렀다. 제2심 판결은 방송법 제4조 제1항을 「방송사업자의 방송에 의해 권리를 침해받은 자는 사법상의 권리로서 그 방송이 있던 날로부터 3개월 이내에 그 방송사업자에 대하여 정정방송을 요구하는 것이 가능하다고 규정한 것이라 해석하는 것이 상당하며, 그러므로 방송에 의해 권리의 침해가 있었음에도 불구하고, 방송사업자가 청구를 받고도 정정방송에 응하지 않는 경우에는 재판에 의해 그 실현을 요구하는 것이 가능하다」라고 해석했다. A는 민법 제723조에 근거한 사죄방송도 청구했지만, 정정방송이 사죄의 취지를 포함하고 있으며, A의 명예가 회복되었다고 하여 그 청구는 기각되었다.

NHK의 상고에 대해 최고재판소는 정정방송에 대한 2심의 판단을 파기했다. 최고재판소에 따르면, 방송법은 헌법 제21조에 의한 표현의 자유의 보장 하에 「방송이 국민에게 최대한으로 보급되어 그 효용을 가져올 것을 보장할 것」(제1조 1호), 「방송의 불편부당, 진실 및 자율을 보장함으로써 방송에 의한 표현의 자유를 확보할 것」(동 2호), 「방송에 종사하는 자의 직책을 명확히 함으로써 방송이 건전한 민주주의의 발달에 기여하도록 할 것」(동 3호)이는 세 가지 원칙에 따라서 방송을 공공의 복지에 적합하도록 규율하고, 그 건전한 발달을 도모할 것을 법의 목적으로 한다고 규정하고 있다. 방송법 제2조 이하의 규정은 이 세 가지의 원칙을 구체화한 것이다.

방송법 제3조는 표현의 자유 및 방송 자율성의 보장의 이념을 구체화하고, 「방송프로그램은 법률에서 정한 권한에 근거한 경우가 아니면, 누구에 의해서든 간섭받거나 규율 받는 경우가 없다」고 하여 방송편집의 자유를 규정하고 있다. 방송법 제4조 제1항도 방송의 자율성 보장의 이념에 입각하여 「진실성 보장의 이념을 구체화하기 위한 규정이라고 해석된다」. 여기에 덧붙여 제4조 제1항 자체를 보면, 「방송을 한 사항이 진실이 아닌 점이 방송사업자에게 판명된 때에 정정방송 등을 행하는 것을 의무화하고 있는 만큼, 정정방송 등에 관한 재판소의 관여를 규정하고 있지 않은 점, 동항 소정의 의무위반에 대해 벌칙이 정해져 있는 점 등을 함께 고려하면, 동항은 진실이 아닌 사항이 방송된 경우에 방송 내용의 진실성의 보장 및 외부로부터의 간섭을 배제하도록 함으로써 표현의 자유의 확보라는 관점에서, 방송사업자에 대해 자율적으로 정정방송 등을 행할 것을 국민 전체에 대한 공법상의 의무로 정한 것으로, 피해자에 대해 정정방송 등을 요구하는 사법상의 청구권을 부여하는 취지의 규정이 아니라고 해석하는 것이 상당하다」는 것이다. 피해자로부터의 정정방송 등의 청구에 대해 규정하고 있는 방송법 제4조 제1항은 동조 제2항의 규정내용을 함께 고려한다면, 「동 청구를 방송사업자가 당해 방송의 진실성에 관한 조사 및 정정방송 등을 행하기 위한 단서로 삼고 있는 것이라고 해석하는 것이 상당하므로, 이를 가지고 상기의 사법상의 청구권의 근거로 해석하는 것은 가능하지 않다」. 「피해자는 방송사업자에 대해 법 제4조 제1항의 규정에 근거한 정정방송 등을 요구할 사법상의 권리를 갖지 않는다」는 것이다.

방송법의 정정방송 제도는 방송에 의해 권리를 침해받은 본인에게 헌법 제13조에 의해 보호된 인격적 이익의 구제를 가능하게 한 점에서 독일형 반론권과의 공통성을 인정하는 것이 가능하다. 다만, 독일형 반론권이 법률상의 요건이 충족될 때에 한하여 반론문(정정문)의 공표를 매스미디어에 강제하는 것임에 비해, 일본의 정정방송의 경우 피해자로부터의 청구는 방송사업자가 방송의 진실성을 조사하기 위한 계기에 지나지 않는다. 방송법은 방송사업자에게 진실성에 대한 조사의 의무를 부과하고 있지만, 조사결과 정정방송을 할 것인지 말 것인지에 대해서는 방송사업자의 자주적 판단에 맡기고 있다.

앞서 기술한 대로 인격권 보호를 목적으로 하는 독일형 반론권에는 반론문의 공표가 의무화되어 있는 매스미디어의 사기업성에 대한 제약이나 반론권의 표현의 자유에 대한 위축적 효과라고 하는 문제가 있다. 때문에 일본에서는 반론권은 제도화되어 있지 않고 (구 신문지법의 반론권은 戦後 얼마 있지 않아 폐지됨), 방송에 한해 그것도 방송사업자의 자주적 판단을 중요한 요소로 삼는 정정방송 제도가 인정되어 있는 것에 지나지 않는다.

더욱이 재판소가 방송법 제4조 제1항에 근거한 정정방송을 명하는 것이 가능하지 않아도 민법 제723조의 명예훼손처분으로 정정방송을 명할 가능성은 남겨져 있다. NHK 「생활! 출발아침」 사건에서는 명예회복처분으로서의 사죄방송을 기각한 제2심에 대해 A가 상고하지 않았기 때문에, 이 문제는 최고재판소의 심리판단의 대상이 되어 있지 않았다. 이 문제에 대해서는 Part Ⅳ 「두 번째 소재」와 관련지어 검토하겠다.

Part Ⅳ 두 번째 소재

사죄광고 사건

최고재판소 1956년 7월 4일 대법정 판결
1953년오(才) 제1241호 사죄광고청구사건
民集 10권 7호 785면, 判時 80호 3면
[참고조문] 헌 13, 19, 21 민 709, 710, 723

사실 개요

1952년 중의원선거에 공산당의 공천으로 토구시마(德島)현에서 입후보한 Y는 선거운동 중에 라디오나 신문을 통해서 상대 입후보 X에 대해 X가 현부지사 재직 중 발전소 건설에 얽혀 비리를 저질렀던 사실을 공표했다. X는 Y가 공표한 비리 사실은 허위이며 Y에게 명예와 신용을 훼손당했다고 하여, Y에 대해 라디오와 신문에 의한 사죄문 공표를 요구하며 제소했다.

제1심은 Y에 의해 공표된 사실은 허위라고 하여 명예훼손의 성립을 인정해, Y에 대해 사죄광고를 4개 신문지상에 각 1회 게재할 것을 명했다. 이 사죄광고는 본건의 방송 및 기사가 진실과 다르다는 점을 인정한 뒤, X에 대해 「귀하의 명예를 손상시켜 많은 폐를 끼쳤습니다. 여기에 진중한 사죄의 뜻을 표합니다」라고 서술하는 내용의 것이었다. 제2심도 원 판결을 전면적으로 지지하여 항소를 기각했기 때문에, Y는 최고재판소에 상고했다. Y는 연설 내용은 지금도 진실이라고 확신하고 있으며, Y가 전혀 의도하지 않는 말을 재판소가 신문에 기재하도록 하는 것은 양심의 자유의 침해라고 주장했다. 최고재판소는 상고를 기각했지만, 판결에는 세 가지의 보충의견과 두 가지의 반대의견이 있다.

상고심=최고재판소

■ 법적 구성

「민법 제723조에 이른바 『타인의 명예를 훼손한 사람에 대해 피해자의 명예를 회복하기 위한 적당한 처분』으로 사죄광고를 신문지 등에 게재할 것을 가해자에게 명하는 것은 종래 학설판례가 긍정하는 부분이며, 또한 사죄광고를 신문지 등에 게재하는 것은 국민생활의 실제에서도 이루어지고 있는 것이다. 더욱이 사죄광고를 명하는 판결에도 그 내용상, 그것을 신문지에 게재할 것인가를 사죄자의 의사결정에 맡기는 것이 상당하다고 하며, 이를 명하는 경우의 집행도 채무자의 의사에만 관련되는 부대체작위(不代替作為)로서 민사소송법 제734조에 근거해 간접강제에 의함이 상당하다고 하는 것도 있으므로, 때로는 이를 강요하는 것이 채무자의 인격을 무시하고 현격하게 그 명예를 훼손하여 의사결정의 자유 내지 양심을 부당하게 제한하는 것이 되므로, 이른바 강제집행에 적합하지 않는 경우에 해당하는 부분도 있을 수 있겠으나, 단순히 사태의 진상을 고백하고 진중한 사죄의 뜻을 표명하는 것에 그치는 정도의 것에서는 이것이 강제집행도 대체작위로서 민소 제733조의 절차에 의한 것이라고 하지 않을 수 없다」.

■ **적용**

「원 판결을 시인했던 피상고인의 본소 청구는 상고인이 판시일시에 판시방송, 또는 신문지에서 공표한 객관적 사실에 관해 상고인 명의로부터 피상고인에게 『위의 방송 및 기사는 진상과 상위하며, 귀하의 명예를 손상시켜 폐를 끼치게 되었습니다. 여기에 진중한 사죄의 뜻을 표합니다』라는 내용의 것으로, 결국 상고인으로 하여금 위 공표사실이 허위이며 부당하다는 것을 언론기관을 통해서 발표해야만 하는 것을 요구하는 것으로 귀착된다. 그러면 적어도 이런 종류의 사죄광고를 신문지에 게재해야 한다고 명한 원 판결은 상고인에게 굴욕적 내지 고역적 노고를 과하거나 상고인이 가지는 윤리적인 의사, 양심의 자유를 침해하는 것을 요구하는 것이라 해석될 수 없으며, 또한 민법 제723조의 이른바 적당한 처분이라고 해야 한다」.

기본 해설

민법 제723조는 「타인의 명예를 훼손한 사람에 대해서는 재판소가 피해자의 청구에 의해 손해배상을 대신하여 또는 손해배상과 함께 명예를 회복하는 데에 적당한 처분을 명하는 것이 가능하다」라고 정하고 있다. 이 규정에 의한 이른바 명예회복처분에 대해 실무에서는 사죄광고에 의한 것이 일반적이다. 다만, 재판소가 명예훼손의 성립을 인정한 경우에도 명예를 훼손한 가해자가 적시한 사실은 진실이라고 확신하고 있는 경우에 사실의 정정・취소에 덧붙여서 「진중한 사죄의 뜻을 표합니다」라고 사죄를 강요하는 것에 대해서는 헌법 제19조에 위반하는 것인가에 대한 문제가 있다.

본건 판결은 그 문제에 대해서 헌법 제19조의 보장내용을 어떤 식으로 파악하고 있는지가 명확하지 않은 상태로 본건 사죄광고의 강제를 합헌이라 하였다. 이 때, 「때로는 이를 강요하는 것이 채무자의 인격을 무시하며 현저하게 그 명예를 훼손하여 의사결정의 자유 내지 양심의 자유를 부당하게 제한하는 것이 되어, 이른바 강제집행에 적합하지 않은 경우에 해당하는 일이 있을 수도 있다」라고 하고 있으므로 「사죄광고 일반을 사상・양심의 자유에 반하지 않는 것이라고 하는 것은 아니다」라고 보여진다 (芦部・後掲 112면).

이 점에서 본건 판결의 다나카(田中) 재판관 보충의견은 제19조에서 말한 「양심」은 「종교상의 신앙에 한정되지 않고 널리 세계관이나 주의, 사상, 주장을 가지는 것」에도 미치지만, 「사죄의 의사표시의 기초로서의 도덕적인 반성이나 성실성이라고 하는 것을 포함하지 않는다」라고 하여 제19조의 보장내용을 명확히 한 뒤, 본건은 헌법 제19조와는 관계가 없다고 언급하는 점이 주목할 만하다.

더욱이 본건 판결에는 양심의 자유에 대해서 「단순히 사물에 관한 시비변별의 내심적 자유뿐만 아니라, 이와 같은 시비변별의 판단에 관한 사항을 외부에 표현하는 자유 및 표현하지 않을 자유도 포함하는 것이라 해석해야 한다」는 후지타(藤田) 재판관 반대의견도 첨부되었다. 그렇기 때문에 후지타 재판관은 「본건과 같이 사람의 본심에 반하는 사안의 시비와 선악의 판단을 외부에 표현하게 하여 마음에도 없는 진중한 사죄의 뜻의 발로를 판결로서 명하는 것과 같은 일은 진정으로 헌법 제19조가 보장하는 양심의 외적 자유를 침범하는 것이다」라고 결론을 내리고, 사죄광고는 현행헌법 하에서는 그 존속을 허용하지 않는 것이라고 해석해야 한다고 말하고 있다.

학설에서는 헌법 제19조의 보장 내용에 대해서 ①사람의 내심에서의 견해 내지 사고방식을 넓게 의미한다고 해석하는 내심설(광의설)과 ②그 중에 신앙에 준하는 세계관, 인생관 등 개인의 인격형성의 핵심을 구성하는 것에 한정된다고 해석하는 신조설(협의설)이 대립하고 있다. 본건 판결의 다수의견은 사죄광고의 강제를 합헌이라고 하고 있으나, 학설에서는 이를 위헌이라고 하는 설도 적지 않다. 실무의 경우, ①명예훼손행위가 악질적이며 위법성이 강하고, ②판결에 의해 사죄광고를 강제하는 것이 그 명예를 회복하기 위해 상당한 경우 사죄광고가 인정되고 있으나, 최근에는 재판소도 사죄광고를 명령하는 것에 신중을 기하고 있어 게재신문 등이나 광고문언 등을 필요 최소한으로 정해 놓고 있다고 한다(小池・後掲 108면).

명예회복처분으로서의 사죄광고는 일본 외에 한국이나 중국에서도 찾을 수 있으나, 한국의 경우 헌법재판소 1991년 판결이 사죄광고의 강제를 양심의 자유 등의 침해라고 판단하고 있다. 독일이나 프랑스에서는 명예훼손에 대해서 원상회복을 인정하고 있으나, 재판소가 정정이나 취소의 광고를 명령하는 일은 있어도, 가해자에게 사죄를 강요해서는 안 된다고 간주되고 있다. 영미에서는 명예훼손의 구제수단은 손해배상에 한정되어 있다. 더욱이 종래 일본의 명예훼손에 대한 손해배상액이 구미에 비해 낮은 것이 문제시되어 왔으나, 최근 수년 간 일본에서도 고액배상을 인정하는 사안이 증가하고 있어(예를 들면 동경 고등재판소 판결 2001년 12월 26일 判時 1778호 73면), 그것이 표현의 자유에 미치는 위축효과도 문제가 되고 있다(右崎・後掲 ② 참조).

명예회복처분에 대해서는 앞서 서술한대로 사죄광고에는 양심의 자유와의 관계에서 헌법상의 문제가 있는 점을 고려하여, 그 이외의 방법 예를 들면 가해자명의 정정이나 취소의 광고, 피해자명의 반론문, 재판소에 의한 판결요지의 광고 등을 신문에 게재하는 것이 제안되었다. 하급심의 판례에는 지금까지도 사죄를 포함하지 않는 정정이나 취소의 광고를 인정한 것이 있다(예를 들면, 오사카 지방재판소 판결 1968년 7월 30일 判時 528호 15면은 정정기사의 게재를 명령했다).

학설에서는 명예회복처분으로 반론권을 인정하는 견해가 유력하다(奥平・後掲 235면, 芦部・後掲 274면, 松井・後掲 116면, 堀部・後掲①, 102면). 본건에서도 제1심은 반론문의 게재가 경우에 따라서는 명예회복처분에 포함된다는 점을 방론에서 인정했다. 본건 이외에도 반론문게재의 가능성을 인정한 하급심판례가 있다(동경 지방재판소 판결 1992년 2월 25일 判時 1446호 81면). 다만, 최고재판소는 반론문 게재에 대해서 「불법행위가 성립되는 경우에 그 자의 보호를 도모하는 것은 별론」이라고 말한 것에 지나지 않고, 문제는 미해결로 남아 있다.

인쇄미디어에 의한 명예훼손에 대해서 정정이나 취소의 광고, 반론문의 게재 등 사죄광고 이외의 명예회복처분의 방법이 인정된다고 하면, 방송에 의한 명예훼손에 대해서도 같은 방법이 타당할 것이라 말할 수 있을 것이다. 다만, 방송에 의한 명예훼손에 대해서는 인쇄미디어 정도로 판례가 축적되어 있지도 않게 때문에 명예훼손처분으로 사죄 또는 정정의 방송을 명령한 선례는 거의 보이지 않는다. 향후 정정방송 또는 반론방송의 가능성을 검토할 때에는 구체적으로 어떠한 방법에 의해야 하는지 인쇄미디어와는 다른 방송미디어의 특성을 배려할 필요가 있다.

설문 본건의 의견광고가 K정당의 당 강령을 고의로 매우 부정확하게 인용하고 있다고 인정되어, 명예훼손의 불법행위가 성립하고 재판소가 S신문사에게 다음과 같은 구제조치를 명령한 경우, 어떠한 헌법상의 논점이 발생하는가?

(1) 본건의 의견광고게재로 인해 소외 J정당이 S신문사에게 지불한 광고료의 10배에 해당하는 손해배상의 지불을 명한 경우

(2) 「K정당의 당 강령을 매우 부정확하게 인용한 의견광고를 게재함으로써 K정당에게 폐를 끼쳤습니다. 진심으로 사과를 드리겠습니다」라고 하는 사죄광고를, 의견광고가 게재된 전국지에 게재하도록 명한 경우

(3) 「K정당의 당 강령을 매우 부정확하게 인용한 의견광고를 게재했습니다. 다음의 부정확한 인용의 부분을 취소합니다」라고 하며 구체적으로 부정확한 인용부분을 적시하는 형태의 취소광고를 의견광고가 게재된 전국지에 게재하도록 명한 경우
(4) K정당이 게재를 요구한 반론문을 그 내용에는 손대지 않고 의견광고의 크기를 넘어가지 않는 범위에서 의견광고가 게재된 전국지에 게재하도록 명한 경우
(5) K정당이 게재를 요구한 반론문을 S신문사의 웹페이지에 1주일간 게재하도록 명한 경우. 그때, 게재방법으로는 톱 페이지에 제목만을 제시하고 거기에서 반론문으로 가는 링크를 걸어놓는 것으로 한다.

▌참고문헌▐

▽ 두 개 소재에 공통

芦部信喜『憲法学 Ⅲ』(有斐閣, 増補版, 2000年)
松井茂記『マス・メディア法入門』(日本評論社, 第3版, 2003年)
奥平康弘『ジャーナリズムと法』(新世社, 1997年)
駒村圭吾『ジャーナリズムの法理』(嵯峨野書院, 2001年)
浜田純一『情報法』(有斐閣, 1993年)

▽「기본 소재」

山口和秀「意見広告と反論文掲載請求権」『憲法判例百選Ⅰ (第4版)』
堀部政男 ①意見広告と反論権」樋口陽一・野中俊彦編『憲法の基本判例』(有斐閣, 第2版, 1996年)
清水英夫① サンケイ新聞意見広告事件最高裁判所判決」ジュリスト891号(1987年)
阪本昌成・判例評論354号(1988年)
右崎正博 ① 反論権考」法律時報60巻3号(1988年)
平田浩・法曹時報42巻3号(1990年)
池端忠司「反論権」法学セミナー565号(2002年)
長谷部恭男 ① 国家による自由」ジュリスト1244号(2003年)
堀部政男 ② アクセス権』(東京大学出版会, 1977年)
大石泰彦 ① フランスのマス・メディア法」(現代人文社, 1999年)
鈴木秀美 ① プレスの自由と反論文・訂正文掲載請求権」自治研究76巻12号(2000年)
同 ②『放送の自由』(信山社, 2000年)
藤原静雄『逐条個人情報保護法』(弘文堂, 2003年)
長谷部恭男 ② 名誉回復処分としての訂正放送命令」ジュリスト2001年重要判例解説

大石泰彦 ②・判例評論521号(2002年)

鈴木秀美 ③ 放送による名誉毀損と訂正放送」民放2002年4月号

▽「두 번째 소재」

初宿正典「良心の自由と謝罪広告の強制J樋口陽一・野中俊彦編『憲法の基本判例』(有斐閣, 第2版, 1996年)

蠅川恒正「謝罪広告強制の合憲性」堀部政男・長谷部恭男編『メディア判例百選』(有斐閣, 2005年)

深瀬忠一「謝罪広告強制の合憲性」伊藤正己・堀部政男編『マスコミ判例百選』(有斐閣, 第2版, 1985年)

幾代通「謝罪広告」伊藤正己編『現代損害賠償法講座』(日本評論社, 1972年)

小池一利「損害賠償と回復処分」竹田稔・堀部政男編『名誉・プライパシ一保護関係訴訟法』(青林書院, 2001年)

勝山教子「謝罪広告」法学教室236号(2000年)

清水英夫 ②「謝罪広告の強制と憲法韓国憲法裁判所の違憲判決から考える」新聞研究539号(1996年)

右崎正博 ②「名誉捜損訴訟における損害賠償高額化と表現の自由」法律時報74巻9号(2002年)

秋山幹男ほか「座談会名誉捜損された被害者の救済」NBL734号(2002年)

(鈴木秀美)

제13장 집회의 자유와 그 한계

[논점]

(1) 집회의 자유와 지방공공단체의 시설관리권과의 관계

시설의 사용허가 조건을 정하는 조례의 규정과, 이에 근거한 불허가처분은 어떠한 경우에 헌법 제21조 집회의 자유를 침해하는 것이 되는가?

(2) 집회의 자유와 공안조례와의 관계

집회 · 시위행진에 대해 공안위원회의 허가를 필요로 하는 조례는 어떠한 경우에 헌법 제21조 집회의 자유를 침해하는 것이 되는가?

Part Ⅰ 기본 소재

이즈미사노(泉佐野) 시민회관 사건

최고재판소 1995년 3월 7일 제3소법정 판결
1989년 오(才) 제762호 손해배상청구사건
民集 49권 3호 687면, 判時 1525호 34면
[참고자료] 헌 21 泉佐野시민회관조례 7

사실 개요

X 등(원고, 항소인, 상고인)은 1984년 6월 3일에 시립 이즈미사노 시민회관 홀에서 「간사이 신공항반대 전국총궐기집회」를 개최할 것을 기획하고, 4월 2일에 시장 앞으로 사용허가 신청을 요구하였다. 그러나 시측은 본건 집회의 주체가 지금까지 공항건설 반대투쟁으로서 폭파 사건이나 대립단체와의 충돌을 일으켰던 중핵파로 본건 집회에서도 혼란이 예상되므로, 본건 집회는 시립 이즈미사노시민회관 조례 제7조 1호의 「공공의 질서를 해칠 우려가 있는 경우」 및 동 3호의 「그 외에 회관의 관리상 지장이 있는 경우」에 해당한다고 하여 4월 23일 불허가처분을 하였다. 따라서 X 등은 본건 조례의 위헌 · 위법성과 불허가처분의 위헌 · 위법성을 이유로 Y시(피고, 피항소인, 피상고인)를 상대로 국가배상청구소송을 제기하였다. 그러나 X 등은 제1심 · 항소심 ·

상고심에서 모두 패소했다.

제1심=오사카 지방재판소

오사카 지방재판소 1985년 8월 14일 판결
民集 49권 3호 872면

■ 당사자의 주장 (쟁점)

〈사실에 관련된 주장〉

원고 본건 집회는 주최자의 통제 하에 행해지는 실내 집회이고, 회관 내(內)와 회관 주변에 혼란을 줄 위험성은 전혀 없었다. 중핵파와 대립단체 쌍방이 참가한 '간사이 신공항반대 총궐기 집회'에서도 혼란은 일체 없었다.

피고 중핵파는 삼리총(三里塚) 투쟁・간사이신공항 반대투쟁에서 1984년의 연속 폭파 사건 등 과격한 행동을 반복해 온「과격파 집단」이다. 1983년에 오사카 나카노지마 중앙공회당에서 대립하는 집단이 주최한 집회 시에 중핵파의 실력행사로 부근 일대가 대혼란에 빠졌던 적도 있었다. 본건 집회에서도 같은 혼란이 발생해 부근 주민의 생명, 신체, 재산에 중대한 영향을 미칠 가능성이 충분히 있었다.

〈법적인 근거에 관련된 주장〉

원고 본건 조례는 허가제를 채택해 대단히 추상적, 포괄적인 허가기준을 정하고 있는 점에서 집회의 자유를 부당하게 제한하고 있고,「막연하기 때문에 무효」이론에 의해 위헌이다. 만약 조례가 위헌이 아니라고 해도 본건 불허가처분은 중핵파가 참가한 집회가 혼란스러워진다는 추상적인 두려움만을 이유로 할 뿐 합리적인 근거가 없는 위법이다.

피고 집회의 자유도 무제한이 아니고, 특히 공공시설을 이용할 때에는 관리 주체가 정한 이용조건에 따라야 하는 것도 어쩔 수 없다. 본건 조례는 시설의 유지, 관리, 이용관계의 조정 등을 위해 허가제를 채택해 일정 부분 상당한 불허가 기준을 마련한 것이기 때문에 위반은 아니다. 본건 처분은 본건의 사정을 종합 고려해 본 결과, 조례 제7조 1호・3호에 해당한다고 판단되기 때문에 위법은 아니다.

■ 법적 구성

집회의 자유는 민주주의사회의 존립 기반을 이루는 가장 중요한 인권 중의 하나이다. 그러나 지방공공단체가 설치한 시설에 대해서는 설치자가 설치목적을 달성하기 위해 시설의 유지, 관리, 이용관계의 조정 등의 관리권을 가진다. 따라서 공공시설에서 집회를 개최하려는 자는 설치자가 정한 이용조건이 합리적인 것일 때에 한해 이 조건에 따르지 않으면 안 된다.

본건 조례의 허가제는 공공재산인 본건 회관의 관리 필요에 의한 것으로 불합리한 것은 아니다. 본건 조례 제7조 1호부터 3호의 불허가 조건은 그 내용도 설치의 목적·구조·관리의 필요에 비추어보아 불합리·불필요하다고 할 수 없고, 취지도 불명확하다고 할 수 없기 때문에 위헌·위법은 아니다. 조례 제7조 1호의 「공공질서를 어지럽히다」는 것은 사람들의 생명, 신체, 재산의 안전을 침해하는 것을 의미하고, 그 위험성이란 침해행위가 직접 야기될 위험성뿐만 아니라 침해행위를 조장할 위험성을 포함한다고 해석된다.

■ 적용

중핵파는 간사이신공항 반대투쟁에서 연속폭파 사건 등 사람의 생명·신체·재산을 침해하는 위법적인 실력행사를 하고 있다. 중핵파는 본건 집회의 주체를 맡거나 중요한 지위를 점한다. 따라서 본건 집회에서 본건 회관을 이용하게 하는 것은 중핵파의 투쟁에 기여하고, 이 투쟁에 근거한 생명, 신체, 재산의 침해행위를 조장할 위험성이 다분히 있다. 따라서 본건은 조례 제7조 1호에 해당한다.

본건 집회 참가예정자는 본건 회관 홀의 정원을 훨씬 넘을 가능성이 높아, 본건 회관의 관리에 지장을 초래할 것이 분명하다. 따라서 본건은 조례 제7조 3호에 해당한다.

또한, 본건 집회는 중핵파 스스로 주최하는 것이기 때문에 과거에 타 단체가 주최하는 집회에서 중핵파가 실력행사에 이르는 혼란이 발생했다는 것을 근거로, 본건 집회도 대립단체와의 항쟁에 따라 본건 회관 안팎의 혼란을 발생시킬 위험성이 반드시 높다고는 할 수 없다. 따라서 이 점에 관한 피고의 주장은 채택할 수 없다.

청구기각.

제2심=오사카 고등재판소

오사카 고등재판소 1989년 1월 25일 판결
民集 49권 3호 885면

■ 당사자의 주장 (쟁점)

제2심에서의 당사자 쌍방의 주장은 약간의 수정·추가가 있는 이외에 「원 판결

사실적시와 동일」 하다.

■ 법적 구성

본건 조례 제7조 1호에서 말하는 「공공질서를 어지럽힐 위험성이 있는 경우」란 다른 사람의 생명, 신체, 재산의 안전을 부당하게 침해할 우려가 있는 경우이다. 이와 같은 사유로 집회의 자유, 표현의 자유를 제한할 수 있는 것은 공공의 안전에 대해 명백하고 현존하는 위험이 존재하는 경우에 제한된다.

■ 적용

중핵파는 간사이신공항 반대투쟁의 일환으로써 연속폭파 사건을 일으켜 사람의 생명・신체・재산을 침해한 위법인 실력행사로 일반 시민들을 두렵게 만들었다. 중핵파는 본건 집회의 주체 내지 중요한 지위를 점하는 단체이다. 중핵파가 다른 단체와 대립항쟁 중이라는 것은 공지의 사실이고, 이 파가 다른 단체의 집회에 난입하는 사건을 일으켰다는 점에서 본건 집회에 다른 단체가 개입하여 본건 회관 안팎에 혼란을 일으킬 우려가 다분하다고 생각된다. 시민들 사이에도 불안하다는 여론이 높아지고, 이러한 극좌폭력집단 본건 회관을 사용하지 않도록 요구하고 있다. 이런 상황에서 피항소인 시장이 본건 집회는 일반 시민의 생명・신체・재산에 대한 안전을 침해할 위험성, 즉, 공공의 안전에 대해 명백하고 현존하는 위험이 있다고 판단한 것은 「실로 당연한」 일이라 할 수 있을 것이다.

항소기각.

상고심=최고재판소

■ 상고이유

피상고인은 본건 집회가 대혼란에 빠질 위험성의 유무 등 명확히 집회의 내용까지 조사하고 있어 헌법 제21조 제2항의 검열금지를 위반하고 있다. 이러한 피상고인의 행위를 시인하는 원 판결도 검열금지 규정에 저촉되는 것이다.

원 판결은 지극히 엉터리로 본건 조례를 합헌이라고 판시하고 있지만, 본건 회관의 설치목적을 효율적으로 달성하고 적정한 관리를 행하기 위해서는 신고제로 충분하고, 허가제를 정당화하는 합리적인 근거는 존재하지 않는다. 따라서 본건 조례는 위헌이다.

원 판결은 중핵파의 활동, 언동, 적대집단과의 항쟁을 이유로 본건 불허가처분을 정당화하고 있기 때문에 주최단체의 성격을 이유로 하는 사전억제의 금지의 원칙에 반한다.

원 판결에 의해 세워진 「명백하고 현재하는 위험」의 이론은 원래 표현행위의 사후처벌을 정한 법령의 합헌성 판단기준으로 확립된 것이기 때문에 본건과 같은 사전억제의 경우에 적용하는 것은 적절하지 않다.

[다수의견]

■ 법적 구성

「집회용으로 쓰이는 공공시설의 관리자는 당해 공공시설의 종류에 따라, 또한 그 규모, 구조, 설비 등을 감안하여 공공시설로서의 사명을 충분히 달성할 수 있도록 적정하게 그 관리권을 사용해야만 한다. 이러한 점들로 볼 때 이용이 적합하지 않다는 사유가 인정되지 않는데도 그 이용을 거부할 수 있는 것은 이용희망이 경합하는 이외에는 그 집회를 위해 시설을 이용하게 함으로써 다른 기본적 인권이 침해되어 공공의 복지가 손상될 위험이 있는 경우로 한정되어야 한다. 이러한 경우에는 그 위험을 회피하고 방지하기 위해 그 시설에서의 집회의 개최가 필요하면서도 동시에 합리적인 범위에서 제한을 받는 일이 있다고 하지 않을 수 없다. 그리고 제한이 필요하면서 합리적인 것으로 인정될지 어떨지는 기본적으로 기본적 인권으로서의 집회의 자유의 중요성과, 당해 집회가 개최됨으로써 침해당하는 다른 기본적 인권의 내용과 침해 발생의 위험성의 정도 등을 형량해서 결정해야 할 것이다. 본건 조례 제7조에 따라 본건 회관의 사용의 규제는 이런 형량에 따라 필요하면서 동시에 합리적인 것으로 긍정되는 한 집회의 자유를 부당히 침해하는 것이 아니고, 또한 검열에 해당하는 것이 아니므로 헌법 제21조에 위반되는 것이 아니다」.

「그리고 이와 같은 형량을 함에 있어서 집회의 자유의 제약은 기본적 인권 중 정신적 자유를 제약하는 것이기 때문에, 경제적 자유의 제약에 있어서 이상의 엄격한 기준 하에 이루어져야 한다」.

「본건 조례 제7조 1호는 「공공질서를 어지럽힐 우려가 있는 경우」를 본건 회관의 사용을 허가해서는 안 되는 사유로 규정하고 있지만, 동 호는 광의의 표현을 사용하고 있다고는 하지만, 위와 같은 취지에서 본건 회관에서 집회의 자유를 보장하는 중요성보다도, 본건 회관에서 집회가 개최됨으로써 사람들의 생명, 신체 또는 재산이 침해되어 공공의 안전이 손상되는 위험을 회피하고 방지할 필요성이 우월한 경우를 말하는 것으로 한정해서 해석해야 하고, 그 위험성의 정도로는 기존 대법정 판결의 취지에 따르면, 단순히 위험한 사태를 발생시키는 개연성이 있다는 것만으로 충분치 못하고, 명백하게 긴박한 위험발생이 구체적으로 예견될 것이 필요하다……. 그렇게 해석하는 한, 이러한 규제는 다른 기본적 인권에 대한 침해를 회피하고 방지하기 위해 필요하고도 합리적인 것으로 헌법 제21조에 위반하는 것이 아니고, 또한 지방자치법 제244조에 위반하는 것도 아니라고 할 수 있다.

그리고, 위의 사유의 존재를 긍정할 수 있는 이유는 그러한 사태의 발생이 허가권자의 주관으로부터 예측되는 것뿐만 아니라, 객관적인 사실에 비추어 구체적으로 확실하게 예측되는 경우가 아니면 안 된다는 것은 말할 필요도 없다.

또한, 앞서 말한 이유에서 본건 조례 제7조 1호에 해당하는 사유가 있는 경우에는 당연히 동조 3호의 「기타 회관의 관리상 지장이 있다고 인정되는 경우」에도 해당되는 것이라고 해석하는 것이 상당하다」.

■ 적용

「본건 불허가처분이 있었던 1984년 4월 23일의 시점에서는 본건 집회의 실질적인 주최자로 보이는 중핵파가 간사이신공항 건설공사의 착수에 즈음하여, 이것을 심한 실력 행사로 저지하는 투쟁방침을 채택하고 있었으며, 실제로 동년 3월, 4월에는 동경, 오사카에서 공항관계기관에 폭파 사건을 일으켜 부상자가 나오게 하는 등, 6월 3일에 예정된 본건 집회는 이러한 사건에 계속되는 간사이신공항 건설 반대운동의 절정인 것이며, 게다가 대립하는 다른 단체와의 긴장도 한층 증대해 있었다. 이러한 상황 하에서 그 이전에……상고인들에 의한 간사이신공항 건설반대를 위한 집회가 평온하게 행해진 적도 있었다는 점을 고려하더라도, 상기 시점에서 본건 집회가 본건 회관에서 열린다면, 대립하는 다른 단체가 이것을 저지하고 방해하기 위해 본건 회관에 들이닥쳐 본건 집회의 주최자측도 스스로 이것에 적극적으로 대항함으로써 본건 회관 내 또는 그 부근의 길거리 등에 단체 간의 폭력행사를 동반한 충돌이 일어나는 등의 사태가 발생하여, 그 결과 단체의 구성원뿐만 아니라 본건 회관의 직원, 통행인, 부근주민 등의 생명, 신체 또는 재산이 침해되는 사태를 발생시키는 일이 객관적 사실에 의해 구체적이고도 확실히 예견되었다고 말할 수 있다」.

「원래, 지방공공단체가 공공시설 사용의 허락여부를 결정하는 데 있어서 집회의 목적과 집회를 주최하는 단체의 성격 그 자체를 이유로 사용을 허용하지 않고, 또는 부당하고 차별적으로 취급하는 것은 허용되지 않는다. 그렇지만 본건에서 피상고인이 상고인들에게 본건 회관의 사용을 허가하지 않았던 것이 상고인들이 선동하는 간사이신공항 건설반대라는 집회목적을 위해서라고 인정할 여지가 없는 것은……피상고인이 과거에 몇 번이나 상고인……이 운영위원인 「이즈미사노・신공항에 반대하는 모임」에 대해, 강연 등을 위해 본건 회관 소회의실의 사용을 허가해 온 것으로부터도 확실하다. 또, 본건 집회가 열림으로 인해 전에 있었던 것과 같은 폭력행사를 동반하는 충돌이 일어나는 등의 사태가 발생할 위험이 명백하게 예견되는 이상, 본건 회관의 관리를 책임지는 피상고인이 그러한 사태를 회피하고 방지하기 위해 조치를 취하는 것은 불가피한 일이다」.

「또한, 주최자가 집회를 평온하게 하려고 하는 데도……다른 단체 등이 이를 실력으로 저지하고 방해하려고 하여 분쟁을 일으킬 우려가 있음을 이유로 공공시설의 이용을 막는 것은 헌법 제21조의 취지에 반하는 부분이다. 그렇지만 본건 집회의 실질적인 주최자로 보이는 중핵파가 다른 단체로부터 보복, 습격을 당할 위험이 있었다는 것은 전술한 바와 같고, 이것을 피상고인이 경찰에 의뢰하는 등 사전에 방지하는 것이 불가능에 가까웠다고 말할 수 있다」.

「따라서 본건 불허가처분이 헌법 제21조, 지방자치법 제244조에 위반된다고 할 수 없다」.

상고기각.

[보충의견]

• **소노베 재판관**

「공공시설의 이용을 거부할 수 있는 「정당한 이유」는 앞서 논한 공공시설의 일반적인 성격으로 볼 때, 전적으로 시설관리의 관점에서 결정해야 하는 것임은 말할 것도 없다. 그러나 본건 회관과 같이 집회용으로 사용하는 것을 주된 목적으로 하는 시설의 관리 규정에 대해서는 기타 시설과는 달리 단순한 시설관리권의 범위 안에서 처리할 수 없는 문제가 발생한다」.

「이런 종류의 회관의 사용이 집회의 자유 나아가 표현의 자유의 보장과 밀접하게 관계될 가능성이 있는 상황 하에서」 본건 조례 제7조 1호의 「요건에 의해, 광범위한 요건재량의 여지가 인정되고, 더욱이 본건 조례와 같이 위 요건에 해당한다고 판단한 경우에는 불허가처분을 하는 것이 의무로 된 경우에는 조례의 운용이 위 모든 자유에 대해 공권력에 의한 자의적인 규제에 이를 우려가 없다고 할 수 없다」.

「본건 조례는 공물관리조례로 회관에 관한 공물관리권의 행사에 대해 정함을 본래의 목적으로 하는 것이기 때문에 공공시설의 관리에 관련된 것이라고 하더라도, 지방공공질서의 유지 및 주민, 체재자의 안전을 유지하기 위해 규제에 이른 경우는……, 공물경찰권 행사를 위한 조직, 권한 및 절차에 관한 법령(조례를 포함)에 의거한 적정한 규제에 따라야 한다. 위의 관점에서 본다면, 본건 조례 제7조 1호는 「정당한 이유」에 의한 공공시설 이용거부를 규정하는 지방자치법 제244조 제2항의 위임의 범위를 넘는다는 의심이 없다고는 할 수 없다.

기본 해설

1. 헌법상의 집회의 개념

헌법 제21조 제1항에서 말하는 「집회」란 복수의 사람들이 공통의 목적을 가지고 특정 장소에 집합하는 행위 및 집합해 있는 상태를 의미한다. 그러나 무언가 공통의 목적을 가진 사람들의 집합은 모두 헌법으로 보장된 집회에 포함되는 것인가? 아니면 의견표명과 형성을 목적으로 하는 모임만이 헌법상의 집회인 것인가? 이 점에서 학설은 불명확하다. 전자라면 경기장에서 야구나 축구 관전이라든지, 에어로빅 집단이나 결혼피로연도 헌법상의 집회에 포함되지만, 후자로 이해하면 그러한 것들은 헌법 제21조 제1항이 보장하는 집회는 아니라는 점이다.

보통 공권력에 의한 규제가 문제되는 것은 정치적, 사회적인 주제에 대해 자신들의 의견을 호소하는 것을 목적으로 하는 모임이기 때문에, 그런 개념논의에는 큰 실익이 없다고 할 수 있다. 그러나 그중에서도 실내집회는 목적 여하를 묻지 않고 시설관리자의 관리에 따르게 되기 때문에, 예를 들면 「동경 청년의 가(家) 사건」처럼 의견표명을 목적으로 하는 것이 아닌 단순한 친목합숙이 공권력 측으로부터 숙박거부를 당하는 것과 같은 경우에는 헌법상의 집회 개념의 이해가 재차 문제가 될 수 있다.

본건 최고재판소 판결도 집회의 개념론을 다루고 있지 않다. 하여간 본건의 문제가 된 것은 간사이신공항 건설에 반대하기 위한 모임이기 때문에 헌법 제21조 제1항의 보호를 받는 집회인 것에 의문의 여지는 없다.

2. 본건 조례의 위헌심사의 구조-이익형량론과 이중의 기준론

본건 최고재판소 판결은 공공시설의 관리자가 이용을 거부할 경우를 다음의 3가지로 한정했다. 즉, ①당해 공공시설의 종류, 규모, 설비 등으로 미루어보아 그 집회가 부적합한 경우, ②복수의 집회 이용 희망이 경합한 경우, ③그 집회에 의해 다른 사람의 기본적 인권이 침해되어 공공의 복지가 손상될 위험이 있는 경우이다.

그런 다음 최고재판소는 본건과 같은 ③의 경우에 대해서 집회의 자유와 집회에 의해 침해될 수 있는 다른 기본적 인권과의 이익형량에 의해 조례의 합헌성을 심사할 것을 명확히 했다. 공공시설의 이용에 대해서 장래의 하급심 판결은 주로 다른 지방자치법 제244조 제2항의 「정당한 이유」의 해석문제로 사안을 처리하는 일이 많았다. 따라서 본건 최고재판소 판결이 조례와 그것에 근거한 공공시설의 이용거부를 헌법문제로 취급한 점이 우선 주목된다.

또한, 최고재판소는 조례의 합헌성을 판단하기 위해 이익형량을 할 때 정신적 자유의 규제입법의 합헌성을 경제적 자유의 규제입법의 합헌성보다 엄격하게 심사한다는 이른바 이중의 기준론에 입각한 것을 확인했다. 정신적 자유의 규제가 다투어지고 있는 사안에서 최고재판소가 이중의 기준론을 명시적이고 긍정적으로 언급했다는 평가도 받고 있다.

3. 본건에서의 이익형량의 대상-인권 대 인권

본건 최고재판소 판결의 이익형량론은 명확히 인권 대 인권의 형량이라고 하는 구성을 취하고 있는 점에서 특징적이다. 1960년대 중반 이후의 최고재판소는 하카다역(駅) TV필름 사건 결정, 사루후쓰(猿払) 사건 판결, 본건 판결에서도 인용되고 있는 세관검사 사건 판결, 북방저널 사건 판결, 나리타신법(新法) 사건 판결 등 정신적 자유의 규제에 관한 소송에서 이익형량의 수법을 취해 왔지만, 이때에 규제되는 인권과의 형량대상은 공공의 이익이라는 것이 강조되어 왔다.

예를 들면 이른바 「과격파 집단」이 참가하는 실내집회의 규제라는 측면을 가진 점에서는 본건과 공통성을 가진 나리타신법 사건 판결에 최고재판소는 다음과 같은 이익형량을 하고 있다. 나리타신법(신동경국제공항의 안전 확보에 관한 긴급조치법) 「제3조 제1항 1호에 의거하여 공작물 사용금지 명령에 의해 보호되는 이익은 신공항 내지 항공보안시설 등의 설치, 관리안전의 확보, 신공항 및 그 주변의 항공기 항행의 안전 확보이며, 이에 수반되는 신공항을 이용하는 탑승객의 생명, 신체의 안전 확보도 도모할 수 있는 것으로, 그러한 안전 확보는 국가적, 사회경제적, 공익적, 인도적 관점에서 대단히 강하게 요청되는 것이다. 다른 한편, 위 공작물 사용금지 명령에 의해 제한되는 이익은 다수의 폭력주의적 파괴활동자가 당해 공작물을 집회용으로 공여하는 이익에 지나지 않는다」(民集 46권 5호 443~444면). 여기서는 신공항 등의 설치관리의 안전 확보라는 공공의 이익이 강조되어 승객의 생명, 안전이라고 하는 타인의 인권은 부수적으로 언급된 것에 지나지 않는다. 게다가 최고재판소는 나리타신법 제3조 제1항이 「다수의 폭력주의적 파괴활동자의 모임」에 따른 당해 공작물의 사용 자체를 실질적 해악의 유무와 관계없이 금지하고 있는 것도 헌법 제21조 제1항 위반은 아니라고 했다.

이러한 형량수법에 대한 학설의 비판도 강했기 때문에, 본건에서는 규제의 합헌성심사에서 최고재판소가 인권 대 인권의 형량이라고 하는 구성을 명확히 한 점이 주목되었다. 그러나 물론 본건 판결이 인권을 규제할 수 있는 것은 타인의 인권을 보호하는 경우뿐이라는 입장을 취한 것은 아니다.

4. 조례의 한정합헌해석과 「명백하고 현재하는 위험」의 기준

위에 서술한 것처럼, 본건에서 최고재판소는 「이중의 기준론」에 입각한 조례에 따른 규제의 필요성 및 합리성을 보다 엄격하게 심사하는 자세를 취했다. 이 관점에서 최고재판소는 본건 조례 제7조 1호에 정해진 「공공질서를 어지럽힐 우려가 있는 경우」라는 이용거부 요건은 당해 집회에 의해 사람의 생명, 신체, 재산이 침해되고, 공공의 안전이 손상되는 위험을 회피·방지할 필요성이 집회의 자유에 우월한 경우만을 의미한다는 한정합헌 해석을 했다.

본건의 이러한 한정합헌 해석은 대체로 호의적으로 받아들여지고 있다. 그러나 최고재판소의 한정합헌 해석의 수법에는 다음과 같은 의문도 있다. 즉, 규제의 위축효과가 문제되는 도쿠시마시 공안조례 사건, 세관검사 사건이나 본건과 같은 표현규제의 영역에서 쉽게 한정합헌해석을 선택하는 경향에 문제는 없는 것일까? 한편, 공무원의 쟁의금지, 선동행위 처벌에 대해서는 우선 실행한 한정합헌 해석을 단기간에 뒤집었던 일(全農林警職法 사건 판결)에 정합성은 있는 것인가라는 의문이다.

어찌 되었든, 본건 판결은 조례를 이렇게 한정해석하여 사람의 생명, 신체, 재산이 침해되고, 공공의 안전이 손상되는 위험성의 정도로는 위험발생의 단순한 개연성이 아닌, 「명백하게 긴박한 위험의 발생이 구체적으로 예견되는 일이 필요」하다고 했다. 판결 자신이 인용하고 있는 것처럼, 「명백하게 긴박한 위험」이라는 표현은 니이가타현 공안조례 사건 판결(최대판 1954년 11월 24일 刑集 8권 11호 1866면)을 직접 답습한 것이지만, 미국 연방대법원의 판례이론에서 유래한 「명백하고 현재하는 위험」의 법리를 수용한 것이라고 이해되고 있다. 다만, 본건 판결은 「명백하고 현재하는 위험」의 법리를 이익형량의 경우에 적용하려고 하기 때문에, 학설이 생각하는 「정의적 형량」 기준으로서의 「명백하고 현재하는 위험」의 법리만큼 엄격한 심사기준이라고 말할 수 없다는 지적도 있다(塚田・後掲).

5. 불허가처분의 위헌·위법성-본건 사실에의 적용

최고재판소는 위 의미에서 「명백하고 현재하는 위험」 기준을 본건 사실관계에 적용한 뒤, 이용불허가처분에 위헌·위법인 점은 없다고 하였다. 그러나 본건 집회의 개최에는 타인의 생명, 신체, 재산을 침해하는 「명백하게 긴박한 위험」이 있었다고 한 최고재판소의 판단에는 이론(異論)이 제기될 수 있다.

먼저 본건 집회의 중심세력으로 인정된 중핵파가 본건 집회에서 폭력행사에 이르는 것은 과연 「객관적인 사실에 비추어보아 확실히 구체적으로 예측된」 사실이라고 할 수 있을 것인가의 문제이다. 최고재판소는 중핵파가 나리타투쟁, 간사이신공항 반대투쟁의 일환으로써 연속폭파 사건을 일으켰던 일을 주요한 근거로 들고 있지만, 동시에 상고인들의 간사이신공항 건설 반대집회가 평온하게 개최된 예도 있는 것을 인정하고 있다. 자신들이 중심이 되어 개최하는 본건 실내집회에서 중핵파 자신이 폭력

행위에 이를 가능성은 적었다고 판단하는 편이 아마도 합리적일 것이다.

오히려 판결이 실제로 중시했던 것은 중핵파와 대립하는 다른 단체가 본건 집회의 방해 행동을 함으로써 회관의 안팎에서 중핵파와 다른「과격한 집단」과의 충돌이 일어나, 참가자뿐만 아니라 부근 주민 등 제3자의 생명, 신체, 재산이 침해될 우려가 있었다는 점이다. 그러나 이에 대해서도 다음과 같은 의문을 제기할 수 있다. 첫째, 제1심과 항소심의 사실인정이 대립하고 있다는 점이다. 이를테면 위에 서술한 것처럼, 제1심은 항소심과 다르게 과거에 오사카 나카노지마섬 중앙공회당에서의 간사이 신공항 건설 반대집회에서 대립하는 두 단체 간의 충돌로 인해 혼란이 발생했던 것은 중핵파가 실력행사를 한 것이기 때문이고, 반대로 중핵파가 주최하는 집회가 대립단체에 의해 방해받을 가능성은 낮다고 인정하고 있다.

둘째, 가령 다른 단체에 의한 방해 가능성이 구체적이면서 동시에 확실하게 예상할 수 있었다고 해도, 이것을 곧바로 이용불허가의 이유로 들 수 있는가 하는 점이다. 본건 최고재판소 판결도 일반론으로는 다른 단체의 방해로 인해 분쟁이 일어날 우려가 있는 것을 이유로 평온한 집회의 이용을 거부하는 것은 헌법 제21조의 취지에 반하는 것으로, 미국 연방대법원의「적의(敵意) 있는 청중」의 법리를 연상케 하는 견해를 나타내고 있다. 덧붙여, 전일본 철도노동조합 총연합회의 총무부장 살인 사건이 파벌 내의 실력투쟁 사건으로 의심되었기 때문에 시(市)측이 동 총무부장의 합동장(合同葬) 이용을 거부한 아게오시(市) 복지회관 사건에서 최고재판소는 다음과 같이 동 처분을 위법이라 판단했다.「주최자가 집회를 평온하게 실행하려고 하는 데, 그 집회의 목적이나 주최자의 사상, 신조 등에 반대하는 사람들이 이것을 실력으로 저지·방해하려고 해서 분쟁을 일으킬 우려가 있는 것을 이유로 공공시설의 이용을 거부하는 것이 가능한 것은……경찰의 경비 등에 의해서도 혼란을 방지하는 것이 불가능한 특별한 사정이 있는 경우로 한정된다」.(최2소판 1996년 3월 15일 民集 50권 3호 556면)

최고재판소는 본건의 경우 다른 단체에 의한 방해를, 시측이「경찰에 의뢰하는 등 미리 방지하는 것은 불가능에 가깝다」고 하였다. 그러나 이러한 판단의 근거가 특별히 제시되었다고는 할 수 없다. 여기에는 왜 공권력이 폭력 사건을 일으켜 온「과격파집단」의 집회를 대립단체로부터 보호해줄 필요가 있는지라는 재판소의 본의가 보이지 않는 것도 아니다. 인기가 없는 소수자의 평화적인 의견표명을「적의 있는 청중」의 방해로부터 보호하려고 한 집회의 자유에 유래하는 공권력의 의무를, 최고재판소가 어디까지 진지하게 받아들이고 있는지는 의문이다. 이중의 기준론을 전제로 한「명백하고 현존하는 위험」의 기준이라는 최고재판소의 심사기준을 수용하면서,「위험」의 구체적인 존재에 대해 최고재판소보다도 엄밀한 판단을 시도하는 선택지도 있을 수 있다고 보여진다.

Part Ⅱ 응용편

확인질문

1. 판결은 조례가 정한 시민회관의 사용불허가 요건을 합헌위헌 중 어느 것이라고 판단했는가? 그 근거는 무엇인가?
2. 판결은 본건 불허가처분을 합헌위헌 중 어느 것이라고 판단했는가? 그 근거는 무엇인가?

응용문제

설문 1 최고재판소 판결처럼 「명백하게 긴박한 위험」의 유무에 따라 불허가처분의 합헌성을 판단한다고 한다면 다음의 경우는 어떻게 생각해야하는가?

(1) 사용을 신청한 단체가 공항건설 실력저지 투쟁을 계획하고 있는 것이 사전에 판명된 경우

(2) 대립단체가 당해 집회를 방해하려고 하는 것을 예고하고 있는 경우

(3) 집회예정 당일 다른 지역에서 개최되는 행사의 경비 때문에 경찰이 동원되어 충분한 경찰력을 확보할 수 없다고 예상되는 경우

설문 2 집회에 의한 공공시설의 이용을 그 내용을 이유로 해서 불허가한 조례(에 의거한 처분)는 헌법 제21조 제2항이 금지하는 검열에 해당되어 허용되지 않지만, 내용중립적인 이유로 불허가라고 하는 조례(에 의거한 처분)는 허용되는 경우도 있다는 입장에 선다면, 다음과 같은 경우에는 위헌심사가 어떻게 이루어지는가?

(1) 시(市)가 시의회에 따른 공항유치 결의의 취지에 반한다고 해서 공항건설 반대집회의 사용을 허가하지 않았던 경우

(2) 시가 공항건설 문제를 주제로 하는 집회를 위한 시민회관의 사용을 일률적으로 불허가로 한 경우

(3) 시가 공항건설 반대집회에 의한 이용예정일을 시민회관의 임시휴관일로 정한 경우

설문 3 본건과 같은 공항건설 반대집회의 개최를 목적으로 아래의 시설 등에의 이용신청이 있었던 경우, 이러한 시설의 퍼블릭포럼으로서의 성격의 차이에 따라 조례의 허락요건과 그 적용이 합헌이 되는 조건은 변화하는가?

(1) 다목적의 시민회관

(2) 시영경기장

(3) 시립도서관의 집회실
(4) 역 앞 광장
(5) 시립대학 내의 광장

Part Ⅲ 이론편

◥ 전개문제

표현행위의 내용중립적 규제의 위헌심사는 어떻게 행해져야 하는가?

1. 사전억제의 법리

기본 해설에서 확인한 것처럼, 최고재판소는 이중의 기준론을 전제로 이익형량을 하고 그것을 바탕으로 본건 조례의 불허가 요건에 대해 당해 집회로 인해 타자의 인권이 침해되는 「명백하게 긴박한 위험」이 존재할 경우에 한하여 불허가를 허용한다는 한정합헌 해석을 하였다. 그러나 본건에서 「명백하게 긴박한 위험」의 인정에 대해서는 이론(異論)이 있을 수 있다. 그래서 여기에서는 다른 방법에 의한 위헌심사의 가능성을 모색하고자 한다.

집회의 허가제가 표현행위의 사전억제에 해당하는 것으로부터 먼저 생각할 수 있는 것은 사전억제금지의 법리에 근거한 위헌심사의 가능성이다. 「공공의 질서를 어지럽힐 위험이 있을 때」에는 시민회관의 사용을 허가하지 않을 수 있도록 한 본건 조례의 집회 규제는, 집회가 전달하려고 하는 메시지의 내용이 아니라 집회의 형태 내지 결과를 문제로 한다는 의미에서 내용중립적 규제의 일종으로 볼 수 있을 것이다(그렇지만 상고이유처럼 실질적으로는 내용규제라고 하는 주장도 있다). 이러한 「사전의 내용중립적 규제」의 위헌심사의 유형에 대해서는 다음과 같은 견해가 있다.

「사전억제가 긍정되기 위해서는 먼저 그것이 행정권에 의한 표현내용의 심사를 동반하는 것이어야만 한다는 것은 검열의 절대적 금지의 관점에서 당연한 것이지만, 표현의 때 · 장소 · 방법에 대한 규제라고 하더라도, 첫째, 행정권에 허용여부의 재량권을 주는 것이어서는 안 된다.……허용권한을 동반하는 경우에는 허가여부의 기준이 명확히 법으로 정해져 있어야만 하며, 또한 단순히 신고제에 의해서는 목적을 달성하기 힘들다는 것을 제시하여야 한다. 이 경우의 명확성은 사후억제의 법령에 요구되는 명확성보다도 한층 엄격히 생각하지 않으면 안 되며 재량의 여지를 남기지 않는 것이어야 한다. 둘째,……사전억제가 허용되는 것은 사후억제에 의해서는 제한의 목적을 달성할 수 없는 경우에 한정한다……위의 조건을 만족하지 못하는 경우에는 사전억제를 정한 법령은 문서상 무효가 되어야 하는 것으로 이해된다」(浦部・後揭).

이러한 위헌심사기준을 세운다고 가정할 때, 본건 조례 제7조 1호는 사용의 허용여부에 대해 관리자의 광범위한 재량을 인정하는 문언으로 되어 있는 점에서 볼 때, 문면상 위헌으로 간주되어야 할 것이다. 실제로 상고이유에 이러한 주장이 포함되어 있다(民集 49권 3호 804-818면). 그러나 사전의 내용규제의 경우와는 달리 사전의 내용중립적 규제에 대해서는 이러한 위헌심사방법에 학설의 합의가 반드시 성립하고 있다고는 말하기 어렵다.

2. 퍼블릭포럼론

(a) 퍼블릭포럼의 법리

또 하나의 가능성은 퍼블릭포럼론에 의한 위헌심사이다. 퍼블릭포럼이란 본래의 이용목적은 별도로 있더라도, 동시에 표현활동에도 이용할 수 있도록 일반 공중이 출입할 수 있는 공공적인 장소를 의미한다. 퍼블릭포럼론은 이러한 장소에서의 표현활동을 최대한 보호하려는 의도 하에 미연방대법원에 의해 전개되어 왔다. 미연방대법원의 퍼블릭포럼론은 공공도로, 공원 등에서의 집회의 허가제를 정한 조례를 위헌 판결한 1939년의 「Hague v. CIO」 판결로 거슬러 올라간다. 그중에서도 1983년의 페리 판결은 공공장소의 유형화와 유형별 위헌심사기준을 제시하여 퍼블릭포럼론을 한층 명확하게 하였다.

이 판결에 의하면, 공공장소는 「본질적 내지 전통적 퍼블릭포럼」, 「정부의 지정에 의한 퍼블릭포럼」, 「비(非)퍼블릭포럼」의 3가지로 분류된다. 「본질적 내지 전통적 퍼블릭포럼」은 그 관리권이 누구에게 있던 「기억에 없을 정도로 먼 옛날부터」 공중의 집회와 토론에 이용되어 온 장소로 도로・공원이 이에 포함된다. 「정부의 지정에 의한 퍼블릭포럼」은 정부가 표현활동의 장소로 특별히 만든 공공시설을 의미하며, 미국 연방대법원의 판례에서는 시립극장, 일반 시민에게 개방된 학교위원회의 공청회, 등록학생단체의 이용을 허가하는 주립대학 시설이 여기에 해당하는 것으로 판단되었다. 「퍼블릭포럼」은 말할 것도 없이 이 이외의 공공시설을 가리킨다.

페리 판결은 이 세 유형별로 집회규제법의 합헌성 심사기준을 다르게 해야 한다고 하였다. 즉, 「본질적 내지 전통적 퍼블릭포럼」에서는 표현의 내용 혹은 주제에 기초한 표현규제는 원칙적으로 허용되지 않는다. 이러한 규제는 불가피한 정부이익에 도움이 되는 목적을 가지며, 규제수단도 이 목적을 달성할 수 있는 한정된 것일 경우에만 합헌으로 판단된다. 이에 반해 때・장소・방법의 규제는 「본질적 퍼블릭포럼」에서의 표현활동에 대해서도 이 규제가 내용중립적이고 중대한 정부이익에 도움이 될 수 있도록 한정되어 있어서 대체적인 커뮤니케이션의 채널이 충분히 남아있는 경우에 허용된다.

미국 연방대법원에 의하면, 정부에서는 「지정적 퍼블릭포럼」을 계속 유지해 나가야할 의무는 없지만, 「지정적 퍼블릭포럼」에 대해서도 표현규제의 합헌성심사에는 「본질적 퍼블릭포럼」의 경우와 동일한 심사기준을 부여한다. 다만 「지정적 퍼블릭포럼」 중에는 정부가 특정 단체나 특정 주제를 위해 특별히 설치한 「한정적 퍼블릭포럼」이라고 하는 유형도 포함되며, 이 경우에는 단체나 테마를 한정하는 표현규제도 허용된다고 한다.

제3의 범주인 「비(非)퍼블릭포럼」의 경우에는 표현자의 견해의 내용에 기초한 규제는 허용되지 않는다. 다만, 표현의 주제・주체・때・장소・방법에 관한 규제에 대해서는 규제가 합리적일 경우 합헌으로 하는 이른바 합리성의 심사가 행해져야한다(市川・後掲 ②, 大沢・後掲).

퍼블릭포럼론에 대해서는 비판도 있지만, 적어도 「정부는 스스로가 표현행위용으로 설치한 공공시설에서의 표현행위를 무분별하게 제한할 수 없고, 재판소는 그러한 공공시설에서의 표현행위의 제약에 대해서 합헌성을 엄밀히 심사해야 한다는 점은 일본의 동종 문제에서도 타당하다고 생각한다」.(市川・後掲 ②, 紙谷・後掲 ②도 참조)

(b) 본건과 퍼블릭포럼론

페리 판결의 견해에 서면, 본건 시설과 같은 다목적 시민회관은 「지정적 퍼블릭포럼」으로 분류되어, 불허가처분의 합헌성은 내용규제라면 「부득이한 정부이익」과의 실질적 관련성 심사를 받아야만 할 것이다.

본건 불허가처분은 내용중립적 규제라는 이해에 선 것으로 이 처분은 중대한 정부이익을 지키려는 것과 실질적 관련성이 있다고 할 수 있을까? 이 점에 대한 판단은 실질적 주최자로 지목받은 중핵파가 본건 집회로 인해 타인의 생명・신체・재산을 침해하는 현실적 가능성이 존재했는지, 대립단체가 본건 집회를 실력을 가지고 방해하려는 것으로 경찰의 경비 등에 의해서도 방지할 수 없는 타인의 생명・신체・재산침해가 발생될 고도의 개연성이 존재했는지? 이러한 사실문제의 평가에 의존하게 될 것이라고 본다. 따라서 퍼블릭포럼론에 선 경우에도 최고재판소는 「명백하게 긴박한 위험」의 심사와, 실질적으로 그다지 다르지 않은 심사가 이루어지게 된다. 앞서 말했던 것처럼(Part I 기본 해설 5), 본건 사실관계에서는 불허가처분이 타인의 생명・신체・재산에 대한 가해행위의 방지와 실질적 관련성을 가진다고 판단하기는 어렵다고 생각된다. 뿐만 아니라, 당해 시설의 소유권・관리권의 주체가 누구이던 간에 퍼블릭포럼이라면 시민의 표현활동에 열려있어야 한다는 퍼블릭포럼론의 기본적 발상으로 보면, 소노베(園部)의 보충의견과 동일한 공물관리권에 근거한 조례에서 공물경찰권을 행사하는 것에도 의문이 제기된다.

Part Ⅳ 두 번째 소재

동경도 공안조례 사건

최고재판소 1960년 7월 20일 대법정 판결
1960년(아) 제 112호 1955년 동경도조례 제44호
집회, 집단행진 및 집단시위운동에 관한 조례위반 피고사건
刑集 14권 9호 1243면, 判時 229호 6면
[참고조문] 헌 21 동경도 공안조례

사건 개요

1958년 9월 15일 전 일본학생자치회 총연합회 주최의 데모행진에서 동경도 공안위원회의 허가조건에 위반하여 뱀 행진·소용돌이행진을 진행했을 때, X 등은 행진의 선두에서 허가조건위반의 행진을 유도했다. 또한, 동년 11월 5일에 약 3,000명의 학생이 동경도 공안위원회의 허가를 받지 않고 경찰관직무집행법 개악 반대집회를 열었을 때, X 등은 그 주최자로 대열의 선두에 서서 집단행진을 지도했다.

X 등은 동경도 공안조례 위반을 이유로 기소되었으나, 제1심(동경 지방재판소 1959년 8월 8일 刑集 14권 9호 1281면)은 규제 대상인 집회 등이 충분히 한정되어 있지 않고, 허가여부 요건도 명확하지 않으며, 공안위원회의 허가여부 통지가 전달되지 않았을 경우에는 허가된 것으로 보는 이른바 「허가추정 조항」도 존재하지 않는 것을 이유로 동경도 공안조례를 위헌으로 판단하고 X들에게 무죄를 선고했다.

검찰 측이 항소했으나, 형사소송규칙 제247조, 제248조에 기초하여 사건은 고등재판소에서 최고재판소로 이송되었다. 최고재판소는 본건 공안조례를 합헌으로 판단하고, 원판결을 파기하고 지방재판소로 돌려보냈다.

상고심=최고재판소

■ 법적 구성

「집단행동에 의한 사상 등의 표현은 단순히 언론, 출판 등에 의한 것과는 달라서 현재하는 다수인의 집합체 자체의 힘, 즉, 잠재하는 일종의 물리적 힘에 의하여 지지되는 것을 특징으로 한다.……평온·정숙한 단체라고 하더라도 때로는 흥분·격앙 속에 휘말려서 심할 경우 일순간 폭력으로 변하여 기세를 높여가다보면 실력에 의해 법

과 질서를 유린하고, 집단행동의 지휘자는 물론 경찰력을 동원해도 수습하기 어려운 불가피한 사태로 발전할 위험이 존재하는 것은 군중심리의 법칙과 현실의 경험에 비추어볼 때 명확하다. 따라서 지방공공단체가……헌법 제21조 2항에 의하여 검열이 금지되어 있음에도 불구하고, 집단행동에 의한 표현의 자유와 관련되어 있는 한, 이른바 「공안조례」를 들어……법과 질서를 유지하기 위해 필요최소한도의 조치를 사전에 강구하는 것은 불가피한 사정일 것이다.

그러면 어느 정도의 조치가 필요최소한도의 것으로 시인될 수 있는 것일까? 이에 대해서는 공안조례가 정한 집단행동에 대한 요구 조건이 「허가」를 얻는 것 혹은 「신고」를 하는 것 중 어느 것인가 하는 것과 같은 개념 내지 용어로 판단해서는 안 된다. 또한 이를 판단함에 있어서는 조례의 입법기술상 몇 가지의 결함에 구애되어서도 안 된다. 우리는 이를 위해 마땅히 조례 전체의 정신을 실질적이고 유기적으로 고찰하지 않으면 안 된다」.

■ **적용**

본 조례에서는 「허가가 의무로 되어 있고, 불허가의 경우가 엄격히 제한되어 있다. 따라서 본 조례 규정의 문면상으로는 허가제를 채택하고 있으나, 이 허가제는 그 본질이 신고제와 다를 바 없다」.

「공공의 안녕을 유지하는 데 직접 위험을 끼치는 것이 명백하다고 인정될 경우」에는 허가하지 않는다고 되어있으나, 이것은 지방공공단체가 주민에게 법과 질서의 유지를 책임지고 있기 때문에 불가피한 것이다. 또한 「이러한 경우 해당하는 사정이 있는지 여부의 확정이 공안위원회의 재량에 속하는 것은 그것이 제반 정황을 구체적으로 검토・고려하여 판단해야 할 성질의 사항이라는 점에서 당연하다. 이른바 허가추정 조항이 존재하지 않는 것을 이유로 본 조례를 곧바로 위헌무효로 할 수는 없다」.

원 판결은 본 조례가 집회에 대해서는 「도로 그밖의 공공장소」, 집단시위에 대해서는 「장소여부를 묻지 않고」 적용되는 것으로 정하고 있으므로, 그 제한이 구체성을 결여하고 있어 불명확하다고 비판하고 있으나, 「적어도 집단행동을 법적으로 규제할 필요가 있다고 하면, 집단행동이 행해질 수 있는 장소를 어느 정도 포괄적으로 기술하거나, 행해질 장소의 여하를 묻지 않는 것은 불가피한 사정」이다.

기본 해설

1. 제2차 세계대전 전에는 정치단체, 정치집회를 규제하는 통일적인 치안입법으로 치안경찰법(1900년)이 존재했지만, 패전 직후인 1945년에 점령군에 의해 폐지되었다. 그러나 전후의 혼란과 식량난, 생활난 속에서 대중운동·노동운동이 활발해짐에 따라, 점령군총사령부는 집회, 결사 규제의 움직임을 강화하여, 그 요청 하에 1948년 7월 오사카시 공안조례를 시작으로 전국 각지의 지자체에서 공안조례가 제정되었다. 이러한 공안조례는 주로 야외집회를 대상으로 하며, 「공안의 안전과 질서에 직접 위험이 미칠 것이 명확한 경우」의 요건을 내걸고 공안위원회에 불허가 권한을 주는 허가제를 채택하여, 무허가집회, 허가조건 위반집회의 주최자, 지도자를 처벌하는 규정을 두고 있다. 공안조례는 단순히 교통질서를 유지하는 데 그치지 않는 치안입법의 성격을 갖는다.

2. 조례위반을 이유로 집회나 데모행진의 주최자 등이 기소된 형사사건에서 공안조례의 합헌성이 논쟁이 된 경우는 상당수에 달하지만, 최고재판소가 처음으로 이 문제에 대한 태도를 보인 것은 니이가타(新潟)현 공안조례 사건 판결(최고재판소 1954년 11월 24일 刑集 8권 11호 1866면)이다. 이 판결에서 최고재판소는 공안조례의 합헌성에 대한 다음과 같은 판결기준을 제시하였다. ①「단순한 신고제를 정하는 일은 특별히, 그렇지 않고 일반적인 허가제를 정해서 이 '집회'를 사전에 억제하는 것은 헌법의 취지에 반하므로 허용될 수 없다」.

②그러나 「공공의 질서유지 또는 공공복지가 현저하게 침해되는 경우를 방지하기 위해, 특정의 장소 혹은 방법에 대하여 합리적이며 명확한 기준 하에 미리 허가를 받게 하거나 신청하게 하는」 것은 허용된다. ③공공의 안전에 반하는 명확히 긴박한 위험을 미치는 것이 예견될 때는 이를 허가하지 않거나 금지할 수 있는 취지의 규정을 개설하는 것도」 곧바로 부당한 제한이라고 할 수 없다.

니이가타현 조례가 허가추정 조항을 동반하고 있는 것도 있어서 최고재판소는 이 기준에 근거하여 니이가타현 조례는 합헌이라고 판시하였다.

3. 판결 후, 하급심은 최고재판소 판결 기준을 적용하여 공안조례의 합헌성을 심사하지만, 결론은 사례에 따라 나누어졌다(위헌 판결로는 동경지판 1959년 10월 13일 등). 여기서, 동경도 공안조례 사건의 최고재판소 판결은 다시 판례의 통일을 도모하는 의미도 가지지만, 뭐라 해도 국회 주변에서의 10만인 데모 등 안보반대운동이 거세진 1960년 7월의 판결이라는 시대상황도 영향을 미쳐 대단히 치안중시의 색채가 강한 것이었다. 판

결은 집회가 표현행동으로는 특수한 것으로 언제 폭도화될지 모르는 것으로 간주하는 이른바 「집단행동 폭력화론」을 기저에 두고, 이유다운 이유도 대지 않은 채 허가추정 조항도 합헌성의 판단과는 무관하다고 하는 등 사실상 니이가타현 조례 판결을 변경한 것과 동일하다. 이에 대해서 학설은 엄중한 비판을 하였다(芦部, 植村). 나아가, 판결에는 니이가타현 조례 판결의 기준을 적용하여 동경도 조례를 위헌이라고 판단한 후지타 하치로(藤田八郎), 타루미 가츠미(垂水克巳) 양 재판관의 반대의견이 첨부되었다.

설문 다음의 경우에 대해 ①동경도 공안조례 사건 최고재판소 판결, ②니이가타현 공안조례 사건 최고재판소 판결, ③퍼블릭포럼론의 각각의 입장에서 동경도 공안조례의 합헌성을 심사하시오.

(1) 무허가지만 평온하게 실시된 데모행진의 주최자가 조례위반으로 기소된 경우

(2) 통행인이 우연히 모인 자연발생적 집회에서 연설한 자가 조례위반으로 기소된 경우

▌참고문헌▐

芦部信喜『憲法学 Ⅲ』(有斐閣, 増補版, 1998年)

市川正人 ①「集会の自由」法学教室207号(1997年)

同 ②『表現の自由の法理』(日本評論社, 2003年)

植村勝慶「公安条例と集団示威運動」憲法判例百選 I (有斐閣, 第4版, 2000年)

浦部法穂「21条」樋口陽一=佐藤幸治=中村睦男=浦部法穂『注解法律学全集・憲法 Ⅱ』(青林書院, 1998年)

大沢秀介「パブリック・フォーラム」芦部信喜編『アメリカ憲法判例』(有斐閣, 1998年)

紙谷雅子 ①『判例評論』442号

同 ②「パブリツク・フォーラム」公法研究50号(1988年)

川岸令和「集会の自由と市民会館の使用不許可」憲法判例百選I (有斐閣, 第4版, 2000年)

近藤崇晴「時の判例」ジュリスト1069号(1995年)

斉藤芳浩「集会の自由と公共施設の利用 (1)(2)」福岡県立大学紀要 9巻1号(2000年) 1, 9巻2号(2001年)

渋谷秀樹『日本国憲法の論じ方』(有斐閣, 2002年)

塚田哲之「最高裁判例理論の『新展開』」法学セミナー510号(1997年)

橋本基弘「公共施設管理権と集会規制」法学新報103巻2・3号(1997年)

(赤坂正浩)

제14장 직업의 자유와 규제목적

[논점]

(1) 직업의 자유에 대한 규제에는 소극목적에 의한 것과 적극목적에 의한 것이 있다. 규제목적에 의해 재판소에 의한 위헌심사의 방식은 어떻게 다른가?
(2) 규제이분론의 의의는 무엇인가? 또한 규제이분론의 한계에 대해서 생각해 보시오.

Part Ⅰ 기본 소재

약사법 위헌판결

최고재판소 1975년 4월 30일 대법정 판결
1978년(行ツ) 제120호 행정처분취소청구사건
民集 29권 4호 572면

사실 개요

1963년 7월에 개정된 약사법 제6조는 배치의 적정성이 결여되어 있다고 인정되는 경우에는 약국개설허가를 부여하지 않을 수 있으며(2항), 그 배치기준은 도도부현(都道府県) 조례로 정하도록 하였다(4항). 이에 근거하여 동년 10월에 제정된 히로시마현 조례(약국 등 배치기준을 정한 조례) 제3조는 기존의 약국으로부터 '대략 100미터'의 거리제한 규정을 정하였다.

원고 X는 동년 6월에 약국개설 허가신청을 했지만, 지사는 다음 해 1월에 약사법과 현(県)조례가 정한 배치기준에 적합하지 않다고 불허가처분을 하였다. 때문에 X는 (1) 약국개설의 거리제한을 정하고 있는 약사법 제6조 제2항 및 현(県)조례가 헌법 제22조에 위반되며, (2) 신청수리 후에 제정된 법률, 조례에 근거한 본건 불허가처분은 법률불소급 원칙에 반해 위법이라는 점 등을 주장하여 위 처분의 취소를 구하는 소를 제기했다.

제1심에서는 처분은 신청시(개정전)의 허가기준에 의해야 한다며 헌법판단에 들어

가지 않고 본건 불허가처분을 취소한다고 판시하였다. 그러나 제2심에서는 허가기준을 처분시의 허가기준에 의해야 한다고 한 뒤에, 약사법 제6조 제2항 등은 헌법 제22조에 위반하지 않는 것으로 제1심 판결을 파기했기 때문에 X가 상고한 사건이다.

제1심=히로시마 지방재판소

히로시마 지방재판소 1967년 4월 17일 판결
行集 18권 4호 510면

■ 당사자의 주장 (쟁점)

〈법적인 근거에 관련된 주장〉

원고 ①약사법 제6조 제2항 및 「약국 등의 배치기준을 정한 조례」(1963년 히로시마현조례 제29호, 이하, 「현조례」로 약칭함)는 헌법 제22조에 위반된다. ②본건 불허가처분은 이미 발생한 사실에 대해 사후법을 소급하여 적용한 것으로 이른바 법률불소급의 원칙에 반하여 위법이다. 법 개정 전의 허가신청에 대해서는 가령, 법 개정 후에 처리할 경우에도 신청자의 이익을 고려해서 개정 전의 법(허가기준)을 적용해야 한다.

피고 ①약사법 제6조 제2항 및 약국 등의 배치기준을 정한 조례는 헌법 제22조에 위반하지 않는다. ②행정처분은 특별한 경과규정이 없는 한 그 처분 당시의 법령에 근거해서 행해져야 하지, 신청 당시의 법령에 근거해서 행해져서는 안 된다.

■ 법적 구성

본건의 경우와 같이 허가기준의 변경 전에 낸 신청을 그 변경 후에 처리할 경우, 어떤 허가기준을 적용해야 하는지에 대해 경과규정이 없는 경우에는, 「사회정세의 변화 등에 근거해 개개인의 기득권 내지 지위가 침해되더라도 불가피하다고 보여질 정도의 특별히 강한 공익상의 필요성이 인정되지 않는 한, 처분시인 개정 후의 허가기준에 근거해야 하는 것이 아니라 신청시인 개정 전의 기준에 의한 것이 상당하다」.

■ 적용

「前記의 개정 약사법 및 현조례에 의해 새롭게 부가된 약국 등의 배치장소가 배치상 적정을 결여하는지 여부에 대한 기준은……그 기준이 정립되기 전에 행해진 허가신청에도 적용해야 할 정도로 공익상의 필요성이 있는 것이라고는 인정하기 어렵다」.

제2심=히로시마 고등재판소

히로시마 고등재판소 1968년 7월 30일 판결
行集 19권 7호 1346면

■ 당사자의 주장 (쟁점)

〈법적인 근거에 관련된 주장〉

피항소인 제1심의 주장과 동일함.

항소인 제1심의 주장과 동일함.

■ 법적 구성

「행정처분은 처분시의 법률에 준거해서 행해지는 것이 원칙이다. 본건과 같이 경찰허가의 신청수리 후 처분하기까지 허가기준을 정한 법규가 보다 엄격히 개정된 경우라 할지라도 이 원칙에는 변함이 없으며, 행정청은 구법에 의하면 허가기준에 적합했던 것을 신법에 의하면 적합하지 않은 것으로 불허가처분을 할 수 있다」.

■ 적용

「상당한 기간 내에 처리하면 구법에 의해 허가를 받을 수 있었던 것을 공연히 처분을 연기하여 그 사이에 허가기준 변경이 이루어졌기 때문에, 그것을 이유로 불허가처분을 한 것과 같은 특별한 경우」에는 본건이 해당하지 않는다.

「의약품을 조제하고 공급함으로써 이것을 직접 국민에게 연결시키는 역할을 하고 있는 약국이나 판매업의 점포 등도 다분히 공공성을 갖는 시설이라고 할 수 있다. 만약 그 개설을 업자의 자유에 맡기고 편재 및 난립을 방지하는 등의 배치의 적정성을 유지하기 위해 필요한 어떠한 조치도 강구하지 않을 때에는 그 편재에 의해 조제의 확보와 의약품의 적정한 공급은 기대하기 어렵게 되며, 또한 그 난립에 의해 무분별한 판매나 염가판매 등의 과다경쟁을 발생시켜 그 경영을 불안정하게 만들고, 나아가 그 시설에 결함이 발생하여 품질이 저하된 의약품의 조제공급 등의 바람직하지 않은 영향을 미칠 우려가 있다.……약국 등은 의약품의 생산을 담당하는 것이 아니지만, 의약품은 관리가 충분하지 않으면 품질을 저하시킬 뿐만 아니라 인체에 독이 될 수도 있으므로, 유통부문만을 담당하기 때문에 위와 같은 논리적 귀결이 될 수도 있다.……따라서 약국 등의 설치 장소가 배치적정을 결여하고 그 편재 내지 난립을 초래하는 것과 같은 것은 공공의 복지에 반하는 것으로서 이와 같은 이유에 의해 약국개설 등에 허가를 부여하지 않을 수 있다는 취지의 위 개정 약사법 및 이에 근거한 위 히로시마현조례는 헌법 제22조에 위반하는 것은 아니다」.

상고심=최고재판소

■ 당사자의 주장 (쟁점)

〈법적인 근거에 관련된 주장〉

상고인 ①약사법 제6조 제2항, 제4항(이것들을 준용하는 동법 제26조 제2항) 및 이에 근거한 히로시마현의 「약국 등의 배치 기준을 정한 조례」를 합헌으로 한 원 판결에는 헌법 제22조, 제13조의 해석 · 적용을 잘못한 위법이 있다. ②본건 허가신청에 대해 1963년 개정 후의 약사법 규정에 의해 처리해야 할 것으로 한 원심의 판단은 헌법 제31조, 제39조, 민법 제1조 제2항에 위반하고, 약사법 제6조 제1항의 적용을 잘못한 것이다.

피상고인 (상고이유 ①에 관계한 부분만): 약사법 제6조 제2항 등은 헌법에 위반하지 않는다. ①약국 등의 편재는 이전부터 문제가 되었지만, 1957년경부터 일부 대도시에서 약국 등의 편재에 의한 과다경쟁의 결과 의약품의 투매경쟁에 의한 폐해가 문제 되었다. 이러한 폐해의 대책으로 행정지도에 의한 해결의 노력이 거듭되었지만 그것은 한계가 있고 입법조치가 요구되기에 이르렀다. ②과다경쟁이나 투매에 의해 일부 업자의 경영이 불안정하게 되고, 그 결과 설비, 기구 등의 결함이 생겨 의약품의 저장 그 밖의 관리가 소홀히 되어 양질의 의약품 공급이 불안해지며, 또한 소비자에 의한 의약품의 남용을 조장하거나 판매시에 필요한 주의나 지도가 불충분하게 되는 등 의약품의 공급을 원활하게 공급하기 어려워졌다. 이것을 해소하기 위해서는 약국 등의 경영의 안정을 도모할 필요가 있다. ③의약품의 품질 여부는 전문가만 판정할 수 있는 것으로 일반 소비자에게는 그러한 능력이 없기 때문에 불량의약품의 공급 방지를 일반 소비자에게 기대할 수가 없다. 또한 법규위반에 대한 행정상의 감시체제는 그 대상이 되는 수가 방대하다는 점에 비추어 도저히 완전함을 기대할 수가 없으므로, 이것으로는 불량의약품의 공급을 방지하는 것이 불가능하다.

■ 법적 구성

1. 헌법 제22조 제1항의 직업선택의 자유와 허가제

(1) 「헌법 제22조 제1항은 누구라도 공공의 복지에 반하지 않는 한 직업선택의 자유를 갖는다고 규정하고 있다. 직업은 사람이 자기의 생계를 유지하기 위해 행하는 지속적 활동임과 더불어 분업사회에서는 사회의 존속과 발전에 기여하는 사회적 기능분담의 활동인 성질을 가지며, 각자가 자기가 갖는 개성을 발휘해야 할 장으로서 개인의 인격적 가치와도 불가분의 관련성을 갖는 것이다.……그리고 이와 같은 직업의 성격과 의의에 비추어 볼 때, 직업은 그 선택 즉, 직업의 개시 · 계속 · 폐지에 있어

서 자유로울 뿐만 아니라, 선택한 직업의 수행자체 즉, 그 직업활동의 내용·형태에서도 원칙적으로 자유가 요청되는 것이며, 따라서 위 규정은 협의의 직업선택의 자유뿐만 아니라 직업활동의 자유의 보장을 포함하고 있는 것이라고 해석해야 한다」.

(2) 그렇지만 직업은 그 성질상 사회적 상호관련성이 크기 때문에 「직업의 자유는 그 이외의 헌법이 보장하는 자유, 특히 이른바 정신적 자유와 비교해서 공권력에 의한 규제의 요청이 강하다」. 「이처럼 직업은 그 자체 속에 뭔가 제약의 필요성이 내재하는 사회적 활동이지만, 그 종류, 성질, 내용, 사회적 의의 및 영향이 매우 다종다양하기 때문에 그 규제를 요구하는 사회적 이유 내지 목적도 국민경제의 원활한 발전이나 사회공공의 편의 촉진, 경제적 약자의 보호 등의 사회정책 및 경제정책상의 적극적인 것에서부터 사회생활에서 안전의 보장이나 질서의 유지 등의 소극적인 것에 이르기까지 천차만별로 다양하다」. 이에 대응해서 현실적으로 직업의 자유에 대해 가해지는 제한도 국가 또는 공공단체가 전업(專業)에서부터 직업 수행의 방법 또는 형태에 대한 규제에 이르기까지 각각의 사정에 따라 각양각색의 형태를 취한다. 「때문에 이러한 규제조치가 헌법 제22조 제1항에서 말하는 공공의 복지를 위해 요구되는 것으로 시인되는지의 여부는 이것을 일률적으로 논할 수가 없으며, 구체적인 규제조치에 대해 규제의 목적, 필요성, 내용, 이에 의해 제한되는 직업의 자유의 성질, 내용 및 제한의 정도를 검토하고, 이것들을 비교형량한 다음에 신중히 결정하지 않으면 안 된다. 이 경우 위와 같은 검토와 고려를 하는 것은 일차적으로 입법부의 권한과 책무이며, 재판소로서는 규제의 목적이 공공의 복지에 합치하는 것으로 인정되는 이상, 그 규제조치의 구체적 내용 및 그 필요성과 합리성에 대해서는 입법부의 판단이 그 합리적 재량의 범위에 머무르는 한, 입법정책상의 문제로서 그 판단을 존중해야 하는 것이다. 그러나 위의 합리적 재량의 범위에 대해서는 사안의 성질상 자연히 넓고 좁을 수 있으며, 재판소는 구체적인 규제의 목적, 대상, 방법 등의 성질과 내용에 비추어 이것을 결정해야 하는 것으로 말할 수 없다」.

(3) 직업허가제가 설정되는 이유는 다종다양하며, 그것이 헌법상 시인되는지의 여부도 일률적인 기준을 가지고 논할 수는 없지만, 「일반적으로 허가제는 단순한 직업활동의 내용 및 형태에 대한 규제를 넘어 협의의 직업선택의 자유 그 자체에 제약을 가하는 것으로 직업의 자유에 대한 강력한 제약이기 때문에, 그 합헌성을 긍정하기 위해서는, 원칙적으로 중요한 공공의 이익을 위해 필요하고 합리적인 조치라는 것을 요하고, 또한 그것이 사회정책 내지 경제정책상의 적극적인 목적을 위한 조치가 아니라 자유로운 직업 활동이 사회공공에 대해 초래하는 폐해를 방지하기 위한 소극적, 경찰적 조치인 경우에는 허가제에 비해 직업의 자유에 보다 유연한 제한인 직업 활동의 내용

및 형태에 대한 규제로는 위의 목적을 충분히 달성할 수가 없다고 인정되는 것을 요한다.……그리고 이 요건은 허가제 그 자체에 대해서 뿐만 아니라, 그 내용에 대해서도 요구되는 것으로 허가제의 채용 자체가 시인되는 경우라 하더라도 개개의 허가조건에 대해서는 더욱이 개별적으로 위의 요건에 비추어 그 적부를 판단하지 않으면 안 된다」.

■ 적용

2. 약사법에서의 허가제에 대해서

(1) 약사법은 의약품 등의 공급업무에 관해서 넓게 허가제를 채택하고 있다.「의약품은 국민의 생명 및 건강의 유지에 있어서 필수품임과 동시에, 이것과 지대한 관계를 갖는 것이기 때문에 불량의약품의 공급(불량조제를 포함. 이하 동일)으로부터 국민의 건강과 안전을 지키기 위해 업무의 내용규제뿐만 아니라, 공급업자를 일정한 자격요건을 구비하는 자로 한정하고, 그 이외의 자에 의한 개업을 금지하는 허가제를 채택하는 것은 그 자체로서는 공공의 복지에 적합한 목적을 위해 필요하고 합리적 조치로서 긍정할 수가 있다」.(최고재1963년(あ) 제3179호 동1965년 7월 14일 대법정 판결 · 刑集 19권5호554면, 동 1963년(お) 제737호 동 1966년 7월 20일 대법정 판결 · 民集 20권 6호 1217면 참조).

(2) 따라서 더 나아가 허가조건에 관한 기준을 보면, 약사법 제6조는 제1항에서 약국의 개설설비, 약사업무에 종사해야 할 약제사의 수, 허가신청자의 인적결격사유에 대해 허가조건을 정하고, 제2항에서는 개설장소의 배치적정성의 관점에서 불허가할 수 있는 경우를 인정하고, 제4항에서 그 구체적 내용의 규정을 도도부현(都道府県)의 조례에 위임하고 있다.「이러한 허가조건에 관한 기준 중에서 동조 제1항 각호에서 규정하고 있는 것은 모두 불량의약품의 공급 방지 목적에 직결된 사항이며, 비교적 용이하게 그 필요성과 합리성을 긍정할 수 있는 것……임에 비해, 제2항에서 규정하고 있는 것은 이와 같은 직접적인 관련성을 가지고」 있지 않다. 때문에 이하에서 적정배치조항의 취지, 목적을 명확히 하고, 이와 같은 허가조건의 설정과 그 목적과의 관련성 및 이와 같은 목적을 달성할 수단으로서의 필요성과 합리성을 검토하고, 이 점에 관한 입법부의 판단이 그 합리적 재량의 범위를 넘는지의 여부를 판단하는 것으로 한다」.

3. 약국 및 의약품의 일반판매업(이하,「약국 등」이라 함)의 적정배치규제의 입법목적 및 이유에 대해서

(1) 약사법 제6조 제2항, 제4항의 적정배치규제에 관한 규정은 1963년 법개정에 의해 추가된 것이지만, 그 제안이유는「일부 지역에서 약국 등의 난설(乱設)에 의한

과다경쟁 때문에 일부업자에게 경영 불안전을 야기하고, 그 결과로서 시설 결함 등에 의한 불량의약품의 공급 위험이 발생하는 것을 방지할 것 및 약국 등의 일부 지역으로의 편재 저지에 의해 무약국지역 또는 과소약국지역으로의 약국의 개설 등을 간접적으로 촉진할 것, 두 가지 점을 들고」 있다. 「그 중에서도 전자가 그 주요한 목적을 이루고, 후자는 부차적, 보충적 목적에 머무르는 것으로 보여진다」.

이에 의하면, 적정배치규제는 「주로 국민의 생명 및 건강에 대한 위험의 방지라고 하는 소극적, 경찰적 목적을 위한 규제조치이며, 거기서 고려되고 있는 약국 등의 과다경쟁 및 그 경영의 불안정화의 방지도 그 자체가 목적이 아니라, 어디까지나 불량의약품의 공급방지를 위한 수단에 지나지 않은 것으로 인정된다. 즉, 소기업이 많은 약국 등의 경영보호와 같은 사회정책적 내지 경제정책적 목적은 위의 적정배치규제가 의도하는 것은 아니다(이 점에서 최고재 1968년(あ) 제23호 동 1972년 11월 22일 대법정 판결・刑集 26권 9호 586면의 소매상 조정특별조치법에서의 규제와는 취지를 달리하며, 따라서 위 판결에서 제시된 법리는 반드시 본건의 경우에 적절하지 않다)」. 또한 본건 적정배치규제에는 당해 관청이 갖는 고도의 공공성을 이유로 한 강력한 규제의 반면으로서 기존의 약국 등에 일정 정도의 독점적 지위를 부여하는 취지, 목적은 전혀 포함되어 있지 않다.

(2) ……

4. 적정배치규제의 합헌성에 대해서

(1) 지역적인 배치기준을 정한 목적은 어느 것이나 공공의 복지에 합치하는 것이며, 나아가 그 자체로서는 중요한 공공의 이익이라고 할 수가 있기 때문에, 「위의 배치규제가 이러한 목적을 위해 필요하면서 합리적이며, 약국 등의 업무집행에 대한 규제만으로는 위의 목적을 달성할 수 없다고 한다면, 허가조건의 하나로서 지역적인 적정배치기준을 정하는 것은 헌법 제22조 제1항에 위반하는 것이라고 할 수 없다. 문제는 과연 위와 같은 필요성과 합리성의 존재를 인정할 수 있는가 하는 것이다」.

(2) 약국 등의 설치장소에 대해 지역적 제한이 마련되어 있지 않은 경우, 약국 등이 도회지에 편재하고, 이에 동반하여 그 일부에 있어서 업자간의 과다경쟁이 발생하고, 그 결과로서 일부업자의 경영이 불안정하게 되는 등의 사태를 초래할 가능성이 있는 것은 쉽게 추측할 수 있다. 「그러나 그것으로부터 의약품 공급상의 현저한 폐해가 약국의 개설 등의 허가에 대해 지역적 규제를 시행함으로써 방지하지 않으면 안 되는 필요성과 합리성을 긍정시킬 정도로 발생하고 있는 것이라고 합리적으로 인정할 수 있는지에 대해서는 더욱 검토를 필요로 한다」.

Ⓐ 「약국 개설 등의 허가에 있어서 적정배치규제는 배치장소의 제한에 그치고, 개업 그 자체가 허용되지 않은 것은 아니다. 그렇지만 약국 등을 자기의 직업으로 선

택하고, 이것을 개업하는 데 있어서는 경영상의 타산 이외에 제반 생활상의 조건을 고려하여, 자기가 희망하는 개업 장소를 선택하는 것이 일반적이며, 특정장소에서의 개업의 불능은 개업 그 자체의 단념으로도 이어질 수 있는 것이기 때문에, 前記와 같은 개업장소의 지역적 제한은 실질적으로 직업선택의 자유에 대한 커다란 제약적 효과를 갖는다」.

Ⓑ 피상고인의 주장을 검토함

(a) 현행법상 국민의 보건상 유해한 의약품의 공급을 방지하기 위하여 약사법 및 약제사법은 약사관계 각종업자의 업무활동에 대한 규제를 정하고 있으며, 「형벌 및 행정상의 제재와 행정적 감독 하에서 그것이 준수되는 한, 불량의약품의 공급방지라는 경찰상의 목적을 충분히 달성할 수가 있을 것이다」. 그렇지만 이것에 의해 위반 그 자체를 근절하는 것은 곤란하기 때문에 더욱 나아가서 위반의 원인이 될 가능성이 있는 사유를 가능한 한 제거하는 예방적 조치를 강구할 필요성이 전혀 없다고는 할 수 없다. 「그러나 이와 같은 예방적 조치로서 직업의 자유에 대한 커다란 제약인 약국의 개설 등의 지역적 제한이 헌법상 시인되기 위해서는 단순히 위와 같은 의미에서 국민의 보건상 필요성이 있다는 것만으로는 부족하고, 이와 같은 제한을 시행하지 않으면 위의 조치에 의한 직업의 자유의 제약과 균형을 잃지 않을 정도에서 국민의 보건에 대한 위험을 발생시킬 우려가 있다는 것이 합리적으로 인정될 것을 필요로 한다고 해야 할 것이다」.

(b) 피상고인은 약국 등의 편재에 동반하는 일부 지역에서 과다경쟁의 결과로 발생하는 일부업자의 경영상의 불안정이 양질의 의약품 공급을 방해할 위험을 발생시킨다고 논하고 있다. 물론 관념상으로는 그러한 가능성을 부정할 수 없지만, 과연 실제로 어느 정도 그와 같은 위험이 있는가가 반드시 명확한 것도 아니다. 피상고인이 지적하는 대도시 일부 지역에서의 의약품 덤핑판매도 주로 도매상이나 슈퍼마켓에 의한 저가격 판매를 계기로 발생한 것이며, 일반적으로 의약품의 투매에 대해서는 일부 과잉생산과 이에 동반하는 치열한 판매경쟁, 유통과정에서의 영업정책상의 행태 등이 유력한 요인이라고 상정되는 것을 고려하면, 「불량의약품의 판매 현상을 곧바로 일부 약국 등의 경영불안정, 특히 그 결과로서의 의약품의 저장 그 밖의 관리상의 불비 등에 직결시키는 것은 결코 합리적인 판단이라고 할 수 없다.……이와 같이 보게 되면, 경쟁 격화—경영의 불안정—법규위반이라는 불량의약품의 공급 위험이 약국 등의 단계에서 상당 정도의 규모로 발생할 가능성이 있다고 하는 것은 단순한 관념상의 상정에 지나지 않고, 확실한 근거에 기초한 합리적인 판단이라고는 인정하기 어렵다고 할 수 있다」.

(c)(d)(e)……생략

(f)「이상 (b)에서 (e)까지 논한 바와 같이, 약국 등의 설치장소의 지역적 제한의 필요성과 합리성을 뒷받침하는 이유로서 피상고인이 지적하는 약국 등의 편재—경쟁격화—일부약국 등의 경영불안정—불량의약품의 공급의 위험 또는 의약품 남용의 조장 폐해라는 사유는 그 어느 것도 아직 그것에 의해 위의 필요성과 합리성을 긍정하기에는 부족하고, 또한 이들 사유를 종합하더라도 위의 결론을 바꾸는 것은 아니다」.

Ⓒ 피상고인이 주장하는 설치장소의 제한에 의한 무약국지역 또는 과소약국지역으로의 진출 촉진에 대해서도「그와 같은 효과를 어디까지 기대할 수 있는가는 큰 의문이며, 오히려 그 실효성이 빈약하고, 무약국지역 또는 과소약국지역에서의 의약품 공급의 확보를 위해서는 다른 방책이 있을 것이기 때문에, 무약국지역 등의 해소를 촉진할 목적을 위해 설치장소의 지역적 제한과 같은 강력한 직업의 자유의 제한 조치를 취하는 것은 목적과 수단의 균형을 현저하게 상실하는 것으로서, 도저히 그 합리성을 인정할 수 없다」.

「본건 적정배치규제는 위의 목적과 前記 Ⓑ에서 논한 국민의 보건상의 위험방지 목적과의 2개의 목적을 위한 수단으로서의 조치라는 것을 고려에 넣는다하여도, 전체적으로 그 필요성과 합리성을 긍정할 수 있기에는 아직 먼 것이며, 이 점에 관한 입법부의 판단은 그 합리적 재량의 범위를 넘는 것이라고 할 수 있다」.

5. 결론

「이상과 같이 약국의 개설 등의 허가기준의 하나로서 지역적 제한을 정한 약사법 제6조 제2항, 제4항(이들을 준용하는 동법 제26조 제2항)은 불량의약품의 공급방지 등의 목적을 위해 필요하면서 합리적인 규제를 정한 것이라고 할 수 없기 때문에, 헌법 제22조 제1항에 위반되고 무효이다」.

■ 결론

최고재판소는 상고이유 ②에 대해서는 이유가 없다고 했지만, ①에 대해 상고인의 주장을 인정하고「원 판결을 파기한다. 피상고인의 항소를 기각한다」고 판시했다.

기본 해설

1. 본 판결의 의의

본 판결은 3년 전의 소매시장 사건 대법정 판결과 함께 직업의 자유・영업의 자유를 제한하는 법률에 대해서「규제이분론」(「목적이분론」)을 확립한 것이라 알려져 있다.

즉, 소매시장 사건 판결에서 개인의 경제활동에 대한 법적 규제는 개인의 자유로운 경제활동으로부터 초래되는 제반 폐해가 사회공공의 안전과 질서유지의 견지로부터 간과할 수 없는 경우에, 소극적으로 그와 같은 폐해의 제거 내지 완화를 위해 필요하면서 합리적인 규제인 경우에 한해서 허용된다. 뿐만 아니라, 「헌법은 국가의 책무로서 적극적인 사회경제정책의 실시를 예정하고 있는 것이라 할 수 있으며, 개인의 경제활동의 자유에 관한 한, 개인의 정신적 자유 등에 관한 경우와 달리 위의 사회경제정책의 실시의 수단의 하나로써 거기에 일정한 합리적 규제조치를 강구하는 것은 본래 헌법이 예정하고 있으며, 나아가 허용하는 바이다」라고 설시하였다.

이 설시는 당초 정신적 자유와 경제적 자유를 강조하는 것으로 읽혀져 이른바 「이중의 기준론」을 지지하는 학설에 의해 환영받았다. 그렇지만 그 뒤의 최고재판소 판례는 학설이 기대한 정신적 자유의 엄격심사라는 방향으로 나아가지 않았으며, 경제활동의 자유에 대한 적극·소극규제의 이분론으로 결실을 맺었다.

본 판결 및 소매시장 사건 판결로부터 명확히 된 것은 ①기본적 인권에 대한 규제에는 소극목적에 의한 것과 적극목적에 의한 것이 있으며, ②정신적 자유에 대해서는 소극목적에 의한 규제만이 허용되어 적극목적에 의한 규제는 허용되지 않는 것, ③경제적 자유에 대해서는 소극목적 이외에 적극목적에 의한 규제도 가능하지만, 규제목적의 차이에 따른 다른 위헌심사기준이 이용된다는 것이다. 여기서 ③이 이른바 규제이분론이다.

2. 규제목적과 위헌심사

구체적으로 소극목적에 의한 규제와 적극목적에 의한 규제는 재판소에 의한 위헌심사의 형태에 대해 다음과 같은 차이가 생긴다.

(1) 적극목적의 경우

먼저 적극목적에 의한 규제에 대해서 소매시장 사건 판결은 「개인의 경제활동에 대한 법적 규제는 결코 무제한적으로 허용되어야 하는 것은 아니고, 그 규제의 대상, 수단, 형태 등에서도 스스로 일정한 한계가 존재한다」고 하는 한편, 「사회경제의 분야에서도 법적 규제조치를 강구할 필요가 있는지 어떤지, 그 필요가 있다하더라도 어떠한 대상에 대해서, 어떠한 수단·형태의 규제조치가 적절하고 타당한지는 주로 입법정책의 문제로서 입법부의 재량적 판단을 기다릴 수밖에 없다」고 했다.

그러면, 재판소가 입법부의 재량적 판단을 존중하지 않으면 안 되는 이유는 무엇인가? 동 판결은 법적 규제조치의 필요의 유무나 법적 규제조치의 대상수단형태 등을 판단하는 데 있어서는 그 대상이 되는 사회경제의 실태에 대해 정확한 기초자료가 필요하며, 구체적인 법적 규제조치가 현실의 사회경제에 어떠한 영향을 미치는지 그 이해득실을 통찰함과 함께 사회경제정책 전체와의 조화를 넓게 고려하는 등 상호 관련하는 제반 조건에 대한 적정한 평가와 판단이 필요하며, 이와 같은 평가와 기능은 그야말로 입법부의 사명이며, 입법부야말로 그 기능을 수행할 적격을 갖춘 국가기관이라 하고 있다. 그로부터 귀결된 위헌심사기준이 「재판소는 입법부의 위의 재량적 판단을 존중하는 것을 원칙으로 하고, 다만 입법부가 그 재량권을 일탈하고 당해 법적 규제조치가 현저히 불합리하다는 것이 명백한 경우에 한해서 이것을 위헌으로 하고 그 효력을 부정할 수가 있다」는 기준이다(명백의 원칙).

(2) 소극목적의 경우

한편, 약사법 판결은 소극목적에 의한 약국의 거리제한은 「소매상업조정특별조치법에서의 규제와는 그 취지를 달리하고, 따라서 위 판결에서 제시된 법리는 반드시 본건의 경우에 적절하지 않다」고 하고, 명백의 원칙을 이용해야 하는 것은 아니라고 하였다. 약사법 판결은 입법목적 달성 수단의 필요성·합리성에 대해 입법부의 주장을 그대로 받아들이는 것이 아니라, 그것을 뒷받침하는 「입법사실을 상세하게 검토한 뒤에 결론을 도출하고 있다」(米沢 참조)는 것이 특징이라 할 수 있다. 이러한 심사기준은 ≪엄격한 합리성의 기준≫이라 일컬어지고 있지만, 구체적으로는 ①보다 유연한 규제수단인 직업 활동에 대한 규제에 있어서는 입법목적을 달성할 수 없는 경우에만 허가제라는 직업선택에 대한 강력한 제한을 채택할 수 있을 것, ②나아가 허가제 자체가 긍정되는 경우라 할지라도, 개개의 허가조건에 대해 개별적으로 필요성과 합리성이 인정되지 않으면 안 된다는 것을 요구한다.

3. 규제이분론의 사정(射程)

이와 같은 규제이분론은 학설에서도 기본적으로 환영받았다. 그런 한편, ①적극목적의 범위가 불명확하다는 것, ②입법목적의 분류가 곤란한 경우나 하나의 입법이 적극·소극 양쪽의 목적을 추구하는 경우가 있다는 것, ③입법목적에 덧붙여 규제의 강도도 고려할 필요가 있다는 것 등이 지적되고 있으며, 또한 판례에 대해서도 ④주류판매 면허제 사건 판결처럼 영업허가에 관련된 사례였음에도 규제이분론이 사용되지 않은 판례나, ⑤재산권에 대해 규제이분론이 사용되지 않은 삼림법 판결과 같은 사례가 등장함으로써 규제이분론은 만능이 아니라 그 사정(射程)에는 스스로의 한계가 있는 것은 아닌가라는 의문이 제기되어 왔다.

(1) 「적극목적」의 사정

소극목적 즉, 「사회생활에서 안전보장이나 질서유지」(본 판결)가 무엇인가는 경찰법・위험방어법에 의해 그 윤곽이 비교적 명확히 나타난다. 한편, 적극목적의 윤곽은 반드시 자명한 것은 아니다. 본 판결에서는 적극목적이 「국민경제의 원만한 발전이나 사회공공의 편의의 촉진, 경제적 약자의 보호 등의 사회정책 및 경제정책상의 적극적인 것」으로 정의되어 있지만, 「국민경제의 원만한 발전이나 사회공공의 편의 촉진」에 중점을 둘 것인가, 아니면 「경제적 약자의 보호」에 중점을 둘 것인가에 의해 그 범위는 현저히 다르다는 것을 알 수 있을 것이다. 학설에서는 적극목적을 약자보호, 생존권에 직결한 규제에 한정하는 견해도 유력하지만(浦部), 아마도 최고재판소는 사회・사회경제정책 일반을 가리키는 넓은 의미로 적극목적을 채택하고 있다고 보여진다.

더욱이, 적극목적을 협의로 파악하는 입장에서 보면, 제반 사회경제정책 속에서 약자보호를 직접 목적으로 한 규제만이 적극규제로 간주되는 것이며, 예를 들어 국민경제전체의 성장(파이의 확대)을 지향하는 정책적 규제는 가령 파이의 확대에 의해 약자에게 혜택이 미친다고 하더라도, 여기서 말하는 적극목적은 아니라는 것이 된다. 또한 보다 엄격한 입장에서 본다면, 약자보호를 위해 강자에게 규제를 가하는 경우에만 적극목적이며, 가령 약자보호를 위해서라도 다른 약자에게 부담이나 나쁜 영향을 주는 규제 〔가령 영세생사(生糸)수입업자나 직물업자의 희생 하에 영세생사업자를 보호하는 입법〕는 적극목적이 아니다.

(2) 규제목적을 항상 이분할 수 있는가?

소매시장 사건 판결 및 약사법 위헌 판결은 모두 다 규제목적이 적극 또는 소극 어느 쪽인지 확실히 분류될 수 있는 것이었다. 그렇지만 규제목적 이분이 항상 가능한 것은 아니다.

(a) 그 하나는 규제목적이 적극・소극 어느 쪽도 해당하지 않는(다고 생각되어지는) 경우이다. 최고재판소처럼 적극목적을 넓게 「국민경제의 원만한 발전이나 사회공공의 편의의 촉진」을 포함한 것으로 파악하는 경우라도, 주류판매 면허제에서 문제가 된 세수확보의 경우처럼 입법목적으로 적극적으로도 소극적으로도 특정하기 어려운 경우가 있다. 더욱이 재산권이지만, 삼림법 위헌 판결은(재산권에 대한 규제는) 재산권의 종류, 성질 등이 다종다양하며, 또한 재산권에 대해 규제를 요구하는 사회적 이유 내지 목적도 사회공공의 편의촉진, 경제적 약자의 보호 등의 사회정책 및 경제정책상의 적극적인 것에서부터 사회생활에서의 안전보장이나 질서유지 등의 소극적인 것에 이르기까지 다양하기 때문에 여러 형태가 있을 수 있다고 설시하면서 규제이분론까지는 나아가지 않았다.

(b) 규제목적을 이분할 수 없는 또 다른 경우는 하나의 규제가 복수의 목적을 갖는 경우이다. 가령 대기오염물질・수질오염물질의 규제는 주변 주민의 생명・건강보

호를 위해 요청되는 최저한도에 머무르는 한 소극목적이지만, 그것을 넘어선 부분을 포함한 경우에는 양호한 자연환경·생활환경이라는 적극목적을 동시에 추구하는 것이 된다. 아래에서 보는 바와 같이 공중목욕탕의 거리제한에 대해서도 당초는 소극목적 규제라고 생각되어졌지만, 사정의 변화에 의해 적극목적 규제라고 생각되어지게 되었다.

공중목욕탕의 개설에 적정배치를 요구하는 공중목욕탕법 제2조 및 그에 근거한 조례의 합헌성이 다투어진 사건에서 최고재판소는 1955년 판결에서 공중목욕탕의 설립을 업자의 자유에 맡기고, 편재 및 난립을 방지하는 등 그 배치의 적정을 유지하기 위한 필요한 조치가 전혀 강구되지 않는 때에는, 그 편재에 의해 다수의 국민이 일상생활에서 용이하게 공중목욕탕을 이용하려고 하는 경우에 불편을 초래하는 것을 막기 어렵다. 또한 그 난립에 의해 목욕탕 경영에 불필요한 경쟁이 생겨 그 경영을 경제적으로 불합리하게 만들어 결국에는 목욕탕 위생설비저하 등 바람직하지 않은 영향을 초래하는 것을 막기 어렵다고 설시하고, 규제목적을 약사법과 거의 동일한 소극목적이라고 파악했지만, 그 규제는 헌법 제22조에 반하지 않는다고 판시하였다(약사법 위헌 판결 보다 이전의 판결이라는 것에 주의).

그러나 최2소판 1988年 1月 20日 刑集 43권 1호 1면은「공중목욕탕이 주민의 일상생활에서 빼놓을 수 없는 공공적 시설이며, 여기에 의존하고 있는 주민의 수요에 응답하기 위해 그 유지, 확보를 도모할 필요가 있다는 것은 입법 당시도 지금도 변함은 없다. 오히려 공중목욕탕의 경영이 곤란한 상황에 있는 오늘날에는 한층 그 중요성이 증가하고 있다. 그렇다면 공중목욕업자가 경영의 곤란으로 인한 폐업이나 전업을 하는 것을 방지하고, 건전하고 안정된 경영을 할 수 있도록 제반 입법상의 수단을 취하고, 국민의 보건복지를 유지하는 것은 그야말로 공공의 복지에 적합한 것이며, 위의 적정배치규제 및 거리제한도 그 수단으로서 충분한 필요성과 합리성을 갖고 있다고 인정된다. 원래 이와 같은 적극적, 사회경제정책적인 규제목적에서 나온 입법에 대해서는 입법부가 취한 수단이 그 재량권을 일탈하고 현저하게 불합리하다는 것이 명백한 경우에 한해서 이것을 위헌으로 해야 한다」고 설시하고, 그 규제목적을 적극적·사회경제정책적인 것이라고 파악하고 있다.

또한 최3소판 1989年 3月 7日 判時 1308호 111면에서는「적정배치규제의 목적은 국민보건 및 환경위생의 확보임과 더불어 공중목욕탕이 자가욕탕을 갖고 있지 않은 국민들에게 일상생활상의 필요불가결한 후생시설이며, 목욕요금이 물가통제령에 의해 저가로 통제되어 있는 것, 이용자의 범위가 지역적으로 한정되어 있기 때문에 기업으로서의 탄력성이 빈약한 것, 자가욕탕의 보급에 따라 공중목욕탕의 경영이 곤란하게 된 것 등에 비추어, 기존 목욕탕업자의 경영안정을 도모함으로써 자가욕탕을 갖고 있지 않은 국민들에게 필요불가결한 후생시설인 공중목욕탕 자체를 확보하려고 하는 것도 그 목적으로 하고 있다」라고 하여, 적극목적 · 소극목적을 병합하는 것으로 해석하고 있다.

4. 규제이분론의 의의

이처럼 판례를 개관하면, 규제의 목적을 「적극 · 소극 어느 쪽으로 잘라내어 위헌심사기준을 거기에 대응시킬 수 없는 경우가 있다」(芦部)는 것을 인정하지 않으면 안 된다. 또한 규제이분론은 제3의 규제목적의 등장을 배제하는 것이 아니라, 주류판매면허제 사건에서 소노베(園部) 재판관의 보충의견이 주장하는 것처럼, ≪재정목적≫에 의한 직업의 자유의 제한도 가능하다고 해석해야 할 것이다.

이와 같은 의미에서 규제이분론은 「합헌성 판단기준의 적용척도의 문제」(市川)이며, 위헌심사기준결정의 절대적이며 배타적인 지표는 아니다고 보아야 한다. 본 판결에 대해서는≪소극목적≫→≪엄격한 합리성 심사≫라는 이해가 정착하고 있지만, 아마도 본 판결에는 보다 중요한 설시가 포함되어 있는 것으로 보여진다.

본 판결은 모두(冒頭)에서 직업의 자유의 의의를 「사람이 자기의 생계를 유지하기 위해 행하는 계속적 활동임과 동시에,……이것을 통해 사회의 존속과 발전에 기여하는 사회적 기능분담의 활동인 성질을 가지며, 각자가 자기가 갖는 개성을 발휘해야 할 장으로서 개인의 인격적 가치와도 불가분의 관련을 갖는 것」이며, 다른 한편으로 직업은 「그 성질상 사회적 상호관련성이 크다」고 설시하고 있다. 이처럼 최고재판소는 개인의 인격적 가치와 사회적 상호관련성의 경합 속에서 직업의 자유에 대한 규제의 근거와 한도를 구하고 있다. 규제이분론은 「단순한 직업활동의 내용 및 형태에 대한 규제를 넘어, 협의의 직업선택의 자유 그 자체에 제약을 가하는 것으로 직업의 자유에 대한 강력한 제한인」(본 판결) 허가제에 대해서 엄격한 심사를 행해야 할 경우와 입법부의 판단을 존중해야 할 경우를 양분하는 하나의 지표를 제공하는데 지나지 않는다.

「직업은……그 종류, 성질, 내용, 사회적 의의 및 영향이 매우 다종다양하기 때문에 그 규제를 요구하는 사회적 이유 내지 목적도,……적극적인 것에서부터,……소극적인 것에 이르기까지 천차만별로 그 중요성도 제각각이다」. 이에 대응하여 현실적으로 직업의 자유에 대해 가해지는 제한도 각각의 사정에 따라 각종각양의 형태를 취한다. 규제이분론이 일정한 합리성을 가진 지표라 하더라도, 이것에 의해 제반 구체적 규제의 위헌심사의 형태를 일원적으로 설명할 수 있는 것은 아니다는 것은 오히려 당연할 것이다.

Part Ⅱ 응용편

확인문제

1. 강학상의 「허가제」 관념에 대해서 설명하시오.
2. 허가 신청 후에 법개정에 의해 허가기준에 변경이 발생한 경우, 행정처분은 신청 시의 법률에 따라 이루어져야 하는가 아니면 처분시의 법률에 따라 이루어져야 하는가?
3. 본 판결은 직업의 자유의 의의 · 성격 및 보장 대상에 대해 어떻게 설시하고 있는가?
4. 표현의 자유와 비교하여 직업의 자유 및 이에 대한 규제에는 어떠한 특색이 있다는 것인가?
5. 「허가제」에는 직업활동의 내용 및 형태에 대한 규제와 비교하여 어떠한 특색이 있다는 것인가?
6. 적극목적 · 소극목적은 각각 어떻게 정의되고 있는가?
7. 3(1)에서 「이 점에서,……소매상업조정특별조치법에서의 규제와는 취지를 달리하고, 따라서 위 판결에서 제시된 법리는 반드시 본건의 경우에 적절하지 않다」라고 설시되어 있다.
   (1) 「위 판결에 제시된 법리」란 무엇인가?
   (2) 「위 판결에 제시된 법리」가 적절하지 않다고 된 이유는 무엇인가?
   (3) 그렇다면, 어떠한 「법리」가 적절하다고 된 것인가?

응용문제

설문 1 직업의 자유에 대한 다음 규제(조치)는 적극목적인가, 소극목적인가?
(1) 중소상점의 보호를 위해 대규모 슈퍼의 개점을 규제하는 것
(2) 주변의 주거환경의 보호를 위해 대규모 슈퍼의 개점을 규제하는 것
(3) 영세농가의 보호를 위해 쌀의 수입을 최소 접근에 한정하는 것
(4) 국내자동차산업을 보호육성하기 위해 수입차에 고액의 관세를 가하는 것
(5) 외국정부의 요청에 의해 가짜 브랜드 제품의 제조 · 판매를 단속하는 것

설문 2 직업의 자유에 대한 다음 규제(조치)는 직업선택에 대한 규제인가 아니면 직업활동에 대한 규제인가?
(1) 「보험의(保険医)」 제도를 도입하여 일정한 요건을 충족한 의사만을 보험의로서 인정하는 것

(2) 「전문의」 제도를 도입하여 하는 것이 일정한 요건을 충족한 의사만을 전문의로서 인정하는 것

(3) 약국의 주식회사화·체인점화를 금지하는 것

설문 3 다음 이유로 약국의 개설 또는 경영에 규제를 가하는 것은 헌법 제22조 등에 반하는가?

(1) 저가격으로 의약품을 판매하는 현금도매점이나 슈퍼와의 경쟁으로부터 소규모의 약국 경영을 보호하기 위해 거리제한을 부활하는 것

(2) 약국이 갖는 고도의 공공성을 이유로 기존의 약국에 지역에서의 독점적 지위를 부여하기 위해 거리제한을 부활시키는 것

(3) 약국의 편재 방지를 목적으로 「그 지역에 충분한 수요가 전망되는 경우에 한하여」 약국개설을 허가하는 취지의 법률을 제정하는 것

(4) 주민들의 긴급한 필요에 대응하기 위하여 지역마다 돌아가면서 휴일영업을 의무화하는 것

(5) 의약품의 적정한 제공을 목적으로 각 약국에 약제사 1명의 상주를 의무화하는 것

(6) 의약품의 적정한 제공을 목적으로 약국의 광고를 소재지·영업시간 등에 제한하는 것

(7) 약국·약제사의 직업윤리의 확립을 목적으로 의약품 이외의 상품(샴푸 등)의 판매를 금지하는 것

설문 4 다음 규제는 헌법 제22조 등에 반하는가?

(1) 공중목욕탕의 거리제한

(2) JR화물의 경쟁력을 강화하기 위해 각 지방자치단체에서 등록할 수 있는 장거리화물트럭의 총량에 상한을 설정하는 것. 또한 이것이 환경보호를 목적으로 하여 행해진 경우

(3) 담배소매업의 적정배치규제

(4) 「소금」이나 「담배」에 대해 전매를 부활시키는 것

(5) 관리매춘(管理売春)을 금지하는 것

(6) 고물영업에 대해 허가제를 취하는 것

(7) 각 지역에서 택시요금의 균일화를 명하는 것

설문 5 Y는 행정서사이지만, 업으로 전후 17회에 걸쳐 대리인으로서 등기신청절차를 하였는데, 사법서사법 위반으로 제소되었다고 가정하자. Y가 사법서사법 제19조 제1항, 제25조 제1항의 각 규정은 헌법 제22조 제1항에 위반된다고 주장하여 범죄의 성립을 다투는 경우, 재판소는 어떠한 기준을 이용하여 이

것을 심사해야 하는가? 규제이분론을 전제로 생각하시오(참조: 사법서사법 위반 사건 최3소판 2000年 2月 8日 刑集 54巻 2号 1면).

설문 6 식품판매업을 하는 X는 그 점포에서 식품판매와 병행하여 담배소매를 하려고 재무국장에게 담배사업법 제22조에 근거하여 담배소매업의 허가를 신청하였는데, 재무국장은 동법 제23조 3호 및 동법 시행규칙 제20조 2호의 거리제한규정을 이유로 불허가처분을 하였다. X가 담배사업법 제22조・제23조 3호 및 동법 시행법의 각 규정은 헌법 제22조 제1항에 위반된다고 주장하여, 불허가처분의 취소를 요청한 경우, 재판소는 어떠한 기준을 이용하여 이것을 심사해야 하는가?(참조: 최2소판 1993年 6月 25日 判時 1475号 59면) 담배사업법 시행령 제20조 (영업소의 위치가 부적당한 경우)

「법 제23조 3호에 규정하는 영업소의 위치가 제조담배 소매판매를 업으로 하는 데 부적당한 경우로 재무성령(財務省令)에서 정하는 경우는 다음 경우로 한다.

……

2. 예정영업소와 가장 가까운 소매판매업자의 영업소와의 거리가 특정소매판매업(극장, 여관, 음식점, 대규모 소매점포 〔하나의 점포로 그 점포 내의 매장면적의 합계가 400평방미터 이상의 점포를 말함. 이하 동일〕 그 밖의 폐쇄성이 있으면서 소비자의 체류성이 강한 시설 내의 장소를 영업소로 하여 제조담배 소매판매를 업으로 하는 것을 말함.)을 운영하려고 하는 경우 그 외 재무부장관이 정하는 경우를 제외하고, 예정영업소의 소재지 구분별로 25미터부터 300미터까지의 범위 내에서 재무부장관이 정하는 거리에 달하지 않는 경우……」

Part Ⅲ 이론편

◥ 전개문제

「직업의 자유를 제한하는 법률의 위헌심사기준은 규제목적을 중요한 하나의 지표로 하면서 규제형태도 아울러 생각할 필요가 있다」(芦部)는 견해를 논평하시오.

1. 규제목적이분론은 적극목적에 의한 직업의 자유의 규제에 대해서는 입법부의 재량을 존중한 유연한 심사를 하고, 소극목적에 의한 규제에 대해서는 당해 규제 수단의 필요성・합리성을 입법사실에 입각하여 엄격히 심사한다는 것이다. 학설은 대체

로 규제이분론을 지지하고 있지만, 한편 설문의 견해처럼 규제형태를 고려한 심사기준의 구분을 요청하는 견해도 유력하다. 아시베(芦部) 교수에 의하면, 「규제목적으로 하나의 중요한 지표로 하면서 그것뿐만 아니라 어떠한 행위가 어떻게 규제되어 있는가 등 규제의 형태를 아울러 생각할 필요가 있다」(芦部 · 後掲 208면). 구체적으로 「같은 소극목적이라 하더라도 직업에 새롭게 참가하는 것의 제한(직업선택의 자유 그 자체의 제한)은 영업행위(선택한 직업수행의 자유)에 대한 제한보다도 일반적으로 엄격히 심사되어야」하며, 같은 참가제한이라 하더라도 일정한 자격을 요구하는 요건이 아닌 본인의 능력에 관계하지 않는 경쟁제한적 규제에 의한 제한인 경우에는 엄격하게 그 합리성을 심사할 필요가 있다는 것이다(芦部 · 後掲 208면).

이와 같은 주장이 유력하게 된 배경에는 규제목적의 복합화 경향이 있다. 즉, 「종래 소극목적의 규제로 되어온 것 중에도 적극적 규제도 동시에 목적으로 하는 입법이 증가하고 있다」(野中ほか · 後掲 437면)는 것이며, 각종 건축규제나 공해규제가 그 예로 들어진다(또한 외압과 같은 특수사정이 수반하는 것에는 대규모소매점포법이 대규모소매점포입지법으로 변한 것처럼, 반대로 적극목적의 규제가 소극목적으로 바뀌어 잔존하는 경우도 있다). 이와 같은 규제목적의 복합화가 진행되면, 한편에서는 규제이분론의 기계적 적용이 곤란한 경우가 증가할 것이며, 다른 한편에서는 위헌심사기준이 전체적으로 유연하게 되는 경향을 취하게 될 것이다.

2. 규제의 형태에 따른 위헌심사가 요청되는 또 다른 하나의 배경이 독일의 약국법 위헌 판결이다. 직업의 자유는 독일의 헌법판례에서도 자기가 생활을 하는 기반임과 동시에 제1차적으로 인격과 관련된 인격발전의 자유라고 해석되고 있다. 그 제한의 위헌심사에 대해 일본에서도 주목되었지만, 약국의 신규개설은 그 지역에 충분한 수요가 예상되는 경우에만 허가한다는 바이에른 약사법의 경쟁제한적 규정을 위헌으로 한 1958년의 약국 판결이다(覚道 · 後掲, 野中 · 後掲 등을 참조). 이 판결에서 ①직업의 자유에 대한 제한을 직업수행(직업활동)에 대한 제한, ②허가의 주관요건에 의한 참가제한, ③허가의 객관적 요건에 의한 경쟁제한적인 참가제한으로 나누어, 각각의 규제형태에 따라 다른 위헌심사가 타당하다고 설시되었다.

구체적으로 ①직업수행의 자유에 대해서는 「과잉 부담이 되거나, 요구할 수 없는 법률상의 의무와 같이 그 자체가 헌법에 위반한 법률상의 의무」가 아니면 합헌이다. ②직업개시에 대한 특정 자격 등을 요구하는 허가의 「주관적 요건」에 의한 제한에 대해서는 「소정의 주관적 전제조건이 직업활동의 질서 있는 실현이라는 목적에 대해 균형을 상실해서는 안 된다」. ③마지막으로 당사자의 자격 · 능력과 관련이 없는 「객관적」 요건에 의한 제한에 대해서는 「그와 같은 자유의 제한이 필요한지에 대해 특히 엄격한 증명이 요구된다……. 일반적으로 지극히 중요한 공동체 법익에 대한 증명가능 내지 고도로 개연적인 중대한 위험의 방어만이 자유로운 직업선택에 대한 그와 같은 침해를 정당화할 수 있다. 그 밖의 공동체 이익의 촉진을 목적으로 하거나 구성원의 수를 제한하여 어떤 직업의 사회적 신망을 배려하는 것은 가령 그것이 다른 점에서는 입법자의 조치를 정당화하는 것이라 하더라도 불충분하다」.

3. 위와 같이 독일의 약국 판결은 직업의 자유에 대한 제한을 그 강도에 따라 3단계로 나누어, 보다 강한 제한에 대해서는 보다 엄격한 심사를 요청하는 데 특징이 있다.

한편, 일본의 약사법 위헌 판결도 실은 규제목적만을 위헌심사기준의 지표로 한 것은 아니었다. 즉, 최고재판소는 직업의 자유가 「개개인이 자신의 개성을 완성해야 할 장으로 개인의 인격적 가치와도 불가분의 관련을 갖는다」는 것을 모두에서 설시하고, 허가제에 대해서도 「일반적으로 허가제는 단순한 직업활동의 내용 및 형태에 대한 규제를 넘어, 협의의 직업선택의 자유 그 자체에 제약을 가하는 것으로 직업의 자유에 대한 강력한 제한이기 때문에 그 합헌성을 긍정하기 위해서는 원칙적으로 중요한 공공의 이익을 위해 필요하고 합리적인 조치임을 요한다」고 하였다. 허가의 주관적 요건과 객관적 요건의 구별에 대해서도 최고재판소는 전자에 대해서는 약사법 제6조 제1항이 정하는 약국의 구조설비, 약사업무에 종사해야 할 약제사의 수, 허가신청자의 인적 결격사유 등의 허가 조건에 대해서 「이러한 허가조건에 관한 기준 중에서 동조 제1항 각호에 정하는 것은 모두 불량의약품의 공급 방지의 목적에 직결되는 사항이며, 비교적 용이하게 그 필요성과 합리성을 긍정할 수 있는 것이다」고 하여, 간단하게 그 합헌성을 긍정하고 있다. 그리고 약사법 제6조 제2항이 정한 적정배치에 대해서만 엄격한 심사를 가하고 있는 것이다.

따라서 규제의 형태에 따른 위헌심사라는 설문 견해의 요청은 이미 약사법 위헌 판결에서도 자각되고 있는 것이다.

4. 그렇지만 직업이 인격발전과 결합된 자유라는 견해를 전제로 하는 한, 논리적으로는 독일의 약국 판결처럼 규제의 형태에만 착안하여 위헌심사기준을 결정하는 편이 이해하기 쉽다. 최고재판소는 아마도 그것을 자각한 다음 엄격 심사가 객관적 요건을 이용한 허가제 전체에 미치는 것을 회피하기 위하여 규제이분론이라는 다른 시점을 도입했을 것이다(石川 · 後掲 131면, 인격적 접근방법을 수정하는 것으로서 규제이분론을 이해하고 있다). 규제이분론을 도입한 결과, 공중목욕탕이나 소매시장에 대해 규제를 용이하게 합헌으로 하는 것이 가능하게 된 반면, 규제목적의 적극목적화

나 복합화에 의해 위헌심사가 헛돌거나 종래의 업계 보호적 규제가 위헌심사의 망을 빠져나가는 위험을 떠안게 되었고, 설문 견해와 같은 지적이 타당성을 얻어가는 것이다.

Part Ⅳ 두 번째 소재

니시진(西陳) 넥타이 사건

최고재판소 1990년 2월 6일 제3소법정 판결
1987년(オ) 제168호 손해배상청구사건
訟月 36권 12호 2242면

사실 개요

X 등은 모두 교토의 니시진(西陳) 직공업(職工業)조합에 가입하고, 니시진에서 생사를 원료로 한 실크넥타이 생지를 생산하고 있는 직물업자이다. 국회가 제정한 이른바 생사의 일원(一元)수입조치 및 생사 가격안정을 내용으로 한 법률에 의해, X 등은 자유롭게 외국산 생사를 수입하거나 생사를 국제가격과 동 수준의 가격으로 구입할 길이 폐쇄되어 국제가격의 약 2배라는 상당히 높은 국내가격으로 생사를 구입하지 않을 수 없게 되었다. 한편, 국회는 외국산 실크넥타이 및 실크넥타이 생지를 국내로 수입하는 것은 자유화하고 그 수입을 억제할 수단을 취하지 않았기 때문에, X 등이 제조하는 실크넥타이 생지의 국제경쟁력이 저하되고, 원고들은 국내에서 제조하는 실크넥타이 생지를 유럽공동체 가맹국에서 수입하는 넥타이나 넥타이 생지에 대항할 수 없어서, 적정가격보다 저렴한 가격으로 판매하지 않을 수 없었으며, 이로 인해 이윤이 저하되어 막대한 손해를 입고 도산 또는 그 위험에 처하게 되었다. 따라서 X 등은 상기 법률은 헌법 제22조 제1항, 제25조 제1항, 제29조 제1항에 위반하는 것이며, 그 위헌법률을 제정한 국회의 행위는 위법한 것이라 하여 국가배상법 제1조 제1항에 의해 그 손해배상을 청구하였다.

상고심=최고재판소

■ 법적 구성

「국회의원의 입법행위는 입법의 내용이 헌법의 일의적인 문언에 위반하고 있음에도 불구하고 억지로 당해 입법을 하려고 하는 것과 같이 쉽게 상정하기 어려운 예외적인 경우가 아닌 한, 국가배상법 제1조 제1항의 적용상 위법의 평가를 받는 것이 아니라는 점은 당 재판소의 판례이며(1978년(オ) 제1240호 동 1985년 11월 21일 제1소법정 판결 · 民集 39권 7호 1512면), 또한 적극적인 사회경제정책 실시의 한 수단으로서 개인의 경제활동에 대해 일정한 합리적 규제조치를 강구하는 것은 헌법이 예정하고 허용하는 바이기 때문에 재판부는 입법부가 그 재량권을 일탈하고 당해 규제조치가 현저하게 불합리하다는 것이 명백한 경우에 한해, 이것을 위헌으로 하고 그 효력을 부정할 수 있다고 하는 것이 당 재판소의 판례이다(1960년(ア) 제23호 동 1942년 11월 22일 대법정 판결 · 刑集 26권 9호 586면)」.

■ 적용

「그리고 1976년 법률 제15호에 의한 개정 후의 명주(繭糸)가격안정법 제12조 13의 2 및 제12조 13의 3은 원칙적으로 당분간 당시의 일본 잠사사업단 등이 아니면 생사를 수입할 수 없다고 한, 이른바 생사의 일원수입조치의 실시 및 소정의 수입생사를 동 사업단이 팔 때의 매도방법, 매도가격 등의 규제에 대해 규정하고 있으며, 영업의 자유에 대한 제한을 가하는 것이기는 하지만, 위의 판례 취지에 비추어보면, 위 각 법조의 입법행위가 국가배상법 제1조 제1항의 적용상 예외적으로 위법하다는 평가를 받는 것이 아니라고 한 원심의 판단은 정당한 것으로 시인할 수 있다. 소론은 위헌을 주장하지만, 그 실질은 원 판결의 위 판단에서의 법령위반의 주장에 지나지 않는다. 논지는 채용할 수가 없다」.

상고기각.

기본 해설

1. 입법내용의 위헌성과 입법행위의 위법성

본 판결은 입법행위의 위헌성을 국가배상소송이라는 형식으로 다툰 것이다(이하, 「위헌국배소송」이라 함). 최고재판소 제1소법정 1985년 11월 21일 民集 39집 7호 1512면은 입법행위의 국배법상의 위법성은 입법내용의 위헌성과는 별개로 판단되어야 하며,

가령 어떤 법률이 위헌이더라도 당해 법률을 제정한 국회의원의 입법행위(이것을 개폐하지 않은 입법부작위를 포함함)가 곧바로 국배법상 위법이 되는 것은 아니다고 하였다. 즉, 「입법행위가 국배법상 위법이라 평가되는 것은 입법의 내용이 헌법의 일의적인 문언에 위반하고 있음에도 불구하고 억지로 당해 입법을 하려고 하는 것과 같이 쉽게 상정하기 어려운 예외적인 경우」에 한정된다고 하였다.

위헌국배소송에서는 입법내용의 위헌성과 입법행위의 위법성, 두 가지가 요건이 되기 때문에, 청구를 기각할 경우 재판소로서는 ①당해 법률이 헌법에 반하지 않는다는 이유를 내세우는 것도, ②당해 입법행위에는 국배법상의 위법성이 인정되지 않는다는 이유를 내세우는 것도 가능하다. 본 판결은 입법내용의 위헌성 판단은 하지 않고, 위법성의 차원에서 청구를 기각하고 있다(1985년 최고재판소 판결도 동일).

즉, 1985년 최고재판소 판결은 「헌법에는 재택투표제도의 설치를 적극적으로 명하는 명문 규정이 존재하지 않을 뿐만 아니라, 오히려 그 제47조는 [……]라고 규정하고 있으며, 이것이 투표방법 그 밖의 선거에 관한 사항의 구체적 결정을 원칙적으로 입법부인 국회의 재량적 권한에 맡긴다는 취지」라는 것을 이유로, 재택투표제도를 폐지하고 그 뒤 이것을 부활시키지 않은 입법행위는 상기의 예외적 경우에 해당하지 않는다고 하였다. 또한 본 판결은 소매시장 사건 판결을 인용하여 「적극적인 사회경제정책 실시의 한 수단으로 개인의 경제활동에 대해 일정한 합리적 규제 조치를 강구하는 것은 헌법이 예정하고 허용하는 바」이며, 입법부에 넓은 재량을 인정함으로써 본건 입법행위에는 국배법상의 위법성은 인정되지 않는다 하였다.

2. 직업의 자유에 관한 논점

그러면 어떻게 다툴 것인가는 별개로 하고, 입법내용의 위헌성만을 고려한 경우에 본건의 규제는 어떻게 판단되어야 하는가? 최고재판소 논리에 따르면, 본건 규제는 적극목적인 것으로 되어 입법부의 재량을 존중한 명백성의 원칙에 의한 심사가 이루어져야 할 것이다. 한편, Part Ⅲ 「이론편」에서 해설한 독일형 위헌심사기준(①직업의 자유에 대한 제한을 직업수행(직업활동)에 대한 제한, ②허가의 주관적 요건에 의한 참가제한, ③허가의 객관적 요건에 의한 경쟁제한적인 참가제한으로 나누어 보는 견해)에 따르면, 본건 규제는 직물업을 허가제로 하고 여기에 일정한 자격이나 경쟁제한적 규제를 도입한 것은 아니기 때문에, 직업선택이 아닌 직업활동에 대한 규제로 간주되어 마찬가지로 유연한 위헌심사기준이 이용될 것이다. 그렇지만 독일에서도 직업선택과 직업활동의 배분은 기계적으로 이루어지는 것이 아닌, 가령 본건 규제에 의해 폐업의 위기에 처해지고 당해 직업을 계속할 것이 사실상 불가능하게 될 경우는 이것을 직업선택에 대한 규제라 간주하고 엄격한 위헌심사를 행할 여지가 남겨져 있다.

3. 위헌국배소송을 둘러싼 하급심의 동향

보충적으로 위헌국배소송을 둘러싼 하급심의 동향을 언급해 두고자 한다.

먼저 한센병 구마모토 지방재판소 2001년 5월 11일 判時 1748호 30면 判タ 1070호 151면은 한센병 환자의 격리정책을 정한 1953년 「나병예방법」이 1996년까지 존속한 것이 「인권피해의 중대성과 이에 대한 사법적 구제의 필요성에 비추어 보면, 그 밖에 도저히 상정하기 어려운 지극히 특수하고 예외적인 경우」에 해당한 것으로, 이것을 개폐하지 않은 국회의원의 입법상 부작위에 대해 국가배상법상의 위법성을 인정했다. 동 판결의 특징은 "1985년 최고재판소 판결은 선거제도에 관한 것이며, 환자의 격리라고 하는 지극히 중대한 자유의 제한이 문제가 된 본건과는 전혀 사안을 달리한다"고 하여 사안의 차별화를 확실히 하고 있는 것이다.

또한 공직선거법이 정한 자서주의(自書主義)에 의해 ALS환자가 선거권을 행사할 수 없는 것의 위헌성이 다투어진 동경 지방재판소 2002년 11월 28일 判タ 1114호 93면은 「1985년 판결이 제시한 ≪입법내용이 헌법의 일의적인 문언에 위반한≫ 경우는 前記 판결내용으로부터도 명확한 바와 같이 어디까지 예시」라 하여, 1985년 최고재판소 판결을 의도적으로 바꾸어 해석하고 있는 것이 주목된다. 나아가 이 동경 지방재판소 판결은 청구기각 판결이지만, 공선법 규정이 헌법에 위반된다는 확인을 하고 있는 것이 특징적이다.

설문

(1) 본건 수입규제의 목적은 적극목적이라 할 수 있는가?

(2) 적극목적의 수입규제의 예를 들어 보라. 또한 소극목적의 수입규제의 예를 들어보라.

(3) 본건에서 원고(상고인)측이 "정부가 주장하는 입법사실에 반대되는 생사업자의 평균연수입은 과거 수년간 일관해서 상승하고 있었다"는 자료를 제시했다고 하자. 이 경우 재판소는 어떠한 심사를 해야 하는가?

(4) 약사법 위헌 판결의 사례에서 업자가 국배소송을 제기했다고 하자. 이 경우에 재판소는 어떠한 이론구성으로 어떠한 판결을 내려야 하는가?

(5) 본건은 영세한 생사업자를 지원하기 위해 도입한 영세한 직물업자에게 부담을 가한 사례이지만, 거대한 항공회사의 경영을 안정시키기 위해 영세한 할인티켓업자에게 규제를 가하는 조치를 취했다고 하자. 이 조치는 헌법에 반하지 않는가? 또한 가령 위헌이라고 한 경우 재판소는 국가배상청구를 인정해야 하는가?

(6) 어떤 의원이 국회에서 「국내의 직물업자가 호황을 누리는 반면, 영세한 생사업자가 폐업의 위기에 처해 있다. 특히, 니시진 직물업자는 수입생사를 사용하

면서 높은 가격으로 제품을 판매하고 돈방석에 앉아 있다」는 사실에 반하는 발언을 하고, 이 발언에 의한 피해의 결과 제품 판매가 현저하게 감소했다고 가정하자. 이 경우에 직물업자는 당해 의원 및 국가를 상대로 국가배상을 요청할 수 있는가?

▌참고문헌▐

浦部法穂『全訂憲法学教室』(日本評論社, 2000年)
市川正人「経済規制と違憲審査」『ケースメソッド憲法』(日本評論社, 1998年)
石川健治「営業の自由とその規制」憲法の争点(有斐閣, 第3版 1999年)
覚道豊治「薬事法による薬局の配置規制と憲法22条1項」民商法雑誌74巻2号(1976年)
芦部信喜『憲法』(岩波書店、第3版・高橋和之補訂, 2002年)
野中俊彦ほか『憲法ⅠⅡ』(有斐閣、第3版, 2001年)
米沢広一「薬局開設の距離制限」憲法判例百選Ⅰ(有斐閣, 第4版, 2000年)
野中俊彦「薬事法距離制限条項の合憲性」『ドイツの憲法判例』(信山社, 第2版, 2003年)
井上＝小山＝山本編『憲法学説に聞く』(日本評論社, 2004年)

(小山剛)

제15장 경제활동과 조세입법

[논점]

(1) 직업의 자유에 대한 규제의 합헌성
직업의 자유에 대한 공권력의 규제에 대한 합헌성은 어떠한 기준에 근거하여 판정되어야 하는가?

(2) 조세법 입법에 대한 입법재량
재판소는 조세법의 입법재량에 대해서 어떠한 태도를 취해야 하는가?

(3) 주류판매업 면허제의 필요성 및 합리성
주류판매업에 대한 면허제를 채택하는 것에 필요성 및 합리성이 존재하는가?

(4) 헌법과 규제완화 정책의 관계
헌법은 규제완화에 대해 어떠한 태도를 취하고 있다고 생각할 수 있는지 검토하시오.

(5) 소득세의 징수방법 및 입법재량
재판소는 소득세의 징수에 대한 입법재량에 대해서 어떠한 태도를 취해야 하는가?

Part Ⅰ 기본 소재

주류판매업 면허제 위헌소송

최고재판소 1992년 12월 15일 제3소법정 판결
1988년(行ツ) 56호 주류판매업면허제거부처분취소청구사건
民集 46권 9호 2829면, 判時 1464호 3면
[참고조문] 憲 22 Ⅰ 酒税 9, 10

사실 개요

주세법은 동법 제9조에서 주류판매업에 대해 관할 세무서장에 의한 면허제를 채택하고 있다. 그리고 동법 제10조가 면허의 요건에 대한 규정을 두고, 10호 후단에서 「그 경영의 기초가 박약하다고 인정되는 경우」에는 면허를 부여하지 않을 수 있다고 하고 있다(이른바 「경영기초요건」). 1974년 7월, X(원고, 피항소인, 상고인)는 주류판매업을 하기 때문에 동법 제9조 제1항의 규정에 근거해 관할 세무서장 Y(피고, 항소인, 피

상고인)에 대해 면허신청을 하였지만, Y는 X가 「경영기초요건」에 해당한다고 하여 1976년 11월 면허신청 거부처분을 하였다.

제1심=동경 지방재판소

동경 지방재판소 1979년 4월 12일 판결
民集 46권 9호 2963면

■ 당사자의 주장 (쟁점)

〈사실에 관련된 주장〉

원고 본건 신청은 주세법 제10조 10호의 규정에 해당하지 않기 때문에 본건 처분은 위법이다.

피고 본건 신청은 본건 처분시의 제반 사유를 종합해서 판단하면 「경영기초요건」에 해당한다.

■ 판결

처분취소, 본건 처분시에 원고가 주류판매업을 하기 위해 필요한 자금을 조달할 것이 충분히 가능했다고 인정되기 때문에, 「경영기초요건」에 해당하지 않으므로 본건 처분은 위법하다.

제2심=동경 고등재판소

동경 고등재판소 1987년 11월 26일 판결
民集 46권 9호 2966면

■ 당사자의 주장 (쟁점)

〈사실에 관련된 주장〉

피항소인 본건 신청은 주세법 제10조 10호의 규정에 해당하지 않기 때문에 본건 처분은 위법하다.

항소인 본건 신청은 본건 처분시의 제반 사유를 종합하여 판단하면 「경영기초요건」에 해당한다.

〈법적 근거에 관련된 주장〉

피항소인 주류판매업에 대해 관할 세무서장에 의한 면허제도를 채택하고, 그 요건을 정한 주세법 제9조 제1항, 제10조 각 호의 규정은 헌법 제22조 제1항에 의한 직업선택의 자유 보장에 위반되고 무효이다.

항소인 주류판매업의 면허제도는 헌법 제22조에 위반하지 않는다.

■ 법적 구성

「국가는 국민에 대해 경제의 발전, 복지의 충실, 사회생활의 안정, 질서유지 등 각종 공공서비스를 제공할 것을 임무로 하고, 이를 위해서는 막대한 자금이 필요하므로 조세는 그 재정적 기반을 형성하는 것이다, 따라서 일반적으로 조세수입의 보전은 공공의 복지를 위한 재정정책에 관련된 것이라 할 수 있으며, 직업선택의 자유에 대한 제약을 가능하게 하는」 주류의 판매업자에 대한 면허제도는 「주류판매업자의 견실한 경영, 주류의 수급균형을 통해 주세수입의 보전을 도모하는 것이라고 할 수 있다」.

주세보전이라는 재정정책에 의해 주류면허제를 채택한 것은 중요한 공공의 이익을 위해 필요 합리적인 조치라 할 수 있는가에 대해 검토하면, ①주세는 일본의 조세 중 고세율이며 나아가 고세액이라는 것은 현저한 사실이며, 주세수입은 전후 특히 직접세 중심의 세제 하에서 주세의 징수에 점하는 비율이 점차 감소하고 있다고 하더라도, 주세수입이 여전히 국가의 주요한 재원을 이루고 있다는 것은 명확하다. ②주세는 간접소비세의 일종에 속하고, 담세자인 소비자에게 최종적으로 전가되는 것을 예정하고, 납세의무자인 주류제조자에게 부과되는 것으로, 이 양자 사이에서 위의 전가, 부과를 이른바 중개하고 소비자로부터 주류제조자에게로 납세자금의 환류를 원활하게 하는 주류판매업자의 지위는 대단히 중요하며, 그 경영의 안정은 주세보전상 불가결하다고까지 할 수 있다. ③주류면허제는 위에서 본 주류판매업자의 중요 불가결한 지위에 비추어 그것이 적정하게 운용된다면, 주류판매업자의 수와 질을 적절하게 하여 업자의 난립이나 과다경쟁으로부터 발생하는 공동도산이나 그밖의 세금 포탈 내지 조악한 물품의 유통을 미연에 방지하는 역할을 수행할 것이라는 것, 그리고 국민의 건강, 위생, 풍기에 관련된 도취음료로서의 주류의 수급조정에 도움이 될 것이라는 것은 알기 쉬운 도리라고 해야 할 것이다.

이상으로 살펴본 바에 의하면, 주류면허제가 주세보전을 목적으로 채택된 것은 중요한 공공의 이익을 위해 필요한 합리적인 입법조치였다고 할 수 있다.

또한, 입법부가 주류면허제 도입 때에 기존의 주류판매업자의 경영안정이라는 이익을 고려했었을 것이라는 것은……쉽게 알 수 있지만, 이러한 것들은 각종 각층의 이해 조정을 숙명으로 하는 입법의 성질상 각별하게 다르게 볼 만큼 충분한 것은 아니다. 문제는 그럼에도 불구하고 주류면허제인 입법에 전체적으로 합리성이 인정되지 않으면 안 된다는 것이다.

주세보전이라는 재정정책상의 목적은 과연 국민경제의 원만한 발전이나 경제적 약자의 보호 등의 경제정책 내지 사회정책상 이른바 적극적인 것인지, 아니면 사회생활의 안전의 보증이나 자유로운 직업 활동이 사회공공에 초래하는 폐해의 방지 등의 이른바 소극적인 것인지에 대해서는, 주세보전이라는 재정정책상의 목적이 위의 적극적인 것이기도 소극적인 것이기도 하기 때문에 어느 한 쪽에 귀속하다고 보는 것은 상당하지 않다.

주류판매 면허제가 현저하게 불합리하다는 것이 명백하다고 말할 수 없기 때문에, 곧바로 입법부의 재량을 시인해야 하는 것이 아니라, 결국 필요최소한도의 규제이지 않으면 안 된다고 말할 수 없다하더라도, 면허제와 비교하여 보다 유연한 제한인 직업 활동의 내용 및 태양에 대한 규제에 대해서는 위의 목적을 달성하는 데 충분한지 어떤지를 일단 검토하지 않으면 안 된다. 그리하여 위의 입법부의 광범위한 재량권과 면허제 이외의 보다 유연한 규제의 유효성의 양자 시점을 포함하여, 입법부가 취한 재량적 조치인 주판면허제가 그 내용까지 포함하여 무릇 기본적 인권의 하나인 직업선택의 자유에 대한 지나친 규제라고 할 수 있을 때는, 입법부의 광범위한 재량권에도 불구하고, 그 합리적 범위를 일탈한 것으로서 위의 규제조치를 위헌무효라고 하지 않을 수 없다. 이 점을 검토하더라도 주세의 보전상 주판면허제 이외의 보다 유연한 규제의 유효성은 아직도 충분하다고 할 수 없으며, 이것을 전술한 입법부의 재량권에 비추어 감안하여 보면, 주세보전이라는 재정정책상의 목적이 위의 이른바 적극적인 것과 소극적인 것에 걸쳐 있다고는 하지만, 주세법이 주판면허제를 채택한 것이 그 내용을 포함하여 입법부의 재량권의 합리적인 범위를 일탈하고, 직업선택의 자유에 대해 지나친 규제를 가한 것으로서 위헌무효라고까지는 할 수 없다.

동경 고등재판소는 이상과 같이 주류판매 면허제를 합헌으로 한 뒤, 본건 신청에 대해 재차 검토하고, 본건 처분당시 주류판매점 경영을 위해 필요한 자금적 요소에 상당한 결함이 있으며,……피항소인에게는 주세법 제10조 10호 후단의 경영의 기초가 박약하다고 인정되는 사유가 있었기 때문에, 본건 처분은 위법하지 않다고 하였다.

원 판결취소, 피항소인의 청구기각.

상고심=최고재판소

■ 상고이유

주류판매업 면허제를 정한 주세법 제9조, 제10조 10호의 규정을 합헌으로 한 제2심 판결은 헌법 제22조 제1항에 위반된다.

[법정의견]

■ 법적 구성

(a) 직업의 자유에 대한 규제에 대해

헌법 제22조 제1항은 협의에 있어서 직업선택의 자유뿐만 아니라, 직업활동의 자유의 보장도 포함하고 있다고 해석해야 하지만, 직업의 자유는 그 이외의 헌법이 보장하는 자유, 특히 이른바 정신적 자유와 비교하여 공권력에 의한 규제의 요청이 강하고, 헌법의 위 규정도 특히 공공의 복지에 반하지 않는 한이라는 유보를 붙이고 있다. 그러나 직업의 자유에 대한 규제조치는 사정에 따라 각종각양의 형태를 취하기 때문에, 헌법 제22조 제1항의 적합성을 일률적으로 논할 수는 없고, 구체적인 규제조치에 대해 규제의 목적, 필요성, 내용, 이것에 의해 제한되는 직업의 자유의 성질, 내용 및 제한의 정도를 검토하고, 이들을 비교형량한 뒤에 신중하게 결정하지 않으면 안 된다. 그리고 그 합헌성의 사법심사에서는 규제의 목적이 공공의 복지에 합치하는 것이라고 인정된 이상, 이를 위한 규제조치의 구체적 내용 및 필요성과 합리성에 대해서는 입법부의 판단이 그 합리적 재량의 범위에 그치는 한 입법정책상의 문제로서 존중해야 하지만, 위의 합리적 재량의 범위에 대해서는 사안의 성질상 스스로 광협(広狭)이 있을 수 있다. 그런데 일반적으로 허가제는 단순한 직업 활동의 내용 및 태양에 대한 규제를 넘어, 협의에 있어서 직업선택의 자유 그 자체에 제약을 가하는 것으로, 직업의 자유에 대한 강력한 제한이기 때문에 그 합헌성을 긍정할 수 있기 위해서는 원칙적으로 중요한 공공의 이익을 위해 필요 합리적인 조치라는 것을 필요로 하는 것이라 해야 한다(최고재판소 1968년(行ツ) 제120호 동 1975년 4월 30일 대법정 판결・民集 29권 4호 572면 참조) 〔→薬事法薬局開設距離制限規定違憲判決〕.

(b) 조세법의 정립에 있어서 입법재량에 대해

헌법은 조세의 납세의무자, 과세표준, 부과징수의 방법 등에 대해서는 모두 법률 또는 법률이 정한 조건에 의할 것을 필요로 한다는 것만을 정하고, 그 구체적 내용은 법률이 정하는 바에 위임하고 있다(제30조, 제84조). 조세는 오늘날 국가의 재정수요를 충족한다는 본래의 기능에 덧붙여, 소득의 재분배, 자원의 적정배분, 경기의 조정 등

의 제반 기능을 가지고 있으며, 국민의 조세부담을 정하는 데 재정·경제·사회정책 등의 국정전반으로부터의 종합적인 정책판단을 필요로 할 뿐만 아니라, 과세요건 등을 정하는 데 지극히 전문기술적인 판단을 필요로 한다는 것도 명확하다. 따라서 조세법의 정립에 대해서는 국가재정, 사회경제, 국민소득, 국민생활 등의 실태에 대한 정확한 자료를 기초로 한 입법부의 정책적, 기술적인 판단에 맡길 수밖에 없으며, 재판소는 기본적으로 그 재량적 판단을 존중하지 않으면 안 된다고 해야 한다(최고재판소 1980년(行ツ) 第15호 동 1985년 3월 27일 대법정 판결·民集 39권 2호 247면 참조) 〔→サラリーマン税金訴訟判決(Part Ⅳ 「두 번째 소재」)〕. 이상으로부터 본다면, 조세의 적정하고 확실한 부과징수를 도모한다는 국가의 재정목적을 위한 직업의 허가제에 대한 규제에 대해서는 그 필요성과 합리성에 대한 입법부의 판단이 위의 정책적, 기술적인 재량 범위를 일탈하는 것으로 현저하게 불합리한 것이 아닌 한, 이것을 헌법 제22조 제1항의 규정에 위반하는 것이라고 할 수 없다.

■ 적용

연혁적으로 볼 때 주세가 국세 전체에서 차지하는 비율이 높고, 이것을 확실히 징수할 필요성이 높은 세목이라는 것과 함께, 주류의 판매대금에서 차지하는 비율도 고율이라는 것을 감안하면, 주세법이 1938년 법률 제48호에 의한 개정에 의해 주세의 적정하고 확실한 부과징수를 도모한다는 국가의 재정목적을 위해 이와 같은 제도를 채택한 것은 당초에 그 필요성과 합리성이 있었다고 봐야 하며, 주세의 납세의무자로 된 주류제조자를 위해 주류 판매대금의 회수를 확실하게 시킴으로써 소비자로의 주세 부담의 원활한 전가를 실현할 목적으로 이것을 저해할 우려가 있는 주류판매업자를 면허제에 의해 주류의 유통과정으로부터 배제한 것도 주세의 적정하고 확실한 부과징수를 도모한다는 중요한 공공의 이익을 위해 채택된 합리적인 조치였다고 할 수 있다. 그 뒤의 사회상황의 변화와 조세법 체계의 변천에 따라 주세가 국세 전체에서 차지하는 비율 등이 상대적으로 저하되기에 이른 본건 처분당시의 시점에서도 여전히 주류판매업에 대해 면허제도를 존치해 둘 필요성 및 합리성에 대한 논의의 여지가 있다는 것은 부정할 수 없다하더라도, 前記하는 바와 같은 주세의 부과징수에 관한 구조가 아직도 합리성을 상실하였다고 할 수 없다는 사고에 덧붙여, 주세는 본래 소비자에 그 부담이 전가되어야 할 성질의 세목이라는 것, 주류의 판매업 면허제도에 의해 규제되는 것이 원래 치취성(致酔性)을 갖는 기호품이라는 성질상 판매 질서유지 등의 관점에서도 그 판매에 대해 뭔가 규제가 이루어진다 해도 불가피하다고 여겨지는 상품인 주류의 판매 자유에 그친다는 것도 고려하면, 당시에 오히려 주류판매 면허제를 존치해야 한다고 한 입법부의 판단이 前記와 같은 정책적, 기술적인 재량 범위를 일탈하는 것으로 현저하게 불합리하다고까지는 단정짓기 어렵다. 그렇지만 위와 같은 직업선택의 자유에 대한 규제조치에 대해서는 당해 면허제도 하에서의 구체적인 면허기준과의 관계에서도 그 필요성과 합리성이 인정되는 것이 아니면 안 된다는 것은 말할 필요도 없는 것이지만, 주세법 제10조 10호가 정한 기준은 주류판매 면허제를 채택한 前記와 같은 입법목적으로부터 합리적인 것이라고 할 수 있다. 또한 동호 규정이 불명확하고 행정청의 자의적 판단을 허용하는 것이라고도 인정하기 어렵다. 따라서 주세법 제9조, 제10조 10호의 규정이 입법부의 재량범위를 이탈하는 것으로 현저하게 불합리하다고 할 수 없으며, 위 규정이 헌법 제22조 제1항에 위반하는 것이라고 할 수 없다.

상고기각.

[반대의견]

- **사카우에 도시오**(坂上寿夫) **재판관**

주세법 제9조는 헌법 제22조 제1항에 위반된다.

■ 법적 구성

허가제에 의한 직업의 규제는 직업의 자유에 대한 강력한 제한이기 때문에, 그 합헌성을 긍정할 수 있기 위해서는 원칙적으로 그것이 중요한 공공의 이익을 위해 필요하고 합리적인 조치임을 요구하는 것이라 봐야 하며, 조세의 적정하고 확실한 부과징수를 도모한다는 국가의 재정목적을 위해 허가제에 의한 직업의 규제에 대해서도 그 필요성과 합리성에 대한 입법부의 판단은 합리적 재량의 범위에 그쳐야 하며, 입법부의 판단이 정책적, 기술적인 재량의 범위를 일탈하는 것인지 여부로 재판소는 그 합헌성을 판단해야 한다. 위의 합리적 재량의 범위에 대해서는 다수의견이 인용하는 직업의 자유에 대한 대법원의 판결이 설시하는 바와 같이, 사안의 성질상 스스로 광협(広狭)이 있을 수 있으며, 재판소는 구체적인 목적, 대상, 방법 등의 성질과 내용에 비추어 이것을 결정해야 하는 것이며, 국가는 재정목적을 위한다고는 하지만 허가제에 의한 직업의 규제에 대해서는 사안의 경중, 긴요성, 그로써 얻어지는 효과 등을 감안하여 그 필요성과 합리성을 판단해야 한다.

■ 적용

주류제조자에 대해 면허제를 채택한 것은 중요한 공공의 이익을 위해 필요하고 합리적인 조치이지만, 주류판매업까지를 면허제로 하지 않으면 안 되는 이유는 그다지 강하지 않다. 제도 도입으로부터 40년 가까이 경과하였고, 주세가 국세 전체에서 차지하는 비율이 상대적으로 저하되기에 이른 사정이 있으며, 사회경제상태에도 커다란 변동이 있었던 본건 처분시에 있어서(오늘날에는 입법시와의 상황의 괴리가 보다 크게 되어 있다) 징수확보상은 다소 효과가 있다하더라도, 오늘날에는 오히려 주류판매업 면허제도의 채택 전후에 주세의 체납률에 현저한 차이가 인정되지 않는다는 점에서 보면, 나에게는 헌법 제22조 제1항의 직업선택의 자유를 제약해서까지 주류판매업의 면허(허가)제를 유지하는 것이 필요하거나 합리적이라고도 생각되지 않는다. 그리고 직업선택의 자유를 존중하여 주류판매(허가)제를 폐지하는 것이 주류제조자, 주류소비자 어느 쪽에 대해서도 거래 선택의 기회를 확대하는 길을 여는 것이며, 특히 의욕적인 신규 참입자가 주류판매에 가담함으로써 주류소비자가 향수할 수 있는 이편, 경제적 이익은 대단히 클 것이라는 생각에 이르면, 주류판매업을 면허(허가)제로 하는 것의 폐해는 간과할 수 없는 것이라 하지 않을 수 없다. 이렇게 보면, 주류판매업을 면허(허가)제로 하고 있는 입법부의 판단은 합리적 재량의 범위를 일탈하고 있다고 결론짓지 않을 수 없다.

[보충의견]

- **소노베 이쯔오(園部逸夫) 재판관**

■ 적용

「나는 주류판매업의 허가제에 대해 대장성의 관할 하에 재정목적의 견지로부터 이것을 유지하기에는 주세의 국세로서의 중요성이 매우 높다는 것 및 주세의 확실한 징수 방법으로 주류판매업 허가제가 필요하고 합리적인 규제라는 것이 전제되지 않으면 안 된다고 생각한다(나는 재정목적에 의한 규제는 이른바 경찰적·소극적 규제와 그 성격을 달리하는 면이 있으며, 또한 이른바 사회정책·경제정책적인 적극적 규제하고도 다르다고 생각한다. 일반론으로 경제적 규제에 대한 사법심사의 범위는 규제의 목적보다도 각각의 규제를 지탱하는 입법사실의 확실한 파악의 가능성에 의해 좌우되는 경우가 많다고 생각하고 있다)」. 주세법상의 주류판매업의 허가제는 전적으로 재정목적의 견지에서 유지되어야 하는 것이며, 특정 업종의 육성보호가 소비자 나아가서는 국민의 이익 보호에 관련된 경우에 설정되는 경제상의 적극적인 공익목적에 의한 영업허가제와는 그 입법목적을 달리한다. 따라서 주류판매업의 허가제에 관한 규정의 운용 과정에서 재정목적을 위와 같은 경제상의 적극적인 공익목적과 동일시함으로써 기존의 주류판매업자의 권익보호라는 기능을 함부로 중시하는 것과 같은 행정청의 재량을 용이하게 허가할 가능성이 있다고 한다면, 그것은 주류판매업의 허가제를 재정 이외의 목적을 위해 이용하는 것에 지나지 않으며, 주세법의 입법목적을 명확히 일탈하고 나아가 직업선택의 자유의 규제에 관한 적정한 공익목적을 결여하고 나아가 최소한도의 필요성 원칙에도 반하는 것으로 헌법 제22조 제1항에 비추어 위헌의 비난을 피할 수 없다. 본건은 허가신청자의 경제적 요건에 관한 주세법 제10조 10호의 규정 적용이 다투어지고 있는 사건으로, 원심이 확정한 사실관계로부터 판단하는 한, 위와 같은 견지에 서는 재량권의 행사에 의해 본건 면허거부처분이 이루어졌다고 인정할 수 없다. 치취음료로서 주류의 판매에는 경찰적인 견지로부터의 규제가 필요하다는 것은 말할 필요도 없지만, 이것은 주세법에 의한 규제와 직접 관계되는 사항이 아니다.

기본 해설

1. 판례에서 경제적 자유에 대한 규제의 위헌심사기준의 기본적인 틀

본 판결은 주세법에 대해 처음으로 최고재판소가 내린 판결이다. 본건에서 문제가 된 주류판매업 면허제의 합헌성을 검토하기 전에, 최고재판소의 경제적 자유에 대한 규제의 합헌성 심사의 기본적 틀에 대해 간단히 정리해두기로 한다.

본래 경제적 자유의 영역, 특히 헌법 제22조 제1항이 규정하는 직업선택의 자유에 의한 보장을 받는다고 생각되어 온 영업의 자유와의 관계가 문제가 된 허가제 내지 면허제에 관해 커다란 논의를 불러일으킨 것은 공중목욕탕 개설 거리제한 합헌 판결(최대판 1955년 1월 26일 刑集 9권 1호 89면)이었다. 이 판결을 엄격히 비판한 학설은 그 구체적인 문제점으로 (1) 규제방식의 유형화의 결여, (2) 불명확한 위헌심사기준론, (3) 불철저한 입법사실론을 지적했다. 이 가운데 특히 (1)과 (2)에 관해, 최고재판소가 생각하는 경제적 자유권 규제에 관한 위헌심사기준의 기본적인 틀을 명확히 한 것이 소매시장 판결(최대판 1962년 11월 22일 刑集 26권 9호 586면)이며, 뒤이어 (1)~(3)까지의 문제점에 대해 소매시장 판결을 전제로 하면서 최고재판소의 입장을 한층 더 전개한 것이 약사법 판결(최대판 1975년 4월 30일 民集 29권 4호 572면)이었다.

먼저 소매시장 판결은 개인의 경제적 활동에 대한 규제를 그 목적에 의해 분류하여 (a) 그 폐해가 사회공공의 안전과 질서 유지의 견지에서 문제가 되는 소극적 규제(내재적 규제)와, (b) 헌법의 이념을 실현하기 위해 이루어지는 사회경제정책을 실현하기 위한 적극적 규제(정책적 규제) 두 종류가 있다는 것을 명확히 하고, (b)에 대한 위헌심사기준으로 「명백성의 원칙」을 명시하였다. 그리고 약사법 판결은 소매시장 사건 판결에서 어떤 위헌심사기준을 이용할 것인가가 명확히 되지 않은 (a)의 규제유형에 대해 ①중요한 공공의 이익을 달성하는 데 중요하고 합리적인 조치라 할 수 있는가(「엄격한 합리성의 기준」), ②보다 유연한 제한에 의해서 입법목적을 달성할 수 있는지의 여부에 대해서 검토해야 할 것을 명확히 하였다.

2. 목적이분론

판례가 제시한 직업의 자유의 규제 유형에 관한 소극·적극 목적이분론에 대해 공중목욕탕법 판결과는 대조적으로 학설로부터는 상당히 호의적인 반응이 있었지만, 그 뒤 판결이 전개되면서 이와 같은 태도는 점차 수정되었다. 이와 같은 계기를 부여한 것이 삼림법분할제한 위헌 사건(최대판 1987년 4월 22일 民集 41권 3호 408면)이었다. 본 판결은 재산권에 대한 규제에 대해 약사법 위헌 판결을 참조하면서 재산권의 종류, 성질 등이 다종다양하며, 또한 재산권에 대한 규제를 요구하는 사회적 이유 내지 목적도 사회공공의 편의 촉진, 경제적 약자의 보호 등의 사회정책 및 경제정책상의 적극적인 것에서부터, 사회생활에서 안전의 보장이나 질서의 유지 등의 소극적인 것에 이르기까지 여러 갈래로 걸쳐 있기 때문에 다종다양할 수 있고, 반드시 규제의 목적에 의한 명확한 규제유형론에 입각하는 것이 아니라 입법부에 의한 비교형량에 근거한 판단을 존중하면서, 소매시장 판결 및 약사법 판결에서 제시된 위헌심사기준과의 관계에서 명확히 위치지우는 것이 용이한 것이 아닌, 입법의 규제목적이 앞서 제시한 것과 같은 사회적 이유 내지 목적에 제시되었다고 할 수 없는 것으로 공공의 복지에 합치하지 않은 것이 명확하든가, 또는 규제목적이 공공의 복지에 합치하는 것이라도 규제수단이 위의 목적을 달성하기 위한 수단으로 필요성 내지 합리성을 결여하고 있는 것이 명확하며, 그 때문에 입법부의 판단이 합리적 재량의 범위를 넘는 것이 되는 경우라는 기준을 제시하였다.

이에 대해 학설은 최고재판소의 태도에 대해 기본적으로는 목적이분론을 유지하면서도 삼림법의 당해 규정에서는 어느 쪽에 위치지울 것인가가 어렵기 때문에, 중간적인 접근방법을 억지로 채택했다고 생각하는 입장(芦部信喜)과, 본 판결은 판례에서 목적이분론을 더 이상 유지하는 것이 곤란하게 된 것의 발로이며, 원래 소극목적이든 적극목적이든 경제적 규제에 대해서는 합리성의 기준에 의해 일원적으로 심사해야 한다는 입장(戸波江二)을 양극으로 해서 다양한 의견을 보이고 있다. 이와 같은 대립의 핵심은 경제적 자유에 대해서만 정책적 제약을 인정하는 이중의 기준론의 견지 및 재판소의 능력론의 견지에서 보아 「규제 형태」나 「규제 대상」의 검토도 중요하지만, 목적이분론이 경제적 자유에 관한 다종다양한 규제에 대한 위헌심사기준으로 유익한 사고 틀을 제공하고 있다고 생각할 것인가, 아니면 적극적 규제보다 소극적 규제쪽이 엄격하게 심사되는 점에서 보아 부당한 기준이었으며 다종다양한 경제활동에 대한 규제를 이분론으로 정리하는 것은 부적절하다고 생각할 것인가에 있다.

3. 목적이분론과 주류판매업 면허제 합헌 판결

이와 같은 상황 하에서 주류판매업 면허제 합헌 판결은 소매시장 판결을 인용하지 않고, 약사법 판결과 샐러리맨세금소송 판결을 인용하면서, 조세입법의 다면적 기능, 그 정책판단적 성질, 전문기술적 성질을 강조하고, 그 입법재량의 광범위성을 도출하고, 매우 유연한 기준—「현저하게 불합리한 것이 아닌 한」 위헌이 되지 않음—에 의해 이른바 조세문제의 법리에 근거하여 합헌이라고 판단하였다(다만, 「명백」이라는 어구가 삭제되어 있는 점에서 「현저하게 불합리하다는 것이 명백한 경우에 한해」 위헌이 된다고 한 소매시장 판결과 전혀 동일하지 않고, 조금이지만 엄격한 기준이 채택되어 있다고 보인다). 제2심 판결에서는 본 규제의 목적은 소극적임과 동시에 적극적인 것이라 하였던(이 판결은 징수된 조세가 소극적 행정에도 이용되는 것을 근거로 소극목적성을 인정하고 있지만, 이와 같은 논법은 의문이다)것에 대해, 본 판결은 그 어느 쪽의 목적에도 위치지우지 않고 위헌심사를 진행하고 있다. 이 점 본 판결・조사관 해설(綿引万里子)은 모든 경제적 규제를 2개의 규제유형에 분류・환원하려고 한 목적이분론은 부적절하며, 당해 규제입법이 어디까지 입법사실에 깊이 파고든 사법판단이 이루어져야 할 분야에 속하는 것인가, 환언하면 입법사실의 파악, 나아가 규제조치의 필요성과 합헌성에 대해 입법재량을 어느 정도 존중해야 할 분야에 속하는 것인가를 검토하는 것이야말로 중요하다고 지적하여 목적보다도 분야의 중요성을 시사함으로써, 본 판결은 목적이분론의 접근방법을 채택하지 않았다는 견해가 제시되어 있다.

조세입법의 특질로부터 입법재량의 광범위성을 도출하는 주장에 대해서 학설은 일반적으로 사카우에(坂上) 재판관의 반대의견에 공감을 나타내면서, ①본 규제는 단순히 주세부과징수를 확실하게 하여 주세의 보전을 도모하는 것에 지나지 않는 과세정책 그 자체가 아니고, 원천징수제도의 합리성이 다투어진 샐러리맨세금소송을 인용한 것은 잘못된 것이며, 오히려 재판소의 판단에 적합한 문제이다. ②과세 때문에 신규 참입규제까지 하는 것은 직업의 자유에 대한 대단히 강한 제약을 동반하는 것이기 때문에 합헌성이 의심스러운 조치이다. ③면허제 도입 당시와 지금은 입법사실에 현저한 변화가 보인다는 등의 이유에서 보다 엄격한 위헌심사가 행해지지 않으면 안 된다(「엄격한 합리성 테스트」・「LRA테스트」 등의 비판이 제기되었다). 더욱이 ④보다 근본적인 비판으로 주세보전 목적은 소극목적이라고도 적극목적이라고도 할 수 없기 때문에 헌법상 정당한 목적이 아닌 면허제는 위헌이지 않는가 등의 비판이 제기되었다. 이와 관련하여, 본건 면허제의 목적 그 자체를 입법사실에 근거하여 비판적으로 점검하여 기존업자의 이익 확보라는 효과가 존재하면 부당한 입법의사가 있다는 것이 추인된다는 견해도 있지만(釜田泰介), 가령 그와 같은 효과가 존재한다고 하여 이와 같은 목적 추구 그 자체의 합헌성을 어떻게 평가할 것인가에 대해서는 논란의 여지가 있다(Part Ⅲ 「이론편」 참조).

또한, 제2심 판결과 본 판결이 주류의 치취성을 면허제 채택의 근거의 하나로 원용하고, 이것을 소노베(園部) 재판관 보충의견이 비판하고 있지만, 그 뒤의 무면허 판매에 의한 주세법위반이 다투어진 형사사건에 대한 합헌 판결(최3소판 1998년 3월 24일 刑集 52권 2호 150면)에서는 언급되고 있지 않은 점이 주목된다. 확실히 주류판매에 대한 규제를 여전히 유지하려고 하면 주류의 치취성에 착안한 소극규제의 관점으로부터 규제 재구축의 가능성이 있지만, 그 경우에는 현행 주세법에 의한 규제와는 전혀 다른 체제이지 않으면 안 될 것이다.

Part Ⅱ 응용편

확인문제

1. 강학상의 허가제 관념에 대해 설명하시오. 또한 무허가로 영업을 한 경우의 법적 효과에 대해 검토하시오.
2. 본 판결에 의하면, 직업의 자유에 대해 어떠한 위헌심사를 해야 하는가?
3. 본 판결에 의하면, 현대국가의 조세는 어떠한 특질이 있다고 하는가?
4. 현행법에서 주류판매 면허제의 역사적 배경, 의도, 구조에 대해 설명하시오.

응용문제

설문 1 본 판결에서 주류의 판매가 문제가 되고 있지만, 판매업 면허제를 이하와 같은 다른 물품에서 한 경우에 합헌성 판단에 대해 어떠한 변화가 생기는가? 각각 상정되는 입법목적에 비추어 검토하시오.

(1) 담배

(2) 석유

(3) 소금

(4) 쌀

설문 2 본 판결에서는 당해 규제가 조세 분야에 속하는 것이 커다란 의미를 가지지만, 본 판결의 사고방식을 전제로 한 경우, 아래의 분야에서 규제라는 것이 위헌심사기준상 의미를 가지는지 검토하시오.

(1) 선거제도

(2) 종교활동의 규제
(3) 첨단적 과학기술개발의 규제
(4) 대학의 조직과 운영에 대한 제도 설계

설문 3 본 판결의 사고방식을 전제로 할 때, 장래 주세가 국세에서 차지하는 지위가 더욱 저하할 경우 어떠한 판단이 이루어질 것인가 검토하시오.

Part Ⅲ 이론편

◥ 전개문제

규제완화에 대해 헌법이 갖는 의의에 대해 검토하시오.

1. 규제완화의 의의와 그 배경

시장원리의 복권에 의한 작은 정부의 실현이라는 세계적 흐름 하에서 일본도 공공사업 비판과 규제완화의 파도에 떠밀려 오고 있다. 규제완화는 1980년대 국철·전전공사(電電公社)·전매공사의 민영화가 이루어진 것을 효시로 하여 산업의 다양한 분야(노동, 교육, 의료, 복지, 교통 등)에서 종래형 규제의 대폭적인 수정이 이루어지고 있다. 이와 같은 동향에는 국가재정의 파탄, 관료지배에의 비판, 경제의 세계화에 따른 국제적인 압력 이외에, 개인의 삶의 방식의 변화에 따른 소비의 다양화, 산업기조의 변화 등 다종다양한 요인이 복합적으로 관여하고 있다. 본건에서 문제가 된 주세법에서 주류판매업 면허제에서도 규제완화추진 3개년 계획(각의결정, 1998년 3월 31일)에서 주류소매업 면허와 관련한 수급조정규제에 대해 인구기준에 대해서는 1998년 9월부터 단계적으로 완화를 착실하게 행하여, 2003년 9월 1일자로 폐지하고, 또한 거리기준에 대해서는 2000년 9월 1일자로 폐지한다고 되어, 신규참입규제의 실질적인 해체가 실행에 옮겨졌다(후자에 대해서는 후에 2001년 1월 1일부터로 실시가 변경되었다). 이에 대한 격변완화조치로 도매점에 눌려 도태되고 있는 소매업자보호를 위해 긴급조정지역에서 주류소매업 면허의 부여 제한을 하는 주류소매업자의 경영개선 등에 관한 긴급조치법이 2003년 7월 7일에 실시되었다. 또한 이상의 규제완화 대신에 2003년 9월 1일부터 각 주류판매장별로 주류판매관리자를 둘 것이 의무화되었다(주세법 제86조의 9).

이상과 같이 주세법에도 보이는 산업에 대한 정부의 강력한 보호·협동·규제 관계는 직접적으로는 제2차 세계대전에 진행한 전시기 통제경제에서 유래하고, 전후 항

간에 일컬어진 「일본주식회사」, 「호송선단방식(護送船団方式)」이라는 일본에 특징적인 관민의 긴밀한 관계에 뿌리를 두고 있다(가장 전형적인 것은 자동차산업이라 일컬어짐). 예를 들어 경제학자(青木昌彦)는 이를 관료제 다원주의 국가라 표현했다. 이에 의하면, 유럽에서 보이는 사회민주적 조합주의(corporatism) 국가와는 달리, 일본에서는 기업소유자와 노동자의 이익대립의 조정이 경영자의 재정(裁定)에 의해 이루어지고, 각 기업은 각 생산물 시장에서 경쟁하면서 업계단체를 조직하여 분권화된 관료기구의 담당부국과 항상적인 접촉을 유지한다. 이와 같은 구도 속에서 업계의 이익은 정당정치가의 관여를 통해 입법・행정의 정책형성에 커다란 영향력을 행사하고, 또한 낙하산인사를 매개로 관료와 업계는 권익(権益)의 공동체를 형성해왔다. 이와 같은 방식은 유아산업보호정책 등을 통해 전후 일본사회의 경제적 부흥・발전 및 국민생활의 향상에 커다란 역할을 수행해왔다고 지적되지만, 동시에 政・財・官의 유착구조에 대한 강한 비판도 초래하였다. 이러한 상황에서 최고재판소의 공중목욕탕 거리제한 규정 합헌 판결(최대판 1955년 1월 26일 刑集 9권 1호 89면)이 경쟁제한적 입법에 사법적으로 보장을 부여하는 결과가 되어, 그와 같은 입법의 제정을 촉진하는 추진력이 된 것도 간과할 수 없다(1956년 백화점법에 의한 백화점업 허가제 도입, 1960년 개정 약사법에 거리제한 규정의 창설—그 뒤, 1975년에 위헌 판결).

2. 「영업의 자유」 경쟁과 독점금지법의 자리매김

이상 살펴본 관료제 다원주의 국가에서 그물망처럼 둘러쳐진 각 산업규제에 대해 법률학의 견지에서 비판할 수 있는 것은 헌법이 보장하는 직업선택의 자유에 근거를 둔 영업의 자유에 입각한 권리론이다. 영업의 자유의 관점에서 본다면, 특히 기존업자를 보호하고 신규참입을 규제하는 허가제도에 대해서는 강한 의문이 들며, 그것을 정당화하기 위해서는 대단히 강한 근거가 요구된다. 그런데 영업의 자유에 대해서는 그 기본적 성질을 어떻게 이해할 것인가에 대해 서로 다른 2가지 입장이 있다. 통상 법률학의 사고방식—따라서 헌법학의 통설적인 입장—(A설)으로 말하면, 사유재산제를 전제로 국가의 규제를 받지 않고 재산권을 행사하고 자유롭게 거래를 하는 것이 영업의 자유의 의의라고 한다. 이에 대해 경제학자(岡田与好)는 영업의 자유는 역사적으로 볼 경우, 국가에 의한 영업・산업규제로부터의 자유일 뿐만 아니라 영업의 독점과 제한으로부터의 자유이며, 인권이라기보다는 「공서」로서 추구된 것이었다는 비판이 제기되었다. 이러한 대립이 큰 의미를 갖는 것은 독점금지법에 의한 독점규제가 영업의 자유와 어떠한 관계에 서는가에 대해 커다란 차이가 생기기 때문이다.

A설의 입장에서 본다면, 독점규제는 그 자체가 경제적 약자인 일반적 소비자의

보호를 목적으로 이루어지는 영업의 자유에 대한 적극목적에 근거한 정책적 제약의 일종이며, 그것을 할 것인지의 여부는 본래 입법재량의 문제이며, 만약 지나친 규제가 이루어지면 위헌이 된다고 논해지게 된다. 이에 대해 오카다(岡田)설이 제시하는 역사인식을 중시하는 B설의 입장에서 본다면, 독점규제는 경쟁 촉진적 규제이기 때문에 산업육성이나 경제적 약자보호 등을 위해 이루어지는 경쟁저지적인 적극목적에 근거한 규제와는 성질상 전혀 다른 규제이며, 이 경우에는 오히려 적절한 독점규제를 하지 않는 것이 영업의 자유—즉, 경제적 자유—를 침해하는 것이라 주장된다. 이리하여 B설의 주장에 있는 국가에 의한 자유경쟁 실현이라는 논리를 현재의 상황속에서 첨예화시키면 헌법은 이 의미에서의 공정한 경쟁을 촉진하고 규제완화를 보다 실효적인 것으로 하는 것을 기본적으로 지지하고 있으며, 독점금지법은 경제헌법이며, 이에 의한 규제는 강화되지 않으면 안 된다는 헌법수준의 주장을 도출하는 것도 가능하다(C설).

그 뒤 A설의 논의로부터는 일반 소비자가 갖는 소비자 권리의 실체적 구성이 시도되어 왔다(A1설, 藤井俊夫). 이에 의하면, 소비자의 권리에 독점적 상황이 발생하고 있는 경우에는 국가가 그것을 규제함으로써 실질적으로 자유경쟁시장을 실현하여 소비자 선택자유의 회복을 도모하는 것을 국가에 대해 소비자인 국민이 요구할 수 있다는 것이 그 내용의 일부를 이룬다. 이와 같은 해석론적 구성을 취하면, 역시 마찬가지로 경쟁촉진규제는 헌법에 의해 자리매김 되어 진다. 이와 같이 A1설과 B설에서는 국가에서 영업의 자유는 시장의 역할에 대한 적극적인 평가와 연결되어 왔다. 따라서 경제적 약자 보호를 위한 국가의 시장에 대한 능동적 개입이 어떠한 평가를 받아야 하는가라는 문제가 특히 심각하게 물어지는 것이다.

3. 경제적 약자 보호와 위헌심사기준

소매시장 사건에서는 과다경쟁을 회피하여 경제적 기반이 약한 소매상을 보호하기 위한 정책이 문제가 되었으며, 주세법도 소매업자의 건전 경영을 실현하기 위하여 주류 판매면허부여의 소극요건으로 주류의 수급 균형을 유지할 것을 들고 있다(제11조). 그렇다면 위의 논의를 바탕으로 할 경우 현재의 규제완화론에서 전면적인 재검토의 대상이 된, 이와 같은 경제적 약자보호로 되어 온 경쟁 저지적 규제인 적극목적규제 등은 헌법상 어떻게 평가되어야 할 것인가? A설의 견해를 전제로 한 뒤, 그 위에 첨예한 소비자의 권리론에 선 A1설과, 시장실패 사례에서 여러 형태의 정부개입은 허용된다 하더라도 수급 균형의 유지, 설비투자의 경합방지, 업자의 기득권 보호의 필요성 그 자체를 목적으로 내건 입법에 대해서는 결국 소비자가 자유경쟁이라면 향유했을 가격이나 서비스를 받을 수 없게 된 점에서 실제적인 손해를 입을 것을 감안하면, 소매시장 판결에서 채택된 명백성의 원칙을 적용하는 것은 타당하지 않으며, 오히려 엄격한 심사기준을 적용해야 할 것이 시사되어(平松毅. 坂本昌成나 棟居快行도 동일한 경향의 논의를 전개하고 있음), 생존권 이념을 구현하는 정책은 그에 상응하는 소득세 정책이나 사회보장 분야의 내실이 기대된다. 이와 같이 이해한다면, 헌법은 상당히 철저한 규제완화를 정부에 요구하고 있으며, 그것을 엄격히 검토하는 것이 재판소의 역할이 되는 것이다(이 경우 헌법의 이름 하에 경제적 규제의 원칙적 위헌이 주장될 것이다). C설도 동일한 주장으로 귀결된다. 이에 대해 A설의 사고방식을 전제로 하면서도 소비자의 권리도 고려해야 할 다양한 이익의 하나로 고려하는 데 그치고, 그 취급에 대해서는 기본적으로 입법부의 이해 조정에 맡긴다는 입장(A2설)이나 B설에서 보면, 경쟁촉진규제 이외의 경제적 약자보호 입법에 대해서는 생존권 이념에 근거를 둔 경제적 내지 사회적 약자 보호라는 설명이 가능한 한 공개토론을 거쳐 실현된 민주적 결정=입법재량에 위임할 것이 요구된다. 따라서 이와 같이 이해한다면 적어도 사회국가 이념을 내건 헌법 하에서 전개된 경제적 약자 보호를 목적으로 한 제반 규제(다만, 종래의 헌법해석론에서는 어디까지의 정책이 적극목적으로 포섭될 수 있는가, 그리고 애당초 그것을 어떻게 인정할 것인가에 대해 반드시 공통의 이해는 성립하지 않았다)의 완화 여하에 대해 헌법・재판소의 태도는 비간섭적・가치중립적이어야 한다. 즉, 입법부 및 정부의 결정에 대해 개방되어야 하는 것이 된다(「이중의 기준」론 및 「민주주의 프로세스」론).

4. 약간의 검토

이상의 사고방식에 대해 약간의 검토를 해보도록 한다.

먼저, A1설에 대해서는 그와 같은 방식으로 「권리」를 정식화하는 것에 대해서는 정책적 지도이념으로서는 어쨌든 간에 법률론이나 법적 권리론으로 유지할 수 있는지에 대해 의문이 제기될 것이다. 예를 들어 주부연맹쥬스 사건 최고재판소 판결(최3소 1978년 3월 14일 民集 32집 2호 211면)은 국민 일반이 공통으로 갖게 된 추상적, 평균적, 일반적 이익은 반사적 이익 내지 사실상의 이익에 지나지 않으며 행정소송법상의 소의 이익이라고는 인정되지 않는다고 판시하고 있다.

또한 A설의 사고방식에서 위의 방향과는 역으로, 일본 경제의 이중구조론을 배경으로 현재의 규제완화론에서는 약육강식의 사회가 초래되고 만다는 비판적 인식을 전제로 하면서, 그와 같은 입장에서 입법재량을—따라서 현재 진행 중인 규제완화를—헌법 내지 인권가치론의 입장에서 규범적인 테두리를 만들려는 시도도 이루어지고 있다(A3). 즉, 시장 내지 사회의 권리이익을 가치서열에 근거하여 열거하고, 국가권력은 그 우선 순위를 존중하지 않으면 안 된다고 하는 논의가 그것이다(土田和博, 여기서는 인간의 생명 · 건강〉 소영세의 농림어업종사자 및 상공자영업자의 영업의 자유〉 일반 소비자의 재산권〉 중소기업의 영업의 자유〉 대규모적인 주식회사의 영업의 자유〉 기업집단 등의 서열도식이 제시되어 있다). 이 논의는 일찍이 재산권론에서 주장된 「큰 재산」 「작은 재산」론의 사고방식을 현재 시점에 계승하려고 한 논의라고 받아들일 수 있지만, 그렇기 때문에 그 문제점을 도출해내는 논의로 되어 있다(구분의 방식이 불분명하고 주관적이며 법률론으로 유지하기 어려운 것은 아닌가?)

다음으로 A2설이나 B설에 대해서는 A1설적 견지에서 다음과 같은 비판이 이루어지고 있다. 각 업계에서 이익단체는 관련 정책분야에 대해서는 대단히 민감하게 반응하고, 일반적으로 시장경쟁을 회피하기 위하여 정치과정에 직접적으로 관여하여, 정부에 경쟁저지적 규제를 행하도록 하려는 경향이 있다(rent seeking). 이에 대해 소비자의 이익은 분산적이며, 그들은 정보수집 의욕이 결여되어 있다. 이와 같은 상황 하에서는 입법에서의 정책결정이 필연적으로 다종다양한 업계이익에 의해 휘둘리게 되고, 일반 공익적 견지에서 이루어지는 것은 기대할 수 없다. 그렇다고 한다면, 이중의 기준이라는 사고방식은 부적절하며, 가령 경제적 약자 보호와 연결된 정책이라 하더라도 그와 같은 이익활동으로부터 떨어진 곳에 있는 재판소가 가능한 적극적인 심사를 해야 한다고 된다(宇佐美成). 이와 같은 비판에 대해서, 재판소의 임무는 경제규제입법이 적절한 정보 하에서 공정하고 투명하게 이루어지는 환경을 정비하는 데서 끝나야 한다는 입장에서 특정 업계 · 업자의 보호입법은 국회가 본래 수행해야 할 교섭과 타협에 의한 이해조정의 결과라고 받아들일 수밖에 없기 때문에 유연한 심사가 타당하다는 판례법리의 옹호론이 제시되어 있다(長谷部恭男. 하세베는 이와 같은 관점에서 조세법도 이익집단의 항쟁과 타협의 장이기 때문에 최고재판소의 주류판매업면허제 합헌 판결은 지지된다고 한다. 또한 마쯔이(松井茂記)는 가령 그와 같은 입법이라 하더라도 지대추구(rent seeking) 현상은 국민이 그 사실을 알고 있을 것이기 때문에 엄격한 심사를 정당화할 수 없다고 한다).

위와 같이 규제완화와 헌법과의 관계를 어떻게 생각할 것인가에 대해서는 각 논자의 입장이나 가치판단에 따라 놀랄 정도로 매우 다양한 방향성이 제시되어 있다. 그리고 그 대립의 근원이 주로 ①현대 국가에서 의회의 자율적 공공규범의 창출 능력에 대한 신뢰도, ②헌법을 특정 경제사회의 바람직한 실현을 지향하는 법규범 프로그램으로 이해할 것인지 아닌지의 2가지 점에 있다는 것이 명확해진다.

Part Ⅳ 두 번째 소재

샐러리맨 세금 소송

최고재판소 1985년 3월 27일 대법정 판결
1980년(行ツ) 제15호 소득세결정처분취소청구사건
民集 39권 2호 247면
[참조조문] 헌 14Ⅰ 구 소득세법 9Ⅰ⑤

사실 개요

A대학교수 X_1은 소득세법이 급여소득자에 대해 다른 소득자와의 비교에서 대단히 불리한 제도를 정하고 있는 것이 헌법 제14조가 보장하는 법 앞의 평등에 반함으로 과세처분의 취소를 구하여 국가를 상대로 제소했다. 구체적으로는 ①급여소득자에 대해서는 필요경비의 실액공제가 인정되어 있지 않은 것, ②소득의 포착률이 특히 사업소득자와의 사이에서 현저한 격차가 있는 것, ③다른 소득자에 대해 조세우대조치가 인정되어 있는 것은 합리적 근거를 결여한 것 등을 주장했다. 제1심, 제2심 모두 원고의 소를 기각했기 때문에 최고재판소에 상고한 것이 본건이다. 또한 상고 중에 X_1이 사망 후 상속인 X_2 등이 소송을 승계했다.

상고심=최고재판소

■ 법적 구성

(a) 조세입법의 특질에 대해서

조세는 국가가 그 과세권에 근거해 특별급부에 대한 반대급부로서가 아닌, 그 경비를 충당하기 위한 자금을 조달할 목적을 가지고 일정한 요건에 해당하는 모든 자에게 부과하는 금전급부이지만, 대체로 민주주의국가에서는 국가의 유지 및 활동에 필요한 경비는 주권자인 국민이 공동의 비용으로 대표자를 통해 정함에 따라 스스로 부담해야 하는 것이며, 일본의 헌법도 이러한 견지 하에 국민이 그 총의를 반영하는 조세입법에 근거하여 납세의무를 질 것을 정하고(제30조), 새롭게 조세를 부과하거나 현행 조세를 변경하는 데에는 법률 또는 법률이 정한 조건에 의할 것을 필요로 하고 있다(제84조). 때문에 과세요건 및 조세의 부과징수 절차는 법률로 명확히 정하는 것이 필요하지만, 헌법 자체는 그 내용에 대해 특별히 정하지 않고 이것을 법률이 정하는 바에 위임하고 있다.

(b) 조세입법에서의 입법재량에 대해서

조세는 오늘날 국가의 재정수요를 충족한다는 본래의 기능에 덧붙여 소득의 재분배, 자원의 적정배분, 경기의 조정 등의 제반 기능을 가지고 있으며, 국민의 조세부담을 정함에 있어서 재정・경제・사회정책 등의 국정전반으로부터 종합적인 정책판단을 필요로 할 뿐만 아니라, 과세요건 등을 정함에 있어 대단히 전문기술적인 판단을 필요로 하는 것도 명확하다. 따라서 조세법의 정립에 대해서는 국가재정, 사회경제, 국민소득. 국민생활 등의 실태에 대해 정확한 자료를 기초로 하는 입법부의 정책적, 기술적인 판단에 위임할 수밖에 없으며, 재판소는 기본적으로 그 재량적 판단을 존중하지 않을 수 없는 것이라 해야 할 것이다.

(c) 조세입법에서의 위헌심사기준에 대해서

조세법 분야에서 소득의 성질의 차이 등을 이유로 한 취급의 구별은 입법목적이 정당한 것이며, 나아가 당해 입법에서 구체적으로 채택된 구별의 태양이 위의 목적과의 관련에서 현저하게 불합리하다는 것이 명확하지 않는 한 그 합리성을 부정할 수가 없으며, 이것을 헌법 제14조 제1항의 규정에 위반하는 것이라고는 할 수 없다.

■ 적용

(a) 급여소득자의 특질에 대해서

급여소득자는 사업소득자 등과 달리 자기의 계산과 위험에서 업무를 수행하는 것이 아니라 사용자가 정한 바에 따라 역무를 제공하고, 제공한 역무의 대가로서 사용자로부터 받은 급부를 그 수입으로 하는 것인 바, 위의 급부액은 미리 정한 바에 의해 대략 일정액을 확정하고 있으며, 직장에서 근무상 필요한 시설, 기구, 비품 등에 관련한 비용은 사용자가 부담하는 것이 통례이며, 급여소득자가 근무에 관련하여 비용 지출을 하는 경우라 하더라도 각자의 성격 그밖의 주관적 사정을 반영하여 지출형태, 금액을 달리하고, 수입금액과의 관련성이 간접적이고 불명확하게 될 수밖에 없으며, 필요경비와 가사상의 경비 또는 이에 관련하는 경비와의 명확한 구분이 곤란한 것이 일반적이다. 게다가 급여소득자는 그 수가 방대하기 때문에 각자의 신고에 근거하여 필요경비액을 개별적으로 인정하여 실액공제를 하는 것, 또는 개산공제와 선택적으로 위의 실액공제를 하는 것은 기술적 및 양적으로 상당한 곤란을 초래하고, 나아가 조세징수비용의 증가를 면하기 어려우며 세무집행상 적지 않은 혼란을 발생하는 것이 우려된다. 또한 각자의 주관적 사정이나 입증기술의 편차에 따라 오히려 세금부담의 불공평을 초래할 우려가 있다.

(b) 개산공제제도의 정당성에 대해서

구 소득세법이 급여소득과 관련한 필요경비에 대해 실액공제를 배제하고, 대신에 개산공제제도를 설치한 목적은 급여소득자와 사업소득자 등과의 조세부담의 균형을 배려하면서 위와 같은 폐해를 방지하는 데 있는 것이 명확한 바, 국민 사이에 조세부담을 공평하게 배분함과 함께 조세징수를 확실·적확하고 효율적으로 실현하는 것은 조세법의 근본원칙이기 때문에 위의 목적은 정당성을 갖는 것이라고 해야 할 것이다.

위의 목적과 관련해서 구 소득세법이 구체적으로 채택한 前記의 급여소득공제 제도가 합리성을 가지는지의 여부는 결국 급여소득공제액이 급여소득과 관련한 필요경비액과의 대비에 있어서 상당성을 가지는지의 여부와 관련된 것이라 할 수 있다.

구 소득세법이 필요경비의 공제에 대해서 사업소득자 등과 급여소득자와의 사이에 설정한……구별은 합리적인 것이며, 헌법 제14조 제1항의 규정에 위반하는 것은 아니다.

(c) 포착률(捕捉率)의 격차에 대해서

소론은 사업소득 등의 포착률이 급여소득의 포착률을 하회하고 있는 것을 지적하지만, 그 취지는 포착률의 현저한 교차가 항상적으로 존재하는 이상, 그것은 단순히 징세기술의 교졸(巧拙) 등의 사실상의 문제에 멈추지 않고 제도 자체의 결함을 의미하는 것으로서 본건 과세 규정을 위헌으로 하는 것이라고 한다.

확실히 사업소득 등의 포착률이 상당히 장기간에 걸쳐 급여소득의 포착률을 하회하고 있는 것은 본건 기록상의 자료로부터 인정되지 않은 것은 아니며, 조세공평주의의 견지에서 그 시정을 위한 노력이 필요하다고 하지 않을 수 없지만, 이와 같은 소득 포착의 불균형의 문제는 원칙적으로 세무행정의 적정한 집행에 의해 시정되어야 할 성질의 것이며, 포착률의 격차가 정의형평의 관념에 반하는 정도로 현저하게 나아가 그것이 장년에 걸쳐 항상적으로 존재하여 조세법제 자체에 기인하고 있다고 인정될 수 있는 경우라면 별론으로 하고, 그렇지 않는 한 조세법제 그 자체를 위헌으로 하는 것이라고는 할 수 없기 때문에 포착률의 격차의 존재를 이유로 본건 과세규정이 헌법 제14조 제1항의 규정에 위반된다고 할 수 없다.

상고기각.

또한, 본 판결에는 이토 마사미(伊藤正己) 재판관의 보충의견(木下忠良 재판관, 長島敦 재판관 일부동조), 다니구찌 마사다카(矢口正孝) 재판관, 시마타니 로쿠로(島谷六郎) 재판관의 보충의견이 제시되어 있다.

기본 해설

일반적으로 샐러리맨 세금소송, 또는 원고의 이름을 취한 오시마(大島) 소송이라 일컬어진 본건은 오랜 기간 축적되어 온 샐러리맨의 세제에 대한 강한 불공평함을 결정화시키는 기능을 하였고, 법학계 뿐만 아니라 미디어나 노동조합에서도 매우 커다란 주목을 받은 재판이었다.

헌법학의 관점에서 본 판결의 의의에 대해 이하의 2가지 점을 지적할 수 있다.

첫째, 이전의 판례가 조세입법에 관해 조세법률주의를 정한 헌법 제84조를 원용하면서 온전히 입법부의 재량에 위임하는 것과 같은 논법을 취하고 있었던 것에 반해, 헌법론으로부터의 일정한 제동을 건 것을 지적할 수 있다. 즉, 최대판 1955년 3월 23일 판결(民集 9권 3호 336면)은 일본국헌법 하에서는 조세를 창설하고 개폐하는 것은 물론, 납세의무자, 과세표준, 징세절차는 모두 앞서 제시한 대로 법률에 근거하여 정하는 바에 위임되어 있다고 해석해야 한다. 때문에 지방세법이 지방조세를 폐지하고 토지의 고정자산세를 설정하고, 그리고 소유권의 변동이 빈번하지 않은 토지의 성격을 고려하고 주로 징세의 편의에 착안하여 그 부과기일을 정하도록 했다하더라도, 그 당부는 입법과정에서 심의결정되는 데에 일임되어 있는 것이라고 해석된다고 하고 있었던 것에 대해, 본 판결에서는 입법목적의 정당성이나 구체적인 조세입법에서의 조치가 현저하게 불합리하다는 것이 명백한 경우에는 헌법위반의 가능성이 생기는 것으로 유연한 기준으로 입법재량을 적용하였다. 그렇지만 조세입법의 고도의 전문기술성이나 정책성은 부정할 수 없다하더라도, 납세자에게 일방적으로 의무를 과하는 침해행정의 전형인 조세부과·징수에 대해 일률적으로 유연한 위헌심사기준을 적용하는 태도에 대해서는 의문이 있을 수 있다. 이 점 이토(伊藤) 재판관의 보충의견이 「예를 들어, 성별과 같은 헌법 제14조 제1항 후단 소정의 사유에 근거하여 차별이 이루어지는 때에는 합헌성 추정은 배제되어 재판소는 엄격한 기준에 의해 그 차별이 합리적인지의 여부를 심사해야 하며, 평등원칙에 반한다고 판단되어지는 경우가 적지 않을 것이라고 생각할 수 있다. 성별과 같은 사유에 의한 차별의 금지는 민주제 하에서의 본질적인 요구이며, 조세법도 또한 그것을 무시할 것을 허용하지 않는다」고 지적하고 있는 것이 주목된다.

둘째, 본 판결은 그 뒤 조세법이 문제가 된 소송에서 재판소에 의해 문제가 된 법령의 합헌성을 논증하기 위하여 적극적으로 원용되어 온 것이다. 주류판매업 면허제가 문제가 된 상기 판결 이외에 주세법 제7조가 금하고 있는 무면허의 주류제조 행위가 문제가 된 탁주재판의 최고재판소 판결(최1소판 1988년 12월 14일 刑集 43권 13호 841면)에서도 자기 소비를 위한 주류제조 자유의 규제에 대해 주세징수확보의 관점에서 제조목적 여하를 불문하고 주류제조에 대해 일률적으로 면허제를 채택한 것에 대해 본 판결이 인용된 다음, 입법재량이 현저하게 불합리하다는 것이 명백한지 아닌지를 기준으로 판단하여 합헌 판결이 내려졌다. 본건에서는 자기 소비를 위한 주류제조 행위가 재산권과 구별되는 행복추구권(제13조)에 의해 보장을 받는 자기결정권에 포섭되어 관념되어지는지 여부에 대해서는 논의가 있지만, 최소한 전적으로 주세법이 규제하는 범위에 속한 행위이기 때문이라는 이유에 의해, 개인의 사소한 즐거움을 부정할 수밖에 없는 당해 행위에 대한 엄격한 규제에 대한 합헌성 판단이 유연한 기준에 의해 이루어지더라도 어쩔 수 없다는 논법에 반드시 설득력이 있는 것은 아니다. 본건 규제는 LRA 등의 보다 엄격한 위헌심사기준에 의해 판정되어져야 했다고 할 수 있다(三木義一는 입법사실론의 관점에서 면허제 이후 자유화된 자가주조의 장류와 주류를 사례 구별할 수 있는가의 검토가 필요하다고 한다).

이와 같이 보면, 본 판결에서 전개된 조세입법의 특질론은 일반론으로 승인할 수 있으며, 또한 조세법에서의 과세체계가 사회 각층의 이해의 엄격한 타협의 결과 탄생한 하나의 체제를 이루고 있는 것은 부정할 수 없다하더라도, 헌법에 의해 보장되는 개인의 권리・자유나 그 규제의 태양을 정사함이 없이 조세문제를 일률적으로 광범위한 입법재량에 위임하려고 하는 논의는 부당하다고 말하지 않을 수 없다(戸松・後掲).

설문 1 전적으로 간접세의 세수확보 목적을 위해 이하의 행위에 대해 허가제를 채택한 경우 생기는 헌법상의 문제점에 대해 논하시오.

(1) 잎담배의 자기소비목적의 재배

(2) 허브티용의 차잎의 자기소비목적의 재배

(3) 고급요리에만 이용되는 희소종 야채의 자기소비목적의 재배

설문 2 저출산 대책의 일환으로 18세까지의 아이를 양육하는 세대에서 수입을 가지고 있는 자의 소득세율을 아이가 없는 세대에 비해 일률적으로 5% 인하하는 특별조치를 실시하는 것은 헌법에 위반하는지 검토하시오.

▌참고문헌▐

青木昌彦「官僚制多元主義国家と産業組織の共進化」青木他編著『市場の役割 国家の役割』(東洋経済新報社, 1999年)

芦部信喜『人権と憲法訴訟』(有斐閣, 1994年)

宇佐美誠「利益集団民主制下の公的規制」公法研究60号(1998年)

馬川千里「憲法と経済活動の自由」駿河台法学16巻2号(2003年)

碓井光明「所得税の不平等」憲法判例百選 I (有斐閣, 第4版, 2000年)

浦部法穂「営業の自臨と独禁法制」奥平＝杉原編『憲法学3』(有斐閣, 1977年)
同「営業の自由と許可制」憲法の争点(有斐閣, 新版, 1985年)
同「財産権制限の法理」公法研究51号(1989年)
岡田与好『独占と営業の自由』(木鐸社, 1975年)
釜田泰介「酒販免許制の合憲性」法学教室92号(1988年)
阪本昌成『憲法理論Ⅲ』(成文堂, 1995年)
佐藤幸治「職業選択の自由規制と司法権」芝池池編『租税行政と権利保護』(ミネルヴァ書房, 1995年)
高井裕之「自己消費目的の酒造の処罰と憲法13条・31条」『1990年度重要判例解説』(有斐閣, 1991年)
王国文敏「酒類販売業免許制度と酒税法」ジユリスト755号(1981年)
土田和博「市場と規制改革の基礎理論に向けての一試論」法律時報75巻1号(2003年)
土井真一「酒類製造免許制と酒をつくる権利」憲法判例百選Ⅰ(有斐閣, 第4版, 2000年)
戸波江二「職業の自由」芦部信喜編『憲法の基本問題』(有斐閣, 1988年)
同「税金と憲法」法学教室154号(1993年)
同「職業の自由と違憲審査」同上174号(1995年)
戸松秀典『立法裁量論』(有斐閣, 1993年)
長谷部恭男『憲法』(新世社, 第3版, 2004年)
樋口陽一『司法の積極性と消極性』(勁草書房, 1978年)
同『憲法』(創文社, 改訂版, 1998年)
平松毅「職業の自由」佐藤＝初宿編『人権の現代的諸相』(有斐閣, 1990年)
藤井俊夫『経済規制と違憲審査』(成文堂, 1996年)
前田徹生「経済的自由規制立法の違憲審査基準」佐藤功喜寿『現代憲法の瑠論と現実』(育林書院, 1993年)
松井茂記『日本国憲法』(有斐閣, 第2版, 1999年)
三木義一『現代税法と人権』(成文堂, 1992年)
棟居快行『人権論の新構成』(信山社, 1992年)
同『憲法学再論』(信山社, 2001年)
米沢広一「酒類販売業免許制最高裁判決」ジュリスト1023号(1993年)
綿引万里子「最高裁判所判例解説民事編」法曹時報46巻5号(1994年)

第16장 법제도의 본질과 비례원칙의 적용

[논점]

(1) 다양한 재산권 제약의 형태와 헌법 제29조의 보호범위
(2) 재산권 제약의 정당화 사유와 입법재량
(3) 재량통제기준으로서의 「비례원칙」
(4) 「법제도로서의 공유」의 본질
(5) 비례원칙의 구체적 적용방식

Part Ⅰ 기본 소재

삼림법 공유림 사건

최고재판소 1987년 4월 22일 대법정 판결
1984년(オ) 제805호 공유물분할등청구사건
民集 41권 3호 408면, 判時 1227호 21면
[참조조문] 헌 29 민 256Ⅰ 삼림(구) 186

사실 개요

피고 Y, 원고 X 형제는 그들 아버지 A로부터 증여받은 산림에 관해 각각 2분의 1 지분으로 공유등기하고 있었지만, 형 Y가 무단으로 산림의 일부를 제재회사 B와 C에 매각하여 벌채함으로써, 그 결과 동생 X가 입목 가액 상당액의 2분의 1인 715만 엔의 손해를 입게 되어 두 사람 사이의 신뢰관계가 붕괴되었다(형 Y는 동생 X에게 매각대금에서 산림소유세 69만 엔을 공제한 646만 엔을 지급하려고 하였지만 거부당하고 있다). 그래서 동생 X는 형 Y에 대하여 분할청구를 하기에 이른바, 이를 거부당했기 때문에 산림분할과 손해배상을 구하며 제소하였다. 공유림에 대해서는 공유물 분할청구권을 규정한 민법 제256조 제1항에도 불구하고, 삼림법 구 제186조가 분할을 제한하고 있고, 「각 공유자의 지분 가격에 따라 그 과반수로」하는 경우가 아니면 분할청구가 인정되지 않았다. 본건의 경우는 지분이 꼭 2분의 1 과반수로 되지 않았기 때문에 X의 청구

는 현행법 하에서는 허용되지 않는다. 때문에 X는 삼림법 제186조는 헌법 제29조에 위반하여 무효라고 주장하여 다투었다.

제1심=시즈오카(静岡) 지방재판소

시즈오카 지방재판소 1978년 10월 31일 판결

■ 당사자의 주장 (쟁점)

〈사실에 관련된 주장〉 (손해배상의 논점에 관하여는 생략)

원고 X 및 Y는 1947년 6월 15일부터 같은 해 10월 22일까지 3회에 걸쳐 X · Y의 망부 A로부터 산림 증여를 받고, 이후 각각 동 산림의 2분의 1의 공유지분을 갖는 공유자이다. X는 산림을 현물분할의 방법으로 분할하고 싶었지만, X · Y 사이에는 현저한 감정의 격차가 있고, 도저히 분할 협의가 이루어질 전망이 없다.

피고 X · Y의 공유지분이 각각 2분의 1인 것은 부인한다. 가문을 계승한 Y가 다수를 취득하여야 한다는 것이 망부 A의 의사였다. 또한 Y는 친동생인 X를 지금까지 정신적 · 경제적으로 돌보아왔고, X · Y 사이에 현저한 감정의 격차가 있다고는 생각하지 않는다.

〈법적인 근거에 관련된 주장〉 (손해배상의 논점에 관하여는 생략)

원고

①삼림법 제186조는 민법의 분할에 관한 일반적 규정에 대한 예외적인 강행규정이라고까지는 해석할 수 없다.

②만일 삼림법 제186조를 엄격하게 해석하여 2분의 1보다 많은 지분이 없으면 항상 분할청구를 할 수 없다고 하게 되면, 헌법 제11조 및 제29조의 정신에 반하여 무효이다.

③산림공유관계에서는 공유자 일방의 불신행위에 의해 공유자 간의 신뢰관계가 파괴된 경우에는 공유자 간의 의사불일치에 의해 입목의 매각 · 제벌 · 식재 등의 시업행위(施業行為)가 원활하게 이루어지지 않게 되고, 그 때문에 삼림운영의 합리성, 삼림자원의 지속적 배양, 국토 보전 등을 저해하는 결과를 초래하기 때문에 신뢰관계를 파괴하는 불신행위를 한 공유자의 상대방은 설령 그 지분이 과반수에 달하지 않은 경우에도 불신행위를 한 상대방에 대하여 공유물의 분할청구를 할 수 있다.

④본건 산림의 취득원인은 형식적으로는 X · Y의 아버지 A로부터의 증여로 상속이 아니지만, 실질적으로는 A 사후의 상속상의 분쟁을 방지하기 위해 가산인 산림을

자손에게 전하고 사실상의 상속세인 증여세를 생전에 A가 부담해 둘 목적으로 이루어진 것이므로, 상속과 다름없다. 삼림법 제186조 본문은 민법 제256조 제1항에 의한 통상의 공유물의 분할청구를 금지하고 있지만, 민법 제907조 제1항의 규정에 의한 유산의 공유물의 분할에 의한 유산분할청구에 상당하고, 삼림법 제186조 본문의 적용 밖에 있다.

⑤X・Y 사이에는 그 공유에 관한 산림의 분할을 하지 않는다는 계약 등은 현재에 이르기까지 명시적으로도 묵시적으로도 존재하지 않는다. 가령 1947년 당시 묵시의 합의에 의한 불분할계약이 성립하고 있었다고 해도 5년을 경과한 1952년 10월 22일에는 계약이 기간만료에 의해 종료하였다(민법 제256조 제1항 단서).

피고

①삼림 공유자는 삼림법 제186조 본문의 규정에 의해 분할의 청구를 금지받고 있고, 원고의 공유물분할청구는 부당하다.

②A가 본건 산림을 증여할 때, 가산의 분할을 막고 X・Y가 공동으로 제재업을 경영할 수 있도록 X・Y 사이에 각 2분의 1의 공유등기를 한 것에 불과하고, X・Y사이에는 A로부터 증여받은 각 부동산을 분할하지 않는다는 묵시의 계약이 존재하고 있다.

■ 법적 구성

①삼림 공유자 사이에 신뢰관계가 존재하지 않게 된 경우에는 X가 삼림법 제186조 본문의 규정에도 불구하고, 자유롭게 공유 삼림의 분할청구를 할 수 있다고는 할 수 없다.

이유1) 삼림법 제186조의 규정은「삼림 경영의 영세화 방지라는 국가의 정책적 시점에서 공유 삼림의 분할청구를 금지한 것이고, 공유자 간의 신뢰관계의 파괴라는 사인간의 사적관계에서 공익규정인 동 법조의 적용이 없어진다고 해석하는 것은 공익규정인 동 법조의 해석론으로서는 무리이다」.

이유2) 애초에 협의상 분할을 희망한 공유자의 지분이 과반수 이상인 경우에는 자유롭게 공유물 분할청구를 할 수 있으므로(삼림법 제186조 단서), 공유자 간의 신뢰관계가 붕괴되어 협의가 이루어지지 않은 경우에 관하여 X가 주장하듯이 삼림법 제186조 본문 규정이 적용되지 않는다고 해석하면「동조 본문 규정의 적용이 있는 경우는 거의 사라지게 되어, 동조 본문은 사문화 된다」.

이유3) 본건 산림에 관하여는 X의 분할청구를 인정하는 쪽이 삼림의 지속배양과 그 생산력의 증진에 기여할지 모르지만(그렇지만 동 산림이 아주 황폐한 상태로 되어 버린 것은 X의 동 산림에 대한 가처분 집행 때문이다), 본건 산림의 지속배양과 그 생산력의 증진에만 주의를 빼앗겨 X의 주장을 인용하면「이것을 국가적 · 대국적 견지에서 볼 경우 삼림경영의 영세화를 방지하고 경영의 합리화를 꾀하고, 삼림자원의 지속배양과 그 생산력의 증진을 기도한다는 국가의 정책적 목표에 역행하는 결과가 되기 쉽다」.

②실질적으로는 망부 A로부터의 상속이므로, X의 공유물 분할청구도 실질적으로는 민법 제907조 제1항에 기초한 유산분할청구에 해당하고, 삼림법 제186조 본문의 적용은 없다는 주장은 성립하지 않는다.

이유1) 삼림법 제186조 본문은 민법 제907조 제1항의 규정에 의한 유산의 공유물 분할청구를 금지하고 있지 않지만, 유산의 공유의 경우는 통상의 공유의 경우와 다르고,「공동상속인의 공동소유로 된 유산을 신속하고 공평하게 분할하는 것이 삼림 경영의 영세화 방지라는 정책적 시점에서도 우선한다고 해석되었기 때문이다」. 이러한「법적 가치판단」을 존중하면, 어디까지나 현행 법제상 통상의 공유인지 유산의 공유인지에 따라 판단하여야 형식적으로는 통상의 공유이지만, 실질적으로는 민법 제907조 제1항을 적용하여야 한다는 주장은 성립하지 않는다.

이유2) 망부 A는 생전, X · Y 및 장남 D의 3명에게「자신의 가업인 제재업을 계승시켜 발전시키고 싶다고 생각, 그를 위해 제재업의 공동경영을 위해」X · Y 두 명에게 본건 산림을 증여한 것이지만, A 사망 당시는 동인의 상속인으로 처 E와 그 자녀 10명이 있었으므로, X · Y 두 명의 상속분은 15분의 1에 불과한 것이 인정된다. X · Y 두 명이 A로부터「생전증여를 받고 있었던 것이야말로」, 본건 산림의 지분 2분의 1이라는「큰 비율의 지분권을 취득할 수 있었던 것으로」본건 산림의 취득원인은「형식적으로도 실질적으로도」A로부터의 증여에 의한 것이고, X의 공유물분할청구도「형식적으로도 실질적으로도」민법 제256조 제1항에 기초한 것이라고 할 수 있다.

③삼림법 제186조의 규정은 헌법 제11조, 제29조의 정신에 반하여 무효라고 할 수 없다.

이유1) 삼림법 제186조는 민법 제256조 제1항 본문이 규정하는「공유물 분할 자유의 원칙에 대한 예외로서 재산권의 제한인 것은 면할 수 없지」만, 삼림법 제186조 본문을 둔 취지는「일반 공유물과 동일하게 공유 삼림에 관하여도 자유롭게 분할할 수 있다고 하면 필연적으로 삼림은 세분화되고 공(公)의 입장에서 보면 삼림의 합리적인 경영이 어렵게 되어 삼림법이 주목하는 삼림자원을 지속 배양하고 그 생산력을 증진하여 국토 보전과 국민 경제의 발전에 기여한다고 하는 목적(동법 제1조 참조)이 저해될 우려가 있다」.

이유2) 더구나 삼림법 제186조는「공유자의 공유지분의 처분권까지 빼앗는 것은 아니고, 삼림 공유자는 그 지분의 양도 기타 처분을 자유롭게 할 수 있는 것 이외에,

동조에 의한 분할 금지도 절대적인 것은 아니고 지분의 과반수에 의한 분할청구도 허용되어 있기」 때문에 삼림 공유자가 입는 불이익은 「삼림법이 궁극의 목적으로 하는 공공의 복지에 의한 재산권의 제약으로 인용하여야 한다」.

이유3) 지분 가액의 과반수에 의한 분할청구를 허용하면서 X와 같은 지분 2분의 1의 공유자에 의한 분할청구를 금지하고 있는 것은 「공공의 복지와 사권(私権)의 존중이라는 이율배반적인 요청의 조정을 도모하기」 위해, 「그 조정선을 각 공유자가 갖는 지분 가액의 과반수에 둔 것으로 해석하여야 하여」 헌법 제11조 및 제29조의 「정신에 반한다고 도저히 해석할 수」 없다.

■ 적용

이상의 인정 및 판단에 의하면, X의 손해배상청구권에 관하여는 715만 엔과 연 5%의 비율에 의한 지연배상금의 지급을 구하는 한도에서 이유가 있으므로 이를 인용하고, 그 나머지 청구는 이유가 없으므로 기각하고, 원고의 공유물분할청구에 관하여는 모두 이유가 없으므로 이를 기각한다.

제2심=동경 고등재판소

동경 고등재판소 1984년 4월 25일 판결

■ 당사자의 주장 (쟁점)

〈사실에 관련된 주장〉

제1심 피고 Y는 본건 산림을 아버지 A의 생전부터 관리해 오고 있지만, 1965년 당시 본건 산림의 일부에 관하여는 삼나무와 노송나무의 벌기가 도래하고 있고 그 주위에 소나무, 대나무, 잡목이 생립하여 삼나무, 노송나무의 성장을 방해하고 있었기 때문에 삼나무, 노송나무 등을 벌채하여 재조림하지 않으면 안 되는 상황에 있었다. X는 동 산림의 관리를 Y에게 모두 맡기고 자신은 관리를 하지 않았기 때문에 Y는 X를 위해 사무 관리로서 동 산림의 입목을 제재회사 B와 C에 매각하고 양 회사가 이를 벌채한 것이다. 매각대금 중 X가 차지할 몫은 이미 동인에게 교부하고 있다.

제1심 원고 Y의 주장에 관하여 다툰다.

〈법적인 근거에 관련된 주장〉

제1심 피고 입목의 매매가액도 적정하고 Y가 한 입목의 매각, 벌채는 아무런 불법행위가 되지 않기 때문에 X의 본건 손해배상청구는 부당하다.

제1심 원고 Y의 주장에 관하여 다툰다. 원 판결 중 X 패소 부분을 취소하고, X와 Y가 공유하는 산림을 현물분할의 방법으로 X와 Y의 지분(각각 2분의 1)에 따라 분할함과 동시에 손해배상에 관하여도 나머지 5,975,000엔 및 지연손해금의 지급을 구한다.

■ 법적 구성

원심과 같음.

■ 적용

Y가 1965년에 이르기까지 본건 산림을 관리·육성해오고 있고, 「오랜 경험에 기초하여」 본건 산림의 일부에서 생육하고 있는 삼나무, 노송나무 등의 입목에 관하여는 「이미 벌채할 시기가 도래하고 있는 것으로 판단하여」 이들 입목을 제재회사 B와 C에 매각하여 벌채하게 한 것이고, 또한 Y의 판단이 「객관적으로 보아도 상당」하고, 「매각 가액도 적정」하였다. 그러나 X는 입목의 매각, 벌채에 관하여는 「시종, 단호히 반대한다는 의사를」 Y 등에게 표명하고 있고, Y는 그럼에도 불구하고, X가 「명시한 의사에 반하여 앞에서 기술한 매각·벌채를 굳이 감행한 것이고」, 이에 반대하는 X의 의사가 「강행법규 또는 공서양속에 반한다고 인정하기에 충분한 증거도 없기」 때문에 동 입목의 매각·벌채는 X를 위한 사무관리라고 인정할 수 없고, 동인에 대한 불법행위를 구성한다. 그 이외의 X의 주장은 모두 채택할 수 없고, X의 본건 산림에 관한 민법 제256조 제1항에 기초한 공유물분할청구는 삼림법 제186조 본문에 저촉되므로, 법률상 허용되지 않는다. 이와 동지의 원 판결은 상당하여, X 및 Y 피고의 각 항소는 모두 이유가 없으므로, 이를 모두 기각한다.

상고심=최고재판소

■ 상고이유

삼림법 제186조는 다음의 이유에 의해 헌법 제29조에 위반하고 무효이다.

(1) 헌법 제29조 제2항에서의 「공공의 복지란 각자의 인권을 실질적으로 공평하게 존중하여야 한다는 원칙이고, 본조에서는 특히 각자에게 인간적인 생존을 보장하려고 하는 사회국가적 공공복지를 의미하는 것으로 생각한다. 사유재산제의 절대화가 다수 국민의 궁핍화를 초래하는 경향이 있는 것은 과거의 경험에 의하여 너무나도 분명하기 때문에 이 결점을 시정하는 것이 이 규정이 의미하는 바이다」.

(2) 19년간 본건 소송이 계속되는 가운데 「산림은 방치되어 황폐해진 상황이다」.

「이와 같은 상태에서 과연 제1심 판결이 말한 바와 같이 삼림의 지속배양과 건전한 삼림 생산의 결실을 거두는 것으로 국민경제에 기여하리라고 기대할 수 있는가? 그리고 또한 본건 상고가 기각됨으로 인해 법률상 본건 삼림의 분할이 허용되지 않게 되면」, 「양자의 협의에 의한 분할은 도저히 기대할 수 없는 바이고, 삼림 경영은 궁지에 빠지고, 삼림법이 분할금지를 구한 정신과 전혀 반대의 결과를 초래할 것이 분명하다」.

[법정의견]

■ 법적 구성

(a) 헌법 제29조의 보호범위

헌법 제29조는 「사유재산제도를 보장하고 있을」뿐만 아니라, 「사회적 · 경제적 활동의 기초를 이루는 국민 개개의 재산권에 관해」 이를 「기본적 인권으로」 보장함과 동시에, 「사회 전체의 이익을 고려하여 재산권에 대한 제약을 가할 필요성이 증대되기에 이르렀기 때문에 입법부는 공공의 복지에 적합한, 재산권에 관하여 규제를 가할 수 있다」고 하고 있다.

(b) 기본적 인권인 재산권의 제약을 정당화하는 사유

「재산권은 그 자체에 내재하는 제약 이외에, 위와 같이 입법부가 사회 전체의 이익을 도모하기 위해 가하는 규제에 의한 제약을 받지」만, 이 규제는 「재산권의 종류, 성질 등이 다종다양하고, 또한 재산권에 대하여 규제를 요구하는 사회적 이유 내지 목적도 사회공공의 편의의 촉진, 경제적 약자의 보호 등의 사회 정책 및 경제정책상의 적극적인 것으로부터 사회생활에서의 안전 보장이나 질서 유지 등의 소극적인 것에 이르기까지 다양하기 때문에 각양각색일수 있다」.

(c) 입법부의 재량과 재량통제기준(비례원칙)

따라서 재산권에 대한 규제가 헌법 제29조 제2항에서 말하는 공공의 복지에 적합한지는 「규제 목적, 필요성, 내용, 그 규제에 의하여 제한받는 재산권의 종류, 성질 및 제한 정도 등을 비교형량하여 결정하여야」 하지만, 재판소로서는 「입법부가 한 위의 비교형량에 기초한 판단을 존중하여야」 하기 때문에 「입법의 규제목적이 앞의 사회적 이유 내지 목적에서 나왔다고는 할 수 없는 것으로 공공의 복지에 합치하지 않음이 분명하든가, 또는 규제목적이 공공의 복지에 합치하는 것이라도 규제수단이 위 목적을 달성하기 위한 수단으로 필요성 내지 합리성을 결하고 있는 것이 분명하여 그 때문에 입법부의 판단이 합리적 재량의 범위를 넘게 되는 경우에 한해,」 당해 규제입법이 헌법 제29조 제2항에 위배되는 것으로 그 효력을 부정할 수 있다(최고재판소

1975년 4월 30일 대법정 판결, 民集 29권 4호 572면 참조).

(d) 본건에서 고려를 요하는「사안의 성질」

①문제되는 국가행위(삼림법 제186조)와 그것에서 기인하는 권리침해(민법 제256조 제1항이 정한 공유물분할청구권의 부정)

「삼림법 제186조는 공유삼림에 관해 지분가액 2분의 1 이하의 공유자(지분가액의 합계가 2분의 1 이하의 복수의 공유자를 포함한다. 이하 같다)에게 민법 제256조 제1항 소정의 분할청구권을 부정하고 있다. 그래서 우선 민법 제256조의 입법 취지, 목적에 관하여 고찰한다」.

②삼림법 제186조에 의하여「제한받는 재산권의 종류, 성질 등」

「공유란 복수의 자가 목적물을 공동으로 소유하는 것을 말하고, 공유자는 각자 그 자체 소유권의 성질을 갖는 지분권을 갖고 있는데 그치고, 공유관계에 있다는 것 만으로는 그 이상으로 상호 특정 목적 하에 결합되어 있다고는 할 수 없다. 그리고 공유의 경우에는 지분권이 공유의 성질상 상호 제약하는 관계에 있기 때문에 단독소유의 경우에 비해 물건의 이용 또는 개선 등에서 충분히 배려되지 않은 상태에 놓이는 경우가 있고, 또한 공유자 간에 공유물의 관리, 변경 등을 둘러싸고, 의견 대립, 분쟁이 발생하기 쉽고, 일단 이러한 의견 대립, 분쟁이 발생한 때에는 공유물의 관리, 변경 등에 장애를 초래하고 물건의 경제적 가치가 충분히 실현되지 못하게 되는 사태가 발생하므로, 동조는 이러한 폐해를 제거하고 공유자에게 목적물을 자유롭게 지배하게 하고 그 경제적 효용을 충분히 발휘하도록 하기 위해 각 공유자는 언제라도 공유물의 분할을 청구할 수 있는 것으로 하고, 더구나 공유자가 체결하는 공유물의 불분할 계약에 관한 기간 제한을 두어, 불분할 계약은 위 제한을 넘어서는 효력을 갖지 않는다고 하여 공유자에게 공유물의 분할청구권을 보장하고 있는 것이다. 이와 같이 공유물분할청구권은 각 공유자에게 근대시민사회에서의 원칙적 소유형태인 단독소유에 대한 이행을 가능하게 하고, 위와 같은 공익적 목적도 다하는 것으로 발전한 권리이고, 지분권의 처분 자유와 함께 공유의 본질적 속성으로 민법에서 인정되기에 이른 것이다」.

③헌법 제29조의 보호범위(「헌법상의 재산권」과 삼림법 제186조의 합헌성을 정당화하는 사유(「공공의 복지」와의 적합성))

따라서「당해 공유물이 그 성질상 분할할 수 없는 것이 아닌 한, 공유자에게 분할청구권을 공유자에게 부정하는 것은 헌법상 재산권의 제한에 해당하고 이러한 제한을 설정하는 입법은 헌법 제29조 제2항에서 말하는 공공의 복지에 적합할 것을 요구한다고 해석할 수 있는 바, 공유 산림은 그 성질상 분할할 수 없는 것에 해당하지 않으므로, 공유 산림에 관해 지분가액 2분의 1 이하의 공유자에게 분할청구권을 부정하고 있는 삼림법 제186조는 공공의 복지에 적합한 것이라고 할 수 없는 경우는 위헌 규정으로 그 효력을 갖지 않는다고 하여야 한다」.

(e) 「공공의 복지」와의 적합성 제1 (입법목적)

명치시대 이래의 입법 경위에서 볼 때 입법목적은 「삼림의 세분화를 방지함으로써 삼림경영의 안정을 도모하는 데 있었다고 할 수 있고, 당해 삼림의 수자원 함양, 국토보전 및 보건보전 등의 이른바 공익적 기능의 유지 또는 증진 등은 동조의 직접적 입법목적에 포함되어 있다고는 하기 어렵다」. 「삼림법이 제1조에서 규정하고 있는 동법의 목적도 고려하면 결국, 삼림의 세분화를 방지함으로써 삼림경영의 안정을 꾀하고 나아가 삼림의 지속 배양과 삼림의 생산력 증진을 꾀함으로써 국민경제의 발전에 기여하는 데 있다고 해석할 수 있다」.

동법 제186조의 입법목적이 「이상과 같이 해석되는 한, 공공의 복지에 합치하지 않는 것이 분명하다고는 할 수 없다」. 따라서 삼림법 제186조에서의 분할청구권의 부정은 입법목적 달성을 위한 수단으로 「합리성 또는 필요성」을 결한 것이 「분명하다고 할 수 없는 한」, 동조는 헌법 제29조 제2항에 위반된다고 할 수 없다.

(f) 「공공의 복지」와의 적합성 제2 (입법목적의 달성 수단으로서의 「합리성」과 「필요성」)

① 수단으로서의 합리성

i) 삼림의 「공동경영」(「목적적 단체」의 형성/공유자 「상호」의 권리의무관계의 강화)과 삼림의 「공유」와의 합리적 관련성

「삼림이 공유됨으로써 당연히 그 공유자 간에 삼림경영을 위한 목적적 단체가 형성된 것은 아니고, 또한 공유자가 당해 삼림 경영에 관해 상호 협력해야 할 권리의무를 부담하기에 이른 것은 아니다. 때문에 삼림의 공유와 삼림의 공동경영이 직접 관련되는 것은 아니고, 「공유삼림의 공유자 간의 권리의무에 관한 규제는 삼림경영의 안정을 직접적 목적으로 하는 앞의 삼림법 제186조의 입법목적과 관련성이 전혀 없다고는 할 수 없을지라도 합리적 관련성이 있다고는 할 수 없다」.

ii) 「삼림경영의 안정성」과 공유삼림의 「관리」 「변경」 행위의 부정과의 합리적 관련성

삼림법은 공유삼림의 「보존」·「관리」·「변경」에 관하여는 지분가액 2분의 1 이하의 공유자로부터의 분할청구를 허용하지 않는 한도에서 민법 제3장 제3절 공유 규정의 적용을 배제하고 있는데 불과하다. 그러나 공유자 간, 특히 지분가액이 서로 대등한 2명의 공유자 간에 공유물의 관리 또한 변경 등을 둘러싸고 의견 대립, 분쟁이 발생한 경우, 각 공유자로서 공유삼림에 관해 민법 제252조 단서에 기초한 「보존」 행

위를 하는 것만으로는 충분하지 않다. 「관리 또는 변경」 행위를 적법하게 할 수 없다면 당해 삼림의 황폐라는 사태를 초래하기 쉽다. 이러한 사태를 해결하기 위해서 만들어진 규정이야말로 분할청구권을 정한 민법 제256조 제1항이지만, 삼림법 제186조가 그 적용을 배제한 결과는 「위와 같은 사태의 영속화를 초래할 뿐으로 당해 삼림의 경영의 안정화에 기여하는 바가 없고, 삼림법 제186조의 입법목적과 동조가 공유삼림에 관해 지분가액 2분의 1 이하의 공유자에게 분할청구권을 부정한 것과의 사이에 합리적 관련성이 없다는 것은 이것을 보아도 분명하다고 할 수 있다」.

iii) 「삼림의 세분화 방지」를 위해 「지분가액의 2분의 1을 초과하지 않은」 「유산에 속하지 않은 공유 삼림의 분할」을 금지하는 것의 합리성

애당초 삼림법은 삼림의 분할을 절대적으로 금지하고 있는 것이 아니라 지분가액 2분의 1 이하의 공유자의 민법 제256조 제1항에 기초한 분할청구만이 허용되지 않는다. 그러나 그 경우 분할청구권을 인정한다고 하여도 분할의 결과는 이미 허용되어 있는 양도, 분할 등의 결과에 비해, 당해 공유삼림이 보통 때보다 세분화된다고는 할 수 없다. 그 때문에 「삼림법이 분할을 허용하지 않는다고 하는 경우와 분할 등을 허용하는 경우와의 구별 기준을 유산에 속하지 않는 공유삼림의 지분가액의 2분의 1을 초과하는지의 여부에서 찾고 있는 합리성에는 의문이 있다」.

② 수단으로서의 필요성

i) 2분의 1을 넘지 않는 공유자로부터의 분할청구에 한하여 삼림의 세분화를 방지할 필요성

「공유삼림에 관해 지분가액의 2분의 1의 공유자로부터의 민법 제256조 제1항에 기초한 분할청구의 경우에 한하여, 다른 경우에 비해 당해 삼림의 세분화를 방지함으로써 삼림경영의 안정을 꾀하지 않으면 안 될 사회적 필요성이 강하게 존재한다고 인정할 근거는 찾을 수 없다」.

ii) 범위·기한무한정의 분할금지를 할 필요성

그럼에도 불구하고 「삼림법 제186조가 분할을 허용하지 않는다고 하는 삼림의 범위 및 기간에 관하여도 한정을 두고 있지 않기 때문에 동조 소정의 분할 금지는 필요한 한도를 넘는 극히 엄격한 것으로 되어 있다고 하지 않을 수 없다」.

• 분할을 허용하지 않는 삼림의 범위

「삼림의 안정적 경영을 위해 필요한 최소한도의 삼림면적은 당해 삼림의 지역적 위치, 기후, 식재죽목의 종류 등에 따라 차이는 있어도, 이것을 정하는 것이 가능하다고 할 수 있으므로, 당해 공유삼림을 분할한 경우에 분할 후의 각 삼림면적이 필요최소한도의 면적을 하회하는지를 묻지 않고, 일률적으로 현물분할을 인정하지 않는다고

하는 것은 동조의 입법목적을 달성하는 규제수단으로 합리성을 결하고, 필요한 한도를 넘는 것이라고 할 수 있다.

• 분할을 허용하지 않는 기간

「당해 삼림의 벌채기 혹은 계획식림의 완료시기 등을 전혀 고려하지 않고 무기한으로 분할청구를 금지하는 것도 동조의 입법목적의 점에서는 필요한 한도를 넘는 불필요한 규제라고 할 수 있다」.

iii) 현물분할(민법 제258조)을 부정할 필요성

「현물분할을 함에 있어서는 당해 공유물의 성질, 형상, 위치 또는 분할 후의 관리·이용편 등을 고려하여야 하므로, 지분가액에 따른 분할을 한다고 하여도 여전히 공유자가 취득하는 현물 가격에 과부족을 초래하는 사태가 발생하는 것은 피하기 어렵다」.

그러나 「이와 같은 경우에는 지분 가격 이상의 현물을 취득하는 공유자에게 당해 초과분의 대가를 지급하게 하고, 과부족의 조정을 하는 것도 현물분할의 한 형태로서 허용된다」. 현물분할에서도 「합리적인 분할이 가능하므로」[*1] 공유삼림에 대해 「바로 그 세분화를 초래한다고는 할 수 없다.

또한 민법 제258조 제2항에 의해 경매에 의한 대금분할의 방법을 이용하여 일괄경매가 되는 경우는 여전히 「당해 공유삼림의 세분화라는 결과가 발생하지 않는다」.

[*1] • 분할 대상이 되는 공유물이 다수의 부동산인 경우

「이들 부동산이 외형상 일단(一団)으로 볼 수 있는 경우는 물론 여러 곳에 나뉘어 존재하는 경우에도 위 부동산을 일괄하여 분할 대상으로 하고, 분할 후의 각각의 부분을 각 공유자의 단독소유로 하는 것도 현물분할의 방법으로 허용되고」, 그럼에도 불구하고 과부족이 발생한 경우는 역시 과부족의 조정을 하는 것이 허용된다고 해석하여야 한다(최고재판소 1955년 5월 31일 제3소법정 판결·民集 9권 6호 793면, 1970년 11월 6일 제2소법정 판결·民集 24권 12호 1803면은 위와 저촉하는 한도에서 이를 고쳤다).

• 공유자가 다수인 경우

「그 중 한명이라도 분할청구를 하는 경우는 바로 그 전부의 공유관계가 해소된다고 해석하여서는 안되고, 당해 청구자에 대하여만 지분 한도에서 분할을 청구하고 그 나머지는 다른 자와 공유로 잔존하는 것도 허용된다」.

iv) 정리

「따라서 삼림법 제186조가 공유삼림에 관해 지분가액의 2분의 1 이하의 공유자에게 일률적으로 분할청구권을 부정하고 있는 것은 동조의 입법목적을 달성함에 있어서 필요한 한도를 넘는 불필요한 규제라고 할 수 있다」.

(g) 비례원칙의 적용–재량권의 일탈

이상과 같이, 삼림법 제186조에 의한 공유물 분할청구권의 부정은 동 제6조의 입법목적과의 관계에서 「합리성과 필요성 어느 것도 긍정할 수 없는 것이 분명」하여 「이 점에 관한 입법부의 판단은 그 합리적 재량의 범위를 넘는 것이다」. 따라서 삼림법 제186조는 헌법 제29조 제2항에 위반하여 무효이고, 공유삼림에 관해 지분가액의 2분의 1 이하의 공유자에 대해서도 민법 제256조 제1항 본문의 적용이 있다고 하여야 한다.

■ 적용

본건에 관하여 원 판결은 삼림법 제186조는 헌법 제29조 제2항에 위반한 것은 아니고, 삼림법 제186조에 따르면, 본건 산림에 관해 2분의 1의 지분가액을 갖는 데 그치는 상고인에게는 분할청구권은 없다고 하여 본건 분할청구를 배척하고 있지만, 이 판단은 헌법 제29조 제2항의 해석 적용을 잘못한 것이라고 할 수 있으므로, 「이 점의 위반을 말한 논지는 타당하고, 원 판결 중 상고인 패소 부분은 파기를 면할 수 없다. 그리고 위 부분에 관하여는 상고인의 분할청구에 기한 민법 제258조에 따라 본건 삼림을 분할하여야 하므로 본건을 원심으로 환송한다」.

[보충의견]

• 사카우에 토시오(坂上寿夫) 재판관

카가와 야스카즈(香川保一) 재판관의 반대의견은 「삼림의 공동경영」이라는 관점에서 공유삼림에 관한 분할제한의 합리성을 지적하지만, 「자기의 의사에 의하지 않고 삼림을 공유하게 된 자」 또는 「자기 의사로 삼림을 공유하고 있다고 하여도」 「삼림을 공동 경영할 의사가 없는 자」의 존재를 빼고 논해도 되는 것은 아니다. 또한 「다수결원리」만으로는 지분 2분의 1 이하의 권리자의 분할청구만을 허용하지 않는다고 하는 설명으로 충분하지 않다(분할되어 곤란한 것은 오히려 지분 2분의 1 이하의 소수권리자 측이다).

(a) 극히 일부 소유의 산림공유체의 편의를 위해

삼림 경영의 실태에서 보면 일본에서의 공동소유자에 의한 삼림보유는 면적비에 의하면 「일본 전 삼림의 2.4%」, 「사유 삼림 전체의 약 4%를 차지할 뿐이다」. 더구나 그 중 0.1～1헥타르(미만)밖에 보유하고 있지 않은 영세사업자는 전체 공동사업체의 58%에 해당하고, 여기에 1～5헥타르(미만)밖에 보유하고 있지 않은 사업체를 합치면 전 공동사업체의 87% 이상에 달한다. 한편 카가와 재판관의 반대의견이 바람직하다고 한 「상당히 광대한 면적」을 가령 100헥타르 이상으로 낮춘다고 하여도 그 조건을 충족하는 것은 불과 전 공동사업체의 0.3% 이상에 불과하다.「공유삼림의 대부분은 공동소유라고 하여도 공동경영이라고까지 할 만한 것은 아니다」.

「그렇다면 삼림 경영의 관점에서 공유를 논하여도 그다지 의미는 없고, 삼림법 제186조는 극히 일부 소유의 삼림공유체의 경영 편의를 위해 모든 삼림공유체의 더구나 그 중의 지분 2분의 1 이하의 삼림공유자에 관하여만 그 분할청구권을 빼앗은 불합리를 범하고 있다고 결론내리지 않을 수 없다」.

(b) 극히 소수의 지분권자에만 제한을

가령 분할청구권의 부정이「삼림의 세분화를 방지하고, 그것에 의하여 삼림 경영의 안정을 꾀하고, 나아가서는 삼림의 지속배양과 삼림의 생산력 증진을 꾀함으로써 국민 경제발전에 이바지하는 것이 공공복지에 합치한다」는 입장을 취한다고 하여도, 「일본 삼림면적의 2.4%, 그 중 사유 삼림의 면적과 대비하더라도 약 4%를 차지하는 데 불과한 공동소유삼림(상속에 의한 공유분을 제외하면 그 비율은 훨씬 적을 것) 중 소수지분권자에게만 제한을 가하는」 것을 긍정하는 데 충분한 이유를 도저히 찾을 수 없다.

[보충의견]

• **하야시 토노스케(林藤之輔) 재판관**

법정의견이 판례(최고재판소 1955년 5월 31일 제3소법정 판결 · 民集 9권 6호 793면)를 변경하려고 한 것은 가정재판소에서의 유산분할 심판 실무에서는 이미 다수의견에서 말한 가액배상이 이루어지고 있는 실태에 비추어 적절하다. 또한 통상의 공유물 분할에서도 공유물 분할의 소송은 이른바 형식적 형성소송에 속하고, 당사자는 단순히 공유물의 분할을 구한다는 신청을 하면 충분하고, 재판소는 당사자가 현물분할을 신청하고 있는 것만으로도 이에 구속받지 않고, 경매에 의한 대금분할을 명할 수도 있어 (최고재판소 1982년 3월 9일 제3소법정 판결 · 재판집 民事 135호 313면), 그 본질은 비송사건이고 그 점에서는 전형적인 비송사건인 가사심판과 다를 바가 없다.「가액배상에 의한 조정을 완강히 부정하는 것은 현물분할의 길을 공연히 좁히는 것이고, 실상에 부합한다고 하기 어렵다」.「당사자의 이익에서 보아도 특히 당사자가 희망하고 있는 경우까지 재판소가 감정 등에 기초하여 인정하는 금액에 의한 가액배상을 부정할 실질적인 근거는 없다」.「규제가 필요하다는 것을 다수의견이 인정한 공유삼림의 벌채기간이나 계획식림 완료시 전에 이루어진 분할청구 같은 경우는」「공유물을 나머지 자만의 공유로 하고, 분할청구자는 지분상당액의 대가지급을 받는 방법에 의하는 것도, 위의 극히 소수의 분할청구자의 입장에서 보면 대가를 수취하는 데 불과할지라도 이것을 전체로 볼 경우는 여전히 현물분할의 한 형태로 보는 것을 방해하지 않는다」.

[의 견]

• **오우찌 쓰네오**(大内恒夫) **재판관** (高島益郞 **재판관 동조**)

법정의견의 결론에는 동조하지만 그 이유를 달리하고, 삼림법 제186조는 그 전부가 헌법 제29조 제2항에 위반하는 것이 아닌, 지분가액의 2분의 1의 공유자로부터의 분할청구(본건은 이 경우에 해당한다)도 금지하고 있는 점에서 헌법의 상기조항을 위반하는 데 불과하다고 생각한다.

(a) 삼림법 제186조의 입법목적

동조의 입법목적은 「삼림경영의 안정을 꾀함과 동시에 이를 통하여 삼림의 지속배양과 삼림의 생산력 증진을 꾀함으로써 국토보전과 국민경제의 발전에 이바지하는 데 있다고 해석할 수 있고, 위 입법목적이 공공복지에 적합함은 분명하다」(삼림의 세분화 방지를 동조의 직접적 입법목적으로 할 수 없다고 생각한다.)

(b) 삼림법 제186조의 규제 내용

i) 지분가액이 2분의 1 미만인 공유자의 분할청구 금지

동조의 이 규제내용이 입법목적과의 관계에서 분명히 합리성과 필요성을 결한다고 할 수 없다.

ii) 지분가액이 2분의 1인 공유자의 분할청구 금지

공유자가 2인이라도 공유물분할의 자유를 완전히 봉쇄당하고, 양자 간에 불화와 대립이 발생하여도 공유관계를 해소할 수 없는 「합리적 이유는 도저히 찾기 어렵고, 공유자의 권리제한으로서 지나치다」. 「따라서 동조의 위 부분은 헌법 제29조 제2항에 위반하여 무효이다」.

[반대의견]

• **카가와 야스카즈**(香川保一) **재판관**

(a) 공동소유관계에 관한 입법부의 재량

민법의 공유에 관한 규정은 「공유관계가 발생한 경위, 목적, 의도, 공유물의 다종다양한 성질 내지 기능 등에 따라 언제라도 공유관계를 해소할 수 있는 공유로부터 일정 기간 공유관계를 해소하지 않는 공유까지 합목적적인 법률관계를 형성할 수 있는 길을 열고 있다」. 또한 민법 제254조는 「공유물의 사용, 수익 등에 관한 공유자 간의 특약에 의한 권리의무관계가 공유자의 특정 승계인도 구속하는 것으로 공유관계의 목적, 의도 등에 대응할 수 있는 길을 배려하고 있다」. 「이와 관련하여, 각자의 출자에 의해 공동사업을 영위하는 공동목적의 조합계약에 의한 조합재산은」

모두 총 조합원의 공유에 속하지만(민법 제668조), 청산 전에는 조합재산의 민법 제256조 제1항 본문의 규정에 의한 공유물 분할 청구를 금지하는 등(민법 제676조), 「공동사업의 수행이 공유물 분할 청구에 의해 저해되는 것을 방지하기 위한 필요에 의한 것이다」.

이와 같이 「공유물 분할 청구를 어떠한 요건, 방법, 태양 등에 의해 인정할 수 있는가 혹은 제한할 수 있는가의 입법은」 「상호 관련된 제 요소에 관한 비교형량에 의한 판단에 기초한 정책입법으로, 입법부의 광범위한 재량사항에 속」하고 있고, 「그 입법조치가 현저히 불합리하여 입법부의 재량권을 일탈한 것이 명백하지 않으면 이것을 위헌이라고 단정할 수 없다」.

(b) 고려사항으로서의 「사안의 성질」

이 점 「삼림」은 성질상 목죽의 식재, 육성, 벌채 즉, 삼림경영에 기여하는 것을 그 본래의 기능으로 하고, 공용에 의한 사용수익을 그 본질로 하는 재산권이다. 그리고 삼림경영의 관점에서 「삼림의 토지 전체는 상당히 광범위한 면적의 것이 바람직하고」 삼림법제는 「다수의 삼림소유자의 공유삼림경영이 보다 합리적이다」고 생각하고 있다. 공유삼림도 삼림경영에 기여하는 것인 이상, 「언제라도 더구나 무조건으로 공유자의 1인으로부터도 이루어질 수 있는 공유물 분할청구가」 「삼림의 세분화 내지 삼림경영의 소규모화를 초래할 우려」나 「장기적 계획에 기초한 교호적, 주기적인 산림의 시업이 현저히 저해되고, 다른 공유자에게 예측하기 어려운 손해를 주고 나아가서는 삼림 경영의 안정화, 활성화에 의한 국민경제의 건전한 발달을 저해하고, 자연환경의 보전 등을 결할 우려」를 고려해야 한다.

(c) 적용

그래서 삼림법 제186조는 이러한 공공의 복지의 견지에서 위의 공유물 분할청구를 제한하기로 하고, 다만 「겸양적으로 공유물 분할청구의 전면적 금지를 채용하지 않고, 공유자의 합리적 배려를 기대하여 이른바 다수결 원리에 따라 삼림경영으로 많은 이해관계를 갖는 지분가액의 과반수 이상으로 하지 않으면 공유삼림의 분할청구를 할 수 없는 것으로 하고 있는 것이다」. 그리고 공유물 분할청구에 관하여는 본래 비송적인 것임에도 불구하고 「삼림경영에 따른 합리적인 분할재판은 결코 용이한 것이 아니라 심리가 장기화될 수 있는 성질의 것」으로 그동안의 「삼림경영의 정체, 삼림의 황폐도 피할 수 없기」 때문에 분할청구를 지분가액의 과반수로 결정하는 것으로 하고 있는 것이다.

그 때문에 삼림법 제186조는 「그 입법목적에서 공공의 복지에 적합한 것으로 하는 것이 분명하고, 그 규제내용에서 필요성을 결하고 심히 불합리한, 입법부의 재량권을 일탈한 것이 명백하다는 것으로는 도저히 해석할 수 없으므로 헌법 제29조 제2항에 위배되는 것으로 단정할 수 없다」.

(d) 법정의견의 비판

ⅰ) 「사안의 성질」의 이해―삼림과 공동경영

「삼림은 그 성질, 기능에서 삼림경영에 기여하는 것이라고 할 수 있고, 이러한 삼림을 자기 의사로 공유하는 자에 관하여 말하면 일반적으로 삼림의 공동경영의 의사를 갖는다는 전제에서 입법조치가 되는 것이 상당하고, 삼림법 제186조도 역시 이러한 전제에서 비로소 이해할 수 있다. 이 점에서 다수의견은 나의 견해와 근본적으로 다르다」.

ⅱ) 2분의 1 이하의 공유자에게만 관리・변경행위를 부정하는 것의 합리성・필요성

「기존의 수목의 육성에 필요한 행위는」 보존행위에 해당하므로, 민법 제252조 단서에서의 보존행위에 「반드시 삼림의 황폐를 방지할 수 없는 것은 아니다」. 「오히려 공유삼림의 분할청구가 삼림경영을 저해하고, 보존행위도 충분히 할 수 없고(분할청구에 의해 자기가 취득할 부분이 명확하지 않은 이상, 각 공유자에게 보존행위를 기대하는 것은 무리일 수 있다.) 오히려 삼림의 황폐를 초래할 우려가 있다」.

「공유삼림의 관리에 관하여 공유자 간의 의견이 일치하지 않는 경우, 공유관계의 지속을 바라지 않는 자가 그 지분을 양도하여 공유관계로부터 이탈하는 경우」도 있을 수 있다. 「삼림법이 공유자 전원의 협의에 의한 분할을 금지하고 있지 않은 것은 사유재산제의 존중으로부터 이러한 분할까지 금지하는 것의 적부가 의문이고, 삼림의 공동경영을 전제로 하는 이상, 분할 가능성 및 가능하다고 하는 경우의 분할에 관하여 공유자 전원의 합리적인 합의를 기대하고 있는 것으로 이러한 기대도 입법태도로 인정되는 것일 것이다」. 다음으로 「유산분할을 금지하고 있지 않은 것은」 「원래 삼림 또는 그 공유지분의 공동상속인은 자기 의사로 공유관계에 들어간 자가 아니고, 반드시 삼림의 공동경영의 의사를 갖는다고 할 수 없기 때문이다」. 다만 「공유자 1인으로부터 언제라도 이루어질 수 있는 분할청구는 다수의 의사에 반하여 삼림경영을 위해 원활한 시업을 저해하므로 이를 제한하고 있는 것이다」.

ⅲ) 무제한의 분할제한의 합리성・필요성

다음으로 분할청구가 제한되는 삼림의 범위 및 기간을 한정하지 않고, 특히 벌채기간, 계획 식림의 완료시기를 고려하지 않고 무제한으로 분할을 제한하고 있는 점에 관하여는 「삼림경영에 필요한 최소한도의 토지 면적을 법정하는 것은 실제 문제로서 입법기술상으로도 곤란하고 나아가 통상적으로 벌채, 식림의 시기가 지구별로 교호적・

주기적으로 도래하는 것이므로, 분할제한의 기간 및 시기 한정은 매우 어렵지 않을까?」

iv) 분할방법에서 본 합리성·필요성

마지막으로 분할청구의 제한을 하지 않아도 합리적인 현물분할이 된다는 점에 관하여는 「분할 재판이 상당히 장기간을 요하는 것이므로」 「삼림경영을 위해 원활한 시업의 저해를 피할 수 없다」. 나아가 대금분할에 관하여는 「일괄경매는 공유물분할을 막을 수 없는 최후의 방법이고, 공유삼림의 세분화 방지의 관점에서 반드시 시가매각을 실현시키기 어려운 경매로 대금분할을 항시 채용할 수 있는가가 심히 의문」이다. 이러한 분할방법에서 「삼림법 제186조의 분할청구의 제한이 필요한도를 넘는 불필요한 것이라」고 할 수 없다.

기본 해설

1. 어떤 판례인가?

이러한 삼림법 판결을 어떻게 받아들이는가는 그 사람이 애당초 판례를 어떻게 다루려고 하는가의 시금석이다. 일본에서 위헌심사제의 공동화를 한탄하는 사람은 최고재판소의 경제적 자유 편중—역 이중의 기준(double Standard)—에 주목할 것이다. 장대한 판결문 속에서 위헌심사기준밖에 볼 수 없는 사람은 경제적 자유에 대해 약사법 판결에서 제시되었을 일반적 틀—규제목적이분론—은 도대체 어떻게 되어 버렸던 것일까」하고 의아하게 생각할 것이다. 그러나 판결의 선례성을 생각할 때에 우선 가장 먼저 물어야 할 것은 이 판결이 어떤 판결인가일 것이다. 말할 필요도 없이 그 주제는 「공유」이다.

유감스럽지만, 지금까지의 헌법학은 극히 일부 예외를 제외하고는 그렇게 생각하지 않았다. 삼림법 판결을 읽고 곧바로 「경제적 자유」 전반의 판례라고 생각, 그것을 영업허가제와 관련된 두 개의 선례—소매시장 판결과 약사법 판결—와 직결시켜 이해하는 사고방식이 4반세기에 걸쳐 머리에서 떠나지 않았기 때문이다. 그러나 잘 생각해 보면, 현재 규제완화의 커다란 흐름 속에 계속 해체되고 있는 경제성청의 허·인가 권한의 문제와, 본건과 같은 공유삼림을 둘러싼 형제간의 분쟁을 아무런 위화감 없이 결부시키는 것은 좀 이상하지 않을까? 그럼에도 불구하고, 그것이 행해지는 것은 논자가 판결 속에서 「사안」과 「법제도」를 보려 하지 않고, 「위헌심사기준」만을 읽어내려고 하기 때문이다. 법학전문대학원 시대의 헌법학은 그러한 기존의 사고 틀을 불식시키려는 것에서부터 출발하지 않으면 안 된다.

이하 Part Ⅲ 「이론편」에서 살펴보듯이, 최고재판소는 위헌심사권이라는 권한의 행사 여하라는(주로 통치기구론상의) 개괄적인 논리로 본건 「사안」을 처리하려 하지 않는다. 어디까지나 실체법으로서 인권조항의 해석 수준에서 본건의 「사안의 본질」에 다가가면서 이른바 비례원칙의 엄격한 적용을 도출하고 있다. 특히, 최고재판소를 위헌판단으로 이끈 것은 「공유」의 본질에 대한 이해와, 이에 대한 헌법상 보장의 자리매김 방법이다. 그렇기 때문에 엄격한 기준과 합리성의 기준 중 어느 쪽을 채택했는가라는 논의로 시종하는 것이 아닌, 삼림법 판결의 논리구성 그 자체를 깊이 이해하는 것이 중요하다. 다만 「공유」에 관한 판시는 평소와 달리 수다스럽지만, 여기에 헌법 순위 평가를 부여한 이유에 관하여는 충분히 명확하지 않다. 그것을 읽어내기 위해서는 역시 약간의 예비지식이 필요하다.

2. 법제도로서의 공유

어떤 하나의 법명제—요건과 효과로 이루어진 규범명제—도 고립하여 기초되지 않고, 어떤 한 묶음의 법제도—소유권이든, 매매이든, 임대차이든, 상속권이든, 법명제(=조문)가 모여 「장」을 이룬 것—의 일부로 작성된다. 예를 들면 일본 민법 제206조는 「소유자는 법령의 범위 내에서 자유롭게 그 소유물을 사용, 수익 및 처분할 권리를 갖는다」고 규정하고 있지만, 이것은 고립된 조문으로서 기초된 것이 아니다. 그것은 민법전 제2편 「물권」 제3장 「소유권」의 일부로 쓰인 것이고, 또한 그와 같이 이해하여야 비로소 의미를 갖는다. 제206조부터 제264조까지의 조문을 한조 한조 기초한 결과로 비로소 「소유권」 장의 전모가 분명해지는 것이 아니라, 입법자가 미리 법제도로서 「소유권」을 구상한 뒤에 그것을 실현하는 개별 법명제를 작성한 것이다. 그렇기 때문에 민법 제206조를 해석할 때에는 고립된 조문으로 자구 해석하는 것이 아니라 사전에 입법자가 선택했을 「법제도로서의 소유권」의 전모를 머리 속에 복원하고 나서 해석할 필요가 있다. 평소 법해석에서 제도의 취지를 고려하는 것의 중요성이나 체계적 해석의 필요성이 강조되는 까닭이다.

소유권을 정한 제206조에 관하여 사전에 어떤 구상이 되어 있었던 것일까? 그것은 한마디로 말하면, 일물일권주의이다. 하나의 물건에 대해 소유권자는 1인이고, 그 소유권은 「자유롭고 배타적」이다. 이러한 소유권의 관념은 로마법에서 현저하였기 때문에 로마법적 소유권이라 불린다. 이런 로마법적 소유권 관념에서는 실은 완전한 권리능력을 갖는 자는 가장뿐이라는 전제가 있었지만, 모든 자연인에게 평등한 권리능력이 부여된 근대법 체계 속으로 들어오면, 형식은 개인주의적이기 때문에 그대로 근대 자본주의경제에 적합하다. 일물일권주의의 소유권 관념은 자본주의론의 관점에서는 근대적 소유권으로 자리매김 되었다. 이것이 바로 삼림법 판결이 말하는 「단독소유」를 원칙으로 하는 근대적 소유권의 이미지이고, 봉건제를 타파한 근대시민사회와도 중복된다.

일찍이 봉건사회에서는 실제로 경작하고 수확하는 농노들의 토지소유권이 배타적인 것이 아니라 영주들의 소유권에 의한 구속을 받았던, 유보가 붙은 것이었다. 하나의 물건(토지)에 대해서는 거기에 직접 관련된 농노들만이 아닌 각종—최종적으로는 주권적인 군주에 이른다—영주들이 겹쳐서 공동으로 소유권을 행사하고 있다는 구상이 있다. 일물일권주의 소유권은 그러한 영주에 의한 공동소유의 주장을 물리친 것이다. 일본의 민법제정자도 이것을 채택하였다. 그리고 이것을 구체화해야 할 개별적 법명제를 조문화한 것이다.

그러한 민법적 선택의 결과, 구래의 공동소유의 형태는 공유물 분할청구권을 전제로 한 「공유」라는 형태로밖에 존속할 수 없게 되었다. 하나의 물건을 복수인이 소유하는 공동소유는 본래 일물일권주의의 방침에 반하기 때문이다. 그 때문에 가령 공동소유를 인정하여도 민법이 선택한 「법제도로서의 소유권」의 본질적 내용(핵심적 영역)을 해하지 않도록 충분히 주의할 필요가 있다. 이를 위해서는 단독소유(일물일권)에 대한 복귀를 전제로 하는 일시적·과도기적 공동소유라는 것을 약속할 필요가 있다. 그렇기 때문에 공유물을 언제라도 분할할 수 있도록 하기 위한 분할청구권이 편입되어 있는 것은 「법제도로서의 소유권」을 원칙으로 하는 민법 속에서 예외적인 법제도로서의 「공유」가 존립하기 위한 불가결한 전제 조건이 된다. 그것은 민법이 선택한 일물일권주의 방침의 정체성이 유지되고 있는 것을 증명하기 위한 알리바이이다.

그러한 의미에서 공유물 분할청구권을 보장하는 제256조 제1항은 「공유」라는 법제도의 「본질」에 속하는 것이고, 민법전의 「공유」의 절을 구성하는 여러 조문 속에서도 지분권을 정한 규정과 동등하게 가장 중요한 조문이다. 제256조 제2항이 공유자가 체결하는 공유물의 불분할 계약에 대해 기간의 제한을 두려고 하는 것도 동일한 이유에서이다. 최고재판소는 이러한 본질론에 더하여 사회전체의 이익에서 단독소유에 의해 물건의 경제적 효용을 충분히 발휘하도록 하는 또 하나의 근거를 추가하고 있으나 이것은 어디까지나 부수적인 이유에 불과하다. 이와 같이 하여 「공유물 분할청구권」은 각 공유자에게 근대 시민사회에서의 원칙적 소유형태인 단독소유로의 이행을 가능하게 하고, 위와 같은 공익적 목적도 과하면서 발전된 권리이고, 공유의 본질적 속성으로 지분권 처분의 자유와 함께 민법에서 인정되기에 이르렀다」.

3. 「법제도보장」론

이와 같이 민법전에서 법제도로서의 로마법적 (근대적) 소유권(일물일권주의)의 선택에 입각하여 비로소 그 예외를 구성하는 「공유」라는 법제도에 관한 이해가 깊어지고, 그러한 「법제도」의 이해에 입각하여 비로소 공유물 분할청구권을 정한 민법 제

256조라는 법명제의 의의가 이해된다. 그렇다면 민법 제256조가—단순히 민법상의 권리라는 법률순위평가에 멈추지 않고—헌법 순위평가를 받을 권리를 규정하고 있는지에 대해서도 그 전제에 있는 「민법에서 인정된」 법제도에 대한 헌법적 평가의 자리매김 없이는 정해지지 않을 것이다. 이리하여 제2차 대전 후의 일본국헌법의 제정자는 메이지 민법전의 제정자에 의한 일물일권주의의 선택을 어떻게 받아들였는가가 문제된다.

이 점, 헌법 제29조를 살펴보면 「법률」이 재산권의 「내용」을—공공복지에 적합하도록—조형(造形)한다(제2항). 판례에 의하면, 지방공공단체의 「조례」도 재산권의 「내용」을 형성할 수 있게 된다(참조, 나라(奈良)현 관계용저수지(ため池)조례 판결, 최대판 1963년 6월 26일, 刑集 17권 5호 521면, 判時 340호 5면, 그렇지만 동 판결 자체의 논지가 애매하고, 실은 그와 같은 단언을 반드시 하고 있지 않지만, 그 뒤의 판례에 의하여 확립되었다고 할 수 있다. 예를 들면 토쿠시마(徳島)현 공안조례 사건, 최대판 1975년 9월 10일, 刑集 29권 8호 489면, 判時 787호 22면). 그렇다고 하면, 사실상 재산권은 법률 순위의 권리일 뿐, 사후적인 입법에 의한 내용변경도 그 소급적 적용도 가능하게 된다(최대판 1978년 7월 12일, 民集 32권 5호 946면, 判時 895호 29면).

그렇다고 하더라도 거기에 제동장치는 전혀 없을까? 확실히 구 헌법 하의 「소유권」이라면 「행정권에 대한 방벽이라 하더라도 입법권에 대한 방벽은 아니었」을지 모른다(G. Anschütz). 그러나 현행 헌법상의 권리는 「입법 기타 국정상 최대 존중을 필요로 하는」(제13조) 이상, 그 부류인 「재산권」에 대하여 전혀 헌법상의 보호가 주어져 있지 않다고 하는 것도 부자연스러운 해석론은 아닐까? 그렇게 생각하는 통설은 제29조 제1항에서 헌법순위의 보호를 이끌어 내려는 생각인 듯하다.

통설이 제29조 제1항에서 도출한 헌법적 보장의 제1은 개별 기득권익에 대한 일응의 보호이다. 이것에 의하여 기득한 재산적 이익은 헌법의 보호범위에 들고, 헌법순위의 법익으로서 입법과 마주 대하게 된다. 당연히 이를 규제하는 데에는 그것에 서로 어울릴만한 헌법순위의 공익을 입법목적으로 가져올 필요가 있고, 또한 구체적인 규제조치에 대해서도 그것이 과잉규제가 되지 않도록 요구할 수 있다. 문제는 기득권익이라면 모두 제29조에 의하여 보호되는가의 여부이지만, 삼림법 판결은 신중하게 「사회적·경제적 활동의 기초를 이룬다」는 제한을 가하고 있다.

그럼 그 이외에는 헌법적 보장을 이끌어 낼 수 없을까? 이 점에 대해 독일 헌법학에서는 「제도적 보장」론이라는 논의가 있는 것으로 알려져 있다. 헌법 제29조 제1항은 개별 주관적 권리로서의 재산권뿐만 아니라, 객관법상의 「제도」도 보장하고 있는 것은 아닐까? 이러한 문제의식에서 통설로 도출된 것이 「사유재산제도」의 보장으로 이에 관하여는 삼림법 판결도 전면적으로 찬성하고 있다. 확실히 제29조 속에는 서구의 헌법체계에 대한 헌법적 선택을 간취할 수 있기 때문이다.

그러나 제29조 제1항에서 무언가 자그마한 헌법적 보장을 도출하려 하고 있는데, 거기에서 느닷없이 서인가 동인가의 체제선택론이 날아드는 것은 너무나도 엉뚱한 이야기가 아닐까? 실제 본래 논의는 좀 더 사소한 논의였던 것이다. 상세하게는 들어가지 않지만, 거기에는 일본과 독일에서 커다란 착각의 연쇄가 작용하고 있고, 그 결과 사법상의 법제도로서의 소유권의 보장이 사유재산제도의 보장으로 변해버린 것이다. 그러나 본래의 「제도적 보장」론은 민법제정자의 일물일권주의의 선택이 헌법전의 차원에서 추인되어 있고, 따라서 차후 헌법개정절차에 의하지 않고서는 민법의 일물일권주의를 폐지할 수 없다는 정도의 잠정적인, 그러나 어디까지나 헌법상의 약속을 재산권 조항에서 간취하려고 하는 논의였다(石川・後掲②④ 참조).

그 약속은 특히 민법전이 채택한 로마법적인 「자유롭고 배타적인 소유권」에 대한 반감이 뿌리 깊고, 사전에 유보가 붙은 소유권을 구상하는 게르만법학파가 일물일권주의의 폐지를 엿보고 있던 독일에서는 그 나름의 의미를 갖고 있었다. 일본에서도 일물일권주의를 내건 민법 제206조나, 그 직접적인 응용인 민법 제256조에 대해 동일한 논의가 가능하다. 결론적으로 말하면, 삼림법 판결은 이 논점에 깊이 파고 들어가 있고, 말하자면 사유재산제도의 보장과는 다른 수준에서 「법제도로서의 소유권」의 헌법적 보장을 암암리에 찾고 있는 것이다. 그렇지 않다면, 「공유」만을 특별 취급하는 논지는 설명하기 어렵다.

4. 공동소유

한마디로 공동소유라고 하더라도 로마법적인 공유뿐만 아니라, 공유에 가깝지만 별개의 법제도인 공동상속재산의 형태가 있고, 나아가 공유물 분할청구권을 대폭 제약하는 조합재산의 형태가 있다. 목적적 단체에서의 공유물 분할청구권이 제약받는 것은 당연시되고 있고, 사단 재산의 경우에 한층 더 분명하다. 이들에 관하여는 본건을 다투는 가운데 당사자에 의하여 이미 주제화되어 있다. 현대적인 공동소유의 형태로는 건물의 구분소유가 있지만, 거기에서도 건물의 공유부분의 공유에 관하여는 민법의 공유에 관한 규정이 적용되지 않는다. 대다수의 민법 교과서가 그러하듯이 이들을 게르만법적인 「합유」・「총유」의 법제도로 설명하는가는 제쳐두고, 그러한 다양한 공동소유의 형태가 현실적으로 존립하고 있는 이상, 판결이 「공유」에 집착하여 삼림법에 의한 분할청구권의 제한만을 적대시하는 것은 극히 부자연스럽다고 하지 않을 수 없다.

그러나 법제도의 보장의 관점을 도입하고, 헌법 제29조가 민법전의 일물일권주의의 선택의 존속을 헌법상 보장하고 있다고 생각하면, 논의의 양상은 조금 달라진다.

일물일권주의의 방침을 성립시키고 있는 것은 그 부차적인 법제도이다. 이 점 공유자 간에 「목적적 단체가 형성된」 경우나, 특별히 「상호 협력해야 할 권리의무를 진」 계약관계가 있는 경우는 애당초 소유권과는 다른 법제도를 구성하기 때문에 이것은 다른 논의가 된다. 그래서 문제되는 것은 오로지 단독소유의 예외를 이루는 법제도인 「공유」이다. 그것은 일물일권주의와 정면충돌하기 때문에, 이 법제도가 존립할 수 있는지는 「단독소유」로의 조기 이행이 예정된 것의 알리바이를 제시할 수 있는지에 달려 있으며, 공유물 분할청구권의 존재가 그것을 증명한다.

때문에 분할청구권은 법제도로서의 「공유」의 존립을 좌우하는 본질적인 제도인바, 삼림법 제186조는 그 직접적인 제한이고, 그 결과 법제도로서의 공유의 「본질적 내용」이 침해될 우려가 있다. 그리고 예외적일 수 있는 「공유」의 상태화(常態化)는 일물일권주의의 정체성을 해하는 「본질적인 침해」와 연결되기 쉽다. 그 경우에는 헌법개정절차에 의하지 않고 통상의 법률제정절차에서 일물일권주의를 변경하는 것이 되고, 이는 헌법개정에 반하는 행위로 위헌이다. 이와 같이 생각하면 최고재판소의 공유물 분할청구권에 대한 집착을 이해할 수 없는 것은 아니다.

안렌(安念潤司) 교수에 의한 훌륭한 평석은 삼림법 판결의 행론(行論) 속에서 제도보장 명제의 소재를—더구나 재래형의 그것과는 구별된 「원형 명제」의 소재를—간파하고, 「삼림법 위헌 판결은 단독소유를 헌법 제29조가 제도로서 보장하고 있다는 전제에 의거하고 있다」고 하는 결론에 이르고 있다(安念 · 後揭 참조. 단 제29조의 해석론 고유(proper)의 문제로서는 거기에서 「원형 명제」 = 「법제도보장」을 도출하는 판결의 입론에 근거가 없다고 부정적임). 거기에서 암중모색으로 찾아낸 「원형 명제」—자유롭고 배타적인 소유권이 재산권의 원형이고, 이 의미에서의 원형이야말로 헌법상 제도로서 보장되어 있다는 견해—야말로 본래의 정상적인 상태의 「제도적 보장」론(의 하나)인 「법제도 보장」론이다.

이리되면 판결이 「당해 공유물이 그 성질상 분할될 수 없는 것이 아닌 한 공유자의 분할청구권을 부정하는 것은 헌법상 재산권의 제한에 해당한다」고 서술하고 있는 것의 의미는 매우 의미심장하다고 하지 않을 수 없다. 개별 헌법상의 권리침해를 말하고 있는 것이 아닌 헌법상 보장된 법제도의 침해도 함의하고 있기 때문이다.

그렇지만 삼림법 제186조에 의하여 「법제도로서의 공유」의 정체성이 손상될 우려가 있다고 하여도, 이미 「본질적 내용」이 침해되었다고 단정할 수 있는지는 의문이다. 또한 가령 「법제도로서의 공유」의 정체성이 손상되었다고 하여도 그것이 곧바로 헌법상 보장된 일물일권주의(법제도로서의 로마법적 소유권)의 본질적 내용의 침해와 연결되는 것은 아니다. 일물일권주의가 사실상 무의미하게 되어 정체성을 상실할 가능성이 발생할 뿐이다. 따라서 가령 삼림법 판결이 「법제도보장」론으로 파고들었다고 하여도, 거기에서 직접 위헌의 결론을 도출하는 것은 무리이다. 결국 판결의 「법제도보장」론은 법제도의 침해를 이유로 한 위헌판단을 도출하기 위해서라기보다 재량통제기준의 엄격화를 논증하기에 충분한 「사안의 성질」의 이해를 초래하는 기능을 하였다고 할 수 있을 것이다(Part Ⅲ 「이론편」을 참조).

5. 카가와 재판관 소수의견과의 대치

여기서 삼림법 제186조에 대한 대부분의 의견은 원래 어떠했는가를 살펴보면, 그것은 오히려 본건 판결의 카가와 재판관의 소수의견에 가까운 것이었다고 할 수 있다. 그런 의미에서 삼림법 판결은 최고재판소가 삼림법 제186조를 위헌무효라고 판단하기까지 누구도 의심하지 않았던 상식적인 견해를 소수파로 몰아넣은 논리적인 행위를 통하여 성립하게 된다.

알기 쉬운 것은 사카우에 재판관(坂上)의 보충의견이다. 카가와 재판관 소수의견에서 볼 수 있듯이 「국민경제」적 관점에서의 「삼림경영」론이 현실과 동떨어진 탁상공론에 불과하다는 것을 극히 설득적으로 논증하고 있다. 다만 근거도 없는 입법사실론이 다수의견을 현실적으로 지지하고 있다고 하여도, 카가와 재판관의 소수의견을 끝까지 논리적으로 논파하지 않으면 법정의견으로서는 성립하지 않는다.

결국 카가와 재판관을 고립적 입장으로 몰아넣고 있는 것은 「삼림이 공유됨으로써 당연히 그 공유자 간에 삼림경영을 위한 목적적 단체가 형성되는 것이 아니고, 또한 공유자가 당해 삼림경영에 대해 상호 협력해야 할 권리의무를 부담하기에 이르지 않는다」는 논지의 한 가지 점에 이르고 있다. 그렇다고 하여도 공유림과 삼림조합 그 밖에 경영하는 삼림까지 결벽하게 「구별」하지 않는 쪽이 상식인 것은 엄밀한 논증이 특징인 카가와 재판관의 소수의견이 제시하고 있는 바이다.

그럼에도 불구하고, 「법제도로서의 공유」를 굳이 다르게 준별하려고 하는 이유는 역시 앞의 법제도보장론이 설명했을지도 모른다. 거기에서는 삼림경영 목적의 사단이나 조합의 경우와, 단순히 사안이 다르다고 하여 「구별」이 되는 것은 아니다. 그러므로 「구별」되어 있는 법제도에 대한 헌법상의 「보장」 순위가 단계적으로 다르다는 것을 전제로 해야 비로소 논지는 자연스럽게 납득되는 것이 아닐까?

Part Ⅱ 응용편

◥ 확인문제 (이론편도 참조할 것)

1. 헌법 제29조 제1항과 제2항을 함께 읽으면 「『법률이 정한 재산권』은 침해해서는 안 된다」는 것이 되고, 행정권으로부터 재산권을 보호하고 있는 것만으로 볼

수 있지만, 최고재판소는 이 점을 어떻게 생각하고 있는 것일까?

2. 최고재판소가 말한「재산권 그 자체에 내재하는 제약」과「입법부가 사회전체의 이익을 도모하기 위해 가하는 규제에 의한 제약」에 대해 각각 어떠한 구체적인 예를 생각할 수 있는가?
3. 공유 이외에 어떠한 형태의 공동소유가 있는가? 또한 거기에서는 공유물 분할청구권이 제한받지 않을까?
4. 법정의견이 생각하는 삼림법 제186조의 입법목적은 카가와 재판관 소수의견이 생각하는 것과 어디가 어떻게 다른가?
5. 법정의견이 생각하는 삼림법 제186조의 입법목적과 관련하여 공유림의 분할제한이라는 규제수단은 어떤 까닭에 합리적 관련성을 결여한다고 여겨지는가?

◥ 응용문제 (이론편도 참조할 것)

설문 1 형제 X와 Y는 동일한 생산삼림조합에 속해 있고(삼림조합법 제93조), 삼림을 공동경영하고 있었음에도 불구하고, 불화 때문에 공동으로 삼림경영에 종사할 수 없게 되었다. 조합원인 X는 그 지분을 예전부터 삼림경영에 흥미를 갖고 있던 친척 A에게 양도하려고 생각했던 바, 동법 제100조에 의해 제30조의 규정이 준용되고, 더욱이 조합의 승인을 얻지 못했기 때문에 지분양도를 할 수 없게 되어 버렸다. 그래서 X는 삼림조합법 제100조가 공유의 경우라면 인정되는 지분권의 자유를 침해하고 있고, 헌법 제29조 제1항에 위반되므로 무효라고 주장하고 있다. 판례의 입장에서 볼 때 이것을 어떻게 생각할 수 있는가?

설문 2 대학 동창생 X는 동 대학의 동창회 조직인 Y의 회원이다. 지난번 대학창설 100주년을 기념하여 회원의 출자에 의해 동창회관을 건설하게 되어 X도 다액을 출자하였지만, 동창회관의 운영방침을 둘러싸고 대립이 생겨 X는 탈회신청을 제출함과 동시에 지금까지 출자한 금액의 전액 반환을 청구하였지만, Y에게 거부당했다. X는 헌법 제29조 제1항의 재산권의 침해라고 주장하고 있다. 판례의 입장에서 볼 때 이것을 어떻게 생각할 수 있는가?

설문 3 분양 맨션에 구분소유자로 거주하는 X는 공동의 이익에 반하는 악행을 반복 하였다. 다른 구분소유자 Y들은 X에게 끊임없이 적극적으로 요청하였지만 행동을 바꾸지 않았기 때문에, 결국 관리조합총회에서 4분의 3 이상의 다수결에 의해 X의 구분소유권의 경매를 청구하는 소를 제기하기로 결정하였다(건물의 구분소유권 등에 관한 법률 제59조). 이에 대하여 X는 헌법 제29조

제1항의 재산권 침해라고 주장하고 있다. 판례의 입장에서 볼 때 이것을 어떻게 생각할 수 있는가?

Part Ⅲ 이론편

◥ 전개문제

「삼림법 판결 사례는 종래의 판례가 말한 순수한 적극목적 규제라고는 하기는 어렵고, 오히려 소극목적 규제의 요소가 강하다고 판단했기 때문에, 최고재판소는 『엄격한 합리성』의 기준을 채용하였다고 해석할 수 있다」는 견해에 관하여 논평하라.

1. 「위헌심사기준」에 착안한 판례해석

이 견해는 삼림법 판결을 오로지 「위헌심사기준」의 관점에서 해독하려고 한 것이다. 「실체법으로서의 권리조항」을 해석하는 데 「위헌심사기준」에 착안한 논의가 한 개의 해석방법론으로서 갖고 있는 의의에 관하여는 여기에서 다루지 않는다(참조, 石川 · 後揭 ②③). 또한 그러한 해석방법에 의한 판례의 이해가 법학교육상에 초래한 심각한 영향에 관하여는 본서 전체가 하나의 문제제기로 되어 있을 것이므로 역시 다루지 않는다. 여기에서 중요한 것은 그러한 해석방법이 원인이 되어 유포되기에 이른 판례의 이해에는 근본적인 문제가 있고, 보다 더 중요한 것은 그와 같은 종래의 판례해석의 문제점을 지적하고 판례해석의 변경을 요구하고 있는 것이 다름 아닌 최고재판소라는 것이다.

2. 판례의 선도성과 「이중의 기준」

원래 인권에 대한 규제입법이 과잉규제인가 아닌가라는 것은 그것이 「공공의 복지」에 기여하는가라는 조잡한 정식으로 다투어지고 있었다. 이 분쟁을 미야자와 토시요시(宮沢俊義) 학설이 일단 「내재적 제약」설이라는 형태로 수습하려고 한 것은 주지의 사항에 속한다. 다만, 미야자와는 판례의 축적을 기다려 여기에 종합적 연구를 더하여 판례 속에서 생성하는 지도 원리를 찾으려는 노력을 함으로써 비로소 일본국헌법에서의 「공공의 복지」의 의미가 분명하게 된다는 입장을 채택하여(宮沢 · 後揭) 많은 불만을 남겼다.

그 뒤 추이형의 인권해석에 불만을 품은 자는 「위헌심사기준」을 적극적으로 제안하여 재판관의 위헌심사권의 행사를 통제하려고 하였다. 그때 원래 비민주적 기관인 재판소가 민주정 하에서 위헌심사권을 적극적으로 행사하는 것이 허용되는가라는 어려운 문제와 조우하지만, 유력한 견해는 경제적 자유를 침해당한 자는 투표상자에 호소할 수 있지만, 정신적 자유 특히 정치적 표현의 자유가 침해되는 것과 같은 정치상황 하에서는 민주적 정치과정이 이미 손상되어 있기 때문에, 그것은 재판소가 나설 차례라는 발상에서 문제를 정리하려고 하였다. 그 결과 아시베 노부요시(芦部信喜) 학설을 비롯한 헌법학설의 주류는 정신적 자유의 재판적 보장을 위한 위헌심사기준의 고안에 주력하고, 그것을 위한 모범을 미국의 위헌심사제의 경험의 축적에서 찾고 있었다. 반면 경제적 자유에 관한 연구가 드물었던 것은 부정할 수 없다. 연구대상의 선택에 관하여도 「이중의 기준」이 작용하고 있었던 것이다. 이것은 경제적 자유의 측면에서 보면 미야자와 학설적인 처우 수준에 뒤떨어진 것을 의미하는 것으로서 일본국헌법의 경제적 자유의 지도원리를 분명히 하기 위해 판례형성을 기다리고 있는 학설을 판례가 선도하게 된 것도 자연스런 추세이다.

소매시장 판결과 약사법 판결이 소극목적 · 적극목적에 의한 「이분론」을 제시하고, 특히 약사법 판결에 의하여 위헌 판결이 내려졌을 때, 학설은 이를 기본적으로 환영한 후 그대로 해석론의 틀에 가지고 들어오게 되었다. 다만, 그것은 오로지 「위헌심사기준」—특히 약사법 판결이 제시한 입법사실적인 접근법—이라는 측면에서였다. 그 결과 영업허가제 그 자체에 대해 판결이 제시한 헌법론의 중후한 이론구성에 관하여는 날림이라고 해도 좋을 만큼의 이해를 보인 반면, 이러한 「판례상의」 위헌심사기준은 당연히 「경제적 자유」인 「재산권」에도 타당한 것으로 생각되었다. 적극목적의 재산권 제한입법에 대하여는 소극목적의 그것에 비교하여 재산권의 보장은 한층 더 약해지기 때문에 명백히 불합리한 입법이 아닌 한 합헌판단을 내리는 것으로 해석된 것이다.

3. 「이분론」에 의한 판례해석과 보강된 견해

물론 통설이 약사법 판결 이후의 재산권 판례를 그와 같이 이해하기에 이른 데에는 근거가 없었던 것은 아니다.

첫째, 최고재판소 판사로서도 활약한 다나카 지로(田中二郎) 교수의 통설적인 공용수용이론이 규제목적의 소극성 · 적극성에 의한 「이분론」을 말하고 있고, 그와 같은 판례의 이해를 보강해 주고 있는 것으로 볼 수 있다(田中 · 後揭). 재산권의 제한에 대한 손실보상이 필요한지를 판단하는 기준의 하나로서 적극목적의 특정적인 제한인지, 소극목적의 일반적 제한인지의 기준이 언급되고 있었기 때문이다.

그러나 거기에는 형식적 기준—대상의 특정성— · 실질적 기준—수인한도를 넘는 규제의 강도—을 충족한 「특별희생」에 해당하고 손실보장을 필요로 하는 사례의 철저한 대표적인 예로서 「적극적인 목적을 위해 필요한 특정 재산권의 제한」을 들고 있는데 불과하다. 다나카 학설이 「극히 대강의 기준」으로 제시한 바에 의하면, 적극목적의 입법은 사회 속의 특정 범위의 사람들에게 향해진 법률이고」 —그 때문에 그러한 현대적인 입법은 「처분적(조치적) 법률」이 되기 쉽고, 「법률의 일반성」과의 관계에서 다툼이 발생한다—, 재산권의 특정적 제한으로서 수인한도를 넘은 「특별희생」을 초래하는 경향이 있기 때문에, 손실을 보상하여 재산권자에 대해 재산적 가치를 보장할 필요가 종종 있다. 이에 대해 소극목적의 재산권 제한은 사회의 모든 사람에 대한 일반적 · 경찰적 규제가 통례로, 형식적 기준에서 보더라도 실질적 기준에서 보더라도 손실보상이 원칙적으로 불필요하다는 것이다.

즉, 다나카 학설의 경우 소극목적의 재산권 제한에 대해서는 보상이 필요하지 않은데 반해, 적극목적의 재산권 제한에 대해서는 「특별희생」을 강요하는 것으로 재산권의 보장—적어도 그 일환으로서의 재산가치의 보장—을 소극목적의 경우보다 강화해야 하는 경우가 많다고 주장되고 있는 것이며, 적극목적이라면 사실상 자유롭게 통과할 성격의 위헌심사기준과는 논리가 정반대인 것에 주의하지 않으면 안 된다. 더구나 어디까지나 형식적 기준과 실질적 기준이 논의의 기초이지, 「이분론」 그 자체가 결정적인 것은 아니다.

둘째, 최고재판소 조사관으로서 이 시기의 판례 형성에 결정적인 역할을 한 것으로 보이는 코죠 토시마로(香城敏麿) 판사에 의한 이른바 코죠(香城)이론의 존재도 간과할 수 없다(예를 들면 後掲 ジュリスト연구회 참조). 당시 코죠 판사는 규제목적의 소극성 · 적극성, 규제형태의 직접성 · 간접(부수)성의 두 개의 좌표축으로 지금까지의 중요 판례를 4개로 분류하여 이를 근거로 최고재판소 판례를 모두 설명하는 것이 가능하다고 하였다. 즉, 약사법 판결과 같이 소극적 · 직접적 규제에 대해서는 엄격하게 심사하여야 하고 사실 위헌 판결이 나오고 있는데 대해, 소매시장 판결과 같이 직접적이지만 적극적인 규제, 사루후쓰 판결과 같이 소극적이지만 간접적 · 부수적인 규제, 호별방문 판결과 같이 간접적 · 부수적이면서 또한 적극적인 규제에 관하여는 완화된 심사를 하여 합헌 판결에 이른 것은 당연한 것으로써 최고재판소 판례의 수미일관성이 강조된 것이다.

이 규제목적의 4유형만으로 위헌심사기준을 구별하는 입론에 대해서는 「이중의 기준」을 경시한 위험한 논의라고 하여 학설의 엄격한 비판이 쏟아졌다. 특히, 표현의 자유의 영역에 관하여 최고재판소 판결을 지도하는 카가와(香城)이론을 어떻게든 논파하지 않으면 안 된다는 위기감이 이 시기의 위헌심사기준론을 뒷받침하는 유행이었다고 해도 과언은 아니다. 그만큼 재산권에 대한 판례상 「이분론」이 타당할 것이라는 것은 의문의 여지가 없었던 것이다. 「삼림행정의 기본법」으로서의 삼림법은 「국민

경제」 전반의 관점에서 공유림의 분할청구를 어디까지나 부분적으로 제한하고 있을 뿐이다. 이런 종류의 입법에 관하여 「『공공의 복지』에 해당하지 않으므로 위헌이라는 사법판단은 거의 절망적이다」는 것이 대다수의 견해였다(渡辺 · 後掲 ②).

그러나 본건 삼림법 판결은 본건과 관련된 고려요소로 규제목적의 구별을 전혀 생각하지 않고, 적극목적의 입법에 대하여 엄격한 심사를 하여 위헌 판결을 내린 것으로 소극 · 적극의 「이분론」을 포함한 규제목적 유형론의 보편타당성이 무너졌다. 코죠이론은 다름 아닌 최고재판소 판결에 의하여 타파된 것이며, 그 뒤 급격하게 화제에 오르지 않게 된다. 그럼에도 불구하고, 설문 견해에서 「이분론」이 여전히 「경제적 자유」 전반을 관철하는 판례이론으로 취급되고 있는 것은 이미 단순한 사고의 타성에 지나지 않는다.

4. 최고재판소에 의한 「판례해석」 변경요구

삼림법 판결은 약사법 판결을 인용하여 판결을 내리고 있다. 더구나 지금까지 선례성을 갖는다고 생각되어 왔던, 직업의 허가제 합헌성(허가제의 채택 그 자체는 시인된 경우라도) 및 개개의 허가조건의 합헌성에 관한 「이분론」의 판시가 아닌, 「이분론」을 이끈 전제가 되는 일반적인 판단 틀을 선례로 인용하고 있다. 삼림법 판결에서의 선례는 「이분론」이 아니었다. 여기서 최고재판소에 의한 명백한 「판례해석」 변경요구를 간취하지 않으면 안 될 것이다. 따라서 학설에 의한 지금까지의 「판례해석」은 적어도 경제적 자유에 관한 한, 지금이라도 변경될 필요가 있다. 그것을 학설이 십수년에 걸쳐 게을리 해 왔다고 한다면, 그 게으름에 대한 책임을 지지 않으면 안 될 것이다.

삼림법 판결이 선례로 인용한 약사법 판결의 당해 부분을 읽어보자. 거기에는 규제조치가 「공공의 복지를 위해 요구되는 것으로 시인되는지는 일률적으로 논할 수 없고, 구체적인 규제조치에 대해 규제 목적, 필요성, 내용, 이로써 규제받는 직업의 자유의 성질, 내용 및 제한의 정도를 검토하고 이들을 비교형량한 뒤에 신중하게 결정해야 한다. 이 경우 위와 같은 검토와 고려는 제1차적으로 입법부의 권한과 책무이고, 재판소는 규제 목적이 공공의 복지에 합치하는 것으로 인정되는 이상, 그것을 위한 규제조치의 구체적 내용 및 그 필요성과 합리성에 관하여 입법부의 판단이 합리적 재량의 범위에 그치는 한, 입법정책상의 문제로서 그 판단을 존중하여야 하는 것이다」고 기술되어 있다.

여기에서 알 수 있는 것은 다음의 세 가지 점이다. 첫째, 헌법상의 권리에 대한 규제의 합헌성이 정당화되는지의 여부는 「이것을 일률적으로 논하는」 것이 아니라 구체적인 규제 조치에 따라 규제목적이 정당한지, 또한 목적을 달성하기 위한 수단으로 당해 규제가 「필요성」과 「합리성」을 갖고 있는지의 관점에서 검토할 필요가 있다는 것. 그러나 둘째로 그 판결은 제1차적으로 입법부의 재량에 맡겨져 있다는 것. 따라서 셋째, 재판소로서는 합리적 재량의 범위를 일탈・유월하고 있는지의 여부라는 형태로(만), 「목적」의 정당성과 수단의 「필요성」 「합리성」에 대한 입법부의 판단을 검토하는 것이 가능하고, 「목적」과 「필요성」・「합리성」은 재판소에 의한 재량통제기준으로 고려해야 할 요소도 된다는 것. 이들이 약사법 판결을 포함한 일련의 판결에서 확립되어 온 기본적인 판단 틀이다.

이와 같이 논의를 구성한 뒤에 약사법 판결은 계속 이어진다. 「그러나 위의 합리적 재량의 범위에 대해서는 사안의 성질상 그 자체로 넓고 좁음이 있을 수 있어 재판소는 구체적인 규제 목적, 대상, 방법 등의 성질과 내용에 비추어 그것을 결정해야 한다고 하지 않을 수 없다」. 즉, 입법재량에 대한 재판소의 통제 밀도를 좌우하는 것은 구체적인 규제의 목적, 대상, 방법 등의 성질, 내용에 비추어 추출되는 「사안의 성질」 여하인 것이다. 삼림법 판결에는 이 부분이 명시적으로 나와 있지 않지만, 재량통제의 형태를 이해하는 데에 결정적으로 중요하다.

약사법 판결은 동일한 영업허가제—영업의 자유에 대한 사전억제—의 사안이면서 소매시장 판결과는 다른 「사안의 성질」 때문에 통제 밀도를 높여 위헌판단을 내린 것이고, 본건 삼림법 판결도 본 사안에 고유한 「사안의 성질」 때문에 대부분의 예상을 깨고 위헌판단에 이를 정도로 입법재량의 통제밀도를 높인 것이다. 그리고 약사법 판결을 좌우한 「사안의 성질」은 우선은 「인격적 가치」와의 관련성에서 파악된 「직업」 선택의 중요성과, 이에 대한 「사전규제」로서의 허가제의 인권억압성이고, 그리고 소매시장 판결에서 재량통제의 밀도를 완화한 사유로서 제시된 「적극목적」 부재였다.

그럼 본건 삼림법 판결에서 재량통제를 엄격화한 「사안의 성질」이란 무엇인가? 이는 법제도로서의 「공유」에 관한 이해이지만, 이에 관하여는 Part Ⅰ 「기본 해설」에서 별도로 생각해 본 점이다.

5. 최고재판소에서의 입법재량의 통제기준

이와 같이 입법재량의 통제를 검토하기 위한 주요 고려사항으로서 입법목적의 정당성과 그 달성수단으로 채택된 구체적인 규제 수단의 「필요성」과 「합리성」을 들고 있지만, 이들을 어떻게 이해하면 좋을 것인가?

우선 「필요성」에 관하여 두 가지의 이해 방법이 있다.

첫째, 「수단의 필요성」으로 본건에서 위헌판단의 결정적인 것의 하나로 되어 있듯이 「필요최소한도성」이라고도 할 수 있고, 상당히 엄격한 판단기준을 제공하고 있다. 목적을 달성하기 위해 동등하게 유효한, 그런 의미에서 목적과 합리적인 관련성이 있는 수단이 여러개 있다고 한다면, 그 중에서 가장 완화된 최소한도의 수단을 선택할 것을 요구한다. 그리고 다양하게 존재하는 합리적인 규제수단의 목록 속에서 피침해법익인 헌법상의 권리에 대해 가장 침해적이 아닌 규제수단을 선택하지 않았다는 것만으로 입법부를 비난하려고 하는 것이므로, 거기까지 재량통제의 밀도를 높이기에 충분한 「사안의 성질」이 존재했을 것이다.

예를 들면 영업허가제가 (인격적 가치와 밀접하게 관련된) 직업선택의 자유의 심각한 제약이라는 「사안의 성질」을 이유로, 약사법 판결이 「보다 완만한 제한인 직업 활동의 내용 및 형태에 대한 규제에 의해서는 위의 목적을 충분히 달성할 수 없다」는 것을 필요로 한다고 서술하고 있는 것은 「필요(최소한도)성」의 요건의 구체화이다. 또한 공무원의 정치적 표현의 자유에 관한 사루후쓰 판결이 「공무원의 정치적 중립성을 해할 우려가 있는 공무원의 정치적 행위를 금지하는 것은 그것이 합리적이고 부득이하게 필요한 한도에 그치는 한 헌법이 허용하는 바이다」라는 경우의 「부득이하게 필요한(必要やむをえない)」이라는 표현도 여기에서의 「필요성」의 요건을 나타내고 있다. 동 판결은 「표현의 자유는 민주주의국가의 정치적 기반을 이루고, 국민의 기본적 인권 중 특히 중요한 것이고, 법률에 의하여도 함부로 제한할 수 없다」고 하여 표현의 자유의 우월적 지위를 강조하는 한편, 근대적 공무원제도를 전제로 하면, 「공무원의 정치적 중립성이 유지되는 것은 국민 전체의 중요한 이익」이라는 점도 승인한다. 이러한 「사안의 성질」의 이해를 전제로 하면 표현의 자유가 무제한은 아니지만, 규제는 필요최소한이 아니면 안 되기 때문에 동 판결은 「필요성」의 요건의 구비를 요구하고 있는 것이다(그 구체적 적용에 관하여는 후술).

그러나 둘째, 「목적의 필요성」이라는 형태에서 목적의 정당성을 판단할 때에 「필요성」이 이용되는 경우도 있다. 실제 삼림법 판결의 판단 틀에서도 「필요성」은 다른 어의로 2번 등장하고 있고, 「규제의 목적, 필요성, 내용, 그 규제에 의해 제한받는 재산권의 종류, 성질 및 제한의 정도 등을 고려하여 결정해야 한다」고 서술한 경우의 「필요성」은 「목적의 필요성」을 의미하고 있는 것처럼 생각된다(실제 그와 같이 이해하여 목적의 필요성을 별도로 검토하고 있는 최고재판소 판결도 존재한다. 예를 들면 내부자거래에 관한 최대판 2002년 2월 13일 民集 56권 2호 331면 이하).

이와 같이 「필요성」의 용어가 혼란스러운 것은 형법의 특히 정당방위, 긴급피난의 「부득이하게 한 행위」의 해석과 관련하여 독일법학 기원의 「필요성 Erforderlichkeit」 「상당성 Angemessenheit」의 개념 및 그 자리매김을 둘러싼 형사판례 및 학설의 혼란이 있는 것과 무관하지는 않을 것이다(이 점, 前田・後掲 정리와 도해는 극히 시사하는 바가 크다). 헌법상의 권리에 대해서도 원칙적으로(국가권력의 강력한 행사에 대한) 방어권적 구성을 기초로 하는 한 사법재판소의 헌법판단은 어차피 형사 재판관의 두뇌를 작동시키는 방법과 겹치지 않을 수 없기 때문에, 시간을 들여 상호 용어의 혼란을 수습할 필요가 있다.

이리하여 「필요성」에는 두 가지의 의미가 존재하게 되지만, 어찌되었든 「불필요한 입법은 아니라는」 정도의 의미에서의 목적심사는 실익을 갖지 않으므로, 결국은 본건에서도 그렇듯이 「필요성」의 용어는 「수단의 필요최소한도성」이라는 의미로 수렴해가야 할 것이다.

한편 「합리성」에 대해서도 두 가지 다른 용법의 존재가 인정된다. 하나는 입법부의 「합리적」 재량이라는 용어이고, 또 하나는 「수단의 합리성」이라는 용법이다. 전자의 「합리성」은 「이성에 비추어 정의와 부합해 있다고 판단할 수 있는」 실질적 정의의 관점에서 이용되고 있음에 반해, 후자는 「이 수단을 이용하면 목적을 일응 실현할 수 있는」 정도의 최소한도의 합리성이다. 판결문에서는 종종 합리적 관련성(rational relationship)으로 치환되고, 애당초 목적을 실현하는 데 도움이 되지 않은 수단, 목적에 적합하지 않은 수단을 제거하기 위해 소극적으로 이용되고 있다. 여기에서도 형사판례에서의 「필요성」·「상당성」과의 혼동이 발생할 수 있지만, 헌법재판에서 입법목적과의 적합성(Geeignetheit)의 의미로 「합리성」을 이용하는 용법이 거의 확립된 듯하다(미묘한 것은 교육정책의 수립·실시에 관여하는 국가가 헌법상 아동 자신의 이익과 그 성장에 대한 사회공공의 이익과 관심에 답하기 위해 「필요하면서 상당」 하다고 인정되는 범위에서, 교육내용결정권을 갖는다고 한 旭川学テ 판결 1976년 5월 21일 刑集 30권 5호 615면 이하).

「수단의 합리(적 관련)성」이라는 의미에서의 합리성은 「수단의 필요(최소한도)성」이라는 의미에서의 필요성에 비해 상당히 완화된 요건이다. 약사법 판결도 삼림법 판결도 각각 「사안의 성질」상 엄격심사가 요구되고, 「필요성」의 요건까지 검토하게 되었지만, 실제로는 「합리성」 요건도 통과할 수 없는 사안이었던 것에 위헌판단에까지 이른 문제의 심각함을 엿볼 수 있다. 다른 한편, 사루후쓰 판결의 경우 사안의 성질상 「필요성」 요건까지 고려하는 것을 명언했음에도 불구하고, 그 바로 뒤에 「공무원에 대한 정치적 행위의 금지가 위의 합리적이고 부득이하게 필요한 한도에 그치는 것인지를 판단함에 있어서」는 목적의 정당성, 목적과 수단의 (합리적인) 관련성, 얻을 수 있는 이익과 잃을 수 있는 이익의 세 가지 점을 검토하면 충분하다고 하고 있고, 「필요부득이한지」 여부의 검토를 빠트리고 있다. 이와 같이 명백한 논리적 파탄을 초래하고 있음에도 불구하고, 합헌 결론을 강행하고 있는 것이 사루후쓰 판결이 가진 최대 문제이다.

6. 재량통제기준으로서의 비례원칙

마지막에 나온 「얻을 수 있는 이익과 잃을 수 있는 이익의 균형」이라는 생각은 헌법학에서 「비교형량론」으로 알려져 있다. 「노동기본권의 제한은 노동기본권을 존중·확보할 필요와, 국민생활 전체의 이익을 유지·증진할 필요를 비교형량하여 양자가 적정한 균형을 이루는 것을 목표로 하여 결정하여야 한다」고 선언한 전체동경중앙우체국(全逓東京中郵) 판결에서 채용되고, 그 뒤 「이중의 기준」론이 발전하기 위한 이른바 교두보가 되었던 것처럼 설명되어 왔다. 그렇지만 동 판결은 바로 뒤에 「그러나 노동기본법이 근로자의 생존권과 직결되고 그것을 보장하기 위한 중요한 수단인 점을 고려하면, 그 제한은 합리성이 인정되는 필요최소한도의 것에 머물지 않으면 안 된다」고 하여 「합리성」·「필요성」의 요건도 언급하고 있는 것을 잊어서는 안 된다.

이 수단의 합리성(Geeignetheit), 수단의 필요성(Erforderlichkeit, Notwendigkeit), 이익의 균형성(Angemessenheit, Zumutbarkeit, 협의의 Verhältnismäßigkeit)이라는 세 가지 요건으로 국가에 의한 과잉제한을 통제하려는 사고는 실은 행정법학에서는 비례원칙(Übermaßverbot, 광의의 Verhältnismäßketi)이라 부른다. 이러한 비례원칙은 일반적으로 행정재량의 통제기준으로 널리 이용되어 왔다. 또한 참고를 위해 첨가한 독일어의 다수가 오히려 형법학에서도 잘 알려진 기본개념으로 제시되어 있듯이, 행정권보다 더 강력한 국가권력인 형벌권을 다루는 형법학에서도 유사한 발상·용어를 볼 수 있다. 이러한 용어를 헌법학에서 채택하게 되면, 최고재판소의 헌법판단의 기초에 거의 반석으로 받아들여지고 있는 것은 비례원칙이라고 할 수 있지 않을까? 그러한 시각에서 다양한 헌법판례를 다시 읽어 보는 것은 흥미로운 시도이다.

이리하여 설문의 견해와는 달리 삼림법 판결에서 적어도 경제적 자유에 관하여는 「이분론」이 아닌 「비례원칙」이 기조라는 것이 분명해졌다. 최고재판소는 그것을 노골적으로 표명함으로써 학설에서 지배적인 「판례해석」의 변경을 요구하고 있는 것이다. 그러나 그 구체적인 적용은 「사안의 성질」에 의하여 다양하게 변화하고, 통제밀도를 높이거나 낮추는 형태이다. 규제목적에 의한 「이분론」도 삼림법 판결에서 변경된 것이 아니라, 그것이 이용되는지의 여부는 「사안의 성질」에 달려있다. 실제 「이분론」은 그 뒤에도 영업허가제에서 계속 살아 있고(공중욕탕의 허가제에 관해 「적극목적」이 통제밀도를 낮추는 예로서, 예를 들면 최2소판 1989년 1월 20일 刑集 43권 1호 1면 이하), 「사안의 성질」에 따라서는 재산권에 대해서도 이용될 가능성이 부정되어 있지 않다고 생각해야 될 것이다. 덧붙어 말하면 (「이분론」에 얽매지 않고 읽으면 알 수 있다.) 약사법 판결의 「사안의 성질」의 분석 관점—「직업」의 자유론의 큰 틀을 형성하고 있는 것은 「인격」적 관련성—「사회」적 상호관련성의 구조이다—은 실은 원래 독일의 재산권 판례 속에서 생성된 것으로, 앞으로 재산권의 「사안의 성질」을 「인격」적 관련·「사회」적 관련에 착안하여 분석하는 최고재판소 판결이 나타난다 하여도 전혀 이상하지 않을 것이다.

Part Ⅳ 두 번째 소재

우편법의 책임면제 · 제한규정 위헌소송

최고재판소 2002년 9월 11일 대법정 판결
1999(オ) 1767호 손해배상청구사건
民集 56권 7호 1439면, 判時 1801호 28면, 判タ 1106호 64면

사실 개요

부동산업을 하는 X사가 X사의 금전을 횡령한 회사 이사 A에 대해 손해배상청구 소송을 제기하여 승소하였다. 그래서 X는 곧바로 채권압류명령의 신청을 한 바 이것도 인용되었다. 재판소는 신속하게 X를 채권자로 하는 채권압류명령을 A의 구좌가 있는 B은행 C지점에 송달함에 있어, 명령정본을 우편법에서 정한 특별송달우편물로서 송부하는 이른바 「우편에 의한 송달」 절차를 취하였다.

그런데 우편업무종사자가 당해 특별송달 우편물을 민소법에서 정하는 송달방법(교부송달)에 의하여 C지점에 직접 교부하지 않고 과실로 우편국 내에 설치된 C지점의 사서함에 투함해 버렸다. 때문에 거의 하루 송달이 지체되고 그 사이 A가 구좌에서 예금을 인출해버렸기 때문에, 채권압류의 목적을 달성할 수 없게 되었다. 그래서 X는 국가배상법 제1조 제1항에 근거해 국가공무원인 우편업무 종사자의 과실에 의한 지연 배달이 초래한 손해를 국가에 배상시키도록 하기 위한 소송을 제기한 것이 본 사건이다.

다만, 관련된 특별법으로서의 우편법의 존재가 X의 배상청구의 커다란 장해가 된다. 우편법은 이 영역에서 일본의 기본법이다. 동법 제68조에서 배상해야 할 사례를 한정열거하고 있기 때문에, 여기에 해당하지 않는 본건의 경우 배상청구는 전혀 할 수 없는 구조이다. 더구나 동법 제73조가 청구권자를 당해 우편물의 발송인 또는 그 승낙을 얻은 수취인으로 한정하고 있기 때문에, 특별송달 우편물의 발송인도 수취인도 아닌 X에게는 애당초 배상청구권이 발생하고 있지 않다.

X는 이것을 헌법 제17조 위반으로 최고재판소까지 제소하여 여기에서 승소하였다(파기환송).

상고심=최고재판소

[법정의견]

1. 일반론

I. 헌법 제17조와 입법재량에 관하여

「국가 또는 공공단체가 공무원의 행위에 의한 불법행위책임을 부담하는 것을 원칙으로 한 뒤」에, 공무원의 어떠한 행위(권력적인 작용에서 비권력적인 작용까지)에 의해 어떠한 요건으로 손해배상책임을 부담하는가는 입법부의 정책판단에 맡겨져 있다. 그러나 입법부에 무제한의 재량권을 부여한다는 법률에 대한 백지위임을 인정하고 있는 것은 아니다.

II. 〈특별법에 의한 책임제한〉이라는 설문과 「비례원칙」

「공무원의 불법행위에 의한 국가 또는 공공단체의 손해배상책임을 면제하거나 제한하는 법률의 규정」이 동조에 적합한 것으로 시인된 것인지는 당해 행위의 형태, 이에 의해 침해받은 법적 이익의 종류 및 침해의 정도, 면책 또는 책임제한의 범위 및 정도 등에 따라 「당해 규정의 목적의 정당성 및 그 목적달성의 수단으로 면책 또는 책임제한을 인정하는 것의 합리성 및 필요성을」 종합적으로 고려하여 판단하여야 한다.

2. 우편법에 의한 책임제한 목적의 정당성

I. 「사안의 성질」 — 보편적 서비스(Universal Service)의 요청

우편 관서는 한정된 인원과 비용의 제한 속에서 날마다 대량의 우편물을 송달거리의 장단, 교통수단의 지역 차에도 불구하고, 원활・신속하게 더구나 가능한 한 저렴한 요금으로 널리 공평하게 처리하는 것이 요청되고 있다. 가령 그 처리과정에서 우편물에 발생할 수 있는 사고에 대해 모두 민법이나 국가배상법이 정한 원칙에 따라 손해배상을 하지 않으면 안 된다고 하면, 「금전부담이 다액이 될 가능성」이 있을 뿐만 아니라, 「개별적으로 대응하고, 채무불이행 또는 불법행위에 해당하는 사실이나 손해액을 확정하기 위한 많은 노력과 비용이 필요하게」 되므로, 「그 결과 요금인상」과 연결되어, 위의 목적 달성이 저해될 우려」가 있다. 더구나 상기 목적 하에 운영된 우편제도가 「극히 중요한 사회기반의 하나」라는 것을 고려하여야 한다.

II. 적용

때문에 평가는 우편법 제68조, 제73조가 우편물에 관한 손해배상의 대상 및 범위

에 한정을 가한 목적은 정당한 것이 된다.

3. 우편법에 의한 책임제한의 필요성과 합리성

Ⅰ. (방론) 서류우편물에 대해서

1) 사안의 성질

「서류」우편물은 보통우편물과는 달리 기록이 남고, 배달이 보다 확실한 반면, 특별요금 부담이 가해진다. 서류우편물이 적정하면서 확실하게 배달되는 것에 대한 신뢰는 서류 취급을 선택한 발송인은 물론 서류우편물의 이용에 관계가 있는 자에게도 법적으로 보호되어야 할 이익이다. 더구나 대량 우편물, 한정된 인원, 비용 제약이라는 이유에서 우편업무 종사자의 경과실에 의한 불법행위에 근거한 손해발생은 피할 수 없고, 그것은 서류우편물의 경우도 동일하다.

2) 논리구성

– 다른 운송업과의 비교

「운송사업 등의 수행과 관련하여 일정한 정책목적을 달성하기 위해 사업자의 손해배상책임을 경감하고 있는 법령은 상법, 국제해상물품운송법, 철도영업법, 선박 소유자 등의 책임 제한에 관한 법률, 해수오염손해배상보장법 등 상당수 존재한다. 이들 법령은 모두 사업자 측에 고의 또는 중대한 과실 내지 이에 준하는 주관적 요건이 존재하는 경우에는 책임제한의 규정이 적용되지 않는다고 하고 있지만, 이와 같은 법령을 정함에 있어서 사업 수행에 지장이 발생하고 있는 사실이 지적받고 있는 것은 아니다」.

– 필요성

경과실에 의한 손해가 발생하는 데 그친 경우에는 배상책임의 면제·제한은 「부득이한 것이고 헌법 제17조에 위반하지 않는다」.

– 합리성

고의 또는 중대한 과실에 의한 손해에 대해서는 통상의 직무규범에 따라 직무집행이 되고 있는 한, 극히 예외적인 경우에 그칠 것이므로 이와 같은 사태는 서류제도에 대한 신뢰를 현저히 해하므로 「우편업무 종사자의 고의 또는 중대한 과실에 의한 불법행위에 대해서까지 면책 또는 책임제한을 인정하는 규정에 합리성이 있다고는 인정하기 어렵다」.

3) 적용

우편법 제68조, 제73조의 규정 중 서류우편물에 관하여 우편업무 종사자의 고의 또는 중대한 과실에 의하여 손해가 발생한 경우에, 불법행위에 근거한 국가의 손해배상책임을 면제하거나 제한하고 있는 부분은 헌법 제17조가 입법부에 부여한 재량의 범위를 일탈한 것이라고 하지 않을 수 없고, 동조에 위반하여 무효라는 결론이 된다. 이상은 엄밀하게 말하면, 방론이며 여기서부터 소송행위론에서의 「우편에 의한 배달」, 우편법에서 정한 「특별송달」에 대한 판시이다.

Ⅱ. (본론) 특별송달 = 「우편에 의한 송달」의 경우

1) 사안의 성질

특별송달 우편물에 관하여는 민소법 제1편 제5장 제3절에서 정한 소송법상의 송달의 실시방법이므로, 적정한 절차에 따라 확실하게 송달받을 자에게 송달되는 것이 「특히 강하게 요청된다」. 이는 서류우편물 전체 중 극히 일부에 그치기 때문에 서류요금에 추가된 특별요금이 필요하다. 발송인은 송달사무 취급자인 재판소 서기관이고, 적정하면서 확실한 송달에 직접 이해관계를 갖는 소송당사자 등은 스스로 대체할 수 있는 다른 송달수단을 전혀 갖고 있지 않다.

2) 논리구성

– 우편에 의하지 않는 송달과의 비교

「특별송달 대상이 되는 서류에 대해서는 재판소의 서기관, 집행관 등이 송달을 실시하는 경우도 있지만, 그때 과오가 발생하고 관계자에게 손해가 발생한 경우에는, 그것이 송달을 실시한 공무원의 경과실에 의하여 발생한 것이라도 피해자가 국가에 대하여 국가배상법 제1조에 근거한 손해배상청구를 할 수 있게 된다.

– 합리성 · 필요성

특별송달 우편물에 대해서는 우편업무 종사자의 경과실에 의한 불법행위에서 발생한 손해의 배상책임을 긍정하였다고 하여, 곧바로 그 목적달성이 침해되었다고는 할 수 없고, 위의 각 조에서 규정한 면책 또는 책임제한에 합리성, 필요성이 있다고 하는 것은 곤란하다.

3) 적용

우편법 제68조, 제73조의 규정 중 특별송달 우편물에 관하여 우편업무 종사자의 경과실에 의한 불법행위에 근거한 손해가 발생한 경우에 국가배상법에 근거한 국가의 손해배상책임을 면제하거나 제한하고 있는 부분은 헌법 제17조에 위반하여 무효이다(파기환송).

또한 이 판결에는 (요코오 가즈코)横尾和子, 우에다 토요죠(上田豊三) 두 재판관의 의견이 있다.

기본 해설

1. 위헌 판결

이 판결을 어떻게 받아들이면 좋을 것인가?

최고재판소가 아직 극히 적은 위헌 판결을 내렸다는 것만으로 하나의 역사적 「사건」으로 받아들일 수 있다는 생각도 있을 수 있다. 판결 다음날 신문지상에서도 위헌 판결에 경의를 표하는 등, 그 나름의 보도가 이루어졌다. 위헌 판결이기 때문에 「중요판례」 일지 몰라도—물론 이것도 하나의 예단에 불과하다—, 그러나 과연 어떠한 의미에서 「중요」한 것일까? 솔직하게 말하면, 이 판결의 자리매김을 둘러싸고 각 신문이 모두 기묘하리만큼 당황하는 면을 볼 수 있다. 판결을 게재하고 사설까지 내건 것이 있지만, 그것은 오로지 「헌법수호자」로서의 최고재판소의 각오를 설명한 것이었다.

애당초 본건이 대법정에 회부될 때까지는 최고재판소로부터 극히 적은 위헌 판결을 끌어낼 정도의 헌법문제가 포함되어 있을 것으로는 깨닫지 못했던 것으로 생각된다. 물론 국가배상법이나 우편법에 정통한 논자에게는 어쨌든 19세기 중반부터 알려진 기존의 논점이기는 하였지만, 일반적으로 이러한 종류의 문제가 최고재판소를 움직였다고는 믿어지고 있지 않았다.

여기에서도 또한 「위헌심사기준」에 착안한 판례의 독해는 실리가 적다. 그래서 다루어진 사안의 성질에 입각하여 거기에 적용될—그리고 그것 자체가 헌법적 평가의 대상이 되지 않을 수 없었던—법명제나 법제도의 고유한 논리가 무엇인가를 이해하는 작업이 선결되어야 한다. 당해 판결에서 법률문제의 본질은 무엇일까? 우선 그 점을 묻지 않으면 안 될 것이다.

2. 외부 고찰로서의 법정의견

본건은 우선 무엇보다도 그 마지막 부분에서 볼 수 있듯이, 민사소송법학에서의 소송행위론과 관련된 판례로, 재판소가 「우편에 의한 송달(우편법학에서 말하는 특별송달)을 선택함으로써 초래된 불공평을 굳이 위헌판단을 내리면서까지 해소한 것이다. 논리는 그 부분에서 거의 완결되어 있다고 해도 좋다. 그러나 우편에 의한 송달이 유감스럽게 완수되지 않았던 것은 우편국 직원의 부주의에 의한 것이고, 더구나 그 경과실이 일체 허물이 없었다는 것은 소송법리의 요청보다 우선하는 우편법의 규정과, 그것을 뒷받침하는 우편에 고유한 조리 때문이다. 그렇다고 한다면, 이 경우도 삼림법 판결과 동일하게 법제도로서의 우편을 해설하고, 그러한 우편에 고유의 「사안의 성질」을 해명할 필요가 있다. 법정의견은 그래서 우편법론으로 들어간다.

그때 법정의견은 보편적 서비스(Universal Service)의 요청을 언급한다. 이것은 전신

전화를 포함한 통신업자 일반에게 가해진 기본원칙이고, 우편업자도 예로부터 이 요청을 의식해왔다. 그리고 이는 국가독점이 폐지된 통신업이 민영화된 경우보다 중요성이 더해질 요청이다.

그렇다고 하면, 본래 법정의견은 전신전화와 동등하게 통신법·정보법을 구성하는 「법제도로서의 우편」 전체를 시야에 넣고, 우편이용법의 일환으로서의 우편책임법의 자리매김에 입각한 후 이러한 우편법리에 기초한 손해배상의 제한에 대해 입법부의 재량의 통제기준을 생각하여야 했다. 더욱이 운송업법과 비교도 하면서 우편제도가 전신전화를 포함한 모든 통신제도의 원형인 이상, 「사안의 성질」의 이해를 깊게 하여 본건에 통신법이나 정보법(정보접근법)의 선례로서의 의미를 갖게 할 수도 있었을 것이다.

그렇지만 본건의 법률문제에 대하여 법정의견이 이끈 보조선은 모두 일반법의 관점에서 외재적인 것—일반행정법학(국가배상법론)적 관점에서는 국가배상법의 예외로서의 「특별법에 의한 책임제한」, 상행위 법학(운송영업법론)적 관점에서는 「운송영업에서의 과실책임주의」의 예외로서의 「『연착』의 경우의 책임면제」—이었다. 본건 논리의 진행방법이 격화소양(성에 차지 않는)의 감을 면할 수 없고, 위헌 판결로까지 판결이 배격하려고 했던 당해 대상, 즉, 우편제도의 구폐 그 자체의 이미지를 붙잡기 어려운 것도 그 때문이다.

3. 우편법론 속의 우편이용법론

본건에서 다투고 있는 우편책임법=배상의무론의 논점에 대해서는 우선 그 전제로 우편이용법을 어떻게 이해하는가라는 문제가 있다.

우편이용법을 국가와 이용자 사이의 부합계약(附合契約)의 일종으로 이해하는 것이라면, 우편법에서의 배상책임의 제한은 어디까지나 면책약관에 불과하고, 그것이 우편법에 규정되어 있는 것도 약관(특히 면책약관)에 대한 입법적 규제의 강요된 한 형태로 설명된다. 그러나 그러한 계약적 구성의 경우 계속성, 정형성, 공익성의 관점을 설명하기 어렵고, 더구나 국가와 이용자가 당사자로서는 대등하다는 방침을 중시한 나머지, 중간항으로서의 우편사업자의 존재를 애매하게 한 채 논의를 진행하는 경향이 있었다. 그래서 특히 독일 공법학은 우편사업자를 「공공영조물」로서 독립적으로 이해함과 동시에 우편이용법을 계약관계가 아닌 공공영조물의 이용관계로서 설명하였다.

일본의 우편법리는 이러한 영조물이론에 대하여 일관적으로 거리를 두어 왔던 점이 특징이다. 전쟁 전부터 교조적으로 사법과는 준별된 공법의 세계에서 비권력적 행정서비스의 권역을 구출하고, 공법상의 관리관계, 공법상의 당사자관계 등의 호명으로 오히려 원칙적으로 사법이—따라서 사법재판소가—지배하는 법영역을 확보하려는 시도가 일본의 행정법학에서는 이어져 왔다. 전통적인 공법・사법 준별론이 철저하게 비판받아 온 영역의 하나가 다름 아닌 우편법론인 것은 본건 판결을 해독할 때에도 반복적으로 상기되어야 하는 사항이다. 우편법의 규정은 실질적으로 보통거래약관에 지나지 않고, 우편이용관계는 부합계약에 불과하다. 때문에 배상의무론도 가능한 한 민법의 불법행위론으로 치환할 수 있을 것이다(渡辺・後掲①, 河上・後掲).

그러나 본건은 우편법에서의 배상책임의 제한을 국가배상에 관한 헌법 제17조를 이용하여 타파한다는 형태로 다투었다. 그때 최고재판소는 우편이용관계가 공공영조물의 이용관계인지의 여부, 애당초 공법관계인지에 대해 전혀 관심을 보이려 하지 않았다. 국가배상법 그 자체를 사법특별법으로 자리매김을 할 것인지의 여부와도 관계되기 때문에 언급하지 않았던 것은 현명했다고 할 수 있지만, 민영화하더라도 남는 우편 고유의 법리의 발전을 위해서는 우편이용관계 그 자체의 특질과 자리매김에 좀 더 관심을 기울일 필요가 있었을 것이다.

4. 우편책임법론에서의 무과실책임주의

나아가 배상의무를 생각할 경우 예로부터 다투고 있는 문제로 무과실책임주의와 과실책임주의의 대립이 있다. 원래 로마법의 흐름을 수용한 것은 물품수령의 사실에서 결과책임을 발생시키는 이른바 receptum 책임이고, 이것은 무과실책임의 견해이다. 이에 대하여 독일계에서는 과실 책임주의가 강성해졌고 일본 상법에서의 운송업관계의 규정은 이 영향을 받았다. 운송인의 책임에 관한 상법 제577조는 receptum 책임을 완화한 것으로 보인다(참조, 平出・後掲).

그러나 우편법에서의 배상책임의 규정은 이 과실책임주의를 관철하고 있지는 않다. 보통우편에 대해서는 배상의무를 포기하였지만, 서류우편에 대해서는 자기 신고한 액수에 대해 과실의 유무를 전혀 묻지 않고 배상책임을 명확히 정하고 있는 것이다. 이것은 무과실책임주의를 기초로 하여 다만 배상액에 관한 정형적인 한정—보통우편물은 전부 면책함과 동시에 서류우편물에 관하여는 결과책임을 지는 대신에 배상액에 상한을 두었다—을 가한 것에 불과하다고 볼 여지가 있다.

나아가 서류우편물의 경우에도 「오류 배송」이나 「지연 배송」에 관하여는 결과적으로 멸실・훼손에 연결된 경우를 제외하고 영구히 면책되어 왔다. 이것은 receptum 책임의 과오를 완화하는 데에 필요하다고 이해하는 쪽이 솔직하고, 이 점은 과실책임주의의 상법이 「연착」의 경우에도 책임을 묻고 있는 것과 비례하는지가 중요하다(小町谷・後掲). 이미 과실책임주의가 보급되어 무과실을 이유로 하는 면책이 가능한 통상의 운송영업과는 달리, 「연착・지연 배송」에 대해서까지 결과책임을 추급하는 것은 우편사업자에게 가혹한 판단이었다고 생각할 수 있다.

때문에 전후 일본의 대표적인 국가배상법의 체계서가 우편법에서의 배상규정을 이른바 「골짜기」 문제로 자리매김하고 있는데에 이유가 없는 것은 아니다(今村・後掲, 下山・後掲). 국가배상이 커버하는 위법・유책의 국가행위의 영역과 손실보상이 문제가 되는 적법한 국가행위의 영역과의 「골짜기」에 빠져들어 버린 결과, 위법・무과실의 국가행위는 어느 것도 커버되지 않고 전체적으로 「국가보상」이 불충분하다. 다만 몇 개의 영역에서는 이미 경험의 축적으로 개별적으로 대비가 이루어져 왔다. 형사보상이 그 대표적인 예이지만, 동일하게 위법이지만 무과실의 국가행위에 대하여 결과책임을 추급하는 개별법의 예로서 우편법의 규정을 들어 왔던 것이다. 그런 이상, 우편법의 배상규정의 합헌성을 다투는 경우에 오로지 무과실책임=결과책임주의를 채용하고 있는 것을 전제로 그 배상범위 및 배상액이 과잉으로—결국은 비례원칙에 위반하는 정도까지—한정되어 있지 않은지의 여부가 다투어지게 된다.

이에 대하여 전후 독일의 대표적인 국가배상법의 체계서는 우편법에서의 배상규정을 일반법으로서의 국가배상법에 대한 특별법에 의한 책임배제・책임제한 규정의 전형적인 예로 들어왔다. 즉, 거기에서는 과실책임주의가 원칙인 것을 전제로 한, 바꾸어 말하면 우편법은 본래 receptum 책임의 영역이 아닌 것을 전제로 한 논의가 전개되고 있는 것이다. 일본에서도 최근에는 유력한 견해가 이를 따르고 있다(참조, 宇賀・後掲). 이 경우에는 상기와 같은 경우와 다투는 방법이 달라진다. 특별법으로서의 우편법의 무과실배상규정이 갖는 사정을 한정함으로써 본칙으로서의 무과실책임으로의 복귀가 목표로 된다.

본건 우편법 판결은 그러한 문제구조에 전혀 생각이 미치지 않고 있다. 우편법론이 지금까지의 일정한 축적을 전혀 고려하지 않고, 운송법에 관한 시민법리를 사려없이 도입하여 문제를 해결하려 하고 있다. 물론, 「우편」이라는 오랫동안 폐쇄되어 있었던 특권적 세계 속에서 「세간의 상식」을 가져온 그 시도는 시류에도 적합한 상당히 실제적인 것이었다고도 할 수 있다. 그러나 그 전제가 된 설문과 해결 자체에 대해서는 지금까지 검토하였듯이 상당한 다툼이 있었고, 그러한 논쟁사를 고려하면 「사안의 성질」의 이해는 깊어졌을 것이다. 조사관의 조사에도 근본적인 문제가 있었을 가능성도 있다. 우가 가쓰야(宇賀克也)의 저서 『국가배상법』과 상고취지만을 읽으면 실상은 인스턴트로 판결이 쓰여 진 것은 아닐까?

5. 누구에게 배달된 것인가?

이상에서 보았듯이, 첫째, 본건 판결은 「특별법에 의한 책임제한」이라는 설문을 내세워 헌법 제17조에 의해 이것을 철폐할 가능성을 열고 있었다. 둘째, 우편법상의 배상제한의 규정을 「우편영업에서의 과실책임주의」의 예외로서 「『연착』의 경우의 책임면제」를 정한 규정이라고 이해한 뒤에 이것을 부정하였다. 그리고「공무원의 불법행위에 의한 국가 또는 공공단체의 손해배상책임을 면제하거나 제한하는 법률규정」으로서는 현행법상 가장 눈에 띄는 존재였던 우편법상의 책임제한의 문제가 해결되었다.

그렇다면 애당초 우편제도 그 자체가 국가배상의 시야에서 사라지려고 하고 있을 때, 이 판결의 틀 자체가 재차 이용된 사례는 꽤 상정하기 어렵다고 할 수 있다. 헌법 제17조가 국가배상입법에 자유재량을 주고 있지 않은 것이 강조된 점은 수확이지만, 향후 새롭게 특별법에 의한 책임제한을 정한 법률이 정해질 때까지 헌법판례로서는 당분간 역사적 가치밖에 갖지 않는 선례로 남을 것이다. 전술한 바와 같이 민영화의 여하를 묻지 않는 우편 고유의 법리(나아가서는 통신법, 정보법의 법리)로 들어가는 달콤함이 아쉬워지는 까닭이다.

그렇지만 위헌 판결로서의 화려함에 현혹되지 않고 잘 읽어보면, 이 우편법 판결은 오로지 우편 실무가에게 전해진 것이라는 것을 알 수 있다. 실은 이 판결에서 실무적으로 중요한 것은 방론의 서류우편물에 관한 판시이다. 지금까지 서류우편물의 배달지연을 둘러싼 배상문제에 대해서는 판결 예가 나뉘어 있었다(참조, 최2소판 1981년 1월 30일 判時 996호 66면 이하). 전보의 지연배송・오류배송에 관하여도 마찬가지이다. 실무적으로는 이 점에서의 판례의 통일이 요구되고 있으며, 본건 판결은 그것을 우편업무 종사자의 고의 또는 중대한 과실에 의하여 손해가 발생한 경우에 국가의 손해배상은 면할 수 없다는 형태로 결착하였다. 그러기 위해서는 이 때 전후(戦後) 매우 적은 수밖에 없는 위헌 판결을 하나 더 내리기 위한 비용이 필요하였던 것이지만, 불법행위에 기초한 국가의 손해배상책임을 면제하거나 제한하고 있는 우편법의 규정은 헌법 제17조가 입법부에 부여한 재량의 범위를 일탈한 것이기 때문에 위헌무효라는 논리를 이용함으로써 무리하게 정면 돌파한 것이다.

본건 사안에서「우편에 의한 송달」에 대해 경과실로 발생한 손해를 배상하기 위해서는 서류우편 일반론을 전개할 필요는 없다. 그럼에도 불구하고, 법정의견은 이 방론부분이야말로 쓰고 싶었기 때문에 억지로 구성하고 있다. 그러한 논리구성의 일그러짐은 서류우편물에 관한 판단을 달리하면서 동일한 결론을 도출하고 있는 요코오(横尾) 의견에 의하여 완벽하게 드러나고 있다. 그런 의미에서 우편법 판결의 본질은「우편에 의한 송달」을 둘러싼 법리 그 자체에 있는 것이 아니라, 위헌 판결을 내렸다하여도 구제해 주지 않으면, 약간은 딱한 본건 당사자의 등장을 기화로 서류우편물의 지연배송에 관한 현안을 일거에 해결한 데에 있다. 그리고 경쟁회사에 새롭게 사업을 시작하게 하지 않을 수 없는「우편」이라는 역사적인 제도 속에「과실책임주의」를 박아넣어 실무가들에게 주는 선물로 한 점이 본건 판결이 갖는 가장 상징적인 의미일 것이다.

설문

물품관리법 제31조에 의하면, 물품관리관 등의 물품관리직원은 고의 또는 중대한 과실로 법률에 위반하여 물품관리행위를 한 것(하지 않은 것)에 의해, 물품을 망실하거나 손상하고, 그 외 국가에 손해를 준 경우는 변상책임을 부담하는 것으로 되어 있다. 경과실에 의한 위법한 물품관리행위에 대해서는 책임을 부담하지 않는 점에서 통상의 공무원의 경우보다 책임이 경감되는 것으로 생각되지만, 이것은 헌법 제17조에 위반되지 않을까?

❙참고문헌❙

安念潤司「憲法が財産権を保護することの意味」長谷部恭男『リーディングズ現代の憲法』(日本評論社, 1995年)

石川健治 ①「空間と財産」公法研究59号(1997年)

石川健治 ②『自由と特権の距離』(日本評論社, 1999年)

石川健治 ③ 樋口陽一編『ホーンブック憲法』第3章 [石川健治執筆] (北樹出版, 改訂版, 2000年)

石川健治 ④「財産権 ①②」駒村圭吾・小山剛編『憲法の基本論点(仮題)』(弘文堂, 2005 刊行予定)

今村成和『国家賠償法』(有斐閣, 1957年)

河上正二『約款規制の法理』(有斐閣, 1988年)

宇賀克也『国家賠償法』(有斐閣, 1997年)

研究会「憲法裁判の客観性と創造性」ジュリスト835号(1985年)

小町谷操三『運送法の理論と実際』(勁草書房, 1953年)

下山瑛二『国家賠償法』(筑摩書房, 1973年)

田中二郎『行政法上』(弘文堂, 全訂第2版, 1974年)

平出慶道『商行為法』(青林書院, 第2版, 2002年)

前田雅英『刑法総論講義』(東京大学出版会, 제3版, 1998年)

松井茂記『日本国憲法』(有斐閣, 第2版, 2002年)

宮沢俊義『憲法Ⅱ』(有斐閣, 新版, 1971年)

山田誠一「所有権」法学教室 171 (1994年)

渡辺洋三 ①「公法と私法 (9, 10)」民商40巻2号, 同40巻4号(1959年)

渡辺洋三 ②『財産権論』(一粒社, 1985年)

(石川健治)

第17장 재산권과 정당한 보상

[논점]

(1) 손실보상의 근거
손실보상(헌법 제29조 제3항)은 왜 필요한가?

(2) 손실보상의 필요 여부
재산권의 규제는 다양하다. 어떠한 규제에 보상이 필요하고, 어떠한 규제에 보상이 불필요한가?

(3) 손실보상의 내용(정도)
어떠한 보상을 「정당한 보상」이라고 할 수 있는가? 시장에서의 거래 가격을 전액 보상해야 하는가, 그렇지 않으면 제반의 사정을 고려하여 상당한 정도라 할 수 있으면 그것보다 낮은 금액이라도 좋은가?

(4) 보상 금액의 산정 기준시
보상 금액을 산정하는 기준이 되는 것은 사업인정의 고시 시인가, 재결 시인가? 전자를 기준으로 보상 금액을 결정하는 것을 「정당한 보상」이라고 할 수 있는가?

Part Ⅰ 기본 소재

토지수용보상금 청구사건

최고재판소 2002년 6월 11일 제3소법정 판결
1997년(行ツ) 제158호 토지수용보상금청구사건
民集 56권 5호 958면, 判時 1792호 47면,
判タ 1098호 104면

사실 개요

간사이전력주식회사 Y(피고, 피항소인, 피상고인)는 1968년 4월 25일 변전소 건설에 관한 사업을 인정받아 수용지의 손실보상에 대해 X(원고, 항소인, 상고인)들과 협의했으나 합의가 제대로 이루어지지 않아 재결을 신청한 결과, 수용위원회는 1969년 3월 31일 X에 대한 보상 금액을 결정하여 수용을 재결했다. 이에 대해 X는 보상액이 부당하다고 하여 적정한 보상을 구하는 소송을 제기했다.

제1심=오사카 지방재판소

오사카 지방재판소 1987년 4월 30일 판결
民集 56권 5호 970면

청구기각. 이 단계에서는 주로 수용되는 토지의 범위나 보상 가격 등이 논쟁되고 있으며, 헌법상의 쟁점은 아직 제기되지 않았다.

제2심=오사카 고등재판소

오사카 고등재판소 1998년 2월 20일 판결
民集 56권 5호 1000면

■ 당사자의 주장 (쟁점)

항소인 본건 수용지의 범위 및 보상금의 부당성, 또한 자투리땅과 과수 등의 보상의 필요성 등을 주장하였는데, 그 중 보상금의 산정 기준시에 대해서 다음과 같이 주장했다.

「1968년부터 1969년까지는 토지 가격이 현저한 상승 경향을 보이고 있으며, 더욱이 그것이 계속하여 존재하였으므로 이 같은 경우의 수용 보상 금액은 수용 재결시를 기준으로 산정해야 하며, 사업인정시로 하는 것은 헌법 제29조 제3항에서 정하는 정당한 보상이라 할 수 없으므로 이 같은 수용은 동조에 위반된다」.

피항소인 「토지수용법 제71조가 보상 금액 산정에 있어 사업인정시를 기준으로 하여 가격 결정에 관한 시점 수정의 규정을 만들어 놓은 것을 보면, 본건 수용에서의 보상금이 헌법에 위반된다고 할 이유는 없으므로 본건의 수용 재결은 정당하고 그러므로 추가 보상의 필요성은 인정할 수 없다」.

■ 재판소의 판단

「헌법 제29조 제3항에서 정하는 『정당한 보상』이란 완전한 보상, 즉, 수용의 전후에 걸쳐 피수용자의 재산 가치를 동등하게 하는 보상을 의미하며, 토지의 수용에 있어서 금전 보상을 하는 경우에는 피수용자가 근처에서 피수용지에 상응한 대체지를 취득하기에 족한 금전적 보상을 요하는 것이라 할 것이다(최고재판소 1971년(オ) 제146호 1973년 10월 18일 제1소법정 판결・民集 27권 9호 1210면). 토지수용법 제71조의 『상당한 가격』도 이런 취지로 해석해야 하므로 근처에서 피수용지에 상응한 대체지를 취

득할 수 있는 가격을 말하는 것으로 해석되지만, 토지 수용의 피수용자는 사업인정 고시 후 권리취득 재결 전에도 보상금 지불을 청구할 수 있으므로(동법 제46조 2) 위의 청구가 있으면 기업자는 청구일로부터 원칙적으로 2개월 이내에 그 견적액을 지불해야 하며(동법 제46조 4), 위의 견적액을 지불 시기에 맞추어 수정한 액수가 재결에 의한 보상액보다 낮을 때 또는 지불 기한을 지연했을 때에는 후에 수용위원회가 권리취득 재결에서 정당한 보상액을 재결할 때 위의 차액 또는 지체액에 대하여 6.25% 또는 18.25% 비율에 따른 가산금을 부가하도록 되어 있다(동법 제90조 3). 또한 사업인정 고시 시의 상당한 가격에 권리취득 재결 시까지의 물가 변동에 따른 수정률을 곱한 금액으로 되어 있는(동법 제71조) 것으로 보아, 피수용자는 근처에서 피수용지에 상응한 대체지를 취득할 수 있는 금전적 보상을 받을 수 있는 것이라고 해야 한다. 사업인정 고지 후에는 일반거래가 없어지는 것이 통상이므로 당해 수용 대상지의 지가 상승률을 확정하기 어렵고, 근처 유사지의 지가 상승률에 대해서도 인정 받은 사업의 실시에 의한 개발 이익이나 이것을 기대한 투기적 요소가 더해져 상승하는 경우가 많으므로 근처 토지가격의 상승률을 고려하여 산정하는 것은 적합하지 않으며, 그 외 토지의 가격 형성 요인이 다양하다는 것 등을 고려하면 사업인정 고시 시를 기준으로 물가 상승률을 곱하여 수정한 후 보상액을 결정하는 방법에는 그 나름의 합리성이 있다고 할 것이다.

따라서 사업인정 고시 시를 기준으로 하여 보상 금액을 산정하는 것이 헌법 제29조 제3항에 위반된다는 항소인들의 주장은 채택될 수 없다」.

항소기각.

상고심=최고재판소

■ 상고이유

「토지수용법 제71・제72조가 수용 가격을 사업인정시에 고정하고 또한 물가 변동에 따른 수정률을 정령(政令)에 위임하고 정령이 이를 일반 물가의 변동률에 따른 것은, 당시의 장기적 경향으로 지가와 일반 물가의 변동률 사이에 현격한 차이가 있었던 것으로 비추어 보아 헌법 제29조 제3항의 『정당한 보상』의 규정에 반하는 것이므로, 이것을 적용한 원 판결도 역시 동 조항에 반하는 것이다. 즉, 甲 60号 증거의 지가 통계에 따르면 사업인정이 있었던 1968년 4월 25일……부터, 체결이 있었던 1969년 3월 31일까지 1년 시가지(市街地)로 보면 지가는 약 20%……상승했다. 그러나 재결서에 기재된 수정률은 1.0193%에 지나지 않는다. 이와 같은 취급은 토지

소유자에게 현저하게 불리한 것이다. 이와 같은 토지 가격의 상승 과정에서 사업인정시의 가격이 보상되려면, 체결 시에는 원 판결이 직접 인용한 최고재판소 판례에서 말하는『근처에서 상응한 대체지를 취득할 수 있는 금액』이 되지 못하므로 정당한 보상이 될 수 없음이 명백하다」.「원 판결의 잘못은 지가가 물가통계에 포함되지 않으며 따라서 이것과 전혀 상관이 없음에도 불구하고(공지 사실) 물가 통계를 기초로 한 수정률을 곱함으로써 타당한 결과를 얻을 수 있다고 하는 궤변에 기초하고 있다」.「수급관계에 의한 일반 물가의 변동과 지가 변동은 전혀 별개의 것이므로, 수급관계가 전혀 다른 물가 변동에 따라 지가 변동을 보정할 수는 없다」.「원 판결은 법 제46조 2·4와 제90조 3을 인용하여 변명하지만」, 이는 사업인정시의 보상 금액을 용인하도록 토지소유자를 강요하는 것으로 재판을 받을 권리(헌법 제32조)를 침해한 것이다.

■ 법적 구성

(a)「정당한 보상」의 의미

「1. 상고대리인……의 상고이유 중에서 헌법 제29조 제3항의 위반을 말하는 부분에 대하여

(1) 헌법 제29조 제3항에서 말하는『정당한 보상』이란 그 당시의 경제 상태에서 성립한다고 생각할 수 있는 가격에 기초하여 합리적으로 산출된 상당액을 말하는 것으로, 반드시 항상 상기의 가격과 완전히 일치할 것을 요하는 것은 아니라는 점이 본 재판소의 판례(최고재판소 1950년(オ) 제98호 1953년 12월 23일 대법정 판결·民集 7권 13호 1523면)이다. 토지수용법 제71조의 규정이 헌법 제29조 제3항에 위반하는가도 이 판례의 취지에 따라 판정되어야 할 것이다」.

(b) 토지수용법 제71조의 합헌성

「(2) 토지의 수용에 따른 보상은 수용에 의해 토지소유자 등이 받은 손실에 대해 이루어지는 것이므로(토지수용법 제68조) 수용의 최종 결정은 권리취득 재결에 의한 것이며, 이때 보상 금액이 최종적으로 결정되기(동법 제48조 제1항) 때문에, 보상 금액은 동 재결시를 기준으로 산정되어야 한다. 동법 제71조는 그 구체적인 방법으로 사업인정 고시 때의 상당한 금액을 근처 유사토지의 거래가격 등을 고려하여 산정한 뒤, 권리취득 재결 시까지의 물가변동에 따른 수정률을 곱하여 권리취득 재결시의 보상 금액을 정하는 것으로 하고 있다.

(3) 사업인정 고시 시부터 권리취득 재결 시까지는 근처 유사토지의 거래가격에 변동이 생기는 경우가 있으며, 이 변동률이 반드시 상기의 수정률과 일치한다고는 할 수 없다. 그러나 상기의 근처 유사토지의 거래가격의 변동은 일반적으로 당해 사업의 영향을 받은 것이라 생각할 수 있으므로, 사업에 의해 근처 유사토지에 부가되는 가

치와 동등한 가치를 수용지 소유자 등이 당연히 향유할 이유는 없으며, 사업의 영향에 따라 발생하는 수용지 자체의 가치 변동은 사업자에게 귀속되고 또한 사업자가 부담해야 하는 것이다. 또한, 토지 수용이의 최종 결정은 권리취득 재결에 의한 것이지만, 사업인정이 고시됨에 따라 당해 토지에 대한 임의매수에 응하지 않는 한 사업자의 신청에 의해 권리취득이 재결되어 수용이 확정되는 것이며, 그 후에 이것이 일반 거래의 대상이 되는 일은 없으므로 이 거래가격이 일반 토지와 같이 변동되는 것이라고는 할 수 없다. 그리고 임의매수에서는 근처 유사토지의 거래가격 등을 고려하여 산정한 사업인정 고시 시의 상당한 가격을 기준으로 계약이 체결되는 것이 예정되어 있다고 할 수 있다.

더욱이 토지수용법은 사업인정 고시가 있은 후에는 권리취득 재결이 되기 전이라도 토지소유자 등이 사업자에 대해 보상금의 지불을 청구할 수 있으며, 청구를 받은 사업자는 원칙적으로 2월 이내에 보상금의 견적액을 지불해야 하므로(동법 제46조 2, 제46조 4), 이 제도를 이용하여 소유자가 근처에서 피수용지에 상응한 대체지를 취득하는 것이 가능하다.

이러한 점들로 미루어보아, 토지수용법 제71조가 보상금의 액수에 대해서 前記와 같이 규정함에는 충분한 합리성이 있으며, 이에 따라 피수용자는 수용 전후에 피수용자가 갖는 재산적 가치를 동등하게 만드는 것과 같은 보상을 받을 수 있다고 보아야 한다」.

■ 적용

「(4) 이상과 같으므로 토지수용법 제71조의 규정은 헌법 제29조 제3항에 위반하는 것이 아니다. 이와 같이 해석해야 하는 것은 前記 대법정 판결의 취지에 비추어 볼 때 명확한 것이다. 논지는 채택될 수 없다」.

상고기각.

기본 해설

1. 손실보상의 내용과 근거

공공을 위하여 사유재산을 이용하는 데는 「정당한 보상」이 조건이다(제29조 제3항). 이를 손실보상이라고 한다. 예를 들어, 철도를 부설하기 위해 누군가의 재산을 수용했다고 하자. 이는 헌법상 권리를 침해하는 것이지만, 모두가 이용하며 모두에게 도움이 되는 사업을 위한 것이므로, 침해받는 권리가 재산권인 한 그 공권력 행사는 적법하다. 그렇지만 실제로 재산을 잃은 사람이 있으므로 그 재산의 가치를 보상해주어야 한다는 것이 이 제도이다.

그렇다면 어느 정도의 보상을 「정당한 보상」이라고 할 수 있을까? 학설은 완전보상설과 상당보상설로 나누어진다. 완전보상설이 당해 재산의 100%의 시장가격을 보상해야한다고 하는 데 반해, 상당보상설은 제반 사정을 고려하여 합리적으로 산출된 상당액이라면 시장가격에 이르지 못해도 된다고 본다.

위 학설의 대립은 손실보상의 근거로 거슬러 올라간다. 손실보상의 근거는 2가지로 생각할 수 있다. 우선 첫 번째 근거는 재산권의 보장(헌법 제29조 제1항)이다. 공권력의 행사가 적법하다할 지라도 재산권의 박탈이 방임되면 재산권이 헌법상의 권리로 보장되는 의미를 잃는다. 수용되는 재산이 개인생활의 기반이 되는 재산인 경우에는 특히 그렇다고 할 수 있다. 손실보상은 당연히 재산권의 보장에서 파생된다고 생각할 수 있다. 두 번째 근거는 평등원칙(헌법 제14조 제1항)이다. 공공사업에 의해 특정인이 희생되고 그 외의 모두가 이익을 얻는다. 이것을 방치하는 것은 불평등하다. 개인의 불평등한 부담을 전체의 평등한 부담으로 전환하기 위한 수단이 손실보상인 것이다(단, 실제로는 사업자가 부담하는 것이 통상이다).

이것과 정당한 보상과의 관련을 생각할 때, 보상의 근거가 재산권의 보장이라면 상당보상설과 연관짓기 쉽다. 일본국헌법은 제25조 이하에서 사회권을 보장하고, 국가가 개개인의 인간다운 생활을 배려할 것을 의무로 하고 있다. 이와 같은 사회국가에서는 재산권이 사회적 구속을 강하게 받는 권리이므로 보장의 정도도 다른 권리에 비해 약하기 때문에 재산권이 수용되어도 100%의 시장가격을 보상할 필요는 없기 때문이다. 이에 반해, 평등원칙을 손실보상의 근거라고 생각하면 완전보상설과 연관짓기 쉽다. 왜냐하면 평등은 개인의 권리로서도, 헌법상의 원칙으로서도 매우 중요한 것으로 자의적인 차별이 용납되지 않으며, 별도로 취급되는 것이 용납되는 경우를 엄격한 예외로 하기 때문에, 보상액도 수용의 전후에 걸쳐 동등해야 한다고 해석되기 때문이다. 다만 재산권의 가치를 정신적 자유보다 열등한 지위에 두는 것에 대해서는 이설이 있으며, 또한 평등에 대해서도 「합리적 구별」을 널리 인정하는 사고방식이 있을 수 있다. 더욱이 오늘날의 학설은 재산권의 보장과 평등원칙의 2가지를 손실보상의 근거로 하는 것이 일반적이며 보장 정도와의 관련은 명확히 하고 있지 않다.

2. 완전보상설과 상당보상설-대립의 소멸

완전보상설과 상당보상설은 서로 대립되는 개념인 것처럼 보인다. 그러나 구체적인 사례에서 양설이 대립하는 경우는 드물다. 왜냐하면 오늘날의 상당보상설은 어떠한 경우에도 보상액이 시장가격을 하회(下廻)해서는 안 되고 완전보상이 원칙이라는 것에 동의하고 있기 때문이다. 상당보상으로 족한 것은 예외이다. 그렇다면 어떠한 경우가 예외인가? 대표적인 학설은 기존의 재산법 질서의 틀 내에서 재산권의 개별적인 침해가 이루어진 경우에는 완전보상이 필요한데 반해, 기존의 재산법 질서를 구성하는 특정 재산권에 대한 사회적 평가의 변화를 바탕으로 그 권리관계의 변혁을 목적으로 한 침해 행위는 상당보상으로 족하다고 한다(今村・後掲 74면). 그렇다면, 상당보상으로 족한 것은(다음의 농지개혁 사건과 같은) 예외 중의 예외로, 현재는 항상 완전보상이라고 생각해도 당장 문제가 발생하지는 않는다. 한편, 완전보상설도 농지개혁이 위헌이었다고 하는 것은 우선 눈에 띄지 않는다. 동 사건을 특수한 사례로 보고 판례로서의 가치를 인정하지 않는 것이다. 이렇게 보면 오늘날 학설의 대립은 사실상 소멸되었다고 할 수 있다. 현재는 완전보상설을 전제로 생활을 재건하기 위한 보상(생활권보상)까지 헌법상의 요청인가 하는 것이 쟁점이다.

판례는 어떠한가? 학설 대립의 계기가 된 농지개혁 사건(최대판 1953년 12월 23일 民集 7권 13호 1523면)에서는, 자작농 창설 특별조치법이 농지 매수가격을 임대가격의 40배 이내로 한(논의 경우) 것은 정당한 보상이라고 할 수 없다고 논쟁되었지만, 최고재판소는 「정당한 보상이란 그 당시의 경제 상태에서 성립할 수 있다고 생각되는 가격에 기초하여 합리적으로 산출된 상당액을 말하는 것으로, 항상 이 같은 가격과 완전한 일치를 요하는 것은 아니라고 해석하는 것이 적합하다」라고 하여, 상당보상설의 입장을 취했다. 그렇지만 최고재판소는 토지수용법상의 손실보상에 대해서 「토지수용법에서의 손실보상은 특정한 공익상 필요한 사업을 위해 토지가 수용되는 경우, 그 수용에 의해 당해 토지의 소유자 등이 입는 특별한 희생의 회복을 도모하는 것을 목적으로 하는 것이므로 완전한 보상, 즉, 수용의 전후에 걸쳐 피수용자의 재산가치를 동등하게 하는 것과 같은 보상을 해야 하며, 금전으로 보상하는 경우에는 피수용자가 근처에서 피수용지에 상응한 대체지 등을 취득하는 데 족한 금액의 보상을 요하는 것이라 해야 하며, 토지수용법 제72조(1967년 법률 제74호에 의한 개정 전의 것. 이하 동일)는 위와 같은 취지를 명확히 한 규정이라고 해석해야 할 것이다」라고 하여 완전보상설을 채택하였다(최1소판 1973년 10월 18일 民集 27권 9호 1210면. 이하, 「1973년 판결」이라 함). 분명히 이것은 특정한 법률의 해석론으로, 헌법론이라고는 할 수 없다고 생각되기도 한다. 그러나 Part Ⅳ 「두 번째 소재」에서 보는 하천부근지 제한령 사건에서 최고재판소는 헌법 제29조 제3항에 기초하여 직접보상을 청구하는 것도 가능하다고 하였다. 이것은 헌법규정에서 직접청구권이 발생하여 재판소가 보상액을 결정할 수 있다는 것이 전제가 된다. 이를 위해서는 보상액이 헌법상 일의적으로 정해져 있어야 한다. 국회가 제반 사정을 고려하여 정책적으로 상당한 보상액을 결정할 수 있다면 재판소에서 보상액을 결정할 수는 없을 것이다. 즉, 헌법규정에서 직접 청구권이 발생한다고 하면 완전보상설을 전제로 할 수밖에 없다(宇賀 · 後揭 433면. 또한 상당보상설을 전제로 직접청구권설을 채택하면 재판소에 위헌확인 판결을 청구하는 것도 생각할 수 있으나, 판례 · 통설은 이 같은 소송을 아직 인정하지 않고 있다). 그렇다면 1973년 판결도 완전보상설을 토지수용법의 해석으로 하고는 있으나, 그것이 헌법상의 요청이라는 것을 전제로 하는 것이라고 생각된다(본건 원심도 참조). 즉, 최고재판소도 학설과 마찬가지로 상당보상으로 족한 것은 농지개혁뿐이고, 현재는 완전보상설을 취해야 한다고 생각한다(또한 여기서 말한 부분은 보상을 요하는 한, 공공수용의 경우이든 그 이외의 재산권 제한의 경우이든 어느 쪽에도 적합하다. 참조, Part Ⅲ 「이론편」 전개문제 1).

3. 본 판결의 자리매김

그러나 본 판결은 상당보상설을 취한 농지개혁 사건을 선례로 인용하고 있다. 최고재판소는 일관적으로 상당보상설을 유지하고 있었을까? 아니면 암묵 중에 판례를 변경할 것일까?

위의 1973년 판결의 인용부분에 있듯이, 현재 토지수용법은 1967년에 개정된 것이다. 구 제71조는 「손실은 수용위원회의 수용 또는 사용 재결시의 가격에 따라 보상해야 한다」고 하여, 보상 금액의 산정 기준시를 「재결 시」로 하고 있었다. 수용이 결정되면 개발의 기대로 주변의 토지가격이 상승하는 경우가 많은데, 보상 금액은 그와 연동하여 상승한다. 구 제72조는 이것을 전제로 하여 「수용하는 토지에 대해서는 근처 유사토지의 거래가격을 고려하여 상당한 금액으로 보상해야 한다」고 정하여 거래가격에 따르는 것으로 하였으므로 최고재판소도 동 조의 취지는 완전보상의 요청이며, 완전보상이란 「피수용자가 근처에서 피수용지에 상응한 대체지 등을 취득할 수 있는데 족한 금액의 보상」이라고 해석할 수 있었던 것이다.

그러나 이 규정들이 개정되어 「수용하는 토지 또는 그 토지에 관한 소유권 이외의 권리에 대한 보상 금액은 근처 유사토지의 거래가격 등을 고려하여 산정한 사업인정의 고시 시의 상당한 가격에 권리취득 재결 시까지의 물가변동에 따른 수정률을 곱하여 나온 금액으로 한다」는 현행 제71조가 되었다. 거래가격이 기준이 된다는 점에는 변함이 없으나, 보상금의 산정 기준시는 「사업인정의 고시 시」이다. 고시 이후에 주변 토지의 가격이 상승하여도 피수용지의 가격은 고정되어 있다(가격고정제). 물가변동에 대응한 수정률을 곱해도 통상 주변 토지의 가격상승에는 미치지 않는다. 이것을 합헌으로 한 본 판결을 어떻게 이해해야 할 것인가?

우선 첫째로, 현행 토지수용법의 규정이 완전한 보상이라고 할 수 있는가 하는 문제가 있다. 재결시 주변 토지의 시장가격에 비해 보상 금액은 확실히 적다. 이 점에서는 완전보상이라고 할 수 없다. 따라서 최고재판소는 상당보상설로 돌아간 것이라 볼 수 있다. 상당보상설에서는 「합리적으로 산정된 상당액」이라면 완전보상이 아니어도 되기 때문에 현행법이 합헌이라는 것이 간단히 도출된다. 현행법 제71조는 사업이 인정되면 그 토지의 수용이 결정되므로, 곧 일반 거래의 대상이 되지 않는다고 보아 가격 고정제를 취한 것이다. 주변의 지가는 상승하지만 이것은 사업자가 만들어낸 개발이익이므로 거기까지 사업자가 보상하는 것은 불합리하며, 토지소유자의 유리한 보상을 방지하고 사업을 원활하게 실시할 수 있으므로 사업인정 고시 시를 산정 기준시로 하는 것도 어느 정도(또는 충분한) 합리성이 있다고 할 수 있을 것이다(阿部・後揭 301면 이하). 따라서 상당보상설에서는 문제없이 합헌이라는 결론에 이른다(또한, 藤田・後揭 262면도 참조).

다만, 이렇게 생각할 경우 완전보상설의 1973년 판결과 모순된다. 1973년 판결이 변경된 것인가?

이 점에서, 1973년 판결은 토지수용법이 개정되기 전의 판결로 법이 개정된 이상 애초에 현행 토지수용법 해석의 선례가 될 수 없다고 생각할 수도 있다. 그러나 사실 최고재판소는 개정 후의 제71조의 내용에 대해서도 1973년 판결을 인용하여 「완전한 보상」이어야 한다(따라서 보상 금액은 객관적으로 결정되며 수용위원회의 재량권은 없다)고 하였다(최3소판 1997년 1월 28일 民集 51권 1호 147면. 본건의 원심도 동일하다. 단, 青野・後揭①, 49면, 後揭 ② 192면은 최고재판소 판결이 보상 금액의 산정 방법이 변경된 것을 배려하지 않고 막연히 1973년 판결을 답습했을 가능성이 있다고 한다). 더욱이 본 판결은 현행 토지수용법에 의해서도 「소유자가 근처에서 피수용지에 상응한 대체지를 취득하는 것이 가능하고」, 「피수용자는 수용 전후를 피수용자가 소유한 재산적 가치를 동등하게 하는 것과 같은 보상을 받을 수 있다」는 것을 동법 제71조가 합헌이라는 이유로 하고 있다. 이것은 완전보상설을 채택한 1973년 판결과 같은 취지이다. 즉, 최고재판소는 현재도 1973년 판결을 버리지 않은 것이다. 그렇지 않다면, 보상금의 산정 기준시는 재결시가 원칙이라고 할 필요도 없고, 보상금 지불청구 제도를 이용하면 근처에서 상응한 대체지를 취득할 수 있다고 할 필요도 없는 것이다. 즉, 최고재판소는 현행 제도에서도 보상금 지불 제도를 이용하면 완전보상이라고 하고 있기 때문에, 실제로는 지금도 완전보상설을 채택하고 있는 것이 된다.

그러나 이와 같이 생각할 경우, 본 판결이 왜 서두에서 농지개혁 사건을 판례로 든 것인가가 문제가 된다. 상당보상설이 완전보상을 배제하는 것은 아니지만, 1973년 판결을 유지하는 것이라면 상당보상설에 기초한 농지개혁 사건을 판례로 할 수는 없기 때문이다.

농지개혁 사건의 판결로 거슬러 올라가보면 동 판결은 이렇게 말하고 있다. 「정당한 보상이란 그 당시의 경제 상태에서 성립할 수 있는 가격에 기초하여 합리적으로 산출된 상당한 금액을 말하는 것으로, 반드시 항상 이 같은 가격과 완전히 일치하는 것을 요하는 것은 아니라고 해석하는 것이 상당하다. 재산권의 내용은 공공의 복지에 적합하도록 법률로 정하는 것을 본질로 하기 때문에(헌법 제29조 제2항), 공공의 복지를 증진시키고 유지하기 위하여 필요한 경우에는 재산권의 사용수익 또는 처분의 권리에 일정한 제한을 받는 경우가 있으며, 또한 재산권의 가격에 대해서도 특정한 제한을 받는 경우가 있어서 그 자유로운 거래에 의한 가격 성립을 인정할 수 없는 경우도 있기 때문이다」. 재산권의 내용이 법률에 의해 제한을 받아 자유로운 거래가격이 성립되지 않는 경우에는 제한에 의해 저하된 가격을 보상하는 것도 정당한 보상이라고 할 수 있는 것이다. 자유로운 거래가 인정되지 않고, 사용・수익도 통제되어 있는 농지에 대해서는 공정한 가격에 기초한 매수가격이 결정되어도 자유로운 거래가격이 있을 수 없기 때문에, 그로써 완전한 보상이라 하는 것도 가능했던 것이다(阿部・後掲 300면 이하, 宇賀・後掲 433면). 그렇다면 완전보상이든 상당보상이든 구체적으로 어떠한 내용의 보상이여야 그렇게 말할 수 있을까? 이것을 명확히 하지 않으면 언어상의 대립에 지나지 않는다. 적어도 최고재판소는 완전보상인가, 상당보상인가라는 학설의 틀에서 문제를 취급하고 있지 않은 것은 아닐까?

그렇다면 최고재판소가 상당보상설을 유지하고 있었던 것인가, 아니면 완전보상설에서 상당보상설로 입장을 바꾼 것인가를 따지는 것은 그다지 유익하지 않다. 최고재판소의 판례에 의하면 어떠한 보상이 합헌이라고 할 수 있는지가 중요한 것이지, 그것을 완전보상설이라 부를지 상당보상설이라 부를지 하는 것은 이차적인 문제이다.

Part Ⅱ 응용편

확인문제

1. 본건에서는 누가 누구를 고소했는가? 이 소송의 법률상의 근거 조문은 무엇인가? 이 같은 소송은 강학상 무엇이라 불리는가?
2. 본 판결은 「정당한 보상」(헌법 제29조 제3항)의 내용을 어떻게 설명하고 있는가? 그 설명은 제2심과 어떻게 다른가?
3. 「사업인정」과 「권리취득 재결」은 토지 수용절차에서 어떠한 의미를 가지는가? 또한 사업인정의 고시 시와 권리취득 재결 시의 토지가격은 통상 어떻게 변동되는가? 그 이유는 무엇인가?
4. 토지수용법은 보상 금액을 어떻게 산정하도록 정하고 있는가?

5. 본 판결이 4의 산정 방법을 합헌으로 한 이유는 무엇인가? 왜 현행 제도에서도 「소유자가 근처에서 피수용지에 상응한 대체지를 취득하는 것이 가능하다」고 판단한 것인가?

◥ 응용문제

설문 1 본 판결과 농지개혁 사건 판결의 관계는 어떻게 해석되는가?

(1) 농지개혁 사건이 상당보상설을 취했다면 그 판결문 중에서 무엇을 완전보상이라고 생각할 수 있는가? 그것은 어떠한 금액인가?

(2) 농지개혁 사건에서의 보상 금액은 「정당한 보상」이라고 할 수 없다(완전한 보상이 아니다 또는 상당한 보상이 되지 않는다)고 한 경우, 농지개혁은 위헌무효가 되는 것인가? 아니면 다음과 같은 설명으로 정당화될 수 있는 것인가?

(a) 농지개혁의 대상이 된 봉건적인 토지 소유는 헌법상 보장된 재산권이 아니다.

(b) 농지개혁은 피점령 하에서 최고사령관의 명령에 기초하여 이루어진 것이다.

(c) 자신의 노동이나 노력에 기초하지 않고 손에 넣은 재산은 일본국헌법상 가치가 낮은 재산이다.

(3) 농지개혁 사건의 판결에 따르면 농지 이외의 토지에 대해서 다음과 같은 개혁이 가능한가?

(a) 「노동자에게도 집 소유를」이라는 정책을 실현하기 위해 ①법인 소유의 토지·건물 중 현재 사용하고 있지 않은 것을 강제로 매입하는 것, ②강제로 매수하기 이전 단계에서 토지·건물의 자유매매를 금지하고 임대가격도 법률로 통제하는 것, ③대가의 계산에 대해서 통제된 임대가격을 기준으로 매수가격을 결정하는 것,

(b) 주식회사의 국유화는 어떠한 절차를 따르면 가능하다고 생각하는가?

(4) 본 판결로 보면 농지개혁 사건에서의 보상 금액은 「정당한 보상」이라고 할 수 있는가? 그 이유는 무엇인가?

설문 2 본 판결과 1973년 판결의 관계는 어떻게 해석되는가?

(1) 1973년 판결이 말하는 「완전한 보상」이란 어떤 것인가? 동 판결의 표현을 전반과 후반으로 나눈 경우, 전반의 표현과 후반의 표현은 완전히 같은 의미인가?

(2) 1973년 판결로 보아 토지수용법 제71조의 보상은 「완전한 보상」이라고 할 수 있는가? 1973년 판결의 표현이 전반과 후반에서 의미가 다르다고 생각한 경우는 어떠한가?

(3) 본 판결에서 토지수용법의 보상금 지불제도(동법 제46조 2, 제46조 4)의 존재는 어떠한 의미를 가지고 있는가? 동법에 이 규정이 존재하지 않았다고 가정하면 어떠한 결론이 도출되었겠는가?

설문 3 본 판결은 지가의 변동에 어떻게 대처하는가?

(1) 본 판결에 따르면 사업인정 고시 후에 주변 지가가 저하한 경우는 어떻게 해석되는가(화장장이나 폐기물처리장의 경우를 생각해보자)? 사업자의 입장에서는 어떠한가?

(2) 본 판결에 따르면 사업인정 고시 후에 일반 물가의 상승률이 지가의 상승률을 상회한 경우는 어떻게 해석되는가? 사업자의 입장에서는 어떠한가?

(3) 본 판결의 입장에서 이른바 생활권 보상은 어떻게 해석되는가?

Part Ⅲ 이론편

◥ 전개문제

1. 보상의 필요 여부는 어떻게 판단해야 하는가?

– 「공공을 위하여 이용한다」의 의미–

오늘날 재산권에 대한 규제는 무수히 존재한다. 그 전부가 「정당한 보상」을 요하는 것은 아니다. 보상이 필요한 것은 「공공을 위하여 사유재산을 이용하는」 경우뿐이다. 철도·도로·항공 등의 공공사업을 위해 특정인의 재산을 수용하는 경우가 전형적인 예이다. 이것을 공용수용이라고 한다. 「공공을 위하여 이용」하지만 이와 같은 직접 공공의 용도로 제공하기 위한 공용수용만을 가리킨다면, 제2항의 제한과 제3항의 수용의 구별이 명료하다. 따라서 제2항의 제한은 보상이 불필요하고 제3항의 수용은 보상이 필요하다. 그러나 오늘날에는 「공공을 위하여 이용한다」는 것이 공용수용에 한하지 않고 공공의 이익을 위해 강제적으로 재산권을 수용하거나 유사한 제한을 가하는 경우를 널리 포함하는 것으로 생각되고 있다. 그렇게 하면 제3항도 넓은 의미에서는 제한이므로 제2항과 제3항의 구별이 어려워진다. 그렇다면 똑같은 재산권의 제한인데, 어떤 경우에는 보상이 불필요하고 어떤 경우에는 필요한 것인가? 이것은 「정당한 보상」(보상의 내용)에 선행하는 문제이다.

종래의 통설(田中・後揭 214면 이하)은 침해행위가 널리 일반인을 대상으로 한 것인지 아니면 특정인을 대상으로 한 것인지 하는 형식적 기준과, 재산권 침해의 강도가 재산권의 내재적 제약으로 수인해야 하는 정도의 것인지 아니면 재산권의 본질적 내용을 침범하는 정도의 것인지 하는 실질적 기준의 쌍방을 감안하여 「특별한 희생」이라 할 수 있는 경우에 보상이 필요하다고 본다. 여기서는 ①침해의 대상이 형식적 기준, ②침해의 강도가 실질적 기준이다. 더 나아가 통설은 보다 구체적으로 「공공의 안전・질서의 보유와 사회적 공공생활의 안전 확보라는 소극적인 목적을 위해 최소한으로 필요한 비교적 일반적인 재산권의 제한」은 보상을 요하지 않고, 「산업・교통, 그 외 공익사업의 발전이나 국토의 종합이용・도시의 개발발전이라는 적극적인 목적을 위해 필요한 특정 재산권의 수용, 그 외의 제한」에는 보상이 필요하다고 한다. 여기서는 ③규제의 목적이 기준에 첨가되어 있다. 따라서 이들 3요소를 종합적으로 고려해야 하는 것이다.

그러나 이들 기준이 모두 명확하다고는 할 수 없다. 침해대상이 일반적인지 개별적인지, 침해의 정도가 약한지 강한지, 침해의 목적이 소극적인지 적극적인지에 대한 판단이 우선 필요하다. 또한 ①일반적 ②최소한도 ③소극목적의 제한이 조합된 경우는 보상을 요하지 않으며, ①특정적 ②수용, 그 외 ③적극목적의 제한이 조합된 경우는 보상이 필요하다고 하나, ①~③의 요소의 조합은 이것만이 아니다. 이들 이외의 요소가 조합된 경우에는 어떻게 되는지 확실하지 않다. 일반적 제한이라고 해도 수용이 이루어지는 경우에는 보상이 필요할 것이며, 적극적 목적의 제한이라 해도 보상이 불필요한 경우도 있을 것이다. 이들이 명확하지 않으면 종합적인 판단도 직관적인 판단이 되기 쉽다.

유력설(今村・後揭 21면 이하)은 이에 대해 형식적 기준이 애매하므로 실질적 기준에 따라야 한다고 한다. 그에 따르면 재산권의 박탈과 본래의 효용 발휘를 저해하는 침해는 당연히 보상을 요하며, 그 정도에 이르지 않는 재산권의 규제는 ①당해 재산의 존재와 사회적 공공생활의 조화를 유지하기 위한 경우에는 재산권에 내재하는 사회적 구속으로 보상은 불필요하나, ②다른 특정 공익 목적을 위해 당해 재산 본래의 사회적 효용과는 무관하게 우연히 부과되는 제한일 때는 보상을 필요로 한다는 것이다. 양설이 정말로 대립하는 것인지 의문을 가지는 자도 있으나(塩野・後揭 328면), 오늘날에는 후자가 점차 유력해지고 있다.

오늘날 새롭게 문제가 되고 있는 것은 보상만 하면 어떠한 목적이든 수용이 가능한가 하는 점이다. 물론 그렇지 않고 「공공을 위하여 이용한다」는 경우에 한하는 것은 당연하다. 그러나 그 개념이 점차 확장되어 온 것은 부정할 수 없다.

이 문제는 이미 농지개혁 사건에도 등장했다. 판결 내에서 구리야마(栗山) 재판관은「헌법 제29조 제3항의『공공을 위하여 이용한다』함은……공공 이익의 필요가 있으면 권리자의 의사에 반하여 수용할 수 있다는 취지로 해석해야 한다.……동항에서 말하는 공공 용도라는 것은 공공의 이익을 포함한 의미이며, 무엇이든지 반드시 물리적으로 공공사용을 위한 것이라야 한다고 해석해서는 안 된다. 또한 수용 결과, 구체적인 경우에 특정 개인이 수익자가 되어도 정부에 의한 수용 전체의 목적이 공공의 용도를 위한 것이 된다」고 넓게 해석한 것에 반해, 이노우에(井上)·이와마쓰(岩松) 재판관은「통상 헌법 제29조 제3항은 예를 들어 철도의 부설 등 공공사업을 위해 이것에 필요한 국부적으로 한정된 개개의 토지를 매수하는 것과 같은 경우에 관한 규정으로서, 널리 전국의 지주로부터 농지를 수용해 이것을 소작인에게 교부하는 것을 목적으로 하는 본법 매수와 같이 혁명적인 경우를 생각하고 있는 것으로 볼 수는 없다(매수한 토지도 특정 소작인에게 교부되는 것으로서 공공을 위하여 이용되는 것은 아니라고 하는 점에서 보아도 제29조 제3항에 정확히 들어맞는 것은 아니다.『공공을 위하여 이용한다』라는 것은『공공의 복지를 위해서』라는 것보다는 좁은 관념이다)」고 좁게 파악하고 있다. 오늘날의 판례나 학설은 구리야마 재판관의 의견과 궤를 같이 하고 있다.

일본이 사회국가여야 한다고 생각하면 넓은 의미의 해석이 유익하지만, 현실적으로는 사기업에 의한 택지개발까지「공공을 위하여 이용한다」는 것이 된다. 이래서는 보상만 하면 어떠한 목적이라도 수용이 가능하다는 것과 큰 차이가 없다. 토지수용의 공공성을 재검토함으로써「공공을 위하여 이용한다」의 외연을 확정할 필요가 있다(참조, 棟居=宇賀·後揭 205면).

2. 헌법 제29조 제3항을「사유재산」이외의 권리에도 사용할 수 있는가?

손실보상은「적법」한 공권력의 행사에 의해 발생한「재산」상의 손실을 채워주는 제도이다. 위법한 공권력의 행사로 손실을 입은 경우는「보상」이 아니라「배상」의 문제이다(헌법 제17조, 국가배상법 제1조 제1항을 참조). 또한 모든 손실이 보상되는 것이 아니며, 헌법상의 손실보상(제29조 제3항)과 형사보상(제40조)에 한정되어 있다. 그렇다면 공무원에게 고의·과실이 없고 재산권도 침해하지 않는(생명·건강의 피해) 경우에는 어떻게 될까? 이것이 보상과 배상의 틈새라고 하는 문제이다.

이 문제가 활발히 논의되기 시작한 데에는 예방접종백신 피해소송이 계기가 되었다. 예방접종 사고는 접종 담당자가 주의의무를 다한다 해도 예견이 불가능하기 때문에 통상 과실인정이 불가능하였다. 따라서 동경 지방재판소(東京地判 1984년 5월 18일 判時 1118호 28면)는 예방접종 사고에 의해 사망, 그 외의 신체장애가 된 피해 아동을「특별희생」으로 취급하여 다음과 같이 설명하였다.

「일반 사회를 전염병으로부터 집단적으로 방위하기 위해 이루어진 예방접종으로 그 생명, 신체에 특별한 희생을 강요받은 각 피해 아동 및 그 부모에 대해 위 희생에 의한 손실을 이들 개인만의 부담으로 귀속시키는 것은 생명・자유・행복추구권을 규정하는 헌법 제13조, 법 앞의 평등과 차별의 금지를 규정하는 동 제14조 제1항, 그리고 국민의 생존권을 보장하는 취지를 규정하는 동 제25조 등의 법의 정신에 반한다고 할 수 있으므로, 이러한 사태를 등한시하는 것은 도저히 용납될 수 없으며, 이 같은 손실은 본건 각 피해 아동의 특별한 희생에 따라 한편으로는 이익을 받고 있는 국민 전체, 즉, 그것을 대표하는 피고측인 국가가 부담해야 하는 것이라고 해석하는 것이 상당하다」. 「헌법 제29조 제3항은……공공을 위하여 행해지는 재산권의 제한이 사회 생활상 일반적으로 수인해야 할 한도를 넘어 특정 개인에게 특별한 재산상의 희생을 강요하는 경우에는, 이에 대한 손실보상을 인정하는 규정이 없어도 직접 헌법 제29조 제3항을 근거로 보상청구를 할 수 있는 것으로 해석할 수 있다(1968년 11월 27일 최고재판소 대법정 판결・刑集 22권 12호 1402면, 1975년 3월 13일 최1소법정 판결 民集 114호 343면, 동년 4월 11일 최2소법정 판결 民集 114호 519면 참조)」. 「헌법 제13조 후단, 제25조 제1항의 규정의 취지에 비추어보면, 재산상 특별한 희생이 부과된 경우와 생명, 신체에 대해 특별한 희생이 부과된 경우이며, 후자 쪽을 불리하게 취급하는 것이 허용된다는 합리적 이유가 전혀 없다」. 「따라서 생명, 신체에 대해 특별한 희생이 부과된 경우에도 위의 헌법 제29조 제3항을 유추・적용하여 이 같은 희생을 강요받은 자는 헌법 제29조 제3항에 직접 근거하여 피고측인 국가에 정당한 보상을 청구할 수 있다고 해석하는 것이 상당하다」.

이 판결은 헌법 제29조 제3항의 「사유재산」에 생명이나 신체가 포함된다고 한 것도 아니고, 동 조항을 생명이나 신체에 일반적으로 유추・적용할 수 있다고 한 것도 아니다. 만약 그렇다고 한다면 보상만 하면 국민의 생명이나 신체를 국가가 수용할 수 있게 되어 버리는 것이다. 본 판결은 국가의 행위에 의해 생명이나 신체에 피해가 발생한 경우, 헌법 제13조, 제14조, 제25조의 규정에 의해 국가의 보상의무가 발생한다는 것을 전제로 구체적인 보상청구권을 헌법 제29조 제3항으로부터 유출한 것이다. 동 조항은 말하자면 해석기술상의 근거로 이용된 것이라고 해야 한다. 바꿔 말하면, 제25조에서 직접청구권을 유출할 수 있다면 제25조를 근거로 해도 되었던 것이다.

다만, 예방접종백신 피해소송에 대해서는 헌법 제29조 제3항의 문언에 입각하여 보상청구권을 유출하는 학설과의 차이를 과대평가해서는 안 된다. 이것은 헌법의 개별 조문을 해석만 하고 있는 것처럼 보이지만, 그 조문만을 떼내어 해석하고 있는 것이 아니라 헌법 전체에서 그 조문에 의미를 부여하기 때문이다.

이 판결의 구성은 다른 지방재판소 판결에서도 기본적으로 수용되었다(오사카 지방재판소 1984년 5월 18일 判時 1255호 45면, 후쿠오카 지방재판소 1989년 4월 18일 判時 1313호 17면). 학설도 다수가 호의적이었다. 그러나 최근의 판례는 국가배상으로 구제하도록 되어 있다. 왜냐하면 최고재판소(최2소판 1991년 4월 19일 民集 45권 4호 367면)가 예방접종으로 후유장애가 발생한 경우에는 특단의 사정이 없는 한, 피접종자가 금기자에 해당한다고 추정하여 엄격한 예진 의무를 부과했기 때문에 국가배상으로 구제될 가능성이 높기 때문이다. 본소송의 항소심 판결(東京高判 1992년 12월 18일 判時 1445호 3면)은 제29조 제3항의 적용을 명백하게 부정하고 있다. 그러나 국가 배상으로 구제되지 못한 경우에 피해를 방치해 두는 것이 헌법상 용납되지 않는다면, 제29조 제3항의 「유추」 적용의 여지는 더더욱 존속한다고 해야 할 것이다(지방재판소 판결과 고등재판소 판결의 구제방법을 비교한 것으로 工藤・後掲 ② 229면 이하).

Part Ⅳ 두 번째 소재

하천부근지 제한령 사건

최고재판소 1968년 11월 27일 대법정 판결
1962년(あ) 제2922호 하천부근지제한령사건
刑集 22권 12호 1402면, 判時 538호 12면

사실 개요

하천부근지 제한령은 구(旧) 하천법의 위임을 받아 「하천 부근의 토지의 굴삭, 그 외 토지의 형상 변경」에는 「도도부현(都道府県) 지사의 허가를 받아야 한다」고 하여(제4조), 위반자에게는 형벌을 규정하고 있었다(제10조). 피고인은 자갈의 채취 판매업자로서 나토리(名川) 하천의 제외민유지(堤外民有地)를 임대하여 자갈을 채취하고 있었으나, 1959년 12월 11일 미야기현 지사에 의해 동 지역이 하천부근지로 지정되었기 때문에 허가가 필요하게 되었다. 피고인은 지사에게 자갈 채취의 허가를 신청했으나 수락 받지 못했으므로 무허가인 상태로 자갈 채취를 계속한 결과, 하천부근지 제한령 위반으로 기소되었다. 제1, 2심 모두 유죄.

피고인은 특정인에게 특별한 희생을 강요하면서 보상 규정을 가지고 있지 않은 하천부근지 제한령은 위헌 무효라고 주장했다. 이에 대해, 제1심(센다이(仙台簡裁)은 하천부근지 제한령 「제4조의 제한에 대해서는 이것을 보상해야 할 규정이 없지만, 이것은 일정한 행위를 하는 데 지사의 허가를 요하는 것을 정한 것으로, 부작위의 의무를 내용으로 하는 것이므로 원칙적으로 보상은 인정 받을 수 없는 것이다. 왜냐하면 이 제한 내용은 공익상 필요한 하천관리사업에 지장을 미치는 행위의 금지 또는 제한으로, 대체로 공익상 필요한 사업에 대해 지장을 미치는 행위를 해서는 안 된다는 것은 모든 권리에 당연히 존재하는 제약이라고 생각할 수 있기 때문이다」고 판시했다.

또한 제2심(仙台高裁)은 제1심의 판단을 정당하다고 한 뒤, 「또한 헌법 제29조는 제1항에서 재산권의 불가침을 선언함과 동시에 제2항 및 제3항에 의해 재산권을 제한할 수 있다는 것이 명백하지만, 그 제한이 항상 손실보상을 동반하는 것은 아니다. 즉, 동조 제3항은 『공공을 위하여』 특정인에 대해 특별한 재산상의 희생을 강요한 경우에 한하여 『정당한 보상』을 요건으로 하고 있는 것으로서, 동조 제2항에 의한 법률에 의해 재산권을 일반적으로 제약한 경우에는 손실보상을 당연히 동반하지는 않는다」. 하천부근지 제한령은 일반적인 제한으로 동령 제4조도 「지사의 허가를 필요로 하는 것에 머무르며 특정인에 대해 특별한 재산상의 희생을 강요한 것이 아니므로」 보상은 불필요하다. 「피고인은 원판시(原判示) 나토리 하천의 제외민유지(堤外民有地)의 각 소유자에게 임차료를 지불하고 노무자를 고용하여 종래부터 동 장소의 자갈을 채취해 온 결과, 1959년 12월 11일 前記 미야기현 고시에 의해 위 지역이 하천부근지로 지정되었기 때문에 하천부근지 제한령 제4조에 의해 지사의 허가 없이 자갈을 채취할 수 없게 된 것은 인정되나, 위는 하천부근지 제한령 적용에 의한 당연한 효과로 특별히 피고인에 한한 것이 아니므로, 만일 이 때문에 피고인에게 손실이 있었다고 해도 당연히 보상해야 한다는 논지는 타당하지 않다」고 하였다.

상고심=최고재판소

■ 법적 구성

(a) 상고이유의 내용

「소론은 하천부근지 제한령 제4조 2호, 제10조는 다음의 이유로 인해 헌법 제29조 제3항에 위반하는 위헌 무효의 규정이라고 한다. 즉, 동령 제4조 2호의 제한은 특정인에 대해 특별한 재산상의 희생을 강요하는 것으로, 따라서 이 제한에 대하여 정당한 보상을 해야 함에도 불구하고 그 손실을 보상해야 할 어떠한 규정도 없으며, 오히려 동령 제10조에 따라 위 제한의 위반자에 대한 처벌만을 정하고 있는 것은 헌법 제29조 제3항에 위반하여 무효이므로 이것을 위헌이 아니라고 한 원 판결은 헌법을 잘못 해석한 것이다」.

(b) 보상의 필요 여부

「따라서 생각컨대, 하천부근지 제한령 제4조 2호가 정하는 제한은 하천 관리상 지장이 있는 사태의 발생을 사전에 방지하기 위해, 단지 소정의 행위를 하려고 하는 경우에는 지사의 허가를 받는 것이 필요하다는 취지를 정하고 있는 것에 지나지 않으며, 이러한 종류의 제한은 공공의 복지를 위한 일반적인 제한으로, 원칙적으로는 누구나 이것을 수인해야 하는 것이다. 이와 같이 동령 제4조 2호의 규정 그 자체로는 특정인에 대해 특별한 재산상의 희생을 강요하는 것이라고는 할 수 없으므로, 위의 정도의 제한을 부과하는 데는 손실보상을 요건으로 하지 아니하며, 따라서 보상에 관한 규정이 없는 동령 제4조 2호의 규정이 소론과 같이 헌법 제29조 제3항에 위반되어 무효라고는 할 수 없다. 이와 같은 취지에서 나온 원 판결의 판단에 대한 설명은 상기의 견지로 보아 헌법의 해석을 잘못한 것이라고는 할 수 없으므로, 동령 제4조 2호, 제10조의 각 규정의 위헌무효를 주장하는 논지는 채택되기 어렵다」.

(c) 직접 헌법에 기초한 보상청구의 가능성

「그렇지만 본건 기록에 나타난 바에 의하면 피고인은 본건 하천의 제외민유지의 각 소유자에게 임차료를 지불하고 노무자를 고용하여 종래부터 동 장소의 자갈을 채취해 온 결과, 1959년 12월 11일 미야기현 고시 제643호에 의해 위 지역이 하천부근지로 지정되었기 때문에 하천부근지 제한령에 따라 지사의 허가를 받지 않고서는 자갈을 채취할 수 없게 되어, 종래 임차료를 지불하고 노무자를 고용하여 상당한 자본을 투입해 운영해 온 사업을 영위할 수 없게 되어 상당한 손실을 입었다는 것이다. 그렇다면 그 재산상의 희생은 공공을 위하여 필요한 제한에 의한 것이라고는 하지만, 단지 일반적으로 당연히 수인해야 하는 것으로 여겨지는 제한 범위를 넘어, 특별한 희생을 부과한 것으로 보일 여지가 전혀 없지는 않으며, 더욱이 헌법 제29조 제3항의 취지에 비추어 하천부근지 제한령 제1조 또는 제3조 및 제5조에 의한 규제로 동령 제7조에 따라 손실보상을 해야 하는 것과의 균형으로 보아, 본건 피고인이 입은 현실적 손실에 대해서는 그 보상을 청구할 수 있는 것으로 해석할 여지가 있다. 따라서 만일 피고인에게 손실이 있었다고 해도 보상을 요하지 않는 것으로 한 원 판결의 설명은 타당하다고 할 수 없다. 그러나 동령 제4조 2호에 의한 제한으로서 동조에 손실보상에 관한 규정이 없다고 해서 동조가 모든 경우에 일체의 손실보상을 완전히 부정하는 취지라고까지는 해석되지 않으며, 본건 피고인도 그 손실을 구체적으로 주장·입증하여 별도로 직접 헌법 제29조 제3항을 근거로 보상 청구를 할 수 있는 여지가 전혀 없지는 않으므로, 단지 일반적인 경우에 대하여 당연히 수인해야 하는 것으로 되어 있는 제한을 정한 동령 제4조 2호 및 이 제한 위반에 대한 처벌을 정한 동령 제10조의 각 규정을 곧바로 위헌무효의 규정으로 해석해서는 안 된다」.

(d) 결론

「따라서 위의 각 규정의 위헌 무효를 구실로 동령 제4조 2호의 제한을 무시하고 소정의 허가를 받지 아니하고 자갈을 채취한 피고인에게 동령 제10조가 정하는 형사상 책임을 긍정한 원 판결의 결론은 정당한 것으로 지지할 수 있다」.

상고기각.

기본 해설

1. 보상규정이 없는 법령의 효력

재산권의 모든 제한이 보상을 요하는 것은 아니다. 보상이 필요한 경우와 불필요한 경우가 있다. 그러나 그 기준이 명확한 것은 아니다(Part Ⅲ 이론편 1 참조). 따라서 재산권을 제한하는 법령이라 해도 보상규정을 가지고 있지 않은 것이 있다. 헌법상 보상이 필요함에도 불구하고 보상규정이 없는 법령의 효력은 어떻게 생각해야 할 것인가?

종래의 학설은 다음의 3가지로 분류되어 왔다.

① 입법지침설

② 위헌무효설

③ 직접청구설

이 중 ①은 제29조 제3항이 입법상의 지침에 지나지 않으며 법률이 없으면 보상청구가 불가능하다고 하는 것이다. 이것은 재산권을 보장하면서 손실보상의 규정이 없었던 메이지헌법(明治憲法) 제27조에는 적합하지만, 명문의 헌법규정이 있음에도 불구하고 그 법적 구속력을 부정하고 모두를 입법 재량에 맡길 수는 없으므로 일본국 헌법에서는 타당하지 않다. 현재는 지지가 없다.

②,③은 제29조 제3항의 법적 구속력을 인정한 점에서는 공통이지만, ②가 보상규정이 없는 법령은 위헌 무효라고 한데 반해, ③은 제29조 제3항에서 직접 구체적인 보상청구권이 발생하므로 보상 규정이 없는 법령도 무효로 해서는 안 된다는 것이다.

최고재판소는 전원일치로 ③을 채택했다. 학설상으로도 ③이 다수설이다. 확실히 ③은 재산권의 권리성을 가장 강하게 인정하는 것이다. 사회생활상 필요한 규제가 무효가 되어 버리는 것도 바람직하지 않다. 그러나 ②설도 유력하다. 이는 오늘날 양설의 장단점을 비교해 보면 항상 ③이 우수한 것은 아니라는 사실이 밝혀졌기 때문이다

(阿部・後掲 262면 이하, 塩野・後掲 327면 이하). 예를 들어, 재산권을 제한하는 법령이 ②설에 의해 위헌 무효가 된 경우, 입법자는 손실보상을 하여 제한을 계속할지 아니면 제한 자체를 단념할지 선택의 여지가 있다. 이에 대해 ③설에서는 입법자의 의도에 상관없이 국가는 항상 재정상의 지출 의무를 지는 것이다. 따라서 위헌 무효로 하는 편이 입법자를 존중하는 것이 되므로, 입법자와 재판소의 헌법상 권한배분에도 적합하다고 생각할 수 있다.

다만, 양설은 서로 배타적이지 않다. ②설에서도 그 법령의 규제가 대부분의 보상은 불필요하고 극히 일부만 보상을 요한다고 할 경우 법령 전체를 위헌 무효로 하는 것은 지나치다고 생각되며, 또한 당해 법령이 손실보상을 부정하는 취지인 것으로 해석될 경우에는 ③설에서도 법령을 위헌 무효라고 할 수 있을 것이다. 그렇다면, 사안에 따라 양설을 나누어 사용하는 것도 가능할 것이다.

2. 보상의 필요 여부

최고재판소는 본건에서 보상의 가능성을 인정했다. 하천부근지 제한령이 지사의 허가 없이 일정한 행위를 할 수 없다고 한 것은 일반적인 제한이므로 보상은 필요하지 않으나, 종래의 사업을 영위할 수 없게 된 손실은 특별한 희생에 해당할 가능성이 있다는 것이다.

이는 나라현(奈良県) 저수지(ため池)조례 사건 판결(최대판 1963년 6월 26일 刑集 17권 5호 521면)과의 관계가 문제가 된다. 나라현 저수지조례는 저수지를 보전하기 위해 둑에 대나무나 농작물을 심는 등 저수지의 파손이나 결손의 원인이 되는 행위를 금지했다. 최고재판소는 선조 대대로 저수지의 둑에서 차 등을 재배하던 피고인들에게 이렇게 판시했다.

본 조례는「저수지의 둑을 사용하는 재산상의 권리행사를 현저히 제한한 것이나, 결국 이것은 재해를 방지하고 공공의 복지를 유지하는 데 있어 사회생활상 어쩔 수 없는 것이므로, 이 같은 제약은 저수지의 둑을 사용할 수 있는 재산권을 가진 자가 당연히 수인하지 않으면 안 되는 책무라고 해야 하는 것으로, 헌법 제29조 제3항의 손실보상은 이것을 필요로 하지 않는다고 해석하는 것이 적합하다」.

종래부터의 경작을 인정받지 못 하게 된 점은 본건과 동일하다. 그럼에도 불구하고 보상은 부정됐다. 양자의 차이는 어디에 있는 것일까? 나라현 저수지 조례는 재해 방지라는 소극적 목적의 규제인데 비해, 하천부근지 제한령은「하천의 공리를 증진하고 공해를 제거 또는 경감하기 위해서」이루어진 것으로, 소극적 목적과 적극적 목적이 혼재되어 있는 것으로 보인다. 그러나 목적의 차이만으로 보상의 필요 여부가 좌우된다고는 생각할 수 없다. 학설도 목적의 차이를 중시하지 않는다.

그렇다면, 손실의 정도인 것일까? 2가지 사안의 차이를 굳이 찾는다면 하천부근지 제한령 사건에서는 종래의 사업이 금지된 것에 머무르지 않는다. 「임차료를 지불하고 노무자를 고용하여 상당한 자본을 투입했음」에도 불구하고 그들을 회수할 수 없게 될 것이다. 이는 단지 선조 대대로 물려오는 경작이 금지된 나라현 저수지조례 사건과 비교할 때 다소 큰 손실이라고 할 수 있다. 그러나 이 또한 종래의 사업 또는 경작이 금지된 것과 결정적인 차이라고 말하기 어렵다. 그렇지만 원심은 보상이 불필요하다고 생각했던 것이다. 본건에서 보상이 필요하다면 나라현 저수지조례 사건에서도 보상이 필요한 것이 아닌가 생각된다.

3. 재산권의 보장 범위와 제한

다만 이와 같은 의문이 생긴 것은 나라현 저수지조례 사건에서도 하천부근지 제한령 사건과 마찬가지로 재산권의 제한이 문제가 되고 있다는 통설의 이해를 전제로 하고 있기 때문이다. 그러나 나라현 저수지조례 사건의 최고재판소 판결은 한편에서는(앞에서 인용했듯이) 조례가 재산권 행사를 제한한 것이라고는 하였으나, 다른 한편으로는 「**저수지의 파손, 붕괴**의 원인이 되는 **저수지의 둑**을 사용하는 행위는 헌법에서도 민법에서도 적법한 재산권의 행사로 보장되지 않는 것이므로 헌법, 민법이 보장하는 재산권의 범위 밖에 있다」고 하였다. 후자의 표현에 대해 생각해 보면, 여기서 금지된 행위는 재산권의 보장 범위에 포함되지 않기 때문에, 재산권의 제한은 애초에 존재하지 않으므로 재산권의 보상도 문제될 리가 없다는 것이 된다. 그렇다면, 나라현 저수지조례 사건은 처음부터 보상이 있을 수 없는 이론으로 구성되어 있던 것이 된다. 이 같은 이론 구성의 당부도 함께 검토할 필요가 있을 것이다(이 점에 대해서는 工藤・後掲 ①, 19면).

설문

(1) 본 판결은 보상의 필요 여부 기준에 대해 어떻게 설명하고 있는가?

(2) 본건에서 보상은 필요한가?

  (a) 본 판결은 어떠한 경우에 보상이 필요하다고 말하는가?

  (b) 나라현 저수지조례 사건 판결과의 관계는 어떻게 해석해야 하는가? 동 판결은 어떠한 경우에 보상이 필요한가?

(3) 본 판결이 위헌무효설을 취하고 있다면, 어떠한 판결이 내려졌겠는가? 그것이 타당한가?

(4) 본건에서 최고재판소는 위헌무효설을 전면적으로 배제했는가? 그 법률이 보상에 대해 침묵하고 있는 경우와 보상하지 않을 것을 명확히 하고 있는 경우의

차이는 있는가?

(5) 제29조 제3항에서 직접 보상청구권이 발생한다면, 제25조 제1항에서도 생활보호청구권이 직접 발생한다고 해석된다는 주장이 가능한가?

❙ 참고문헌 ❙

田中二郎『新版行政法(上)』(弘文堂, 全訂 第2版, 1974年)

今村成和『損失補償制度の研究』(有斐閣, 1968年)

阿部泰隆『国家補償法』(有斐閣, 1988年)

藤田宙靖『西ドイツの土地法と日本の土地法』(創文社, 1988年)

宇賀克也『国家補償法』(有斐閣, 1987年)

塩野宏『行政法Ⅱ』(有斐閣, 第4版, 2005年)

青野洋士 ①「土地収用法71条と憲法29条3項」ジュリスト増刊『最高裁時の判例Ⅰ 公法編』(有斐閣, 2003年)

青野洋士 ②「土地収用法71条と憲法29条3項」法曹時報57巻1号(2005年)

棟居快行=宇賀克也「損失補償」宇賀克也=大橋滋『対話で学ぶ行政法』(有斐閣, 2003年)

工藤達朗 ①「内在的制約説の解釈論上の意義」法学新報108巻3号(2001年)

工藤達朗 ②「国家補償の谷間-予防接種ワクチン禍事件」笹田栄司ほか『ケースで考える憲法入門』(有斐閣, 2006年)

(工藤達朗)

제18장　고지 · 청문의 권리와 위헌 주장의 적격

[논점]

(1) 위헌의 쟁점을 제기하는 당사자적격
본건에서 피고인에게 제3자 몰수의 위헌을 주장할 적격이 있는가?

(2) 헌법 제31조와 적정절차의 보장
헌법 제31조는 무엇을 보장하고 있는가? 형사절차에 머무르는가, 그 절차 내용이 정당한 것까지 보장하고 있는가? 어떠한 절차라면 정당한 절차라고 할 수 있는가?
헌법 제31조의 보장은 재산권에도 미치는가? 제3자 소유물을 몰수할 때 제3자에게 고지 · 청문의 기회를 주지 않은 경우는 헌법 제31조에 위반되는가?

(3) 위헌 판결의 효과
본 판결은 무엇을 위헌이라고 판단했는가? 관세법의 당해 규정인가 아니면 몰수처분인가? 어느 쪽인가에 따라 판결의 효과가 달라지는가?

(4) 명확성의 이론, 과도한 광범위성의 이론
이들 이론의 내용은 무엇인가? 또한 절차상의 의의는 무엇인가?

Part Ⅰ　기본 소재

제3자 소유물 몰수 사건

최고재판소 1962년 11월 28일 대법정 판결
1955년(あ) 제2961호 관세법위반미수피고사건
刑集 16권 11호 1593면, 判時 319호 6면

사실 개요

피고인은 1954년 10월 5일경 한국에 화물을 밀수출하고자 세관의 수출 면허를 받지 아니하고 범선(帆船) 대영호(大栄丸)에 화물을 적재하여 해상에서 한국행 어선으로 옮겨 실으려 하였으나, 파도가 심하여 목적을 달성하지 못했다. 경찰관이 해상 순찰중에 대영호를 발견하여 정박시키고 임의로 선내를 수색한 결과, 화물이 발견되어 밀수출 혐의로 체포되었다.

제1심=후쿠오카 지방재판소

후쿠오카 지방재판소 고쿠라지부 1955년 4월 25일 판결
刑集 16권 11호 1629면

■ 법적 구성

「사법순사의 차압에 관계된 기범선 대영호는 본건 범죄 행위용으로 제공한 선박으로서, 피고인 Y_2의 명의로 소유되어 피고인 두 사람의 공동점유에 관계된 것이며, 또한 세관 직원의 차압에 관계된……화물은 본건 범죄에 관계된 화물로 범인 이외의 자의 소유에 관계된다고는 하지만, 앞서 제시한 각 증거에 의하면 본건 범죄가 이루어지는 사실을 사전에 알지 못했으며 본건 범죄가 이루어진 때부터 계속해서 소유하고 있는 것으로는 인정하기 어려우므로 관세법 제118조 제1항에 의거 각각 피고인 두 사람에 대해 이것을 몰수한다」.

■ 적용

「피고인 Y_1을 징역 6개월에, 피고인 Y_2를 징역 4개월에 처한다. 단, 두 사람 모두 3년간 위의 형의 집행을 유예한다」. 범선 대영호와 화물 모두를 몰수한다.

제2심=후쿠오카 고등재판소

후쿠오카 고등재판소 1955년 9월 21일 판결
刑集 16권 11호 1630면

■ 당사자의 주장 (쟁점)

피고인 ①피고인 두 사람의 사법경찰원에 대한 공술조서는 조사담당관의 폭행 협박 또는 유도에 의해 이루어진 임의성 없는 것으로 증거능력이 없는 조서이다.

②피고인들로부터 본건 화물을 몰수한 것은 관세법 제118조 제1항 1호의 해석 적용이 잘못된 것이다.

■ 법적 구성

피고인의 주장 ①에 대해서는 그와 같이 판단해야 할 형적을 조금도 발견할 수 없다.

피고인의 주장 ②에 대해서는 원 판결이 본건 화물의 소유자를 확정하고 있지 않

으며, 본건 화물이 만약 제3자 A의 소유에 속하는 것이라고 해도 A는 「본건 범행과 같은 위험이 있다는 사실을 예지하고 있었던 것으로 인정할 수 있으므로」 원 판결이 본건 화물을 몰수한 것은 정당하다.

공소기각.

상고심=최고재판소

■ 당사자의 주장

피고인(상고이유) 본건 제1심 판결에서 언도된 부가형인 몰수 가운데 화물에 대한 몰수 언도를 부과하지 않는 판결을 구한다. 원 판결은 본건 화물을 소유자가 불분명한 상태로 몰수하고 있으며, 소유자에게 재산권 옹호의 기회를 주지 않고 몰수한 것은 헌법 제29조 제1항에 위반된다. 또한, 소유자가 선의라는 입증이 없다고 하여 악의로 추정하는 것은 입증책임을 전가하는 것으로 허용될 수 없다.

검찰관 ①「타인의 소유권을 대상으로 기본적 인권 침해가 있다고 보아 헌법상 무효라고 하여 항쟁하는 것은 허용될 수 없다」.

②헌법 제31조의 보장은 형벌에 한정되므로, 동조의 보장은 제3자에게 미치지 않는다. 왜냐하면 형식적으로 몰수는 피고인에 대해 언도되는 것이기 때문에, 실질적으로 몰수의 효과가 제3자에게 미치는 것은 보안 처분적 효과이기 때문이다.

③정당한 권리자에게 사전의 고지·청문의 기회를 보장하는 것은 헌법 제31조의 절대적 요구가 아니며, 사후적인 구제의 길이 열려 있는 것으로 충분하다(형사소송법 제497조의 교부제도, 동법 제501조의 재판의 해석의 신청 및 동조 제502조의 이의신청의 제도 등이 있으며, 민사소송에 의한 구제의 길도 남아 있다).

[다수의견]

■ 법적 구성

(a) 몰수(재판)의 효과

「관세법 제118조 제1항의 규정에 의한 몰수는 동항 소정의 범죄에 관계된 선박, 화물 등으로 동항 단서에 해당하지 않는 것에 관하여, 피고인의 소유에 속하는지의 여부와 상관없이 그 소유권을 박탈하여 국고에 귀속시키는 처분으로서, 피고인 이외의 제3자가 소유자인 경우에도 피고인에 대한 부가형으로서의 몰수 언도에 의해 당해 제3자의 소유권 박탈의 효과가 발생하는 취지라고 해석하는 것이 적합하다」.

(b) 제3자 소유물의 몰수와 헌법 제31조, 제29조

「그러나 제3자의 소유물을 몰수할 경우, 그 몰수에 관하여 해당 소유자에게 아무런 고지, 청문, 방어의 기회를 주지 않고 그 소유권을 박탈하는 것은 대단히 불합리하며 헌법이 용인하지 않는 것이라 할 수 있다. 헌법 제29조 제1항은 재산권을 침해해서는 안 된다고 규정하고, 또한 동 제31조는 누구에게도 법률이 정하는 절차에 의하지 않으면 그 생명 내지 자유를 박탈하거나 그 밖의 형벌을 부과할 수 없다고 규정하고 있다. 그러나 前記의 제3자 소유물의 몰수는 피고인에 대한 부가형으로 통보되었으며 그 형사처분의 효과가 제3자에게 미치는 것이므로 소유물을 몰수당하는 제3자에 대해서도 고지, 청문, 방어의 기회를 줄 필요가 있으며, 이것이 없이 제3자의 소유물을 몰수하는 것은 적정한 법률절차에 따르지 않고 재산권을 침해하는 제재를 부과하는 것이기 때문이다. 이것은 위 제3자에게 사후 어떠한 권리 구제의 방법이 인정되는가의 여부와는 별개의 문제이다. 그럼에도 불구하고 관세법 제118조 제1항은 동항 소정의 범죄에 관계된 선박, 화물 등이 피고인 이외의 제3자의 소유에 속하는 경우에도 이것을 몰수하는 취지로 규정하고 있으며 그 소유자인 제3자에 대해 고지, 청문, 방어의 기회를 부여해야 함을 정하지 않고 있다. 또한, 형사소송법 그 외의 법령에서도 이 같은 절차에 관한 아무런 규정도 만들어 놓지 않고 있다. 따라서 前記 관세법 제118조 제1항에 의해 제3자의 소유물을 몰수하는 것은 헌법 제31조, 제29조에 위반하는 것이라고 판단하지 않을 수 없다」.

(c) 위헌의 쟁점을 제기하는 적격

「그리고 이 같은 몰수를 언도 받은 피고인은 비록 제3자의 소유물에 관한 경우일지라도 피고인에 대한 부가형인 이상, 몰수 재판의 위헌을 이유로 상고할 수 있는 것은 당연하다. 뿐만 아니라, 피고인으로서 몰수에 관계된 물건의 점유권을 박탈당하거나 이것을 사용, 수익할 수 없게 된 상태에 놓이고, 더욱이 소유권을 박탈당한 제3자로부터 배상청구권 등을 행사받을 위험에 놓이는 등 이해관계가 있음이 명백하므로 상고에 의해 이것의 구제를 요청할 수 있는 것이라 해석해야 한다. 이와 모순되는 1953년(あ) 제3026호, 1954년(あ) 제3655호, 1960년 10월 19일 당 재판소 대법정 판례는 이를 변경하는 것이 상당하다고 인정한다」.

■ 적용

「본건에서 몰수에 관계된 화물이 피고인 이외의 제3자의 소유에 관계된 것임은 원심이 확정하는 부분이므로 전술(前述)의 이유에 의한 본건 화물의 몰수 언도는 위헌이며, 이에 관한 논지는 결국 이유 있음으로 귀결되어 원 판결 및 제1심 판결은 파기를 면치 못한다.

따라서……원 판결을 파기하고, 피고사건에 관해 판결한다」.

「피고인 Y_1을 징역 6개월에, 동 Y_2를 징역 4개월에 처하고 정상 참작에 의해 형법 제25조 제1항을 적용하여 본 재판 확정일로부터 3년간 위 각 형벌의 집행을 유예」한다. 「범선 대영호는 본건 범행의 용도로 제공된 선박으로서 피고인 Y_2의 소유에 관계된 것이므로」 환금 대금을 몰수한다.

본 판결에는 재판관 3명의 보충의견, 재판관 5명의 반대의견이 있다.

[반대의견]

• 시모이자카 마쓰오(下飯坂潤夫) **재판관**

「피고인 이외의 제3자의 소유에 관계된 물건의 몰수가 부가형으로 언도된 판결에 대해, 몰수물의 소유자가 아닌 피고인이 그 헌법상의 효력을 다투고 있는 본건과 같은 경우는 해당 몰수 재판이 몰수물의 소유자인 제3자에 대해 위헌인지를 판단할 필요는 조금도 없으며, 따라서 본 판결은 위에 반하여 불필요한 헌법판단을 하고 있다는 점에서 1953년(あ) 제3026호, 1954년(あ) 제3655호, 1960년 10월 19일 당 재판소 대법정 판결의 취지에 위반된다」. 「위헌 심사의 대상이 되는 법령 등에 의해 당사자가 현실의 구체적인 불이익을 받고 있지 않은 경우, 그 위헌성에 대한 쟁점에 판단을 덧붙이는 것은 장래를 예상하여 의문 논쟁에 추상적 판단을 내린 것에 해당하므로 사법권의 행사 범위를 일탈하는 것이다. 이것은 헌법 제81조 하에서 재판소에 부여된 위헌심사권의 행사로 허용될 수 없다」.

「다수의견은 소유권을 박탈당한 제3자로부터 배상청구권을 행사받을 위험에 처해 있다는 것을 피고인이 본건 몰수 재판을 위헌이라고 항쟁할 수 있는 이유 중 하나로 보고 있으나, 몰수물의 소유자인 제3자가 배상청구권을 행사할지는 미정의 문제이며, 그 위험은 미확정, 추상적인 것에 머무른다. 따라서 피고인은 본건 몰수 재판에 따라 현실적으로 어떠한 구체적 불이익을 받고 있는 것이 아니다. 당 재판소 대법정 판결(1951년(あ) 제1897년 1957년 11월 27일 통보 刑集 11권 12호 3133면)은 악의의 제3자의 소유물 몰수는 헌법 제29조에 반하는 것이 아니라고 판시하고 있다. 본건 몰수의 재판 확정에 따라 피고인은 몰수에 관계된 물건의 점유권을 박탈당하고 이것이 사용 수익을 낼 수 없는 상태에 놓이게 된 것은 다수의견의 지적대로이지만, 피고인은 몰수에 관계된 화물을 밀수출선으로 한 범죄자이며 악의자이다. 따라서 본건 몰수 재판의 확정에 따라 피고인이 그 물건의 점유권을 박탈당하고 이것을 사용·수익할 수 없는 상태에 놓인다 해도, 그 결과 피고인이 헌법 제29조의 재산권을 불법으로 박탈당하는 것은 아니며, 또한 피고인에 대해서는 고지, 청문, 방어의 기회가 주어졌으므

로 위 몰수의 재판의 확정에 따라 피고인이 자신의 헌법상의 권리를 실제로 침해받은 것은 아니다. 따라서 피고인은 어떠한 면에서 봐도 본건 몰수 재판에 따라 현실의 구체적 불이익을 받은 것이 아니므로, 현실의 구체적 불이익을 받지 않은 피고인의 신청에 기초하여 몰수에 대한 재판의 위헌성의 쟁점에 판단을 덧붙인 다수의견은 장래를 예상하여 의문 논쟁에 추상적 판단을 내린 것이 분명하므로 헌법 제81조 하에서 재판소에 부여된 위헌심사권의 행사 범위를 일탈한 것이라고 결론지을 수밖에 없다. 그러므로 피고인은 본건 몰수 재판에 관해 이것을 위헌이라고 항쟁하는 현실적인 구체적 이해관계가 결여되어 있으므로 몰수를 위헌이라고 주장하는 상고 이유는 부적법한 것이며, 본건은 이를 이유로 기각해야 한다.」

「타인의 헌법상의 권리만을 원용하여 이루어진 위헌 공격이 허용되는 것은 그 헌법상의 권리 주체가 후에 그 권리를 스스로 주장하는 것이 불가능하거나 후에 주장한 것으로는 실익이 없다는 예외적 경우에 한정되는」 것이며, 「몰수물의 소유자인 제3자는 후에 자신의 헌법상의 권리를 주장하여 몰수의 위헌을 유효하게 항쟁할 수 있으므로 그 제3자가 자신의 헌법상의 권리 침해를 감수할지에 대해서는 미리 앞서 미정의 단계인 형사절차 중에 헌법판단을 내릴 필요는 없다」.

기본 해설

1. 제3자 몰수의 문제점

형법 제9조는 형벌의 종류로 사형, 징역, 금고, 벌금 등의 주형과 몰수의 부가형을 규정하고 있다. 부가형은 주형에 부수해서만 부과할 수 있는 형벌이므로 몰수는 징역이나 벌금 등에 부가하는 형태로 언도된다. 몰수란 범죄 행위를 조성한 물건, 범죄행위용으로 제공한 물건 등(형법 제19조 제1항) 범죄와 관련된 물건에 대해서 원 소유자의 소유권을 박탈하여 국고에 귀속시키는 형벌이다. 단, 이론적으로는 몰수가 「형벌인가, 보안처분인가」를 둘러싼 대립이 있다. 왜냐하면 형벌은 피고인 본인에 대해 부과해야 하는 것이지만, 피고인 이외의 제3자의 소유물을 몰수하는 경우(제3자 몰수)는 형벌의 범위를 넘는 것이라고 생각되기 때문이다.

형법에서 「몰수는 범인 이외의 자가 소유하지 않은 물건에 한해 이를 할 수 있다」(형법 제19조 제2항)고 되어 있으므로 제3자의 소유물은 몰수할 수 없으며, 또한 몰수할 것인가에 대해서는 재판관의 재량에 따른다. 이에 대해 개별 법률에서는 누가 소유자인가에 상관없이 무조건 몰수하는 것으로 규정하고 있는 경우가 있다. 구 세관법 제83조 제1항도 「범죄에 관계된 화물 또는 그 범죄 행위용으로 제공한 선박으로서 범인의 소유 또는 점유에 관계된 것은 이것을 몰수한다」고 규정하여 범인의 소유인가의 여부를 묻지 않았다. 따라서 아무것도 모른 채 배를 빌려준 사람이 그 배를 몰수당하는 것은 헌법 제29조에 위반하는 것이 아닌가가 문제가 되었다.

2. 최고재판소 1957년 11월 27일 刑集 11권 12호 3133면(이하, 1957년 판결)

피고인은 세관의 면허를 받지 않고 화물의 수입·수출을 꾀한 것으로, 제1심은 피고인을 징역에 처하고 화물과 선박을 몰수했다. 제2심도 공소를 기각하였다. 피고인은 원 판결에 대해 헌법 제13조, 제29조에 위반하는 등을 주장하여 상고한 결과, 최고재판소는 논지가 원심에서 주장 판단을 거치지 않았으므로 적법한 상고 이유가 되지 않는다는 취지를 판시한 뒤, 직권으로 조사하여 원 판결 및 제1심 판결을 파기하고 사건을 제1심으로 환송했다. 그 이유를 다음과 같이 기술하고 있다.

구 관세법 제83조의 문리에서는 소유자의 선의·악의에 상관없이 전부 무조건 몰수한다는 취지를 정하고 있는 듯 보이나, 그렇게 해석하면 헌법 제29조의 위반을 피하기 어렵다.「상기 관세법의 조항은 동조 소정의 화물 또는 선박이 범인 이외의 제3자 소유에 속하고 범인은 단지 이것을 점유하고 있는데 불과한 경우에는, 위 소유자인 제3자에게 화물에 대해 동조 소정의 범죄행위가 행해지는 것 또는 선박이 동조 소정의 범죄행위용으로 제공된다는 것을 사전에 알았고, 그 범죄가 행해진 때로부터 계속해서 위 화물 또는 선박을 소유하고 있었던 경우에 한해, 위 화물 또는 선박에 대해 몰수가 이루어지는 것을 규정한 것으로 해석해야 한다. 이와 같이 해석하는 것이 범인 이외의 제3자의 소유물에 대해 이루어지는 몰수의 취지 및 목적에 적합하며, 또한 이렇게 해석하면 위 조항은 헌법 제29조에 전혀 위반되지 않는다」.

최고재판소는 한정해석에 따라 구 관세법의 규정을 합헌으로 판단한 것인데 여기에는 사이토(斎藤悠輔) 재판관의 반대의견이 있다. 그에 따르면 ①관세법의 규정은「범인에 대해 그 점유에 기초한 범행관련 화물 또는 선박의 사용, 수익을 금지하는 취지」이며, 몰수「판결은 피고인이 아닌 제3자의 소유권에 효과를 미치지 않으므로 헌법 제29조에 어떠한 저촉도 되지 않는 것」이다. 또한 ②구 관세법 제83조의 문언에서 다수의견의 해석이 불가능할 뿐 아니라, 소유자가 가령 악의라 해도 그 몰수에 관해 소유자를 소추하여 청문·방어의 기회를 주지 않는 것은 재판의 본질에도, 헌법 제31조에도 반하는 것이므로, 신 관세법 제118조 제1항의 악의의 소유자에 대한 몰수규정은 적용할 수 없는 사문(死文)이며 이것을 따르는 다수설도 타당하지 않다.

다수의견은 몰수에 의해 제3자의 소유권이 박탈당한다고 해석하고 있기 때문에 악의자에 한정되어야 한다고 생각한 것이지만, 사이토 재판관은 몰수는 범인의 점유를 박탈하는 것에 머무르므로 선의·악의를 문제삼을 필요는 없다고 하였다(몰수의 법적 성격과 효과는 본 판결에서도 문제가 되고 있다. 4(a)참조).

또한 1954년 관세법은 전면적으로 개정되어 그 제118조 제1항은 제3자가 「범죄가 행해질 것을 사전에 알지 못한 채, 그 범죄가 행해진 때부터 계속해서 범죄 화물 등을 소유하고 있는 것으로 인정될 때」, 「범죄가 행해진 후 그러한 실정을 모른 채 범죄 화물 등을 취득했다고 인정될 때」에는 그 소유물을 몰수의 대상에서 제외하고 있다. 그러나 제3자가 선의인가 악의인가를 어떠한 절차로 판단할 것인가? 이에 대한 절차는 규정되어 있지 않았다.

3. 최고재판소 1960년 10월 19일 刑集 14권 12호 1594면(이하, 1960년 판결)

피고인들은 공모상 제3자가 소유한 범선을 이용하여 밀수출한 것으로 제1심, 제2심 모두 범선의 몰수를 언도했다. 따라서 선주로부터 어떠한 절차도 없이 소유한 선박을 몰수하는 것은 헌법 제31조에 위반하는 등을 주장하여 상고한 결과, 최고재판소는 다음과 같은 이유로 상고를 기각했다.

「소송에서 타인의 권리에 간섭하여 이것의 구제를 요청하는 것은 본래 용납될 수 없는 것이라 해석하는 것이 상당하므로, 본건 몰수와 같은 사항에 대해서도 타인의 소유권을 대상으로 기본적 인권 침해가 있다고 하여 헌법상 무효라는 취지를 항쟁하는 것은 허용되지 않는다고 해석해야 한다. 그렇다면 본건 몰수에 대해 위헌의 이유가 있다고 하는 논지는 결국 이유가 없으므로 채택될 수 없다」.

1960년 판결에서 재판관의 의견은 8대 7로 나뉘었다. 이리에(入江俊郎) 재판관의 반대의견은 다음과 같다.

①몰수는 주형에 대한 부가형으로 「피고인에 대한 재판인 점에서 그 몰수가 당해 피고인의 소유물에 대한 것과 제3자의 소유물에 대한 것에 따른 구별은 없다. 그렇다면 피고인이 제3자 몰수를 언도한 재판을 위헌, 위법이라고 생각한 경우에는 자신에 대한 재판에 불복하는 것으로 보아 이것을 상소에 의해 다툴 수 있을 것이다.……피고인이 몰수에 관계된 물건의 점유권을 박탈당하거나, 또한 이것이 사용·수익을 낼 수 없는 상태에 놓인다는 점에서 볼 때, 피고인의 재산권은 당연히 영향을 받는 것이 되며, 또한 피고인은 소유권을 상실하게 되는 제3자로부터 배상청구 등의 구상권을 행사받을 위험에 놓이는 것은 부정할 수 없다. 그러므로 이러한 점으로 보아도 피고인의 재산상의 권리, 이익에 영향이 있다고 판단하여 상소할 수 있는 것은 당연하다」. 다수의견의 입장에 선다고 해도, 형소법 제411조 1호에 따라 직권에 의해 조사해야 함은 1957년 판결로도 말할 수 있다.

②「헌법 제31조의 취지를 생각컨대, 동조에서 이른바 적정절차의 보장은 단지 형식상 법률로만 정하면 그것으로 본조의 요청을 충족하는 것이 아니고, 가령 법률로 정한다 하더라도 그 법률내용이 근대 민주주의 국가에서 헌법의 기본 원리에 반하는 것이라면 본조 위반임을 면치 못하며, 절차규정에 대해서만이 아니라 권리의 내용을 정한 실체규정에 대해서도 본 조의 보장이 있다고 해석해야 한다. 더욱이 본조는 단지 형벌에 대한 규정이 아니라 「또는 자유를 박탈당하는 것 안에는 형벌 이외에 국가 권력에 의해 개인의 권리, 이익을 침해하는 경우도 포함하고 있는 것으로 해석하는 것이다」. 「제3자 몰수 언도는 이와 불가분하게 언도되는 주형(主刑)과 일체를 이루는 것이므로 그 절차를 고려해야 한다. 그렇다면, 제3자에 대해서는 당해 소송절차에서 어떠한 방법에 의해 사전에 고지, 청문의 기회를 부여하여 청문, 방어할 수 있도록 하는 것이 제3자 몰수에 대한 헌법 제31조의 최소한의 요청이라고 할 것이다」.

4. 최고재판소 1962년 11월 28일 刑集 16권 11호 1593면(이하, 본 판결)

그로부터 불과 2년 후 1960년 판결은 뒤집어졌다. 동 판결의 소수의견이 다수의견으로 된 것이다. 그것이 본 판결이다. 판례 변경의 원인은 주로 재판관의 교체인데, 의견을 변경한 재판관도 있는 점으로 보아 최고재판소가 어떠한 입법조치를 기다리고 있었음에도 불구하고 국회가 이 기대에 응하지 않았던 것도 하나의 원인으로 생각된다. 1960년 판결도 만약 직권으로 조사했다면 위헌의 결론이 됐을 가능성도 높다.

(a) 몰수의 효과

본 판결은 몰수가 제3의 소유권을 박탈하는 효과를 가지고 있다는 것을 인정했다. 이것이 피고인에게 제3자의 권리 침해의 주장을 인정하는 전제이다. 왜냐하면 1957년 판결의 사이토 재판관의 반대의견과 같이 몰수가 제3자의 소유권에 어떠한 효과도 미치지 않는다고 해석하면 제3자의 권리는 처음부터 침해받지 않은 것이므로, 피고인이 제3자의 권리 침해를 주장할 수 있는 전제가 없어지기 때문이다. 다만, 몰수가 제3자의 소유권을 박탈하는 것으로 인정되어도 자동적으로 피고인에게 제3자의 권리 주장 적격이 긍정되는 것은 아니다. 소유권을 박탈당한 제3자에게 자신의 소유권을 회복하는 수단이 주어져 있다면 피고인에게 제3자의 권리주장을 인정할 필요가 없다는 판단도 있을 수 있기 때문이다((c)참조).

(b) 헌법 제31조의 보장 내용

학설상 헌법 제31조의 해석은 다양하게 나누어지나, 본 판결은 ①제31조는 형사절차를 법률로 정하는 것을 요청하고 있을 뿐 아니라 법률로 정해진 절차의 내용이 정당하다는 것도 요청하고 있다는 것, ②절차의 내용이 정당하다고 하기 위해서는 형벌 또는 형벌에 준하는 불이익처분을 부과할 경우 당사자에게 그 내용을 사전에 고지하여 청문과 방어의 기회를 주어야 한다는 것을 명확히 했다. 1960년 판결에서 이리에 재판관의 반대의견을 그대로 채택한 것처럼 보이기도 한다. 다만, ①에서는 제31조가 형사실체법에 대해 어떠한 요청을 포함하고 있는 것인가, ②에서는 「고지와 청취」의 권리보장이 형벌에 한정되지 않는 것인가 하는 점은 아직 명확하지 않다(전자는 Part Ⅳ 「두 번째 소재」, 후자는 19장을 참조).

(c) 위헌의 쟁점을 제기하는 적격

본 판결이 1960년 판결을 변경하였다. 그러나 일본국헌법이 채택하는 위헌심사제는 부수적 심사제로서, 위헌심사권은 사법권의 범위 내에서 구체적 사건을 해결하기 위해 필요한 한도 내에서 행사된다(경찰예비대위헌소송, 최대판 1952년 10월 8일 民集 6권 9호 783면). 사법권은 「법률상의 쟁송」(재판소법 제3조 제1항)을 재판하는 권한으로, 법률상의 쟁송이 되기 위해서는 ①당사자간의 구체적인 권리의무 내지 법률관계의 존부에 관한 분쟁이며, 동시에 ②그것을 법령의 적용에 의해 종국적으로 해결할 수 있는 것이어야 한다(板まんだら 사건, 최3소판 1981년 4월 7일 民集 35권 3호 443면). 이렇게 생각하면 자기 자신의 권리를 침해받고 있는 경우에만 재판소에 구제를 요청할 수 있는 것으로, 타인의 권리를 내세워 다투더라도 원래 법률상의 쟁송이 아니므로 위헌의 쟁점을 제기하는 당사자적격은 인정할 수 없지 않은가? 실제로 미국에서는 그와 같이 다루어지고 있다. 그렇다면 재판소도 헌법으로 판단해서는 안 되며, 피고인에게 위헌주장의 적격을 부정한 1960년 판결이나 시모이자카 마스오(下飯坂潤夫) 재판관의 반대의견이 합리적인 것처럼 생각되기도 한다.

그러나 형사사건에서 피고인은 자기 자신에 대한 형벌의 존부를 다투고 있으므로 이미 법률상의 쟁송 ①의 요건을 만족하고 있는 것이다. 따라서 피고인은 소송법상 당사자적격을 가지고 있으며, 제3자의 권리 침해의 주장을 인정할지에 대한 것은 다음 단계의 문제이다. 그렇다면 사건성의 요건은 이미 충족하고 있으므로 제3자의 권리주장을 인정했다고 해서 부수적 심사제에 모순되는 것은 아니다. 미국에서도 헌법상의 요청이 아닌 분별상의 요청으로 설명되어 있는 부분이다(佐藤・後掲 148면, 野坂・後掲 72면). 이 점은 시모이자카 재판관의 반대의견도 인정하고 있다. 그러므로 「헌법상의 권리 주체가 후에 그 권리를 스스로 주장하는 것이 불가능하거나 후에 주장하면 실익이 없는 예외적인 경우」에는 제3자의 권리주장을 긍정하고 있는 것이다. 즉, 헌법상 금지되어 있는 것은 아니지만 자신의 권리를 침해당한 자가 당사자여야만 소송이 적절하게 운영되므로, 타인을 위해 신중히 소송을 수행하는 것은 통상 불가능하다는 등의 이유로 예외적인 경우에 한정하는 것이 현명하다.

그렇다면, 제3자의 권리주장은 예외적인 경우에 한정되어야 하는가? 이 점에서 다수의견과 반대의견의 대립은 소유자인 제3자 자신에게 실효적인 구제 수단이 주어져 있는가의 여부의 상이한 판단의 차이에 기인하고 있으므로, 예외적이어야 하는 점에서는 공통인 것처럼 보인다. 그러나 다수의견은 제3자의 권리침해 성립은 「제3자에게 사후에 어떠한 권리구제 방법이 인정되는가 하는 것과는 별개의 문제이다」라고 한 뒤, ①몰수는 피고인에 대한 부가형이라는 것 ②피고인도 이해관계를 가지고 있다는 것이라는 두 가지 점을 들어 제3자의 권리주장을 긍정했다. 이 중 ②의 이해관계로서 판결이 제시하는 사항은 정말 희박한 관계이다. 그렇다면 이해관계의 유무는 보충사항이며 판결의 핵심은 ①이다. 즉, 소송요건으로 당사자적격이 인정되면 「제2단계에서 당해 국가행위의 위헌·위법을 주장하는 이유는 자신의 권리·이익에 관계될 필요는 없으며, 제3자의 권리침해의 논점이든 객관적 위헌사유이든 모든 방면에서 위헌의 이유를 제시할 수 있다」는 것이다. 「결국 대체적으로 불이익 처우의 제거를 구하고 소송을 제기한 자는 그 처우에 관련된 위헌의 쟁점을 모두 제기할 수 있다고 해석해야 하며, 본 판결도 이러한 입장을 취한 것이라 할 수 있다」(戸波·後掲 159면).

그러나 이 같은 결론은 최고재판소의 헌법상 지위와 모순되지 않은가? 위헌심사제의 유일한 목적이 개인의 권리보호에 있다고 해석한다면 재판소는 개별적·구체적인 분쟁의 해결에 자신을 한정해야 할 것이다. 시모이자카 재판관의 반대의견이 적합한 것으로 생각된다. 그러나 헌법보장 기능까지 자각적으로 수행해야 한다고 생각한다면 본 판결의 결론은 최고재판소의 지위와 결코 모순된 것이 아니다. 현행법상 최고재판소는 당사자의 주장 없이도 직권으로 법령의 위헌 판단을 하는 것이 인정되므로(재판소법 제10조 2호), 개인의 권리보호 이상의 기능을 수행할 것이 기대되고 있다(尾吹·後掲 291면). 중대한 헌법 문제를 포함하고 있다고 판단된 경우에는 제3자 자신의 구제 수단의 유무나 피고인의 이해관계 유무에 상관없이 재판소의 재량으로 헌법 문제에 개입할 수 있는 것이다. 재판소의 재량에 의한 예외를 유연하게 인정하는 점에서는 헌법판단 회피의 원칙과 동일하다.

(d) 본 판결은 무엇을 위헌이라 했는가?

최고재판소의 최초의 위헌 판결은 무엇을 위헌이라 판단했는가? 당초부터 논의가 있었으나(清宮외·後掲 11면), 「관세법 제118조 제1항에 의해 제3자의 소유물을 몰수하는 것은 헌법 제31조, 제29조에 위반된다」고 한 부분으로 보아 몰수 처분을 위헌무효로 한 것으로 해석된다. 그러나 절차규정이 제정되지 않는 한, 관세법의 몰수 규정은 제3자에게 적용될 수 없으므로 법률규정 자체를 위헌이라 한 것과 같다고 말할 수 없는 것도 아니다. 그러나 절차규정이 제정되면 관세법 제118조 제1항이 다시 유효하게 적용될 수 있다. 만일, 관세법의 이 규정 자체가 위헌 무효로 판정되었다면 절차법이 정비되었다고 해도 효력을 회복할 수 없다. 오히려 관세법의 당해 규정이 당초부터 무효였다(위헌 판결은 소급효를 갖는다)고 한다면 지금까지의 몰수는 모두 무효가 될 것이다. 그러나 본 판결은 이 점에 대해 특단의 고려(판결은 장래에만 효력을 가진다는 등)를 하고 있는 것으로 보이지 않으므로, 역시 개별적인 몰수 처분을 위헌이라고 한 것에 머무른다고 해석해야 한다(伊藤 · 後掲 145면은 판결의 효과를 생각하면 법률을 위헌이라 한 하나의 예로 해석해도 좋다고 한다. 또한 戸波 · 後掲 158면도 절차규정의 부존재라는 의미에서 법령위헌 판결이라고 한다). 또한 학설에서는 통상 본 판결이 적용위헌의 일례로 설명되지만, 적용위헌과 처분위헌을 명확히 구별해야 한다고 보는 견해도 있다(野坂 · 後掲 68면).

5. 본 판결 이후

본 판결에 답하기 위해 1963년 「형사사건에서 제3자 소유물의 몰수 절차에 관한 응급조치법」이 제정되었다. 최고재판소 판례에서는 제3자 소유물의 몰수는 소유자가 악의인 경우에만, 나아가 고지 · 청문의 절차를 거친 뒤에야 비로소 가능하다고 하고 있으므로, 응급조치법은 사전절차로서 피고사건의 절차에의 참가를 인정했다(제3조). 참가가 허용되면 피고인과 동일한 소송상의 권리를 가진다(제4조). 또한 사후적인 구제절차로 몰수 재판의 취소청구가 인정되었다(제13조). 자세한 것은 동법 참조. 더불어 「형사사건에서의 제3자 소유물 몰수절차에 관한 규칙」도 살펴보자.

Part Ⅱ 응용편

◥ 확인문제

1. 본 판결이 피고인에게 위헌의 쟁점을 제기할 자격이 있다고 판단한 이유는 무엇인가?
2. 몰수의 효과에 관한 이해의 차이는 본건 당사자적격의 긍정 · 부정과 어떻게 관련되는가?
3. 본 판결은 정당한 소유자가 사후에 소유권을 회복하는 수속이 인정되어 있는 경우 피고인에게 제3자의 권리 주장을 부정했는가?
4. 본건에서 문제가 된 「당사자적격」은 민사소송법에서의 「당사자적격」, 행정법에

서의 「원고적격」과 어떻게 다른가? 사건성의 요건과의 관계는 어떠한가?

5. 행정사건소송법 제9조의 「법률상의 이익을 가진 자」를 둘러싸고 어떠한 논의가 이루어지고 있는가?
6. 「법률상의 이익을 가진 자」의 범위를 확장하여 해석하는 것은 「법률상의 쟁송」(재판소법 제3조 제1항)에 비추어 어떠한 한계가 있는가?
7. 헌법 제31조의 보장 내용을 둘러싼 학설 상황을 설명하라. 또한 본 판결은 그 안에서 어떠한 위치에 있는가?

◥ 응용문제

설문 1 최고재판소의 지금까지의 판례에 따르면 다음의 제3자(행정처분을 받는 자 이외의 자)는 원고적격을 인정받을 수 있는가? 최고재판소 판례를 설명하면서 답하라.

(1) 기존의 공중 목욕탕업자가 신규 공중목욕탕 영업 허가의 무효 확인을 요청한 경우

(2) 인근 주민이 원자로 설치 허가의 무효 확인을 요청한 경우

(3) 공항의 인근 주민이 정기항공운송사업 면허의 취소를 요청한 경우

(4) 소비자 단체가 공정거래위원회에 의한 공정경쟁규약의 인정에 불복을 신청한 경우

(5) 지역 주민이 보안림지정해제처분의 취소를 요청한 경우

설문 2 다음의 사례에서 최고재판소가 헌법판단을 한 것은 타당했는가? 하급심의 경우는 어떠한가?

(1) 황궁 앞 광장(皇居外苑)의 사용 불허가가 다투어진 사건에서 사용 기일이 경과했으므로 소송의 이익이 사라졌다고 하면서도 만약을 위해(念のため)」 헌법판단을 한 경우

(2) 생활보호청구권이 다투어진 사건으로 원고의 사망에 의해 소송계속이 인정되지 않는다고 하면서도 「만약을 위해」 헌법판단을 한 경우

(3) 법률에 의해 특별히 재판소의 권한으로 된, 이른바 객관소송에서 사법권의 범위가 아님에도 불구하고 헌법판단을 한 경우

설문 3 본 판결의 사고방식에 의하면, 다음의 견해는 타당한가?

(1) 본건에서도 제3자를 증인으로 법정에 소환하여 증인 조사 단계에서 제3자 몰수의 취지를 고지하고 의견을 개진하여 청문 · 방어를 시도할 기회를 부여함으로써 헌법 제31조의 요청은 충족된다.

(2) 「형사사건에서 제3자 소유물의 몰수 절차에 관한 응급조치법」이 제정되어 사전절차가 보장되었으므로, 이후에는 제3자 몰수에 대해 위헌 주장의 적격을 피고인에게 인정하는 헌법상의 요청은 사라졌다.
(3) 법인의 대표자가 피고인인 경우 법인 소유 화물의 몰수에 관하여 법인에 대해 사전에 고지·청문·방어의 기회를 줄 필요는 없다.
(4) 종교법인은 그 구성원인 신자의 인권 침해를 원용할 적격을 가지고 있지 않다.
(5) 마약, 각성제 또는 밀주(密造酒)는 그 소지 및 제조 자체가 금지되어 있으므로 제3자 몰수에 있어서 고지·청문의 권리가 보장되지 않으며 응급조치법도 적용되지 않는다.

Part Ⅲ 이론편

◥ 전개문제

제3자의 헌법상의 권리 침해를 원용하여 위헌의 쟁점을 제기하는 적격이 문제가 되는 것은 제3자 소유물 몰수 사건 이외에 어떠한 경우가 있을 수 있는가?

제3자의 권리 주장에는 두 가지의 다른 형태가 있다. 첫 번째는 자신에 대해 적용되는 법령이 특정 제3자의 헌법상의 권리를 침해한다고 주장하는 경우이며, 두 번째는 자신에 대해 합헌적으로 적용되는 법령이 불특정 가상의 제3자에게 적용될 때 위헌이라고 주장하는 경우이다(時国·後掲 203면, 235면, 時川·後掲 ② 418면). 제3자 소유물 몰수 사건에서 문제가 된 것은 첫 번째 유형으로 피고인에게 법률이 적용되면 제3자인 정당한 소유자의 권리가 침해된다고 주장한 것이다. 이에 대해 제2의 유형은 마찬가지로 제3자의 권리를 원용한다고 해도 그 제3자는 여전히 존재하지 않는 가상의 제3자이다. 이와 같은 가상의 제3자의 권리 주장까지 인정하는 것은 구체적 사건의 해결과 관계없는 추상적 위헌심사권을 행사하는 것과 다름이 없지 않은가 하는 의문이 발생한다. 그러면 어떠한 상황에서 문제가 되는가?

도쿠시마시(德島市) 공안조례는 집단 시위운동 등을 할 경우 도쿠시마시 공안위원회에의 신청과 「교통질서를 유지할 것」(동 조례 제3조 3호) 등을 의무화한 결과, 피고인은 자신도 행진을 하였고 참가자에게 행진을 하도록 선동하여 기소되었다. 제1심, 제2심 모두 동 조례 제3조 3호는 형벌법규로서 애매하고 불명확하므로 헌법 제

31조에 위반된다고 판단했다. 최고재판소는 「교통질서를 유지할 것」이라는 문언에 어떠한 작위·부작위가 명해져 있는지 명확하지 않으므로 입법조치로서는 매우 타당성이 없으나, 「도로에서 집단행진 등이 일반적으로 질서 있게 행해지는 경우 이에 수반되는 교통질서 저해의 정도를 넘는 특별한 교통질서의 저해 행위를 초래하는 행위를 피해야 함을 명하고 있다」는 것은 통상의 판단 능력을 가진 일반인이라면 이것을 읽고 이해할 수 있는 것으로 보아, 헌법 제31조에 위반하는 것은 아니라고 하였다(최대판 1975년 9월 10일 刑集 29권 8호 489면, Part Ⅳ 「두 번째 소재」의 기본 해설도 참조). 이 판결에는 다카쓰지 마사미(高辻正記) 재판관의 의견이 부가되어 있다. 동 재판관은 도쿠시마시 공안조례 제3조 3호가 명확성이 결여된 것이 아니라고 하는 다수의견에 의문이 있다고 하며 다음과 같이 기술했다.

「본건에서의 행진이 교통질서를 침해하는 행위의 전형으로서 본 조례 제3조 3호의 문헌상 통상의 판단능력을 가진 자의 상식으로 그것을 피해야 함을 명하고 있는 행위에 해당한다고 이해할 수 있다는 것에는 의문의 여지가 없다. 따라서 본건 사실에 본 조례 제3조 3호, 제5조를 적용해도 이것에 의해 피고인이 특별히 헌법 제31조에 의해 보장될 권리를 침해 받지는 않는다. 원래 재판소에 의한 법령의 합헌·위헌의 판단은 사법권의 행사에 부수하여 이루어지는 것으로, 재판에서의 구체적 사건에 대한 당해 법령의 적용에 관하여 필요한 범위에서 행하는 것으로 충분하며, 또한 그 한도에 머무르는 것이 적합하다고 생각되므로, 본건에서 특별히 그 구체적 사실에 대한 적용 관계를 넘어 다른 사안에 대한 적용 관계 일반에 걸쳐 前記 규정의 벌칙으로서 명확성의 유무를 논하여 그 판단에 이르러야 할 이유는 없다」.

도쿠시마시 공안조례 제3조 3호의 문언이 애매하고 불분명한 것은 사실이나, 아무리 애매하고 불분명하다고 해도 행진이 금지되어 있다는 것 정도는 누가 보아도 이해할 수 있다. 이러한 행진을 스스로 행하고, 또 행하도록 선동한 자가 이 규정이 애매하고 불명확하다고 주장하는 것을 인정할 필요는 없다. 피고인에게 있어서 당해 규정은 불명확하지 않으므로 헌법 제31조의 권리는 침해되지 않았다. 불명확하다고 판단될 가능성이 있는 것은 피고인 이외의 제3자가 더 미묘한 집단행동을 했을 경우이지만, 그것은 그 사건이 일어났을 때 판단해야 하는 것이다. 그러므로 다수의견이 굳이 당해 조례 규정의 명확성을 판단하는 것은 불필요한 헌법판단이다.

이에 대해 단도 시게미쓰(団藤重光) 재판관의 보충의견은 이하와 같다.

「죄형법정주의가 범죄 구성요건의 명확성을 요청하는 것은 한편으로는 재판규범의 측면에서 형벌권의 자의적인 발동을 피해야 함을 취지로 함과 동시에, 다른 한편으로는 행위규범의 측면에서 가벌적 행위와 불가벌적 행위와의 한계를 명시함으로써 국민의 행동 자유를 보장할 것을 목적으로 한다. 후자의 견지에서 행동자유의 보장은 표현의 자유와 관련해 특히 중요하며, 만일 가벌적 행위와 불가벌적 행위와의 한계가 불명확하기 때문에 국민이 본래 표현의 자유에 해당하는 행동조차 할 수 없는 사태가 발생한다면, 그것은 국민 일반의 표현의 자유에 대한 중대한 침해라고 하지 않을 수 없다. 이것은 불명확한 구성요건이 국민 일반이 표현의 자유에 대해 가지고 있는 부분의 위축적 또는 억제적 작용의 문제이다. 물론 본건에 대해서 이러한 문제를 다루는 것이 사법권 행사의 본연의 모습으로 허용되는지에 대해서 의문이 없는 것은 아니다. 아마도 일반 국민(도쿠시마시 주민 및 체재자 일반)이 본 조례의 규정에 의해 표현의 자유와 관계하여 위축적 또는 억압적 영향을 받고 있었는지, 또한 실제로 받고 있는지는 본건의 심리대상 이외의 것으로 해야 한다고 생각되기 때문이다. 그러나 이와 같은 사고방식은 재판관이 국민 일반의 표현의 자유를 보장하는 기능을 크게 제한하는 결과를 초래한다. 나는 이것을 도저히 헌법의 취지라고 해서는 안 되는 부분이라고 생각한다.

이상에서 나는 본 조례 제3조, 제5조의 구성요건의 명확성 문제를 검토하는 데 있어서, 특히 그것이 표현의 자유와 관련해서 국민 일반에 대해 가지고 있을지도 모르는 부분의 위축적·억압적 작용을 고려해 넣었다. 따라서 나는 다수의견도 같은 견지에 서는 것으로 이해하고 있다」.

표현의 자유가 문제라면 불명확한 형벌법규가 초래하는 위축적 효과를 염두에 두고 형벌법규가 당해 사건에 적용되는 한도에서 명확하다는 판단뿐만 아니라 법문 자체의 명확성도 판단해야 한다는 것이다. 애매한 형벌법규가 문제가 된 사건이 실제로 존재함에도 헌법판단을 하지 않고, 그 애매함이 문제가 되는 경계선에 서 있는 행위가 사건이 될 때까지 기다리라는 것도 표현의 자유에 있어 바람직하지 않다. 단도 재판관의 보충의견에 찬성자가 많은 것은 이 때문일 것이다. 이러한 견해에 따르면, 불특정 가상의 제3자의 권리주장이 인정되는 것은 표현의 자유의 위축적 효과가 문제가 되는 경우에 한정된다.

그러나 Part Ⅰ 「기본 소재」의 기본 해석에서 말했듯이 피고인이 자신에게 적용되는 법령의 합헌성을 모든 각도에서 다툴 수 있다고 본다면, 표현의 자유에 한정될 필요도 없을 것이다. 당해 조례가 애매하고 불명확하여 위헌 무효라고 한다면 피고인은 무죄가 되므로, 그 합헌성을 주장할 수 있는 것은 당연하다. 이 점에서도 위헌심사의 헌법보장 기능을 어떻게 평가할 지가 핵심이다(참조, 尾吹·後揭 275면 이하).

Part Ⅳ 두 번째 소재

후쿠오카현 청소년보호육성조례 사건

최고재판소 1985년 10월 23일 대법정 판결
1982년(あ) 第621호 후쿠오카현청소년보호육성조례위반피고사건
刑集 39권 6호 413면, 判時 1170호 3면

사실 개요

후쿠오카현 청소년보호육성조례는 「누구라도 청소년에 대해 음행 또는 외설의 행위를 해서는 안 된다」(제10조 제1항)고 규정하여, 그 위반자는 「2년 이하의 징역 또는 10만 엔 이하의 벌금에 처한다」(제16조 제1항)고 정하였다. 여기서 「청소년」이란 초등학교 취학시기부터 18세에 이르기까지의 자(다른 법령에 의해 성년자와 동일 능력을 가진 자를 제외)를 말하며(제3조), 조례에 위반한 행위를 한 자가 청소년일 때는 이 청소년에게 처벌은 적용하지 않는다(제17조).

당시 26세였던 피고인은 고등학교 1학년인 16세 소녀와 성교함으로써 본 조례를 위반한 것이 문제가 되어 제1심(小倉簡判 1981년 12월 14일 刑集 39권 6호 461면), 제2심(福岡高判 1982년 3월 29일 刑集 39권 7호 463면) 모두 피고인을 벌금 5만 엔에 처했다. 원심의 인정에서 피고인은 처음 만난 소녀에게 드라이브를 하자고 유인하여 그때 성교한 것을 시작으로 수십 회에 걸쳐 차 안 등에서 성교를 하였으며, 결혼이야기 등은 전혀 하지 않았다고 여겨지고 있다.

피고인은 결혼을 전제로 한 진지한 합의에 기초한 것이었으며 ①본 조례는 이 같은 경우도 포함하여 전부 일률적으로 규제하려는 것이므로 처벌의 범위가 부당하게 광범위하다. ②본 조례 제10조 제1항에서 말하는 「음행」의 범위가 불분명하다고 주장하여 상고했다.

상고심=최고재판소

[다수의견]

■ 법적 구성

(a) 「음행」의 의의

후쿠오카현 청소년보호육성조례 제1조 제1항, 제3조 제1항, 제10조 제1항, 제16조 제1항, 제17조가 규정하는 부분을 종합하면, 본 조례 제10조 제1항, 제16조 제1항의 규정(이하, 양자를 합하여 「본건 각 규정」이라 함)의 취지는 일반적으로 청소년이 그 심신의 미성숙과 발육 정도의 불균형으로 정신적으로 아직 충분히 안정되지 않았으므로 성행위 등에 의해 정신적인 상처를 받기 쉽고, 또한 그러한 상처에서 쉽게 회복하기 어려운 등의 사정으로 미루어보아, 청소년의 건전한 육성을 도모하기 위해 청소년을 대상으로 이루어지는 성행위 등에서 그 육성을 저해할 우려가 있는 것으로 사회통념상 비난을 받아야 할 성질의 것을 금지하는 것임이 명확하므로, 위와 같은 본건 각 규정의 취지 및 그 문리 등에 비추어 본 조례 제10조 제1항의 규정에서 말하는 『음행』이란 널리 청소년에 대한 성행위 일반을 말하는 것으로 해석할 것이 아니라 청소년을 유혹, 협박, 기망하거나 곤혹스럽게 하는 등, 그 심신의 미성숙을 이용하여 부당한 수단에 의해 행해지는 성교 또는 성교유사행위, 그밖에 청소년을 단지 자신의 성적 욕망을 충족시키기 위한 대상으로 취급하고 있는 것으로 밖에 인정되지 않는 성교 또는 성교유사행위를 말하는 것으로 해석하는 것이 상당하다」.

(b) 한정해석의 근거

「생각컨대, 위의 『음행』을 널리 청소년에 대한 성행위 일반을 가리키는 것으로 해석할 때에는 『음란한』 성행위를 가리키는 『음행』이라는 용어 자체의 의의에 따르지 않을 뿐 아니라, 예를 들어 약혼 중인 청소년 또는 이에 준하는 진지한 교제 관계에 있는 청소년과의 사이에 이루어지는 성행위 등 사회 통념상 대체로 처벌의 대상으로 생각하기 어려운 것도 포함되므로, 그 해석은 너무 넓은 것이 명확하며, 또한 前記의 『음행』을 단지 반윤리적 또는 불순한 성행위로 해석하여서는 범죄의 구성요건으로 불명확하다는 비판을 면치 못하므로, 前記 규정의 문리에서 합리적으로 도출할 수 있는 해석의 범위 내에서 前記와 같이 한정하여 해석하는 것이 상당하다. 이 같은 해석은 통상의 판단능력을 가진 일반인의 이해에도 적합한 것이며, 『음행』의 의의를 위와 같이 해석할 때는 동 규정의 처벌의 범위가 부당하게 너무 넓거나 불명확하다고도 할 수 없으므로 본건 각 규정이 헌법 제31조의 규정에 위반하는 것이라고 할 수 없으며, 헌법 제11조, 제13조, 제19조, 제21조 위반을 말하는 소론도 전제 없음에 귀결되어 모두 채택될 수 없다」.

■ 적용

「본건에서 원 판결 인정의 사실 관계에 기초하여 검토하는 데 있어, 피고인과 소녀와의 사이에는 본건 행위까지 상당 기간에 걸쳐 교제로 보이는 관계가 있었던 것 같으나, 당시 양자 각각의 연령, 성 행위에 이른 경위, 그 외 양자 간의 교제 형태 등 각 사정에 비추어보면, 본건은 피고인에게, 당해 소녀를 단지 자신의 성적 욕망을 만족시키기 위한 대상으로 취급한 것으로밖에 인정할 수 없는 성행위를 한 경우에 해당하는 것이므로, 본건 행위가 본 조례 제10조 제1항에서 말하는 『음행』에 해당한다고 판정한 원 판단은 정당하다」.

상고기각.

이 판결에는 재판관 2명의 보충의견, 재판관 3명의 반대의견이 있다.

[반대의견]

• **이토 마사미**(伊藤正己) **재판관**

■ 법적 구성

(a) 「음행」의 의의

「현재 일본에서 청소년에 대한 성행위로서 사회적 비난을 받으며 국민의 다수가 처벌할만하다고 생각하는 것은 청소년의 무지, 미숙, 정서 불안정 등을 이용하여 부당하다고 생각되는 수단으로 한 성교 또는 성교유사행위이며」, 다수의견이 말하는 「청소년을 유혹, 협박, 기망하거나 곤혹스럽게 하는 등……부당한 수단에 의해 행해지는 성교 또는 성교유사행위」가 이것이다. 다수의견은 「청소년을 단지 자신의 성적 욕망을 만족시키기 위한 대상으로 취급하고 있는 것으로밖에 인정할 수 없는 성교 또는 성교유사행위」도 「음행」에 포함된다고 하나, 명확성의 측면에서 문제가 될 뿐 아니라 처벌 범위의 한정에도 적절하지 않다.

(b) 「음행」의 명확성

문제는 이 같은 한정해석이 「단지 『음행』으로만 규정하는 본 조례 제10조 제1항의 해석으로 가능한가 하는 것이다」. 「다수의견이 제시하고 있는 한정해석은 일반인의 이해로 『음행』이라는 문언에서 이해가 가능한지 매우 의문이며, 이미 해석의 한계를 넘은 것이라 생각되지만 나의 견해로는 음행 처벌 규정에 의한 처벌의 범위는 헌법의 취지에 비추어 더 한정되어야 하며, 『유혹, 협박, 기망하거나 곤혹스럽게 하는 등』의 부당한 수단에 의해 청소년과의 성교 또는 성교유사행위가 이루어진 경우에 한정되는 것으로 이해된다. 그러나 이 같은 해석은 『음행』이라는 문언의 어의로 보아도 무리가 따르는 것으로, 통상의 판단능력을 가진 일반인의 이해가 미치지 않는 것이므로, 『음행』의 의의의 해석영역을 일탈한 것이라고 할 수밖에 없다」.

■ **적용**

「이와 같이 생각하면 『음행』이라는 문언은 정당한 처벌의 범위여야 한다는 것을 제시할 수 없으며 본 조례 제10조 제1항의 규정은 범죄 구성요건의 명확성의 요청을 충족시킬 수 없으므로 헌법 제31조에 위반하여 무효라고 해야 한다. 원 판결 및 그 지지하는 제1심 판결은 파기를 면치 못하며 피고인은 무죄라고 생각한다」.

기본 해설

1. 명확성의 이론

헌법 제31조의 요청은 형사절차의 법정에 한하는 것이 아니라, 법에 정해진 절차의 내용이 적정할 것까지 포함하고 있다. 이것이 제3자 소유물 몰수 사건에서 밝혀진 점이다. 그렇다면 절차의 전제가 되는 실체법에 대해서는 어떨까? 통설은 어떠한 행위에 어떠한 형벌이 부과되는지를 사전에 법률로 정해 두어야 한다는 것도 헌법 제31조가 요구하고 있다고 해석해왔다. 죄형법정주의의 헌법상의 근거가 제31조라는 것이다. 죄형법정주의는 형벌법규의 명확성을 요구한다. 최고재판소도 도쿠시마시 공안조례 사건(최판 1975년 9월 10일 刑集 29권 8호 489면)에서 다음과 같이 판시했다.

「형벌법규가 정하는 범죄의 구성요건이 애매하고 불분명하므로 헌법 제31조에 위반하여 무효가 되는 것은 그 규정이 통상의 판단능력을 가진 일반인에 대해 금지되는 행위와 그렇지 않은 행위를 식별하기 위한 기준을 제시하는 부분이 없고, 때문에 그 적용을 받은 국민에 대해 형벌의 대상이 되는 행위를 사전에 고지하는 기능을 부과하지 않으며, 또한 그 운영이 이것을 적용하는 국가 또는 지방 공공 단체 기관의 주관적 판단에 맡겨져 자의로 치우치는 등 중대한 폐해가 발생하기 때문이라고 생각된다. 그러나 일반적으로 법규는 규정문언의 표현력에 한계가 있을 뿐만 아니라 그 성질상 많든 적든 추상성을 가지고 있으며, 형벌법규도 그 예외가 아니므로 금지되는 행위와 그렇지 않은 행위의 식별을 가능케 하는 기준이라 해도 항상 절대적인 것을 요구할 수는 없으며, 합리적 판단을 필요로 하는 경우가 있다는 것도 면할 수 없다. 따라서 어떤 형벌법규가 애매하고 불명확하므로 헌법 제31조에 위반하는 것으로 인정해야 할지는 통상적인 판단능력을 가진 일반인의 이해에서 구체적 경우에 당해 행위가 그 적용을 받는 것인지의 판단을 가능케 하는 기준이 되는가에 따라 이것을 결정해야 한다」.

형벌법규의 명확성이 헌법 제31조에서 요청되고 있는 것이므로 실체법의 법정, 죄형법정주의는 그 전제로 인정하고 있는 것이 된다. 형벌법규의 명확성은 ①국민에게로의 고지 기능과, ②자의적 형벌의 억제 기능을 한다. 형벌법규는 재판규범임은 물론이고, 그 이상의 행위규범으로서 의미를 가지고 있으므로 ①은 특히 중요하다. 따라서 명확한지 불명확한지는 「통상의 판단능력을 가진 일반인」을 기준으로 판단하게 된다.

이 명확성에는 두 가지 측면이 있다. A의 문언을 한정하여 a라는 의미로 해석한 경우, A에서 a가 도출되는지가 명확성의 첫 번째 문제이며, a라는 한정해석 자체가 충분한 사전 고지 기능과 자의적 형벌의 억제 기능을 가지고 있는지가 명확성의 두 번째 문제이다. 본 판결에서 최고재판소는 조례의 「음행」의 문언에서 그 내용을 ①「청소년을 유혹, 협박, 기망하거나 곤혹스럽게 하는 등 그 심신의 미성숙을 이용한 부당한 수단에 의해 행해지는 성교 또는 성교유사행위」와, ②「청소년을 단지 자신의 성적 욕망을 만족시키기 위한 대상으로 취급하고 있는 것으로밖에 인정할 수 없는 성교 또는 성교유사행위」의 두 가지 유형으로 한정했으나, 이와 같은 한정이 「음행」으로부터 파악될 수 있는가 하는 것이 첫 번째 문제이다. 또한 이러한 ①, ②는 정말로 사전 고지 기능과 자의적 형벌의 억제 기능을 가지는지, 특히 ②는 아직도 애매하지 않은가 하는 것이 두 번째 문제이다. 본건에서는 이 두 가지 문제가 다루어지고 있는 것이다.

또한 이것은 합헌해석의 한계이기도 하다. 통상의 판단능력을 가진 일반인이 A의 문언에서 a의 의미를 도출할 수 없다면, 그 해석은 법률을 새로 쓴 것으로 「해석의 영역을 일탈한 것」이 되며, a가 형벌의 대상이 되는 행위와 그렇지 않은 행위를 식별할 수 없다면 법령자체를 위헌으로 판단해야 하는 것이 되기 때문이다.

2. 과도한 광범위성의 이론

본 판결이 「음행」의 한정해석을 하는 데 있어 명확성의 이론에 기초하고 있는 것은 명확하지만 「그 해석은 너무 광범위하다」거나 「처벌의 범위가 부당하게 너무 넓다」는 이유로 처벌의 범위가 적정한 범위에 머물러야 하며, 과도하게 광범위한 처벌은 용납될 수 없다는 원칙을 제31조에서 도출하고 있다는 것을 알 수 있다. 이것은 과도한 광범위성의 이론이라 불린다. 이토 재판관의 반대의견도 이 이론을 전제로 하고 있으며, 다니구치 마사타카(谷口正孝) 재판관의 반대의견은 「헌법 제31조가 그 규범 내용으로 실체적 적정 처벌의 원칙도 포함하고 있다」고 단언한다. 즉, 헌법 제31조는 실체법의 법정에 덧붙여 실체법 내용의 정당성까지 요청하고 있는 것이다. 이 결과는 학설에서의 통설과 일치하지만 제31조가 얼마나 이용되고 있는지는 명확하지 않다. 제31조와 제13조, 개별적 인권 규정과의 관계를 정리할 필요가 있을 것이다(工藤・後掲 206면).

설문

(1) 지금까지 최고재판소 판례에서 법령의 명확성이 다투어진 사건에는 어떠한 것이 있는가?

(2) 지금까지 최고재판소 판례에서 합헌해석의 수법을 이용한 사건에는 어떠한 것이 있는가?

(3) 본건 조례의 「음행」 처벌 규정은 헌법 제31조에 위반하지 않는가? 본 판결의 「음행」 처벌 규정의 한정해석은 타당한가? 이토 재판관의 반대의견과 비교해보라.

(4) 가령 본 조례의 내용이 조례시행규칙이나 고시, 통달과 같은 하위 법규범에 의해 구체화, 명확화 되어 있는 경우, 이토 재판관의 반대의견의 입장에서도 본 조례가 명확하다고 평가되는가?

(5) 조례에서의 처벌은 헌법 제31조에 위반하지 않는가? 또한 청소년에 대한 음행의 처벌에 관하여 각 지방자치단체별로 차이가 있는 것은 헌법 제14조에 위반하지 않는가?

(6) 다음 문장은 도쿠시마시 공안조례 사건 최고재판소 판결의 한 구절이다. 이 기준에 따라 생각할 경우, 본건 조례는 형법 제176조, 제177조 및 아동복지법 제34조 제1항 6호와 모순 저촉되지 않는가?

「조례가 국가의 법령에 위반하는가에 대해서는 양자의 대상 사항과 규정 문언을 대비하는 것뿐만 아니라, 각각의 취지, 목적, 내용 및 효과를 비교하여 양자 간에 모순 저촉이 있는가에 따라 이것을 결정해야 한다. 예를 들어, 어떠한 사항에 대해서 국가의 법령 중에 이것을 규율하는 명문의 규정이 없는 경우에도 당해 법령 전체로 보아, 위 규정의 결여가 특히 해당 사항에 대해 어떠한 규제도 마련하지 않고 방치해야 한다는 취지라고 해석될 때는, 이에 대해 규율을 마련하는 조례의 규정이 국가의 법령에 위반하는 것이 될 수 있다. 반대로 특정 사항에 대해 이것을 규율하는 국가의 법령과 조례가 병존하는 경우라도 후자가 전자와는 별도의 목적에 기초한 규율을 의도하는 것이며, 그 적용에 따라 전자의 규정이 의도하는 목적과 효과를 저해하는 일이 없을 때, 또는 양자가 동일한 목적의 것이라 해도 국가의 법령이 반드시 그 규정에 의해 전국적으로 일률적인 동일한 내용의 규제를 시행하는 취지가 아니라 각 지방자치단체에서 그 지방의 실정에 따라 별단의 규제를 마련하는 것을 용인하는 취지라고 해석될 때는, 국가의 법령과 조례 간에 어떠한 모순 저촉도 없으므로 조례가 국가의 법령에 위반하는 문제는 발생하지 않는다.

▎참조문헌▐

芦部信喜『憲法訴訟の理論』(有斐閣, 1973年)

時国康夫『憲法訴訟とその判断方法』(第一法規, 1996年)

佐藤幸治『憲法訴訟と司法権』(日本評論社, 1984年)

戸松秀典『憲法訴訟』(有斐閣, 2000年)

尾吹善人『解説憲法基本判例』(有斐閣, 1986年)

清宮四郎ほか座談会「無差別没収の違憲判決をめぐって」ジュリスト268号(1963年)

B. J. ジョージ (田宮裕訳)「日本対中村事件(第三者没収の違憲判決)」法協80巻2号(1963年)

松井茂記「第三者所有物の没収と告知・聴聞」百選Ⅱ(有斐閣, 第4版, 2000年)

市川正人「違憲の争点を提起しうる当事者適格」百選Ⅱ(有斐閣, 第4版, 2000年)

伊藤正己「適法手続と第三者所有物の没収」百選Ⅰ(有斐閣, 第1版, 1980年)

戸波江二「第三者所有物の没収と適法手続」憲法の基本判例(有斐閣, 第2版, 1996年)

野坂泰司「適正手続の保障と第三者の権利主張」法学教室297号(2005年)

工藤達朗『憲法の勉強』(尚学社, 1999年)

(工藤達朗)

제19장 행정절차에서의 적정절차의 보장

[논점]

(1) 헌법 제31조에서 말하는 「법률이 정하는 절차」의 의미
헌법 제31조는 일반적으로 형벌을 부과하는 데는 「법률이 정하는 절차」에 의할 것을 요청하고 있다. 이러한 법정절차의 보장에 대해서는 일반적으로 어떻게 주장되고 있는가?

(2) 헌법 제31조 이하에서 정하는 절차보장과 행정절차
헌법 제31조 이하에서 정하는 절차보장은 직접적으로는 형사절차에 관한 것이라 할 수 있다. 그렇다면, 국민에게 불이익을 주는 것이라 할지라도 행정절차에는 적용되지 않는가?

(3) 행정절차에서의 적정절차보장의 의의
행정절차와 형사절차에서는 적정절차의 보장 요청이 다른가? 원래 행정작용에서 적정절차의 보장이 요청되는 것은 어떠한 이유에서인가?

(4) 행정절차에서의 적정절차의 구체적 내용
행정절차에서의 적정 요청의 내용으로는 구체적으로 어떠한 것을 들 수 있는가?

Part Ⅰ 기본 소재

나리타신법 사건(成田新法事件)

최고재판소 1992년 7월 1일 대법정 판결
1986년(行ツ) 제11호 공작물등사용금지명령취소등청구사건
民集 46권 5호 437면, 判時 1425호 45면

사실 개요

신도쿄국제공항(이하, 「신공항」이라 함)은 1966년 7월 찌바현 나리타시 산리즈카지구 외 인근지역에 설치될 것으로 각의에서 결정되어 건설에 착수했으나, 이에 대해서는 당초부터 상기 건설예정지내의 농민들을 중심으로 강력한 반대운동이 계속됐다. 이와 더불어, 이를 지원하는 소위 과격파에 의한 실력투쟁이 전개되어 1978년 3월 신공항 공용 개시 기일 직전 관제탑 난입 사건이 발생함에 따라 어쩔 수 없이 상기 공용 개시가 연기되는 사태에 이르렀다.

때문에 정부와 국회는 이러한 폭력주의적 파괴활동을 배제하고, 신공항의 평온과 안전을 확보해야 한다는 데에 인식을 같이하여, 같은 해 5월 의원제안에 의한 「신도쿄국제공항의 안전확보에 관한 긴급조치법」(1978년 법률 제42호. 이하, 「나리타신법」 내지 「본법」이라 함)이 제정되어 당일 시행되기에 이르렀다. 본법에 의하면, 규제구역(제2조 제3항 참조)내에 소재하는 건축물 그 외의 공작물이 폭력주의적 파괴활동 등에 제공되거나, 또는 그러한 우려가 있을 때, 운수대신(당시)은 당해 공작물의 소유자 등에 대해 기한부의 제공금지명령을 발령하고(제3조 제1항), 그 위반에 형사벌을 부과할 수 있는(제9조 제1항) 조치 외에 당해 공작물 등의 봉쇄(동조 제6항), 제거(동조 제8항)의 조치를 취할 수 있다.

1979년 2월 운수대신(당시) Y(피고, 피항소인, 피상소인)는 규제구역 내에 소재하는 철골철근콘크리트 지상 3층, 지하 1층 건축물(이하, 본 건 「공작물」이라 함)의 소유자 X(원고, 항소인, 상소인) 및 그 관리자・점유자에 대해 본법 제3조 제1항 1호의 「다수의 폭력주의적 파괴활동자의 집합용도」 또는 동항 2호의 「폭력주의적 파괴활동 등에 사용되거나 사용될 우려가 있다고 인정되는 폭발물, 화염 등의 물건 제조 또는 장소용」으로 제공하는 것을 금지하는 명령을 1년 기한부로 발령하였다. 또한 그 후로 매년 2월 동일 내용의 명령을 발령하게 되었다.

따라서 X는 Y에 의해 1979년부터 1983년까지 이루어진 각 명령처분(이하, 본건 「각 처분」이라 함. 또한 항소에 의해 1985년의 명령처분이 추가됨)의 취소 및 위자료 지불을 구하여 제소했다.

제1심=찌바(千葉) 지방재판소

찌바 지방재판소 1984년 2월 3일 판결
訟月 30권 7호 1208면

■ 당사자의 주장 (쟁점)

〈사실에 관련된 주장〉

원고 본건 공작물은 거주, 숙박 및 신공항건설반대운동의 집회를 위한 사무연락 등에 사용되고 있던 것으로서, 1978년 3월 수사당국에 의한 별건의 수색・압수 이후 사용된 사실은 없다.

피고 본건 각 처분은 본건 공작물에 대해 본법 제3조 제1항 1호・2호 소정의 제공을 금지하는 데 머무르며, 그 외의 사용에 대해서는 아무런 방해가 되지 않는다. 또한 소위 과격파에 의한 파괴활동이 그치지 않았고, 여전히 이것을 계속할 의사가 명백하였다.

〈법적 근거에 관련된 주장〉

원고 본법은 공작물 등의 소유자 등에 대해 고지, 청문, 방어의 기회를 주는 규정이 없으므로 적정절차를 보장하는 헌법 제31조에 위반된다. 또한 본법 제3조 제1항의 제공금지명령은 동조 제3항의 공작물에 대한 출입규정과 함께 헌법 제35조에서 정하는 영장주의에 위반되므로 무효이다(이 외에도 헌법 제21조 제1항의 집회의 자유, 제22조 제1항의 거주의 자유, 제29조 제1항·제2항의 재산권의 보장 위반을 주장하고 있으나 여기서는 다루지 않는다).

피고 헌법 제31조의 정신은 행정절차에도 존중되어야 하지만, 형사절차와 행정절차는 그 성질에 차이가 있으며, 본 법률과 같이 비상시 긴급한 사태에 비추어 보아 신공항 등의 안전을 확보하기 위해 필요하고 합리적인 규제인 경우에는 사전의 변명이나 방어의 기회를 보장하고 있지 않더라도 동조의 정신에는 반하지 않는다. 또한 헌법 제35조는 오로지 형사절차에 관한 것이므로 행정절차에 직접적으로 적용되는 것은 아니며, 그 정신이 행정작용의 성질에 따라 반영된다면 그것으로 충분하다.

■ 법적 구성

(a) 헌법 제31조의 적정절차의 보장과 행정절차에 대해서

「헌법 제31조의 적정절차의 보장은 직접적으로 형사절차에 관한 것이지만, 행정절차에서도 가능한 그 정신이 존중되어야 하며, 단지 행정절차라는 이유만으로 적정절차의 보장원리가 무시되어도 좋다고는 할 수 없다. 그러나 행정절차라 해도 처분의 목적과 성격은 다양하므로 반드시 모든 행정절차에서 그 행정처분에 따라 불이익을 받는 자에 대해 고지, 청문, 방어의 기회를 주는 것을 필요로 하는 것이 아니라, 행정처분에 따라 달성하고자 하는 공공복지의 정도, 긴급성, 행정처분에 의해 제약을 받는 국민의 권리의 내용, 제약의 정도 등을 종합적으로 고려하여 행정처분의 종류와 내용에 따른 필요 상당한 절차에 따르는 것이면 충분하기 때문에, 항상 반드시 모든 행정절차에 대해 적정절차의 보장이 절대적으로 요청되는 것은 아니라고 해야 한다」.

(b) 헌법 제35조의 영장주의와 행정절차에 대해서

「헌법 제35조의 규정은 본래 주로 형사책임의 추궁의 절차에서의 강제에 대해 사법권의 사전억제 하에 놓여야 한다는 것을 보장하는 취지이지만, 행정절차이기 때문에 그 절차에서의 일체의 강제가 당연히 헌법 제35조의 보장을 전혀 받지 않는다는 것은 타당하지 않으며, 행정절차의 성질에 따라 그 정신이 존중되어야」 하지만, 「형

사처분과 행정처분의 차이에 비추어보아 헌법상 행정절차에서의 일체의 출입이 모두 재판관의 영장이 필요하다고 해석하는 것은 적합하지 않으며, 특히 출입목적의 중대성, 긴급성에 따라서 영장을 요구하게 되면 공공복지의 유지라는 행정목적을 도저히 달성할 수 없다는 것은 명확하다」.

■ 정리

본법 제3조 제1항에 근거한 행정처분 결과, 피처분자에게는 동항 각호 소정의 3가지 형태의 재산권 행사가 제한될 뿐으로, 상기 행사처분에 의해 달성하려고 하는 공공복지의 정도, 그 달성의 긴급성을 고려하면, 상기 조항이 동항 각호에 관련된 제공금지명령을 발하는 데 있어서 피처분자에게 고지, 청문, 방어의 기회를 주는 절차를 두지 않는다고 해도 헌법 제31조에 위반된다고는 할 수 없다.

본법 제3조 제3항에서 정한 출입은 동조 제1항의 제공금지명령의 이행을 확보하기 위해 필요한 한도 내에서 인정되며(동조 제5항 참조), 본건에서는 출입의 필요성 및 긴급성이 높고, 더욱이 상기 출입에는 직원의 신분증 휴대・제시가 요구되고 있다는(동조 제4항) 점 등을 종합하여 판단하면 상기 출입에 관해 재판관이 발부하는 영장이 일반적인 요건으로 되어 있지 않더라도, 헌법 제35조의 취지에 반한다고는 할 수 없다.

일부(1979년에서 1982년까지의 명령처분의 취소청구에 관해) 각하. 일부(그 외의 청구에 관해) 기각.

제2심=동경 고등재판소

동경 고등재판소 1985년 10월 23일 판결
民集 46권 5호 483면

■ 항소이유

본장의 주제에 관한 한 제1심에서의 주장과 동일.

■ 법적 구성 및 적용

제1심 판결과 동일.

일부(1983년의 명령처분의 취소청구에 관해) 각하. 일부(그 외의 항소 및 1985년의 명령처분의 취소청구에 관해) 기각.

상고심=최고재판소

■ 상고이유

본장의 주제에 관한 한 제1심에서의 주장과 동일.

[법정의견]

(a) 헌법 제31조의 적정절차의 보장과 행정절차에 대해서

「헌법 제31조가 정하는 적정절차의 보장은 직접적으로 형사절차에 관한 것이지만, 행정절차에 대해서는 그것이 형사절차가 아니라는 이유만으로 그 전부가 당연히 동조에 의한 보장의 테두리 밖에 있다고 판단하는 것은 상당하지 않다」. 그렇지만 「동조에 의한 보장이 미친다고 해석해야 하는 경우라도 일반적으로 행정절차는 형사절차와 그 성질에 있어서 자연히 차이가 있으며, 또한 행정목적에 따라 그 종류와 내용이 다양하므로 행정처분의 상대방에게 사전의 고지, 청문, 방어의 기회를 부여할 것인지의 여부는 행정처분에 의해 제한을 받는 권리이익의 내용, 성질, 제한의 정도, 행정처분에 의해 달성하려는 공익의 내용, 정도, 긴급성 등을 종합적으로 형량하여 결정해야 하는 것으로, 반드시 이와 같은 기회를 부여할 것을 필요로 하는 것은 아니다」.

(b) 헌법 제35조의 영장주의와 행정절차에 대해서

「헌법 제35조의 규정은 본래 주로 형사절차에서의 강제에 관하여 그것이 사법권에 의한 사전억제 하에 놓여져야 한다는 것을 보장하는 취지의 것이지만, 해당 절차가 형사책임 추궁을 목적으로 하는 것이 아니라는 이유만으로 그 절차에서의 일체의 강제가 당연히 위 규정에 따른 보장의 테두리 밖에 있다고 판단하는 것은 적합하지 않다(최고재판소 1969년(あ) 제734호 1972년 11월 22일 대법정 판결・刑集 26권 9호 554면). 그러나 행정절차는 형사절차와 그 성질에 있어서 자연히 차이가 있으며, 또한 행정목적에 따라 다양하므로 행정절차에서의 강제의 일종인 모든 출입에 대해 재판관의 영장을 요한다고 해석하는 것은 적합하지 않으며, 해당 출입이 공공의 복지 유지라는 행정목적을 달성하기 위해 필요한 것인지 아닌지, 형사책임의 추궁을 위한 자료수집에 직접 결부되는 것인지의 여부, 또한 강제의 정도, 형태가 직접적인 것인지의 여부 등을 종합적으로 판단하여 재판관의 영장 여부를 결정해야 한다」.

■ 적용

본법 제3조 제1항에 근거한 공작물 사용금지명령에 의해 제한된 권리이익의 내용, 성질은 동항 각호 소정의 3가지 형태에서 당해 공작물의 사용이며, 「위 명령에

의해 달성하려고 하는 공익의 내용, 정도, 긴급성 등은……신공항의 설치, 관리 등의 안전이라는 국가적, 사회경제적, 공익적, 인도적 견지에서 그 확보가 강력히 요청되고 있는 것이므로, 고도로 긴급한 필요성을 가지고 있다는 것 등을 종합적으로 형량하면, 위의 명령을 내리는데 있어 그 상대방에게 사전에 고지, 청문, 방어의 기회를 부여하는 취지의 규정이 없더라도, 본법 제3조 제1항이 헌법 제31조의 취지에 반한다」고는 할 수 없다.

본법 제3조 제3항에서 정한 출입 등은 동조 제1항에 근거한 사용금지명령의 이행을 확보하기 위해 필요한 한도 내에서만 인정되며, 그 출입의 필요성이 높고 해당 출입에 직원의 신분증 휴대·제시가 요구되어 있는 것(동조 제4항) 외에, 「위 출입 등의 권한은 범죄수사를 위해 인정된 것이라고 해석해서는 안 된다고 규정되어(동조 제5항) 형사책임의 추궁을 위한 자료수집에 직접 결부되는 것은 아니라는 것, 강제의 정도, 형태가 직접적이고 물리적인 것이 아니라는 것(제9조 제2항)을 종합적으로 판단하면, 본법 제3조 제1항, 제3항은 헌법 제35조의 취지에 반하는 것이라고 할 수 없다」.

일부(1985년의 명령처분의 취소청구에 관해) 파기자판破棄自判*(소송의 각하). 일부(그 외의 소송에 관해) 상고기각.

또한 본 판결에는 두 가지 의견이 부가되어 있다.

---

* 訳註: 파기환송하지 않고 최고재판소가 최종결정함.

[의 견]

■ 법적 구성

헌법 제31조의 적정절차의 보장과 행정절차에 대해서

• 소노베 이쓰오(園部逸夫) 재판관

「행정청의 처분 중 적어도 불이익처분……에 대해서는 법률상 원칙적으로 변명, 청문 등 뭔가 적정한 사전절차의 규정을 두는 것이 필요하며」, 이러한 법 정비의 헌법상의 근거는 「소위 법치주의의 원리(절차적 법치국가의 원리), 법의 적정한 절차 또는 과정……의 이념, 그 외 행정절차에 관한 법의 일반원칙」에 요구되어야 한다. 그러나 「일반적으로 행정청의 처분은 형사상의 처분과는 달리, 그 목적, 종류 및 내용이 다양하므로 불이익처분의 경우에도 개별적인 법령에 대해서 구체적으로 어떠한 사전절차가 적정한지에 대해 재판소가 일의적으로 판단하는 것은 곤란하다고 봐야 하며, 이 점은 입법당국의 합리적인 입법정책상의 판단에 맡겨야 한다고밖에 할 수 없으며」, 「불이익처분을 정한 법령에 사전절차에 관한 규정이 전혀 제정되어 있지 않거나 사전절차에 관한 어떠한 규정이 놓여 있어도 실질적으로는 전혀 제정되어 있지 않은 것과 같은 상태인 경우는……당해 법령의 입법취지로 보아 위 법령에 사전절차를 놓고 있지 않다는 것 등이 위의 [행정절차에 관한 법] 일반원칙에 현저히 반한다고 인정되지 않는 경우에는 입법정책상의 합리적인 판단에 의한 것으로 이것을 인정해야 한다」.

• **가베 쓰네오**(可部恒雄) **재판관**

「헌법 제31조에 의한 적정절차의 보장은 한 사람의 형사절차에 한정되지 않고 행정절차에도 미친다고 해석되는 것이지만, 행정절차가 각각의 행정목적에 따라 다양하다는 사정에 비추어 동조의 보장이 행정처분 전반에 관해 일률적으로 타당하다고 한 당해 처분에 대해 고지·청문을 포함한 사전절차가 없는 것이 곧바로 위헌·무효의 결론을 초래한다고 해석하는 것은 적합하지 않으나」, 「사인의 소유권에 대한 중대한 제한이 행정처분에 의해 부과된 사안을 상정하면,……헌법 제31조의 보장이 미친다고 해석해야 하는 것은 오히려 당연한 이치에 속하며, 이러한 처분이 일체의 사전절차를 거치지 않고 부과되는 것은 원칙적으로 헌법이 허용해서는 안 되는 부분이라고 해야 한다. 이것이 동조 위반의 평가를 면할 수 있는 것은 제한된 예외의 경우」 뿐이며, 「그 예외로 가장 적합한 것은 소방법 제29조가 규정하는 경우와 같다」.

■ 적용

• **소노베 이쓰오**(園部逸夫) **재판관**

본법 제3조 제1항에서 정하는 공작물사용금지명령은 그 명을 받은 자에 대해 부작위의무를 부과하는 전형적인 행정상의 불이익처분에 해당하며, 상기 명령에 대해서는 그 성질로 보아 「긴급한 경우의 제외규정을 부가한 뒤 사전절차의 규정을 두는 것이 바람직한 경우이지만, 본법은 법률 자체가 고도로 긴급한 필요성이라는 본건 규제에서의 특별한 사정을 고려하여 제정된 것이라는 점에 비추어 보면, 사전절차의 규정을 두지 않는 것이 곧바로 前記의 일반원칙에 현저히 반한다고는 인정되지 않으므로, 위와 같은 입법정책상의 판단은 합리적인 것으로 인정할 수 있다」.

• **가베 쓰네오**(可部恒雄) **재판관**

본건 공작물의 구조는 「독특하여 통상의 거주용 또는 농작물 등의 격납용 건물과는 현저히 다르며, 누구라도 그 사용목적이 무엇인가를 의문으로 하지 않을 수 없다」. 한편, 본건 공작물에 대한 행정처분은 본법 제3조 제1항 1호 및 2호 소정의 2가지 형태의 재산권 행사를 금지하는 것에 지나지 않는다. 양자를 「종합적으로 감안하면 前記와 같은 형태의 재산권 행사의 금지가 헌법 제29조에 의해 보장되는 재산권에 대한 중대한 제한에 해당하는가에 대해 의문시해야 할 뿐만 아니라, 이것을 굳이 「중대한 제한」에 해당한다고 해도, 당해 처분에 관해 고지 · 청문을 포함한 사전절차를 거치지 않는 한, 제31조를 포함한 헌법에 반하는 것이라고 쉽게 단정짓기 어려운 부분이다」.

기본 해설

1. 헌법 제31조 이하의 절차적 보장의 의미

헌법 제31조의 적정절차의 보장이 절차의 법정뿐 아니라, 절차의 적정도 요청하는 것은 학설 · 판례의 일반적인 이해로 되어 있다. 또한 그 적정절차의 내용으로는 특히 사전의 고지 · 청문(notice and hearing)이 중요하나, 이러한 사전절차의 요청이 헌법 제31조라는 것은 관세법 제3자 소유물 몰수 사건에서 최고재판소에 의해 이미 확인된 부분이다(최고재판소 1962년 11월 28일 刑集 16권 11호 1593면).

제31조의 이 같은 적정절차의 요청은 제32조 이하에서 정하는 절차적 보장에 의해 더 상세하고 개별적으로 구체화되어 있으나, 이들 조항이 그 연혁과 법문의 내용으로 보아 직접적으로는 형사절차를 대상으로 한 것은 명확하다. 그렇다고는 하나, 그 취지가 원래 국민의 권리와 자유를 절차적 보장에 의해 확보한다는 점에 있는 것으로 보아 국민의 권리 · 이익의 침해를 초래할 수 있는 행정처분에 대해서도 형사절차와 동일한 적용이 이루어진다고 생각해도 좋을 것이다.

최고재판소는 가와사키민상(川崎民商) 사건에서 먼저 제35조, 제38조라고 하는 개별 규정의 행정절차에의 적용가능성을 인정했으나(본장 Part Ⅳ 「두 번째 소재」 참조), 본건 최고재판소 판결은 그 취지에 기초하여 제31조 자체에 대해 처음으로 정면에서 이를 판단한 것이다.

2. 제31조의 적정절차의 보장과 행정절차

법정의견은 제31조에 의한 적정절차의 보장이 행정절차에 미치는가에 대해서 다음과 같이 주장했다. 첫째로 「행정절차에 대해서는 그것이 형사절차가 아니라는 이유만으로 그 전부가 당연히 동 [제31]조에 의한 보장의 테두리 밖에 있다고 판단하는 것은 적합하지 않다」고 하고, 행정절차라 할지라도 그 보장의 테두리 안에 들어가는 것이 있다는 것을 인정한다. 그러나 법정의견의 함의는 어디까지나 거기에 머물러있다. 그 설시로 보면 행정절차에 대해서는 보장의 테두리 밖에 놓여 있는 것과 그 테두리 내에 들어있는 것으로 나누어지는데, 테두리 안과 밖 중 하나를 원칙으로 하거나 또는 그것을 어떻게 분류하는가에 대해서는 아무런 언급도 없기 때문이다.

이 점에서 2가지 의견은 일정한 행정처분에 관한 것이라고는 하나, 헌법상의 원칙론을 제시하려고 한다. 즉, 소노베(園部)의견의 경우는 행정처분 중 적어도 불이익처분에 대해서는 법률상 사전절차규정을 두는 것이 원칙이다(긴급하고 어쩔 수 없는 경우의 예외규정은 있을 수 있다)라고 하였으며, 또한 가베(可部)의견의 경우는 보다 직관적으로 사인의 소유권에 대한 중대한 제한에 한정한다면, 이러한 행정처분에 헌법 제31조의 보장이 미치는 것은 「당연한 이치」라고 할 수 있으며, 이것이 헌법상의 요청이고 원칙이다(소방법 제29조와 같은 「극한 상황」은 예외에 해당한다)라고 명언하고 있기 때문이다.

그렇다면, 양 의견에 따르면, 법정의견과는 다른 결론이 도출될 수 있을 것처럼 보이지만 그렇지는 않다. 소노베의견의 경우에는 행정처분의 다양성을 전제로 하면서 개별 법령마다 마련되어야 할 사전절차의 내용은 「입법당국의 합리적인 입법정책상 판단에 맡겨질 수밖에 없으며」, 가령 사전절차규정이 없어도 그것이 행정절차에 관한 법의 일반원칙에 현저히 반하지 않는 한 인정된다고 설명하여, 결국은 입법재량론의 문제로 처리하고 있기 때문이다. 또한 가베의견의 경우에는 본건 사안의 사실인정 및 그 평가가 크게 작용하고, 본건은 예외에 해당한다고 판단한 것에 의한다.

둘째로, 법정의견은 제31조의 보장의 테두리 안에 들어온 행정절차라 할지라도, 형사절차의 경우와는 달리, 행정처분의 상대방에게 사전의 고지, 청문, 방어의 기회를 부여하는 것이 반드시 필요한 것은 아니라고 하여, 그 논거를 행정절차와 형사절차의 성질상의 차이, 행정목적에 따른 행정절차의 다양성에서 구하고 있다. 상기의 테두리 안에 들어가는 것을 이유로 행정청에 의한 불이익처분이 예상되어 있다고 하면, 그 범주에서 법정의견과 소노베의견은 결론적으로 일치하게 된다. 이에 대해, 가베의견은 법정의견이 드는 논거를 오히려 「동조의 보장이 행정처분 전반에 관해 일률적으로 타당한가」의 차원에서 다루고 있으며, 출발점에서의 쌍방 인식의 차이를 볼 수 있다.

셋째로, 사전절차를 요하는가의 판단방법이 문제인데, 법정의견은 (가)행정처분에 의해 제한을 받는 권리이익의 내용, 성질, (나)그 제한의 정도, (다)행정처분에 따라 달성하려고 하는 공익의 내용, 정도, 긴급성 등을 종합적으로 판단하여 결정해야 한다고 하여, 소위 비교형량론에 의거하는 자세를 보였다. 이 점은 앞에서 말했듯이 소노베(園部)의견 및 가베(可部)의견에서도 그것을 이용하는 차원이 다르더라도 법정의견과 동일한 비교형량론을 전제로 하고 있는 것으로 볼 수 있다.

법정의견의 이 같은 견해에 근거하면, 그 취지는 행정절차 중에서 상기의 (가) 또는 (다)에 관한 판단요소를 종합적으로 형량한 경우, 결과적으로 제31조가 보장하는 사전절차가 요청되는 경우가 있을 수 있다는 것이다. 그리고 본건의 경우 (가) 및 (나)에 대해서는 본법 제3조 제1항 각호에서 정하는 당해 공작물의 사용에 한정되고, (다)에 대해서는 「신공항의 설치 관리 등의 안전이라는 국가적, 사회경제적, 공익적,

인도적 견지에서 그 확보가 대단히 강력히 요청되며」, 더욱이 「고도로 긴급한 필요성을 가진다」는 취지로 인정되어, 동 조항의 헌법 제31조 위반의 주장이 무너진 것이다. 그렇지만 (다)에서 제기된 내용은 너무 추상적이고 개괄적이기 때문에, 이와 같은 비교형량이 어디까지 실효적인가라는 의문의 여지를 남기고 있다.

3. 제35조의 영장주의와 행정절차

제35조의 영장주의와 행정절차의 관계에 대해서 법정의견은 상기 가와사키민상 사건 최고재판소 판결을 채택하면서, 「해당 절차가 형사책임의 추궁을 목적으로 한 것이 아니라는 이유만으로, 그 절차에서의 일체의 강제가 당연히 위 규정에 의한 보장의 테두리 밖에 있다고 판단하는 것은 상당하지 않다」고 설명했으나, 행정절차와 형사절차의 성질상의 차이, 행정절차의 다양성에서 본다면 모든 행정절차에 영장주의가 요청되는 것이 아니라, 다양한 요소를 종합적으로 판단하여 이것을 결정해야 한다고 하였다.

이 취지는 제31조에 관한 것과 동일하며, 그러한 의미에서 최고재판소는 조항의 여부와 상관없이 제31조 이하의 절차적 보장에 대해서 같은 논리구성에 의해 판단할 의도를 보인 것이라고 할 수 있다. 그렇다고 한다면, 오히려 본건 최고재판소 판결의 제31조에 관한 논리구성이 가와사키민상 사건 최고재판소 판결에 의해 형성되었다고 평가해도 좋을 것으로 생각된다. 그런 의미에서 상기 최고재판소 판결에 대해 쏟아졌던 의문과 비판은 그대로 본건 최고재판소 판결에도 부합하게 된다.

또한 법정의견은 상기 판단요소로서 해당 절차가 (가)공공의 복지유지라는 행정목적을 달성하기 위해 불가결한가? (나)형사책임의 추궁을 위한 자료수집에 직접 결부되는 것인가? (다)강제의 정도, 형태가 직접적인 것인가? 의 3가지를 예시하고 있다. 이들은 선례로 원용된 상기 최고재판소 판결의 흐름에 따른 것으로 받아들일 수 있으며, 특별히 새로운 판시는 아니다.

Part Ⅱ 응용편

◥ 확인문제

1. 본 판결은 헌법 제31조에서 말하는 절차적 보장이 원칙적으로 행정절차에도 미친다고 판결하고 있는 것인가?
2. 행정절차에 요청되는 절차적 보장이란 어떠한 것인가? 그것은 형사절차의 경우

와 다른 것인가? 다르다면 왜 그러한가?

3. 본 판결에 의하면 2에서 서술한 절차적 보장이 해당 행정절차에 필요한 것인지의 여부에 대한 판결은 어떻게 이루어질 것인가?

4. 3에 비추어 본 경우 나리타신법이 합헌으로 된 것은 왜인가?

◥ 응용문제

설문 1 본법이 위헌이라는 견해에 선 경우 다음과 같은 취지의 규정이 본법에 더해진다면 어떠한가?

(1) 매우 긴급한 경우는 별도로 하고, 사용금지명령이 발표되기 전에 고지・청문을 할 것

(2) 본건 공작물 내지 토지소유자에 대해서만 (1)과 같은 사전절차를 할 것

(3) 사용금지명령의 기한에 대하여 일정 상한을 명시할 것

(4) 사용금지명령을 발령할 것인가에 대한 판결기준을 명시할 것

(5) 사용금지명령을 재차 발령할 경우에는 일정한 간격을 둘 것

(6) 사용금지명령에 대한 불복신청이 이루어진 경우에는 집행정지를 의무화하는 제도를 마련할 것

설문 2 충분한 사전절차의 규정이 없는 본법과 유사한 법률이 다음과 같은 사정 하에 입법되었다면 어떠한가?

(1) 신공항에 대한 폭력적인 파괴활동이 한 번도 일어나지 않은 경우

(2) 정부의 방침전환에 따라 정부 및 신공항 반대파의 교섭에 의한 결말이 날 때까지 신공항 개항은 하지 않는다고 된 경우

(3) 신공항이 오로지 일부 국내선을 대상으로 한 소형공항으로 사용되기로 한 경우

(4) 원자력시설의 건설・사용이 임박한 경우

(5) 산업폐기물 등의 쓰레기 소각장의 건설・사용이 임박한 경우

설문 3 본건 최고재판소 판결이 내려진 후 행정절차법(1993년 법률 88호)이 제정되어 불이익처분을 하려고 할 경우에는 사전절차를 취하도록 규정되었으나(제13조), 동법에서는 각각의 관점에 비추어 적용제외를 인정하고 있다. 본 판결의 입장에서 보면, 다음과 같은 처분에 대해 대체로 일체의 사전절차가 불필요하다고 하는 것은 헌법상 허용되는가?

(1) 공립학교에서의 학생의 퇴학처분

(2) 국가공무원에 대한 징계면직처분

(3) 외국인에 대한 강제퇴거처분

(4) 피생활보호자에 대한 생활보호정지처분

(5) 사법시험의 합격여부판정결과에 대한 처분

설문 4 본 판결의 기준에서 보면, 행정청은 사전절차적 보장이 없는 상태로 다음과 같은 처분을 할 수 있는가?

(1) 전염병환자를 수용·격리하는 것

(2) 소방대원 등이 재해발생 시 인근 주민의 토지·가옥을 사용하거나 그 사용제한을 명하는 것

(3) 위법건축물의 공사정지·개폐를 명하는 것

(4) 자동차운전면허를 취소·정지하는 것

(5) 주류판매면허를 거부·취소하는 것

Part Ⅲ 이론편

◥ 전개문제

1. 행정절차에서의 적정절차로는 어떠한 것이 요청되는가? 또한 그 의의는 무엇인가?

행정절차에서의 적정절차라고 할 때 그 내용은 ①고지·청문, ②문서열람, ③이유부기, ④처분기준의 설정·공표를 드는 것이 통례이다(塩野·後掲 237면 이하 참조). ①은 행정처분에 앞서 그 상대방에게 당해 처분의 내용·이유를 통지하고 이견이 있을 경우에는 그것을 청취하는 절차이다. 이러한 절차의 요청은 처분을 받는 측에서 보면 오히려 당연한 것이라 할 수 있으나, 행정청으로서는 처분의 전제가 되는 정보의 정확성을 추구할 수 있으며, 또한 이해관계인이 있을 경우에는 이들이 절차과정에 참가할 수 있는 장점으로 지적되고 있다(塩野·後掲 139면).

②는 관계문서 등의 기록 열람을 가리키며, 이에 따라 당해 처분의 전제까지 명확해진다. 그러한 의미에서 이 절차는 청문을 한층 실효화 하는데 도움이 된다. ③은 당해 처분의 이유를 처분서에 부기하는 것을 말하지만, 판례는 여기에 자의억제기능·불복신청편의기능을 인정하였고(최3소판 1985년 1월 22일 民集 39권 1호 1면), 학설은 거기에 덧붙여 설득기능·결정과정 공개기능을 지적하고 있다(塩野·後掲 238면 참조). ④는 관계당사자의 예견가능성의 확보와 함께 자의적 내지 독단적인 행정결정의 방지를 위한 것임은 말할 필요도 없다.

이렇게 보면, 이들 절차적 보장은 모두 행정청의 결정이 공정하고 투명한 과정 속에서 보다 정확하고 과부족하지 않은 정보를 바탕으로 이루어질 것을 요청·확보하기 위한 것이라 할 수 있다. 그것이 또한 행정결정의 내용 그 자체의 적정성을 담보하므로 행정처분의 상대방의 권리·이익을 보호하는 것도 된다. 더욱이 행정에서는 그 성질상 행정청의 재량적 판단을 요하는 경우도 적지 않다. 그렇다면 이로 인해 불이익을 받는 상대방에 대해 절차적 보장의 필요성과 중요성이 더더욱 높아지게 될 것이다.

원래 행정권에 의한 국민의 권리·이익의 침해에 대해서는 실체법의 정립과 재판적 구제를 통한 통제로 대처할 수 없는 것은 아니다. 그러나 이러한 통제 특히 사후적인 구제절차에 한계가 있다는 것은 이전부터 지적되는 부분이다(塩野·後揭 235면 참조). 그러한 만큼 오늘날의 행정활동의 전문화·고도화, 국민생활과의 밀접성 및 그 영향력을 고려할 때, 법률에 의한 행정의 원리, 나아가 법치국가의 원리를 관철해 가는데 있어서도 행정절차의 적정화는 중요한 의의를 가진다.

2. 행정절차에서의 적정절차의 보장은 헌법상의 요청이라고 할 수 있는가?

일본국헌법에는 행정절차에서의 적정절차를 보장하는 명문의 규정이 없다. 그러나 그 보장의 중요성은 말할 것도 없이 행정절차의 적정화를 헌법상의 요청으로 받아들일 필요가 있다. 그렇지만 행정절차는 그 목적·성질·내용 등에 비추어보아 형사절차와는 달리 일괄하여 논하기 어려울 만큼 다양하다. 그러한 만큼 형사절차를 주된 대상으로 하는 제31조 이하의 절차보장 규정으로 행정절차에서의 적정절차의 보장을 생각할 수 있는가? 행정절차의 다양성을 감안하면서 행정절차에는 어떠한 보장이 요청되고 있다고 생각해야 하는지가 문제가 된다.

학설에서는 행정절차의 다양성을 인식하고 행정절차의 적정절차의 보장이 형사절차의 경우와 다를 수 있다는 것을 인정하면서도, 헌법상의 요청이라고 해석하는 점에서는 견해가 일치한다. 다만, 그 근거에 대해 제31조의 법문을 그대로 이해하여 동조보다 제13조에 근거를 구하는 견해(杉村·後揭 97면), 제31조의 법문에 구애받지 않고 행정절차에의 동조의 적용 내지 준용을 주장하는 견해, 행정의 실체·절차의 적정성은 제13조가 이념으로 하는 인격의 존엄의 원리에서 도출되지만, 형사벌에 필적할만한 행정처분 등에 대해서는 제31조가 준용된다고 하는 병용설적인 견해(佐藤·後揭①, 590-591면), 또는 제31조를 근거로 하기에는 해석론적·입법론적으로도 한계가 있다고 하여 일본국헌법에서의 절차적 법치국가의 원리에서 찾는 견해(塩野·後揭 243-244면) 등으로 나누어진다. 적용 내지 준용설이 다수라고 할 수 있으나, 후자의 두 견해도 유력하다.

이에 대해 판례는 행정절차에서의 적정절차의 보장의 필요성에 그 나름의 이해를 보이고 있지만, 이것을 어디까지 헌법상의 요청이라고 해석하는지가 불분명하다. 즉, 최고재판소는 가와사키민상 사건에서 제35조, 제38조, 나리타신법 사건에서 제31조, 제35조를 각각 근거조문으로 하여 행정절차에서의 적용 가능성을 인정하고 있지만, 적용을 원칙으로 한 뒤 그 보장이 미치는 범위를 도출하는 방법을 취한 것으로는 생각되지 않기 때문이다. 오히려 거기서 취하고 있는 것은 행정절차와 형사절차의 차이, 행정절차의 다양성을 논거에 두고 이익형량을 통하여 개개의 행정절차별로 적정절차의 필요여부를 판단하려고 하는 방법이라고 할 수 있다.

행정절차의 적정절차의 보장에 대해서 헌법조항으로부터 일의적인 요청이라고 이해하기는 분명 어려우므로, 「적정절차의 실현을 우선 입법자에게 기대」 한다는 최고재판소의 「제정법 준거주의」(塩野・後掲 243면)도 이해할 수 없는 것은 아니다. 또한, 적정절차규정을 결여한 법률에 대해서도 곧바로 법령위헌이라 하지 않고, 적용위헌 또는 운용위헌의 문제로 처리하는 것도 하나의 방법으로 생각해볼 수 있다(나리타신법 사건에서 이것을 시사하는 手島・後掲①, 253면, 木佐・後掲 245면, 법령위헌을 주장하는 野中・後掲 31면). 그러나 입법재량에 대한 헌법상의 한계 설정이 어떠한 형태로든 제시되지 않는다면, 행정절차의 적정절차의 보장은 결국 그림의 떡에 지나지 않을 것이다.

나리타신법 사건 최고재판소 판결에 대해 「이익형량의 방법에 따라 결론이 좌우되는 본 판결과 같은 견해는 행정처분의 사전절차에 대해 헌법상 무엇이 어디까지 요구되고 있는가의 판단기준을 명확히 하지 않은 것과 같으며」(田村・後掲 167면), 「구체적인 행정처분에 대해 헌법이 요구하고 있는 최소한의 기준을 최고재판소가 제시하고, 이에 비추어 합헌성을 판정하는 것은 가능하므로 이것은 일의적인 판단이 되지 않는 것이 아닐까?」(渋谷・後掲 109면) 라는 비판이 제기되는 것도 이유가 없다고 볼 수 없다. 행정절차에서의 적정절차의 요청은 원래 「비교형량에 의해 쉽게 평가절하될 수 있는 것이 아니다」(棟居・後掲 139면).

3. 행정절차법의 적용제외규정은 헌법 제31조에 위반되는가?

나리타신법 사건 최고재판소 판결 이후, 이전부터의 현안이며 상기 판결의 개별의견에서도 언급된 행정절차법(1993년 법률 88호. 이하, 「절차법」이라 함)이 제정되었다. 동법은 「행정운영에서의 공정성 확보와 투명성……의 향상을 도모함으로써 국민의 권리이익 보호에 이바지할 것」을 목적으로 내걸고(제1조 제1항), 위의 ①내지 ④의 사항을 대처하면서 처분, 행정지도 및 신청에 관한 절차에 대해 공통된 사항을 정하는 것이다.

이 중 불이익처분에 대해서는 원칙적으로 그 상대방에게 청문・변명의 기회를 부여하고(제13조 제1항), 이유를 제시하지 않으면 안 되는 것으로 되어 있다(제14조). 그렇지만 모든 행정처분이 그 대상이 되는 것은 아니다. 일정 행정분야에 대해서는 해당 분야의 특수성 등을 이유로 동조에서 정하는 각 규정의 적용이 제외(제3조)될 뿐만 아니라, 개별법에 의한 적용제외도 인정되고 있다(제1조 제2항). 나리타신법도 절차법 제3장의 규정은 적용되지 않는다고 규정하여(제8조의 2), 후자에 속하는 하나의 예이다. 또한 청문·변명절차에 대해서도 적용제외가 인정되고 있다(제13조 제2항).

따라서 행정절차에서의 적정절차의 보장이 헌법원칙이라고 해석하는 입장에서 보면, 이러한 적용제외 규정이 헌법에 적합한가는 논의의 여지가 크다. 물론, 그 문제는 개개의 법안에 대해 구체적으로 논해야 하지만, 예를 들어 청문·변명절차의 적용제외에 대해서 말하면, 당해 행정처분의 전제가 되는 근거가 법률상 명확하므로 그 판단기준 등이 기술적·객관적이고, 나아가 사전에 명시되어 있는 경우(제13조 제2항 2호·3호 참조) 등은 별개의 문제로 하고, 공익성, 긴급성을 이유로 하는 규정(동항 1호)은 가령 절차법이 일반법이라 할지라도 너무 지나치게 일반적인 것이라 생각된다.

예를 들어, 긴급성은 입법자의사에 따를 때 「실제로 무엇인가가 일어나거나 일어나려고 하지 않는」 경우까지 포함(총무청 행정관리국·後揭 134면)되므로, 「현저한」이나 「중대한」 등의 한정구는 익숙하지 않을 것이다. 그러나 나리타신법 사건 최고재판소 판결에 대해서는 긴급성 유무의 판단을 둘러싸고 많은 비판이 있었으나(後揭의 판례평석 참조), 절차법의 이러한 일반원칙을 전제로 하면 이를 쉽게 인정할 수 있을 것이다. 그렇다고 하면, 대부분의 행정처분에 대해 사전절차의 적용제외의 길이 열리지 않을 수 없을 것이다.

Part Ⅳ 두 번째 소재

가와사키민상 사건(川崎民商事件)

최고재판소 1972년 11월 22일 대법정 판결
1969년(あ) 제734호 소득세법위반피고사건
刑集 26권 9호 554면

사실 개요

구 소득세법 제63조(1965년 법률 33호에 의한 개정 전의 것. 현행 제234조 제1항에 상당)에 의하면 세무직원은 세무조사 시 납세의무자 등에게 질문을 하거나 장부 등을 조사할 수 있으며(소위 질문검사권), 이때 상기 검사를 거부 방해하거나 질문에 응답하지 않는 자가 있을 때는 제70조 10호・12호(同前. 마찬가지로 제242조 제8항)에 근거하여 1년 이하의 징역 또는 20만 엔 이하의 벌금에 처할 수 있다. X는 세무직원이 상기 질문검사권에 근거하여 1962년도분 소득세확정신고조사를 위해 장부 등을 검사하려고 했을 때, 이를 거부하여 양 조항에 위반되었으므로 기소됐다. 제1심 및 원심에서 X는 유죄로 판정되었기 때문에, 이러한 질문검사는 헌법 제35조 제1항의 영장주의, 제38조 제1항의 묵비권의 보장에 반하는 것 등을 이유로 상고했다.

본 판결은 헌법 제35조, 제38조의 요청이 원칙적으로 형사절차 이외에도 미칠 수 있다는 것을 인정했으나, 본건의 경우 양 조항의 취지에 반하는 것이 아니라 합헌이라고 판단했다.

상고심=최고재판소

■ 법적 구성

(a) 구 소득세법 제63조, 제70조 10호의 질문검사의 성질에 대하여

구 소득세법 「제63조 소정의 세무직원의 검사는 전적으로 소득세의 공평하고 확실한 부과징수를 위하여 필요한 자료를 수집하는 것을 목적으로 한 절차로, 그 성질상 형사책임의 추궁을 목적으로 하는 절차가 아니다」. 「또한 위 검사의 결과 과소신고의 사실이 밝혀지고, 나아가 소득세포탈의 사실 발각으로도 이어질 수 있다는 가능성을 생각하지 못하는 것은 아니나,……위 검사가 실질상 형사책임의 추궁을 위한 자료의 취득수집에 직접 결부되는 작용을 일반적으로 가지는 것이라 인정해야 하는 것은 아니다」. 「더욱이 이 경우 강제 형태는 세무직원의 검사를 정당한 이유 없이 거부하는 자에 대해 동법 제70조 소정의 형벌을 가함으로써 간접적 심리적으로 위 검사의 수인을 강제하려고 하는 것이며, 나아가 위 형벌이 행정상의 의무위반에 대한 제재로 반드시 경미한 것이라고는 할 수 없어도, 그 작용하는 강제의 정도는 그것이 검사 상대방의 자유로운 의사를 현저하게 구속하여 실질적으로 직접적 물리적인 강제와 동일시해야 할 정도라고까지는 인정하기 어렵다……. 국가재정의 기본이 되는 징세권의 적정한 운용을 확보하고, 소득세의 공평하고 확실한 부과징수를 도모한다는 공익상의 목적을 실현하기 위해 세무직원에 의한 실효성 있는 검사제도가 없어서는 안 되는 것이라는 것은 누구도 부정하기 어려운 것이라는 점과, 그 목적, 필요성에 비추어보아 위 정도의 강제는 실효성 확보의 수단으로서 반드시 불균형, 불합리한 것이라고는 할 수 없다」.

(b) 헌법 제35조 제1항의 영장주의와 행정절차에 대하여

「헌법 제35조 제1항의 규정은 본래 주로 형사책임 추궁의 절차에서의 강제에 대하여 그것이 사법권에 의한 사전억제 하에 놓여져야 한다는 것을 보장한 취지이지만, 해당 절차가 형사책임 추궁을 목적으로 한 것이 아니라는 이유만으로 그 절차에서의 일체의 강제가 당연히 위 규정에 의한 보장의 테두리 밖에 있다고 판단하는 것은 적합하지 않다」.

(c) 헌법 제38조 제1항의 묵비권 보장과 행정절차에 대하여

「헌법 제38조 제1항의 취지가 누구라도 자기의 형사상의 책임을 물을 우려가 있는 사항에 대해 진술을 강요받지 않는다는 것을 보장한 것이라고 해석해야 하는 것은 본 재판소 대법정의 판례(1952년(あ) 제838호 1957년 2월 20일 판결 · 刑集 11권 2호 802면)로 하는 부분이지만, 위 규정에 의한 보장은 순수한 형사절차뿐만 아니라, 그 이외의 절차에서도 실질적으로 형사책임의 추궁을 위한 자료의 취득수집에 직접 결부된 작용을 일반적으로 갖는 절차에 동일하게 미치는 것으로 해석하는 것이 상당하다」.

■ 적용

질문검사의 성질에 대해「서술한 여러 가지 점을 종합하여 판단하면 구 소득세법 제70조 10호, 제63조에서 정하는 검사는 사전에 재판관이 발령하는 영장에 의할 것을 그 일반적 요건으로 하지 않는다고 하여, 이것을 헌법 제35조의 취지에 반하는 것이라고는 할 수 없다」. 또한「구 소득세법 제70조 10호, 12호, 제63조의 검사와 질문의 성질이 위와 같은 것인 이상, 위 각 규정 그 자체가 헌법 제38조 제1항에서 말하는『자기에 불이익한 진술』을 강요하는 것이라고는 할 수 없다」.

상고기각.

기본 해설

1. 행정조사와 헌법의 적정절차의 보장

행정기관은 행정의 수행에 관하여 필요한 정보를 수집하고 있는데, 이 같은 활동을 일반적으로 행정조사라 부른다. 행정조사에는 개별 구체적인 행정처분에 선행하여 이루어지는 것이 있으며, 이 경우 개개의 법률규정에 기초하여 토지 · 가옥에의 출입, 질문 · 검사의 실시, 나아가 검사대상물의 수거 등이 이루어진다. 본건에서 다투어진 소득세법상의 질문검사도 이러한 행정조사의 일종이며, 세무조사의 유력한 수단으로

되어 있다.

물론, 세무직원에 의한 이러한 질문검사는 처벌의 가능성을 인식한 정보수집 활동으로서의 국세범칙단속법 제2조, 관세법 제121조 이하에서 보이는 범칙사건 조사와는 달리, 어디까지나 일반적인 세액확정 등을 목적으로 하는 것으로 보인다(水野・後揭 213면). 그러나 질문검사는 그 행위의 외형에서 보면, 형사사건의 수사에서의 거주침입・수색・압수에 상당한다고 할 수 있으나, 헌법 제35조에서 말하는 재판소가 발령하는 영장은 요하지 않는다. 한편, 질문검사가 거부될 경우를 예상하여 가장 무거운 벌칙(1년 이하의 징역 또는 20만 엔 이하의 벌금)이 마련되어 있기 때문에, 이것을 받는 측에서 보면 이에 대한 협력이 강제되어 가령 자신에게 불이익이 있을지라도 응답하지 않을 수 없다. 더욱이 질문검사의 결과 소득세포탈이 밝혀지면 세무직원에 의한 고발도 있을 것이다.

따라서 형사절차의 경우와 마찬가지로 이 같은 행정조사에 대해서도 헌법 제35조의 영장주의, 제38조의 묵비권의 보장이 미쳐야 하는 것은 아닐지 의문이 생긴다. 본건에서는 형사절차와의 추론적 관점이 강하고 적정절차의 일반규정인 제31조에 의한 절차적 보장의 문제는 거론되지 않았다.

2. 헌법 제35조의 영장주의와 행정절차

행정절차에 대한 헌법 제35조의 적용에 대해서는 학설상 견해가 나누어진다. 종래는 본조의 연혁, 헌법전에서의 위치 등을 감안하여 이것을 부정하고 형사절차에 한정된다는 견해가 일반적이었다. 이에 대해 본조의 영장주의가 미친다고 하는 견해가 등장하였으나 그 논리는 다르다. 하나는 영장을 요하지 않는 조건이라는 점에서 형사절차와 다르다고는 하지만 본조를 그대로 적용한 것이며, 다른 하나는 행정절차의 적정보장을 헌법 제13조에서 도출하면서도 형사책임의 추궁으로 연결되는 행정절차에 대해서 예외적으로 본조의 적용을 인정하는 것이다.

판례는 국세범칙단속법 제3조 제1항에 의한 영장이 없는 임검・수색・압수를 둘러싸고 다투어진 사건에서, 이 논점에 관한 직접적인 판단을 제시하지 않았으며(최고판 1955년 4월 27일 刑集 9권 5호 924면), 이것을 논평하는 측도 이해의 방법이 다양했다(이 일면은 水野・後揭 212-213면 참조). 이 점에서 본건 최고재판소 판결은 「해당 절차가 형사책임의 추궁을 목적으로 한 것이 아니라는 이유만으로 그 절차에서의 일체의 강제가 당연히 위[헌법 제35조의] 규정에 의한 보장의 테두리 밖에 있다고 판단하는 것은 상당하지 않다」고 하여, 제35조의 영장주의가 형사절차 이외에도 미친다는 것을 인정하였다.

그렇지만 문제는 어떠한 절차가 제35조의 보장의 「테두리 안」이라고 할 수 있는가에 있다. 이것을 판결의 취지에서 파악해 본다면, 「해당 절차」가 (가) 「성질상 형사책임의 추궁을 목적으로」 하고, (나) 「실질적으로 형사책임의 추궁을 위한 자료의 취득수집에 직접 결부된 작용을 일반적으로 갖는」 강제의 정도가, (다) 「상대방의 자유로운 의사를 현저히 구속하여 실질적으로 직접적 물리적인 강제와 동일시해야 할 정도에 이르고 있으며」, (라) 「공익상의 목적」을 실현하는 데 있어 실효성 확보의 수단으로 균형을 잃어 불합리하다는 제반 요소를 충족한 경우라고 할 수 있을 것이다.

따라서 본건 최고재판소 판결이 제시한 이들 판단요소를 가지고 「영장이 없으면 위헌이 되는 강제절차와 그렇지 않은 것을 구별하는 판단기준」이라고 이해하는 논자도 보인다(小高 · 後掲 8면). 그러나 이들 판단요소가 제시되고 있는 것은 반드시 제35조의 영장주의의 요청을 판시하는 대목이 아니라, 소득세법상의 질문검사의 성격 규정에 관련해서이다. 이러한 의미로는 곧바로 이 같이 이해할 수도 없으며, 나아가 본건 최고재판소 판결이 「행정절차 일반에 헌법 제35조의 제약을 원칙적으로 인정한 것인가가……불분명하다」는 취지의 의문을 갖지 않을 수 없다(松井茂 · 後掲 161면).

또한, 위에서 논한 판단요소의 개개의 내용에 대해서 말하면, 「각종 행정법규에 의한 기입 · 검사 등은 원래 공익적 · 공공적인 행정목적 실현을 위한 것이므로」 (가) 및 (나)를 드는 의미는 무엇인가?(佐藤 · 後掲 ② 262면), (라)에 관해서 고도의 공공성이 있으면 행정절차상의 권리보장의 필요성이 낮아지는 것인가?(松井幸 · 後掲 261면) 이러한 지적 외에 어느 쪽도 「법적 기준이 애매하므로 주관적 판단을 용납하는 것이 되는 것은 아닌가」라는 비판도 있다(中川 · 後掲 249면). 더욱이 이러한 점을 제외한다고 해도, 본건 최고재판소 판결의 결론에 비추어볼 때, 무거운 벌칙을 강제력으로 하는 본건 질문검사에 영장이 필요하지 않는다고 하면 위헌이 될 소지가 없지 않을까라는 의문의 소리도 크다(後掲의 판례평석 참조).

3. 헌법 제38조의 묵비권 보장과 행정절차

헌법 제38조 제1항은 「자기에 불이익한 진술을 강요받지 않는다」고 정하여, 이른바 자기부죄거부권(일반적으로 묵비권)을 보장하고 있다. 여기서 말하는 「자기에 불이익한 진술」이란 본건 최고재판소 판결에서도 선례를 인용하면서 판시하고 있듯이, 「자기의 형사상의 책임을 물을 우려가 있는 사항」에 관한 것이라 해석하고 있으며, 이에 따르는 한 행정절차에서의 동 조항의 보장은 도출하기 어렵다.

이 점에서 학설은 적극 · 소극의 양 견해가 보이나, 판례는 묵비권을 방기하고 있다고 의제하거나(마약취급자의 기장의무에 관한 최2소판 1954년 7월 16일 刑集 8권 7호 1151면), 또는 보고내용이 「자기의 형사상의 책임을 물을 우려가 있는 사항」이 아니라고 한정해석(교통사고의 보고의무에 관한 최대판 1962년 5월 2일 刑集 16권 5호 295면)하는 등,

행정절차에의 적용에 소극적인 판단을 보여 왔다. 이에 대해 본건 최고재판소 판결은 제38조의 묵비권 보장이 형사절차 이외의 절차에도 「실질적으로 형사책임의 추궁을 위한 자료의 취득수집에 결부된 작용을 일반적으로 가진 절차에는 동등하게 미친다」고 하여, 본건과 같은 행정절차에의 제38조의 적용 가능성을 명시적으로 인정하였다.

그러나 제35조의 논의와 마찬가지로 어떠한 경우에 그 보장이 미치는가가 문제의 핵심이다. 본건 최고재판소 판결의 설시로 보면 상술의 판단요소로 (가) 또는 (라) 중에서 (다) 이외의 것을 들고 있어 양자의 차이가 눈에 띈다. 그러나 그 취지가 반드시 명확하지 않아 판결문상의 차이를 간과할 것인지에 따라 이해의 방법도 나누어진다(手島・後掲 ② 97면 참조). 어찌되었든 제35조의 판시에 쏠렸던 논평이 여기서도 거의 해당되며, 「위의 기준이 전혀 명확하지 않다」는 비판(佐藤・後掲 ② 262면)도 초래하게 된다.

설문 본건 최고재판소 판결에 비추어 보면, 다음과 같은 법률은 헌법위반이라고 할 수 있는가?

(1) 퇴거강제로 이어지는 불법 입국자의 조사를 위해 감독 관청의 임검・수색・압수를 하는 데 있어서 재판소의 허가를 필요로 하지 않는다는 법률

(2) 안전성 확보를 위해 감독관청에 의한 정기검사가 실시되어, 위반이 있을 때 처벌대상으로 하는 경우, 조사를 받는 측이 이것을 거부해도 재판소의 허가를 필요로 하지 않고 상기 조사를 실시할 수 있다는 법률

(3) 결과적으로 형사책임의 추궁을 위해 이용될 여지가 있지만, 형사책임을 추궁하기 위한 절차가 아니라는 점을 이유로 진술을 요구하는 법률

▍참고문헌▍

塩野宏『行政法Ⅰ』(有斐閣 第3版, 2003年)

棟居快行「行政手続とデユー・プロセス」憲法の争点 (有斐閣, 第3版, 1999年)

杉村敏正=兼子仁『行政手続・行政訴訟法』(筑摩書房, 1973年)

佐藤幸治 ①『憲法』(青林書院, 第3版, 1995年)

手島孝 ①「行政上の不利益処分と適正手続」憲法判例百選Ⅱ (有斐閣 第4版, 2000年)

木佐茂男「工作物使用禁止命令と事前手続」行政判例百選Ⅰ (有斐閣 第5版, 2006年)

野中俊彦「『成田新法』訴大法廷判決について」ジュリスト1009号(1992年)

総務庁行政管理局編『逐条解説行政手続法』(ぎょうせい, 増補, 1994年)

田村和之「判評」判例時報1449号(1993年)

渋谷秀樹「『成田新法』の合憲性」法学教室148号(1993年)

水野忠恒「国犯法上の捜査・押収と憲法」行政判例百選Ⅰ(有斐閣, 第5版, 2006年)
小高剛「行政手続と憲法 35条1項 および 同 38条1項」ジュリスト昭和47年度 重要判例解説(有斐閣, 1983年)
松井茂記「行政手続と令状主義および自己負罪拒否権」憲法の基本判例 (有斐閣, 第2版, 1996年)
佐藤幸治 ②「行政調査と憲法」行政判例百選Ⅱ(有斐閣, 第1版, 1979年)
松井幸夫「行政手続と令状主義および黙秘権」憲法行政判例百選Ⅱ(有斐閣, 第4版, 2000年)
中川剛「行政手続と令状主義および黙秘権」憲法行政判例百選Ⅱ(有斐閣, 第3版, 1994年)
手島孝 ②「行政手続と令状主義・黙秘権」法学セミナー267号(1997年)

(矢島基美)

제20장 생존권의 법적 성격

[논점]

(1) 제25조의 법적 성격 및 제1항 · 제2항의 관계
(2) 제25조의 구체화에 있어서의 입법재량
(3) 생존권 구체화 입법과 평등원칙

Part Ⅰ 기본 소재

호리키 소송(堀木訴訟)

최고재판소 1982년 7월 7일 대법정 판결
1976년(行ツ) 제30호 행정처분취소등청구사건
民集 36권 7호 1235면, 判時 1051호 29면,
判タ 477호 54면

사실 개요

X(원고, 피항소인, 상고인)는 맹인 시각장애자로 국민연금법에 기초한 장애복지연금을 수급하고 있었지만, 1948년 남편과 이혼한 후 차남을 양육하고 있었다. 1970년 X는 효고현 지사 Y(피고, 항소인, 피상고인)에 대해 아동부양수당법(이하, 「수당법」이라 함)에 근거한 아동부양수당(이하, 「수당」이라 함)의 수급자격에 대한 인정 청구를 했으나 Y는 이를 각하했다. 따라서 X는 Y에 대해 이의제기를 했지만, Y는 X가 장애복지연금을 수급하고 있으므로 수당법 제4조 제3항 3호(이하, 「본건 조항」이라 함)에 해당한다는 이유로 상기 이의 신청을 기각하는 취지의 판결을 내렸다. 따라서 X는, 본건 조항은 헌법 제13조, 제14조 제1항 및 제25조 제2항에 위반하여 무효임으로 상기 각하 처분의 취소를 구하는 소송을 제기했다.

제1심=고베 지방재판소

고베 지방재판소 1972년 9월 20일 판결
行集 23권 8, 9호 711면

■ 당사자의 주장 (쟁점)

〈법적 근거에 관련된 주장〉

원고 ①헌법 제14조 제1항 위반에 대하여.

국민연금법에 의한 장애복지연금은 장애 또는 불치병을 요건으로 하여 해당 개인에 대해 지급되는 것이며, 한편 수당법에 의한 수당은 아동의 심신의 건강한 성장에 기여하기 위하여 지급되는 것이므로, 그 실질적인 수급권자는 아동이다. 그리고 수당법은 그 취지에서 생별모자(生別母子)세대의 경우에 한정하지 않고, 동거하는 父가 불치병 때문에 공적 연금을 수급하고 있는 경우 또는 母 이외의 자가 아동을 양육하고 있는 경우에도 수당을 수급받을 수 있는 것으로 되어 있다. 그런데도 본건 조항에 의하여 母가 장애복지연금을 수급하고 있는 아동은 수당을 수급할 수 없는 결과가 되므로, 母가 장애복지연금을 수급하고 있는 아동을 母가 장애복지연금을 받고 있지 않는 아동과 차별하여 전자에게 불이익을 주고 있다.

②헌법 제25조 제2항 위반에 대하여.

원고는 신체장애자임에도 불구하고, 모자세대를 부양하지 않으면 안 되는 이중의 생활고를 안고 있다. 또한 장애복지연금과 수당은 그 취지·목적을 달리하는 것이므로, 원고와 같은 처지에 있는 세대에 대해서는 당연히 상기 2가지의 급부를 병행해야 한다. 그런데도 본건 조항은 前記 생활실태를 간과하고 상기 2가지 급부의 병행급부를 금지하고 있는 것이기 때문에, 단순히 수당법 본래의 목적을 몰각하고 있을 뿐 아니라, 헌법 제25조 제2항에 위반한 조항이라 하지 않을 수 없다.

③헌법 제13조 위반-생략

피고 ①헌법 제14조 제1항 위반에 대하여.

「공적 연금을 급부 받을 수 있는 지위」는 헌법 제14조 제1항 소정의 차별사유 내의 「사회적 신분」에 해당하지 않으며, 그 외 헌법 제14조 제1항의 요건을 충족하는 것이 아니므로, 본건 조항에 대해서는 원래 헌법 제14조 위반의 문제가 생길 수 없다. 동거하는 父가 불치병인 세대 및 母 이외의 자가 아동을 양육하는 경우를 두고 원고와 같은 생별모자세대와 비교하는 것은 동질 사례간의 비교라고 할 수 없다. 또한 복수의 보험사고가 동일인에 대하여 발생했을 경우라 하더라도 수급 자격자의 소득능력의 저하 또는 상실의 정도가 사고에 비례해서 단순히 배가되는 것은 아니다.

②수당의 지급 제도는 공적 연금과 마찬가지로 생활보호와는 달리 최저한도의 생활을 보장하는 구제시책이 아닌, 일반 세대의 소득감소 또는 상실에 의한 가계에의 영향을 완화하기 위해, 이른바 빈곤구제시책이므로 수급자의 구체적인 필요에 대응할 필요는 없으며 그 지급요건이나 급부액은 행정청의 재량에 속한다고 해석해야 한다.

■ 법적 구성

헌법 제14조 제1항의 「사회적 신분」이란 「넓게 보아 사람이 사회에서 차지하는 일정 정도 계속적인 지위」를 말하므로, 본건 조항 중의 「공적 연금을 받을 수 있는 지위」도 또한 그 「사회적 신분」과 유사하다. 그리고 수당법 제4조 제1항 각호 소정의 수급자격의 요건에 충족되는 자도 공적 연금을 받을 수 있는 경우에는 본건 조항에 의하여 수당을 받을 수 없는 것으로 되어 있으나, 이것은 수당법이 부여하는 수당의 수급이라고 하는 이익적인 측면에서 공적 연금을 받을 수 있는 지위에 있는 자와 받을 수 없는 자를 두고 차별하고 있다고 할 수 있다. 수당의 수급자격의 요건을 어떻게 할 것인가 원래 입법시의 입법자의 재량에 속하는 것이지만, 그 재량에 의하여 제정된 수당법상의 차별적 취급이 현저히 합리성을 결여하는 경우에는 해당 차별을 발생시키는 규정은 헌법 제14조 제1항에 위반되므로 무효라고 할 수 있다.

■ 적용

1. X는 시각장애자로 장애복지연금을 수급하고 있기 때문에 본건 조항에 해당하므로 수당을 지급받을 수 없다. 그러나 X와 같은 장애복지연금을 수급하고 있는 경우라 할지라도 그것이 父인 경우에는 그의 처이자 그와의 사이에 낳은 아동을 양육하고 있는 母인 여성에 대해서는 수당이 지급된다. 「바꿔 말하면, 장애복지연금을 수급하고 있는 父, 건강한 母, 아동의 3인 세대에 대해서는 장애복지연금과 수당이 지급되는데 반해, 장애복지연금을 수급받고 있는 母와 아동뿐인 2인 세대에 대해서는 장애복지연금만이 지급될 뿐으로 수당은 절대 지급되지 않는다.……그러나 위의 2가지 사례를 비교해보면, 수당의 지급에 대하여 장애자로서 공적 연금을 받을 수 있는 자가 母인가 父인가라고 하는 것 내지 母가 장애자인가 건강한가라는 차이에 의해 어느 쪽이든 모두 전자의 母에 대해서는 수당이 지급되지 않고, 후자의 母에 대해서는 수당이 지급될 수 있는 상황이 본건 조항에 의해 야기되고 있다」.

2. X와 같은 맹인 시각장애자인 여성의 생활실태는 이미 상실 또는 감소할 만한 어느 정도의 생활상의 여유도 없는 상황에 있다고 인정되므로, 소액의 장애복지연금이 지급되고 있다는 한 가지 사실에 의해, 소득능력의 상실 또는 감소해야 할 정도의

운운을 논하는 것은 본건 조항의 합리성을 설명하는 근거로 박약하다. 또한 상기 장애복지연금과 수당은 그 보험사고라고 해야 할 것이 전혀 별개의 독립적인 것으로서 커버할 범위가 조금도 중복되지 않기 때문에, 이들 양 급부를 병행해서 실시하는 경우가 불합리하고 부당한 결과를 초래한다는 논의는 도저히 수긍할 수 없다.

3. Y는 수당법이 빈곤구제시책의 취지에서 나오는 것임을 주장하나, X와 같은 경우의 생별모자세대에서 수당은 구빈(救貧) 기능을 발휘하고 있다.

또한 피고는 「불치병의 父가 있는 세대의 母에 대해 수당을 지급하는 것은 동 세대의 母가 父의 부조와 아동의 감호라는 이중의 부담을 안고 있기 때문이다. 이에 대해 원고와 같은 세대에서는 母가 아동을 감호한다는 한 가지 부담만을 안고 있으므로 공적 연금과 수당을 병행급부할 필요가 없다」는 취지를 주장한다. 그러나 원고의 세대에서는 母자체가 자신의 생계를 유지하는 것조차 매우 어려운 상황에 있고, 건강한 母에 비하면 역시 자신의 장애 자체와 아동의 감호라고 하는 이중의 부담을 안고 있는 것에 다를 바가 없으므로, 피고의 위 설명은 본건 조항의 합리성을 수긍시키기에 충분하지 않다.

이상과 같이 피고의 여러 설명에도 불구하고, 前記의 본건 조항에 의한 차별적 취급에 대해서는 그 합리성을 인정하는 이유를 발견할 수 없다」.

처분취소. 그 외 부분의 주장은 각하.

제2심=오사카 고등재판소

오사카 고등재판소 1975년 11월 10일 판결
判時 795호 3면, 判タ 330호 161면

■ 당사자의 주장 (쟁점)

〈법적 근거에 관련된 주장〉

항소인 ①사회보장제도를 구성하는 개개의 시책에 어떠한 목적을 부여하고, 어떠한 역할과 기능을 분담하게 할 것인가는 입법에 의해 적당히 정할 수 있는 사항에 속하는 것이기 때문에, 본건 병행급부 금지조항은 헌법 제25조 위반의 문제를 일으키지 않는다. ②경제보장의 지급요건을 어떻게 정할 것인가는 입법정책의 문제이고, 입법부가 그 재량권을 일탈하여 당해 법적 조치가 현저히 불합리하다는 것이 명백한 경우가 아니라면, 이것을 위헌이라고 할 수는 없으므로 그러한 사정이 없는 본건 병행급부 금지조항은 제14조 제1항에 위반하지 않는다.

피항소인 ①소액의 장애복지연금 수급을 이유로 아동부양수당을 지급하지 않는 것은 신체장애자나 모자가정의 생활실태에 비추어보아 母와 자녀의 생존권을 부당하게 침해하는 것으로서 본건 병행급부 금지조항은 헌법 제25조에 위반된다. ②장애복지연금을 받을 수 있는 지위에 있는 피항소인이 그와 같은 지위에 없는 자와의 사이에 동등하게 아동을 양육하고 있으면서도 아동부양수당의 지급을 받을 수 없는 불합리한 차별 취급을 정한 본건 병행급부 금지조항은 헌법 제14조 제1항에 위반된다.

■ 법적 구성

(a) 헌법 제25조와 본건 병행급부 금지조항

「헌법 제25조 제1항은 국민이 건강하고 문화적인 최저한도의 생활을 영위하고 얻을 수 있는 국정을 운영해야 할 국가의 책무를 선언한 것이며, 또한 동조 제2항은 국민의 사회생활수준의 확보 향상에 노력해야 할 국가의 책무를 선언한 것이다. 그러나 동 제2항에 근거하여 국가가 행하는 시책은 결과적으로 국민의 건강하고 문화적인 최저한도의 생활보장에 도움이 된다고 해도, 그 시책이 모든 국민의 생존권 확보를 직접적인 목적으로 하여 그 시책 단독으로 최저한도의 생활보장을 실현하기에 부족함이 없게 하도록 헌법상 요구되고 있다고는 해석할 수 없다. 오히려 헌법 제25조는 모든 생활 부분에 대한 사회복지, 사회보장 및 공중위생의 향상 및 증진을 도모하는 여러 시책의 유기적인 종합으로 국민에게 건강하고 문화적인 최저한도의 생활보장이 이루어질 것으로 예상하고 있는 것으로 생각된다. 결국, 동조 제2항에 따라 국가가 행하는 시책은 개별적으로 보면 국민 생활수준의 상대적인 향상에 기여하는 것이면 족하며, 특정 시책이 그것만으로 건강하고 문화적인 최저한도라는 절대적인 생활수준을 확보하기에 충분할 필요는 없다. 핵심은 모든 시책을 일체로 보았을 때, 건강하고 문화적인 최저한도의 생활이 보장되는 구조로 되어 있다면 헌법 제25조의 요청은 충족되었다고 할 수 있다.

본조 제2항의 취지가 이상과 같다면, 동항에 근거하여 국가가 행하는 개개의 사회보장시책에 각각 어떠한 목적을 부여하고 어떠한 역할기능을 분담시킬 것인가는 입법정책의 문제로서 입법부의 재량에 맡길 수 있는 것으로 해석할 수 있다.

또한 본조 제2항에 의한 국가의 책무 수행은 당연히 재정조치를 동반하는 것으로, 더욱이 재정에는 제약이 있으므로 국가는 국가재정, 예산의 배분관계에서 가능한 사회생활수준의 향상 및 증진에 노력하면 되고, 그것으로 동 조항의 규정의 취지에 충분히 합치한다고 해석할 수 있다.

따라서 국가가 위와 같은 노력을 계속함으로써 국민의 생활수준이 상대적으로 향상된다면 국민의 최저한도에 미치지 못하는 생활에서 벗어나는 자가 많아지지만, 여전히 최저한도의 생활을 유지할 수밖에 없는 자도 있다는 것을 부정할 수 없기 때문에 이렇게 뒤쳐진 자에 대하여 국가가 본조 제1항의 『건강하고 문화적인 최저생활의 보장』이라고 하는 절대적 기준의 확보를 직접적인 목적으로 한 시책을 행해야 할 책무가 있는 것이다. 즉, 본조 제2항은 국가가 사전의 적극적 빈곤구제시책을 실시해야 하는 노력의 의무가 있음을, 동 제1항은 제2항의 빈곤구제시책의 실시에도 불구하고 뒤쳐진 자에 대하여 국가는 더욱 사후적, 보충적 그리고 개별적인 구빈시책을 실시해야 할 책무가 있음을 각각 선언한 것이라고 해석할 수 있다」.

(b) 헌법 제14조 제1항 위반에 대하여

「헌법 제14조 제1항은……차별해야 할 합리적인 이유도 없이 차별하는 것을 금지하고 있는 취지라고 해석할 수 있으므로, 사항의 성질에 즉응하여 합리적이라고 인정되는 차별적 취급을 하는 것은 조금도 위의 법조를 부정하는 것이 아니다……. 그리고 동항 전단의 소위 법 아래의 평등원칙은 법질서 전체의 기본원칙이므로……입법에 대해서도 입법부를 구속하는 것으로 해석하는 것이 상당하다」.

■ 적용

(a) 헌법 제25조와 본건 병행급부 금지조항

1. 「국민연금법의……수급자격 및 급부내용은……평등적 수요에 착안하여 획일적인 급부가 행해지는 구조로 되어 있으며,……국민연금법에 의한 국민연금제도(본건에서 문제인 것은 장애복지연금 및 모자복지연금제도)는 명백히 헌법 제25조 제2항에 근거한 빈곤구제시책 제도로 동조 제1항에는 직접 관련되지 않는다고 할 수 있다」.

2. 「아동부양수당제도는 헌법 제25조 제2항에서 규정하는 이념에 근거하여, 국민연금제도가 주는 혜택을 국민연금 급부대상에서 누락된 사람들에 대해서도 널리 보전시키는 목적으로 마련된 제도라고 할 수 있다. 따라서 아동부양수당제도는 국민 생활수준의 상대적 향상을 도모하기 위한 헌법 제25조 제2항에 근거한 적극적, 사전적 빈곤구제시책의 하나이며, 동조 제1항이 「건강하고 문화적인 최저한도의 생활」의 보장에는 직접 관련되지 않는다고 해석할 수 있다」.

3. 「따라서 아동부양수당법이 장애복지연금과 아동복지수당과의 병행급부를 금지한다 하여도 생활보호법에 의한 공적 부조인 생활보호제도가 있는 이상, 헌법 제25조 제1항 위반은 문제를 야기하지 않는다. 즉, 그 피보장자의 생활실태가 만일 위의 병행급부를 받지 못해 빈곤한 정도를 벗어날 수 없다면, 당해 피보장자에게는 생활보호법에 의한 생활보장의 길이 남아있으므로 본건 병행급부 금지조항은 헌법 제25조 제1항과 관련이 없다고 하지 않을 수 없다」.

4. 「모자세대의 생활실태가 열악하고 「건강하고 문화적인 최저한도의 생활」에 미치지 않는다면, 그 구제는 원래 구빈시책인 생활보호제도에 의존할 수밖에 없다. 또한 본건 병행급부 금지가 이루어져도 생활보호를 받을 길이 더 남아있으므로……본건 병행급부 금지조항은 모두 헌법 제25조 제2항으로부터 유래하는 동일한 취지의 것이므로 위 생활실태를 이유로 「건강하고 문화적인 최저한도의 생활」 보장을 직접적인 목적으로 하지 않는 장애복지연금과 아동부양수당의 병행급부 금지를 가지고 헌법 제25조에 위반된다고는 할 수 없다」.

(b) 헌법 제14조 제1항 위반에 대하여

「입법부는 재원의 공평과 효율적인 활용을 위하여 복수의 사고 중 가장 중대한 사고(본건의 경우는 폐질)에 대한 급부만을 실시하기로 하여 병행급부를 금지하거나 그 조정을 하는 것은 합리적인 이유가 있다는 견해에 의거한 것이라는 점이 인정된다……장애복지연금과 아동부양수당의 병행급부를 금지하는 본건 병행급부 금지조항이 입법부의 자의에 의한 것이라는 등 그 합리성의 판단을 현저히 잘못한 것이라고는 도저히 인정하기 어렵다. 따라서 前記와 같은 차별 취급이 합리성이 없는 것이 명백하다고 할 수 없다」.

상고심=최고재판소

■ 당사자의 주장 (쟁점)

〈법적 근거에 관련된 주장〉

상고인 ①제25조 제1항과 제2항을 양분하여 넓게 입법재량을 인정하여 헌법 제25조 위반의 문제는 일어나지 않는다고 한 원 판결은 헌법 제25조 제1항, 제2항의 취지에 대한 근본적인 오해에 기초한 것으로 파기를 면할 수 없다. ②원 판결은 본건 병행급부 금지규정에 의한 차별 취급의 실태를 무시하고, 합리성 판단을 잘못하고, 본건 차별 취급이 현저하게 불합리하다는 것이 명백함에도 차별 취급에 합리성이 있는 것으로 헌법 제14조 제1항의 적용을 잘못한 것으로 파기를 면할 수 없다.

피상고인 본건 병행급부 금지조항은 헌법 제25조 · 제14조 제1항에 위반하지 않는다.

■ 법적 구성

(a) 헌법 제25조에 대하여

「헌법 제25조 제1항은……라고 규정하고 있지만, 이 규정이 이른바 복지국가의

이념에 근거하여 모든 국민이 건강하고 문화적인 최저한도의 생활을 영위할 수 있도록 국정을 운영해야 할 국가의 책무를 선언한 것이라는 것, 동조 제2항은……라고 규정하고 있으나 이 규정이 마찬가지로 복지국가의 이념에 근거하여 사회적 입법 및 사회적 시설의 창조·확충에 노력해야 할 국가의 책무를 선언한 것이라는 것, 그리고 동조 제1항은 국가가 각각의 국민에 대하여 위와 같은 구체적·현실적인 의무를 가지는 것을 규정한 것이 아니라, 동조 제2항에 의해 국가의 책무로 된 사회적 입법 및 사회적 시설의 창조 확충에 의하여 개개 국민의 구체적·현실적인 생활권이 설정·충족되어 가는 것이라고 해석하는 것은 이미 본 재판소의 판례에 의한 것이라 할 수 있다(최고재판소 1948년(れ) 제205호 동년 9월 29일 대법정 판결·刑集 2권 6호 1235면).

이와 같이 헌법 제25조의 규정은 국권의 작용에 대해 일정 목적을 설정하여 그 실현을 위해 적극적인 발동을 기대하는 성질의 것이다. 더욱이 위 규정에서 말하는『건강하고 문화적인 최저한도의 생활』이라는 것은 지극히 추상적·상대적인 개념으로 그 구체적 내용은 그때그때의 문화 발달의 정도, 경제적·사회적 조건, 일반적인 국민생활의 상황 등과의 상관관계에서 판단·결정되어야 함과 동시에, 위 규정을 현실 입법으로 구체화하는 데에는 국가의 재정 사정을 무시할 수 없으며, 또한 다방면에 걸친 복잡하고 다양한 고도의 전문기술적인 고찰과 이에 근거한 정책적 판단을 필요로 하는 것이다. 따라서 헌법 제25조 규정의 취지에 따라 구체적으로 어떠한 입법조치를 강구할 것인가의 선택 결정은 입법부의 넓은 재량에 맡겨져 있으며, 그것이 현저하게 합리성을 결여하여 명백하게 재량의 일탈·남용으로 볼 수밖에 없는 경우를 제외하고는, 재판소가 심사판단하기에 적절하지 않은 사항이라고 하지 않을 수 없다」.

(b) 헌법 제14조 제1항에 대하여

「헌법 제25조 규정의 요청에 따라 제정된 법령에서 수급자의 범위, 지급 요건, 지급 금액 등에 아무런 합리적 이유가 없는 부당한 차별적 취급을 하거나, 또는 개인의 존엄을 훼손하는 것과 같은 내용의 결정을 마련하는 경우에는 별도로 소론 지적의 헌법 제14조 및 제13조 위반의 문제를 일으킬 수 있다는 것은 부정할 수 없다」.

■ 적용

(a) 헌법 제25조 위반에 대하여

「상고인이 이미 수급하고 있는 국민연금법상의 장애복지연금이든, 상고인이 그 수급자격에 대해 인정을 청구한 아동부양수당이든, 모두 헌법 제25조 규정의 취지를 실현할 목적으로 설정된 사회복지법상의 제도이며, 각각 소정의 사유에 해당하는 자에 대해 연금 또는 수당의 형태로 일정액의 금액을 지급할 것을 그 내용으로 한다. 그런데 아동부양수당이 이른바 아동수당제도를 이념으로 하여 장래에 위 이념의 실현 기대를 바탕으로, 이를테면 그 시초로 창설된 것은 입법의 경과에 비추어 일률적으로 부정할 수 없는 부분이지만, 국민연금법 제1조, 제2조, 제56조, 제61조, 아동부양수당법 제1조, 제2조, 제4조의 각 규정에 제시된 장애복지연금, 모자복지연금 및 아동부양수당의 각 제도의 취지・목적 및 지급요건의 규정을 통람하고, 또한 국민연금법 제62조, 제63조, 제66조 제3항, 동법 시행령 제5조의 4 제3항 및 아동부양수당법 제5조, 제9조, 동법 시행령 제2조의 2 각 소정의 지급금액 및 지급방법을 비교・대조한 결과 등을 참작하여 판단하면, 아동부양수당은 원래 국민연금법 제61조 소정의 모자복지연금을 보완하는 제도로 마련된 것이라 보는 것이 적합하고, 즉, 아동의 양육자에 대한 양육에 동반되는 지출에 대한 보장임이 명백한 아동수당법 소정의 아동수당과는 그 성격이 다르며, 수급자에 대한 소득보장이라는 점에서 모자복지연금 나아가서는 국민연금법 소정의 국민연금(공적 연금) 일반, 따라서 그 일종인 장애복지연금과 기본적으로 동일한 성격을 가진 것이라고 보는 것이 더 자연스럽다. 그리고 일반적으로 사회보장법제상, 동일인이 동일한 성격을 가진 2개 이상의 공적 연금을 지급받아야 하는 소위 복수의 사고에서 그 각각의 사고 자체로는 지급 원인인 소득능력의 상실 및 저하를 초래하는 것이라 해도, 사고가 2개 이상 겹친다고 해서 소득능력의 상실 및 저하의 정도가 꼭 사고의 수에 비례해서 증가한다고 할 수 없는 것이 명백하다. 이러한 경우 사회보장급부의 전반적인 공평을 도모하기 위해 공적 연금 상호간에 병행급부 조정을 할 것인지에 대해서는 앞서 말한 것처럼 입법부의 재량범위에 속하는 사항이라 보아야 한다. 또한 이러한 종류의 입법에서 급부액의 결정도 입법정책상의 재량사항이며, 그것이 소액이라고 해서 당연히 헌법 제25조 위반으로 이어지는 것이라고는 할 수 없다」.

(b) 헌법 제14조 제1항 위반에 대하여

「본건 병행급부 조정조항의 적용으로 상고인과 같은 장애복지연금을 받을 수 있는 지위에 있는 자와 그렇지 않은 자 사이에 아동부양수당의 수급에 관하여 차별이 발생한다 하더라도 앞에서 설시한 부분에 덧붙여 원 판결이 지적한 각 문제점, 그 중에서도 특히 신체장애자, 모자에 대한 각 시책 및 생활보호제도의 존재 등에 비추어 종합적으로 판단하면, 위의 차별이 아무런 합리적인 이유가 없는 부당한 것이라고는 말할 수 없다는 원심의 판단은 정당하므로 인정할 수 있다. 또한 본건 병행급부 조정조항이 아동의 개인적인 존엄을 해치고, 헌법 제13조에 위반하는 자의적이고 불합리한 입법이라고 할 수 없는 것도 명백하므로 이 점에 관한 상고인의 주장도 이유가 없다」.

상고 기각.

기본 해설

1. 본 판결의 특징

본건은 호리키 소송(堀木訴訟)이라 불리며 생존권의 법적 성격 및 생존권 실현의 방식이 정면으로 다투어져 주목받았다. 본 판결보다 이전의 대법정 판결로는 식량관리법 위반 사건에 대한 최대판 1948년 9월 29일 刑集 2권 6호 1234면과 아사히 소송 판결(최대판 1967년 5월 24일 民集 21권 5호 1043면)이 있으나, 전자는 암거래 쌀의 판매 등을 금지하는 법률의 합헌성이 문제가 된 것으로서 작위청구권으로서의 생존권 본래의 문제와는 직접적으로 관련이 없는 사안이며, 후자는 상고인의 사망으로 인하여 방론(傍論)으로서 후생장관이 설정한 보호기준이 합헌이라는 판단을 내린 것이었다.

본건에서는 장애복지연금과 아동부양수당의 병행급부를 금지하는 법률상의 규정의 합헌성이 다투어진 것으로 헌법 제25조 외에 제14조 제1항과도 연관된다. 제1심은 이 중 제14조 제1항에 중점을 두고 병행급부 금지규정을 위헌이라고 했으나, 항소심 및 상고심은 모두 제25조 위반의 문제에 중점을 두고 이 규정을 합헌이라고 하였다(이때 항소심은 후술과 같이 헌법 제25조 제1항·제2항 준별론을 택하고 있다).

본 판결의 헌법 제25조론의 특징은 항소심 판결의 제1항·제2항 준별론에는 언급되어 있지 않지만, 대략적으로 제1항·제2항을 일체로 취급하고 있다는 것, 전체적으로 제25조의 실현에 대하여 입법부에 넓은 재량을 인정하고 있다는 것이다. 또한 본 판결의 헌법 제14조론의 특징은 제25조와의 관계에서 해당 입법의 합리성으로부터 직접적으로 별도 취급의 합리성을 도출하고 있다는 것이다.

2. 생존권의 법적 성격

(a) 법적 성격

헌법 제25조가 보장하는 생존권의 법적 성격에 대해서는 ①프로그램규정설, ②구체적 권리설, ③추상적 권리설의 대립이 있다. 각 학설의 내용은 논자에 따라 다르며 특히 ①설과 ③설, ②설과 ③설의 경계가 애매해지고 있다. 또한 헌법 제25조의 해석으로는 「법적 권리」로서 이해하면 될 뿐 「구체적」인지 「추상적」인지 등의 문제는 헌법 제32조, 제41조, 제76조, 제81조의 문제라고 결론내리는 견해도 유력하다(内野·後掲 367면). 이하에서는 편의상 ①프로그램규정설=≪제25조는 국민의 생존을 확보해야 할 정치적·도의적 의무를 국가에 부과하는 것에 머무르며 각각의 국민에 대해 법적 권리를 보장하는 것은 아니다≫라는 학설, ②구체적 권리설=≪제25조는 「건강하고 문화적인 최저한도의 생활」을 위한 입법 그 밖의 필요 조치를 강구하는 것을 요구하는 국민의 권리를 보장하는 것이며, 그 취지에 따른 입법이 존재하지 않을 경우, 제25조에 근거하여 입법부작위 위헌확인을 청구하는 것을 인정한다≫라는 학설, ③ 추상적 권리설=≪제25조는 국민의 권리를 보장하는 것이지만, 동조는 추상적인 규정에 지나지 않으므로 입법에 의해 이것을 구체화할 필요가 있으며, 그러한 입법이 없을 경우에는 국가의 의무를 강제할 수 없다≫라는 학설로 정리한다.

(b) 본 판결 이전의 판례

우선, 헌법 제25조에 관한 최초의 최고재판소 판결인 식량관리법위반 사건 최고재판소 판결에서는 헌법 제25조 제1항이 「적극주의의 정치로서 모든 국민의 건강하고 문화적인 최저한도의 생활을 영위할 수 있도록 국정을 운영해야 할 것을 국가의 책무로 선언한 것이다. 그것은 주로 사회적 입법의 제정 및 그 실시에 따라야 하지만, 이러한 생활수준의 향상 확보도 또한 국가 임무의 하나로 되어 있는 것이다. 즉, 국가는 국민 일반에 대해 개괄적으로 이러한 책무를 부담하여 이것을 국정상의 임무로 한 것이지만, 각각의 국민에 대해 구체적·현실적으로 이러한 의무를 지는 것은 아니다. 바꿔 말하면, 각각의 국민이 이 규정에 의해 직접 국가에 대해 구체적·현실적으로 이러한 권리를 갖는 것은 아니다. 사회적 입법 및 사회적 시설의 창조 확충에 따라 비로소 국민 각각의 구체적·현실적인 생활권이 설정·충족되어 가는 것이다」라고 설시되어 있다. 여기서는 「국가의 책무」, 「국가의 임무」라는 표현을 사용하고 있지만, 그것이 법적인 책무인지 아니면 정치적 책무인지는 명확하지 않다. 어쨌든, 적어도 구체적 권리성(및 각각의 국민에 대한 구체적 의무)은 부정되고 있다. 학설에서는 본 판결을 프로그램규정설에 입각했다고 해석하는 자가 많지만, 추상적 권리설을 명시적으로 부정하는 것이 아님에 주의할 필요가 있다(佐藤·後掲 621면).

아사히 소송(朝日訴訟)은 1950년에 제정된 생활보호법에 기초하여 후생대신이 설정한 생활보호기준이 생활보호법 제8조 제2항 등에 위반하여 위법이라고 다투어진 사건이다. 제1심은(동경 지방재판소 1960년 10월 19일 刑集 11권 10호 2921면)은 「헌법 제25조 제1항은 국가에 대해 모든 국민이 건강하고 문화적인 최저한도의 생활을 영위할 수 있도록 적극적인 시책을 강구해야 할 책무를 부과하여 국민의 생존권을 보장하고, 동조 제2항은 동조 제1항의 책무를 수행하기 위해 국가가 취해야 할 시책을 열거한 것이다.……만약 국가가 이들 조항이 규정하는 것에 따라 취해야 할 시책을 취하지 않을 경우는 물론이고, 그 시책으로 정하거나 시행하는 모든 법률 명령 또는 처분이 헌법 규정이 의미하는 바를 올바르게 실현하는 것이 아닐 때는 본조의 요청을 만족하지 못한다는 비판을 면할 수 없을 뿐 아니라, 만약 국가가 이 생존권 실현에 노력해야 할 책무에 위반하여 생존권 실현에 장애가 되는 행위를 할 때는 이러한 행위는 무효라고 해석하지 않으면 안 된다」고 하였다. 이어서 생활보호법에 대해 「생활보호법……은 국가가 헌법 제25조에서 정하는 생활권 보장의 이념에 근거하여 곤궁자의 생활보호제도를 동조 제2항에서 말하는 사회보장의 일환으로서 국가의 직접적인 책임 하에 실현하려고 하는 것으로, 헌법의 前記 규정을 현실화・구체화한 것이다」고 하였다. 또한 「만약 피고가 설정한 일반적 기준 자체가 그 적용 대상인 대다수의 요 보호자에 대해 생활보호법 제8조 제2항에서 말하는 최저한도의 생활수요를 만족하는 데 충분한 정도, 즉, 「건강하고 문화적인 생활수준」을 유지할 수 있는 정도의 보장이 없는 것이라면 위 기준은 동항, 동법 제2조, 제3조 등의 규정에 위반하고, 나아가 헌법 제25조의 이념을 충족하지 못하는 것이므로 무효라고 해야 한다」고 설시하였다. 이 설시로부터 동 판결은 추상적 권리설을 채택한 것이라고 이해되고 있다(野中외・後揭 461면).

아사히 소송 상고심은 생존권의 법적 성격에 대해 다음과 같이 설시하고 있다. 「구체적 권리는 헌법 규정의 취지를 실현하기 위해 제정된 생활보호법에 의해 비로소 부여되고 있다고 해야 한다」. 「물론, 후생장관이 정하는 보호 기준은 법 제8조 제2항 소정의 사항을 준수한 것임을 요하며, 결국 헌법이 정한 건강하고 문화적인 최저한도의 생활을 유지하기에 충분한 것이어야 한다. 그러나 건강하고 문화적인 최저한도의 생활이라는 것은 추상적인 상대적 개념으로, 그 구체적 내용은 문화의 발달, 국민 경제의 증진에 따라 향상되는 것은 물론, 다수의 불확정적 요소를 종합적으로 판단하여 비로소 결정되는 것이다. 따라서 무엇이 건강하고 문화적인 최저한도의 생활인가를 인정하는 판단은 일단 후생대신의 합목적적인 재량에 맡겨져 있으며, 그 판단은 당・부당의 문제로 정부의 정치책임이 추궁되는 일은 있어도 곧바로 위법의 문제를 일으키는 것은 아니다. 다만, 현실의 생활조건을 무시하고 현저하게 낮은 기준을 설정하는 등 헌법 및 생활보호법의 취지・목적에 반하여, 법률에 의해 부여된 재량권의 한계를 넘은 경우 또는 재량권을 남용한 경우에는 위법한 행위로 사법심사의 대상이 되는 것을 면할 수 없다」.

여기서는 보호기준의 설정이 위법이 되는 경우가 있다는 점은 인정하고 있지만, 후생대신에게 매우 광범위한 재량권을 주고 있다. 또한 식량관리법위반 사건과 마찬가지로 헌법 제25조의 구체적 권리성은 부정되고 있다(따라서 上田・後揭 291면은 아사히 소송 상고심도 프로그램규정설에 입각하고 있다고 해석하고 있지만, 판시 자체가 추상적 권리설을 배제하고 있는 것은 아니다).

(c) 본 판결

본건(호리키 소송)과 아사히 소송의 차이점 한 가지는 후자에서는 법률상의 규정

자체가 아니라 후생대신의 보호기준이 다투어진 데 반해, 전자에서는 법률상의 규정 자체의 합헌성이 다투어진 점이다.

본 판결이 식량관리법위반 사건 판결만을 선례로 인용하여, 그간 축적된 학설의 논의를 전혀 고려하지 않았으므로 이것을 프로그램규정설이라고 이해하는 학설도 있다. 그러나 「그것이 현저히 합리성을 결여하고 명백하게 재량의 일탈・남용으로 밖에 볼 수 없는 경우」에 한해서이지만, 헌법 제25조를 구체화하는 입법조치가 재판소의 심사대상이 된다고 하여, 헌법 제25조의 재판규범성을 인정하고 있는 점은 중요하다.

(d) 그 외의 구성

마지막으로 최근 학설에서 유력하면서도 대조적인 2가지 견해를 들고자 한다. 하나는 무네스에(棟居) 교수의 견해로(棟居・後揭), 추상적 권리설의 논거를 하나하나 상세히 비판하여 구체적 권리설을 새롭게 평가하고 있다. 다른 하나는 마쓰이(松井) 교수의 견해로, 「헌법이 생존권을 보장하고 있는 것은 부정할 수 없지만, 적어도 그것을 재판소에 의해 실현되어야 할 문제로 파악하는 것은 적절하지 않다」는 견해이다(松井・後揭 69면). 각자 검토하기 바란다.

3. 생존권과 입법재량

(a) 넓은 입법재량의 배경

생존권을 구체화하는 입법이 어느 정도 정비되어 판례에서도 헌법 제25조의 재판규범성이 승인되어 있다면, 문제의 중점은 입법재량의 내용으로 이행된다. 생존권의 법적 성격에 대해서도 선행 문제로 법적 성격을 추상적으로 논하는 것이 아닌, 입법재량이나 제도 후퇴(후술)라고 하는 구체적 문제와의 시선의 왕복 속에서 생각해 갈 필요가 있을 것이다.

생존권의 실현에 대해 입법부에게 넓은 재량이 인정되는 이유 중 하나는 생존권이 작위청구권이며, 국가에 작위를 의무화하고 있기 때문이다. 국가에 작위를 명하는 헌법규범은 국가가 실현해야 할 「목적」을 정할 뿐으로, 어떠한 수단에 의해 그것을 실현할 것인가는 정해져 있지 않다. 작위의무를 실현하는 수단은 일반적으로 다수 존재한다. 그 중 어떤 것을 선택할 것인가, 수단을 어떻게 조합할 것인가의 선택은 입법부에 맡겨져 있다. 또한 자유권에 대응하는 국가의 부작위의무가 필요최소한도의 제한을 요청하는 것과는 달리, 작위의무는 목적의 최대한의 실현을 요구하는 것이 아니다. 따라서 예를 들어 ≪물에 빠뜨려서는 안 된다≫라는 부작위 명령은 수난(水難)으로 이어질 우려가 있는 모든 가해수단의 금지를 내포하나, ≪수난자를 구조할 것≫이라는 작위명령은 각종 구조 수단 중 하나 또는 복수의 실효적인 수단의 선택을 요청하는 것에 머무른다.

또한 생존권에 대해서는「건강하고 문화적인 최저한도의 생활」의 내용을 객관적으로 확정할 수 있는지가 문제가 된다. 학설에서는 특정 국가의 특정 시점에서의 건강하고 문화적인 최저한도의 생활의 내용을 객관적으로 확정할 수 있는지의 견해(절대적 확정설=大須賀・後揭)도 유력하지만, 판례는「건강하고 문화적인 최저한도의 생활」은「매우 추상적・상대적인 개념으로 그 구체적 내용은 그때그때 문화의 발달의 정도, 경제적・사회적 조건, 일반적인 국민생활의 상황 등과의 상관관계에서 판단・결정되어야 함과 동시에, 위 규정을 현실의 입법으로 구체화하는 데에는 국가의 재정사정을 무시할 수 없고, 또한 다방면에 걸친 복잡 다양한 고도의 전문기술적인 고찰과 그에 기초한 정책적 판단을 필요로 한다(본 판결)고 하였다(상대적 확정설).

(b) 제1항・제2항 구분론

입법재량과 관련하여 중요한 것이 헌법 제25조 제1항(생존권)과 제2항(국가의 사회적 사명)의 관계이다. 본건의 항소심 판결은「본조 제2항은 국가는 사전에 적극적인 빈곤구제시책을 해야 할 노력 의무가 있음을, 동 제1항은 제2항의 빈곤구제시책의 실시에도 불구하고 뒤처진 자에 대하여 국가가 사후적, 보충적 그리고 개별적인 빈곤구제시책을 해야 할 책무가 있음을 각각 선언한 것이다」라고 하여, 제2항에 근거한 시책은 빈곤방지시책, 제1항에 기초한 시책은 빈곤구제시책으로 구별하였다. 또한 제2항에 근거한「개개의 사회보장시책에 대해서는 각각 어떠한 목적을 설정하고, 어떻게 역할기능을 분담시킬 것인가는 입법정책의 문제로서 입법부의 재량에 맡겨져 있다」고 하여, 광범위한 입법재량을 인정하고 있다.

학설에서는 제1항・제2항을 하나로 해석해야 한다는 비판이 지배적이지만, 한편으로는 동 항소심 판결과는 다른 시점에서 제1항・제2항 구분론을 주장하는 견해도 있다(内野・後揭 참조). 이에 따르면 제1항은 최저한도의 생활을 보장한 법적 권리이고, 제2항은 보다 풍요로운 생활과 관련된 프로그램규정이라는 것이다. 말할 필요도 없이 이 학설의 장점은 제2항에 대해서는 광범위한 정책 판단을 인정하는 한편, 제1항에 대해서는 보다 명확한 규범적 내용을 주장하게 된다. 단, 유의해야 할 것은 본건 항소심 판결과 같이 제1항=구빈=생활보호, 제2항=방빈(防貧)=생활보호 이외의 시책으로 기계적으로 나누어, 장애복지연금 및 아동부양수당은 방빈시책이므로 광범위한 입법재량이 당연히 타당하다는 제1항・제2항 준별론은 학설에서 말하는 구분론과는 별도의 논의라는 것이다.

또한 본건 상고심은 항소심 판결의 준별론을 직접 언급하고 있지 않으므로, 최고재판소 제1항・제2항 일체론을 취하고 있는 것으로 이해된다. 또한 시오미 소송(塩見訴訟) 상고심 판결(Part Ⅳ 「두 번째 소재」를 참조)은 「국민연금제도는 헌법 제25조 제2항의 규정 취지를 실현하기 위한」 제도라는 것을 설시하고 있으나, 오히려 제1항・제2항 일체설을 전제로 하고 있다고 해석해야 할 것이다.

4. 생존권과 평등 원칙

(a) 판례

병행급부 금지규정의 헌법 제25조 위반과 더불어, 제14조 제1항의 위반이 다투어진 대표적인 판례를 먼저 개관하고자 한다.

①호리키 소송(堀木訴訟)의 제1심에서 주된 쟁점은 헌법 제14조 제1항의 위반이었다. 제1심은 원고와 같은 경우의 「생활실태는 이미 상실 또는 감소할 수 있는 어느 정도의 생활상의 여유도 없는 상황에 있다고 인정되므로, 소액의 장애복지연금이 지급되고 있다는 한 가지 사실에 의해, 소득능력의 상실 또는 감소해야 할 정도를 운운하는 것은 본건 조항의 합리성을 설명하는 근거로 빈약하다」는 등의 설시를 하고, 피고의 여러 가지 설명에도 불구하고 前記의 본건 조항에 의한 차별적 취급에 대해서는 그 합리성을 인정할 이유를 발견할 수 없다」고 하였다.

②또한 노령복지연금의 병행급부 제한이 문제가 된 마키노 소송(牧野訴訟)에서도 지방재판소 판결(동경 지방재판소 1968년 7월 15일 刑集 19권 7호 1196면)은 「노령자 부부가 공동 생활하는 경우에 생활비가 단신의 경우에 비해 훨씬 많아진다는 것은 경험상 누구나 아는 것으로, 노령자를 부양하고 있는 저소득계층의 부양의무자의 생활을 압박하여 부부노령자가 단신의 노령자보다 더 비참한 생활을 하고 있다는 것은 앞에서 나타난 바와 같으므로, 이러한 노령자의 생활실태를 감안하면 부부 노령자의 경우 이론상으로는 생활의 공통부분에 대해 비용의 절약이 가능할 수 있다고 하여 지급액이 상기와 같은 최저 생활비……의 거의 반액에 지나지 않고, 前記 노령복지연금 제도의 이념으로 보아 너무나 소액인 현 단계에서 부부 노령자를 단신의 노령자와 차별하여 부부 노령자에게 지급되는 노령복지연금 중에서 금 3000엔(월액 250엔)의 지급을 정지하는 것은 국가의 재정적 사정으로 노령자의 생활실태를 일부러 외면하는 것이라는 비난을 면치 못한다고 해야 하며, 도저히 차별해야 할 합리적인 이유가 있는 것이라고 인정할 수 없다」고 하였다.

③마키노 소송과 마찬가지로 노령복지연금의 병행급부 제한이 문제가 된 마쓰모토 소송(松本訴訟) 제1심은 다음과 같이 설시하여, 병행급부 제한규정은 헌법 제14조 제1항에 위반하는 것이 아니라고 말했다.

「이와 같이 평균생활수준의 노령자로 생각한 경우, 공동생활을 영위하는 부부 노령자의 前記 생활비의 절약 부분이 있다는 것을 고려하면, 위 부부의 각각에게 연금 전액을 지급할 때는 단신의 노령자에 대한 연금 지급과의 사이에 균형을 잃게 되므로, 부부 노령자에 대해 위 생활비의 공통부분에 상당하다고 보이는 부분의 지급을 정지함으로써 단신 노령자와의 연금 지급의 균형을 도모하는 것은 사항의 성질에 따른 합리적인 것이라 해야 한다」. 「입법기관이 헌법 제25조 규정의 취지에 근거하여 노령복지 연금제도를 실시하는 데 있어 그 규모, 내용……을 어떻게 할 것인가는 위 입법기관의 합목적적인 재량에 맡겨져 있으므로, 부부수급제한의 규정에 관해 前記와 같은 입법정책상의 비판이 있다 하더라도 불합리한 차별 취급을 하는 등 입법기관이 그 주어진 재량권을 현저하게 일탈한 것이라고 인정되지 않는 한, 그것은 입법조치의 당・부당의 문제에 지나지 않으므로……위법의 문제가 발생하지 않는다」. 「그러나 부부수급 제한규정은 앞에서 나타난 바와 같이 수급자에 대해 일률적으로 일정 연금을 지급한다는 형식적・획일적 처리를 방침으로 하는 국민연금법에서 부부 노령자에 대해서는 공동생활에 드는 생활비의 공통부분의 절약이 이루어지는데도, 단신의 노령자에 대해서는 그러한 것이 없다는 차이를 조정하기 위해 부부노령자와 단신의 노령자와의 지급 간의 균형을 도모함으로써 양자 간의 진정한 평등을 철저히 한다는 합리성을 가지고 있는 것이므로 前記 부부수급제한의 규정을 가지고 입법기관의 자의에 의한 불합리한 차별적 취급이라고 할 수 없으며, 위 규정에 대해 前記와 같은 입법정책상의 비판은 결국 당・부당의 영역 이상의 문제가 아니다」.

④호리키 소송 상고심에서는 제14조 제1항 위반의 문제가 매우 가볍게 다뤄져 「장애복지연금을 받을 수 있는 지위에 있는 자와 그러한 지위에 있지 않은 자와의 사이에 아동부양수당의 수급에 관한 차별이 생긴다 해도, 앞에서 설시한 부분에 덧붙여 원 판결이 지적한 각 문제점, 특히 신체장애자, 모자에 대한 각 시책 및 생활보호제도의 존재 등에 비추어 종합적으로 판단하면, 위의 차별이 전혀 합리적 이유가 없는 부당한 것이라고는 할 수 없다는 원심의 판단은 정당하다고 인정할 수 있다」는 간결한 이유를 붙이고 있다.

(b) 둘의 합리성의 관계

헌법 제25조를 구체화한 입법의 평등원칙 위반과 관련해 발생하는 가장 중요한 문제는 제25조 위반에 대해 제기되는 합리성과, 제14조 위반에 대해 제기되는 합리성이 동일한가이다.

우선, 상기의 판례 ①과 ②의 특징은 헌법 제14조 제1항 위반을 심사할 때 원고의 생활실태에 초점을 두어 그 비참한 생활실태로 보아 병행급부 제한은 합리적 이유가 없는 차별이라고 하는 것이다. 비참한 생활실태는 본래 헌법 제25조와 관련된 문제이다. 바꿔 말하면, 이들 두 재판의 예는 헌법 제25조를 평가의 지표로 하여 차별적 취급의 합리성 유무를 검토하여 비참한 생활실태를 그대로 병행급부 제한의 합리성 없는 차별적 취급이라는 이유로 삼고 있다. 이에 대해 판례 ③의 마쓰모토(松木) 소송 제1심은 국민연금법이 「수급자에게 일률적으로 일정 연금을 지급한다는 형식적·획일적 처리를 방침으로 하고 있다」는 것과의 관계에서, 「공동생활에서 오는 생활비의 공통부분의 절약」을 이유로 한 부부수급제한의 규정이 불합리한 차별적 취급에 해당하는지를 심사하고 있다. 바꿔 말하면, 여기서의 평가지표는 헌법 제25조가 아니라 국민연금법이라는 구체적 법률이며 수급제한이 동법의 목적과 모순되고 있는지가 합리성을 결정하는 핵심이 되고 있다.

학설에서는 이들 하급심 판례를 비교하여 합리성의 지표를 판례 ①,②와 같이 생존권 보장=수급자의 생활실태에서 구해야 한다는 견해가 있다(久保田·後揭. 또한 芦部·後揭 127면도 참조). 그러나 평등원칙을 동질의 사례 간의 비교문제라고 생각하면, 원고의 생활실태 자체에 착안하여 이를 구제하는 경우는 헌법 제25조의 생존권의 문제로 구성하고, 헌법 제14조 제1항은 비교의 대상이 되는 동질의 사례를 찾을 수 있는 경우로 유보해야 할 것이다(이 점을 호리키 소송 제1심은 성별(生别) 모자(母子)세대의 동거의 父가 불치병인 세대 및 母 이외의 자가 아동을 양육하는 경우와 비교하고 있지만, 동질의 사례 간의 비교인가라는 의문이 남는다).

생존권에 한하지 않고 모든 법제도를 구축하는 데 있어 자의적이어서는 안 된다는 것은 헌법 제14조에 상관없이 당연히 요청되는 것이다. 헌법 제25조에 관한 합리성과 제14조 제1항에 관한 합리성이 외관상 동일에 가까운 내용이 되는 이유는 헌법 제14조 제1항에 대해 완화된 위헌심사기준이 타당할 경우, 「법률의 목적이 일단 허용 가능하고, 취해지는 수단이 자의적이지 않으면 된다」(佐藤·後揭 478면)고 여겨지기 때문이라고 볼 수도 있을 것이다.

(c) 위헌심사기준

헌법 제25조와 관련해서 평등원칙에 문제가 될 경우, 어떠한 위헌심사기준이 이용되어야 하는가에 대해서는 의견의 대립이 있다. 최고재판소는 본 판결(호리키 소송 상고심)에서 가장 유연한 기준인 「합리성 테스트」를 이용했다. 학설에서는 ①「생존권」이라는 중요한 인권에 관한 차별이기 때문에 「엄격한 합리성 기준」에 의한 심사가 이루어져야 한다는 것(戸松·後揭 13면), ②제25조에서 추상적 권리설을 취하여 입법부의 넓은 재량을 인정한 이상, 제14조에서 엄격한 심사를 하기에는 한계가 있다는 견해(藤井·後揭), ③병행급부 금지가 생존권의 중대한 제한을 초래하고 있는가에 따라 「엄격한 합리성」과 「유연한 합리성」으로 나누어 적용할 것을 제창하는 것(藤井·後揭 482

면)이 있다.

5. 생활보호의 불이익 변경과 생존권

헌법 제25조를 구체화하는 입법이 어느 정도 정비되고, 보호기준도 일정한 내용에 도달하면, 그 다음에 중요한 것은 생존권 보장의 후퇴라는 문제이다. 여기에는 ① 법제도 자체의 후퇴, ②보호기준의 후퇴, ③보호비의 감액을 내용으로 하는 보호변경처분이나 보호의 폐지와 같이 개별 수급자에게만 관련되는 것이 있다. ③에 대해서는 생활보호비를 밑천으로 한 예금 및 저축을 수입으로 인정한 다음, 보호비를 감액하는 보호변경처분 및 그 예금 및 저축의 용도를 한정하는 지도·지시는 위법이라고 한 아키타(秋田) 생활보호비저축 소송 제1심 판결(아키타 지방재판소 1993년 4월 23일 判タ 816호 174면, 判時 1459호 48면)이 있다. 이 판결에서는 「본건 예금 및 저축은 그 밑천이 국가가 건강하고 문화적인 최저한도의 생활을 유지하기 위해 보유를 허가한 금전으로, 그 목적도 생활보호비를 지급하는 목적에 반하는 것이라고 할 수 없으며, 또한 그 금액도 국민 일반의 감정에 비추어 위화감을 줄 정도의 고액이 아니라는 점이 명백하고 생활보호법의 목적 또는 취지에 비추어, 본건 예금 및 저축은 전체적으로 원고 세대(世帶)의 보유를 허용하는 것이므로 법 제4조의 활용해야 할 자산 또는 법 제8조의 금전 및 물품에 해당한다는 것은 상당하지 않다고 할 수 있다」고 판시하였다. 또한 최고재판소에서는 생활보호비를 밑천으로 한 학자금보험의 만기보험금의 일부를 수입으로 인정한 다음, 보호비를 감액한 보호변경처분을 위법이라 하였다(中嶋訴訟(최3소판 2004 3월 16일 判タ 1148호 128면)). 또한 홈리스(Homeless)에 의한 생활보호 수급신청을 보충성 원리를 이유로 거부할 수 있는지에 대해서는 笹沼·後揭, 木下·後揭를 참조. 또한 ①및 ②에 대해서는 Part Ⅲ 「이론편」에서 고찰한다.

Part Ⅱ 응용편

▼ 확인문제

1. 「보험」과 「공적 부조」의 관계를 설명하시오.
2. 본 판결은 헌법 제25조 제1항·제2항의 관계를 어떻게 해석하고 있는가?
3. 본 판결은 헌법 제25조의 법적 성격을 어떻게 해석하고 있는가?
4. 본 판결은 헌법 제25조의 구체화에 관한 입법부의 재량 및 위헌심사기준에 대해 어떻게 판시하고 있는가?

5. 본 판결은 아동부양수당과 장애복지연금의 관계를 어떻게 해석하고 있는가?
6. 본건에서는 누구와 누구 사이에 차별이 발생한다고 주장하고 있는가?
7. 본 판결은 헌법 제25조를 구체화하는 법령에 대해서 어떠한 경우 헌법 제14조 제1항에 위반된다고 하는가?
8. 본 판결에서 병행급부 금지규정이 헌법 제14조 제1항에 위반하지 않는다고 한 이유는 무엇인가?

▼ 응용문제

설문 1 본 판결에서 아동부양수당은 본래 국민연금법 제61조 소정의 모자복지연금을 보완하는 제도로 평가하고 있다. 이것을 전제로 다음 사례에 대해 생각해보자.

(1) 본건에서 문제가 된 아동부양수당이 아닌 아동수당법 소정의 아동수당과 국민연금법 소정의 국민연금(공적 연금) 또는 장애복지연금과의 병행급부 제한이 다투어진 경우

(2) 법이 부자(父子)가정에 대해서는 복수사고(複数事故)에 의한 병행급부 금지를 하지 않는 경우

(3) 본건과는 달리 병행급부 금지규정이 장애복지연금 측의 수급을 제한하고 있는 경우

(4) 본건과는 달리 원고가 3명의 자녀를 양육하고 있는 경우

설문 2 본 판결은 소위 복수사고에 대해 「사고가 2개 이상 겹친다고 하여 소득능력의 상실 및 저하의 정도가 반드시 사고의 수에 비례해서 증가한다고는 할 수 없다」고 하고 있다. 이것을 전제로 다음 질문에 답하시오.

(1) 가령 사고가 복수이므로 소득능력이 현저히 저하되었다고 인정되는 사례라면 병행급부 금지규정은 위헌이 될 수 있는가?

(2) 어떤 병행급부 금지규정이 그 자체로는 합리적이라 할지라도 3건 이상의 복수사고를 안고 있는 자에게 이것을 기계적으로 적용하면 현저히 불합리한 결과를 초래하는 경우, 재판소는 어떠한 판결을 내려야하는가?

설문 3 국민연금에 가입되지 않았던 학창시절에 장애를 입었다는 이유로 장애기초연금을 지급하지 않는다는 법률상의 규정은 헌법 제14조 제1항에 반하지 않는가?

설문 4 생활보호비는 다른 수입이 있는 경우에는 그만큼 공제된다. 생활보호비를 자금으로 한 예금 및 저축을 수입으로 간주한 보호비 감액이 위법이 되는

것은 어떠한 경우인가?

설문 5 논농사를 하는 X는 2003년 개정 전의 농업재해보상법에 기초하여 농업공동조합 Y와의 사이에 농업재해보상공제 관계에 있어 당연히 가입된 것으로 되어 있었다. 그러나 X는 그 공제 부금을 지불하지 않았기에 Y는 농업재해보상법에 따라 X의 재산에 대한 공제비 징수 채권을 이유로 압류를 하였다. X가 농업재해보상법에 근거한 당연 가입제는 헌법 제22조 제1항에 위반된다고 주장하여 가압류 무효 확인을 구한 경우, 재판소는 어떠한 기준을 적용하여 이것을 판단해야 할 것인가?(참조: 최3소판 2005년 4월 26일 判時 1387호 3면)

Part Ⅲ 이론편

◥ 전개문제

아동부양수당법은 제1심 판결 후 개정되어 장애복지연금과 노령복지연금 2종류의 복지연금에 대해 아동부양수당과의 병행급부를 인정하게 되었다. 그러나 본 판결의 합헌 판결 후 동법은 다시 개정되어 병행급부 금지규정이 부활했다. 병행급부 금지규정의 부활에 따라 아동부양수당의 지급이 중지된 X가 「제도의 후퇴는 헌법 제25조에 위반된다」고 주장한 경우, 재판소는 어떠한 판단을 해야 하는가?

1. 문제의 소재

생존권은 국가, 특히 입법부에 대한 작위청구권을 제1의 내실로 하지만, 학설에서는 생존권의 자유권적 효과로서 ≪건강하고 문화적인 생활을 보내고 있는 자에 대해 과세 등으로 이것을 저해하는 것의 금지≫가 주장되거나, 자유권적 효과 또는 추상적 권리설로부터의 귀결로서 ≪헌법 제25조를 구체화한 법제도를 대체 조치없이 폐지하는 것의 금지≫가 주장되고 있다. 이 중 전자에 대해서는 「구체적으로 그것을 나타내는 것은 상당히 어렵다」(佐藤 · 後揭 621면)는 것을 제외하면 이론적으로 성립될 수 있는 주장이다(판례로서 총평 샐러리맨세금 소송에 관한 최3소판 1989년 2월 7일 判時 1312호 69면 참조). 한편, 후자에 대해서는 생존권의 법적 성격을 이해하는 근간에 관한 논점이 포함되어 있다.

佐藤 · 後揭 621면은 추상적 권리설을 취한 다음, 「생존권에 대해 구체적으로 해석해야 하는 경우가 있을 수 있다」고 하여, 「생존권을 구체화하는 취지의 법률이 규정

한 보호기준 내지 이러한 종류의 법률에 근거하여 행정청이 설정한 보호기준이 부당하게 낮은 경우」와 더불어 「이러한 종류의 법률을 폐지 내지 정당한 이유 없이 보호기준을 낮추는 조치」가 이에 해당한다고 하였다. 이 중 전자는 추상적 권리설이 본래 의도하는 부분이었다고 보여지지만, 후자에 대해서는 이론적 검토를 요한다. 이하에는 편의상 ①저하・후퇴이므로 금지된다는 소박한 주장, ②추상적 권리설의 귀결이라는 주장, ③제도적 보장론의 유추적용의 3종류로 나누어, 또한 최초의 입법을 「제도의 형성」, 그 후퇴를 「제도의 후퇴」라 칭하여 검토한다.

2. 프로그램규정설 + 「자유권적 효과」

먼저 급부 수준 또는 제도의 저하・후퇴이므로 정당한 이유 없이 이것을 행하는 것은 금지된다는 ①의 주장은 성립되는가? 이와 반대의 ≪국회는 제도를 후퇴시킬 때 제도 형성 때보다도 큰 자유를 얻는다≫는 주장이 잘못되었다는 것은 직감적으로 이해할 수 있는 것처럼 ≪어떠한 제도를 형성하는지는 자유일지라도 일단 결정을 내린 이상, 그것을 무용지물로 만들어서는 안 된다≫는 주장도 일반상식에는 합당하다고 생각된다. 이 주장이 성립된다면 헌법 제25조에 대해서는 프로그램규정설을 취하면서, 제25조의 「자유권적 효과」로서 제도의 후퇴에 제동을 거는 견해도 성립될 것이다.

그러나 신뢰보호의 필요를 별도로 한다면, 국회는 과거 국회의 정책적 판단에 구속되는 일 없이 새로운 정책적 판단을 자유롭게 할 수 있으므로, 국회에서 과거에 부결된 법안을 재차 가결・성립시킬 수도 있고, 국회에서 만장일치의 의결로 성립된 법률을 다음 회기에 수정・폐지할 수도 있을 것이다. ≪이러한 종류의 법률을 폐지 또는 정당한 이유 없이 보호기준을 저하해서는 안 된다≫는 명제는 그 예외를 주장하는 것이며, 과거 국회의 판단에 현재와 미래의 국회를 구속시키는 것이다. 그렇게 되면 법률 일반이 아닌, 왜 헌법 제25조에 관련된 법률에 대해서만 이러한 구속이 성립하는지가 논증되어야만 한다. 프로그램규정설을 취하면서 제도 후퇴에 대해서만 「자유권적 효과」를 주장하는 것은 제도 형성의 시점에서는 「無」였던 헌법 제25조의 구속력이 제도가 생긴 순간에 「有」로 넘어간다고 주장하는 것과 같으며, 이치에 맞지 않다.

3. 추상적 권리설에서의 귀결

그러면, 추상적 권리설에서 제도후퇴의 금지원칙을 기초로 두는 것은 가능할까?

추상적 권리설이 ≪제25조는 국민의 권리와 자유를 보장하는 것이지만, 동조는 추상적인 규정에 지나지 않기 때문에 입법에 의해 이것을 구체화할 것을 필요로 한다≫는 설이라고 한다면, ≪입법에 의해 추상적 권리가 구체화된 이상, 그 입법은 헌법 제25조와 하나를 이루며, 또한 법률에 의해 부여된 권리는 단순히 법률상의 권리가 아니라 헌법의 권리이다≫는 명제가 성립될 것이다. 그러나 여기서 주의해야 할 것은 ≪헌법 제25조의 권리는 입법에 의해 구체화된다≫는 주장은 옳지만, 거기서 곧바로 ≪헌법 제25조를 구체화한 입법에 의해 부여된 권리가 그대로 헌법상의 권리가 된다≫는 주장으로 귀결될 수는 없다는 것이다. 헌법 제25조 제1항이 「건강하고 문화적인 최저한도의 생활」이라는 문언을 사용한 이상, 헌법 제25조 제1항에 의해 보장되는 추상적 권리의 내용은 「건강하고 문화적인 최저한도의 생활」 이상도 아니며 이하도 아니다. 「생존권을 구체화하는 취지의 법률이 정하는 보호기준이……부당하게 낮은 경우」에는 헌법 제25조 제1항에 위반하는 것과 같으며, 어느 법률이 「건강하고 문화적인 최저한도의 생활」 + α의 생활을 보장하고 있다면(그러한 입법이 바람직하다는 것은 말할 것도 없다) 그 + α 부분은 헌법 제25조 제1항의 요청이 아니므로 추상적 권리설에서는 그 폐지를 저지할 수 없을 것이다.

4. 제도적 보장으로부터의 귀결

생존권과 같은 추상적 권리와 제도적 보장(예를 들어, 재산권)은 별도의 개념이라고 생각되기 쉬우나, 모두 법률에 의존한 권리가 문제가 되고 있다는 점에서 공통적이다. 그렇지만 생존권에 대해서는 이것을 구체화하는 법제도의 확충・충실이 1차적인 과제가 되고, 제도적 보장에 대해서는 기존 법제도의 유지가 과제가 되기 때문에 입법부와의 관계에서 전자는 작위 의무, 후자는 부작위 의무로 나타나고 있다는 점에서 차이가 있다. 그러나 생존권에 대해서도 제도의 후퇴가 문제되는 경우에는 제도적 보장론을 원용할 수 없는지를 생각해 볼 여지가 있다.

제도적 보장론에 의한 접근과 추상적 권리설에 의한 접근의 차이는 전자는 객관법으로서의 헌법을 기준으로 하고, 후자는 주관적 권리를 기준으로 한다는 점에 있다. 때문에 권리의 문제로는 헌법위반이 구성되지 못하는 것에 대해서도 객관법으로서의 헌법을 기준으로 함으로써 헌법위반을 구성할 수 있는 경우가 있다. 그러나 유력 학설은 「하위 규범에 선행하여 확정되어야 할 헌법상의 법규범의 내용이 하위 제도의 유무(내지는 내용)에 의해 반대로 규정되는」 것이 되므로, 적절하지 않다고 하여, 제도적 보장론을 원용하여 제도후퇴의 금지를 근거 지울 수는 없다고 한다(内野・後掲 155면). 그렇지만 이 학설은 제25조 제2항에 대해서는 「향상 및 증진에 힘쓴다」는 문언을 근거로 명백한 노력 의무 위반으로 구성할 수 있는 제도의 후퇴에 대해서는 제2항 위반이 된다고 해석하고 있다(内野・後掲 377면).

5. 제도의 후퇴에 대한 생각

이상과 같이 단순히 ≪추상적 권리를 구체화한 법률은 헌법적 효력을 가진다≫고 말할 수는 없다. 입법부는 제도의 개정에 대해서도 최초의 제도 형성과 동일한 정도로 자유롭다. 물론, 동일한 정도의 자유라 함은 동일한 정도의 부자유라고도 할 수 있다. 제도 형성에 있어서나 제도 후퇴에 있어서나 기준이 되는 것은 「건강하고 문화적인 최저한도의 생활」이다. 「건강하고 문화적인 최저한도의 생활」을 만족시키지 않는 제도 형성이 위헌이 되는 것처럼, 「건강하고 문화적인 최저한도의 생활」을 보장하지 못하는 제도의 후퇴도 위헌이 된다. 단지 그뿐이며 제도의 형성인가 후퇴인가에 따른 차이는 생기지 않는다는 것이 하나의 생각이 될 것이다.

Part Ⅳ 두 번째 소재

시오미 소송(塩見訴訟)

최고재판소 1989년 3월 2일 제1소법정 판결
1985년(行ツ) 92호 국민연금재정각하처분취소청구사건
訟月 35권 9호 1754면, 判タ 741호 87면,
判時 1363호 68면

사실 개요

1934년에 출생한 X(상고인)는 어린 시절 실명하여 1981년 개정 전의 국민연금법(이하, 「법」이라 함) 별표에서 정하는 1급에 해당하는 정도의 불치병의 상태에 있었다. X는 1959년 11월 1일에는 대한민국 국적이었으나, 1970년 12월 16일 귀화하여 일본 국적을 취득했다. X는 법 제81조 제1항의 장애복지연금의 수급권의 재정(裁定)을 청구했으나, Y(피상고인)는 X가 1959년 11월 1일 일본 국민이 아니었던 것을 이유로 동 청구를 기각하는 취지의 처분(이하, 「본건 처분」이라 함)을 내렸다(법 제81조 제1항은 1939년 11월 1일 이전에 태어난 자가 1959년 11월 1일 이전에 완치된 병에 의해, 1959년 11월 1일 법 별표에서 정하는 1급에 해당하는 정도의 불치병의 상태에 있었을 때는 그 자에게 동조의 장애복지연금을 지급하는 취지의 규정을 하고 있으나, 법 제56조 제1항 단서는 불치병 인정일에 일본 국민이 아닌 자에 대해서는 동조는 장애복지연금을 지급하지 않는다는 취지의 규정을 하고 있었다). 제1심(오사카 지방재판소 1980년 10월 29일 行集 31권 10호 2274면, 判時 985호 50면, 判タ 427호 64면), 제2심(오사카 고등재판소 1984년 12월 19일 行集 35권 12호 2220면, 判時 1145호 3면, 判タ 544호 93면)에서도 X는 패소. 국적 조항이 헌법 제25조, 제14조 등에 위반된다고 주장하여 X가 상고.

상고심=최고재판소

■ 법적 구성

(a) 헌법 제25조

「헌법 제25조는 이른바 복지국가의 이념에 기초하여 모든 국민이 건강하고 문화적인 최저한도의 생활을 영위할 수 있도록 국정을 운영할 것(제1항) 및 사회적 입법 및 사회적 시설의 창조·확충에 노력할 것(제2항)을 국가의 책무로 선언한 것이나, 동조 제1항은 국가가 개개의 국민에 대해 구체적·현실적으로 위와 같은 의무를 갖는 것을 규정한 것은 아니며, 동조 2항에 따라 국가의 책무로 여겨지는 사회적 입법 및 사회적 시설의 창조·확충에 의해 국민 각각의 구체적·현실적인 생활권이 설정·충실하게 되는 것이라고 해석해야 할 것이다. 그리고 동조에서 말하는 「건강하고 문화적인 최저한도의 생활」이라는 것은 매우 추상적·상대적인 개념으로, 그 구체적인 내용은 그때그때 문화의 발달 정도, 경제적·사회적 조건, 일반적인 국민생활의 상황 등과의 상관관계에서 판단·결정되어야 함과 동시에, 동조 규정의 취지를 현실의 입법으로 구체화하는 데 있어서는 국가의 재정적 사정을 무시할 수 없고, 또한 다방면에 걸친 복잡하고 다양한 고찰과, 그에 기초한 정책적 판단을 필요로 하기 때문에 동조 규정의 취지에 따라 구체적으로 어떠한 입법조치를 강구할 것인가의 선택 결정은 입법부의 넓은 재량에 맡겨져 있으므로 그것이 현저히 합리성을 결여하며 명백하게 재량의 일탈·남용이라고밖에 볼 수 없는 경우를 제외하고, 재판소가 심사판단하기에 적절하지 않는 사항이라고 해야 한다고 한 것은 당 재판소 대법정 판결(1948년(れ) 제205호 동년 9월 29일 판결·刑集 2권 10호 1235면, 1976년(行ツ) 제30호 1982년 7월 7일 판결·民集 36권 7호 1235면)이 판시하는 부분이다」.

(b) 헌법 제14조 제1항

「헌법 제14조 제1항은 법 아래의 평등원칙을 규정하고 있으나, 위 규정은 합리적 이유가 없는 차별을 금지하는 취지의 것이며, 개개인에게 존재하는 경제적, 사회적 그 외 여러 가지 사실 관계상의 차이를 이유로 그 법적 취급에 구별을 두는 것은 그 구별이 합리성을 갖는 한, 전혀 위 규정에 위반하는 것은 아니다(최고재 1962년(あ) 제927호 1964년 11월 18일 대법정 판결·刑集 18권 9호 579면, 1962년(オ) 제1472호 1964년 5월 27일 대법정 판결·民集 18권 4호 676면 참조)」.

■ 적용

(a) 헌법 제25조

「때문에 본건에서 문제가 되고 있는 국적조항이 헌법 제25조의 규정에 위반하는가에 대해서 생각컨대, 국민연금제도는 헌법 제25조 제2항의 규정의 취지를 실현하기 위해 노령, 장애 및 사망에 의해 국민생활이 불안정해지는 것을 국민의 공동연대에 의해 방지하는 것을 목적으로 하고, 보험방식에 의해 피보험자가 납부한 보험료를 바탕으로 연금 급부를 실시하는 것을 기본으로 창설된 것이지만, 제도 발족 당시 이미 노령 또는 일정 정도의 장애상태에 있는 자, 또는 보험료를 필요기간 납부할 수 없을 것으로 예상되는 자 등 보험 원칙에 따를 때에는 급부를 받을 수 없는 자에 대해서도 동 제도가 보장하는 이익을 누리게 하여, 경과적 또는 보완적 제도로 무납부제 복지연금을 마련하고 있다. 법 제81조 제1항의 장애복지연금도 제도 발족시의 경과적인 구제조치의 일환으로 마련된 전액 국고부담의 무납부제의 연금으로서 입법부는 그 지급 대상자의 결정에 대하여 본래 광범위한 재량권을 가지고 있는 것이라 해야 한다. 또한 사회보장상의 시책에서 재류외국인을 어떻게 처우할지에 대해서는 국가는 특별한 조약을 가지고 있지 않는 한, 해당 외국인이 속하는 국가와의 외교관계, 변동하는 국제정세, 국내의 정치・경제・사회 각 사항 등에 비추어 그 정치적 판단에 의해 이것을 결정할 수 있는 것이며, 그 제한된 재원 하에 복지적 급부를 행함에 있어서 자국민을 재류외국인보다 우선적으로 다루는 것도 허용되어야 할 것이라고 해석하고 있다. 따라서 법 제81조 제1항의 장애복지연금의 지급 대상자에서 재류외국인을 제외하는 것은 입법부의 재량범위에 속하는 사항이라고 보아야 한다.

또한 경과적인 성격을 가진 위 장애복지연금의 급부에 관하여 불치병의 인정일인 제도 발족시의 1959년 11월 1일에 일본 국민일 것을 요하는 것으로 정하는 것은 합리성이 결여된 것이라고 말할 수 없다. 1959년 11월 1일보다 후에 귀화하여 일본 국적을 취득한 자에 대해 법 제81조 제1항의 장애복지연금을 지급하기 위한 조치로서 위의 자가 1959년 11월 1일로 거슬러 올라가 일본 국민이었던 자로 취급되거나, 아니면 국적 조항을 삭제한 1981년 법률 제86호에 의한 국민연금법의 개정의 효과를 소급시키는 특별한 구제 조치를 강구할 것인가도 물론 입법부의 재량사항에 속하는 것이다.

그렇게 하면, 국적 조항 및 1959년 11월 1일보다 이후에 귀화하여 일본 국적을 취득한 자에 대해 법 제81조 제1항의 장애복지연금을 지급하지 않는 것은 헌법 제25조의 규정에 위반하는 것은 아니라고 할 수 있으며, 이상은 본 재판소 대법정 판결(1976년(行ツ) 제30호 1982년 7월 7일 판결・民集 36권 7호 1235면, 1975년(行ツ) 제120호 1978년 10월 4일 판결・民集 32권 7호 1223면)의 취지에 비추어 명백하다고 해야 한다」.

(b) 헌법 제14조 제1항

「그러나 법 제81조 제1항의 장애복지연금의 급부에 관해서는 불치병의 인정일에 일본 국적인 자와 그렇지 않은 자와의 사이에 구별이 있지만, 앞에서 언급한 바와 같이 위 장애복지연금의 급부에 관해 자국민을 재류외국인보다 우선하는 것으로 하여 재류외국인을 지급 대상자로부터 제외하는 것, 또한 불치병의 인정일인 제도 발족시의 1959년 11월 1일에 일본 국민일 것을 수급자격 요건으로 하는 것은 입법부의 재량범위에 속하는 사항이라고 해야 하므로, 위 취급의 구별에 대해서는 그 합리성을 부정할 수 없으므로, 이것을 헌법 제14조 제1항에 위반하는 것이라고 할 수 없다」.

상고 기각.

기본 해설

본 판결은 헌법 제25조의 구체화에 있어서 입법부의 넓은 재량이 인정된다는 것, 특히 경과적 · 보완적 제도로서의 무납부제 복지연금에 관해서는 넓은 재량이 타당하다는 것을 먼저 설시하고, 「덧붙여」 외국인에 대한 사회보장이 헌법이 아닌 정치판단의 대상이라고 했다. 또한 헌법 제14조 제1항 위반의 주장에 대해서는 헌법 제25조의 입법재량에서 곧바로 합리적 이유를 부정할 수 없다고 하는 것이 특징이다.

또한 X는 이미 일본으로 귀화했으므로 외국인의 인권 향유 주체성에 관한 설시는 일종의 방론이다.

1. 헌법 제25조에 대하여

헌법 제25조 제1항 · 제2항의 관계에 대한 본 판결의 설시는 호리키(堀木) 소송 상고심의 내용과 거의 비슷하다. 본 판결은 먼저, 제1항은 「모든 국민이 건강하고 문화적인 최저한도의 생활을 영위할 수 있도록 국정을 운영해야 하는」 국가 책무의 선언, 제2항은 「사회적 입법 및 사회적 시설의 창조 확충에 힘써야 하는」 국가 책무의 선언이라고 하여, 제1항 · 제2항에 근거한 책무의 내용을 구별하고 있으나, 이어서 「동조 제1항은 국가가 국민 개개인에 대해 구체적 · 현실적으로 위와 같은 의무를 가질 것을 규정한 것은 아니며, 동조 제2항에 의해 국가책무로 되어 있는 사회적 입법 및 사회적 시설의 창조 확충에 의해 개개 국민의 구체적 · 현실적인 생활권이 설정 · 충실하게 되어 가는 것이라고 해석해야 할 것」이라 하여, 결국은 2가지의 책무를 일체화시키고 있다. 때문에 제1항 · 제2항의 구분은 다른 입법재량 및 위헌심사기준과는 결부되지 않으며, 전체로서의 헌법 제25조에 대해 매우 광범위한 입법재량이 타당하게 된다. 즉, 「동조에서 말하는 「건강하고 문화적인 최저한도의 생활」은 매우 추상적 · 상대적인 개념으로서, 그 구체적 내용은 그때그때 문화의 발달 정도, 경제적 · 사회적 조건, 일반적인 국민생활의 상황 등과의 상관관계에서 판단 · 결정되어야 함과 동시에, 동조 규정의 취지를 현실의 입법으로 구체화하는 데 있어서는 국가의 재정사정을 무시할 수가 없고, 또한 다방면에 걸친 복잡하고 다양한 고찰과 그에 기초한 정책적 판단을 필요로 하기 때문에, 동조 규정의 취지에 따라 구체적으로 어떠한 입법조치를 강구할 것인가의 선택 결정은 입법부의 넓은 재량에 맡겨져 있으므로 그것이 현저히 합리성을 결여하고 명백하게 재량의 일탈・남용이라고 밖에 볼 수 없는 경우를 제외하고 재판소가 심사판단하기에 적합하지 않은 사항이다」고 된 것이다.

또한 본 판결은 장애복지연금이 「제도 발족시의 경과적인 구제조치의 일환으로 마련된 전액 국고부담의 무거출제 연금」이기 때문에, 「입법부는 그 지급 대상자의 결정에 대해서 본래 광범위한 재량권을 가지고 있다」는 것이다. 그러나 헌법 제25조론으로서는 국가의 재량은 「건강하고 문화적인 최저한도의 생활」이 구체적으로 어떠한 내용의 생활인가의 판단(상대적 확정설에 선 경우), 그리고 그것을 어떻게 실현해야 할 것인가의 수단 선택에 대해서만 인정되어야 하며, 무납부제 연금인지에 대해서는 문제가 되지 않는다. 즉, 장애에 대해서 무거출제 연금이라는 제도를 채택할 것인지는 국가의 재량사항이나, 무거출제 연금이라고 해서 국가의 재량이 넓어지는 것은 아니다. 무거출제라는 것이 의미를 가진다면, 그것은 헌법 제29조를 원용할 수 있는지의 논점에 대해서 일 것이다.

2. 생존권의 주체

생존권과 참정권은 그 권리의 성질상 외국인에게 보장이 미치지 않는 인권의 쌍벽으로 여겨지나, 「보장되지 않는다」는 것의 의미는 다르다. 후자는 외국인에게 부여하는 것을 헌법이 금지하고 있다는 강한 의미이나, 전자는 보편성을 속성으로 하는 전국가적(前国家的) 권리와 달리 각자가 소속한 국가에 의해 보장되어야 할 권리이기 때문에 단순히 보장이 미치지 않는다는 것뿐으로, 헌법 제25조를 구체화하는 법률에 의해 외국인에게 각종 수급권을 부여하는 것은 오히려 바람직한 것이라고 해석할 수 있다(芦部・後掲 91면).

헌법 제25조의 생존권의 주체에 대해서 일본 국민에게만 이것을 한정한다고 해도 본건의 원고(상고인)는 귀화에 의해 일본 국적을 이미 취득했기 때문에, 불치병의 인정일에 일본 국적이 없었던 것을 이유로 한 급부의 거절이 헌법에 반하지 않는가는 별개의 문제이다. 본 판결은 「위 장애복지연금의 급부에 관해 자국민을 재류외국인보다 우선하는 것으로 재류외국인을 지급 대상자에서 제외하는 것, 또는 불치병의 인정일……에 일본 국민일 것을 수급자격 요건으로 하는 것은 입법부의 재량범위에 속하는 사항」이므로 헌법 제14조 제1항에 위반하는 것은 아니라고 했으나, 생존권의 향유주체성이 문제가 되는 외국인과, 귀화에 의한 국적 취득자를 동일한 사례로 논하는 것의 적부가 문제될 것이다.

바꿔 말하면, 헌법 제25조의 보장이 외국인에게 미치지 않는다는 것을 이유로 「장애복지연금의 지급 대상자에서 재류외국인을 제외하는 것은 입법부의 재량범위에 속하는 사항」이므로 헌법 제25조 및 제14조 제1항에 반하지 않는다고 할 수 있다. 그러나 같은 논리로 ≪불치병의 인정일보다 뒤에 귀화하여 일본 국적을 취득한 자에게 장애복지연금을 부여하지 않는 것도 입법부의 재량범위에 속한다≫고는 할 수 없다. 생존권이 각자가 속한 국가에 의해 보장되어야 할 권리라고 한다면, 불치병 인정일을 정한 법 제81조 제1항이 헌법 제25조에 위반하지 않는가에 대해서는 보다 엄격히 심사되어야 할 것이다. 또한 헌법 제14조 제1항에 대해서도 본건의 사례에서는 헌법이 「국민」의 유형화를 허용하고 있는가, 예를 들어 ≪수급 목적의 귀화 신청의 배제≫가 합리적 목적이 될 수 있는가의 문제라고 할 수 있기 때문이다.

이상에서 보면, 장애복지연금이 경과적인 성격을 가진다 하더라도 불치병의 인정일보다 나중에 귀화하여 일본 국적을 취득한 자에 대해서 장애복지연금을 지급하기 위한 특별 구제조치를 강구할 것인가에 대해서는 「물론 입법부의 재량사항에 속하는 것」이 아닌 헌법의 요청이라고 해석할 수도 있을 것이다.

설문 1 본건의 연금에 대하여 이하의 문제에 답하시오.

(1) 본건의 연금이 「경과적인 성격」을 갖지 않는 경우에는 어떠한가?

(2) 본건의 연금이 전액 거출제인 경우에는 어떠한가?

(3) 본건의 연금이 반액 거출제인 경우에는 어떠한가?

설문 2 본건과 동일한 경과적 성격을 지니는 무거출제의 다른 연금에 대해서 특별 구제조치가 취해진 가운데, 본건의 연금에 대해서만 불치병의 인정일에 일본 국적이 요구되고 있다고 한다면 어떠한가?

설문 3 영주권자 등의 장애복지연금에 대해서 「특별조약」의 존재를 이유로, 특정 국가의 국민에게만 이것을 부여하는 것은 헌법에 반하지 않는가?

설문 4 영주권자 등의 장애복지연금에 대해서 「해당 외국인이 속한 국가와의 외교 관계, 변동하는 국제정세」를 이유로, 특정 국가의 국민에게만 이것을 부여하는 것은 헌법에 반하지 않는가?

설문 5 X는 재류기간을 넘어 일본에 체재하고 있었으나 교통사고로 인해 중상을 입었다고 가정하자. X는 치료비 등의 지불을 위해 생활보호를 요청할 수 있는가(참고 : 宋소송 최3소판 2001년 9월 25일, 判時 1768호 47면 이하, 判タ 1080호 83면 이하)?

▌참고문헌▐

松井茂記「福祉国家の憲法学」ジュリスト1022号

棟居快行『憲法学再論』(信山社, 2001年)

大須賀明『生存権論』(日本評論社, 1984年)

内野正幸『憲法解釈の論理と体系』(日本評論社, 1991年)

久保田穣「老齢福祉年金と夫婦受給制限」憲法判例百選Ⅱ(有斐閣, 第4版, 2000年)

上田勝美「生存権の性格」同上

藤井俊夫「憲法25条の法意」憲法の争点 (有斐閣 第3版, 1999年)

笹沼弘志「(意見書)生活保護法における生存権保障の原理と構造について」

http://www.ipc.shizuoka.ac.jp/～ebh-sasa/hayasi-iken.pdf

木下秀雄「林訴訟」法時71巻6号

戸松秀典 ジュリスト773号(「立法裁量論」(有斐閣, 1993年) 所収)

佐藤幸治『憲法』(青林書院, 第3版, 1995年)

芦部信喜『憲法』(岩波書店, 第3版・高橋和之補訂, 2002年)

野中ほか『憲法 Ⅰ・Ⅱ』(有斐閣, 第3版, 2001年)

中村睦男『社会権の解釈』(有斐閣, 1983年)

井上=小山=山元編『憲法学説に聞く』(日本評論社, 2004年)

(小山 剛)

제21장 공무원의 쟁의권

[논점]

(1) 노동기본권의 법적 성격
노동기본권은 노동자의 생존권을 확보하기 위한 권리로 해석하는 것이 타당한가?

(2) 쟁의권의 의의
정당한 쟁의행위란 무엇인가?

(3) 공무원 직무의 특수성
공무원의 직무는 민간 노동자의 직무와 어떠한 점에서 다른가?

(4) 공무원의 쟁의권의 한계
공무원의 쟁의권은 헌법상 어떠한 경우에 제약할 수 있는가?

Part Ⅰ 기본 소재

전농림경직법 사건(全農林警職法事件)

최고재판소 1973년 4월 25일 대법정 판결
1968년(あ) 제2780호 국가공무원법위반피고사건
刑集 27권 4호 547면, 裁時 618호 2면,
判時 699호 22면, 判タ 292호 104면

사실 개요

1958년 10월 8일 내각은 경찰관직무집행법(이하, 「경직법」이라 함) 개정안을 중의원에 제출하였으나, 이 개정안이 경찰관에 의한 직권남용을 야기하고, 나아가 노동자의 단체운동을 억압할 위험이 크다는 견지에서 일본노동조합총평의회(総評)를 비롯한 노동단체는 그 외 각종 단체와 보조를 맞추어 강렬한 반대운동을 일으켰다. 특히, 이 사태를 중시한 총평은 11월 5일경 제4차 통일행동을 일으켜, 민간단위 노동조합은 24시간 파업, 관공서 노동조합은 정오 출근의 통일 행동을 실시하고 경직법의 개정에 반대의사를 표명하는 취지를 결정하기에 이르렀다. 반대운동의 일익을 담당한 전농림(全農林)은 동물사육 등을 하는 이른바 특수직장에 대해서는 탄력적인 취급을 하는 외에 11월 5일 정오 출근의 실력행사를 하는 취지의 결정을 했다.

당일, 피고인들을 포함한 전농림중앙본부 임원들은 오전 8시경 농림성 정면 현관 부근에 이르러, 각각 전일 결정한 위치로 나누어 청사 각 입구에 20명 혹은 50명씩 2중・3중으로 늘어서 피켓을 들고 오전 10시경부터 11시 40분경까지 前記 정면 현관 앞에서 농림성 직원 약 3,000명이 참가하여 직장대회를 개최했다. 그 사이 피고들은 각자 분담하여 또는 선전차에 탑승하여 청사 뒤 현관 부근에 모여 있던 농림성 직원에게 직장대회에 참가하도록 호소하고 종용하였으며, 동 대회의 개최에 있어서 경직법 개정에 대한 총평 및 전농림 제1회 중앙위원회 결의의 취지를 설명하거나 시종 직장대회의 사회를 보고 청사 뒤편에서 직원들에게 메가폰을 이용하여 직장대회의 개최를 알려 참가를 종용하였으며, 동 대회의 개최 인사 등을 행하였다. 그리고 농림성 직원 중에서 직장대회에 참가하지 않은 소수의 사람들을 제외한 약 3,000명의 직원이 직장대회에 참가하였으며, 오전 9시 20분경부터 동 대회가 종료한 오전 11시 40분경까지 농림성 당국이 직장대회를 즉시 중지하고 집무에 임하도록 지시하였음에도 불구하고 이를 무시한 채 정규근무를 하지 않았다. 피고인들의 행위가 국가공무원법(이하, 법) 제98조 제5항(1965년 법률 69호에 의한 개정 전), 제110조 17호에 위반된다고 하여 기소된 것이 본건이다.

제1심=동경 지방재판소

동경 지방재판소 1963년 4월 19일 판결
判時 338권 8면, 判タ 145호 176면

■ 당사자의 주장 (쟁점)

〈사실에 관련된 주장〉

본건 소송의 쟁점은 피고인들의 행위가 법 제110조 제1항 17호에서 처벌의 대상으로 규정하는 공무원의 쟁의행위의 수행을 부추기는 것에 해당하는가이다. 이것은 소위 「선동행위」를 어떻게 해석할 것인가에 대한 법률문제이므로 결국 본건 소송에서는 사실에 관한 중대한 논쟁은 없었다고 해도 좋다.

〈법적 근거에 관련된 주장〉

검찰관 피고인들은 1958년 11월 5일 오전 9시경부터 11시 30분경까지 농림성 청사 각 입구에 인간장벽을 만들어 출근하는 농림성 직원 3,000여명에게 들어가지 못하도록 하고, 정문 앞에서 경직법 개정반대 직장대회에 즉시 참가하도록 반복하여 요청하였으며, 근무시간 내에 개최되는 직장대회에 참가하도록 종용하고 국가공무원인 농림성 직원에게 쟁의행위의 수행을 선동한 것으로, 이것은 공무원에게 금지된 쟁의행위를 선동한 행위에 해당한다.

피고인 (1) 법 제98조 제5항, 제110조 제1항 17호는 헌법 제28조, 제18조, 제21조, 제31조, 제98조 제2항에 위반하여 무효이다. (2) 본래 노동조합의 대회인 중앙위원회는 조합의 의사를 결정하고 중앙집행위원회는 그 결정 의사에 기초하여 행동하는데 지나지 않으며, 소수의 조합간부에 의해 쟁의행사를 교사, 선동할 수 있는 것이 아니다. 따라서 본건은 법 제98조 제5항, 제110조 제1항 17호에서 규정하는 쟁의행사를 선동하거나 선동할 것을 기도한 것에는 해당되지 않는다.

■ 법적 구성

(1) 법 제98조 제5항 및 제110조 제1항 17호의 합헌성

(a) 헌법 제28조에서 말하는 근로자란 직업의 종류에 상관없이 자기의 노동력을 제공하고 그 대가로서 주된 생활수단이 되는 임금을 받는 자로 해석하는 것이 적합하며, 그 점에 대해서는 법의 적용을 받는 일반직 국가공무원도 기본적으로 같은 성격을 갖고 있기 때문에 위의 노동자에 포함되는 것이라 해야 하므로 원칙적으로는 노동기본권을 향수해야 하는 것이다. 그러나 노동기본권을 포함한 헌법이 국민에게 보장하는 자유 및 권리도 결코 무제한인 것은 아니며, 이것을 남용하는 것은 허용되지 않는다. 또한 공공복지와의 조화를 위해 제한을 받으며, 경우에 따라서는 금지되는 경우가 있는 것도 어쩔 수 없는 것이다.

(b) 헌법은 전문(前文)에서 국정은 국민의 엄숙한 신뢰에 의한 것으로 그 복리는 국민이 이것을 향수한다고 규정하고 있으며, 또한 제15조에서 공무원은 전체의 봉사자로 일부의 봉사자가 아니라고 규정하고 있다. 이것은 공무원이 순수한 사기업의 노동자와는 성격이 다르며, 그 노동관계의 상대방인 사용자는 정부지만 궁극적으로는 주권자인 국민이므로 공무원은 국민 전체를 위해 공공의 이익증진을 도모해야 하며 전력을 다해 노력하지 않으면 안 되는 헌법상의 의무를 지고 있는 것이다. 한편 이것을 국민의 입장에서 보면, 공무원은 국민 전체를 위해 공정하고 성실하고 능률적으로 공공의 이익증진을 도모해야 하며, 전력을 다해 자기가 분담하는 국가의 업무를 수행할 것이 기대되는 권리를 가진 것이다.

(c) 만일 공무원이 쟁의행위를 한다면, 공무원에 대한 주권자인 국민의 기대에 반하는 것이며, 현실적으로 업무의 능률적이고 정상적인 수행이 저해된 것은 물론, 그렇지 않더라도 그러한 위험을 발생시킴으로써 국민과의 신뢰관계에 반하는 결과를 초래한다.

(d) 헌법이 노동자에게 보장하는 노동기본권은 노동자의 적정한 노동조건을 확보시키고, 나아가 노동자로 하여금 인간답게 문화적인 생활을 보장하는 데 있으므로 국가가 공무원에 대해 적정한 근로조건을 확보하기 위해 어떠한 조치를 강구하고 있는지를 살펴보지 않으면 안 된다. 법은 이를 위한 기관으로 인사원을 설치하여, 인사원으로 하여금 법의 완전한 실시에 대한 책임을 위임하고 있다.

(e) 공무원이 국민에 대해 가지고 있는 책무와 공무원에게 적정한 근무조건을 확보하기 위한 조치를 비교하여 종합적으로 고찰할 때는 공무원의 쟁의행위를 금지하는 것도 공공복지의 견지에서 불가피한 것이라고 해야 하며, 또한 대상(代償)기관을 설치하여 공무원의 근무조건의 적정을 확보함으로써 공무원의 기본적 인권을 존중하는 조치를 강구하고 있는 이상, 법 제98조 제5항의 규정이 헌법 제28조에 위반된다고는 할 수 없다.

(f) 공무원의 쟁의행위를 금지하는 것이 헌법 제28조에 위반하지 않는다고 하여, 쟁의행위를 한 공무원 또는 그 쟁의행위시 이것과 일반적으로 불가분한 관계를 가진 수반적 행위를 한 자를 처벌하는 것이 당연히 용납된다고 결론짓는 것은 적합하지 않다. 가령 이들의 행위가 위법이며, 고용상 불이익한 처분을 받거나 민사상 제재를 면치 못한다 하더라도 그것이 곧바로 가벌성을 인정하는 것과 동일하지는 않기 때문이다.

(g) 법 제110조 제1항 17호에서 쟁의행위의 수행을「공모하고, 교사하거나 선동하고, 또는 이들 행위를 기도한 것」이라는 것은 쟁의행위시에 이것과 일반적으로 불가분의 관계를 가진 수반적 행위 모든 것을 포함한 취지라고 해석해서는 안 되며, 사기업에서의 쟁의행위라면 당연히 정당한 행위로 인정되는 정도의 것은 이에 해당하지 않고, 특히 위법성이 강한 것이 이에 해당한다고 해야 한다. 또한 이 같은 특히 위법성이 강한 행위는 국민과의 신뢰관계를 파괴할 위험성이 더 크기 때문에 이것을 가벌적 위법행위로 평가하여 형벌을 두어 금지하는 것도 결코 불합리하다고 할 수 없다.

(h) 법 제110조 제1항 17호에서 규정하는 쟁의행위의 수행을「공모하고, 교사하거나 선동하고, 또는 이들 행위를 기도한」자라고 하는 개념은 쟁의행위와 불가분한 수반적 행위 중에서 특히 위법성이 강한 것, 또는 수반적 행위라고 인정할 수 없는 것에 한정되어야 하며, 이것들은 쟁의행위의 보호 대상이 되지 않는다. 이렇게 해석하는 한, 동 조항은 헌법 제18조에 위반하는 것이라 할 수 없다.

(i) 공무원에 대해 그 업무의 정상적인 운영을 저해하는 쟁의행위의 수행을 교사하거나 선동하고, 또는 이러한 행위를 기도한 것은 이들 각 행위가 특히 위법성이 강하거나 쟁의행위와 일반적으로 불가분한 수반적 행위로 볼 수 없는 것이라 해석하는 한, 국민 전체의 봉사자인 책무를 해태할 것을 교사, 종용하는 수단에 있어서 국민과

의 신탁관계를 파괴할 위험이 매우 크므로, 이미 헌법 제21조의 보장범위 밖에 있는 것이라 하지 않을 수 없다. 따라서 법 제110조 제1항 제17호의 규정은 헌법 제21조에 위반된다고 할 수 없다.

(j) 법률의 규정은 그 본질상 추상적이 될 수밖에 없으므로 당연히 해석을 필요로 하지만, 합리성 있는 해석에 의해 그 내용이 명확해진다면 죄형법정주의의 요청을 충족하는 것이라 할 수 있다. 특히, 본건에서 문제가 되고 있는 법 제110조 제1항 17호에서 규정하는 쟁의행위의 수행을 「선동하고, 또는 이들 행위를 기도한」이라는 개념은 합리성 있는 해석에 의해 그 내용을 명확히 할 수 있으며, 또한 그 내용은 적정한 것이라고 할 수 있으므로 헌법 제31조에 위반된다고 할 수 없다.

(k) ILO 제98호 조약은 노동자의 단결권, 단체교섭권의 행사에 대해서 ILO가맹국 정부에 대해 이러한 권리를 존중, 확보하기 위해 필요한 조치를 요구하고 있는 한편 제6조에서 「이 조약은 국가의 행정에 종사하는 공무원의 지위를 취급하는 것이 아니며, 또한 그 권리 또는 법률상의 지위에 영향을 미치는 것으로 해석해서는 안 된다」고 규정하고 있기 때문에 공무원의 쟁의권을 금지한 법 제98조 제5항의 규정은 위 조약과 직접 관련되지 않고, 따라서 위 조약에 관한 한 법 제98조 제5항의 규정은 헌법 제98조 제2항에 위반된다고 할 수 없다. 법 제110조 제1항 17호에도 동일한 취지가 타당하다. ILO 제105호 조약은 아직 비준되지 않았기 때문에 일본 정부가 체결한 조약에는 해당하지 않고, 또한 ILO 결사 자유위원회 등의 견해도 국제관습법으로 확립되었다고는 할 수 없기 때문에 법 제110조 제1항 17호가 곧바로 헌법 제98조 제2항에 위반된다고는 할 수 없다.

(2) 법 제98조 제5항에서 말하는 「쟁의행위」 및 법 제110조 제1항 17호에서 말하는 「선동행위」의 의미

(a) 법 제98조 제5항에서 말하는 「쟁의행위」란 그 금지의 취지가 국민 전체의 봉사자로서의 책무를 해태하고, 나아가 국민과의 신탁관계에 반하는 위험을 방지하는 점에 있다고 해석되므로, 공무원이 개인의 입장에서 하는 단순한 태만에 의한 결근, 태업 등의 행위는 이에 포함되지 않지만, 공무원이 조직하는 단체로서 당국의 관리의사에 반하여 국가업무의 정상적인 운영을 저해하는 행위를 하면 모두 이에 포함되어 금지의 대상이 된다고 하지 않을 수 없다.

(b) 법 제98조 제5항에서는 공무원에 대해 쟁의행위를 금지하고, 누구도 쟁의행위를 기도해서는 안 된다고 규정하면서, 법 제110조 제1항 17호에서는 이것을 처벌하는 취지의 명문이 없기 때문에, 공무원으로서 단지 쟁의행위의 실행을 한 것에 지나지 않는 자는 위법행위로 고용상의 불이익처분을 받아도 이에 대항할 수 없으나 형벌을

부과받지는 않는다.

단순한 쟁의행위의 실행자에 지나지 않는 자는 처벌의 대상이 되지 않는다는 것, 그리고 실행행위에는 가벌적 평가를 하지 않으나 그것을 공모하고, 교사하거나 선동하고, 또는 이들 행위를 기도했다는 전단계적(前段階的) 행위에 대해서만 가벌적 평가를 부과하고 있다는 것, 이것은 형벌 체계상 매우 이례적 취급이라는 것, 쟁의행위에 일반적으로 불가분하게 수반된 행위는 실행행위와 동등한 평가를 하는 것이 상당하다는 것 등을 고려해 볼 때, 법 제110조 제1항 17호의 규정이 공익상 정말로 필수불가결한 합리적 근거를 가질 수 있다는 것은, 여기에 규정되어 있는 각종 행위의 양태가 강도(強度)의 위법성을 가짐으로써 그 수단 자체에서 가벌적 평가가 가능하다고 할 정도의 것에 한한다고 해석하는 것이 상당하다. 그리고 그 수단 자체에 강도의 위법성을 가진다고 할 수 있기 위해서는 구체적으로 쟁의행위에 직접 이해관계를 갖지 않는 제3자가 쟁의행위에 개입하여 그 수행을 모의하고, 선동하고, 또는 이들 행위를 기도한 경우, 공무원이라 하더라도 그 단체의 행동과는 전혀 무관한 입장에서 쟁의행위의 수행을 모의하고, 선동하고, 또는 이들 행위를 기도한 경우, 공무원이 그 단체의 의사에 따른 것이라 해도 모의, 선동의 수단이 쟁의행위시 일반적으로 이루어지는 방법을 일탈하여 특히 격앙된 것인 경우 등을 들 수 있다.

■ 적용

(a) 전농림이 1958년 11월 5일 특수 직장을 제외하고 정오 출근의 실력행사에 나서려고 한 것, 또는 같은 날 농림성 정면 현관 앞에서 피고인들을 포함한 직원 약 3,000명이 오전 11시 40분경까지 직장대회를 개최한 목적이 경직법의 개정에 반대하여 이에 항의의사표시를 한 것은 사실이며, 더욱이 이것은 노동관계에 대해 사용자와 주장이 일치하지 않는다는 요건이 없는 것이므로 소위 정치파업이라 불리는 성질의 것임이 명백하지만, 적어도 前記 정오 출근 등 직장대회의 통일 행동이 전농림의 조직적 행동으로 당국의 관리 의사에 반하여 소정의 집무를 행하지 않고 국가 업무의 정상적인 운영을 저해하는 것인 이상, 법 제98조 제5항에서 금지하는 쟁의행위에 해당하는 것이라 하지 않을 수 없다.

(b) 노동자 단체에서 쟁의행위를 할 경우, 집행부에서 하부기관에 지령을 발하여 통일적 행동을 하도록 명하는 것은 일반적으로 이루어지는 조치이므로 쟁의행위에 불가분한 수반적 행위라 하지 않을 수 없다. 본건에서의 지령은 중앙위원회의 결의의 취지에 충실히 따른 것으로서 지령으로 필요한 표현의 정도를 넘어 타인의 자유롭고 이성적인 의사활동을 잘못하게 할 우려가 발생하는 격앙된 내용을 포함하는 것이라고는 인정할 수 없다. 따라서 피고인들의 행위는 그 소속 단체의 의사에 따른 것으로

그 내용도 쟁의행위시 발령되는 지령으로서는 일반적인 것이라 해야 하기 때문에 앞서 말한 강도의 위법성을 띈다고 여겨지는 어떠한 범주에도 속하지 않으며, 법 제110조 제1항 17호에서 규정하는 쟁의행위의 수행을「선동을 기도한」행위에는 해당되지 않는다고 해야 한다.

피고인들이 취한 직장대회 개최의 전달이나 참가에의 종용, 직장대회의 사회, 경직법 개정 반대행동에 관한 취지의 설명이라는 일련의 행동은 모두 쟁의행위의 한 양태로 직장대회에서 행해지는 불가분한 수반적 행위로 볼 수 있으며, 그 수단도 일반적인 방법으로 특별히 타인의 자유로운 의사 활동을 왜곡할 우려가 발생하는 격앙된 것이었다고는 인정할 수 없다. 이것은 농림성 뒤편 현관 부근에 모인 직원들 중 적어도 2, 30명이 피고인들의 설득과 종용에도 불구하고 직장대회에 참가하지 않은 사실에서도 엿볼 수 있다. 또한 농림성의 청사 각 입구에는 피켓을 들고 있었으나 직원의 자유의사에 의한 통행을 저지하지 않고 실제로 직장대회에 참가하지 않은 직원은 특별한 방해를 받지 않고 자유롭게 입구에서 청사 내로 출입하고 있었던 사실을 엿볼 수 있으므로, 피켓을 든 것을 가지고 곧바로 그 수단이 격앙되었다고 할 수는 없다. 따라서 피고인들의 이 행위도 앞에서 든 강도의 위법성을 띈 것으로 여겨지는 어떠한 범주에도 속하지 않으며 동조에서 규정하는 쟁의행위를「선동하는」행동에는 해당하지 않는다고 하지 않을 수 없다. 피고인들은 무죄.

제2심=동경 고등재판소

동경 고등재판소 1968년 9월 30일 판결
判時 547호 12면, 判タ 232호 306면

■ 법적 구성

(a) 범죄의 실행행위 자체보다도 그 공모, 교사행위, 선동행위 등이 지도적이라고 하여 가벌성이 강하다는 것으로 해석해야 할 때는 실행행위보다 지도적 행위 쪽을 처벌하는 것은 조금도 불합리하지 않으며, 국가공무원의 쟁의권의 행사가 금지되어 있는 상황에 비추어 볼 때 그 발생을 방지해야 함은 당연하므로, 쟁의행위의 공모, 교사행위, 선동행위 등의 지도적 행위는 쟁의행위의 원동력, 지주가 되어 이를 유발할 위험성이 있는 것이기 때문에, 그 반사회성, 반규범성, 유해성에서 쟁의의 실행행위 자체보다 위법성이 강하여 가벌의 필요가 있다고 해석해야 하며, 이렇게 해석해도 어떠한 합리적 근거를 결여한 것은 아니다. 국가공무원법에서도 동법 자신이 특히 위법성이 강하다고 인정되는 특정 행위를 정하여「국가공무원법에 위반하는『선동』등

의 행위를 한 것」을 독립범죄로서 동법에 의해 형사책임을 묻고 있다. 법 제110조 제1항 17호는 법 제98조 제5항에 위반하는 쟁의행위 자체가 아니라, 이것을 「선동」 등의 지도적 행위를 특히 위법성이 강한 행위로 유형적으로 파악하여 이것에 가벌성을 인정하고 있는 것이다. 법 부칙 제16조가 형사면책에 관한 노조법 제1조 제2항을 포함하여 노조법의 적용을 일체 배제하고 있는 것은 공무원노조법과 현저한 대조를 이루는 점으로서, 위 취지를 뒷받침하는 것이라 할 수 있다.

(b) 쟁의의 공모, 교사행위, 선동행위 등의 지도적 행위는 쟁의행위의 원동력, 지주가 되는 것이며 그 반사회성, 반규범성 등에서 쟁의의 실력행위 자체보다 위법성이 강하다고 해석할 수 있으므로, 헌법위반이 되는 결과를 피하기 위해 특히 「선동」 행위 등의 개념을 축소해석 해야 할 필연성은 없는 것이라 해야 할 것이며, 또한 실행 전 단계의 행위만을 가벌적이라 하고 위법행위의 실행 자체를 가벌적이라 하지 않은 특수한 입법형식이라는 것을 이유로 「선동」 행위 등의 의의를 한정적으로 해석해야 한다고 하는 논거도 불충분하다.

(c) 쟁의행위 중 특히 정치적 목적을 위해 행해지는 이른바 「정치파업」에 대해서는 이미 전국체신노조 동경중앙우체국 판결(全逓東京中郵判決)(Part Ⅳ 「두 번째 소재」)이 공무원노조법의 적용을 받는 공공기업체 등 현업직원에 대해서까지 헌법 제28조에 보장된 쟁의행위의 정당성의 한계를 일탈하는 것으로서 형사제재를 면치 못한다고 하였으므로, 이들 직원들에 비해 직무의 공공성이 강하다고 인정되는 국가공무원에 대해 「정치파업」의 형사제재를 면치 못하는 것은 당연한 이치인 것이다.

(d) 「부추기는」 행위란 선동과 같은 의미로 해석되며, 쟁의행위를 수행시키려는 목적을 가지고 문서나 도화 또는 언동에 의해 불특정 다수로 하여금 그 행위를 실행하는 결의를 생기게 하거나, 이미 생긴 결의를 조장시키는 여세의 자극을 주는 것을 말한다. 또한 그 결의를 생기게 하거나 조장하는 여세에 자극을 줌에 따라 선동행위가 성립하고, 피선동자가 실제로 쟁의를 할 결의를 갖는 것을 요하지 않는 것이라 해석한다. 따라서 「자극」인 이상, 감정에 작용하는 것은 말할 필요도 없지만 단지 감정을 흥분, 고양시키는 것이 아니라 위법행위 실행의 결의에 영향력 있는 자극이므로 의사작용을 움직이는 강한 자극이다.

(e) 이미 위법행위를 실행할 기운이 양성되어 있는 대중에게 그 실행을 결의시키고 이것을 조장시키는 경우에 반드시 원 판결과 같은 「격앙」된 언동을 필요로 하지는 않는다. 특히, 국가공무원과 같이 일정한 교양을 가지고 감수성이 강한 대중을 직접 자기의 지도 하에 동원할 수 있는 강력한 조직 속에서 강력한 영향력을 가진 지휘자는 특히 「격양」된 문언을 포함하지 않는 지령만으로도 쉽게 대중을 위법행위의 실행에 동원할 수 있으며, 이 지도자의 지령은 지상명령이라고까지는 할 수 없어도 위법

행위 실행의 결의에 절대적인 자극이므로 선동행위는 성립할 수 있다.

■ 적용

전농림 중앙집행위원장인 피고인들이 상호 의사연락한 후 전국의 하부기구에 대해 당국의 관리의사에 반하는 11월 5일 정오 출근을 원칙으로 한 실력행동을 하도록 지령하는 것을 내용으로 한 전보를 포함한 지령을 내린 행위는 그 지령자가 하부조직에 대해 강력한 영향력을 미치는 자라고 인정되는 중앙집행위원회의 중앙투쟁위원장인 만큼 그 관할 하의 조합원 중 일부 투쟁의식이 없는 자 또는 망설이는 자에게는 위법 쟁의 실행의 결의를 하게 하거나, 투쟁의식이 이미 생긴 자에게는 그 결의를 조장시키는 여세의 자극을 준 것이 명백하다고 해야 하며, 피고인 임원들이 상호 의사연락 후 11월 5일 농림성 정면 현관 앞에서 정오까지를 목표로 한 근무시간 내 2시간의 직장대회 실시를 도모하고 각자 분담하여 계획적으로 각 출입구, 특히 정면현관 앞 및 뒤 현관 앞에 강력한 피켓을 들고 약 2,500명의 직원의 출입을 저지하는 한편, 이것을 수단으로 직장대회에의 참가를 설득, 종용한 행위는 종전의 경과에서의 지령, 지시의 발출에 의한 영향력을 간접적인 배경으로 하며, 관할 하의 조합원들로 하여금 당국의 관리의사에 반하는 직장대회에 참가하는 결의를 생기게 하거나 그 결의를 조장하는 여세의 자극을 준 것이 명백하다고 해야 한다.

또한 피고들의 이러한 행위의 일관된 목적은 급여, 그 외의 근무조건의 개선, 향상 등의 경제적인 것이 아닌, 경직법 개정안에 대한 반대투쟁이라는 정치적인 것 소위 「정치파업」의 범주에 속하는 것으로서, 정당성의 한계를 일탈하고 있을 뿐 아니라 그 규모와 수단 · 방법(양태)은 전보를 포함한 지령의 수신이 전국에 미치는 대규모의 것이고, 그 지령내용은 전국의 하부 조직에게 일제히 당국의 관리의사에 반하는 근무시간 내의 직장대회의 개체를 지령하는 양태의 것이며, 본건 직장대회에서의 피켓의 강력성은 이것에 의해 약 2,500명의 직원 중 매우 소수의 자를 제외한 대부분이 출근을 위한 출입을 저지받았을 뿐 아니라, 관리자 측의 피켓 배제 행위에 대해 적극적으로 저항까지 하는 사태를 일으킨 점 등에 비추어, 피고인들의 행위는 목적, 규모, 수단 · 방법(양태)의 어떤 점에서 고려해 보아도 그 위법성은 형벌법규 일반이 예정하는 가벌적 위법성의 정도에 달하고 있는 것이라 보아야 하며, 또한 형벌을 부과하는 데 족한 정도의 반사회성, 반규모성을 가지고 있는 것이라 할 것이다. 따라서 피고인들의 전보를 포함한 지령의 발출 행위는 공모 및 법 제110조 제1항 17호에서 규정하는 쟁의행위의 「선동행위」에 해당하는 것이 명백하다고 해야 하며, 또한 피고인들의 前記 직장대회에 참가하도록 설득, 종용한 행위도 공모한 뒤에 동 법조에서 정하는 쟁의행위의 「수행을 부추긴」 행위에 해당한다는 것도 명백하다고 하지 않을 수 없다. 피고인들에게 각각 벌금 5만 엔에 처한다.

상고심=최고재판소

■ 상고 이유

(1) 법 제98조 제5항, 법 제110조 제1항 17호는 헌법 제28조, 제18조, 제21조, 제31조에 위반된다. (2) 원 판결이 법 제110조 제1항 17호를 한정해석하지 않은 것은 헌법 제31조, 제28조, 제18조, 제21조에 위반된다.

[다수의견]

■ 법적 구성

(a) 노동기본권의 성격

「노동기본권의 보장은 헌법 제25조의 생존권의 보장을 기본 이념으로 헌법 제27조의 노동의 권리 및 근로조건에 관한 기준의 법정 보장과 더불어, 근로자의 경제적 지위향상을 목적으로 하는 것이다」.

(b) 공무원의 노동기본권

「노동기본권의 근본정신에 입각하여 생각해보면, 공무원은 사기업의 노동자와는 달리 사용자와의 합의에 의해 임금 그 외의 노동조건이 결정되는 입장에 있는 것은 아니지만, 근로자로서 자기의 노무를 제공하여 생활자금을 획득하고 있는 것이라는 점에서는 일반 노동자와 다른 점이 없으므로, 헌법 제28조의 노동기본권의 보장은 공무원에게도 미치는 것이라 해석해야 한다」. 단, 이 노동기본권은 「근로자의 경제적 지위향상을 위한 수단으로 인정된 것으로 그 자체가 목적이 되는 절대적인 것은 아니므로, 당연히 근로자를 포함한 국민 전체의 공동이익의 견지에서 보는 제약을 면치 못하는 것이며, 이것은 헌법 제13조의 규정 취지에 비추어도 의심이 없는 부분이다(이 경우 헌법 제13조에서 말하는 「공공의 복지」란 근로자의 지위에 있는 모든 자를 포함한 국민 전체의 공동이익을 가리키는 것이라 해야 한다)」.

(c) 공무원의 지위의 특수성과 직무의 공공성

「공무원은 사기업의 노동자와는 달리, 국민의 신뢰를 바탕으로 국정을 담당하는 정부에 의해 임명된 자이지만, 헌법 제15조가 나타내듯이 실질적으로는 그 사용자가 국민 전체이며 공무원의 노무제공의무는 국민 전체에게 지고 있는 것이다. 물론 이러한 이유만으로 공무원에 대해 단결권을 비롯한 그 밖의 일체의 노동기본권을 부정하는 것은 용납될 수 없으나, 공무원의 지위의 특수성과 직무의 공공성에 비추어볼 때, 이것을 근거로 공무원의 노동기본권에 대해 필수불가결한 한도의 제한을 부가하는 것은 충분히 합리적인 이유가 있다고 해야 한다. 공무원은 공공의 이익을 위해 근무하는 자이며, 공무의 원활한 수행을 위해서는 그 담당하는 직무내용에 상관없이 각각의 직장에서 그 직책을 완수할 것이 필요불가결하며, 공무원이 쟁의행위를 하는 것은 그 지위의 특수성 및 직무의 공공성이 양립하지 않을 뿐 아니라 많든 적든 공무의 마비를 초래하며, 그 마비는 근로자를 포함한 국민 전체의 공동이익에 중대한 영향을 미치거나 그러할 우려가 있기 때문이다」.

(d) 공무원의 근무조건 법정주의

「원칙적으로 이윤추구가 자유로운 사기업에서는 당연히 노동자 측의 이윤 배분 요구의 자유도 인정되고 단체를 결성하여 사용자와 동등한 입장에서 단체 교섭을 하여 임금, 그 밖의 노동조건을 집단적으로 결정하여 협력을 체결하며, 만일 교섭이 타결되지 않을 때는 동맹파업 등을 하여 해결을 도모한다는 헌법 제28조가 보장하는 노동기본권의 행사가 어떠한 제약 없이 허용되는 것을 원칙으로 하고 있다. 이에 반해 공무원의 경우는 그 급여의 재원이 국가의 재정과도 연관되어 주로 세수에 의해 조달되므로, 사기업 노동자의 이윤 배분 요구와는 전혀 다르며, 그 근로조건은 모두 정치적, 재정적, 사회적, 그 외 제반의 합리적인 배려에 의해 적당히 결정되어야 한다. 또한 이 결정은 민주국가의 규칙에 따라 입법부에서 논의한 후 결정되어야 하는 것으로서, 동맹파업 등 쟁의행위의 압력에 의한 강제를 용인할 여지는 전혀 없는 것이다」. 「공무원에 대해서는 헌법 자체가 제73조 4호에서 『법률이 정하는 기준에 따라 공무원에 관한 사무를 처리하는 것』은 내각의 사무라고 정하여 그 급여는 법률에 따라 정해진 급여준칙에 기초하여 이루어질 것을 요하며, 이에 기초하지 않는 것은 어떠한 금전 또는 유가물도 지급할 수 없다고 되어 있는」 것처럼(국공법 제63조 제1항), 「공무원의 급여를 비롯한 그 외 근무조건은 사기업의 경우와 같이 노사 간의 자유로운 교섭에 기초한 합의에 의해 결정되는 것이 아니라, 원칙적으로 국민의 대표자에 의해 구성된 국회가 제정한 법률과 예산에 따라 정해지는 것으로 되어 있다」. 「공무원의 근무조건 결정에 관해 정부가 국회로부터 적법한 위임을 받지 않은 사항에 대해서, 공무원이 정부에 대해 쟁의행위를 하는 것은 정상적인 것이라 하기 어려우며, 만일 이러한 제도상의 제약에도 불구하고 공무원에 의한 쟁의행위가 이루어진다면 사용자인 정부는 경우에 따라 해결할 수 없는 입법문제에 봉착하지 않을 수 없게 되며, 나아가 민주적으로 이루어져야 할 공무원의 근무 조건 결정과정을 왜곡하는 것이 되어, 헌법의 기본원칙인 의회제 민주주의(헌법 제41조, 제83조 등 참조)에 어긋나며 국회의 의결권도 침해할 우려가 있다」.

(e) 랏아웃권

「사기업에서는 매우 공익성이 강한 특수한 것을 제외하고는 일반적으로 사용자에게 소위 직장폐쇄(Lockout)라는 쟁의행위에 대항하는 수단이 있을 뿐 아니라, 노동자의 과대한 요구를 수용하는 것이 기업의 경영을 악화시키고 기업 자체의 존립을 위태롭게 하며, 나아가서는 노동자 자신의 실업을 초래하는 중대한 결과를 낳게 되는 경우가 있으므로 노동자의 요구는 자연히 그러한 면에서 제약을 면치 못하며, 여기서도 사기업 노동자의 쟁의행위와 공무원의 쟁의행위를 일률적으로 동일하게 생각할 수 없는 한 가지 이유가 존재한다」.

(f) 시장억제력론

「일반 사기업에서는 그 제공하는 제품 또는 역무의 수급에 관해 시장의 압력을 받지 않을 수 없는 관계인 만큼, 쟁의행위에 대해서도 이른바 시장의 억제력이 필연적으로 작용함에 반해, 공무원의 경우는 이 같은 시장의 기능이 작용할 여지가 없기 때문에 공무원의 쟁의행위는 경우에 따라 일방적으로 강력한 압력이 되므로, 이러한 면에서도 공무원의 근무조건 결정절차를 왜곡시키는 것이 된다」.

(g) 대상조치론

「공무원에 대해서도 헌법에 의해 그 노동기본권이 보장되는 이상, 이 보장과 국민 전체의 공동이익의 옹호 간에 균형이 유지되는 것을 필요로 하는 것은 헌법의 취지라고 해석되므로, 그 노동기본권을 제한하는 데 있어서는 이것에 대체할 상응조치가 강구되지 않으면 안 된다」. 공무원은 「특수한 공무원을 제외하고 일반적으로 그 근무조건의 유지개선의 도모를 목적으로 직원단체를 결성하는 것, 결성된 직원단체에 가입하거나 가입하지 않는 자유를 보장하며」 「사기업에서와 같은 단체협약을 체결할 권리가 인정되지 않는다고는 하지만, 원칙적으로 교섭권이 인정되고 있으며」, 「단지 정부가 사용자 대표로서 공중에 대해 동맹파업, 태업, 그 외 쟁의행위 또는 정부의 활동능률을 저하시키는 태업행위를 금지하고, 또한 누구든지 이러한 위법 행위를 기도하고, 그 수행을 공모하고, 교사하고, 선동해서는 안 된다고 되어 있다」. 「이와 같이 그 쟁의행위 등이 근로자를 포함한 국민 전체의 공동이익의 보장이라는 견지에서 제약을 받는 공무원에 대해서도 그 생존권보장의 취지로부터 법은 이러한 제약에 적합한 대상조치(代償措置)로 신분, 임면, 복무, 급여, 그 밖의 근무조건에 대한 주도면밀한 규정을 세우고, 나아가 중앙인사행정기관으로 준사법기관적 성격을 가진 인사원을 설치하고 있다. 특히, 공무원은 법률에 의해 규정되는 급여준칙에 기초하여 급여를 받고, 그 급여준칙에는 봉급표 외 법정 사항이 규정되는 등 이른바 법정 근무조건을 향유하고 있으므로, 인사원은 공무원의 급여, 근무시간, 그 외의 근무조건에 대해 소위 정세적응(情勢適応)의 원칙에 따라 국회 및 내각에 권고 또는 보고가 의무화되어 있다. 그리고 공무원인 직원은 개별적으로 또는 직원단체를 통해 봉급, 급료, 그 밖의 근무조건에 관해 인사원에 이른바 행정조치를 요구하거나, 만일 불이익처분을 받은 경우는 인사원에 심사청구를 할 수 있는 길도 열려 있다. 이처럼 공무원은 노동기본권에 대한 제한의 대상(代償)으로 제도상 정비된 생존권옹호를 위한 관련조치의 보장을 받고 있는 것이다」.

(h) 원동력론

「국공법 제110조 제1항 17호는 공무원의 쟁의행위에 의한 업무의 마비가 널리 국민 전체의 공동이익에 중대한 장해를 초래할 우려가 있다는 것을 고려하여, 공무원의 여부에 상관없이 누구든지 이러한 위법한 쟁의행위의 원동력 또는 지주로서의 역할을 한 경우에는 그것을 이유로 벌칙을 규정하고 있다」. 즉, 「공무원의 쟁의행위 금지는 헌법에 위반하는 것은 아니므로, 누구든지 이 금지를 침해하는 위법한 쟁의행위를 선동하는 등의 행위를 하는 자는 위법한 쟁의행위에 대한 원동력을 부여하는 자로서 단순한 쟁의 참가자에 비해 사회적 책임이 무거우며, 또한 쟁의행위의 개시 또는 그 수행의 원인을 만드는 것이므로 이러한 선동 등의 행위자의 책임을 물음과 동시에 위법한 쟁의행위의 방지를 도모하기 위해 그 자에게 특별히 처벌의 필요성을 인정하여 벌칙을 두는 것은 충분히 합리성이 있다」.

(i) 정치파업 위법설

표현의 자유도 「공공의 복지에 반하는 경우에는 합리적인 제한을 가할 수 있는 것이라 해석해야 하며」, 「특히 근로자이기 때문에 본래 경제적 지위향상을 위한 수단으로 인정된 쟁의행위를 그 정치적 주장의 관철을 위한 수단으로 사용할 수 있는 권리를 가진 것이라고는 할 수 없으므로, 이러한 쟁의행위가 표현의 자유로서 특별히 보장된다고 하는 것은 본래 있을 수 없는 것이라 해야 한다」. 「공무원은 본래 합헌인 법률에 따라 쟁의행위를 하는 것 자체가 금지되어 있으므로, 근로자인 공무원이 이러한 정치적 목적을 위해 쟁의행위를 하는 것은 이중의 의미로 용납될 수 없는 것이라 해야 한다」. 공무원의 위법한 쟁의행위를 부추기는 행위는 「그 자체가 비록 사상 표현의 일면을 가졌을지라도 공공의 이익을 위해 근무하는 공무원의 중대한 의무의 태만을 종용하는 것이므로 결국 국민 전체의 공동이익에 중대한 장해를 초래할 우려가 있는 것으로 헌법이 보장하는 언론의 자유의 한계를 일탈하는 것이라 해야 한다」.

(j) 법 제98조 제5항 및 법 제110조 제1항 17호의 한정합헌 해석의 당부(当否)

국공법 제110조 제1항 17호에서 규정하는 범죄구성요건은 「내용이 막연한 것이라고는 하기 어려우며, 또한 위법한 행위에 관해 그 전단계적 행위인 선동하는 행위 등만을 독립범으로 처벌하는 것은 앞서 서술한 바와 같이 이들 행위가 위법행위에 원인을 제공하는 행위로서 단순한 쟁의에의 참가에 비해 사회적 책임이 무겁다고 보이는 이상, 결코 불합리하다고 하기 어렵다」. 따라서 「공무원이 행하는 쟁의행위 중 동법[국공법]에 의해 위법이라 여겨지는 것과 그렇지 않은 것의 구별을 인정하고, 또한 위법이라 여겨지는 쟁의행위에도 위법성이 강한 것과 약한 것의 구별을 세워 선동행위 등의 죄로서 형사제재를 부과받는 것은 그 중 위법성이 강한 쟁의행위에 대한 것에 한하는 것으로 하거나, 또는 선동행위 등에 관해 쟁의행위의 기획, 공모, 설득, 종용, 지령 등을 쟁의행위에 이른바 일반적으로 수반되는 것으로 국공법상 처벌되지 않는 쟁의행위 자체와 동일시하여, 이러한 선동 등의 행위 자체의 위법성의 강약 또는 사회적 허용성의 유무를 논하는 것은 어떠한 것이든 도저히 인정할 수 없다」. 「이른바 위법성의 강약 구별이 원래부터 매우 애매하여 형사제재를 부과할 수 있는 경우와 부과할 수 없는 경우의 명확한 한계가 없으므로」, 「이와 같이 불명확한 한정해석은 오히려 범죄 구성요건의 보장적 기능을 상실시키는 것이 되어 그 명확성을 요청하는 헌법 제31조에 위반하는 것이 아닌가하는 의구심까지 든다고 하지 않을 수 없다」.

■ 적용

법 제98조 제5항 및 법 제110조 제1항 17호는 한정해석을 하지 않아도 합헌이며, 피고들의 행위는 선동행위에 해당한다. 상고기각.

[보충의견]

- **이시다 가즈토**(石田和外), **무라카미 토모카즈**(村上朝一), **후지마야시 에키조**(藤林益三), **오키하라 마사오**(岡原昌男), **시모다 다케소우**(下田武三), **아마노 다키미치**(天野武一) **재판관**

(a) 판례 변경에 대해서

전사법센다이 사건(全司法仙台事件) 대법정 판결 및 도교조 사건(都教組事件) 대법정 판결의 각각 다수의견은 「공무원의 쟁의행위가 행해진 경우, 일반적으로 단순한 기계적 노무에 종사하는 직무자뿐만 아니라, 직무내용의 공공성이 강한 직원이 대다수 참가하여 행해지는 집단적 조직적 단체행동이라는 현실을 무시한 논의이며, 또한 직종과 직무내용에 상관없이 공무원에게 일률적으로 보장된 생존권옹호의 취지를 가진 대상조치가 현존하는 것에 대해서도 고려하지 않고, 그 판단의 결과가 과연 실제적으로 타당한 것인가에 대해서도 통찰하지 않고, 그저 추상적으로 이론을 추진한 것이다.「이러한 헌법판단의 방법은 노동기본권의 절대적인 우위를 인정하려는 것으로 편향되기 쉬우며, 현실의 사회적, 경제적 기반 위에서 국가와 국민 및 국민상호간에 상반된 헌법상의 각 이익을 조정해야 하는 것이라는 헌법해석의 핵심을 잃어버린 것이라 해야 한다」. 전사법센다이 사건 판결은「쟁의행위의 벌칙에 대해서는 쟁의행위 자체의 위법성이 강하다는 것과 선동 등의 행위의 위법성이 강하다는 것을 요할 뿐 아니라, 쟁의행위에「일반적으로 수반되어 행해지는 행위」는 처벌의 대상이 되지 않는다고 해석해야 하는 것이라 했으나」, 이 기준은「그 자체가 객관성이 없고 이것을 보충하기가 매우 어렵다」. 본래 전사법센다이 사건 판결에서「다수로 보이는 8명의 재판관의 의견이 일치한 것은 단지 국공법의 규정을「한정적으로 해석하는 한」위법이 아니라고 판시하는 점에 한정된다. 또한 이른바 한정해석의 내용에 대해서 보면, 위 8명의 재판관 중 6명은 위법성 강약론 및 선동행위 등의 통상 수반성론의 입장을 취하고 있으나 그 외 2명의 재판관은 위법성 강약론에 부정적인 의견을 보였으며, 더욱이 2명의 재판관 사이에도「통상 수반성」에 대한 사고방식이 일치하지는 않았다. 이와 같이 한정해석을 해야 한다는 점에서는 같은 의견이라 할지라도 그것만으로는 전혀 내용이 없는 것이며, 그와 같이 한정해석에 대한 내용이 각기 나누어져 과반수 의견의 재판관에 의해 일치한 의견은 존재하지 않는다.……행정상 및 재판상의 혼란을 초래한 것도 결국 동 판결 및 공통된 기반을 가진 전국체신노조 동경중앙우체국 사건(全逓東京中郵事件) 판결 및 도교조 사건 판결이 갖는 내용의 유동성, 애매성에 기인한 부분이 크며, 판례로서의 지도성에도 결여된 부분이 있다고 하지 않을 수 없다」.

[추가 보충의견]

• 기시 세이이찌(岸盛一), 아마노 다키미치(天野武一) 재판관

(a) 대상조치론

「대상조치야말로 쟁의행위를 금지하고 있는 공무원의 이익을 국가적으로 보장하고자 하는 현실적인 제도이며, 공무원의 쟁의행위의 금지가 위헌으로 되지 않기 위한 강력한 지주이기 때문에 그것이 충분한 보장기능을 발휘할 수 있는 것이어야 하며, 또한 그러한 운용이 도모되어야 하는 것이다. 따라서 당국에서는 이 제도가 존재한다고 하여 안이하게 공무원의 쟁의행위의 금지라는 제약에 안주해서는 안 되며, 가령 그 대상조치가 신속·공평하게 그 본래의 기능을 완수하지 못하여 사실상 그림의 떡과 같은 사태가 발생한 경우에는 공무원이 이 제도의 정상적인 운용을 요구하여 상당하다고 인정되는 범위를 일탈하지 않는 수단・양태에서 쟁의행위에 나섰다고 해도 그것은 헌법상 보장된 쟁의행위라고 해야 하므로, 이 같은 쟁의행위를 행한 이유만으로 어떠한 제재, 불이익을 받는 이치의 것이 아니며, 또한 이 같은 쟁의행위를 선동 등의 행위를 했다고 해서 그 행위자에게 국공법 제110조 제1항 17호를 적용하여 이를 처벌하는 것은 헌법 제28조에 위반하는 것이라 해야 한다」.

(b) 법 제110조 제1항 17호의 한정합헌 해석에 대해서

「헌법판단시에 사용되는 이른바 한정해석은 헌법상의 권리에 대한 법규제가 너무 광범위하여 위헌의 의심이 있는 경우, 만일 그것이 입법목적에 반하지 않는 것이 가능하다면 법의 규정을 한정하여 해석함에 따라 당해 법규의 합헌성을 인정하기 위한 수법으로 이용되는 것이다. 그리고 그 해석에 따라 법문의 일부에 변경이 가해진다 해도 법의 합리적 해석의 범위에 머무르는 한 허용되지만, 법문을 완전히 고쳐 쓰는 결과가 되는 것은 입법권을 침해하는 것으로 용납해서는 안 되는 것이다. 또한 그 해석의 결과, 범죄 구성요건이 애매한 것일 때는 어떠한 행위가 범죄이며 그에 어떠한 형벌이 부과되는가를 사전에 국민에게 고지함에 따라 국민의 행위 준칙을 명확히 함과 동시에, 국가권력의 전단적인 형벌권의 행사로부터 국민의 인권을 옹호하는 것을 취지로 하는 마그나카르타에서 유래한 죄형법정주의에도 합치하는 것이며, 단지 헌법 제31조에 위반할 뿐 아니라 국가권력을 법의 지배하에 두고 국민의 준법정신에 기대하여 법이 지배하는 사회를 실현하려고 하는 민주국가의 이념에도 반하게 되는 것이다」. 전사법센다이 사건 판결의 다수의견이 말한 「한정해석은 처벌이 적용되는 경우를 제한한 것처럼 보이지만, 그것에 제시되는 추상적 기준으로 前記 판결[全司法仙台事件 판결]이 지향한 곳과는 반대방향으로 작용하지 않는다고 단정할 수 없다. 불명확 법문은 필시 법의 자의적 해석의 길을 열 위험이 있기 때문이다」. 「법의 규정이 그 문면에서는 일의적으로 해석할 수밖에 없으며, 더욱이 헌법상 허용되는 최소필요한도를 넘는 규제가 이루어져 있다고 판단할 수밖에 없다면, 비록 입법목적이 합헌이라고 하더라도 그 법은 위헌이라 해야 한다. 그런데도, 국공법 제110조 제1항 17호에 대한……한정해석은 그것을 피하려고 면밀한 이론을 전개한 것이지만, 안타깝게도……그 한정해석의 결과 초래된 동조 구성요건의 불명확성은 헌법 제31조에 위반하는 것이며, 또한 입법목적에 반하여 법의 규정을 공동화에 이르게 한 것은 법문을 완전히 고쳐 쓴 것과 마찬가지로, 한정해석의 한도를 일탈하는 것이라 하지 않을 수 없다」.

[의 견]

• **이와다 마코토**(岩田誠) **재판관**

■ 법적 구성

공무원이 행하는 쟁의행위의 위법성의 강약, 선동행위 등의 위법성의 강약에 따라 법 제110조 제1항 17호의 적용 유무를 정해야 하는 것은 아니지만, 동 법조의 규정은 여기에 어떠한 한정해석을 하지 않더라도 헌법 제28조에 위반하지 않는다고 할 수 없다. 「국공법에 의해 인정된 국가공무원의 직원조합이 그 본래의 목적달성을 위해 자주적으로 행하는 쟁의행위의 발안, 계획, 수행의 과정으로 행해지는 「선동행위 등」은(조합의 임원 또는 조합원은 물론, 그 이외의 자라 할지라도 그 조합의 상부 조직 또는 연합체의 임원과 같은 자에 의해 행해진다 하더라도) 폭력 등을 수반하지 않는 한, 국공법 제110조 제1항 17호에서 말하는 「제98조 제5항 전단에서 규정하는 위법한 행위의 수행을 공모하고, 교사하고, 내지는 선동하는, 또는 이들 행위를 기도한」 경우에 해당하지 않는 것으로서 처벌의 대상이 되지 않는다고 해석해야 한다」(전사법센다이 사건 판결에서의 이와다 마코토의 의견).

■ 적용

피고인들의 소행은 「경직법 개정에 대한 반대투쟁이라는 정치목적에서 나선 것으로서, 전농림(全農林) 노조조합원의 급여, 그 외 근무조건의 개선, 향상을 도모하기 위한 것이 아니므로 헌법 제28조가 보장하는 노동기본권의 행사라고 할 수 없다. 따라서 피고인들의 소행은 쟁의행위에 일반적으로 수반되는 것인가에 상관없이 각각 국공법 제110조 제1항 17호에서 말하는 쟁의행위를 선동하는 것을 기도하거나 쟁의행위를 선동한 것으로서 동 조항 위반의 죄책을 면치 못한다」.

[의 견]

• **다나카 지로**(田中二郎), **오스미 켄이치로**(大隅健一郎), **세키네 코사토**(関根小郷), **모가와 노부무**(小川信雄), **사카모토 요사카츠**(坂本吉勝) **재판관**

■ 법적 구성

(a) 전체의 봉사자론에 대해서

「헌법 제15조 제2항의 공무원이 국민 전체의 봉사자라는 취지의 규정은 주로 공무원이 특정 정당, 계급 등 국민의 일부의 이익에 봉사해서는 안 된다고 하는 점에 의의를 가진 것으로서, 사용자인 국민 전체 또는 국민 전체를 대표하거나 이를 위해 행동하는 정부 각 기관에 대한 절대적 복종 의무를 공무원에게 부과한 것이라고는 해석할 수 없다」. 이러한 해석은 「공무원과 국가의 관계를 대등한 권리주체간의 법률적 관계로 파악하려는 헌법의 기본원리와 양립되지 않을」 뿐 아니라, 「근로조건의 결정에 관한 공무원의 노동기본권, 특히 그 쟁의권에 대한 제약원리보다는 오히려 그 부정원리로 작용하는 성질의 것으로서, 공무원에 대해서도 기본적으로는 헌법 제28조의 노동기본권이 인정된다고 하는 다수의견이 주장하는 것과 모순되는 계기조차 갖는 것이다」.

(b) 공무원의 직무내용의 공익성에 대해서

공무원의 직무내용이 원칙적으로 공공의 이익에 봉사하는 것이므로 「곧바로 공무원의 쟁의행위 일절을 일률적으로 금지하고, 이를 선동하는 등의 모든 행위에 형사제재를 부과하는 것이 정당화된다는 결론을 유도하는 데에는 분명 이론의 비약이 있다」. 「공무의 원활한 운영저해에 따른 공익침해를 쟁의권 제한의 실질적 이유라고 하는 한, 이 같은 침해내용과 정도는 쟁의행위 제한의 양태, 정도와 상관관계에 서야 하는 것으로서, 예를 들어 형식적으로 일시적인 공무의 마비가 있더라도 실질적으로는 공무수행을 저해할 우려가 있다고 할 수 없는 쟁의행위까지도 일률적으로 금지하여, 이것을 선동하는 등의 행위에 대해 형사제재를 부과하는 것이 정당하다고 볼 수는 없다」. 「오늘날에는 공무의 내용, 성질도 매우 다양하며 또한 그 운영의 저해가 공공의 이익에 미치는 영향도 천차만별이므로 이 중에는 공익적 성질을 가진 사기업의 업무 마비에 의한 영향과 그 내용, 성질에서 거의 구별이 없으며, 오히려 후자 쪽이 그 정도 여하에 따라서 국민생활에 보다 중대한 지장을 초래할 우려가 있는 경우도 존재한다」. 「따라서 이들을 모두 공익침해라는 추상적, 관념적 기준에 따라 일률적으로 판단하여 그 주체, 내용, 양태, 정도 등의 여하에 상관없이 공무원의 쟁의행위를 전면적으로 금지하고 이것을 선동하는 등의 모든 행위에 형사제재를 부과하는 것은 도저히 합리성을 가진 입법으로서 헌법상 이것을 정당화할 수는 없다」.

(c) 근무조건 법정주의에 대해서

「헌법 제73조 4호는 법률이 정하는 기준에 따라 내각이 공무원에 관한 사무를 처리해야 하는 취지를 규정하고 있으나, 이것은 국가공무원에 관한 사무가 내각의 소관에 속한다는 것과 내각이 이 사무를 처리할 경우의 기준 설정이 입법사항이지 정령사항이 아니라는 점을 명확히 한 것에 그치며, 공무원의 급여 등 근로조건에 관한 기준이 하나하나 법률에 따라 결정되어야 하는 것을 헌법상의 요건으로 정한 것이 아니라, 법률에서 대강의 기준을 정하여 그것을 실시 구체화하는 데에 있어서 일정 제한 하에 내각에 넓은 재량권을 줌과 동시에 공무원의 대표자와 단체교섭에 의해 이것을 결정하는 제도를 두는 것도 헌법상 불가능하지는 않다」. 「공무원의 쟁의권이 그 실질적 효과의 측면에서 큰 제약을 받을 수밖에 없다는 이유로 단체행동에 의한 영향력 행사를 전혀 인정할 여지가 없다거나, 이것을 전면적으로 금지하고 이를 선동하는 등의 모든 행위에 대해서 형벌을 부과해도 지장이 없다는 결론이 당연히 도출되는 것은 아니다. 공무원이 그 노동조건에 관한 정당한 이익을 주장하고 이것을 지키기 위해 단결하여 의사표시를 하고, 단체교섭 이외의 단체행동으로 입법에 의한 근로조건의 기준 결정 등에 영향력을 행사하는 것은 그 방법이 적합하고 일정 한계 내에 머무르는 한 형벌의 대상에서 제외해야 하는 것이다」. 다수의견은 「공무원의 쟁의행위가 입법이나 예산의 결정 등에 대한 민주적 정치과정을 부당하게 왜곡시킬 위험이 있다고 지적하지만, 이 논의는 공무원의 쟁의행위를 무제한으로 허용한 경우의 폐해에 대해서는 타당하다고 하더라도 일체의 쟁의행위를 금지하고 이것을 선동하는 등의 행위에 대해 형벌을 부과하는 것을 정당화하는 이유가 되는 것은 아니다」.

(d) 랏아웃(Lockout)론에 대해서

「랏아웃(Lockout)과 같은 대항수단은 특수하고 강력한 쟁의행위에 대한 것으로만 의미를 갖는데 불과하며, 룩아웃을 이용할 수 없다는 것이 근로자 측의 모든 쟁의행위를 부당하다고 할 이유가 되는 것은 아니다」. 「그 뿐 아니라 입법이나 예산과는 직접적인 관련이 없는 문제, 특히 단체교섭이 인정되는 사항에 대해서 단체행동에 의한 영향력을 행사할 필요가 있는 경우가 상정되지 않는 것도 아니다」.

(e) 대상조치론에 대해서

「대상조치 제도의 존재는 국민생활 전체의 이익보장이라는 견지에서 최소한도 공무원의 노동기본권을 제한할 경우 글자 그대로 그 대상으로서 필요한 것에 지나지 않으며, 대상조치 제도를 마련하기만 하면 노동기본권을 제한할 수 있다고 하는 것은 아니다. 더욱이 실제 인사원의 존재 및 그 활동이 노동기본권의 행사와 동일한 정도로 공무원의 근로조건에 관한 정당한 이익을 항상 보호하는 기능을 하는 것이라고는 보기 어려우며, 특히 인사원 권고는 정부 또는 국회에 대해 어떠한 승낙의무를 부과하는 것이 아니므로, 정부 또는 국회에 위 권고에 따른 조치를 취하게 하기 위해서는 법적 강제 이외의 정치적 또는 사회적 활동을 필요로 하며, 이 같은 활동은 궁극적으로 여론의 지지, 협력을 요하는 것으로서 여론 환기를 위한 유일한 효과적 수단인 공무원에 의한 단체행동의 필요를 완전히 부정할 수는 없으며, 또한 인사원의 권고 성립과정에서도 권고의 내용에 대한 공무원의 요구를 나타내기 위해 동일한 방법을 취할 경우가 있을 수 있다는 것도 부정할 수 없다」. 「현대의 대상조치 제도의 운용에 대해서는 상황에 따른 공무원의 단체행동에 의한 감시, 비판, 요구, 압력 등을 필요로 하는 경우도 있을 수 있어야 하며, 단순한 대상조치 제도의 존재를 이유로 공무원의 쟁의행위를 전면적으로 금지하고 이것을 선동하는 등의 행위에 대해 형벌을 부과하는 것을 정당화하는 것은 도저히 불가능하다」.

(f) 법 제110조 제1항 17호 한정해석에 대해서

「어떤 법률에서의 행위의 제한, 금지규정이 그 문언상 제한, 금지 내용이 너무 광범위하여, 그 자체가 헌법상 보장된 개인의 기본적 인권을 부당하게 침해하는 요구를 포함하고 있을 경우 위의 기본적 인권의 보장은 헌법의 차원에서 처리해야 하는 것으로서, 형법의 차원에서 위법성 조각 이론에 따라 처리하는 것은 적합하지 않다. 또한 위의 기본적 인권을 침해하는 너무 광범위한 제한, 금지의 법률이라 해도 항상 그 규정을 전면적으로 헌법위반이라 하여 무효로 해야 하는 것은 아니며, 공무원의 쟁의행위 금지와 같이 위의 기본적 인권의 침해에 해당하는 경우가 오히려 예외이므로, 원칙적으로는 그 대부분이 합헌적인 제한, 금지의 범위에 속하는 것일 경우에는 당해 규정 자체를 전면적으로 무효로 하지 말고 가능한 한 해석에 의해 규정내용을 합헌의 범위에 머무르게 하는 방법(합헌적 제한해석), 또는 이것이 어려운 경우에는 구체적인 경우의 당해 법규의 적용을 헌법위반이라 하여 거부하는 방법(적용위헌)에 따라 일을 처리하는 것이 타당한 조치라고 해야 한다」. 전사법센다이 사건 판결의 견해는 「헌법 제28조가 노동기본권을 보장하고 있다는 것에 비추어, 노동자인 공무원의 쟁의행위와 이를 선동하는 등의 행위 중 형벌의 대상이 되지 않는 것을 인정해야 한다는 기본적 관점에서, 쟁의행위에 대해서는 그 기준으로 직원단체의 본래의 목적을 달성하기 위해 폭력 등을 수반하지 않고 부당하게 장기(長期)에 걸치는 등 국민생활에 중대한 지장을 미칠 우려가 없는 것에 한하고 있는 것이므로 이른바 위법성의 강약이라는 표현은 위의 취지로 이용된 것이라 해석된다」. 또한 동 견해는 선동행위에 대해서도 「조합원의 공동의사에 기초한 쟁의행위에 관해 그 발안, 계획, 수행의 과정에서 단순히 그 일환으로 행해지는데 지나지 않는 이른바 일반적인 수반행위에 한하여, 모두 처벌의 대상에서 제외해야 하는 것이라 하여」, 이와 같은 취지로 법 제110조 제1항 17호를 「한정해석 했다고 해서 헌법 제31조에 위반될 의심이 있다고 하여 이것을 배척하는 것은 적합하지 않으며, 하물며 이 점을 이유로 위 국공법의 규정이 해석상 이에 어떠한 한정을 가하지 않아도 헌법 제28조에 위반하지 않으며 전면적으로 합헌이라 하는 것은 도저히 용납될 수 없다」.

(g) 정치파업 위법설

정치목적의 「쟁의행위가 헌법 제28조에 의한 쟁의권 보장의 범위에 포함되지 않는 것은 이와타(岩田) 재판관의 의견대로이다」.

(h) 판례 변경의 여부에 대해서

「헌법의 해석은 헌법에 의해 사법재판소에 부여된 중대한 권한으로서, 그 행사는 매우 신중해야 하며 사안의 처리상 어쩔 수 없이 필요한 경우, 그리고 필요한 범위에 한하여 그 판단을 보인다는 방침을 견지하지 않으면 안 된다」. 「헌법해석의 변경은 실질적으로 헌법 자체의 개정에도 필적할만한 것일 뿐 아니라, 최고재판소가 보이는 헌법해석은 그 성질상 그 이유 자체가 갖는 설득력을 통해 다른 국가기관이나 국민 일반의 지지와 승인을 얻음으로서 비로소 권위 있는 판단으로서의 구속력과 실효성을 가질 수 있는 것이므로, 이 같은 권위를 유지하고 헌법질서의 안정을 도모하기 위해서는 헌법 판례의 변경을 가볍게 행해서는 안 되며, 그 시기 및 방법에 신중을 기하여 그 내용에 진정 설득력 있는 이유와 근거를 제시할 준비가 필요하다」. 「일단 공권적 해석으로 제시된 것을 변경할 때는 최고재판소가 그 전에 변경의 여부 또는 적부에 대해 특단의 음미와 검토를 하는 자세가 필요하며, 특히 근소한 차의 다수에 의해 이러한 변경을 하는 것은 운용상 최대한 피해야 한다」. 다수의견은 전국체신노조 동경중앙우체국 사건 판결, 도교조 사건 판결, 전사법센다이 사건 판결의 견해를 변경할 필요에 관해 어떠한 합리적인 설명도 제시하지 않았다.

■ 적용

본건 쟁의행위는 헌법 제28조가 보장하지 않는 위법한 정치파업이다.

[반대의견]

• 이로카와 신타로(色川幸太郎) 재판관

■ 법적 구성

(a) 법 제110조 제1항 17호는 한정해석 해야 한다(도교조 사건 판결 및 전사법센다이 사건 판결의 각 다수의견과 동 취지).

(b) 정치파업 위법설에 대해서

「순수한 정치적 목적을 위한 노동조합의 통일행동은 비록 이 때문에 업무저해를 초래한다 해도 노동법상의 쟁의행위인 파업과는 이질의 것이다. 예를 들어, 진료보수의 개정을 요구하기 위한 의사회의 파업(일제휴진)이나 입욕료 거치반대를 위한 목욕탕업자의 파업 등은 어떠한 의미에서도 쟁의행위가 아니며, 이른바 정치파업도 본질적으로는 이들과 동일하여 법률개정 저지를 위한, 즉, 국회의 심의에 영향을 미치고 정부(이 경우는 통치기관인 정부이며 사용자인 정부가 아니다)에 반성을 촉구하기 위한 「파업」은 노동법상 쟁의행위가 아닌 것이다. 따라서 노동조합의 행동이기는 하지만 쟁의권의 행사가 아니므로 헌법 제28조가 관여하지 않는 부분이라고 해야 한다」. 「물론, 헌법 제28조의 보장을 받지 않는다고 해서 그 이유만으로 위 「파업」이 곧바로 위법이 되는 것은 아니다」. 「노동조합이 기업의 내부만을 두려워하지 않고 나아가 행정과 입법에 스스로의 의사를 반영시키고자 하는 것은 그야말로 시대의 요청이며 정말로 당연한 것이다. 노동조합이 국회의 심의에 영향력을 미치려고 하는 것 자체가 궤도를 넘어선 행동이 아니라면, 국회의 기능에 직접 어떠한 장해를 주는 것이 아니므로 비난받아야 하는 것이 아니다. 오히려 생각에 따라서는 국가의 최고기관으로서 민중과 격리된 높은 곳에 있는 국회에 민의가 있는 곳을 알리는 것은 의회제로 하여금 진정한 민주주의에 접근시키는 방법이기도 하다」. 「노동조합의 정치적 행동을 일률적으로 부정하고 배격하는 것은 노동조합이 실제로 영위하고 있는 사회적 역할 또는 활동을 무시하는 것이라 해야 한다」. 「물론 그렇다고 해서 공무원 노동조합의 정치적 행동이 모두 적법한 것은 아니다. 이 점은 별개로 고찰하지 않으면 안 된다. 공무원 노동조합에 의해 이루어진 본건과 같은 양태의 정치적 행동이 어떠한 법률적 평가를 받는가는 헌법 제15조 및 제21조와 국가공무원법의 비교형량에 의해 결정되어야 하는 것이다. 그러나 국가공무원에 대한 정치활동의 규제와는 전혀 상관없는 소인(訴因)과 형벌조항에 의해 기소된 본건에서는 더 이상 고찰할 필요가 없다」. 쟁의행위가 「노동관계의 당사자로서의 입장에서의 행위」(전사법센다이 사건 판결의 이로카와 반대의견)인 이상, 「국민의 입장에서 정부의 시책에 반대하거나 그 정책의 변경을 강요」(同前) 하기 위한 이른바 정치파업은 법 제98조 제5항에서 말하는 쟁의행위에 해당하지 않는다.

(c) 판례 변경에 대해서

헌법판례 변경에 대한 기본적 자세에 대해 다나카 지로(田中二郎) 외 5명의 재판관 의견에 동조.

■ 적용

원 판결에는 법률의 해석에 잘못된 위법이 있으므로 파기를 면치 못한다.

기본 해설

1. 노동기본권의 법적 성격

본건은 전후의 헌법재판의 역사상 가장 중요한 사건의 하나라고 해도 틀리지 않다. 위에서 보았듯이 매우 다양한 논점이 있으며, 최고재판소 대법정에서도 각각을 둘러싸고 날카로운 대립이 있었다. 그 중 그다지 눈에 띄지는 않지만 노동기본권의 성격을 파악하는 형태도 중요한 논점이다. 최고재판소의 다수의견에 따르면, 노동기본권은 근로자의 생존권을 확보하기 위한 권리이다. 노동기본권의 의의를 이 같이 파악한다면 공무원의 생존권을 부정할 수 없는 한, 공무원에게도 당연히 노동기본권이 보장되는 것이다. 최고재판소에서도 이 점은 특별히 논쟁되지 않았다.

그러나 노동기본권을 근로자의 경제적 지위향상을 목적으로 한 권리라고 보는 이른바 도구주의적 관점에 선다면 노동기본권의 제약은 용이해진다. 단순한 도구는 어떠한 실체적인 가치에 비해 열등한 것이 되기 쉽기 때문이다. 실제로 다수의견은 노동기본권 그 자체가 목적이 아니므로 「국민 전체의 공동이익」에 의한 제약을 받는 것이라 하였다. 또한 별도의 수단에 따라 목적이 실현될 수 있다면, 당해 수단은 박탈까지 가능해질 수 있다. 다수의견은 다나카 지로 외 5명의 재판관의 의견에서 대상조치만 있으면 되는 것이 아니라는 비판을 받았고, 기시(岸) · 아마노(天野) 재판관의 추가 보충의견에서도 동일한 비판과 더불어, 대상조치가 그림의 떡에 귀속되는 사태에 이른 경우의 공무원의 쟁의행위는 헌법 제28조에 의해 보장된다고 하는 주목할 만한 지적을 받게 되는 것이다.

이들 의견과 추가 보충의견에서도 노동기본권의 법적 성격의 파악 자체는 다수의견과 특별히 다르지 않으나, 학설에는 노동기본권을 복합적인 성격의 권리라 하여 그 핵심을 자유권이나 자기결정권으로 파악함으로써 노동기본권의 도구주의적 이해를 극복하려는 유력한 시도가 있다. 이 같은 견해에 서면 노동기본권은 그 자체가 목적이기도 하므로 「국민 전체의 공동이익」에 의한 제약도 간단히 인정되지 않으며, 또한 대상조치가 있더라도 그것만으로는 부족한 것이 된다.

2. 쟁의권의 의의

쟁의권에 대해서는 정당한 쟁의행위의 의미를 둘러싼 논점이 있다. 정치적인 목적의 쟁의행위, 즉, 이른바 정치파업이 합법인가의 문제이다.

본건 최고재판소 판결에서는 이노카와 재판관을 제외한 전원이 정치파업 위법설의 입장을 취했다. 즉, 이와타 재판관이 「쟁의행위가 국가공무원의 근무조건의 유지개선, 경제적 지위향상 및 이와 관련된 사항을 목적으로 한 것이 아니라, 예를 들어 정치적 의도의 달성을 목적으로 한 것일 때는 이러한 쟁의행위는 헌법 제28조가 보장하는 부분이 아니다」라는 전사법센다이 사건 판결에서의 본인의 의견을 유지하였으며, 다나카 지로 외 5명의 재판관도 이에 동조했다. 다수의견은 이와 마찬가지로 쟁의권을 근로자의 「본래 경제적 지위향상을 위한 수단」이라고 하는 입장에서 정치파업이 노동기본권 보장의 범위 밖일 뿐 아니라, 헌법 제21조의 보장도 받지 못한다고 하였다. 정치파업이 제21조의 보장을 받는가를 둘러싼 견해의 차이는 간과할 수 없지만, 다수의견과 6명의 재판관의 의견은 모두 정당한 쟁의행위를 경제적 지위향상에 관련된 사항을 목적으로 하는 것에 한정하면서, 본건 쟁의행위의 위법성을 인정하고 있다.

이에 대한 이로카와 재판관의 반대의견은 정치파업이 노동법상 쟁의행위에 해당하지 않는다는 것은 인정하지만, 그것이 곧바로 정치파업이 위법이라는 것을 의미하는 것은 아니라고 하였다. 이 견해에 따르면, 정치파업인 본건 쟁의행위는 법 제98조 제5항에서 말하는 쟁의행위에 해당하지 않으므로, 피고인들의 법 제110조 제1항 17호 위반도 제기할 수 없는 것이 된다.

정치파업 위법설의 논거는 이른바 측장론(側杖論)과 의회제 민주주의론이다. 전자는 쟁의권을 단체교섭의 목적으로 종속시키는 단체교섭권 중심주의를 이론적 근거로 하고 있으며, 이와 같이 쟁의권을 도구로 파악하는 것의 타당성이 문제가 된다. 이것은 1.의 논점과 연관된 것이라 할 수 있다. 정치파업이 의회제 민주주의에 의거하지 않고 국가에 압력을 가하는 것으로 이것을 위법시하는 의회제민주주의론은 이로카와 반대의견에서 보이는 ①의회제 민주주의의 한계를 인식하지 못하는 것은 아닌가? ② 노동조합을 비롯한 다양한 단체의 정치활동이 의회제민주주의가 이르지 못한 점을 보완하는 역할을 할 수 있다는 사실을 인식하지 못한 것은 아닌가라는 비판에 직면하게 된다.

3. 공무원의 직무의 특수성

그럼에도 불구하고 노동기본권이 보장된다고 해석되는 공무원은 어느 입장에서도 현행법상 다양한 제약을 받으며, 특히 쟁의권은 그 자체가 인정되지 않는 것처럼 보인다. 이 점에 관하여 공무원의 지위와 직무의 특수성이 문제가 된다.

본건 최고재판소 판결의 다수의견은 공무원을 전체의 봉사자라고 하면서도 그 이유만으로 공무원의 노동기본권을 일체 부정하는 것은 용납되지 않는다고 하여, 공무원의 입지의 특수성과 직무의 공공성에 착안하였다. 이에 따르면 공무원은 공공의 이익을 위해 근무하는 것으로, 특히 쟁의행위는 많든 적든 공무의 마비를 초래하여「국민 전체의 공동이익」에 중대한 영향을 미치거나 그러할 우려가 있다. 그러므로 다수의견에 따르면, 공무원의 쟁의행위는 헌법 제28조는 물론 제21조에 의해서도 보장되지 않기 때문에 법 제98조 제5항을 한정해석해서는 안 되며, 공무원의 쟁의행위는 모두 위법이 된다.

이에 대해, 다나카 지로 외 5명의 재판관의 의견은 헌법 제15조 제2항에서 말하는「전체의 봉사자」의 취지는 공무원의 서비스가 일부의 이익에 편중되는 것을 금지한다는 점에 있으며, 공무원의 정부기관에 대한 절대적 복종의무를 의미하는 것이 아니라고 했고, 또한 그 직무의 공공성도 곧바로 쟁의행위 모두를 일률적으로 금지하는 이유가 될 수는 없다고 하였다.

분명 다수의견은 「전체의 봉사자」라는 규정을 쟁의행위의 일률적 전면적 금지의 직접적 근거로는 하고 있지 않지만, 이른바 공무원의 지위의 특수성과 직무의 공공성은 구체성이 빈약하고 전체의 봉사자라는 문언의 추상적인 말 바꿈에 지나지 않는다고 할 수 있다. 또한 전국체신노조 동경중앙우체국 사건 최고재판소 판결이 말하는 「국민생활 전체의 이익」이 쟁의행위의 국민생활에 미치는 구체적인 영향에 착안한 개념인데 반해, 본건 다수의견이 말하는 「국민 전체의 공동이익」은 막연하다는 비판을 피할 수 없다.

또한 원래 다수의견도 공무원의 노동기본권 향유 주체성을 긍정하여 그 제약은 필요최소한이어야 한다고 했으므로, 5명의 재판관의 의견과 같이 공무의 다양성을 무시해서는 안될 것이다. 공무원의 쟁의행위의 「폐해」를 추상적 · 일률적으로 논하는 것이 아니라, 직무의 다양성에 따라 「국민생활」에 중대한 영향의 유무를 구체적으로 고찰할 필요가 있을 것이다.

본건 다수의견은 이 같은 비판에 명확한 답을 하려하지 않고, 전체의 봉사자론, 공무원의 직무의 공공성론, 국민 전체의 공동이익론을 들어 공무원의 쟁의권을 전면적으로 부정하는 견해를 취한 것이다.

4. 공무원의 쟁의권의 한계

공무원의 쟁의권은 헌법상 어떠한 경우에 제약할 수 있는가? 공무원의 쟁의권을 전면적으로 부정하는 다수의견의 입장에 따르면 이것은 원래 문제가 되지 않는다. 그러나 기시 · 아마노 재판관의 추가보충의견은 다수의견을 구성하는 그 외 6명의 재판관과는 달리 대상조치를 특히 중시한다. 그에 따르면 대상조치가 그림의 떡에 속하지 않는 한, 공무원의 쟁의권의 제약은 합헌이며 반대로 그것이 기능하지 않는 경우는 공무원의 쟁의행위도 헌법 제28조에 따라 보호받게 된다는 것이다.

기시 · 아마노 재판관을 제외한 다수파 6명의 재판관에 따르면, 공무원의 쟁의권에 관해서는 필요최소한의 제약이라고 하는 사고 자체가 타당하지 않다. 이것으로는 겸양성의 원칙이 배제됨으로써 일단은 공무원의 노동기본권을 인정한 의미가 무엇인지가 문제가 된다. 여기서 대법정에서의 첨예한 대립이 생겨난 것이다.

다나카 외 5명의 재판관의 의견에 의하면, 근무조건 법정주의, 룩아웃론, 대상조치론 모두 공무원을 민간노동자와 준별하여 일률적 · 전면적으로 쟁의권을 금지하는 이유가 될 수 없으며, 법 제98조 제5항, 법 제110조 제1항 17호는 한정해석하지 않는 한 위헌이 될 우려가 있다. 따라서 이 견해는 법의 취지를 쟁의행위, 선동행위의 각각의 강도의 위법성을 띠는 경우에 한하여 처벌해야 하는 것이라 해석하는 것이다.

이로카와 반대의견은 명확히 논하고 있지는 않지만 쟁의권에 대해 특별한 제약법리가 있다고는 해석하고 있지 않은 것 같으며, 타자가해행위 등에 이르지 않는 한 쟁의행위는 합법이라고 해석하고 있는 것 같다.

Part Ⅱ 응용편

◥ 확인문제

1. 본 판결은 공무원의 「쟁의행위」「선동행위」를 어떻게 정의하고 있는가?
2. 공무원이 조합대회의 결정에 기초하여 평온한 가운데 행한 단기간의 쟁의행위의 수행과정에서 지령을 전달한 경우, 본 판결에 따르면 선동행위에 해당한다고 할 수 있는가?

◥ 응용문제

설문 내각이 5년에 걸쳐 인사원 권고를 실시하지 않았기 때문에, 인사원 권고의 완전실시를 약속할 수 없다면 퇴진할 것을 내각에 요구한 공무원노조가 ○월 △일, 전국에서 일제히 정오 출근의 통일행동을 하고 출근 전에 직장부근에서 피켓을 들고 직장대회를 한 결과, 당일 지령을 발한 공무원노조의 간부 X 등의 행위가 선동행위에 해당된다고 하여 기소하였다.

(1) X측에서 이하의 주장을 각각 검토하시오.

(a) 공무원에게도 생존권이 보장되므로, 노동기본권의 보장은 당연히 공무원에게도 미친다.

(b) 인사원 권고실시를 요구하는 통일행동은 국가공무원의 경제적 지위향상을 요구하는 정당한 쟁의행위에 해당한다.

(c) 인사원 제도는 본래 공무원의 쟁의권 제약의 대상조치이므로 중요한 대상조치가 기능부전 상태에 있는 이상, 당해 통일행동은 헌법 제28조의 보장을 받는다.

(d) 당해 통일행위는 단시간에 평온하게 행해진 것으로 위법한 쟁의행위라고는 할 수 없다.

(e) 당해 쟁의행위시 X등이 행한 발령행위는 쟁의행위시 일반적으로 이루어지고 있는 것이므로 선동행위에 해당하지 않는다.

(2) 다음의 경우에 각각 재판관은 어떻게 판단해야 한다고 생각되는가?
(a) 노동기준법 개정에 반대하여 공무원노조가 설례(說例)와 동일한 통일행동을 한 경우
(b) 내각이 인사원 권고를 오랜 세월 실시해왔으나 국가의 재정사정이 악화되어 권고에 기초한 임금 인상을 보류한 경우, 이에 대해 공무원노조가 항의하기 위해 설례와 동일한 통일행동을 한 경우
(c) 설례에서 피켓을 들었을 때 작은 충돌이 생겨 소수의 부상자가 나왔으나 모두 경상으로 큰 충돌에는 이르지 않은 경우
(d) 설례에서 피켓을 들고 출입을 저지한 뒤, 출입하려고 한 자의 의사를 무시하고 직장집회에 끌어들인 경우

Part Ⅲ 이론편

◥ 전개문제

공무원의 쟁의권 제약의 가부(可否)와 근거에 대해 검토하시오.

1. 공무원의 노동기본권과 공공의 복지·전체의 봉사자론

일본국헌법 제28조는 비교법적으로 보아도 매우 드물게 문언상 법률에 의한 규제조차 예정하고 있지 않다. 이러한 점에서 보면 노동기본권은 절대적으로 보장되어 있다고 해석하는 것도 부당하지 않다. 오히려 그 편이 무리가 없는 해석이라고 할 수도 있다.

그러나 1948년 7월 22일 맥아더 서간(書簡)에 기초하여 아시다(芦田)내각이 공포한 정령 201호에 의해 현업・비현업에 상관없이 공무원의 쟁의행위가 전면적으로 금지되었다. 이에 항의하여 쟁의행위를 한 국철(国鉄)직원이 바로 동 정령위반으로 기소된 소위 정령 201호 사건으로 최고재판소는 근로자의 노동기본권도 인권 일반과 마찬가지로 「공공복지」에 따라 제한되며, 특히 공무원은 「전체의 봉사자」로서 공공의 복지를 위해 근무하고 직무에 전념해야 하므로, 일반 민간노동자와는 다른 특별한 제약을 받는 것은 당연하다고 하여 정령 201호를 합헌이라고 판단했다(최고재 1953년 4월 8일 刑集 7권 4호 775면). 그 후 최고재판소는 공무원의 쟁의행위에 대한 시비가 다투어진 사건에서 같은 취지의 공공의 복지론과 전체의 봉사자론을 반복했다.

한편 학설상 제2차 세계대전 후 초기 단계에서 노동기본권을 생존권적 기본권으

로 파악하여(我妻栄 「기본적 인권」 국가학회 편 「신헌법의 연구」(有斐閣, 1947년)), 이것과 제25조 프로그램규정설을 연관시킴으로서 공무원의 노동기본권의 제약에 관해 광범위한 입법재량을 인정한 견해가 존재한다. 그러나 그 뒤 많은 논자가 최고재판소의 추상적인 공공의 복지론을 비판하기에 이르렀으며, 공무원의 쟁의권에 대해서는 전체의 봉사자론 또한 추상성에 대한 비판도 거세졌다.

노동기본권이 근로자의 인간적 생존을 확보하기 위해 반드시 필요한 권리라는 것 자체는 꼭 이와 같이 해석하는 것의 타당성은 별도로 하고 부정할 수 없다. 또한 공무원도 인간인 이상 생존권을 부정할 수는 없다. 따라서 공무원의 노동기본권을 부정하는 헌법 제28조 해석은 타당하다고 할 수 없다. 즉, 문제는 공무원의 쟁의권의 제약의 가부(可否)와 근거이다. 제28조가 문언상의 유보없이 노동기본권을 보장하고 있는 것이 이 점의 입증에 강한 부하를 걸게 된다. 추상적인 공공의 복지론이나 전체의 봉사자론은 조잡하다는 비난을 면치 못했다고 할 수 있다.

최고재판소는 전국체신노조 동경중앙우체국 사건 판결에서 정령 201호 사건 이래의 판례를 변경한다. 그 후 영향력이 저하된 전체의 봉사자론이 전농림경직법 사건(全農林警職法事件) 판결에서 다시 등장한 것인데, 부활한 전체의 봉사자론은 구버전과는 다소 내용이 다르다. 즉, 공무원의 지위와 직무의 특수성을 들어 쟁의를 행한 경우의 사회적 영향력을 가지고 쟁의행위 금지를 정당화하고자 하고 있기 때문이다. 그렇다하더라도 최고재판소는 쟁의행위 금지의 정당화에 성공했다고는 보기 어렵다. 앞에서 보았듯이 똑같은 공무원이라 해도 그 지위와 직무내용은 다양하므로 일률적으로 논할 수 없다. 쟁의행위의 사회적 영향력의 크기를 말하자면 민간노동자의 쟁의행위도 직종에 따라서는 상당히 큰 사회적 영향력을 미친다. 이는 공무원과 민간노동자를 준별하는 이유로서는 약하다. 또한 사회적 영향력의 크기를 문제로 한다면 영향력이 적은 방법에 의한 쟁의행위를 포함하여 일률적·전면적으로 금지할 수는 없다. 원래 쟁의권은 말하자면 민폐를 끼치는 권리이다. 사회에 영향을 주지 않으면 쟁의행위가 아니다. 순수하게 근대법적인 사고방식에 따르면 민폐행위이기 때문에 민사면책이나 형사면책이라는 법적인 효과가 인정되는 것이다. 노동기본권이 현대적인 권리라고 불리는 이유도 여기에 있다.

이렇게 보면, 헌법론상 「공무원이니까」라고 해서 쟁의권을 부정할 수는 없는 것이다. 문제가 되는 것은 쟁의권의 한계이며, 공무원의 쟁의권 주체성 그 자체는 아니라고 할 수 있다.

2. 이중의 여과론

공무원의 쟁의권 주체성이 부정되지 않는다고 하면 법률이 문언상 일률적 전면적으로 공무원의 쟁의행위를 금지하고 있는 것처럼 보이는 것의 당부(当否)가 문제된다.

이른바 도교조 사건 판결(최고판 1969년 4월 2일 刑集 23권 5호 305면)에서 최고재판소는 전국체신노조 동경중앙우체국 판결을 바탕으로 지방공무원의 쟁의행위를 금지하는 지방공무원법(이하, 「지공법」이라 함) 제37조 제1항 및 쟁의행위의 선동행위를 처벌의 대상으로 하는 제61조 4호에 대해 「이들 규정이 문자 그대로 모든 지방공무원의 일체의 쟁의행위를 금지하며, 이들 쟁의행위의 수행을 공모하고, 교사하고, 선동하는 등의 행위……를 전부 처벌하는 취지로 해석해야 한다면, 그것은……공무원의 노동기본권을 보장한 헌법의 취지에 반하여, 필수불가결한 한도를 넘은 쟁의행위를 금지하고 필요최소한도에 머물러야 한다는 요청을 무시하고 그 한도를 넘어 형벌의 대상으로 하고 있는 것으로서, 이들 규정은 모두 위헌의 의심을 면치 못한다」고 위헌 판결과 거의 유사한 판단을 내린 다음, 가벌적 위법성론의 입장에서 「쟁의행위」와 「선동행위」를 한정해석하였다. 즉, 「지방공무원의 구체적인 행위가 금지의 대상인 쟁의행위에 해당하는가에 대해서는 쟁의행위를 금지함에 따라 보호하고자 하는 법익과 노동기본권을 존중하여 보장함에 따라 실현하고자 하는 법익과의 비교형량에 의해 양자의 요청을 적절히 조정하는 견지에서 판단할 필요가 있다」는 견지에서 지공법 제37조 제1항의 「쟁의행위」란 특히 위법성이 강한 것을 말하며, 동 제61조 4호의 선동행위란 위법성이 강한 쟁의행위 시 행해진 선동행위 중 위법성이 강한 것을 말하며, 「쟁의행위에 일반적으로 수반되는 행위는 처벌의 대상이 되어서는 안 된다」고 해석한 것이다.

학설은 도교조 사건 판결을 대체로 적극적으로 평가하고 있으나 이러한 이중의 여과론(二重のしぼり論)에 대해서는 문제가 없지 않다. 형벌법규의 해석에 한정합헌해석의 수법을 이용하는 것의 타당성이 문제되기 때문이다. 특히, 고도의 예측 가능성이 요구되는 형벌법규에 대해서는 그 한정합헌 해석이 오히려 국민을 헷갈리게 하는 것이라 생각된다. 그런 점에서는 전농림경직법 사건의 보충의견과 추가보충의견의 지적에도 일리가 있다고 할 수 있다(이들 의견은 한정합헌 해석을 배척하고 당해 규정을 완전히 합헌이라고 한 점에서 학설에서의 비판을 면치 못하는 것이다). 문자 그대로 해석하면 위헌이 될지도 모르는 광범위한 형벌법규에 대해서는 한정합헌 해석을 하지 말고 단적으로 위헌이라 해야 할 것이다.

최고재판소는 전농림경직법 사건 판결에서 국가공무원법의 해석상 이중의 여과론을 배척하고, 지공법에 대해서는 이와테교조학테 사건(岩教組学テ事件) 판결(최대판 1976년 5월 21일 刑集 30권 5호 1178면)에서 그것을 배척했다.

Part Ⅳ 두 번째 소재

전국체신노조 동경중앙우체국 사건(全逓東京中郵事件)

최고재판소 1966년 10월 16일 대법정 판결
1964년(あ) 第296호 우편법위반교사피고사건
刑集 20권 8호 901면, 判時 406호 1면,
判時 406호 10면, 判タ 196호 205면

사실 개요

피고인들 전국체신노조임원이 1958년 춘계임금인상투쟁을 목적으로, 동경중앙우편국에 근무하고 우편물을 취급하는 종업원에 대해 3월 20일 근무시간 내에 전원이 직장대회에 통일행동을 취하는 데 참가하도록 설득하여 38명의 종업원이 직장을 이탈했다. 이 종업원 38명의 행위가 우편물 불취급죄(우편법 제79조 제1항)를 구성하고 피고인들은 그 교사범의 죄책을 지는 것이라 하여 기소된 사건이다.

제1심=동경 지방재판소(1962년 5월 30일 판결, 下刑集 4권 5・6호 485면, 裁時 358호 1면, 判時 33호 14면, 判タ 132호 69면)는 공무원노조법 제17조 제1항에 위반한 우체국 직원의 쟁의행위에 대해서, 노조법 제1조 제2항의 형사면책규정의 적용을 인정하고 우편법 위반 사건에 대해 무죄라 하였고 본범에 대해서 범죄가 성립하지 않은 이상 피고인들에 대한 교사 등의 죄도 성립하지 않는다고 판시하였다.

이에 대해서 제2심=동경 고등재판소는 공공기업체 등의 직원은 공무원노조법 제17조에 의해 쟁의행위가 금지되어 쟁의권 자체가 부정되고 있기 때문에 그 쟁의행위에 대해 정당성 한계 여부를 논할 여지는 없으며, 때문에 노조법 제1조 제2항의 적용은 해당하지 않는다고 해석해야 하므로, 원 판결 파기환송의 판결을 내렸다.

상고심=최고재판소

■ 상고이유

1. 공무원노조법 제17조 제1항은 헌법 제28조에 위반된다.
2. 공무원노조법 제17조 제1항 위반의 쟁의행위도 정당한 쟁의행위에는 노조법 제1조 제2항의 적용이 있다.

[다수의견]

■ 법적 구성

(a) 노동기본권의 성격

「노동기본권 보장의 목적은 헌법 제25조에서 정한 소위 생존권의 보장을 기본 이념으로 하며, 근로자에 대해 인간다운 생존을 보장해야 하는 것이라 하는 견지에서」, 「경제적으로 열악한 위치에 있는 근로자에 대해 실질적인 자유와 평등을 확보하기 위한 수단으로서 그 단결권, 단체교섭권, 쟁의권 등을 보장하려고 하는 것이다」. 「헌법 자체가 노동기본권을 보장하고 있는 취지에 비추어 보면, 실정법규에 따라 노동기본권의 제한을 규정하고 있는 경우에도 노동기본권 보장의 근본정신에 따라 그 제한의 의미를 고찰해야 하며, 특히 생존권의 보장을 기본 이념으로 하여 재산권의 보장과 함께 근로자의 노동권・단결권・단체교섭권・쟁의권을 보장하고 있는 법 체제 하에서는 이들 양자 간의 조화와 균형이 유지될 수 있도록 실정법규의 적절하고 타당한 법해석이 이루어져야 한다」.

(b) 공무원의 노동기본권

「공공기업체의 직원은 물론이거니와 국가공무원과 지방공무원도 헌법 제28조에서 말하는 근로자인 이상, 원칙적으로 그 보장을 받아야 하는 것으로 해석된다」. 「공무원은 전체의 봉사자이지 일부의 봉사자가 아니다는 헌법 제15조를 근거로 공무원에 대해 위의 노동기본권을 전면 부정하는 것은 용납되지 않는다」.

(c) 노동기본권 제약의 4가지 요건

근로자의 노동기본권도 「국민생활 전체의 이익 보장이라는 견지에서의 제약을 당연한 내재적 제약으로 내포하고 있는 것이라 해석해야 한다」.

①「노동기본권의 제한은 노동기본권을 존중하고 확보할 필요와 국민생활 전체의 이익을 유지하고 증진할 필요를 비교형량하여 양자가 적정한 균형을 유지할 것을 목표로 결정해야 하지만, 노동기본권이 근로자의 생존권에 직결되며 그것을 보장하기 위한 중요한 수단인 점을 고려하면 그 제한은 합리성이 인정되는 필요최소한도의 것에 머물러야 한다」.

②노동기본권의 제한은 「그 직무 또는 업무의 마비가 국민생활 전체의 이익을 해치고 국민생활에 중대한 장해를 초래할 우려가 있는 것에 대해, 이것을 피하기 위해 필수불가결한 경우에 한하여 고려되어야 한다」.

③「노동기본권의 제한위반에 따른 법률효과, 즉, 위반자에게 부과되는 불이익에 대해서는 필요한 한도를 넘지 않도록 충분한 배려가 이루어져야 한다. 특히, 근로자

의 쟁의행위 등에 대해 형사제재를 부과하는 것은 필수불가결한 경우에 한해야 하며, 동맹파업, 태업과 같은 단순한 부작위를 형벌의 대상으로 하는 것에 대해서는 특별히 신중하지 않으면 안 된다. 현행법상, 계약상 책무의 단순한 불이행은 책무불이행의 문제로서 이것에 계약의 해제, 손해배상책임 등의 민사적 법률효과를 동반하는 데 머무르며, 형사상의 문제로 이것에 형벌이 부과되지 않는 것이 원칙이다. 이것은 인권존중의 근대적 사상으로도, 형사제재는 반사회성이 강한 것만을 대상으로 해야 한다는 형사정책의 이상으로도 당연한 것이다」.

④「직무 또는 업무의 성질상 노동기본권을 제한하는 것이 필요불가결한 경우는 이에 적합한 대상조치가 강구되어야 한다」.

이상의 ①~④는 「노동기본권의 제한을 목적으로 한 법률을 제정할 때 유의해야 될 뿐 아니라, 이미 제정된 법률을 해석·적용할 때에도 충분히 고려해야 한다」.

■ 적용

(a) 공무원노조법 제17조 제1항의 합헌성에 대해서

「우편업무에 대해서 말하면, 그 업무가 독점적인 것이며 동시에 국민생활 전체와 관련성이 매우 강하므로 업무의 마비는 국민생활에 중대한 장해를 초래할 우려가 있는 등 사회공공에 미치는 영향이 매우 크다는 것은 다언을 요하지 않는다. 때문에 그 업무에 종사하는 우체국 직원에 대해 그 쟁의행위를 금지하는 규정을 세워 위반한 자에 대해 불이익을 부과하여도 그 불이익이 앞에서 말한 기준에 비추어 필요한 한도를 넘지 않는 합리적인 것인 이상, 이것을 위헌무효라고는 할 수 없다」. 「공무원노조법 제18조는 동 제17조에 위반하는 행위를 한 직원은 해고된다고 규정하고, 동 제3조는 공공기업체 등의 직원에 관한 노동관계에 대해 노조법이 많은 규정을 적용한다고 하면서 노동조합 또는 조합원의 손해배상책임에 관한 노조법 제8조의 규정을 특별히 제외한다고 하였다. 쟁의행위 금지위반이 위법이라고 하는 것은 이러한 민사책임을 면치 못한다는 의미에서이다. 그리하여 이러한 의미에서의 쟁의행위를 금지하는 것까지 그 대상(代償)으로 위 직원에 대해 공공기업체 등과의 분쟁에 관해 공공기업체 등 노동위원회에 의한 알선, 조정 및 중재의 제도를 마련하고, 특히 공익위원으로 구성된 중재위원회의 중재재정은 노동협약과 동일한 효력을 가지며, 당사자 쌍방을 구속한다고 하였다. 그렇다면, 공무원노조법 제17조 제1항에 위반한 자에 대해 위와 같은 민사책임을 동반한 쟁의행위의 금지는 헌법 제28조, 제18조에 위반하는 것이 아니라는 점은 의심의 여지가 없다.

(b) 공무원노조법 제17조 제1항 위반행위에 대한 노조법 제1조 제2항의 적용에 대해서

법제의 연혁으로 볼 때 「쟁의행위 금지의 위반에 대한 제재는 차츰 완화되는 방

향으로 흘러 현행 공무원노조법은 특별 벌칙을 두고 있지 않다. 이것은 공무원노조법 자체로서는 쟁의행위금지 위반에 대하여 형사제재는 부과하지 않는 취지라고 해석하는 것이 상당하다. 공무원노조법 제3조에서 형사면책에 관한 노조법 제1조 제2항의 적용을 배제하지 않고 이것을 쟁의행위에도 적용하고 있는 것은 이 취지를 뒷받침하는 것이라고 할 수 있다. 이것은 헌법 제28조가 보장하는 노동기본권 존중의 근본정신에 부합하며, 쟁의행위의 금지위반에 대한 효과 또는 제재가 필요최소한도에 머물러야 한다는 견지에서 위법한 쟁의행위에 관해서는 민사책임을 지게 하는 것으로 족하며, 형사제재로 임해서는 안 된다는 기본적 태도를 나타낸 것이라 해석할 수 있다」. 「만일 쟁의행위가 노조법 제1조 제1항의 목적을 위해서가 아닌 정치적 목적을 위해 행해진 경우이거나 폭력을 동반한 경우, 또는 사회통념에 비추어 부당하게 장기에 걸친 때와 같이 국민생활에 중대한 장해를 초래하는 경우에는 헌법 제28조에 보장된 쟁의행위로서의 정당성의 한계를 넘는 것이므로 형사제재를 면할 수 없다고 하지 않을 수 없다. 이와 달리 공공기업체 등의 직원이 하는 쟁의행위에 대해서 노조법 제1조 제2항의 적용을 부정하고, 쟁의행위에 대해서 정당성의 한계 여하를 논할 여지가 없다고 한 본 재판소의 판례(1962년(あ) 제1803호 1963년 3월 15일 제2소법정 판결, 刑集 17권 2호 23면)는 이것을 변경해야 하는 것이라 인정한다」.

우편법 제79조 제1항은 「채무불이행 불가벌의 원칙에 대한 예외를 규정한 것으로 주목할 만한 것이지만 우편업무의 강한 공공성에 비추어 보면, 위의 정도에 벌칙으로 임하는 것에는 합리적인 이유가 있으므로 필요한도를 넘는 것이라고 할 수 없다(우편물운송위탁법 제21조 참조). 이 벌칙은 전적으로 쟁의행위만을 대상으로 한 것은 아님이 명백하나, 반면 우체국 직원이 쟁의행위로 위와 같은 행위를 한 경우 그 적용을 배제해야 할 이유도 찾아보기 어려우므로 쟁의행위에도 적용되는 것이라 해석해야 한다. 단, 쟁의행위가 노조법 제1조 제1항의 목적을 위함이며 폭력의 행사, 그 외의 부당성을 동반하지 않을 때는 앞에서 말했듯이 정당한 쟁의행위로서 형사제재를 부과할 수는 없으며, 노조법 제1조 제2항이 명확히 밝힌 대로 우편법의 법칙은 적용되지 않는다」.

「본건 피고인들이 본건의 행위를 쟁의행위로 한 것임은 제1심 판결이 인정하고 있는 그대로이므로……헌법 제28조 및 공무원노조법 제17조 제1항의 합리적 해석에 따라 노조법 제1조 제2항을 적용하여 과연 동 조항에서 말하는 정당한 것인가를 구체적 사실관계에 비추어 인정 판단하여, 우편법 제79조 제1항의 죄책 유무를 판단하지 않으면 안 되는 것이다. 따라서 원 판결의 위 판단은 법령의 해석적용을 잘못한 것이며, 그 위법은 판결에 영향을 미치는 것이 명백하므로 이것을 파기하지 않으면 정의에 현저히 반하는 것이라 하지 않을 수 없다」.

원 판결 파기. 동경 고등재판소에 환송.

[보충의견]

• 마쓰다 지로(松田二郎) 재판관

「법의 영역(法域)을 달리할 경우, 각각의 법의 영역에서 문제가 되는 위법성의 정도는 당해 법규의 취지·목적에 비추어 결정되는 부분이며」, 「형법에서 위법이라고 할 것인가는 다른 법의 영역에서의 위법성과 무관하지는 않으나, 개별 독립적으로 고찰되어야할 문제이다」. 「노동법규가 쟁의행위를 금지하고 이것을 위법으로 하여 해고 등의 불이익을 주고 있다고 하여, 곧바로 그 쟁의행위가 형벌법규의 위법성 즉, 소위 가벌적 위법성까지 띄고 있다고는 할 수 없다. 특히, 형벌이 이것을 부과받는 자에 대해 강렬한 고통마저 동반하는 가장 불이익한 법적 효과를 초래하는 성질상, 형벌법규가 요구하는 위법성은 다른 법의 영역에서의 그것보다도 일반적으로 고도의 반사회성을 띈 것이어야 한다」. 「공무원노조법 제3조가 쟁의행위를 포함한 노동조합의 단체교섭 그 밖의 행위인 소위 형사면책에 관한 노조법 제1조 제2항의 적용을 굳이 배제하고 있지 않다는 것(그 명문상 쟁의행위의 경우를 제외하고 있지 않은 것은 명백하다)에 비추어 보면, 공공기업체 등의 직원이 행하는 쟁의행위는 공무원노조법상 위법이기는 해도 쟁의행위로서 정당한 범위 내에 머무르는 것이라 인정되는 한, 위의 위법성은 형벌법규 일반이 예정하는 위법성 즉, 가벌적 위법성의 정도에는 미치지 않는 것이라 해석해야 한다」.

[보충의견]

• 이와다 마코토(岩田誠) 재판관

「공무원노조법은 공공기업체 등의 직원의 노동관계에 대한 기본법이라고 해야 하며 그 쟁의행위 금지도 동법 내에 규정되어 있는 것이므로, 가령 그 금지에 반하는 쟁의행위 자체를 처벌하려고 하는 것이라면 원래 동법 내에 그 처벌이 규정되어 있어야 한다」. 「만일 우편법의 前記 벌칙조항 [제79조 제1항]에 따라 쟁의행위가 처벌된다고 한다면, 왜 우체국 직원을 다른 공공기업체 등의 직원, 그 중에서도 일본국유철도의 직원과 구별하여 그 쟁의행위에 형사제재를 부과하는 것인지 그 합리적인 이유를 충분히 설명할 수 없다」.

[반대의견]

- **오쿠노 겐이치**(奥野健一), **구사카 아사노스케**(草鹿浅之介), **이시다 카즈토**(石田和外) **재판관**

(a) 공무원노조법 제17조 제1항 위반행위에 대한 노조법 제1조 제2항의 적용에 대해서

공공기업체 등의 사업은 「국민경제에 중요한 관계를 가진 공공성이 강한 것으로 그 기업의 정상 운영이 조금이라도 저해되는 것이 용납되지 않고 따라서 그 직원의 직무는 널리 국민 전체의 이익과 긴밀한 관계를 가지며 일반 사기업의 근로자의 직무와 그 성질이 크게 다르다」는 것에 비추어 보아, 「그 직원을 전체의 봉사자인 국가공무원 또는 이에 준하는 자로서」 공공의 복지의 요청에 근거하여 공무원노조법은 그 일체의 쟁의행위를 금지한 것이다. 한편, 「그 대상보장으로 공공기업체 등과 그 직원과의 분쟁에 관해 알선, 조정 및 중재를 하기 위해 공평한 공공기업체 등 노동위원회를 설치하여, 특히 동 위원회가 행한 중재재정은 노동협약과 동일한 효력을 가지며 당사자 쌍방 모두 최종적 결정으로서 이에 구속되는(동법 제35조) 것으로 하고 있다」.

「공공기업체 등의 직원은 업무의 정상 운영을 저해하는 일체의 쟁의행위를 법률에 의해 금지받고 있는 것으로 이에 반하여 행한 쟁의가 모두 위법한 것이므로 정당한 쟁의행위라고 하기 어려운 것은 지극히 명백하다」. 「행위의 위법성은 모든 법의 영역에서 일의적으로 정해져야 하는 것이며, 공무원노조법상 위법으로 된 행위가 형사법상 위법성을 잃는다는 것은 이론상 있을 수 없다」. 「공공기업체 등의 직원은 그 쟁의행위가 금지되어 쟁의권 자체가 법률상 부정되는 이상, 이에 위반하여 행하는 쟁의행위에 관해 노조법 제1조 제2항의 형사상 면책규정의 적용의 여지가 없는 것이라 해석된다」.

[반대의견]

- **구사카 아사노스케**(草鹿浅之介) **재판관**

「동일한 행위가 노동법상은 위법이지만 형법상은 정당행위 또는 적법행위가 된다고 하는 것과 같이 그 평가를 다르게 하는 것은 적어도 형법 제35조의 정당행위의 해석으로서는 도저히 수긍할 수 없다」. 「공무원노조법이 쟁의행위 그 자체를 처벌하는 규정을 가지고 있지 않다는 것과 그 행위가 다른 형벌법령에 저촉된 경우 이것을 처벌할 것인가는 전혀 별개의 문제이며, 공무원노조법에서의 벌칙의 결여가 곧바로 다른 형벌법령에서의 위법성 조각의 논거가 될 수 있다고는 생각할 수 없다」. 「우편법

제79조 제1항이 쟁의행위로서 행한 행위를 그 구성요건상 굳이 제외하지 않은 것은 명백하며,……이 벌칙이 공공의 이익을 보호하기 위한 것이고, 또한 같은 목적을 위한 우체국 직원의 쟁의행위가 공무원노조법에 의해 금지되어 있다는 것을 함께 고려한다면 우체국 직원이 쟁의행위로서 행한 행위에 대해서도 우편법의 위 벌칙이 적용된다고 해석해야 하는 것은 당연하다」.

[반대의견]

• **고키조 가키와(五鬼上堅磐) 재판관**

「공무원노조법 제17조는 동법 소정의 국영 또는 이에 준하는 공유기업에 속하는 직원에 대해서는 단체행동의 쟁의행위를 일반적으로 위법으로 금지하고 반사회적 행위로 평가하고 있는 것이다. 이들 위법행위에 대해 형사적 제재를 부과하는 것도 있을 수 있으며, 따라서 우편법 제79조의 적용에 관해 노동쟁의에 의한 경우와 그렇지 않은 경우를 구별하여 해석을 달리할 수는 없다」. 「만일 공무원노조법이 그 직원의 쟁의행위를 형사벌로부터 해방되는 취지로 제정된 것이라면, 제정 전의 행위에 대해서 경과규정을 두는 것은 일관성이 없다」.

기본 해설

과거의 공공기업체 등 노동관계법(공로법)은 제17조 제1항에서 공공기업체 직원의 쟁의행위를 금지하고 있었으나, 금지위반행위에 대한 민사책임에 관한 규정을 두는데 머무르며(제18조), 위반행위 그 자체에서 교사 · 선동행위에 이르기까지 형사제재에 관한 규정을 두고 있지는 않았다. 한편 우편법 제79조는 우편물의 취급을 하지 않는 등에 관한 벌을 규정하고 있었다(현행법도 동일). 따라서 공무원노조법의 적용을 받도록 되어 있는 우체국 직원의 쟁의행위에 대한 우편법 제79조의 적용 가부(可否)가 문제가 되었다. 뒤집어 말하면, 노조법 제1조 제2항의 적용 가부가 문제가 된 것이다.

본건 판결은 인용 내에도 있듯이, 공공기업체 직원의 쟁의행위에 관해 정당하지 않다고 한 그때까지 판례를 변경한 획기적인 판결이었다. 이런 획기성은 단지 공무원의 쟁의권을 적극적으로 해석한 판결이라는 점에만 있는 것이 아니라, 최고재판소가 그때까지의 실질적인 내용이 없는 추상적인 공공의 복지론을 배제하고 인권제약 입법을 처음으로 상세히 검토하여 헌법상의 요청을 바탕으로 입법상의 제약을 엄격히 해석한 것이라는 점에도 있다.

다수의견은 노동기본권이 근로자에게 실질적인 자유와 평등을 확보하기 위한 권리이며, 이와 같은 권리가 공무원에게도 원칙적으로 보장된다고 하여 전체의 봉사자론을 명확히 배척했다. 그런 다음 공공의 복지가 아닌 「국민생활 전체의 이익」과 노동기본권과의 조정을 도모하기 위한 유명한 4가지 요건을 제시했다. 분명 「국민생활 전체의 이익」도 애매함을 가지고 있지만, 전농림경직법 사건 최고재판소 판결 다수의견에서 말하는 「국민 전체의 공동이익」과 비교하면, 쟁의행위의 「생활」에 미치는 영향을 문제로 하는 개념이라는 점에서 그것은 일정한 구체성을 구비한 개념이었다고 할 수 있다. 또한 특히 대상조치론은 뒤에서 지적되듯이 그것만 있으면 노동기본권의 제약이 용이하게 합헌이 되기 쉽다는 문제점을 안고 있었다고는 하지만, 4가지 요건은 기본적으로 노동기본권의 최대한의 존중을 도모하는 것이었다고 평가할 수 있다. 이것은 인권존중주의의 견지에서 보면 당연한 법리였다고 해야 할 것이다.

이에 대해, 반대의견은 전체의 봉사자론을 고집하여 공무원의 쟁의권을 부정하므로 위법성의 상대성을 인정하는 것도 용납할 수 없게 된다. 그러나 이것은 인권을 최대한 존중하는 입장과는 양립할 수 없다. 반대의견은 「헌법 자체가 노동기본권을 보장하고 있는 취지에 입각해서 보면, 실정법규에 의해 노동기본권의 제한을 정하고 있는 경우에도 노동기본권 보장의 근본정신에 따라 그 제한의 의미를 고찰해야 한다」는 다수의견과는 정반대의 입장에 있다.

전국체신노조 동경중앙우체국 사건·도교조 사건·전사법센다이 사건의 각 최고재판소 판결에 의해 구축된 판례는 전농림경직법 사건·이와테교조학테 사건·전국체신노조 나고야중앙우체국 사건의 각 최고재판소 판결에 의해 뒤집어져 오늘날에 이르고 있다. 그러나 본래 전농림경직법 사건 최고재판소 판결에 대해 다수의견의 존재조차 의심의 여지가 있는 것처럼 보이듯이, 공무원의 노동기본권에 관한 판례법리는 의외로 안정감이 결여되어 있다. 그 원인은 헌법 제28조가 공무원에게 유보하지 않고 노동기본권을 보장하고 있으며, 그 점을 최고재판소도 부정하지 않음에도 불구하고 일률적·전면적인 쟁의행위의 금지에 대한 구체적인 검토 없이 이것을 합헌이라고 한 것에 있다. 1980년대 하급심 판결에서 보이는 인권 완전실시 요구 파업 사안을 중심으로 한 판례 법리의 동요는 이 같은 판례법리 자체의 모순에 기인하는 것이다.

설문

(1) 현행 특정독립행정법인 등의 노동관계에 관한 법률 제17조 제1항은 「직원 및 조합은 특정독립행정법인 등에 대해 동맹파업, 태업, 그 외 업무의 정상 운영을 저해하는 일체의 행위를 할 수 없다. 또한 직원 및 조합의 조합원 및 임원은 이 같은 금지행위를 공모하고, 교사하고, 선동해서는 안 된다」고 규정하고

있다. 이 규정에는 어떠한 헌법상의 문제가 있는가?

(2) 우정공사(郵政公社)의 직원이 춘계임금인상투쟁을 유리하게 전개할 목적으로 열린 근무시간 내의 직장대회에 참석하여 2시간 동안 직장을 일탈했다. 이 직장대회의 참가를 호소한 노조임원은 우편물불취급죄의 교사범으로 죄책을 져야 하는가?

❙ 참고문헌 ❙

中村睦男「労動基本権」芦部信喜 편『憲法Ⅲ人権(2)』(有斐閣, 1981年)

塩野宏「全農林警職法反対闘争事件大法廷判決に関する若干の問題点」判時699号(1973年)「労動基本権-4・2判決の20年」法律時報61巻11号(1989年)

安念潤司「労動基本権, 特に争議権」法学教室214号(1998年)

室井力「国家公務員の労動基本権-全農林警職法事件」憲法判例百選 (有斐閣, 第4版, 2000年)

大久保史郎『人権主体としての個と集団』(日本評論社, 2003年)

森英樹「公務員争議権の憲法解釈」法政論集202号

(村田尚紀)

제22장 선거권과 선거제도

[논점]

(1) 선거권의 평등
선거권의 평등이란 어떠한 의미인가?
의원정수배분 결정에서 선거권의 평등은 어떤 의미를 갖는가?

(2) 정수배분 규정의 합헌성 판결기준
공직선거법에 의한 구체적인 정수배분이 선거권의 평등에 합치하는가의 여부는 어떤 기준에 의해 판단되어야 하는가?

(3) 정수배분 시정의 합리적 기간
일단 합리적인 정수배분이 정해진 후, 점차 인구이동이 발생하여 불균형이 생길 경우 의원정수배분 규정은 어떤 시점에서 위헌이 되었다고 생각할 수 있는가?

(4) 선거의 효력과 위헌 판결의 방법
헌법에 위반하는 정수배분 규정에 기초하여 행해지는 선거를 무효로 할 수 있는가? 무효로 할 수 없는 경우 어떠한 판결 방법을 생각할 수 있는가?

(5) 선거제도의 합헌성 판정기준
법률에 정해진 선거제도의 합헌성은 어떠한 기준에 의해 판결되어야 하는가?

(6) 선거운동의 평등
선거운동에 대해 후보자간에 법률상 불공평한 취급이 있을 경우, 그 합헌성은 어떤 기준에 의해 판단되어야 하는가?

Part Ⅰ 기본 소재

의원정수불균형 사건

최고재판소 1974년 4월 14일 대법정 판결
1974년(行ツ) 제75호 선거무효청구사건
民集 30권 3호 223면, 判時 808호 24면

사실 개요

1972년 12월 10일에 실시된 중의원선거는 전국을 150개의 선거구로 분할하여, 정수

1의 아마미군도(奄美群島)구를 제외하고, 각각의 선거구에서 3명 내지 5명의 의원을 선출하는 이른바 중선거구제로 실시되었다. 본건 선거 당시의 의원정수배분 규정은 주로 1964년 법 개정에 의한 것으로서, 이 개정은 그때까지의 선거구 인구가 배분의원수 사이에 확연한 불균등이 생긴 것을 시정하기 위해 행해졌으나 그 후의 인구이동, 특히 도시로의 인구집중에 의해 또다시 격차가 커져 본건 선거 당시에는 의원 1인당 유권자수의 최소선거구와 최대선거구 간의 격차가 약 1대 5의 비율에 달했다.

이에 대해 의원 1인당 유권자수가 특히 많았던 찌바 1구(区)의 유권자인 원고 X는 공직선거법 제204조에 근거하여, 찌바현 선거관리위원회(Y)를 피고로 찌바 1구에서의 선거를 무효로 하는 판결을 요구하여 동경 고등재판소에 소송을 제기했다.

제1심=동경 고등재판소

동경 고등재판소 1974년 4월 30일 판결
民集 30권 3호 288면

■ 당사자의 주장 (쟁점)

(본건에는 공선법 제204조의 선거무효소송에서 공선법에서 정한 정수배분 자체의 합헌성을 다투는 것이 가능할까라는 본안 전의 쟁점도 포함되어 있으나, 이에 대해서는 생략한다.)

원고 본건의 중의원선거에 대해서 선거구별 의원정수를 정한 공직선거법의 규정은 어떠한 합리적 근거에 근거한 것이 아니라 주소(선거구)라는 관계에서 일부 국민을 불공평하게 취급한 것이므로 헌법 제14조의 규정에 위반하는 것이며, 이 규정에 근거하여 행해진 본건 선거는 무효이다.

피고 선거에 관한 사항은 원칙적으로 입법부의 전권사항이고, 각 선거구의 의원정수에 대해서 선거인의 선거권 향유에 극단적인 불공정을 발생시킬 경우에 한하여 그에 기초하여 행해진 선거가 무효화될 수 있을 뿐이다. 본건의 중의원선거에 있어 각 선거구별 의원정수와 유권자수 비율의 불평등은 아직 선거인의 선거권의 향유에 극단적인 불평등을 발생시켰다고 말할 수 없다.

■ 법적 구성

「헌법은 중의원의원의 정수를 법률에서 정한 취지(동법 제43조 제2항), 의원 및 그 선거인의 자격은 법률로 정하고, 인종, 신조, 성별, 사회적 신분, 문벌, 교육, 재산 또는 수입에 의해 차별해서는 안 된다는 취지(동법 제44조)를 규정하고, 또한 선거구, 투표방법 외에 의원의 선거에 대한 사항은 이를 법률로 정하는 취지(동법 제47조)를 규정하고 있으나 선거구획 및 각 선거구에 있어 선거할 의원수를 어떻게 정해야하는가에 대해서는 규정하고 있지 않으므로 이 점은 헌법에 의해 입법부의 재량에 맡긴 것으로 해석해야 하는 것으로서, 원고의 주장처럼 선거구의 대소 등의 지리적 요소, 역사적 연혁, 행정구획별 의원수의 균형 등의 제반 요소는 고려하지 않고 전적으로 각 선거구별로 의원정수와 유권자수의 비율을 균등히 입법하도록 하는 헌법상의 기속이 있다고는 이해할 수 없다」.

「그리고 이러한 입법부의 재량이 선거인의 선거권 향유에 극단의 불평등을 초래할 경우, 특히 의원정수배분이 선거인구에 비례하고 있지 않다는 것만으로 헌법 제14조 제1항에 위배한다고 할 수 없는 것은 이미 1964년 2월 5일 최고재판소 대법정 판결(1963년(オ) 제422호)에 명시되어 있다」.

「물론 위의 제반 원인을 고려한다하더라도, 선거구별 선거인에 대해 그 투표의 가치평등을 해한다고 말하지 않으면 안 되는 것과 같은 의원정수배분을 생각할 수 없는 것은 아니다. 따라서 그 불평등이 국민의 정의공평관념에 비추어 용인할 수 없는 것으로 인정될 정도에 달할 경우에는, 이미 헌법이 보장하는 평등선거의 이념에서 허락할 수 없는 것으로 말하지 않으면 안 되며, 그것은 전게 최고재판소 대법정 판결이 말하는 선거인의 선거권 향유에 극단적인 불평등을 야기하는 경우에 해당한다고 해야 하며, 의원정수배분이 그러한 사태를 낳을 경우에는 이미 입법부의 합리적 재량의 범위를 넘어 헌법상 용인될 수 없다고 하지 않을 수 없다」.

■ 적용

「본건의 중의원선거에서 원고의 주장처럼 선거구별 의원 1인당 유권자수가 불균등한 것은 앞서 언급한 사항과 같으며, 최고와 최저는 각각 그 평균에서 2.6배가 많고 2분의 1 정도의 편차를 보이고 있는 것은 당사자 간의 다툼이 없는 위 사실로부터 명확하지만, 본건에서 나타난 사실관계에서는 아직 선거구별 의원정수배분에 의해 발생하는 투표가치의 불평등이 국민의 정의공평관념에 비추어 용인되지 않을 정도에 달해 있다고는 인정할 수 없기 때문에 위 선거에 대해 의원정수배분을 정한 전게 별표 제1 및 부칙의 각 규정이 위헌이라고 하는 원고의 주장은 채택될 수 없는 것이며, 위에서 위헌을 전제로 하여 본건 선거의 무효를 주장하는 원고의 청구는 타당하다고 할 수 없다」.

청구기각.

상고심=최고재판소

■ 판결

1. 선거권의 평등과 선거제도

(a) 「선거권의 평등은 평등원리를 철저히 적용하여 단순히 선거인 자격에 대한 제한의 철폐로 선거권의 확대를 요구하는 것에 그치지 않고, 나아가 선거권 내용의 평등, 다시 말하면 각 선거인의 투표의 가치, 즉, 각 투표가 선거의 결과에 미치는 영향력에 대해서도 평등할 것을 요구하지 않을 수 없는 것이다. 그리고 이와 같은 선거권 평등의 성질로 보아, 가령 특정 범주의 선거인에게 복수의 투표권을 주거나, 선거인 간에 납세액 등에 의한 종별을 개설해 그 종별로 선거인수와 불공평한 비율수의 의원을 선출하게 하는 등 일부러 투표의 실질적인 가치를 불평등하게 하는 선거제도가 여기에 위반되는 것은 명확하지만, 이와 같이 현저한 경우뿐만 아니라 구체적인 선거제도에서 각 선거인의 투표가치에 실질적인 차이가 생기는 경우에는 언제나 위의 선거권의 평등원칙과의 관계에서 문제가 발생한다. 본건에서 문제가 된 각 선거구에서의 선거인수와 선출되는 의원수의 비율상, 각 선거인이 자기가 선택한 후보자에게 던진 한 표가 그 사람을 의원으로 당선시키기 위해 기여하는 효과에 크고 작음이 발생하는 경우도 또한 그 경우에 해당한다」.

(b) 그러나 위의 투표가치의 평등은 각 투표가 선거결과에 미치는 영향력이 수적으로 완전히 동일할 것까지 요구하는 것으로 생각할 수 없다. 생각컨대, 투표가치는 선거제도의 구조와 밀접하게 관련되며, 구조의 여부에 의해 결과적으로 위와 같은 투표의 영향력에 어느 정도의 차이를 발생시킬 수 있음을 피할 수 없다.

대표민주제 하에서의 선거제도는 선출된 대표자를 통해 국민의 이해와 의견이 공정하고 효과적으로 국정운영에 반영되는 것을 목표로 하고, 한편 정치에서 안정의 요청을 고려하면서 국가마다 그 국가의 사정에 따라 구체적으로 결정되어야 하는 것이며, 거기에 논리적으로 요청되는 일정불변의 형태가 존재하는 것은 아니다. 우리 헌법도 또한 위의 이유로 국회 양의원선거에 대해 의원정수, 선거구, 투표방법 기타 선거에 관한 사항은 법률로 정하도록 하고(제43조 제2항, 제47조), 양의원 각 선거제도 구조의 구체적 결정을 원칙으로 하여 국회의 재량에 맡기고 있는 것이다. 그러므로 헌법은 위의 투표가치의 평등에 대해서도 그것이 선거제도 결정에 대해 국회가 고려해야할 유일한 절대기준이 아니라, 국회는 중의원 및 참의원 각각에 대해 따로 참작할 사항도 또한 고려하여 공정하고 효과적인 대표라는 목표를 실현하기 위해 적절한 선거제도를 구체적으로 결정할 수 있는 것이며, 투표가치의 평균은 앞서 예시한 선거제도처럼 명백하게 그것에 반하는 것, 기타 헌법상 정당한 이유가 될 수 없는 것이 명백한 인종, 신조, 성별 등에 의한 차별을 제외하면 원칙적으로 국회가 정당하게 고려할 수 있는 다른 정책적 목적 내지 이유와의 관계에서 조화적으로 실현되어져야 하는 것으로 해석되지 않으면 안 된다.

2. 본건 의원정수배분 규정의 합헌성

(a) 생각컨대, 중의원선거에 대해 위와 같이 전국을 다수의 선거구로 나누고, 각 선거구에 선거정수를 배분해서 선거를 하는 제도를 채택한 경우에 구체적으로 어떻게 선거구를 분할하여 각각 몇 명의 의원을 배분할 것인가를 결정하는 데 있어 각 선거구의 선거인수 혹은 인구수(엄밀히는 선거인수를 기준으로 해야 하는 것으로 판단되지만, 선거인수와 인구수는 대체로 비례한다고 보아도 무방하므로 인구수를 기준으로 하도록 허락되어야 한다. 때문에 이하에서는 전적으로 인구수를 기준으로 논하기로 한다)와 배분의원정수와의 비율 평등이 가장 중요하고 기본적 기준이 되어야 하는 것은 당연하더라도, 그 외에 실질적으로 고려되어야 할 요소도 적지 않다. 특히, 도도부현(都道府県)은 종래 일본의 정치 및 행정의 실제에서 맡아온 역할이나 국민생활 및 국민감정의 비중을 고려하여 선거구획의 기초가 되는 것으로 무시할 수 없는 요소이며, 또한 도도부현을 더 세분화함에 있어서는 종래의 선거 실적이나 선거구로서 정돈된 정도, 시정촌 기타 행정구획, 면적의 대소, 인구밀도, 주민구성, 교통사정, 지리적 상황 등 제반 요소를 고려하고, 배분되어야 할 의원수와의 관련을 감안하면서 구체적으로 결정되어야 하는 것이다. 더욱이 사회의 급격한 변화나 그 일환으로 인구의 도시집중화 현상 등이 발생한 경우, 이를 어떻게 평가하고 앞서 말한 정치 안정의 요청을 고려하면서 이를 선거구 분할과 의원정수배분에 어떻게 반영시킬까도 국회가 고려해야할 고도의 정책적인 요소 중 하나임에 틀림없다.

이처럼 중의원선거에서 선거구 분할과 의원정수배분 결정에는 대단히 다종다양하고 복잡 미묘한 정책적이고 기술적인 고려요소가 포함되어 있어, 그러한 여러 요소를 하나하나 어느 정도 고려하여 그것을 구체적 결정에 어디까지 반영시킬 수 있는가에 대해서는 처음부터 엄밀하게 정해진 객관적 기준이 존재하는 것이 아니기 때문에, 결국은 국회가 구체적으로 결정한 것이 그 재량권의 합리적인 행사로 인정될 수 있는가의 여부에 의해 결정하는 것이며, 그것도 사안의 특성상 그 판단에 대해서는 특히 신중함을 요하며, 제한된 자료에 기초해 제한된 시점에서 손쉽게 결정의 적부를 판단해서는 안 된다는 것은 두말할 필요도 없다. 그러나 이러한 견지에서 생각해도 구체적으로 결정된 선거구 분할과 의원정수배분에 있어 선거인의 투표가치의 불평등이 국회에서 통상 고려하는 제반 요소를 참작한다고 하더라도 일반적으로 합리성을 가진 것으로 도저히 볼 수 없는 정도에 이르렀을 때는 국회의 합리적 재량의 한계를 넘어선 것으로 추정되어야 하며, 이러한 불평등을 정당화해야 할 특별한 이유를 제시하지 않는 한 헌법위반으로 판단할 수밖에 없다고 해야 한다.

(b) 이 사건 의원정수배분 규정은 주로 1964년 법률 제132호에 의한 공선법의 일부 개정과 관련된 것으로, 위 개정은 종래의 중의원선거에서 선거구의 인구수와 의원정수 간의 일부 명확한 불공평이 발생한 것을 시정하기 위해 새롭게 의원 총수를 늘리고 이를 적당히 배분하여 선거구별 의원 1인당 인구수의 차이를 약 2배 이하에 머물도록 하는 것을 목표로 하고 있다. 그러나 당사자 간의 다툼이 없는 사실에 의하면, 1972년 12월 10일에 본건 중의원선거 당시에는 각 선거구의 의원 1인당 선거인 수와 전국 평균의 편차가 하한(下限) 47.30%, 상한(上限) 162.87%로, 그 차이가 약 5대 1의 비율에 달했다는 것이다. 그런 사태를 발생시킨 것은 오로지 前記 개정 후 인구의 이동을 기초로 하는 것으로 추정할 수 있으나, 위의 차이가 보여주는 선거인의 투표가치의 불평등은 앞서 말한 것처럼 제반 요소, 특히 위의 급격한 사회적 변화에 대응하는 어느 정도의 정책적 재량을 고려할 때 더욱 일반적으로 합리성이 있다고는 도저히 생각할 수 없을 정도에 달해있을 뿐만 아니라 그것을 넘어서는 지경에 이른 것으로 이를 정당화해야 할 특단의 이유를 어디서도 찾아낼 수 없는 이상, 본건 의원정수배분 규정에서 각 선거구의 의원정수와 인구수의 비율 편차는 위 선거 당시에는 헌법상 선거권 평등 요구에 반하는 정도로 되어있었다고 할 수 있다.

그러나 위의 이유로 직접 본건 의원정수배분 규정을 헌법위반으로 단정해야 할지에 대해서는 더욱 고려할 필요가 있다. 일반적으로 제정 당시 헌법에 적합하던 법률이 그 후의 사정 변화에 따라 그 합헌성의 요건을 결여하게 된 경우에 원칙적으로 헌법위반의 하자를 갖게 되지만, 위 요건의 결여가 점차적인 사정 변화에 따른 것일 경우 어떠한 시점에 당해 법률이 헌법에 위반하게 되었는지에 대한 것을 판단할 때에는 신중한 고려를 하지 않으면 안 된다. 본건의 경우에 대해서 말하면, 前記한 것처럼 인구이동이 끊임없이 발생하고 따라서 선거구에 있어 인구수와 의원정수의 비율은 끊임없이 변동하는 데, 선거구 분할과 의원정수의 배분을 빈번히 변경하는 것이 반드시 실제적인 것은 아니며, 또한 합당한 것도 아님을 생각할 때, 위 사정에 의해 구체적인 비율의 편차가 선거권 평등의 요구에 반하는 정도가 되었다고 해도 이 때문에 당장 당해 의원정수배분 규정을 헌법위반이라 해야 하는 것도 아니며, 인구의 변동 상태도 또한 고려해 합리적 기간 내에 헌법상 시정이 요구되고 있다고 생각될지라도 그것이 행해지지 않은 경우에 비로소 헌법위반으로 판단되어야 한다고 해석하는 것이 타당하다.

이 견지에서 본건 의원정수배분 규정을 보면, 동 규정 하에서 인구수와 의원정수의 비율상 현저한 불균형은 전술한 것처럼 인구의 점차적 이동에 의해 발생되는 것으로 본건 선거 당시의 前記와 같은 현저한 비율의 편차로 추정하면, 상당히 이전부터 선거권의 평등요구에 반한다고 추정될 정도에 도달해있었다고 인정할 수 있는 점을 고려해, 더욱 공선법의 별표 제1의 말미에서 동표는 그 실행 후 5년마다 실행된 국세조사(国勢調査)의 결과에 따라 경정(更正)하는 것을 예로 하는 취지를 규정했음에도 불구하고 1964년의 개정 후 본건 선거 시까지 8년여에 걸쳐 이 점에 대한 개정이 실시되지 않았다는 점을 참작할 때, 前記 규정은 헌법이 요구하는 점에 합치하지 않는 상태가 되어있었음에도 불구하고 헌법상 요구된 합리적 기간 내에 시정되지 않았던 것도 인정하지 않을 수 없다. 그러므로 본건 의원정수배분 규정은 본건 선거 당시 헌법의 선거권의 평등요구에 위반하여 위헌이라고 판단하지 않을 수 없다고 해야 한다. 그리고 선거구 분할 및 의원정수배분은 의원 총수와 관련되며, 전술한 것처럼 복잡 미묘한 고려 하에 결정된 것이므로 일단 이렇게 결정된 것은 일정 의원 총수의 각 선거구에의 배분으로 상호 유기적으로 관련되고 일부분에서의 변동이 다른 부분에도 파동적인 영향을 끼치게 되는 성질을 가지고 있는 것으로 인정되어, 이러한 의미에서도 불가분 일체의 것으로 생각되기에 위 배분 규정은 단순히 헌법에 위반하는 불평등을 초래하고 있는 부분이 아니라, 전체적으로 위헌의 하자를 띠고 있는 것으로 해석해야 한다」.

3. 본건 선거의 효력

「위와 같이 본건 의원정수배분 규정은 본건 선거 당시에는 전체적으로 위헌이 되어야 하는 것이었지만, 이에 의해 본건 선거의 효력이 어떠한 영향을 받는가에 대해서는 별도의 고찰을 필요로 한다」.

「헌법에 위반하는 법률은 원칙적으로 당초부터 무효이며, 또한 이에 근거하여 행해진 행위의 효력도 부정되어야 하지만, 이것은 이렇게 해석하는 것이 통상 헌법에 위반하는 결과를 방지하거나 이를 시정하기 위한 방법으로 가장 적절하기 때문이며, 위처럼 해석하는 것이 도리어 헌법위반의 결과를 방지하거나 시정하는 데 기여하지 않고 오히려 위의 해석을 유지하는 것이 헌법의 취지에 반하는 것이 되므로, 이런 경우 자연히 별도의 종합적인 시각에서 합리적 해석을 하지 않을 수 없는 것이다.

여기서 본건 의원정수배분 규정에 대해 살펴보면, 위 규정이 헌법에 위반하고 따라서 이에 근거하여 행해진 선거가 헌법 요구에 따르지 않는 것이라는 것은 앞서 말한 바이지만, 그렇다고 해서 위 규정 및 그에 근거한 선거를 당연히 무효라고 해석하는 경우, 그에 의해 헌법에 적합한 상태가 직접 초래되는 것이 아니라, 오히려 위 선거에 의해 선출된 의원 모두 당초부터 의원으로서의 자격을 갖지 않는 것으로 된 결과, 이미 위 의원들에 의해 조직된 중의원 의결을 거쳐 성립한 법률 등의 효력에도 문제가 발생하고 또한 향후 중의원의 활동이 불가능하게 되며, 前記 규정을 헌법에 적합하도록 개정하는 것조차 할 수 없게 되는 명확히 헌법이 바라지 않는 결과를 낳게 되는 것이다. 그러므로 위와 같은 해석을 채택해서는 안 된다는 것은 명확하다」.

「생각컨대, 행정처분의 적합여부를 다투는 소송에 대해서 일반법인 행정사건소송법은 제31조 제1항 전반에서 당해 처분이 위헌이더라도 이를 취소함으로써 공공의 이익에 명확한 장해가 발생할 경우에는 제반 사정에 비추어 위 처분을 취소하는 것이 공공의 복지에 적합하지 않다고 인정되는 한 재판소가 이를 취소하지 않을 수 있다고 정하고 있다. 이 규정은 법 정책적 고려에 근거하여 규정된 것이긴 하지만, 여기에는 행정처분을 취소할 경우에 한하지 않고 일반적인 법의 기본원칙에 근거한 것으로 이해해야 할 요소도 포함되어 있다고 생각할 수 있다. 그렇지만 행정사건소송법의 위 규정은 공선법의 선거효력에 대한 소송에 대해서는 그 준용을 배제하고 있으나(공선법 제219조) 이는 동법의 규정에 위반하는 선거는 이를 무효로 하는 것이 항상 공동의 이익에 적합하다는 입법부의 판단에 근거한 것이므로, 선거가 동법의 규정에 위반하는 경우와 관련되어 있는 한 위의 입법부의 판단이 구속력을 가지며, 선거무효의 원인이 존재함에도 불구하고 제반 사정을 고려하여 선거를 무효로 하지 않는다는 취지의 판결을 할 여지는 없다. 그러나 본건처럼 선거가 헌법에 위반하는 공선법에 근거하여 행해졌다는 일반성을 갖는 하자를 띄고 그 시정이 법률의 개정 없이는 불가능한 경우에 단순히 공선법 위반의 개별적 하자를 띄고 있는 것에 지나지 않으며, 나아가 당장 재선거를 시행할 수 있는 경우에 대해 행해진 前記의 입법부의 판단이 반드시 구속력을 갖는 것이라 해야 하는 것은 아니고 앞서 말한 행정사건소송법 규정에 포함된 법의 기본원칙의 적용에 의해 선거를 무효로 함으로써 부당한 결과를 회피하는 재판을 할 여지도 있을 수 있다고 해석하는 것이 상당하다」.

「여기서 본건에 대해 생각해보면, 본건 선거가 헌법에 위반하는 의원정수배분 규정에 근거하여 행해진 것이라는 점은 위에서 언급한 대로이지만, 이 점을 이유로 이를 무효로 하는 판결을 하더라도 이에 따라 당장 위헌상태가 시정되는 것이 아니라 오히려 헌법이 원하는 바에 적합하지 않은 결과를 낳는 것은 위에서 말한 바와 같다. 이러한 사정 등을 고려할 때 본건에서는 前記 법리에 따라 본건 선거는 헌법에 위반하는 의원정수배분 규정에 근거하여 행해진 점에서 위법이라는 취지를 판시하는 데 그치고 선거 자체는 이를 무효로 하지 않는 것이 상당하며, 또한 이 경우에는 선거를 무효로 하는 취지의 판결을 구하는 청구를 기각함과 동시에 당해 선거가 위법이라는 취지를 주문으로 선언하는 것이 타당하다」.

「원 판결을 다음과 같이 변경한다.

상고인의 청구를 기각한다. 그러나 1972년 12월 10일에 행해진 중의원선거의 찌바현 제1구에서의 선거는 위법하다」.

[반대의견]

• **오키하라 마사오**(岡原昌男) · **시모다 다케소우**(下田武三) · **에리구치 키요오**(江里口清雄) · **오쓰카 기이치로**(大塚喜一郎) · **요시다 유타카**(吉田豊) **재판관**

「우리들은 본건 선거 당시의 의원정수배분 규정은 찌바현 제1구에 관한 한 위헌무효이며, 그에 근거하여 선거도 또한 무효인 것으로 상고인의 청구를 인용해야 하는 것으로 판단한다」.

「우리는 모든 선거인이 투표 가치에 있어 평균적인 중용(中庸)을 얻은 선거권을 향유하는 것을 헌법의 이상으로 하고, 각 선거구에 대해 그 투표가치가 그 이상에서 얼마만큼 멀어져가고 있는가를 검토하여 그 편차가 심해진 경우에 투표가치의 평등 요구에 반해 위헌의 결함을 띄는 것으로 판단하는 것이다.……그리고 본건에서는……찌바현 제1구의 의원 1인당 선거인수는 381,217.25명으로 전국 평균 150,243.66명의 253.73%에 해당하고, 즉, 투표가치 면에서 볼 때 찌바현 제1구에서는 2명 반의 선거인에 의해 겨우 전국 선거인의 평균 1인분의 선거권을 행사할 수 있는 것에 지나지 않으므로 이러한 투표가치의 편차는 다른 고려 요소를 참작한다고 해도 도저히 합리성이 있다고 인정할 수 없다.……따라서 본건 선거 당시의 의원정수배분 규정 중 찌바현 제1구에 관한 부분은 위헌의 결함이 있다고 말하지 않을 수 없다. 그러나 우리는 일부 선거구에 대해서 투표가치 불평등의 위헌 결함이 있다고 해도, 그 결함이 다수의견의 말처럼 필연적으로 다른 선거구 전부에 대해 위헌의 결함의 영향을 미치는 것으로는 생각되지 않는다」.

「예를 들어, 투표가치의 최소최대의 비율이 격심한 편차를 보인다고 해도, 가령 양 선거구의 투표가치의 평균치에서 편차가 상하로 거의 동률이고 그 의원정수도 같으며 또한 그 외 선거구의 투표가치가 거의 평균치에 가까운 경우에는 위의 양 선거구에서 시정조치를 취하기만 한다면 불평등이 당장 해소되는 것은 쉽게 이해할 수 있는 것이다」.

「이러한 견지에서 보면 중의원의원의 총 정수에 관하여 입법의 경과를 보면,……인구가 격감한 선거구에 아무런 손을 쓰지도 않고 전적으로 인구가 격증한 선거구 중 일부에만 의원정수를 증가시키고 선거구를 분립 조치하였으며, 그 증가한 의원수를 더하여 공선법 제4조의 의원 총 정수로 한 것으로, 먼저 의원 총 정수를 확인한 후에 그것을 각 선거구에 공평하게 재배분하지 않은 것으로 인정된다. 이처럼 입법부도 또한 위 배분 규정을 개정할 때 일부 선거구만을 떼어내 개선하는 것이 가능했던 것으로 생각된다.

이상에서 말한 것처럼, 한 선거구에서 투표가치 불평등의 위헌이 반드시 다른 선거구에 위헌의 영향을 끼치지 않는다고 생각할 수 있는 것을 의미하는 것으로서 평균적 투표가치를 가지는 투표구에서는 다른 선거구에서 투표가치의 불평등이 생긴 것과는 관계없이, 변함없이 헌법의 이념에 합치하고 있는 것이라 인정할 수 있기 때문에 이러한 모든 선거구에 대해 일률적으로 위법이라고 단정 지을 필요는 없는 것으로 생각된다.

이상의 이유로 우리는 본건 선거 당시의 의원정수배분 규정은 단지 찌바현 제1구에 관한 것으로서, 헌법 제14조 제1항, 제3항, 제15조 제1항, 제44조 단서에 규정된 선거권평등요구에 반해 위헌의 하자가 있기 때문에 헌법 제98조에 의해 무효가 되며, 따라서 이에 근거하여 본건 선거도 또한 무효로 하여야 한다.

선거무효 판결이 확정되면 당해 선거구에 대해서는 선출의원이 결여된 것이 되며, 무효의 의원정수배분 규정에 근거하여 재선거는 허용되지 않기 때문에 잔여의원으로 구성된 중의원에서 시급히 그 위헌의 법률을 헌법에 적합하도록 개정하기 위한 심의를 하면 충분할 것이다.

그 외의 소수의견(생략)

기본 해설

1. 의원정수불균형과 본건 판결까지의 전개

선거가 행해지는 지역이 몇 개의 선거구로 분할되어 각각의 선거구에서 독립적으로 의원이 선출되는 경우 각각의 선거구의 인구(혹은 유권자수)와 그 선거구에서 선출되는 의원수와의 비율이 선거구별로 달라질 경우 이 현상을 의원정수불균형이라 한다. 이 현상은 제2차 세계대전 후 부흥 및 그 후의 경제성장에 의해 도시에 인구가 급속히 집중했음에도 불구하고 전쟁 직후에 정해진 의원정수배분에 근본적인 개정이 이루어지지 못함으로서 진행된 것이다. 이는 일본뿐만 아니라 선진국에서도 어느 정도 공통된 문제였지만, 1962년에 미국 연방최고재판소가 처음으로 위헌 판결(Baker V. Carr, 369 vs 186)을 내린 것을 계기로 일본에서도 이에 대한 다수의 소송이 제기되었다.

이 문제에 대해 처음으로 최고재판소가 판결을 내린 것은 참의원선거에 관한 최대판 1964년 2월 5일 民集 18권 2호 270면이다. 이 판결에서 최고재판소는「의원정수, 선거구 및 각 선거구에 대한 의원 수 배분 결정에 대해 입법부인 국회가 재량적 권한을 갖는 이상, 선거구의 의원 수에 대해 선거인의 선거권의 향유에 극단적인 불평등을 발생시킬 수 있는 경우는 예외로 하고, 각 선거구에 어떠한 비율로 의원 수를 배분할 것인지는 입법부인 국회의 권한에 속하는 입법정책의 문제이며, 의원수의 배분이 선거인의 인구에 비례하지 않는다는 것만으로 헌법 제14조 제1항에 반해 무효라고 판단할 수 없다」고 하여, 최대 1대 4의 격차를 포함한 당시의 참의원 지역구의 정수배분 규정에 대해「소론과 같은 정도로는 오히려 입법정책의 당부(当否)의 문제에 그치고 위헌문제를 발생시킨다고 인정할 수 없다」는 판단을 하였다. 본건 제1심의 동경고법 판결은 이 판결에 의거하여 본건에 대해서도 「아직 선거구별 의원정수배분에 있어 발생하는 투표가치의 불평등이 국민의 정의공평 관념에 비추어볼 때 용인되지 않을 정도에 달해있다고는 인정할 수 없다」고 판단한 것이다.

2. 본건 최고재판소 판결의 구조

(a) 선거권의 평등은 선거권 내용의 평등, 즉, 투표가치의 평등을 포함함

이에 대해 본건 최고재판소 판결은 선거권의 평등이 「선거권 내용의 평등, 다시 말하면, 각 선거인의 투표의 가치, 즉, 각 투표가 선거의 결과에 미치는 영향력에 있어서도 평등한 것을 요구」 하는 것이라 하고, 의원정수불균형 등에 대해 각 선거인이 자기가 선택한 후보자에게 던진 한 표가 그 사람을 의원으로 당선시키는데 기여하는 효과에 크고 작음이 발생할 때」에도 선거권 평등의 원칙에 위반된다고 해석했다. 더욱이 선거권의 평등은 「평등원리의 철저한 적용」이므로, 이 원리를 승인함에 따라 의원정수불균형이 헌법위반으로 판단될 가능성이 크게 열리게 된 것이다.

(b) 입법재량론

그러나 최고재판소는 투표가치의 평등원리가 각 선거인의 선거결과에 미치는 영향력을 수적으로 완전히 동일하게 할 것까지 요구하는 것이 아니라 하고, 그 논거로써 헌법 제43조 제2항, 제47조가 선거에 관한 사항은 법률로 정해야 하는 것으로 선거제도의 구체적 결정을 원칙적으로 국회의 재량에 위임하고 있는 것을 든다. 그 결과 각 선거구의 인구와 배분의원수의 비율은 「선거제도의 결정에 대해 국회가 고려해야 할 유일한 절대적 기준」이 아니라 「국회가 정당히 고려할 수 있는 다른 정책적 목적 내지 이유와 관련해서 조화적으로 실현되어야 하는 것」으로 자리매김된다. 최고재판소는 국회가 정당하게 고려할 수 있는 다른 요소로 도도부현 외에 「종래의 선거 실적이나, 선거구로서의 정비된 정도, 시정촌 기타의 행정구획, 면적의 대소, 인구밀도, 주민구성, 교통사정, 지리적 현황 등 제반 요소」를 들고 있다.

(c) 의원정수불균형의 합헌성 판정기준

위와 같이 다양한 요소를 고려하지 않으면 안 되는 이상, 실제의 의원정수불균형이 헌법이 요구하는 선거권의 평등원칙에 반하는가의 여부에 대해 일정한 객관적 기준을 만드는 것은 불가능하며, 개별 사례별로 판단하지 않을 수 없다. 최고재판소는 「국회가 구체적으로 결정한 것이 그 재량권의 합리적인 행사로서 시인될지에 의해 결정된다」고 하여, 구체적으로 결정된 선거구 분할과 의원정수배분에서 선거인의 투표가치의 불평등이 국회에서 통상 고려할 수 있는 제반 요소를 참작하더라도 일반적인 합리성을 가진 것으로 도저히 생각할 수 없을 정도에 이르렀을 때는 이미 국회의 합리적 재량의 한계를 넘은 것으로 추정되어야 하는 것이며, 이러한 불평등을 정당화해야 할 특단의 이유가 제시되지 않는 한 헌법위반이라고 판단한다」는 기준을 채택했다.

그리고 최대 약 1대 5의 인구격차를 갖는 본건 정수배분에 대해 「앞서 말한 제반 요소, 특히 위의 급격한 사회적 변화에 대응함에 있어서 어느 정도 정책적 재량을 고려한다 해도 일반적으로 합리성을 갖는다고 도저히 생각할 수 없는 정도에 달해있을 뿐만 아니라, 이를 더욱 넘는 지경에 이르고 있다」고 하여, 「이를 정당화해야 할 특단의 이유를 어디에서도 찾아볼 수 없는 이상」 헌법의 선거권 평등의 요구에 반하는 정도에 이르렀다고 단정했다.

(d) 합리적 기간론

의원정수불균형은 법률의 규정이 제정 당시부터 헌법에 위반하고 있을 경우와 달리 제정 당시에 합헌이었던 법률이 사정의 변화에 의해 헌법을 위반하게 된 사태이다. 이 경우 법률이 어느 시점에서 헌법에 위반하게 되었는지를 확실하게 아는 것은 곤란하다. 또한 선거구 분할이나 의원정수배분 규정을 빈번하게 개정하는 것은 유권자와 의원과의 연결고리, 선거구의 일체성 유지의 관점에서 바람직하지 않다. 그래서 의원정수배분 규정이 위헌이 되더라도 이를 국회가 개정할 때까지는 약간의 유예기간이 인정되어야 한다는 견해가 나온 것이다. 이것이 「합리적 기간」 론이다.

본건 최고재판소 판결은 「구체적인 비율의 편차가 선거권의 평등요구에 반할 정도가 되었다고 해도 이로써 당장 당해 의원정수배분 규정을 헌법위반으로 해야 하는 것은 아니며, 인구의 변동 상태 역시 고려해서 합리적 기간 내에 헌법상 시정이 요구된다고 생각되지만 그것이 이루어지지 않은 경우에 비로소 헌법위반이라 판단해야 한다고 해석하는 것이 상당하다」고 판시하고 있다. 그렇지만 본건에서는 「상당히 이전부터 선거권의 평등요구에 반한다고 추정될 정도에 달해있었다고 인정된 것」, 당시의 공선법이 5년마다 정수배분을 경정하는 것을 예로 하는 취지를 규정했음에도 불구하고 「8년여에 걸쳐 이 점에 대해 개정이 전혀 이루어지지 않은 것」을 고려하여 「헌법상 요구되는 합리적 기간 내에 시정이 되지 않았다」고 판단했다.

(e) 의원정수배분의 불가분일체성

의원정수불균형 등이 있는 경우 투표가치에 현저한 불평등이 있는 일부의 선거구에 대한 규정만이 위헌이 된다고 볼 것인가 아니면 정수배분 규정 전체가 위헌이라고 볼 것인가? 일반적으로 전자의 사고방식을 「가분론」이라고 하고, 후자의 사고방식은 「불가분론」이라고 한다.

이 점에 대해서 본건 최고재판소 판결의 다수의견은 본건의 「배분규정은 단순히 헌법에 위반하는 불평등을 초래하고 있는 부분뿐만 아니라, 전체적으로 위헌의 결함을 띄고 있다」고 하여 명시적으로 불가분론을 채택했다. 그 근거로는 「선거구 분할 및 의원정수배분을 의원 총수와 관련시키면서, 앞서 서술한 것과 같은 복잡 미묘한 고려 하에 결정되는 것이므로 일단 이렇게 해서 결정되는 것은 일정한 의원 총수의 각 선거구에 배분하는 데 상호 유기적으로 관련하여 일부분에 대한 변동은 다른 부분에도 파동적으로 영향을 미치게 되는 성질을 가지고 있는」 것을 들고 있다.

(f) 사정판결(事情判決)의 법리

이에 대해 다수의견처럼 불가분론을 채택한 경우 그 정수배분에 근거하여 실시된 선거는 모든 선거구가 헌법에 위반되어 이를 무효로 하면 모든 중의원의원이 당초부터 의석을 갖지 못한 것이 되며, 이미 진행된 중의원 의결의 유효성에 이의가 생길 뿐 아니라 의원정수불균형을 시정하기 위해 공선법을 개정하는 것조차 불가능해진다. 그래서 다수의견은 본건 선거의 유효를 유지하기 위해 행정사건소송법 제31조의 「사정판결」의 법리를 채택한다. 동조에는 「취소소송에 대해서는 처분 혹은 재결이 위법이지만 이를 취하할 경우 공공의 이익에 현저한 장해가 발생하는 경우 원고가 받는 손해정도, 그 손해의 배상 또는 방지정도 및 방법 외에 일체의 정보를 고려한 뒤 처분 혹은 재결을 취소하는 것이 공공의 복지에 적합하지 않다고 판단될 때에는 재판소는 청구를 기각할 수 있다. 이 경우에는 당해 판결의 주문에서 처분 혹은 재결이 위법임을 선언하지 않으면 안 되는 것」으로 규정하였다.

그러나 공선법 제219조 제1항은 선거의 효력에 관한 소송에서는 행정사건소송법 제31조를 준용하지 않을 것임을 명시적으로 정하고 있다. 따라서 다수의견은 행정사건소송법 제31조 그 자체가 아니라, 거기에 포함된 「일반적인 법의 기본원칙」을 적용하여 원고의 청구를 기각함과 동시에 당해 선거가 위법이라는 취지를 주문에서 선언한다는 결론에 이른 것이다.

3. 본건 판결 이후의 판례의 전개(安念, 後揭의 일람표 참조)

본 판결이 내려지기 전인 1975년 국회는 공선법을 개정하여 선거구 간의 인구격차를 최대 1대 2.92로 축소했다. 그러나 이후에도 인구격차가 확대되어 다음해 1980년의 중의원 총선거 시에는 인구격차가 1대 3.94까지 확대되었다. 이 선거의 효력이 다투어진 재판에서 최대판 1983년 11월 7일 民集 37권 9호 1243면에 「선거구 간에 있어 투표가치의 격차가 헌법의 선거권의 평등요구에 반할 정도에 이르렀다」고 인정했다.

그러나 1975년의 공선법 개정에 대해서 본건 「대법정 판결에 의해 위헌으로 판단되었던 위 개정 전의 의원정수배분 규정 하에서 투표가치의 불평등 상태는 위 개정에 의해 일단 해소된 것으로 평가할 수 있다」고 하고 이 개정법의 공표로부터 약 5년 후, 시행부터 기산하면 약 3년 반 후에 선거가 실시된 것에 대해「헌법상 요구되는 합리적 기간 내에 시정되지 않은 것으로 단정하는 것은 곤란하다」고 하여 당시의 정수배분 규정을 위헌으로 단정하는 것을 피했지만, 판결이유 중에「개정법 실행 후 이미 7년을 경과한 현재 되도록 빨리 개정할 것이 강하게 요구된다」고 경고했다.

이 경고에도 불구하고 공선법 개정이 이루어지지 않은 채 1983년 중의원 총선거가 실시되어 이 선거 때에는 선거구 간의 인구격차가 최대 4.40에 이르렀다. 이 선거의 효력이 문제된 재판에서 최대판 1985년 7월 17일 民集 39권 5호 1100면은 합리적 기간 내에 시정이 이루어지지 않았다고 판단하고, 다시 정수배분 규정을 위헌으로 하는 한편 본건 판결과 동일하게「사정판결」의 법리에 근거하여 원고의 청구를 기각하는 판결을 내렸다. 또한 이 판결에는 4명의 재판관의 공동 보충의견이 첨부되어, 시정조치가 강구되지 않은 채 다시 선거가 실시된 경우에는「그 효력을 부정하지 않을 수 없다는 것도 있을 수 있다. 이 경우 판결확정에 의해 당해 선거를 곧바로 무효화하는 것이 상당하지 않을 때에는 선거를 무효로 하지만, 그 효과는 일정기간 경과 후에 비로소 발생한다는 내용의 판결을 하는 것도 불가능한 것은 아니다」고 하여, 사정판결의 반복을 피하고 장래효적 판결을 내릴 가능성을 시사하고 있다.

이후 1986년에「위헌으로 판결된 현행 규정을 신속히 개정하기 위한 잠정조치」(중의원부대결의)로 8선거구에서 정수의 1명을 증원시키고 7선거구에서 정수를 1명 감원하는(8증 7감) 공선법 개정이 행해져 선거구 간의 인구격차가 최대 2.99가 되었다. 이에 대해 최대판 1988년 10월 21일 民集 42권 8호 244면은 1983년의 개정에 의해 인구격차가 최대 1대 2.92가 된 것에 대해「투표가치의 불평등 상태는 위 개정에 의해 일단 해소되었다」고 하여「본건 의원정수배분 규정이 헌법에 반하는 것이라고 할 수 없음을 명확히 한 것」으로서, 이 정수배분 규정에 대해 합헌 판결을 내린 바 있다.

그러나 다음 1990년 중의원 총선거 시에는 인구격차가 최대 1대 3.18로 확대되어, 최대판 1993년 1월 20일 民集 47권 1호 67면에는 이를「헌법의 선거권 평등요구에 반하는 정도에 달하고 있다」고 하는 한편, 선거기일이 개정 공선법의 실행에서 약 3년 7개월 후, 정수 시정의 기초자료가 되는 국세조사 확정치의 공표에서 약 3년 3개월 후인 점을 지적하며,「헌법상 요구되는 합리적 기간 내에 시정되지 않은 것으로 판정하는 것은 곤란」하다고 하여 정수배분 규정을 위헌으로 판정하는 것을 피했다.

1992년에는 또한「위헌상태라고 해야 하는 중의원의원 정수에 관한 현행 규정을 조속히 개정하기 위한 임시조치」(중의원 특별위원회 결의)로서 이른바 9증 10감의 공선법 개정이 이루어져 이듬해 이에 근거한 중의원 총선거가 시행되었다. 이때 최대 격차는 1대 2.82였다. 최1소판 1995년 6월 8일 民集 49권 6호 1443면은 지금까지의 선례를 인용하여 이를 합헌으로 하는 판결을 내렸다.

1994년에 공직선거법이 근본적으로 개정되어 중의원의 선거에 대해 이제까지의 중선거구제를 대체하여 이른바 소선거구비례대표병립제가 도입되었다. 이에 따라 의원정수불균형 등의 문제도 새로운 국면으로 접어들게 되었다(Part Ⅳ 「두 번째 소재」 참조).

Part Ⅱ 응용편

확인질문

1. 본건 최고재판소 판결은 이하의 문제에 대해 어떻게 판단하고 있는가?
   (1) 의원정수배분에 불균형이 있으면 왜 선거권의 평등에 반하는 것이 되는가?
   (2) 구체적인 의원정수배분이 헌법의 선거권 평등요구에 반하는지의 여부는 어떤 기준에 의해 판단되어야 하는가?
   (3) 의원정수배분 결정에 있어 인구와 배분의원 정수 간의 비율의 평등 이외에 국회가 헌법상 정당하게 고려할 수 있는 요소에는 어떠한 것들이 있을 수 있는가?
   (4) 선거권의 평등요구에 반하는 정도의 불균형을 포함한 의원정수배분을 곧바로 헌법위반으로 단정할 수 없는 이유는 무엇인가?
2. 최고재판소 판결이 본건 의원정수배분 규정을 전체적으로 위헌이라고 판단하면서 원고의 청구를 기각한 이유를 설명하라.
3. 다수의견과 5명의 재판관에 의한 반대의견 간의 결론이 다른 이유를 설명하라.

응용문제

설문 1 최고재판소 판결의 입장에 선 경우, 이하의 의원정수배분 규정은 헌법에 위반하는가?

(1) 인구에 관계없이 모든 도도부현에 동수의 의원을 배분하는 정수배분 규정
(2) 모든 도도부현에 최소한 4명, 최고 16명을 넘지 않는 범위 내에서 인구를 고려한 수의 의원을 배분하는 정수배분 규정
(3) 선거구의 인구에 덧붙여 그 면적도 기준으로 하는 의원정수배분을 하는 규정
(4) 행정구획이나 지리적 조건을 무시하고 인구만을 기준으로 선거권 가치를 완전히 평등하게 하는 정수배분 규정

설문 2 최고재판소 판결의 입장에 선 경우, 다음과 같은 사례에서 정수배분 규정은 헌법에 위반하는가?

(1) 본건 판결 후, 국회가 의원정수배분 규정을 개정하고 그 후 바로 신규정에 근거한 선거가 실시되었지만, 개정이 불충분하여 헌법이 요구하는 선거권의 평등에 합치하는 정도에 달하지 못한 경우
(2) 일단 평등한 의원정수배분 규정이 정해진 후에 인구이동에 의해 선거권 평등에 반하는 격차가 생겨 국회가 다음 선거기간에 맞출 수 있도록 개정작업에 들어갔으나, 개정이 성립하기 전에 중의원이 해산된 경우
(3) 일단 평등한 의원정수배분 규정이 정해진 후에 인구이동에 의해 선거권 평등에 반하는 격차가 생겨 국회가 다음 선거에 맞출 수 있도록 개정작업에 들어갔으나, 여야당의 대립에 의해 심의가 정체되어 의원임기가 만료되어 버린 경우

설문 3 본건에서 최고재판소가 다음과 같은 판결을 내린다고 하면, 헌법상 어떠한 문제가 발생하는가?
(1) 본건 선거 전체를 무효로 하는 판결
(2) 본건 중의원 선거에 있어 찌바 1구에 대한 선거만을 무효로 하는 판결
(3) 본건 선거 전체를 위헌으로 하더라도 판결 1년 뒤에 본건 선거의 효력을 상실하도록 하는 판결
(4) 원고의 청구를 기각하지만 주문에서 본건 의원정수배분 규정을 위헌으로 선언하고 장래에 동 규정에 근거한 선거를 금지하는 취지의 판결

설문 4 다음과 같은 사례에서는 본건 판결의 판단과 어떠한 차이가 발생하는가?
(1) 동일한 문제가 참의원의 의원정수배분에서도 발생한 경우
(2) 본 사건은 1994년의 공직선거법 개정 이전의 이른바 중선거구제에 기초한 선거제도에 한해 발생한 것이지만 동일한 문제가 소선거구제에서도 발생한 경우
(3) 현행 공직선거법에 근거한 중의원의 비례대표선출의원의 선거구 간에 정수배분의 불균형이 발생한 경우

Part Ⅲ 이론편

◥ 전개문제

1. 중의원 선거에서 선거구간의 인구격차는 헌법상 어느 정도까지 허용되는가?

본건 최고재판소 판결이 채택한 기준은 어디까지나 구체적인 정수배분마다 개별적

인 판단을 행하는 것이므로 헌법상 허용되는 격차의 최대한을 숫자로 나타내는 것은 불가능하다. 그러나 그 후에 판단을 전개하는 것으로 보아 최고재판소가 1대 3의 격차를 하나의 기준으로 보고 있는 것은 쉽게 알 수 있다. 실무상으로도 국회에 의한 「잠정조치」로서의 정수시정은 언제나 인구격차를 1대 3 이내로 하는 것을 표준으로 행해왔다. 이 기준의 근거를 설명한 것으로 1983년 판결에 첨부된 나카무라 지로(中村治朗) 재판관의 반대의견이 있다. 이 중에는 1대 2가 표준수치로서 상식적이며 그 나름의 합리성을 갖지만 「인구비례주의는 중의원의 선거에서 무엇보다 중요하며 기본적인 원리가 되어야 하는 것이나 반드시 그것이 유일 절대의 원리라고 할 수 없으며, 또한 다른 참작해야 할 정책적 요소가 존재하는 것을 긍정하는 한 위 기준은 다소 지나치게 엄격하다」고 하여, 재판상 기준으로는 위의 요소를 참작한 결과 생겨난 비율격차로 시인해야 할 일정 정도의 폭을 두는 것이 상당하다」고 하지만 「폭을 둔다고 해도 그 수치는 겨우 1대 3의 정도를 넘는 선까지는 인정하지 못하고 그 이상의 격차가 발생할 경우에는 원칙적으로 전국에 허용할 수 있는 재량권의 한계를 초월한 경우로 추정하는 것이 상당하다」라고 설명하고 있다. 그러나 수치기준의 이론적 근거로서는 설득력이 부족하고 학설상으로는 거의 지지를 받지 못하고 있다.

학설상으로는 1대 2의 격차를 허용 상한으로 하는 견해가 다수를 점하고 있다. 그 근거로는 선거권의 평등이 일반적 평등원칙보다도 월등하게 철저한 인격평등의 원리를 기초로 하고 있는 점, 그리고 선거구 간에 13대 2를 넘는 인구격차를 발생시키는 경우는 실질적으로 한사람이 2표를 행사하는 것과 같으므로 1인 1표의 원칙이 파괴되는 점을 들 수 있다. 최고재판소 판결에서도 1983년 판결의 요코이 다이쿄(横井大三) 재판관의 반대의견이 처음으로 1대 2의 기준을 명시한 이래 그 기준을 지지하는 재판관이 증가하는 경향이다. 1995년 판결에는 소법정의 5인 중 2인의 재판관이 거의 1대 2를 기준으로 하는 반대의견을 진술, 중의원 선거에 소선거구 비례대표제 병립제가 도입된 이후 1999년 판결(Part Ⅳ 「두 번째 소재」 참조)에서는 4인의 재판관이 1대 2의 기준을 주장하는 반대의견을 말하고 있다.

그렇지만 1대 2의 기준도 그렇게 강한 이론적 근거를 가지고 있는 것은 아니다. 개인의 인격평등이 무엇보다 강하게 요구되고 있는 선거에서 평등원칙이 왜 2배까지 격차를 허용하는가를 이론적으로 설명하는 것은 곤란하며, 선거구 간의 인구격차가 1대 2인 것도 일부의 선거인이 2표를 갖는 것과 질적으로 완전히 다른 현상이기 때문에 양자를 동일시하는 것은 비유라고 해도 무리가 있다. 따라서 학설상으로는 1대 1이외의 수치에는 논리적인 근거가 없으며, 여기에 끝없이 가깝게 하는 것이 헌법상 요청이라는 것으로 모든 격차에 대해 합리성 증명을 요구하는 견해도 유력하다. 최고재판소에서는 1999년 판결에 첨부된 후쿠다 히로시(福田博) 재판관의 반대의견이 거의 이 입장을 취한다. 이

설도 대체로 일체의 격차를 인정하지 않는 것이 아니라, 어디까지나 모든 격차에 대해 헌법상 허용되는 합리적 근거가 있는지의 여부를 재판소에 심사시키고자 하는 것이다. 이에 반해 다수는 1대 2의 범위 내에서 국회가 비인구적 요소를 고려하는 것을 인정하고, 이 범위 내에 있으면 개별적 합리성의 심사 없이도 합헌성을 승인할 수 있게 된다. 그러한 의미로 다수설 간의 쟁점은 선거권의 완전한 평등으로부터의 일탈에 대해서 일정 범위 내에서의 합헌성이 추정되는 입법재량의 틀을 인정할 것인지에 있다고 말할 수 있다.

이 점에 대해서 선거에서의 평등원칙이 본래 입법재량론에 의한 심사기준의 완화를 인정하기에는 가장 어울리지 않는 성격의 것이라는 점에 유의해야 한다. 여기서 문제가 되는 불평등은 선거권이라고 하는 민주주의의 정치과정에 있어 매우 중요한 권리를 둘러싼 것이며, 선거야말로 국민들이 가장 철저히 평등하게 취급되지 않으면 안 된다. 확실히 헌법은 선거에 관한 사항을 법률로 정해놓도록 하고 있으나, 국회의원 자신이 장래의 선거에서 신인후보와 의석을 다툴 것을 생각하면 국회가 선거에 대한 사항을 정하는 것은 어떤 의미에서 일부의 참가선수가 경기의 규칙을 정하는 것과 같은 이치이다.

선거에 관한 헌법상의 원칙은 참가선수인 국회의원 특히 다수를 점하며 대정당 소속의 국회의원들이 자기들에게 유리한 규칙을 자의적으로 정하는 것을 저지하는 역할을 담당하고 있다. 그렇다면 선거권의 평등원칙은 그 자체가 국회의 재량의 한계를 정한 것이며, 평등으로부터 일탈 심사에 있어 재차 국회의 재량을 인정할 여지는 없을 것이다.

2. 참의원 선거에서는 중의원 선거의 경우와 어떠한 상이점이 생기는가?

의원정수불균형의 문제는 참의원의 선거구(구 지방구) 선출의원의 선거에서도 발생할 수 있다. 그러나 최고재판소는 본건 판결 후에도 참의원에 대해서는 최대판 1983년 4월 27일 民集 37권 3호 345면에서 최대 1대 5.26의 인구격차에 대해 합헌 판결을 내리고 있다. 이때 최고재판소는 참의원의 「선거제도의 구조 하에서는 투표가치의 평등요구는 인구비례주의를 기본으로 하는 선거제도의 경우와 비교하여 일정한 양보・후퇴를 면할 수 없다」고 판시하고 중의원의 경우보다 완화된 기준을 채택할 것을 명확히 했다. 구체적인 기준으로는 「투표가치가 평등해야 하는 중요성에 비추어볼 때 도저히 간과할 수 없다고 인정될 정도의 투표가치의 현저한 불평등 상태를 초래하여, 그것이 상당기간 계속되었고 그러한 불평등 상태를 시정하는 어떠한 조치를 강구하지 않은 것이 앞서 기재한 것처럼 복잡하고 고도의 정책적인 고려와 판단에서 행사되어야 하는 국회의 재량적 권한에 관련된 것임을 고려하더라도 이 허용한계를 넘어선다고 판단되는 경우」에 비로소 의원정수배분이 위헌이 된다고 하고 있다. 이 기준을 중의원의 경우와 같이 투표가치의 현저한 불평등과 장기에 걸쳐 계속된다는 두 가지 요소를 포함한 것이지만, 각각에 대해 중의원의 경우보다 완화하여 적용한 것이라고 할 수 있다.

그 후 최1소판 1986년 3월 27일 民集 147호 431면에 최대격차 1대 5.37에 대해서, 최1소판 1987년 9월 24일 民集 155호 65면에 최대격차 1대 5.85에 대해서, 모두 합헌판결을 내렸다. 그러나 최대판 1996년 1대 6.59의 격차에 대해서 비로소 「위헌의 문제가 발생할 정도의 현저한 불평등 상태가 발생했다」고 판결하기에 이르렀다. 그러나 「본건에 대해서 선거구 간에 의원 1인당 선거인 수의 격차가 도저히 간과할 수 없다고 인정되는 시기로부터 본건 선거까지 국회가 본건 정수배분 규정을 시정하는 조치를 취하지 않은 점을 들어, 입법재량권의 한계를 넘어서는 것으로 단정 짓는 것은 곤란하다」고 하여 정수배분을 위헌으로 판정하는 것을 피했다. 이러한 판례의 전개로 미루어 볼 때, 첫 번째로 최고재판소는 참의원에 대해서는 약 1대 6의 인구격차를 기준으로 한 것으로 추정된다. 두 번째로 개정까지 인정된 유예기간에 대해서도(최고재판소는 참의원에 대해서는 「합리적 기간」이라는 용어를 쓰고 있지 않다), 최고재판소는 참의원의원의 임기가 6년이고 해산이 정해지지 않은 점에서 정수배분을 장기적으로 고정하는 것에 합리적 이유가 있는 점, 공선법이 참의원의 정수배분을 정기적으로 재검토하는 취지를 정한 규정을 두고 있지 않은 점 등을 근거로 들고 있어 중의원의 경우보다 장기간을 인정하는 취지로 생각하고 있다.

학설의 대부분은 참의원의 선거구 선출의원의 지역 대표적 성격을 이유로 선거권 평등원칙의 완화를 인정하는 견해에 비판적이다. 참의원의 일부를 도도부현을 단위로 선출하고 여기에 지역대표 성격을 갖도록 하는 것은 헌법상 요구되는 것이 아니라 단순히 국회가 입법정책으로 선택한 사안에 지나지 않기 때문에 헌법상의 요구인 선거권에 평등을 상대화하는 정당한 이유는 될 수 없으며, 선거권의 평등과 양립하는 한도에서 인정되고 있는 것에 지나지 않는다. 헌법이 참의원의 특수성으로 요구하고 있는 것은 중의원보다 긴 6년의 임기와 임기 도중에 해산되는 일 없이 3년마다 반수를 개선하는 것뿐이다. 이 요구를 충족하기 위해 어쩔 수 없이 필요한 정도에 한해, 엄격한 선거권의 평등원리를 중의원의 경우보다 약간 완화 하는 것은 헌법상 정당화될 것이다.

Part Ⅳ 두 번째 소재

중의원 소선거구 비례대표 병립제의 합헌성

최고재판소 1999년 11월 10일 대법정 판결
1. 1999년(ツ) 제 7호 民集 53권 8호 1441면
2. 1999년(ツ) 제 8호 民集 53권 8호 1477면
3. 1999년(ツ) 제35호 民集 53권 8호 1704면

사실 개요

1994년 공직선거법 개정에 의해 중의원의원 선거에 이른바 소선거구 비례대표 병립제가 도입되었고, 이에 동반하여 선거운동에 관한 규정 또한 큰 폭으로 개정되었다. 이 제도는 중의원의원의 총 정수를 500명(2000년 개정에 의해 480)으로 하고 그 중 300명을 소선거구제에 의해, 나머지 200명(2000년 개정에 의해 180)은 전국 11개의 블록에서 정당 등이 제출한 명부에 기초한 비례대표제에 의해 원칙적으로 각각 독립적으로 선출하는 것이다. 이 선거제도에 대해서는 다양한 관점에서 헌법상의 이의가 지적되어 1996년에 처음으로 이 개정법에 기초하여 선거가 실시되었으나 각지에서 선거의 효력을 다투는 소송이 제기되었다.

제1심 동경 고등재판소는 원고의 청구를 기각하고 원고측이 상고.

상고심 = 최고재판소

■ 당사자의 주장(논점)

원고 ①소선거구제는 대정당, 제1정당에 유리한 선거제도이며, 일본의 선거제도의 연혁 및 헌법제도 당시의 정치정세에서 보면 헌법이 예정하지 않았던 것이었으므로, 이 선거제도를 채택하는 것 자체가 헌법에 위반된다.

②소선거구선거의 입후보자는 동시에 비례대표선거의 명부등재자가 될 수 있고, 소선거구에서 낙선해도 비례대표선거에서 당선 가능하지만(이른바 중복입후보제), 이 구조는 국민의 의사를 무시하는 것이며 국회의 입법재량권의 범위를 일탈한 것이다.

③소선거구 분할에서 인구 최소구와의 인구비율이 2배를 넘는 선거구가 28개나 있어 투표가치의 평등을 요구하는 헌법을 위반하고 있다.

④비례대표선거의 투표 방식은 정당을 선택하는 것이지 후보자를 선택하는 것이 아니기 때문에 직접선거 요청(헌법 제43조 제1항)에 반하고 있다.

⑤소선거구선거에 있어 후보자 등록 정당은 후보자 개인의 선거운동과 별도로 정당 독자적인 선거운동을 할 수 있도록 인정되고 있는 반면, 무소속의 후보자에 대해서는 후보자개인의 선거운동이 인정되어 있을 뿐이어서 정당 소속의 후보자에 비해 선거운동 면에서 불공평한 취급을 받고 있어 법아래 평등(헌법 제14조)에 반한다.

피고 ①헌법은 국회의원의 선거제도의 구체적인 구조의 결정을 국회의 입법재량에 위임하고 있기 때문에 법률이 정한 선거제도는 국회가 통상 고려할 수 있는 제반 요소를 참작하여 명확히 불합리하다고 말할 수 없는 한, 당부당(当不当)의 문제가 발생하는 것에 지나지 않는다. 소선거구제는 민의를 집약하는 전형적인 선거제도로 채택된 것이며, 불합리한 선거제도라고 해도 다양한 민의를 반영할 수 있는 비례대표제가 동반되어 채택된 것에 비추어보면, 소선거구제 자체가 헌법에 위반된다는 피고들의 주장은 당연하지 않다.

②소선거구 비례대표 병립제를 선택하는 것도 국가의 입법재량에 속해 있으며, 소선거구선거에서 낙선한 자가 제도상 별개 독립의 선거인 비례대표제 선거에서 당선된다고 해도 전혀 불합리하지 않다. 또한 중복입후보제도는 정치 본위, 정당 본위의 제도적 이념의 일환인 점에서 볼 때 불합리한 제도가 아니다.

③본건 소선거구 간의 인구격차는 국회가 통상 고려하는 제반 요소를 참작하고 있고, 나아가 일반적으로 합리성을 가진 것이라고 생각할 수 없을 정도에 달하고 있다고 할 수 없다.

④비례대표제에서 선거인은 후보자 명부를 보고 투표를 하므로 결국 그 투표에 의해 후보자를 선택하는 것이 되기 때문에 직접선거의 요청에 반하지 않는다.

⑤헌법은 국회의원 선거의 구조를 국회의 입법재량에 위임하고 있으며, 선거운동의 주체와 내용 등의 사항도 그 위임의 범위에 포함된다. 정책 본위, 정당 본위의 선거를 실효적으로 하기 위해서는 후보자 등록 정당에도 선거운동을 인정하는 것이 불가결하므로 불합리한 제도라고 할 수 없다.

■ 법적 구성

「대표민주제 하의 선거제도는 선출된 대표자를 통해서 국민의 이해와 의견이 공식적이며 효과적으로 국정운영에 반영되도록 함을 목표로 하는 한편, 정치에서의 안정 요청도 고려하면서 각 국가에서 그 국가의 실정에 맞춰 구체적으로 결정해야 하는 것이며, 거기에 논리적으로 요청되는 일정불변의 형태가 존재하는 것은 아니다. 우리 헌법도 또한 위의 이유로 국회의 양의원의원 선거에 대해 의원은 전 국민을 대표로 하지 않으면 안 된다는 제약 하에 의원의 정수・선거구・투표방법 그 외 선거에 관한 사항을 법률로 정해야 하고(제43조, 제47조) 양의원의원의 각 선거제도 구조의 구체적인 결정은 원칙적으로 국회의 넓은 재량에 맡기고 있다. 이처럼 국회는 그 재량에 의해 중의원의원 및 참의원의원 각각에 대해 공식적이고 효과적인 대표를 선출하려는 목적을 표현하기 위해 적절한 선거제도의 구조를 결정할 수 있기 때문에, 국회가 새로운 선거제도의 구조를 채택한 경우 구체적으로 정한 것이 위의 제약이나 법 아래의 평등 등의 헌법상 요청에 반하기 때문에 국회의 위와 같은 광범위한 재량권을 고려하더라도 그 한계를 넘어서 이를 시인할 수 없을 경우 비로소 이것이 헌법을 위반하게 되는 것으로 해석해야 한다」(1, 2, 3 판결공통).

■ 적용

1. 소선거구제도의 합헌성(3판결)

「소선거구제는 전국적으로 보아 국민의 높은 지지를 얻은 정당 등에 소속하는 자가 득표율 이상의 비율로 의석을 획득할 가능성이 있으며, 민의를 집약하고 정권의 안정으로 이어질 특질을 가지고 있다. 반면, 이와 같은 지지를 모을 수 있다면 야당이나 소수파 정당 등이라고 해도 다수의 의석을 확보할 가능성이 있고 정권의 교체를 촉구하는 특질을 갖고 있으며, 또한 개개의 선거구에서는 이와 같은 전국적인 지지를 얻고 있지 않은 정당 등에 소속하는 자라도 당해 선거구에서 높은 지지를 모을 수 있다면 당선될 수 있는 특질도 갖고 있으므로 특정 정당 등에만 유리한 제도라고 할 수 없다.

소선거구제 하에서 다수의 사표를 낳을 가능성이 있는 것은 부정하기 어려우나, 사표는 어떤 제도에서도 생겨나는 것이므로 당선인은 원칙적으로 상대다수를 얻는 것으로 충분한 점 및 당선인의 득표수보다 남은 표수(사표수)가 더 많을 수 있다는 점은 중선거구제와 다를 바 없고 각 선거구에서 최고득표자가 당선인이 되는 것이 선거인의 총의를 나타낸 것이 아니라 할 수 없으므로, 이 점을 가지고 헌법 요청에 반한다고 할 수 없다. 이러한 소선거구제는 선거를 통해 국민의 총의를 의석에 반영시키는 하나의 합리적 방법이라고 할 수 있으며, 이에 의해 선출된 의원이 전 국민의 대표라는 성격과 모순 저촉되는 것은 아니라고 판단되므로, 소선거구제를 채택하는 것이 국회의 재량의 한계를 넘어서는 것이라고 할 수 없고 소론(所論)의 헌법 요청이나 각 규정에 위반된다고 인정할 수 없다」.

2. 중복입후보제도의 합헌성(2판결)

「중복입후보제를 채택하고 소선거구선거에서 낙선한 자라도 비례대표선거의 명부순위에 의해 동 선거에서 당선인이 될 수 있게 한 것에 대해서는 소선거구선거에서 나타난 민의에 비추어볼 때 의문이 있을 수 있다고 생각된다. 그러나 앞서 기술한 것처럼 선거제도의 구조를 구체적으로 결정하는 것은 국회의 넓은 재량에 위임되어 있으므로, 동시에 실시되는 두 개의 선거에 동일 후보자가 중복해서 입후보할 수 있도록 인정할 것인지는 위의 구조의 하나로 국회가 재량에 의해 결정할 수 있는 사항이라고 말하지 않을 수 없다. 개정 공선법 제87조는 중복입후보를 원칙적으로 금지하고 있지만, 이것은 헌법으로부터 필연적으로 도출되는 원리가 아니라 입법정책으로서 그와 같은 선택이 이루어져 있는 것이며, 개정 공선법 제86조의 2 제4항 정당 본위의 선거를 목표로 하는 관점에서 예외를 설치한 것도 또한 헌법의 요청에 반한다고 할 수 없다. 중복해서 입후보하는 것을 인정하는 제도에서는 하나의 선거에서 당선인이 되지 않은 사람이 다른 선거에서 당선인이 될 수 있는 것은 당연한 귀결이다. 그렇기 때문에 중복입후보제를 채택한 것 자체가 헌법…을 위반된다고 할 수 없다.

그렇지만 중의원의원 선거에서 중복입후보 할 수 있는 자는 개정 공선법 제86조 제1항 1호, 2호 소정의 요건을 충족하는 정당 기타 정치단체에 소속된 자로 한정되어 있으며, 이에 소속하지 않은 자는 중복입후보자가 될 수 없다고 되어 있는데, 피선거권 또는 입후보의 자유가 선거권의 자유로운 행사와 표리의 관계에 있는 중요한 기본적 인권임을 고려할 때 합리적인 이유 없이 입후보의 자유를 제한하는 것은 헌법의 요청에 반하는 것이라고 하지 않을 수 없다. 그러나 위와 같이 후보자 등록 정당의 요건은 국민의 정치적 의사를 집약하기 위한 조직을 가지고 계속적으로 상당한 활동을 하고 국민의 지지를 받고 있다고 인정되는 정당 등이 소선거구선거에서 정책을 내걸고 경쟁하는 것이 적당하다는 인식 하에……선거제도를 정책 본위, 정당 본위의 것으로 하기 위하여 만들어진 것으로 해석되는 것이며, 정당이 수행하고 있는 국정상의 중요성이나 역할에 비추어볼 때 선거제도를 정책 본위, 정당 본위의 것으로 하는 것은 국회의 재량의 범위에 속하는 것임이 명백하다. 따라서 동일한 정책 본위, 정당 본위의 선거제도라고 해야 하는 비례대표선거와 소선거구선거에 중복해서 입후보하는 것이 가능한 자가 후보자 등록 정당의 요건과 중의원 명부제출 정당 등의 양쪽 요건을 충족하는 정당 등에 소속한 자로 한정되어 있는 것은 상당한 합리성이 인정되는 것이므로, 부당하게 입후보의 자유나 선거권의 행사를 제한한다고는 할 수 없으며, 이것이 국회의 재량권의 한계를 넘는 것이라고 해석되지 않는다」.

3. 소선거구 간의 인구격차에 대하여(1, 3판결 공통)

「前記한 것처럼 구획심설치법(区劃審設置法) 제3조 제2항에서 기준을 정한 것은 인구의 다소와 관계없이 각 도도부현에 미리 정수를 배분함으로써 상대적으로 인구가 적은 현에 정수를 많이 배분하고, 인구가 적은 현에 거주하는 국민의 의견 또한 충분히 국정에 반영시킬 수 있도록 하는 것을 목표로 하는 것이라 해석된다. 그러나 다른 한편 동조는 지방에서 선거구 간의 인구격차가 2배미만이 되도록 선거구를 분할하는 것을 기본으로 하는 것을 기준삼아 정한 것이기 때문에 투표가치의 평등도 충분히 배려하고 있다고 인정된다. 앞서 말했듯이 선거구획을 결정하는 데 있어서 의원 1인당 유권자수 또는 인구를 가능한 평등하게 유지하는 것이 무엇보다 중요한 기본적인 기준이지만, 국회는 그 이외의 제반 요소도 고려할 수 있기에 도도부현은 선거구 분할을 할 때 무시할 수 없는 기초적인 요소의 하나이며 인구밀도나 지리적 상황 등 이외에 인구의 도시집중화 및 이에 동반된 인구 유출지역의 과소화 현상 등에 어떠한 배려를 하고, 선거구 분할이나 의원정수의 배분에 이를 어떻게 반영할 것인지에 대한 점도 국회에서 고려할 수 있는 요소라 할 수 있다. 그렇게 하면 이러한 요소를 총합적으로 고려하여 동조 제1항 제2항처럼 선거구의 분할 기준을 정한 것이 투표가치의 평등과의 관계에서 국회의 재량범위를 일탈한 것이라 할 수 없다」.

「그리고 본건 구획규정은 구획심설치법 제3조의 기준에 따라 정해진 것인데, 그 결과 선거구 간에 인구의 최대격차가 개정 직전의 1990년에 실시된 국세조사에 의한 인구에 기초하면 1대 2.137이며, 본건 선거 직후인 1995년 10월에 실시된 국세조사에 의한 인구에 기초하면 1대 2.309였다고 한다. 이러한 근본적인 개정 당초부터 동조 제1항이 기본으로 해야 할 2배 미만의 인구격차를 넘는 구의 분할이 이루어진 사안의 당부에 대해서는 논란이 있을 수 있지만 위의 분할이 곧바로 동항의 기준을 위반된다고는 할 수 없고, 동조에서 정한 기준 자체에 헌법을 위반하는 데가 없는 것은 앞서 말한 대로라는 점에 비추어볼 때, 이상의 격차가 보여주는 선거구 간에 투표가치의 불평등은 일반적 합리성을 갖는 것으로 생각할 수 없을 정도에 도달해있는 것이라고 할 수 없으며, 본건 구획규정은 헌법의 선거권 평등의 요구에 반하는 것이라고 인정되지 않는다」.

4. 비례대표제의 합헌성(2판결)

「정당 등에 미리 후보자의 이름 및 당선자가 될 순위를 정한 명부를 제출하게 한 후, 선거인이 정당 등을 선택해서 투표하고 각 정당 등의 득표수의 많고 적음에 따라 당해 명부의 순위에 따라 당선인을 결정하는 방식은 투표의 결과, 즉, 선거인의 총의에 의해 당선인이 결정된다는 점에서 선거인이 후보자 개인을 직접 선택하여 투표하는 방식과 다른 점이 없다. 복수의 중복 후보자의 비례대표선거에서 당선인이 될 수 있는 명부의 순서가 동일하게 되어 있는 경우에는 그들 간에 당선인이 될 만한 순위가 소선거구선거의 결과를 기다리지 않으면 확정되지 않은 것이 되지만, 결국 당선인이 될 순위는 투표의 결과에 의해 결정되는 것이므로 이것을 가지고 비례대표선거가 직접선거에 해당하지 않는다고는 할 수 없어 헌법……을 위반된다고 할 수 없다」.

5. 정당에 의한 선거운동의 합헌성(3판결)

「(1) 개정 공선법은 앞서 말한 것처럼 정당 등을 선거에 깊이 관여시키는 것으로 되어있지만 이는……선거제도를 정책 본위, 정당 본위의 것으로 하기 위해 채택되었다고 해석된다. 앞서 기술한 것처럼 중의원의원의 선거제도의 구조의 구체적 결정은 국회의 광범위한 재량에 맡겨져 있는 바, 헌법은 정당에 대해 규정하고 있지 않지만 그 존재를 당연히 예정하고 있는 것이며, 정당은 의회제민주주의를 지탱하는 불가결한 요소이고 국민의 정치의사를 형성하는 가장 유력한 매개이기 때문에 국회가 중의원의원 선거제도의 구조를 결정하는 데 있어 위와 같은 정당의 중요한 국정상의 역할에 비추어보아 선거제도를 정책 본위, 정당 본위로 하는 것은 그 재량범위에 속하는 것이 명확하다. 그리고 선거운동을 어떤 자에게 어떤 형태로 인정할 것인가는 선거제도의 구조의 일부를 이루는 것으로 국회가 그 재량에 의해 결정할 수 있는 것이라 할 수 있다」.

「(2) 개정 공선법의 前記규정에 의하면, 소선거구선거에서는 후보자 이외에 후보자 등록 정당에도 선거운동을 인정하는 것으로 되어 있지만 정당 그 밖의 정치단체에도 선거운동을 인정하는 자체는 선거제도를 정책 본위, 정당 본위로 한다는 국회가 정당하게 고려할 수 있는 정책적 목적 내지 이유에 의한 것으로 해석되는 것이며, 그 합리성을 충분히 인정할 수 있다. 그렇지만 개정 공선법 제86조 제1항 1호, 2호가 후보자 등록 정당이 될 수 있는 정당 등을 국회의원이 5인 이상일 것 및 최근의 국정선거에서 득표율이 2% 이상일 것으로 한정하고, 이러한 실적을 보유하지 못한 정당 등은 후보자 등록 정당이 될 수 없게 하고 있는 결과, 선거운동 상에서도 정당 간의 일정한 취급의 차이가 발생하는 것을 부정할 수 없다. 그러나 이러한 후보자 등록 정당의 요건은 국민의 정치적 의사를 집약하기 위해 조직을 가지고 계속적인 상당한 활동을 통해 국민의 지지를 받고 있다고 인정되는 정당 등이 소선거구선거에서 정책을 내걸고 경쟁하는 데 적합하다는 인식 하에 정책 본위, 정당 본위의 선거제도를 보다 실효적으로 하기 위해 설치했다고 해석되며, 그러한 입법정책을 채택하는 데에는 상당한 합리성이 인정되며, 이것이 국회의 재량권의 한계를 넘는 것이라고는 해석되지 않는다.

그리고 후보자와 함께 후보자 등록 정당에도 선거운동을 인정하는 것이 시인된 이상 후보자 등록 정당에 소속된 후보자와 이에 소속되지 않은 후보자 간에 선거운동에서 차이가 생기는 것은 피할 수 없는 것이므로 그 차이가 일반적으로 합리성을 갖는다고는 도저히 생각할 수 없을 정도에 달하는 경우 비로소 그러한 차이가 국회의 재량 범위를 일탈한 것이라고 해야 한다. 자전거, 확성기, 문서・도화 등을 사용한 선거운동이나 신문광고, 연설회 등에서 보이는 선거운동의 차이는 후보자 등록 정당에도 선거운동을 인정한 것과 동반하여 불가피하게 발생할 수 있는 정도의 것이며, 후보자 등록 정당에 소속되어 있지 않는 후보자도 자신의 자동차, 확성기, 문서・도화 등을 사용한 선거운동이나 신문광고, 연설회 등을 할 수 있으므로 그 자체가 선거인의 정견 등을 호소하는 데 불충분하다고 인정할 수 없는 점에 비추어볼 때, 위와 같은 선거운동에서 발생하는 차이를 들어 그것이 국회의 재량 범위를 넘어 헌법에 위반된다고는 인정하기 어렵다. 그렇지만 개정 공선법 제150조 제1항에서 소선거구선거에서는 후보자 등록 정당만의 정견방송을 인정하고 후보자를 포함한 그 외의 사람들에게는 정견방송을 허락하지 않도록 한 것은, 정견방송이라는 수단에 한정시켜 보면 후보자 등록 정당에 속해있는 후보자와 이에 속해 있지 않은 후보자 간의 단순한 정도의 차이를 넘는 차이를 만드는 결과가 되는 것이다. 원심확정에 의하면, 이러한 차이를 만드는 이유는 소선거구제의 도입에 의해 선거구가 좁아진 점, 종전보다 다양한 입후보가 예측되며 이러한 다수의 후보자에게 정견방송의 기회를 균등히 제공하는 것이 곤란하게 된 점, 후보자 등록 정당은 선거운동 대상구역이 넓은 라디오방송, TV 방송의 이용이 불가결하다는 점 등에 있다고 하지만, 라디오방송 혹은 TV방송의 이용에 의한 정견방송의 큰 영향을 고려하면 그러한 이유를 들어 아직도 위와 같은 큰 차이를 만드는데 충분한 합리적 이유라고 할 수 있는지의 의문을 품을 여지가 있다. 그러나 위의 이유에도 전혀 근거가 없는 것은 아니다. 정견방송은 선거운동의 일부분에 지나지 않고, 그 나머지 선거운동에 대해서는 후보자 등록 정당에 속해있지 않은 후보자도 충분히 할 수 있으므로 정견 등을 선거인에 호소하는 데에 불충분하다고는 할 수 없는 것에 비추어보면, 정견방송이 인정되지 않는다는 한 가지를 들어 선거운동 규정에 대한 후보자 간의 차이가 합리성을 갖는다고 도저히 생각할 수 없는 정도에 달했다고까지는 단정하기 어려우며, 이를 들어 국회의 합리적 재량의 한계를 넘었다고 할 수는 없다. 따라서 개정 공선법의 선거운동에 관한 규정이 헌법 제14조 제1항에 위반된다고 할 수 없다」.

상고 기각

[반대의견] (1, 3판결공통)

「3. 소선거구 간의 인구격차에 대하여」에 관하여

- **기와이 신이치**(河合伸一) · **엔도 미쓰오**(遠藤光男) · **모토하라 도시후미**(元原利文) · **가지타니 겐**(梶谷玄) **재판관**

우리들은 다수의견과 달리 본건 선거구 분할 규정이 헌법에 위반하는 것이므로, 본건 선거는 위법이라 생각한다. 그 이유는 다음과 같다.

一. 투표가치의 평등의 헌법상 의의

대의민주주의 제도를 채택한 일본국헌법 하에서 국회의원을 선출할 때 국민의 권리의 내용 즉, 각 선거인의 투표가치가 평등해야 하는 것은 헌법 자체에서 유래하는 것으로 보아야 한다. 생각컨대, 국민은 대의원인 국회의원을 통해서 국정에 참여하는 것이 되는데, 국정에 참가할 권리가 평등해야만 하는 이상 국정참가의 수단으로서의 대표 선출의 권리도 또한 언제나 평등해야 할 것이 요청되기 때문이다.

그리고 이 요청은 국민의 기본적 인권의 하나로서 법 앞의 평등원칙 및 「양 의원은 전 국민을 대표하여 선출된 의원으로 이를 조직한다」라고 정한 국회의 구성원리로부터 당연한 귀결이기도 하며, 국회가 구체적인 선거제도의 구조를 결정하는 데 있어 고려해야 할 가장 중요하고 기본적인 기준이다.

二. 투표가치의 평등의 한계

1. 투표가치의 평등을 철저하게 하려면 본래 각 선거인의 투표가치가 명실상부하게 동일할 것이 요구되지만, 구체적인 선거제도로서의 선거구 선거를 채택하는 경우에는 그 선거구 분할을 정하는 데 있어, 행정구획, 면적의 대소, 교통사정, 지리적 정황 등의 비인구적, 기술적 요소를 고려하지 않으면 안 되기 때문에 위 요청에 엄밀하게 따르는 것이 곤란하다는 것은 부정하기 어렵다. 그러나 예를 들어 이러한 요소를 고려한 것이라 하더라도, 선거구 간에 의원 1인당 선거인 수 또는 인구격차가 2배에 달하거나 혹은 이를 넘게 되었을 경우는 투표가치의 평등이 침해되었다고 할 수 있다. 그렇게 되면 틀림없이 실질적으로 1인 1표의 원칙을 깨고 1인 2표 혹은 그 이상의 투표권을 갖는 것과 동일한 것이 되기 때문이다.

2. 그렇지만 투표가치의 평등은 선거제도의 구조를 정하는 데 있어서 유일하고 절대적인 기준이 아니며, 국회로서는 다른 정책적 요소 또한 고려하여 그 구조를 정할 수 있는 여지가 없는 것은 아니다. 이러한 경우 위의 요소가 헌법상 정당하게 고려할만한 가치가 있는 것이며, 나아가 국회가 구체적으로 정한 것이 그 재량권의 행사로서 합리성을 시인할 수 있는 것인 한 그 격차의 정도 여부에 따라서는 가령 투표가치의 평등이 손상되었다 하더라도 곧바로 위헌이라고 할 수 없는 경우가 있는 것이다. 따라서 이러한 사태가 발생한 경우에는 국회는 어떠한 목적 내지 이유를 참작해서 그러한 제도를 정한 것인가, 그 목적 내지 이유는 어떠한 의미로 헌법상 정당하게 고려할 수 있는가를 검토한 후, 최종적으로 투표가치의 평등이 침해된 정도 및 위의 검토결과를 종합하여 국회의 재량권 행사로서의 합리성의 존부를 살펴봄으로써 그 침해가 헌법상 허용되는 것인지의 여부를 판단하는 것이 된다.

三. 본건 분할규정의 위헌성

1. 본건 분할규정에 기초한 선거구 간에 인구의 최대격차는 개정과 가장 근접한 1990년 10월 실시된 국세조사에 의하면 1대 2.137, 본건 선거 직전의 1995년 10월 실시

된 국세조사에 의하면 1대 2.309에 달하며, 또한 그 격차가 2배를 넘는 선거구가 전자에 의하면 28개, 후자에 의하면 60개에 이른다는 점에서, 본건 선거구의 분할규정은 명백하게 투표가치의 평등을 침해한 것이라 할 수 있다.

2. 여기서 국회는 어떠한 목적 내지 이유를 참작하여 이러한 제도를 정한 것인지, 위 목적 등이 헌법상 정당하게 고려될 수 있는 것인지, 본건 분할규정을 채택한 것이 국회의 재량권의 행사로서의 합리성을 시인할 수 있는지에 대해 검토한다.

(一) 선거구 간의 인구격차가 두 배 이상이 된 최대요인이 구획심설치법 제3조 제2항에서 정한 이른바 1인별도방식(訳註, 소선거구의 전체 의석을 단순히 인구비례로 배분하지 않고 먼저 각 도도부현에 1의석을 배분한 뒤에, 나머지 의석을 인구비례로 배분하는 방식)을 채택한 것임은 명확하다. 생각컨대, 1990년 10월 실시된 국세조사를 전제로 하면 이 방식을 채택한 것 자체에 의해 도도부현의 단계에서 최대 1대 1.822의 격차(동경도의 인구 1,185만 5,563명을 정수 25로 나눈 47만 4,223명과, 시마네현 인구 78만 1,021명을 정수 3으로 나눈 26만 340명의 격차)가 생겼으나, 각 도도부현에서 이를 시구정촌 단위로 재배분해야 하는 것을 생각하면 이미 그 시점에서 최대격차를 2배 미만으로 줄이는 것은 곤란하다는 것이 명확해지기 때문이다.

(二) 만약에 1인별도방식을 채택하지 않고 소선거구 선출의원 정수 300인 전원에 대해 처음부터 최대잉여방식(전국의 인구를 의원 총정수로 나누어 얻은 기준치로 블록의 인구를 나눈 수치를 구하고 그 수치의 정수 부분과 같은 수의 의원 수를 각 블록에 배치하며 그렇게 배분할 수 없는 여분의 의원 수에 대해서는 위 수치의 소수점 이하가 큰 순서로 배분하는 방식)을 채택하였다면, 1990년 10월 실시된 국세조사를 전제로 도도부현 단계의 최대격차는 1대 1.662(카가와현의 인구 102만 3,412명을 정수 2로 나눈 51만 1,706명과, 돗토리현의 인구 61만 5,722명을 정수 2로 나눈 30만 7,861명의 격차)에 머물러 있었던 것이 명확하기 때문에, 시구정촌 단위에서의 재배분을 고려한다고 해도 역시 최대격차를 2배 미만으로 하는 것이 결코 곤란하지만은 않았던 것이다.

(三) 구획심설치법은 다른 한편으로 선거구 간의 인구격차가 2배 미만의 선거구 분할을 기본으로 해야 할 것을 정하면서(동법 제3조 제1항)도 1인별도방식을 채택하고 있다(동조 제2항). 그러나 앞서 말했듯이 후자를 채택하는 것 자체로 인해 전자의 요청 실현이 저해되었으므로 이 두 규정은 처음부터 양립하기 어려운 규정이었다고 하지 않을 수 없다. 뿐만 아니라, 제8차 선거제도 심의회의 심의경과를 보면 동 심의회에서 투표가치의 평등에 대한 관심은 매우 높으며, 동 심의회에서는 당초「그 개혁에 의해 최근 강하게 요구되고 있는 투표가치의 격차 시정 요청에도 응답하는 것이 필요하다」는 취지를 답변하고 소선거구 선출의원 전원에 대하여 무조건 최대잉여방식을 채택하는 방향을 선택하려고 했는데, 이로 인해 어쩔 수 없이 정수 삭감을 진행하는 도도부현의

선출의원으로부터 강한 불만이 속출했기 때문에 일종의 정치적 타협안으로 1인별도방식을 채택한 후, 잔여정수에 대해서만 최대잉여방식을 채택하는 것을 내용으로 한 정부안이 제출되기에 이르러 동 심의회 측에서도 어쩔 수 없이 이를 승낙한 경과가 보인다. 이처럼 1인별도방식은 선거구 분할의 결정에 대해 당연히 고려하지 않으면 안 되는 행정구획이나 지리적 상황 등의 비인구적, 기술적 요소와는 전혀 성격이 다른 자의적인 요소를 고려하여 채택된 것이며, 도저히 그 정당성을 인정할 수 없다.

본건 선거구의 분할 규정에 기초하여 선거구 간의 최대격차는 2배를 약간 넘는 것이라고 하지만, 개정 직전의 국세조사에 의하면 28개, 본건 선거 직전의 국세조사에 의하면 60개에 달하고 있었던 것, 이런 결과를 초래한 원인이 전적으로 1인별 틀을 채택한 점에 있다는 것, 1인별도방식을 채택하는 것 자체에 헌법상 고려할 수 있는 정당성을 인정할 수 없고 더욱이 국회의 재량권 행사로서의 합리성도 인정될 수 없는 점 등에 비추어볼 때, 본건 구의 분할 규정은 헌법에 위반하는 것이라고 하겠다.

[반대의견] (3판결)

「5. 정당에 의한 선거운동의 합헌성」에 대해서

- **기와이 신이치**(河合伸一) · **에도 미쓰오**(遠藤光男) · **후쿠다 히로시**(福田博) · **모토하라 도시후미**(元原利文) · **가지타니겐**(梶谷玄) **재판관**

「우리들은 다수의견과 달리 소선거구선거의 후보자 중, 후보자 등록 정당에 소속되어 있지 않은 자와 소속되어 있는 자 간에 존재하는 선거운동 상의 차별은 헌법에 위반하는 것이며, 본건 선거는 위법이라고 생각한다. 그 이유는 다음과 같다」.

「대의제민주주의 제도를 채택한 우리 헌법 하에서는 국회의원을 선출할 때 국민의 권리, 즉, 선거권을 자유롭고 평등하게 행사할 권리가 매우 중요한 기본적 인권이기 때문에, 이것과 표리관계에 있는 피선거권, 즉, 국회의원에 입후보할 권리를 자유롭고 평등하게 행사할 수 있는 것도 또한 중요한 기본적 인권이라는 것은 말할 것도 없다. 그리고 피선거권 내용에는 당선을 목적으로 하여 선거운동을 행할 권리가 포함되어 있는 것은 당연한 것이므로 헌법은 합리적인 이유가 없는 한 선거운동을 하는 데 있어서 모든 후보자가 평등하게 대우받는 것을 요청하고 있는 것이라고 할 수 있다」.

「선거운동을 함에 있어 평등하다는 것은 선거운동에 있어 후보자의 신조, 성별, 사회적 신분 등에 의해 차별받지 않는 것을 의미하는 것이며, 여기에는 특정 정당 혹은 정치단체에의 소속 여부와 관계없이 차별받지 않는 것도 물론 포함되어 있다.

그러나 개정 공선법의 중의원의원 후보자 선거운동에 관한 규정을 보면, 소선거구선거의 입후보자에 대해 동법 제86조는 제1항 각호 소정 요건 중 어느 것을 갖춘 정당 그 밖의 정치단체가 당해 단체에 소속된 자를 후보자로 신청하는 제도를 채택하고, 이와 함께 후보자가 되려고 하는 자 또는 그 추천인도 후보자 신청을 할 수 있는 것으로 하고 있다. 그리고 위의 후보자가 신청한 정당 그밖의 정치단체(후보자 등록 정당)는 후보자 본인이 하는 선거운동과는 별도로 일정한 선거운동을 할 수 있고, 그 외에도 후보자 본인은 할 수 없는 정견방송을 하는 것도 가능한 것으로 되어 있다」.

「소선거구선거에서 후보자 등록 정당에 인정되고 있는 선거운동 중에서 후보자 자신의 선거운동에 도움이 된다고 평가할 수 있는 것은 그것만으로도 후보자 본인에게 유리하게 인정된 선거운동량에 필적할 정도의 것이라 생각할 수 있는데, 특히 개정 공선법 제150조 제1항이 소선거구선거에서 후보자 등록 정당에게만 정견방송을 인정하고, 후보자를 포함한 그밖의 자에게는 정견방송을 인정하지 않는 것은 후보자 등록 정당에 소속하는 후보자와 소속되어 있지 않은 후보자 간에 질적으로나 양적으로 큰 격차를 만든 것이라고 할 수 있다.

정견방송에 대해 위와 같은 차이를 만든 근거에 대해서는 선거구가 작아진 것, 종전보다 다수의 입후보가 예측되어 후보자에게 정견방송의 기회를 균등하게 제공하는 것이 어려워진 것, 후보자 등록 정당은 선거운동의 대상구역이 넓고 라디오방송, TV방송의 이용이 불가결하다는 것 등을 설명하고 있지만, 이는 오늘날 라디오방송 또는 TV방송의 큰 영향력이나 전국 각지의 지방 라디오방송국, 지방 TV방송국이 보급되어 있는 사실을 경시하는 것으로 도저히 정당한 이유가 될 수 없다. 또한 정견방송은 이것만 떼어내 평가해서는 안되고 후보자 등록 정당에 인정된 다른 선거운동과 불가분일체의 것이므로 후보자에게 인정된 선거운동과의 비교검토를 해야 하는 것이다.

이상을 종합해 볼 때, 후보자 등록 정당에 소속한 후보자가 받는 이익은 후보자 등록 정당에도 선거운동을 인정함으로써 동반하는 불가피하게 발생하는 정도에 지나지 않는다는 것은 너무나 과소한 평가라고 하지 않을 수 없다. 후보자 등록 정당에 소속되어 있는 후보자와 소속되지 않는 후보자 간의 선거운동 상의 격차는 합리성이 있다고는 도저히 말할 수 없을 정도에 달해있다고 인정하지 않을 수 없다」.

「따라서 개정 공선법의 소선거구의 선거운동에 관한 결정은 후보자가 법률이 정한 일정한 요건을 갖춘 정당 또는 정치단체에 소속되어 있는지의 여부에 따라 합리적인 이유없이 선거운동에서의 차별적인 취급을 용인하는 것으로 헌법 제14조 제1항에 반함과 함께 국회의 구성원리에 반하는 위법이 있다고 해야 한다」.

기본 해설

본건 판결에는 주로 ①소선거구제도 자체의 합헌성, ②소선거구의 분할규정에 의한 투표가치 불평등의 합헌성, ③비례대표제도의 합헌성, ④소선거구와 비례대표의 중복입후보제도의 합헌성, ⑤소선거구선거에서 후보자 등록 정당의 선거운동을 인정하는 규정의 합헌성의 5가지 헌법상의 쟁점이 포함되어 있다. 그런데 모든 쟁점을 통해 본건 판결의 기조를 이루고 있는 것은 ⑥선거제도에 관한 국회의 광범위한 재량권 승인이다.

① 소선거구제도 자체의 합헌성

소선거구제에는 선거결과에 반영되지 않은 투표, 즉, 사표가 많이 발생한다. 그 결과 국민의 투표행동이 의회의 구성에 정확히 반영되지 않고 대정당 내지 다수당이 득표율에 비해 과대한 의석을 획득하는 등의 결점이 지적된다. 한편 국회의 안정된 2대 정당제를 정착시키는 데에 적합하며, 국민이 직접 정권을 선택할 수 있는 장점도 지적된다. 이러한 점을 헌법상 어떻게 평가할 것인가는 헌법이 국회의원을「전 국민의 대표」라고 정한 그 의미를 어떻게 이해하는가에 달려있다.

일본국헌법에서 정하는「전 국민의 대표」의 의미를 선출된 의원이 개별 선거구의 대표가 아니라 선거민의 구체적인 의사와 관련 없이 전 국민의 이익 관점에서 행동해야 하는「고전적 대표」의 의미로 이해한다면, 이 의미의 대표는 특정 선거제도를 지향하는 것이 아닌 소선거구제의 채택도 헌법상 아무런 문제가 없는 것이다. 이에 반해「전 국민 대표」의 의미를 선거에 의해 표명된 현실의 민의를 가능한 정확히 의회에 반영한다는「사회학적 대표」(반대표)의 의미로 이해한다면, 국민의 의사표명의 상당부분이「사표」가 되어 의사에 반영되지 않은 소선거구제도는 헌법상의 의문이 생긴다. 학설상 일본국헌법의 대표제가「사회학적 대표」의 의미를 포함하고 있는 것은 널리 승인되고 있지만, 이것이 다른 대표관에 근거하는 선거제도를 부정하는 것까지 의미하는지에 대해서는 의문의 여지가 있을 것이다.

② 소선거구에서의 투표가치 불평등의 합헌성

소선거구의 분할은 중의원의원 선거구획정심의회 설치법에 근거해서 설치된 심의회의 권고에 근거해서 결정되었다. 분할의 원칙은 동법 제3조에 정해져 있고, 동 조 제1항은 각 선거구 인구의 균형을 도모하고 최대격차가 1대 2 이상이 되지 않도록 하는 것을 기본으로 하며 행정구역, 지세, 교통 등의 사정을 종합적으로 고려해 합리적으로 행하여야 한다고 하고 있다. 또 동조 제2항에 의하면, 각 도도부현에 우선 1선거구를 배분한 뒤 나머지 선거구를 인구에 비례해서 각 도도부현에 배분하고 있다(1인별도 방식).

이 2개의 요청은 원래 양립 곤란한 것이다. 모든 도도부현에 우선 1선거구를 배분하게 되면, 나머지의 선거구에 아무리 정확하게 인구를 배분한다고 해도 선거구를 과대하게 배분한 도도부현과, 적게 배분한 도도부현 간에 상당한 격차가 생긴다. 이 결과 소선거구 간에는 당초부터 1대 2를 넘는 인구의 격차가 있었다. 다수의견은 1인별도방식의 채택을 국회의 재량의 범위 내라고 인정하고, 그 결과로 생긴 1대 2를 넘는 인구격차에 대해서도 선거권 평등의 요구에 반하지 않는다고 하였다. 이에 대해 4인 재판관의 반대의견(후쿠다(福田) 재판관의 개별 반대의견도 결론적으로는 이에 동의함)은 1대 2의 격차를 헌법상 허용되는 상한으로 하는 관점에서 1인별도방식을 취하는 이상 인구격차를 1대 2미만으로 제한하는 것은 곤란하며, 이 방식을 채택하는 것 자체에 헌법상의 정당성을 인정하지 않고 본건 분할 규정이 헌법에 위반된다고 판단하고 있다.

③ 비례대표선거의 합헌성

전술한 「사회학적 대표」의 사고방식에 의하면, 비례대표선거 쪽이 국민의 의사를 의회에 정확하게 반영할 수 있다는 점에서 뛰어나다. 이에 대해, 최근 선거에 의해 표명된 국민의 의사를 내각의 구성에까지 반영시키자고 하는 입장(국민내각제론)에서는 비례대표제의 경우 국민의 투표가 반드시 내각의 구성에 반영되지 않고 정당 간의 연립 공작에 의해 결정되는 일이 많기 때문에, 오히려 2대정당의 어느 쪽에 내각을 맡길지를 국민이 직접 결정할 수 있다는 점에서 소선거구제 쪽이 바람직하다고 주장해왔다.

④ 소선거구와 비례대표의 중복입후보제도의 합헌성

개정 공선법에 의한 중의원의 비례대표선거에서는 소선거구에 입후보하고 있는 후보자도 동시에 그 소속 정당 등의 명부등재 후보자가 될 수 있다(중복입후보제도). 이 제도에 의하면 소선거구에서 낙선한 후보자도 비례대표선거에서 소속 정당이 의석을 획득하면 명부의 순위를 따라 당선자가 될 수 있다.

「사회학적 대표」의 사고방식으로는 비례대표선거에 의해 민의가 의회에 반영되는 이상, 명부등재후보자가 소선거구에서 낙선한 자였다고 하더라도 그것이 민의에 어긋나는 것은 아니다. 이에 대하여 최근 헌법 제15조 제1항이 국민에 대해 공무원의 선정뿐만 아니라 파면의 권리도 인정하고 있는 것으로부터 선거인에게는 국회의원의 재선을 거부하는 권리가 보장된다고 하여, 특정 후보자를 거부할 수 있는 제도로서 소선거구 제도가 헌법상의 요청이라는 견해도 주장되고 있다. 이 사고방식에 의하면, 선거인이 거부한 후보자가 당선인이 될 수 있는 제도에는 헌법상 의문이 생긴다. 어떻든 간에, 헌법이 특정 대표의 형태를 구속적으로 정하고 다른 대표의 형태를 배제하고 있다고 해석하지 않는 한, 소선거구제, 비례대표제 또는 중복입후보제를 취하는 것 자체를 위헌이라고 생각하는 것은 곤란할 것이다.

⑤ 소선거구선거에서 후보자 등록 정당에 선거운동을 인정하는 규정의 합헌성

개정 공선법에서는 정당 본위, 정책 본의의 선거를 실현한다는 관점에서 소선거구선거에서 후보자뿐만 아니라 ①5명 이상의 국회의원이 있는 정당, 또는 ②국회의원선거에서 유효투표 총 수의 100분의 2 이상을 획득한 정당(이 중 어느 하나의 요건을 충족시키는 정당이 「후보자 등록 정당」이 될 수 있음)에도 선거운동이 인정될 수 있다. 이 결과 정당에 소속하는 후보자와 무소속의 후보자와의 사이에 공선법상 인정을 받는 선거운동에 큰 차이가 생기게 되었다. 특히, 라디오・TV에 의한 정견방송은 후보자 등록 정당만 인정을 받게 되고, 무소속의 후보자는 방송을 통해 유권자에게 정견을 전달할 기회를 상실하였다.

이 점에 대해 다수의견은 선거운동의 규제에 대해서도 선거제도의 구조의 일부로서 국회의 재량권의 범위 내라고 하며, 정당소속후보자와 무소속후보자 간의 차이의 합리성에 의문을 보이면서도 이것이 국회의 합리적 재량의 한계를 넘고 있지 않으며, 합헌이라는 결론에 이르고 있다. 이에 대하여 5인 재판관의 반대의견은 선거운동을 행할 권리가 피선거권의 내용에 포함되어 있고 피선거권은 선거권과 표리관계에 있는 것으로서 헌법상 대단히 중요한 기본적 인권이라는 관점에서 국회의 재량을 전제로 하지 않고 현실적으로 존재하는 차이의 합리성을 스스로 심사하여 헌법위반의 결론을 도출하고 있다. 여기에서도 선거운동의 규제에 대해 입법재량론에 의한 심사기준의 완화를 인정할 것인지가 판단의 갈림길이 되고 있다.

⑥ 선거제도에 관한 국회의 광범위한 재량권의 승인

전술한 바와 같이(Part Ⅲ 「이론편」의 1), 원래 선거에서의 평등은 입법재량론에 의한 심사기준의 완화가 적용되기 가장 힘든 영역이다. 선거권이 국민주권을 정한 헌법하에서 가장 중요한 권리의 하나이며, 선거제도의 결정이 선거에서 후보자의 일부인 국회의원에 의해 행해지는 이상, 자신들에게 유리한 제도를 자의적으로 결정할 위험이 항상 존재하기 때문이다. 이 위험은 개정 공선법에 의한 선거제도 및 선거운동 규제에서 현저히 드러나고 있다. 그 근거의 당부는 제쳐두더라도, 실제로 채택된 선거제도와 선거운동 규제는 결과적으로 국회의 다수를 차지하는 대정당 소속의 의원에게 지극히 유리한 제도이며, 그들의 의석을 위협하는 외부로부터의 도전자에게 큰 장애물을 지게 하는 것이 된다. 그것만으로 이 제도가 헌법에 위반된다는 결론이 도출되는 것은 아니지만, 적어도 선거의 경우에 요구되는 철저한 평등의 요청으로부터의 일탈에 합리적 이유가 있는지를 재판소가 엄격한 기준에 근거해서 심사하는 것이 필요할 것이다.

설문 1 (1) 소선거구제 및 비례대표제의 장점과 단점을 각각 지적하시오.

(2) 공선법이 중의원의원 선거에서 채용하고 있는「소선거구 비례대표 병립제」의 장점과 단점을 각각 지적하시오.

(3) 후보자가 선거운동을 하는 권리는 헌법에 보장되어 있다고 할 수 있을 것인가? 그것은 어느 조문에 관련된 것인가?

설문 2 최고재판소 판결의 입장에 섰을 경우, 이하와 같은 선거제도는 헌법에 위반한 것인가? 반대의견의 입장에 섰을 경우는 어떠한가?

(1) 중의원의원 선거에서 선거와 동시에 특정한 의안에 관한 주민투표를 하고, 선출된 의원의 의원(議院)에서의 표결이 주민투표의 결과에 구속되는 제도

(2) 국민이 참의원의원을 직접 선거하는 것을 그만두고, 도도부현 의회의원이 참의원의원을 선거하는 제도

(3) 참의원의원의 선거의 구조를 중의원의원의 구조와 동일하게 하는 제도

(4) 각 도도부현에 인구에 비례한 수의 의원을 배분하고, 배분된 수의 의원을 각각의 도도부현에서 어떤 방법으로 선출할지를 각 도도부현(都道府県)의 조례에 맡기는 제도

(5) 후보자 개인에 의한 선거운동을 일체 금지하고 후보자 등록 정당에만 선거운동을 인정하는 제도

▎참고문헌 ▎

芦部信喜『憲法学Ⅲ 人権各論(1)』(有斐閣, 1998年)
辻村みよ子『権利としての選挙権』(勁草書房, 1989年)
同「小選挙区比例代表並立制選挙の合憲性」ジュリスト1176号(2000年)
常本照樹「議員定数判決の構造」法学教室211号(1998年)
同「議員定数判決の展開」法学教室212号(1998年)
山元一「議員定数不均衡と選挙の平等」憲法判例百選 Ⅱ(有斐閣, 第4版, 2000年)
安念潤司「議員定数不均衡と改正の合理的時間」同上
辻村みよ子「議員定数不均衡と参議院の特殊性」同上
和田進「議員定数不均衡と地方議会の特殊性」同上
只野雅人「衆議員小選挙区比例代表並立制の合憲性」同上
和田進「議員定数配分の不均衡」憲法の争点 (有斐閣, 第3版, 1999年)
毛利秀「選挙制度」同上

(宮地 基)

제23장　정당과 대표민주제

[논점]

(1) 정당의 자율성과 사법심사의 한계

일본국헌법에서 정당의 지위, 그리고 보장된 정당의 자율성은 어떠한 것이며, 이 관점에서 정당의 내부분쟁에 대한 사법권의 개입은 어떠한 한계를 갖는가?

(2) 현대 대표민주제에서 민의의 국정반영의 의미

「사회학적 대표제」로서 이해되는 현대 대표민주제에서 국민대표와 유권자 간의 「자유위임」의 원리는 일정하게 변용되는데 그것은 어떠한 것인가?

(3) 명부식 비례대표선거에 대한 당선자와 명부등재 후순위자(繰上補充)의 당선 가능성이 있는 낙선자의 법적 지위

현대 대표민주제에서 비례대표제 선거에 참가한 정당의 명부에 등재된 자의 법적 지위는 어떻게 생각해야 하는가? 특히, 선거 후 제명이나 자발적 탈당의 관계에서 당선자와 명부등재 후순위 낙선자의 당선 가능성을 갖는 낙선자 간의 법적 지위의 차이는 어떻게 설명되어야 하는가?

(4) 비례대표선거 참가 정당에 의한 명부등재 낙선자의 제명과 「민주적이고 공정한 적정절차」

비례대표선거에 참가한 정당에서 선거 후에 후순위 낙선자에 의한 당선 가능성을 가지는 낙선자를 제명하는 경우, 그 제명에 「민주적이고 공정한 적정절차」를 필요로 하는 헌법론이 있는가?

Part Ⅰ　기본 소재

일본신당 명부등재후순위 낙선자 사건

최고재판소 1995년 5월 25일 제1소법정 판결
1995년(行ツ) 제19호 선거무효청구사건
民集 49권 5호 1279면, 判時 1531호 3면
[참고조문] 헌 15①, 21, 43①,
공선(1994개정 전)86의2⑤⑥, 98②③, 122②④, 208

사실 개요

X(원고, 피상고인)는 1992년 7월 26일 참의원의 구속명부식 비례대표선거에서 일본신당(Z)이 공직선거법(1994년 법 개정 전의 것. 이하 「법」이라고 약칭) 第86조의 2 제1항

에 의거하여 제출한 동당 비례대표의원 후보자명부의 제5순위에 기재되어 있었으나, 동당의 득표수에 따라 배분된 동당 의석수가 4개였기 때문에 당선되지 못하고 차점자가 되었다. 법 제112조 제2항은 참의원 비례대표선출 의원의 결원이 생겼을 경우에는 선거회를 열어 당해 의원과 관련된 명부등재자에서 낙선된 자 중에 그 명부상의 순위에 따라서 후순위 낙선자, 즉, 다음 순위자를 결정하게 되어있기 때문에, X는 제1위 명부등재 후순위 당선 가능성이 있었다(또한 X는 동당 상임간사이기도 함).

1993년 6월 18일에 중의원이 해산되고, 7월 18일에 총선거가 실시되어, 前記 참의원 비례대표선거에서 당선된 동당의 대표 A(명부 1위)와 B(2위)가 참의원의원을 사직하여 총선거에 출마하게 되었기 때문에 X는 명부등재 후순위 당선을 기대하게 되었다. 그러나 6월 22일에 X는 동당 본부에 불려가서 신뢰관계가 없어졌다는 것을 이유로, A로부터 참의원 비례대표선거의 명부등재자인 위치에서 사퇴하라는 이야기를 들었다. 다음날 23일, X가 사퇴하지 않겠다는 뜻을 회답하자, 같은 날 동당은 우선 당기위원회(党紀委員会)를 열어, X에 대해 당 간부로서의 부적합한 언동과 중의원선거 입후보의 시도와 그 만류에의 경위, 중역회의에서의 심의상황의 외부누설에 대해 설명하며, 당칙 제13조 2호의 「당원으로서의 적격성을 극명하게 결여하는 상황에 달했다고 인정할 수 있는 때」에 해당한다고 하여, 전원일치로 제명처분을 결정하였다. 이어 동당은 임시상임간사회를 개최하여, 출석자 전원이 X를 제명하는 것으로 결정하여, 같은 날 중에 X에 대해 「명부제출 정당 등에 소속하지 않는 자가 되었다는 뜻의 신고서」를 「제명절차에 대한 문서 및 선서서」와 함께 중앙선거관리회선거장(본건 선거의 선거장)에게 제출했다. 한편 24일 밤 X는 동당 사무국장에게 전화로 「상임간사회에서 제명이 결정되었다」는 뜻을 전달받았다. 이 제명절차가 진행되는 동안, X는 특히 이 절차에 참가할 기회도 없이, 당기의원회나 상임간사회로부터 제명이유의 고지를 받은 적도, 해명, 반론 등의 기회도 얻지 못했다. 그렇지만 동당 규약에는 이러한 절차는 정해져 있지 않으며, 일단 본건은 동당 규약의 절차에 의한 제명이었다.

前記 총선거는 7월 4일 공시되어 A와 B가 후보자로 신고를 하였으므로, 법 제90조에 의해 참의원의원의 지위를 잃게 되었다. 따라서 본건 선거장은 본건 선거의 선거회를 개최하고, 법 제112조 제2항에 따라 제명된 X를 제외한 신고명부에서 순위 6위의 C와 7위의 D의 명부등재 후순위 당선을 결정하고 7월 16일에 그것을 고시했다. 이에 대해 X는 본건 제명의 부존재 내지 무효를 이유로, 법 제208조의 규정에 따라 본건 중앙선거회(Y)를 피고로 하여 동경 고등재판소에 당선소송을 제기하여 D의 당선무효를 구하였다(또한 상고심에서는, Z와 D도 소송에 참가함).

제1심=동경 고등재판소

동경 고등재판소 1994년 11월 29일 판결
判時 1513호 60면

■ 당사자의 주장 (쟁점)

〈사실에 관련된 주장〉

원고와 피고간의 주요한 대립은 없다.

〈법적인 근거에 관련된 주장〉

원고

①이 사건의 제명은 존재하지 않거나, 혹은 절차적 적정과 제명이유의 실체를 결여하고 있기 때문에 위법・무효, ②구속명부식 비례대표선거에서는 명부등재자와 그 순위는 유권자에 대한 각 당 공약의 중요한 일부를 구성하고 있기 때문에, 국민의 정치의사를 배제한 투표 후 제명권 남용은 허용될 수 없다. ③제명절차 기재 문서와 선서서(宣誓書)를 심사할 때, Y는 선거 시에 제출된 당칙(党則) 등을 종합적으로 검토하지 않고 심사의무를 다하지 않은 위법이 있다. ④사인(정당)의 행위를 전제로 하는 행정행위(당선인 결정)에 있어, 사후적으로 사인 행위의 하자가 판명된 경우에는 이를 전제로 한 행정행위에도 하자가 있다. ⑤무효인 제명을 전제로 한 제명신청 신고 및 당선인 결정도 무효이다.

피고

①정당은 조직과 활동의 자유가 확보되어야만 국민과 국회를 잇는 매체기능을 발휘할 수 있으므로, 정당 내부질서에의 권력 개입은 충분히 신중해야 한다. ②구속명부식 비례대표선거의 명부등재자 선정기준과 선정절차는 정당 내부질서의 기본으로 정당 자신이 결정해야 하는 것이다. ③명부등재자의 선정도 제명도 정당의 내부사항이기 때문에 그 서류의 신청에 있어서 선거장(選挙長)은 형식적 심사권만을 가지며 실질적 심사권은 갖지 않는다. ④선거장이 형식적 심사에 의해 제명신청을 유효로 수리한 경우, 명부등재 후순위를 위한 선거회에 의한 당선인의 결정 또한 당연히 적법유효가 된다. ⑤제명신고의 수리는 정당내부의 제명행위의 효력과는 전혀 관계없이 판단되어야 하는 문제이다.

■ 법적 구성

(a) 선거장에 의한 제명신고의 심사와 선거회에 의한 명부등재 후순위 당선인 결정의 법적 성격에 대하여

법이 선거장의 제명신고에 대한 심사사항과 선거회에 의한 명부등재 후선위 당선

인 결정에 대한 심사사항을 어느 쪽이건 형식적인 사항으로 취급하는 것은「정당은 헌법 제21조 제1항의 결사의 자유보장 규정에 의해 최대한의 자치 내지 자율이 보장되기 때문에, 정당의 소속원에 대한 규율과 관계되는 제명에 대해서는 행정청에서 당해 정당의 자치규범의 제명절차에 관한 기재 및 절차에 기초하여 제명이 됨을 기재한 서면 등을 존중하고, 제명신고의 효력에 대해 형식적으로 판단하는 것을 허용함과 동시에, 이에 의해 행정권에 의한 정당에의 부당한 개입 또는 그 위험이 생기는 것을 배제하기 위한 것으로 해석된다」.

(b) 당선소송의 취지, 목적과 그 범위에 대해서

법이 선거장 등에 의한 심사와 허위의 선서자에 대한 처벌 외에 당선소송의 제도를 설치하고 있는 것은「제1조의『일본국헌법의 정신에 준거하여』『참의원의원……을 공선하는 선거제도를 확립하고, 그 선거가 선거인의 자유롭게 표명되는 의사에 의해 공명하고 적정하게 행해지는 것을 확보하며, 그로 인해 민주정치의 건전한 발전을 기대한다』는 목적(제1조)을 실현하고, 법이 정하는 선거질서를 유지하기 위해 당선소송을 통하여 위 선거장 및 선거회에 의한 심사 또는 벌칙만으로 반드시 달성되지 않는 선거질서의 사실적 유지・실현을 도모하는 것에 있다」.「앞서 기술한 것처럼 당선소송의 취지・목적을 고려해보았을 때, 위와 같은 선거회의 판단 그 자체에 과오가 없다고 하더라도, 그 판단의 전제 내지 기초를 이루며 당해 선거의 기본적 질서를 구성하고 있는 사항이 법률상 결여되어 있다고 인정되며, 따라서 선거회의 당선인 결정의 효력은 그 존립의 기초를 잃어 무효로 인정되어야 하는 경우도 포함된 것으로 이해하는 것이 상당하다」.

(c) 부존재 혹은 무효의 사인 행위를 전제로 한 행정행위의 유효성에 대하여

「일반적으로 행정행위가 사인의 행위를 전제로 하여 행해질 경우에, 당해 사인의 행위가 부존재 혹은 무효일 경우, 위 행정행위의 무효에 어떠한 영향을 미칠 것인가는 사인 행위의 법적 성질, 해당 행정과정에서 위치하는 사인 행위의 중요성 등을 고려하여 판단할 것을 요하는 것으로 이해해야 한다. 사인의 행위라고 해도 그것이 공적 성질을 가진다고 인정될 정도의 행정행위와 깊은 관련성을 갖고, 해당 행정과정에서 점하는 위치가 중요한 것이어서 행정행위의 실질적 요건을 구성하고 있는 것으로 인정될 경우에, 사인의 행위가 부존재 또는 무효일 때는 행정행위 그 자체에 행정청의 판단 과오 등의 하자가 없다고 해도 행정행위는 무효라고 해석해야 한다」.

(d) 정당에 의한 명부등재자의 선정 및 제명의 법적 성질에 대하여

구속명부식 비례대표제선거에는「이 명부등재자의 선정은 공적・국가적 성질이 강한 것이어야 할 뿐만 아니라,……그 선거기구의 필요불가결 또는 무엇보다 중요한

일부를 구성하고 있는 것이므로, 당선인 결정의 실질적인 요건을 형성하고 있다」. 「구속명부식 비례대표제 하에서는 선거인이 정당에 대해서 투표를 하는 것이나(제46조 제2항), 헌법 제43조 제1항의 규정상 의원 개인을 선택하는 선거라는 기본적 구조를 유지하기 때문에, 선거인의 위 정당의 선택은 명부등재자 및 그 순위를 고려한 것이고, 법적으로도 이를 보장하는 것이며……, 일단 제출한 명부에 기초하여 투표가 진행된 후에 진행되는 정당의 제명은 명부등재자 및 그 순위를 고려해 진행된 선거인의 위 투표에 대한 의사……마저 무시하는 것이 되므로, 명부등재자의 선정에 있어서의 법적 성질 및 구속명부식 비례대표제 하에서의 참의원의원의 선거기구가 점하는 그 중요성, 위 선정이 당선인 결정을 위한 실질적 요건을 구성하고 있다고 해석해야 하는 것에 대한 위……의 설시의 취지는 당해 명부에 기초하여 투표가 행해진 후에 진행된 정당의 명부등재자에 대한 제명, 나아가서 이를 전제로 진행된 당선인의 결정은 상당히 타당하다」.

(e) 정당에서 적정한 당내 절차의 요청과 정당의 자율권 보장과의 관계에 대해서

정당에 대해서 그 자치규범이 정해져 있지 않은 민주적이며 공정한 적정절차를 준수해야 하는 것으로 보고, 이에 따르지 않고 행해진 제명을 무효로 해석해야 하는가에 대해서는, 정당에는 헌법 제21조 제1항에 의해 최대한의 자치, 자율이 보장되어 있기 때문에 신중하게 검토해야 한다.

(f) 당선소송에서 제명절차 심사의 태도에 대하여

「법은 명부등재 후순위에 의한 당선인 결정을 위한 사유의 한 가지인 정당의 명부등재자에 대한 제명에 대해서는, 당해 정당이 제명을 위해 그 자치규범에서 민주적 또는 공정한 절차를 정해 그에 따라 행해져야하는 것을 예정하고 있는 것으로 해석된다」. 이러한 절차에 의해 제명되어야 하는 것은 「법이 구속명부식 비례대표제에 의한 참의원의원의 선거에 대해 예정된 선거질서의 일부」를 구성한다고 해석되기 때문에, 「당해 정당의 자체규범이 위와 같이, 법이 예정하는 제명절차를 정하지 않은 때에는 당선소송에서 민주적이며 공명한 적정절차에 기초하여 위의 제명 효력을 판단하는 것은 법의 취지, 목적에 합치하는 것이라고 해야 한다」.

(g) 적정한 제명절차와 공서양속과의 관계에 대해서

현대의 정당은 「공공적 임무 또는 역할을 부담하는 존재이며, 그 조직은 물론 소속원에 대한 규율, 통제 등도 민주적이어야」 하며, 무엇보다 구속명부식 비례대표제의 참의원의원 선거에서는 「제86조의 2 제1항 1호 내지 3호 소정의 요건의 전부 혹은 그 중 어느 것인가를 구비한 정당에 한하여 인정되는 특별한 지위 혹은 권한에 기초하여, 당해 정당이 명부등재자 선정을 하고, 그 신고에 관계된 명부에 기초하여 투

표가 행해진 후에 위 명부등재자에 대한 당해 정당의 제명은 위에서와 같이 국가공무원인 국회의원의 선정과정에서 가장 중요한 일부에 관한 문제이므로, 공적 내지 국가적 성질을 가지며 단순히 정당 내부의 사항에 머무른다고 말할 수 없는 것이기 때문에, 적어도 위 제명을 할 때에는 당해 정당이 제명대상자에게 해당 절차의 주체로서의 지위를 부여하여 참가시키고, 제명대상자에 대해 위와 같은 고지, 청문의 기회를 주는 것은 제명절차가 민주적이며 공정하기 위해서라도 필요불가결한 것으로, 따라서 위 제명에서 제명대상자를 해당 절차의 주체로 하여, 그에 대해 고지, 청문의 기회를 주는 것은 최대한의 자치 내지 자율이 인정되어야 하는 정당에서도 준수되어야 하는 공서라고 할 수 있는 것이며, 그것이 준수되지 않은 경우에는 정치적 비판의 대상 내지 정치책임의 문제가 되는 것에 그치지 않고, 당해 제명은 공서양속에 반하는 무효인 것으로 해석하는 것이 상당」하다.

(h) 사법에 의한 정당의 자율권에 대한 부당한 개입의 우려에 대하여

「당선소송에서 정당의 소속원에 대한 제명이라 하더라도 위와 같은 시점 내지 판단기준 하에서 위 제명의 존부 또는 효력을 심리판단하는 것은 당선소송의 취지, 목적에 합치하는 것으로서 사법판단의 적합성이 결여되는 것도 없다」. 「당선소송에서 심리판단을 해야 하는 사항을 사법판단의 적합성을 가진 것으로 한정하는 한, 사법에 의한 정당의 자치 내지 자율에 대한 부당한 개입 또는 그러한 우려는 없다」.

(i) 이해관계자의 소송불참가문제에 대하여

본건 소송에서 Z 및 D는 당사자가 아니지만, 「양자는 어느 쪽도 본 사건소송에 참가할 수 있었던 자이며, 또 직권에 기초한 증거조사에 의해 사실관계를 명확히 하는 것이 가능하므로, 위 양자가 본건 소송의 당사자가 아니라는 점이 본건 소송에서 일본신당(日本新党)이 원고에게 행한 제명의 효력을 판단하는 데 방해가 되지 않는다」.

(j) 본건 제명과 당선인 결정의 유효성에 대하여

위 인정사실에 비추어 보면, 본건 제명이 일본신당의 자치규범인 당칙이 정하는 제명에 관한 절차에 따라 행해진 것이라고 말할 수 있으나, 일본신당의 본건 당칙의 제명에 관한 규정은 제명절차에서 제명 대상자를 주체로서의 지위로 승인하고 참가시켜, 제명 대상자에 대하여 제명요건에 해당하는 구체적 사항을 미리 고지한 후, 그에 대해 제명 대상자로부터 의견을 청취하거나 제명 대상자에게 반론 혹은 반대증거를 제출할 기회를 부여하는 등 민주적이며 공정한 적정절차를 정하지 않고, 또한 본건 제명이 민주적이며 공정한 적정절차에 따라 행해지지 않았다는 것은 위에서 인정한 것과 같으므로, 본건 제명은 공서양속에 반하는 무효인 것이다」. 「이상과 같이, 본건 제명은 법률상 무효라고 할 수 있는 것으로서, 이것이 유효임을 전제로 행해진 본

건 선거회의 당선자 결정은 그 존립의 기초를 잃어 무효가 된다」.

■ 적용

(a)「위 인정 사실에 의하면, 본 사건 선거장의 본건 제명신고의 수리에 있어 심사는 의무위반이 있었다고 말할 수 없고, 또한 본건 선거회에서 행한 본건 당선인 결정에 관한 판단 그 자체에 과오가 있었다고는 말할 수 없다」.

(b)~(d)「정당의 명부등재자에 대해서 행한 제명이 존재하지 않거나 무효인 경우에는 선거회가 제명절차서 및 선서서에 기초하여 위 제명이 존재하며 또한 유효인 것을 전제로 하여 진행한 명부등재 후순위에 의한 선거인의 결정은 그 존립의 기초를 잃고 무효인 것으로 해석해야 한다」.

(e)~(g)「구속명부식 비례대표제에 의한 참의원의원의 선거에 대해서, 일단 제출된 명부에 기초하여 투표가 진행된 후의 명부등재자에 대한 해당 정당의 제명에 대해서는, 민주적이며 공정한 적정절차를 준수하여야 하는 것으로 보고, 이에 따르지 않고 행해진 제명은 무효로 해석하는 것이 상당하다」.

(h)~(j) 1992년 7월 26일의 참의원의원 비례대표선거에 대해서 선거회가 1993년 7월 15일에 한 결정 및 피고가 동월 16일에 한 고시에 관한 D의 당선은 이를 무효로 해야 한다.

당선 무효.

상고심=최고재판소

■ 상고이유

①선거회의 판단에 과오가 없더라도, 당선소송에서 제명 자체의 존부와 그 효력의 유무를 판단할 수 있다고 하는 해석은 정당에 대한 국가권력의 부당한 개입을 배제하여 정당의 자율성 확보를 도모하려고 하는 법의 취지에 반하며, 나아가 행정기관이 제1차적 판단권을 행사하지 않는 제명 자체의 유효성에 관하여 재판소가 직접 사법판단을 하는 것은 행정사건소송의 본래 취지에 반한다. ②정당에 의한 당원의 제명은 그 본질에서 당해 정당의 자치·자율에 위임된 단체 내부의 사적 행위이며, 정당의 내부적 자율권에 속하는 행위는 법률에서 특별히 정하지 않는 한 존중되어야 할 것이므로, 정당이 행한 제명의 당부에 대해서는 원칙적으로 자율적인 해결에 맡기는 것이 상당하다. ③공정한 적정절차를 결여하는 것이 공서양속에 반한다는 것은 사회일반에서 정당에 의한 당원의 제명에 공정한 적정절차를 지켜야 필요가 있다는 인식

을 확립하고, 일반인이라면 관계 규정 내지 절차를 결여한 제명의 효력을 부정하는 것이 당연하다고 생각할 수 있는 경우에 한하지만, 일본에서는 아직 이러한 인식이 확립되어 있지 않기 때문에, 원 판결에는 민법 제90조의 해석 적용의 잘못이 있다. ④원 판결은 본건 제명이 Z와의 관계에서 어떠한 효력을 갖는지가 불명확하다. ⑤(소송참가인의 상고이유) 정당의 자치를 최대한 보장하는 헌법 제21조 제1항 위반, 정당의 자주적 판단을 존중하는 공선법의 해석과오, 법정사유 이외의 객관소송을 만들어 내는 점에서 공선법 제208조의 해석 과오, 직권에 의한 Z와 D의 소송참가를 태만히 하고 두 사람에게 불리한 판결을 내린 점에서 행소법 제22조 제1항 위반, Z의 개별사정을 일절 고려하지 않고 본건 처분을 공서양속위반으로 무효로 하는 점에서 민법 제90조의 해석 과오, 고지, 해명, 반론의 기회가 사실상 보장되어 있던 것을 무시한 점에서 명백한 사실오인 등.

■ 법적 구성

(a) 제명을 이유로 한 명부등재 후순위 당선 대상자로부터의 제외에 대한 공선법 규정에 대하여

법은「선거회가 당선인을 정할 때에 당해 제명의 존부 내지 효력을 심사하는 것은 예정」하고 있지 않고,「만약에 객관적으로는 당해 제명이 부존재 혹은 무효라고 하더라도, 명부신고 정당 등에 의한 제명신고에 따라 당선인을 정해야 한다고 되어 있다」.

(b) 정당 내부적 자율권에서 본 명부등재자의 제명에 대한 선거회의 심사권 범위에 대하여

「법이 명부신고 정당 등에 의한 명부등재자의 제명에 대하여 선거장 내지 선거회의 심사 대상을 형식적인 사항에 두는 것은 정당 등의 정치결사의 내부적 자율권을 가능한 한 존중해야 하는 것에 의한 것이다」.「정당 등의 정치결사는 정치상의 신조, 의견 등을 공통으로 하는 자가 임의로 결성하는 것으로, 그 성원인 당원 등에 대해 정치적 충성을 요구하거나, 일정한 통제를 마련하는 등 자치권능을 갖는 것이므로, 개개인에 대해 정당 등을 결성하거나, 정당 등에 가입하거나, 혹은 정당에서 탈퇴할 자유를 보장함과 동시에 정당 등에 대해서는 고도의 자주성과 자율성을 부여하여 자유적인 조직운영을 할 수 있도록 자유를 보장해야 하는 것이므로, 이러한 정당 등의 결사로서의 자주성을 고려할 때, 정당 등이 조직 내의 자율적 운영으로서 당원 등에 대하여 한 제명 기타 처분의 당부에 대해서는 원칙적으로 정당 등에 의한 자율적인 해결에 맡기는 것으로 해석된다」.「정당 등에서 명부등재자의 제명신고를 제출했음에도 불구하고, 선거장 내지 선거회가 당해 제명이 유효하게 존재하고 있는가의 여부를 심사해야만 한다면, 필연적으로 정당 등에 의한 조직 내의 자율적 운영에 속한 사항에 대하여, 그 정당 등의 의사에 반하여 행정권이 개입될 수밖에 없는 것이며, 정당 등에 대해 고도의 자주성과 자율성을 주어 자주적으로 조직운영을 할 수 있도록 자유를 보장해야만 한다는 위의 요청에 반하는 사태를 초래하는 것이 되어 상당하지 않다」.

(c) 당선소송의 대상범위에 대하여

법 제208조의 당선소송에서는 「법 규정에 비추어 볼 때 당선이 무효가 되는 것은 선거회 등의 당선인 결정 판단에 오인이 있을 경우에 한한다. 선거회 등의 판단에 잘못이 없음에도 불구하고, 당해 선거소송에서 재판소가 그 외의 사유를 원인으로 하여 당선을 무효로 하는 것은 실정법상 근거가 없음에도 재판소가 독단의 당선 무효사유를 설정하는 것에 지나지 않고 이는 법이 예정하는 것이 아니다……. 이는 명부신고정당 등에서 명부등재자의 제명신고가 제출된 경우에 명부등재 후순위에 의한 당선자의 결정에서도 달리 해석해야 할 이유가 없다」. 「정당 등의 내부적 자율권을 최대한 존중해야 하는 입법의 취지에 비추어볼 때, 당선 소송에서 명부신고정당 등에 의해 명부등재자의 제명계가 제출되었는데, 그 제명의 존부 내지 효력이라는 정당 등의 내부적 자율권에 속하는 사항을 심리 대상으로 하는 것은 도리어 위 입법의 취지에 반하는 것이 명백하다」.

(d) 본건 당선인의 무효성을 논하는 그 외의 가능성

「前記 사실관계에 의하면 일본신당에 의한 본건 제명신고는 법이 규정하는 것에 따라 행해진 것이므로, 일본신당에 의한 피상고인 제명의 무효 여부를 논할 것도 없이, 본건 당선인 결정을 무효로 할 여지는 없다」.

■ 적용

(a)~(c) 「명부신고 정당 등에 의한 명부등재자의 제명이 부존재 혹은 무효가 되는 것은 제명신고가 적법하게 되지 않은 경우에 한하며, 당선소송에서 당선 무효의 원인이 되지 않는다」.

(d) 「논지는 이유가 있으며, 나머지 논지에 대해서 판단할 필요도 없이 원 판결은 파기를 면할 수 없다. 그리고 前記 설시에 비추어보면, 피상고인의 청구를 기각해야 한다」.

원 판결파기. 피상고인의 청구 기각.

기본 해설

1. 고등재판소 판결과 최고재판소 판결이 나뉜 헌법상의 논점의 차이

본건 고등재판소 판결과 최고재판소 판결은 구속명부식 비례대표선거에서 명부등재자의 제명신고의 취급에 관한 선거장, 선거회의 권한에 대하여는 같은 판단을 내리고 있다. 즉, 양 판결과 같은 제도를 인정한 공선법이 선거회 등에 부여하는 것은 형식적 사항의 심사권에 그치고, 선거회 등은 형식적 요건만 정해져 있으면, 제명된 자를 당선인이 될 수 있는 지위에서 제외함을 인정하고 있는 것이다. 양자의 차이는 고등재판소가 당선소송의 의의에 대해 참의원선거가 「일본국헌법의 정신에 따라」, 「선거인이 자유롭게 표명한 의사에 의해 공명하고 적정하게 실시되는 것을 확보하고, 그에 따른 민주정치의 건전한 발달을 기대하고자」하는 공선법 제1조의 목적에서 착안하여, 이를 실현하기 위하여 「당선소송을 통하여, 위 선거장 및 선거회에 의한 심사 및 벌칙만으로는 반드시 달성되지 않는 선거 질서의 실질적인 유지, 실현을 도모하는 것이다」고 보고, 이 시점에서 선거회의 판단자체가 틀리지 않았다고 해도, 前記의 목적을 달성하기 위해서 실질적으로 필요한 사항을 당선소송에서 심사할 수 있도록 한 것에 대해, 최고재판소는 당선소송의 대상항목을 공선법이 명시하는 것으로 한정하고, 따라서 정당으로부터 제출된 제명신고를 선거회 등이 형식적인 관점에서 적법하게 수리하고 있는 경우에는 해당 당선인의 결정을 무효로 하는 여지가 없다고 판단하는 점에 있다. 이처럼 고등재판소와 최고재판소의 판단에 차이가 생기는 것은 본건 당선소송의 의의에 대하여 각각 다른 생각을 갖고 있기 때문이나, 그 배경에는 구속명부식 비례대표제의 참의원의원 선거에서 정당, 선거명부등재자, 명부에 투표한 유권자 3자가 관계되는 분쟁을 어떠한 헌법원리 · 규범을 이용하여 해결하는가에 대하여 큰 차이가 있기 때문이다.

고등재판소 판결은 본건 선거에서 유권자의 의사의 존중에 중점을 두고 생각하고 있다. 즉, 동 판결은 구속명부식 비례대표선거에서 정당에 대한 투표는 「명부등재자 및 그 순위까지 고려하여 투표한 선거인의 의사」로 보고, 유권자의 의사를 존중할 수 있는 제도적 담보가 제명과 명부등재 후순위 당선 절차에도 구비되어야 한다고 판단하고 있다. 물론 고등재판소에서도 정당에 의한 제명신고가 법률상 규정되어 있지 않은 선거회에 의한 실질적 심사를 행하는 것까지 인정하고 있지 않다. 그것은 정당의 자율권에 대한 행정권의 개입이 되기 때문이다. 그러나 고등재판소가 당선소송의 틀 안에서 사법권이 정당의 제명처분의 실질적 적법성을 판단할 수 있는 것으로 하고, 그 판단에 기초하여 제명신고에 의한 선거회의 명부등재 후순위 당선판단의 유효성까지도 판단할 수 있는 것으로 한 것은 사법권에는 헌법이 요구하는 「선거 질서의 실질적인 유지 · 실현」을 담당할 의무가 있다고 생각했기 때문이다. 그러나 실제로 고등재판소 판결에서는 헌법의 어떠한 원리, 규범이 명부등재자와 그 순위까지도 유권자의 선택으로 존중되어야만 한다고 명시하고 있는가가 명확하지 않다. 이러한 점은 헌법이 요구하는 현대 대표민주제를 어떻게 이해하고 있는가에 관한 것으로(본장 Part Ⅲ 「이론편」 참조), 이 점의 논증 부족은 고등재판소 판결에서 치명적이었다.

한편, 최고재판소의 판결은 공선법 제208조의 당선소송의 의미를 공선법상의 위법성 사유의 검토에 한하는 것으로, 애초부터 헌법원리 · 규범이 문제 되지 않는다. 그러나 의원정수불균형 등의 문제에 대해서는 최고재판소 스스로 선거권이라는 중요한 기본적 인권의 구제에 대해 가능한 길을 열어놓아야 하는 것이며, 또한 현행법상 선거인이 당해 문제에 대하여 다툴 수 있는 유일한 소송형태가 선거소송임을 이유로 공선법 제204조의 선거소송의 의미를 본래의 제도 취지로부터 확장하여, 이를 평등선거의 원칙 위반을 쟁점으로 헌법소송의 수단으로 이용하는 것을 인정하는 것에 비추어볼 때(22장 Part Ⅰ 참조) 본건에 대해서도 재판소가 명부등재 후순위 당선의 권리의 중요성이나 현대의 국민주권 실현에 있어서의 공정한 명부등재 후순위 당선제도 확보의 중요성을 근거로 하고 거기에 다른 소송수단(예를 들면 민사소송)으로 정당의 제명처분의 무효를 다투는 것의 곤란성이나 명부등재 후순위 당선을 획득하는 것의 불가능성을 근거로 더하여, 헌법상의 원리 · 규범을 둘러싼 다툼에 결론을 짓기 위하여, 공선법이 아니라 당선소송을 확장적으로 이용하는 것을 인정하는 것이 가능할 것이다. 그러나 최고재판소는 본건 판결 중에 구속명부식 비례대표제를 채용하고 있을 경우에 이에 대응하는 대표민주제의 헌법원리가 어떠한 것인가에 대한 논점은 일체 언급하고 있지 않다. 이는 최고재판소가 헌법 제47조에 의해 선거제도, 투표방법을 국회의 입법재량에 맡기는 규정으로 해석하는 것을 암시하는 것으로, 이 자체가 최고재판소가 현대 대표민주제에 관한 특정한 입장을 채용하고 있다는 것을 나타내는 것이다(본장 Part Ⅲ 참조). 그리고 이러한 특정한 대표민주제관과 표리일체를 이루는 것으로 말할 수 있으나, 최고재판소는 정당 내 분쟁의 사법심사에 관여하는 또 하나의 다른 헌법원리, 규범에서의 발상으로 본건을 처리하고 있다고 생각할 수도 있다. 이른바 「부분사회의 법리」이다.

2. 정당내부적 자율권과 「부분사회의 법리」

본건 고등재판소 판결은 헌법 제21조 제1항을 정당내부 자율권 보장의 근거로 한다. 최고재판소도 정당의 내부적 자율권의 보장을 말하고 있으나, 그 근거로 헌법 제21조 제1항을 특별히 명시하고 있지는 않고, 종래도 그리하지 않았다. 최고재판소는 의회제민주주의에서 정당이 「국민의 정치의사를 형성하는 최고의 유력한 매체」임을 처음으로 인정한 「하찌만(八幡)제철정치헌금 사건」(최고재판소 1970년 6월 24일 民集 24권 6

號 625면)에서도 「헌법은 정당의 존재를 당연하게 예정하고 있다고 하여야 한다」는 것 이외에는 서술하고 있지 않다. 또한 정당의 내부적 자율권과 사법심사의 범위에 관한 선례이며, 본건 최고재판소 판결도 의거하고 있는 「공산당간부제명 사건」(최3소판 1988년 12월 20일 判時 1307호 113면)에서도, 「정당은 정치상의 신조, 의견 등을 공통으로 하는 자가 임의로 결성하는 정치결사이므로, 내부적으로는 통상 자율적 규범을 가지며, 그 성원인 당원에 대하여……일정한 통제를 설치하는 등의 자치권능을 가지며, 국민이 그 정치적 의사를 국정에 반영하여 실현시키기 위한 무엇보다 유효한 매개이고, 의회제민주주의를 지탱하는 데 있어 매우 중요한 존재이다」라고 서술하는 데 그치고 있다. 이는 최고재판소가 각각의 헌법규정에서 직접 도출해내는 한 사법심사의 한계를 구분 짓기 위한 방식이 아니라, 오히려 헌법규정을 넘어서 국법질서에서 「일반 시민사회」와 「특수한 부분사회」의 2가지 법질서가 병존하는 방식을 채용한 것을 보여주고 있다.

공적인 것이든 사적인 것이든 정당, 노동조합, 대학, 지방의회, 종교법인 등을 「특수한 부분사회」로 일괄하여 특별히 취급하고, 「자율적 법규범을 갖는 사회 내지 단체 내부의 분쟁에 대해서는, 그 내부규율의 문제에 머무르는 한 그 자치적 조치에 맡기며, 이에 대해서는 사법심사가 미치지 않는다」라는 방식을 「부분사회의 법리」라고 한다(野中他・後揭 2, 218면). 최고재판소가 「부분사회의 법리」를 명확하게 보인 선례로 유명한 「후지야마대학 사건」(최3소판 1977년 3월 15일 民集 31권 2호 234면)은 「일반 시민사회 속에서 이것은 별개의 자율적인 법규범을 갖는 특수한 부분사회로 법률상의 쟁송처럼 그것이 일반시민법 질서와 직접적인 관계를 갖지 않는 내부적인 문제에 그치는 한, 그 자주적, 자율적인 해결에 맡기는 것이 적정하고……사법심사의 대상이 되지 않는다」라고 하여, 대학처럼 특수한 단체는 「그 설치목적을 달성하기 위하여 필요한 사항들에 대하여……자율적, 포괄적인 권능을 갖고, 일반 시민사회와는 다른 특수한 부분사회를 형성하고 있는 것이므로, 법률상의 쟁송 모두가 당연히 재판소의 사법심사의 대상이 되는 것은 아니며, 일반시민법 질서와 직접적으로 관계를 갖지 않는 내부적인 문제는 위 사법심사의 대상에서 제외되어야 한다」라고 했다.

「부분사회의 법리」는 사법권의 대상을 나타내는 기준인 「법률상의 쟁송」의 요건으로 설명하는 것이 불가능하다. 왜냐하면 「부분사회」는 그 자체로 일정한 「자율적 법규범」을 가진다고 하지만, 그 속에는 재판소에 의한 법적 판단이 가능한 정도의 「법」체계를 갖추고 있는 경우도 많고, 그 경우에는 재판소에 의해 「법」을 해석・적용하여 「권리의무 내지 법률관계」를 확정하는 것도, 「분쟁을 해결」하는 것도 가능하기 때문이다. 그리고 만약 당해 「부분사회」에 관계하는 단체 내외의 「법」을 재판소가 해석・적용함으로써 단체 내부사항에도 사법심사가 미치는 것이 가능하다면, 그 단체가 지방의회나 국립대학처럼 공적단체인 경우에는 다른 헌법상의 이유가 없는 한(예를 들어, 헌법 제92조, 제93조에 의한 지방의회 내부자율권), 헌법의 규정이 직접 적용될 것이며, 그것이 정당이나 노동조합과 같은 사적단체인 경우에도 당해 「법」 규범의 해석을 통하여 어떠한 형태로든 헌법규정의 취지를 이 사적 집단 내부의 분쟁에도 적용할 수 있음을 통설・판례가 함께 인정하고 있기 때문이다(28장 및 1장 참조).

그럼에도 불구하고 일정한 공적・사적 단체를 「부분사회」로 예외 취급하고, 자율적 법규범에 관한 분쟁의 경우에는 사법심사가 미치지 않는다고 주장하려면, 결국 「법질서의 다원성」론에 근거하는 수밖에 없다고 생각된다. 「법질서의 다원성」론은 현(県) 의회의원의 제명처분을 두고 「요나이야마(米内山) 사건」 최고재판소 결정(최고결 1953년 1월 16일 民集 7권 1호 12면)의 다나카 코다로(田中耕太郎) 재판관의 소수의견에 제시되고 있는 것이 특히 유명하다(佐藤幸・後掲, 267면).

학설보다도 판례로 전개되어 온 「부분사회의 법리」는 위에서 서술한 「후지야마 대학 사건」이 서술한 것처럼 당해 분쟁이 「일반시민법 질서와 직접의 관계」를 갖는 경우에는 사법심사가 가능하다. 그러나 그것이 「일반시민법 질서와 직접의 관계」를 갖는 경우라고 해도, 재판소가 헌법의 인권보장의 시점에서 당해 분쟁에 적용되는 「법」의 실질적인 심사를 직접 행할 수 있는 것은 아니다. 판례는 「위 처분이 일반 시민으로서의 권리이익을 침해하는 경우라도 해도, 위 처분의 당부는 당해 정당이 자율적으로 정한 규범이 공서양속에 반하는 등의 특단의 사정이 없는 한, 위 규범에 비추어보아 위 규범을 갖지 않을 때는 조리에 근거하여, 적정절차에 의해 행해졌는지의 여부를 판단하여야 하며, 그 심리도 위의 논점에 한한다」(前記 「공산당간부제명 사건」)고 하여, 결국 「특수한 부분사회」 내부의 분쟁에 대해서는 당해 단체의 「자율적 법규범」(및 조리상 그러한 해석을 할 수 있는 것)에 대한 실질적인 사법심사의 가능성을 배제하려고 하고 있다.

학설의 다수는 「이러한 법질서의 다원성을 전제로 하는 일반적, 포괄적인 부분사회론은 타당하지 않다」라며 비판적인 입장이다. 헌법론에서 보면, 이러한 초실정헌법적인 논의를 할 것이 아니라, 「예전부터 각각의 단체의 목적・성질(예를 들면, 강제가입인지 임의가입인지의 구별)・기능은 그 자율성・자주성을 지탱하는 헌법상의 근거 또한 종교단체(제20조), 대학(제23조), 정당(제21조),……등으로 다르므로, 그 차이에 따라 그리고 분쟁이나 대항할 권리의 성질 등을 고려하여 구체적으로 검토하지 않으면 안 된다(芦部・後掲, 316면)는 것이다. 만약 학설에서 말하는 것처럼, 각 단체의 헌법상 구체적인 근거까지 고려해야 한다면, 특히 정당에 대해서는 헌법 제21조의 결사의 자유뿐만 아니라, 제15조 1항의 국민 고유의 선거권 또는 전문이나 제1조의 국민주권과의 관계까지 고려하면서, 정당의 자율성과 사법심사의 범위와의 관계를 고찰한다면, 반드시 본건 최고재판소 판결과 같은 결론에는 도달하지 않았을 것이라 생각된다(본장

Part Ⅲ 「이론편」 참조).

그러나 판례는 지금도 초실정헌법적인 「부분사회의 법리」에 의거하여 계속되고 있어, 「일반시민법 질서에 직접 연관되지 않은 분쟁」이라고 해도 사법권은 「특단의 사정」이 없는 한, 당해 단체의 자치규범에 준하는 절차이었는가 여부의 형식심사밖에 행하지 않는다는 입장을 고수하고 있다. 뿐만 아니라, 본건 최고재판소 판결에서는 제명에 관한 적정절차의 보장이 이미 「특단의 사정」으로 공서양속이 되어 있는지의 여부에 관한 논증마저 생략하고 있다는 점에서, 종래의 최고재판소 판례에 비해 후퇴하고 있는 것처럼 보인다. 그러나 본래 「법질서의 다원성」론에 의거한 「부분사회의 법리」라는 것은 특별히 입법에 의한 규제가 없는 한, 그 단체의 특수성(본건은 최고도의 자율성을 요하는 정당)만을 근거로 「일반시민법 질서에 직접 관계하지 않는 분쟁」이었다고 해도 사법권은 형식적인 사항의 심사권밖에 갖지 않는다는 주장을 가능하게 하는 이론이었다는 것을 잊으면 안 된다. 따라서 본건 최고재판소 판결이 당선소송에서는 순수하게 형식적인 심사만 가능하다고 했던 것은 당연한 것이었다.

Part Ⅱ 응용편

확인질문

1. 본건 최고재판소 판결에 의하면, 정당의 내부적 자율권의 근거는 무엇인가?
2. 본건 최고재판소 판결에 의하면, 내부적 자율권을 갖는 정당의 내부 분쟁에 대한 사법심사에는 어떠한 한계가 있는가?
3. 본건 최고재판소 판결에 의하면, 구속명부식 비례대표선거에 참가한 정당이 명부등재 후순위에 의해 당선 가능한 명부등재자의 제명을 선거회에 제출한 경우, 선거회는 어떠한 심사를 해야 하는가?
4. 본건 최고재판소 판결에 의하면, 구속명부식 비례대표선거에 참여한 정당이 명부등재 후순위에 의해 당선 가능한 명부등재자를 당칙에 따라 제명하고, 공선법에 따라 제명신고를 했을 때, 당내의 제명 절차에서 민주성과 공정성의 결여를 이유로, 당선소송에 의해 그 제명자를 제외한 명부등재 후순위 당선자의 결정을 무효로 할 수 있는가?
5. 본건의 최고재판소 판결과 고등재판소 판결에서 결론이 나뉜 헌법이론상의 논거의 차이는 무엇인가?
6. 사인의 신고나 신청행위에 대해, 수리하는 행정기관에는 법률상의 형식심사만

인정되어 있는 경우, 당해 수리에 대하여 행해진 행정행위에 관한 소송에서, 재판소는 당해 신고나 신청의 근거가 되는 사인의 행위를 실질 심사하여 그 무효를 이유로, 해당 행정행위를 무효로 할 수 있는가? 특히 그 소송이 공익성이 있는 제도의 공정성을 확보하는 것을 목적으로 하는 객관소송인 경우는 어떠한가?

7. 본건과 같은 쟁의에서 현행법상 당선소송 이외의 소송방법으로 명부등재 후순위 당선 가능자에 대한 정당의 제명처분을 무효로 하고, 나아가 그 자에게 명부등재 후순위 당선을 허용할 수 있는 수단은 존재하는가?

◥ 응용문제

설문 1 본건처럼 구속명부식 비례대표선거에 참가한 정당이 선거 후에, 명부등재 후순위 당선의 가능성을 갖는 자를 다음과 같은 절차로 제명하였다고 하자. 본건 최고재판소 판결에 따른 경우, 이렇게 하여 제명된 자가 본인을 제명하고 명부등재 후순위 당선한 자의 당선무효를 구하는 당선소송을 제기한다고 하면 어떠한 판결을 내려야 할 것인가?

(1) 당칙에 불복신청제도가 규정되어 있으나, 긴급성을 이유로 본인의 불복신청을 무시하고 제명절차를 완료시킨 경우

(2) 당칙에 이의신청제도가 없고, 통례적으로 일반 당원에 대해서는 그러한 절차 없이 제명해 왔으나, 당수의 독단으로 명부등재자에 한해 예외적으로 이의신청을 도입한 제명절차를 한 결과, 나중에 이 자가 부정규의 절차를 이유로 당선청원을 제기했을 경우

(3) 구속명부식 비례대표선거의 후보자명부에 등재된 다음 낙선한 B가 결점으로 낙선한 A를 뛰어넘고 명부등재 후순위에 당선되기 위해 정당의 간부에게 많은 액수의 금품을 보내, 결과적으로 간부회가 A를 제명하고 그 후에 명부등재 후순위 당선 사유의 발생으로 B가 명부등재 후순위 당선된 경우

설문 2 본건을 포함하여 지금까지의 최고재판소 판결에 의하면, 정당 내부의 다음과 같은 분쟁에는 어떠한 판결을 내려야 하는가?

(1) 당칙에 따른 절차에서 제명된 자가 해당 절차에 민주성이나 공정함이 결여된 것(예를 들면 고지, 청문, 반론의 기회의 결여)을 이유로, 당해 제명의 무효확인청구소송을 제기한 경우

(2) 제명에 관한 당칙이 결여되어 있는 경우에, 종래부터 행해 온 관행에 따라 제명된 자가 절차적 결여를 이유로 당해 제명처분의 무효확인청구소송을 제기한 경우

(3) 당 간부에 대한 절대적 복종의 규정이 있는 당칙을 갖는 정당에서 명백하게 범죄가 되는 행위를 당 간부로부터 명받았으나, 그 위법성을 이유로 명령에 따르지 않아 당칙의 규정에 의거하여 제명처분을 받은 자가, 당해 처분의 무효확인청구소송을 제기한 경우

설문 3 본건을 포함하여 지금까지의 최고재판소 판례에 의하면, 구속명부식 비례대표선거에 참가하는 모든 정당에 다음과 같은 제약을 가하는 공선법 개정은 위헌인가?

(1) 당내에서의 이론(異論)을 당외에서 공표하는 자유를 전 당원에게 인정하고, 그러한 활동을 이유로 하는 제명처분을 금지하는 경우

(2) 선거 후의 명부등재 후순위 당선의 가능성을 갖는 명부등재 낙선자의 제명을 일절 금지하는 경우

(3) 명부등재 후순위 당선의 가능성을 갖는 명부등재 낙선자의 제명처분에 대하여, 고지, 청문의 기회나 불복신청을 당칙으로 보장하는 것을 의무로 하여, 중앙선거관리위원회에 당칙심사를 하게 하는 경우

설문 4 본건을 포함하여 지금까지의 최고재판소 판례에 의하면, 다음과 같은 공선법 개정은 위헌인가?

(1) 구속명부식 비례대표선거에서 당선한 전국 의원에게 그 소속정당이 분열 내지 해산하게 된 경우를 제외하고, 그 정당에 의한 제명이건, 본인의 자발적 탈당이건, 일체 탈당을 금지하고 탈당을 국회의원의 면직사유로 하는 경우

(2) 본인의 자발적 탈당만을 국회의원 면직사유로 하는 경우

(3) 자발적 의사에 의한 탈당의 여부를 막론하고, 당선 시의 선거에 참여하고 있던 다른 정당으로 이동하는 것만을 금지하고, 무소속으로 있거나 신당참가의 경우는 면직사유로 하지 않는 경우

Part Ⅲ 이론편

◥ 전개문제

구속명부식 비례대표제선거에서 명부등재자의 순위를 포함한 유권자의 선택을 존중한다는 입장에서, 명부등재 후순위 당선이 가능한 자의 제명을 절차 면에서 제한하고, 한편으로는 당선자가 탈당하는 경우 절차적 보장을 조건으로 하여 그 의석을 박

탈하는 것을 동시에 인정하는 헌법론은 있을 수 있는가?

1. 현대 대표민주제에서 정당의 위치

헌법 제43조 제1항은 국회의원의 지위를 「전 국민을 대표하는」 자로 규정하고 있다. 통설에 의하면, 국회의원의 「전 국민의 대표자」 성이란, 첫째, 어떠한 선거방법으로 뽑혔는가에 관계없이 의원은 모든 국민을 대표하며, 자신을 뽑아준 선거구의 유권자나 자신이 소속해있는 정당이나 단체의 대표가 아니라, 윤리적・도의적으로 어떠한 경우에도 전 국민을 위하여 활동해야 한다는 것을 의미하고, 둘째, 선거구민이 원하는 개별의 구체적인 지시에 법적으로 구속되는 일 없이, 모든 권력으로부터 독립하여 스스로의 양심에 기초하여 자유롭게 의견을 표명하고, 표결을 행하는 권리가 보장되는 것을 의미한다(野中他・後掲 2, 54면). 그것은 중세의 등족회의에서 「명령위임제」를 부정하는 것뿐만 아니라, 장 자크 루소나 시민혁명기의 민중운동 지도자들이 시민에 의한 주권의 일상적 행사와 의원에 대한 일상적 통제의 제도로서 재구성한 「인민주권」 형의 「명령위임제」 까지도 이념상으로나 법제도 상으로도 완전하게 부정하는 의미를 가지고 있었다. 근대 이후, 근대입헌주의를 확립한 국가들은 국회의원의 「전 국민의 대표자」 성은 「자유위임」의 원리와 불가분으로 연관되며, 여기서 말하는 대표자성 또한 「정치적 대표」의 의미로 국한되었다.

따라서 근대입헌주의 초기에 정당은 특수이익을 의원에게 강요하여 의원의 정치적・법적 독립성을 침해하는 것으로 간주되어, 당의구속이 없는 단순한 원내 회파를 제거하고, 정당은 모든 법률로 폐지되었다(특히 프랑스). 1927년에 정당과 국가 내지 헌법과의 역사적인 관계에 대하여 4단계설을 주창한 독일의 H. 트리펠은 이 시기를 정당 「적시(敵視)」의 단계로 보고 있다.

그 후 19세기 의회주의의 발달에서 정당의 결성을 금지하는 법률은 없어졌으나, 그렇다고 해서 정당의 존재를 승인하는 입법도 존재하지 않고, 정당은 단순한 결사의 하나로 방임되었다. 이른바 「무시」의 단계였다. 사실은 「적시」의 시대도 「무시」의 시대도, 근대입헌주의국가에서는 제한선거제가 실시되고 있어서, 참정권은 일부의 부유층에게만 부여된 것이었으므로, 의원이 법적으로도 정치적으로도 유권자로부터 독립한다고 해도, 이해의 동일성이 유권자와 의원을 사실상 연관 짓기 때문에, 유권자가 의원을 뭔가의 형태로 통제할 필요성이 없었다고도 할 수 있다.

그러나 19세기 후반 이후의 참정권의 확대와 대의정치의 발달, 그리고 의원내각제의 확립과 함께 유권자와 국회의원의 관계도 변화한다. 즉, 국회의원의 법적 독립성과 「자유위임」의 원리는 유지되지만, 도의상・정치이념상 선거가 유권자의 의사를 국회에 반영하는 수단으로 있어야 하는 것이 일반화된 것이다. 이리하여 유권자의 의사를 정확하게 국정에 반영시키기 위한 선거제도로서 보통선거제나 평등선거의 원칙이 확립되었다. 나아가 대중정당의 발달을 전제로 하여, 당의구속(党議拘束)이 있는 정당이 선거의 중심이 됨으로써 유권자의 정책 선택이 사실상 어느 정도 확실하게 국정에 반영되게 되었다. 시민혁명기부터 19세기까지의 「대표제」를 「순수대표제」라고 부르는 것에 반해, 20세기 초반 이후 정당중심의 선거를 통하여 사실상 유권자의 다양한 의사가 국정에 반영되게 된 현대 대표민주제는 「반대표적」 내지 「사회학적 대표제」로 불린다. 여기서는 의원의 「전 국민의 대표자」 성 자체가 정당을 통해 유권자의 개별적 의사를 집약하고 정책에 반영하여, 나아가 국회에서의 교섭을 통하여 「전 국민적 이익」에 부합한 정치로 승화시키는 의미까지 포함된 것으로 이해된다.

이처럼 「사회학적 대표제」로서의 현대 대표민주제에서 정당은 극히 중요한 위치를 점한다. 트리펠은 이 단계를 「승인 및 합법화」와 「헌법적 편입」의 두 단계로 나누고 있다. 그의 정의에서 제2차 세계대전 후의 세계의 동향을 부가하여 설명하면, 전자는 정당에 관한 특별한 헌법규정이 없으나 결사의 자유보장 규정 속에 정당의 존재를 보장하고, 해석・운용상 정당을 헌법이 규정하는 국민주권, 국민대표제 원리를 들어 불가결의 요소로 하는 것과 동시에, 입법으로 정당중심의 선거제도를 도입하여, 정당의 조성과 규제를 제도화하는 단계이다. 이 단계에서는 헌법의 규정과 원리가 정당 내부적 자율권을 제한하기보다 오히려 최대한 존중하는 것으로 생각되는 경향이 강하다. 후자는 전자가 더욱 발전하여, 헌법 자체에 정당 조항이 규정되는 단계로, 독일연방공화국기본법 제21조 제2항이나 프랑스 제5공화국 헌법 제4조가 유명하다. 이 단계에서는 특히 독일에서 볼 수 있는 것처럼 정당은 「자유롭고 민주적인 기본질서」와의 적합성이 요구됨과 동시에, 그 내부질서도 「민주적 원칙에 적합」 할 것이 요구되어, 그만큼 정당의 자치와 내부 자율권은 제한되는 경향이 강하다. 일본은 일반적으로 「승인 및 합법화」의 단계라고 보인다(野中他・後掲 2, 47-49면).

따라서 일본국헌법의 「전 국민의 대표자」 규정은 현대 대표민주제에서 정당의 중요한 역할과 모순되지 않도록 해석하지 않으면 안 된다. 다만 「헌법적 편입」에 의한 헌법규범의 수정이 없는 이상, 국민대표의 법적 독립성 보장과 「자유위임」 원리의 중핵부분은 계속 유지될 것이라고 생각해야 한다. 때문에 현대 대표민주제에서 당의구속에 대해서는 「의원은 소속정당의 결정을 따라 행동하는 것으로 국민의 대표자로서의 실질을 발휘할 수 있는 것이므로, 당의구속은 「자유위임의 틀 밖의 문제」라고 해석하면서, 「다만 의원의 소속정당 변경의 자유를 부인하거나, 당에서의 제명을 통해 의원자격을 상실하게 하는 것은 자유위임의 원리에 모순된다」고 하는 것이 종래의 통설이었다(芦部・後揭①, 267면).

그러나 이 일반론에서는 역시 해결하기 곤란한 문제가 구속명부식 비례대표선거에서 나타나고 있다. 그 첫 번째가 1982년 공선법 개정에서 구속명부식 비례대표제와 함께 도입된 명부등재 낙선자의 명부등재 후순위 당선의 제도(구법 제86조2 제5항, 제6항, 제98조 제2항, 제3항, 제112조 제2항, 현 제86조 제2 제7항 이하, 제86조 제3 제2항, 제97조 2)에 관한, 명부등재 후순위 당선 가능자에 대한 정당의 제명처분권의 제한 문제이다. 다른 하나는 2000년 국회법(제109조 2), 공선법 개정(제99조의 2)에 의해 도입된 비례대표제에서 당선된 의원이 그 선거에 참가하고 있던 다른 정당으로 이적한 경우 의원직을 상실시키는 제도의 합헌성 문제이다. 양쪽의 문제를 정합적으로 해석하기 위해서는 국민대표제와 정당중심의 선거제도의 관계를 더욱 깊이 고찰하지 않으면 안 된다.

2. 「인민대표제」 설에서 본 비례대표선거에서 명부등재자의 법적 위치

일본국헌법의 주권원리가 루소의 「인민주권」을 채택하고 있다는 소수설은 정당중심의 선거제도에 대하여 오히려 호의적이다. 이 입장은 일본국헌법 제15조 제1항에 고유의 공무원 선정파면권(選定罷免権)을 보장하는 점 등에서 「인민주권」으로 경사되어 있다고 보고, 의원의 「전 국민의 대표자성」(동 제43조 제1항) 이나 의원의 면책특권(동 제51조)과 같은 전통적인 국민대표의 법적 독립성이나 「자유위임」 원리를 인정하는 규정을 경시하고, 오히려 「인민주권」 원리에 적합한 것처럼 재해석하는 것도 역사의 흐름에 따라 타당하다고 하는 것이다. 「인민주권」은 직접민주제가 불가능한 경우에는 「명령위임」이나 리콜제 등에 의해 주권자 시민(그 총체로서의 인민)이 의원을 일상적으로 통제할 수 있는 「인민대표제」를 필요로 한다. 다만 현대의 「인민주권」설은 반드시 「명령위임」제를 불가결한 것이라 하지 않고, 「의원을 실재하는 민의의 확인표명을 위한 수단으로 하는 다른 방법을 배제하지 않는다」. 「특히 중요문제에 관해서 각 정당의 공약에 『인민』에 의한 정책결정으로서의 의미를 부여할 수 있도록 구체적인 내용과 구속성을 가지게 하는 방법」이나, 해산제도를 활용한 민의반영이라고 하는 방법도 현대형 「인민대표제」에 포함된다고 간주한다」.

현대형 「인민대표제」에서 당의구속이 강한 정당의 존재는 불가결하다. 왜냐하면 「인민대표제」설은 특히 비례대표제에서 「정당과 그 공약을 매개로 하는 『인민』과 그 단위에 대한 의원의 종속이 유지되는 것」을 요구하기 때문에, 「의원이 소속된 정당을 변경할 자유가 부정되어 정당의 변경이나 당의구속 · 정당 공약의 위반을 이유로 하는 제명에 의하여 의원의 지위를 상실하는 것이 원칙이 되어야 한다」고 간주하기 때문이다(杉原 · 後揭, 164-171면).

이 입장에서 보면 구속명부식 비례대표선거로 낙선해 명부등재 후순위 당선의 가능성을 갖는 자가 정당의 제명 또는 자발적 탈당에 의해서 그 가능성을 잃는 일도,

또한 이 제도로 당선한 의원이 제명 또는 자발적 탈당으로 자동적으로 의원직을 상실하는 일도, 모두 헌법의 주권원리(및 제15조 제1항)로부터 도출되며, 따라서 공선법상의 현행 제도는 당연히 합헌이 된다고 해석할 가능성이 있다. 게다가 탈당 후 무소속 내지 신정당의 소속이면, 비례대표로 선출된 의원이더라도 의석을 유지할 수 있는 현행 제도는 불충분하고 위헌이라는 결론까지 도출될 가능성이 있다.

그러나 이 견해에 대해서는, 「인민대표제」설은 항상 탈당에 의해 명부등재 후순위 당선 가능성의 상실이나 의원의 실직을 자동적으로 부르는 것이 아니라, 이것은 조건부라는 수정설이 나와 있다. 왜냐하면 현대형 「인민대표제」는 정당을 통해서 민의의 국정 반영을 요구하는 원리이기 때문에, 정당 자신이 공약을 파기해 공약을 준수하는 의원을 제명하는 일이 있는 현 상황에서는 탈당과 의석 박탈과 의석 획득의 가능성 상실을 직결시키는 제도는 반대로 민의의 국정 반영의 이념에 반하게 되기 때문이다. 다만 어떻게 수정해야 할 것인가는 향후의 과제일 것이다(辻村・後揭, 404-405면).

그러나 제명 소동이 있을 때, 당내의 다수파와 소수파 모두가 선거시 공약을 이후의 정치적 상황에 가장 적합한 형태로 실현하려 한다고 말할 수 있을 것인가? 이 점에 대해서는 각각 스스로의 정당성을 주장하므로, 실제 판단은 주관적이 되지 않을 수 없다. 결국 현대형 「인민대표제」설은 국회의원에 대한 유권자의 선거 시 「명령위임」도 리콜제를 통한 사후적인 기속도 포기하고, 일단 다음 개선(改選) 시까지는 당의구속이 강한 정당에 의한 선거 공약의 실현에 「명령위임」에 대신하는 민의의 국정 반영의 수단을 보는 것이라고 한다면, 공약의 실현방법을 둘러싼 당내의 싸움은 오히려 본연의 모습으로 인정하고, 그 결과가 유권자의 의사로부터 과도하게 벗어나지 않게 하기 위해서, 그 논쟁의 유권자에게 공개와 당내로부터의 소수파의 배제가 자의적으로 이루어지는 것을 저지하는 제도가 당연히 필요하게 되는 것이다. 따라서 후보자 순위도 유권자의 고려 요소가 되는 구속명부식 비례대표선거의 경우에는, 당선자 및 낙선한 명부등재자가 다수파에 의해 간단하게 제명되지 않고, 그들의 존재를 통해서 당내 논의의 충실이 어느 정도 가능해지는 제도적 보장이 필요하다. 이 점에서 현대형 「인민대표제」설은 의원의 정당 이동의 자유를 제한할 뿐만 아니라, 정당의 내부 자율권도 일정 정도 제한하는 내용을 포함하게 된다.

물론 정당의 내부 자율권의 존중도 헌법상의 요청(제21조)이기 때문에, 당칙에 준거한 일반 당원의 제명인 경우에는, 사법권은 이것을 실질 심사해 개입할 수 없다. 그러나 구속명부식 비례대표선거의 명부등재자의 제명처분의 경우에는 당선자든 낙선자(명부등재 후순위 당선 가능자)든, 헌법의 주권원리와 제15조 1항으로부터 그 적정한 절차가 의무 지워져 당선소송이나 의원자격확인소송 등이 제기되었을 경우에는 사법이 실질 심사를 하는 것도 허용될 것이다. 반대로 명부등재자의 자발적 탈당에 대해서는, 제명을 받았던 것에 필적하는 특수한 사정이 없는 한, 의석 박탈 내지 명부등재 후순위 당선 가능성의 박탈이 헌법상 당연히 요구되게 된다.

3. 「국민대표제」설에서 본 비례대표선거에서의 명부등재자의 법적 위치

「자유위임」의 원리를 경시하는 「인민주권」설=「인민대표제」설은 아직도 소수설에 머무르고 있다. 통설은 국민대표의 법적 독립성과 「자유위임」을 최우선의 원리로 하는 「국민(nation)주권」설=「국민대표제」설이다. 왜냐하면 통설은 현대 대표민주제가 「사회학적 대표제」를 본질로 하는 것이나, 일본국헌법의 주권원리에도 「정당성의 계기」와 「권력성의 계기」의 양 요소가 포함되는 것을 인정하면서도, 유권자가 실제로 정치결정을 실시한다고 하는 의미에서 「권력성의 계기」에 대해서는 헌법 제96조의 헌법개정 국민투표의 경우와 같이 이것을 인정하지 않고, 일상의 정치결정은 의원에의 「자유위임」을 원칙으로 하기 때문이다. 더욱이 통설에서는 유권자의 의사가 의석 배분에 정확하게 반영되는 것으로, 사실상 민의의 반영이 어느 정도 확보된다고 생각하고 선거를 통한 민의의 사실상 반영만 있으면, 현대의 「정당성의 계기」는 충분히 실현된다고 생각하기 때문이다(芦部・後掲, 41-43면). 통설에서는 민의에 의한 의원의 법적 구속에 중점을 두는 「인민대표제」설과는 달리 항상 「자유위임」에 중점을 두는 것이다. 법이론적으로 말하면 현대형 「국민대표제」에서 「정당성의 계기」란 「민의에 따르는 정치가 올바르다」라고 하는 이념이 항상 정치를 지배해야 함을 의미하지만, 정치가가 「민의」를 말하는 것은 현대에는 당연하지만, 실태론에서는 유권자가 너무 민의와 동떨어진 정치라고 느끼지 않을 정도의 선거제도나 의원통제제도가 실현되어야 할 것을 헌법상의 요청으로 하는 것이다.

현대형 「국민대표제」의 방식을 채택한 경우에도, 비례대표선거에서의 정당과 그 구성원과 유권자의 관계는 두 가지로 해석될 수 있다. 하나는 현행 헌법의 「국민대표제」의 본질을 어디까지나 「자유위임」(헌법 제43조, 제51조)을 최우선의 원리로 하면서, 다음에 선거제도에 대해서는 입법에 맡기는(동 제47조) 방식을 중시하는 것으로, 정당중심의 선거든, 개인중심의 선거든, 원칙적으로 국회의 입법재량으로 보는 입장이다(입법재량설). 이 입장은 구속명부식 비례대표선거의 명부등재자의 법적 지위를 당선자와 낙선자로 구별해, 전자에 대해서는 정당의 제명에도 대항할 수 있는 의원 지위의 보장을 헌법상의 요청으로 하면서, 후자에 대해서는 아직도 의원의 지위가 없는 이상 정당의 판단으로 명부등재 후순위 당선의 가능성을 자유롭게 빼앗을 수 있는 현행 제도도 입법재량의 범위 내의 문제로 합헌이라고 한다. 이 입장의 대표적 논자는 선거 시의 경쟁 정당에의 이동을 금지하고, 이것을 의석상실 요건으로 하는 현 공선법 제99조의 2에 대해 아무것도 언급하고 있지 않지만, 만약 무소속이나 신정당에의 소속도 포함하여 이를 모두 금지해, 탈당 즉시 의석을 상실하게 하는 제도를 제외하고, 그렇지 않은 현 상황의 제도에서는 의원이 탈당해도 어떠한 형태로든 의석을 계속 확보할 가능성이 보장되고 있는 이상 합헌이라고 판단할 것이다(芦部・後掲, 11페이지는 의원의 자발적 탈당만 의석 박탈이 가능한 것을 시사하는 것으로 일반적으로 이해되고 있지만, 의원에게는 어떠한 형태로든지 의석 확보의 가능성을 남기는 것으로 「자유위임」 원리가 확보되는 데 중점이 있는 것이라 이해해야 할 것이다).

이에 대해서 의원의 법적 독립성과 「자유위임」의 원리를 중시하는 점에서 현대형 「국민대표제」설에 위치하지만, 국회의 선거제도에 관한 재량권을 좀 더 제한하는 규범을 헌법 속에서 찾아내려고 하는 입장이 최근 나타나고 있다. 그것은 현대 민주제가 정당중심의 정치나 선거가 되지 않음을 인정한 다음, 의원 「개인」을 선출하는 데 민의 반영의 필수 조건을 찾아내려고 하는 것이다. 이 입장은 유권자가 의원 개인을 직접 선출한다는 의미에서 「직접선거의 원칙」을 헌법이 당연히 채용하고 있는 것이라고 보고, 정당만을 선택하는 선거제도는 헌법에서 말하는 「선거」가 아니라는 것, 또 구속명부식 비례대표제에서는 정당이 정한 순위를 유권자가 인식한 후 투표하므로, 유권자의 투표는 그 순위를 확정하는 의미를 갖는 것, 그럼에도 불구하고, 선거 후 정당에게 의원이나 명부등재 후순위 당선이 가능한 사람을 바꾸는 자유를 주는 것은, 유권자의 눈에서 보면 불합리하고 납득할 수 없는 것이고, 현대의 대표민주제에서의 「정당성」이 없어져 버리는 것 등을 주장하고, 구속명부식 비례대표선거의 명부에 등재된 낙선자를 정당이 자유롭게 제명할 수 있는 제도는 위헌의 여지가 강하다고 한다(高橋・後掲, 10 53-55면, 高田・後掲, 337면, 白鳥・後掲, 29면, 직접선거원칙설).

한편 이 입장은 비례대표선거로 당선한 의원이 탈당했을 경우에 의석이 박탈될 가능성을 갖는 공선법 제99조의 2의 규정에 대해서는 태도를 명확하게 하고 있지 않지만, 그 「직접선거의 원칙」과 의원 개인에의 「자유위임」의 원리를 중시하는 입장에서 보고, 의원의 정치 선택의 자유보다 정당 규율을 우선하는 제도에는 위헌의 의심을 가지게 될 것이다(芦部・後掲, 268페이지의 高橋和之 補正 참조).

또한, 2000년 공선법 개정으로 참의원의원 비례대표선거가 비구속명부식으로 변경되어 명부상의 순위는 정당이 아닌, 유권자가 명부등재자명에 투표한 경우의 득표수에 따라 결정되는 것으로 하였지만(제95조의 3 제4항, 제5항), 유권자의 투표로 순위를 매기면서 낙선자는 제명에 의해 정당이 자유롭게 순위를 변경할 수 있다는 것은 한층 더 선거의 「정당성」을 잃게 하는 것이 된다.

4. 정리

이상을 정리하면, 구속명부식 비례대표제의 명부등재자에 대해 명부등재 후순위 당선의 가능성을 갖는 낙선자를 제명하는 자유를 정당에 인정하고, 당선자에 대해서도 무소속 등의 수단으로 도망갈 길을 남기는 것을 조건으로 탈당을 의석상실 사유로 하는 현행 제도를 모두 합헌으로 하고, 나아가 「일본신당 사건」에서 최고재판소 판결을 지지할 수 있는 것은 입법재량설이다. 이에 대해서 현대형 「인민대표제」설은 명부등재자에 대해 적정절차의 보장이 없는 한 모든 제명을 무효로 하지만, 적정절차가 보장되면 상기 낙선자의 제명과 이에 따른 명부등재 후순위 당선 가능성의 박탈을 인정하고, 당선한 의원이 탈당하는 경우에도 같은 적정절차가 보장되면, 그것이 제명의 결과든 자발적 탈당이든, 탈당에 의한 의석상실도 인정되므로, 현행 제도는 불충분하지만 위헌까지는 되지 않는다. 그러나 「일본신당 사건」 최고재판소 판결은 그 해석·운용을 잘못한 점에서 지지할 수 없게 된다. 마지막으로 직접선거원칙설은 「일본신당 사건」 최고재판소 판결을 지지할 수 없고, 또 당선자의 탈당에 수반하는 의석상실의 가능성이 있는 현행 제도에도 강한 위헌의 의심을 품는다. 이상을 근거로 해 설문에 대답한다면, 현행법의 규정에 관계없이 명부등재 후순위 당선 가능자의 제명을 어느 정도 제한할 수 있고, 나아가 당선의원의 자유로운 탈당을 제한할 수 있는 헌법론으로는 현대형 「인민대표제」설이 가장 적합하게 된다.

PART Ⅳ 두 번째 소재

아이치만국박람회 개최저지공약 위반사건

나고야 지방재판소 2000년 12년 8월 7일 판결
1998년(ワ) 제2510호 · 1999년(ワ) 제4521호 손해배상청구사건
判時 1736호 106면
[참조조문] 헌 15, 19, 21, 43민 415, 709

사실 개요

예능 탤런트인 Y(피고)는 1995년 7월의 참의원선거 아이치 선거구에 입후보해 무소속 후보임을 밝히고, 한편 자연과의 공생이라는 입장에서 아이치 만국박람회(이하, 「만박」이라 함)에 반대하는 것을 선거공약으로 내걸어 약 36만 표를 획득해 당선되

었다. X 등(원고)은 Y의 정치 자세와 공약에 공감해 후원회를 결성하여 X가 후원회장을 맡아 자원봉사로 선거 활동을 실시했다.

참의원의원이 된 Y는 1997년 12월 말에 X 등에 사전 설명없이 자유민주당에 입당해, 다음 해 1월 기자 회견에서 이것을 공표함과 동시에 아이치 만박에 대한 반대를 그만두고, 이것을 추진하는 입장을 취함을 표명했다. 그 기자회견에서 Y는 「나에게 후원회는 없다」, 「나 홀로 인내하여 전부 내가 36만 표를 얻었기 때문에, 이것은 나 혼자서 노력한 것이고, 이 표를 어디에 가지고 가느냐는 스스로 결정해야 할 것이다」라는 등의 발언을 했다.

여기서 X 등은 ①Y에 의한 무소속 및 아이치 만박 반대라는 공약실현을 위한 정치 활동과 X 등에 의한 Y의 선거 지원을 내용으로 하는 무명계약이 체결되어 있었다고 볼 수 있어 Y와 X 등과의 사이에는 본건 계약을 통해 「특수・개별적인 신뢰관계」가 존재한다고 생각되는 점, ②Y는 본건 계약에 부수해 X 등 「후원회원의 신용, 명예 및 인격적 이익에 대해서 배려해야 할 의무」를 지고 있는 점, ③Y의 자민당 입당과 만박 추진에 대한 입장 변화는 이에 대한 비난이 X 등 후원자에게 향할 수 있는 위험을 야기해, X 등의 사회적 신용이나 지금까지의 인간관계를 위험에 빠지게 하는 것인 점, ④따라서 Y는 「위 배려의무에 근거해, 피고의 변절에 의한 원고 후원자 등의 위와 같은 피해를 최소한으로 억제하기 위해서, 피고가 공약 번복을 공표하기 전에 이것을 원고 후원자 등에게 설명해야 할 의무가 있었」음에도 불구하고, 이것을 게을리 했기 때문에 「본건 계약에 부수하는 원고 후원자 등에 대한 설명의무에 반한 채무 불이행이 있다」는 점 등을 주장해, X 등 후원회 활동을 한 사람에 대해서는 각 50만 엔, 단순한 지지자에게는 각 5만 엔의 손해배상을 요구하는 소송을 제기했다(본건은 제1심 원고패소에 이어 항소심에서도 원고의 청구는 기각되었지만(나고야 고등재판소 2001년 1월 25일 판결), 항소심 판결은 판례집 미게재이므로, 제1심을 다룬다).

제1심=나고야 지방재판소

■ 법적 구성

(a) 후원회원과 후보자 사이에의 무명계약의 존부에 대해

「원래 계약이란 이것에 근거해 채권자가 채무자에 대해 권리를 가지고, 채무자는 채권자에 대해 위 권리에 대응한 의무를 부담하고, 위 관계는 법적 구속력을 수반해 채무자가 자기의 의무를 이행하지 않는 경우, 채권자는 국가 권력의 조력에 의해 채무자에 대해 의무의 이행을 강제시킬 수 있고, 또한 채무불이행으로 생긴 손해에 대

해 배상청구를 할 수 있다고 하는 것이다」. 「그런데 원래 선거민이 어떤 후보자를 지원해 투표할 것인가의 자유는 당해 선거민의 사상・양심의 자유에 관련되는 사항이고, 또한 민주주의의 전제 및 근간을 이루는 것이기 때문에(헌법 제19조, 제21조 제1항 참조), 어느 후보자에게 지지를 표명해도 이것을 철회하는 것은 자유이고, 또 다른 후보자에게 지지를 표명하는 일도 그 선거 활동을 하는 것도 자유라 하지 않을 수 없다. 그렇다고 하면, 특정 후보자의 정치활동을 응원하는 것을 약속했다고 하여, 법적 구속력을 수반하는 계약상의 채무가 성립했다고 해석할 수는 없다」.

(b) 선거민에 대한 국회의원의 설명책임에 대해

「역시 국회의원은 공약을 걸고 선거구의 선거민의 지지를 얻어 선출된 자이기 때문에, 스스로 정치활동에서 선거민에게 설명하지 않으면 안 되는 정치책임이 있는 것은 물론이며, 또한 당해 국회의원의 선출 과정을 통하여 지원자의 구체적인 선거 활동에 의해 당해 국회의원이 어떻게 정치활동을 행하는가는 중요한 관심사이기 때문에, 당해 국회의원이 스스로의 정치활동을 설명하지 않은 경우 위 지원자들로부터 도의적인 비난을 받고 혹은 정치적 비난을 받는 경우가 있는 것도 당연하다」.

(c) 설명의무 위반에 관한 피고의 불법행위책임에 대하여

일본국헌법 제43조 제1항의 「전 국민의 대표」라는 것은 「의원은 어떠한 선거방법으로 선정된 자이건, 모두 동등한 전 국민의 대표자이며, 특정 선거인, 당파, 계급, 단체 등의 대표자가 아니라는 것(근대적인 의미에서의 국민대표), 또한 의원은 선거구의 선거민의 구체적, 개별적인 지도에 대하여 법적으로 구속되지 않고, 자유・독립적으로 행동할 수 있음(자유위임)을 의미한다」. 그러므로, 「당해 국회의원이 스스로 정치활동에 대하여 설명하지 않은 것을 두고, 위에서 기술한 도의적 비난이나 정치적 비판을 넘어 법적 책임을 추구할 수 있는 것으로 해석할 수 없다」.

■ 적용

(a) 「본건에서 원고 후원자들에게 피고로부터 피고의 정치활동을 응원해 달라는 의뢰에 따른 사실이 있다고 해도, 이를 가지고 원고 후원자들과 피고간의 어떠한 계약이 성립했다고 하는 것은 불가능하므로, 그 외의 점에 대해서는 판단할 필요도 없이 원고 후원자들의 채무불이행에 기초한 청구는 이유가 없다」.

(c) 「그 외의 점에 대해서는 판단할 것도 없으므로, 원고 후원자들의 불법행위(설명의무 위반)에 기초한 청구는 이유가 없다」.

청구 기각.

기본 해설

현재의 통설적인 견해는 일본국헌법의 국민주권이란「권력성의 계기」와「정당성의 계기」의 두 가지 측면을 가지고 있는 것으로서, 제43조 제1항의「전 국민의 대표자」성과 제51조의 의원 면책특권의 규정으로부터, 그 주안점은 어디까지나「정당성의 계기」에 있으며, 따라서 현대 대표민주제에서도 어디까지나 국민대표의 법적 지위의 독립성과「자유위임」의 원리가 우선되며,「민의의 사실상의 반영」은 헌법규범으로서는 평등선거의 원칙을 준수하는 선거구 분할이나 의원정수배분의 요청에 계속 머물러 있으며, 그 이외의 선거제도나 국회의원의 통제의 형태는 입법재량사항으로 여겨진다(본장 Part Ⅲ「이론편」 참조). 통설적 입장에서는 한 국회의원의 선거공약 위반이나 정당 변경(무소속에서 정당소속으로의 변경을 포함)도 정치적·도의적으로 비난받는 것은 있어도 법적 책임을 물을 수 없다. 왜냐하면 유권자와 의원 간의 관계에서 본 의원의 지위는 어떠한 법적 제재도 받지 않고 정치책임만 지는「정치적 대표자」에 머무르며, 파면 등의 법적 제재를 담보로 하는 정치책임(「법적 정치책임」)이나 민사·형사상의 법적 책임을 지게 되는「법적 대표자」 또는「수임자(受任者)」가 아니기 때문이다(또는 루소는「명령위임」 위반의「수임자」에 대하여, 파면 이외에 형사처벌을 과하는 것도 제안했다).

통설적 견해에 의하면, 이「자유위임」과 법적 무답책을 기본으로 하는 대표민주제의 사고방식은 지방자치체의 장이나 의원의 법적 지위에 대해서도 원칙적으로 적용된다. 다만 지방자치제의 주민대표제에 대해서, 지방자치법에서 단체장과 의원의 파면을 원하는 직접청구제도가 인정되고 있는 이상(지자법 제80조, 제81조 등), 이에 한하여 주민이 공약위반의 주민대표의「법적 정치책임」을 추궁하는 것이 인정된다. 그러나 통설적 견해에 의하면, 이는 지방자치체의 경우에 한하는 것이며, 그것도「법적 정치책임」 추궁은 법률로 인정되는 경우에 한한다. 즉, 통설에서는 국민주권은 국정에서는 완전한 대표 원리의 관철을 요구하나, 지방정치에 대해서는 직접민주제와 대표제의 병존을 인정하고 있어, 어느 정도 대표제원리를 수정하는가는 입법정책 사항으로 생각하는 것이다(주민투표문제에서 직접민주제와 대표제의 관계를 논하는 통설적 견해로는 兼子·後掲, 15-34면).

공약위반의 국민대표나 주민대표에 대한 민사책임추궁도 통설적 견해로는 동일하게 정치적 대표자의 법적 무답책성에서 배제된다. 판례도 동일한 입장을 든다. 지방대표에 관해서는 시장선거 당선 후에 원자력발전 설치에 대한 주민투표를 실시할 뜻을 주민단체에 서약하고, 시장선거에서 이 단체의 지원을 받아 당선되어 나중에 사정의 변화를 이유로 주민투표를 실시하지 않았기 때문에, 이 단체로부터 사법상 계약의 의무불이행 내지 불법행위에 기초한 손해배상청구소송을 제기한 사례가 유명하다. 재판소는「본건 약속은 그 성질상 시장후보자 내지 시장으로서의 본건 선거에 대한 공약의 성질만 가지고 있다고 해석되는 것으로, 사법상의 계약의 성격을 갖는 것이 아니다」라고 하여,「피고는 시민투표를 실시하지 않은 경우, 시장의 입장에서 정치적·도의적 책임을 지는지의 여부는 별론으로 하고, 원고가 주장하는 채무불이행책임 내지 불법행위책임을 지는 것은 아니다」라고 판시했다(미야자키지판 1999년 9월 20일 判時 1712호 164면).

전술한 통설적 견해에서 보면, 주민대표에 대해서는 입법으로 민사책임을 인정하는 명문규정을 설정하면 이것이 합헌이 될 여지도 있다. 그러나 국민대표에 대해서는 헌법 제51조의 면책특권의 규정으로 보아, 민사책임추급의 입법 자체가 위헌이 될 것이다. 본건 판결은 물론 여기까지의 사정을 갖는 것이 아니지만, 정치적 대표의 공약에 법적 구속력이 없고, 민사책임의 추궁이 허가되지 않는다는 통설적 견해를 국가대표에게 명확하게 인정한 점에 의의가 있다.

다음으로 공약위반 그 자체의 민사책임은 물을 수 없다고 하여도, 최소한 유권자·후원자에 대한 설명책임에 대하여 법적 의무를 부과할 여지가 없는가가 문제된다. 그러나 본건 판결은 이 점에 대해서도「자유위임」의 원리에서 국민대표에게는 법적인 설명의무는 없다고 하고 있다. 확실히 학설도 통설과 같은「국민대표제」설의 경우 설명의무 위반의 민사책임을 물을 수 없다. 왜냐하면 이 설의 경우에는 유권자로부터의 법적 독립이야말로「자유위임」 원리의 중핵이며, 유권자에 대한 설명책임의 법적 의무화는 가장 중요한 원리에 정면으로 저항하게 되는 것이기 때문이다.

한편,「인민대표제」설의 경우는 본래 공약위반의「인민대표」에 대하여 리콜에 의한「법적 정치책임」을 추궁하게 될 것이다. 그러나 국회의원의 리콜을 제도화하는 입법이 없는 경우에는 다른 수단을 모색해야 한다. 그런 점에서「명령위임」 등의 강한 법적 구속을「인민대표」에게 과하지 않는다고 해도 유권자에 의한 정책결정이 다른 방법으로 보장되면 된다고 보고, 결과적으로는「인민대표」가 민의와는 다른 행위를 해도 개선 시까지 기다리는 것을 용인하는 현대형「인민대표제」설은 도리어「인민대표」의 법적인 설명의무를 논증하기에 적합한 논리를 가진다고 생각된다. 왜냐하면, 국회의원의 리콜제가 없는 경우에는 개선까지「인민대표」가 유권자의 의사로부터 독립하여 행동할 가능성이 있음을 인정하지 않을 수 없기 때문에,「인민대표」가 민의로부터 완전히 독립해 버리지 않도록, 즉,「인민대표」가「국민대표」로 빠지지 않도록「인민주권」 원리의 최저한의 요청으로「인민대표」에는 유권자의 납득을 얻을 수 있도록 노력할 법적 의무가 있다고 해석하는 것이 가능하기 때문이다. 따라서「인민대표제」설의 경우에는 국회의원의 설명책임을 의무화하는 법률이 없더라도, 민사책임의 추궁 그 외의 기존의 법적 수단을 철저히 활용하여 설명의무를 부과하는 것이 당연히 인정되는 것이다.

설문 다음 물음에 관하여 스스로 대표민주제에 대한 생각을 명시하면서 논하라.

(1) 종교법인을 엄하게 통제하는 법안이 쟁점이 된 중의원의원 선거에서, 어떤 소선거구에서 무소속으로 입후보한 Y는 종교법인 Z의 선거응원 대가로 동 법안의 국회통과를 저지하기 위해 성심성의껏 노력하겠다는 서약서를 Z의 대표 X에게 제출하고, 선거 중에도 그 공약을 걸고 당선되었다. 그러나 Y는 선거 때부터 여당과 비밀리에 연락하며, 당선될 경우에는 여당에 들어와 동 법안에 찬성하겠다는 취지의 비밀문서를 작성하였다. 당선 후 Y는 약간의 변명서를 Z에 송부한 후, 여당에 들어가 법안에 찬성투표를 했다. 그런데 직후에 Y와 여당 사이에 체결한 비밀문서가 폭로되면서, Y를 추천후보가 될 수 있도록 적극 협력한 X는 종교법인 Z내에서 심하게 규탄을 당하여 자살해버렸다. 따라서 X의 유족은 Y의 배신행위로 X가 받은 정신적 고통에 대한 손해배상청구소송을 제기했다. 이 소송은 인정될 수 있는가?

(2) 상기의 경우, Y가 변명서를 송부하는 등의 행동도 없고, 일체의 설명도 없이 돌연 여당에 입당하여 법안에 찬성했다고 하자. 이것을 두고 X의 유족이 Y의 설명의무 위반을 이유로 손해배상청구를 했을 경우 이 소송은 인정될 수 있는가?

(3) Z시에서 미군기지건설에 관한 주민투표가 주민투표조례에 의거하여 실시되어, 유권자의 9할에 해당하는 사람이 투표를 하고, 그 중 9할이 건설반대에 의사표시를 했다고 하자. 동 주민투표조례에는 「시장은 주민투표의 결과를 존중한다」라고 규정되어있음에도 불구하고, 시장 Y는 미군기지건설 인수를 주민투표 3일 후에 표명하고, 국가와 인수협정서를 체결한 후 곧장 사임해버렸다. 여기서 반대파 주민의 리더이자 주민투표조례제정과 그 실시를 위해서 전력을 기울여 온 X 등은 Y의 행위에 의해 자신들의 노력이 허사가 되어 정신적 고통을 입었다고 손해배상청구소송을 했다. 이 X 등의 소송은 인정되는가?

(4) 위와 같은 경우 본건 조례에 있어 「존중의무」는 특단의 합리적 이유가 없는 한, 시장은 투표결과에 반하는 행위를 하지 않는 것을 의미하며, 특단의 합리적 이유의 유무를 판단할 시에는 적어도 시장이 시민에 대한 설명책임을 다하는 것이 절대조건이나, Y가 시민에게 일절 설명도 상담도 하지 않고 독단적으로 국가와 인수협정을 체결한 것은 명확히 동 조례에 위

반하는 것인데다, Y의 위반행위에 의해 국민투표의 실시에 관한 비용이 낭비된 것을 들어, 주민투표의 실시에 든 비용에 관한 손해배상을 Y에 대해 청구하도록, 주민감사청구 후에 Z시의 새로운 시장에게 요구하는 주민소송을 X 등이 제기했다고 하자. 이 소송은 인정될 것인가?

▌참고문헌▐

芦部信喜 ①『憲法』(岩波書店,第３版・高橋和之補訂, 2002年)

同 ②「比例代表制と党籍変更の憲法問題」法学教室53号(1985年)

大津浩「住民投票結果と異なる首長の判断の是非」2000重判(ジュリスト1202号)

兼子仁「自治体住民의直接民主主義的権利」都立大法学32巻1号(1991年)

佐藤幸治「宗教団体紛争と司法権」佐藤幸治・中村隆男・野中俊彦『フアンダメンタル憲法』(有斐閣, 1994年)

白鳥令「改正公選法の問題点」ジュリスト776号(1982年)

杉原奏雄『憲法Ⅱ 統治の機構』(有斐閣, 1989年)

高田篤 「政党における除名処分と比例代表選挙における繰上補充」 憲法判例百選Ⅱ(有斐閣, 第4版, 2000年)

高橋和之「国民の選挙権vs政党の自律権」ジュリスト1092号(1996年)

辻村みよ子『憲法』(日本評論社, 2000年)

野中俊彦・中村陸男・高橋和之・高見勝利『憲法Ⅰ・Ⅱ』(有斐閣, 第3版, 2001年)

野中俊彦 「政党と国民代表の性格」 佐藤・中村・野中 『フアンダメンタル憲法』(有斐閣, 1994年)

(大津 浩)

제24장 평등원칙과 입법재량

[논점]

(1) 전후보상입법과 평등원칙
전쟁 피해에 대한 전후의 국가보상조치(전후보상)에서 입법재량은 어느 정도 인정되는가?

(2) 사회보장입법과 평등원칙
사회보장입법에서 입법재량은 어느 정도 인정되는가?

Part Ⅰ 기본 소재

재일한국인 일본군속원호법 소송

최고재판소 2001년 4월 5일 제1소법정 판결
1998년(行ツ) 313호 장애연금청구각하처분취소청구사건
判時 1751호 68면
[참고조문] 헌 14, 25 전상등원호 11②, 14 Ⅰ②, 동 부칙 Ⅱ

사실 개요

X_1, X_2(원고, 항소인, 상고인)는 모두 재일한국인이나 X_1은 제2차 대전 중에 구 일본 해군에 징용되어 마셜군도 왓체섬에서 비행장 건설에 종사하고 있던 중, 미국기의 공격에 의해 오른팔을 잃었고, X_2는 선원으로서 선박군영회(국가총동원법에 기초하여 설립된 민간선박의 국가통제기관)가 운항하는 선박에서 갑판장으로 승선 중 바리크파판(인도네시아, 보루네오 섬) 앞바다에서 미군기의 폭격을 받아 왼쪽 아래 대퇴부를 절단당했다. 샌프란시스코 평화조약의 발효(1952년 4월 28일) 직후의 같은 달 30일에 성립하였고 동 1일에 소급하여 적용된 전쟁 '부상자전몰자원호법'(이하, 「원호법」이라 함)은 제1조에 「이 법률은 군인·군속이었던 자 혹은 그들의 유족을 원호하는 것을 목적으로 한다」라고 규정하여, 동 제7조 제1항은 「군인·군속이었던 자가 재직기간 내에 공무상 부상당하였거나 질병에 걸려, (중략)에 정하는 정도의 장애 상태인 경우에는, 그 자의 장애의 정도에 따라서 장애연금을 지급한다」라고 정하고 있다. 이상에서 말한 「군속」

이란 구 육해군내의 유급의 촉탁인, 고용, 공원(工員) 등 그리고 前記 선박운영회가 운항하는 선박의 선원 등을 가리킨다(원호법 제2조 제1항). 신분은 군인이 아니나 군대조직의 불가결한 요원이며, 또는 군사작전의 지원업무에 종사한 자를 말한다. X_1, X_2는 이 정의를 적용하면 군속에 해당한다.

여기서 X_1, X_2는 각자 동법에 기초하여 장애연금을 요구했으나, 후생대신 Y(피고, 피항소인, 피상고인)에 의해 전부 각하되었다. 각하의 이유는 원호법에는 「부칙」이 첨부되어 있어 제2항(이하 「본건 부칙」이라고 함)에서는 「호적법(1947년 법률 제224호)의 적용을 받지 않는 자에 대해서는 당분간 이 법률을 적용하지 않는다」(이른바 「호적사항」)라고 되어 있는 바, 구 식민지출신자에 대해서는 식민지 지배 시기가 있었지만, 구 호적법 적용이 없고 따로 조선반도 주민에 대해서는 「조선호적령」을 두어 「조선호적」에 등재되었던 것에 유래하여 현행 호적법의 적용이 없다. 즉, 재일한국인들은 영주자격을 가지고 있어도 호적법의 적용이 없는 이상 원호법의 적용도 없다는 것이다. 원호법 제11조 2호는 1952년 3월 31일 이전에 일본 국적을 상실한 자는 연금 등의 지급자격이 없다고 정하고, 동법 제14조 제1항 2호는 국적상실에 의해 장애연금의 수급자격이 소멸한 것으로 하고 있다. 본건 부칙은 이러한 법의 규정이 기재된 국적요건을 보완하는(확인하고 경우에 따라 보충한다) 것이라는 것이 Y의 입장이다. 여기서 X_1, X_2(이하, 「X_1 등」이라 함)는 당해 각하처분(이하, 「본건 각하처분」이라 함)의 취소를 요구하며 본건 소송을 제기했다(양자에 대한 처분은 개별적이며 관련성도 없으나, 쟁점이 완벽하게 동일하므로 제1심부터 병합심리되었다(행소법 제17조 제1항 참조)). 제1심(판결 전 X_2가 사망하였으므로 X_2에 대하여 유족이 소송을 승계했다), 제2심 모두 청구를 기각하고, 최고재판소도 상고를 거부했다.

제1심=동경 지방재판소

동경 지방재판소 1994년 7월 15일 판결
判時 1505호 46면

■ 당사자의 주장 (쟁점)

〈법적인 근거에 관련된 주장〉

원고

(a) 본건 부칙은 헌법 등에 위반하여 무효이다.

X_1 등은 아래 기재한 이유에 의해, 본건 각 처분의 근거가 된 본건 부칙은 불합리한 차별에 해당하기 때문에 위헌무효이며 나아가 국제인권규약 A 규약(사회권 규약) 제

9조, 그리고 동 B규약(자유권 규약) 제26조에 위반하는 점에서도 무효라고 주장했다.

① 원호법의 정신

원호법은 제1조에서 규정하는 것처럼 국가보상의 정신에 기초하는 원호를 목적으로 제정된 것이므로, 위 국가보상의 정신이란 군인·군속 등의 일본국과의 특별한 관계에 기초하여 제공한 군무 등이 원인이 되어 입은 전쟁피해에 대하여, 국가가 사용자의 입장에서 보상 등의 구제조치를 강구해야 한다고 한다. 그렇다면 동법의 원호대상자는 일본의 군인·군속 등으로 전쟁에 종사하고, 그에 의한 전사상자라면 마땅히 충족되어야 하며, 일본 국적의 유무나 호적법 적용의 유무는 어떠한 본질적인 요소가 아니고, 호적법의 적용을 받지 않는 것을 이유로 원호대상자에서 제외하는 것은 법 앞의 평등을 정한 일본국헌법 제14조 제1항에 위반된다.

② 전쟁참가의 경위

한국·조선인이 전쟁에 강제로 종사하게 된 것은 일본 국적을 가진다고 보았기 때문이며, 호적법 적용이 있는 것은 전쟁에 종사시키기 위한 요건이 아니었다. 그럼에도 불구하고 전쟁피해에 대한 보상을 두고, 전쟁종사의 요건이 아닌 호적법을 적용받는 것을 요건으로 하는 것은 어떠한 합리적 이유 없이 한국·조선인의 군인·군속을 차별하는 것이므로 헌법 제14조 제1항에 위반된다.

③ 양국 간의 협력이 개인의 보상청구권에 미치는 영향

피고 Y는 본건 부칙이 이른바 분리독립지역의 주민의 전쟁피해 보상 문제가 그 후의 두 국가 간 협의의 주제가 될 가능성이 있을 것을 고려하여 설정된 것이라는 취지의 주장을 하나, 전쟁에서 장애 상태가 된 군인·군속 등의 사활이 걸린 보상 문제를 언제 해결될지 모르는 두 국가 간 협의를 이유로 장래로 미루는 것은 합리성이 없으며, 애초에 전쟁에 종사시킴으로써 장애 등을 입은 개인이 일본국에 대하여 갖는 보상청구권을 그 개인의 소속국가가 개인을 대신하여 포기 내지 처분하는 것을 근거로 하는 어떠한 법적 권한도 없으며, 국가 간의 합의에 의해 개인이 갖는 보상청구권을 소멸시키는 것은 불가능하다.

(b) 본건 부칙은 실효하였다.

나아가 X_1들은 본건 부칙이 합헌이라고 해도, 동 부칙은 다음과 같은 이유로 이미 효력이 없다고 주장했다.

① 「당분간」의 의의

원호법제정 시에는 샌프란시스코 평화조약 제4조(a)에 의거하여, 일본과 한국 등에서 전후의 청구권 등의 처리에 대해 외교상의 협의가 개시되어, 구 식민지출신자의 보상 문제도 위 청구권 문제의 일환으로서 외교상의 협력에 의해 해결될 것으로 생각되었다. 따라서 위 「당분간」이란 외교상의 협의에 의해 보상 문제가 해결되기까지의 기간을 의미하는 것으로 해석해야 한다.

② 본건 부칙의 실효

따라서 본건 부칙이 설정된 이유가 한국・조선인의 보상 문제에 대하여는 외교교섭에 의한 해결을 기대하는 이상, 본건 부칙에서 말하는 「당분간」은 재일한국인에 관한 한, 1965년의 한일청구권협정의 체결에 의해 확정되었다고 보아야하며, 본건 부칙은 위 협정의 서명일 이후 실효된 것으로 보아야 한다.

피고

(a) 본건 부칙은 헌법 등에 위반하지 않는다.

이에 대해 피고 Y는 다음과 같이 반론했다.

① 원호법의 적용대상

전쟁은 국가의 존망과 관련된 비상사태이며, 모든 국민이 전쟁에 의해 크건 작건 생명・신체 및 재산을 희생하게 되며, 이러한 희생은 어떠한 것도 전쟁 희생 또는 전쟁 손해로서 국민이 부득이하게 같이 수인해야 하는 것이다. 이러한 전쟁 희생 또는 전쟁 손해에 대하여 이에 대한 국가의 보상 여부는 보상해야 한다고 하는 경우에 어떠한 범위・내용 및 정도의 보상을 하는가는 고도의 정치적 판단을 요하는 입법정책의 문제이다.

② 본건 부칙의 의의

본건 부칙을 설정한 것은 종전 시에, 조선반도 및 대만출신자의 국적 귀속이 분명하지 않고, 원호법의 심의의 단계에서는 샌프란시스코평화조약의 발효일이 반드시 명확하지 않기 때문에, 원호법 본칙이 정한 국적 조항 외에 호적법의 적용이 없는 자에 대하여, 당분간 원호법을 적용하지 않는다는 취지의 본건 부칙을 설정하여, 조선반도 및 대만출신자에 대하여 원호법의 적용이 없는 것을 명확하게 밝힌 것으로서, 그 취지는 일본 국적을 가질 것을 급부의 요건으로 하는 점을 명확하게 한 것이다.

③ 원호법의 사회보장적 측면

원호법은 그 일면에 장애 또는 생계를 담당한 자의 사망이라는 사유에 대하여 본인 또는 그 유족의 생활을 원조한다는 성격도 가지고 있으나, 현재 세계체제 하에서 국가와 국민의 관계에 비추어보면, 위와 같은 상황에 있는 각 개인에 대하여 생활보장 및 원조를 하는 것은 각 개인이 소속하는 국가의 책임으로 행해져야 하는 것이 국가 간 기본원리로 되어 있으므로, 이 점에서도 본건 부칙은 충분한 합리성이 있다.

(b) 본건 부칙은 실효하지 않았다.

「당분간」이라는 문언은 별도 당해 법령의 개폐 등의 입법조치가 고려되지 않는 한 계속 효력을 갖는 것으로서, 한일협력체결 후에도 본건 부칙 등의 폐지의 필요성이 없고, 본건 부칙이 존속할 것이므로 「당분간」의 경과에 의해 본건 부칙이 이미 실효했다는 원고의 주장은 이유가 없다.

■ 법적 구성

(a) 본건 부칙의 합헌성 등

「일반적으로 전쟁은 국가의 존망과 관계 되는 비상사태이므로 이러한 상황 하에서는 국민의 생명·신체 및 재산에 관한 전쟁 희생 또는 전쟁 손해는 국민이 평등하게 수인해야 하는 것으로서, 이러한 전쟁 희생 또는 전쟁 손해에 대한 보상은 헌법이 전혀 예상하지 않은 것이므로, 이러한 전쟁 희생 또는 전쟁 손해에 대하여 국가가 어떠한 범위의 사람에 대하여, 어떠한 정도의 보상을 할 것인지는 기본적으로 국민감정이나 사회, 경제, 재정사항, 나아가서는 외교정책, 국제정세 등을 고려한 정치적 판단을 요하는 입법정책에 속하는 문제이다」. 그리고 「군인·군속 등의 전사·상(戦死·傷)에 의한 장애 등도 위에서 말하는 전쟁 희생 또는 전쟁 손해에 해당하는 것은 명백하다. 그리고 원호법은 기본적으로 국가보상의 정신에 기초하여 제정된 것이나, 한편에서는 군인·군속 등이었던 자 또는 그 유족에 대한 생활원조법적 측면마저 가지고 있는 것이라는 점은 부정할 수 없는 바, 이러한 종류의 원조는 당해 원조의 대상에 속하는 국가의 책임 하에 행해져야 하는 것이 현재 국제간에 기본적으로 용인되고 있는 실태라고 해석된다」.

「이러한 전쟁 희생 또는 전쟁 손해가 갖는 특수성, 원호법의 성격 등까지 고려하면, 원호법의 제정에 있어 조선반도 및 대만 출신자에 대한 보상 문제는 실시 당국, 다시 말하면 한국 정부와 일본 정부 간의 특별계약에 의해 해결될 것을 예정하는 한편, 원호법 자체에서는 자국민만을 원호의 대상으로 하는 취지로 前記와 같은 국적에 관한 조항을 설치함과 동시에, 조선반도 및 대만 출신자에 대한 원호법의 적용을 배제하는 본건 부칙을 설정한 것이라고 할 수 있는 입법정책을 세운 것에는 충분한 합리성이 있으며」, 「곧 본건 부칙이 헌법 제14조 제1항에 위반하는 것이 될 수 없다」.

(b) 본건 부칙의 실효에 대하여

「일반적으로 법령 등에서 장래의 개폐 등을 예상하여 규정 중에 당분간」이라는 부정기간(不定其間)을 정하고 있는 경우가 있는데, 이러한 경우에도 부정기간으로 정해진 이상, 위 규정이 실제로는 전혀 적용되지 않으며 사실상 개폐된 것으로 간주되는 등의 특별한 사정이 있을 경우는, 특별히 당해 법령의 개폐 등의 입법조치가 고려되지 않는 한, 법규로서의 효력을 잃은 것으로 볼 수 없다고 해석된다」.

(c) 부언

「전쟁 희생 또는 전쟁 손해에 대하여 보상조치, 그 중에서도 일본 국적을 갖지 않은 자에 대한 보상조치의 범위·정도는 정치적 판단에 기초하여 입법정책에 관한 문제라는 점에서 보면, 원고들과 같은 재일한국인이 한일 양국의 어느 쪽에서도 어떠한 보상을 받을 수 없는 상태가 되었다는 것은 그러한 의미에서 입법부작위 상황에 있다고 해야 한다. 전부터 원고들이 전상을 입은 시점에서 이미 50년 가까운 세월이 경과하고 있는 것을 고려해 볼 때, 원고들을 동정해야 하는 상황인 것은 명백하나, 원고와 같은 전쟁 피해자에 대하여 어떠한 보상조치를 하는가, 어떤 범위의 사람을 구제의 대상으로 하는가, 일본 국적을 가진 자와의 관계에서 구제의 정도를 어떻게 해야 하는 것인가 등에 대해서는 이제까지의 관계국과의 외교교섭의 경우, 그 후의 외교관계, 국제정세의 변화, 일본 국내의 사회·경제정세 등을 고려한 이상, 일본 정부 및 입법기관인 국회에서 논의되어져야 할 문제이며, 일의적으로 명백하게 결론을 도출할 수 있는 성질의 것이 아닌 이상, 사법기관인 재판부가 원호법의 적용의 여부가 쟁점이 된 본건에서, 위 입법의 부작위 상황에 대하여 그 적부 내지 당부를 경솔하게 평가하는 것은 적당하지 않다」.

■ 적용

청구기각.

제2심=동경 고등재판소

동경 고등재판소 1998년 9월 29일 판결
判時 1659호 35면

■ 당사자의 주장(쟁점)

제1심 단계의 주장과 거의 같다.

■ 법적 구성

(a) 본건 부칙의 의의

X_1 등 항소인은 「샌프란시스코평화조약에 의해 항소인들이 일본 국적을 당연히 상실한 것을 전제로 본건 부칙의 취지를 다투지만, 원호법의 적용 시기는 위 조약의

발효 전인 1952년 4월 1일이며, 위 조약 발표 전의 분리독립지역의 주민의 국적에는 불분명한 점이 있는 이상, 위 조약은 조선반도 · 대만의 영토문제에 대해서 명기하고 있으나 그 출신자의 국적, 특히 위 조약에 의해 일본의 고유영토로 지정된 땅에 사는 자의 국적에 대하여는 직접적으로 명기하지 않고, 위 조약의 해석 또는 국적법의 입법에 위임하고 있었으나, 법무성 민사국의 행정해석은 위 조약의 효력발생에 동반하는 당연상실설에 의해 국적법에서는 특별히 개정하지 않은바, 위의 해석 내지 입법의 조치에는 이론이 있을 수 있고, 대만 · 조선반도의 출신자 특히 일본에 거주하는 자의 원호법상의 지위에는 불분명한 점이 있고, 이들을 명확하게 하는 본건 부칙에는 원호법 본칙과는 다른 독자적 입법이유가 존재하는 것이다.

(b) 본건 부칙의 합헌성

전쟁 희생 또는 전쟁 손해가 가진 특수성, 원호법이 생활원조법적 성격을 갖는 점 및 샌프란시스코평화조약에서 분리독립지역의 전후처리에 대해서는 일본과 당해 실시 당국과의 특별계약의 내용으로 하는 것이 예정되어 있던 점 등을 고려할 때, 원호법에서 조선출신자 등 호적법의 적용을 받지 않는 군인 · 군속에 대하여 당분간 그 적용을 하지 않는다고 한 본건 부칙은 그 입법시점에서 충분한 합리적인 근거가 있었고, 입법부의 입법재량의 당부의 문제가 있어도 헌법 제14조 제1항에 위반하지 않는 것이다.

(c) 한일청구권협정 이후에 대한 본건 부칙의 효력

항소인 X_1들이 「재일한국인에 관한 한 한일청구권협정의 체결에 의해, 본건 부칙은 실효했다는 주장을 하고 있으나, 일단 성립된 법률이 평등원칙(헌법 제14조 제1항 등) 위반에 의해 특정 사람과의 사이에서만 실효한다고 해석하는 것은 새로운 입법을 하는 것과 마찬가지이기 때문에, 위 입법의 위헌 · 위법이 명백하고 입법부가 재량권의 한계를 면탈하여 국회가 고려해야 할 제반의 사정을 참작하여도 여전히 그 입법이 합리성을 갖는 것으로 생각되지 않을 정도의 명백하게 불평등한 상황에 달한 경우를 요구하는 바, 위와 같이 재일한국인의 전병사자의 보상 문제는 외교문제도 관련된 고도의 정치문제이므로 일본 정부의 한일청구권협정의 해석에 상응하는 근거가 인정되는 이상, 위 상황이 前記의 정도에까지 달해있다고 판단할 수 없고, 항소인들의 위 주장은 받아들일 수 없다」.

(d) 부언

「재일한국인은 일본 국적을 가진 일본의 군인 · 군속으로서 전쟁에 종사한 자로, 원호법의 적용개시 때에는 일본 국적을 가지고 있었다고 해석되나, 그 경우는 일본 국적을 가진 자에 가까운 자로 보아야하며, 전쟁의 상대국에 속하는 외국인과 같이 배상문제로 하기보다는, 일본 국적을 가진 자에 준해 처리를 하는 방법이 실태에 맞추어 봤을 때 보다 적절하다고 할 수 있고(한일청구권협정에서도 배상문제는 처리되지 않았다), 원호법이 군인・군속이었던 자 또는 그 유족에 대한 생활원조법적 측면까지 가지고 있는 것이라고 해도, 재일한국인의 위와 같은 입장 및 현재 일본에 거주하고 있는 점 등을 고려하면, 한일 양국의 외교교섭을 통하여, 한일청구권협정의 상이한 해석을 해소하고 적정한 대응을 도모하는 노력을 함과 동시에, 원호법의 국적조항 및 본건 부칙을 개폐하여 재일한국인에게도 동법 적용의 길을 여는 등의 입법을 할 것, 또는 재일한국인의 전쟁 부상자에 대하여 이에 상응하는 행정상의 특별조치를 취할 것이 강력히 요구된다.

■ 적용

항소기각.

상고심=최고재판소

■ 상고이유

본건 부칙은 상고인 X_1 등 재일한국인의 군인・군속을 부당하게 차별하는 것으로서, 헌법 제14조 제1항에 위반된다.

[법정의견]

상고기각. 후카자와(深沢) 재판관의 보충의견이 있다.

■ 법적 구성

(a) 제14조 제1항의 의의

「헌법 제14조 제1항은 법아래 평등을 정하고 있으나, 이 규정은 합리적 이유가 없는 차별을 금지하는 취지의 것으로서, 각인에게 존재하는 경제적, 사회적 기타 여러 가지의 사실관계상의 차이를 이유로 법적 취급에서 구별을 설정하는 것은 그 구별이 합리성이 있는 한, 이 규정에 위반하는 것이 아니라는 점은 당 재판소의 판례의 취지이다」.

(b) 본건 부칙의 의의와 합헌성

「평화조약 발효 직후의 1952년 4월 30일에 원호법이 공포 실행되어, 동월 1일에 소급하여 적용되었으나,……원호법상 원호대상자는 일본 국적을 가진 자에 한정되어, 일본 국적의 상실을 이유로 권리소멸사유로 정해짐과 동시에, 원호법 부칙 제2항이 규정되었다. 그 취지는 원호법제정 당시, 그때까지 일본의 국내법상으로 조선인 및 대만인으로서의 법적 지위를 갖지 않은 사람의 국적의 귀속이 분명하지 않았던 것으로서, 이들에게 원호법의 적용이 없음을 명확하게 한 것이었다고 해석된다」. 「이러한 경위로 보아, 이제까지의 일본 국내법에서 조선인으로서의 법적 지위를 갖고 있던 군인・군속이 원호법의 적용에서 제외된 것은 이들의 청구권의 처리가 평화조약에 의해 일본 정부와 조선의 시정 당국과의 특별협약의 내용이 되어, 상기 군인・군속에 대한 보상문제도 양 정부 간의 외교교섭에 의해 해결될 것이 예정된 것에 의거하는 것으로 해석되고, 거기에는 충분한 합리적 근거가 있는 것이다. 따라서 원호법 부칙 제2항에 의해 일본의 국적을 갖는 군인・군속과 평화조약의 발효에 의해 일본의 국적을 상실하여 조선 국적을 취득한 것이 된 군인・군속과의 사이에 구별이 생긴다고 해도, 그것은 위와 같은 근거에 기초한 이상, 원호법 부칙 제2항은 헌법 제14조 제1항에……위반하는 것이라고 할 수 없다」.

(c) 한일청구권협정 이후에 본건 부칙의 합헌성

「한일청구권협력의 체결 후, 일본 정부는 동 협정 제2조 제2항(a)에 해당하는 재일한국인의 군인・군속의 보상청구에 대해서는, 이러한 사람들이 원호법 적용에서 제외된 이상 법률상의 근거를 갖는 실체적 권리가 아니기 때문에, 동항에서 말하는 「재산, 권리 및 이익」에는 해당하지 않고, 동조 제3항에 의해 대한민국 정부의 외교보호권은 포기되었으며, 동 협정에 의해 해결 완료의 입장을 취하며, 다른 방면에서 대한민국 정부는 재일한국인의 군인・군속을 대한민국의 국내법에 의한 보상의 대상에서 제외했다. 그렇기 때문에 재일한국인의 군인・군속은 그 공무상의 부상 또는 질병 등에 대해 일본이나 대한민국 어느 곳에서도 보상을 받지 못하였다. 그 결과 일본인의 군인・군속과 재일일본인의 군인・군속 간에 공무상의 부상 또는 질병 등에 의한 부상에 대해 차별상태가 발생하고 있던 것은 부정할 수 없다. 위와 같이 원호법 부칙 제2항이 원호법 제정 당시에는 충분한 합리적 근거가 있었다고 해도, 한일청구권협정의 체결 후 상기와 같은 차별상태가 생기고 있음에도 불구하고, 입법부가 재일한국인의 군인・군속에 대하여 원호의 조치를 강구하는 일 없이 원호법 부칙 제2항을 존치해 온 것에 대해서는 그것이 헌법 제14조 제1항에 위반하는가의 여부에 대해 더욱 검토해야 한다.

그런데 군인・군속 등 공무상의 부상 혹은 질병 또는 사망과 같은 전쟁 희생 내지 전쟁 손해에 대한 보상은 헌법이 예상하지 않은 것이며, 그 보상의 필요여부 및 형태는 사정의 성질상, 재정・경제・사회정책 등의 국정 전반에 걸쳐 종합적 정책판단을 기다려 비로소 결정할 수 있는 것이므로, 이에 대해서는 국가재정, 사회경제, 전쟁에 의해 국민이 받은 피해의 내용, 정도 등에 관한 자료를 기초로 하는 입법부의 재량적 판단에 맡긴 것으로 해석된다(최고재판소 1965년(오) 제417호 1968년 11월 27일 대법정 판결 民集 22권 12호 2808면, 최고재판소 1983년(오) 제1337호, 1987년 6월 26일 제2소법정 판결 裁判集 民事 151호 147면, 최고재판소 1993년(오) 제1751호 1997년 3월 13일 제1소법정 판결 民集 51권 3호 1233면 참조). 또한 상기와 같은 한일청구권협정의 체결 후의 경과나 국제정세의 추이 등에 비추어 보면, 원호법 부칙 제2항을 폐지하는 것을 포함하여 재일한국인의 군인・군속에 대한 원호조치의 강구여부는 대한민국이나 그 외의 국가 사이에 고도의 정치・외교상의 문제이기도 하므로, 그 결정에서는 변동하는 국제정세, 국내의 정치적 또는 사회적 제반 사정까지 고려한 복잡하고 고도의 정책적인 고려와 판단이 요구되는 것이라 하지 않을 수 없다. 이러한 점에서 보면, 한일청구권협정의 체결 후, 상고인들을 포함한 재일한국인의 군인・군속에 대한 원호의 조치를 고려하는 일 없이 원호법 부칙 제2항을 존치시킨 것은 지금까지 기술한 것처럼 복잡하고 고도의 정치적인 고려와 판단 후에 행사되어야 하는 입법부의 재량의 범위를 현저하게 일탈하고 있다고까지는 할 수 없고, 본건 각 처분당시에 헌법 제14조 제1항의 위반에 이르렀다고 할 수 없다」.

(d) 조위금제도의 제정

「덧붙여서, 본건 각 처분 후 평화조약 국적이탈자인 전몰자 유족 등에 대해서 '조위금 등의 지급에 관한 법률'(2000년 법률 제114호)이 제정되어, 원호법과는 기본적으로 다른 입법 취지로 인도적 정신에 따라 재일한국인 등 평화조약 국적이탈자 등인 전몰자 등 유족 및 중도의 전상병자 유족에 대해, 사망한 자 1인당 조위금 260만 엔을 지급하고, 또한 평화조약국적이탈자 등의 중도의 전상병자에 대해 1인당 문병금 200만 엔 및 중도의 전상병자 노후생활 설계지원 특별급부금(특별이행금) 200만 엔을 지급하는 것으로 한 바 있다」.

■ 적용

상고기각.

[보충의견]

• 후카자와 다케히사(深沢武久) 재판관

「전쟁 중, 일본 국적을 갖고 일본의 군인・군속으로 공무에 종사하여 부상하거나 질병에 걸린 사람들에게 인도적 견지에 입각한 명확한 법적 해결이 바람직하다」.

기본 해설

1. 본건의 논점

「전후보상」의 일반론(Part Ⅲ 「이론편」 참조)과는 다르게, 본건은 제도와 경위는 복잡하나 헌법상의 논점은 단순하다. 어떠한 제도가 없는 상태에서 X_1 등이 「국가보상」을 구하기는 쉽지 않으나, 원호법과 같은 확고한 제도가 존재하는 이상, X_1 등으로서는 평등원칙을 근거로 원호법의 적용을 주장하면 된다.

실제로는 이미 본 것처럼 본건 소송에서는 기본적으로 2개의 논점을 다투었다. 첫째, 본건 부칙(그리고 원호법의 국적조항)이 X_1 등 재일한국인을 원호법의 대상에서 배제하고 있는 것이 평등원칙에 반하지 않는가? 둘째, 본건 부칙이 제정 당시(1952년 샌프란시스코평화조약 발효와 동 시기)는 한일청구권협정에 위임한다는 의미로 합헌이었다고 해도, 한일청구권협정체결(1965년) 때에 재일한국인에 대한 보상이 동 협정으로 정해지지 않게 되어 이후 본건 부칙은 실효한 것으로 해석되며, 그렇게 해석되지 않는다면 본건 부칙이 존치되어온 것은 평등원칙에 반하여 위헌이지 않는가?

다만, 평등원칙을 수단으로 하여 실정 제도상의 급부를 추구하는 경우에, 당해 제도의 취지의 옳고 그름이 결국은 문제가 된다. 평등원칙이 「불합리한 차별의 금지」라고 간단히 동일시되는 방정식이 확립되어 있는 이상, 무엇이 「불합리」 한가는 제도 취지에 비추어 고찰하는 수밖에 없다.

본건에서 원호법의 연금급부의 취지는 법 자체가 서술하고 있는 「국가보상의 정신」이 본건 피고인 국가 측이 주장하고 하급심에서 인정한 「사회보장입법」이라는 두 가지 측면이 있다고 할 수 있다. 국가가 후자를 고집한 것은 사회보장입법이라고 하면 입법재량의 범위가 대단히 넓으며, 즉, 거의 평등원칙의 위반(불합리한 차별)이 되지 않는다(참고, 호리키 소송 최고재판소 1982년 7월 7일 대법정 판결 民集 36권 7호 1235면, 시오미 소송 최고재판소 1989년 3월 2일 제1소법정 판결 判時 1363호 68면=본서 20장 Part Ⅰ, Ⅳ). 사회권과의 관계에서는 평등보장도 별반 위력을 발휘하지 못했던 것이다. 이에 대해 전자, 즉, 국가보상이 원호법의 취지였다고 한다면 Part Ⅲ 「이론편」에서 서술하는 것처럼 국가보상은 손실보상과 거의 동일시되는 것이기 때문에, 원호법은 재산권보장에 관계되는 손실보상청구권의 실정법적 실현이 된다. 그렇게 되면, 재산권 즉, 자유권에 관한 평등원칙으로 원호법 적용대상의 예외취급에 대해서는 상대적으로 엄격한 심사를 기대할 수 있다.

또한 제14조 해석에 이중의 기준론적인 견해를 도입하여, 정신적 자유에 대한 평등원칙위반으로 다투는 경우에는 엄격심사를, 경제적 자유에 대한 적극규제에 대해 이를 다투는 경우에는 완화된 기준의 채택을 주장하는 견해도 있으나(참조 芦部信喜・憲

法 第3版[高橋和之補訂(岩波書店, 2002년), 125면 이하), 동설도 경제적 자유에 대한 소극목적 규제에 대해서는 「엄격한 합리성의 기준」이라고 하는 중간적인 엄격도의 기준을 요구하고 있다. 동설을 원호법에 기계적으로 적용하여 국가보상=손실보상의 제도라고 하면, 인적 범위・정도는 적극적 정책적 제약에 따라 완화된 심사기준으로 거의 합헌이 되어버린다. 그러나 신체의 손상에 관한 본건은 통설에서도 정신적 자유에 준하여 엄격심사를 요한다.

2. 한일청구권협정과의 관계

본건 부칙의 「당분간」이라는 문언은 국가 측이 주장한 것처럼 개정이 불확실한 미래까지, 환언하여 「당해 규정이 존재하는 동안」이라는 의미라고 하면, 이 문언은 전혀 내용이 없는 것이 된다. 모든 법 규정은 개폐될 가능성을 가지고 있고, 장래 그 날까지의 효력만 가질 수밖에 없는 것은 두말할 필요도 없다. 그러나 이러한 해석이 오히려 통상이라고 한다면 이 문언을 해석하는 데 한일청구권협정 이후 본건 부칙이 당연히 실효했다고 하는 X_1 등의 주장은 역시 무리인 것이다.

또한 원호법의 제정에 있어, 거의 동시에 샌프란시스코평화조약이 체결되어 그에 따라 신속하게 관계 각국 간에 청구권을 둘러싼 교섭이 진행될 것이 예정되어 있었기 때문에, 평화조약과 함께 일본 국적을 잃는 것이 예정된 구 식민지출신자에 대해서는 상대국 정부와의 청구권 교섭 과정에서 개인의 보상청구권에 대한 처리도 이루어질 가능성이 있었던 것은 분명하다. 따라서 원호법의 제정 시에 국적 요건을(호적법 적용의 유무라고 하는 간접적인 규정의 방법을 포함하여) 둔 것은 반드시 X_1 등에 대한 국가 보상적 조치를 부정하는 것을 의미하는 것은 아니었을 것이며, 오히려 한일청구권협정의 추이를 기다린다는 잠정적인 규정이었다고 해석해야 할 것이다. 이렇게 보면 본건 부칙이 애초부터 위헌이었다고는 말하기 어렵다.

그러나 1965년에 드디어 체결된 한일청구권협정의 결과 한국 정부는 한국국민이 일본 정부에 대해 갖는 청구권에 대하여 일정한 보상조치를 강구했으나[무엇보다 협정체결 당시의 박정희 정부는 경제협력이라는 명목으로 일본으로부터 자금을 끌어내는 것에 힘을 써, 자국민의 청구권의 보호・실현에 열심이지 않았다는 것을 보이는 공문서(개인의 대일청구권의 소멸을 명기하는)가 최근에 한국 정부에 의해 공개되었다(매일신문 2005년 1월 17일 석간). 재일한국인의 전쟁 피해에 대해서는 어떠한 조치도 고려되지 않았다. 역시 본건 최고재판소 판결(앞에 나온(c))이 지적하고 있는 것처럼, 양국 정부 간에 재일한국인의 일본 정부에 대한 「보상청구권」의 취급에 대한 기본적인 견해가 상이하고, 그것이 해소되지 않은 채로 협정이 체결되어 버렸던 것이다.

즉, 동 협정 제2조 제1항은 「완전 또는 최종적으로 해결되게 된 재산, 권리 및 이익과 청구권」이라고 서술하여 「해결 완료」를 선언하고 있으나, 동시에 여기서 예로 든 것 중에 재일한국인의 「재산, 권리 및 이익」은 제외되었으며(제2조 제2항(a)), 「모든 청구권에서 동 협정의 서명일 이전에 발생한 사유에 기초하는 것에 대해서는 어떠한 주장도 불가능하다」(제2조 제3항)라고 되어 있다. 여기서 한국 정부(및 본건 X_1 등)는 재일한국인의 일본 정부에 대한 보상청구권은 「해결」에서 제외되어 있는 「재산, 권리 및 이익」에 해당하는 것으로 이해했다. 이에 대해 일본 정부는 당해 청구권은 도리어 「재산, 권리 및 이익」 즉, 실체적 권리에는 해당하지 않고, 제3항에 제외된 「청구권」 즉, 「청구를 제기하는 지위」라는 데 그쳐, 이런 종류의 청구권에 대해서는 동 협정에서 한국의 외교보호권(자국민이 타국에 의해 손해를 입은 경우에, 한국이 가해국에 대해 적절한 구제를 요구할 권리)이 파기되었다고 이해한 것이다. 양자의 의견 대립은 나중에 표면화되어(1971년 10월 개최한 「재일한국인의 법적 지위 제4차 한일실무자협의」=본건 최고재판소 판결 判時 1659호 43면 참조), 재일한국인의 당해 청구권에 대해서는 실제로 한일 양국 정부의 구제의 빈틈에 남겨져 있는 것 같다(따라서 소멸한 「개인의 대일청구권」에도 포함되지 않는다」).

만약 일본정부의 의견을 받아들인다고 해도, 본건 고등재판소 판결이 정당하게 지적하고 있는 부분을 인용하면, 「무엇보다 동 협정은 국가 간의 합의이며, 개인의 권리에 대해서는 외교보호권을 포기한 것에 지나지 않으므로, 위 협정에 의해 완전하고 최종적으로 해결 완료되었다는 피항소인의 주장은 항소인들의 본소 청구를 부정하는 근거가 되는 것은 아니다」. 따라서 동 협정의 이해가 본건 소송에 결정적인 영향을 미치는 것은 아니다. 따라서 최고재판소 판결은 전술한 바와 같이 「재일한국인의 군인・군속에 대한 원호의 조치를 강구해야 하는가의 여부는 대한민국이나 그 외의 국가들 간의 고도의 정치・외교상의 문제라고 할 수 있으며, 그 결정에서는……복잡하고 고도의 정책적인 고려와 판단이 요구된다고 하지 않으면 안 된다」라는 일반론을 한일청구권협정의 고찰로부터 도출한 이상, 본건 부칙을 둘러싼 광범위한 입법재량은 이것으로부터 귀결되는 것이다. 즉, 청구권 협정의 내용이 본건의 결정적인 이유는 아니지만, 그 이해를 둘러싼 한일 양국의 대립은 재일한국인의 보상청구권의 문제가 고도의 정치외교상의 문제인 점을 나타내고 있으며, 그 점은 본건 부칙의 존속을 포함한 넓은 입법재량을 정당화하는 것이다.

3. 최고재판소 판결의 검토

이렇게 보면, 역시 최고재판소 판결은 잘 다듬어진 것이라고 하겠지만, 그렇다고 해도 문제의 근본은 남아 있다. 즉, 「평등하게」 일본 국민으로서 전지(戦地)에서 상이 피해를 당하였는데도 그 후에 샌프란시스코평화조약에 동반되는 일방적인 국적 상실에 의하여 원호법의 적용에서 「다른」 취급을 받는 것은 불합리한 차별이 되지 않는 것인가 하는 문제이다.

일본국헌법의 인권규정의 보장은 「권리의 성질상 일본 국민만을 대상으로 하는 것으로 이해되는 것을 제외하고, 일본에 재류하는 외국인에 대해서도 동등하게 미친다」라고 한 맥클린 판결(최고재판소 1978년 10월 4일 대법정 판결 民集 32권 7호 1223면)에서 서술하고 있다. 본건에서 문제가 되는 것은 제14조의 평등원칙이며, 이것이 「자연적 자유」의 관념에 뿌리를 내리는 자유권에 대해서는 국적을 묻지 않는 인권이며, 오히려 국적이나 출신에 의한 차별을 폐지하는 것이라는 것은 말할 것도 없다. 제14조 제1항 후단에 열거하는 「인종, 신조, 성별, 사회적 신분, 가문」에 관한 다른 취급은 위법성이 추정되고, 이러한 취급을 포함한 입법은 엄격한 심사에 따르고, 다른 취급을 정당화하는 논증책임은 국가가 져야만 한다는 사고방식(특별의미설)이 유력하다. 동설은 후단 열거사유는 사람이 태어나면서 가지는 속성 등 본인의 의사로 어떻게 할 수 없는 사정임에도 불구하고, 역사적으로 반복되어 온 정형적인 차별을 열거하여, 특히 강하게 금지된 것이라고 한다. 이런 견해에 따르면, 재일한국인이라고 하는 본인의 의사로는 어떻게 할 수 없는 속성을 기준으로 하여 원호법의 적용을 배제하는 본건 부칙은 위법의 추정을 받아 엄격심사에 따라야하는 것이 된다(귀화에 의해 원호법의 수급자격을 얻을 수 있는가에 대해서는 행정실무는 변화를 반복했던 것 같으며, 한일청구권협정체결 전 수년간의 귀화자에 한하여 급부가 실시되어 온 모양이다. 그렇지만 그러한 사정도 있어 오늘날 원호법의 적용을 받지 못하는 재일한국인은 수십 명에 그치고 있다고 한다).

뿐만 아니라, 이러한 특별의미설 등을 전제로 할 것까지 없이, 본건 부칙은 역시 불합리한 차별이라고 할 수 있다. 예를 들어, 일본인에 대한 급부에 「구 해군에 속한 자」라고 한정하면(구 육군은 배제된다) 명백하게 불합리한 차별이다. 전쟁 지역에서 전투피해를 입은 희생자의 특별희생을 완화한다는 것이 원호법의 국가보상의 정신이라는 것에 비추어보면 이러한 육해군의 소속에 의한 차별은 「불합리」 하다. 이와 같은 사항의 불합리함은 전장에서 군의 군인·군속으로 동일하게 전투에 참가하여 전투피해를 입은 자가 우연히 「호적법의 적용」을 받는가의 여부에 따라 보상의 유무가 갈린다는 원호법의 체계에 대해서도 인정될 수 있으리라 생각된다.

역시 최고재판소는 「정치외교상의 문제」라는 것을 이유로, 반대로 대단히 완화된 심사(사실상의 무심사)로 합헌이라고 결론지었다. 그러나 해석이 갈린다 해도 한일청구권협정은 확정된 것이고, 일본에서는 일시금인 조의금을 법제화하여 최종적으로 저액의 일시금(1회 지급만)으로 마무리 짓는 의사를 명시한 것이므로, 더 이상의 문제는 순전히 국내문제이며 「정치외교상의 문제」는 아니라고 말할 수 있겠다.

또한, 하급심단계에서는 원호법 입법재량의 광범위함을 이끌어 내기 위하여, 원호법에는 국가보상적 성격과 동시에 사회보장적 성격이 있다고 했다. 사회보장입법이라는 성격을 붙일 수 있다면, 원호법의 대상을 정함에 있어서 입법자는 넓은 재량을 가질 수 있다고 말할 수 있으므로, 거의 자동적으로 합헌이라는 결론에 달할 수 있게 된다. 그러나 본건 최고재판소 판결은 이러한 책임회피의 수단을 준비하지 않고, 전후보상입법으로 원호법을 정면에서 파악한 후에 그 합헌성을 논증하려고 한 것이다. 정공법이긴 하지만 평등원칙은 「국가 전반에 걸친 종합적 정책판단」에 의해 왜곡될 수 있는 것이 아니다.

Part Ⅱ 응용편

확인질문

1. 이 판결은 본건 부칙이 헌법 제14조 제1항에 적합한지에 대해 어떠한 심사기준을 이용하여 판단을 내렸는가?
2. 전쟁피해의 보상에 대하여 본 판결은 어떠한 일반론을 전제로 하고 있는가?
3. 본 판결에 의하면 원호법에 의한 전쟁 부상자에 대한 장애연금 등은 어떠한 법적 성질을 가지고 있는가?

응용문제

설문 1 전쟁피해에 대해 국가보상의 정신으로 제정된 법률에 다음과 같은 요건이 정해져 있었던 경우 이들은 각각 헌법 제14조에 위반된다고 할 수 있는가?

(1) 「전쟁재해피해자원호법」을 제정하고, 전쟁재해 당시 「호적법의 적용을 받은 자」였던 자에 한해 본토의 공습 등으로 피해를 받은 경우에 장애연금을 급부하는 것으로 한다.

(2) 현행 원호법을 개정하여 「호적법의 적용을 받지 않은 자」라고 해도, 군인(군속은 제외)으로서 공무수행 중에 전쟁 부상자가 되었거나, 전사한 자의 유족에 대해서는 연금급부를 인정하는 것으로 한다.

(3) 현행 원호법을 개정하여 「호적법의 적용을 받는 자」라고 해도, 군인(군속은 제외)으로서 공무수행 중에 전쟁 부상자가 되었거나, 전사한 자의 유족에 대해서만 연금급부를 인정하는 것으로 한다.

(4) 현행 원호법을 개정하여 「호적법의 적용을 받지 않는 자」라고 해도 군인·군속으로서 공무 중에 전쟁 부상자가 되었거나, 전사한 자의 유족에 대해서는 연금급부를 인정하는 것으로 한다. 다만, 한일청구권협정에 의해 「해결완료」인 한국인(재일한국인을 포함)은 이 대상에서 제외한다.

(5) 피폭자 원호법을 개정하여 원폭낙하 시에 「호적법의 적용을 받는 자」였던 자에 한하여 의료급부를 인정하는 것으로 한다(Part Ⅲ 「이론편」 참조).

설문 2 원호법이 그 취지목적으로 「전쟁에 의해 중대한 신체적 피해를 입은 자에 대한 사회보장」이라는 것을 명시하는 경우에 본건 최고재판소 판결은 어떠한 판시가 되었다고 생각되는가?

설문 3 시베리아 억류자가 소련에 대하여 가지고 있던 임금지불청구권 등이 일소공동선언에서 청구권 포기의 규정을 두었기 때문에 개인의 청구권도 사실상 행사불가능하게 된 것에 대해, 시베리아 억류라는 전후의 새로운 사실 아래 발생한 손해까지도 「전쟁피해」로 포함해 파악한 1997년 최고재판소 판결(Part Ⅲ 「이론편」 1 참조)이 있다. 이러한 견해를 전제로 하여 억류경험자 X가 자신은 구 군인이며 시베리아 억류라는 형태로 전쟁과 같은 곤란한 상태에 있었던 동안 사고로 한쪽 팔을 잃은 것에 대하여 원호법의 장애연금의 급부를 요구한 경우에 당해 청구를 거절하기 위해 국가는 어떠한 이유를 제시해야 한다고 생각되는가?

설문 4 재일대만인 X는 구 군인으로서 전투지역에 파견되어, 실명이라는 장애를 입었음에도 불구하고 원호법의 장애연금을 급부받을 수 없었으므로, 본건과 같은 소송을 제기했다. 대만인인 구 군인·군속에 대해서는 일중국교회복에 따라 일·대만 간의 외교관계가 단절됨으로써 한일청구권협정 같은 국가간 협정의 가능성은 당분간 전무하다. 이를 전제로 하면 재판소는 어떠한 판결을 내릴 것이라고 판단되는가? 나아가 참조, 1992년 4월 28일 최고재판소 제3소법정 판결(判時 1422호 91면 동 판결은 대만 주재의 구 군인이 헌법 제29조 제3항에 준하여 손실보상 등의 청구를 행한 것이나(34장 Part Ⅳ 참조), 「위 특별취급에 대해서 협의가 행해지는 것은 사실상 불가능한 상황이었다. 그러나 그것 때문에 본건 국적조항이 위헌이 되지는 않으며, 위와 같은 현실을 고려할 때, 일본이 대만 주민인 군인·군속에 대하여 어떠한 조치를 고려해야하는가는 입법정책에 속한 문제라고 해야 한다」라고 하여 청구를 인정하지 않았다.

설문 5 재일한국인 X는 구 군인이었으므로 은급법(恩給法)에 따라 은급의 지급을 요구했으나, 동법 제9조 제1항 3호에 국적요건(국적상실에 의한 실권)에 의해 청구를 기각당하여, 그 취소를 구하는 소송을 제기했다. 그에 대해 최고재판소 2002년 7월 18일 제1소법정 판결(判時 1799호 96면)은 다음과 같이 기술하고 소를 인정하지 않았다(나아가 동종의 사안과 유사한 판결로 제2소판 2001년 11월 16일 判時 1770호 86면도 참고). 동 최고재판소 판결을 검토하시오. 「구 군인 등의 보통은급은 구 군인 등의 생활을 원조함과 동시에 그 전쟁 희생 내지 전쟁 손해에 대한 보상이라는 성질도 있는 만큼 사회보장상의 시책에 있어서 재류외국인을 어떻게 처우하는가에 대해서는 국가는 특별한 조약이 존재하지 않는 한, 해당 외국인이 속하는 나라와의 외교관계, 변동하는 국제정세, 국내의 정치, 경제, 사회적 제반 사항 등에 비추어보면서, 정치적 판단에 의해 이를 결정하는 것이 가능하고, 전쟁 희생 내지 전쟁 손해에 대한 보상의 필요불필요 및 존재는 본질의 성질상 재정・경제・사회정책 등의 국정 전반에 걸쳐 종합적 정책판단을 갖고 결정할 수 있는 것이므로, 이들에 대해서는 국가재정, 사회경제, 전쟁으로 인해 국민이 받은 피해의 내용, 정도 등에 관한 자료를 기초로 하는 입법부의 재량적 판단에 맡기는 것으로 해석된다」.

설문 6 설문 5와 동일한 소송으로 은급법의 취지가 공무원에 대한 임금의 일부 후불이라는 성격인 경우에는 어떠한 판결이 예상되는가?

Part Ⅲ 이론편

◥ 전개문제

1. 「전후보상」이란 무엇인가? 구 식민지출신자에게는 「국가보상」이 인정되지 않는가?

1. 「전후보상」의 의의

「전후보상」이란 원호법 제1조가 「국가보상의 정신에 근거」한 것으로 표현하는 것처럼 넓게는 개인의 전쟁 피해에 대한 국가보상이다(교전국 간의 전후 배상과는 주체가 다르다). 국가보상이란 국가가 불법행위를 한 경우의 「국가배상」(헌법 제17조 참조)과 적법행위를 한 경우의 손실보상(헌법 제29조 제3항 참조)을 포섭하는 상위개념이지만, 일반적으로 전쟁 수행행위 그 자체는 주권국가의 적법한 행위이므로(전쟁=위법이라는 것과는 별도로, 종군위안부나 세균살포 등 전쟁 수행행위로부터 일탈한 행위는 위법행위로 간주할 수 있다고 생각되나), 전쟁 피해에 대한 국가보상이란 특별한 희생을 치른 자에 대한 손실보상을 의미하는 것이 된다. 원호법 제1조에서 말하는 「국가보상」도 이러한 의미로 사용되고 있다.

그러나 전쟁피해는 개인차가 크나 누구든 그 나름대로 피해를 입은 것이므로, 누군가의 피해가 전체를 위해서 치러진 「특별한 희생」으로 부담의 조정(손실보상)을 하기에는 적당하지 않다. 따라서 샌프란시스코 평화조약이 일본 국민의 재외재산을 국가의 배상의 일부로 충당하는(상대국에 의한 몰수를 인정하는) 것으로 한 것도 전후에 확정된 손실에 대한 전쟁피해의 일종으로 볼 수 있다는 이유로 캐나다에 있는 재산을 둘러싼 국민의 국가에 대한 보상청구를 거절한 최고재판소 대법정 1968년 11월 27일 판결(民集 22권 12호 2808면)은 다음과 같이 서술하고 있다. 「전쟁 중부터 전후 점령시대에 걸쳐 국가의 존망이 걸린 비상사태에는 국민 모두가 크건 작건 간에 어쩔 수 없이 생명·신체·재산의 희생을 참고 인내해야 하는 것이므로, 이러한 희생은 어떤 것도 전쟁 희생 또는 전쟁 손실로서 국민이 평등하게 수인해야만 하는 것이며, 위의 재외자산의 배상에의 충당에 의한 손해도 마찬가지로 일종의 전쟁 손해로서 이에 대한 보상은 헌법이 전혀 예상하지 않은 것이다」. 「따라서 이러한 재외자산의 상실에 따른 손해에 대하여 국가가 정책적으로 어떠한 배려를 하는가의 여부는 별도의 문제로서, 헌법 제29조 제3항을 적용하여 그 보상을 구하는 소론 주장은 그 전제를 결여한 것이 된다」.

이 판시는 원호법의 대상을 민간인 전쟁 피해에 불충분한 입법부작위의 위헌성을 이유로 하는 국가배상청구를 인정하지 않은 최고재판소 1987년 7월 26일 제2소법정 판결(判時 1262호 100면)이나, 시베리아 억류자의 국가에 대한 보상청구를 회피한 시베리아 억류자소송 최고재판소 1997년 3월 13일 제1소법정 판결(民集 51권 3호 1233면)에서도 인용되어 있다. 본건과 같은 원호법의 적용대상이 다투어진 사안에 대해 1987년 최고재판소 판결은 「상고인들이 주장하는 전쟁 희생 내지 전쟁 손해는 국민이 평등하게 수인해야만 하는 것으로서, 이에 대한 보상은 헌법이 전혀 예상치 못한 것이므로, 따라서 위와 같은 전쟁 희생 내지 전쟁 손해에 대해서 단순히 정치적 견지에서의 배려가 필요한 것에 지나지 않는 것으로 즉, 그 보상에 대해서 적절한 입법조치를 마련할 지의 판단은 국회의 재량적 권한에 맡겨야 되는 것으로 해석해야 한다」고 했다. 앞서 서술한 1968년 대법정 판결이 「국가가 어떠한 정책적 배려를 할지의 여부는 별도의 문제」라고 유보하고 있는 부분을, 1987년 최고재판소 판결은 현실적으로 원호법이 일본인의 군인·군속에게는 두텁게 연금급부를 보장하고 있는 것을 바탕으로, 「최선의 입법조치를 강구할지의 여부」에 대해서도 「국회의 재량적 권한」을 보다 적극적으로 강조하고 있는 것으로 되어 있다.

이상을 요약하면, 개인이 국가에게 전쟁피해의 구제(손실보상)를 요구하는 국가보상은 헌법 제29조 제3항에서 도출되는 헌법상의 청구라고는 할 수 없으므로, 재판적 실현을 구할 수 없다. 전쟁 피해에 대해서 국가보상을 행할 것인지, 행한다고 했을 때의 인적 범위는 어느 정도로 할지는 모두 국회의 넓은 입법재량에 위임한다는 것을 판례가 보여준 것이다.

2. 구 식민지출신자와 「국가보상」

그러나 이와 같은 일반론은 본건 X_1 등처럼 구 식민지출신자에게는 직접 적용되지 않는다. 왜냐하면, 국가보상(손해보상)의 법리는 일본 구성원인 국민 상호 간의 부담의 조정의 법리이므로, 전쟁 피해에 대하여 국가보상을 일반적으로 부정하는 판례도 「국민이 평등하게 수인해야 하는 것」(즉, 손실보상을 해야 할 「특별의무」에 해당하지 않음)이라는 이유를 들고 있다. 이러한 이유를 붙인 것은 본인의 의사와 관계없이 일본 국민으로서 전투지역에 내몰려, 장애를 입었음에도 불구하고 나중에 일본 국적을 박탈당한 X_1 등에 대하여는 성립하기 어렵다고 할 것이다.

그렇지만 「특별희생」으로서의 손실보상의 대상이 되는가 하면, 같은 공동체 내부의 부담의 공평화가 손해보상제도의 본질인 점에서 볼 때, 이 또한 확실하게 긍정하기 어렵다(물론 부담의 공평을 도모해야 할 공동체의 인적 범위를 넓게 하여 생각해보면 불가능하지는 않다).

X_1 등은 「공평하게 수인」 한다는 논리를 「외국인」이라는 것을 이유로 배제되어, 그 피해를 일본 전체를 위한 일부자의 「특별희생」이라고 평가하기에는 일반적으로는 상당히 논증하기 곤란한 것이라고 아니할 수 없다. 그렇지만 한편으로는 X_1 등과 같은 구 식민지출신자가 징용되어 당한 전쟁 피해가 당시로써는 일본 국민의 일부가 받았던 「특별희생」이었다는 점은 변함이 없다. 이러한 전쟁터에서의 상이나 전사를 「동등하게 수인」해야만 하는 전쟁 피해와 떼어서 생각하는 것도 가능하지만, 현재의 구 군인·군속 일반에 대하여 원호법은 그렇게 생각하고 있지 않다. 덧붙여 말하면 X_1 등에 대해서는 「동등한 수인」이라는 문구는 쓸 수 없는 것이므로, 피해의 시점에서 일본 국민이었다는 점을 들어 「국가보상」의 대상이 되어야 한다는 것을 논증하는 것은 가능할 것이다.

이 점에 대해, 일본에 불법입국하여 구 원폭의료법(피폭자원호법에 승계되어 폐지)의 피폭자 수첩의 교부를 원했던 한국인 피폭자의 소송에서, 원고 측 승소의 고등재판소 판결(후쿠오카 고등재판소 1975년 7월 17일 判時 789호 11면)을 유지한 최고재판소 1978년 3월 30일 제1소법정 판결(民集 32권 2호 435면)은 다음과 같은 특수한 전쟁 피해에 대하여 전쟁 수행주체였던 국가가 자신들의 책임에 의해 그 구제를 도모한다는 면도 있는 것으로서, 그 점에서는 실질적으로 국가 보상적 배려가 제도의 근저에 있는 것을 부정할 수 없다」, 「일본의 전쟁 피해에 관한 다른 보상입법은 보상대상자를 일본 국적을 가진 자로 제한하고, 일본 국적의 상실을 들어 권리소멸사유를 정하고 있는 것이 통례이나(전사상자전몰자유족등원호법 제11조 2호 및 3호, 제14조 제1항 2호, 제24조, 제31조 제1항 2호, 전사상자특별원호법 제4조 제3항, 제6항 등), 원폭의료법이 일부러 이러한 종류의 규정을 설정하지 않고, 외국인에 대해서도 동법을 적용하는 것으로 하고 있는 것은 피폭에 의한 건강상의 장애의 특이성과 중대성을 이유로, 그 구제에 대해서 내외국인을 구별하지 않는 것으로 하는 것뿐만 아니라, 동법이 국가보상의 취지를 동반하여 가진다고 해석하는 것도 모순되는 것은 아니다」.

즉, 전쟁 피해가 특이성과 중대성을 갖추고 있을 때에는 외국인에게도 「국가보상」의 제도가 미치도록 하는 것은 「국가보상」의 개념에 반한다고 할 수 없다는 것이다(반대로 말하면, 통상의 전쟁 피해의 경우에 외국인은 「국가보상」의 대상이 되지 않는다).

동 최고재판소 판결의 상기 인용부분만을 보면, 원호법의 경우에는 대상으로 하는 전쟁 피해가 통상의 피해이므로 국적요건은 당연하다고 하고 있으나, 별도의 부분에서는 「불법입국이라고 해도 피폭자인 이상은 원폭의료법의 적용 외로 하지 않아야 한다. 이는 피상고인이 피폭 당시는 일본 국적을 가지고 전후 평화조약의 발효에 의해 자기의 의사와 관계없이 일본 국적을 상실했다는 사정을 감안하면 국가적 도의의 차원에서 수긍되는 바이다」라고도 기술하고 있다.

이 「당시는 일본 국적을 가지고……자기의사에 관계없이 일본 국적을 상실했다」는 사정(즉, 전쟁 피해라는 「적법침해」를 받은 시점에서는 공동체의 일원이었다는 사실)을 중시하면, 무엇보다 원폭피폭이라는 피해의 「특이성」을 고집하지 않아도, 일본 국민에게 시행되고 있는 「국가보상」의 적용대상에 포함되는 것이 오히려 당연한 것이라고 할 수 있다. 피폭원호법상의 피폭자의 지위 확인 등을 한국에 재주하는 한국인이 요구한 사건에서, 오사카 고등재판소 2002년 12월 5일 판결(판タ 1111호 194면. 확정)은 동법이 국적요건을 가지고 있지 않음을 지적하면서, 「『피폭자는 어디에 있어도 피폭자』라는 사실을 직시하지 않을 수 없다」고 말하고 있다. 이 표현에 따르면, 본건의 X_1 등에 대해서도 「구 군인・군속의 전쟁 사상자는 현재의 국적이 무엇이든 간에 전쟁 사상자」라는 사실을 직시해야만 한다.

어쨌든 X_1 등 구 식민지출신자가 희생을 치른 반면, 본래라면 격전지로 내몰려 같은 피해를 받았을 일본인이 내지에 머무르는 등 피해를 받지 않고 끝난 것이고, 그 결과 일본인 전체로는 전후 부흥의 인적 자원을 나름대로 확보할 수 있었다는 이익을 향수한 것은 의심할 수 없는 사실이다. 이러한 희생과 수익의 불균형의 회복은 어떠한 법리에 의해 해결해야 하는 것인지, 국민 상응간의 조정으로서의 손실보상으로 설명하는 것도(전술한 것처럼 다양한 연구의 여지는 있으나), 국가의 불법행위에 의한 국가배상으로 설명하는 것도 개념적으로는 완벽하지 않다. 이른바, 손실보상과 국가배상 간의 「틈새의 구제」 문제라고 할 수 있는(통상은 양자간의 「틈새」는 국가에 의해 위법이지만 무과실의 침해에 의한 손해구제가 없는 것을 가리킨다)것 역시 법 이론의 미성숙한 분야이다.

Part Ⅳ 두 번째 소재

아동부양수당 지급중지 사건

최고재판소 2002년 1월 31일 제1소법정 판결
1996년(행ツ) 제42월 아동부양수당자격상실처분취소소송사건
民集 56권 1호 246면, 判時 1776호 49면

사실 개요

아동부양수당법(이하, 「법」으로 표기) 제4조 제1항은 아동부양수당법의 지급요건으로 열거된 어떤 요건[부모의 혼인해소(1호), 부친의 사망(2호), 부에게 장애가 있는 경우(3호), 부의 생사불명(4호), 기타 이에 준하는 경우에 정령으로 정하는 것(5호)]에 해당하는 아동의 어머니가 그 아동을 감호하는 경우 등에 있어 아동부양수당의 지급을 정하고 있다. 5호의 위임에 근거하여 아동부양수당의 지급대상아동을 정하는 아동부양수당법 시행령(1998년 개정 전. 이하, 「본건 시행령」이라 함) 제1조의 2 제3항은 「모가 혼인(혼인신고를 하지 않았으나 사실상 혼인관계와 같은 사정에 있는 경우도 포함)과 무관하게 임신한 아동(부가 인지한 아동은 제외)」을 지급대상아동의 하나의 유형으로 들고 있다. 동 조항의 「(부가 인지한 아동을 제외)」라는 괄호 부분(이하 「본건 괄호」로 약기)의 합헌성(불합리한 차별은 아닌가), 적법성(위임한계를 일탈하고 있지는 않은가)이 논의된 것이 본건이다(나아가 1998년 시행령개정에 의해 본건 괄호 부분은 삭제되어 문제는 입법적으로 해결되었다). 나아가 본건 시행령 제1조의 2는 그 외에도 부의 1년 이상의 유기(1호), 부의 1년 이상의 구금(2호) 등을 규정하고 있다.

이른바 일시적인 관계에서 Z의 아이를 낳은 X는 Z에 대해 아이의 인지를 구하면서 아동부양수당을 받고 있었으나, Z가 인지한 순간에 Y현 지사로부터 본건 괄호를 이유로 지급중단 통지를 받았다. 이에 대해 X는 취소소송을 제기했다.

제1심 나라 지방재판소는 1994년 9월 28일 판결(判時 1995호 26면)에서 다음과 같이

설시하며, X의 청구를 인용했다.

「모가 본건 아동을 임신한 당시, 혈연상의 부와 모가 법률상의 혼인을 하지 않았는지와 사실혼의 관계에 있었는지의 여부는 본건 아동이 스스로 선택하는 것은 불가능하며, 그 출생에 의해 결정되는 사항이므로, 前記의 차이는 본건 아동의 입장에서 보면, 사회적인 지위 또는 신분에 의해 경제적 관계에서 차별적인 취급을 받은 것이 된다」. 「무엇보다 아동부양수당은 헌법 제25조 규정의 취지를 실현하는 목적을 가지고 설정된 사회보장법상의 제도이며(최고재판소 1982년 7월 7일 대법정 판결 民集 36권 7호 1235면[=호리키 소송 최고재판소 판결] 참조), 헌법 제25조의 규정 취지에 응하여 구체적으로 어떠한 입법조치를 강구할 것인가의 선택결정은 입법부의 넓은 재량에 위임하고 있으므로, 수당지급대상자의 결정도 넓은 재량에 위임하고 있고, 법의 위임에 의해 수당지급대상자를 정령에 의해 결정할 때에도 그 위임의 범위 내에서 광범위한 재량이 인정되어, 일정한 차이가 발생한다고 해도 헌법 제14조 위반의 문제는 일어나지 않는다는 견해도 생각할 수 없는 것은 아니다. 그러나 법이 前記의 목적 하에 그 지급요건을 법 제4조 제1항처럼 정하여, 동항 5호에 있어 「그 외 전 각호에 준하는 상태에 있는 아동으로 정령에서 정하는 것」으로 한 후에, 법 시행령 제1조의 2에서 그 지급요건을 정한 이상, 그 지급요건이 어떠한 합리적 이유가 없는 부당한 차별적 취급을 하는 내용인 경우는 당해 지급요건을 정한 시행령은 재량의 범위를 일탈한 것으로, 헌법 제14조에서 정한 법아래 평등 내지 4호에 즉시 위반된다고 할 수 있다」. 「즉, 일단 법의 위임 하에서 정령으로 법 제4조 제1항 1호 내지 4호에 준하는 상태에 있는 아동에 해당하는 요건을 정립한 이상은 그 정립에 대해 재량여지가 있다고 해도 이것이 어떠한 합리적 이유 없이 부당한 차별적 취급을 하는 내용이어서는 안 된다는 것은 당연하며, 이것을 그 재량의 범위 내로 할 여지는 없다. 그리고 이러한 차별적 취급을 받은 자는 이것이 위헌·무효라는 것을 주장하고 그 구제를 구하는 것이 가능하다고 해석하는 것이 상당하다」.

이에 대하여 오사카 고등재판소 1995년 11월 21일 판결(判時 1559호 26면)은 다음과 같은 이유로 X에 대하여 역전 패소 판결을 내렸다. 본건 괄호 부분은 적극적 지급요건(어떠한 경우에 지급되는가)을 정한 법의 본문 및 시행령 전체의 일부이고, 그 부분만을 무효로 전제하여 본건 처분을 취소하는 것은 재판에 의하여 「입법부 또는 정령 제정자의 권한을 침해하는 것이 되므로 허용되지」 않는 것이며, 법 제4조 제1항 4호(부의 생사불명)의 경우, 지급은 부친의 생존이 확인된 시점에서 중단되나, 이러한 경우와 본건을 비교하면 본건 괄호 부분은 불합리한 차별이라고 할 수 없다.

상고심=최고재판소

■ 법적 구성

(a) 본건 괄호를 무효라고 하여도 재판에 의한 입법작용은 되지 않는다.

「시행령 제1조의 2의 3호의 규정은 혼인 외 임신아동을 아동부양수당 지급대상 아동으로 다루고, 거기서 인지된 아동을 제외한다는 명확한 입법적 판단을 제시하고 있다고 해석할 수 있다. 그리고 그 중 인지된 아동을 아동부양수당 지급대상에서 제외한다는 판결이 위헌·위법인 것으로 평가되는 경우에, 동호의 규정 전체를 불가분 일체의 것으로 무효로 하는 것이 아니라 그 제외부분만을 무효로 한다고 하여도, 아직까지 아무런 입법적 판단이 이루어지지 않는 부분에 대해 재판소가 새롭게 입법을 하는 것과 동일시할 수 없다」.

(b) 본건 괄호는 법의 위임의 취지에 반한다.

「법이 제4조 제1항 각호에 규정하는 유형의 아동은 생별모자세대의 아동에 한하지 않고, 제1조의 목적규정 등에 비추어 세대의 생계유지자로서 부에 의한 현실 부양을 기대할 수 없다고 판단되는 아동, 즉, 아동의 모와 혼인관계에 있는 부가 존재하지 않는 상태, 또는 아동의 부양 관점에서 그와 동시할 수 있는 상태에 있는 아동을 지급대상 아동으로 유형화하고 있다고 해석할 수 있다」. 부가 인지하면 통상 부에 의한 현실부양이 기대된다고 할 수 없다. 따라서 혼인 외 임신아동이 인지에 의해 법률상 부가 있는 상태가 되었다고 해도 여전히 법 제4조 제1항 1호 내지 4호에 준하는 상태가 계속되고 있다고 할 수 있다. 그렇다고 하면, 시행령 제1조의 2 제3항이 본건 괄호를 제외한 본문에서, 법 제4조 제1항 1호 내지 4호에 준하는 상태에 있는 혼인 외 임신아동을 지급대상 아동으로 하면서, 본건 괄호에 의해 부가 인지한 혼인 외 임신아동을 예외로 하는 것은 법의 취지, 목적에 비추어 양자 간의 균등을 결여하고, 법의 위임의 취지에 반하는 것이라고 말하지 않을 수 없다」.

■ 적용

원 판결은 「부의 인지에 의하여 지급자격이 상실되는 것은 법 제4조 제1항 2호 및 4호에 의해 지급대상이 된 아동에 대하여 양부의 출현이나 부의 생존확인에 의하여 부의 부존재라는 사실이 없어지면, 부가 부양의무를 지는가의 여부와 관계없이 아동부양수당의 지급이 중단되는 것과 같다고 한다. 그러나 상기 각호에서 정한 부의 사망이나 부의 생사불명도 단순히 법률상의 부의 존재성이 아니라, 세대의 생계 유지자로서의 부의 부존재의 경우를 유형화한 것이라고 말할 수 있으므로」, 본건 괄호가 법의 이러한 규정에 준하는 것이라고 할 수 없다. 원 판결 파기. 피상고인 Y의 항소기각.

[반대의견]

• **마찌다 아키라(町田顯) 재판관**

「동호가 동항 1호에서 4호까지 준하는 상태의 아동으로 정령이 정하는 것을 지급대상 아동으로 한다고 포괄적·추상적으로 정하는 취지는 어떠한 상태에 있는 아동을 동항 1호에서 4호까지 준하는 상태에 있다고 하여 정령으로 정할 것인지를 정령의 제정권자인 내각의 재량에 위임하고 있는 것이라 해야 한다」. 「동일한 혼인 외 임신아동이라고 해도, 부가 인지한 자는 부에 대한 부양청구권을 갖는데, 인지되지 않은 자에게는 그러한 권리가 없으므로 사회복지제도의 하나인 본건 아동부양수당지급에 대하여 인지된 자만을 지급대상 아동으로 하는 것 또한 합리적인 이유가 있으므로, 시행령 제1조의 2 3호의 괄호 부분이 법의 위임의 취지에 반하는 것으로 해석할 수 없다」.

기본 해설

아동부양수당법이 정한 아동부양수당은 모자 가정이 일반적으로 경제적 약자임과 동시에 자의 감호에 해당하는 부모가 한 사람이기 때문에 자의 양육환경이 어렵다는 경향이라고 생각하여 자의 복지를 위하여 공적 지원을 하는 것이라고 할 수 있다. 법 제1조는 그 목적으로 「부와 생계를 함께하지 않는 아동이 육성되는 가정생활의 안정과 자립촉진에 기여하기 위함」이라고 하고 있다. 어찌되었든 동법은 이른바 사회보장입법이며 생존권의 실현을 위하여 공적급부를 제도화한 것이다. 이러한 사회보장입법에서 급부요건 등의 급부의 범위 및 내용에 대하여 판례상으로도 넓은 입법재량이 있다고 해 왔다(Part Ⅰ 「기본 소재」 기본 해설 참조). 그러므로 사회보장입법의 급부요건에서 차별적 취급이 포함되어 있어도 평등원칙 위반이라고 하는 것은 곤란하며 「불합리한 차별이 아니다」는 한 문장으로 정리되기 쉽다. 본건 최고재판소 판결의 마치다 재판관의 소수의견에도 이러한 견해가 강하게 드러난다.

이런 점에서 본건 제1심 판결은 아동부양수당법이 사회보장입법이며 일반론으로서는 넓은 입법재량이 허용되는 것을 인정하면서, 본건에서 문제가 되고 있는 괄호 부분이 법의 본문이 아니라 위임을 받아 제정된 시행령에 있는 규정인 것에 착안하였다. 이에 의해 제1심은 법의 위임의 취지라는 굴레를 시행령=정령의 제정에 있어 입법재량에 가하고, 그 결과로 입법재량의 폭을 좁게 하는 것에 성공한 것이다.

이에 대하여 제1심 판결을 뒤집은 제2심 판결은 사회보장적 성격이라는 점은 고려하지 않고, 본건 괄호가 시행령 제1조의 2가 열거하는 요건, 그리고 시행령상의 위규범인 법 제4조 제1항의 각호 요건과 불가분일체이며, 본건으로서 급부의 적극요건(어떠한 경우에 급부되는가)을 정하고 있다고 간주했다. 법률 본문과 본건 괄호에 부정합(不整合)은 없고 본건 괄호는 법의 위임에서 벗어나지 않았다고 하였다.

최고재판소 판결은 고등재판소 판결로부터 6년 후라는 장기재판이 되었으나, 그 사이에 본건 괄호 부분이 삭제되어 문제는 입법적으로 해결되었다. 이런 움직임을 고려하여 인지한 최고재판소는 제2심이 제기한 논점에 정중하게 답하고 있다. 법 및 시행령이 열거하는 요건은 전체적으로 단순히 부친의 유무를 문제로 한 것이 아니라, 생계유지자로서의 부의 존부를 문제로 하는 것(그렇게 하면 본건 괄호만이 일탈하고 있어 법의 위임에 반한다)이라는 최고재판소의 견해는 설득력이 있다.

평등원칙을 실제로 살린 경우에는 단순히 입법재량의 광협이라는 문제뿐만이 아니라, 원래 무엇과 무엇을 비교하여 그 평등을 요구할 것인가가 기본적인 문제이다. 사람은 자신에게 좋은 비교대상을 이것저것 가져와, 그와 같은 취급이 평등원칙의 요청이라고 주장한다. 본건의 양 당사자는 인지 후의 싱글맘 가정을 법 제4조 제1항 1호의 이혼 후의 모자가정과 같이 취급해야 하는가(원고), 그렇지 않으면 법 제4조 제1항 4호의 「부의 생사를 모르는 경우」이었던 자가 생사가 판명되어 지급이 중단된 가정과 같이 취급해야 하는가(피고)로 대립하고 있다. 그러나 이러한 논쟁은 미시적 논쟁에 지나지 않는 것으로, 중요한 것은 법의 전체적인 취지이다. 이것이 싱글맘 가정의 경제적 지원이라는 것은 의심의 여지가 없으므로, 시행령이 그 취지를 왜곡하는 것은 법의 위임에 반하는 것이 된다.

나아가 동종의 사안에서 본건 최고재판소 판결에 근접한 시기에 내려진 최고재판소 2002년 2월 22일 제2소법정 판결(判時 1783호 50면)은 본건 최고재판소 판결과 거의 동일한 이유로 본건 괄호를 법의 위임을 일탈하여 무효인 것으로 하고 있다. 말하자면 「확실히, 인지에 의해 혼인 외 임신아동은 법률상 부가 존재하는 상태가 되는 것이나, 법 제4조 제1항 1호 내지 4호가 법률상의 부의 존부만으로 지급대상아동을 유형화하는 취지가 아닌 것은 명확하며, 인지에 의해 당연히 모와의 혼인관계가 형성되는 등 세대의 생계유지자로서의 부가 존재하는 상태가 되는 것도 아니다. 또 부로부터 인지되면 통상 부에 의한 현실적 부양을 기대할 수 있다고도 할 수 없다」.

설문 1 이혼 후에 자를 혼자서 양육하고 있는 부 X가, 자신과 같은 소득의 모가 자를 부양하고 있으면 아동부양수당이 지급되는데 자신에게 지급되지 않는 것은 성차별이라고 하여, 지급하지 않는다는 결정을 한 Y현 지사를 상대로 취소소송을 제기했다고 하였을 때, X의 주장을 검토하시오.

설문 2 본건 시행령이 만약에 괄호의 형식이 아니라, 본문에 다음과 같은 규정을 둔 경우에 본건소송의 결론이 달라졌을 것인가? 「모의 혼인(사실혼도 포함)에 관계없이 임신한 아동이 부에게 인지되지 않은 경우」

설문 3 본건 시행령 제1조 2의 3호(「부가 법령에 의해 줄곧 1년 이상 구금되어 있는 아동」)에 다음과 같은 괄호를 추가하는 개정은 합헌, 적법인가? 「(부가 양육비를 미리 모에게 맡긴 경우를 제외한다.)」

❙ 참고문헌 ❙

Part Ⅰ~Ⅲ

(概説)

高木＝南＝松本＝水島「座談会・戦後補償裁判の現在と未来を考える」法時76巻1号

君塚正臣・判例セレクト'01(法学教室 258号 別冊 付録)(2002年3月)

高佐智美・法学セミナー46巻12号(2001年12月)

同・法令解説資料総覧237号

棟居快行『憲法フイールドノート』(日本評論社, 第3版, 2006年)

又坂常人・法学教室254号

山本悦夫・2001年度 重要判例解説(ジュリスト臨時増刊1224号)

Part Ⅳ

(概説)

市川正人・曾和俊文・池田直樹編著『ケースメソッド公法』(日本評論社, 第2版, 2006年)

荏原昭則・法令解説資料総覧245号

清野幾久子・法学教室

棟居快行『法学フイールドノート』(日本評論社, 第3版, 2006年)

橋爪幸代・季刊社会保障研究38巻3号

横田守弘・法学セミナー47巻5号

竹田光広・ジュリスト1232号

中野妙子・ジュリスト1230号

馬場里美・自治研究79巻2号

(棟居快行)

제25장 자기결정권의 법리

[논점]

(1) 자기결정권의 의의
최근 개인의 자기결정 내지 그에 관한 권리의 중요성이 거론되고 있는데 이른바 자기결정권이란 어떠한 권리인가? 또한 헌법상 이를 보장하는 의의는 있는 것인가? 있다면 그것은 무엇인가?

(2) 자기결정권의 법적 성격
자기결정권은 헌법상 어디에서 도출되는가? 또한 다른 권리·자유와 비교하여 어떠한 성격을 가지고 있다고 할 수 있는가?

(3) 자기결정권의 내용
헌법 조항에서 도출되는 자기결정권은 구체적으로 어떠한 사안의 어떠한 행위에 대해 어떻게 보장된다고 생각되고 있는가?

(4) 자기결정권의 제약원리
자기결정권이 보장된다면, 개인에게는 어떠한 사안의 어떠한 행위이든 자유로운 선택·결정이 허용된다고 할 수 있는가? 허용될 수 없다고 한다면 왜 그런가?

Part Ⅰ 기본 소재

종교적 이유에 의한 수혈거부소송

최고재판소 2000년 2월 29일 제3소법정 판결
1998년(오) 제1081호, 제1082호 손해배상청구소송, 동 부대상고사건
民集 54권 2호 582면, 判時 1710호 97면, 判タ 031호 158면
[참고조문] 헌 13 민 90, 709, 710

사실 개요

A는 30대 중반부터 30년 가까이 「여호와의 증인」 신자로서, 신앙상의 이유로 가령 구명을 위해 수혈이 불가피한 사태에 이르러도 수혈을 거부하는(절대적 무수혈) 강한 의사를 갖고 있었다. A에게는 남편 X(원고, 항소인, 피상고인, 부대상고인) 및 3명의 자(모두 성인)

가 있으며, X는 A의 신앙에 이해를 표시하고 장남은 동일한 신자였다.

A는 1992년 6월 T병원에서 악성 간장혈관종의 진단을 받고 절대적 무수혈에 의한 수술을 희망했지만, 수혈 없이 수술은 불가능하다고 거절당했다. 그 뒤, A는 국가 Y(피고, 피항소인, 상고인, 부대피상고인)가 개설한 B병원이 「여호와의 증인」 신자에 대해 무수혈 수술을 하고 있다는 것을 듣고, 동년 7월 B병원에서 진찰을 받았다. 그 뒤, A 및 가족이 절대적 무수혈 의사표시를 C의사에게 전달한 바, C의사에게서 본인의 의사를 존중한다는 취지의 응답이 있어, 다음 8월 B병원에 입원하기로 했다. 그렇지만 B병원에서는 「여호와의 증인」 신자에 대해 진료거부를 하지 않고 환자의 수혈거부의사를 가능한 한 존중하며, 다른 구명수단이 없을 때에는 본인・가족의 동의와 관계없이 수혈(상대적 무수혈)한다는 취지를 의료방침으로 하고 있었으나 그 방침은 A와 그 가족에게 전달되지 않았다.

같은 해 9월, 수술 전의 설명회에서 A와 그 가족은 수술은 절대 무수혈로 할 것, 그에 의한 손상이 발생하더라도 의료진의 책임을 묻지 않겠다는 내용으로 한 증서(A・X가 연서한 것)를 제시했다. 입원 후의 쌍방의 의견 교환에서는 주치의 중 한 명인 D로부터 「'그러한 증서는' 받아봤자 소용이 없다」는 취지의 발언도 있었지만 C는 이것을 수령했다. 그리고 의사단은 결국 A 등에 대하여 수혈에 관한 설명을 하지 않은 채 A의 종양적출수술을 단행하여 수술 중 A의 출혈이 예상보다 다량에 달하자 수혈하지 않으면 죽음에 이른다는 판단 하에 수혈하였다. 그러나 이 사실은 수술 후 C의 설명에서도 A와 그 가족들에게는 비밀로 되었다.

A는 머지않아 그 사실을 알고 Y 및 C 등을 상대로 1,200만 엔의 손해배상을 요구하며 제소했다. 그리고 A는 항소심 계속 중인 1997년 8월에 사망하여 상속인인 X 등이 소송을 승계했다.

제1심=동경 지방재판소

동경 지방재판소 1997년 3월 12일 판결
訟明 44권 3호 315면, 判タ 964호 82면

■ 당사자의 주장 (쟁점)

〈사실에 관련된 주장〉

원고 의사단이 B병원의 의료방침을 설명하지 않았으며 오히려 C의 발언내용에서 절대적 무수혈의 의사표시를 존중받을 수 있다고 판단하여 입원하였고 본건 수술에도 동의했다. 그 결과 의사에 반한 본건 수혈이 이루어지게 되었다.

피고 절대적 무수혈에 의한 수술을 한다고까지는 확실히 말하지 않았다. 또한 수혈에 관해 설명을 하면 A가 수술을 거부하여 구명의 기회를 놓치게 되므로, 일부러 이를 행하지 않았다. 본건 수혈은 구명을 위해 불가피한 것이었다.

〈법적인 근거에 관련된 주장〉

원고 본건 수술을 포함한 진료계약에는 절대적 무수혈에 의한다는 취지의 특약이 성립하고 있으며, 이를 위반하고 수혈을 한 것은 채무불이행에 해당한다. 만약 계약이 성립하지 않았다고 하더라도 의사의 설명의무 위반의 결과, 본건 수술을 받고 수혈이 실시된 것은 자기결정권 및 신교상의 양심을 침해하고 불법행위가 성립된다.

피고 상기 특약은 성립하지 않았다. 가령 성립되었다고 해도 공서양속위반으로 무효가 된다. 상대적 무수혈의 방침을 설명하지 않았던 것은 의사의 재량범위 내에 있다. 본건 수혈은 사회적으로 정당한 행위 또는 긴급 사무관리 행위로서 위법성이 조각된다.

■ 법적 구성

(a) 채무불이행의 성립여부에 대하여

절대적 무수혈에 의한 수술의 특약은 그 존부에 대하여 논할 것도 없이 「의료가 환자의 치료를 목적으로 하면서 구명하는 것을 제1의 목표로 하는 점, 인간의 생명은 숭고한 가치가 있는 점, 의사는 환자에 대해 가능한 한 구명조치를 할 의무가 있는 점의 어느 것에도 반하지 않는 것으로, 이것이 종교적 신조에 근거하는 것이라고 해도 공서양속에 반하여 무효이다」.

(b) 불법행위책임의 성립여부에 대하여

수술은 환자의 침습행위에 해당하기 때문에, 환자는 당해 수술을 받을 것인지 여부에 대해 결정할 수 있고 의사는 당해 수술의 내용·효과·영향 등을 설명해야 할 의무를 지지만, 「이 설명의무에 근거한 설명은 의학적인 관점에서 이루어지는 것이며, 수술 시의 수혈에 대해 말하는 것도 수혈의 종류·방법 및 위험성 등의 설명에 한정되는 것으로 어떤 사태가 되어도 환자에게 수혈을 하지 않을 것인지의 문제는 포함되어 있지 않다」. 또한 의사는 환자에 대해 가능한 한 구명조치를 취할 의무가 있기 때문에, 수술 중에 수혈 이외의 구명방법이 없는 상태에서는 수혈의 의무가 있으며, 이를 설명한다면 수술을 거부할 개연성이 높고 수술 이외의 유효한 치료방법이 없는 질병의 경우에는 「수술 중에 수혈 이외의 구명방법이 없는 사태가 되면 수혈하는 것」을 선택하여도 위법성이 있다고 해석할 수는 없다.

■ 적용

(a) 채무불이행의 성립여부에 대하여

A가 주장하는 절대적 무수혈이라는 특약은 공서양속에 위반하여 무효가 되기 때문에, 원래부터 채무불이행은 성립하지 않는다.

(b) 불법행위책임의 성립여부에 대하여

C 등이 A의 절대적 무수혈의 「의사표시를 인식하고서도 원고의 의사에 따르지 않은 행동을 하여 원고에 이 사건 수술을 받게 한 것은 위법이라고 해석될 수 없으며, 상당하지 않는다고 할 수도 없다」. 실제 「수혈은 사회적으로 정당한 행위로서 위법성이 없다고 보아야 한다」.

청구기각.

제2심=동경 고등재판소

동경 고등재판소 1998년 2월 9일 판결
高民集 51권 1호 1면, 判時 1629호 34면, 判タ 965호 83면

■ 당사자의 주장 (쟁점)

제1심과 동일

■ 법적 구성

(a) 채무불이행의 성립여부에 대하여

「의사는 그 전문지식 및 능력에 근거해 양심에 따라 의료 내용을 결정해야 하는 것으로서 환자의 치료내용에 대한 주문은 통상 단순한 희망 표명에 지나지 않으며, 원칙적으로 의사가 명시적으로 승낙한 경우가 아니면 그러한 의사의 치료방침에 저촉하는 합의가 성립한다고 볼 수 없다」.

나아가 「만일의 경우에」 대비한 절대적 무수혈 합의의 효력에 대해 부언하자면, 환자와 의사의 「당사자 쌍방」이 숙고한 뒤 위 합의가 성립한 경우에는 이를 공서양속에 반하여 무효로 할 필요는 없고 「인간이 신념에 기초하여 생명을 걸어서라도 지켜야 할 가치를 인정하고, 신념에 따라 행동하는 것」은 「타자의 권리나 공공의 이익 내지 질서를 침해하지 않는 한 위법이 되는 것은 아니고, 타자가 이 행동을 시인하고 이에 관여하는 것도 같은 한정된 조건 하에서 위법이 되지 않는다」.

(b) 불법행위책임의 성립여부에 대하여

긴급구조의 경우를 제외하고, 수술에는 「환자의 동의가 필요하며, 의사가 그 동의를 얻음에 있어서 환자가 판단하는 데 필요한 정보를 개시하고 환자에게 설명해야」 한다. 「동의는 각 개인이 갖는 자기의 삶의 방식(life style)을 자기가 결정할 수 있다는 자기결정권에서 유래한다」. 따라서 자살의 목적이나 구급치료의 필요 등의 특단의 사정이 있는 경우는 각별한 경우이고, 자기 생명의 상실로 이어지는 경우라도 본인의 자기결정권은 인정되어야 한다. 왜냐하면 「인간은 언젠가 죽는 것이며, 죽음에 이를 때까지 살아가는 방법은 스스로 결정할 수 있다고 해야(예를 들면 이른바 존엄사를 선택할 자유는 인정되어야 한다)」하기 때문이다.

의사가 환자에 대한 설명을 태만히 하여 이루어진 의료행위는 환자가 본래 이에 동의하지 않는 것을 전제로 하면, 가령 구명을 위한 것이라고 하더라도 위법성은 조각되지 않는다. 이것이 조각된다고 하는 「견해는……구명을 위해서라는 구실만 있으면 의사의 판단을 우선시킴으로써 환자의 자기결정권을 그 범위 안에서 부정하는 것이 되므로 채택할 수 없다」.

■ 적용

(a) 채무불이행의 성립여부에 대하여

A 등의 서명증서는 「절대적 무수혈의 의사를 명확하게 하고 있다고는 해석되지 않을 우려가 있으나」 구두로 의사표시는 되었다고 할 수 있다. 그러나 C 등의 언동으로 보면 이를 승낙했다고 할 수 없고 「수술에서 될 수 있는 한 수혈하지 않는다고 한 한도 내에서만 합의 성립의 효과를 인정해야만 한다」.

(b) 불법행위책임의 성립여부에 대하여

A와 접촉하여 그 의견을 확인할 수 있었던 D는 책임자인 C 등과 함께 「담당 의사단으로서 의료방침을 통일해야 하는 의무를 지니며, 그 내용이 A가 고집하고 있는 것과 일치하지 않으면……A에게 설명을 하고 나아가 B병원에서 입원치료를 계속할지의 여부, 특히 본건 수술을 받을지의 여부를 선택할 기회(「자기결정권 행사의 기회」)를 주어야 했다」. 이와 같은 설명의무는 무수혈에 의한 수술을 100% 전망할 수 없다고 판단된 시점에서 발생한다. 또한 수혈에 대해 설명하면 A가 수술을 거부할 것을 생각해 일부러 하지 않았다는 취지의 C 등의 주장은 「자기결정권을 부정하고……어떠한 경우라도 의사가 구명(본건에서는 연명)을 위해 수술이 필요하다고 판단하면 환자가 거부하더라도 수술해도 좋다는 것이 될 수밖에 없기」 때문에 이를 인정할 수 없다.

「본건 수혈은 C 등이 앞의 설명을 태만히 하여 발생한 것이므로……A의 구명을 위해 필요했다는 점을 들어 C 등이 前記 설명을 게을리 한 점의 위법성이 조각되지 않는다. 그리고 그 위법성이 조각되지 않는 이상, 위의 설명을 게을리 함으로써 발생한 본건 수혈의 위법성도 조각되는 것은 아니다」.

A에 대한 침해는 순수하게 정신적이라는 점, C 등이 할 수 있는 최대한의 치료를 하여 A가 연명할 수 있었던 점, 당시의 의학계에서는 「여호와의 증인」 환자의 수술에 대해 절대적 무수혈의 치료방침이 채택되어야 하는지의 여부에 대한 확정적인 견해가 없었던 점, 일본의 설명의무(informed consent)의 관념 및 그에 대한 시스템이 더욱 유동적이었던 점 등을 종합 판단하면 50만 엔의 위자료가 상당하다.

항소인의 청구에 대하여 일부인용.

상고심=최고재판소

■ 상고이유

상고인

환자의 자기결정권이라고 하더라도 그 범위는 자기 생명의 상실의 결과를 초래하는 선택에까지 미치는 것이 아니므로, 의사에게 본건 수혈가능성의 설명의무가 생기는 것은 아니다. 만약 그것이 발생되었다고 하더라도 A가 선택의 기회를 확보하기에 충분한 정도는 이루어졌다.

부대상고인

원심이 상대적 무수혈의 합의 성립을 인정한 것은 경험칙에 반한다. 또한 인정된 손해배상액이 너무 소액이다.

[법정의견]

◇ 상고이유에 대한 판단

■ 법적 구성

「환자가 수혈을 받는 것은 자기의 종교상 신념에 반하는 것으로 수혈을 동반하는 의료행위를 거부한다는 명확한 의사를 갖고 있는 경우, 이러한 의사결정을 할 권리는 인격권의 한 내용으로 존중되어야 한다」.

■ 적용

A가 종교상의 신념으로 어떠한 경우에도 수혈을 받는 것을 거부한다는 강한 의사를

가지고 있어 수혈을 동반하지 않는 수술을 받을 수 있다는 기대로 B병원에 입원한 것을 C의사 등이 알고 있는 등의 본건 사실관계 하에서는, C의사 등은 수술 중에 수혈 이외에는 구명수단이 없는 사태가 발생할 가능성을 부정하기 어렵다고 판단한 경우 B병원으로서는 수혈할 방침을 갖고 있는 것을 A에게 설명하고 「B병원에 계속 입원하면서 C의사 등에게 본건 수술을 받을지의 여부는 A 자신의 의사결정에 맡겨야 했다」. 그럼에도 불구하고 C의사 등은 그에 관한 설명도 하지 않고, 수혈할 가능성이 있는 것을 인식하면서도 이를 A 등에게 말하지 않은 채 본건 수술을 시행하여 그 방침에 따라 수혈을 했다. 그러므로 「A가 수혈을 동반할 가능성이 있었던 본건 수술을 받을지의 여부에 대하여 의사결정을 할 권리를 빼앗은 것이라고 말하지 않을 수 없고, 이 점에서 동인의 인격권을 침해한 것으로 동인이 이에 의해 입은 정신적 고통에 대한 위자료 책임을 져야 할 것이다」.

상고기각.

◇ 부대상고이유에 대한 판단

「원심의 인정판단은 원 판결 제시의 증거관계에 비추어 정당한 것으로 시인할 수 있고 그 과정에 위법은 없다」.

부대상고기각.

기본 해설

1. 본건 소송에서 법률론의 구성

본건 사안을 전제로 할 때 어떠한 법률론을 구성하는 것이 가능한가? 원고 측의 주장에 의하면 두 가지로 볼 수 있다. 하나는, 진료행위가 계약인 것에 착안하여 계약체결 때 수술은 절대적 무수혈에 의한다는 취지의 특약이 있으므로 본건 수혈에 관한 계약에 위반된다는 것이다. 다른 하나는, 환자의 의사에 반하는 결과가 초래된 것은 치료방침에 관여한 의사가 본래 해야 할 설명의무를 제대로 하지 않았기 때문이며 이로 인해 환자는 정신적 손해를 입었다는 것이다.

이러한 법률론에는 말할 것도 없이 수술까지 포함된 의료행위에 대해 환자 측이 이를 선택·결정할 수 있다고 한, 이른바 자기결정권의 주장이 전제되어 있다. 그렇다면 재판소로서도 관련된 법률론을 판단하는 데 있어 자기결정권이 어떠한 것이며, 어떤 법조에 근거하여 무엇을 어디까지 보호해야 하는지에 대해 그 나름의 견해를 표시해야 하는 것이 요구된 것이다. 이 점에서 종래의 판례를 보아도 자기결정권이라는 것을 정면으로 내걸고 판단한 것은 찾아볼 수 없다(하급심에는 비슷한 사안으로 오이타 지방재판소 결정 1985년 12월 2일 判時 1180호 113면이 있으나, 여기서는 한결같이 "신앙의 자유" 문제로 취급되고 있었다). 본건 소송이 주목을 받게 된 것도 이러한 배경에 기인한다.

2. 첫 번째 법률론 - 채무불이행의 성립여부에 대하여

먼저, 첫 번째의 법률론에 대해서는 사실인정의 단계에서 상기 특약에 대해 당사자 간의 합의가 없었다고 결론내리면, 본래부터 특약의 효력에 대해 설시할 필요는 없다. 그런데 제1심과 제2심은 논의 절차부터 이해하기 어려운 설시를 하고 있다. 즉, 전자는 특약의 존부를 판단하지 않고 갑자기 그 효력의 유무를 언급하고 이를 부정하는 한편, 후자는 특약의 존부를 판단하고 이를 부정하면서도「만일의 경우에」대비한 특약이 성립된 경우의 효력의 유무를 판단하고 이를 긍정하고 있기 때문이다.

아마 제1심의 설시의 전제에는 절대적 무수혈에 의한 수술이 정당한 치료행위라고는 말하기 어렵고 이것을 내용으로 한 특약도 거의 무효라 할 수 있는 이상 그 존부 등을 검토할 것도 없다는 취지의 판단이었으며, 그 배경에는「생명제일주의」로 인한 의료의 구명목적 내지 의사의 구명의무(의사법 제19조 제1항 참조)를 최우선으로 한 생각이 반영된 것이다. 이에 대해 제2심의 경우는 어떤가? 하나의 방법으로 특약의 효력 유무는 제2의 법률론의 판단에도 영향을 미치므로 미리 이것을 언급한 것이 아닌가라는 견해가 있다. 그러나 양자의 법률론은 애초부터 별개 독립적이므로 특약의 효력론에 들어가지 않고도 제2의 법률론을 판단할 수 있다. 의사의 설명의무를 설명하는 데 있어서 환자의 자기결정권이든 무엇이든 시작하면 되는 것으로, 제2심은 이러한 설시의 방법을 하고 있으며, 최고재판소 또한 이에 의한 것이 명백하다.

그럼에도 불구하고 제2심에서 특약의 효력론에 깊이 파고든 데에는 두 번째 법률론-의사의 설명의무에 관한 논의-에서도 치료(수술)행위를 의사와 환자 간의 계약으로 이해했기 때문이다. 이에 대해 최고재판소는 어디까지나 제2의 법률론에 한하여 본건을 취급하려고 하고 있다. 제1의 법률론에 관한 환자 측의 부대상고에 대해 제2심의 인정판단을 그대로 인정하여 이를 배척하고 있으나, 거기서 말하는「인정판단」에 제2심의 방론(특약의 효력의 유무에 관한 판단) 부분까지 포함되어 있다고는 볼 수 없기 때문이다.

3. 두 번째 법률론 - 불법행위의 성립여부에 대하여

원래 의사가 수술 등 환자의 신체에 침습을 동반하는 의료행위를 할 때에는 환자에게 충분히 설명하고 그 동의를 얻지 않으면 안 된다. 따라서 여기서는 전적으로 의사의 설명의무의 범위가 초점이 되지만, 제1심은 역시 의료의 구명목적 내지 의사의 구명의무를 전면에 내세워 상기 설명은「의학적 관점에서」하는 것으로 족하고, 오히려 환자가 절대적 무수혈을 고집하고 있는 경우에는 이에 대해 언급하지 않은 설명마저 의사의 전권적 재량으로 인정하는 취지로 결론내리고 있다(이른바 합리적 의사설명의무라는 이해에 의한 것인가).

이에 대해 제2심은 그 설명의무의 범위를 수술을 받는 「환자가 그 판단을 하는 데 필요한 정보」에까지 넓혀(이른바 이중의 기준설), 이를 환자가 하는 동의의 전제로 판단하고 있다. 더욱이 동의가 자기결정권에 유래하는 것을 명언하고, 자기결정권이란 「자기의 삶을 살아가는 방법을 스스로가 결정할 수 있는」 권리를 말하며, 「자기의 생명의 상실로 이어지는」 경우라고 해도 특별한 경우를 제외하고는 보장되어야 한다고 설명한다. 자기결정권의 근거 법조는 제시되지 않고 있으나 그 취지는 오늘날 이미 정설이라 할 수 있는 설명의무의 법리에 따른 것이며, 제1심과 대비되는 것이라고 할 수 있다.

최고재판소 역시 치료내용에 관한 환자의 「의사결정할 권리」가 존중되어야 한다는 것을 명확히 한다. 그러나 그 권리는 「인격권의 한 내용」을 구성하는 것이며, 자기결정권이라는 고유의 권리로 설시되고 있는 것은 아니다. 확실히 최고재판소는 지금까지도 명예・프라이버시 침해, 동의 없는 사진촬영, 지문날인 등의 사안의 설시에서 프라이버시권・초상권 등의 용어를 도입하지 않고 그 의미에서는 전례를 답습하고 있는 것으로 보인다. 그러나 본 판결에서는 헌법 제13조가 인용조차 되지 않았고 선례들과도 차이가 보인다. 본건이 의사의 설명의무를 쟁점으로 한 소송이며, 어디까지나 불법행위법상의 차원의 문제로 취급하려는 취지인지도 모르지만, 헌법학설의 일반적인 견해와는 입장을 달리하는 것으로 말하지 않을 수 없다.

4. 본건 최고재판소 판결의 사정(射程)

최고재판소가 환자의 「의사 결정할 권리」의 존중을 근거로 의사의 설명의무의 범위를 제시했다고 하지만, 그것의 일반화에 대해서는 신중을 요한다. 최고재판소가 「본건 사실관계 하에서는」이라고 하고 있으며, 거기에는 ①환자의 특성(성인, 판단능력 있음, 의사표현 가능, 여명(余命)이 얼마 없음, 감호 양육할 대상 없음), ②동기 유무(종교적 신념 내지 확신), ③치료행위의 내용(수혈만 거부하고 죽음은 바라지 않음), ④치료행위의 긴급・절박성(약 1개월 유예 있음), ⑤가족의 의사(동의・이해있음), ⑥의사의 인식(입원의 경위, 환자의 의사표시에서 볼 때 의사의 치료방침과의 불일치를 수술 전부터 알고 있었음)과 같은 요소가 크게 관여했다고 할 수 있다. 다시 말해 이것과 다른 사정의 경우에도 본건과 마찬가지로 의사의 설명의무 위반이 도출될 수 있는 것인지가 반드시 명확한 것은 아니다.

또한, 만약 본건과 같은 경우에도 최고재판소 판결에는 의사의 구명의무와의 관계에서 더욱 불분명한 점이 없는 것도 아니다. 최고재판소는 의사의 설명의무 위반만을 문제로 하고 그 의무가 행해졌을 경우의 결과에 대해서는 전혀 언급하고 있지 않기 때문이다. 판결의 논지와 같이 의사가 설명한 경우, A가 B병원에서의 수술을 선택하지 않고 그 결과로 치료기회를 상실할(죽음에 달하는) 가능성은 매우 높으며, 그렇다고 해도 의사(이전 병원의 의사도 포함하여)로서는 이러한 설명을 하면 충분한 것인가 아니면 환자의 의향에 따른 수술을 하여야 하는가? 이 점에 대해서 제2심에서는 특약의 효력론을 취하고 있는데 의사는 의료내용에 관한 환자의 요망에 응할 의무를 지고 있지는 않지만, 그 요망에 응하여 환자가 사망했다고 해도 의사에게 요구되는 주의의무가 충분하다면 법적 책임을 묻지 않는다는 취지를 명확히 하고 있다.

Part Ⅱ 응용편

확인문제

1. 본건 판결에 의하면, 환자가 자신에게 고려되는 치료내용에 관해서 이를 선택·결정하는 권리가 있다고 할 수 있는가? 있다고 한다면, 이것은 어떠한 법적 근거에 의한 것인가? 또 제1심 판결, 제2심 판결의 경우는 어떠한가?
2. 본 판결은 1에서 서술한 것과 같은 선택·결정권을 행사할 수 있는 환자로서 어떠한 자를 상정하고 있는가?
3. 본 판결에 의하면 환자는 1에 서술한 것과 같은 내용의 선택·결정권을 근거로 어떠한 의료행위도 거부할 수 있게 되는가?
4. 본 판결에 의하면 의사는 환자에 대해 어떠한 내용의 설명의무를 지게 되는가? 이 경우 의사에게 부과되는 직무상 책임인 구명의무와의 관계는 어떻게 평가되는가? 또한 제2심 판결과 비교한 경우 다른 점은 있는가?
5. 본 판결에 의하면 의사의 설명의무 위반이 있는 경우 반드시 위법이 되는가? 또한 이에 근거한 의료행위도 위법이 되는가?

응용문제

설문 1 A가 다음과 같은 자일 경우 본 판결의 견해를 전제로 하면 어떻게 될 것인가?

(1) 매우 어린 미성년자이고, 보호자 의사에 의해 수혈 거부의 의사표시가 있는 경우

(2) 어느 정도 판단능력을 갖춘(15세 이상) 미성년자이고, 보호자의 의사와도 일치할 경우

(3) (2)에서 보호자의 의사와 일치하지 않을 경우
(4) 성인이지만 질병에 대해 충분한 판단 능력을 갖고 있지 않은 경우
(5) 성인이지만 구명을 위해 긴급 입원하여 그 시점에서 의식이 없었던 경우
(6) (4)와 (5)에서 가족 측에서 수혈 거부의 의사표시가 있은 경우
(7) (4)와 (5)에서 수혈을 거부하는 취지의 본인 의사를 분명히 하는 문서를 지참한 경우
(8) (7)에서 가족 측에서 수술에 의해 구명할 수 있다면 수술을 바란다는 뜻의 의사 표시가 있는 경우

설문 2 다음의 경우 본 판결의 취지를 전제로 한다면 어떻게 될 것인가?

(1) A자신에게 감호, 양육해야 할 자녀가 있는 경우
(2) 의학적 지식에 비추어 수술에 의해 A의 병이 완치될 수 있는 경우
(3) A가 생명・신체의 안전에 위해를 미칠 우려가 있는 수혈을 피하고 싶다고 생각한 경우
(4) A가 병명을 알거나 혹은 투병에 지쳐서 품게 된 염세적인 사고로 수술을 거부하고 있는 경우
(5) 의학적 지식 및 이에 필요한 의료기술에 비추어 볼 때, 수혈 없이 A의 수술을 할 수 있는 의료기관이 다른 곳에 존재하지 않는 경우

설문 3 다음의 경우 본 판결의 취지를 전제로 하면 의사는 법적 책임을 지는가?

(1) 의사가 환자의 의향에 따른 수술을 하는 것이 곤란하다고 판단했지만, 구명을 가장 우선으로 생각하여 그 취지를 환자에게 설명하지 않고 수술을 했는데 결과적으로 환자의 의향에 따를 수 있었던 경우
(2) 의사가 환자의 의향에 따르는 수술을 하는 것이 곤란하다고 판단하고, 그 뜻을 환자에게 설명했지만 환자의 동의를 얻지 못했기 때문에 수술하지 않아서 임종이 앞당겨진 경우
(3) (2)에서 환자에게 같은 설명을 했지만, 환자가 어디까지나 자신의 의향에 따라 수술을 하도록 요구했기 때문에 그에 따라 수술하여 환자가 사망한 경우
(4) (3)에서 수술 개시 후 의사가 환자의 의향에 따른 수술의 위험성을 고려하여 생각을 바꿔 환자의 의사에 반대되는 수술을 하여 성공한 경우
(5) 의사가 환자의 의향에 부응하는 수술을 하는 것이 가능하다고 판단하여 수술을 개시했지만, 예측과 어긋난 환자의 의향에 반대되는 조치 없이는 구명할 수 없는 사태에 이르렀기 때문에, 부득이하게 그 수술을 하여 환자에게 수술이 끝난 뒤 사후승낙을 요구한 경우

(6) (5)의 사태가 되었지만 환자의 의향에 따라 환자가 사망한 경우

설문 4 다음과 같은 경우 본 판결의 취지를 전제로 하면 어떻게 될 것인가?

(1) 출생전 진단을 했다면 태어날 아이의 선천성 질환을 감지할 수 있었지만, 그 진단술에 대해 담당의사의 설명이 없어 중증의 선천성 질환 아이가 태어났을 경우

(2) 임신개월 수로 보아 인공임신중절에 따르는 위험이 예견되었기 때문에 의사는 그 취지를 설명하였지만, 부부의 의사가 완고하여 그에 따라 중절수술을 실시한 결과 부인에게 후유증이 발생한 경우

(3) 암 환자가 위독하게 되어 급히 인공호흡기를 장착하였지만, 환자 본인에게도 가족에게도 그와 관련된 사전설명 없이 가족의 의향에 반하여 환자의 사망까지 계속 장착되었던 경우

Part Ⅲ 이론편

◥ 전개문제

1. 헌법상의 권리로 자기결정권을 주창하는 의의에 관해서 논평하시오.

특히 사적인 사안(private affairs)과 관련되는 한, 인간은 자신의 의사에 따라 나아가 자신의 책임 하에 자유롭게 이것을 결정할 수 있는 것이라 할 수 있다. 개인의 이와 같은 자기결정과 관련된 주장은 이른바 자기결정권으로 법률학의 영역에서도 이미 빈번하게 논의되고 있다(이 논제의 선구적 논문으로 山田・後掲書). 이것은 헌법학에서도 마찬가지로 일반적으로는 이것을 자기의 사적인 사안에 관해 공권력으로부터 간섭받는 일 없이 스스로 결정할 수 있는 권리로 정의하며, 헌법 제13조에 나오는 행복추구권의 한 내용으로 보장받는 것으로 이해되고 있다(헌법상 자기결정권을 조감하는 것으로 竹中・後掲書, 25면 참조).

그러나 자기결정권을 헌법상의 권리로 이해하고, 이것을 평가하는 입장에서도 제13조의 해석론, 나아가서는 인권론 일반의 논의의 차이로 인하여 그 취지가 반드시 한결같지는 않다. 예를 들면 인간을 「인격적 자율성(personal autonomy)을 가진 존재」로 파악하고 「자율」을 인간에게 있어서 더할 나위 없이 소중한 것으로 해석하는 논자에게는 「개인의 인격적 생존에 불가결한 이익을 내용으로 한 권리의 총체」만이 헌법 제13조의 행복추구권으로 보장된다는 인식이 있다. 즉, 헌법 제3장의 개별적 조항에 의해 보장되는 권리・자유는 본래 기본적 인권의 보장을 근저에서 뒷받침하고 통합하는 「인격적 자율성」(「기간적(基幹的) 자율성」)의 실현에 관련되는데 이들의 조항에 의해 뒷받침되지

않더라도 「기간적 자율성」의 실현에 필요하며 그런 까닭으로 헌법 제13조에 의해 보충적으로 보장되는 개별적 사항(「개별적 자율성」)이 존재한다. 이른바 자기결정권은 「개별적 자율성」의 한 유형에 속하고 「인격적 자율성」의 핵심을 이룬다고 해석하는 것이다(佐藤・後掲, 14면).

일반적으로 인격적 이익설로 불리는 이러한 주장에 대하여 「인격적 자율」을 기반으로 한 인권관의 중요성에는 충분한 이해를 나타내면서도, 인권이 넓게 「매일의 생활 속에서 보장되고 실현된다」는 것의 중요성을 강하게 인식하는 논자로부터는 「인격적 자율」과 관련이 없는 권리・자유가 헌법 제13조의 행복추구권에 의해 보장되지 않는 것에 의문을 품지 않을 수 없다. 즉, 적어도 공권력과의 관계에서 개인의 자유로운 결정이 부당하게 제한되는 경우에는 이것을 「인권 문제로 다루어 권력의 규제로부터 보호해 가는 것과 함께 위헌적인 권력 행사를 통제해 가야」 할 것이며, 단지 그 보장의 정도에 대해 「인격적 자율」과의 관련성의 정도에 의해 나누는(구체적으로는 위헌심사기준을 구별함) 것이 허용된다고 해석하는 것이다(井上=小山=山元・後掲, 7면 이하 [戸波発言]).

그러나 한편으로는 「현실의 있는 그대로의 인간을 경험적으로 파악하고」 인격적 이익설이 전제로 하는 것과 같은 「자율적이고 인격적인 주체로서의 인간」상을 배척하고, 또한 그 학설이 기저에 두고 있는 「인격」성을 기본적 인권의 개념으로부터 불식시키려는 논자도 있다(阪本・後掲, 222면 이하). 이에 의하면, 원래 인간은 「자기애」가 충만하고 그로부터 출발하여 그것을 충족시키고 확인하면서 살아가는 것이며, 그렇기 위해서는 「인격적 자율」성을 전혀 물을 필요도 없이 대체로 개인의 자유로운 결정・행위가 보장되지 않으면 안 된다. 인권보장 규정은 인격적인 행위만을 대상으로 하는 것은 아니기 때문이다. 그런 의미에서 이 비판론은 인격적 이익설이 전제하고 있는 「인격」성을 비판하는 점에서 제1의 비판론과 공통적이며, 함께 일반적(행위) 자유설이라고 호칭되고 있지만 제1의 비판론과는 달리 「인격적 자율」에 의한 구분조차 부정되는 것이 된다.

그렇지만 이 같은 학설의 추세에 대해 의문이 제기되지 않는 것은 아니다. 한 가지는 헌법 제13조의 해석 그 자체와 관련되어 있다. 즉, 가령 거기에서 행복추구권을 이끌어 낼 수 있다고 해도, 그것은 여전히 추상적이며 불명확해서 「재판에 의해 실현될 수 있는 구체적인 권리를 곧바로 보장하고 있다」고 할 수 있을지, 또한 그럼에도 불구하고 거기에서 여러 가지 이익 또는 자유를 헌법상의 인권으로 주장하는 것은 「오히려 『기본적』 인권의 관념과 배치」되는 것은 아닌지 하는 의문 내지 비판이다(伊藤・後掲, 229-230면). 그 중에서도 후자의 의견은 「인권의 인플레이션화」 또는 인권 가치의 상대화 혹은 저하로 취급되며, 또는 인권개념을 질적으로 한정한 「비장의 수단으로서의 인권」론으로부터 비판을 초래하는 것이다.

그리고 이러한 의문 내지 비판이 자기결정권의 경우보다 더 적합할 것 같다. 「사적인 사안」이라고 해도 그 범위는 어떤 의미로 보면 무한이라고 할 수 있고, 반대로는 「자기결정」을 전제로 하지 않는 행위 같은 것은 대체로 있을 수 없기 때문이다. 일반적으로 「사적인 사안」의 구체적인 내용으로는 ①자신의 생명 · 신체의 처분에 관한 사항, ②가족의 형성 · 유지에 관한 사정, ③생식활동에 관한 사항, ④기타 사항(헤어스타일, 복장 등 사람의 외관에 관한 사정과 취미, 기호에 관한 사항 등을 포함함)으로 크게 나뉘어져 있지만, 인격적 이익설이 「사적인 사안」을 인격적 생존에 불가결한 중요 사항으로 한정하고 ①내지 ③은 어떻든 간에 ④에 관해 소극적인 자세를 보이는 것, 또는 ④를 포함하여 모든 것에 영향을 미친다고 해석하는 일반적 자유권설 중에서도 「인격적 자율」성에 의한 구분론을 주장하는 것은 위에서 논한 물음에 직면하게 된다.

더 나아가 개인의 자기결정을 설명하는 것의 취지는 이해된다고 해도, 그것을 굳이 「자기결정권」이라는 이름으로 논할 필요가 있는 것일까? 또 그것을 헌법상의 권리로 설명할 필요가 있는 것일까를 문제 삼는 자들도 있다. 전자의 질문에 「자기결정권」의 실체를 새로 도마 위에 올리자고 하는 것이지만, 그 하나의 예로 다음과 같은 지적이 있다. 즉, 「불문의 자유권으로서 자기결정권」의 정립은 상기 ①내지 ④에 대한 각각의 자유를 설명하는 것보다도 그것들의 공통적인 이론적 특성을 분명히 하고 그 외의 불문의 자유권을 인정할 여지를 남길 수 있다는 점에서 뛰어난 것이지만, 「자기결정권이란 민주주의의 내재적 한계[다수파에 의한 민주주의의 남용]……를 인권보장의 제재로 바꾸어 말한 것에 지나지」 않으며, 「이것을 『인권』의 하나로 열거하는 것 자체가 자기결정권론의 혼란의 원인」이 되고 있는 것은 아닌가(棟居 · 後掲, 30-31면)라는 지적이다.

다른 한편, 후자의 물음에 관하여 「환자의 자기결정권」에 한정된 논의이긴 하지만 그것은 본래 「헌법이라는 이른바 과감하게 잘라서 정리하는 것에 적합하지」 않고, 「헌법상의 차원으로 논하기보다는 사법상의 차원으로 그 의의와 한계를 차분하게 논의할 필요가 있다」고 하는 주장이 보인다(樋口 · 後掲, 93면). 과연 종교적 이유에 의한 수혈거부 소송 상고심 판결에서도, 치료내용에 관련한 환자의 「의사결정을 할 권리」는 결국 「인격권의 한 내용」으로 평가되어 그것에 의해 보장받을 수 있는 것으로 되어 있다. 따라서 그 판결의 뜻을 헌법론과 관련지어야 하며, 「개인 존중이라고 하는 헌법적 가치(헌법 第13조)의 적극적 승인이 [상기] 판결의 사고 근저에 있으며(野口 · 後掲, 66면), 그 의미로는 상기 「판결과 헌법론과의……거리를 극복하기 위해서 새롭게 해석할 필요」가 있다고 주장되기도 하지만(岡田 · 後掲, 3면), 「『의사결정을 할 권리』를 『자기결정권』의 일반이론으로 바꾸어 놓고……본 [상기] 판결이 이러한 일반이론에 대한 태도 표명을 한 것이라고 읽는 것은」 본 판결의 올바른 이해가 아니라는 취지의 논평(潮見 · 後掲, 67면)이 제기되었다.

그렇지만 일반적 자유설에 선 논자들은 특히 수감, 학교 관계 등 특수한 법률관계에 있는 인권 제한에 대해, 헌법 제13조로부터 도출되는 행복추구권 내지 자기결정권이 중요한 역할을 수행하게 될 것이라고 설명하고 있다(戸波・後掲, 40면). 그러나 교칙과 관련된 여러 소송을 참조한다면, 헌법상의 쟁점으로서 행복추구권 내지 자기결정권의 침해를 구성하는 것은 가능해도 재판상 좀처럼 그것이 허용되지 않는 것 또한 사실이다(본장 Part Ⅳ「두 번째 소재」 참조). 그 의미에서 헌법상의 권리로 자기결정권을 주장하는 것에 관해서 그 이념이 어떻든 간에 그 실제상의 의의와 한계에 관련하여 한층 더 검토해야 할 필요가 있을 것이다.

2. 이른바 자기결정권의 제약 원리에 대해서 논하시오.

개인의 자유로운 선택・결정이라고 하더라도 그것에 의해 타인이 위해를 받는다면 여기서 하려는 선택・결정을 그대로 인정할 수는 없다. 이와 같은 논의는 자기결정권을 어떻게 이해하더라도 긍정될 것이며, 원래 자유와 관련된 일반 원리에 의해 기초되어 진다. 예를 들면 1789년 프랑스 인권선언에서「자유는 타인을 해하지 않는 한 모든 것을 할 수 있는 것이다」(제4조)라고 명기되어 있고, 또한 밀의「자유론」 중에서 본인 의사에 반하는 권력행사가 정당화되는 것은「타인에 대한 위해의 저지」를 목적으로 하는 경우로만 한정되고 있다.

타자가해와 관련된 이러한 논의(일반적으로「밀의 원리」 또는「가해원리」라고 불리고 있다)는 말할 필요도 없이 일본국헌법에서도 마찬가지이다. 즉, 헌법상의 인권제약의 원리로 오랫동안 논의의 대상이 되었던「공공의 복지」에 관해 학설은 대체로 인권 상호간의 모순・충돌을 조정하기 위한 실질적 공평의 원리로 이해하고 있지만, 여기서「가해원리」를 추출할 수 있기 때문이다.

그렇다면 타자가해에 해당하지 않으면 어떠한 선택・결정이든 이를 행하는 것이 허용되는 것인가? 이 문제를 검토하는 데 있어서는 우선 선택・결정하려는 자의 판단 능력 그 자체가 논의될 것이다. 미성년자, 고령자 등 자율적 판단능력을 반드시 충분하게 갖추고 있지 않은 자의 선택・결정을 그대로 인정할 때, 객관적으로 봐서 본인 이익이 되지 않는 경우가 있을 수 있기 때문이다. 그 범위에서 그 자의 자기결정권을 제약하도록, 이른바 후견주의(paternalism) 도입의 계기를 인정하지 않을 수 없다.

그렇지만 이와 같은 제약원리를 헌법상 어떻게 이해해야 할 것인지에 대해 학설의 대응은 여전히 충분하지 않다. 논자에 따라서는「한정된 paternalistic 제약」(佐藤・後掲, 460면),「약한 의미의 paternalism」 내지「덕행원리에 입각한 국가개입」(阪本・後掲, 248-249면), 또는「약한 자기가해 저지원리」(竹中・後掲, 201면) 등으로 설명하고 있지만, 그것이 헌법상 어디에서 도출되는 것인지 달리 말하면「공공의 복지」의 내용을 이루는 것인지 실제로 견해의 일치가 보이지 않기 때문이다(자세한 것은 竹中・後掲, 193면 이하 참조).

한편으로, 자율적인 판단 능력이 충분히 있다면 그 자의 선택・결정은 어디까지 인정되는가 하는 논의도 필요할 것이다. 예를 들면 자살, 이른바 말하는 안락사 등, 자기가해를 내용으로 하는 선택・결정은 어떻게 봐야 하는가? 과연 객관적인 본인 이익을 보호하기 위해서는 무언가의 제약이 필요하다고 설명하는 경우는 전술한 것과 같은 후견주의(paternalism)의 도입이 용인될 것이지만, 충분한 판단 능력을 갖춘 자에 의한 의도적, 자각적인 선택・결정도 충분한 판단 능력을 갖추지 못한 자와 동등하게 논해야 하는 것인지에 대한 견해는 나누어질 것이다.

즉, 인격적 이익설의 입장에서는 생명의 존엄을 대전제로 하면서도 「인간의 인생 설계 전반에 걸친 포괄적 내지 설계적인 자율성」과 「그때마다의 자율성」을 구분하고, 후자에 상당한 적극적 안락사에는 「불가역적 행위로서 '한정된 퍼터널리스틱 제약'이 타당하다」라는 견해가 있다(佐藤・後掲, 460면). 이에 대해 일반적 자유설의 논자는 이와 같은 퍼터널리즘을 「강한 의미의 퍼터널리즘」으로 분류하면서도 그 도입을 배척한다. 「아무도 확실하게 알 수 없는 장기적인 인생 설계를 이유로 눈앞의 자유로운 선택은 제약될 수 있다고 주장할 수는 없기」 때문이다(阪本・後掲, 250면).

마찬가지로 그와 같이 충분한 판단 능력을 갖춘 자가 사회 일반의 관념에 반하는 행위를 선택・결정하려고 할 때는 어떠한가? 여기서 유념해야 될 것은 이와 같은 선택・결정에 대한 퍼터널리스틱 제약이 객관적인 본인 이익의 보호라고 하기보다는, 자연적이고 생물적인 부모 자식 관계의 존중(인위적이거나 인공적인 생명 조작의 기피) 등의 공공의 질서를 이유로 하고 있다는 것이다. 그 예로 reproduction의 영역에 있는 대리모, 복제기술 이용 등이 있고, 널리 알려진 것처럼 일본에서 전자는 오랫동안 산부인과 학회 회고에 의한 자율규제가, 후자에는 이른바 '복제기술 규제법'(2000년 법률 제146호)에 의한 규제가 있다.

이 점에서 어디까지나 사적자치 원칙이 타당하고 개인의 자유로운 선택・결정에 맡겨져야만 한다고 주장할 수는 있다. 그러나 가령 무언가의 퍼터널리스틱 제약을 필요로 한다고 생각한다면, 그 제약의 구체적 내용은 무엇인가? 또 그 헌법상의 근거는 어디서 찾아야만 하는가? 예를 들어, 복제기술 규제법은 그 규제 근거를 「인간 존엄의 유지, 인간의 생명 및 신체의 안전 확보와 사회질서의 유지」에 대한 중대한 영향의 가능성에서 찾고 있지만(제1조) 이들의 병렬관계에 있는 이유, 특히 거기에서 말하는 「인간의 존엄」의 의미와 내용, 이들과 헌법과의 연관에 관해서는 반드시 분명하지 않다. 만약 이것이 헌법이라고 하는 「개인의 존중」(제13조) 내지 「개인의 존엄」(제24조)과 관련될 수 있다면, 동 조항은 인권 파생 원리와 함께 인권제약 원리를 이루는 것을 의미할 것이다. 이에 대해 「공공의 복지」로부터 도출할 수 있다고 한다면, 종래 「공공의 복지」에 관련된 논의를 재검토할 필요가 생겨나게 된다.

Part Ⅳ 두 번째 소재

교칙 파마금지 퇴학 소송

최고재판소 1996년 7월 18일 제1소법정 판결
1993년(오) 340호 고등학교졸업인정등청구사건
判時 1599호 53면
[참조조문] 헌 13 민 1, 90

사실 개요

Y_1가 경영하는 A학교는 교칙으로 파마를 금지하고 운전면허의 취득에 관해서도 일정 시기 이후로 인정하며, 또 학교에 신고한 경우가 아니면 인정해주지 않고 이것을 위반했을 때는 퇴학을 권고하는 것으로 정해놓았다(이하, 「본건 교칙」이라 함). X는 3학년인 7월에 본건 교칙을 알면서도 무단으로 보통 자동차 운전면허를 취득하였고 9월에 동 사실이 발견되었다. 이 때문에 본래 자퇴가 권고되어야 함에도 학교 측에서는 X가 3학년이고 진로도 내정되어 있는 점을 특별히 고려하여 X를 엄중주의 처리하고 두 번 다시 교칙을 위반하지 않도록 서약시켰다. 그런데 X는 상기 교칙 위반의 벌로서 조기등교가 명령된 때부터 파마를 하기 시작하여, 그것이 다음 해 1월 발각되기에 이르렀다. A고등학교는 이와 같은 교칙위반 등을 이유로 자퇴를 권고하였고(이하, 이 사건 「퇴학 권고」라고 함), X 및 그의 부친은 이에 따라 자퇴서를 제출하여 수리되었다. 그런데 X는 본건 권고가 효력을 갖지 않는 교칙위반을 문제 삼는 것이라는 이유로 자퇴서의 취소・철회의 의사표시를 하고 Y_1 및 학교장 Y_2에게 졸업의 인정, 손해배상 등을 청구하여 제소했다. 제1심 및 원심은 판단의 일부에 다른 점이 보이긴 하지만, X의 청구를 모두 기각했다.

본 판결은 인권보장의 사인 간 효력에 관한 선례에 의거하면서 본건 교칙을 사회통념상 불합리한 것인지 아닌지에 의해 판단하고 본건 교칙 및 본건 퇴학 권고, 어느 것도 위법이 아니라고 판단했다.

상고심=최고재판소

■ 법적 구성

(a) 인권보장 규정의 사인간 적용에 대해

「헌법상 이른바 자유권적 기본권의 보장 규정은 국가 또는 공공단체와 개인간의 관계를 규율하는 것으로서, 개인 상호 간의 관계에 당연하게 적용 내지 유추적용 되지 않는다는 것은 당 재판소의 판례(최고재판소 1968년(오) 제932호 1973년 12월 12일 대법정 판결, 民集 27권 11호 1436면)에서 제시한 바이다」.

(b) 사립학교 교칙의 적법성에 대해

「사립학교는 건학 정신에 입각하여 독자의 전통 내지 교풍과 교육 방침에 의해 교육 활동을 하는 것을 목적으로 하고, 학생도 이와 같은 교육을 받는 것을 희망하여 입학하는 것이다」. 이런 교육 방침을 구체화하는 교칙은 사회통념상 불합리한 것이 아닌 한, 학생에게 그 준수를 요구하더라도 민법 제1조, 제90조에 반하는 것이 아니다.

■ 적용

「사립학교인 A고교의 본건 교칙에 대해 그것이 직접 헌법의 기본권 보장 규정에 위반하는지를 논할 여지는 없다」.

「원심이 적법하게 확정한 사실에 의하면, (1) A고교는 유행을 따르지 않고 화려함에 휩쓸리지 않는 태도를 유지하는 청결과 검소를 교육방침으로 하고, 이것을 구체화하여 교칙을 정하고 있다, (2) A고교가 본건 교칙에 의해 운전면허 취득에 있어서 일정 시간 이후 인정받는 것과 학교에 신고한 경우만을 교습 수강 및 면허취득을 인정하고 있는 것은 교통사고로부터 학생의 생명과 신체를 보호하고 비행을 방지하며, 결과적으로 면학에 전념하는 시간을 확보하기 위함이다, (3) 마찬가지로 파마를 금지하는 것도 고등학생에 어울리는 머리모양을 유지하고 비행을 방지하기 위함이라는 것이기 때문에 본건 교칙은 사회통념상 불합리한 것은 아니고, 학생에게 그 준수를 요구하는 본건 교칙은 민법 제1조, 제90조에 위반하는 것이 아니다」.

따라서 원심이 인정한 사실에 입각하여 본건 처분의 위법성을 검토하면 「상고인의 교칙 위반의 형태, 반성 상황, 평상시 행실, 종전의 학교 지도 및 조치와 본건 퇴학 권고에 이른 경과 등을 감안하면 본건 자퇴 권고에 소론의 위법이 있다고는 할 수 없다」.

상고기각.

기본 해설

1. 교칙 소송과 본건 최고재판소 판결

본건은 파마를 금지하고 자동차 운전면허 취득을 제한하는 교칙이 위헌, 위법이 아닌지에 대한 분쟁이다. 물론 교칙이라고 해도 그 명칭은 각양각색이고 내용도 다양하다. 일반적으로 학교의 관리 책임자인 학교장이 정한 그 학교의 규칙과 같이 여겨지고 있지만, 학교 교육 목적을 달성하거나 학교 내의 질서를 유지함에 있어서 필요불가결하다고는 말하기 어려운 사항을 내포하고 있는 경우도 많다. 그 때문에 학생, 아동의 판단이나 행동이 교칙 혹은 교칙 위반을 이유로 하는 처분 내지 불이익 조치에 의해 필요 이상으로 제한되고 인권 침해에 해당하는 것이 아닌가 하는 논의를 초래하였다(이하, 교칙 전반에 대해 이시가와(石川) 외・後掲, 4면 이하 참조).

교칙의 위헌・위법성을 둘러싼 소송이 계속 제기되어 왔던 것도 그 결과라고 할 수 있다. 그 중에도 오토바이 면허취득에 관한, 이른바 3무원칙(면허를 따지 않는다, 타지 않는다, 사지 않는다)에 관한 사안(최3소판 1990년 9월 3일 判時 1401호 56면, 高松高判 1989년 2월 19일 判時 1417호 40면, 東京高判 1991년 3월 19일 判時 1417호 40면), 중학생 두발(남자 학생의 짧게 깎은 머리)에 관한 사안(熊本他判 1985년 11월 13일 判時 1174호 48면, 최1소판 1995년 2월 22일 判時 1560호 72면), 또 제복 착용에 관한 사안(京都他判 1986년 7월 10일 判自 31호 50면, 최판 1989년 3월 29일 判例集未登載) 등은 이미 많이 알려져 있는 바이다(下村. 後掲, 90면 以下, 中村・後掲, 116면 참조).

이들의 재판례에서도 명백하듯이, 교칙을 둘러싼 이런 종류의 논의에는 쟁점이 적지 않다. 무엇보다도 먼저 학생을 규율하는 교칙의 법적 성격과 그 제정 근거가 문제되고, 그와 관련하여 교칙은 그것을 위반한 학생에 대한 징계처분의 법적 근거가 될 수 있는지 학교장에 의해 행해지는 자퇴 권고와 자택 근신 조치는 상기 징계처분에 해당하는지가 문제가 된다. 이와 함께 교칙에 의한 학생의 규율이 어떠한 의미에서 인권침해가 되는가? 본디 헌법의 인권 보장이 이러한 교육 현장에까지 영향을 미치는가? 특히 사립학교의 경우는 공립학교와 다른가? 라는 논의가 제기되는 경우도 있다.

그러므로 재판소에서도 이들의 문제에 대해 그 판단을 분명히 할 필요가 있는데 본건 최고재판소 판결이 이에 잘 부응한 것은 아니다. 소송제도 내지 상고제도에 따른 사정이 있다고 해도, 교칙소송의 이른바 실체론과는 내용을 달리 하는 미쓰비시수지 사건(三菱樹脂事件) 최고재판소 판결(최대판 1973년 12월 12일 民集 27권 11호 1536면. 본서 28장 참조)을 원용하고, 어디까지나 사적자치의 문제로 이를 처리하여, 교칙에 관한 인권침해론에는 대체로 관여하려고 하지 않기 때문이다. 사실상 그 판결 수법은 이미 상기 최고재판소 1991년 판결에서 찾을 수 있으며, 본건 최고재판소 판결은 이를 그대로 답습했다고 할 수 있다.

2. 사립학교에서의 헌법의 인권보장

본건 최고재판소 판결은 최초의 판시사항으로 헌법의 인권보장 규정이 사인간에도 적용되는지의 여부를 들어, 미쓰비시수지 사건 최고재판소 판결을 원용하면서 이를 명확히 부정하고 있다. 이러한 한도에서 본건 최고재판소 판결에서는 사립학교의 경우 어떠한 인권침해에 대해서이든 헌법의 보장이 미치지 않는다는 동등한 결론이 도출되게 된다. 애초에 미쓰비시수지 사건 최고재판소 판결에 대해서는 사인간의 인권보장 규정의 간접적용을 긍정하는 것 같지만, 사실상 부적용과 다르지 않다는 취지의 비판이 일고 있다. 그런 의미에서 본건 최고재판소 판결, 나아가 그 선례라는 최고재판소 1991년 판결에 대해서도 그와 같은 비판이 상당할 것이다(예를 들면 戸波・後掲 ②, 77면).

특히 본건 사안이 교육현장에서 이루어진 점을 보면, 미쓰비시수지 사건 최고재판소 판결의 법리가 이대로 적용되어야 하는가에 대해서는 한 번 고려해 보아야 한다. 분명 사학의 자주성 내지 독립성 나아가서 그와 같은 사학의 교육 방침이나 교육 환경에 기대하여 이를 선택하는 학생・보호자의 자유가 존중되어야 하는 것은 말할 것도 없지만(土井・後掲, 11면은 이를 전제로 하여 사학의 경우 「인권존중이 법적으로 요구되는 것은 당연하다고 해도, 국공립학교와 같은 '기본권 규정의' 적용이 요구되고 있지는 않다」고 함), 한편으론 현재 교육법제나 그 실정을 고려하여 보면, 교칙에 따른 학생규율에서도 공립・사립별로 논할 수 있는지 의문이 남는다(戸波・後掲 ②, 77면 참조). 사인간의 관계를 일률적으로 파악하는 것이 아니라, 당해 관계의 성질을 개별적으로 평가・판단하여 동시에 또한 인권을 일괄하는 것이 아니라 사인 간에도 당연히 적용되어야 하는 지를 검토할 필요가 클 것이다(中村・後掲 ②, 153면 참조).

나아가 본건 최고재판소 판결의 결론의 당부는 제외하고 오히려 본건 최고재판소 판결에서 원용되어야 하는 선례는 쇼와여자대학 사건 최고재판소 판결(최3소판 1974년 7월 19일 民集 28권 5호 790면)이라고 생각한다. 동 판결에서는 미쓰비시수지 사건 최고재판소 판결을 원용하여 사립학교의 학칙에 관한 헌법판단의 여지를 배제한 뒤 「학생을 규율하는 포괄적 권능」을 학교 당국에 인정하면서, 이러한 권능은 「재학관계의 설정 목적과 관련되고 그 내용이 사회통념에 비추어 합리적이라고 인정되는 범위에서만 시인되는 것」이라 하고, 그 판단요소로서 사립학교의 「건학 정신에 입각하여 독자의 전통 내지 교풍과 교육 방침」을 들고 있기 때문이다.

그렇지만 동 판결은 대학이 「국공립・사립 여부에 관계없이…공공적인 시설」인 점을 명언하고 있다. 이 점을 고려하면 대학과 고등학교의 차이야말로 본래, 공립・사립의 구별이 아니라, 학칙 또는 교칙의 헌법적합성으로 판단되어야 마땅한 것이다(이를 지적하는 것으로 恒川・後掲, 55면). 그런 의미로는 동 판결을 원용하지 않고 인권보장 규정의 사인간 적용에 관한 선례를 참조할 필요가 있고, 이것이 미쓰비시수지 사건 최고재판소 판결의 원용에 관련된 것이 아닐까 생각한다.

3. 두발의 자유, 운전면허 취득의 자유

두발이나 복장이든 운전면허취득이든 교칙에 의해 학생・아동의 자유가 제약받게 되더라도 과연 그것이 인권을 침해하게 되는가를 논할 필요가 있다. 즉, 이러한 제약은 원래 어떠한 인권을 침해한다고 할 수 있는가, 그 제약의 목적, 수단 등에 비추었을 때 헌법상 허용되는 것인가 하는 문제이다. 본건 최고재판소 판결은 이미 논한 것처럼 인권보장 규정의 사인간 적용에 대하여 먼저 판단하면서 이를 부정한 결과, 이 문제에 대해서는 어떠한 언급도 하지 않았다.

이러한 점에서 하급심 차원에서는 두발의 자유에 대해 「개인의 머리형은 개인의 자존심 또는 미적 의식과 뗄 수 없이 연관되어……머리형 결정의 자유가 개인의 인격가치에 직결하는 것이 명백하므로」, 「개인이 두발에 대해서 머리형을 자유롭게 결정할 수 있는 권리」는 이른바 자기결정권의 한 내용으로 헌법 제13조에 의해 보장된다는 취지를 설시한 것으로 보인다(본건 제1심 동경지판 1991년 6월 21일 判時 1388호 3면). 또한 운전면허 취득의 자유에 대해서도 「보통 자동차의 운전면허를 취득하여 자동차를 운전하는 것은 사회생활상 존중되어야 할 법익」이라 할 수 있지만 「운전면허 취득의 자유와 개인의 인격과의 관계 짓기는 간접적인 것에 그친다」고 하는(본건 제1심 동경지판) 한편, 「헌법 제13조가 보장하는 국민의 사생활에서의 자유의 하나로, 어떤 자도 면허 취득을 함부로 제한 금지 할 수 없다」고 하는 것이다(前記 高松高等裁判所).

이러한 판시는 헌법학설을 참조한 것이라고 할 수 있으나, 사실상 학설 자체의 견해도 나뉘어져있다. 예를 들어, 「오토바이를 탈 자유도 자기결정권의 보호영역 안에 있고, 그에 대한 제한은 헌법(인권)문제가 될 수 있다」(戸波・後掲 ②, 77면), 또는 「적어도 두발이나 복장 등의 몸단장을 통해 자기의 개성을 실현하여 인격을 형성할 자유는 정신적 형성기인 청소년에게 성인과 같은 정도로 중요한 자유이다」(芦部・後掲, 404면)라는 적극설도 보이나, 일반적으로는 헌법 제13조에서 말하는 자기결정권의 보장범위는 인격적 존재의 불가결한 중요사항에 한한다고 하여, 머리형・복장・운전면허 취득 등의 사항에 대해서는 부정적 내지 소극적으로 해석하는 경향이 있다.

그렇지만 후자의 견해에서도 「그 자체는 단적으로 헌법상 보장된 인권이라고 할 수 없지만, 헌법상의 인권보장이 미쳐야 하는 경우가 있을 수 있다」라고 설시하고 있다(佐藤・後掲①, 16면). 그러나 일반적 자유설의 논자는 「헌법상의 인권이라고 말할 수 없는 행위에 어째서 헌법상의 보호가 미치는가, 그 행위의 규제조치가 어째서 위헌이 될 수 있는가가……명확하지 않다」는 취지의 비판을 하고 있다(戸波・後掲 ②, 76면)」 그리고 그 논자가 말하는 것처럼, 어떤 행위가 헌법상 보장되는지의 여부의 문제는 그 행위가 인권에 해당하는가의 문제가 아니라 「인권의 행사로서 당해 기본권의 보호영역의 범위 내에 있는지의 여부」라는 설명 방법이 보다 설득력 있다.

여기서 오히려 「일반 국민에게 허용되어 있는 자유를 박탈하는 데에는 실질적인 합리적 근거가 없으면 안 된다」고 하여, 교칙 등을 통해 학생・아동의 자유가 제약되는 경우에는 이 규제목적에 비추어보아 필요성 및 합리성을 판단하는 접근법을 채택하는 것을 생각해 볼 수 있다(芦部・後掲, 405-406면). 이러는 한 결과적으로는 「인격적 자립」성에 의해 개인의 행위 자유에 대한 보장의 정도를 나누어 구체적으로 위헌심사기준을 구별하여 사용하려는 견해와 그렇게 큰 차이는 생기지 않은 것이 된다.

설문 다음과 같은 사례는 헌법상 어떻게 평가되는가?

(1) A사립중학교에서는 「학교생활의 규칙」에서 휴대게임기 및 게임소프트를 가지고 등교하는 것을 금지하고 있다. 그러나 학생 B는 동급생과 게임소프트를 교환할 목적으로 이를 가지고 와, 이를 발각한 담임 교원으로부터 구두로 주의를 받은 것에 강하게 반발하며 받아들이지 않았다. 이에 B는 3일간 자택근신처분을 받게 되었다.

(2) C사립여자고교는 학생지도의 일환으로서 등하교시에 교복차림으로 상점 등에 들어가는 것을 금지하고, 또 방학 중 여행은 학교 측에 보고하도록 하고 있다. 그러나 학생 D는 하교 중에 교복차림으로 편의점 등에 거듭 출입하였기 때문에 5일간의 자택근신처분을 받았다. 더욱이 그 처분 기간 중 학교에는 보고하지 않고 중학교 때 친구와 여행을 갔다. 그 때문에 D는 퇴학처분을 받게 되었다.

▌참고문헌▐

山田卓生『私事と自己決定』(日本評論社, 1978年)

竹中勲「憲法上の自己決定権の意義」産大法学 (京都産業大学)29巻4号(1996年)

佐藤幸治「日本国憲法と『自己決定権』」法学教室98号(1988年)

井上典之＝小山剛＝山本一編『憲法学説を聞く』(日本評論社, 2004年)

坂基昌成「プライバシーと自己決定の自由」樋口陽一 編『講座憲法学 3』(日本評論社, 1994年)

伊藤正己『憲法』(弘文堂, 第3版, 1995年)

棟居快行「自己決定権の概念の再検討」受験新報539号(1996年)

樋口範雄「患者の自己決定権」岩波講座現代の法14・自己決定権と法(岩波書店, 1988年)

野口勇「エホバの証人無断輸血訴訟とインフォームド・コンセントの法理」法学セミナー549号(2000年)

岡田信弘「判評」法学教室判例セレクト'00(2001年)

潮見佳男「判評」ジュリスト20000年度 重要判例解説(2001年)

戸波江二 ①「自己決定権の意義と範囲」法学教室158号(1993年)

佐藤幸治 ②『憲法』(青森書院, 第3版, 1995年)

竹中勲 ②「憲法学とパターナリズム・自己加害阻止原理」佐藤還暦『現代立憲主義と司法権』

(青森書院, 1998年)
石川恵美子他「校則問題を考える」ジュリスト912号(1988年)
下村哲夫「校則をめぐる諸問題と今後の展開」ジュリスト991号(1991年)
中村陸男 ①「校則をめぐる司法判断と生徒の人権」法学セミナー445号(1992年)
戸波江二 ②「校則と生徒の人権」法学セミナー460号(1993年)
土井真一「判評」ジュリスト1992年度重要判例解説(1993年)
中村陸男 ②「判評」判時1400号(1992年)
恒川陸生「校則によるバイク制限」憲法判例百選1(有斐閣, 第4版, 2000年)
芦部信喜『憲法学 2』(有斐閣, 1994年)

(矢島基美)

제26장 인권의 향유주체 - 외국인 · 법인

[논점]

(1) 외국인 인권보장

일본국헌법이 정한 국민의 권리는 외국인에게 어느 정도 보장되는가?
외국인에게 보장되는 권리와 보장되지 않는 권리는 어떠한 기준으로 구별되는가?
외국인에게 보장되는 권리의 경우, 보장의 내용 · 정도가 일본 국민에 대한 보장과 다른 점이 있을 수 있는가?

(2) 외국인의 정치활동의 자유

정치활동의 자유는 어떠한 성격을 갖는 권리인가?
정치활동의 자유는 외국인에 대해서도 보장된 권리라 할 수 있는가?
외국인에 대한 정치활동의 자유 보장이 긍정되는 경우, 그 보장의 내용 · 정도는 일본 국민에 대한 보장과 다른가?

(3) 단체 · 법인의 인권

일본국헌법이 정한 국민의 권리는 단체 · 법인에 대하여 어느 정도 보장되는가?
단체 · 법인에 대하여 보장되는 인권과 개인의 인권에는 어떠한 차이가 있는가?

Part Ⅰ 기본 소재

맥클린 사건

최고재판소 1978년 10월 4일 대법정 판결
1975년(行ツ) 제120호 재류기간갱신불허가처분취소청구사건
民集 32권 7호 1223면, 判時 903호 3면

사실 개요

X(원고, 피항소인, 상고인)는 미국 국적을 갖는 외국인으로서, 1966년에 미국 평화봉사단의 일원으로 한국에서 영어교육에 종사하였지만, 1969년 4월 21일 여권에 주한 일본대사관 발행의 사증(비자)을 받아 일본에 입국, 같은 해 5월 10일 시모노세키 입국관리사무소 입국심사관에 의하여 출입국관리령(이하, 「관리령」이라 함) 제4조 제1항 16호 특정재류자격 및 그 재류기간을 정하는 성령 제1항 3호에 해당하는 자로 재류자

격을 가지고 재류기간을 1년으로 하는 상륙허가를 얻어 일본에 상륙하였다. X는 입국 후, 어학학교 영어교사로 근무하여 생계를 유지하는 한편, 비파·거문고의 연구를 계속하여 후에 미국의 대학에서 비파·거문고 등의 교수를 하고 싶다고 지망하였다.

재류기간이 끝날 무렵 X는 1970년 5월 1일 다시 일본에서 영어교육 및 비파·거문고 등의 연구를 계속할 필요가 있다고 하여 법무대신 Y(피고, 항소인, 피상고인)에게 1년간의 재류기간 갱신을 신청한 결과, Y는 같은 해 8월 10일에 「출국 준비기간으로 같은 해 5월 10일부터 같은 해 9월 7일까지 120일간 재류기간 갱신을 허가한다」고 처분하였다. 그래서 X는 다시 같은 해 8월 27일, Y에 대하여 같은 해 9월 8일부터 1년간의 재류기간 재갱신을 신청한 결과, Y는 같은 해 9월 5일부로 X에 대해 갱신이 적당하다고 인정할 만한 충분한 이유가 없다고 하여 이를 허가하지 않는다는 처분(본건 처분)을 내렸다.

Y가 재류기간 갱신이 적당하다고 인정하는 데 충분한 이유가 있다고 할 수 없는 것은 다음과 같은 X의 재류기간 중의 무단 전직과 정치활동 때문이다.

①X는 A어학학교에 영어교사로 채용되기 위해 재류자격을 인정받았으나, 입국 후 불과 17일 사이에 동교를 퇴직하고, 다른 B어학학교에 영어교사로 취직하여 입국을 인정받은 A어학학교의 영어교육에 종사하지 않았다.

②X는 외국인 평화연맹(平連)에 소속하여 정례집회, 반전집회, 반전시위행진에 참가하여 전단지를 통행인에게 배포하고, 베트남전쟁에 반대하는 목적으로 미국대사관에 항의하고, 요코하마 입국자 수용소에 대한 항의를 목적으로 하는 시위행진에 참가하고, 하네다 공항의 로저스 국무장관 입국 반대운동을 행하는 등의 정치적 활동을 하였다. 또한, X가 참가한 집회·집단시위행진 등은 모두 평화적 또는 합법적 행진의 범위를 넘지 않는 것으로서, X의 참가 태도는 지도적 또는 적극적이지 않았다.

제1심=동경 지방재판소

동경 지방재판소 1973년 3월 27일 판결
民集 32권 7호 1276면, 判時 702호 46면

■ 당사자의 주장(쟁점)

원고

1. 관리령 제21조 제1항은 일본재류 외국인에 대하여 재류기간 갱신을 받을 권리를 부여하고 있다. Y의 본건 처분에는 어떠한 합리적인 이유가 없기 때문에 동 처분은 위법이다.

2. 본건 처분은 법무대신의 재량권의 범위를 벗어난 위법이다

(1) X의 사증에는 「고용을 위해」라는 기재가 있을 뿐, 전직 후에도 X의 재류자격에는 변동이 없다. 또한 위 법 제22조는 외국인에 대해서도 전직의 자유를 보장하고 있어, X의 전직을 이유로 본건과 같은 불이익처분을 하는 것은 허용되지 않는다. X는 A어학학교의 획일적 교육방법, 급여지급의 지연 등에 불신감을 가지는 한편, B어학학교의 교수방법이 우수하다는 점을 알고 전직한 것으로 정당한 이유가 있었다. B어학학교는 영어교육기관으로서는 일본에서 최대 규모이기 때문에 전직처가 부적절하다고 할 수 없다.

(2) X의 정치활동을 이유로 이루어진 본건 처분은 위헌 · 위법이다. 「정치활동」 중에서도 참정권은 주권자인 국민만의 권리임에 반하여, 국가의 정치에 의견을 표명할 권리는 사상의 자유, 표현의 자유, 집회 · 결사의 자유와 결부된 시민적 행동으로서, 재일외국인에게도 보장된다. X의 행동은 미국의 전쟁정책에 반대하는 정치적 행위임과 동시에, 인간의 양심에서 출발한 표현행위로 일본국헌법 제21조가 보장하는 기본적 인권의 행사로, 이것을 이유로 재류기간 갱신의 불허가처분을 하는 것은 허용되지 않는다.

피고

1. 재류기간 갱신은 관리령 제21조 제3항에 의해 법무대신이 재류기간 갱신이 적당하다고 인정할 수 있는 상당한 이유가 있을 때에 한하여 허가되는 것으로서 그 허가는 법무대신의 자유재량에 맡겨져 있다.

2. Y가 한 본건 처분은 재량권의 일탈이 없으며 적법하다

(1) 법무대신은 X의 일본에서의 활동을 A어학학교 영어교사로 인정하는 취지로 재류를 허가하였기 때문에, 사증에는 「채용을 위해」라고 기재되어 있지만, 이것은 A어학학교에 영어교사로 채용되는 것을 의미한다. 그런데 X는 입국 후 불과 17일 사이에 B어학학교로 전직하여, 입국을 인정받은 학교의 영어교사에 종사하지 않았기 때문에 법무대신이 본건 처분을 한 것은 적법하다.

(2) 일본국헌법 하에서 일본의 정치는 일본 국민의 의사에 의해 결정되어야 하기 때문에 일본과 신분상 영속적 결합관계를 갖지 않는 외국인은 참정권을 갖지 않을 뿐만 아니라, 일본의 정치적 의사형성에 영향을 미치는 정치활동을 하는 것도 권리로 보장되지 않는다. X의 정치활동은 관리령 제5조 제1항 14호의 「일본의 이익」을 침해할 우려가 있는 행위에 해당하고, 게다가 X가 장래에도 그러한 정치활동을 행할 우려가 있을 뿐만 아니라, X는 정치활동을 행하는 것을 주된 목적으로 일본에 재류하고 있다고 인정되기 때문에, 실질적으로 자격 이외의 활동에 해당한다고 해야 하고, 재류기간 갱신을 거부해야 하는 데 상당한 이유가 있다.

■ 법적 구성

(a) 재류기간 갱신 거부에 관련된 법무대신의 재량권에 대하여

「법무대신은……외국인이 제출한 문서에 의해 재류기간의 갱신을 인정하는 것을 충족시키는 상당한 이유가 있는지 없는지를 판단함에 있어」, 「재류기간의 갱신 불허에 관해서는, 상당히 광범위한 재량권을 가지고 있다고 해석하여야 하나, 이 재량권도 헌법과 그 밖의 법령상 일정의 제한을 받는 것이 당연하다」.

(b) 정치활동을 이유로 한 재류기간의 갱신 불허가에 관한 재량권 일탈의 판정기준에 관하여

「한번 입국을 허가받았던 재류외국인의 정치활동이 재류기간 갱신의 불허가에 상당한 사유에 해당하는지 아닌지를 판단하는 데에는 적어도 관리령 제5조 제1항 11호 내지 14호에 준하는 사유가 있는지 없는지를 고찰해야 하며, 이러한 사유가 없음에도 내려진 갱신 불허가 처분은 재량의 범위를 일탈하는 것으로 해석되어, 본건에서는 원고가 행한 정치활동이 일본 국민 및 일본의 이익을 침해할 우려가 있는지를 인정할 수 있는가 아닌가가 문제가 된다」.

■ 적용

(a) 무신고 전직에 관하여

「원고에 대한 입국허가의 경위 등으로부터……도저히 원고의 재류자격이 A어학학교의 영어교사로 한정되어 있다고 해석할 수 없고, 따라서 피고가 주장하는 것처럼 원고가 A어학학교에서 B어학학교로 전직한 점을 파악하여 재류자격 이외의 활동을 행하였다든지, 이에 의하여 입국 목적을 상실했다든지 라고는 할 수 없다」.

「원고가 A어학학교에 취직한 후 3주가 채 못 되는 사이에 근무처의 책임자에게 정식으로 통지하지 않고 전직한 행위는 적절하지 않다고 볼 수 있지만, 다음 전직에는……대강의 이유가 있기 때문에, 전직처는 종전의 근무처와 같은 종류이고, 또한 이와 비교하여 손색이 없으며 외국인 재류상태라는 관점에서 볼 때 어떠한 비난할 만한 점이 없는 근무처이고, 원고는 그 후 본건……처분 당시까지 같은 곳에 계속해서 근무하고 있기 때문에, 위 전직으로 출입국관리상의 질서를 어지럽혔다고 할 수 없고, 또한 관계 당국의 신뢰관계를 파괴하였다고 판단할 수 없다」.

(b) 정치활동에 대하여

「원고가 행한 前記의 모든 정치활동 중에는 우선, 이른바 베트남 반전……을 목적으로 하는 집회 · 집단시위운동 및 반전 방송의 참가가 있지만,……미국인인 원고가 본국이 행하고 있는 위의 정책에 대하여 체재지인 일본 내에서 자기 견해를 표명하

고, 주로 재일미국인에게 반전을 호소하는 행위……는 정치활동이라기보다는 오히려 한 미국인으로서의 자연스런 사상표현으로, 이로써 일본의 정치문제에 대한 부당한 참견이라 볼 수는 없고, 이를 위해 일본 국민 및 일본의 이익이 침해될 우려가 있다고 할 수 없다.

다음으로 원고가 참가한 집회・집단시위 중에는 베트남 반전과 함께 미일안보조약 반대를 목적으로 하는 것이 있는 점은 前記 인정한 대로, 일본안전보장의 방책은 전적으로 일본 국민이 선택 결정해야 할 정치문제로 외국인이 간섭해야 할 문제가 아니며, 일본국헌법이 이러한 문제에 대하여 재류외국인의 집회나 집단시위운동 등의 자유를 일본 국민에 대하는 것과 동등하게 보장하고 있다고 볼 수 없다. 그러나 그러한 정치활동을 행한 외국인의 일본재류를 허용할 것인지의 재량은 그 자가 행한 정치활동의 실체에 의거하여 해당 외국인의 재류가 일본의 이익을 침해할 우려가 있는지를 판단해야 한다. 그리고……원고 자신은 오히려 미일안보조약을 폐기하는 것은 비현실적일 뿐만 아니라, 애당초 이러한 일본 정치문제는 일본 국민 스스로가 결정해야 한다는 생각을 가지고 있으며, 종래 일본 정치에 관한 발언을 자제하기 위해 노력한 점, 원고가 前記의 집회 등에 참가한 의도는 오로지 베트남 반전 호소에 있다는 점, 즉, 위 집회 등에서 원고의 참가 태도는 지도적 또는 적극적이 아니었다는 점이 인정된다. 그렇다면 원고가 참가한 집회 등은 원고가 본래 의도한 목적과는 다른 정치주장을 포함하고 있어 이러한 집회 등에 참가한 자체가 사려 깊지 못한 점이 있다고 하여도 원고의 집회 등의 참가 목적 및 태도가 위와 같은 점이었다는 것에 비추어 본다면, 이 집회 참가에 있어서 원고의 일본재류가 일본 국민 및 일본의 이익을 침해할 우려가 있다고는 도저히 생각할 수 없다.

더욱이 원고의 前記 입국관리 법안반대 단식시위 지원 전단지 배부, 요코하마 입국자 수용소에 대한 항의시위운동에 대하여 보면, 출입국관리법제 및 입국자수용소 대우 여하는 일본의 정치문제임과 동시에 재류외국인과 직접 이해관계를 갖는 문제이기 때문에, 재류외국인인 원고가 이 문제에 대하여 일본 국민에게 호소하는 행위는 일본의 정치에 대한 간섭이라기보다는 원고 자신의 신분상의 이해에 관하여 일본정부 및 일본 국민에게 선처를 호소하는 행위라는 성질을 갖는다고 할 수 있다. 이때 원고가 취한 행동 자체에 대해서도 일본 국민의 정치적 선택에 부당한 영향력을 행사하거나 혹은 국가의 정책대행에 지장을 미치는 것이 있다는 충분한 증거는 없다. 그렇다면 이 행위의 이유로 원고의 일본재류가 일본 국민 및 일본의 이익을 침해할 우려가 있다고 볼 수 없는 것은 당연하다.

그리고 원고의 前記 이른바 정치활동의 모든 것을 고려해도 그 때문에 원고의 일본재류가 일본 국민 및 일본의 이익을 침해할 우려가 있다고는 생각할 수 없고, 또한 피고의 주장과 같이 원고의 일본재류의 주된 목적이 이러한 정치활동을 행하는 데 있다는 등의 사실을 확인하는 데 충분한 증거가 없기 때문에, 원고가 실질적으로 재류자격 외의 활동에 종사하였다고 판단할 수 없다. 따라서 피고가 앞서 기술한 원고의 이른바 정치활동을 이유로 본건……처분을 했다는 것은 사회관념상 현저하게 타당성이 결여된 것이라고 하지 않을 수 없다」.

「이상 인정된 여러 사정을 종합하여 고찰하면 피고의 본건……처분은 원고가 행한 본건 전직 및 이른바 정치활동의 실체가 재류기간의 갱신을 거부해야 할 어떠한 사유에 해당하지 않음에도 불구하고, 현저하게 이 점의 평가가 잘못되었기 때문에 일본국헌법의 국제협조주의 및 기본적 인권보장의 이념에 비추어 보아, 관리령 제21조에 의해 피고가 영향받은 재량의 범위를 벗어나는 위법 처분이라고 해야 한다」.

청구인용.

제2심=동경 고등재판소

동경 고등재판소 1975년 9월 25일 판결
民集 32권 7호 1294면, 判時 792호 11면

■ 법적 구성

(a) 일본에서의 외국인의 법적 지위에 대하여

「자국 내에 외국인을 받아들일지는 기본적으로 그 국가의 자유로, 국가는 자국 및 자국민의 이익을 지키기 위해 이에 지장이 있다고 사료되는 외국인의 입국을 거부할 수 있고 이를 위한 기준을 정하는 것도 또한 자유이다.……본국에 입국, 상륙, 재류하려는 외국인은 위와 같은 입국 등을 권리로 요구할 수 있는 것이 아니라, 국가가 스스로 정한 기준인 출입국관리령 소정의 각 규정에 비추어 해당 외국인의 자격심사를 하여, 그 결과에 의거하여 특정 자격에 의해 일정 기간에 한하여……입국, 상륙, 재류를 허가한다」.

(b) 재류기간 중의 권리 보장에 대하여

「그렇지만 일단 적법하게 재류를 허가받은 외국인은 그 재류기간 내에는 관리령 제24조에서 정한 퇴거강제사유에 해당하지 않는 한 그 활동은 원칙적으로 자유이며, 인권, 신조, 성별에 의해 차별받지 않고, 사상, 신교, 표현의 자유 등 기본적 인권의 향수도 대체로 일본 국민에 준하여 뒤떨어지지 않는다. 나아가 가령 그 언동이 일본, 그 우호국 내지 해당 외국인의 모국의 정책을 비판하여 동향에 영향을 미치는 등 이른바 정치적 활동에서도 그것이 본래 외국인으로서의 본분에 들어맞는지의 비판은 있을 수 있어도, 그 자체가 퇴거강제사유에 해당하지 않는 이상 재류기간 중에는 법률상 특단의 불이익을 받지 않는다」.

(c) 재류기간 갱신의 허가에 관한 법무대신의 재량권에 대하여

「적법하게 재류하는 외국인은 정해진 재류기간 내에 재류목적을 달성하고 스스로 국외로 퇴거하는 것이 원칙으로, 국가는 재류를 허가한 외국인에게는 재류기간 내에 한하여 활동을 보증하면 된다. 우연히 재류외국인이 기간 내에 목적을 달성하기 어려운 이유 등에 의하여 재류기간을 연장할 필요가 생긴 때에는, 해당 외국인은 관리령 제21조에 의하여 기간 갱신을 받을 수 있도록 하고 있지만, 갱신 신청에 대해서는 법무대신이 갱신을 적당하다고 인정하는 데 필요한 상당한 이유가 있을 때에 한하여 이것을 허가할 수 있다. 그 상당한 이유의 유무는 법무대신의 자유로운 재량에 의한 판단에 맡겨야 한다. 이것은 외국인의 인수가 기본적으로 수입국의 자유라는 점에서 유래한다. 법무대신은 허가 결정을 하는 데 있어서 신청자의 신청사유의 당부뿐만 아니라, 해당 외국인의 재류기간 중의 행태, 국내의 정치, 경제, 노동, 치안 등의 여러 사정 및 당면 국제정세, 외교관계, 국제 예양 등 모든 사정을 참작하여 궁극적으로는 고도의 정치적 배려를 바탕으로 이것을 행하여야 한다. 따라서 법무대신이 재류기간 갱신의 신청을 거부하는 데에는 관리령 제5조 제1항 11호 내지 14호의 상륙거부사유, 또는 관리령 제24조의 퇴거강제사유에 준하는 사유가 있어야 한다고 주장하는 것은 타당하지 않다」.

(d) 재량권의 일탈 · 남용에 대하여

「그러나 법무대신의 처분이라고 해도, 그것이 처분 이유로 인정되는 사실에 오인이 있거나 또는 누가 보더라도 사실에 대한 평가가 타당하지 않는 등 재량권의 범위를 벗어나 권리를 남용한 경우에는, 그 처분이 위법이 되는 일반 행정처분과 다를 것이 없고, 단지 사실상 법무대신의 판단이 일차적으로 고도로 존중되어야 한다는 것뿐이다. 그리고 재류기간의 갱신 신청이 위법으로 각하된 외국인은 당해 처분의 수취인으로 법률상 보호되는 이익을 침해받은 자로서 그 취소를 재판소에 요구해야 한다고 해석하는 것이 상당하다」.

■ 적용

(a) 무단 전직에 대하여

「무단 전직 즉, 피항소인이 A어학학교에서 B어학학교로 근무처를 변경한 것만으로 위의 불허가 이유가 된다면 그동안의 사정을 보아 다소 문제가 될 것이다……. 그

러나 본건 처분이유는 이뿐만 아니라 前記한 대로이기 때문에 여기서 위의 전직만을 이유로 그 적합을 결정하는 것은 상당하지 않다」.

(b) 정치활동에 대하여

「일련의 정치활동도 이것이 재류외국인에 의하여 재류기간 내에 이루어졌다면, 앞서 본 것과 같이 외국인에게도 허용된 표현의 자유 범위 내에 있는 것으로, 특별히 불이익을 강제하는 것이 아니고 또 그 자체로 퇴거강제사유를 구성한다는 것도 곤란하다. 그러나 외국인의 재류기간이 소정 기간의 경과로 이미 본국에 재류할 수 없을 때에 이루어진 재류기간 갱신 신청에 대하여, 법무대신이 갱신을 인정하는 데 필요한 상당한 이유가 있다는 판단에 문제가 있다면, 그 평가는 자연히 다르게 됨은 前記한 바와 같다. 따라서 다음과 같은 피항소인의 일련의 행동에 대해, 前記한 것처럼 법무대신이 이것을 고도의 정치적 배려를 바탕으로 판단하는 데 있어 이것을 소극적 자료로 거론한다 하여도 불가피하다고 할 수밖에 없다. 단순히 재류기간 중에 적법하게 이루어진다는 것만으로 위와 같은 법무대신의 평가를 비판할 수는 없다.

특히 헌법상 외국인은 참정권을 인정받지 않고, 일본의 정치·외교 등 일본 국민이 자주적인 주권행사로 결정할 사항에 관하여, 단순히 학문상의 관점에서 하는 비평이나 재류외국인에게 국제적 상호주의의 입장에서 허용되는 평가행위라면 어쨌든 그 영역을 넘어 그것에 간섭적 언동을 하는 것은 누구의 눈에도 본래 바람직한 모습이라고 할 수는 없을 것이다」.

「이 행동이 피항소인에 의하여 현실적으로 시행된 이상, 전술한 것처럼 고도의 정치적 판단에 의거하여 출입국관리행정을 시행하여야 하는 법무대신이 일본 및 국민을 위해 바람직하다고 인정하지 않고, 재류기간 갱신의 허가를 결정하는 데 있어 소극적 사정이라고 판단하여도, 그것은 그 시점의 권한 행사로 맡겨진 재량의 범위 내의 것이라 해야 한다. 이러한 이유로 위법이라고는 할 수 없다」.

원심 파기, 청구기각.

상고심=최고재판소

■ 법적 구성

(a) 외국인이 일본에 체재할 권리의 유무에 대하여

「헌법 제22조 제1항은 일본 국내의 거주·이전의 자유를 보장하는 취지를 규정하는 것에 그쳐, 외국인이 일본에 입국하는 것에 대해서는 어떠한 규정도 하고 있지 않다. 이것은 국제관습법상 국가는 외국인을 받아들일 의무를 지는 것이 아니라, 특별한 조약이 없는 한 외국인을 자국 내에 받아들일지 또는 받아들일 경우에 어떠한 조건을 더할지는 당해 국가가 자유로 결정할 수 있다고 되어 있고, 그 생각과 같다고 해석된다……. 따라서 헌법상 외국인은 일본에 입국할 자유를 보장받고 있지 않은 것은 물론, 소론과 같이 재류의 권리 내지 계속해서 재류할 것을 요구할 수 있는 권리를 보장받고 있는 것은 아니라고 해석해야 한다. 그리고 상술한 헌법의 취지를 전제로 법률로서의 효과를 갖는 출입국관리령은 외국인에 대하여 일정 기간을 제한하여……특정 자격에 의해 일본에 상륙하는 것을 허가하기 때문에 상륙을 허가받은 외국인은 재류기간이 경과한 경우 당연히 일본에서 퇴거하여야 한다」.

(b) 재류기간 갱신의 허가에 관한 법무대신의 재량권에 대하여

「출입국관리령이 원칙으로 일정 기간을 제한하여 외국인의 일본 상륙 및 재류를 허가한다. 그 기간의 갱신은 법무대신이 적당하다고 인정하는 데 필요한 상당한 이유가 있다고 판단하는 경우에 한하여 허가하고 있다. 이것은 법무대신에게 일정 기간마다 해당 외국인의 재류 중 상태, 재류 필요성·상당성 등을 심사하여 재류허가를 결정하게 하려는 취지로 보인다. 그리고 재류기간 갱신사유가 개괄적으로 규정되어 판단기준이 정해져 있지 않은 것은 갱신사유의 유무 판단을 법무대신의 재량에 맡겨 재량권의 범위를 광범위하게 하려는 취지로 해석된다. 즉, 법무대신은 재류기간 갱신의 허가를 결정하는 데 있어서 외국인에 대한 출입국 관리 및 재류 규제 목적인 국내 치안과 선량한 풍속 유지, 보건·위생의 확보, 노동시장의 안정 등의 국익 유지의 관점에서, 신청자의 신청사유의 타당성뿐만 아니라 해당 외국인의 재류 중의 모든 행태, 국내 정치·경제·사회 등의 여러 사정, 국제정세, 외교관계, 국제 예양 등 여러 사정을 헤아려 시기적절하고 정확한 판단을 해야 하지만, 이러한 판단은 사정의 성질상 출입국관리행정의 책임을 지는 법무대신의 재량에 맡기지 않으면 도저히 적절한 결과를 기대할 수 없다고 생각된다. 이러한 점에서 생각해보면, 출입국관리령 제21조 제3항 소정의 『재류기간 갱신을 적당하다고 인정하는 데 필요한 상당한 이유』가 있는지의 판단에서 법무대신의 재량권의 범위가 광범위한 것은 당연한 것으로서, 소론과 같이 상륙허가사유 또는 퇴거강제사유에 따르는 사유에 해당하지 않는 한 갱신신청을 허가하지 않는 것은 허용되지 않는다고 해석해야 한다」.

(c) 재량권의 일탈·남용의 판단기준에 대하여

「행정청이 재량에 맡긴 사항에 대하여 재량권 행사 준칙을 정하여도 이러한 준칙은 본래 행정청의 처분의 타당성을 확보하기 위한 것으로서, 처분이 다음 준칙을 위배하여 시행되어도 원칙적으로 당·부당의 문제를 발생하는 데 그쳐 당연히 위법이

되는 것은 아니다. 처분이 위법이 되는 것은 법이 인정하는 재량권의 범위를 넘거나 또는 남용이 있을 때로 제한되고 또한 그 경우에 한하여 재판소는 당해 처분을 취소할 수 있어, 행정사건소송법 제20조의 규정은 그 이유를 분명하게 한 것이다. 더욱이 법이 처분을 행정청의 재량에 맡기는 취지 · 목적 · 범위는 각각의 처분에 따라 동일하지 않고 이에 따라 재량권의 범위를 넘거나 또는 남용하였을 때 위법으로 인정되는 경우도 각각 다르다. 각종 처분마다 이것을 검토하여야 하지만, 이것을 출입국관리령 제21조 제3항에 의거해 법무대신이 『재류기간 갱신을 적당하다고 인정하는 데 필요한 상당한 이유』가 있는지를 판단하는 경우에는 위의 판단에 관한 전술의 법무대신의 재량권의 성질과 비교해 볼 때, 그 판단이 전혀 사실의 기초를 결여하거나 또는 사회통념상 현저하게 타당성이 결여되는 것이 분명한 경우에 한하여, 재량권의 범위를 넘거나 또는 남용이 있었다고 인정하여 위법이라 하여야 한다」.

(d) 외국인에 대한 기본적 인권 보장과 외국인 재류제도의 관계에 대하여

「헌법 제3장의 여러 규정에 의한 기본적 인권 보장은 권리의 성질상 일본 국민만을 대상으로 한다고 해석되는 것을 제외하고, 일본에 재류하는 외국인에 대해서도 동등하게 미치는 것이라 해석해야 한다. 정치활동의 자유에 대해서도 일본의 정치적 의사결정 또는 그 실시에 영향을 끼치는 활동 등 외국인의 지위와 비교하여 이것을 인정하는 것이 상당하지 않다고 해석되는 경우를 제외하고, 보장이 미치는 것이라 해석하는 것이 알맞다. 그러나 전술한 것처럼 외국인의 재류허가는 국가의 재량에 위임되어 일본에 재류하는 외국인은 헌법상 일본에 재류할 권리 내지 계속하여 재류할 것을 요구할 수 있는 권리를 보장받는 것이 아니라, 단지 출입국관리령상 법무대신이 갱신을 적당하다고 인정하는 데 필요한 상당한 이유가 있다고 판단하는 경우에 한하여 재량으로 재류기간 갱신을 받을 수 있는 지위를 부여받는 것에 지나지 않는다. 따라서 외국인에 대한 헌법의 기본적 인권 보장은 위와 같은 외국인 재류제도 범위 내에서만 미친다고 해석하는 것이 알맞다. 재류허가를 결정하는 국가의 재량을 구속하는 보장, 즉, 재류기간 중의 헌법의 기본적 인권 보장을 받는 행위를 재류기간을 갱신할 때 소극적 사정으로 검토되지 않는 보장에 미치는 것이라 해석할 수 없다. 재류 중인 외국인의 행위가 합헌 · 합법인 경우에도 법무대신이 그 행위를 당 · 부당의 측면에서 일본에 바람직하다 할 수 없다고 평가하고, 또한 위의 행위에서 장래 해당 외국인이 일본의 이익을 침해할 우려가 있는 자라고 인정하는 것은, 다음 행위가 앞서 기술한 의미에서의 헌법보장을 받기 때문에 어떠한 지장을 주는 것은 아니다」.

■ **적용**

「상고인의 재류기간 중의 이른바 정치활동은 행위의 태도 등에서 볼 때 헌법의 보장이 미치지 않는 정치활동이라고 할 수 없다. 그러나 상고인의 위 활동 중에는 일본의 출입국관리정책에 대한 비난행동 혹은 미국의 극동정책, 나아가서는 일본과 미국 사이의 상호 협력 및 안전보장조약에 대한 항의행동과 같은 일본의 기본적인 외교정책을 비난하여 미일간의 우호관계에 영향을 미칠 우려가 없다고 할 수 없는 문제를 포함하고 있다. 피상고인이 당시 내외 정세에 비추어 보아 상고인의 다음 활동이 일본에 바람직하지 않다고 평가하고, 또한 상고인의 다음 활동에서 이 사람을 장래 일본의 이익을 침해하는 행위를 할 우려가 있는 자로 인정하여, 재류기간 갱신을 적당하다고 인정하는 데 필요한 상당한 이유가 있다고 할 수 없다고 판단하여도, 그 사실평가가 명백하게 합리성을 결여하고 그 판단이 사회통념상 현저하게 타당성을 결여하였음이 분명하다고 할 수 없다. 피상고인의 판단에 있어 재량권의 범위를 넘거나 또는 남용이 있었다고 묻는데 필요한 사정의 존재가 달리 확정되지 않은 본건에서는 피상고인의 본건 처분을 위법이라고 판단할 수는 없다」.

상고기각.

기본 해설

1. 외국인의 인권 향유 주체성

헌법에 의한 국민의 권리 보장이 외국인에게도 미치는가라는 문제에 대하여 초기 학설에서는 외국인의 권리를 어떻게 보장할지는 입법정책의 문제로, 헌법에 의한 권리 의무 보장은 미치지 않는다고 하는 소극설도 주장되었다. 그러나 인권이 전 국가적, 전 헌법적 성격을 갖는 점, 일본국헌법이 제98조 제2항에서 조약 및 확립한 국제법규의 준수를 정하는 등 국제협조주의를 채용하고 있는 점, 국제인권규약에서 보여지는듯한 인권보장의 국제화가 진척되고 있다는 점 등을 근거로 오늘날에는 외국인에 대해서도 가능한 한 헌법상의 권리 보장을 인정하는 적극설이 통설이 되고 있다. 무엇보다 소극설에서도 반드시 모든 헌법상의 권리가 외국인에게 적용된다고 주장하는 것이 아니라, 외국인에게 적용할 수 없는 권리도 있다는 점은 인정하고 있다. 이 점에 대하여 각각의 권리를 보장하는 헌법의 조문이 권리의 주체로서 「국민」이라는 문언을 인용하고 있는지 아니면 특별하게 주체를 한정하지 않는지 또는 「누구라도」라는 문언을 인용하고 있는지를 기준으로, 후자의 경우에 한하여 외국인에 대한 적용을 인정하려는 문언설이 주장된 적도 있다. 그러나 일본국헌법의 조문 중에는 제22조

제2항의 국적이탈의 자유처럼 외국인에게 보장할 수 없는데도 「누구든지」라는 주어가 인용되고 있는 예, 혹은 제13조의 「생명·자유 및 행복추구」의 권리처럼 외국인에게도 당연히 보장되어야 한다고 생각되는데도 주체를 「국민」으로 한정하고 있는 예도 보이기 때문에, 이 설에는 지지자가 적다. 그래서 현재에는 조문의 문언임에도 불구하고 각각의 권리의 성질에 주목하여 권리의 성질상 가능한 한 경우에 외국인에게도 헌법상의 권리 보장을 인정한다는 권리성질설이 통설화되고 있다. 또한 근년에는 통설이 헌법 명문의 문언을 무시하고 있는 것을 비판하여 적어도 헌법의 조문이 권리의 주체를 「누구든지」라고 하고 있는 경우, 혹은 특별히 주체를 한정하고 있지 않은 경우에는 원칙적으로 외국인에게도 그 권리가 보장된다고 해석하는 견해도 주장되고 있다.

최고재판소는 최2소판 1950년 12월 28일 民集 4권 12호 683면이 「적어도 인간이기 때문에 당연히 향유하는 인권은 불법입국자라 할지라도 이것을 갖는다고 인정해야 한다」라고 판시한 이래, 외국인에 대한 헌법상의 권리 보장을 일관되게 긍정해 왔다. 본건의 최고재판소 판결은 「헌법 제3장의 여러 규정에 의한 기본적 인권의 보장은 권리의 성질상 일본 국민만을 그 대상으로 하고 있다고 해석되는 것을 제외하고, 일본에 재류하는 외국인에 대해서도 똑같이 미친다」라고 하여 권리성질설의 입장을 분명히 하고 있다.

2. 외국인에게 보장되지 않는 권리

권리성질설의 입장에 선 경우, 헌법이 보장하는 각각의 권리에 대하여 「권리의 성질상 일본 국민만을 대상으로 하고 있다고 해석되는」지를 개별적으로 검토할 필요가 발생한다. 또한 권리의 성질상 일본 국민만을 대상으로 하고 있지 않는 권리에 대해서도 외국인에 대하여 국민의 경우와 다른 특별한 제약이 가능한지는 별도의 문제이다.

본건 최고재판소 판결은 입국의 자유와 체재의 권리에 대하여 외국인의 입국허가가 국제관습법상 각국의 자유로운 결정에 위임되어 있다는 점을 이유로 외국인에게는 보장되지 않는다고 판단하였다. 이 판단은 일본에 정주하고 있는 외국인이 일시 외국으로 여행한 후 다시 일본으로 귀국하는 경우에도 그대로 답습하고 있다. 최1소판 1992년 11월 16일 民集 166호 575면에서는 일본인 배우자로서 일본에 정주하는 외국인이, 최2소판 1998년 4월 10일 民集 52권 3호 776면에서는 협정 영주자격을 갖는 일본 태생의 재일한국인을 원고로 각각 일시적인 외국 여행을 위해 행한 재입국 허가신청이 원고들이 1987년 개정 전 외국인등록법에 의하여 정기적인 외국인 등록 확인 신청 시에 의무로 가해졌던 지문의 날인을 거부한 것을 이유로 불허가하였기 때문에, 이 처분의 취소를 요구하여 제소하였지만 최고재판소는 본건 판결을 인용하여 「일본에 재류하는 외국인은 헌법상 외국에 일시 여행할 자유가 보장되지 않는 것이……분명하다」고 이를 거부하였다.

그 밖의 사회권에 대하여 일본 태생의 재일한국인이 일본 국적 취득 후에 장애복지연금의 지급을 청구한 사건에서, 시오미다케(塩見) 소송 상고심 판결(최1소판 1989년 3월 2일 判時 1363호 68면)은 폐질(廃疾)인정일에 일본 국민이 아닌 자에 대해서는 장애복지연금을 지급하지 않는다는 취지를 규정하고 있었던 국민연금법에 대하여 「사회보장상의 시책에서 재류외국인을 어떻게 처우할지에 대해, 국가는 특별조약이 없는 한 해당 외국인이 속한 국가와의 외교 관계, 변동하는 국제 정세, 국내 정치・경제 사회적 여러 사정 등에 비추어 정치적 판단에 의해 이것을 결정할 수 있다. 제한된 재원으로 복지적 급부를 행하는 데 있어서 자국민을 재류외국인보다 우선 취급하는 것도 허용되어야 한다고 해석된다」라고 판시하였다. 재원의 한계와 자국민 우선을 근거로 외국인에게는 보장되지 않는다는 판단을 제시하고 있다. 그리고 최3소판 1995년 2월 28일 民集 49권 2호 639면은 국민주권의 원리를 근거로 헌법 제15조 제1항에 의거하는 공무원 선정파면권의 보장이 외국인에게는 미치지 않는다고 판단하였다. 또한 이 사건은 지방공공단체의 선거권 유무를 둘러싼 것이지만 국회의원 선거권에 대해서도 최2소판 1993년 2월 26일 判時 1452호 37면이 근거는 명시하고 있지 않지만, 본건 판결을 인용하여 외국인에게는 보장되지 않는다고 판단하고 있다.

그 외의 인권에 대해서는 원칙적으로 외국인에게 보장되지 않는다고 할 이유는 없다. 다만 인권의 일반적인 제한의 일환으로 외국인인 점을 이유로 일본 국민과는 다른 제약을 받는 경우는 있을 수 있다. 이 경우에는 일반적인 인권 제한의 합헌성 판정 기준에 비추어 합헌성이 심사된다. 특히, 경제적 자유에 대해서는 일본 국민의 경우라도 사회경제정책 관점에서 적극적인 규제를 받는 경우가 있고, 같은 목적에서 외국인에 대하여 일본 국민과 다른 특별제약이 인정될 수 있다.

3. 외국인의 정치활동의 자유

정치활동의 자유에 관하여 최고재판소는 「일본의 정치적 의사 결정 또는 그 실시에 영향을 미치는 활동 등 외국인의 지위에 비추어 보아 이것을 인정하는 것이 알맞다고 해석되는 경우를 제외하고 그 보장이 미친다」라고 판단한다. 정치활동은 그것이 언론, 집회, 데모 행진 등의 표현활동을 통하여 시행되는 한, 헌법 제21조의 집회・결사 및 표현의 자유에 의해 보호된다. 일반적으로 자유권은 인간인 이상 당연히 인정받는 전 국가적 권리로 권리의 성질상 일본 국민으로 한정되지 않는다. 그러나 표현의 자유는 민주적인 정치과정에서 주권자인 국민이 의사를 표명하는 권리로서 참정권적인 성격도 갖고 있다. 그렇기 때문에 본건 최고재판소 판결처럼 직접 정치과정에 영향을 미치는 활동에 대해서는 외국인에 대한 보장을 규정하는 견해가 많다. 이에 반해 정치활동은 참정권적 기능은 갖지만 참정권 그 자체는 아니고, 또한 국민의 주권적 의사결정에 외국인의 생각이 반영되는 것을 결코 부정적으로 평가해야 할 문제도 아니다. 오히려 국민이 다양한 관점의 견해를 경험하는 것은 국민의 주권적 의사결정에 필요한 것으로서, 외국인에 대하여 국민과 동등한 정치활동의 자유 보장을 인정하는 견해도 유력하다.

다만, 본건에서 X가 행한 정치활동은 평화적이고 합법적인 행동의 영역을 넘지 않는 것으로서, 일본의 정치적 의사결정에 직접 영향을 미치는 것이 아니기 때문에 다수설의 입장에서도 헌법상 외국인에게 보장되지 않는 활동이라고 할 수 있다. 본건 최고재판소 판결도 「상고인의……정치활동은 그 행동의 태도 등에서 볼 때 직접 헌법의 보장이 미치지 않는 정치활동이라고 할 수 없다」고 인정하고 있다. 지금까지의 헌법 해석은 제1심에서부터 상고심에 이르기까지 거의 달라진 점이 없다. 문제는 외국인에 대한 헌법의 인권보장이 재류기간 갱신 허가여부에 대한 법무대신의 재량권에 어떠한 제약을 미치는가의 여부이다.

4. 출입국관리제도와 인권보장

출입국관리령(당시) 제21조 제3항은 재류기간갱신 허가신청이 있을 경우, 법무대신은 「재류기간갱신을 적당하다고 인정하는 데 필요한 상당한 이유가 있을 때에 한하여 이것을 허가할 수 있다」고 규정하고 있다. 「상당한 이유」의 유무 판단은 법무대신에게 위임되고 이 점에 대해서 법무대신이 재량권을 갖는 것에는 쟁점이 없다. 문제는 외국인에 대하여 기본적 인권이 보장되는 결과 이 재량권에 어떠한 제약이 발생하는가이다. 제1심 동경 지방재판소는 재량권이 헌법상 일정한 제한에 따르는 것을 인정하여, X의 정치활동을 이유로 하는 재류기간 갱신 불허가처분에 대하여 적어도 상륙거부사유 내지 퇴거강제사유에 준하는 사유가 없다면, 갱신 불허가처분은 재량의 범위를 일탈한다는 기준을 채용하였다. 이 점에서 제1심 판결은 외국인의 재류기간이나 출입국관리에 관계되는 법무대신의 판단도 헌법의 인권보장에 의하여 구속된다는 전제에 서있게 된다(日比野 · 後掲, 「기본적 인권 우위설」이라 부른다). 이에 반해 항소심 판결에서는 재류기간 중에는 외국인에 대한 기본적 인권보장이 「대체로 일본 국민에 준해서 뒤떨어지는 점은 없다」고 하여 「외국인은 정해진 재류기간 내에 재류목적을 달성하여 스스로 국외로 퇴거하는 것이 원칙으로, 국가는 스스로 재류를 허가한 외국인에게는 재류기간 내에 한하여 활동을 보증하면 된다」고 하여 재류기간 갱신의 허가는「법무대신의 자유로운 재량에 의한 판단에 위임되고 있다」고 해석하고 있다. 이러한 견해에 따르면, 헌법의 인권보장은 외국인의 체재 중 활동에 대해서만 미치는 것에 지나지 않고, 재류기간이나 출입국관리에 관한 법무대신의 판단은 인권보장에 의하여 구속되지 않게 된다. 최고재판소 판결은 이것을「외국인에 대한 헌법의 기본적 인권보장은……외국인 재류제도의 범위 내에서 부여되는 것에 지나지 않는다」고 표현하고 있다(日比野・後揭는「출입국 시스템 우위설」이라 부른다).

최고재판소 판결의 입장을 채용하면, 재판소의 심사는 법무대신의 처분에 행정사건소송법 제30조에서 말하는「재량권의 범위를 넘거나 또는 남용이 있는」지 아닌지에 제한된다. 본건 최고재판소 판결은 출입국관리행정에 관련된 법무대신의 광범위한 재량에 비추어보아, 판단의 기준으로「판단이 전혀 사실의 기초를 결여하거나 또는 사회통념상 현저하게 타당성이 결여되는 것이 분명한 경우」혹은「사실 평가가 명백하게 합리성을 결여하고, 판단이 사회통념상 현저하게 타당성이 결여되는 것이 분명한」경우에 한하여 재량권의 범위를 넘거나 또는 남용이 있는 것으로 위법이 된다는 기준을 채용하고 있다.

Part Ⅱ 응용편

확인질문

1. 일본국헌법이 보장하는 국민의 권리 중, 외국인에게는 보장되지 않는다고 생각되는 것은 무엇인가?
2. X의 정치활동은 헌법에 의해 외국인에게 자유가 보장되는 것이라 할 수 있는가?
3. 행정청의 재량처분이 위법으로 취소되는 것은 어떠한 경우인가? 법률상 근거를 제시하여 답하시오.
4. 재류기간 갱신의 허가와 관련된 법무대신의 재량권에 일탈・남용이 있는지는 어떠한 기준에 비추어 판단되는가?

응용문제

설문 1 최고재판소 판결의 입장에 선 경우, 외국인의 다음과 같은 권리는 헌법에 의해 보장된다고 할 수 있는가?

(1) 영주자격을 갖는 외국인이 그 국적국을 일시 방문한 후 다시 일본에 입국할 권리

(2) 재류기간 갱신의 불허가처분 취소를 요구하여 소송을 제기한 외국인이 당해 소송의 계속 중에 재류기간이 종료할 경우 소송이 종료할 때까지 잠정적인 체류를 요구할 권리

(3) '출입국 관리 및 난민인정법'에서 정한 「취학」의 재류자격을 얻어 재류기간을 1년으로 인정받은 외국인이 본래의 취학활동 외에 자기가 신앙하는 종교단체의 포교활동을 행할 권리

(4) '출입국 관리 및 난민인정법'에서 정한 「유학」의 재류자격을 얻어 재류기간을 1년으로 인정받은 외국인이 본래의 재류목적과 양립하는 범위 내에서 자기 생계를 유지하기 위하여 취업할 권리

(5) '출입국관리 및 난민인정법'에서 정한 「유학」의 재류자격을 얻어 재류기간을 1년으로 인정받은 외국인이 일본정부의 외교정책에 반대하는 데모행진에 참가하여 서명운동을 행할 권리

(6) '출입국관리 및 난민인정법'에서 정한 「일본인 배우자 등」의 재류자격을 얻어 재류기간을 3년으로 인정받은 외국인이 국민건강보험에 가입할 권리

(7) 영주자격을 갖는 외국인이 일본의 정당 당원이 될 권리

(8) 영주자격을 갖는 외국인이 일본의 정당에 정치헌금을 할 권리

(9) 영주자격을 갖는 외국인이 정부 또는 지방공공단체에서 공무원으로 채용될 권리

(10) 영주자격을 갖는 외국인이 거주하는 지방공공단체 의회의 선거에서 투표할 권리

설문 2 본건에서 법무대신이 재류기간 갱신을 불허가한 이유가 다음과 같은 경우 최고재판소 판결의 결론 및 이유에 어떠한 차이가 발생할까?

(1) 법무대신이 「일본의 외교정책 상, X가 계속 체재하는 것이 일본의 이익에 반한다」라고 주장하고, 그것 이상의 상세한 설명을 거부한 경우

(2) 불허가 이유가 X의 무단 전직뿐인 경우

(3) X가 특정 종교의 포교활동을 행한 것을 이유로 할 경우

(4) X가 일본 체재 중 공무원의 불법행위에 의하여 받은 손해보상을 요구하는 소송을 일으킨 것을 이유로 할 경우

설문 3 일본에 체재하는 외국인이 다음과 같은 소송을 일으킨 경우, 최고재판소 판결을 전제로 하면 어떠한 결론이 나올까?

(1) 재류기간 중에 일본과 우호관계에 있는 자기 나라 국적의 외교정책을 비난하는 데모행진, 집회 등을 주체적으로 기획한 것을 이유로 법무대

신이 「일본의 이익 또는 공안을 침해하는 행위를 하였다」(출입국관리 및 난민인정법 제24조 四호ㅋ)고 인정하여 행한 퇴거강제처분의 취소를 요구하는 소송

(2) 일본에서 국토교통대신의 허가를 받아 국제화물 이용운송사업을 경영하는 외국인에게 그 국적국과 일본과의 외교관계가 극단적으로 악화되어 국토교통대신이 화물이용운송사업법 제42조 6호 및 동법 시행규칙에 의거하여 「공공의 이익을 위해 필요가 있다」고 인정하여 그 사업 일부의 1년간 정지를 명하는 처분을 한 경우 그 처분의 취소를 요구하는 소송

(3) 재류기간 중에 공무원의 불법행위에 의해 손해를 받은 외국인이 손해를 요구하여 소송을 제기하였지만, 제1심 및 제2심은 원고 국적국과 일본 사이에 상호 보증이 없다는 이유로 국가배상법 제6조에 의거하여 소송을 각하하였다. 이에 대하여 원고가 국가배상법 제6조를 위헌이라고 주장하여 상고한 경우

Part Ⅲ 이론편

◥ 전개문제

1. 외국인에 대한 기본적 인권의 보장을 생각할 경우, 모든 외국인을 동일하게 취급해야 하는가 아니면 입장에 따른 유형화를 해야 하는가?

권리의 성질만을 기준으로 외국인에게 보장되는 권리와 보장되지 않는 권리를 구별할 경우, 외국인이 놓이게 되는 구체적인 입장에 따라서 대단히 가혹한 결론이 내려질 경우가 있다. 예를 들면 외국인에게는 일본에 입국할 권리, 계속해서 체재할 권리가 인정되지 않는다는 판단이 일본에 신규로 입국하는 외국인이나 일시적인 목적으로 체재하는 외국인에게는 타당하다고 하더라도, 일본에 정주하여 다른 생활 본거를 갖지 않는 외국인에게는 일본에 입국하는 것이 자기 생활 본거로 돌아가는 것일 뿐이다. 이러한 관점에서 학설에서는 외국인을 그 입장에 따라 유형화하는 사고방식이 유력하다.

일반적으로 적어도 ①정주외국인, ②난민, ③일반외국인의 세 유형으로 구분된다. 이 밖에 일본 패전에 따라 일본 국적을 잃은 재일한국인・조선인을 시작으로 하는 구식민지 사람들 및 그 자손에 대하여 일본 국적을 유지할 것인지의 선택권이 부여되어야 한다는 관점에서 일본 국민과 동등한 권리를 인정하는 설도 유력하다. 최고재판소

도 지방의회 선거권을 둘러싼 판결 중에서 「외국인 중에서도 영주자 등으로 거주하는 구역의 지방공공단체와 특별하게 긴밀한 관계를 갖는다고 인정되는 것」에 대해서는 법률에서 지방자치제의 선거권을 부여하는 조치를 강구할 수 있다는 판단을 제시하여 일정한 유형화를 하고 있다. 이에 반해 사회권, 입국·체재의 자유를 둘러싼 판결에서 일본인 배우자, 재일한국인 등의 당사자의 입장이 인권보장을 논하는 데 거의 고려되지 않았다. 그러나 현실에서는 일본에서 외국인 등록을 하고 있는 90일 이상의 체재자 중, 66.3%가 「영주자」, 「일본인 배우자 등」, 「정주자」의 재류자격을 갖는 정주외국인이다(2002년 말 현재). 일본에서 외국인의 인권을 논할 경우에는 주로 정주외국인을 염두에 두어야 한다.

이러한 관점에서 보면 최고재판소 판결이 사회권 및 입국·체재의 자유에 대하여 모든 외국인에게 일률적으로 보장을 부정하는 것은 문제가 있다. 사회권은 국경을 넘은 사람의 이동이 왕성해진 현대에서 각국이 외국에 정주하고 있는 자국민의 사회권 보장에 모든 책임을 갖는 것은 현실적이지 않고, 오히려 거주국의 사회보장제도에 보호를 위탁하는 편이 본인의 생활 실태에 적합한 경우가 적지 않다. 국제법규에서도 '국제인권규약 A규약' 및 '난민의 지위에 관한 조약'은 사회보장 내지 복지의 수급에 관하여 내외인 평등취급의 원칙을 정하고 있다. 이러한 사태에 대응하여 일본도 난민조약의 취지에 따라 사회보장관계법령에 포함되어 있던 일본 국적을 수급요건으로 하는 조항을 원칙적으로 철폐하였다. 최고재판소 판결의 입장은 헌법상 보장되어 있지 않은 권리를 입법정책으로 부여한 것이 되지만, 이러한 해석은 일본국헌법의 인권보장이 국제적 수준을 현저하게 밑돌고 있다는 것을 인정하는 것이다.

재입국의 자유에 대해서도 '국제인권규약 B규약' 제12조 4항이 「자국으로 돌아갈」 권리를 보장하고 있는 점, 난민조약 제28조가 체약국의 영역 내에 체재하는 난민에게 외국 여행의 자유를 인정하고 있는 점에서 보아, 정주외국인이나 난민에 대하여 재입국의 자유를 일률적으로 부정하는 해석은 오늘날의 국제적 인권보장의 수준을 충족한다고 보기 어렵다. 이러한 국제인권법상의 여러 권리에 대해서는 확립된 국제법규의 준수를 정하는 헌법 제98조 2항에 의하여 외국인에게 헌법상 보장되고 있다고 해석하는 견해도 있지만, 헌법 제3장의 각 조항의 해석으로 보장 가능한 여러 권리에 대해서는 헌법에 의한 직접 보장을 인정해도 지장은 없을 것이다.

2. '출입국 관리 및 난민인정법'이 외국인의 재류자격마다 활동내용을 한정하고 있는 점은 외국인에 대한 인권보장과 모순되지 않는가?

'출입국관리 및 난민인정법'은 별표에서 외국인의 재류자격을 27개의 범주로 나누어 열거하고 있다. 이 중 별표 제2에 열거된 영주자, 일본인 배우자 등, 영주자 배우자 등, 정주자라는 네 개의 재류자격에 대해서는 일본에서 허용되는 활동이 특히 제한되어 있지 않은데 반하여, 별표 제1의 재류자격에 대해서는 「일본에서 행할 수 있는 활동」이 특정 영역에 한정되어 있다. 그리고 외국인이 일본에 상륙을 인정받기 위해서는 일본에서 행하려는 활동이 재류자격의 어떠한 조건에 해당될 것이 요청된다(제7조 제1항 2호). 이러한 재류자격제도가 각각의 재류자격을 갖는 외국인에 대하여 별표로 정해진 활동 이외의 활동(이른바 「자격 외 활동」)을 일반적으로 금지하는 취지라고 한다면(1989년 개정 전에는 자격이외 활동은 명문으로 금지되어 있었다) 외국인은 체재 중 법률로 정해진 특정 활동만을 허가받게 되어 인권의 보장을 논할 여지는 대개 없어진다. 현대 명문에서 가장 금지되고 있는 것은 「수입을 동반하는 사업을 운영하는 활동 또는 보수를 받는 활동」(취업활동)만으로 법무대신의 허가를 받으면 자격 외의 노동활동을 할 수 있지만, 재류자격제도의 전체적 구조가 외국인에게 특정 영역의 활동만을 허가하는 체제임에는 변함없다. 또한 노동활동이라 하더라도 경제적 자유권에 의해 보장된 인권의 행사로 외국인에 대하여 모든 경제활동을 일반적으로 허가제로 하는 규제가 인권의 제약으로 정당화될 수 있는지는 의문이다. 또한 취업활동 중에는 정신적 자유의 행사에 해당하는 활동도 포함되어 있다.

최고재판소 판결처럼 외국인의 인권 보장이 「재류제도의 범위 내에서 부여되는 것에 지나지 않는다」라고 해석하면, 재류자격제도가 외국인의 활동을 아무리 좁게 한정하더라도 그것이 헌법에 반할 여지는 없다. 그러나 재류자격제도가 외국인의 활동을 극단적으로 좁게 한정하여 그 결과 자유로운 활동을 거의 할 수 없게 되어도, 또한 「재류제도의 범위 내에서」 기본적 인권이 보장된다고 설명하는 것은 전혀 무의미한 주장이라 해도 좋다. 이 모순의 근원은 법률에 의해 정해진 재류제도에 의해 헌법의 인권보장의 범위가 한정된 것을 인정한 것이다. 결국 재류자격제도를 포함한 재류제도 자체도 어떠한 형태로 인권보장에 의한 구속을 받는다고 해석할 수밖에 없다. 재류자격제도에 대해서도 별표 제1에서 한정된 활동 영역은 일본이 거기에 열거한 활동을 주된 목적으로 하는 외국인에게 상륙을 허가하는 취지를 원칙적으로 표명한 것에 지나지 않고, 그 외에 헌법의 인권보장에 의하여 허가되는 활동을 금지하는 것은 아니라고 해석해야 한다.

Part Ⅳ 두 번째 소재

하찌만(八幡)제철 사건

최고재판소 1970년 6월 24일 대법정 판결
1966년(オ) 제444호 임원책임추구청구사건
民集 24권 6호 625면, 판시 596호 3면

사실 개요

피고 Y_1 및 Y_2는 하찌만(八幡)제철 주식회사의 대표 임원이었지만, 1960년 3월 14일 회사를 대표하여 자유민주당에 정치자금 350만 엔을 기부하였다. 원고 X는 회사의 주주지만 동건 행위는 회사의 정관 소정의 사업목적범위 외의 행동이기 때문에 정관에 위반하는 행위이고, 동시에 상법 제254조의 2(현 제254조의 3) 소정의 임원의 충실의무에 위반하고 있는 점에서 법령에 위반하는 행위라고 주장하였다. 회사에 본건 행위에 대하여 Y_1, Y_2 두 명에 대한 임원직의 책임을 추구하는 소송을 제기하여야 할 것을 청구하였다. 그러나 회사가 이 소송을 제기하지 않았기 때문에, X는 상법 제267조 제3항에 의거하여 스스로 회사를 대신하여 Y_1, Y_2 두 명에 대해 연대하여 회사에 끼친 손해 350만 엔과 지연손해금을 회사에 지불하도록 청구하였다.

제1심 · 제2심 모두 청구가 기각되었기 때문에, 원고가 상고.

상고심=최고재판소

(a) 회사의 행위가 정관에 정해진 목적범위 내에 있는지

■ 법적 구성

「회사는 정관에 정해진 목적범위 내에서 권리능력을 갖지만, 목적범위 내의 행위란 정관에 명시된 목적 자체에 국한되는 것이 아니라, 그 목적을 수행하는 데 직접 또는 간접적으로 필요한 행위라면 모두 이에 포함된다고 해석하는 것이 타당하다고 한다. 그리고 필요한 행위인지는 당해 행위가 목적 수행상 현실적으로 필요한지를 가지고 이것을 결정하는 것이 아니라, 행위의 객관적인 성질에 입각하여 추상적으로 판단해야 한다」.

「회사는 일정한 영리사업을 운영할 것을 본래의 목적으로 하므로 회사의 활동 중

점이 정관 소정의 목적을 수행하는 데에 직접 필요한 행위에 있는 것은 당연하다. 그러나 회사는 다른 면에서 자연인과 동일하게 국가, 지방공공단체, 지역사회 기타(이하, 「사회 등」이라 함) 구성단위인 사회적 실재이기 때문에 그러한 사회적 비용을 부담하여야 하고, 어떤 행위가 언뜻 보기에는 정관 소정의 목적과 관계가 없다고 해도 사회통념상 회사에 기대 내지 요청되는 한, 그 기대 내지 요청에 응하는 것은 회사가 당연히 해야 할 일이라고 해야 한다. 그리고 회사도 일반적으로 이와 같은 사회적 작용에 속하는 활동을 하는 것은 무익무용한 것이 아니라 기업체로서 원활한 발전을 도모하는 데 상당한 가치와 효과를 인정할 수 있기 때문에, 그러한 의미에서 이러한 행위도 간접적이지만 목적 수행에 있어 필요한 것이라 할 수 있다」.

■ 적용

「이상의 논리는 회사가 정당에 정치자금을 기부할 경우에도 같다. 헌법은 정당에 대해 규정하는 것이 없고 이에 특별한 지위를 부여하고 있지 않지만, 헌법이 정한 의회제 민주주의는 정당을 무시해서는 도저히 원활한 운영을 기대할 수 없기 때문에 헌법은 정당의 존재를 당연히 예정하고 있다고 해야 한다. 정당은 의회제 민주주의를 지탱하는 불가결한 요소이다. 그리고 동시에 정당은 국민의 정치의사를 형성하는 가장 유력한 모체이기 때문에 정당의 상황은 국민으로서 중대한 관심사가 되어야 한다. 따라서 건전한 발전에 협력하는 것은 회사에 대해서도 사회적 실재로서 당연한 행위로 기대되는 것이고, 협력의 한 종류로서 정치자금의 기부에 대해서도 예외는 아니다. 논지에서 말하듯이, 회사 구성원이 정치적 신조를 동일하게 하는 것이 아니라 하더라도, 회사에 의한 정치자금 기부가 특정 구성원의 이익을 도모하거나 정치적 지향을 만족시키기 위함이 아니라, 사회의 한 구성단위인 입장에 있는 회사에 대해 기대 내지 요청되는 한도에서 이루어지는 것인 이상, 회사에 그러한 정치자금 기부를 할 능력이 없다고는 할 수 없다.……결국 회사에 의한 정치자금 기부는 객관적·추상적으로 관찰하여 회사의 사회적 역할을 다하기 위해 이루어지는 것이라 인정되는 경우에는 회사의 정관 소정의 목적범위 내의 행위라 할 수 있다」.

(b) 회사에 의한 정치자금 기부의 합헌성에 대하여

「헌법상 선거권 그 밖의 이른바 참정권이 자연인인 국민에게만 인정된다는 것은 지론과 같다. 그러나 회사가 납세의 의무를 갖는 자연인인 국민과 같은 국세 등의 부담을 지는 이상, 납세자의 입장에서 국가나 지방공공단체의 시책에 대하여 의견의 표명 그 밖의 행동을 나타냈다 해도 이것을 억압할 이유는 없다. 뿐만 아니라, 헌법 제3장에서 정하는 국민의 권리 및 의무의 각 조항은 성질상 가능한 한, 내국의 법인에게도 적용된다고 해석해야 하기 때문에, 회사는 자연인인 국민과 같이 국가나 정당의 특정 정책을 지지·추진하거나 또는 반대하는 등의 정치적 행동을 할 자유를 갖는다. 정치자금의 기부도 틀림없이 그 자유의 일환으로 회사에 의해 이루어진 경우, 정치동향에 영향을 미치더라도 이것을 자연인인 국민에 의한 기부로 별도로 취급해야 할 헌법상의 요청이 있는 것이 아니다」.

상고기각.

[의 견]

● 松田二郎·入江俊郎·長部謹吾·岩田誠·大隅健一郎 **재판관**

기본 해설

1. 법인의 인권 향유 주체성

근대 시민혁명에서 유래하는 인권사상은 본래 개인의 권리보호를 목적으로 한 것으로 그 주체는 오로지 자연이었다. 그러나 사회·경제발전에 따라 법인이나 단체 활동의 중요성이 높아져, 일정한 헌법상 권리에 대해서도 향유주체성을 인정받을 수 있게 되었다. 1949년 제정한 독일연방공화국 기본법은 「기본권은 성질상 내국법인에게 적용할 수 있는 한 이것에도 적용된다」라는 명문의 규정이 있다. 명문의 규정을 갖지 않는 일본국헌법 하에서도 법인이 사회의 자연인과 마찬가지로 활동하는 실체인 점, 특히 현대사회에서 그 활동의 중요성을 근거로 지금까지는 법인에게 인권의 향유를 인정하는 견해가 통설이다. 본건 최고재판소 판결은 「헌법 제3장에서 정한 국민의 권리 및 의무의 각 조항은 성질상 가능한 한 내국의 법인에게도 적용된다」고 하여 법인의 인권 향유 능력을 명시적으로 인정하였다. 그렇지만 사회의 실재성이나 활동의 중요성을 근거로 하는 한, 법인격의 유무로 인권 향유의 주체성이 좌우되는 것은 생각하기 어렵고, 법인격을 갖지 않는 단체에 대해서도 같다고 할 수 있다. 이러한 관점에서 학설에서는 「단체」 혹은 「결사」의 인권 향유 능력으로 표현하는 경향이 있다.

2. 법인에 대한 인권보장 범위

법인에 보장되는 인권의 범위에 대하여 최고재판소 판결은 「성질상 가능한 한」이라 할 뿐, 구체적인 기준을 나타내고 있지 않다. 학설상은 독일의 학설을 참조하여 ① 당해 인권이 개인적으로만 행사될 수 있는가, 아니면 집단적으로도 행사될 수 있는가에 따라 판단하는 견해, ②당해 기본권의 규범에 따라 구체적으로 보호되는 이익이 개개의 인간(자연인)에게만 귀속되는지, 법인에게도 귀속되는지에 따라 판단하는 견해, ③기본권의 의미내용이 성별・연령・신체와 같은 인간의 자연적 속성 또는 인간의 존엄・인격 혹은 신앙과 같이 외계(外界)와 직접 관련이 없는 내면의 인격적 가치와 결부되는지에 의해 판단하는 견해 등이 소개되고 있다. 당연히 여기에서도 당해 법인의 입장이나 성격을 무시하고 인권의 성질만을 기준으로 인권보장의 범위를 정하는 데는 의문이 있다. 예를 들어, 종교법인에 신교의 자유가 보장되는 것이 당연하더라도 주식회사와 같은 영리단체, 변호사회와 같은 사실상 강제가입 단체에 신교의 자유가 당연히 보장된다고는 할 수 없다. 법인의 인권보장을 생각할 경우에는 주체인 법인의 성질도 동시에 고려해야 한다.

3. 법인의 인권 향유에 따른 문제점

법인의 인권 향유를 쉽게 승인하는 데에는 문제가 따른다. 첫 번째로 법인의 인권행사가 경우에 따라서 법인 구성원인 자연인의 인권과 충돌하는 것을 들 수 있다. 본건도 회사의 정치적 행위의 자유와 구성원인 주주의 정치적 행위・신조의 자유의 충돌로 파악할 수 있다. 이 문제는 당해 법인이 구성원에게 탈퇴의 자유 내지 사실상의 강제가입 단체인 경우에 가장 현저하게 발생한다. 최고재판소는 세무사회가 특정 정치단체에의 기부를 목적으로 회원에게 특별회비를 징수한 사건에서 회원의 사상・신조의 자유를 존중할 것을 이유로 징수를 결정한 결의를 무효화하는 판결을 내리고 있다(1장). 또한 자연인과 비교하여 훨씬 큰 사회적 영향력을 갖는 법인에게 인권행사를 인정함으로써 본래의 인권 향유 주체인 자연인의 인권이 침해되거나 혹은 영향력이 작게 된다는 문제도 발생한다. 이른바 사회적 권력을 갖는 대기업의 활동에 의해 소비자나 주변 주민의 인권이 침해되는 사례, 혹은 본건과 같이 기업의 정치헌금이 갖는 압도적인 정치적 영향력 이전에 본래 주권자여야 할 유권자의 영향력이 저해되는 것도 그 현상이라 할 수 있다.

이러한 관점에서 본건 최고재판소 판결이 회사의 정치활동 자유를「자연인인 국민과 같다」고 인정한 것에는 학설상의 비판이 강하게 제기되고 있으며, 오히려 법인 인권이 자연인과는 다른 특별한 제약이 따른다는 견해가 유력하다. 예를 들면 법인의 인권행사가 자연인의 인권을 부당하게 제한해서는 안 된다는 관점에서 거대한 사회적 권력을 갖는 단체에게 특별한 규제를 인정하거나, 구성원의 자유와의 조정에 근거한 제한을 인정한다는 견해이다. 그러나 한편으로 인권의 향유 주체가 법인이라는 것만으로 인권보장의 정도가 일률적으로 자연인에 대한 보장보다 뒤떨어진다는 견해에는 의문이 남는다. 예를 들어, 종교법인에 대한 종교의 자유, 대학에 대한 학문의 자유 보장이 곧바로 자연인의 인권과 다른 특별한 제한이 따라야 한다고 할 수 있는가?

또한 특별한 제약이 따라야 한다고 하더라도, 법인에게 인권이 보장되는 이상, 그 인권 행사에 따른 행위를 단순한 제한에 그치지 않고 전면적으로 금지하는 것에는 헌법상의 문제가 있다. 예를 들어, 본건과 같은 정치자금의 기부가 인권의 행사라고 한다면, 이것을 법률에 의해 전면적으로 금지하는 것은 곤란할 것이다.

4. 법인의 인권 향유 주체성의 재검토

이러한 관점에서 최근 몇 년간 법인에게 인권 향유를 인정하는 것 자체를 의문시하는 견해가 주장되고 있다. 헌법사상 인권이 원래 중간단체로부터 개인의 해방이라는 과제를 짊어지고 있다는 점, 인권의 배후에 있는 「인간의 존엄」의 관념이 법인에게는 타당하지 않다는 점, 단체에 의한 개인의 인권침해를 「인권간의 충돌」로 해석하는 것이 부당하다는 등을 근거로 적어도 법인의 권리가 자연인의 인권과 동등한 것이 아니라는 점이 넓게 인식되고 있다. 이러한 관점에서 법인에 대하여 「인권」이라는 용어를 피하고, 법인의 「헌법상의 권리」라는 말을 인용하는 경우도 있다. 또한 법인에게 보장되는 권리를 구성원인 자연인의 인권의 「반영」으로 생각하고, 개인과의 관계에서 법인이 인권주체가 되는 것을 부정하는 설도 주장되고 있다. 종교법인의 신교의 자유나 대학의 학문의 자유와 같이 법인의 활동이 자연인의 입장과 같은 헌법상의 보호를 받는 것은 그 법인이 바로 그 활동을 목적으로 설립된 경우로, 이 경우에는 구성원인 자연인이 자기들의 인권을 집단적으로 행사하고 있다고 이해할 수 있다. 그 이외의 경우에는 자연인과 다른 특별한 제약에 따르거나 혹은 경우에 따라서는 헌법상의 권리 향유를 부정하여 법률에 의해 인정받은 범위 내에서 활동이 인정된다고 이해하는 것이 가장 타당하다고 생각된다.

설문 1 일본국헌법이 보장하는 기본적 인권 중, 내국법인에 적용하는 것이 「성질상 가능」 하지 않다고 생각되는 것은 어느 것인가? 또 그 근거는 무엇인가?

설문 2 최고재판소 판결의 입장의 경우, 다음과 같은 행위는 헌법으로 보장된 권리라 할 수 있는가?

(1) 주식회사가 특정 종교단체가 행하는 종교적 행사에 기부하는 행위
(2) 종교법인이 영리를 목적으로 하여 부동산을 매매하는 행위
(3) 노동조합이 특정 정당에 기부하는 행위
(4) 세무사회가 특정 법률안에 반대 결의를 하는 행위

설문 3 최고재판소 판결의 입장의 경우, 다음과 같은 법률은 헌법상 어떤 문제를 야기하는가?

(1) 법인의 정치헌금을 전면적으로 금지하는 법률

(2) 종교법인에 의한 정치헌금을 금지하는 법률
(3) 종교법인에 의한 정치활동을 넓게 금지하는 법률
(4) 국가의 보조금을 받고 있는 법인의 정치헌금을 금지하는 법률
(5) 국가의 보조금을 받고 있는 법인의 정치활동을 넓게 금지하는 법률
(6) 세무사회 등 강제가입 단체의 정치활동을 넓게 금지하는 법률

▎참고문헌▎

近藤敦編著『外国人の法的地位と人権擁護』(明石書店, 2002年)
日比野勤「外国人の人権(1)～(3)」月刊法学教室210, 217, 218号(1998年)
芦部信喜『憲法学Ⅱ』(有斐閣, 1994年)
後藤光男「外国人の人権」憲法の争点(有斐閣, 第3版, 1999年)
安念潤司「『外国人の人権』再考」芦部古稀『現代立憲主義の展開(上)』(有斐閣, 1993年)
小泉良幸「法人と人権」憲法の争点(有斐閣, 第3版, 1999年)
小野善康「結社の憲法上の権利の享有について」Artes Liberales(岩手大学人文社会科学部紀要)72号(2003年)

(宮地 基)

제27장 외국인의 지방참정권

[논점]

(1) 외국인의 인권
외국인은 일본인과 마찬가지로 일본국헌법상의 인권을 향유할 수 있는가?

(2) 선거권의 법적 성질
선거권에는 어떠한 법적 성질이 있는가? 선거권 주체의 범위는 선거권이 후국가적 권리에 의해 정해진다고 생각해도 좋은가?

(3) 헌법상의 「국민」의 의미와 「주민」의 의미
헌법상의 「국민」이란 무엇인가? 또한 헌법상의 「주민」이란 무엇인가? 양자는 어떠한 관계에 있는가?

Part Ⅰ 기본 소재

정주외국인 선거권 소송

최고재판소 1995년 2월 28일 제3소법정 판결
1993년(行ツ) 제163호 선거인명부부등록처분에대한
이의신청각하결정취소청구사건
民集 49권 2호 639면, 訟月 42권 1호 217면, 判時 1142호 3면,
判時 1523호 49면, 判自 143호 22면
[참조조문] 헌 15, 93 자치 11, 18 공선 9

사실 개요

X 등(원고, 상고인)은 국적을 대한민국(한국)으로 하는 자이다. X 등은 일본에서 태어나 일본에서 교육을 받고 일본 사회에 생활의 근거를 두어왔다. X 등은 일본어 능력도 일본인과 조금도 다른 점이 없고, 생활을 지탱하는 자산도 일본에 보유하고 있어 조세 그 밖의 공공생활의 부담도 일본인과 다르지 않다. X 등은 한국에 친족은 물론 친구도 없고 한글 이해력은 보통의 한국인에 비해 훨씬 뒤처진다. 이러한 X 등의 생활은 장래에도 다를 바 없다. 또한 X 등 또는 그 조부(祖父)들은 일본 국적 보유자

였고, 제2차 대전 후 일본 국적을 상실하였다.

X 등은 1990년 9월 1일 당시, 오사카 시내에 거주하고 있었다. X 등은 1990년 9월 2일 선거인 명부에 등록되어 있지 않았기 때문에 선거인 명부의 종람(縱覽)기간 내에 거주하는 구의 선거관리위원회(이하 Y=피고, 피상고인)에 대하여 X 등을 선거인 명부에 등록하도록 이의를 신청하였다. 이에 대하여 Y는 이의신청을 각하결정하였다.

그래서 X 등은 공선법 제25조에 의거하여 Y에 의한 이의신청의 각하 결정 취소를 요구하여 소송을 제기하였다.

제1심=오사카 지방재판소

오사카 지방재판소 1993년 6월 29일 판결
判タ 825호 134면, 訟月 40권 5호 1093면, 判自 117호 9면

■ 당사자의 주장 (쟁점)

〈법적인 근거에 관련된 주장〉

원고

(1) 일본국헌법 전문 규정에는 전 세계, 전 인류적인 민주주의 및 인권·평화보장을 승인하는 한편 그 실효성 확보를 국가목표로 하고, 그 목표를 달성하기 위해 일본의 영역에서는 일본이 민주주의 및 인권·평화를 보장하여 효과 있게 책임을 진다는 사상이 나타나있다. 그리고 그 사상에서 지구상에 있는 인간은 어딘가 한군데 자기가 속하는 지역의 정치에 참가해야 한다는 원칙이 나타나 있다. 이 「어딘가 한군데」란 참정권의 성질상 그 사람이 정주하고 있는 지역이어야 하는 점에서 헌법 제15조 등의 「국민」에는 당연히 일본 국내의 정주자가 포함되게 된다. (2) 지방정치 차원의 참정권은 한정된 지역공동체에서 공동생활 상의 이해관계에 대하여 공동 결정하는 취지에서 당해 지역의 주민, 즉, 정주자로 제한하지 않고 「거주자」에게 미치는 것이다. 헌법 제93조 제2항 소정의 「주민」도 이러한 개념으로 해석해야 한다. 이것은 지방자치의 본래의 취지(헌법 제92조)의 근간이라 해야 한다. (3) 지방자치법 제11조, 제18조, 공선법 제9조 제2항은 지방공공단체에 관한 선거의 선거권을 갖는 자의 요건으로 「일본 국민」일 것을 들고 있지만, 전술한 헌법상의 「국민」에 대한 해석 및 헌법 제93조 제2항의 해석에서 볼 때 「일본 국민」에는 일본 국내의 정주자가 포함되어야 한다. 따라서 「일본 국민」을 일본 국적을 갖는 자로 한정적으로 해석한 것은 헌법(제14조, 제15조, 제92조, 제93조 등)에 위반하게 된다. (4) 원고들이 지방자치법 제11조, 제18조, 공선법 제9조 제2항 소정의 「일본 국민」에 해당하여 원고들은 지방공공단체에 관

한 선거에 대하여 선거권을 갖는다.

피고

(1) 헌법 제15조 제1항에서 말하는 공무원의 선정파면권은 국가의 존재를 전제로 하여 비로소 성립하는 권리로, 국가의 기관 수탁자로서의 법적 지위를 갖는 자에게만 부여되는 점, 동조 동항은 권리의 주체로서 국민으로 명기하고 있다. 그리고 선거권은 헌법 전문 및 헌법 제1조의 국민주권의 원리에서 유래된 것으로서 일본 국민에게만 부여되는 것이다. 그리고 일본 국민의 요건에 대해서는 헌법 제10조의 규정에 의해 국적법에 정해져 있는 것으로서, 일본 국적을 갖지 않는 자를 일본 국민으로 해석할 여지는 없다. (2) 지방공공단체는 국민주권의 구조 중에서 지역사회의 공공사무를 스스로 처리하는 기구로 존재하고 있다. 헌법 제93조 제2항에서 말하는 「주민」은 헌법 제15조에서 말하는 「국민」을 당연한 전제로 하고 있어 일본 국적을 갖는 자로 한정된다. 지방의 정치・행정과 국가의 정치・행정은 서로 밀접하게 관련되어 각각 책임을 분담하여 정치・행정을 시행하는 구조로 되어 있어, 지방의 정치적 의사결정은 국가의 정치적 의사결정과 불가분의 관계이다. 또한 일본에서는 지방공공단체의 대다수가 국가의 사무를 처리하고 있어 국가와 지방에서 선거권에 대해 다른 취급을 할 수는 없다.

■ 법적 구성

(1) 헌법 제15조의 「국민」의 개념

(a) 헌법 전문은 국민주권, 평화주의, 국제협력주의 등의 기본 원리를 명확히 하는 데 그친다. 즉, 지구상에 있는 인간은 어딘가 한군데에서 자기가 속하는 지역의 정치에 참가해야 하고, 그 「어딘가 한군데」란 그 사람이 정주하고 있는 지역이어야 한다는 원칙이 나타나 있는 것은 아니고, 각국의 입법상황에서 볼 때 그러한 원칙이 국제적으로 일반적으로 승인되어 있는 것이라고도 인정할 수 없다.

(b) 헌법 제15조 제1항은 기본적 인권의 하나로서 공무원의 선정파면권을 보장하고 있지만, 기본적 인권의 보장은 권리의 성질상 일본 국민만을 그 대상으로 하고 있는 것을 제외하고, 일본 국내에 거주하는 외국인에게도 미치는 것은 말할 것도 없다 (최고재판소 1978년 10월 4일 판결・民集 32권 7호 1223면 참조).

(c) 공무원의 선정파면권(참정권)은 다른 기본적 인권과 같이 인간이 인간으로 태어난 이상 누구라도 당연히 이것을 보장받는 것과는 권리의 성질이 다르다. 즉, 참정권은 그것이 성립하기 위해서는 우선 국가의 존재가 전제되어야 하고, 국가의 정치에 참가할 권리(및 의무)는 권리의 성질에서 볼 때 국가를 구성하는 자에게 당연히 귀속되어야 한다.

(d) 참정권이 보장되기 위해서는 그 자가 국가를 구성하는 일원일 것이 필요하다고 해야 하지만, 현실적으로 국가를 구성하는 자 중에서 어떤 범위의 자에게 이것을 부여할지, 또한 이 권리를 행사하는 형식을 어떠한 것으로 해야 하는가 등, 참정권의 구체적 내용은 바로 국가의 기본법인 헌법이 정해야 한다. 그래서 헌법의 규정을 보면 제10조는 구체적으로 어떤 범위의 자를 「국민」으로 하는지, 그 요건에 대해서는 법률에 맡기고 있어 이것을 받아들여 국적법이 일본 국민일 것을 요건으로 정하고 있다. 물론 법률인 국적법에서 일본 국민일 요건을 자유롭게 정할 수 있는 것이 아니라, 헌법의 각 조항 및 기본 원리와 조화되어야 하지만, 현행 혈통주의를 기본으로 하는 국적법에는 헌법의 각 조항 및 기본 원리와 조화하지 않는 점이 있다고 인정할 수는 없다.

(e) 이상에 따르면, 헌법 제15조 제1항에 의해 참정권을 보장받는 것은 「국민」 즉, 「일본 국적을 갖는 자」로 한정된다.

(2) 헌법 제93조 제2항의 「주민」의 개념

헌법 제93조 제2항은 지방공공단체장, 지방의회의 의원 및 법률이 정한 그 밖의 공무원은 지방공공단체의 「주민」이 직접 선거한다고 규정하고 있는 점, 지방공공단체에 대한 선거권도 국민주권의 원리에 의거하는 것으로 헌법 제15조의 「국민」이 선거하는 공무원에는 지방공공단체장 등의 지방공공단체의 공무원도 포함된다고 해석되는 점, 지방공공단체가 국가로부터 완전히 독립하여 존재하는 것이 아니라, 지방공공단체의 정치 · 행정은 국가의 정치 · 행정과 서로 관련되어 있어 지방공공단체가 국가의 사무를 처리하는 것도 있는 점에서 볼 때, 헌법 제93조 제2항 소정의 「주민」을 헌법 제15조의 「국민」과 별개의 개념으로 파악하는 것은 적절하지 않다. 이것을 통일적으로 이해해야 하고, 결국 헌법 제93조 제2항이 「주민」의 문언을 사용하고 있는 것은 지방공공단체의 공무원에 대해서는 특히 그 지역에 거주하는 자에 의해 직접 선출된 자인 것을 명확하게 하기 위해서라고 해석하는 것이 알맞다. 헌법 제93조 제2항의 「주민」은 일본 「국민」일 것이 전제되고 있다고 해야 한다.

(3) 헌법상 지방공공단체에 대한 선거권을 보장받고 있는 자

(a) (1), (2)에서 서술한 점을 보면 일본 국민, 즉, 일본 국적을 갖는 자에 대해서는 헌법에서 지방공공단체에 대한 선거권이 보장되고 있다고 할 수 있지만, 일본 국적을 갖지 않는 정주외국인에 대해서는 헌법이 지방공공단체에 대한 선거권을 보장하고 있다고 인정할 수 없다.

(b) 확실히 일본 국민과 똑같이 그 지역사회의 중요한 구성원으로서 이것을 유지 발전시키는데 큰 공헌을 해왔다고 자부하고 있는 정주외국인에게는 국익을 둘러싸고

여러 외국과의 이해가 대립할 경우에 일본의 국가의사를 확정하고 그에 의거하여 여러 외국과의 외교를 직접 담당해야 하는 국정, 즉, 정부 차원의 정치에 참가하는 것 외에도 그 행정기능의 내용이 지역주민생활의 복지를 도모하는 것을 직접적인 목적으로 하는 것이 많다. 또한 국정과 비교하면 정치적 색채가 옅은 지방공공단체의 정치・행정에 대해서조차 이것에 참가할 기회가 주어지지 않는 현실은 매우 부당하다는 의견이 나오는 것도 언뜻 당연한 일이라 생각할 수 있다. 그러나 적어도 헌법상에서는 그러한 외국인에 대해서도 지방공공단체에 대한 참정권은 보장되지 않는다고 할 수밖에 없다. 또한 만약 그 자에게 참정권을 부여하는 것이 헌법에 위반하지 않는다는 입장을 취할 수 있다 하여도, 이것을 부여할지는 입법정책의 문제에 지나지 않는다고 해야 한다.

(4) 헌법 제14조와의 관련에 대하여

헌법 제14조 규정은 그 성질상, 특단의 사정이 인정되지 않는 한 외국인에게도 유추되어야 하지만, 헌법상 일본 국적을 갖지 않는 자에게는 원래 선거권이 보장되지 않기 때문에 일본 국적을 갖지 않는 자에 대하여 선거권을 인정할 수 없다고 하여 그것이 헌법 제14조에 위반된다고는 할 수 없다.

(5) 지자법 제11조, 제18조, 공선법 제9조 제2항 소정의 「일본 국민」

지자법 제11조, 제18조, 공선법 제9조 제2항은 지방공공단체에 관한 선거의 선거권을 갖는 자의 요건으로서 「일본 국민」일 것을 들고 있다. 원고들은 「일본 국민」에는 일본 국적을 갖지 않는 일본 내의 정주자도 포함되어야 한다고 주장하지만, 원고들이 주장의 논거로 하는 헌법의 해석을 채용할 수 없음은 이미 진술한 대로이다.

■ 적용

원고들이 일본 국적을 갖지 않는 이상 선거권을 가질 수 없고, 원고들을 선거인 명부에 등록하지 않은 것에 위법인 점은 없다. 청구기각.

상고심=최고재판소

■ 상고 이유

(1) 원 판결은 헌법 제15조 제1항, 제92조, 제93조 제2항에서 말하는 「국민」 및 「주민」의 해석이 틀렸다. (2) 원 판결은 잘못된 헌법 해석에 의거하여 지자법 제11조, 제18조, 공선법 제9조 제2항의 「일본 국민인 주민」의 해석을 잘못하고 있다.

■ 법적 구성

(a) 외국인의 인권 향유 주체성

「헌법 제3장의 여러 규정에 의한 기본적 인권의 보장은 권리의 성질상 일본 국민만을 그 대상으로 하고 있다고 해석되는 것을 제외하고, 일본에 재류하는 외국인에게도 동일하게 적용된다」.

(b) 외국인의 공무원 선정파면권

「헌법 제15조 1항에서 말하는 공무원을 선정파면할 수 있는 권리의 보장이 일본에 재류하는 외국인에게도 미치는 것이라 해석해야 하는지에 대해서 생각해보면, 헌법의 다음 규정은 국민주권의 원리에 의거하여 공무원의 종국적 임면권이 국민에게 있음을 표명한다는 점, 주권이 『일본 국민』에게 있다는 헌법 전문 및 제1조의 규정에 비추어보면 헌법의 국민주권의 원리의 국민이란 일본 국민 즉, 일본 국적을 갖는 자를 의미하는 것은 분명하다. 그렇다면 공무원을 선정파면할 권리를 보장한 헌법 제15조 제1항의 규정은 권리의 성질상 일본 국민만을 대상으로 하여 다음 규정에 의한 권리의 보장은 일본에 재류하는 외국인에게는 미치지 않는 것이라 해석하는 것이 알맞다」.

(c) 외국인의 지방참정권

「지방자치에 대해 정한 헌법 제8장은 제93조 2항에서 지방공공단체장, 그 의회의 의원 및 법률이 정하는 기타 공무원은 그 지방공공단체의 주민이 직접 선거한다고 규정하고 있지만, 前記의 국민주권의 원리 및 이에 의거하는 헌법 제15조 제1항의 규정의 취지에 비추어 보아, 지방공공단체가 일본 정치기구의 불가결한 요소를 구성하는 것도 함께 생각해보면, 헌법 제93조 제2항에서 말하는 『주민』이란 지방공공단체의 구역 내에 주소를 갖는 일본 국민을 의미하는 것으로 해석하는 것이 알맞다. 위 규정은 일본에 재류하는 외국인에 대하여 지방공공단체장, 그 의회의 의원 등의 선거의 권리를 보장한 것이라 할 수는 없다」. 「헌법 제93조 2항은 일본에 재류하는 외국인에 대하여 지방공공단체의 선거 권리를 보장한 것이라 할 수 없지만, 헌법 제8장의 지방자치에 관한 규정은 민주주의사회의 지방자치의 중요성에 비추어보아, 주민의 일상생활에 밀접한 관련을 갖는 공공적 사무는 그 지방의 주민의 의견에 의거하여, 그 구역의 지방공공단체가 처리한다는 정치형태를 헌법상 제도로 보장하려는 취지를 나타냈다고 해석된다. 따라서 일본에 재류하는 외국인 중에서도 영주자 등으로 거주하는 구역의 지방공공단체와 각별하고 긴밀한 관계를 갖는다고 인정되는 것에 대하여, 그 의사를 일상생활에 밀접한 관련을 갖는 지방공공단체의 공공적 사무의 처리에 반영시키기 위해 법률로써 지방공공단체장, 그 의회의 의원 등에 대한 선거권을 부여하는 조치를 강구하는 것은 헌법상 금지되어 있지 않다고 해석하는 것이 알맞다. 그러나 위와 같은 조치를 강구할지는 전적으로 국가의 입법정책에 관련된 사항으로서 이러한 조치를 강구하지 않는다고 하여 위헌의 문제가 발생하는 것은 아니다」.

■ 적용

「지방공공단체장 및 그 의회의 의원의 선거 권리를 일본 국민인 주민으로 한정한 지방자치법 제11조, 제18조, 공직선거법 제9조 제2항의 각 규정이 헌법 제15조 제1항, 제93조 제2항에 위반된다고 할 수 없고, 기타 본건 각 결정을 유지하기 위한 원심의 판단에 헌법의 위 각 규정의 해석에 오류가 있다고도 할 수 없다」. 상고기각.

기본 해설

1. 외국인의 인권

본건은 논리적으로는 외국인의 인권 향유 주체성이 문제가 되는 경우지만, 이 점에 대해서는 이미 판례가 확립되어 있고(참조, 26장), 본건 상고심 판결도 그에 따라 이른바 권리성질설의 입장을 취하고 있음을 표명하고 있다.

2. 선거권의 법적 성질

권리성질설의 시각에서 볼 때, 본건의 주된 문제는 선거권의 법적 성질이다. 본건 상고심 판결은 헌법 제15조 제1항이 공무원 선정파면권을 국민 고유의 권리로 하고 있는 것에 주목하여 이 「국민」 개념이 주권을 갖는 국민과 마찬가지로 「헌법 전문 및 제1조의 규정에 비추어」 이 「국민」이 일본 국적 보유자인 것은 「분명하다」고 하였다. 선거권의 법적 성질을 이렇게 파악한다면 당연히 상고심 판결은 외국인의 선거권을 부인하고 있다.

3. 헌법상의 「국민」의 의미와 「주민」의 의미

헌법 문언에 유의한다면, 외국인의 지방선거권이 문제가 된 본건의 경우, 헌법 제93조 제2항이 「주민」을 선거권의 주체로 하고 있는 것이 문제가 된다. 상고심 판결은 이 점에 대하여 ①국민주권 및 헌법 제15조 제1항의 취지, ②지방공공단체가 국가의 통치기구의 불가결한 요소를 이루고 있다는 두 가지 점을 이유로 헌법 제93조 제2항에서 말하는 「주민」이란 지방공공단체의 구역 내에 주소를 갖는 일본 국적 보유자로 하고 있다.

이러한 해석에 의하면, 지방자치법 제11조, 제18조, 공선법 제9조 제2항이 헌법위반이 되지 않는 것은 당연하지만, 상고심 판결은 지방자치의 특수성에 주목하여 법률에 의해 외국인주민에게 지방선거권을 부여해도 헌법위반이 되지 않는다고 하였다. 즉, 지방자치는 「주민의 일상생활에 밀접한 관련을 갖는 공공적 사무」를 「그 지방주민의 의사에 의거하여 그 구역의 지방공공단체가 처리하는 정치형태」이기 때문에, 예를 들어 영주 외국인과 같이 「그 주거하는 구역의 지방공공단체와 특별하고 긴밀한 관계를 갖는다고 인정되는」 자에게 거주하는 지방공공단체의 공공사무의 처리에 스스로의 의사를 반영시키는 선거의 기회를 부여하는 것도 입법정책으로 생각되고 헌법도 이것을 금지하지 않는다고 하였다. 상고심은 이른바 허용설을 취하였는데, 이 점이 본 판결이 주목받는 이유이다. 다만 이것은 어디까지나 방론(傍論)일 뿐임에 유의할 필요가 있다.

Part Ⅱ 응용편

확인질문

1. X 등에게는 공선법 제25조의 선거인명부 소송의 원고적격이 없다고는 할 수 없는가?
2. 본건 상고심 판결은 외국인의 인권 향유 주체성에 대하여 어떠한 견해를 취하고 있는가?
3. 본건 상고심 판결은 헌법 제15조 제1항에서 말하는 국민과 헌법 제93조 제2항에서 말하는 주민을 어떻게 정의하고 있는가?

응용문제

설문 X는 프랑스 국적 보유자이지만, 30년 전에 일본에 입국한 후 프랑스어 회화학교강사로 근무하였고, 10년 전부터는 사립대학 교수직에도 취임하고 있다. 20년 전에 일본인 여성과 결혼하여 현재까지 가족과 함께 생활의 본거를 일본에 두고 있어 일본어를 읽고 쓰기에도 불편함이 없다. 프랑스에는 여름 바캉스기간에 2주간 정도, 겨울 바캉스기간에 10일 정도 귀국하는 정도이다. EU에서 정주외국인에게 지방참정권이 인정되자, X는 일본에서 지방선거에 참가하고 있다고 생각되어 2004년 3월 1일 현재 거주하는 Y시의 선거인명부를 같은 달

3일에 종람한 결과, 자신이 등록되어 있지 않았기 때문에 Y시 선거관리위원회에 이의를 신청하였다. 이에 대하여 Y시 선거관리위원회는 이의신청이 정당하지 않다고 결정하였다.

질문 X의 다음 주장을 각각 검토하시오.

(a) 헌법 제10조는 국민의 요건을 완전한 입법재량에 맡기는 취지가 아니고, 법률은 최고법규인 헌법의 취지에 의거하여 국민의 요건을 정해야 한다.

(b) 선거권의 법적 성질에 대해서는 헌법 제15조의「국민고유의 권리」라 하는 문언의 의미뿐만 아니라, 이 권리 자체의 존재 의의나 취지도 고려해야 하고, 외국인에 대한 보장의 유무에 관해서는 외국인의 생활실태를 고려해야 한다.

(c) 지방자치법 제11조, 제18조 및 공선법 제9조 제2항에서 말하는「일본 국민」을 일본 국적보유자로 해석하는 것은 헌법 제15조 제1항, 제93조 제2항에 위반된다. 그러한 전제에 의거하여 본건 이의제의를 거부한 Y시 선거관리위원회의 처분은 위법이다.

(d) 지방공공단체에 관해서 선거권은「한정된 지역적 주민공동체에서 공동생활상의 이해관계에 관해 공동 결정하는」 권리이기 때문에, 헌법 제93조 제2항에서 말하는「주민」은 당해 지역의 주민 즉, 거주자이다. 그 범위 안에서 지방자치법 제11조, 제18조 및 공선법 제9조 제2항이, 지방선거권의 주체를「일본 국민인」 주민으로 한 것은 헌법 제93조 제2항에 위반된다.

(e) 지방자치법 제11조, 제18조 및 공선법 제9조 제2항에서 말하는「일본 국민」을 일본 국적보유자라고 해석하는 것은 헌법 제15조 제1항, 제93조 제2항에 위반된다. 그러한 전제에 근거하여 본건 이의의 제출을 거부했던 Y시 선관위의 처분은 위헌이다.

Part Ⅲ 이론편

◥ 전개문제

선거권은 권리의 성질상 외국인에게 보장되지 않는 것이 명백하다고 할 수 있는가?

1. 선거권의 법적 성질

외국인의 인권 향유 주체성 그 자체를 부정하는 견해는 완전히 극복되어 학설・판례가 권리성질설로 일치하고 있다고 해도 좋을 오늘날, 문제는 어떤 인권이 어느 정도로 외국인에게 보장되는가라는 점에 있다. 그리고 한마디로 외국인이라 해도 일본을 여행 중인 외국인부터 정주자, 재일한국인・조선인 등 처한 상황이 다양한 점을 볼 때 권리의 성질뿐만 아니라 외국인의 유형에 따른 검토도 요구될 수 있다. 그것이 인권을 최대한 존중해야 할 인권존중주의의 요청이라 해야 할 것이다.

그러한 관점에서 보면 학설・판례의 논의는 반드시 충분하다고 할 수 없다. 인권을 전국가적(前国家的) 권리와 후국가적(後国家的) 권리로 분류하는 유형론은 개별・구체적인 인권해석에 경직화를 가져오는 것으로 종래부터 비판되어 왔다. 개개의 인권 해석에 전국가적 권리인지 후국가적 권리인지 자유권인지 사회권인지의 택일적 사고는 유해무익인 경우가 많을 것이다. 실제로 학설상 생존권이나 노동기본권에 관해서는 권리의 복합적 성격이 인정되어 타당한 해석을 전개하고 있다. 인권유형론은 기껏해야 인식의 편의를 기여하는 것으로서 인권조항 해석의 지침으로 해서는 안 될 것이다. 이런 사고방식은 학설상 총론 수준에서는 넓게 지지받는 것처럼 보이지만, 각론 수준에서는 생존권・노동기본권의 경우를 별도로 하여 반드시 받아들이고 있는 것처럼 보이지는 않는다.

본건에서 재판소는 제1심・상고심 모두 선거권이 헌법상 「국민 고유의 권리」로 인정하고 있는 점에서 전적으로 「국민」의 의미를 문제로 결론적으로 외국인의 선거권 보장을 인정하고 있지 않다. 선거권의 후국가성을 비교적 명료하게 지적하는 제1심 판결도 즉시 그 점에서 국민의 요건을 자유로운 입법재량사항이라고는 하지 않는다. 그 때문에 재판소는 Y의 주장과 확연히 구분하여 나쁜 인권유형론에 빠지는 폐를 면하고 있다. 그러나 본건 판결이 취한 허용설은 한편으로 외국인에게 지방참정권을 인정하는 것을 입법정책상 가능하다고 하고, 다른 한편으로는 이것을 인정할 수 없는 현행법을 합헌이라 하기 때문에 결국 외국인의 지방참정권에 대하여 모두 입법재량에 맡기는 입장과 같다.

이러한 결론은 전적으로 선거권의 후국가적 성질에 주목하는 한 문제가 없을 것이다. 그러나 선거권의 성질에 관해 국민의 의미나 후국가적 성질을 고려하면 그것으로 충분한 것일까? 선거권은 판례상에도 「국민의 국정참가의 기회를 보장하는 기본적 권리로서 의회제 민주주의의 근간을 이루는 것(최대판 1976년 4월 11일, 참조, 22장)으로 보고 있다. 선거권의 성질로서 이 점을 간과하면 안 될 것이다. 표현의 자유의 우위성의 근거로 민주적 정치과정과의 밀접한 관련성을 들 수 있다. 표현의 자유는 정치과정이 민주적으로 기능하기 위해서 불가결하기 때문에 그 규제에 대하여 입법재량이 인정되지 않는다. 선거권은 틀림없이 민주적 정치과정의 지주라고 해야 할 인권이기 때문에 표현의 자유와 대등한 우월한 권리로 볼 수 있을 것이다. 이렇게 생각한다면 본건 판결이 나타나는 이유는 형식적으로 전혀 불충분하다고 할 수밖에 없다.

원래 후국가적 성질 그 자체가 어느 정도 법 해석상의 결정적인 것이 될지는 불확실하다. 어떤 인권이 전국가적 권리다는 것은 그것을 외국인에게 보장해야 할 결정적인 것이 된다고 하더라도, 후국가적 권리다는 것이 외국인에 대한 보장을 부정하는 결정적인 것이 된다고는 할 수 없다. 재판을 받을 권리나 국가배상청구권이 후국가적 권리이기 때문에 외국인에게 보장되지 않는다고는 해석되지 않는다. 왜냐하면 그것들의 보장이 없다면 전국가적 권리의 보장도 무의미하게 되기 때문이다. 이와 동일하게 선거권에도 적용시킬 수 있을 것이다. 치자와 피치자의 자동성이 확보되지 않으면 인권은 그림의 떡에 불과할 것이다. 치자와 피치자의 자동성을 확보하는 수단인 선거권이 외국인에게 보장되지 않는다면, 외국인의 전국가적 권리의 보장도 위태로워질 것이다.

이상과 같이 선거권의 성질 내지 기능을 파고들어 고찰해 보면, 본건 판결의 판단의 일면성, 형식성이 분명해진다.

2. 헌법상의 국민 개념과 주민 개념

헌법전문상 주권의 주체가 되는 국민 혹은 헌법 제15조에서 말하는 국민의 의미는 이것을 정의하는 명문 규정이 없다. 헌법 제93조 제2항에서 말하는 주민도 마찬가지이다. 그래서 이러한 문언의 의미가 해석상 문제가 된다.

이 점에 관한 본건 재판소의 헌법 해석은 제1심이 「현행 혈통주의를 기본으로 하는 국적법에는 헌법의 각 조항 및 기본원리와 조화하지 않는 점이 있다고 인정할 수 없다」고 하는 데 그친다. 상고심도 「주권이 『일본 국민』에게 있다고 하는 헌법 전문 및 제1조의 규정에 비추어 보면 헌법의 국민주권의 원리의 국민이란 일본 국민 즉, 일본의 국적을 갖는 자를 의미하는 것은 명백하다」라고 하는 데 그친다. 이러한 헌법의 관련 조항이나 국민주권 등의 기본원리의 의미는 대치되지 않는다. 실질적인 이유는 아무것도 제시되지 않았다. 이것은 헌법상 주권자로 되어 있는 「국민」의 의미를 사실상 현행 국적법상의 국민 개념으로 대치하는 것과 같다는 비난을 들어도 어쩔 수 없을 것이다.

또한 본건에서 구체적으로 문제가 된 외국인의 지방참정권에 대하여 상고심은 ① 국민주권・헌법 제15조 제1항의 취지, ②지방공공단체가 국가의 통치기구의 불가결한 요소를 이루는 것을 이유로 문제가 된 지방자치법이나 공선법의 규정 내지 그 해석을 합헌으로 판단하고 있다. 그러나 ①은 이미 본 것처럼 내용이 분명하게 되어 있지 않고, ②도 구체성이 매우 불충분하다. ②에 대하여 조금이나마 논하고 있는 제1심 판결도 논하는 부분 또한 추상적으로 주민을 국적 보유자로 제한하고 외국인의 지방참정권=인권을 부인하는 법리로서는 불충분하다고 할 수밖에 없다. 제1심・상고심 모두 지방공공단체의 공공적 사무의 의의나 주민과 지방공공단체의 깊은 관련을 인정하고 있기 때문이다. 그럼에도 법률상 외국인의 지방참정권이 인정되지 않는 것의 실질적인 법률상의 이유는 제시되어야 한다.

제1심 판결은 전문의 기본원리로부터 「곧바로」 정주자에게 선거권이 인정되는 것은 아니라고 서술하고 있지만, 이 지적은 그대로 재판소 자신의 추론에도 타당할 것이다. 국민주권의 원리에서 「곧바로」 국민=국적보유자라고는 말할 수 없다. 또한 「주민」이 「국민」과 다른 문언이라고 해서 「곧바로」 거주자를 의미한다고 할 수 없는 것과 마찬가지로 주민이 국민의 부분집합이라면 「곧바로」라고도 할 수 없다.

결국 헌법상의 국민이나 주민의 해석은 그것이 나타나는 조문의 취지나 헌법의 기본원리의 취지에 입각하여 이루어져야 한다. 그래서 국민주권의 원리란 군주주권과 비교하면 명백한 것처럼 치자와 피치자의 자동성의 원리라 이해할 수 있다. 그러면 주권자인 국민을 일본의 주권 하에 생활의 본거지를 둔 피치자를 의미한다고 해석하는 것이 결코 불합리하지는 않다. 또한 지방자치의 본래 취지의 하나인 주민자치는 지방공공단체에 있어서 치자와 피치자의 자동성의 원칙이다. 따라서 주민을 국적요건으로 한정하는 것은 지방자치의 본 취지에 반한다고 해석하는 것도 가능하다.

Part Ⅳ 두 번째 소재

동경도 관리직외국인공무원 선발수험 소송

최고재판소 2005년 1월 26일 대법정 판결
1998년 (行ツ) 제93호 관리직선발수험자격확인등청구사건
民集 59권 1호 128면
[참조조문] 헌 14, 15, 22, 93, 타공 13, 15, 18, 19 행송 4 국배 1

사실 개요

대한민국 국적의 특별영주자인 Y(동경도)(피고, 피항소인, 상고인)의 보건부(保健婦)인 X(원고, 항소인, 피상고인)는 Y의 1994년도 및 1995년도 관리직 선발시험을 수험하

려고 하였지만, X가 일본 국적을 갖지 않는 것을 이유로 Y는 수험신청서의 수취를 거부하였다. 이에 따라 X는 수험할 수 없었기 때문에 X가 1995년도 및 1996년도에 실시되는 같은 시험의 수험자격의 확인을 요구함과 동시에 과거 2번 수험을 거부당한 것에 대한 위자료의 청구를 요구한 것이 본건이다.

제1심=동경 지방재판소(1996년 5월 16일 판결, 労民集 47권 3호 185면, 判時 1566호 23면, 判自 149호 35면, 判タ 909호 64면, 労判 695호 21면)는 X가 신청한 수험자격 확인소송은 1995년도 시험이 실시된 후이며, 1996년도 시험은 구두변론 종결시점으로 실시요강이 결정되어 있지 않아 구체적인 권리의무에 대한 분쟁이 없기 때문에 확인의 이익이 없다고 하였다. 또한, 제1심은 X의 위자료청구소송에 대하여 외국인에 대하여 헌법 제22조, 제14조 제1항의 규정적용이 있다고 하여도, 기본적 인권은 그 성질상 국민주권의 원리와 저촉되지 않는 경우에 한하여 보장이 미치는데 지나지 않는다. 외국인에 대해서는 직접적, 간접적으로 국가의 통치작용에 관한 직책을 갖는 공무원에 취임하는 것이 헌법상 보장되어 있지 않기 때문에, X가 관리직 선고시험을 수험할 수 없었다 하여도 지공법 제13조 및 제19조의 위반이 있다고 할 수 없다고 하여 X의 청구를 기각하였다. 일부 각하, 일부 기각.

이에 대하여 제2심=동경 고등재판소(동경 고등재판소 1997년 11월 26일 판결, 高民集 50권 3호 459면, 労民集 48권 5・6호 646면, 동고민시보 48권 1~12호 72면, 判時 1639호 30면, 判タ 960호 79면, 労判 728호 6면, 判自 175호 44면)는 국민주권의 원리에 위반하지 않는 범위 내에서 외국인에게도 공무담임권이 보장된다고 하였고, 특히 지방공무원 취임에 관해서는 지방자치의 중요성에 비추어 보아 「일본에 재주하는 외국인으로 특별영주자 등 그 주거하는 구역의 지방공공단체와 특별하고 밀접한 관계를 갖는 자에 대해서는 생활에 밀접한 관련을 갖는 지방공공단체의 공공적 사무의 처리에 그 의사(意思)를 반영시키고 또한 스스로 이에 참가하는 것이 바람직하다고 해야 하기」 때문에 「일본에 재류하는 외국인, 특히 특별영주자 등의 지방공무원 취임에 대해서는 국가공무원으로 취임하는 경우와 비교하여 저절로 취임할 수 있는 직무의 종류가 광범위하고 그 기회가 많아진다고 할 수 있다」라고 하였다. 게다가 제2심은 지방공무원의 관리직은 「지방공공단체의 공권력을 행사하거나 또는 공공의 의사형성 계획에 참여하는 등 지방공공단체가 행하는 통치작용에 관한 개연성」이 높다고 할 수 있어, 그 직무가 광범위하고 다방면에 미치는 것에 주목하여 「공권력을 행사하지 않고 공공의 계획형성에 참가하는 개연성도 적은 관리직을 포함하여 모든 관리직에 대하여 국민주권의 원리에 따라 외국인을 이에 임용하는 것이 모두 금지된다고 해석하는 것은 옳지 않다. 여기서도 직무내용, 권한과 통치작용과의 관련방법 및 그 정도에 따라 외국인을 임용하는 것이 허용되지 않는 관리직과 허용되는 관리직을 분별하여 생각할 필요가 있다」

라고 하였다. 제2심은 이러한 법적 구성에 의거하여, 특히 이번 본건의 경우, 선고가 과장급의 제1차 선고에 지나지 않고 합격 후 후보자명부에 등재되어 수년 후 행하여지는 최종적인 임용선고를 거쳐 과장급의 직무로 승진하기 위해서는 관리직 선고를 수험할 필요가 있다. 게다가……과장급 관리직 중에서도 외국 국적 직원에게 승진을 허가하여도 지장이 없다는 것이 존재해야 하기 때문에 외국 국적 직원으로부터 관리직 선고수험의 기회를 빼앗는 것은 외국 국적 직원에게 위법인 조치라 하지 않을 수 없다」. 즉, 제2심은 X가 1994년 및 1995년도 관리직 선고시험을 수험할 수 없게 만든 Y의 조치는 헌법 제22조 제1항, 제14조 제1항에 위반하는 위법인 것으로 판단하였다. 일부인용(위자료청구), 일부기각(수험자격 확인청구).

상고심=최고재판소

[다수의견]

■ 법적 구성

(a) 일반직 지방공무원에 재류외국인을 임명하는 것의 가부

이 점에 대하여 지공법은 명문 규정을 두고 있지 않지만 「보통 지방공공단체가 법에 의한 제한 하에서 조례, 인사위원회 규칙 등이 정하는 것에 의해 재류외국인을 직원으로 임명할 것을 금지하고 있지 않다」.

(b) 보통 지방공공단체가 직원으로 채용한 재류외국인의 처우상의 차별의 합법성

「보통 지방공공단체는 직원으로 채용한 재류외국인에 대하여 국적을 이유로 급여, 근무시간, 그 밖의 근무조건에서 차별적 취급을 해서는 안 된다고 정하고 있고(노동기본법 제3조, 제112조, 지방공무원법 제58조 제3항), 지방공무원법 제24조 제6항에 근거한 급여에 관한 조례에서의 승격(급료표 상위의 직무급으로 변경) 등도 상기 근무조건에 포함된다고 해야 한다. 그러나 상기의 법규는 보통 지방공공단체가 직원으로 채용한 재류외국인의 처우에 대하여 합리적인 이유에 근거하여 일본 국민과 다른 취급을 하는 것까지 허용되지 않는 것은 아니다. 또한 그러한 대우는 합리적인 이유에 근거하는 것에 한하여 헌법 제14조 제1항에 위반하는 것도 아니다」.

(c) 공권력 행사 등 지방공무원의 직무성격과 국적요건

「주민의 권리의무를 직접 형성하여 그 범위를 확정하는 등의 공권력 행사에 해당하는 행위를 행하거나 혹은 보통 지방공공단체의 중요한 시책에 관한 결정을 하거나

또는 계획에 참가하는 것을 직무로 하는」 지방공무원(공권력행사 등 지방공무원)의 직무 수행은 「주민의 생활에 직접・간접적으로 중대한 관련을 갖는다. 그러므로 국민주권의 원리에 의거하여 국가 및 보통 지방공공단체에 의한 통치 본연의 자세에 대해서는 일본의 통치자로서 국민이 최종적인 책임을 져야 하는 점(헌법 제1조, 제15조 제1항 참조)에 비추어 원칙적으로 일본 국적을 갖는 자가 공권력 행사 등 지방공무원에 취임하는 것이 상정되어 있다고 보아야 한다. 일본 이외의 국가에 귀속하여 그 국가와 일본 사이에 그 국민으로서의 권리의무를 갖는 외국인이 공권력 행사 등 지방공무원에 취임하는 것은 본래 일본의 법체계가 상정하는 바가 아니라고 해야 할 것이다」.

(d) 보통 지방공공단체가 일본 국민인 직원에 한하여 관리직으로 승진시키는 것의 합리성

「보통 지방공공단체가 공무원제도를 구축하는 데 있어 공권력 행사 등 지방공무원의 직무로 승진하는 데 필요한 직무경험을 쌓기 위해서 거쳐야 할 직무를 포함하는 일체의 관리직 임용제도를 구축하여 인사의 적정한 운용을 도모하는 것도, 그 판단에 의해 행할 수 있다고 해야 할 것이다. 그러면 보통 지방공공단체가 상기한 것과 같은 관리직 임용제도를 구축한 후에 일본 국민인 직원에 한하여 관리직으로 승진할 수 있다고 하는 조치를 취하는 것은 합리적인 이유에 의거하여 일본 국민인 직원과 재류외국인인 직원을 구별하는 것으로서 상기의 조치는 노동기준법 제3조에도 헌법 제14조 제1항에도 위반하는 것이 아니라고 해석하는 것이 상당하다. 그리고 이러한 이치는……특별영주자에 대해서도 다르지 않다」.

■ 적용

「〔본건〕 당시 상고인에게는 관리직으로 승진한 직원에게 시종 특정 직종의 직무내용만을 담당시키는 임용관리를 하지 않고 관리직으로 승진하면 언젠가는 공권력 행사 등 지방공무원으로 취임하는 것이 당연한 전제로 되어있었다고 할 수 있기 때문에, 상고인은 공권력 행사 등 지방공무원의 직무에 해당하는 관리직 이외, 이와 관련되는 직무를 포함하는 일체적인 관리직 임용제도를 설치하고 있다고 할 수 있다」. 「상고인에게 상기의 관리직 임용제도를 적정하게 운영하는 게 필요하다는 판단 하에, 직원이 관리직으로 승진하기 위한 자격요건으로서 당해 직원이 일본 국적을 갖는 직원일 것을 정하여도 일본 국적을 갖는 직원과 재류외국인인 직원을 합리적인 이유에 근거하여 구별하는 것이다. 상기의 조치는 노동기준법 제3조에도 헌법 제14조 제1항에도 위반하는 것이 아니다. 원심에서 말한 것처럼 상고인의 관리직 중에 기획이나 전문분야 연구를 행하는 등의 직무를 행하는 데 그쳐 공권력 행사 등 지방공무원에게 해당하지 않는 것도 조금 있다는 사실이 상기 판단을 좌우하는 것은 아니다」. 원 판

결 중 상고인 패소부분 파기. 동 부분에 대한 피상고인의 항소기각.

[보충의견]

• 후지타 토키야스(藤田宙靖) 재판관

(a) 특별영주자 제도의 법적 의미

「입관특례법에서 정한 특별영주자 제도는 그 자체가 어디까지나 현행 출입국관리 제도의 예외를 마련하여 일정 범위의 외국 국적자에게 '출입국관리 및 난민인정법'(이하, 「입관법」이라 함) 제2조의 2에 정한 재류자격을 갖고 일본에 재류(영주)할 수 있는 지위를 부여하는 제도이다. 이러한 자들의 일본 내의 취로가능성에 대해서도 상기의 결과 법정의 각 재류자격에 따른 제한(입관법 제18조 및 동법 별표 제1 참조)이 미치지 않는다」. 따라서 법률상 특별영주자에게 다른 외국 국적자와 다른 일본인에 기준한 어떤 특별한 법적 자격이 부여되는 것은 아니다. 「일본 현행법상 특별영주자가 지방공무원으로 취임하여 이외의 외국 국적자와 구별되어 특별한 우대를 받아야 하는 근거는 없고, 그러한 명문 규정이 없는 한 사건은 외국 국적자 일반의 취임가능성의 문제로 고찰되어야 한다」.

(b) 외국인 공무담임권

「①외국인에게 공무원 취임자격(이하, 「공무담임권」이라 함)이 헌법상 보장되어 있는 것을 부정하는 이유로 논리적으로 생각할 수 있는 것이 반드시……국민주권의 원리에만 제한되는 것은 아니라는 점(예를 들어, 일정 지역에 대하여 외국인 취로를 금지하는 것은 그 자체가 한 나라의 주권에 속한 권능일 것이다), 또한 ②『헌법상 외국인에게는 공무원의 일정 직무에 취임하는 것이 금지되어 있다』고 하는 것이 반드시 논리적으로 『이러한 금지 대상 외의 직무에 대해서는 외국인도 또한 취임할 권리를 헌법상 당연히 갖는다』라는 것과 같지 않다는 점, 그리고 ③직업선택의 자유, 평등원칙 등은 모두 자유권의 성격을 갖는 것으로서 본래 갖고 있는 권리나 자유를 그에 대한 제한으로부터 지키는 기능을 다할 뿐, 원래 갖고 있지 않은 권리를 적극적으로 만들어 내는 것은 아니라는 점」 등에 비추어보면, 원심의 국민주권의 원리에 반대하지 않는 한 외국인에게도 공무담임권이 보장된다고 생각하는 사고방식에는 「몇 개의 논리적 비약」이 있다고 생각되어, 「일본국헌법상 원래 외국인에게(일정 범위 내의) 공무담임권이 보장되는지 아닌지의 문제는 그 자체로 중대한 문제로 남는다」. 그렇지만 본건은 「이미 정규직원으로 채용되어 근무해 온 외국인이 관리직으로 승진할 기회를 요구하는 경우로 이러한 경우에 노동기준법 제3조 규정의 적용이 배제된다고 생각하는 합리적인 이유가 없는 것은 다수의

견대로이기 때문에」 남겨진 문제의 귀추는 본건 해결과 직접 관계가 없다.

(c) 지방공공단체의 행정조직권 및 인사관리권

「구체적인 범위를 어떻게 다루는가는 별도로 하고, 어느 쪽이든 적어도 지방공공단체의 중요한 의사결정에 관한 일정 직무에 대하여 외국 국적자를 취임시키지 않는다 하여도 반드시 위헌 또는 위법이라고 할 수 없는 점에 대해서는 일본 내에서 넓은 양해가 존재한다」. 「원심은 관리직에 있는 자가 사안 결정과정에 관여한다 하여도, 관련방법 및 관련 정도는 다양하기 때문에 상고인에게 동경도 관리직에 대해 일률적으로 재류외국인 임용을 인정하지 않는다는 것은 알맞지 않다. 상기 기준에 의하여 재류외국인을 임용하는 것이 허용되지 않는 관리직과 허용되는 관리직을 구별하여 임용관리를 행할 필요가 있다고 한다. 원래 그러한 임용관리를 행하는 것은 인사정책으로 생각할 수 있는 선택지 중 하나지만, 한편으로 외국 국적자에 대해서만 항상 그러한 특별한 인사 배려를 해야 한다면, 전체적으로 인사의 유동성을 현저하게 망가뜨리는 결과가 될 가능성 또한 부정할 수 없다. 이러한 점을 고려하여 상고인 동경도가 일반적으로 관리직의 취임자격으로 일본 국적을 요구한 것은 그것이 인사정책으로 최적의 것인지 아닌지는 잠시 제쳐놓고, 오히려 행정조직권 및 인사관리권의 행사로 허용되는 범위 내에 있는 것이라 할 수 있다」. 「재류외국인에게 관리직 취임의 길을 제도적으로 열어주게 될지는 단순히 피상고인과의 관계뿐만 아니라 재류외국인 일반의 문제로 생각해야 하고(예를 들어, 장래에 피상고인과 같은 희망을 갖는 재류외국인이 다수 나올 경우에는 같은 취급을 해야 된다), 이러한 경우도 고려한다면, 상고인 동경도가 본건 당시에 외국 국적자 일반에 대하여 관리직 선고수험을 거부한 것이 곧바로 법적으로 허용된 인사정책의 범위를 넘게 된다고 할 수 없고 또한 적어도 거기에 과실을 인정할 수는 없다」.

[의 견]

• 카나타니 토시히로(金谷利広) 재판관

(a) 외국인의 공무담임권

「공무원(지방공무원을 포함한다)제도를 어떻게 구축할지는 국가의 통치작용에 중대한 관계를 갖는 점, 공무원 종류가 다종다양하여 그 중에는 외국인이 취임하는 것이 국민주권의 원리로 헌법상 허용되지 않는다고 해석되는 점……이나 외국인 취임이 부적절한 경우가 적다는 점, 또한 외국인에게도 취임을 인정하는 것이 타당한지의 여부는 해당하는 구체적 직종의 직무내용, 인사운용 실태 등에 의해 좌우되는 점, 나아가 지금까지의 내외 법제의 역사 등에 비추어 보아 일본 국민에 대하여 해석상 인정되는 헌법상 공무원담임권의 보장은 그 권리의 성질상 외국인에 대해서는 인정되지 않는다고 해석하는 것이 상당하다(국가의 기본법인 헌법에서 공무원 직종을 구별하여 그 일부에 대해 외국인의 공무담임권을 보장하고 있다고 해석하는 것은 명문상 규정이 없는 이상 타당하지 않다). 헌법은 외국인에 대해서 공무원담임권을 보장하는 것이 아니라, 헌법상의 제한된 범위 내에서 외국인이 공무원으로 취임할 수 있다고 하는지의 결정을 입법부의 재량에 맡긴다고 해야 한다」.

(b) 외국인 채용에 관한 지방공공단체의 재량권

외국인을 일반 지방공무원으로 취임시키는 것의 가부에 대하여 지공법상 명문규정이 없기 때문에, 「지방공공단체는 외국인을 당해 지방공공단체 직원으로 채용할 수 있는지의 여부에 대하여 재량으로 정할 수 있다」. 이 재량권은 「일정 직종에만 한정되어 외국인에게 공무원이 될 기회를 부여하는 것은 물론, 직무내용과 책임을 고려하여 승진 상한을 정해 그 한도 내에서 채용기회를 부여하는 점, 게다가 일정 직종으로 제한하는 한편 일정 승진상한을 정하여 그 한도 내에서 채용기회를 부여하는 것도 허용된다고 해석된다. 그 판단에 대해서는 재량권을 일탈하거나 혹은 남용한다고 평가되는 경우를 제외하고 위법 문제가 발생하지 않는다고 해석된다(이 점에 관한 자세한 내용은 우에다(上田) 재판관 의견을 채용한다)」.

[의 견]

• 우에다 토요죠(上田豊三) 재판관

(a) 외국인 채용에 관한 지방공공단체의 재량권

헌법은 재류외국인에게 공무담임권을 보장하는 것이 아니라 재류외국인을 공무원으로 취임시키는 것의 가부를 입법부의 재량에 맡기고 있다. 지공법은 재류외국인이 지방공무원으로 취임하는 것에 대하여 명문 규정을 갖고 있지 않고 이 점을 각 지방공공단체 재량에 맡기고 있다. 노기법 제3조는 「경영자에 의한 사업 종류・규모 선택에서 제약원리로 기능하지 않으며, 마찬가지로 지방공공단체가 재류외국인의 지방공무원제도를 구축하는 데 있어서도 동조가 제약원리로 기능하지 않는다고 해석해야 한다」.

(b) 외국인 채용에 관한 지방공공단체의 재량권의 한계

지방공공단체가 어떤 직종에 대하여 재류외국인의 취임을 인정하는가를 재량으로 행사한 점이 「지방공무원법을 중심으로 하는 지방공무원제도 전체에서 볼 때 대체로 허용되지 않는다고 생각되는 경우에는 재량의 한계를 넘는다고 해석하게 된다. 예를 들면 지방공무원 중, 지방공공단체 공권력 행사에 해당하는 행위 혹은 지방공공단체

의 중요한 시책에 관한 결정을 행하거나 또는 이것에 관여하는 자에 대하여 해석상 취임에 일본 국적을 가질 필요가 있다고 인정되는 경우에 지방공공단체가 그러한 지방공무원에게도 재류외국인의 취임을 인정할 때(즉, 재류외국인에게 문호를 지나치게 개방한 경우……)에는 재량의 한계를 넘는다고 해석하게 된다. 또한 반대로 예를 들어 재류외국인에 대해서 특단의 사정이 없음에도 불구하고 급여를 첫 임금 정도로 한정한다고 하여 그러한 급여에 해당하는 직무를 전적으로 행하는 것으로 평가하여 지방공무원으로서의 취임을 인정한다고 하는 경우(즉, 문호의 개방이 극단적으로 좁은 경우……)에는 재류외국인을 멸시하고 재류외국인에게 고통만을 주는 제도로서 혹은 재류외국인의 노동력을 착취하는 제도를 구축한 것으로서, 지방공무원제도상 이른바 공서양속(公序良俗)에 반하고 재량의 한계를 넘는다고 해석하게 될 것이다」.

[반대의견]

• **타키이 시케오**(滝井繁男) **재판관**

■ 법적 구성

(a) 공무담임권과 국민주권

「일본의 실정법은 일정 공무원에 관한 선거권 및 피선거권을 일본 국민에 한정하여 부여하고 있지만, 그렇다고 해서 참정권 모두를 국민주권의 원리로부터 귀결하여 그 보장이 당연히 일본 국민에게만 한정되는 것은 아니다」. 「본건에서 문제가 된 것은 선거권, 피선거권과 같은 헌법상의 보장이 일본 국민으로 제한되는 것이 국민주권의 원리로부터 귀결되는 권리가 아니라 어떤 공무에 취임할 수 있는지의 자격이다. 모든 공무원의 선임은 종국적으로 국민의 의사와 관계되어야 하고, 그 의미에서 선임에 참정권적인 측면이 있다하여도 모든 공무원에게 취임에 대한 직무의 성질을 묻지 않고, 국민주권의 원리의 당연한 귀결로서 일본 국적이 요구되는 것은 아니다」.

(b) 공권력 행사 등 지방공무원의 지위

「일본의 지방공공단체에는 그 의사결정기관으로 의회가 설치되어 있는 한편, 집행기관은 지방공공단체의 사무를 스스로의 판단과 책임으로 성실하게 관리하고 집행할 의무를 지게 되는 점(지방자치법 제138조의 2), 법규정상 그 이름에서 집행 권한을 갖는 것은 지사, 시정촌장(市町村長) 등의 장 또는 행정위원회만으로 부지사, 조약, 그 밖의 보조직원은 장을 보조한다(동법 제161조 이하)」. 「이 자들은 법규정상 지방공공단체장이 그 판단과 책임에서 행하는 사무의 집행을 보조하는 자로서 임무를 다한다. 따라서 관여하는 업무가 중요한 것이라도 주권 행사와의 관계에서 보면 보조기관의 지위는 장(長)의 지위와는 질적으로 다르다. 헌법 제93조 제2항이 지방공공단체의 장에 한하여 주민의 공선을 보장하고, 나머지 공무원에 대해서는 공선에 의할지를 입법정책에 맡기고 있는 것은 그 성질의 차이점에 따른 것이다. 그 직무의 주민생활에의 관련방법에 중요성이 있다고 하여 보조기관으로 취임하는 것에 대하여 장으로 취임하는 것과 같은 일본 국적을 요구하는 것을 국민주권의 원리로부터 당연한 법체계가 가정되어 있다고 할 수 없다」. 「관리직은 각 지방공공단체가 민주적이고 효과적인 공무원제도나 인사행정을 실현하는 등의 관점에서 구체적인 임용제도를 구축한 것으로서, 어떤 직무의 취임으로 외국 국적자를 배제할 필요가 있는지에 대하여 기준이 되어야 할 주권 행사에의 관여의 정도가 높은 것을 골라내어 정했다고는 할 수 없다」.

(c) 외국인이 지방공공단체장의 보조기관으로 취임하는 것에 대한 지방공공단체의 재량권

「국민주권의 원리에 근거한 제약이 없는 직이라도 외국인이 당연히 그 직무에 취임할 수 있는 자격을 인정해야 하는 것은 아니다」. 「집행기관은 지방공공단체의 사무를 성실하게 관리하고 집행해야 하는 것, 그것이 적절하게 시행되는 것에 대해서 주민의 이해와 지지를 얻을 필요가 있어, 공무에 외국인 영향의 배제를 요구하는 주민의 일반적 규범의식이나 공무원관으로 볼 때, 법률에 의해 어떤 종류의 직무에 취임하는 것에 대해서는 일본 국적을 가질 것을 요건으로 정할 수 있다」. 「어떤 직무에 어떠한 인재를 배치할지는 업무 내용과 직원의 자질을 감안하여 구체적으로 검토하고 결정되어야 하는 것으로서, 그 판단은 법률에 위반하지 않는 한 사용자의 넓은 재량에 맡기고 있다」.

■ 적용

「직원의 승진에서 불평등한 취급도 그것에 합리적인 이유가 있다면 차별이 되지 않지만 합리성은 사용자에게 명백히 밝혀야 하나, 본건에서 상고인은 그것을 명백하게 밝혔다고 할 수 없다. 왜냐하면 만약 지방공공단체장의 보조직원 중 법체계상 일본 국적을 가질 것을 요건으로 하는 것이 가정된 직무일 것을 시인할 수 있다고 해도, 그 점에서 모든 관리직이 일본 국적을 갖는 자이어야 한다는 것까지 합리성이 있다고 하여, 관리직 선발에서 일률적으로 외국인인 직원을 배제할 수 있다고 해석하는 것은 옳지 않다. 그 밖에 상기 조치를 취하지 않으면 임용 제도를 적정하게 운용할 수 없다는 것이 명백하지 않기 때문이다」.

「오늘날 지방공공단체가 다루는 직무는 사기업의 직무와 차이가 보이지 않는 급부행정적인 것으로 확대되어 본래에는 비권력적 행정이라 불리는 것이 많이 보이게 되어, 직무 전반에서 권력성은 감소하고 있기 때문에 공무원직의 개념에도 변화가 보

인다. 오늘날 국민 규범의식에 비추어보면 국민주권의 관점에서 그 능력을 도외시하여 외국인이라는 이유만으로 배제하여야 한다고 생각되는 직무는 제한되어 있다. 따라서 상당수의 관리직 중에는 일본 국적을 갖는 자에 한하여 취임을 인정할 수 있다고 하여도, 관리직 선고에서 모든 일본 국적을 갖는 자로 한정하지 않으면 일체적인 임용관리가 이루어지지 않는다고는 도저히 생각되지 않는다」.

「관리직에 취임하는 것의 적부는 직원 본인의 자질, 능력 등에 따라 결정되어야 하지만, 상고인의 경우 관리직 선고에 합격하여 임용후보자 명부에 등록된 후 최종적 선고를 거쳐 관리직으로 임용된 것은 수년 후의 일로 그 사이에 합격한 직원이 관리직으로서의 자질 등을 갖추고 있는지에 대해서는 충분히 관찰하고 음미할 기회가 있다」. 「본건에서 문제가 된 관리직 선고는 관리직으로 승진하는 후보자 선고의 단계라고 해야 하는 것으로, 관리직으로서 적성의 유무를 판정하는 관점에서 보아도 일본 국적을 갖지 않는 것을 이유로 일률적으로 배제할 필요성은 인정되지 않는다」.

[반대의견]

• 이즈미 토쿠지(泉德治) 재판관

■ 법적 구성

(a) 특별영주자의 지방공무원 담임권

「헌법 제3장의 여러 규정에 따른 기본적 인권의 보장은 권리의 성질상 일본 국민만을 그 대상으로 한다고 해석되는 것을 제외하고, 일본에 재류하는 외국인에 대해서도 동일하게 미치는 것으로 해석해야 한다……. 그리고 헌법 제14조 제1항이 보장하는 법 아래의 평등원칙은 외국인에게도 미친다……. 또한 헌법 제22조 제1항이 보장하는 직업선택의 자유도 특별영주자에게 미친다고 해석해야 한다」. 「국가주권을 가진 국가가 법률로 특별영주자에게 영주권을 부여하고 특별영주자가 지방공무원이 되는 것을 제한하지 않고, 한편 헌법으로 규정하는 평등원칙 및 직업선택의 자유가 특별영주자에게도 미치는 것을 고려하면, 일단 특별영주자는 지방공무원이 되는 것에 대하여 일본 국민과 평등하게 취급되어야 한다는 것이 긍정된다」.

(b) 특별영주자의 지방공무원 담임권 제약의 합리성

국민주권은 「통치권을 행사하는 주체가 통치권 행사의 객체인 국민과 같은 자국민일 것(이것을 편의상 「자기통치의 원리」로 부르기로 함)을 그 내용에 포함하고 있다」. 「지방공공단체가 자기통치의 원리에 따라 자치사무를 처리하고 행하는 목적으로 특별영주자가 일정 범위의 지방공무원이 되는 것을 제한할 경우에는 정당한 목적에 따른 것이라 할 수 있어, 그 제한이 목적달성을 위해 필요하고 합리적인 범위에 그치는 한, 상기 제한의 합헌성을 긍정할 수 있다고 해석된다」. 다만「지방공공단체가 자기통치의 원리로 특별영주자의 취임을 제한할 수 있는 것은 자기통치 과정에 밀접하게 관계하는 직원, 바꿔 말하면, 광범위한 공공정책의 형성·집행·심사에 직접 관여하고 자기통치의 핵심에 저촉하는 기능을 수행하는 직원 및 경찰관이나 소방직원과 같이 주민에게 직접 공권력을 행사하는 직원으로 취임의 제한이 한정된다고 해야 한다. 자기통치 과정에 밀접하게 관계하는 직원 이외의 직원에게는 자기통치의 원리로 취임의 제한을 합리화할 수는 없다」.

헌법 제8장의 규정을 이어받아 지방자치법 제10조는 주민이 지방자치 운영의 주체인 것을 정하고 있고, 여기 주민에는 일본 국민이 아닌 자도 포함된다.「특별영주자가 통상은 평생 소속하게 되는 공동사회에서 자기실현 기회를 요구하고 싶은 의사는 충분히 존중되어야 하고, 특별영주자의 권리를 제한하는 것에 대해서는 보다 엄격한 합리성이 요구된다」.「특별영주자의 법적 지위, 직업선택의 자유의 인격권적 측면, 특별영주자의 주민으로서의 권리 등을 고려하면 자치사무를 적정하게 처리·집행한다는 목적을 위하여, 특별영주자가 자기통치의 과정에 밀접하게 관계하는 직원 이외의 직원이 되는 것을 제한하는 경우에는, 그 제한에 엄격한 합리성이 요구된다고 해야 한다」. 즉,「구체적으로 채용되는 제한의 목적이 자치사무의 처리 집행상 중요한 것이고, 또한 목적과 수단이라는 당해 제한과의 사이에서 실질적인 관련성이 존재하는 것이 요구되어 그 존재를 지방공공단체 쪽에서 논증한 때에 한하여 당해 제한의 합리성을 긍정해야 한다」.

■ 적용

본건 관리직 선고의 경우,「선고대상의 범위가 매우 넓고,『과장급의 직무』가 당연히 모든 자기통치의 과정과 밀접하게 관계하는 직원이라고 할 수 없다」. 또한「원래 과장급의 직원도 지방공무원의 일원으로 정치적 행위를 하는 것이 금지되어 있고, 그 직무를 수행하는 데 있어서 법령·조례·지방공공단체의 규칙 및 지방공공단체 기관이 정하는 규정에 따르고 또한 상사의 직무상 명령에 충실히 따라야 하는 의무를 지고 있는 것에 유의해야 한다(지방공무원법 제32조 및 제36조 참조)」.

「자기통치의 원리에 따라 자치사무를 처리·집행하는 목적을 달성하는 수단으로 특별영주자에게『과장급의 직무』로 제1차 선고인 본건 관리직 선발의 수험을 거부하는 것은 상기 목적 달성을 위해 필요하고 합리적인 범위를 넘는 것으로 과도하게 광범위한 제한이라고 할 수밖에 없어, 그 합리성을 부정할 수밖에 없다」.

기본 해설

1. 공무담임권의 헌법상 근거

지방공공단체의 관리직에 대하여 외국인의 담임권이 쟁점이 된 본건에서는 우선 논리적으로 외국인의 인권 향유 주체성이 문제되지만, 전술한 것처럼 이 점은 이미 학설・판례상 결정이 되었고, 본건에서 권리성질설의 입장을 분명히 말하고 있는 것은 제2심뿐이지만 제1심・상고심도 동설을 전제로 하고 있다고 보아도 좋을 것이다.

그런데 다음으로 문제가 되는 것이 공무담임권의 헌법상의 근거이다. 이 점에 대하여 참정권이 단순히 공무원의 선정파면권에 그치는 것이 아니라 스스로가 공무원이 되어 정책결정・집행에 관계되는 권리를 포함한다고 해석하여, 공무담임권을 참정권으로 평가하는 견해(참정권설이라 부르기로 한다)와 공무의 다양성으로부터 공무담임권을 전적으로 참정권으로 평가하는 것을 비판하고 오히려 직업선택의 자유로 평가해야 한다는 견해(직업선택의 자유설이라 부르기로 함)가 있다. 그리고 공무담임권을 선거권・피선거권으로 구별해야 하는 광의의 참정권이라 하는 절충적인 견해(광의의 참정권설이라 부르기로 함)도 있다.

그러나 이 논점 자체는 헌법상 근거라는 형식적인 문제에 그칠 뿐 결정적인 근거가 된다고는 할 수 없다. 참정권설을 취할 경우에도 참정권의 법적 성질이나 국민 개념의 해석에 의하여 공무담임권의 외국인에 대한 보장의 유무나 정도가 다른 결과에 이를 것이다. 한편 직업선택의 자유설을 취할 경우, 직업선택의 자유는 외국인에게도 보장된다고 할 수 있더라도 공무담임권에 대해서는 국민주권의 원리에 의한 제약을 인정할지 아닐지, 인정하는 경우에 그 제약 정도를 어떻게 해석해야 하는지가 문제가 된다.

본건에서는 제1심・제2심이 모두 직업선택의 자유설을 채택하였지만, 외국인의 공무담임권에 대하여 국민주권의 원리의 범위 내에서 인정된다고 해석하고 있다. 그리고 그 국민이나 주민의 의견에 대해서는 정주외국인 선거권 소송 최고재판소 1995년 2월 28일 제3소법정 판결(Part Ⅰ 「기본 소재」)과 같이 해석하고 있다. 그럼에도 불구하고 제2심 판결이 공무의 다양성을 보다 깊이 분석하고 지방자치의 의의를 근거로 판단하였기 때문이다.

이에 반해, 상고심의 다수의견은 공무담임권의 헌법상 근거나 권리의 성질, 외국인의 공무담임권에 대하여 논하는 것을 피하고 있다.

2. 지방공공단체의 인사관리권과 합리적 차별

상고심의 다수의견은 재류외국인을 직원으로 임명하는 것을 금지하는 명문 규정이 지방자치법상 존재하지 않는 것에 주목한다. 재류외국인에 대한 공무담임권 보장 유무에 대하여 명언하고 있지 않은 것은 아니지만, 다수의견은 본건을 공무담임권 문제가 아니라 지방공공단체 임명권 재량의 범위의 문제로 다루고 있다. 이렇게 본건 헌법상의 문제는 지방공공단체의 직원임명권 행사상의 외국인 차별이 합리적인 차별이라고 할 수 있지만, 다수의견은 본건과 같은 이른바 일체적인 관리직 임용제도의 구축 자체가 지방공공단체 재량의 범위 내에 있다고 하여 당해 차별의 합리성을 인정하고 있다.

후지타(藤田) 재판관의 보충의견은 다수의견이 애매하게 정한 외국인 공무담임권의 문제에 대하여 자신도 판단을 보류하면서, 그것이 본건에 직접적인 관계가 없다고 명언하여 본건을 지방공공단체의 행정조직권 및 인사관리권의 재량 범위의 문제로 하고 있다. 그리고 관리직의 다양성에 입각한 임용관리를 하는 것도 하나의 인사정책이지만, 본건의 일반적 관리직 임용제도도 전체로서 인사의 유동성을 확보하는 하나의 인사정책으로, 지방공공단체의 행정조직권 및 인사관리권의 재량 범위 내에 있다고 하고 있다.

카나야(金谷) 재판관 의견・우에다(上田) 재판관 의견은 공무담임권이 권리의 성질상 외국인에게 보장되지 않는다고 하여, 이 점을 명확하게 하지 않은 다수의견・후지타 재판관 보충의견과 확연히 구분된다. 카나야 재판관 의견에 따르면, 헌법상 외국인에게는 공무담임권이 없기 때문에 외국인 공무담임의 가부는 입법재량에 맡기게 되어, 지공법상 그 점에 관한 명문 규정이 없기 때문에 결국 지방공공단체에 외국인 직원 채용에 대한 재량권이 있는 것이 된다. 원래 외국인의 공무담임 권리로 보장되는 것이 아니라는 명제가 전제되어 있기 때문에, 이 재량은 우에다 재판관 의견이 논한 바와 같이 매우 넓은 것이 되어 본건 조치도 그 재량 범위 내에 포함된다.

이상에 대하여 반대의견은 국민주권의 원리에 의한 제약의 사정거리를 한정적으로 해석하여 그러한 제약이 미치지 않는 관리직의 임용에 관해서는 지방공공단체의 재량권을 인정하면서도 일률적으로 외국인을 배제하는 것의 합리성은 인정하지 않는다.

타키이(滝井) 재판관의 반대의견은 광의의 참정권설의 입장에서 직무의 성질을 묻는 것을 중시하여 주권행사의 관계에서 본 지방공공단체장과 보조기관과의 질적인 차이에 주목한다. 즉, 후자는 국민주권의 원리로부터 국적 보유자인 것이 당연시되는 것은 아니게 된다. 그 중에서 타키이 재판관 반대의견도 인사에 관한 사용자의 광범위한 재량을 부정하는 것이 아니라, 주민의 이해와 지지를 얻기 위해 국적 요건을 마련하는 것이 허용되는 직무가 있을 수 있다는 것을 인정하고 있다. 다만 다수의견과 달리 직무의 성질을 묻는 것을 중시하는 타키이 재판관 반대의견에서 볼 때, 일체적인 임용관리는 일본 국적을 갖지 않는다는 이유로 일률적으로 외국인을 배제하는 것으로서 합리성이 결여된다.

이즈미(泉) 재판관 반대의견은 외국인의 공무담임이 직업선택의 자유로 보장되어 이것을 일본 국적 보유자와 평등하게 취급해야 한다. 게다가 이즈미 재판관 반대의견에서는 자기통치 과정에 밀접하게 관계하는 직원 이외의 직원이 되는 것을 제한하는데는 직업선택의 자유가 갖는 인격적 가치, 특별영주자의 법적 지위, 주민으로서의 권리가 고려되어야 하고, 엄격한 합리성이 필요하다고 생각된다. 이러한 기준에 따르면 반드시 모든 자기통치 과정에 밀접하게 관계한다고 할 수 없는 과장급의 직무로 제1차 선고인 본건 관리직 선고의 수험을 거부한 것은 자기통치원리에 따라 자기사무를 처리・집행한다는 목적 달성에 필요한 조치라고 할 수 없는 과도하게 광범위한 제한이 된다.

일반적으로 차별의 합리성을 판단할 경우, 차별의 목적 정당성, 목적과 차별의 합리적 관련성이 문제가 되는 것은 당연하다. 평등원칙은 외국인에게도 보장되어(판례・통설) 게다가 외국인이기 때문에 받는 차별은 헌법 제14조 제1항의 열거 사유에 따른 차별로 분류된다고 해석할 수 있기 때문에 이즈미 재판관 반대의견이 진술하는 것처럼 엄격한 합리성이 요구된다고 생각한다. 그러나 다수의견, 후지타 재판관 보충의견, 카나야 재판관 의견, 우에다 재판관 의견은 그것을 검토하는 대신 지방공공단체 인사관리상 광범위한 재량권을 선천적으로 조정하고 있다고 할 수 있다. 외국인의 공무담임권을 명확하게 부정하는 카나야 재판관・우에다 재판관 의견에서는 관리직의 국적요건이 국민주권의 원리를 기다릴 필요도 없이 지방공공단체의 재량권으로 정당화되는 것이다. 그 밖에도 이들의 의견에는 이유가 불명확한 점이 많고 다양한 문제점이 지적될 수 있다.

나아가 반대의견도 포함하여 모든 의견이 국가주권원리나 국민 개념, 주민 개념에 대하여 판례를 답습하고 있지만 이것도 의문이 남는 점이다. 특히, 공무담임권을 직업선택의 자유로 해석한다면 이것을 제약하는 것은 매우 잘못된 법리라 하지 않을 수 없다(참조, Part Ⅲ 「이론편」).

설문 X는 국적을 한국으로 하는 자이다. X는 일본에서 태어나 일본에서 교육을 받고 일본 사회에 생활 본거지를 두어왔다. X는 일본어 능력에서도 일본인과 차이가 없고, 생활을 유지하는 자산도 일본에 보유하고 있어 조세 그 밖의 공공생활의 부담도 일본인과 다르지 않다. X는 한국에 친족은 물론 친구도 없고 한글 이해력은 일반 한국인에 비해 훨씬 뒤처진다. 이러한 X의 생활은 장래에도 변하지 않을 것이다.

X는 중의원의원 선거에 임하여 입후보하려고 한 결과, 일본 국적을 갖지 않기 때문에 입후보 신고가 수리되지 않았다. 그래서 X는 입후보신고가 수리되지 않은 것에 대하여 위자료청구소송을 제기하였다.

질문 X의 다음 주장을 각각 검토하시오.

(a) 피선거권은 오로지 참정권으로 평가되어야 하는 것이 아니라 직업선택의 자유로 평가되기 때문에 그 제약의 합헌성은 엄격한 위헌심사기준에 따라 판단하여야 한다.

(b) 공선법 제10조에서 말하는「일본 국민」이란 헌법상의 주권자인 국민으로서 현행 국적법상의 국민과는 다르다. 그리고 헌법상의 주권자란 일본 주권 하에 있는 정주자이다.

(c) 공선법 제10조에서 말하는「일본 국민」을 일본 국적 보유자로 해석하는 것은 헌법 제15조 제1항, 헌법 제22조에 위반된다. 그러한 전제에 의거하여 본건 입후보신청을 수리하지 않은 선관위의 처분은 위법이다.

▌참고문헌 ▌

奥平康弘『憲法Ⅲ』(有斐閣, 1993年)
芦部信喜『憲法学Ⅱ』(有斐閣, 1994年)
浦部法穂『全訂 憲法学教室』(日本評論社, 2000年)
近藤敦『外国人参政権と国籍』(明石書店, 1996年)
長尾一紘『外国人の参政権』(世界思想史, 2000年)
後藤光男「外国人の地方参政権」憲法判例百選Ⅱ(有斐閣, 第4版, 2000年)
近藤敦「外国人の公務就任権」同上
岡崎勝彦『外国人の公務就任権』(地方自治総合研究所, 1998年)
「特別企画 外国人の公務就任権」法律時報956号(2005年)
「特集 東京都管理職試験最高裁大法廷判決」ジュリスト1288号(2005年)
村田尚紀「地方公務員公務就任権と国籍要件」関西大学法学論集55巻1号(2005年)

(村田尚紀)

제28장 사법관계에서의 인권보장

[논점]

(1) 인권보장 규정의 사인간 효력

헌법의 인권규정, 특히 자유권과 평등원칙의 규정은 현대사회에서 사인간의 인권침해를 둘러싼 분쟁을 재판으로 해결할 때 어떠한 역할을 할 수 있는가?

(2) 사기업에 의한 시용기간 조건부 고용에서 사상차별의 구제방법

사상차별에 근거한 사기업의 본채용거부에 대해 헌법은 어떠한 구제를 할 수 있는가?

(3) 특수한 사기업에서의 인권보장

국가와의 사이에 특별관계에 있는 사기업, 또는 일정한 정치신조를 공유할 것을 불가결 요건으로 하는「경향기업」등 특수한 사기업에서의 인권규정의 사인간 적용은 어떻게 보아야 하는가?

(4) 국가의 사법상의 행위에 대한 헌법규정의 직접 적용성

국가나 지방공공단체 등의 공권력이 행하는 사법상의 법률행위의 무효를 다투는 경우에 이러한 공권력에 의한 헌법위반을 직접 근거로 할 수 있는가?

Part Ⅰ 기본 소재

미쓰비시수지(三菱樹脂) 사건

최고재판소 1973년 12월 12일 대법정 판결
1968년(オ) 제932호 노동계약관계존재확인청구사건
民集 27권 11호 1536면, 判時 724호 18면
[참조조문] 憲 14, 19 労基 3

사실 개요

X(원고, 피항소인・항소인, 피상고인)는 동북대학(東北大学) 재학 중인 1962년에 Y(피고, 항소인・피항소인, 상고인) (미쓰비시수지 주식회사)가 실시한 사원채용시험에 합격하여, 다음 해 동 대학을 졸업함과 동시에 3개월의 인턴기간(試用期間)을 조건으로 Y에 채용되었다. 그러나 인턴기간 만료직전에 X는 Y로부터 시용기간의 만료와 함께 채용을 거부한다는 통지를 받았다. 그래서 X는 본채용거부의 통지는 무효라고 하여 지위보전의 가처분

을 재판소에 신청하여 인용됨과 동시에 채용계약상의 사원 지위확인 및 임금 지불을 요구하는 본안 소송을 제기하였다.

재판에서 Y는 X가 채용시험 때에 Y가 제출을 요구한 신상서의 소정란에 허위기재를 하거나 기재해야 할 사항을 은닉하고 면접시험의 질문에서도 허위답변을 한 것을 이유로 X의 본채용을 거부했다고 주장하였다. 그 허위신고에 따라 은닉한 구체적 내용이란 첫째, X가 동북대학 재학 중 학내의 학생자치회에서 가장 급진적인 활동을 하여 학교 당국의 승인도 받지 않은 동 대학 K분교 학생자치회에 소속하여 중앙위원의 지위에 있었으며, 1960년부터 61년에 걸쳐 동 학생자치회가 주도한 미일안보조약 개정 반대운동을 추진하고, 1960년부터 62년에 걸쳐 무단데모나 센다이(仙台) 고등재판소 구내의 무단집회, 피케팅 등에 참가하는 등의 학생운동을 하였음에도 이러한 사실을 기재하지 않고, 면접시험의 질문에 대해서도 학생운동을 한 적도 없고 흥미도 없었다는 취지의 허위대답을 하였다. 둘째, X는 동 대학생활부원으로 그곳에서 수당을 받았던 사실이 없는데도 월 4000엔을 받았다는 취지의 허위 기재를 하였다. 또한, 순수한 학외단체인 생활협동조합에서 1959년 7월에 이사로 선임되어 1963년 6월까지 재임하였고, 나아가 그 조직부장의 요직에 있었음에도 이를 기재하지 않았다. Y는 X의 이러한 행위는 민법 제96조에서 말하는 사기(詐欺)에 해당하고, 또한 X의 관리직 요원으로서의 적격성을 결여하는 것이기 때문에 본건 채용을 거부하기로 하였다.

이에 대해 본건 제1심이 인정한 사실은 다음과 같다. X가 동 대학 K분교 학생자치회에 소속하여 상기 정치활동에 참가한 것은 인정되지만, 중앙위원의 지위에 있었던 것은 확인할 수 있는 사실이 아니고 당시 일반 학생이 갖는 정치적 관심으로 각종 운동에 참가한 것에 지나지 않는다. 또한 Y가 주장하는 것과 같은 학생운동 중에 경찰에 대해 저항, 그밖의 실력행동에 참가하여 조력했다는 사실을 입증할 증거도 없다. 생협 활동에 적극적으로 참가하고 생협조직 부장으로 생협에서 월 4,000엔의 지급을 받았음에도 불구하고, 그 취지를 신고하지 않고 학우회 생활부의 일부분인 생협에서 아르바이트로 종사하여 월 4,000엔의 수당을 받았다고 대답한 사실은 인정되지만, 생협 활동에 관하여 작성한 신상서 기재 및 면접시험의 대답은 다소 설명이 부족한 부분이 있다하더라도 반드시 진실에 부합하지 않은 것이라 할 수 없다.

제1심=동경 지방재판소

동경 지방재판소 1967년 7월 17일 판결
劳民 18권 4호 766면

■ 당사자의 주장 (쟁점)

〈사실에 관련된 주장〉

원고 과격한 학생운동에 적극적으로 가담하지 않았고, 참가한 데모도 공안당국의 허가를 받은 것이었다. 생협은 대학 내부에서는 학우회 생활의 일부분으로 취급되기 때문에 면접시험장에서 그렇게 진술한 것에 지나지 않는다.

피고 X는 무단 데모에 참가하는 등 과격한 학생운동에 종사하고, 또한 학외단체에 지나지 않는 생협에도 적극적으로 참가하여 이사나 조직부장의 요직에 있었음에도 회사에 그러한 사실이 없었다고 오신하게 하여 고용되었으며, 일부러 그런 사실을 은닉하는 허위 신고를 하였다.

〈법적인 근거에 관련된 주장〉

원고 ①3개월간의 시용기간은 이른바 수습기간에 지나지 않고, X는 당초부터 본채용 되었기 때문에 Y가 본채용 거부 의사표시를 하여도 법률상 무의미하다. 만약 Y가 X에게 해고 의사표시를 하였다고 하여도, 본래 사용자가 시용중인 노동자의 고용 계속이 부적당하다고 하는 기준은 어디까지나 당해 노동자가 시용기간 중에 제공한 노동력의 평가로 한정되어, X가 제공한 노동력에 어떤 문제도 없었던 이상 Y의 해고 의사표시는 자의적인 것으로 무효이다. ②또한 Y가 주장한 허위사실을 X가 Y에게 보고하였다 하여도, 그것이 Y가 X에게 가하려고 한 사상 신조에 의한 차별대우에 대한 정당한 자위수단이기 때문에 어떠한 위법성도 없고, 이것을 이유로 고용계약을 취소할 수는 없다. ③결국 Y가 행한 해고 내지 고용취소의 의사표시는 X의 학생운동에 대한 관심 및 경험에서 추측한 X의 사상, 신조를 이유로 하는 차별대우이기 때문에, 이러한 의사표현은 모두 노동기준법 제3조에 위반하여 공서에 반하는 사항을 목적으로 한 것이므로 무효이다.

피고 ①3개월 간의 시용기간은 장래 관리직 요원으로서의 적격성을 전 인격적으로 판정하기 위한 것으로서, 그 기간 중에는 해약권을 유보함과 동시에 이 권리를 행사하지 않고 시용기간이 경과하는 것을 정지조건으로 본채용 할 취지의 합의를 하였다. 그래서 시용기간 만료 3일전에 시용기간 만료와 함께 본채용을 거부하는 취지의 의사표시를 한 것으로 고용계약상 유보한 해약권을 행사한 것이다. ②과격한 학생운동에 참가한 자는 그 사상, 신조의 여하에 관계없이 회사 관리직 요원으로 부적격하다. Y는 1961년 이래 대학졸업예정 입사희망자에 대해서는 재학 중 학생운동에 관여하여 어떠한 실천 활동을 하였는지를 알아야 하고, 이에 관한 사항의 신고를 요구하여 이 점을 채용여부 결정의 중요자료로 하여 이것이 진실인 것을 전제로 그 후의 조사를 진행한 후에 신뢰관계를 전제로 한 채용계약을 체결하고 있기 때문에, 입사희망자도 계약체결에서 신의칙상 당연히 정확한 신고를 해야 할 의무를 진다. ③Y는 종래부터 입사희망자에 대하여 상기 사항에 따른 허위신고를 한 경우에는 채용을 취소할 취지를 예고하였다. X는 적극적으로 위법인 학생운동에 참가하면서 회사에 대해 전적으로 허위신고를 해서 회사를 착오에 빠지게 하여 채용된 것으로서 회사의 신뢰를 완전히 배반한 것이다.

■ 법적 구성

(a) 고용계약의 시용기간 설정 의미에 대하여

「회사가 원고와의 고용에 대해 시용기간을 설정한 것은 이에 의해 계약의 효력발생 또는 소멸에 관한 조건 또는 기간을 첨부한 것으로 해석하는 것은 상당하지 않고, 오히려 다른 특별한 사정이 없는 한 위 고용의 효력을 계약체결과 동시에 확정적으로 발생시키고 단지 위 기간 중에는 회사에서 원고가 관리직 요원으로 부적격하다고 확인된 때에는 그 사유만으로 고용을 해약할 수 있다는 것으로, 제반 해약권에 대한 제한을 배제하는 취지로 보는 것이 상당하다」.

(b) 고용계약의 유보해약권의 행사에 대한 제한에 대하여

「회사는 원고에 대해 시용기간 설정의 취지에 의거하여 원고가 관리직 요원으로 부적격하다고 인정하는 한, 그 사유만으로 고용을 해약할 수 있는 지위에 있었던 것이고 해약권에 대한 제반 제한을 면제받았다고 봐야 하지만, 그 해약권 행사에 따른 일반법리에 의한 제약까지 배제되어야 할 이유는 없다」.

■ 적용

「회사가 원고에 대한 관리직 부적격 판정을 하게 된 경위로는……오히려 조사에 잘못이 있다고 추인된다. 위 판정은 결국 주관의 영역을 넘은 것은 아니라고 봐야 하기 때문에, 한편 원고가 종속적 노동자인 사실과 대비할 때는 회사의 고용해약 통고는 자의에 의한 것으로 인정하는 것이 상당하며, 고용권 남용에 해당하는 것으로 효력이 발생할 이유가 없는 것이다」. 「피고의 고용계약 종료 원인에 관한 주장은 모두 이유가 없기 때문에, 원고는 오히려 회사에 대해 고용계약상의 권리를 갖는다고 해야 한다」(원고의 청구인용).

제2심=동경 고등재판소

동경 고등재판소 1968년 6월 12일 판결
労民 19권 3호 791면

■ 당사자의 주장 (쟁점)

〈사실에 관련된 주장〉

제1심과 같음.

〈법적인 근거에 관련된 주장〉

원고 본건 해고는 헌법 제14조, 제19조, 노동기본법 제3조, 민법 제90조에 위반하여 무효이다.

피고 노사간의 사법관계에 대해서는 헌법이 정하는 사상・양심의 자유의 규정은 적용도 준용도 되지 않으며, 노동기본법 제3조도 노동자를 채용할 때에는 적용되지 않는다.

■ 법적 구성

(a) 고용계약에서 시용기간 설정의 의미에 대하여

「본건 고용계약의 성립 및 그 내용에 관한 판단은 원 판결……과 동일하다」.

(b) 사기업의 채용 시에 사상조사와 사상・침묵의 자유의 보장 관계에 대하여

「인간의 사상, 신조는 신체와 마찬가지로 본래 자유여야 하고 그 자유는 헌법 제19조가 보장하는 것이기도 하기 때문에, 기업이 노동자를 고용할 경우 등 한쪽이 다른 한쪽보다 우월한 지위에 있을 경우에 그 의사에 반하여 함부로 이것을 침해해서는 안 된다는 것은 명백하다. 인간이 신조에 의해 차별받지 않는 것은 헌법 제14조, 노동기준법 제3조가 정하는 바이다」. 「신문사, 학교 등 특수한 정치사상적 환경에 있는 것과 달리」 통상의 상사회사에서는 「특정한 정치적 사상, 신조를 갖는 자를 고용하는 것이 그 사상・신조 때문에 곧바로 사업 수행에 지장을 초래한다고 생각되지 않기 때문에, 입사시험 때에 응모자에게 정치적 사상・신조에 관한 사항을 신고하게 하는 것은 공서양속에 반하여 허용되지 않고, 응모자가 이것을 은닉하여도 불이익을 가할 수 없다고 해석해야 한다」.

(c) 사상조사에 의한 고용계약 취소와 노동기준법 제3조의 관계에 대하여

「제1심 피고가 주장하는 사기에 의한 고용계약 취소는……그 실질에서 해고와 동일한 작용을 한다고 하여야 할 것이며, 그 효력에 대해서도 노동기준법의 적용을 받는다」.

■ 적용

「제1심 원고가 은닉하여 허위의 신고를 했다는 사실은 전부……사상 · 신조와 관계있는 사항에 속하는 것으로 이러한 사실을 후일 조사에 의해 알게 되었다고 하여 고용계약을 취소하는 것은 제1심 원고가 가진(혹은 갖고 있던) 사상 · 신조를 이유로 종업원의 지위를 상실하게 하는 것이며……노동기준법 제3조에 저촉하여 그 효력이 발생하지 않는다고 하지 않을 수 없다」(항소기각. 제1심 원고청구인용).

상고심=최고재판소

■ 상고 이유

①「헌법 제19조, 제14조의 규정은 국가 대 개인의 관계에서 개인의 자유 또는 평등을 보장한 것으로서 사인간의 관계를 직접 규율하는 것이 아니고, 또한 이 규정의 내용이 당연히 그대로 민법 제90조에서 말하는 공서양속의 내용을 이루는 것도 아니다」.

②「신고를 요구한 사항은 피상고인의 과거의 구체적 행동에 관한 것이지 어떠한 사상 · 신조에 관한 것이 아님」에도 불구하고 「위와 같은 신고를 요구하여 이에 대한 비익 등을 이유로 고용관계상의 불이익을 부과하는 것은 상기 헌법 등의 각 규정에 위반하여 위법, 무효라고 한 원 판결에는 이들 법령의 해석, 적용의 오류 또는 이유의 어긋남 등의 위법이 있다」.

③또한 시용기간 중인 피고인의 지위는 「상고인과의 사이에 아직 정식 고용계약 체결이 없고 단순히 시용되고 있을 뿐」 임에도 불구하고, 이것을 「고용관계에 있는 것으로 해석하여 이에 대해 본채용의 거부를 해고와 동일시하여 노동기준법 제3조에 위반된다고 판시한 원 판결에는 법률의 해석, 적용의 오류 또는 이유의 어긋남의 위법이 있다」(최고재판소 판결이유 모두의 상고이유 정리에 따름).

■ 법적 구성

(a) 헌법 제14조나 제19조 규정의 사인간 효력에 대하여

「헌법의 위 각 규정은 동법 제3장 그 밖의 자유권적 기본권의 보장 규정과 같이 국가 또는 공공단체 통치행동에 대하여 개인의 기본적인 자유와 평등을 보장할 목적에서 나온 것으로 전적으로 국가 또는 공공단체와 개인과의 관계를 규율하는 것이다. 사인 상호간의 관계를 직접 규율할 것을 예정하는 것이 아니다. 이것은 기본적 인권인 관념의 성립 및 발전의 역사적 변천에 비추어, 나아가 헌법에서의 기본권 규정의 형식 · 내용에 비추어 보더라도 명백하다. 뿐만 아니라, 이러한 규정이 정하는 개인의 자유나 평등은

국가나 공공단체의 통치행동에 대한 관계에서야말로 침해되지 않는 권리로 보장되어야 할 성질의 것이지만, 사인간의 관계에서는 개개인이 갖는 자유와 평등의 권리 자체가 구체적인 경우에 상호 모순·대립할 가능성이 있으며, 이러한 경우에 대립의 조정은 근대 자유사회에서는 원칙적으로 사적 자치에 맡겨진다. 다만 한 쪽의 다른 쪽에 대한 침해 모양·정도가 사회적으로 허용되는 일정 한도를 넘을 경우에만 법이 이에 개입하여 그 사이에서 조정을 도모한다는 원칙이 정해진 것이므로, 이 점에서 국가 또는 공공단체와 개인과의 관계의 경우와는 자연히 다른 관점에서의 고려를 필요로 한다. 후자에 대한 헌법상의 기본권 보장규정을 그대로 사인 상호간의 관계에도 적용 내지 유추적용해야 한다고 하는 것은 결코 타당한 해석이라고 할 수 없다」.

(b) 사인간의 사적 자치의 원칙과 자유와 평등과의 사이의 적절한 조정 방법에 대하여

사인간 관계에서는 「상호 사회적인 힘의 관계가 다르기 때문에 한쪽이 다른 쪽보다 우월하여 사실상 후자가 전자의 의사에 복종하지 않을 수 없는 경우」에 한정하더라도 「헌법의 기본권 보장규정의 적용 내지 유추적용을 인정」할 수 없다. 「왜냐하면 위와 같은 사실상의 지배관계는 그 지배력의 형태·정도·규모 등에서 가지각색이고……권력의 법적 독점의……뒷받침 내지 기초가 결여된 단순한 사회적 사실로서의 힘의 우열 관계에 지나지」 않기 때문이다. 「사적 지배관계에서는 개인의 기본적인 자유나 평등에 대한 구체적인 침해 또는 침해될 우려가 있어, 형태·정도가 사회적으로 허용되는 한도를 넘을 때는 이에 대한 입법조치에 따라 그 시정을 도모하는 것이 가능하다. 또한 경우에 따라서는 사적 자치에 대한 일반적 제한규정인 민법 제1조, 제90조나 불법행위에 관한 여러 규정 등의 적절한 운용에 의해 한편으로 사적 자치의 원칙을 존중하면서, 또 한편으로 사회적 허용성의 한도를 넘는 침해에 대해 기본적인 자유나 평등의 이익을 보호하고, 그 사이의 적절한 조정을 도모하는 방법도 있는 것이다」.

(c) 사상을 이유로 고용을 거부하는 기업의 자유에 대하여

「헌법은 사상·신조의 자유나 법 아래의 평등을 보장하는 동시에, 한편 제22조, 제29조 등에서 재산권의 행사·영업 그 밖의 넓은 경제활동의 자유도 기본적 인권으로 보장하고 있다. 때문에 기업인은 이러한 경제활동의 일환으로 하는 계약체결의 자유를 갖고 자신의 영업을 위해 노동자를 고용하는 데 있어 어떠한 자를 고용할지 어떠한 조건으로 고용할지에 대하여 법률 기타 특별한 제한이 없는 한 원칙적으로 자유롭게 결정할 수 있다. 기업인이 특정 사상·신조를 갖는 자를 그것을 이유로 고용을 거부하여도 그것을 당연히 위법이라고 할 수 없다. 헌법 제14조 규정이 사인의 이러한 행위를 직접 금지하지 않는 것은 위에서 논한 대로이고 또한 노동기준법 제3조는 노동자의 신조에 의해 임금 그 밖의 노동조건에서 차별하는 것을 금지하고 있지만, 이것은 고용 후의 노동조건

에 대한 제한으로 고용 그 자체를 제약하는 규정은 아니다. 또한 사상·신조를 이유로 하는 고용의 거부를 곧바로 민법상 불법행위라 할 수 없는 것은 명백하며, 그 밖에 이것을 공서약속 위반이라 해석해야 할 근거도 도출할 수 없다」.

(d) 유보해약권 행사의 법적 한계에 대하여

「기업인은 노동자의 고용 그 자체에 대해서는 넓은 범위의 자유를 갖지만, 일단 노동자를 고용하여 그 자에게 고용관계상의 일정 지위를 부여한 후 그 지위를 일방적으로 박탈할 때에는 고용의 경우와 같이 넓은 범위의 자유를 갖는 것은 아니다. 노동기준법 제3조는 위에서 기술한 바와 같이 노동자의 노동조건에 대한 신조에 근거한 차별대우를 금지하고 있지만, 특정 신조를 갖는 것을 해고 이유로 정하는 것도 위에서 말하는 노동조건에 관한 차별취급으로 위 규정에 위반한 것으로 해석된다」. 「시용계약의 성질을 어떻게 판단할지에 대해서는 취업규칙 규정의 문언뿐만 아니라, 당해 기업 내의 시용계약하에 고용된 자에 대한 처우 실정, 특히 본채용과의 관계에서의 취급에 대한 사실상 의 관행 여하도 중시해야 하는」 것이다. 그래서 본건 시용계약에 관한 원 판결 판단은 인정할 수 있다. 「따라서 피상고인에 대한 본건 본채용의 거부는 유보해약권의 행사, 즉, 고용 후 해고를 함에 있어 이것을 통상의 고용 거부의 경우와 동일시할 수는 없다」. 「법이 기업인의 고용의 자유에 대해 고용 단계와 고용 후의 단계로 구별하는 취지에 비추어 보아……일단 특정 기업과의 사이에서 일정 시용기간을 조건부로 한 고용관계에 들어간 자는 본채용, 즉, 당해 기업과의 고용관계의 계속에 대한 기대 하에 다른 기업으로의 취업의 기회와 가능성을 포기한 것으로 생각할 때에는 前記 유보해약권의 행사는 전술한 해약권 유보의 취지·목적에 비추어 객관적이고 합리적인 이유가 존재하여 사회 통념상 상당한 것으로 시인될 경우에만 허용되는 것으로 해석하는 것이 상당하다」. 채용결정 후 조사 결과, 당초 알 수 없었던 사실을 안 경우에는 「그러한 사실에 비추어 그 자를 계속해서 당해 기업에 고용해 두는 것이 적당하지 않다고 판단하는 것이 상기 해약권유보의 취지·목적에 따라 객관적으로 상당하다고 인정되는 경우에는 먼저 유보한 해약권을 행사할 수 있지만, 그 정도에 이르지 않는 경우에는 이것을 행사할 수 없다고 해석해야 한다」.

■ 적용

(a)~(c) 「위와 같이 기업인이 고용의 자유를 가지고 사상·신조를 이유로 고용을 거부하여도 이것을 명백하게 위법이라 할 수 없는 이상, 기업인이 노동자의 채용 여부를 결정함에 있어 노동자의 사상·신조를 조사하고, 이를 위해 그 자에게 이와 관련한 사항에 대하여 신고를 요구하는 것도 이것을 법률상 금지된 위법행위라 해야 할 이유는 없다」.

(d) 본건에서 유보해약권에 근거하여 피상고인을 해고할 수 있는 객관적이고 합리적인 이유가 되는지를 판단하기 위해서는 비익 사실의 유무 · 내용 · 형태 · 정도, 「특히 위법한 행위가 있었는지, 비익 등의 동기 · 이유 등에 관한 사실관계를 명확히 하고 이러한 사실관계에 비추어 피상고인의 비익 등의 행위 및 비익 등에 관련된 사실이 동인의 입사 후의 행동 · 태도의 예측이나 그 인물 평가 등에 미치는 영향을 검토하고, 그것이 기업인의 채용결정에 대해 갖는 의의와 중요성을 감안하여 이것을 종합하여 상기의 합리적 이유 유무를 판단하지 않으면 안 된다」. 「그리고 본건은 더 심리할 필요가 있기 때문에 원심으로 환송하는 것이 타당하다」(원 판결 파기 · 환송).

기본 해설

1. 시용기간의 의미와 본채용을 거부할 자유의 한계

본건은 시용기간 후의 사상을 이유로 한 본채용 거부의 시비를 둘러싼 다툼이기 때문에 시용기간 때부터 이미 채용관계가 성립되어 있으며, 시용기간 후의 본채용 거부라는 절차는 고용계약상의 유보해약권의 행사에 지나지 않는다고 해석하는 경우에는 이 유보해약권의 행사가 권리남용인지 아닌지를 판단하여 결정하는 사안이었다. 그리고 본건 시용기간 설정(가채용)과 본채용을 별개의 절차로 간주하고 본채용 절차를 일반적인 신규채용 절차와 동일시하고 있는 것은 피고(상고인) Y뿐이고, 재판소는 제1심부터 최고재판소에 이르기까지 시용기간 설정 때부터 이미 고용계약이 성립하고 있다는 것을 인정하기 때문에, 본래는 기본적 인권의 사인간 적용 문제를 일부러 논할 필요는 없었다고 보인다.

이러한 관점으로 본건 유보해약권 행사가 권리남용이 되지 않기 위한 조건으로 최고재판소가 객관적인 사실관계의 파악뿐만 아니라, 그 사실에 의해 원고(피상고인) X가 관리직 요원으로 부적격하다는 것을 객관적 · 합리적으로 입증할 수 있는데 까지 요구하고 있는 것이 중요하다. 본건은 제1심의 사실인정에 따르면 위법한 학생운동 사실은 찾아낼 수 없고, 단순히 일반적인 학생이 갖는 학생운동에 대한 관심과 다소의 연대 행동 및 생협 활동의 적극적 참가 사실밖에 인정되지 않았기 때문에, 최고재판소도 제1심 · 제2심의 사실인정을 그대로 인정하여 그러한 유보해약권 행사를 권리남용으로 인용했으면 될 것이었다. 다만 최고재판소는 후술하는 바와 같이 제2심의 입론을 인용할 수 없었기 때문에 최고재판소가 채용하는 입론에 따른 사실인정의 재확인을 구하여 원심환송을 한 것이다. 그리고 피고 Y는 원고 X의 관리직 요원으로서의 부적격성을 입증하는 데 충분한 만큼의 사실을 더 이상 제출할 수 없었기 때문에, 파기환송심 도중에 화해가 성립하여 X의 복직과 화해금 지불에 의해 사건이 결착된 것도 당연한 것이었다.

2. 본 사안에서 인권규정의 사인간 효력론의 위치

그럼에도 불구하고 최고재판소 판결은 판시의 대부분을 인권규정의 사인간 효력 문제로 할애하고 있다. 그 원인은 제2심이 본 사안을 한편으로 고용계약상 유보해약권 행사의 한계 문제로 논하면서도, 한편으로 사상·신조에 관련된 사항의 신고를 요구하는 것 자체가 위법이고 노동자에게는 채용 시부터 침묵의 자유가 있으며, 그 비익을 이유로 불이익을 과할 수 없다고 논했기 때문이다. 최고재판소는 기업이 사상·신조 조사를 하고 그 일환으로 채용 시에 사상·신조에 관한 사항의 신고를 구하는 것 자체는 합법이라고 판시하고 있다. 실제 그 이후 판례에서 최고재판소는 채용 후라도 기업이 노동자의 사상조사를 하고, 그 정당소속에 관하여 서면으로 회답을 요구한 사건에 대하여 본건 질문의 태양이 답변을 강요하는 것이 아니라는 점을 근거로 정당소속 신고 요구를 「사회적으로 허용된 한계를 넘어……정신적 자유를 침해한 위법행위라 할 수 없다」고 판시하고 있다(최2소판 1988년 2월 5일 労判 512호 12면).

여기서 최고재판소는 제2심 판결의 침묵의 자유 침해의 위법성을 인정한 부분을 부정하기 위하여 인권규정의 사인간 효력 문제를 대대적으로 논하는 것이다. 제2심도 직접적용설에 입각한 것이 아님에도, 최고재판소는 우선 직접적용설을 강력히 부정하고 간접적용설에 대해서도 그 사정을 상당히 한정하고자 하였다. 따라서 본건 미쯔비시수지 사건은 인권규정의 사인간 효력 문제의 선례로 명성이 높지만, 사안의 처리 관점에서 말하면 방론에 해당한 부분에서 판례가 형성되어 있는 것에 주의해야 한다. 그런 의미에서 본건은 통설·판례의 위치를 점하는 간접적용설 내용을 알아야 하는 불가결한 판례이지만, 인권을 보다 잘 보장하기 위해서 판례이론을 추구하는 데는 본 판결의 의의를 한정하면서 간접적용설 내용을 보다 풍부하게 하는 논리가 필요할 것이다.

Part Ⅱ 응용편

◥ 확인질문

1. 최고재판소 판결에 따르면 사기업이 채용 시 특정 사상·신조를 이유로 응모자의 채용을 거부할 수 있는가? 제2심 판결에 따른 경우는 어떠한가?
2. 최고재판소 판결에 따르면 사기업이 채부 결정에 있어 응모자의 사상·신조에 관련한 사항에 대하여 신고를 요구하는 것은 위법인가? 또한 제2심 판결에 따른 경

우는 어떠한가?

3. 최고재판소 판결에 따르면 사기업이 이미 채용된 노동자에게 그 사상 · 신조에 관련된 사항을 신고하도록 하는 것은 위법인가? 다만 이 신고절차에는 이에 따르지 않을 때의 불이익처분이 특별히 정해져 있지 않은 것으로 한다.
4. 최고재판소 판결에 따르면 사기업이 이미 정규 고용되어 있는 노동자의 사상을 조사하여 특정 사상을 갖는 것을 이유로 해고하는 것은 합법인가?
5. 최고재판소 판결에 따르면 시용기간 만료 시에 사기업이 본채용을 거부하는 것은 채용시험 때에 사기업이 채용거부 결정을 내리는 것과 같은 성질의 것이라 할 수 있는가?

◥ 응용문제

설문 1 본건 제1심이 인정한 것과 같은 사실관계에서 본건과 같은 시용기간 후의 「해고」(본채용의 거부)가 다음과 같은 고용 현장에서 이루어진 경우, 노동자의 해고무효 소송에 대하여 최고재판소는 어떤 판단을 내릴 것인가?

(1) 개인영업 상점에 단지 한 명의 점원으로 고용된 경우
(2) 사업 규모도, 인원도, 자본규모도 전국에서 다섯 손가락에 드는 도시은행에 관리직 요원으로 간주되는 행원으로 고용된 경우
(3) 지방주택공급공사법에 의거하여 설립된 자치체의 주택공급공사에 관리직 요원으로 간주되는 직원으로 고용된 경우
(4) 운수통산대신의 특허를 받아 일정 지역에서 독점적으로 철도업을 운영하는 사기업에 관리직 요원으로 간주되는 직원으로 고용된 경우
(5) 정당이나 종교단체가 경영하는 신문사에 기자로 고용된 경우

설문 2 본건과 같은 규모의 사기업이 다음의 사유로 차별적인 대우를 하여 그 피해자가 소송을 제기한 경우에 최고재판소는 어떤 판결을 내릴 것으로 생각되는가?

(1) 1985년 고용평등법 성립 직전의 시기에 여성이라는 이유로 남성보다 5세 빨리 정년퇴직할 것을 정한 취업규칙에 근거하여 퇴직을 강요받은 여성노동자가 제기한 소송의 경우
(2) 특히 사업내용과는 관계없지만, 사장의 독자적 생각에 의거하여 적출자만을 채용한다는 방침을 갖는 사기업에 자기가 비적출자인 사실을 은닉하여 시용기간 조건부 고용계약을 맺어 입사하여, 나중에 은닉 사실이 발각되었기 때문에 시용기간 후에 본채용 되지 않았던 자에 의한 소송의 경우
(3) 특히 사업내용과는 관계 없지만, 사장의 독자적 생각에 따라 일본의 국적

보유자만을 채용할 것을 방침으로 하는 사기업에, 재일한국인인 사실을 은닉하여 시용기간 조건부 고용계약을 맺어 입사한 후 나중에 그 사실이 판명되었기 때문에 시용기간 후에 본채용 되지 않았던 자에 의한 소송의 경우

(4) 사기업이 경영하는 공중목욕탕에서 입욕 매너 등의 부분에서 외국인 입욕을 불쾌하게 생각하는 일본인 손님이 많이 있는 점을 고려하여 외국인 입욕 금지를 게시하였음에도 불구하고, 입욕하려고 한 외국인을 폭력은 사용하지 않았지만 강제로 배제하였기 때문에 해당 외국인이 소송을 제기한 경우

(5) 민간 보석가게가 과거 외국인에 의한 도난피해 경험에서 외국인 입점을 거절하는 취지를 가게 앞에 게시하였음에도 불구하고, 굳이 가게에 들어가려는 외국인 손님을 폭력은 사용하지 않았지만 강제적으로 배제하였기 때문에 해당 외국인이 보석가게 주인을 고소한 경우

설문 3 다음의 경우, 최고재판소는 어떤 판결을 내릴 것이라 예상되는가?

(1) 어떤 사기업이 중의원선거에서 회사 차원의 특정 후보를 응원하여 투표 후 누구에게 투표하였는지의 신고를 회사 내의 전 종업원에게 요구하였는데, 다른 후보자에게 투표한 것을 고백한 종업원을 감봉처분한 경우

(2) 빚 걱정 때문에 채무자가 스스로 동의하여 1년간 노예로 채권자의 시중을 드는 취지의 계약을 체결하였음에도 불구하고, 그 상태가 고통스러워 계약 도중에 채권자의 동의도 없이 당해 봉사활동을 거부한 결과, 채권자가 큰 손해를 입었기 때문에 채권자가 채무자를 상대로 손해배상청구소송을 제기한 경우

설문 4 시용기간 후 본채용이 관행이 된 사기업의 경우에(사업규모나 사업내용은 본건 회사와 같다고 하자) 채용시험 시에 비익한 다음 사실이 나중에 밝혀져 관리직 요원으로 부적격하다고 간주되어, 시용기간 만료 후에 본채용 되지 않았다고 하자. 이 경우에 지위확인소송이 제기되었다고 하면, 최고재판소는 어떤 판단을 내릴 것인가?

(1) 학생시절에 읽은 서적을 조사할 때 사상적인 내용의 서적 신고를 의도적으로 소홀히 한 경우

(2) 본인이 학생시절에 펜네임으로 간행한 정치적인 내용 서적이 있음에도 채용시험 때 이러한 사실을 의도적으로 비익한 경우

(3) 학생시절에 국회 앞에서 데모행진을 하고 경찰관에 대한 공무집행방해로 체포되어 기소유예가 된 사실을 의도적으로 비익한 경우

(4) 학생시절에 절도로 체포되어 징역 1년, 집행유예 2년의 유죄 판결을 받은

사실을 비익한 경우

(5) 재일한국인이지만 대학재학 중에 일본 국적을 취득하고, 졸업 때 채용시험에서 과거 국적변경 사실을 신고하지 않은 경우

Part Ⅲ 이론편

전개문제

간접적용설은 결국 부적용설과 같다고 하는 견해에 대하여 논하시오.

1. 사인간 적용론의 배경과 여러 설

근대 헌법에서 사상의 자유나 법 아래의 평등을 보장한 규정은 본래 국가권력에 의한 자유나 평등의 침해로부터 국민을 보호하기 위한 것이었다. 왜냐하면 18, 19세기의 자유국가에서는 자유란「국가로부터의 자유」를 의미하였고, 평등이란 권력이 국민 사이에 일체의 구별을 인정하지 않는 것을 의미하였기 때문이다. 국가권력이 국민을 형식적으로 평등하게 취급하고 최소한의 개입 이외에는 완전히 자유롭게 함으로써, 비로소 국민은 정신적 자유나 경제적 자유를 자신의 능력이 미치는 한 최대한 행사할 수 있으며, 국민(사인) 사이의 사적인 차별이나 힘의 우열에 따른 자유의 억압은 범죄로서 법률로 금지되는 심각한 경우를 제외하고, 국가권력의 손을 빌리지 않고 시민사회 속에서 자율적으로 해결된다고 생각하였다. 이 시대에는 헌법의 인권규정은 사인간 관계를 일체 규율하지 않는다는 부적용설(무효력설)만이 통설의 입장을 차지하는 것도 당연하였다.

그러나 20세기가 되어 자본주의의 고도화에 따라 사회 내에 기업, 노동조합, 직능단체, 매스미디어 등 거대한 힘을 가지고 시장지배력을 갖는 사적 단체가 나타나 이들 단체가 가진 사실상의「권력」에 의해 일반 국민의 인권이 위협받는 사태가 발생하였다. 한편으로 20세기 헌법에는 국민 사이에서, 사실상 힘의 우열이 구조화된 것을 전제로 하여 사회국가이념에 근거하여 사회적 · 경제적 약자를 보호하기 위해 국가권력이 시민사회에 적극적으로 개입하는 것을 당연한 내용으로 하는 사회권 규정이 포함되게 되었다. 이러한 변화를 거쳐 현대에는 사회권 규정에 그치지 않고 헌법의 인권조항은「개인존엄의 원리를 중심으로 자연권 사상을 배경으로 실정화된 것으로, 그 가치는 실정법 질서의 최고가치이며, 공법 · 사법을 포괄한 모든 법질서의 기본원칙으로 모든 법영역에 타당해야 하기 때문에 헌법의 인권규정은 사인에 의한 인권침해에 대해서도 어떠한 형태로든

적용되는」 것으로 넓게 인정되고 있다(芦部・後掲 106면).

그러나 그 적용에 대해서는 직접적용설과 간접적용설의 대립이 있다. 직접적용설은 최고규범인 헌법이 공법・사법을 따지지 않고 전체 법질서를 규율해야 하는 것을 전제로 하여 국가와 국민 사이에 인권규정이 적용되는 것과 마찬가지로 사인간에도 인권규정이 적용된다고 한다. 대립하는 사인은 쌍방 모두 인권의 향유주체이기 때문에, 사인간의 인권분쟁에서 재판소는 쌍방의 권리를 비교형량하게 되지만 사인간의 사실상 힘의 관계의 구조적 격차를 전제로 하는 이상, 재판관은 반드시 사회적 경제적 약자의 인권을 우선시하여 당해 인권규정을 적용할 의무가 있다.

그러나 사인간의 인권분쟁에서 강자와 약자의 구조적 격차가 명확한 경우는 그다지 많지 않고, 사실상의 힘의 관계는 상황에 따라 유동화되는 경우도 많다. 덧붙여서 개인의 자기결정과 자조노력을 개인의 존엄의 핵심으로 하는 근대 헌법에서는 사인간에 어느 정도의 힘의 우열이 발생하는 것은 당연히 예정되어 있으며, 또한 이런 사실상의 힘의 관계의 우열이 존재할 경우에도 국가권력의 개입에 의한 시정보다 우선 개인의 주체적 노력으로 자기 입장을 보다 유리하게 하는 노력을 반복하는 것이야말로 개인 및 사회의 자율성을 지키는 데 필요하다. 사적 자치의 원리, 계약자유의 원칙 혹은 보다 넓게 말하여 사법질서의 자율성에 대해서는 최근 몇 년간 제도적 보장설의 재해석을 통하여 헌법 자체가 이것을 보장하고 있다는 것을 논증하려고 하는 시도가 보이지만(山本・後掲), 확실히 사적 자치를 근본부터 뒤집는 것 같은 국가권력에 의한 개입은 일본국헌법이 취하는 입장이 아니다.

이렇게 생각하면 사법질서의 자율성을 인정하는 간접적용설이 타당하다고 해야 할 것이다. 간접적용설은 헌법 제15조 제4항(선거상의 선택에 관한 답변책임 없음. 나아가 투표의 비밀을 보장하는 동항 전단의 직접적 효력에 대해서는 다툼이 있음)이나 제18조(노예적 구속의 금지)와 같이 규정의 취지・목적 내지 법문 자체에서 사인간의 직접적 효력이 예정되어 있는 것이 명백한 일부의 인권규정을 제외하고, 그 밖의 인권규정은 사인간의 관계를 규율하는 법률의 개괄적 조항, 특히 공서양속에 반하는 법률행위를 무효로 하는 민법 제90조와 같은 사법의 일반 조항을 「헌법의 취지에 반영하여 해석・적용함으로써 간접적으로 사인간의 행위를 규율하려는 견해」이다. 이 입장을 취하면 인권규정의 효력은 대 국가권력의 경우와는 달리 「당해 관계를 갖는 성질의 차이에 따라 당연히 상대화된다」(芦部・後掲 107면). 간접적용설이 현재의 통설・판례의 입장이다.

또한 최근 독일의 헌법이론을 이용하여 헌법의 인권조항을 모든 국민의 기본권의 보호를 국가에 의무를 가하는 규정이라고 하는 기본권보호의무론의 입장에서 직접적용설과 간접적용설의 대립을 지양하려는 시도가 있다(小山・後掲). 그러나 이 이론에는 재판소가 사인간 적용해야 할 것을 국가의 「보호의무」로 바꿔 말하는 데 지나지 않고, 혹은 보호의무론은 서로 대립하는 사인간에 「무엇을」 보호해야 할지의 물음을 얼버무린다는 비판이 있는 것처럼(무네스에(棟居) · 後掲 ② 256면) 아직까지 많은 과제가 남아있다.

2. 간접적용설의 사정

그러나 간접적용설에도 많은 문제가 남아있다. 우선 첫 번째로 간접적용설은 주로 민법 제90조의 공서양속 개념을 사용하여 인권규정의 취지를 사인간에게까지 미치도록 하려는 것이기 때문에, 사인간의 계약 등의 법률행위의 무효를 둘러싼 다툼에는 유용하지만, 예를 들어 어떤 상점에서 특정 손님에 대해 차별적으로 입점 거부를 하는 등의 사실행위에 사용하는 것은 곤란하다.

이 점에서는 통설을 보강하는 입장에서 불법행위에 관한 일반 조항인 민법 제709조의 해석 요건 중 하나인 위법성 개념에 인권규정의 정신을 적극적으로 반영하려는 사고방식, 혹은 인권침해의 주최가 된 사인 사이에 구별을 두어 국가(공권력)로부터 권리나 보조를 받는 등, 국가(공권력)와 특별한 관계에 있는 「사인」을 특별히 국가와 동일시하여 순수한 사실행위에 의한 인권침해에도 인권규정을 직접 적용하는 「국가동시설」 등이 제안된다(芦部編 · 後掲 97-106면). 그렇지만 아시베(芦部)설은 미국에서 탄생한 「국가동시설」을 「참고로 하는」데 그치고, 일본국헌법의 해석에 「도입한다」고 까지는 하지 않는다. 따라서 국가와 특별한 관계에 있는 「사인」에 대한 인권규정의 효력에 대해서도 사적자치의 원칙에 따른 상대화를 많든 적든 받아들일 것을 인정하고 있으며, 간접적용을 상정하고 있다고 생각된다. 더구나 국가와의 특별한 관계가 없는 순수한 사인의 사실행위에 의한 인권침해에 대해서 아시베설은 「공권으로서의 기본권은 곧바로 민법 제709조에서 말하는 『권리』가 아니기 때문에 불법행위법의 영역에서 헌법의 가치를 실현할 수 있는 경우는 한정될 것이다」(동 98면)고 말하고 있으며, 기본적으로는 사적 자치 원리를 뒤집을 가능성을 인정하고 있지 않다.

확실히 사인간의 인권분쟁, 특히 사실행위에 의한 인권분쟁에 대해서는 침해 측에도 인권이 보장되고 있는 이상, 재판관이 헌법규정의 해석만으로 곧바로 사회적 약자를 인정하여 한쪽 편의 사인의 인권만을 우선시켜 결론을 도모하는 것은 자율적인 시민사회에 대한 국가개입의 올바른 형태로 적절하다고는 할 수 없다. 그러나 특히 최고재판소 판례에서 간접적용설의 사용방법을 보면 무엇보다도 사적 자치의 원칙과 사회통념에 따른 사인간 분쟁 해결이 기본이 되기 때문에, 상당히 심각하고 명백한 인권침해가 일어나지 않는 한은 입법권을 갖는 국회가 방치해두어도 좋을 정도의 사인간의 인권분쟁으로 간주되어, 재판관이 공서양속 위반이나 불법행위의 위법성 인정에 있어서 인권규정의 취지를 적극적으로 「의미충전(意味充填)」 한다고는 생각되지 않는다. 일본사회는 아직 사회적 · 경제적으로 강한 입장에 있는 사인 · 사법인에 의한 인권 「침해」 행위를 감수하는 경향이 강하고, 이러한 경향이 「사회통념상 허용되는 범위」라고 인정될 위험이 높다. 때문에 설문과 같이, 간접적용설의 본질은 헌법의 「직접 적용」을 부인하는 데 있으며, 사인 간에는 해당행위를 금지하는 입법이 없는 한 헌법의 인권규정은 어떤 의미도 갖지 않는다는 것을 부적용설(무효력설)을 사용하지 않고 말할 수 있는데에 그 효용이 있을 뿐이라는 엄격한 비판을 받게 된다(奥平・後掲 84-87면).

3. 인권규정의 적극적인 간접적용의 가능성

그러나 현대의 간접적용설에서는 판례상에서도 사회의 다수자나 유력자에게 유리한 사회통념론의 한계를 넘는 논리가 전개되기 시작하고 있는 것을 간과해서는 안 된다. 이 경향이 강할수록 간접적용설은 단순한 입에 발린 말에 지나지 않고, 부적용설과 본질이 같다는 비판은 이미 타당성을 잃게 된다.

우선 법률행위와 사실행위의 중간영역에 위치하는 인권분쟁에 대해서는 사실관계를 상세하게 조사함으로써 사인간에 일정한 법적 관계가 성립하고 있음을 논증하고, 당해 법적 관계를 규율하는 사법규정을 철저하게 활용하는 방향이 있다. 「미쓰비시수지 사건」은 본래 이 방법으로 해결할 수 있었다. 유보해약권이 붙은 고용계약 성립이 인정되는 한 유보해약권의 행사에는 합리적 이유가 필요하고, 나아가 고용자 측의 판단만으로는 불충분하여 종합적 판단에 필요한 객관적인 근거를 필요로 한다고 하는 최고재판소 판결은 중간지대에 있던 시용기간 후의 본채용 거부를 일종의 법률행위로 간주한 것이다.

두 번째로 분쟁 사건이 법률행위의 결과이든 사실행위의 결과이든 침해 측의 사인・사법인과 공권력의 특별한 관계 정도를 자세히 심사 분류함으로써 「국가동시설」이 노린 것처럼, 일정 범위의 사인・사법인의 인권침해 행위에 적극적으로 인권규정을 간접 적용하는 방향이 발전하기 시작한다. 미나미큐슈(南九州) 세무사회 정치헌금 사건(1장 Part Ⅰ 「기본 소재」)에서는 최고재판소도 공익성과 강제가입성을 기준으로 사법인 내부의 인권분쟁에 인권규정을 적극적으로 간접 적용하여 불이익을 입은 구성원의 구제를 도모하고 있다.

또한 공권력과의 특수한 관련과는 다른 차원의 문제지만 특수한 사법인에 의한 인권침해를 생각할 때에는 그 활동상 일정한 사상・신조의 동일성을 불가결하게 하는 이른바 「경향기업」에 해당하는 경우가 있음에 주의해야 한다. 조직 내부의 사상・신조에 의한 차별이 다른 일반 사법인의 경우보다 폭넓게 허용되는 「경향기업」의 존재는 당해 사법인을 설립・운영하기를 원하는 사인의 결사의 자유 혹은 영업의 자유를 보장하는 관점에서 인정하지 않을 수 없지만, 그 범위를 필요최소한으로 한정하지 않으면, 조직 내부의 소수자의 인권보장에 있어 유해한 이론이 된다. 이 점 「일중여행사 사건」 제1심 판결(오사카지방재판소 1969년 12월 26일 판시 599호 90면)은 「그 사업이 특정 이데올로기와 본질적으로 불가분하고 그 승인 · 지지를 존립 조건으로 하며, 더욱이 노동자에 대해 이데올로기의 승인 · 지지를 요구하는 것이 사업의 본질에서 보아 객관적으로 타당한 경우에 제한된다」고 하여, 다른 신조를 갖는 피고용자의 해고에 대해서는 그 자의 정치적 신조에 근거한 행동에 따라 기업의 존립에 「명백하고 현재의 구체적 위험」이 발생할 경우에 한정되었지만 정당하다.

세 번째로 인권규정의 취지에 따른 사회통념의 변화를 입증하는 기술이 점차 정밀해지고 있는 것이 엿보인다. 이 점에서 「닛산자동차 사건」은 시사적이다. 동 사건 최고재판소 판결(최3소판 1981년 3월 24일 民集 35권 2호 300면)은 남녀별 정년제를 정하는 사기업의 취업규칙에 대해 「오로지 여자라는 이유만으로 차별한 것으로서 성별에만 따른 불합리한 차별을 정한 것으로 민법 제90조의 규정에 의해 무효라고 해석하는 것이 상당하다(헌법 제14조 제1항, 민법 제1조의 2 참조)」고 하여 간접적용설을 인용하면서 원고의 인권구제를 실현하였다. 명문에서 남녀의 노동조건의 차별취급을 금지하는 고용기회평등법이 가결된 것은 1985년(시행은 다음해 4월)으로 본건 해고는 1969년에 이루어져 상고이유에서 진술한 것처럼 해고 당시에 본건과 같은 5세 정도의 정년차별이 절대로 용서되지 않는 엄청난 성차별이라고까지는, 해고 당시로서는 아직 확고한 사회통념이 되지 않았다고 보인다. 그러나 원심(제2심)은 원고 측에 의한 국내외의 남녀평등 진전의 입증을 거쳐 여성의 사회진출의 일반화나 노동력 인구를 차지하는 여성 노동력의 현저한 증대, 부부의 역할분담에 관한 사회의식 변화 등을 꼼꼼히 확인한 후에 「정년제에서의 남녀차별은 기업경영상의 관점에서 합리성이 인정되지 않는 경우, 혹은 합리성이 없다고 할 수 없지만 사회적 관점에서 도저히 허용할 수 있는 것이 아닐 때는 공서양속에 반하여 무효이다」라고 판시하였고 최고재판소 판결도 이것을 인정하고 있다. 사회통념의 변화를 입증하는 사실 확인의 축적이야말로 중요한 것이다.

그리고 최근에는 하급심 수준이긴 하지만 국제인권법의 발전이, 특히 인종차별의 분야에서 인권규정의 사인간 적용을 촉진시키기 시작하는 데에도 주목해야 할 것이다. 예를 들면 외국국적을 갖는 자나 일본에 귀화한 자이면서 외견상 외국인으로 보이는 자에게 일률적으로 입욕을 거부한 공중목욕탕 경영자가 인종차별에 해당한다고 하여 불법행위가 인정되어, 차별에 의한 정신적 고통에 대한 위자료청구가 인정된 사례가 유명하다(삿포로지방재판소 2005년 11월 11일 판시 1806호 84면). 동 판결에서는 헌법 제14조 제1항 위반, 공중목욕탕법 제4조 위반에 덧붙여, 국제인권 B규약 제26조 위반, 인종차별철폐조약 제5(f)조 위반도 근거로 들고 있다. 동 판결에서는 이러한 비준이 끝난 국제인권조약이 국내법상에도 효력을 갖는 것을 확인한 후에 「개인 상호 관계에 대해서는……헌법 제14조 제1항, 국제인권 B규약, 인종차별철폐조약 등이 직접 적용된 것은 아니지만, 개인 행위에 따라 다른 개인의 기본적 자유나 평등이 구체적으로 침해되거나 그럴 우려가 있고, 나아가 그것이 사회적으로 허용될 수 있는 한도를 넘는다고 평가될 때에는 사적 자치에 대한 일반적 제한규정인 민법 제1조, 제90조나 불법행위에 관한 여러 규정 등에 따라 사인에 의한 개인의 기본적인 자유나 평등에 대한 침해를 무효 내지 위법으로 사인의 이익을 보호해야 한다. 그리고 전술한 것처럼 헌법 제14조 제1항, 국제인권 B규약 및 인종차별철폐조약은 사법의 여러 규정의 해석에 있어 기준의 하나로 될 수 있다」고 판시하여 헌법과 국제인권법의 간접 적용을 적극적으로 인정하였다.

동 판결은 국제인권법이 사인을 수범자로 하고 있다는 해석이 최근 국제사회에서 급속하게 심화되고 있는 것을 인정하여, 인종차별철폐조약이 국제사회의 「공서」로서 사인간의 행위도 규율할 것을 인정하고 있다. 이렇게 사인간의 사실행위에 따른 차별・인권침해로서 불법행위법의 범위 밖에 놓이기 쉬운 분쟁 사건에서도 국제인권규정의 간접 적용의 가능성이 넓혀지고 있다. 종래, 헌법의 인권규정을 사인간에 간접 적용하는 것에 사법이 소극적이었던 분야에서도 앞으로는 당해 분야를 규율하는 국제인권조약의 체결이나 비준이 진전하는 것을 배경으로 하여, 국제인권규정과 헌법의 인권규정이 중복 보장하는 형태로 재판소가 인권규정의 적극적인 간접 적용을 하게 될 가능성이 높아질 것이다(同旨, 시즈오카 지방재판소 浜松지원 판결 1999년 10월 12일 판시 1718호 92면).

Part Ⅳ 두 번째 소재

햐쿠리기지(百里基地) 소송

최고재판소 1989년 6월 20일 제3소법정 판결
1982년(オ) 제164호, 제165호 부동산소유권확인,
소유권취득등기말소청구 본소, 동 반소, 부동산소유권 확인,
정지조건부소유권이전 가등기말소등기청구 본소, 동 반소, 당사자참가사건
民集 43권 6호 385면
[참조조문] 헌 9, 98① 민 90

사실 개요

자위대 햐쿠리기지를 건설하기 위한 용지의 일부인 본건 토지의 소유자였던 X는 당초 기지반대파의 Y_1과 본건 토지의 매매를 고려해, 대금의 지불시기를 본건 토지의 일부에 관해서는 소유권이전등기를 경유하고 남은 토지에 관해서는 농지법 소정의 허가를

얻어 소유권 이전의 가등기를 경유한 시기로 하는 약정에 근거하여 본건 토지매매계약을 체결하였다. 그 후, 토지대금의 일부를 지불받아 본건 토지의 일부는 동 계약에 근거한 소유권이전 등기를 경유하고, 남은 토지에 대해서도 소유권 이전의 가등기를 경유하였다. 그러나 그 후 대금의 잔금이 지불되지 않았기 때문에 X는 채무불이행을 이유로 매매계약을 해제하고, 국가와 본건 토지의 매매계약을 다시 체결하고 국가와의 매매계약에 근거한 토지소유권 이전등기를 경유하게 되었다. 한편 Y_1도 Y_1의 고용자이며 Y_1의 매매행위를 실질적으로 지도하던 Y_2(기지반대파 촌장)와 본건 토지매매계약을 맺어, 일부 토지의 소유권이전등기와, 남은 토지의 가등기에 근거한 권리이전의 부기(附記)등기를 하였기 때문에 토지소유권을 둘러싼 분쟁이 되었다. 우선 X와 국가의 Y_1을 상대로 한 본건 토지의 소유권확인청구소송, 다음으로 소유권취득등기 및 가등기 말소청구 본소가 제기되어, 이에 대하여 Y_1로부터 반소가 이루어졌다. 또한 항소심에서는 Y_2도 Y_1과 같은 입장에서 소송에 참가하였다. 제1심 판결(水戸 지방재판소 1977년 2월 17일 판시 842호 22면) 및 항소심 판결(동경 고등재판소 1981년 7월 7일 訟月 27권 10호 1862면)도 원고 측(X 및 국가)이 승소하였기 때문에 피고 측(Y_1 및 Y_2)이 상고하였다.

재판 중에 헌법상 논점으로 특히 문제가 된 것은 다음의 논점들이다. ①본건 토지 매매계약은 헌법 제98조 제1항의 「국무에 관한 그 밖의 행위」에 해당하고 따라서 헌법 제9조에 반하는 국가의 본건 행위는 직접 제98조에 의해 무효가 되는가? ②만일 본건 매매계약이 헌법 제98조의 「국무에 관한 그 밖의 행위」에 해당하지 않고 사인간의 사법상 행위로 해석된다고 하여도 헌법 제9조는 본래 사인간의 행위에도 직접 적용되는 성격이고, 따라서 본건 계약은 제9조에 위반하여 무효가 된다고 할 수 있는가? ③만일 간접적 용설을 취한다 하더라도 제도적 보장으로 헌법 제9조는 민법 제90조의 「공서양속」의 내용을 이루는 최상위의 「공서」의 하나이고 따라서 「공서」로서의 제9조는 사적 자치의 원칙에 따른 상대화를 받지 않는다고 해석해야 하는가?

상고심=최고재판소

■ 법적 구성

(a) 헌법 제98조 제1항의 「국무에 관한 그 밖의 행위」의 의미

「헌법 제98조 제1항은 헌법이 국가의 최고법규인 점, 즉, 헌법이 성문법의 국법형식으로 가장 강한 형식적 효력을 가지며, 헌법에 위반하는 나머지 법 형식의 전부 또는 일부는 그 위반하는 한도에서 법규범으로서의 본래의 효력을 갖지 않는다는 것을 정한 규정이다. 따라서 동 조항에서 말하는 『국무에 관한 그 밖의 행위』란 동 각 조항에 열거된

법률, 명령, 칙서와 동일한 성질을 갖는 국가의 행위, 다시 말하면 공권력을 행사하여 법규범을 정립하는 국가의 행위를 의미하고, 따라서 행정처분, 재판 등의 국가행위는 개별적・구체적이면서도 공권력을 행사하여 법규범을 정립하는 국가행위이기 때문에 관련된 법규범을 정립하는 한 국무에 관한 행위에 해당하는 것이라 해야 한다」.

(b) 국가의 사법적 행위에 대한 헌법 제9조의 직접적용성에 대해서

「헌법 제9조는 그 헌법규범으로서 갖는 성격상, 사법상의 행위의 효력을 직접 규율할 것을 목적으로 한 규정이 아니며, 인권규정과 같이 사법상 행위에 대해서는 직접 적용되는 것이 아니라고 해석하는 것이 상당하고, 국가가 일방 당사자로서 관여한 행위라도……국가가 행정의 주체로서가 아니라 개인과 대립의 입장에서 개인과의 사이에서 개별적으로 체결하는 사법상의 계약은 당해 계약이 실질적으로 그 성립 경위 및 내용에서 공권력이 발동할만한 행위와 어떤 관계가 없다고 할 수 있는 특단의 사정이 없는 한, 헌법 제9조의 직접 적용을 받지 않고 사인간의 이해관계의 공평한 조정을 목적으로 하는 사법 적용을 받는데 지나지 않는 것으로 해석하는 것이 맞다」.

(c) 간접적용설의 입장인 경우, 민법 제90조의 「공공의 질서」와 헌법 제9조의 관계

「헌법 제9조는 인권규정과 같이 국가의 기본적인 법질서를 나타낸 규정이기 때문에 헌법보다 하위의 법 형식에 의한 모든 법규의 해석적용에서 그 지도원리가 될 수 있는 것은 당연하다」. 그러나 「헌법 제9조가 선언한 국제평화주의, 전쟁포기, 전력불보유 등의 국가의 통치활동에 대한 규범은 사법적인 가치질서와는 본래 관계가 없는 공법적인 성격을 갖는 규범이기 때문에, 사법적인 가치질서에서 위의 규범이 내용 그대로 민법 제90조에서 말하는 『공공의 질서』의 내용을 형성하고 그에 반하는 사법상 행위의 효력을 일률적으로 부정하는 법적 작용을 하는 것은 아니므로, 위 규범은 사법적인 가치질서 하에서 확립된 사적 자치의 원칙, 계약의 신의칙, 거래의 안전 등의 사법상의 규범에 의해 상대화되어, 민법 제90조에서 말하는 『공공의 질서』의 내용의 일부를 형성하는 것이며, 따라서 사법적인 가치질서 기초 하에서 사회적으로 허용되지 않는 반사회적인 행위라는 인식이 사회의 일반적인 관념으로 확립되고 있는지가 사법상의 행위의 효력 유무를 판단하는 기준이 되는 것이라고 해야 한다」.

■ 적용

(a) 「국가의 행위라 하더라도 개인과 대등한 입장에서 행하는 국가의 행위는 다음과 같은 법규범의 정립을 동반하지 않기 때문에 헌법 제98조 제1항에서 말하는 『국무에 관한 그 밖의 행위』에 해당하지 않는다고 해석해야 한다」.

(b) X가 Y_1에 대해 한 매매계약 해제의 의사표시에 대해서는 「사인간에 이루어진 순

수한 사법상의 행위로……헌법 제9조가 직접 적용될 여지가 없는 것이라 해야 한다」. 또한 X와 국가의 사이에 체결된 본건 매매계약에 대해서도 「본건 매매계약은 행위의 형식을 보면 사법상의 계약으로 이루어지고 있으며, 또한 행위의 실질을 보아도 피상고인인 국가가 기지예정지 내의 토지소유자들을 상대방으로 하여 어떠한 공권력도 행사함이 없이 순수하게 개인과 대등한 입장에서 개별적인 사정을 거쳐 교섭을 거듭한 결과 체결된 일련의 매매계약의 하나로, 위에서 설명한 것과 같은 특단의 사정은 인정되지 않으며 따라서 본건 매매계약은 사적 자치의 원칙에 따라 성립한 순수한 재산상의 거래라고 할 수 있고 본건 매매계약에 헌법 제9조가 직접 적용될 여지는 없다」.

(c) 「본건 매매계약이 체결된 1958년 당시 사법적인 가치질서 하에서는 자위대를 위해 국가와 개인 사이에 매매계약 그 밖의 사법상의 계약을 체결하는 것은 사회적으로 허용되지 않는 반사회적인 행위라는 인식이 사회의 일반적인 관념으로 확립되었다고 할 수 없다」. 따라서 「본건 매매계약을 포함한 본건 토지취득행위가 공서양속 위반이 되지 않는다고 한 원심의 판단을 시인할 수 있다」.

상고기각.

기본 해설

최고재판소는 자위대나 주둔미군의 헌법적합성에 대해서는 일반적으로 행정사건에서의 소의 이익의 상실을 이유로 하거나(長沼事件, 최1소판 1982년 9월 9일 民集 36권 9호 1679면), 통치행위론 등을 이용하여(砂川事件, 최대판 1959년 12월 16일 刑集 13권 13호 3225면) 헌법판단을 피하고 있다. 본건에서는 국가의 사법적 행위의 헌법적합성을 둘러싸고 논점이 제기되고 있지만, 최고재판소를 포함한 각급심이 통치행위론 등이 아닌 헌법규정의 사인간 적용론의 차원에서 헌법판단을 회피하고 있는 점에서 특색이 있다.

우선 헌법 제98조 제1항이 국가의 사법적 행위까지도 규율하는지에 대하여 본 판결은 동조의 「국무에 관한 그 밖의 행위」를 「공권력을 행사하여 법규범을 정립하는 국가의 행위」로 한정하여 생각하고 있다. 그렇지만 행정처분이나 재판이라는 국가의 개별행위도 「당해 사안에 대한 조치……를 통하여 법규범의 정립이라는 의미를 갖는」 것으로서, 즉, 「구체적인 법규범 정립행위」이며, 국무에 관한 행위에 포함된다고도 진술하고 있다(伊藤正巳 보충의견). 결국 국가의 일방적인 의사로 법적 효력이 발생하는 공권력 행사의 분야와, 당사자 양방의 합의가 없으면 법적 효력이 발생하지 않는 사법적 행위분야와의 준별을 「법규범 정립행위」의 기준으로 나타내고 있는 것이다.

이에 대해서는 헌법의 최고법규성과의 관계에서 모든 국가의 사법적 행위를 사인의 그것과 동일시함으로써 지나치게 단순하게 구분하고 있다는 비판이 있다. 이 비판에 의하면, 인종차별을 포함한 국가의 계약조차 헌법의 구속을 받지 않게 된다(浦田・後揭 369면). 쓰지진제(津地鎮祭) 최고재판소 판결(최대판 1977년 7월 13일 民集 31권 4호 533면)에서는 자치단체가 신관에게 비용을 지출한 사법적 행위의 헌법적합성이 심사되고 있다. 자치단체의 경우에는 지방자치법 제242조의 2에 따라 객관소송으로서의 주민소송의 길이 열려있기 때문에 공금지출에 관한 자치단체의 사법적 행위까지도 헌법으로 규율할 수 있지만, 최근 국가의 위법인 공금지출에 관한 납세자 소송의 입법화를 요구하는 목소리도 높아지고 있다. 만약 자치단체뿐만 아니라 국가의 위법인 공금지출도 일반 시민이 다툴 수 있는 길이 열린 경우에는 국가의 많은 사법적 행위의 헌법적합성이 재판으로 이어질 것이다. 그러한 상태에 이르더라도 국가의 사법적 행위는 모두 헌법 제98조와 관계가 없으며 헌법이 예정하지 않은 국가의 사법적 행위의 헌법적합성을 심사할 수 있게 된 것은 단순히 입법의 결과에 지나지 않는다고 논하는 것은 오히려 헌법이 보장하는 사인간의 자치와 자율성을 무시하는 논의가 될 것이다. 따라서 국가의 사법적 행위를 일률적으로 헌법의 구속 밖에 두는 것이 아니라, 당해 행위의 실질이나 구체적 사정을 고려하여 국가의 사법적 행위에 대한 헌법 구속력에 차이를 두어 국가의 사법적 행위라 하더라도 그 「목적」이나 「효과」가 국가의 위헌적 행위를 적극 조장하는 경우에는 헌법에 의한 직접적 규율을 인정해야 하지 않을까?

국가의 사법적 행위에 대한 헌법 제9조의 직접적용성에 대해서도 최고재판소는 이것을 원칙적으로 부정하고, 헌법의 인권규정과 마찬가지로 간접적용성만을 인정하고 있다. 다만 최고재판소는 국가의 사법적 행위의 「성립 경위 및 내용에서 실질적으로 공권력의 발동인 행위와 아무런 차이가 없다고 할 수 있는 특단의 사정」이 있는 경우에는 헌법 제9조의 직접적용성을 인정하고 있는 것에 주목해야 한다. 본건에 대해서는 자위대 기지의 용지 취득에 토지수용법을 적용할 수 없기 때문에 임의매수방식이 이용된 것에 지나지 않고, 실질적으로 「특단의 사정」이 있는 경우에 해당한다는 비판도 있다(古川・後揭 51면). 또한 상술한 헌법 제98조의 직접적용성에 대해서 언급한 것과 마찬가지로 국가의 사법적 행위가 실질적으로 반드시 「공권력의 발동과 아무런 차이가 없다」고 까지는 할 수 없어도, 행위의 「목적」 또는 「효과」가 위헌적 행위를 적극적으로 조장하는 경우에는 헌법 제9조에 대한 적합성을 심사할 여지가 있다는 논리도 가능하다고 생각된다.

나아가 본 사건에서는 헌법 전문의 평화적 생존권에 따른 사법적 행위의 직접규율성도 다투어졌지만, 최고재판소는 평화적 생존권 그 자체의 재판규범성을 본 판결에서도 부정하고 있다.

이상과 같이 최고재판소는 국가의 사법적 행위에 대한 헌법규범의 직접적용의 가능성을 원칙적으로 부정하고 「미쓰비시수지 사건」 판결(본장 Part Ⅰ 「기본 소재」)을 인용하면서 순수한 사인간의 인권규정의 간접적용과 동일한 사고방식을 취하였다. 게다가 최고재판소는 헌법 제9조의 간접적용에 대해서는 제9조를 「뛰어나게 공법적인 성격을 갖는 규범」으로 보아 인권규정 이상으로 그 효력의 간접성을 강조하고 있다. 즉, 제9조가 민법 제90조 「공서(公序)」의 일부 내용을 형성하는 것은 인정하면서도, 그 규범성은 사법적인 가치질서 하에서 사법상의 규범에 의해 상대화되는 것이 강조된다. 결국 제9조 위반의 국가의 사법적 행위는 단순히 제9조의 문언에 반하는 것만으로는 무효가 되지 않고 「사법적인 가치질서 하에서 사회적으로 허용되지 않는 반사회적인 행위라는 인식이 사회 일반적인 관념으로 확립되고 있는지」로 판단하게 된다. 이것은 통상 위헌설과 합헌설이 항상 대립하는 제9조를 둘러싼 사건에서 반사회적 행위라는 일반 관념이 확립되고 있다는 입증을 위헌무효 신청 측에 요구하는 것으로 거의 불가능하다.

물론 헌법 제9조에 반할 우려가 있는 국가의 사법적 행위라 하더라도, 예를 들어 관계자에게 노예적 구속을 과하거나, 인종차별적인 방법으로 하는 경우에는 순수한 사인의 행위와 같은 차원에서 「반사회성」이 있는 위헌행위로 인정될 수 있다(노예적 구속의 금지규정은 직접 적용될 것이다). 한편 그러한 「강도(強度)로 반사회적인」 방법을 취하지 않는 통상 법률행위의 경우에 직접 헌법 제9조에 반하는 것이 그대로 「강도의 반사회성」을 가져올 수 있는 것으로서 예를 들어, 무기수출 금지 원칙이나 비핵 3원칙의 위반처럼, 과거 국회결의 등으로 헌법 제9조 위반성이 공인되어 있는 경우를 생각할 수 있다. 다만 이 경우에도 만약 정부가 그러한 사법적 행위를 시험할 때에는, 통상 사전에 법개정으로 금지원칙을 만장일치로부터 제외하고 「강도의 반사회성」을 상실시키려 할 것이다. 국회의 만장일치 결의 등으로 일단 성립되었을 헌법 제9조에 관한 「강도의 반사회성」 관념이 그 후 국회 다수파의 태도 변경에 의해 상실되는지 아닌지는 아직까지 학설상에서도 충분히 논의되지 않았다. 어느 쪽이든지 본 판결에 비판적인 입장에서는 사회적 관념을 문제로 하는 입장이 실재하는 일반적 의식과 「있어야 할 관념」의 복합체여야 한다는 논의도 제시되고 있다(栗城・後掲 53면).

설문 국가가 행하는 다음과 같은 행위는 민법 제90조의 공서양속 위반으로 무효라 할 수 있는가?

(1) 국가가 특정 종교단체를 조성하기 위하여 당해 종교단체의 종교시설을 설치할 목적으로 어떤 사유지에 관한 매매계약을 X와 체결했다고 하자. 그런데 이 토지의 소유권에 관해서는 사인 Y가 X와 예전부터 다투고 있었기 때문에, X의 제소에 의한 양자간의 토지소유권을 둘러싼 소송 중에서 Y로부터 X와 국가의 매매계약은 헌법 제20조의 정교분리의 원칙에 반하여, 헌법 제89조가 금지하는 위법인 공금지출에 해당하며 공서양속 위반으로 무효라는 주장

이 제시되었다고 하자. 이 주장은 인정될 수 있는가?

(2) 국가가 비핵 3원칙의 포기를 국민들이 받아들이도록 하기 위해 홍보활동을 하려고 사기업인 광고대리점 Y사와 홍보사업을 위한 계약을 체결하였다고 하자. 그런데 그 후 Y사의 사장으로 취임한 A는 비핵 3원칙 포기는 헌법 제9조에 위반된다는 신념으로 이 계약을 이행하지 않았기 때문에, 국가가 다른 회사에 보다 높은 가격의 의뢰를 하지 않을 수 없게 되어 Y사를 상대로 손해배상청구소송을 제기하였다. 동 소송에서 Y사는 당해 계약은 헌법 제9조에 위반하여 무효이기 때문에 국가의 청구는 근거가 없다고 반론하였다. 이 반론은 인정될 수 있는가?

❙참고문헌❙

芦部信喜『憲法』(岩波書店, 第3版・高橋和之補訂, 2002年)
芦部信喜編『憲法Ⅱ 人権1』(有斐閣, 1978年)
浦田一郎「憲法第9条と国の私法的行為」憲法判例百選Ⅱ(有斐閣, 第4版, 2000年)
奥平康弘『憲法Ⅲ 憲法が保障する権利』(有斐閣, 1993年)
栗城寿夫「憲法の現実化と裁判所」ジュリスト942号(1989年)
小山剛『基本権保護の法律』(成文堂, 1998年)
棟居快行 ①『人権論の新構成』(信山社, 1992年)
棟居快行 ②『憲法学再論』(信山社, 1992年)
古川純「自衛隊裁判と違憲審査」法学教室109号(1989年)
山本敬三「憲法による私法制度の保障とその意義」ジュリスト1244号(2003年)

(大津 浩)

제29장 공무원의 정치적 표현의 자유

[논점]

(1) 사법권의 독립과 재판관의 정치적 표현의 자유의 관계
헌법은 사법권의 독립의 원칙을 채택하고 있으며, 재판관의 신분과 직권의 독립을 강하게 보장하고 있다.

(2) 재판관의 정치적 중립성의 의의
재판소법 제52조 1호는 재판관이 「적극적인 정치운동」을 행하는 것을 금지하고 있다. 이런 규정은 위헌인가 또는 한정합헌 해석을 해야 하는 것인가?

(3) 재판관의 직무의 특성과 민주주의사회에서의 역할
재판관의 직무 특질은 무엇인가? 그로부터 어떠한 제약이 도출되어야 하는가? 민주주의사회에서 재판관이 해야 할 역할은 무엇인가?

(4) 행정공무원의 정치적 표현의 자유
국가공무원법 제102조 제1항에 근거한 행정공무원의 정치적 행위의 금지는 합헌인가?

(5) 행정공무원의 정치적 표현의 자유의 제약에 관련된 합헌성 판정기준
행정공무원의 정치적 행위의 규제에 관련하여 사용되어야 할 합헌성 판정기준은 무엇인가?

Part Ⅰ 기본 소재

테라니시(寺西) 판사보 사건

최고재판소 1998년 12월 1일 대법정 결정
1998년(分ク) 제1호 재판관신분사건결정에대한즉시항고사건
民集 52권 9호 1761면, 判時 1663호 66면
[참고조문] 헌 21, 76 Ⅲ 재52①

사실 개요

1993년 4월에 판사보로 채용되어 1998년 4월부터 센다이 지판에 근무하고 있는 Y판사보(피신청인, 항고인)가 아사히가와(旭川) 지방재판소 판사보 재임 중에, A신문에 「신뢰할 수 없는 도청영장심사」라는 타이틀로, 1997년 9월 10일에 법제심의회가 법무

대신에게 답신한 「조직적 범죄대책 요강」을 비판하는 글을 투고한 바, 10월 2일 조간에 게재되었다. 그 내용은 대부분 검사, 경찰관이 요구한 대로 영장이 발부되는 것이 실태이며, 재판관에 의한 영장심사가 인권옹호의 보루가 된다는 견해는 의문이라는 것이었다. 투서와 관련하여 Y는 같은 해 10월 8일, 아사히가와 재판소 소장으로부터 하급재판소 사무처리규칙 제21조에 근거한 주의처분을 받았다. 또 Y는 1994년 4월 13일자 A신문에 최고재판소에 의한 판사보 불채용에 관해 불채용의 이유를 명백히 할 것을 요구하는 비판적 투서 「재판관 불채용 이유를 명확히」가 게재된 것 이외에 몇 개의 소론을 법률잡지에 공표하여 사회에 대해 적극적인 발언을 하였다.

1998년 3월 13일, 내각은 상기의 답신에 근거하여 조직범죄규제 3법안을 국회에 제출한 바, 그 취급을 둘러싸고 정치적 문제가 되었다. Y는 이 법안에 반대하는 단체가 기획한 집회의 심포지엄에 패널 참가를 요구받아, 이를 승낙한 Y의 이름이 당해 집회 심포지엄 패널로 홍보물에 기재되었다. 이 사실을 안 센다이 지방재판소 소장은 Y에게 참가 결심을 바꾸도록 촉구했다. 1999년 4월 18일 500명이 참가하여 예정대로 개최된 대집회의 심포지엄에 출석한 Y는 패널토론 직전에 프로어로부터 「당초 이 집회에서 도청법과 영장주의라는 주제의 심포지엄에 패널리스트로서 참가할 예정이었지만, 사전에 소장으로부터 집회에 참가하면 징계처분도 받을 수 있다는 경고를 받았기 때문에, 패널리스트로서의 참가는 그만두었다. 자신이 가령 법안에 반대의 입장을 발언하더라도 재판소법에 정해진 적극적인 정치활동에 해당하는 것으로 생각하지 않지만, 패널리스트로서의 발언은 사퇴한다」라고 발언했다.

이 발언을 이유로 센다이 지방재판소 소장 X(신청인, 피항고인)는 1998년 7월 24일 센다이 고등재판소에 Y에 대한 징계신청을 하였다.

제1심=센다이 고등재판소

센다이 고등재판소 1998년 7월 24일 판결
民集 52권 9호 1810면

■ 당사자의 주장 (쟁점)

〈사실에 관련된 주장〉

신청인 Y는 본 집회에서 동 법안 반대의사를 표명하는 발언을 하였고, 게다가 동 법안의 폐안을 목적으로 한 단체 등의 정치운동에 적극적으로 가담했다.

피신청인 Y는 정치적 단체의 주장을 지지할 목적으로 재판관이라는 직명이 갖는 영향력을 이용하여, 다수자가 모이는 집회에서 그 주장을 지지하는 취지의 발언을 한

적이 없다.

〈법적인 근거에 관계되는 주장〉

신청인 Y가 행한 언동은 재판소법 제52조 1호 후단에 금지되어 있는 「적극적인 정치운동을 한 것」에 해당하기 때문에 징계처분에 부의하는 것이 정당하다.

피신청인 헌법이 국민에게 보장하고 있는 표현의 자유는 재판관에게도 인정되지 않으면 안되기 때문에, 재판소법 제52조 1호 후단이 재판관에 대해서 「적극적인 정치운동을 하는 것」을 금지하고 있는 것은 헌법에 위반될 소지가 있다.

■ 법적 구성

재판관은 「어떤 일이든지 공평중립의 입장에 있을 것을 으뜸으로 해야 하고, 특히 정치적인 사항에 대해서는 그것이 강하게 요청된다」. 「사건의 당사자나 관계자도 현행 헌법 하에서 동등하게 참정권을 부여받고 있는 국민의 일원인 이상 당연히 각자 정치상의 관심이나 의견을 가지고 있고 그러한 면에서 담당 재판관을 볼 경우 그 재판관의 특정한 정치적인 입장이 알려진다면 당해 사건이 정치적인 사안과 관련되어 있을 때는 말할 것도 없고 그렇지 않은 상황이더라도 당사자나 관계자는 재판관의 사고방식 일반에 의문을 가질 수 있으며, 그 판단내용을 순박하게 받아들이지 않게 될 우려가 있다. 더욱이, 일반인이 상상 혹은 기대하고 있는 재판관상으로부터 재판관의 지위에 있는 자가 국민에게 알 수 있는 형태로 정치적 의견을 표명한다면, 일반인의 경우와는 비교가 되지 않을 의미와 적지 않은 영향력을 갖게 되는 것은 명백하다」. 재판관이 「일정한 정치적 입장에 선 단체 등에 적극적으로 가세하거나 혹은 이것에 이용되는 것을 허용하거나 하는 사태가 되면, 이른바 『시민』을 표방한 것이라도 현직 재판관인 것을 숨기지 않고 혹은 그것이 드러난 상황 하에서의 언동인 이상」, 「미치는 영향도 현격하게 커지기 때문에, 법규에 의한 제약을 덧붙여서 위반한 경우에는 질서벌로 상응한 처분을 받도록 하지 않을 수 없다」. 「재판소법 제52조 1호 후단의 『적극적으로 정치운동을 하는 것』이란 이런 경우를 포함하는 규정이며, 재판관의 前記와 같은 특수성에 비추어볼 때 위의 법안은 조금도 헌법에 위반하는 것이 아니다」.

■ 적용

집회에 참가한 뒤, 재판관 신분을 명백하게 밝히고 前記와 같은 발언을 한 것은 정치문제가 된 법안에 대해 찬반의 입장을 명백히 하고 있는 前記 단체 등과 그 운동에 적극적으로 가담한 것이기 때문에, 재임 중의 재판관이 재판소법 제52조 1호 후단으로부터 금지되어 있는 「적극적으로 정치운동을 하는 것」에 해당하고, 동법 제49조 소정의 직무상의 의무에 위반한 것으로서 징계의 원인이 된다.

그런 이유에 근거하여 동 고등재판소는 Y에 대해서 계고(戒告)를 한다는 결정을 하였다.

항고심=최고재판소

■ 항고이유

Y의 언동은 단순히 패널리스트를 하지 않는 이유를 술회한 것뿐이기 때문에, 재판소법 제52조 1호 후단에서 말하는 「적극적으로 정치운동을 하는 것」에 해당하지 않는다. 또한, 재판관에게도 정치적 표현의 자유를 두텁게 보장해야하며, 외국에서도 재판관의 정치적 행위의 자유는 넓게 인정되고 있다.

[법정의견]

■ 법적 구성

(a) 재판관에 대한 정치적 중립성의 요청에 대하여

「사법권을 담당하는 재판관은 중립·공정한 입장에 선 자가 아니면」 안 되지만, 「외견상으로도 중립·공정을 침해하지 않도록 자율, 자제해야 할 것이 요청된다. 사법에 대한 국민의 신뢰로 구체적인 재판 내용의 공정, 재판운영의 적정은 당연한 것이며, 외견적으로도 중립·공정한 재판관의 태도에 의해 뒷받침되어야 하기 때문이다. 따라서 재판관은 어떠한 세력으로부터도 영향받는 일이 있어서는 안 되고, 특히 정치적인 세력과의 사이에 선을 긋지 않으면 안 된다. 그런 요청은 사법의 사명, 본질로부터 당연하게 도출되는 바이며, 현행 헌법 하에서 일본의 재판관은 위헌심사권을 가지고 법령과 처분의 헌법적합성을 심사하는 것이 가능하고 또한 행정사건과 국가배상청구 사건 등을 취급하며, 입법부와 행정부의 행위의 적부를 판단하는 권한을 가지고 있기 때문에, 특히 그 요청이 강하다고 해야 할 것이다. 직무에서 멀어진 사인으로서의 행위라 할지라도, 재판관이 정치적인 세력에 가담하는 행동을 하게 된다면, 국민들은 당해 재판관에게 중립·공정한 재판을 기대하는 것이 불가능하다고 여길 것이다. 신분이 보장되어 정치적인 책임을 지지 않는 재판관이 정치의 방향에 영향을 주는 듯한 행동에 이르는 것은 위와 같은 의미에서 재판의 존립의 기초를 붕괴하고 재판관의 중립·공정에 대한 국민의 신뢰를 뒤흔드는 것뿐만 아니라, 입법권과 행정권에 대한 부당한 간섭, 침해와도 연결된다」.

「재판소법 제52조 1호가 재판관에 대해서 『적극적으로 정치운동을 하는 것』을 금지하고 있는 것은 재판관의 독립 및 중립·공정을 확보하고, 재판에 대한 국민의 신뢰를 유지하는 것과 동시에 삼권분립주의 하에서의 사법과 입법, 행정과의 바람직한 관계를 규율하는 것에 그 목적이 있는 것이라 해석된다」. 「위의 목적의 중요성 및 재판관은 단독으로 혹은 합의체의 일원으로서 사법권을 행사하는 주체인 점에 비추어보면, 재판관에 대한 정치운동금지의 요청은 일반직의 국가공무원에 대한 정치적 행위금지의 요청보다 강한 것이라고 할 수 있다」. 따라서 「재판소법 제52조 1호의 『적극적으로 정치운동을 하는 것』의 의미는 국가공무원법의 『정치적 행위』의 의미에 가깝다고 해석되지만, 이것과 반드시 동일한 것은 아니다」. 또한 「재판관의 경우에는 강한 신분보장 하에, 징계는 재판에 의해서만 이루어지는 것으로 되어 있기 때문에 징계권자의 자의적인 해석에 의해 표현의 자유가 사실상 제약되는 사태는 예상하기 어렵다」.

(b) 재판관에 대하여 「적극적으로 정치운동을 하는 것」을 금지하는 재판소법 제52조 1호의 합헌성에 대하여

「헌법상의 특별한 지위인 재판관 직에 있는 자의 언동에 대해서는 자연히 일정한 제약을 면할 수 없기」 때문에, 「재판관에 대해 『적극적으로 정치운동을 하는 것』을 금지하는 것은 필연적으로 재판관의 표현의 자유를 일정 범위에서 제약하는 것이 되지만, 위의 제약이 합리적이고 어쩔 수 없는 필요한 한도에 그치는 한 헌법이 허용하는 것이다」. 그래서 제약이 그러한 한도에 그치는지 아닌지는 (1) 금지의 목적이 정당한지 아닌지, (2) 그 목적과 금지와의 사이에 합리적 관련성이 있는지 아닌지, (3) 금지에 의해 얻을 수 있는 이익과 잃게 되는 이익과의 균형을 잃는 것인지 아닌지를 점검함으로써 판정된다. (1)에 대해서는 「위의 금지의 목적은 앞서 기술한 바와 같이 재판관의 독립 및 중립·공정을 확보하고, 재판에 대한 국민의 신뢰를 유지하는 것과 함께 삼권분립주의 하에서 사법과 입법, 행정과의 바람직한 관계를 규율하는 것이며, 이 입법목적은 처음부터 정당한 것이다」. (2)에 대해서는 「재판관이 적극적으로 정치운동을 하는 것은 앞서 기술한 것과 같이 재판관의 독립 및 중립·공정을 해하고, 재판에 대한 국민의 신뢰를 상실하게 할 우려가 크기 때문에, 적극적으로 정치운동을 하는 것을 금지하는 것과 위의 금지목적과의 사이에 합리적인 관련성이 있는 것이 명백하다」. (3)에 대해서는 금지에 의해 잃게 되는 이익에 대해 (a) 「의견표명 그 자체의 제약을 목표로 하는 것이 아니라, 그 행동이 초래하는 폐해 방지를 목적으로 재판관이 적극적으로 정치운동을 하는 것을 금지할 때에는 동시에 그것에 의해 의견표명의 자유가 제약되지만, 그것은 단순히 행동의 금지에 동반되는 한도에서의 간접적, 부수적인 제약에 지나지 않는다」. 나아가, (b) 「적극적으로 정치운동을 하는 것 이외의 행위에 의해 의견을 표명하는 자유까지 제약하는 것은 아니다」. 금지에 의해 얻을

수 있는 이익에 대해서는「한편 금지에 의해 얻을 수 있는 이익은 재판관의 독립 및 중립·공정을 확보하고, 재판에 대한 국민의 신뢰를 유지하는 등이라고 하는 것이기 때문에, 얻을 수 있는 이익은 잃을 수 있는 이익에 비해 더욱 중요한 것」으로 결국「그 금지가 이익의 균형을 잃는 것은 아니다」.

외국에서 재판관의 정치적 행위의 자유의 형태에 대해서는「역사적 경위나 사회적 제반 조건 등을 달리하는 외국에서의 법규제와 그 운용의 실태는 하나의 참고자료는 될 수 있지만, 이것을 그대로 일본에 적용하는 것은 불가능하다」. 그렇다고는 하지만「재판관의 정치적인 행동에는 정도의 차는 있어도 어느 나라에서도 재판의 본질에 근거한 일정한 한계를 인정하고 있」기 때문에, 재판소법 제52조 1호는「특이한 규정」이라고 할 수 없으며,「헌법 제21조 제1항에 위반하지 않는 이상, 시민적 및 정치적 권리에 관련된 국제규약 제19조에 위반하는 것이라고 할 수 없다」.

(c)「적극적으로 정치운동을 하는 것」의 정의에 대해서

「조직적, 계획적 또는 계속적인 정치상의 활동을 능동적으로 행하는 행위로서, 재판관의 독립 및 중립·공정을 해할 우려가 있는 것이 이에 해당한다고 해석되어, 구체적 행위의 해당성을 판단하는 데 있어서는 그 행위의 내용, 그 행위가 이루어지게 된 경위, 행해진 장소 등의 객관적인 사정 이외에 그 행위를 한 재판관의 의도 등의 주관적인 사정도 종합적으로 고려하여 결정하는 것이 상당하다」.

■ 적용

「前記 사실 관계에 의하면, 본건 집회는 단순한 토론집회가 아니라 처음부터 본건 법안을 악법이라 단정하고 이것을 폐안으로 몰아가는 것을 목적으로 한다는 당파적인 활동의 일환으로 개최된 것이기 때문에, 이러한 장소에서 집회의 취지에 찬동하는 듯한 언동을 하는 것은 국회에 대해 입법행위를 단념하도록 압력을 넣는 행위로서 단순한 개인의 의견을 표명하는 영역을 넘은 것이 명백하다. 이렇게 본건 언동은 본건 법안을 몰아내는 것을 목적으로 공동으로 행동하는 제반 단체의 조직적, 계획적, 계속적인 반대운동을 확대, 발전시켜 위의 목적을 달성시키는 것을 적극적으로 지원하고 추진하는 것이며, 재판관의 직에 있는 자로서 엄중히 피하지 않으면 안 될 행위라고 해야 할 것으로서 재판소법 제52조 1호가 금지하고 있는『적극적으로 정치운동을 하는 것』에 해당한다」.

「재판소법 제49조에서 말하는『직무상의 의무』는 재판관이 직무를 수행하는 데 있어 준수해야 할 의무로 한정되는 것이 아니라, 순수한 사적행위에서도 재판관 직에 동반하는 의무를 포함하는 것으로 해석되어, 적극적으로 정치운동을 해서는 안 된다는 의무는 직무수행 중이든 아니든 상관없이 재판관 직에 있는 한 준수해야 할 의무

이기 때문에 위의 『직무상의 의무』에 해당한다. 따라서 항고인에게는 동조 소정의 징계사유인 직무상의 의무위반이 있었다」.

「피신청인을 계고(戒告)(견책 처분)한다」.

본 결정에는 5명의 반대의견이 첨부되어 있다.

[반대의견]

■ 법적 구성

(a) 재판관에 대한 정치적 중립성의 요청에 대하여

• 엔도 미쓰오(遠藤光男) 재판관

「행정부에 속한 일반직 국가공무원은 한 번 결정된 정책을 단체 조직 속에서 일체가 되어 충실하게 집행하지 않으면 안 되는 입장에 놓여있음에 반해, 재판관은 헌법과 법률에만 제약받는 것을 전제로 독립하여 그 직권을 행하는 것이 요구됨과 함께, 위헌심사권이 부여되어 있는 것 등 그 직무집행 면에서 커다란 차이가 보인다. 때문에 일반직 국가공무원에 대해서는 어느 정도 폭넓게 그 행위를 법적으로 제약할 수 있게 했지만, 재판관의 정치적 행동에 대한 제약에 대해서는 법적 강제력을 동반한 제약을 가능한 최소한도의 것으로 멈추게 한 뒤, 재판관 한 사람 한 사람의 자체적 판단과 자율적 행동에 많은 것을 기대하였다」.

「재판관이 정당의 당원이 되어 정치결사의 사원이 되는 것이 허용되어 있는 이상, 이것에 준하는 정도의 정치운동을 하는 것이 금지되어 있을 까닭은 없다. 또한, 그 정도의 행위를 한 것만으로 재판관에게 요구되는 외견상의 중립성·공정성이 곧바로 훼손되었다고 볼 수는 없다」.

「재판관은 재판소 외의 사안에도 평상시에 적극적인 관심을 끊지 않고, 넓은 시야를 갖고 이것을 이해하여 높은 식견을 갖출 수 있도록 힘쓰지 않으면 안 되는 것이기 때문에, 그 때문에라도 가능한 한 자유로운 분위기 속에서 그 직무에 종사하는 것이 바람직하다. 이러한 사고방식은 최근 국민 각 층에 깊이 침투되고 있다」.

(b) 「적극적으로 정치운동을 하는 것」의 정의에 대하여

• 모토하라 도시후미(元原利文) 재판관

「적극적으로 정치운동을 하는 것」이란 「스스로 나서서 일정한 목적 또는 요구를 실현하기 위해서 정치권력의 획득, 정치적 상황의 변혁, 정치적 지배자에의 저항, 혹은 정책의 변경을 요구하여 전개하는 활동」이며, 「단순한 의견표명의 영역을 넘어 일정한 정치목적을 표방하려는 운동 중에 스스로의 의지로 몸을 던져 목적 실현을 위해 활발하게 활동하는 것을 뜻하는 것」을 나타낸다. 또한 「행위의 적극성은 행위자 자신

의 의사와 이것을 표현하는 구체적 행위의 양태에 들어맞게 이것을 보아야 하는 것으로서, 행위의 대상이 된 제3자 자체가 주체적으로 결정하고 행동한 내용에 대해 보아야 하는 것은 아니다」.

• **엔도 미쓰오(遠藤光男) 재판관**

「재판소법은 재판관이 행한 정치운동의 양태가 사회통념에 비추어 상당히 돌출한 것이기 때문에 장래 앞서 기술한 헌법상의 요청을 일탈하여 그 직권이 행사될 우려가 있고, 나아가서는 그것에 의해 재판관에게 요구되는 지위의 독립성과 앞서 기술한 외견상의 중립성·공정성까지지도 현저히 훼손되는 데까지 이른다고 인정될 경우에 한하여, 이것을 금지행위의 대상으로 한 것이라고 해석하는 것이 상당」하다.

■ **적용**

• **모토하라 도시후미(元原利文) 재판관**

본건 언동은 Y가 「본건 집회의 출석자에게 도청법의 제정에 반대하는 운동에 참가하여, 이것을 폐안으로 몰고가야 할 것을 명확하고도 적극적으로 호소하였다고 인정하기에는 거리가 먼 것이다. 그렇다면, 항고인의 본건 언동은 앞서 제시한 기준에 비추어 아직까지 적극적인 정치운동을 한 것에 해당하지 않는다고 해석하지 않을 수 없다. 이것을 가지고 반대운동을 지원하고 이것을 추진하는 역할을 다했다고 하는 것은 과대평가이다」.

• **엔도 미쓰오(遠藤光男) 재판관**

Y의 언동은 「그 주관적 의도, 목적이 어쨌든 간에」 「반대운동을 선동하거나 반대운동의 진행방법 등에서 구체적이며 적극적인 발언을 한 것이 아니었」기 때문에, Y의 「재판관으로서의 독립성 및 앞서 기술한 외견상의 중립성·공정성이 현저하게 훼손된 것에 이르렀다고 단정하는 것은 불가능하다」.

기본 해설

1. 대립하는 두 개의 재판관 상

본건 법정의견은 일정한 재판관 상을 명확히 제시함으로써 「신분이 보장되어 정치적 책임을 지지 않는 재판관」이 담당하는 「사법에 대한 국민의 신뢰」를 확보하기 위해서는 「구체적인 재판내용의 공정, 재판운영의 적정」 뿐만 아니라, 「외견적으로도 중립·공정한 재판관의 태도」에 의해 뒷받침 되지 않으면 안 된다는 견해를 제시하고 있다.

이러한 재판관 상에서는 「재판관은 독립하여 중립・공정한 입장에 서서 그 직무를 하지 않으면 안 되는데 외견상으로도 중립・공정을 해하지 않도록 자율, 자제할 것이 요청된다. 사법에 대한 국민의 신뢰는 구체적인 재판내용의 공정, 재판운영의 적정은 말할 것도 없이 당연한 것으로, 외견적으로도 중립・공정한 재판관의 태도에 의해 지탱되어야 하는 것이기 때문이다」. 여기서 재판관에 대한 정치운동 금지의 요청이 도출된다.

이에 대해 엔도의 반대의견에서는 사법이 제 역할을 충분히 다하기 위해서는 「사법의 국민에 대한 신뢰」가 필요불가결하다는 것에는 이론이 있을 수 없지만, 그러한 「국민의 신뢰」에의 요청이 곧바로 본 결정 법정의견으로 외견적인 중립・공정성의 요청을 도출할 수 있을지는 의문이라고 한다. 이리하여 재판관에게는 그 직무의 성질로부터 유래하여 직무 시간외를 포함하여 언동에 관한 일정한 제약이 주어지는 것 자체는 허용될 수 있지만, 그렇다고 해서 재판관에게 「정치의 방향에 영향」을 미치는 것이 일체 금지된다고 할 수는 없다고 한다.

2. 일반 공무원의 정치적 활동에 대한 규제와 재판관의 정치적 활동에 대한 규제의 차이

일반 공무원의 정치적 활동에 대한 규제와 재판관의 정치적 활동에 대한 규제의 차이에 대해서 본건 법정의견은, 재판관에게 두터운 신분보장이 되어 있어서 정치의 방향에 영향을 미치는 행동에 이르게 되면 재판 존립의 기반 그 자체를 위협하는 것이기 때문에, 또한 그러한 보장이 되어 있는 대신에 그 직무의 성질에 비추어 국민 일반뿐만 아니라 일반 공무원과 비교하더라도 엄격하게 규제되어야 한다는 견해가 제시되어 있다.

이에 대해 엔도 반대의견은 극진한 신분보장을 받는 재판관의 정치활동에 대해서는 그 직무의 성질에 비추어 오히려 그것만으로 일반 공무원과 비교하여 한층 보다 온건한 규제가 되어야 한다는 견해가 제시되었고, 그 결과 완전히 대조적인 귀결이 도출되었다.

3. 「적극적으로 정치운동을 하는 것」의 정의에 대하여

본건 법정의견은 「적극적으로 정치운동을 하는 것」에 대해서 헌법이 외견적으로 중립・공정한 재판관 상을 요구하고 있는 것으로부터 도출되는 논리적 귀결로서, 구체적 행위의 해당성을 판단할 때는 (a) 「그 행위의 내용, 그 행위에 이르게 된 경위, 행해진 장소 등의 객관적인 사정」이 우선적으로 관찰・평가되어야 하는 것이고, 이것에 대해 (b) 「그 행위를 한 재판관의 의도 등의 주관적인 사정」이 함께 관찰・평가되어야 하는 것이 된다. 따라서 재판관 개인의 일정한 운동에 대한 관여 방법에 주의를 기울이는 것에 앞서서, 우선 그 재판관을 포함한 형태로 행해지고 있는 그러한 운동이 그것으로서 「적극적」인 것인지가 독립적인 평가대상이 되는 것이다. 확실히, 재판관의 언동이 외견적인 관점에서 어떻게 외부에 비추어지고 있는지가 국민의 재판에 대한 신뢰를 확보하는 데 무엇보다 중요하다는 전제에 선다면, 재판관이 어떠한 주관적 의도를 가지고 행위를 했었는지보다 그 재판관을 하나의 구성요소로 운영되었던 집회 자체가 어떠한 성격을 가지고 있었는가를 규명하는 것이 보다 중요한 것이 되는 것은 자연스런 귀결이라 할 수 있다.

법정의견의 이러한 발상법에 대하여 「행위의 적극성은 행위자 자체의 의사와 이것을 표현하는 구체적 행위의 양태에 입각하여 살펴봐야 할 것으로서, 행위의 대상이 된 제3자 자체가 주체적으로 결정하고 행동한 내용에 대해 봐야할 것은 아니다」(모토하라 반대의견)라고 하는 견지가 대치된다. 외견적인 관점에서 볼 때, 재판관의 언동을 평가하는 것을 비판하는 견지에 서면 (a)를 크게 좌우할 요소인 운동 그 자체가 갖고 있는 적극성과, (b)재판관 개인의 그것에 대한 의도와 목적이 확실하게 구별되지 않으면 안 되는 것이 된다. 이러한 견지에서 보면, 법정의견의 입장은 운동 그 자체의 적극성으로부터 재판관의 언동의 정치적인 적극성을 간단하게 도출시키는 것으로서, 운동의 적극성을 변증함으로써 「적극적으로 정치운동을 하는 것」의 내용이 무제한적으로 확대될 위험성을 갖는 것으로 비판되는 것은 당연할 것이다.

Part Ⅱ 응용편

확인질문

1. 본 결정에 의하면 재판관의 중립성은 어떻게 하면 확보될 수 있는가?
2. 본 결정에 의하면 어떠한 재판관의 언동이 재판소법에서 말하는 「적극적인 정치운동」에 해당하는가?
3. 본 결정에 의하면 재판소법에 의한 재판관의 「적극적인 정치운동」의 규제는 왜 합헌인가?

응용문제

설문 1 Y가 통신방수법(通信傍受法)이 위헌의 의심이 강하다는 주장을 본 사건과 같은 집회가 아니라 아래와 같은 다른 방법으로 행한 경우, 본 결정의 사고방식을 전제로 하면 어떠한 판단이 내려져야 하는가?

(1) Y가 신문투서로 당해 법률의 위헌성을 주장한 경우

(2) Y가 법률 전문잡지에 동일한 주장의 논문을 발표한 경우

(3) Y가 참가한 집회가 형사법연구자에 의한 학회인 경우

설문 2 본건과 동일한 정치집회에서 다음의 행위를 한 경우, 본 결정의 견해를 전제로 하면 어떠한 판단이 내려져야 하는가?

(1) Y가 주최자로부터 「센다이 지방재판소 판사보 Y씨는 동 재판소 소장으로부터 강연의 중지를 요구받았기 때문에 어쩔 수 없이 금일의 강연을 사퇴하게 되었다」라는 소개를 받고, Y가 「그러한 사정이기 때문에 드릴 말이 없다」고 단상에서 가볍게 절하고 일반석에 착석한 경우

(2) Y가 직함을 밝히지 않고 고유명사만을 명기하여 동일한 집회에서 강연을 한 경우

(3) Y가 「법률실무가」라는 직함으로 동일한 집회에서 강연을 한 경우

설문 3 Y가 참가한 정치집회가 본건 집회와는 상이한 목적의 것인 경우, 본 결정의 견해를 전제로 하면 이하와 같은 Y의 언동에 대해 어떠한 판단이 내려져야 하는가?

(1) 세계의 지도자가 다수 초대된 국제정치에 관한 집회에서 세계평화를 실현하기 위해 핵군축의 추진을 핵보유국의 지도자에게 요구하는 발언을 Y가 행한 경우

(2) 정부제출법안인 긴급사태 법안의 빠른 채택을 요구하는 집회에서 일본의 안전보장을 위해 긴급사태 입법의 제정이 무엇보다 중요하다는 발언을 Y가 한 경우

(3) 여야당을 포함한 다수의 정당 관계자가 모여 일본의 형사법제의 바람직한 모습에 대하여 논의를 나누는 토론회에 초대되어, 직함을 밝힌 후에 정부제출의 통신방수법은 위헌이라고 확신한다는 발언을 Y가 연단에서 한 경우

설문 4 재판관의 중립·공정에 대한 국민의 신뢰를 확보할 목적으로 다음과 같은 법률이 제정된 경우, 본 결정의 견해를 전제로 하면 합헌성에 대해 어떻게 평가되어야 하는가?

(1) 재판관에 대해 정당에 가입하는 것을 금지하는 법률

(2) 재판관에 대해 정치목적을 가진 서명활동의 요구에 응하여 서명하는 것을 금지하는 법률

(3) 재판관이 어떠한 단체에 가입하고 있는지에 대해 소속 재판소의 장에게 보고의무를 가하는 법률

설문 5 재판관이 저서에서 다음과 같은 견해를 표명한 경우, 재판관의 중립 · 공정에 대한 국민의 신뢰를 뒤흔들게 하는 사태가 발생할 것인가?

(1) 지체 없이 사형제도의 폐지를 실현해야 한다는 의견

(2) 현재 최고재판소에 의해 실시되고 있는 재판관 인사의 형태가 정치적이며 불공정하다고 비난하는 견해

(3) 점령 하에서 실시된 일본국헌법의 제정과정에는 의심스러운 점이 있기 때문에, 우선은 일본제국헌법을 부활시킨 뒤 다시 개정을 해야 한다는 견해

Part Ⅲ 이론편

◥ 전개문제

1. 재판관의 중립 · 공정함은 재판에서 법의 해석 · 적용을 하는 직무의 경우에만 요구받는 것으로서, 일단 직무를 떠난다면 재판관은 일반 시민과 완전히 동일한 정치적 자유를 향유할 수 있다는 견해를 논평하시오.

위의 견해에 의하면「순수하게 법해석기관이며, 그 반면에 민주적 정당성과 정책지향성을 애초에 가지고 있지 않았다는 사법권의 특질이 우선 존재하고, 이러한 사법권에 다른 2권(二権)에 대한 합헌성 · 합법성 통제기능을 맡긴다는 도식이 일본국헌법이 구성하는 3권분립인 것이다」라고 보고, 그렇다면「재판관의 중립성 요청」은「재판관이 당사자주의 구조의 적정절차 중에서, 헌법 · 법률의 순수한 해석 작업을 한다면 그것으로 자동적으로 만족되므로, 재판관에게 그 이상의 어떠한 작위나 부작위를 명하는 것은 있을 수 없다」고 한다. 그러한 요청을 넘어서 재판관에 대해서「풀타임『중립성』을 요구하는 것은 타당하지 않고, 따라서 정치적 표현의 자유에 대한 제약의 법리는「대상이 공무원이나 재판관이라고 해서 일반 국민의 경우와 다른 이유는 없다」(棟居 · 後掲)고 한다. 동일한 견해가「재판관의『독립 · 중립 · 공정』이라고 하는 요청은 재판관이 개개의 재판에서 헌법과 법률에만 구속되어 그것들을 해석한다면 스스로 충족되는 성질의 것이다」(本 · 後掲), 또는「재판관의 공정 · 중립성을 직무 외까지 미칠 때, 그것이 재판관의 직무윤리로서 요구되는 것이라면 특별한 경

우이겠지만, 법적 의무로 가해진다면 거기에는 중대한 결과가 초래됨에 틀림없다」(矢島・後掲)고 한다.

나아가 동일한 견지에서 ①정치적으로 중립이라는 입장이나 사상이 존재한다는 것이 비현실적인 속임수이며, ②국민은 재판관이 정치적으로 중립일 것을 바라고 있다는 굳은 믿음이며, ③국민에게 재판관 내지 재판을 신뢰하도록 하기 위해 재판관이 정치적인 중립성을 가장할 필요가 있다는 이론의 속임수가 있다고 비판한다(高見沢・後掲).

이상과 같은 견해에 입각하면, 무릇 본 결정이 문제로 하고 있는 것과 같은 방식으로 재판관의 「정치적 중립성」이 전혀 고려되어야 할 문제가 아니라, 곧바로 재판소법 제52조 1호의 「적극적으로 정치운동을 하는 것」이라는 금지규정 그 자체가 위헌이 된다.

이상과 같은 견해에 대해서는 아래와 같은 의문을 제기할 수 있다.

①사법권이 행해지는 다양한 법적 실천에 대해서 「순수한 해석작업」을 염두에 두고 법창조성이나 정책지향성을 부정하는 논의를 전개하는 것은 법이론으로서 리얼리티를 결여하고 있으며, 현대민주주의에서 사법권이 담당해야 할 역할을 상정하는 데 있어 부적절하다고 생각된다. 이 점에서 본 결정 법정의견도 반대의견과 함께 암묵적으로 「법학적 리얼리즘」의 관점에 입각하여 재판소가 뭔가 법창조 작용에 종사할 것이 요청되며, 또한 그것을 실제로 행하고 있는 것을 당연한 전제로 하고 있다고 생각된다. 따라서 문제는 재판관의 법적 실천에 법창조 작용의 여지가 있기 때문에 곧바로 외견상의 중립성이 요구된다는 사고방식을 어떻게 평가할 것인가이며, 바로 이 점에서 법정의견과 반대의견이 대립하고 있는 것이다.

②재판이 무엇보다도 정치적 부문에서 그때그때의 다수자 의사－그것은 상황에 따라서 「진보적」일 수도 「보수적」일 수도 「반동적」일 수도 있다－에 대한 소수자의 권리보장－이것도 다수자 의사의 내용의 차이에 따라 그 정치적 의사는 다양할 수 있다－이라고 하는 것에 본질적 의사가 있다면, 「재판관은 재판관이기 때문에 그 제약에 의해 자신의 시민으로서의 자유를 부당하게 박탈당해서는 안 된다는 것이 주요한 문제가 아니고, 재판관이기 때문에 사상・양심의 자유가 한층 더 보장되지 않으면 안 된다」(樋口・後掲) 또는 「재판관이 스스로의 자유를 진실로 지킬 수 있기 위해서는 법조인이 그 전문 직능적 자유(professional freedom)를 자각」하는 것이 중요하며, 「전문 직능적 자유의 특질은 그것이 전문 직능 구성원의 개인적 이익을 위하여 있는 것이 아니라 당해 직능의 기능상의 불가결한 요건을 확보함으로써 당해 전문 직능의 업무 상대방을 업무과정상의 이익을 보장하려고 한다」(高柳・後掲)는 것이지만, 재판관이 향유하는 정치적 표현의 자유가 그 직무의 특질에 따라 일반 시민과는 상이한 제약을

받는 것 자체는 일반론으로 부정될 수 없다고 생각할 수 있다.

그러한 사고를 전제로 한다면, 「적극적으로 정치운동을 하는 것」을 금지하는 재판소법 제52조 1호의 규정에 대해서 「단순히 특정 정당에 가입하여 정당원이 되거나, 일반 국민의 입장에서 정당 정책을 비판하는 것도 여기에 포함되지 않는다고 해석해야 한다」는 최고재판소 사무총국 총무국편 『재판소법축조해설(중)』에 의한 해설은 충분히 납득이 가는 견해라고 생각된다. 그리고 이러한 견해는 국제연합이 정한 「사법의 독립에 관한 기본원칙(Basic Principles on the Independence of Judiciary)」에서 「세계인권선언에 따라 사법부의 구성원은 다른 시민과 마찬가지로 표현, 사상, 결사 및 집회의 자유의 권리를 가진다」고 하면서, 「이 권리를 행사함에 있어서는 재판관은 항상 그 지위의 존엄 및 사법의 공정 및 독립을 보유하도록 행동해야 한다」는 유보가 있는 것과도 일치하고 있다.

또한 독일 재판관법(1962년) 제39조는 「재판관은 그 직무의 내외를 불문하고, 또한 정치활동에서도 재판관의 독립에 대한 신뢰를 훼손하지 않도록 행동하지 않으면 안된다」고 규정하고 있으며, 독일의 사고방식에서는 「재판관이 그 정치적 의견을 선동적인 혹은 타인을 상처 입히는 방법으로 표명하거나, 실질적인 논의에 의한 것이 아니라 매도 그 외의 부적절한 방식으로 자신의 정치목적을 실현하려고 하는 것은 제39조의 의무에 위반된다. 또한 국가나 국가제도, 정부의 정책을 비판하는 것은 허용되지만 민주적 국가 또는 국가이념 그 자체에 반역하는 것은 허용할 수 없다」고 지적된다(工藤 · 後揭).

이렇게 보면, 재판관의 정치적 표현의 자유에 대한 제약은 일정한 범위 안에서 합헌적인 의의를 가진다고 생각된다. 그렇다고 하면, 이 점에 관해서 어느 현직 재판관이 「재판관으로서의 직무가 대립 당사자의 의견을 예단하지 않고 공평하고도 겸허하게 귀를 기울여 숙려에 숙려를 거듭하여 법적 판단을 하는 것이라고 한다면, 국민은 그러한 행동태도와 사고방법을 갖춘 즉, 공평, 겸허하고 사려 깊고 냉정한 판단자를 기대하고 있다. 한편, 정치적 운동은 그것이 격렬하게 투쟁적으로 되면 될수록 일방적, 배타적, 감정적, 선전적, 비논리적인 것이 되기 쉽다. 그러한 활동에 몸을 맡기는 재판관을 보면 국민은 불안하게 느낀다. 『이런 재판관이 과연 자신들의 소송에 냉정하게 또한 겸허하게 귀를 기울여줄 것인가?』라고. 그러한 불안을 배려하여 재판관에 걸맞지 않은 행동태도의 전형적인 예의 하나로 정치행동의 일정한 부분을 『적극적인 정치운동을 하는 것』이라 보고 이것을 금지했다」라고 지적하고 있는(伊東 · 後揭) 것은 매우 적절하다고 생각된다.

2. 재판관은 법제도의 개혁에 관하여 어떠한 역할을 수행해야 하는 것인가에 대해 검토하시오.

재판관은 일반적으로 일상적인 법률실무에 종사하는 자로서 풍부한 경험과 지식을 가지고 일본의 법제도가 직면하고 있는 다양한 문제에 대해 공공의 관심에 응답하기 위하여 공공의 이해에 관련된 사안에 대해 일정한 식견을 제시함으로써, 공공적인 논의를 활성화시켜 보다 나은 법제도의 확립과 운영에 공헌하는 것이 사회적으로 요구되어진다. 그리고 특히 일본의 재판관은 위헌심사권을 가지고 있으므로 헌법문제에 대한 판단이 때로는 강한 정치적 영향력을 가질 수 있다고 한다면, 상기와 같은 관점에서 이루어지는 재판관의 표현활동에 대해 엄격하게 정치적 중립성을 요구하는 것은 타당하지 않다고 생각된다. 또한 재판관이 선거에서 선출되는 존재가 아니라는 의미에서 정치책임을 지지 않는다고 하여 표현행위를 하는 것을 엄격하게 제약받는 것을 허용하는 것은 관료, 이익단체, 매스미디어 등에 기대되는 역할과 비교할 때 너무나 균형이 맞지 않다(川岸・後掲 참조). 따라서 여기에서 중요한 것은 균등하게 정치적 성질을 띄는 언동이더라도 그 가운데에 당파적 정치적인 언동과 그 이외의 것을 확실히 구분하는 관점이다. 즉, 다양한 정치조직이 특정 후보자의 당선이나 정권 획득을 둘러싼 분쟁을 연출하는 당파적 정치성을 띄는 행위에 대해서는, 정당 당파가 틀림없이 party(부분)임에도 불구하고 「전 국민을 위한 공익정책(volonte generale)을 표방・추진하고」(高柳信一), 스스로의 정치적 주장을 전 국민의 이름 하에 실현하기 위해 서로 경쟁하는 것이 건전한 모습이라고 여겨진다. 그러한 과정을 거쳐 행해지는 것이 당연한 전제로 되어 있는 주권자인 국민의 의사결정을 존중한다는 견지로부터 재판관의 적극적인 정치활동을 규제하는 것은 헌법의 관점에서 보더라도 충분히 승인할 수 있다.

이에 반해 법제도의 개혁에 관해서는 재판관이 표현행위에 대해 커다란 자유를 가지는 것이 헌법에 의해 허용되고 있으며, 또한 사회적으로도 강하게 기대되고 있다고 할 수 있다. 이 점에서 본 결정 법정의견도 그러한 표현활동에 일정한 배려를 보이며 「재판소는 사법제도를 운영하는 입장이며, 규칙제정권을 가지고 있는 것 등에 비추어보면, 사법제도에 관한 법령의 제정・개폐에 대해서도 일정한 의견을 기술하는 것이 가능하다고 해석된다」. 더욱이 「재판관이 심의회의 위원 등으로 입법작업에 관여하여 찬성・반대의 의견을 진술하는 행위는 입법부나 행정부의 요청에 근거하여 사법에 종사하는 전문가의 한사람으로서 이에 협력하는 행위여서 원래 재판소법 제52조 1호에 의해 금지되는 것은 아니다」고 하고 있는 것이 주목된다.

이렇게 생각하는 것이 가능하다고 한다면, 본건에서 Y판사보의 언동도 실로 재판관으로서 전문적 견지를 일반 시민에게 제공하고, 그렇게 하는 것을 통해서 일정한 공공의 쟁점에 대한 논의를 활성화시키려고 한 것이었다고 평가할 수 있다. 그리고 입법행위를 비롯한 의회의 활동에서 활성화된 토론이 의회내부 뿐만 아니라, 의회와 국민 각층과의 사이에서 이루어져 자유롭고 비판적인 의사소통의 공간이 중층(重層)적으로 확보됨으로써 민주주의의 본질이 실현된다고 생각해보면, 본 결정과 같이 본 건 언동을 「국회에 대해 입법행위를 단념하도록 압력을 가하는 행위이자, 단순한 개인의 의견표명의 영역을 넘는 것이 명백하다」고 파악하는 것은 부적절하다고 할 수 있다. 이러한 민주주의에 대한 이해는 최고재판소가 재택투표제도의 폐지에 관한 입법부작위 위헌소송 판결(최1소판 1985년 11월 21일 民集 39권 7호 1512면)에서 제시한 의회제 민주주의관, 즉, 「국회는 국민들 사이에 존재하는 다원적인 의견 및 제반 이익을 입법과정에 공정하게 반영시키고, 의원의 자유로운 토론을 통하여 이것을 조정하고 궁극적으로는 다수결 원리에 의해 통일적인 국가의사를 형성해야 할 역할을 담당하는 것」이라는 관점과 일치하는 것이라 여겨진다.

Part Ⅳ 두 번째 소재

사루후쓰(猿払) 사건

최고재판소 1974년 11월 6일 대법정 결정
1969년(あ) 제150조 제1호 국가공무원법위반피고사건
刑集 28권 9호 393면
[참고조문] 헌 21 국공 102 I 人規 14-7

사실 개요

Y는 홋카이도 소우야군 사루후쓰(猿払)마을의 우체국에 근무하는 우정사무관으로 사루후쓰지구 노동조합협의회 사무국장을 맡아왔었는데, 1967년 1월 8일 고시(告示)의 제31회 중의원선거 때, 동 협의회의 결정에 따라 일본사회당을 지지할 목적을 가지고 동일 일본사회당 공인후보자의 선거용 포스터 6매를 스스로 공영게시장에 게시한 것 이외에, 그 즈음 4회에 걸쳐 게시한 포스터까지 합계 약 184매의 게시물을 다른 자에게 의뢰하여 배포했다.

본 판결은 이러한 행위를 처벌한 국가공무원법 및 인사원규칙을 합헌이라 하였다.

상고심=최고재판소

■ 법적 구성

(a) 공무원의 정치적 중립성에 대해서

「『모든 공무원은 전체의 봉사자이지 일부의 봉사자가 아니다』라는 헌법 제15조 제2항의 규정으로부터, 또한 공무가 국민의 일부에게 봉사하는 것이 아니라 그 전체에 대한 봉사로 운영되어야 하는 것」을 나타내고 있다. 특히, 「공무 중에서도 행정 분야에서는 헌법이 규정하는 통치조직의 구조에 비추어, 의회제 민주주의에 근거한 정치과정을 거쳐 결정된 정책의 충실한 수행을 기대하며, 오로지 국민 전체에 대한 봉사를 취지로 정치적 편향을 배제하여 운영되어야 하는 것으로 해석되는 것이며, 이를 위해서는 각 공무원이 정치적으로 일당일파에 편향되는 일 없이 엄격히 중립적 입장을 견지하고 그 직무 수행에 임하는 것이 필요하다」.

(b) 국가공무원법 제102조 제1항의 합헌성에 대해서

「국공법 제102조 제1항 및 규칙에 의한 공무원에 대한 정치적 행위의 금지가 위와 같이 합리적이며 필수불가결한 한도에 머무르는 것인지를 판단하는 데 있어서, 금지 목적, 그 목적과 금지되는 정치적 행위와의 관련성, 정치적 행위를 금지함으로써 얻을 수 있는 이익과 금지함으로써 잃을 수 있는 이익과의 균형이라는 3가지 관점으로 검토할 필요가 있다.

그래서 우선 금지 목적 및 이 목적과 금지된 행위와의 관련성에 대해서 생각하면, 가령 공무원의 정치적 행위의 전부가 자유롭게 방임될 때는 자연히 공무원의 정치적 중립성이 훼손되며, 때문에 그 직무의 수행 더 나아가서는 그에 속하는 행정기관의 공무의 운영에 당파적 편향을 초래할 우려가 있고 행정의 중립적 운영에 대한 국민의 신뢰가 훼손되는 것을 피할 수 없다. 또한 공무원의 위와 같은 당파적 편향은 반대로 정치적 당파의 행정에의 부당한 개입을 용이하게 하여, 행정의 중립적 운영이 왜곡될 가능성이 한층 증대할 뿐만 아니라, 그러한 경향이 확대되면 본래 정치적 중립을 보유하면서 일체가 되어 국민 전체에 봉사해야 할 책무를 진 행정조직 내부에 심각한 정치적 대립을 촉발하고, 그 때문에 행정의 능률적이며 안정된 운영이 저해되고, 나아가 의회제 민주주의의 정치과정을 거쳐 결정된 국가 정책의 충실한 수행에도 중대한 지장을 초래할 우려가 있으며, 이러한 우려는 행정조직의 규모의 크기에 비례하여 확대되고, 그리하여 더 이상 조직의 내부규율만으로는 그 폐해를 방지할 수 없는 사태에 이르게 된다. 따라서 이러한 폐해의 발생을 방지하고 행정의 중립적 운영과 이에 대한 국민의 신뢰를 확보하기 위해 공무원의 정치적 중립성을 훼손할 우려가 있는

정치적 행위를 금지하는 것은 헌법의 요청에 응하여 공무원을 포함한 국민 전체의 공동이익을 옹호하기 위한 조치임에 틀림없으며, 그 목적은 정당한 것이라고 해야 할 것이다. 또한 위와 같은 폐해의 발생을 방지하기 위해 공무원의 정치적 중립성을 훼손할 우려가 있다고 인정되는 정치적 행위를 금지하는 것은 금지 목적과의 사이에 합리적인 관련성이 있다고 인정된다」.

「다음으로 이익의 균형이라는 점을 생각해보면」, 「공무원의 정치적 중립성을 훼손할 우려가 있는 행동유형에 속하는 정치적 행위를 이에 내포된 의견표명 그 자체의 제약을 목표로 하는 것이 아니라, 그 행동이 초래하는 폐해의 방지를 목표로 하여 금지할 때는 동시에 그것에 의해 의견표명의 자유가 제약되는 것이지만, 그것은 단순히 행동의 금지에 수반하는 한도에서의 간접적·부수적인 제약에 지나지 않으며, 나아가 국가공무원법 제102조 제1항 및 규칙이 정하는 행동유형 이외의 행위에 의해 의견을 표명할 자유까지 제약하는 것이 아니라, 금지에 의해 얻는 이익은 공무원의 정치적 중립성을 유지하고 행정의 중립적 운영과 이에 대한 국민의 신뢰를 확보한다는 국민 전체의 공동이익이기 때문에, 얻을 수 있는 이익은 잃을 수 있는 이익에 비해 더욱 중요한 것이어야 할 것으로 그 금지는 이익의 균형을 잃은 것이 아니다」.

■ **적용**

본건에서 행해진 행위는 「특정 정당을 지지하는 정치목적을 가진 문서를 게시 또는 배포한 행위로서 정치적 편향이 강한 행동유형에 속하는 것일 뿐만 아니라, 정치적 행위 가운데에서도 공무원의 정치적 중립성의 유지를 훼손할 우려가 강하다고 인정되는 것으로서, 정치적 행위의 금지 목적과의 사이에서 합리적인 관련성을 갖는 것이 명백하다. 또한, 그 행위의 금지는 원래 거기에 내포된 의견표명 그 자체의 제약을 목적으로 한 것이 아니라 행동이 초래하는 폐해의 방지를 목적으로 한 것으로 국민 전체의 공동이익을 옹호하기 위한 것이기 때문에, 그 금지에 의해 얻을 수 있는 이익과 잃을 수 있는 이익 사이의 균형을 잃었다고 인정할 수 없다」.

기본 해설

현행법상 공무원의 정치적 활동 및 노동기본권의 행사에 대해 상당히 광범위한 제한이 행해지고 있다. 즉, 공무원의 정치활동은 일률적 전면적으로 금지되고, 그 위반에 대해서는 형사벌이 마련되어 있다. 일반적으로 공무원이 그 지위의 특수성에 비추어볼 때, 일반시민과 상이한 제약을 받는 것을 인정하는 견해 그 자체는 판례와 학설의 쌍방으로부터 승인되어 있다. 대표적인 학설(아시베(芦部) · 後揭)은 정당정치 하에서는 공무원 관계의 자율성이 확보됨으로써 행정의 중립성이 확보되고 행정의 계속성, 안정성이 유지되는 것이 중요하기 때문에 헌법적 질서의 구성요소로 공무원 관계의 자율성이 공무원의 인권제한의 근거가 된다고 해석하고 있다. 공무원의 인권제한에 대해 판례 · 학설 모두 제2차 세계대전 이전에 그것을 정당화하는 역할을 했던 특별권력관계론을 채택하고 있지 않다.

본 결정을 대표예로 하는 판결과 대표적 학설의 입장이 나뉘는 것은, 한마디로 공무원이라고 하더라도 그 직무와 책임 등이 극히 다양하기 때문에 헌법이 제한의 대상이 되는 공무원의 지위, 직무의 내용, 성질 등의 차이에 따라 그 제한의 형태에 대한 차이를 설정할 것을 요구받고 있는지의 문제이다. 이 문제에 관해서 본 결정은 「공공의 복지」를 전면에 내세워 규제를 간단하게 합헌으로 해온 과거 판례의 모습과는 상이하여, 그 나름대로 상세하게 헌법론을 전개하고 있다. 이때, 공무원의 「전체의 봉사자」성, 그리고 「행정의 중립적 운영이 확보되어 이에 대한 국민의 신뢰가 유지되는 것」이라는 점을 중시하고, 나아가 행정공무원에 대해서는 「유기적 통일체로서 기능해온 행정조직에서 공무의 전체 중립성이 문제로 되어야 할 것」이라는 인식에 입각하여 「당해 공무원의 관리직 · 비관리직의 구별, 현업 · 비현업의 구별, 재량권의 범위의 광협 등은 공무원의 정치적 중립성을 유지함으로써 행정의 중립적 운영과 이에 대한 국민의 신뢰를 확보하려는 법의 목적을 저해하는 점에서 차이를 초래하는 것은 아니다」라고 하였다.

이에 대해 학설은 현행법 및 그것을 정당화하는 판례의 견해는 공무원의 인권을 부당하게 폭넓게 제약하는 것이기 때문에 타당하지 않으며 위헌의 의심이 있고, 각각의 공무원의 직종 · 직무권한, 정치적 행위의 실상(종류 · 성질 · 양태 등), 그리고 그것이 행해진 상황(근무시간의 내외, 국가시설 이용의 유무 등)을 고려하여 극히 상세한 인권제약의 규칙을 설정해야 하는 것이라고 주장해왔다. 그러한 관점에서 학설은 본건에 대해서 헌법 제21조 위반에 의해 적용위헌 판결을 내린 아사히가와(旭川) 지방재판소 1심 판결(1968년 3월 25일 下刑集 10권 3호 293면), 삿포로 고등재판소 제2심 판결(1969년 6월 24일 판시 560호 30면)에 호의적이다.

다음으로, 어떠한 기준에 의거하여 공무원의 정치적 활동을 제한하는 법령의 합헌성을 심사해야 하는지가 문제가 된다. 판례는 위의 입장을 전제로 하여 ①금지의 목적, ②이 목적과 금지되는 정치적 행동과의 관련성, ③정치적 행위를 금지함으로써 얻을 수 있는 이익과 금지함으로써 잃을 수 있는 이익과의 균형이라는 3가지 점에서 검토해야 할 것이다. 판례는 금지의 목적은 정당하며, 이 목적과 정치적 행위의 금지는「합리적인 관련성」이 있다고 하였다. 그리고 ③을 고찰할 때에는「내포된 의견표명 그 자체의 제약을 목적으로 하는 것이 아니라 그 행동이 초래하는 폐해의 방지를 목적으로 하여 금지할 때에는 동시에 그것에 의해 의견표명의 자유가 제약되기는 하지만, 그것은 단순히 행동의 금지에 동반하는 한도에서의 간접적 · 부수적인 제약」에 지나지 않는다고 하는 것이 강조되었다. 이상의 모든 측면에서 고찰한 결과 판례는 현행법상의 규제를 합헌으로 하였다.

이에 대해 대표적인 학설은, 본 판결처럼 정치적 활동과 같은 극히 중요한 인권이 문제가 되어 있는 경우에「합리적인 관련성」의 기준을 사용하는 것은 부적당하다는 것, 표현내용의 규제와 표현내용 중립적인 간접적 · 부수적 규제를 이분하여 후자에 대해서는 규제에 의해 잃을 수 있는 이익이 적다고 일반적으로 논하는 것은 타당하지 않다고 강하게 비판해왔다. 그리고 이러한 경우에 사용되어야 할 기준은 엄격한 기준으로「보다 제한적이지 않은 다른 것을 선택할 수 있는 수단」이라고 주장하고 있다 (이지베 노부요시(芦部信喜)).

설문 행정공무원인 Y가 이하와 같은 행위를 한 경우, 본 판결의 견해를 전제로 한다면 어떠한 판단이 내려져야 하는가?

(1) 고급공무원인 Y가 소속성청의 소관에 속한 정부제출법안의 내용의 협의를 위해 여당 당 본부를 방문하여 당 간부와 협의한 경우

(2) 현업공무원인 Y가 선거기간 중에 기성 정당 전체의 반민주주의적 성격을 고발하는 내용의 포스터를 시내에 붙인 경우

(3) 비현업공무원인 Y는 취미로 정보 미니 잡지를 편집 · 발행하여 지역에 배포하고 있었는데, 거기에 지방의회의원 선거 입후보자 A의 프로필과 소신을 게재한 경우

▌참고문헌▐

奥平康弘『判例評論』488号(1999年)

市川正人『表現の自由の法理』(日本評論社, 2003年)

川岸令和「裁判官と表現の自由」ジュリスト1150号

高柳信一「司法権の独立と裁判官の市民的自由」池田政章＝守屋克彦『裁判官の身分保障』(勁有草書房, 1972年)

樋口陽一『司法の積極性と消極性』(勁有草書房, 1978年)

棟据快行『憲法学再論』(信山社, 2001年)

本秀紀「積極的の政治活動」憲法判例百選Ⅱ(有斐閣, 第4版, 2000年)

矢島基美「積極的な政治活動(裁判官の独立)」法学教室224号(1999年)」
高見沢昭治「裁判官の市民的自由の意義と政治的中立論の誤り」法と民主主義332号(1998年)
工藤達朗「ドイツにおける裁判官の政治活動の自由」ジュリスト1150号(1999年)
伊東武是「寺西裁判官問題をむぐり『政治的中立』を考える」日本裁判官ネットワーク編『裁判官は訴える！』(講談社, 1999年)
芦部信喜『憲法』(岩波書店, 第3版・高橋和之補訂, 2002年)

(山本 一)

제30장 재판을 받을 권리

[논점]

(1) 「순전한 소송사건」은 소송과 비송을 구별하는 기준이 될 수 있는가?
(2) 헌법 제32조의 「재판」은 헌법 제82조의 「재판」과 같은 의미인가?
(3) 재판소의 정보제공의무는 재판을 받을 권리의 보장 내용에 포함되는가?

Part Ⅰ 기본 소재

강제조정 위헌소송

최고재판소 1960년 7월 6일 대법정 판결
1951년(ク) 제109호 조정을 대체한 재판에 대한
항고신청기각 결정에 대한 특별항고사건
民集 14권 9호 1657면

사실 개요

제2차 대전 종료 후 동일한 가옥을 둘러싸고 그 소유자 X(상대방)와 임차인 Y(항고인)간에 논쟁이 격화되어, X는 가옥명도청구소송을 제기하는 한편, Y는 점유회수청구소송을 제기했다. 전자의 사건에서는 Y가 X로부터 임차중인 가옥에 대해 해약을 성립하고 있는지가 쟁점이며, 후자의 사건에서는 X 및 그 친족이 상기 가옥에 입주하는 것에 대해 Y의 승낙이 있었는지가 쟁점이었다. 동경 지방재판소는 동경도의 극심한 주택난 현상에 비추어 조정에 의한 해결이 타당하다고 보아 직권에 의해 1947년 6월 가옥명도청구 사건을 차지차가(借地借家) 조정에, 점유회수 사건을 전시(戰時) 민사특별조정법에 의한 조정에 회부하였다. 그러나 동 재판소에 의한 조정이 순조롭게 끝나지 못했으므로 전시(戰時) 민사특별법 제19조 제2항이 차지차가 조정법에 의한 조정에도 준용하고 있는, 금전채무임시조정법 제7조 제1항 및 제8조에 근거하여 양 사건을 병합하여 조정에 대체한 결정을 하였다. 이 결정에 대해 Y가 항고를 신청했다.

항고를 접수한 동경 지방재판소는 원 결정을 기본적으로 지지하고 그 일부를 변경하는 데 머물렀다. 그 중 동경 지방재판소는 금전채무임시조정법의 준용에 따라 이루어진 원 결정에서 임대차 해약의 합의를 정하는 것은 법률상 근거가 없을 뿐 아니라, 법률의 정신에 반한다고 한 Y의 주장에 대해 「소송이 소유권에 근거한 명도청구권인 가옥명도청구 사건의 조정사건에서 소송의 피고인 항고인이 주장하는 임차권의 존부에 대해 당사자 간에 논쟁이 있으므로, 이것을 형식상 소멸시키기 위해 합의에 의해 임대차를 해제하는 취지의 조항을 정하게 된 것이다. 이러한 조치는 전시 민사특별법 제18조 또는 제19조의 규정에 따라 동법의 규정에 의한 조정 또는 차지차가 조정에 준용되는 금전채무임시조정법 제7조의 규정에 따라 이것을 성립할 수 있는 것이라 해석하므로, 원 결정의 주문 제2항은 법률상의 근거가 없는 것도 아니며, 법률의 정신에 반하는 것도 아니다」고 판시하였다(民集 14권 9호 1705면).

Y는 이에 대해 재항고한 것이지만 동경 고등재판소는 기각 결정을 내렸다. 그 이유 중 본 주제에 관한 것은 다음의 판시이다. 「차가 또는 주택문제에 관한 논쟁은 소송의 방법에 따라 해결하기보다는 당사자 양보를 전제로 한 조정 방법에 의해 처리하는 것이 적절함은 말할 필요도 없다. 일본에서의 조정제도가 먼저 차지차가 조정법의 제정에서 출발한 것을 보아도 알 수 있다. 그리고 조정절차에서 조정을 할 수 없을 때는, 이를 대체한 재판에서 그 결말을 짓는 것도 각 조정법이 명시하고 있는 바이다. 본건의 논쟁도 위 조정법이 정하는 바에 따라 수행된 것이 명백하다. 본건 기록으로부터도 위 재판이 소론과 같이 헌법위반의 사정이 존재한다고는 도저히 생각할 수 없다. 즉, 원 재판소의 결정에는 소론과 같은 위법이 없다」(民集 14권 9호 1717면).

항고심=최고재판소

■ 항고인 Y의 특별항고이유

「원 결정은 헌법이 보장하는 국민의 재판을 받을 권리를 해친 것이다. 국민은 헌법에 근거하여 재판을 받을 권리를 가지고 있다(헌법 제32조). 그리고 그 재판이란 공개법정에서 행해지는 대심 및 판결을 말하는 것이다(헌법 제82조). 또한 대심(対審)이란 재판관의 면전에서 원고와 피고가 상대하여 심리를 받는 것이며, 판결이란 재판이 대심인 이상 당연히 심리를 행한 재판관에 의해 내려지는 판결을 말하는 것이다. 나아가 재판관이 양심에 따라 독립하여 직권을 행하고, 헌법 및 법률의 구속만을 받는 입장에서 행해지는 것(헌법 제76조 제3항)임은 헌법의 명문에 비추어 의심의 여지가 없는 부분이다. 또한 법률은 헌법에 기초하여 해석해야 하는 것이며, 소송법상의 「판결」이라는 용어는 헌법의 「판결」을 이어받아 사용되고 있는 것이라 해석해야 하므로 「결정」과는 분명한 구별이 있다」. 본건은 상대방 X가 항고인 Y에 대해 가옥명도를 요청하고 항고인 Y가 X들에게 점유회수소송을 제기한 것으로서, 「내용은 모두 헌법 제3장에서 규정하는 재산권(소유권, 임차권, 점유권) 및 주거불가침권에 관한 소송이다. 따라서 그 근원은 헌법에 의해 보장되는 국민의 재판을 받을 권리에 입각한 것이라 해야 하므로, 이 재판은 위의 헌법 조문에 기초한 재판으로서 민사소송법에 따라 처리되어야 할 성질의 것이다. 그런데도 원 결정은 제1심 재판소가 전시 민사특별법에 의해 사건을 조정하지 않고, 당해 법을 준용하는 부분인 금전채무임시조정법 제7조에 근거해 비송사건절차법을 준용하여 조정을 대체한 재판을 하였다. 그 제1심 결정을 가지고 재차 재판한 것을 시인한 제2심 결정은 근저에서부터 헌법 제82조에 저촉한 재판이므로 헌법 제32조의 기본적 인권을 침해한 것이라 하지 않을 수 없다」.

[법정의견]

(a) 순전한 소송사건 - 헌법 제32조와 제82조의 직렬

「헌법은 제32조에서 누구든지 재판소에서 재판을 받을 권리를 박탈당하지 않는다고 규정하고, 제82조에서 재판의 대심(対審) 및 판결은 대심에 대한 동조 제2항의 예외의 경우를 제외하고 공개법정에서 행한다는 취지를 정하고 있다. 즉, 한편으로 헌법은 기본적 인권으로서 재판청구권을 인정하여 누구든지 재판소에 재판을 청구하여 사법권에 의한 권리, 이익의 구제를 요청할 수 있도록 함과 동시에, 다른 한편으로는 순수한 소송사건의 재판에 대해서는 前記와 같이 공개원칙 아래 대심 및 판결에 따라야 한다는 취지를 정한 것이므로, 이에 따라 근대 민주사회에서의 인권이 보장되는 것이다. 따라서 만일 성질상 순수한 소송사건에 관해 당사자의 의사 여하에 상관없이 종국적으로 사실을 확정하여 당사자가 주장하는 권리의무의 존부를 확정하는 재판이, 헌법 소정의 예외를 제외하고 공개법정에서 대심 및 판결에 의해 이루어지지 않는다고 한다면, 그것은 헌법 제82조에 위반함과 동시에, 동 제32조가 기본적 인권으로서 재판청구권을 인정한 취지를 몰각한 것이라 하지 않을 수 없다」.

(b) 조정을 대체한 재판(금전채무임시조정법 제7조)

「금전채무임시조정법 제7조 제1항은 동조 소정의 경우, 재판소가 일체의 사정을 참작하여 조정을 대체하여 이자, 기한, 그 외 채무관계의 변경을 명하는 재판을 할 수 있으며, 그 재판에서는 채무의 이행, 그 외 재산상의 급부를 명할 수 있다는 취지를 정하고 있다. 또한 동 제8조는 그 재판 절차는 비송사건절차법에 의한 취지를 정하고 있으며, 이들 규정은 전시 민사특별법 제19조 제2항에 의해 차지차가 조정법에 의한 조정에 준용되었다. 그러나 위 전시 민사특별법에 따라 준용된 금전채무임시조정법에는 현행 민사조정법 제18조(이의신청), 제19조(조정불성립 등의 경우의 소송제기)와 같은 규정이 없으며, 위 전시 민사특별법에 의해 준용된 금전채무임시조정법 제10조는 동 제7조의 조정을 대체한 「재판이 확정된 때는 그 재판은 재판상의 화해와 동일한 효력을 가진다」는 것을 규정하고, 민사소송법 제203조는 「화해……를 조서에 기재된 때는 그 기재는 확정 판결과 동일한 효력을 가진다」는 취지를 규정하고 있다. 그렇다면, 금전채무임시조정법 제7조의 조정을 대체한 재판은 이에 대해 곧바로 항고의 길이 인정되어 있었다고 하더라도, 그 재판이 확정된 이상은 확정 판결과 동일한 효력을 가지는 것이므로 결국 당사자의 의사 여하에 상관없이 종국적으로 이루어지는 재판이라고 해야 하며, 그 재판은 공개법정에서 대심 및 판결에 의해 이루어지는 것이 아니다.

따라서 전술한 헌법 제82조, 제32조의 취지에 비추어 위 금전채무임시조정법 제7조의 취지를 생각하면, 동조의 조정을 대체한 재판은 단지 기존의 채무관계에 이자, 기한 등을 형성적으로 변경하는 것에 관한 것 즉, 성질상 비송사건에 관한 것으로 한정되며, 순수한 소송사건에 관해 사실을 확정하여 당사자가 주장하는 권리의무 존부를 확정하는 재판은 이에 포함되지 않는다고 해석하는 것이 적합하므로, 동법 제8조가 위 재판은 「비송사건절차법에 따라 이것을 행한다」고 규정한 것도 그러한 취지인 것이다.

■ 적용

상대방 X가 항고인 Y 등에 대해 제기한 가옥명도청구 사건 및 항고인 Y 등이 상대방 X들에게 제기한 점유회수청구 사건이 각각 계속되는 중에 동경 지방재판소는 직권에 의해 각별히 전시 민사특별법에 따라 스스로 조정에 의해 처리할 취지를 결정했지만, 상기 조정이 순조롭게 끝나지 않자, 동법 제18조, 금전채무임시조정법 제7조 제1항, 제8조의 규정에 따라 상기 양 사건을 병합하여 조정을 대체한 결정을 내렸다. Y는 위 결정에 대해 항고를 신청하여 동 재판소가 결정의 일부를 변경한 뒤 항고를 기각했으므로, 다시 동경 고등재판소에 재항고를 신청하여 동 재판소가 상기 항고를 기각한 것에 대해 Y는 당 재판소에 특별항고를 신청한 것이다. 「본건 소송은 그 청구의 취지 및 원인이 제1심 결정이 적시하는 대로이며, 가옥명도 및 점유회수에 관한 순수한 소송사건이라는 것은 명확하다. 그런데도 이 같은 본건 소송에 대해 동경 지방재판소 및 동경 고등재판소는 모두 금전채무임시조정법 제7조에 따른 조정을 대체한 재판으로 한 것을 정당하다고 하였으며, 위 각 재판소의 판단은 동법에 위반할 뿐 아니라, 동시에 헌법 제82조, 제32조에 비추어 위헌임을 면치 못하는 것은 앞에서 설시한 부분에 따라 명확하다고 해야 하며, 논지는 이러한 점에서 이유 있음에 귀속한다. 따라서……1956년 10월 31일 이루어진 대법정결정(民集 10권 10호 1355면 이하)은 본 결정의 한도에서 변경된 것이다」.

파기환송.

본 결정에는 6명의 반대의견이 부가되어 있다.

[반대의견]

(a) 「조정을 대체한 재판」의 확정과 기판력에 대해

- **시마 다모쯔**(島保) · **이시자카 슈이찌**(石坂修一) **재판관 (다루미 가쯔미** 垂水克己 **재판관도 동일 취지)**

「조정을 대체한 재판이 확정되어도 단지 사건종료의 효과와 집행력을 발생할 뿐 기판력까지 발생하는 것은 아니다. 원래, 조정을 대체한 재판은 당사자 간에 조정이 성립되지 않은 경우, 재판소가 제반사정에 비추어 상당하다고 인정되는 분쟁해결 방법을 당사자에게 제시하고 이것을 실행에 옮길 것을 요청하는 것이다. 따라서 재판소에 의해 제시받은 이러한 해결방법을 감수할 수 없다고 한 당사자는 그 법률상의 쟁송을 해결하기 위해 다시 소송을 제기하여 공개 대심 판결을 받을 수 있는 권리를 가지고 있으므로, 이러한 권능까지도 종국적으로 배제되는 것은 아니다. 따라서 조정을 대체한 재판이 헌법 제32조, 제82조에 위반된다고 한 다수의견에 우리들은 찬동할 수 없다」.

(b) 헌법 제32조의 「재판」의 의미에 대해서

헌법 제32조는 헌법 제78조에 의해 보장된 「동법 제79조, 제80조 소정의 재판관에 의해 구성되는 동법 제76조 제1항의 재판소가 아닌 기관에 의해 재판되지 않는 것을 보장한 규정」이며, 「항상 쟁송을 소송절차로 처리해야 하며 비송절차로는 처리해서는 안 되는지 또는 그 재판을 공개에 의한 판결로 할 것인지, 비공개의 결정 또는 명령으로 해도 좋은지 등 재판절차상의 제한을 규정한 것은 아니다.……어떤 쟁송을 민사조정에 붙여 이것을 일정 조건 하에 위에서 제시한 바와 같이 신분이 보장된 재판관에 의해 구성된 재판소의 결정으로 재판하고, 더욱이 이것을 종심으로 하지 않고 이에 대해 항고 또는 특별항고를 허용하는 것과 같은 제도를 설치할 것인지의 여부는 순전히 입법문제이며, 이러한 제도를 설치하는 것은 현시의 사회정세, 소송지연 등의 현황에 비추어 헌법 제32조에 조금도 반하지 않는 것은 물론, 오히려 헌법 제76조 제2항의 정신에도 적합하므로 장려해야 하는 것이라 생각한다. 그 외 상세한 법률론에 대해서는……1956년 10월 31일 대법정결정(민사판례집10권 10호 1355면 이하)의 다수설을 원용한다」.

기본 해설

1. 1956년 대법정 결정의 전환

본건 대법정 결정에 의해 최고재판소는 금전채무임시조정법 제7조의「조정을 대체한 재판」을 합헌이라고 한 1956년 10월 31일 대법정 결정(민사판례집 10권 10호 1355면)의 전환을 도모했다.「조정을 대체한 재판」은 그것이 확정되면「확정 판결과 동일한 효력」을 가지는 것(현행 민사조정법도「조정을 대체한 재판」(제17조)을 규정하지만, 이것은 그 결정에 대해 2주 이내에 이의신청을 하면 결정은 효력을 잃는다(제18조)고 한 것이다)으로 한다. 동 결정은「조정을 대체한 재판」은「이것도 하나의 재판임을 상실하지 않을 뿐 아니라, 이 재판에는 항고, 특별항고의 길도 열려 있으므로 항고인의 재판을 받을 권리의 행사를 저해한 것이 아니므로 헌법에 위반하는 것이 아니라는 취지의 판단」을 한 원심의 결정은 정당하며, 헌법 제32조 위반의 주장은 이유가 없다는 것이었다. 다나카(田中耕太郎), 다카하시(高橋潔) 재판관도 동조한 사이토(斎藤悠輔) 반대의견은 대법정의 결정과 궤를 같이 한다.

그렇지만 이 대법정 결정에는 7명의 반대의견이 있으며, 특히 마키노(真野) 반대의견이 중요한 지적을 하고 있다. 우선, 다수의견의「재판을 받을 권리」의 이해에 대해「본건 결정은 재판소라고 하는 기관에서 이루어진 일종의 재판이므로, 헌법 제32조에 위반하지 않는다고 하면, 동조의 보장은 단지 재판소(최고재판소 이외는 입법에서 자유롭게 정해진다)에서 행해지면 되는 것이라는 완전히 형식적인 것이며, 단지 이것만을 보장한 것이라면 모든 사법권은 재판소에 속한다고 한 헌법 제76조만으로 충분할 것이다」고 비판한다. 또한「조정을 대체한 재판」에 대해서는 다음과 같이 말한다. 실체법 및 절차법 면에서 보아도「법률의 엄정한 적용에 의한 재판이 아니라, 재판소가 직권에 의해 다분히 주관적·편의주의적·행정적으로 독재하는 것에 지나지 않으며」, 본질의 면에서 헌법 제32조에서 말하는「재판」이 아닌「재판이라는 이름을 칭한 의장(擬装)의 재판」이며, 이 재판이 확정된 때 재판상의 화해와 동일한 효력을 인정하는 이 제도는 재판소의 재판을 받을 권리(헌법 제32조)를 박탈하는 것이므로 위헌의 입법이라고 판단하지 않을 수 없다. 따라서 이것을 적용하거나 그 적용을 시인한 원 결정 등은 위헌이다.

1956년 결정의 합헌론의 근거는 원 결정인 나카가와(中川) 간이재판소의 재판도「하나의 재판임을 잃지 않는」것이라는 점 (a), 그리고 조정을 대체한 재판에는「항고, 특별항고의 길도 열려 있으며, 항고인의 재판을 받을 권리행사를 방해한 것이 아니라는」점 (b)에 있었다. 이에 대해 1960년 결정은 (a)에 대해서는「순수한 소송사건」과「그 이외의 것」이라는 테두리를 제시한 뒤, 전자에 공개·대심·판결이라는 절차보장이 헌법상 부여되어야 한다고 했다. 이와 같이 해석함으로써「순전한 소송사건」에 사안이 포함된다면「하나의 재판임을 상실하지 않는다」는 것만으로는 합헌의 근거가 될 수 없다. 또한 (b)에 대해서는 즉시 항고가 인정되고 있었다 하더라도 금전채무임시조정법 제7조가 정한 재판은「그것이 확정된 다음은 확정 판결과 동일한 효력을 가지게 되므로, 결국 당사자의 의사여하에 불문하고 종국적으로 이루어진 재판이라고 하지 않을 수 없으며, 또한 그 재판은 공개법정에서 대심 및 판결에 의해 이루어지는 것이 아니다」고 하였다. 항고 등의 절차는 공개대심이 직접 결부된 것이 아닌 이상, 항고 등의 길이 열려 있다는 것이 합헌의 근거가 되지 못하는 것이다.

논의의 분기점이「재판을 받을 권리」의 이해에 있다는 것은 명백하다. 즉, 헌법 제32조는 헌법에 의해 신분이 보장된 재판관에 의해 구성된 재판소의 재판을 보장한 것이라 볼 것인가(裁判体保障) 아니면 그와 더불어 대심·공개라는 절차도 보장하고 있는 것인가라는 것이다. 전자의 견해를 취한 것이 1956년 결정과 1960년 결정에서의 사이토(斎藤) 반대의견이며, 후자의 견해를 취한 것이 1956년 결정에서의 마키노(真野) 반대의견과 1960년 결정이다. 전자의 입장에 서면(1956년 결정은 거기까지 언급하고 있지 않지만), 사이토(斎藤) 반대의견이 말하듯이「어떤 쟁송을 민사조정에 붙여 이것을 일정 조건 하에 위와 같이 같은 신분이 보장된 재판관에 의해 구성된 재판소의 결정으로 재판하고, 이것을 가지고 종심하지 않고 이에 대해 항고나 특별항고를 허용하는 제도를 설립할 것인지는 순수한 입법 문제」라는 생각에 이를 가능성이 있다.

2. 기판력의 존부와 재판을 받을 권리와의 관계

기판력이란 확정 판결의 판단에 부여되는 구속력을 의미하며, 종국 판결이 확정되면 그 판결에서 청구에 대한 판단은 이후 당사자 간의 법률관계를 판단하는 기준이 된다. 또한 동일 사항이 다시 문제가 된 경우에는 당사자가 이에 모순된 주장을 하여 그 판단을 논쟁하는 것은 허용되지 않으며, 재판소도 그 판단에 모순 저촉하는 판단을 하는 것이 허용되지 않는다(新堂·後掲). 문제는 본건「조정을 대체한 재판」이 이와 같은 기판력(既判力)을 가지고 있는가이다. 만약 가지고 있다면, 별도로 민사소송을 제기하여 전제가 되는 법률관계를 논쟁하지 못하게 된다.

법정의견은「기판력」을 굳이 사용하지 않고 조정을 대체한 재판이「확정 판결과 동일한 효력」을 가지며,「결국 당사자의 의사여하에 상관없이 종국적으로 이루어지는 재판이라 해야 하며, 그리고 그 재판은 공개법정에서의 대심 및 판결에 의해 이루어지는 것이 아니다」고 한 것이다. 그러나 법정의견을 구성한 후지타(藤田八郎), 이리에(入江俊郎), 다카키(高木常七) 판사에 의한 보충의견은 조정을 대체한 재판은「확정 판결과 동일한 효력을 가지며 소위 기판력을 가지는 것이므로, 그러한 의미에서 위의 조정을 대체한 재판이 순수한 소송사건에 관해 이루어진 경우에는 결국 당사자의 의사여하에 상관없이 종국적으로 이루어진 재판이 되므로, 헌법 제82조, 제32조에 위반하는 것을 면치 못한다」고 하였다.

조정을 대체한 재판이 확정된 때는 그 재판은 재판상의 화해와 동일한 효력을 가지며(金調法 제10조), 구 민소법 제203조가 재판상의 화해는「확정 판결과 동일한 효력」을 가진다고 규정하였다고 해도, 거기에서 기판력까지 발생하는가는 논의가 나누어지는 부분이다(高橋宏志 교수는 기판력 긍정설, 제한적 기판력설, 기판력 부정설로 나눈 후「기판력 부정설을 취하여 실체법상 무효 · 취소원인의 주장을 인정해야 한다」고 하였다 高橋 · 後揭). 법정의견을 낸 가와무라 마타스케(河村又助) 재판관도 법정의견이「취지로 하는 부분이 명확하지는 않으나 핵심은 위 판결은 기판력을 가지며 당사자는 다시 소송을 제기하여 논쟁할 수 없다는 것을 근거로 하고 있는 것으로 해석된다」고 하였다.

조정을 대체한 재판이 기판력을 가진다는 이해에 대해서는 반대의견을 비롯하여 법정의견을 구성하는 내에서도 이견이 존재했다. 그러한 의미에서 법정의견은「확정 판결과 동일한 효력」이라고 하는 데 머물렀으나, 다른 한편으로 기판력이 인정되지 않는다고 하면 별도로 민사소송을 제기하는 것이 가능해진다. 만일 기판력을 인정하지 않는다고 하면 합헌이 될 여지가 있다. 실제로 후지타, 이리에, 다카키 재판관에 의한 보충의견은 기판력을 갖지 않으며 따라서 별소(別訴)가 가능하다면 합헌이라 해석하고 있는 것으로 생각된다(그렇지만 본건 사안에서 조정을 대체한 재판은 확정 판결과 동일한 효력을 가지며, 이른바 기판력을 갖는 것이라 해석하고 있다).

「결국 재판소의 재판을 제기하여 공개법정에서 대심 및 판결을 받을 수 있는 길이 인정되어 있는 한 헌법의 前記 조항에 위반되지 않는다」고 하였다. 이 점에서 시마 다모쯔 · 이시자카 슈이찌 반대의견 및 다루미 가쯔미 반대의견은 합헌론을 전개한 것이다. 따라서 법정의견이 조정을 대체한 재판은 기판력을 가진다고 명언하지 않았으나, 그렇게 해석하고 있는 것으로 볼 여지가 있다(또한 최고재판소는「유산분할심판에 대한 항고기각결정에 대한 특별항고 사건」(최대결 1966년 3월 2일 民集 20권 3호 360면) 및「건물의 구조에 관한 借地조건변경결정에 대한 즉시 항고기각결정에 대한 특별항고 사건」(최3소판 1970년 5월 19일 民集 24권 5호 377면)에서 기판력이 존재하지 않는다는 이유로 헌법 제32조, 제82조 위반을 배제하고 있다).

Part Ⅱ 응용편

확인문제

1. 비송사건이란 어떠한 것인가?
2. 판결과 결정은 절차상 어떠한 점에서 차이가 나는가?
3. 「순전한 소송사건」에 대해서는 헌법상 어떠한 절차가 보장되는가?
4. 비송사건은 그 실질에서 사법작용이라 할 수 있는가?

응용문제

설문 1 본건 대법정 결정에 따르면 어떤 사건이 소송절차에 의할 것인가, 비송절차에 의할 것인가를 사건의 성질 및 종류에 따라 정책적으로 결정할 수 있는가?

설문 2 본건 대법정 결정은 소송사건을 「당사자의 의사여하에 상관없이 종국적으로 사실을 확정하여 당사자가 주장하는 권리의무의 존부를 확정하는 재판」이라 해석한다.

(1) 이 기준에 따르면 「가정재판소가 부부의 자산, 수입, 그 외 일체의 사정을 고려하여, 후견적 입장에서 재량권을 행사하여 그 구체적 분담액을 결정하는 혼인비용의 분담에 관한 심판」(가사심판법 제9조 제1항 乙類 3호)은 소송·비송 중 어느 쪽의 범주에 속하는가?

(2) 혼인비용 분담에 관한 심판(가사심판법 제9조 제1항 乙類 3호)이 본건 대법정 결정에 비추어 합헌이 될 경우, 그 근거로 비용분담의무가 없다는 가정재판소의 심판이 있다 하더라도 「별도로 민사소송의 길이 열려 있다」고 주장할 수 있는가?

(3) 「별도로 민사소송의 길이 열려 있다」고 하는 것은 가정심판제도를 설치한 취지를 잃게 하는 것은 아닌가?

설문 3 본건 대법정 결정을 전제로 이하의 물음을 검토하시오.

(1) 민사상 질서벌로서 과료를 부과하는 절차는 「순전한 소송사건」에 해당하는가?

(2) 과료의 결정에 대한 불복신청은 과료를 부과하는 절차와 구별되어 소송사건에 해당한다고 해석할 수 있는가?

(3) 과료의 재판이 실질적으로 행정처분과 다르지 않다고 하면, 행정처분을 재판소의 결정에 위임하는 입법이 이루어진 경우 이 처분의 위법성을 공개·대심이 보장된 재판절차에서 주장하여 재판을 받는 것은 불가능

한가? 또한 이러한 입법은 헌법에 위반되지 않는가?

설문 4 민법 제892조에 따르면 유류분(遺留分)을 가진 추정상속인이 피상속인에게 학대, 중대한 모욕 등을 가하는 등 동조에 정하는 요건이 있을 경우, 피상속인은 그 추정상속인의 철회(廃除)를 가정재판소에 청구할 수 있다고 규정되어 있다.

(1) 이러한 「추정상속인의 철회(廃除)청구」는 본건 대법정 결정에 따르면 소송·비송 중 어느 쪽의 범주에 포함되는가?

(2) 「추정상속인의 철회(廃除)는 기본적 인권의 침해로 이어질 가능성이 있으며, 이 철회(廃除)청구를 소송사건이 아닌 비송사건으로 취급하는 것은 입법정책의 당부의 문제에 머무르는 것이 아니다」라는 구성은 본건 대법정 결정과 정합하는가?

Part Ⅲ 이론편

전개문제

「조정을 대체한 재판」의 위헌성을 도출하는 수법으로 Part Ⅰ의 최고재판소 대법정 결정 이외에 어떠한 것을 생각할 수 있는가?

1. 금전채무임시조정법 제7조 및 전시(戰時) 민사특별법 제19조는 위헌인가?

다수의견은 금전채무임시조정법 제7조의 「조정을 대체한 재판」은 단지 기존의 채무관계의 이자, 기한 등을 형성적으로 변경하는 것 즉, 성질상 비송사건에 관한 것이라 해석하고, 순수한 소송사건에 관해 사실을 확정하고 당사자가 주장하는 권리의무의 존부를 확정하는 재판은 이에 포함되지 않는다고 하였다. 이 논지에 서면, 금전채무임시조정법 제7조는 위헌이 아니라 원심이 동법 제7조를 잘못 적용한 점에 위헌성을 인정한 것이다.

이에 대해, 고타니 가쯔시게(小谷勝重) 재판관은 동조의 목적은 그에 한정되지 않고, 「널리 당해 채무관계 전반에 대한 변경재판을 규정하고 있는 것」이라 해석하였다. 그리고 이자, 기한 등의 변경재판은 그 본질상 비송사건이라고 다수의견이 이해한다는 점에 대해 다음과 같이 말했다. 「이자는 원본에 종속적인 것이기는 하지만, 일단 이자채권으로서 발생하면 원본채권과는 독립된 권리관계에 서는 것이며, 이것의 소구(訴求)는 일반 민사소송의 목적이 되는 것으로서 비송사건절차에 의한 심판의 목적이 되는 것은 아니라는 점이 분명하다」. 이것은 이자채권만을 소구하는 안건의 경우를 생각하면 분명하며 또한 기한에 관해서도 동일하다. 따라서 금전채무임시조정법 제7조의 조정을 대체한 재판의 목적물은 채무관계 전부로 해석되며, 그렇다면 「동조는 동법 제10조, 구 민소법 제203조의 규정과의 관계에서 헌법 제32조, 제82조에 위반하는 무효의 규정」이라고 고타니 재판관은 판단한 것이다. 또한 가와무라 및 이케다 가쯔(池田克) 재판관도 동일하게 해석하여, 동법 제7조를 차지차가 조정법에 의한 조정에 준용하는 것으로 한 전시 민사특별법 제19조를 위헌이라 하였다.

2. 소송사건과 비송사건을 구분하는 기준

비송사건은 「형식적으로 변경하는 것」, 그리고 소송사건은 「사실을 확정하여 당사자가 주장하는 권리의무의 존부를 확정하는 판정」이라는 이해는 양자를 구별하기 어렵다는 점을 부각시킨다. 다수의견은 금전채무임시조정법 제7조에 의한 「조정을 대체한 재판」은 비송사건에 관련되며, 본건 사안은 후자의 「소송사건」이라고 하였으나, 고타니 재판관 등은 「조정을 대체한 재판」은 소송사건과도 관련된다고 해석했다.

다수의견은 재판소가 합목적적 재량에 따라 권리관계를 변경 형성하는 비송사건의 재판(a)과 그 논리적 전제인 실체법상의 존부를 확정하는 소송사건의 재판(b)을 나누어 생각하여, (a)에 대해서는 헌법상 절차보장이 문제가 되지 않으나 (b)에 대해서는 공개・대심・판결이 헌법상 보장된다는 이분론적 구성을 취한 것이다. 최고재판소는 「혼인비용의 분담에 관한 심판의 합헌성이 다투어진 사건」(최대결 1965년 6월 30일 民集 19권 4호 1089면)에서 혼인비용 부담의무와 이를 전제로 한 비용분담액의 형성결정을 구분하여, 전자의 의무자체의 존부를 다투는 것은 (b)이며 별도로 통상 소송의 길이 열려 있다고 하였다. 후자는 비송사건이며 공개법정에서 대심 및 판결에 의해 이루어질 필요는 없다고 하였다. 그리고 (a)와 (b)를 엄격히 구별하여 (b)에 대해서는 별도의 소송이 가능하다고 하였다. 후에 (a)와 (b)의 구분을 묻지 않는 최고재판소 판례가 등장한다. ①「친권자 변경심판의 합헌성」에 관한 최고재판소 결정(최1소결 1971년 7월 8일 判時 642호 21면), ②「추정상속인 배제(廃除)에 관한 처분심판의 합헌성이 다투어진 사건」(최3소결 1984년 3월 22일 判タ 524호 203면)이다. (b)에 대해서는 「통상소송의 길이 있다」는 합헌을 위한 근거가 모습을 감추어 가정재판소의 합목적적 재량이 강조되고 있다.

①의 사건에서 최고재판소는 「가정재판소는 당사자의 의사에 상관없이 자녀의 복지를 위해 후견적 입장에서 합목적적으로 재량권을 행사한다」고 하는 데 머무른다. 또한 ②의 사건에서 최고재판소는 추정상속인의 배제(廃除)청구는 민법 제892조에서 정하는 요건이 있을 경우, 「피상속인으로부터 유류분을 가진 추정상속인을 상대방으로 하여 가정재판소에 제기해야 한다고 규정하고 있으나, 그 취지는 위 규정에서 정

하는 요건이 있을 경우 피상속인에게 실체법상의 배제권 또는 배제청구권을 부여하여 가정재판소를 통해 이것을 행사시키려고 한 것이 아니라, 형식상 위 요건에 해당하는 경우라 하더라도 또한 가정재판소로 하여금 피상속인의 유서(宥恕), 상속인 측의 개심(改心) 등 제반사정을 종합적으로 고찰하여 배제하는 것이 적합한지를 판단시키려는 것이며……위 추정상속인의 배제(廃除)청구는 순수한 소송사건이 아니라고 해석하는 것이 적합하다」고 판시한다. 따라서 이 같은 절차를「소송사건이 아닌 비송사건으로 취급하더라도 입법의 당부 문제에 머무르며」,「위헌의 문제가 발생한다고는 인정할 수 없다」고 귀결한 것이다.

3.「통상소송의 근거의 존부」와 재판을 받을 권리

「통상소송의 근거의 존부」를 제외할 경우, 합헌의 근거를 어디에서 구할 것인지는 어려운 문제이다. 원래「순전한 소송사건」이 아니라고 단언하는 것도 한 가지 방법이지만, 소송사건과 비송사건의 경계선상에 있는 경우 또는 소송사건이라 해석하는 견해가 뿌리 깊은 것에 대해서는 이 같은「단정」이 어렵다. 예를 들어, ①사건에 대한 최고재판소 판례의 수법에 대해서는 어떤 사건이 소송인지 비송인지가 문제가 되어「그 사건에서는『민사감독의 작용』이 이루어지기 때문에, 비송사건이라고 답하는 것은 실은 그 사건이 비송사건이므로 비송사건이라고 답하는 것과 같으며, 답이 되지 않는 답을 하는 동의반복이라는 비난을 면치 못한다」는 엄격한 비판이 민사소송법 학설에서 나온다(鈴木・後揭).

또한 ②의 사건에서 최고재판소의 수법「민법 제892조가 추정상속인 배제(廃除)청구권을 부여한 것이 아니다」에 따라, 1965년 대법정 결정과 같이 청구권의 존부와 그 구체적 형성으로 나누어, 전자에 대해서는 소송의 길이 남아 있다는 구성을 취할 필요가 없어졌지만 이에 대해 민법 제892조에서 오히려「배제권(廃除権)」의 존재를 엿볼 수 있다는 비판(谷口・後揭), 또는 가사심판법 제9조 제1항 乙類 9호의 가사심판사건은 추정상속인의 자격박탈을 위해 실체 사법상의 형성권을 목적으로 하고 상속인 배제(廃除)의 형성재판을 하거나 위 형성권의 부존재를 확인하는 것을 목적으로 하는 본질적인 소송사건이라고 밖에 볼 수 없다」(戸根・後揭)는 주장이 나왔다. 또한 ②의 사건의 최고재판소 결정은 헌법판단을 하고 있으나, 그것은 매우 단순한 것에 머물고 있다. 상속인의 배제(廃除)가 기본적 인권의 침해로 이어지는가라는 관점에 대해서는 전혀 언급되지 않았기 때문이다. 이것은 특별항고의 방법과도 연관되겠지만, 1965년 대법정 결정의 열성적 논의와는 큰 차이를 보인다. 스즈키 마사히로(鈴木正裕) 교수는 추정상속인의 배제(廃除)에 관한 사건은「위헌의 의심이 짙은 사건이라 하지 않을 수 없으며」, 이 건을 대법정에서 다루지 않은 것에 대해 의문을 제기하였다(鈴木・後揭 26면).

4. 「소송 · 비송 이분론」의 극복

현재 비송사건이라 보고 있는 것에는 다양한 것들이 포함되어 있다. 굳이 소송사건이라 할 필요가 없는 것이 대부분이지만, 소송과 비송의 경계영역에 포함되는 것이나 소송사건으로 구성할 수 있는 것도 존재한다. 「순전한 소송사건」의 기준에 따라 소송과 비송을 이분하는 것은 매우 곤란하다. 종전에 많이 이용된 「별도 소송의 길이 존재한다」는 합헌의 근거를 붙이는 수법도 최근에는 점차 사라지고 있다.

소송 · 비송 이분론의 극복을 위해서는 「헌법 제32조의 『재판』은 널리 비송사건의 재판을 포함하며, 제82조의 원칙은 『지도원칙』으로 각각의 사건의 성질 · 내용에 상응한 적정한 절차의 보장을 동반한 것이어야 한다」(芦部 · 後掲). 또한, 「재판」의 해석에 대해서는 판결, 결정, 그리고 명령의 구별이 있으나 헌법상 「재판」을 생각할 경우, 헌법 제32조와 헌법 제82조가 규정하는 「재판」을 나누어 생각할 필요가 있다. 즉, 헌법 제32조의 「재판」은 헌법 제82조가 보장하는 공개 · 대심 · 판결이 규정되어 있지 않은 형식의 것이라도 헌법 제32조의 「재판」이라 해석하는 것이다. 그러한 의미에서 헌법 제32조의 「재판」은 실정법상의 「재판」 개념에 가깝다. 헌법 제82조 「재판」 ≦ 헌법 제32조 「재판」으로 나타낼 수도 있을 것이다. 또한 소송 · 비송 이분론의(헌법 제82조와 관련된) 「소송」에 헌법 제32조를 고정하지 말고 그 보장범위를 검토하여야 한다.

Part Ⅳ 두 번째 소재

소액소송 절차의 합헌성

최고재판소 2000년 3월 17일 제2소법정 판결
1999년(テ) 제25호 손해배상청구사건
判時 1780호 11면

사실 개요

민소법 개정에서 도입된 소액소송 절차에 따르면 소액 30만 엔 이하의 소액 사건에 대해서는 소액소송 판결에 대해 항소를 금지하고(민소법 제377조), 그 판결에 대한 이의신청만을 인정하고 있다(동법 제378조 제1항). 또한 이의신청 후의 종국소송에 대해서도 항소를 금지하고, 헌법위반을 이유로 한 최고재판소에의 특별상고를 제외한 불복신청은 불가능하다(민소법 제380조, 제327조). 상고인은 이의신청 후의 본건의 재판이 동일한 재판관에 의해 심리가 이루어졌기 때문에 예단이 포함될 수도 있으므로 모든 사건에 대해 일률적으로 항소권을 인정하지 않는 것은 공정한 재판을 받을 권리를 보장하는 헌법 제32조에 위반된다고 하여 특별상고하였다.

본 판결은 이 같은 소액소송 절차를 합헌이라 판시했다.

상고심=최고재판소

■ 심급제도와 재판을 받을 권리에 대해서

논지는 소액소송의 판결에 대한 이의 후의 소송 판결에 대해 항소할 수 없다고 한 민소법 제380조 제1항이 헌법 제32조에 위반된다는 것이다. 그러나 헌법 제32조는 누구든지 재판소에서 재판을 받을 권리가 있다는 것을 규정하는 데 지나지 않으며, 심급제도를 어떻게 정할 것인가는 헌법 제81조가 규정하는 부분을 제외하고, 오직 입법정책의 문제로 해석해야 한다는 것이 본 재판소의 판례이다(최대판 1948년 3월 10일 刑集 2권 3호 175면, 최대판 1954년 10월 13일 民集 8권 10호 1846면). 그 취지에 비추어 민소법 제380조 제1항은 헌법 제32조에 위반하는 것이 아님은 명백하다. 논지는 채택할 수 없다.

상고기각.

기본 해설

1. 지금까지는 3심제 하에서 항상 최고재판소에 상고가 인정되어 왔으므로(제1심이 간이재판소인 경우를 제외) 헌법 제32조 위반의 가능성은 논의되지 않았지만, 1996년 민사소송법 개정에 따라 상고제한(민소법 제312조 이하) 및 소액소송(민소법 제308조 제1항)이 도입됨으로써 전자는 항소심까지의 재판, 후자는 제1심의 재판만이라는 가능성이 생겨났다.

본건 사례에 관한 소액소송 절차는 민사소송법 개정의 「주안점」으로 도입되었다. 이것은 재판절차의 이용이라는 측면에서 주목할 만한 내용을 가지고 있다. 소액소송 절차 도입의 배경으로는 「2할 사법이라 불리는 시민의 재판(사법) 일탈 · 불신에 대한 위기의식이 재판소 및 변호사의 양측에서 제기되어」 종래 재판절차를 이용하지 못했던 분쟁을 재판에 포함시키고자 하는 의식이 높아진 것, 그리고 「소비자 보호의 사회문제화 속에서 법률전문가가 사회적 책무로 소액분쟁에 적극 임할 것이 요청되고 있다」는 것을 들 수 있다(松村 · 後揭). 지금까지 제도이용 비용이 맞지 않아 소송제기가 보류된 형태의 사건이 소액소송 절차에 의해 재판소의 판결이 부여된다는 점은 분명 재판을 받을 권리의 실현에 있어서도 중요하다. 그렇지만 항소금지라는 면도 포함되어 있으므로, 재판을 받을 권리의 보장에서 「양날의 검」이 될 가능성도 내재되어 있다.

소액소송 절차는 다양한 특징이 있으나 항소의 금지 이외에, 본건 판결과의 관계에서는 다음과 같은 점이 중요하다. ①소액 30만 엔 이하(2004년 4월 1일 이후는 60만 엔 이하)의 금전지불 청구 사건에 대해 원칙적으로 1회의 구두변론기일에 심리가 종료되어 즉일 판결이 언도된다. ②소액소송 절차는 간이재판소의 통상 절차와 병존관계에 있으며, 양 당사자가 소액소송 절차의 선택에 의견이 일치하는 경우에만 이용된다. 이때 원고가 절차선택권을 가지고 있으나 피고에게 그에 대항하는 형태로 통상 절차에의 이행신청권이 인정되고 있다. 또한 재판소의 직권에 의한 통상 심리에의 이행도 가능하다. ③이와 같은 소액소송 절차의 선택에 대해서는 양 당사자가 명확한 의사를 가지고 있다는 것이 전제되며, 이를 위해 양 당사자에 대한 재판소의 교시가 민사소송규칙 제222조에 규정되어 있다.

2. 심급제도란 「어떤 재판소의 재판에 대한 불복신청을 어떤 재판소가 상급재판소로서 심사하는가의 관계」(兼子=竹下・後揭)를 의미하며, 일본에서는 지금까지 3심제가 기본적 구조로 되어 있었다. 또한 심급제도의 형성은 본건 최고재판소 판례에도 판시되어 있듯이, 헌법 제81조가 규정하는 부분을 제외하고 전적으로 입법정책의 문제로 통설 및 판례는 이해해 왔다. 이것은 재판을 받을 권리를 「헌법 제32조는 누구든지 재판소에서 재판을 받을 권리가 있다는 것을 규정하는 데 지나지 않는다」(본건 최판)라고 해석하는 것과 표리관계에 있다. 이렇게 생각하면 최고재판소 판결은 전혀 문제되는 부분이 없는 것처럼 보이나, 이하의 관점에서 검토할 여지가 있는 것으로 생각된다.

헌법 제76조 제1항의 규정은 「최고재판소」와 「법률로 정함으로써 설치된 하급재판소」를 포함한 심급제를 전제로 하고 있다. 심급제는 잘못 내린 재판을 시정할 가능성을 보장하고 있는 것이며, 그것을 헌법 제76조 「사법권」의 보장과 관련지어 생각할 수 있다. 2가지 심급의 존재이다.

또 하나의 관점은 재판을 받을 권리이다. 재판을 받을 권리는 공정한 절차를 요구할 권리를 포함하여, 이것은 소송당사자가 견해 표명권을 가지는 것을 전제로 그 실효적인 행사를 위해 재판소는 소송당사자에게 「정보제공의무」를 가진다고 하면, 재판소에 의한 잘못 혹은 부적절한 정보의 제공은 그것이 당사자에게 중대한 불이익을 초래할 경우, 재판을 받을 권리를 침해하는 것이다. 이 경우 최소한 하나의 하급심과 최고재판소가 필요할 것이다.

소액소송 절차는 재판을 받을 권리의 구체화라는 측면에서 매력적인 방법이지만, 반면「재판을 받을 권리」의 관점에서 항소의 금지, 동일 재판관에 의한 이의심의 구성은 문제라 할 수 있다. 이 모순된 2가지의 평가를 조화시키는 데는 소액소송 절차 선택에 대한 양 당사자의 합의형성의 전제인 재판소에 의한 절차 교시가 핵심이다. 그리고 재판소의 교시가 재판을 받을 권리의 보장내용에 포함되며, 재판소에 대한 단순한 훈시규정으로 해석해서는 안 된다면, 재판소의 교시가 적절히 제시되지 않을 경우 재판을 받을 권리의 침해의 존부가 특별상고에 의해 최고재판소에 의해 검증되어야 할 것이다(민소법 제373법 제3항 4호가 정하는 소액소송에서 취급해서는 안 되는 사건도 동일). 이 점은 특히 본인 소송이 대부분이라 예상되는 소액소송 절차에 해당하는 것이라 생각된다.

설문

1966년의 민사소송법 개정에 따라 최고재판소에 대한 상고는 판결에 헌법해석의 잘못(민소법 제312조 제1항) 및 중대한 절차법위반(동법 제312조 제2항) 외에, 종래 인정되고 있던 법령위반을 이유로 한 상고에 대해서는「법령의 해석에 관한 중요한 사항」을 포함한다고 인정되는 사건에 한하여,「상고수리 신청」을 통해 최고재판소의 결정에 의해 상고를 수리할 수 있게 되었다(동법 제318조 제1항). 종래에 비해 상고를 제한하는 이러한「재량상고제도」는 헌법 제32조에 위반하지 않는가?

▎참고문헌▎

新堂幸司「訴訟と非訟」ジュリスト増刊『民事訴訟法の争点』(有斐閣, 第3版, 1998年)
青山善充「訴訟と非訟」民事訴訟法判例百選(有斐閣, 第3版, 2003年)
住吉博「純然たる訴訟事件につきなされた強制調停と公開裁判の原則」憲法判例百選Ⅱ(有斐閣, 第4版, 2000年)
林屋礼二「家事審判法による審判の合憲性」同上(有斐閣, 第4版, 2000年)
時本義昭「非訟事件手続法による過料の裁判の合憲性」同上(有斐閣, 第4版, 2000年)
新堂幸司『新民事訴訟法』(弘文堂, 1998年)
高橋宏志『重点講義民事訴訟法』(有斐閣, 新版, 2000年)
鈴木正裕「非訟事件と形成の裁判」『新・実務民訴講座8』(日本評論社, 1981年)
谷口安平「相続人廃除請求事件の性質」家族法判例百選 (有斐閣, 第5版, 1995年)
戸根佳夫「訴訟と非訟」中野古稀祝賀『判例民事訴訟法の理論(上)』(有斐閣, 1981年)
松村和徳「少額訴訟」笹田=亘理=菅原 편『憲法Ⅲ人権2』(有斐閣, 1981年)
兼子一=竹下守夫『裁判法』(有斐閣, 第3版, 1994年)

(笹田栄司)

제31장 처분성·구체적 사건성·재판적 구제

[논점]

(1) 행정소송의 입구를 통과할 수 있는 것은 어떠한 경우인가?
(2) 구체적 사건성과의 관계에 대해서는 어떻게 생각해야 하는가?
(3) 재판을 받을 권리(헌법 제32조)에 대한 침해는 어떠한 경우에 일어날 수 있는가?

Part Ⅰ 기본 소재

공립학교 폐지통합 사건

(이하, 「치요다구 사건」이라 함)

최고재판소 2002년 4월 25일 제1소법정판결
1997년(行ツ) 제60호 초등학교폐교처분취소·손해배상청구사건
判自 229호 52면

사실 개요

동경도 치요다구는 기존의 구립초등학교 14교를 모두 폐지함과 동시에 8교의 구립초등학교를 신설하는 내용의 조례를 구의회에서 가결·결정하였다(이 조례는 단지 구립초등학교의 설립과 폐지의 기준을 추상적으로 정한 것이 아니라, 개개 초등학교의 명칭과 위치 등을 구체적으로 정한 것이다. 또한 초등학교의 신설이라고 해도 반드시 건물의 신설을 동반하는 것은 아니다). 폐지된 A초등학교에 취학한 아동의 보호자들은 이후 신설된 B초등학교에 아동을 보낼 수 있도록 치요다구 교육위원회로부터 취학지정 통지를 받았다. 그 중 일부 보호자들이 원고가 되어 이에 불복하는 각종 소송을 제기하였다. 거기에는 이하와 같은 소송이 포함되어 있었다(이하에서는 누구를 피고로 하는 소송인가라는 점은 구애받지 않도록 하자).

(1) 본건 조례에 의한 A초등학교 폐지처분의 취소를 구하는 행정소송
(2) B초등학교에의 취학지정처분의 취소를 구하는 행정소송

제1심=동경 지방재판소

동경 지방재판소 1995년 12월 6일 판결
刑時 1594호 23면

■ 당사자의 주장 (쟁점)

〈법적 근거에 관련된 주장〉

원고 ①폐교는 아동 및 그 보호자의 학교이용권 등의 기득권을 일방적으로 소멸시키는 것이며, 교육위원회가 내린 취학지정은 아동을 특정 초등학교에 취학시키는 의무를 보호자에게 부과하는 것이므로, 어떠한 것도 취소소송의 대상이 되는 행정처분에 해당한다. ②본건 폐교는 양호한 취학환경의 확보에 대한 배려가 결여된 재량권의 일탈 · 남용으로서 위법이며, 또한 폐교를 전제로 한 본건 취학지정도 위법이다.

피고 ①원고들은 폐교에 의해 법률상 보호된 권리 · 이익을 침해받는 것이 아니며, 폐교의 취소를 구할 원고적격을 갖추고 있지 않다. 또한 본건 조례의 제정 · 공포행위는 원고들의 권리 또는 법적 이익에 어떠한 영향을 주는 것이 아니므로 처분이라고 할 수 없다. 더욱이 본건 취학지정이 취소된다 하더라도 A초등학교에의 취학은 불가능하므로 지정의 취소를 구하는 소송은 소의 이익이 없다. ②본건 폐교에는 고도의 공익적 필요성과 합리적 이유가 있으며, 폐교에 의해 아동이 공교육을 받는데 어떠한 지장도 발생하지 않는 점에서 보더라도, 폐교에 재량권을 일탈 · 남용한 위법은 없다.

■ 법적 구성

(a) 조례를 대상으로 한 항고소송의 적부에 대해서

「지방공공단체가 제정하는 조례는 일반적 · 추상적인 규범을 정립하는 행위이고 이와 같은 입법행위의 성질로 보면 조례의 효력은 본래 모든 사람과의 관계에서 유효나 무효의 어느 한 쪽이어야 하며, 출소기간 내에 제기된 취소소송에 의해 취소되지 않는 한 그 효력의 배제를 구할 수 없다고 해석하는 것은 적합하지 않기 때문에, 입법작용인 조례의 제정은 원칙적으로 항고소송의 대상이 되는 처분이라고 할 수 없다고 해석하는 것이 적합하다.

그렇지만 조례의 형식을 취하고 있는 경우라도 그 성질이 오직 특정 개인에게만 적용되는 법의 집행행위로서, 그 권리의무와 법적 지위에 개별적 · 구체적 영향을 직접 미치는 것이라 할 때는 그 같은 조례의 제정을 가지고 항고소송의 대상이 될 수 있다고 해석할 여지가 있을 수도 있다」.

(b) 취학지정의 취소를 구하는 소송에 소의 이익은 있는가?

「처분 취소에 대한 소송은 취소 판결에 의해 당해 처분의 법적 효과를 상실시키며, 처분의 법적 효과로 발생한 원고의 권리이익에 대한 침해상태를 해소하여 그 권리이익의 회복을 도모하는 것을 목적으로 하는 것이므로, 당해 처분을 취소한다 해도 원고의 권리이익이 회복될 가능성이 없을 때는 이미 그 취소를 구하는 소송은 이익이 없는 것이라 해야 한다」.

■ 적용

(a) A초등학교의 폐지를 내용으로 한 본건 조례의 제정에 의해 원고들의 자녀가 A초등학교에서 교육을 받을 수 없게 되더라도, 본건 조례가 원고들의 권리의무 또는 법적 지위에 직접 영향을 준다고는 할 수 없다. 「본건 조례의 제정은 통상의 입법작용으로 항고소송의 대상이 되는 처분에 해당되지 않는다」.

(b) 「이것을 본건의 입장에서 보면, 원고들은 자신의 자녀들이 N초등학교에서 교육을 받을 이익이 침해됐다고 하여 N초등학교의 폐지를 전제로 이루어진 본건 지정 취소를 구하는 것으로서, 가령 지정이 취소되더라도 본건 조례가 1993년 4월 1일 시행됨에 따라 이미 N초등학교가 폐지된 이상, 피고위원회로서는 원고들의 자녀의 취학 학교를 N초등학교로 지정하여 본건 지정 이전의 상태로 회복시키는 것은 불가능하다는 것이 명확하므로, 원고들로서는 본건 지정을 취소한다 하더라도 그 침해된 상태를 회복할 수 있는 여지가 없으며, 본건 지정의 취소를 구하는 원고들의 소송은 소의 이익을 결여한 것으로서 각하를 면할 수 없다고 해야 한다」.

제2심=동경 고등재판소

동경 고등재판소 1996년 11월 27일 판결
判時 1594호 19면

「공소기각」. 판결의 내용은 제1심과 동일하다.

상고심=최고재판소

■ 법적 구성 및 적용

「본건 조례는 동경도 치요다구 내에 설립된 모든 구립초등학교를 폐지하고, 새로운 구립초등학교 8교를 설립하는 등을 내용으로 하는 것으로, 원심이 적법하게 확정한 사실관계에 따르면 상고인들의 자녀들이 통학하던 구립초등학교의 폐지 후 새롭게 설립된 취학 학교로 지정받은 구립초등학교는 상고인들의 자녀들에게 사회생활상 통학할 수 있는 범위를 벗어난 것이라고는 인정할 수 없다. 이에 따르면 본건 조례는 일반적 규범이며, 상고인들은 피상고인 동경도 치요다구가 사회생활상 통학 가능한 범위 내에 설립된 초등학교에서 그 자녀들에게 법정 연한의 보통교육을 받게 할 권리 내지 법적 이익을 가지고 있으나, 구체적으로 특정 구립초등학교에서 교육을 받게 할 권리 또는 법적 이익을 가지고 있다고는 할 수 없으며, 본건 조례가 항고소송의 대상이 되는 처분에 해당하지 않는다고 한 원심의 판단은 정당하다고 인정할 수 있다」.

기본 해설

설명의 편의상 공립학교의 폐지통합에 관련된 주요 관련 재판(연대가 빠른 순으로)을 기재해둔다.

① 오쓰(大津)地判 1992년 3월 30일(判タ 794호 86면)
② 오쓰(大津)地判 1985년 12월 23일(判自 24호 26면)
③ 요코하마(横浜)地決 1979년 3월 26일(行集 30권 3호 608면)
④ 도쿠시마(徳島)地決 1977년 3월 18일(行集 3권 3호 249면)
⑤ 동경(東京)高決 1977년 3월 4일(東京高裁 民報 28권 3호 49면)
⑥ 나고야(名古屋)高判(金沢支) 1976년 6월 18일(判時 842호 70면)
⑦ 센다이(仙台)高判 1971년 3월 24일(行集 22권 3호 297면)
⑧ 나고야(名古屋)地決 1968년 3월 30일(行集 19권 3호 561면)
⑨ 모리오카(盛岡)地判 1962년 7월 9일(行集 13권 7호 1331면)

1. 「교육을 받을 권리」와 공립학교의 폐지통합

먼저 익숙한 아동의 「교육을 받을 권리」에 대해 기술하고자 한다.

공립학교의 통폐합(폐지통합)(때로는 「폐통합」이라 함)이 이루어져 온 것은 주로 시구정촌(市区町村) 등의 행정재정상의 이유이다. 가령 그것을 「공공복지」에 의한 「교육을 받을 권리」에 대한 제한으로 파악한다면, 여기서의 「공공복지」의 내용은 주로 학교의 효율적 운영이라는 행정재정상의 이유라고 이해해야 한다. 그렇지만 공립학교의 통폐합에 의해 교육이 충실화되었다는 주장도 있을 수 있다(또한 ③요코하마 지방재판소 결정에 따르면 「본 교사에서 교육을 받는 것이 인적으로나 물적으로나 시설・설비가 충실하여 본건 학생들에게 밀도높은 교육을 받을 수 있게 한다……」고 하였다(그것은 교육을 받을 권리의 자유권적 측면의 문제로 볼 수도 있고, 사회권적 측면의 문제로 볼 수도 있다)).

학교의 통폐합이라고 하면, 지금까지의 재판에서는 대부분 시구정촌립(市区町村立)의 초중학교(또는 그 분교)가 거론되어 왔다(또한 시립 고등전수학교[이것은 고등전문학교와는 다르다. 학교교육법 제82조의 4 제1항 참조]의 폐교에 관해서는 ②오쓰 지판 1985년이 있다). 초중학교에 대해서는 각각의 시구정촌(市区町村)(또는 소위 그 연합체로서의 학교조합[일부 사무조합])에 설립의무가 부과되어 있다(동조 제29조, 제30조, 제40조 참조. 또한 양호학교 등의 설립의무에 대해서는 동법 제74조 참조. 고등학교에 대해서는 지방공공단체의 설립의무가 규정되어 있지 않다). 통학 가능한 지역의 학교에서 교육을 받을 아동・학생의 권리가 중시되는 것이다. 그렇다면 학교의 통폐합에 따라 기존의 학교에 다니고 있던 아동・학생들이 통학거리 등의 점에서 불이익을 받을 것이 예상된다. 실제로 폐교를 다투는 행정소송의 원고적격을 긍정하는 데 있어서 초등학교의 설립의무를 인용하고 있는 재판 사례(⑦센다이 고판 1971년)도 있다. 한편 치요다구 사건에서는 도심부 학교의 통폐합이 다투어지고 있으나, 벽지 학교의 통폐합이 다투어진 사례도 있다. 후자 쪽이 아동・학생의 통학 면에서 중대한 어려움에 직면하므로, 이와 관련하여 사실인정의 중요성이 증가할 것이다.

또한 상세한 법령에 대한 이야기가 되겠지만, '의무교육 학교시설비 국고부담법' 제3조 제1항 4호 및 동법 시행령 제3조 제1항 2호에 따르면, 학교통합의 「적정한 규모조건」은 통학거리가 초등학교에서 4km 이내, 중학교에서 6km 이내로 되어 있다.

공립학교가 통폐합됨에 따라 폐지된 초중학교에 취학하고 있던 아동・학생들의 「교육을 받을 권리」는 침해되는 것인가?

치요다구 사건은-전술(前述)한 부분에서는 생략했으나-국가배상소송을 포함하고 있었다. 그 문맥에서는 이하와 같은 실체법적 판단이 내려졌다. 「원고들은……N초등학교의 폐지는 전학 후의 양호한 취학환경의 확보에 대한 배려 없이 행해진 위법이라는 취지의 주장이지만, 본건에서 일부 아동에 대해 통학거리가 증가했다는 사정이 있다고 하더라도……N초등학교의 폐지로 그 재적 아동이 신설 K초등학교에 통학하지 않을 수 없게 된 것은 객관적으로 보아 그 교육환경과 통학조건 등에서 매우 중대한 불이익을 강요한 것이며, 사회통념상 현저히 가혹하다고 인정되는 사정임을 엿볼 수 없으므로, 원고들의 위 주장은……그 전제가 결여된 것으로 적합하지 않다」.

학교의 폐지통합을 정하는 조례가 위법인가에 대해서 ①오쓰 지판 1992년은 다음과 같이 판시하였다. 「그것이 특정 아동 또는 보호자에게 현저하게 과중한 부담을 주고, 통학을 사실상 불가능하게 하는 등 재량권의 범위를 일탈하여 특정인의 교육을 받을 권리를 침해한 경우에만 통폐합을 정한 조례를 위법이라 판단해야 하는 것이다」. 또한 재량(의 일탈)이라는 개념은 행정처분의 경우뿐 아니라 행정입법이나 행정계획 등의 경우에도 사용할 수 있다.

이 점은 사실상 집행정지신청 사건에 대한 인정여부(개정 전의 행소법 제25조 2항에서 말하는 「회복이 곤란한 손해」의 유무 등)를 판단하는 재판소의 결정에서 논쟁이 된 적도 있었다. 예를 들어, ④도쿠시마 지결 1977년은 다음과 같이 판시하였다. 「종래보다 통학조건 면에서 상대적으로 불이익하다는 것을 이유로 「교육을 받을 권리」의 침해라고 해석한다면, 학교의 통폐합 · 이전은 일체 불가능하므로 이와 같은 견해를 채택할 수 없는 것이 명백하다. 또한 공립 초 · 중학교의 통폐합에 대해서는 향후 전망을 바탕으로 통학조건 외 학교의 적정규모, 교직원의 배치, 교육설비의 면 등 다양한 교육조건 및 이를 뒷받침하는 재정조건 등을 종합적으로 고려하여 이루어지지 않으면 안 되지만, 이러한 판단은 일차적으로 교육위원회를 비롯한 지방자치단체의 각 기관에 위임되어 있는 것이며, 위의 판단의 성질상 이들 기관이 교육행정상 상당히 광범위한 재량권을 가지고 있는 것으로 해석되어 사법재판소에서 통폐합 결정의 당부 자체를 심사하는 것은 허용될 수 없다. 이것이 특정 아동학생과 보호자에게 현저하게 과중한 부담을 주고 통학을 사실상 불가능하게 하는 등 재량권의 범위를 일탈하여 특정인의 교육을 받을 권리를 침해했다고 보이는 경우에만, 당해 특정인에 의해 제기된 취학지정처분 등을 다투는 소송에서 이것을 위법으로 하여 그 효력을 부정하는 것이 허용된다고 해석하는 것이 적합하다」. 「본건 통폐합이 교육행정상의 재량권을 일탈하여 신청인들(및 그 자녀)의 교육을 받을 권리를 침해하는 것이라고는 도저히 해석할 수 없다」(또한 전반의 긴 인용문의 중간부분에서 「교육행정상 상당히 광범위한 재량권」이 거론됨과 동시에 「사법재판소에서 폐통합 결정의 당부 자체를 심사하는 것은 허용되지 않는다」고 하였으나, 이것은 재판에서 폐통합의 결정은 원칙적으로 적법하다고 판단된다는 취지로 수용되어야 할 것이다).

덧붙여, ⑥나고야 고등재판소(金沢支) 결정의 한 절을 인용하도록 한다.

「위의 폐교처분과 항고인들에 대한 통합초등학교에의 취학통지처분에 따라 항고인들의 아동이 그 거택에서 통합초등학교까지 통학하기 위해 편도 각 9km 또는 10km를 왕복하지 않으면 안 되며, 구 초등학교에의 통학거리보다 현저히 증가하게 된다. 그렇지만 당해 당국은 통합초등학교에의 왕복에 통학버스를 준비하는 취지를 분명히 하였고, 도보와 위의 버스 외에 전차, 그 외 교통수단이 없는 것도 아니다. 그러나 위의 폐교처분에 따라 위 아동들, 특히 저학년 아동들에게 구 초등학교에의 도보통학에 의한 거주 지역에서의 자연과의 접촉, 그에 대한 이해, 그리고 항고인들과 아동들에게 구 초등학교와 가정과의 친밀감, 근거리감 등 구 초등학교에의 취학에 의해 유지되는 인격형성상 · 교육상 좋은 조건을 잃게 되므로, 이것은 항고인들에게 있어서 회복이 곤란한 손해라고 하지 않을 수 없다.

다음으로, 아동들이 통합초등학교에 취학할 경우 통학은 버스에 의한다고 해도 겨울철 혹한기의 지각, 불참은 피하기 어려운 것이며, 아동의 긴급사태 시 보호자인 항고인들과의 연락, 응급조치상의 불편함, 버스에 의한 교통사고의 위험 등이 예상되므로, 이것은 일종의 교육적 조건의 저하라고 해야 하며, 이것이 통합초등학교에의 취학으로 얻을 수 있는 각종 이점을 고려한다 하여도 항고인들에게 회복이 곤란한 손해라고 하지 않을 수 없다」.

(또한 여기서는 「교육을 받을 권리」 대신 「인격형성상 · 교육상의 좋은 조건」 등이 거론되었다)

2. 관련재판 사건에서의 재판의 "입구"론

관련재판 사건에서는 조례에 의한 폐교에 처분성이 인정되는지와 소송 제기자의 원고적격이 인정되는지가 다투어지는 경향이 있었다. 우선, 이 같은 관점에서 치요다구 사건을 확인해보자. 제1심 · 제2심 판결은 조례에 원칙적으로 처분성은 인정되지 않지만, 예외적 경우로 「특정 개인의 권리의무나 법적 지위에 직접적으로 개별적 · 구체적 영향을 미친다고 할 수 있을 때는」 처분성이 인정된다는 입장을 취한 이상, 본건은 예외적 경우에 해당하지 않는다고 판단했다. 이때 그와 같은 판단에 다음과 같은 명제를 들었다. 즉, 「원고들이 기득권으로 주장하는 N초등학교에서 교육을 받는다는 이익은 단순한 사실상의 이익에 지나지 않으며, 이것을 가지고 원고들의 권리 또는 법적 지위라고 인정할 수는 없다」는 것이다. 이 명제는 언뜻 보기에는 원고적격을 부정한 것처럼 보일 수 있다. 그러나 이것은 전술한 예외적 경우에 해당하지 않는다는 판단을 도출하는 도중 경과의 이유 붙임의 문맥에 있어서이다. 그런 의미에서 처분성을 부정하는 판단의 일부를 이루는 것이다. 치요다구 사건의 최고재판소 판결도 원고적격에 관한 판단이 섞여 있는 것처럼 해석될 수 있으나, 이에 대해서도 처분성에 관한 판단의 일환으로 평가되어야 할 것이다.

치요다구 사건 이외의 관련 재판사건을 살펴보자.

조례 자체를 행정소송에서 공격할 수 있는가? 특히 조례에 처분성은 인정되는가? 이 점을 취급한 재판으로는 ①오쓰 지판 1992년이 있으며, 여기서는 다음과 같이 판시하였다. 「[학교교육법 시행령에 따른] 취학지정은 보호자에 대해 구체적으로 그 자녀를 특정 학교에 취학시킬 의무를 발생시키는 효과를 가지므로」, 「조례에 의한 당해 초등학교의 폐지에 의해 직접 [그 뒤에 이루어지는 학교지정처분 등을 기다리지 않고] 이것을 이용하는 이익을 잃게 된다. 따라서 본건 조례는 위의 보호자와의 관계에서는 항고소송의 대상인 처분이라 해석된다」. 또한 여기서 조례의 처분성을 인정하는데 있어 「위 보호자와의 관계에서는」이라는 유보를 한 것에 대해서는 「보호자와의

관계」는 처분성이 아닌 원고적격의 문제로 처리해야 하지 않는지에 대한 의문이 있을 수도 있지만, 이 점은 신경 쓰지 않아도 될 것이다(덧붙여 일부 유력학설에서는 상대적 처분개념도 제창되고 있으며, 여기서는 처분성의 유무를 문맥에 의존하여 상대적으로 파악해야 할 것이라 하였다). 어느 쪽이든, 이와 같은 ①오쓰 지판 1992년의 입장과(이를 부정한 것처럼 보이는) 치요다구 사건 판례 입장과의 관계에 대해서는 신중한 검토가 필요할 것이다. 또한 공립보육원의 폐지를 정한 조례의 처분성을 인정한 것으로 오사카 지판 2005년 10월 27일 등이 있다(下山憲治 · 法学セミナー 2006년 12월호 102면 참조).

그런데 ①오쓰 지판 1992년은 소위 폐교처분에 대해서 다음과 같이 말하고 있다. 「폐교처분은 [그것을 정하는] 조례가 제정 · 공포됨에 따라 이미 완결되어 효력이 발생하고 있다는 것을 전제로 한 사후적인 사무 처리에 지나지 않으며, 그 자체로 특정인의 구체적 권리의무에 영향을 미치는 것이 아니므로 독립적으로 항고소송의 대상이 되지는 않는다」.

다만, 폐교처분은 어느 시점에서 이루어졌다고 보아야 하는가라는 점에 대해서는 ⑤동경 고등재판소 결정 1977년의 판시도 참고가 된다.

「일반에게 공공시설인 학교의 설립 또는 폐지에 대해서는 조례에 의해 이것을 규정하는 것만으로는 부족하며, 항시 이것을 집행하는 기관인 교육위원회에 의한 취지의 고시에 의해 구체적으로 당해 학교에 대한 공용개시 또는 폐지의 의사표시가 이루어진 경우 비로소 법률상의 효과가 발생하는 것이라고 해석해야 할 특단의 이유는 없다. 조례의 제정 · 공시만으로 학교의 설립 및 폐지를 완결 · 발효시키는 것도 물론 가능하며, 오히려 그것이 원칙이라 생각되므로, 구체적인 폐교처분이 조례의 제정 · 공시에 의해서만 효력을 발생하는 것인지, 前記와 같이 이에 기초한 교육위원회의 특단의 처분에 의해서 비로소 효력이 발생하는 것인지는 구체적인 당해 조례의 제정방법, 그 외의 사정에 비추어 이것을 결정하지 않으면 안 된다는 것이라 해야 한다」. 그렇지만 이 결정은 이와 같은 일반론을 전개하면서도 구체적인 사항과의 관계에서는 다음과 같이 말하고 있다. 즉, 본건의 초등학교 통폐합은 조례의 개정 · 고시에 의해 완결되었으며, 그 후 정(町)교육위원회가 행한 학교의 개설 · 폐쇄와 이에 관한 통고 등의 조치는 폐교에 수반되는 사후적인 사무처리의 하나로 이루어진 것이라 인정된다.

원고적격에 대해서 처분의 시점을 거론하지 않고 다음과 같이 판시한 재판 사례(⑦센다이 고판 1971년)도 있다.

「시정촌(市町村)이 설립한 초등학교 또는 분교에 대해 폐지처분이 내려져, 이로 인해 자녀의 통학이 현저히 곤란 내지 위험하게 되어 그 취학이 사실상 불가능한 상태가 초래되는 경우에는 비록 위 처분이 특정 상대방이 없는 처분이라 할지라도, 보호자는 위에서 말한 법적 이익의 침해를 이유로 위의 처분의 효력을 다투는 것에 대해 법률상의 이익을 갖는다고 해석하는 것은 적합하다」.

여기서는 「취학이 사실상 불가능한 상태가 초래되는 경우」에 한하여 원고적격이 인정된다는 입장을 취하고 있지만, 동일한 입장은 다음 재판 사례(⑨모리오카 지판 1962년)에서도 채택되고 있다. 조금 길게 인용해보자. 「다수의 주민이 보호하는 자녀의 취학을 불가능 또는 현저히 곤란하게 하였을 때와 같이 시정촌립(市町村立) 초중학교의 설립, 폐지의 처분이 보호자의 학교라는 영조물을 이용할 권리를 침해한 경우 그 보호자는 경우에 따라 이러한 처분에 대한 취소 내지 무효확인소송을 제기하고 그 처분의 시정을 구할 수 있다」. 「통학경로의 거리 및 상황으로 보아 원고들의 자녀가 새로운 중학교에 도보로 통학하는 것은 계절에 상관없이 상당한 무리가 따르며, 이것을 강행하는 것은 오히려 학습의 목적을 저해하므로 적당하지 않은 것이 명백하고…… 적설기에는 K교에의 도보통학이 더욱 곤란해진다는 것은 부정할 수 없다. 그러나 그 이상으로 원고들 자녀의 동교에의 도보통학이 완전히 불가능하거나 현저히 곤란하다고 한 원고측 주장의 사실은 위의 적설기를 포함하여 아직 그것을 인정하는 데 충분하지 않다」. 「원고들은 어떠한 것에도 원고적격이 없다」.

그러나 이 같은 판시는 위법판단(본안승소)의 요건이라면 몰라도, 원고적격이 인정되기 위한 요건으로는 엄격하지(좁은) 않은가?(위법판단의 요건에 대해서는 앞에서 인용한 「재량권」에 관한 ① 오쓰 지판 1992년의 판시 참조).

이러한 점에서 원고적격에 관해 다음과 같은 유연한 입장을 취한 재판(① 오쓰 지판 1992년)이 주목된다. 이에 따르면 「보호자는 특정 초등학교에 자녀를 취학시키기 위해 당해 영조물을 이용하는 일종의 법률상 보호된 이익을 가지고 있으며」, 「본건 조례에 따라 K분교를 이용하는 이익에 영향을 받게 되므로, 원고적격을 가진다」고 하였다. 또한 초중학교에 관한 것은 아니지만, 시립고등전수학교 폐지처분 취소청구 사건에 대한 ②오쓰 지판 1985년에 따르면, 당해 학교에서의 교육을 받을 수 있는 지위를 가지는 것이 원고들의 법률상 보호된 이익이라 하였다. 덧붙여 이 사건에서 ②오쓰 지판 1985년은 조례 공포에 처분성을 인정하고 있었다(이에 대해 ①오쓰 지판 1992년과 치요다구 사건의 제1심 · 제2심 판결은—Part Ⅰ에서는 언급하지 않았으나—조례 공포의 처분성을 부정하고 있었다).

어쨌든 폐교 자체를 공격하는 행정소송의 경우는 처분성이나 원고적격이라는 소송요건과의 관계에서 다양한 논의가 전개되었다. 이에 대해, 교육위원회에 의한 취학지정(통지)의 경우는 취학지정에 처분성이 인정됨과 동시에 취학지정을 받은 자에게 원고적격이 인정된다. 여기에는 이론(異論)이 없다. 예를 들어, 집행정지신청 사건에 관한 ④도쿠시마 지결 1977년에 따르면, 「신청인들에 대한 취학지정처분은……신설된 I 중학교에 그 자녀를 취학시켜야 할 구체적 의무를 발생시키는 명령적 행정처분이라 해석되므로, 취소소송의 대상이 될 수 있는 행정처분이며, 또한 신청인들은 모두 위 처분의 상대방이고 이에 의해 구체적 의무를 부과받은 자이므로 위 취소소송에 관해 당사자 적격을 가진다」고 하였다.

또한 취학지정통지에 처분성이 인정된다 하더라도, 통지 일반은 원칙적으로 단순한 알림이며 행정처분이 아니라고 하였다. 따라서 구체적 사안과의 관계에서 취학지정관계의 어떤 통지에 처분성이 인정되지 않는 경우도 있다(그 예로서 ⑧나고야 지결 1968년). 또한 취학통지처분을 다투는 재판의 당사자 적격에 대해 ③요코하마 지결 1979년은 다음과 같은 판단을 하고 있다. 그것은 「본건 취학통지처분을 받은 자가 당해 학생의 부(父)이지 모(母)가 아니지만, 모도 처분의 효력을 받은 자로서 당사자 적격을 가진다」는 판단이다.

덧붙여, 폐교 자체를 공격하는 행정소송에서 어쩔 수 없이 전학하게 되는 아동 · 학생, 그 외의 사람들에게는 원고적격이 인정되더라도 그 외의 사람들에게는 원고적격이 인정되지 않는다는 점에도 유의해두자. 실제, 졸업생 등에게 원고적격이 인정되지 않는 것은 물론(②오쓰 지판 1985년 참조), 장래 입학예정자에게도 원고적격은 인정되지 않는다. 예를 들어, ①오쓰 지판 1992년에 따르면, 「원고 미취학 보호자 및 원고 일반 주민은 본건 조례에 따라 구체적 권리의무에 어떠한 영향도 받지 않으므로, 위 원고들은 모두 원고적격이 없다」고 하였다. 또한 ⑦센다이 고등재판소 1971년에 따르면, 「학교의 통폐합에 반대하는 주민운동단체에는 원고적격이 없으며, 더욱이 임의적 소송담당도 인정될 수 없다」고 하였다.

Part Ⅱ 응용편

◥ 확인문제

1. 공립학교가 폐지됨에 따라 헌법 제26조 제1항이 보장하는 「교육을 받을 권리」를 침해받았다는 주장은 재판소에 의해 인정받을 수 있는가?
2. 본건 최고재판소 판결은 「보호자는 区가 사회생활상 통학이 가능한 범위 내에 설립한 초등학교에서 그 자녀들에게 법정연한의 보통교육을 받게 할 권리 또는 법적 이익을 가진다」고 하고 있는데 이것은 본안의 실체 판단이라고 할 수 있는가?
3. 본건에서는 아동의 보호자가 원고가 되고 있는데 만약 아동을 원고로 하여 재판이 제기되었다면 주장해야 할 권리에 차이가 있는가?

◥ 응용문제

설문 1 폐교를 정한 조례(제정)에서부터 취학지정처분에 이르는 시기 중, 어느 시점에서 재판적 구제를 인정해야 하는가?

설문 2 폐교가 국가배상소송에서 공격받은 경우에는 어떠한 판단이 예상되는가라는 점에 대해 행정소송과 비교하여 검토하시오.

설문 3 실질적 당사자소송으로 지금까지 다니던 학교에 취학해야 할 지위에 있다는 것의 확인을 구하는 소송이 제기된 경우 어떠한 판결이 예상되는가?

Part Ⅲ 이론편

◥ 전개문제

공립학교의 통폐합뿐 아니라 그 이외의 사항도 소재로 하여, 항고소송의 대상적격으로서의 처분성에 대해 소의 이익이라는 개념에도 유의하면서 검토하시오.

다음은 지금까지의 논의를 깊게 살피기보다는 옆으로 전개시키는 방향으로 서술한다.

1. 항고소송의 소송요건

항고소송은 행정소송 중에서 중요한 유형이며, 그 소송요건이라고 하면 "소의 이익"이라는 단어가 떠오른다. 그렇지만 이 단어는 약간 다의적이다. 여기서는 다음과 같이 정리해 두고자 한다. 가장 넓은 의미의 소의 이익은 (1) 처분성(항고소송의 대상적격), (2) 원고적격, (3) 좁은 의미의 소의 이익(객관적인 소의 이익)으로 되어 있다. 이 중 (2)와 (3)을 합하여 넓은 의미의 소의 이익이라 부를 수 있다. 넓은 의미 또는 가장 넓은 의미의 소의 이익은 판결문 등에서는 「법률상의 이익」이라는 말로 나타나는 경향이 있다.

여기서 (1), (2), (3) 중 적어도 하나가 결여되어 있으면 부적법 각하된다. 재판소가 소송요건을 판단할 경우 실제상 "처분성의 유무를 판단하고, 그것이 긍정된 후 원고적격의 유무를 판단한다"는 방법이 취해지는 경우가 많다. 그러나 이치상으로는 부적법 각하 판결을 내리려고 할 때 처분성 및 원고적격 중 어느 쪽을 먼저 판단하여도 좋다(실제로 비적출자 주민표 가족관계기재 취소소송의 동경 지방재판소 1991년 5월 23일에 따르면, 본건 소송은 원고적격을 갖추지 않은 자로부터 제기된 것이며, 처분성의 유무에 대해 판단할 필요도 없이 부적법의 소송으로 각하를 면치 못한다고 하였다).

또한 좁은 의미의 소의 이익에 대해서는 치요다구 사건의 제1심 · 제2심 판결에서 취급되었으나 여기서는 생략하기로 한다. 다만 한마디 하자면, 이 사건에서는 처분성이 없다고 하여 부적법 각하로 판단되었으므로 보다 좁은 의미의 소의 이익이 결여된다(때문에 부적법 각하이다)고 부가하여 판단하는 것은 사족(蛇足)이라고 할 수 있다(이치상으로 본건은 좁은 의미의 소의 이익을 결여하고 있기 때문에 처분성의 유무를 판단할 필요도 없이 각하 판결을 내릴 수 있었던 것이다).

2. 처분성

처분성의 일반론에 대해 설명해보자.

행정소송 중 주관소송은 항고소송(행소법 제3조 참조)과 당사자 소송(동법 제4조 참조)으로 구성된다. 처분성은 항고소송의 중요한 한 가지 요건이다. 항고소송의 대표적인 예로는 취소소송을 떠올릴 수 있다. 또한 국가배상소송 등에서는 처분성의 요건이 불필요하다.

처분성에 관한 최고재판소의 유명한 종래의 공식을 인용해보자. 행정청의 처분이란 「공권력의 주체인 국가 또는 공공단체가 행하는 행위 중, 그 행위에 의해 직접 국민의 권리의무가 형성되거나 그 범위를 확정하는 것이 법률상 인정되어 있는 것」을 말한다. 이 공식이 지금도 활용되는지는 불분명하다. 여기에 나타난 정의에 대해서는 다음의 측면에서 주의할 필요가 있다.

첫째, 최고재판소는 전형적인 행정행위라 할 수 없는 것에 처분성을 인정한 최근의 각 판례에서 이 정의를 원용하지 않는 경우가 종종 있다(예를 들면 의료법에 기초하여 지사가 행하는 권고는 항고소송의 대상이 된다고 한 최판 2005년 7월 15일 및 2005년 10월 25일 특히, 후자의 판결의 후지타(藤田) 보충의견은 종래의 공식을 기계적으로 적용하면 본건 권고의 처분성이 부정된다는 등 종래의 공식을 비판하고 있다).

둘째, 「국가 또는 공공단체」라는 용어는 삭제하는 것이 좋다. 이는 일본변호사연합회, 의사회, 건축확인단체 등과 같은 사적단체도 공권력의 주체로 행동하는 경우가 있기 때문이다.

셋째, 전통적인 정의에서는 「권리의무를 형성하고」라는 말이 나오는데 여기서 말하는 「형성」은 법률용어가 아닌 단순한 일상용어이며 「변동시키다」라는 의미에 가깝다.

오히려 처분성의 요건으로는 공권력성 및 사인에 대한 직접적이고 개별적인 법적 효과라는 2가지(내지는 분쟁의 성숙성을 더하여 3가지)가 필요하다고 논하면 좋을 것이다. 그런 다음 구제의 필요성이라는 견지도 함께 유연하게 생각해보자.

또한 종래의 공식보다도 다음과 같은 설명이 우월하다. 「행정소송에서 취소소송의 대상이 될 수 있는 것은 국민의 권리의무, 법률상의 지위에 직접 구체적으로 법률상의 영향을 미치는 행정처분 등이어야 한다」(墓地埋葬法通達事件에 관한 최판 1968년 12월 24일).

Part Ⅰ에서 조례의 처분성의 유무라는 문제를 취급했는데 이것과도 연관시켜 지방공무원의 승급연신에 관하여 한마디 해두자. 구체적인 사안과의 관계에서 승급연신(昇給延伸) 조례의 처분성을 인정한 재판의 예로서 모리오카 지판 1956년 10월 15일(行集 7권 10호 2443면)이 있다. 단, 그 후의 판례에서는 일반적으로 승급연신의 처분성이 부정되고 있다(최판 1980년 7월 10일 判時 987호 30면 참조). 결국 승급연신은 공무원에 대한 징계로서의 계고(戒告)・훈고(訓告)와 사실상 연관 지을 수 있다. 여기서 계고는 공무원법의 규정에 기초한 정규징계처분이며, 항고소송의 대상적격으로서의 처분성이 있다(즉, 항고소송에서 공격할 수 있다). 그에 반해, 훈고는 문서훈고처분 등의 형태를 취하는 경우를 포함하여 소위 사실상의 감독조치이며 항고소송의 대상적격으로서의 처분성은 없다.

덧붙여, 용어의 문제에 주의하도록 하자.

첫째, "문서훈고처분에는 처분성이 없다"라는 문장에서 "처분"이라는 용어가 2번 나오는데 각각 다른 의미를 가진다. 전자는 일상용어로서 "직원이나 학생을 처분한다"는 경우의 "처분"이며, 후자는 행정법학의 법률용어로서의 "처분"이다.

둘째, "계고(戒告)"라는 용어는 여기서 ①공무원에의 법적 징계의 하나라는 의미로 사용했으나 다른 의미로 사용되는 경우가 있다. 즉, ②의원에의 징벌, ③보험의(保険医)에의 지사(知事)의 계고 ④행정대집행의 계고이다(노동법관계의 "계고"는 별도로 해둔다). 이 중 ①과 ④는 행정소송에서 공격할 수 있다.

셋째, 법령이나 조례의 처분적 성격이라는 용어는 때로 국가배상소송의 문맥에서도 사용되는 경우가 있으나, 그것은 항고소송의 대상적격으로서의 처분성과는 별개의 것이다.

또한 실질적 당사자소송(행소법 제4조 후단)을 활용할 수 있는 것은 [갑]과 [을]의 경우이다. [갑]이란 처분의 무효(부존재)를 전제로 하는 「현재의 법률관계에 관한 소송」(행소법 제36조 후단)이라는 형태를 취하는 경우이며, 이른바 처분무효 전제형이다. [을]이란 이와 같은 형태를 취하지 않는 경우로 이른바 처분무효 비전제형이다. [을]의 주요 예로는 우선 손실보상청구 중 일정 부분(즉, 형식적 당사자소송의 형태를 취하지 않는 것)을 들 수 있으며, 이어 행정계획 등 처분성이 인정되지 않는 행정관계 행위가 게재되어 있는 분쟁을 (항고소송이 되지 않는) 확인소송으로 해결하려고 시도하는 사례를 들 수 있다. 덧붙여 실질적 당사자소송(급부소송도 포함)은 항고소송과는 다르고 민사소송에 훨씬 가깝다. 또한 확인소송 중에는 행정의 위법성 확인보다도 자신의 어떠한 지위를 확인하는 편이 더 낫다.

마지막으로, 이른바 Part Ⅳ에의 가교로서 재판을 받을 권리에 대해 한마디만 해두자. 이때 중요한 것은 재판에 의한 실효적 구제라는 관점이다. 우선, 학교통폐합소송의 경우에 집행정지신청이라는 가구제(가처분)가 제기된 경우도 있었다. 가구제란 민사관계에서 가처분 외에 행소법상의 것이 있으며, 후자는 주로 집행정지신청이라는 형태를 취한다. 적어도 행소법상의 가구제에 관한 한 그 최저한의 제도를 마련해두는 것이 헌법 제32조(재판을 받을 권리)의 요청이라고 해석해야 할 것이다(최근의 유력설). 또한 학교통폐합소송에서 국가배상청구가 시도되는 경우도 있었다. 국가배상소송(실무상은 민사소송에 속함)은 실질적으로 행정소송과 비슷한 기능을 하는 경우가 상당히 많다(원고가 배상금을 받는 것보다 행정행위의 위법성을 인정받기 위한 의도가 있는 경우). 그렇다고 해도 원래 국가배상소송은 배상금을 받는 것에 주안점이 있는 것으로 행정의 위법한 행위를 시정하는 것은 아니다. 그러한 의미에서 본래 행정소송이야말로 진정한 소송이며 국가배상소송은 말하자면 부차적인 것에 지나지 않는다고도 할 수 있다. 따라서 국가배상이 인정되었다고 해서 당연히 헌법 제32조의 요청이 만족된 것은 아니다. 또한 가구제나 국가배상의 범위에서는 벗어나지만, 취학보호자에 의한 공립학교의 통폐합을 다투는 행정소송에 대해 부적법 각하를 하더라도 헌법 제32조에 위반되지 않는다는 재판소의 판단도 있을 수 있었던 것이다.

Part Ⅳ 두 번째 소재

재판소지부 폐지 사건(裁判所支部廃止事件)

최고재판소 1991년 4월 19일 제2소법정 판결
1990년(行ツ) 제192호 최고재판소규칙취소청구사건
民集 45권 4호 518면

사실 개요

후쿠오카 지방가정재판소 아마기(甘木)지부는 최고재판소 규칙(개정규칙)에 의해 폐지되었다. 때문에 아미기 주변에 거주하는 주민들은(간이재판소는 별도로 두고) 지방가정재판소에서 재판을 받기 위해서는 후쿠오카 지방가정재판소의 본청을 이용해야만 했다(단, 행정소송은 종래부터 지방재판소의 본청이 아닌 지부에서는 하지 않았다). 따라서 주민인 X(원고 · 항소인 · 상고인)들은 지부의 폐지를 정하는 최고재판소 규칙의 취소를 구하는 행정소송을 후쿠오카 지방재판소(본청)에 제기하였다. 이때 X들은 본건 지부폐지는 자신들이 가진 「재판을 받을 권리」 등을 침해하는 것이라 주장하였다.

제1심(후쿠오카 지방재판소 1990년 3월 16일 判時 1364호 34면[民集 45호 523면])은 이에 대해 부적법 각하하였다. 이에 따르면, 재판소 지부의 이용에 관한 주민의 이익은 「사실상의 이익이며 법률상의 이익이 아니므로 이 같은 사실상의 이익에 관한 분쟁은 당사자 간의 권리관계 또는 법률관계의 존부에 관한 분쟁이라고 할 수 없으며,……항고소송에 해당하지 않는 것은 물론, 법률상의 쟁송에도 해당하지 않는다」고 하였다(또한 여기서 「항고소송에 해당하지 않는다」란 「적법한 항고소송에 해당하지 않는다」라는 의미로 받아들일 수 있음). 제2심(후쿠오카 고등재판소 1990년 8월 23일 民集 45권 4호 532면)도 이와 같은 제1심의 입장을 유지하였다(이때 「사실상의 이익」의 직후에 「또는 반사적 이익」이라는 용어 등을 보충하였다). 따라서 X들은 상고했으나 기각되었다.

상고심=최고재판소

■ 법적 구성

「재판소법 제3조 제1항 규정의 『법률상의 쟁송』으로 재판소의 심판의 대상이 되는 것은 당사자 간의 구체적인 권리의무 내지 법률관계의 존부에 관한 분쟁에 한하므로, 이와 같은 구체적인 분쟁을 벗어나 재판소에 대해 추상적으로 법령이 헌법에 적합한지의 판단을 구하는 것은 불가능하다」.

■ 적용

「[본건 소송은 개정규칙 중] 아마기지부를 폐지하는 부분에 대해 이것이 헌법 제32조, 제14조 제1항, 전문(前文)에 위반된다고 하며, 또한 개정규칙의 제정에는 동법 제77조 제1항 소정의 규칙제정권의 남용의 위법이 있다고 하여, X들이 폐지에 관한……[본건] 각 아마기지부의 관할구역 내에 거주하는 국민의 입장에서 그 취소를 구한다는 것이며,……위의 입장 이상으로 나아가 X들에 관한 구체적인 분쟁에 대해 그 심판을 구하는 것은 아니라는 점이 그 주장 자체로부터 명확하다. 그렇다면 본건 각 소송은 결국 재판소에 대해 추상적으로 최고재판소 규칙이 헌법에 적합한지 여부의 판단을 구하는 것에 귀속되며, 재판소법 제3조 제1항에서 말하는 『법률상의 쟁송』에 해당하지 않는다고 해야 한다」.

기본 해설

1. 재판소 지부의 폐지를 정하는 법 형식

재판소 지부의 폐지는 공립학교의 폐지와 공통된 면을 가지고 있다. 그것은 「영조물」(국가 등의 행정주체에 의해 특정 공공목적에 제공되는 인적 · 물적시설)과 그 이용자와의 관계에 관련되었다는 것이다. 어떠한 경우라도 폐지에 의해 이용자가 이전보다 사실상 불이익을 받기 쉽다 하더라도, 재판소 지부의 폐지는 본건 사례와 같이 단순한 지역주민의 다툼이 아닌, 재판소 지부를 현재 이용하고 있는 사람들이 소송을 제기하는 경우에야말로 Part Ⅰ에서 본 학교폐지사례의 경우와 비슷한 문제가 발생하는 것이다. 후자의 경우 「교육을 받을 권리」의 침해가 논의될 수 있다면, 전자의 경우는 「재판을 받을 권리」의 침해가 논의될 수 있다는 것이다. 단, 이하에서는 이 점도 포함하여 영조물 이용관계에 대한 검토는 피하기로 한다. 그 대신 최고재판소 규칙에 대해 간단히 서술해둔다.

재판소법 제31조 제1항에 따르면 최고재판소는 「지방재판소의 사무 일부를 취급하기 위해」 지방재판소지부를 설치할 수 있다. 설치의 상세한 규정을 어떤 법 형식으로 할 것인지에 대해서는 명시되어 있지 않았지만, 이것을 최고재판소 규칙으로 하였다. 이것은 「사법사무처리에 관한 사항」 등에 대한 규칙제정권을 정한 헌법 제77조 제1항의 취지를 확인하는 색채가 짙다. 또한 법률에 따른 최고재판소 규칙에의 위임이라고 보는 설도 있을 수 있다(宮沢설은 그렇게 볼 가능성이 있다). 이러한 점에서 「사법사무처리」 등은 재판사무의 분배를 포함한다고 해석하는 다수설을 취할 것인가에 달려 있다(宮沢=芦部 『全訂日本国憲法』 616면에 따르면, 「사법사무처리」란 사법행정사무의 처리를 가리킨다고 되어 있으나 그것은 소수설이다).

또한 헌법 제77조 제1항이 규칙소관사항을 열거한 것에 대해서는 이하의 3설이 있을 수 있다.

제1설: 그 이외의 사항에 대해 최고재판소 규칙으로 정해서는 안 된다는 학설

제2설: 법률의 위임이 있으면 사법에 관련된 사항에 대해 규칙으로 정해도 좋다는 학설

제3설: 법률의 위임이 없어도 사법에 관련된 사항이 있으면 규칙으로 정해도 좋다는 학설

생각컨대, 제3설은 헌법 제77조 제1항의 규칙 소관사항의 열거를 예시적이라 해석한 것으로 얼핏 보기에는 실격이다. 분명 제1설도 성립할 여지는 약간 있다. 그러나 제2설이 타당하며, 이는 최고재판소의 견해이기도 하다(国会の憲法論議 Ⅱ, 3723~25면). 제2설에 입각한 경우 최고재판소 규칙에는 헌법의 직접적 수권에 기초한 것과,

헌법의 직접적 수권에 기초하지 않은 것 2가지 종류가 있다(후자의 예로서는 사법연수생에 관한 규칙).

논외의 이야기지만, 본건 재판이 최고재판소까지 다투어진 경우는 최고재판소 자신이 최고재판소 규칙의 합헌성을 심사하게 되는데 이것도 가능하다(최결 1991년 2월 25일).

2. 구체적 사건성(법률상의 쟁송의 제1요건)에 대해서

앞에서 인용한 본건 최고재판소 판결의 「법적 구성」의 부분은 법률상의 쟁송의 제1요건과 추상적 위헌심사의 부인에 대해 말하고 있다. 이때 괄호 안에 경찰예비대 위헌소송의 최대판(最大判) 1952년 10월 8일과 연화사 소송(蓮華寺訴訟)의 최판(最判) 1989년 9월 8일을 인용하고 있다. 단, 전자의 최대판은 추상적 위헌심사를 부인한 것이지만 법률상의 쟁송에 대해 언급하고 있지 않다. 후자의 연화사 소송의 최판은 법률상의 쟁송에 대해서 말하고 있으나, 여기서는 제1요건이 아닌 제2요건이 다루어지고 있다. 이하에서는 편의상 추상적 위헌심사에 대해서는 언급을 피하고 법률상의 쟁송을 중심으로 이야기를 진행하고자 한다.

먼저, 법률상의 쟁송의 2가지 요건(구체적 사건성과 재판해결적합성)을 확인해보자. 「목각만다라(板まんだら)」 사건에 관한 최판 1981년 4월 7일을 인용해보자. 「재판소가 그 고유의 권한에 기초하여 심판할 수 있는 대상은 재판소법 제3조에서 말하는 『법률상의 쟁송』 즉, [①]당사자 간의 구체적인 권리의무 내지 법률관계의 존부에 관한 분쟁이며, [②]그것이 법령의 적용에 따라 종국적으로 해결될 수 있는 것에 한한다」. 「구체적인 권리의무 내지 법률관계의 존부에 관한 분쟁이라 하더라도 법령의 적용에 따라 해결하는 데 적합하지 않은 것은 재판소의 심판 대상이 될 수 없다」.

[①]은 구체적 사건성이라 불릴 수 있다. [②]는 학계 외에서는 「종국성」이라는 용어로 요약되기도 하나 이 문맥에서 「종국적」이라는 용어는 그다지 중요하지 않다(이 용어는 주로 재판소의 판단이 상위 국가기관에 의해 뒤집어져서는 안 된다는 당연한 것을 가리킨다). 「종국성」이라는 용어는 분쟁의 종국적 해결이라는 취지로 오해되기 쉬우므로 문제가 될 것이다(분쟁을 잠정적으로 해결하는 종류의 재판이라도 「법률상의 쟁송」의 요건을 만족할 수 있다). 따라서 [②]는 (종국적인) 재판해결 적합성 또는 법적해결 가능성이라 부르는 것이 바람직하다.

이와 같은 법률상의 쟁송의 2가지 요건 중, 여기서 관심을 갖는 것은 제1요건이다. 법률상의 쟁송의 제1요건 즉, 구체적 사건성을 부정한 판례로서 본건의 재판소 지부 폐지 사건이 있다. 한편, 처분성을 부정한 판례로는 Part Ⅰ에서 취급한 치요다구 사건 이외에 묘지법 통달 사건(墓埋法通達事件)(Part Ⅲ에서 언급)이나 청사진(青写

眞) 판결로 알려진 최대판 1966년 2월 23일이 있다. 단, 구체적 사건성의 부정과 처분성의 부정이 명확하게 구별되는 것은 아니다(실제로 청사진 판결은 사업계획의 처분성을 부정하면서도, 사업계획의 결정단계에서의 항고소송에 대해 「쟁송의 성숙성 또는 구체적 사건성이 없다」고도 하였다).

행정소송 중의 실질적 당사자소송(특히 확인소송)으로 본안 수준에서 다투기 위해서는 처분성의 요건은 불필요하지만, 구체적 사건성의 요건은 필요하다. 예를 들어, 자신은 어떤 법령이나 조례에 따라야 할 지위에 없다는 확인을 구하는 소송의 경우, 그것이 구체적 사건성의 요건을 만족할지의 여부는 사안마다 검토할 필요가 있다. 청사진 판결 사례도 실질적 당사자소송으로 공격할 여지도 있었을 것이다(부언이지만, 어떤 "사태"가 「법률상의 쟁송」에 해당하는지는 불만이나 분쟁을 "사태"로 파악하는 것이 아니라, 불만이나 분쟁이 어떠한 종류의 재판제기에 이르렀다는 상황을 "사태"로 파악한 뒤 판정되어야 하는 것이다. 따라서 청사진계획이 항고소송에서 다투어지고 있는 모습은 법률상의 쟁송이 아니지만, 청사진계획이 실질적 당사자소송에서 다투어지고 있는 모습은 법률상의 쟁송이라고 논할 수도 있다).

또한 분쟁의 성숙성이라는 개념은 처분성의 유무를 검토하는 문맥에서 사용되는 경향이 있지만, 경우에 따라서는 구체적 사건성의 유무를 검토하는 문맥에서 사용될 여지도 있다. 또한 「법률상의 쟁송」성과 항고소송의 소송요건(가장 넓은 의미의 소의 이익)과의 관계에 대해서는 「법률상의 쟁송」성이 만족되고 나서야 비로소 항고소송의 소송요건이 논의된다는 논리적 관계가 있는 것은 아니다. 즉, 재판에서 「법률상의 쟁송」성의 유무를 언급하지 않은 채 항고소송의 소송요건이 논의되는 경우도 많다. 바꿔 말하면, 항고소송에서는 처분성(이나 원고적격 등)의 결여가 판단되기 쉬우나, 그 대신 "이 사건은 법률상의 쟁송이 아니다"라는 판단을 논리적으로 내릴 수 있는 경우도 상당히 많다(그렇지만 나하(那覇) 기지 역정보 공개청구 소송(基地逆情報公開請求訴訟)의 최판 2001년 7월 13일은 본건 소송은 법률상의 쟁송에 해당하지만, 상고인에게 원고적격이 인정되지 않으므로 소는 부적법하다고 하였다). 또한 국가배상소송의 경우에는 현재의 급부소송으로 소송요건을 통과하기 쉬운 것도 있으며, 국가배상소송과 「법률상의 쟁송」의 관계를 논하는 경우는 드물다(그 예로서 의원정수불균형을 국가배상소송에서 다툰 사건에 대한 동경 지방재판소 1977년 8월 8일 등).

마지막으로, 본 최고재판소 판결은……전술한 부분에서는 생략했으나……「원심이 본건 각 소송을 위의 『법률상의 쟁송』에 해당하지 않는다고 판단한 것이 헌법 제32조에 위반하지 않는다는 것은……[최대판 1960년 12월 7일 등]의 취지에 비추어 명확하다」고 하였다. 여기서는 재판을 받을 권리를 둘러싼 문제가 Part Ⅳ의 기본 해설의 첫머리에서 언급한 것과는 다른 의미로 화제가 될 수 있다. 여기서 인용된 최대판 1960년은 시의회의원제명취소소송에서 임기만료 후, 좁은 의미의 소의 이익이 소멸했는지가 다투어진 것이다(그것은 행소법 제9조 제1항 괄호 안이 개설되기 이전의 사례이다). 거기서는 「헌법 제32조는 소송의 당사자가 소송의 목적인 권리관계에 대해 재판소의 판단을 구하는 법률상의 이익을 가진다는 것을 전제로 하여, 이러한 소송에 관하여 본안의 재판을 받을 권리를 보장한 것이다」고 하였다(또한 이것은 본안[실체]이 아닌 소송요건의 판단문맥에서 헌법판단이기도 하다). 분명 일반론으로는 부적법 각하가 되어도 당연히 헌법 제32조 위반이 되지 않는다고 할 수 있지만, 부적법 각하가 되어서는 안 되는 사례가 부적법 각하가 된 경우는 그것이 헌법 제32조 위반이 될 것인지에 대해서 논의의 여지가 클 것이다.

전술한 청사진 판결의 다수의견은 「재판을 받을 권리」를 다음과 같은 형태로 언급하였다. 「[토지구획정리사업과 같은 행정작용의 경우] 일련의 절차의 모든 단계에서 소의 제기를 인정하지 않으면 재판을 받을 권리를 박탈하는 것이 된다고는 할 수 없다」. 이에 대해, 반대의견은 「위법한 사업계획에 의해 권리를 침해받은 자의 구제를 끝까지 부여하지 않는다[고 하면 그것은] 헌법 제32조, 재판소법 제3조에 위반하는 것이다」라는 취지로 말했다. 생각컨대, 청사진 판결의 사례에서 처분성을 부정하는 것은 헌법 제32조 위반이 된다는 견해도 충분히 성립할 것이다.

재판을 받을 권리 내지 재판에 의한 실효적 구제에 대한 심화는 이후의 과제로 한다.

설문 1 본건의 사안을 바꾸어 만일 재판소지부에서 본인소송을 제기하고 있는 사람들이 지부의 폐지를 다투는 소송을 제기했다면, 예상되는 판결은 본건의 경우와 달라지는가?

설문 2 항고소송의 처분성 유무는 법률상의 쟁송의 제1요건을 충족하고 나서야 비로소 논의될 수 있다고 생각해도 좋은가?

설문 3 재판소지부의 폐지에 따라 헌법 제32조가 보장하는 「재판을 받을 권리」가 침해될 가능성은 있는가? 또한 지금까지 거주지 근처에 설치되어 온 투표소의 폐지(더욱 먼 장소에 있는 투표소의 지정)에 따라 헌법이 보장하는 선거권이 침해될 가능성은 있는가?

▌참고문헌▐

小島喜孝「廃校処分に対する執行停止」教育判例百選(有斐閣, 第3版, 1992年)
(교육학 관련문헌은 생략함)
室井敬司「最高裁判所規則と司法審査」行政判例百選Ⅱ(有斐閣, 第5版, 2006年)

(内野正幸)

第32장 행정소송 · 국가배상소송에서의 헌법소송

[논점]

(1) 선거권 행사는 헌법상 어떻게 평가되는가? 또한 구체적인 선거제도(재외선거제도)의 검토에 있어서 선거권 행사의 평등은 어떻게 고려되어야 하는가?
(2) 실질적 당사자소송으로 「공법상의 법률관계에 관한 확인소송」은 헌법소송에 어떠한 형태로 활용될 수 있는가?
(3) 입법부작위의 헌법적합성을 국가배상청구소송에서 논하기 위해서는 어떠한 요건이 필요한가?
(4) 행정사건소송법의 원고적격 규정의 개정은 헌법소송에 어떠한 영향을 미치는가?

Part Ⅰ 기본 소재

재외국민 선거권 소송

최고재판소 2005년 9월 14일 대법정 판결
2001년(行ツ) 제82호, 2001년(行ヒ) 제76호,
2001년(行ヒ) 제77호 재외일본인선거권박탈위법확인등청구사건
民集 59권 7호 2087면, 判時 1396호 1면,
判時 1908호 36면, 判タ 1191호 143면

사실 개요

1998년 개정 전의 공직선거법 제42조 제1항, 제2항은 선거인명부에 등록되어 있지 않은 자 및 선거인명부에 등록될 수 없는 자는 투표를 할 수 없는 것으로 정해져 있었다. 재외국민은 어느 시정촌(市町村)에서도 주민기본대장에 기록되지 않기 때문에 선거인명부에는 등록되지 않으며, 그 결과 재외국민은 중의원의원 또는 참의원의원 선거에서 투표를 할 수 없었다.

내각은 1984년 4월 중의원의원 및 참의원의원의 선거 전반에 대한 재외선거 제도의 창설을 내용으로 한 「공직선거법의 일부를 개정하는 법률안」을 제101회 국회에 제출하였으나, 同案은 그 후 제105회 국회까지 계속 심사가 되었으나 실질적인 심의

가 이루어지지 않은 채 1986년 6월 중의원이 해산됨에 따라 폐안되었다.

1998년 공직선거법이 일부 개정되어 새롭게 재외 선거인명부가 만들어지게 되었고, 공직선거법 제42조 제1항 본문은 「선거인명부 또는 재외 선거인명부에 등록되지 않은 자는 투표를 할 수 없다」고 개정되었다. 본건 개정에 의해 재외선거제도의 대상이 되는 선거는 중의원의원 및 참의원의원의 선거이지만, 당분간은 중의원 비례대표 및 참의원 비례대표의 선거에 한하는 것으로 되었기 때문에 그동안은 중의원 소선거구 및 참의원 선거구의 선거는 대상이 되지 않았다(개정 후의 공직선거법 부칙 제8항).

1996년 10월 21일 실시된 중의원의원 총선거에서 투표할 수 없었던 재외국민 X_1(이미 귀국한 자와 현재도 국외에 거주하는 자를 포함)은 ①1998년 개정 전의 공직선거법이 원고들에게 중의원의원 및 참의원의원의 선거권 행사를 인정하지 않은 점에서 위법(헌법 제14조 제1항, 제15조 제1항, 제3항, 제43조 및 제44조 및 B규약 제25조 위반)이라는 것의 확인(청구A), ②개정 후의 공직선거법이 원고들에게 중의원 소선거구 선출위원 및 참의원 선거구 선출위원의 선거권 행사를 인정하지 않은 점에서 마찬가지로 위법이라는 것의 확인(청구B)을 각각 요구했다. 또한 1996년 당시는 재외국민이었으나 그 후 귀국한 X_2는 공직선거법 개정 전에는 재외국민에 대해 선거권 행사가 인정되지 않은 것이 헌법 등의 일의적(一義的)인 문언에 위반하였고 국회가 이것을 알면서 굳이 그 개정을 하지 않은 입법부작위가 명백히 입법재량을 일탈한다고 주장하여, 국가배상법 제1조 제1항에 기초하여 1996년 중의원의원 선거에서 투표하지 못하여 원고들이 입은 정신적 손해의 배상(위자료)으로 원고 각자에 대해 5만 엔의 지불을 요청했다.

이에 대해, 피고 Y(국가)는 이하와 같이 주장했다. ①각 위법확인소송은 원고들의 구체적 선거권 행사를 문제로 하지 않고 구체적 분쟁을 벗어나 추상적, 일반적으로 법률의 헌법적합성 또는 B규약 적합성에 대한 판단을 구하는 소송에 귀결되는 것으로서, 재판소법 제3조 제1항의 「법률상의 쟁송」에는 해당되지 않는다. 또한 ②원고들이 주장한 위법상태를 해소하기 위해서는 입법조치를 취해야 하지만, 본건 소송을 인용하는 판결이 내려진다 하더라도 입법상의 조치를 취하는 것이 관계 행정청 또는 입법부에 의무를 부과하는 것이 아니므로 「확인의 이익」이 결여된다. ③국가배상청구에 관해서는 헌법상 재외국민의 선거권에 관한 입법의무를 일의적으로 명확히 한 규정이 존재하지 않으므로 입법의 부작위가 국가배상법상 위법이라 평가될 여지는 없다.

제1심=동경 지방재판소

동경 지방재판소 1999년 10월 28일 판결
民集 59권 7호 2216면

(a) 국가배상청구

■ 법적 구성

국가배상법 제1조 제1항은 공권력의 행사를 담당하는 공무원이 개별 국민에 대해 부담하는 직무상의 법적 의무를 위반하여 당해 국민에게 손해를 끼친 경우 국가 또는 공공단체가 이것을 배상하는 책임을 진다는 것을 규정하는 것이다. 그러므로 국회의원의 입법부작위를 포함한 입법행위가 동항의 적용상 위법이 되는지는 국회의원의 입법과정에서의 행동이 개별 국민에게 지는 직무상의 법적 의무를 위반하였는지의 문제로, 당해 입법내용의 위헌성 문제와는 구별된다. 국회의원은 입법에 관해서 원칙적으로 국민 전체에 대해 정치적 책임을 지는 데 머무르며, 개별 국민의 권리에 대응한 관계에서의 법적 의무를 지는 것은 아니다. 「국회의원의 입법행위는 입법내용이 헌법의 일의적인 문언에 반하고 있음에도 불구하고, 국회가 굳이 당해 입법을 행한다는 예외적인 경우가 아닌 이상, 국가배상법 제1조 제1항의 적용상 위법의 평가를 받지 않는다고 해석해야 한다(최1소판 1985년 11월 21일 民集 39권 7호 1512면)」.

■ 적용

재외선거제도에 관한 구체적 결정은 국회의 재량에 맡겨져 있으므로 원고가 주장하는 헌법의 각 규정에 의해 「이들이 곧바로 입법부인 국회에 대해 중의원의원 및 참의원의원 선거 모두에 재외일본인의 선거권 행사를 가능하게 하는 입법이 성립되어야 함을 일의적으로 명백하게 명하고 있다고 해석하는 것은 곤란하다. 또한 B규약 제25조도 조약체결국의 입법부에 대해 재외에 거주하는 자국민의 선거권 행사를 가능하게 하는 입법조치를 강구해야 함을 일의적으로 명백하게 명하고 있다고 해석할 수 없다」.

(b) 위법확인청구

■ 법적 구성

법률상의 쟁송이란 「당사자 간의 구체적인 권리의무 내지 법률관계의 존부에 관한 분쟁에 한하고 있으며, 이러한 구체적 분쟁을 벗어나 법령이 재판소에 대해 추상적으로 헌법에 적합한지의 판단을 구하는 것은 허용되지 않는다」.

■ **적용**

본건 각 위법확인청구소송은 특정 선거에서의 개별 구체적인 권리침해를 말하는 것이 아니라, 개정 전・개정 후의 공직선거법에서 선거권을 가진 재외일본인 일반에게 선거권 행사의 방법이 확보되어 있지 않았다는 일반적 상태를 현재의 원고들이 자신들의 입장에 적용하여 표현한 것에 지나지 않은 것으로서, 구체적 분쟁의 범위를 벗어나 공직선거법의 위법 확인을 구하는 소송이므로 법률상의 쟁송에는 해당하지 않는다.

또한 만일 본 사건 각 위법확인청구소송이 법률상의 쟁송에 해당한다고 해석했다 하더라도 각 소송은 부적법하다. 원고들은 각 확인소송이 이른바 무명항고소송에 해당하지만, 이것을 인정받기 위해서는 적어도 행정청에 자유재량의 여지가 전혀 남아 있지 않다는 등 제1차 판단권을 행정청에 유보하는 것이 반드시 중요한 것만은 아니다는 인정을 받을 필요가 있다. 그러나 본건 각 위법확인청구소송은 광범위한 입법재량권을 가진 국회의 입법권한의 불행사에 대한 불복소송이며, 국회에 대해 재외국민의 선거권 행사를 가능하게 하는 입법을 일의적으로 명하는 헌법 그 밖의 규정이 존재하지 않으므로 무명항고소송으로 허용되기 위한 필요요건을 구비하고 있지 않다.

제2심=동경 고등재판소

동경 고등재판소 2000년 11월 8일 판결
民集 59권 7호 2231면

항소인(X1, X2)을 주위적(主位的) 청구 A・B와 더불어, 예비적 청구로서 개정 후의 공직선거법 중에서 재외투표에 관한 규정이 시행(2000년 5월 1일)되기 전에는 항소인들이 중의원의원 및 참의원의원의 선거권을 행사하는 것이 거부되었고, 시행 후에도 항소인들이 중의원 소선거구 선출의원 및 참의원 선거구 선출의원의 선거권을 행사하는 것이 거부된 것이 명백하므로 항소인들이 이들 선거에서 선거권을 행사할 권리를 가진다는 확인을 구했다(청구C).

(a) 국가배상청구

■ **법적 구성**

제1심과 동일.

■ **적용**

제1심 판결이 판시하는 부분 외에 ①본건 공직선거법 개정에 따라 재외선거제도가 창설되어 당분간은 중의원 또는 참의원의 비례대표 선출의원의 선거에 한정되지만, 2000년 이후의 선거부터 실시되는 것으로 되어 있다는 것, ②항소인이 국내에 주소를 갖지 않고 주민등록을 하지 않은 것은 자기의 선택결과이고 일시(日時)의 경과에 따라 변할 수 있는 것이며, 이 같은 상태가 계속되는 기간 중 그 상태에 대응하여 선거권 행사 면에서 다르게 취급되는 것은 출생으로 인해 불합리한 차별을 받는 것과는 크게 성질이 다를 것이라는 점도 고려하면, 국회가 재외선거제도를 설치하지 않고 한정된 재외선거제도를 설치한 것도 「예외적인 경우」에 해당하지 않는다는 것이 명백하다.

(b) 확인소송의 적법성

■ **법적 구성**

제1심과 동일.

■ **적용**

특정 선거에서 실제로 어떤 식으로 선거권을 행사할 수 있는지는 주소와 거주방법을 포함한 해당인의 행동 등 제반 사정에 좌우되는 것이며, 따라서 청구 A · B의 위법확인은 「단지 재외일본인이라는 이유로 공직선거법 규정의 일부위법확인을 구하는 소송이라 해석해야 하기 때문에 이와 같은 소송은 구체적 분쟁을 벗어나 추상적, 일반적으로 법령 등의 위헌 또는 위법성 등에 관한 판단을 구하는 것이므로」 법률상의 쟁송에 해당하지 않는다.

청구C의 선거권 확인소송은 「재판소에 동법이 재외일본인에게 위의 각 선거에서 선거권을 행사할 권리를 인정하지 않는 위헌 · 위법을 선언할 것을 구하고 있거나 또는 위의 행사를 할 권리의 창설을 구하는 것이므로」, 「당사자 간의 구체적인 권리의무 내지 법률관계의 존부에 관한 분쟁이 아닌 추상적, 일반적으로 법령 등의 위헌 · 위법을 말하거나, 또는 나아가 일반적으로 권리를 창설할 판단을 구하는 것이기 때문에」 법률상의 쟁송에 해당하지 않는다.

상고심=최고재판소

[법정의견]

(a) 공직선거법의 헌법적합성

■ 법적 구성

헌법 제15조 제1항 및 제3항, 제43조 제1항 및 제44조 단서에 의하면「헌법은 국민주권의 원리에 근거하여 양 의원의 선거에서 투표함으로써 국가의 정치에 참가할 수 있는 권리를 국민의 고유한 권리로 보장하고 있으며, 그 취지를 확인하기 위해 국민에게 투표할 기회를 평등하게 보장하고 있다」. 따라서「스스로 선거의 공정을 해치는 행위를 한 자 등에게 선거권에 대한 일정한 제한을 하는 것은 별도로 하고, 국민의 선거권 또는 그 행사를 제한하는 것은 원칙적으로 용납되지 않으며, 국민의 선거권 또는 그 행사를 제한하기 위해서는 그러한 제한을 하는 것이 필수불가결하다고 인정되는 사유가 있어야 한다」.「그리고 그러한 제한을 하지 않고는 선거의 공정을 확보하고 선거권의 행사를 인정하는 것이 사실상 불가능 또는 현저하게 어렵다고 인정되는 경우가 아닌 한, 상기의 필수불가결한 사유가 있다고는 할 수 없으며 이 같은 사유 없이 국민의 선거권 행사를 제한하는 것은」 상기 헌법의 각 조항에 위반된다. 또한「이것은 국가가 국민의 선거권 행사를 가능하게 하기 위한 제반 조치를 취하지 않는 부작위에 의해 국민이 선거권을 행사할 수 없는 경우에 대해서도 동일하다」.

재외국민도「헌법에 의해 선거권을 보장받는 것에는 변함이 없으며, 국가는 선거의 공정 확보에 유의하며 그 행사를 현실적으로 가능하게 하기 위하여 제반 조치를 취해야 할 책무가 있으므로 선거의 공정을 확보하면서 이러한 조치를 취하는 것이 사실상 불가능 또는 현저하게 곤란하다고 인정되는 경우에 한하여, 당해 조치를 취하지 않는 것에 대해 상기의 필수불가결한 사유가 있다고 해야 한다」.

(1) 본건 개정 전의 공직선거법의 헌법적합성

「재외국민에게 선거권 행사를 인정하는 데 있어서 공정한 선거의 실시나 후보자에 관한 정보의 적정한 전달 등에 관하여 해결해야 할 문제가 있었다 하더라도, 이미 1984년 시점에서 선거의 집행에 대해 책임을 지는 내각이 그 해결이 가능하다는 것을 전제로……법률안을 국회에 제출한 것을 고려하면, 동 법안이 폐안된 후 국회가 10년 이상의 긴 세월동안 재외선거제도를 전혀 창설하지 않은 채 방치하여 본건 선거에서 이 재외국민이 투표하는 것을 인정하지 않은 것에 대해서는 필수불가결한 사유가 있었다고 할 수 없다」. 따라서 본건 개정 전의 공직선거법이 본건 선거 당시 재외국민이었던 상고인들의 투표를 전혀 인정하지 않은 것은 위헌이다.

(2) 본건 개정 후의 공직선거법의 헌법적합성

재외국민에게 후보자 개인에 관한 정보를 적정하게 전달하는 것이 곤란한 상황에서 후보자의 성명을 자필하여 투표하게 하는 선거에서 재외국민의 투표를 인정하는 데 있어 검토를 요하는 문제가 있다는 것 등을 고려하면 「처음 재외선거제도를 설치하는 데 있어 우선 문제가 비교적 적은 비례대표 선출의원의 선거에 대해서만 재외국민의 투표를 인정한 것이 전혀 이유 없는 것이라고까지는 말할 수 없다. 그러나 본건 개정 후에 재외선거가 반복 실시되어 왔다는 것, 통신수단이 세계 규모로 눈부시게 발달해왔다는 것 등에 의하면 재외국민에게 후보자 개인에 관한 정보를 적정하게 전달하는 것이 현저히 곤란하다고는 할 수 없는 것이라 할 수 있다」. 또한 참의원 비례대표 선출의원의 선거제도를 비구속명부식으로 개정한 공직선거법의 개정(2000년) 이후는 비례대표 선출의원의 선거 투표에 대해서도 명부등록자의 성명을 자필하는 것이 원칙으로 되어 있으며, 재외국민에 대해서도 이미 실시되고 있는 점 등을 함께 고려하면 「늦어도 본 판결 언도 후 처음으로 실시되는 중의원의원의 총선거 또는 참의원의원의 통상선거 시점에서는 중의원 소선거구 선출의원의 선거 및 참의원 선거구 선출의원의 선거에 대해서 재외국민에게 투표를 인정하지 않는 것에 대해 필수불가결한 사유가 있었다고는 할 수 없으므로」 공직선거법 부칙 제8항 규정의 당해 부분은 위헌이다.

(b) 확인소송

(1) 본건 개정 전의 공직선거법 위법확인소송(청구A)

■ **법적 구성**

위법확인소송은 확인을 구하는 것이 실제로 존재하는 법률상의 분쟁에 대한 직접적이고 근본적인 해결을 위해 적절하고 필요한 경우에만 인정된다.

■ **적용**

청구A에 관한 소송은 「과거의 법률관계의 확인을 구하는 것으로서 이 확인을 구하는 것이 실제로 존재하는 법률상의 분쟁에 대한 직접적이고 발본적인 해결을 위해 적절하고 필요한 경우라고 할 수 없기 때문에, 확인의 이익이 인정되지 않으므로 부적법하다」.

(2) 본건 개정 후의 공직선거법 위법 확인소송(청구B)

■ **법적 구성**

그 외에 적절한 소송에 의해 그 목적을 달성할 수 있을 경우에는 확인의 이익이 없으므로 부적법하다.

■ 적용

본건에서는 예비적 확인청구에 관한 소송이 보다 적절한 소송이라 할 수 있으므로 청구B에 관한 소송은 부적법하다.

(3) 예비적 확인청구소송(청구C)

■ 법적 구성

공법상의 법률관계에 관한 확인소송인 청구C에 관한 소송은 「공직선거법 부칙 제8항이 개정되지 않으면, 재외국민인……상고인들은 향후 곧바로 실시되는 중의원의원의 총선거에서 소선거구 선출의원 선거 및 참의원의원의 통상선거에서의 선거구 선출의원 선거에서 투표를 할 수 없으며, 선거권을 행사할 권리를 침해받는 것이 되므로, 이 같은 사태를 방지하기 위해 동 상고인들이 동항을 위헌무효라고 하여 당해 각 선거에 대해 선거권을 행사할 권리를 가지고 있다는 확인을 사전에 구하는 소송이라고 해석할 수 있다.

선거권은 이것을 행사할 수 없으면 의미가 없는 것이라 하지 않을 수 없으며, 침해를 받은 후에 다투는 것으로는 권리행사의 실질을 회복할 수 없는 성질의 것이므로, 그 권리의 중요성에 비추어 구체적인 선거에 관해 선거권을 행사할 권리의 유무에 대해 다툼이 있을 경우 이것을 가지고 있다는 확인을 구하는 소송에 대해서는 그것이 유효적절한 수단이라고 인정되는 한, 확인의 이익을 긍정해야 하는 것이다」.

■ 적용

청구C에 관한 소송은 공법상의 법률관계에 관한 확인소송으로서 확인의 이익을 긍정할 수 있다. 「또한 이 소송이 법률상의 쟁송에 해당한다는 것도 명백하다」. 청구C에 관한 소송은 「계속해서 재외국민인 동 상고인들이 다음번 중의원의원의 총선거에서의 소선거구 선출의원 선거 및 참의원의원의 통상선거에서의 선거구 선출의원 선거에서 재외 선거인명부에 등록되어 있는 것에 기초하여 투표할 수 있는 지위에 있다는 확인을 청구하는 취지의 것으로서 적법한 소송이라고 할 수 있다」.

공직선거법 부칙 제8항의 규정에 해당하는 부분은 위헌무효이며, 「상고인들은 다음번 중의원의원의 총선거에서의 소선거구 선출의원 선거 및 참의원의원의 통상선거에서의 선거구 선출의원 선거에서 재외 선거인명부에 등록되어 있는 것에 기초하여 투표할 수 있는 지위에 있다고 할 수 있기 때문에」, 청구C는 이유가 있으므로 인용해야 한다.

(C) 국가배상청구에 대해서

■ 법적 구성

국회의원의 입법행위 또는 입법부작위가 국가배상법 제1조 제1항의 적용상 위법인지는 「국회의원의 입법과정에서의 행동이 개별 국민에 대해 지고 있는 직무상의 법적 의무에 위배했는가의 문제이며, 당해 입법의 내용 또는 입법부작위의 위헌성 문제와는 구별되어야 한다. 가령 당해 입법의 내용 또는 입법부작위가 헌법 규정에 위반하는 것이라 해도, 이 때문에 국회의원의 입법행위 또는 입법부작위가 곧바로 위법하다는 평가를 받는 것은 아니다. 그러나 입법내용 또는 입법부작위가 국민의 헌법상 보장된 권리를 위법으로 침해하는 것이 명백한 경우나, 국민에게 헌법상 보장된 권리행사의 기회를 확보하기 위해 소정의 입법조치를 취하는 것이 필수불가결하며, 그것이 명백함에도 불구하고 국회가 정당한 이유 없이 장기에 걸쳐 이것을 게을리 한 경우 등에는 예외적으로 국회의원의 입법행사 또는 입법부작위는 국가배상법 제1조 제1항 규정의 적용상 위법의 평가를 받는 것이라 해야 한다」. 최고재판소 1985년 11월 21일 제1소법정 판결은 이상과 다른 취지를 말하는 것이 아니다.

■ 적용

상고인들의 헌법상 보장된 권리행사의 기회를 확보하기 위해서는 입법조치가 필수불가결함에도 불구하고, 1984년 법안이 국회에 제출되었으나 그 후 폐안된 이래 본건 선거의 실시에 이르기까지 10년 이상 어떠한 입법조치도 취해지지 않았다. 「이와 같은 현저한 부작위는 상기의 예외적 경우에 해당하며, 이 같은 경우에는 과실의 존재를 부정할 수 없다. 이 같은 입법부작위의 결과, 상고인들은 본건 선거에서 투표할 수 없게 되어 이에 따른 정신적 고통을 받았다고 할 수 있다. 따라서 본건에서는 상기의 위법한 입법부작위를 이유로 한 국가배상청구는 이것을 인용해야 한다.

[보충의견]

• 후쿠다 히로시(福田博) 재판관

이즈미(泉) 재판관의 반대의견에는 공감하지만 ①이미 귀국하여 확인소송에 의한 이익을 받지 못하는 상고인의 구제에는 금전배상밖에 구제의 길이 없다는 것, ②배상금이라는 형태로 국민의 세금이 사용됨으로써 배상금의 지불에는 금액의 크기에 상관없이 국민에 대한 문제제기 효과가 있으므로 국가배상청구가 인정되어야 한다.

요코오(横尾)·우에다(上田) 재판관은 입법재량론을 말하지만, 국민의 선거권의 박탈 또는 제한은 국권의 최고기관성은 물론, 국회 및 국회의원의 존재 자체의 정당성에 대한 근거를 잃게 하는 것이며, 「국회는 평등, 자유의 어느 측면에서도 국민의 선거권을 박탈하고 제한할 수 있는 재량을 거의 가지고 있지 않다」.

[반대의견]

• **요코미 카즈코**(横尾和子), **우에다 토요조**(上田豊三) **재판관**

헌법 전문(前文), 제15조 제1항 · 제3항은 공무원의 선거권이 국민고유의 권리라는 것을 명확히 밝히고 있다. 한편, 제42조, 제43조 제1항, 제43조 제2항, 제44조, 제47조에 따르면, 제44조 단서의 틀은 있지만 「양 의원이 각 의원 선거제도의 구조에 대한 구체적인 결정을 원칙적으로 국회의 재량에 맡기고 있다」. 또한 국회가 선거제도의 구조를 구체적으로 결정하는 데 있어서는 「공정하고 공평한 선거가 혼란 없이 실현되기 위하여 필요한 사항을 고려하지 않으면 안 된다」. 그러므로 재외국민이 선거권을 행사할 때는 국내에 거주하는 국민에 비해 다양한 사회적, 기술적 제약이 동반되며 「재외국민에게 어떠한 투표제도를 마련해야 선거의 공정성, 공평성을 확보하고 혼란 없는 선거를 실현할 수 있는지의 문제도 국회에서 정당하게 고려하지 않으면 안 되는 사항으로, 국회의 재량 판단에 맡겨져 있다」. 단, 이것은 어디까지나 재외선거제도에 관해서이며 국내에 거주하는 국민의 선거권에 관한 문제에 대해서는 법정의견과 마찬가지로 필수불가결하다고 인정되는 사유가 필요하다.

종래 재외선거제도가 마련되어 있지 않았던 것을 개정하여 부분적으로 재외선거제도를 도입한 것도 「정확한 후보자 정보의 전달, 선거인의 자유의사에 의한 투표환경의 확보, 부정의 방지 등에 관하여 다양한 사회적 · 기술적 제약이 동반되는 속에서 그 나름의 합리성을 가지고 국회에 주어진 재량 판단을 남용 또는 일탈하지 않고 1998년에 이르러 새롭게 재외 선거인명부 제도를 창설하여, 그때까지는 이러한 제도가 마련되어 있지 않았던 것을 포함하여 상고인들이 주장하는 헌법의 각 규정과 조약에 위반하는 것이 아니므로 위헌이라고 할 수 없다」.

• **이즈미 토쿠지**(泉徳治) **재판관**

선거권의 행사 문제는 ①선거권의 성격이 인권과 공무라는 이원적인 것이라는 점, ②개별성이 약하다는 점, ③의원정수불균형 소송의 예에서도 알 수 있듯이 배상대상이 광범위하고 납세자에게 과도한 부담을 강요하게 되는 점 등으로 보아 금전배상에 적합하지 않다. 본건에서는 확인소송의 길이 열린 이상, 국가배상소송에 의해 굳이 금전배상을 인용할 필요는 없다.

기본 해설

1. 헌법판단의 적극성

본건 최고재판소 판결은 실체·절차 양면에서 「획기적인」 것(野中·後揭 18면)으로, 첫 번째 특징은 그 구성이 「재외국민의 선거권 행사를 제한하는 것의 헌법적합성」-「확인소송」-「국가배상청구」로 되어 있는 것에서도 알 수 있듯이, 소송유형의 적부(適否)문제와는 별개로 우선 헌법판단을 하고 있다는 것이다. 두 번째 특징은 헌법판단의 적극성이다. 지금까지 선거제도의 구체적인 규정에 대해서는 입법부의 광범위한 재량을 인정하여 그 헌법판단에 대해서는 반드시 적극적이지 않았다. 이러한 경향이 중의원 의원정수불균형 소송 최고재판소 2004년 1월 14일 대법정 판결(民集 58권 1호 56면)의 보충의견 및 반대의견에 나타난 견해와 함께 본 판결에 의해 향후 어떻게 변화할 것인지가 주목된다(예를 들어, 재택투표제도(神経症)소송 최1소판 2006년 7월 13일 裁時 1415호 10면 참조).

2. 선거권 행사의 제한에 대한 헌법적합성

(1) 선거권 행사의 헌법상의 위상과 심사기준

법정의견은 헌법 전문 및 제1조(국민주권, 대표민주제), 제43조 제1항(전 국민의 대표), 제15조 제1항(공무원의 선정파면권), 제3항(보통선거), 제44조 단서(평등선거)에서 언급한 바에 따르면, 국민에게 투표할 기회가 평등하게 보장되어 있다고 하였다. 선거권과 같이 구체적인 제도를 전제로 하여 비로소 행사가 가능해지는 권리에 관해서는 「도대체 무엇이 헌법이 요구하는 기준선인지가 결정적인 의미를 가지고 있으나」(長谷部 他·後揭 4면(長谷部)), 종래 최고재판소가 선거제도의 헌법적합성 판단 시에 의거해 온 입법재량론이 아니라 우선 「투표할 기회의 평등」이 「헌법이 요구하는 기준선」이라는 것이 중요하다.

법정의견은 이것을 전제로 국민의 선거권 또는 그 행사를 제한하는 것은 원칙적으로 용납되지 않으며, 예외적으로 제한하기 위해서는 그 제한에 「필수불가결하다고 인정되는 사유가 있어야 한다」고 하여, 제한 없이는 「선거의 공정을 확보하고 선거권의 행사를 인정하는 것이 사실상 불가능 또는 곤란하다고 인정되는 경우가 아닌 한」 필수불가결한 사유가 있다고 할 수 없으며, 이는 입법부작위의 경우도 동일하다고 하였다.

재택투표제도에 관한 1985년 판결의 제1심 판결(札幌地小樽支判 1974년 12월 9일) 및 항소심 판결(札幌高判 1978년 5월 24일) 등에서 LRA(보다 덜 제한적인 다른 선택을 할 수 있는 수단)의 기준이 채택되었다(右崎·後揭 201면 이하). 또한 학설에서도 「보통선거의 원칙에 저촉되는 선거권의 제한은 정말로 어쩔 수 없이 필요한 이유에 의해서만 정당화된다」(戸波 · 後掲 42면)고 주장하고 있다.

이에 대해, 반대의견은 국내에 거주하고 있는 국민의 선거권과 재외국민의 선거권 문제를 구별한 뒤, 후자에 대해서는 광범위한 입법재량론을 채택하였다. 이와 같은 차이는 「투표할 기회의 평등」이라는 헌법상 위상의 차이와 함께 재외국민의 선거권 행사에 따른 장애 즉, 선거정보의 전달과 투표결과의 전달에 관한 장애를 둘러싼 법정의견과 반대의견의 평가의 차이에 기인한다.

(2) 본건 개정 전(본건 선거당시)의 공직선거법의 헌법적합성

법정의견은 재외선거 실시에 따른 장애의 존재는 인정하면서도 1984년 내각이 그 해결이 가능하다는 것을 전제로 재외선거제도를 규정한 법안을 국회에 제출한 것을 중시하여, 동 법안이 폐안된 후 국회가 10년 이상 방치하여 본건 사건에서 재외국민이 투표하는 것을 인정하지 않은 것에 대해서는 필수불가결한 사유가 있다고 할 수 없다고 하였다. 입법부작위가 문제될 경우에는 국회가 당해 문제를 인식한 시기와 그 후의 입법을 위한 「합리적 기간」이 문제가 되는데, 법정의견은 1984년을 그 시기로 보아 10년 이상의 방치는 합리적 기간을 넘는 것이라 판단하였다.

이에 대해, 정부가 법률안을 제출한 것만 가지고 실행가능하다고 판단한 것은 경솔한 판단이라고 비판(長谷部他 · 後掲 4면 이하(田中))하는 외에, 예를 들어 「판결의 논리는 정부가 법률안을 제출함으로써 국회가 문제를 인식할 수 있었고 방치한 것의 필수불가결한 사유에 대해 국가의 설명이 없었다고 했으나, 본건의 하급심에서는 「법률상의 쟁송」이 쟁점이 되고 있으며, 국회에서 실질심리가 전혀 이루어지지 않은 채 폐안이 된 입법사실에 대해 본건 소송 중에 충분히 논해진 흔적은 보이지 않는다. 그렇다면 이 점에서 본 판결은 헌법소송의 입증방식에 대한 과제를 남겨두고 있다」(早坂 · 後掲 80면)는 지적도 있다.

(3) 본건 개정 후의 공직선거법의 합헌성

법정의견은 우선 개정법의 입법 이유 자체에 대해 검토하고, 개정법이 재외국민의 선거권을 비례대표선거에 한정한 것에는 이유가 있다고 하였다. 그런 다음 ①본건 개정 후에 재외선거가 반복 실시되어 왔다는 것, 통신수단이 세계적 규모로 눈부신 발전을 이룸에 따라 재외국민에게 후보자 개인에 관한 정보를 적정히 전달하는 것이 현저히 곤란하다고는 할 수 없다는 것, 그리고 ②2000년 공선법의 개정에 의해 재외국민에 대해서도 참의원 비례대표선거에 대한 명부등록자의 자필서명이 실시됨에 따라 「늦어도 본 판결 언도 후 최초로 실시되는 중의원의원의 총선거 또는 참의원의원의 통상선거 시점에서는」 중의원 소선거구 및 참의원 선거구의 선거에 대해 재외국민에게 투표를 인정하지 않는 것은 위헌이라고 하였다. 이와 같은 법정의견은 제정

(개정) 당초에는 합헌이었던 것이 그 후의 「입법사실의 변화」에 따라 위헌이 된다는 견해를 채택한 것이다. 판결은 늦어도 판결 언도 후에 실시되는 선거 시점에서 위헌이라고 하였으나, 이것은 선거권의 행사가 실제로 문제가 되는 것은 선거 시점이라는 점에 유의한 판단으로, 판결 시점에서 위헌이라는 것을 전제로 하여 실제로 선거권이 행사되는 다음 선거까지의 법 개정을 촉진한 것이라 볼 수 있다(野坂・後揭 85면, 長谷部他・後揭 7면 이하 참조).

Part Ⅱ 응용편

확인문제

1. 법정의견은 어떠한 심사기준을 채택하고 있는가? 또한 그 근거는 무엇인가?
2. 반대의견(横尾・上田)이 법정의견과 달리 국내에 거주하고 있는 국민의 선거권과 재외선거권의 문제를 동등하게 논하고 있지 않은 이유는 무엇인가?
3. 학설상 일반적으로 입법부작위의 위헌성을 인정하기 위해서는 ①헌법상의 입법의무와 ②입법을 위한 합리적 기간(상당 기간)이 필요하다. 법정의견에서는 구체적으로 어떠한 근거에서 입법부작위(본건 개정 전의 공직선거법)의 위헌성을 인정하고 있는가?
4. 법정의견에 따르면 개정 후의 공직선거법은 제정 당초부터 위헌인가?
5. 국민주권을 피치자(사회 구성원) 주권으로 한 경우에는 재외국민의 선거권에 대해 어떠한 견해의 차이가 생기는가?(内野・後揭 79면. 이하 동일)
6. 재외국민의 선거권 문제와 재일외국인의 선거권 문제는 어떠한 관계에 있는가?
7. 법정의견에 따르면, 재외국민에게 ①지방자치단체의 수장・지방의회의원의 선거권, ②국민심사에의 참가권, ③헌법개정 국민투표의 투표권을 부여하지 않은 것은 위헌인가?

응용문제

1. 본 판결에서는 우선 소송형태에 상관없이 헌법적합성의 심사가 이루어진 뒤, 확인소송, 국가배상청구의 가부(可否)라는 형태로 논해지고 있다. 본 판결의 경우는 소송요건이 일부를 제외하고 인정되고 있으므로 문제는 없지만, 소송요건이 인정되지 않을 경우 우선 헌법적합성을 심사한 뒤 소송요건을 검토한다는 구성이 가능한가?

2. 행정사건소송법의 개정에 따라 제4조에 한 문장이 더해진 취지는 무엇인가?
3. 동경 지방재판소 및 동경 고등재판소가 청구 A・B를, 동경 고등재판소가 청구C를 모두 기각한 이유는 무엇인가?
4. 본 판결은 청구 A와 B를 어떠한 소송(「실질적 당사자소송으로서의 확인소송」 또는 「법정외소송으로서의 확인소송」)으로 해석하고 있는가? 또한 양자를 기각한 이유는 무엇인가?
5. 본 판결은 청구C를 어떠한 소송이라고 해석하고 있는가? 또한 청구C를 인정한 이유는 무엇인가?
6. 본 판결에서는 결국 법령위헌(위법) 확인소송이 아닌 권리확인소송이 인정되었으나 그 이유는 무엇인가?
7. 본 판결의 취지에 따르면, 본건 이외에 어떠한 사례에서 공법상의 법률관계의 확인을 구하는 소송이 인정되는가?
8. 최고재판소에 의한 본건의 지위의 확인은 관계 행정청 및 국회에 대해 어떠한 법적 효과를 가지는가?
9. 국가배상청구소송에 손해전보뿐만 아니라 재판소에 입법의 위헌성을 심사시키는 것에 대해서는 소극적인 견해가 있다. 소극적인 견해는 무엇을 근거로 하고 있는가? 또한 이와 같은 소극적인 견해에 대해서는 어떠한 반론이 가능한가?
10. 본건 판결 후 1985년 판결에서 제시된 국가배상법상 입법행위가 위법이 되기 위한 요건은 어떻게 취급되어야 하는가?
11. 재택투표제도의 창설・폐지와 재외국민의 투표제도의 창설・폐지는 어떠한 차이가 있는가?

Part Ⅲ 이론편

◥ 전개문제

본건 소송은 확인소송과 국가배상소송이라는 형태로 제기되었지만, 이들 소송절차는 향후 헌법소송의 「도구(うつわ)」로 어떻게 이용될 것이라고 생각하는가?

1. 확인소송

(a) 개정 행정사건소송법의 취지

개정 행정사건소송법 제4조가 개정 전의 조문에 「공법상의 법률관계에 관한 확인소송」을 추가하여, 당사자소송을 「당사자 간의 법률관계를 확인하거나 형성하는 처분 또는 재결에 관한 소송에서 법령의 규정에 의해 그 법률관계의 당사자 중 일방을 피고로 하는 것 및 공법상의 법률관계에 관한 확인소송 그 밖의 공법상의 법률관계에 관한 소송」으로 한 것은 「국민과 행정주체 간의 다양한 법률관계에 따라 당사자소송으로서의 확인소송을 국민의 권리이익의 실효적 구제를 위해 유효하게 기능시키는 것이 특히 필요하다는 것을 주의적·확인적으로 밝히려고 한 것이다」(橋本·後揭 132면). 확인소송에 대해 소극적인 자세를 보인 본건의 하급심 판결이 모두 개정 전이었던 것도 함께 감안하면, 최고재판소가 국민의 권리이익의 실효적 구제를 한층 확대하려는 목적으로 한 개정 행소법 제4조를 근거로, 「공법상의 확인소송이라는 형태로 입법의 위헌판단의 길을 연 것은 행소법 개정 후 매우 시의적절하게 사법 쪽에서 제시한 대단히 큰 메시지라고 할 수 있다」(長谷部 외·後揭 9면〈小幡〉).

(b) 최고재판소의 판단

동경 지방재판소, 동경 고등재판소가 모두 청구 A·B를 각하했지만, 그 이유는 본건 확인소송이 「재외일본인 일반」(지방재판소) 또는 「단지 재외일본인」(고등재판소)으로서의 지위에 기초한 소송이라는 것, 즉, 개별적인 주관적 이익의 실현을 목적으로 한 것이 아니라는 데 있다. 동경 고등재판소에 따르면 청구 C는 추상적, 일반적으로 법령 등의 위헌·위법을 말하거나, 일반적으로 권리를 창설하는 판단을 재판소에 구하는 것이다. 이와 같이 하급심은 확인소송청구 전부에 대해 「법률상의 쟁송」성(당사자 간의 구체적인 권리의무 내지 법률관계의 존부에 관한 분쟁)을 부정하였다.

이에 대해, 법정의견은 청구 A·B를 모두 공법상의 당사자소송으로서의 「공법상의 법률관계에 관한 확인소송」으로 이해한 뒤, 민사소송법에서의 확인이익론에 따라 소송을 각하했다고 간주할 수 있다(山本·後揭 29면). 우선, 청구 A에 관한 위법확인은 과거의 법률관계의 확인을 구하는 것으로 현재의 법률상 분쟁의 직접적·발본적인 해결을 위해 적절하고 필요한 경우에 해당하지 않는다고 하여, 「확인대상의 선택」에서 부적법하다고 하였다. 또한 청구 B에 관한 위법확인은 예비적 청구인 선거권확인소송이 보다 적절한 소송이며, 확인소송의 선택(보충성의 원칙)에서 부적법하다고 하였다(浜川·後揭 86면).

다음으로 청구 C의 소송을 「공법상의 당사자소송 중 공법상의 법률관계에 관한 확인소송」이라고 한 뒤, 「당해 각 선거에 대해 선거권을 행사할 권리가 있다는 것의 확인을 사전에 구하는 소송」이라고 해석하였다. 즉, 청구 A·B가 법령 자체의 위법(위헌)의 확인을 구한 것인데 반해, 청구 C는 법령위헌을 전제로 한 권리의 확인을 구하는 것이라 하였다.

또한 이와 같은 청구에 관해「분쟁의 성숙성 및 소송선택의 적부의 양 요건이 검토되었다」(浜川・後掲 86면). 법정의견은 분쟁의 성숙성에 관해, ①선거권은 행사할 수 없으면 의미가 없는 성질의 권리이며, ②침해 후에 다투어서는 권리행사의 실질을 회복할 수 없는 성질의 권리이며, ③그 권리의 중요성을 전제로「구체적인 선거에 관해 선거권을 행사할 권리의 유무」를 둘러싼 논쟁은 구체적인 권리에 관한 논쟁이라고 하였다. 왜냐하면「국정선거는 중의원의 경우 반드시 해산 시기가 명확한 것은 아니지만, 가령 법 개정이 되지 않은 채 선거가 실시된다면 원고들은 선거권을 행사할 수 없게 된다. 따라서 선거가 앞으로 수 년 이내에 반드시 이루어지는 한, 공직선거법 규정이 위헌이라면 원고들의 선거권이 침해받는 것은 확실하다」(北村・後掲 29면)고 생각할 수 있기 때문이다.

또한 그것이「유효적절한 수단」이라면 확인의 이익이 인정된다고 하였다. 이것은 인용 판결에 따라 국회가 본건 위법상태를 해소하기 위한 법 개정을 하는 것이 충분히 기대된다는 것을 전제로 하고 있다고 생각된다. 즉, 이에 따라 비록 인용 판결이 관계 행정청 또는 국회에 입법조치의 의무를 부과하는 효과를 가진 것이 아니므로「확인의 이익」이 결여된다는 Y의 주장이 부정된 것이라 생각할 수 있다.

이 같은 법정의견은「당사자소송으로서의 확인소송이 활용되는 것은 분쟁을 원고의 권리의무관계로 바꾼 뒤, 확인의 이익이 긍정될 경우라는 판단의 테두리를 제시한 것이라 볼 수 있다」(橋本・後掲 135면). 또한 청구 A에 대해서는「적절하고 필요한 경우」에 해당하면 과거의 법률관계가 확인의 대상이 되는 것을 인정한 것으로도 해석되며, 더욱이 B에 대해서도 다른 적절한 소송이 없는 경우는 법령위헌확인소송이 적법할 여지가 남아 있다고 할 수 있다. 즉, 본건과 같이 위헌무효를 전제로 확인되어야 할 권리의 내용이 명확할 경우(재외 선거인명부제도가 이미 존재하여 그 효력을 잠정적으로 일부 정지시키는 부칙을 무효라고 해석하면, 새로운 규정을 만들지 않아도 재외국민의 선거권 행사가 법률상 가능하며, 또한 입법기관에게 재외국민의 선거권 행사를 완전히 인정하는 이외의 선택의 여지가 없는 경우)에는 법을 전제로 한 권리의 확인은 유효적절하다. 그러나 법령위헌의 주장이 가능하더라도 권리내용을 확정할 수 없는 경우(입법조치가 없으면 원고가 주장하는 법적 지위가 실현되지 않는 경우나, 입법기관이 원고의 법적지위를 인정할 것인지, 또는 인정하는 정도와 양태에 대해 재량을 남기고 있는 경우)에는 법령위헌확인소송이 보다 적절한 방법이라 할 수 있다(山本・後掲 30면 이하, 浜川・後掲 88면).

(c) 본 판결의 사정(射程)

본건 최고재판소 판결에 따르면 동일한 선거권이 문제가 되는 사례—정주외국인의 선거권 확인을 구하는 소송과 재택투표제도나 의원정수불균형을 둘러싼 문제—에서 위법(위헌)확인소송이 공법상의 당사자소송으로 허용될 가능성이 있다. 그러나 예를 들어 재택투표제도를 폐지한 것이 위헌이라 하더라도 구체적인 재택투표제도(대상자의 범위, 자필주의 등의 방법)는 국회의 재량에 맡겨져 있는 부분이 많고, 또한 새롭게 규정된 투표제도에서 원고가 그 요건을 만족하는지가 반드시 명확하지 않으므로 재택투표제도소송(ALS소송 또는 신경증소송)에서 원고가 재택투표를 하는 법적 지위를 적극적으로 확인하는 판결까지 구하는 것은 어렵다고 생각된다(山本・後掲 29면 이하).

(d) 확인 판결의 효과

확인 판결의 효과로서는 행정사건소송법 제41조 제1항에서 동법 제33조 제1항의 구속력의 규정을 준용하고 있는 것으로부터 관계 행정청은 다음 선거에서 소선거구 또는 선거구 선거에서 원고의 투표를 거부할 수 없다. 그러나 재외국민이 다음 선거에서 투표하기 위해서는 국회가 적어도 현행 공직선거법 부칙 제8항의 한정을 삭제하고, 투표방법 등에 대한 규정을 정비하는 입법작업이 필요하다. 그러나 확인 판결이 입법기관에 대해 어떠한 효력을 가지는가는 반드시 명확하지 않지만(長谷部 외・後掲 11면〈小幡〉), 적어도 입법자에게는 논쟁의 여지가 있겠으나 어떠한 형태로든 법 개정의 의무가 생긴다고 볼 수 있다. 또한 본건 최고재판소 판결에 의해 부칙 제8항 규정의 삭제와 이에 따른 다른 규정의 정비를 내용으로 한 「공직선거법의 일부를 개정하는 법률」이 2006년 6월 성립되었다(笠置・後掲 23면 이하).

2. 국가배상청구소송

(a) 국가배상청구소송에서의 입법행위의 위헌 주장

국가배상소송은 개인의 재산적 손실・정신적 고통에 대한 보상을 침해자에게 구하는 것을 주된 목적으로 하는 것으로, 입법행위의 헌법적합성 심사 자체를 구하는 것이 제도 본래의 목적은 아니다. 문제는 이 같은 본래의 제도 취지(개별권리구제)에 위헌성확인・제도개혁소송이라는 기능을 어디까지 인정할 수 있는지이다. 본건에서도 이즈미(泉) 재판관의 반대의견이 제도 본래의 취지를 강조한 것임에 반해, 후쿠다(福田) 재판관의 보충의견은 이와 더불어 국민에 대한 호소 기능을 중시하고 있다는 점이 주목된다.

(b) 국가배상법상의 위법성

입법내용의 위헌성과 국가배상법상의 위법성의 관계에 대해서는 양자를 일체의 것으로 파악하여 위헌, 즉, 국가배상법상의 위법이라고 하는 설과 양자를 별도의 것으로 파악하여 위헌과 국가배상법상의 위법은 별도의 문제라고 하는 설이 있다. 1985년 판결 이후, 본건을 포함하여 입법행위의 국가배상법상의 위법성이 문제가 된 사건에서는 최고재판소, 하급재판소에 상관없이 후자가 채택되었다.

위헌과 국가배상법상의 위법을 구별한 경우, 입법행위의 헌법적합성 판단은 어디까지나 국가배상법상의 위법 판단의 테두리 안에서 이루어지며, 일반적인 헌법적합성 판단에 국가배상법상의 위법 판단의 요건이 가중되는 셈이 된다. 따라서 이 가중요건에 따라서는 실질적인 헌법판단이 회피될 가능성도 발생한다. 본건 판결에서는 「제2 재외국민의 선거권 행사를 제한하는 것의 헌법적합성에 대해서」라는 부분에서 위헌이라 판단하고 있으므로 「헌법판단 회피」의 문제는 발생하지 않는다(長谷部 외・後掲 13면〈小幡〉).

(c) 입법행위 위법의 요건

법정의견은 국회의원의 입법행위・부작위가 국가배상법상 위법의 평가를 받는 「예외적인 경우」로 ①헌법상의 권리침해가 명백한 경우, ②권리행사의 기회를 확보하기 위해 입법조치가 필요불가결・명백함에도 불구하고 국회가 이것을 게을리하는 경우의 2가지를 들어 본건의 경우에는 ②에 해당한다고 하여 위법판단을 내렸다.

1985년 판결보다 확대된(오히려 실질적으로는 크게 다른) 예외요건은 1985년 판결 이전의 재판 등에서 보인 추가적 요건뿐 아니라, 관부원위안부소송(関釜元慰安婦訴訟) 등의 1985년 판결 이후 입법부작위에 대한 국가배상 위법을 인정한 판결과의 공통성도 지적할 수 있다(北村・後掲 27면 이하, 早坂・後掲 81면, 野坂・後掲 88면 이하).

또한 법정의견이 제시한 예외요건에 따라, 위헌과 국가배상법상의 위법의 구별이 1985년 판결이 제시한 국한된 예외요건을 필연적으로 도출하는 것은 아니라는 점이 명백함과 동시에, 최고재판소의 1985년 판결의 사정(射程)이 상당히 한정되었다. 즉, 1985년 판결의 요건은 특히 한정을 추가하고 있는 것은 아니지만, 1985년 판결이 「헌법에는 재택투표제도의 설치를 적극적으로 명하는 명문의 규정이 없으며, 입법조치에 의해 설치된 것임을 전제로 동 제도를 폐지하고 이것을 부활하지 않은 입법행위」에 관한 것임을 고려한다면, 이것과 사례가 다른 경우에는 또 다른 요건을 검토하는 것도 가능하다(杉原・後掲 331면).

Part Ⅳ 두 번째 소재

오닷규고가 소송(小田急高架訴訟)

최고재판소 2005년 12월 7일 대법정 판결
2004년(行ヒ) 제114호 오닷규쎈(小田急線)연속입체교차사업인가처분
취소청구사건
民集 59권 10호 2645면, 裁時 1401호 2면,
判時 1920호 13면, 判タ 1202호 110면

사실 개요

건설대신은 1994년 5월 도시계획법 제59조 제2항에 기초하여 동경도에 ①오닷규선(小田急線)의 키타미역 부근에서 우메가오카역 부근까지의 구간의 연속입체교차화를 내용으로 한 철도사업을 인가함과 동시에, ②연속입체교차화에 따른 일조에의 영향을 경감하는 등을 목적으로 한 부속가로사업을 인가했다.

두 경우 모두 철도사업의 사업지 내에 부동산을 소유하지 않은 부속가로 부분의 토지소유자를 포함한 선로주변 주민인 원고 X는 지하식이 아닌 고가식을 채택함에 따라 소음과 진동에 의해 주민의 건강, 문화, 평온한 환경을 누릴 권리 등이 침해받았다고 하여, Y(건설대신의 소송계승자인 관동지방정비국장)를 상대로 본건 도시계획사업인가의 취소소송을 제기하였다.

원고적격에 대해서 제1심(동경 지방재판소 2001년 10월 3일 訟月 48권 10호 2437면)은 종래의 최고재판소 판결(최1소판 1999년 11월 25일 判時 1698호 66면)에 의거하여 사업지 주변지역에 거주하거나, 통근·통학하고 있으나 사업지 내에 부동산을 소유하지 않는 자는 인가취소를 구하는 원고적격이 없다고 하였으나, 본건 철도사업과 부속가로사업을 일체의 사업으로 부속가로사업지 내에 부동산을 소유한 자는 인가 전체의 취소를 구하는 원고적격을 가진다고 판시하였다.

이에 대해 원심(동경 고등재판소 2003년 12월 18일 民集 59권 10호 2758면)은 부속가로사업의 사업지 내에 부동산을 소유한 자에게 인정되는 원고적격은 당해 부속가로사업인가의 취소를 구하는 한도 내에서만 인정되며, 본건 철도사업의 사업지내에 부동산을 소유하지 않은 부속가로부분의 토지소유자뿐 아니라, 그 밖의 주변 주민에게도 본건 철도사업인가 취소를 구하는 원고적격은 인정되지 않는다고 하였다.

최고재판소는 상고수리신청 이유 중 원고적격에 관한 소론의 부분을 최고재판소 사무처리규칙 제9조 제3항 후단에 따라 대법정에 회부하였다(논점 회부). 대법정 판결

후 취소소송은 제1소법정에서 심리되어 2006년 11월 2일 상고기각 결정을 내렸다.

상고심=최고재판소

■ 법적 구성

1. 행정사건소송법 제9조

취소소송의 원고적격을 규정하는 행정사건소송법 제9조 제1항에서 말하는 당해 처분의 취소를 구하는 데 있어서 「법률상의 이익을 가진 자」란 「당해 처분에 따라 자기의 권리 또는 법률상 보호된 이익을 침해받거나 필연적으로 침해될 우려가 있는 자」를 말하는 것이다. 당해 처분을 정한 행정법규가 불특정다수의 구체적 이익을 전적으로 일반적 공익 속에 흡수·해소시키는데 머무르지 않고, 그것이 귀속하는 개개인의 개별적 이익으로서도 이것을 보호해야 하는 취지를 포함한다고 해석될 경우에는 이 같은 이익도 여기서 말하는 법률상 보호된 이익에 해당하며, 당해 처분에 따라 이것이 침해되거나 필연적으로 침해될 우려가 있는 자는 당해 처분의 취소소송에서 원고적격을 가진 자라 해야 한다.

그리고 처분의 상대방 이외의 자에 대해 상기의 법률상 보호된 이익의 유무를 판단하는 데 있어서는 당해 처분의 근거가 되는 법령 규정의 문언뿐 아니라 당해 법령의 취지·목적 및 당해 처분에서 고려되어야 할 이익의 내용 및 성질을 고려하여, 이 경우 당해 법령의 취지·목적을 고려함에 있어 당해 법령과 목적을 공통으로 하는 관계법령이 있을 때는 그 취지 및 목적을 참작하고, 당해 이익의 내용 및 성질을 고려함에 있어 당해 처분이 그 근거가 되는 법령에 위반하여 행해진 경우에 해치게 되는 이익의 내용 및 성질, 그리고 그것이 침해되는 양태 및 정도를 감안해야 하는 것이다(동조 제2항 참조)」.

■ 적용

1. 당해 법령·관계법령의 취지·목적 및 당해 이익의 내용·성질 등

(1) 도시계획법은 제59조의 규정에 의한 인가 등을 받아 실시되는 도시계획에 적합하다는 것을 인가 기준의 하나로 하고 있다(제61조 1호).

도시계획에 관한 도시계획법의 각 규정(1, 2, 13, 16, 17조)에 따르면, 도시계획의 기본 이념 중 하나는 건강하고 문화적인 도시생활을 확보해야 하는 것이며, 도시계획은 공해방지계획에 적합한 것이어야 하고, 도시시설은 양호한 도시환경을 유지하도록 정하고 있다.

또한 공해방지계획에 관한 공해대책기본법 각 규정(1, 2, 4, 5, 17, 19조)은 「상당 범위에 걸친 소음, 진동 등에 의해 건강 또는 생활환경에 현저한 피해가 발생할 우려가 있는 지역에 대해 그 발생을 방지하기 위해 종합적인 시책을 강구할 것을 취지 및 목적으로 하는 것이라 해석된다. 그리고 도시계획법 제13조 제1항이 도시계획은 공해방지계획에 적합하지 않으면 안 된다는 취지를 규정하고 있는 것에 미루어보면, 도시계획의 결정 또는 변경에 있어서는……공해방지계획에 관한 공해대책기본법 규정의 취지 및 목적을 바탕으로 이루어질 것이 요구된다」.

더욱이 동경도 환경영향평가조례의 각 규정(3, 24, 25, 45조)은 도시계획의 결정 또는 변경 시에 환경영향평가 등의 절차를 통해 공해방지 등에 적정한 배려가 도모되도록 하는 것도 그 취지 및 목적으로 하는 것이라 할 수 있다.

(2) 「도시계획법 또는 그 관계법령에 위반한 도시계획의 결정 또는 변경을 기초로 하여 도시계획사업이 인가된 경우, 이러한 사업에 기인한 소음, 진동 등에 따른 피해를 직접적으로 받는 것은 사업지 주변의 일정 지역에 거주하는 주민에 한하며, 그 피해의 정도는 거주지가 사업지에 근접할수록 증가하는 것이라 생각된다. 또한 사업지 주변지역에 거주하는 주민들이 당해 지역에 계속 거주함에 따라 이러한 사업에 관한 상기의 손해를 반복, 계속해서 받는 경우 그 피해는 이들 주민의 건강이나 생활환경에 관한 현저한 피해를 유발할 수밖에 없다. 그리고 도시계획사업의 인가에 관한 동법의 규정은 그 취지 및 목적에 비추어 사업지 주변 지역에 거주하는 주민들에게 위법한 사업으로부터 기인한 소음, 진동 등으로 이러한 건강 또는 생활환경에 관한 현저한 피해를 받지 않는다는 구체적 이익을 보호하려고 하는 것이라 해석되므로, 前記와 같은 피해의 내용, 성질, 정도 등에 비추어 보아 그 구체적 이익을 일반적 공익 속에 흡수·해소시키는 것은 곤란하다 할 수 있다」.

(3) 「도시계획사업의 인가에 관한 도시계획법 규정의 취지 및 목적, 이들 규정이 도시계획사업의 인가 제도를 통해 보호하려고 하는 이익의 내용 및 성질 등을 고려하면, 동법은 이들 규정을 통해 도시의 건강한 발전과 질서 있는 정비를 도모하는 등의 공익적 관점에서 도시계획시설의 정비에 관한 사업을 규제함과 동시에 소음·진동 등에 의해 건강 또는 생활환경에 현저한 피해를 직접적으로 받을 우려가 있는 개개의 주민에 대해 이러한 피해를 받지 않을 이익을 개별적 이익으로서도 보호해야 하는 것이라는 취지를 포함한다고 해석하는 것이 적합하다. 따라서 도시계획사업의 사업지 주변에 거주하는 주민 중 당해 사업이 실시됨에 따라 소음, 진동 등에 의한 건강 또는 생활환경에 현저한 피해를 직접적으로 받을 우려가 있는 자는 당해 사업의 인가 취소를 요구하는 데 있어서 법률상의 이익을 가진 자로 그 취소소송에서 원고적격을 가지고 있는 것이라 할 수 있다」. 최고재판소 1999년 11월 25일 제1소법정 판결은 이상과 저촉하는 한도 내

에서 변경된다.

2. 본건 상고인의 원고적격

본건 철도사업에 관한 관계지역 내에 거주하고 있는 상고인은 그「거주지와 본건 철도사업의 사업지와의 거리관계 등과 더불어, 본건 조례 제2조 5호가 규정하는 관계지역이 대상사업을 실시하려고 하는 지역 및 그 주변지역에서 당해 대상사업의 실시가 환경에 현저한 영향을 미칠 우려가 있는 지역으로 피상고 참가인이 정하는 것임을 고려하면」,「본건 철도사업이 실시됨으로써 소음, 진동 등에 의한 건강 또는 생활환경에 현저한 피해를 직접적으로 받을 우려가 있는 자에 해당한다고 인정되므로, 본건 철도사업인가의 취소를 구하는 원고적격을 가진다」. 이에 대해, 관계지역 외에 거주하는 상고인은「본건 철도사업이 실시됨으로써 소음, 진동 등에 의한 건강 또는 생활환경에 현저한 피해를 직접적으로 받을 우려가 있다고는 할 수 없으므로」본건 철도사업인가 취소를 구하는 원고적격이 없다.

본건 각 부속가로사업은 본건 철도사업과는 별개의 독립된 도시계획사업으로, 원고적격에 대해서도 개개의 사업인가마다 그 유무를 검토해야 한다. 사업지 내에 부동산을 소유한 상고인들은 본건 각 부속가로사업의 인가에 의한 자기의 권리・법익의 침해 또는 그러한 우려를 구체적으로 주장하고 있지 않다. 사업지 내에 부동산을 소유하지 않은 상고인들은 부속가로에 의해 건강 또는 생활환경에 현저한 피해를 직접적으로 받을 우려가 있다고 인정할 수 없다. 따라서 상고인들은 본건 각 부속가로사업인가취소를 구할 원고적격이 없다.

[보충의견]

• 후지타 도키야스藤田宙靖(町田顕) **재판관**

행정청에는 당해 시설에 기인한 손해를 받을 위험으로부터 제3자(주변 주민)를 보호할 법적인 의무가 부과되어 있으며, 주민에게는 그러한 보호를 받을 법적 이익이 부여되어 있다. 따라서「위법한 사업인가가 실시됨에 따라 행정청이 이 같은『위험으로부터의 보호의무』를 위반하여, 법률상 주변 주민에게 부여되어 있는『위험으로부터 보호될 이익』이 침해된다고 인정되기 때문에 비로소 주민에게 원고적격이 인정되는 것이다」. 이와 같이 원고적격을 이해하면 그 전제가 되는 행정청의「위험으로부터의 보호의무」는 필연적이며, 사업인가처분의 근거규정에 따라 부과된 것에 한하지 않고, 그 외「절차규정・목적규정 등 다양한 테두리 규정, 나아가 행정청의 권한행사에 제약을 부과하는 현행 법령 일반이 이러한 법적의무를 부과하고 있을 가능성이 있을 수 있다」.

도시계획의 책정 및 사업인가에서 시설의 이용이 주변에 주는 마이너스 영향을 포함한 각 이익의 조정을 충분히 해야 할 의무를 지고 있다는 것, 더욱이 「생명 · 건강 등의 향유에 대해 국민에게 주어진 헌법상의 보장(인격권)을 함께 생각한다면, 행정청이 적어도 이들의 이익에 대한 중대한 침해의 위험으로부터 주변 주민을 보호해야 할 의무를 지고 있다고 생각할 수 있다」. 따라서 「적어도 사업인가에 관한 도시계획시설의 이용 결과, 생명 · 건강 등에 중대한 손해를 입을 위험에 처해 있는 주변 주민으로부터의 소송에 대해서는 본래 당연히 원고적격이 인정되어야 한다」.

또한 그 외 본 판결에는 본건 철도사업인가 및 본건 각 부속가로사업인가는 일체의 것이며 원고적격도 일체적으로 판단해야 한다는 반대의견(横尾和子, 滝井繁男, 泉徳治, 島田仁郎 각 재판관)과, 법정의견의 입장에서 이것에 반론을 가한 이마이 이사오(今井功) 재판관의 보충의견이 있다.

기본 해설

1. 헌법소송의 도구(うつわ)로서의 행정소송의 새로운 전개

헌법소송에 많은 장을 제공해 온 행정소송에서는 종래 그 중심인 항고소송에서 처분성, 원고적격, 소의 이익 등의 소송요건이 엄격하게 해석되어, 실체 판단이 이루어지지 않고 소송요건의 단계에서 이른바 「문전박대」가 반복되어 왔다. 따라서 실효적인 구제를 요청하는 권리보장을 주장하는 헌법학에서는 재판소에 의한 인권구제의 가능성을 한정하는 엄격한 소송요건에 대해 가차 없는 비판이 쏟아지고 있었다(松井 · 後揭 504면 이하). 국민의 권리이익의 실효적 구제를 제1목적으로 하는 2004년의 행정사건소송법의 개정은 이 같은 상황에 대해 행정소송에 헌법소송의 「도구」로서의 새로운 가능성을 시사한 것으로 그 전개가 매우 주목되고 있다. 이 같은 관점에서 보면, 앞서 논한 공법상의 법률관계의 확인을 구하는 소송의 명문화에 의한 확인소송의 활성화와 함께, 원고적격 규정의 개정도 중요한 의미를 가지는 것이다.

2. 개정 행정사건소송법 제9조

본건 최고재판소 판결은 행소법 개정 후 원고적격의 문제에 대해 처음으로 판단을 내린 것이다. 그 중 도시계획사업인가 취소소송에서 주변 주민의 원고적격을 부정한 최고재판소 판례(최1소판 1999년 11월 25일)를 변경하였는데, 그 요인이 행소법의 개정으로 종래 제9조의 해석기준으로 제2항이 부가된 것에 있음은 명백하다(桑原 · 後揭 10면).

취소소송의 제3자 원고적격에 대해서는 학설상 「법률상 보호된 이익설」과 「법적 보호에 상당한 이익설」이 주장되어 왔다. 전자에 의하면 처분의 근거가 되는 실정 행정법에서 보호된 이익이 있는 자에 한하여 원고적격이 인정되며, 후자에 의하면 원고가 실제로 받는 불이익의 성질, 정도 등 이해의 실태에 착안하여 사실상의 이익이라도 법적보호에 상당한 이익을 가진 자라면 원고적격을 인정한다. 양 설의 차이는 기본적으로 취소소송의 목적을 실정 행정법상 보호된 권리이익의 침해에 대한 구제로 하느냐, 행정처분의 적법성을 둘러싼 분쟁의 해결을 통한 국민이익의 구제로 하느냐에 있다(畠山=福田・後掲 257면 이하).

개정 행소법은 제9조 제1항에서 원고적격에 관해 「법률상의 이익」이라는 문언(개념)을 유지함과 동시에, 제2항에서는 기본적으로 법률상 보호된 이익설에 근거하면서도 처분의 근거가 되는 행정법규를 유연하게 해석함으로써 원고적격의 범위를 확대해 온 판례실무의 도달점인 니가타공항 소송 최고재판소 판결(최2소판 1989년 2월 17일 民集 43권 2호 56면)과 문수보살 소송 최고재판소 판결(최3소판 1992년 9월 22일 民集 46권 6호 571면)이 제시한 기준을 해석지침 내지 고려요소로 정식화하였다(亘理・後掲 3면). 제2항이 처분・재결의 상대방 이외의 자의 「법률상의 이익」의 유무의 판단에서 우선 고려해야 할 사항으로 한 것은 ①「당해 처분 등의 근거가 되는 법령의 취지 및 목적」과 ②「당해 처분에서 고려되어야 할 이익의 내용 및 성질」이다. 더욱이 ①에 관해서는 「당해 법령과 목적을 공통으로 하는 관계 법령의 취지 및 목적」이 참작되고, ②에 관해서는 「당해 처분 또는 재결이 그 근거가 되는 법령에 위반하여 행해진 경우에 이익의 내용 및 성질, 그리고 그것이 침해되는 양태 및 정도」가 감안된다.

법정의견도 우선 제9조를 확인한 뒤 처분의 근거법규인 도시계획법 제59조, 제61조의 해석에서 공통된 목적을 지닌 관계 법령으로 (구)공해대책기본법 및 동경도 환경영향평가조례의 각 규정의 취지 및 목적을 참작함과 더불어, 당해 철도사업이 주변 주민에게 미치는 소음・진동피해의 양태 및 정도를 감안하여 주변 주민 중 당해 사업에 기인한 소음・진동 등에 의해 건강 또는 생활환경에 현저한 피해를 직접적으로 받을 우려가 있는 자는 원고적격이 있다고 하였다.

이 같은 관계 법령의 취지 및 목적을 감안하면 원고적격의 확대에 따라 대부분이 하나의 틀을 형성하는 데 머무른다 해도 참조해야 할 관계법령에 헌법을 포함시키는 것이 충분히 가능해졌다. 또한 목적을 공통으로 하는 관계법령이 아니라도 법체계를 구성하는 법의 하나로서 헌법을 처분법규의 해석에 반영시키는 것도 가능하다(大貫・後掲 54면). 이에 따라 원고적격의 판단에서도 헌법을 고려하는 것이 보다 촉진된다.

3. 또 하나의 가능성

법정의견은 이상과 같은 원고적격의 확대를 법률상 보호된 이익설의 테두리 안에서 실시한데 반해, 후지타(藤田)·마치다(町田) 보충의견에서는 이것과 본질적으로 다른 견해가 제기되었다. 즉, 행정청의 「위험으로부터의 보호의무」=주민의 「보호를 받을 법적 이익」에서 주민의 원고적격의 근거가 제시되었다(神橋·後掲 22면 이하). 이에 따라 주변 주민의 「법률상의 이익」의 유무 판단은 처분 등의 근거규정에 한정되지 않고, 행정청의 권한행사에 제약을 부과하는 현행 법령 일반을 근거로 할 수 있으며, 이 중에는 헌법도 포함된다. 여기서는 보다 직접적으로 헌법 가치가 원고적격의 유무 판단에 영향을 미치게 된다.

▌참고문헌▐

右崎正博「『より制限的でない他の選びうる手段』の基準」芦部信喜編『講座憲法訴訟 第5巻』(有斐閣, 1987年)

内野正幸「在外日本国民の選挙権」法律時報78巻2号(2006年)

大貫裕之「原告適格論」法律時報77巻3号(2005年)

笠置隆範「公職権挙権の一部を改正する法律」ジュリスト1310号(2006年)

神橋一彦「取消訴訟における原告適格判断の枠組みについて」立教法学71号(2006年)

北村和生「在外日本人選挙権剥脱訴訟における行政法上の論点について」ジュリスト1303号(2005年)

桑原勇進「原告適格に関する最高裁判例」ジュリスト1310号(2006年)

杉原則彦「最高裁判所判例解説30」法曹時報58巻2号(2006年)

戸波江二「在外日本国民の選挙権」法律教室162号(1994年)

野坂泰司「在外日本国民の選挙権」法律教室315号(2006年)

野中俊彦「在外選挙制一部違憲判決の意義と問題点」ジュリスト1303号(2005年)

橋本博之「要説行政訴訟」(弘文堂, 2006年)

長谷部恭男・田中宗孝・小幡純子「[鼎談]在外邦人選挙権大法廷判決をめぐって」ジュリスト1303号(2005年)

畠山稔=福田千恵子「第9条 原告適格」南博方・高橋滋編『条解行政事件訴訟法(第3版)』(弘文堂, 2006年)

浜川清「在外国民選挙権最高裁判決と公法上の確認訴訟」法律時報78巻2号(2006年)

早坂禧子「在外国民選挙権最高裁大法廷判決」法令解説資料総覧289号(2006年)

松井茂記『日本国憲法(第2版)』(有斐閣, 2002年)

山本隆司「在外邦人選挙権最高裁大法廷判決の行事法上の論点」法学教室308号(2006年)

亘理格「行政法改正と裁判実務」ジュリスト1310号(2006年)

(畑尻 剛)

제33장 단체내부문제와 사법심사

[논점]

(1) 사법권과 「법률상의 쟁송」

「법률상의 쟁송」(재판소법 제3조 제1항)이란 어떠한 것이며, 사법권(헌법 제76조 제1항)과 어떠한 관계에 있는가? 사법권의 한계란 구체적으로 어떠한 것인가?

(2) 단체의 자율권과 사법심사

「부분사회의 법리」란 어떠한 내용이며, 어떠한 비판이 가해지고 있는가? 왜 사법권은 단체의 자율권을 존중하지 않으면 안 되는가?

(3) 종교단체의 내부분쟁과 사법심사

종교단체의 내부분쟁은 어떠한 소송 형태를 취하는가? 판례가 종교단체와 정당 사이에서 다른 사법심사 방식을 취한 이유는 무엇인가? 종교단체의 내부분쟁에 적절한 사법심사 방식은 어떠한 것인가?

Part Ⅰ 기본 소재

연화사(蓮華寺) 사건

최고재판소 1989년 9월 8일 제2소법정 판결
1986년(オ) 제943호 건물명도, 대표임원 등 지위확인청구사건
民集 43권 8호 889면, 判時 1329호 11면

사실 개요

X(연화사, 원고・피항소인・상고인)는 종교법인 일연정종(日連正宗)의 피포괄(被包括) 종교법인으로, 규칙상 「대표임원은 일연정종의 규정에 따라 이 사원의 주지의 직위에 있는 자로 한다」고 되어 있다. Y(피고・항소인・피상고인)는 1965년 10월 일연정종의 관장(管長) H로부터 X의 주지에 임명되어 X의 대표임원에 취임함과 동시에, 동년 11월초부터 X소유의 사원건물(이하, 본건 건물)을 점유하고 있었다. H는 1979년 7월에 선종(遷化)하였으나, 같은 날 A가 1978년 4월 H로부터 혈통승계를 받은 사실을

발표하고 동일부로 법주(法主)·관장(管長)에 취임하였다. 그리고 A가 1981년 1월 책임임원회의 의결에 기초하여 일연정종의 본존 및 혈통승계에 대한 Y의 주장이 잘못된 것이라는 취지로 재정하였으나, Y는 훈계를 받았음에도 불구하고 주장을 수정하지 않았으므로, A는 동년 2월 책임임원회의 의결에 기초하여 Y를 승적박탈처분(이하, 본건 처분)에 부의하였다. 따라서 X는 Y에 대해, Y가 X의 주지 지위 및 대표임원인 지위를 상실하였기 때문에 사찰건물의 점유권원을 상실하였다고 하여 명도소송을 제기하였다(제1사건). 이에 대해, Y는 X에 대해 Y가 X의 대표임원 및 책임임원의 지위에 있다는 확인을 구하는 소송을 제기했다(제2사건).

제1심=오사카 지방재판소

오사카 지방재판소 1984년 9월 28일 판결
刑時 1145호 81면

■ 당사자의 주장(쟁점)

〈사실에 관련된 주장〉

원고 ①일연정종에서의 「불문의 준칙」에 기초하여 H로부터 혈통승계를 받아 차기 법주로 지정된 A는 H의 선종으로 법주에 취임하여 종규(宗規)의 충직규정(「관장은 법주의 직에 있는 자로 충당한다」)에 따라 당연히 관장에 취임하였다. ②Y의 주장은 일연정종의 법규에 위반하는 주장에 해당한다.

피고 ①법주 선임행위로서의 혈통승계의 준칙을 정한 종규는 원칙적으로 피선정자를 수행 중인 큰 스님(能化)에 한정하고 있었으나, A는 1978년 4월 당시 대승도(大僧都)로서 차기 법주로 선정되지 않았다. ②Y의 주장은 일련정종의 교의에 반하지 않으며 설령 교의에 반한다 하여도 승적 박탈사유로서의 「잘못된 주장(異說)」에는 해당되지 않는다.

〈법적 근거에 관련된 주장〉

원고 ①결사의 자유 보장에 포함된 단체자율권의 존중은 입증책임의 적정한 분배를 통해 실현되며 사적 단체 내의 징계처분의 효력이 논쟁된 때는 피처분자 측이 무효사유의 입증책임을 진다. 교의 및 신앙에 관한 사항이 청구의 당부를 결정하는 것에 대한 전제문제인 경우, 헌법 제20조에 따라 재판소는 교의 및 신앙의 내용에 개입하여 심판하는 것이 용납되지 않으며, 종교단체가 자치적으로 결정한 내용을 기초로 판단해야 한다. 따라서 A가 관장이 아니라는 점과 Y에게 처분사유가 존재하지 않는다는 것은 Y가 주장·입증해야 한다. ②만일 A가 관장이라는 것과 Y의 주장이 잘못되었다는 것에 대해 X에게 입증책임이 있다 하더라도 재판소는 일연정종에서의 자치적 결정을 기초로 판단해야 한다.

피고 ①징계처분의 효과를 주장하는 자는 징계규정의 존재, 피처분자에게 징계사유가 있다는 사실 및 징계권자가 징계규정에 따라 처분한 사실을 주장·입증하지 않으면 안 되며, 이 점에서 종교법인을 타 법인과 구별할 이유는 없다. ②당대법주(当代法主)에 의한 차기법주의 선임행위인 혈통승계는 신앙상의 혈통승계와는 구별되며 일연정종의 교의 및 신앙의 내용에는 개입하지 않고 재판소가 판단할 수 있다.

■ 법적 구성

(a) 처분권한·처분사유의 존부에 관한 주장·입증책임

「단체 내의 징계처분이라 하더라도 그것이 단순한 내부규율 문제에 머무르지 않고 일반 시민법질서와 직접 관련될 경우에, 위 징계처분의 효력을 둘러싼 분쟁은 법률상의 쟁송으로서 재판소의 사법심사의 대상이 되는 것이라 하지 않을 수 없으며, 이 경우에 징계처분의 효력을 주장하는 자는 당해 징계처분이 내부규범에서 정하는 징계처분권의 존재, 징계사유의 존재 등의 징계처분의 효력발생요건을 충족하고 있음을 주장·입증해야」 한다.

(b) 처분권한의 유무에 관한 사법심사의 가부(可否)

「구체적인 권리 또는 법률관계를 둘러싼 분쟁의 당부를 판단하는 전제문제로서 특정인에 관해 종교상의 지위의 존부를 판단할 필요가 있을 경우, 그 판단의 내용이 종교상의 교의해석에 미칠 경우는 각별한 것이지만 그렇지 않는 한 그 지위의 존부 즉, 선임의 적부에 대해 재판소는 심판권을 가진다」(後掲·종덕사 판결 참조).

(c) 처분사유의 유무에 관한 사법심사의 방식

「헌법 제20조는 신교의 자유를 보장하고 종교 활동에 대한 국가의 간섭으로부터의 자유를 보장하고 있다. 따라서 종교단체의 교의에 관한 사항에 대해서는 국가기관인 재판소가 그 내용에 개입하여 실체적인 심리, 판단을 하는 것은 허용되지 않는 것이라 할 수 있다. 또한 종교단체 내부에서 교의에 관한 사항에 대해 자치적으로 결정하는 방법이 정해져 있는 경우는 위 자치적 결정방법에 근거한 결정을 존중해야 한다」.

■ 적용

(a) 처분권한·처분사유의 유무에 관한 주장·입증책임

「본건 징계처분에 대해서도 A가 징계처분권을 가지고 있다는 것과 Y에게 처분사유가 존재한다는 것에 대해서는 X에게 입증책임이 있다」.

(b) 처분권한의 유무에 관한 사법심리

「일연정종에서는 법주의 지위에 있는 자가 당연히 관장에 취임하는 것으로 되어 있으므로, A가 법주의 지위에 있는지는 위 승적박탈 처분의 효력, 나아가 위 청구의 당부를 판단하는 것에 대한 전제문제를 이루는 것이라 해야 한다. 따라서 재판소는 종교상의 교의해석에 미치지 않는 한, A가 일연정종의 법주의 지위에 있는지 즉, 그 선임의 적부에 대해서 심리, 판단할 수 있다」. 「혈통승계가 일연정종의 교의에 깊이 관련된 것이라는 사실은 부정하기 어려우나」, 「혈통승계의 존부에 대해서는 사회적 사실인 종교상의 의식으로 재판소가 일연정종의 교의해석에 개입하지 않고 심리·판단하는 것이 가능하다」. A는 H가 선종한 직후 혈통승계를 받은 취지를 종단 내에 공표하여, 그 후 일관되게 법주로서 행동하면서 1년 이상 Y를 포함한 누구에게도 이의를 제기받지 않았으므로 「H는 1978년 4월 15일 A에 대해 일연정종에서 혈통승계라 불리는 종교상의 의식을 받은 것이라 추인하는 것이 적합하다」.

(c) 처분사유의 유무

일연정종 책임임원회는 Y의 주장이 잘못된 것이라는 취지의 A의 재정내용을 확인하는 의결을 하였으며 「일연정종은 A의 위 재정에 따라 Y의 前記 각 주장이 일연정종의 교의에 반하는 이설(異說)이라는 취지의 자치적 결정을 한 것이라고 인정할 수 있다」.

제1심은 이상과 같이 설명하여, X의 명도청구를 용납하고 Y의 대표임원·책임임원지위확인청구를 기각했다. Y가 항소.

제2심=오사카 고등재판소

오사카 고등재판소 1986년 5월 6일 판결
判時 1207호 61면

■ 당사자의 주장 (쟁점)

〈사실에 관련된 주장〉 〈법적 근거에 관련된 주장〉 모두 제1심과 동일.

■ 법적 구성

「종교법인은 종교 활동을 목적으로 하는 단체이며, 그 종교 활동은 헌법상 국가의 간섭으로부터의 자유를 보장받고 있다는 점에 비추어, 단체의 자치에 따라 결정되어야 하는 종교상의 교의, 신앙과 관련된 사항에 대해서는 재판소가 일체의 심판권을 갖지 않는 것이라 할 수 있다. 따라서 종교단체 내부에서의 징계처분의 효력이 청구의 당부를 결정하는 전제문제로서 다투어지고 있는 경우라 할지라도, 이에 대한 판단이 교의내용에 깊이 관련되어 분쟁의 실체가 종교상의 다툼이어서 당해 분쟁 자체가 전체적으로 법률의 적용에 따른 종국적 해결에 적합하지 않을 때는 법률상의 쟁송이라고 할 수 없으며, 소송이 부적법 각하되어야 하는 것이라 해석하는 것이 적합하다. 이러한 때에는……단체의 자율적 결과 존중의 관점에서 처분의 효력을 시인하는 것이 결과적으로 재판소가 종교상의 분쟁에 개입하여 어느 한 편의 입장에 서는 것이 되므로, 적합하지 않다고 해석된다」.

■ 적용

본건 처분의 효력에 대해 판단하기 위해서는 A가 일연정종의 법주로서의 지위를 갖는지의 판단이 불가결하나, 「법주의 선임준칙이 무엇인가, 또한 위의 준칙에 따른 법주선임행위가 이루어졌는가의 인정판단」은 「일연정종의 교의, 신앙의 문제와 밀접불가분한 관계에 있으므로 위 교의, 신앙의 문제에 개입하지 않고 판단할 수는 없는 것이라 해야 하며, 어느 쪽도 사정의 성질상 법령을 적용하는 것으로 해결할 수 없는 문제이다」. 「원래 본건 분쟁의 실질은……일연정종 최대의 단신도(檀信徒) 단체인 창가학회에 대해 일연정종으로서 어떻게 대처해야 하는가라는 종교단체 운영상의 기본문제를 둘러싼 실로 종파를 이분하여 전개되는 정신각성(正信覚醒)운동이라며 이것에 비판적인 A및 종무원에 의해 대표되는 창가학회에 대해 협조・화합해가려는 입장을 취하는 자 사이의 종교상의 분쟁의 발현의 하나라고 보는 것이 적합하다. 여기서는 일연정종의 종파에 속하는 전 승려의 약1/3에 달하는 Y들인 정신각성운동의 활동가 승려 201명이 종무원의 중지명령에 위배하여 제5회 전국단도대회에 관여한 이유로 A에 의해 징계처분이 부과된 것을 계기로, Y들은 정신각성운동이야말로 일연정종의 정통의 입장이며 A나 종무원에 찬동하는 자는 그 교의에 반하는 이단의 무리라고 비난하여, 위 징계처분의 효력을 부정함과 더불어 결국 A의 법주인 위치의 정통성을 논쟁하기에 이른 것이라 인정된다. 따라서 결국 본건 소송은 그 실질에 있어서 종교상의 분쟁이라고 해야 하며, 법령의 적용에 따른 종국적인 해결이 불가능한 것이므로 재판소법 제3조에서 말하는 법률상의 쟁송에 해당하지 않는다고 해야 하며, 어느 쪽이든 이것을 각하해야 하는 것으로 해석하는 것이 적합하다」.

제2심은 이상과 같이 판시하여, 제1심 판결을 취소하고 X, Y의 소송을 각하했다. X, Y가 각각 상고했다.

상고심=최고재판소

■ X의 상고이유

원 판결은 법률상 쟁송을 부정하는 이유가 갖추어져 있지 않다. 종교단체의 자율결과의 존재를 무시하고 사법적 구제를 거절하는 것은 종교단체자율권(헌법 제20조), 종교단체의 재판을 받을 권리(헌법 제32조)를 부정하는 것이다.

■ 법적 구성

「재판소가 고유의 권한에 기초하여 심판할 수 있는 대상은 재판소법 제3조의『법률상의 쟁송』즉, 당사자 간의 구체적인 권리의무 내지 법률관계의 존부에 관한 분쟁이며, 나아가 법령의 적용에 따라 종국적으로 해결할 수 있는 것에 한정된다. 따라서 구체적인 권리의무 내지 법률관계에 관한 분쟁이라 하더라도 법령의 적용에 따라 해결하는 데 적합하지 않은 것은 재판소의 심판의 대상이 될 수 없다」(後揭・목각만다라 판결 참조).「종교단체에서의 종교상의 교의, 신앙에 관한 사항에 대해서는 헌법상 국가의 간섭으로부터의 자유가 보장되어 있으므로, 이들 사항에 대해서는 재판소가 그 자유에 개입해서는 안 되며 일체의 심판권을 갖지 않음과 동시에, 이들 사항에 관한 분쟁에 대해서는 엄밀히 중립을 유지해야 하는 것이 헌법 제20조 외에 종교법인법 제1조 제2항, 제85조의 규정의 취지에 비추어 볼 때 명확하다」(後揭・본문사 판결, 목각만다라 판결 참조).「특정인에 대한 종교법인의 대표임원 등의 지위의 존부를 심리・판단하는 전제로서 그 자의 종교단체상의 지위의 존부를 심리・판단해야 할 경우, 그 지위의 선임, 박탈에 관한 절차상의 준칙으로부터 종교상의 교의, 신앙에 관한 사항에 어떠한 관련도 없이 그 선임, 박탈이 이루어졌는지만을 심리・판단하는 것으로 충분할 때는 재판소가 위 지위의 존부의 심리판단을 할 수 있으나, 위의 절차상의 준칙에 따라 선임, 박탈이 이루어졌는가에 머무르며 종교상의 교의, 신앙에 관한 사항을 심리・판단해야 될 때는 재판소가 이러한 사항에 대해 일체의 심판권을 갖고 있지 않은 이상, 위 지위의 존부의 심리・판단을 할 수 없다」(본문사 판결 참조).「당사자 간의 구체적인 권리의무 내지 법률관계에 관한 소송이라 하더라도 종교단체 내부에서 내려진 징계처분의 효력이 청구의 당부를 결정하는 전제문제로 되어 있으므로 그 효력의 유무가 당사자 간의 분쟁의 본질적인 쟁점을 이루고 있음과 동시에, 그것이 종교상의 교의, 신앙의 내용에 깊이 관련되어 있기 때문에 위 교의, 신앙의 내용에 개입하지 않고 그 효력의 유무를 판단할 수는 없으며, 더욱이 그 판단이 소송의 귀추를 좌우하는 필수불가결한 것일 경우에 위 소송은 그 실질에서 법령의 적용에 따른 종국적 해결에 적합하지 않은 것으로 재판소법 제3조에서 말하는『법률상의 쟁송』에 해당하지 않는다」(목각만다라 판결 참조).

■ 적용

본건에서는 승적박탈 처분 효력의 유무가 「분쟁의 본질적 쟁점을 이룸과 동시에 그 효력에 대한 판단이 본건 소송의 귀추를 좌우하는 필수불가결한 것이므로 그 판단을 하는 데 있어서는 Y에 대한 징계사유의 존부 즉, Y의 前記 주장이 일연정종의 본존관(本尊觀) 및 혈통승계에 관한 교의, 신앙을 부정하는 이설(異說)에 해당하는가의 판단이 불가결하지만」, 이 점은 「일연정종의 교의, 신앙과 깊이 관련되어 있기 때문에 위의 교의, 신앙의 내용에 개입하지 않고서는 판단할 수 없는 성질의 것이므로 결국, 본건 소송의 본질적 쟁점인 본건 승적박탈 처분의 효력의 유무에 대해서는 재판소의 심리판단이 허용되지 않는 것이라 해야 하며, 재판소가 X 또는 일연정종의 주장, 판단에 따라 Y의 설명을 『이설(異說)』이라고 하여, 본건 승적박탈 처분을 유효한 것이라 판단하는 것도 종교상의 교의, 신앙에 관한 사항에 대해 심판권을 갖지 않으므로 이들 사항에 관한 분쟁에 대해 엄밀히 중립을 유지해야 하는 재판소로서는 도저히 허용되지 않는 부분이다. 따라서 본건 소송은 그 실질에서 법령의 적용에 따라 종국적으로 해결할 수 없는 것이라 해야 하며 재판소법 제3조에서 말하는 『법률상의 쟁송』에 해당하지 않는다」.

최고재판소 제2소법정은 이상과 같이 판시하여, 전원 일치로 X의 상고를 기각했다(제1사건). 또한 Y의 상고도 동일한 이유로 기각되었다(제2사건, 1986년(オ) 제944호, 判時 1329호 25면).

기본 해설

1. 사법권의 개념과 한계, 사법심사의 방식

통설・판례에 따르면 사법권이란 일체의 법률상의 쟁송의 재판이다(재판소법 제3조 제1항). 「법률상의 쟁송」이란 당사자 간의 구체적인 권리의무 내지 법률관계의 존부에 대한 다툼이며(요건 ①), 법령의 적용에 따라 이것을 종국적으로 해결할 수 있어야 하는 것이다(요건 ②). 그리고 요건 ①은 당해 생활관계에 적용되는 법규범의 존재를 전제하는 것이므로 요건 ①을 충족하는 분쟁은 통상적으로 동시에 요건 ②도 만족해야 한다. 바꿔 말하면, 권리침해가 주장된 경우 재판소는 원칙적으로 사법심사를 분쟁 전체에 미치게 하여 그 해결을 도모해야 하며, 이러한 이치는 재판을 받을 권리의 보장과도 상응한다(宍戸・後掲 참조).

이에 대해 「사법권의 한계」란 법률상 쟁송에 해당하지만, 사항의 성질상 사법심사가 미치지 않는다고 해석되는 것이며, 그 구체적 예로는 통치행위 등을 들 수 있다(佐藤幸・後揭① 참조). 본장에서는 이 중 단체의 내부분쟁을 취급하며 「부분사회의 법리」에 대해서는 Part Ⅳ에서 언급하는 것에 머무르며, 연화사 사건의 제1사건(이하, 본건)에 따라 종교단체 특유의 문제를 검토한다. 본건의 건물명도청구는 권리의무관계의 존부에 관련된 것이나, 그 판단의 전제로서 (a) A의 처분권한 (b) Y의 처분사유 각각의 존부가 문제 되며 이것은 모두 종교상의 교의해석에 깊이 관계하는 것이다. 여기서 사법심사는 어떻게 해야 하는지가 본건의 주요 쟁점이다.

2. 종덕사 판결과 본안 판결의 논리

이 점에서 주목할 것은 X, Y가 모두 본안 판결을 요구하여 주장・입증활동을 하며, 제1심도 (a),(b) 어느 쪽에 대해서도 「종교상의 교의에 미치지 않는 한」 사법심사가 가능하다고 생각한 것이다. 과거 종덕사 판결(최3소판 1980년 1월 11일 民集 34권 1호 1면)은 종교상의 지위인 주직의 지위확인은 「구체적인 권리 또는 법률관계의 존부에 대해 확인을 구하는 것이라고 할 수 없다」고 하여 이것을 각하하면서, 전제문제로서의 주직의 선임・파면의 적부에 대해서는 「종교상의 교의해석에 미치는 것일 경우에는 각별」 원칙으로서 사법심사가 미친다고 하였다. X, Y는 이 판례를 기초로 자신에게 유리한 심사방식을 요구한 것이라 볼 수 있다. X는 종교단체의 자율권을 강조하여 혈통승계가 없었던 것의 증명책임을 Y에게 전가하려고 하고, Y는 교의와 관련이 없는 「종규에 기초한 법주선정행위」로서 혈통승계를 개념구성한 뒤, 재판소의 심리판단을 구한 것이다(片井・後揭 참조). 이에 대해, 제1심은 X가 종교상의 혈통승계의 입증책임을 진다고 하면서, 사회적 사실로서의 혈통승계의 존부는 교의해석에 들어가지 않고 심리판단이 가능하다고 하였다. 또한 「교단 내에서 1년 이상 법주로서 받아들여졌다」는 간접사실에서 「교의에서 말하는 혈통승계가 있었다」는 사실을 추인한 것이다. 이리하여 제1심은 (a)에 관해 A가 법주=관장=징계권자라는 것을 확정하였고, (b)에 대해서는 A에 의한 Y의 징계사유의 인정을 「자치적 결정」으로 존중하였다. (a)의 판단 뒤에는 (b)와 마찬가지로 종교단체의 자율권에의 배려를 엿볼 수 있다.

3. 본 판결의 법적구성 - 목각만다라 판결과 「종교문제의 법리」

제1심 판결 후 내려진 목각만다라 판결은 창가학회에 대해 전(前) 신자가 착오무효를 이유로 기부금의 반환을 구한 사건에 관한 것이다(최3소판 1981년 4월 7일 民集 35권 3호 443면). 이 사건에서는 피고가—유력한 민사소송법 학자의 감정서도 받아(新堂・後揭

②)—착오의 유무의 판단에 종교상의 가치 · 교의가 관련된다는 것을 이유로 요건 ②를 만족하지 않으므로 법률상의 쟁송에 해당하지 않는다고 주장하였고, 최고재판소도 이것을 시인하여 소송을 각하했다. 그리고 본건의 제2심 · 최고재판소는 이 새로운 판례 법리를 종교단체내부에서 처분의 효력이 전제문제로 다투어지고 있다는 사안에 적용한 것이다. 물론 최고재판소 판결(이하, 본 판결)은 종교단체에서의 종교상의 교의에 관한 사항에 사법심사가 미치지 않는 점에 대해 목각만다라 판결과 함께 본문사 판결(최1소판 1980년 4월 10일 裁民 129호 439면)을 인용하고 있다. 그러나 본문사 판결은 전제 문제였던 주직의 선임을 유효하다고 인정하여, 대표임원의 지위확인청구를 기각한 것이었다. 단체내부의 절차준칙이 불비의 경우에는 조리(条理)를 원용하는 것도 마다하지 않은 동 판결은 주직의 선임에 관해 절차심사를 최대한 인정한 것이라 평가되며, 그렇기 때문에 종교단체의 자율권의 존중을 구하는 입장(笹川 · 後揭)으로부터 비판받고 있었다. 본 판결은 본문사 판결 및 종덕사 판결에서 벗어나 목각만다라 판결과 함께 새로운 판례의 계열을 형성했다고 보는 것이 적절할 것이다(笹川 · 後揭 참조).

원래 종교상의 교의 등에 관한 사항에 사법심사가 미치지 않는 것 자체는 종래의 판례도 본건의 제1심도 인정하고 있었다. 진정한 문제는 전제문제로서 심리판단이 불가능하다고 하여 그것이 법률상의 쟁송이 아니라는 결론을 내리는 것은 어째서인가? 바꿔 말하면, 처분의 효력이 전제문제에 머무르는 한 재판소는—종교단체의 자율권 등을 존중하여—분쟁을 해결해서는 안 되는 것인가 라는 부분에 있다. 또한 제2심은 이 점에 대해 자율적 결정의 존중이 「재판소가 종교상의 분쟁에 개입하여 어느 한 편의 입장에 서는 것이 된다」고 하였고, 본 판결은 재판소가 종교상의 교의에 관한 「분쟁에 대해서는 엄격하게 중립을 유지해야 한다」고 설명함과 동시에, 그 근거를 「헌법 제20조, 종교법인법 제1조 제2항, 제85조의 규정의 취지」에서 구하고 있다. 즉, 제2심 · 본 판결이 채택한 것은 부분사회의 법리도, 종교적 결사의 자유의 존중도 아닌, 재판소의 종교적 중립성의 논리였다. 종교단체의 내부분쟁에의 개입을 철저하게 회피하려는 재판소의 자세는 정말로 「종교문제의 법리」(石川 · 後揭)로서 정리하기에 적합하다.

4. 제2심 · 최고재판소의 異同

그러나 제2심과 최고재판소의 판시에서는 2가지 차이를 발견할 수 있다. 첫 번째 차이는 교의에 깊이 관련된 쟁점으로 제2심은 (a)의 처분권한의 존부(A가 법주로서의 지위를 가지는가)를, 본 판결은 (b)의 Y에 대한 징계사유의 존부(Y의 주장이 이설에 해당하는가)를 대상으로 하였다. (a), (b)가 모두 혈통승계라는 교의해석을 필요로 하고, 처분의 존부에 관련된다는 점에서 이러한 차이는 그렇게 유의미한 것이 아니라고 볼 수도 있으나, 본 판결은 법주・관장에 관한 쟁점을 굳이 언급하지 않고 처리를 後掲의 관장소송 판결로 이행했다고 할 수 있다.

두 번째 차이는 이러한 점에서도 미묘하게 연관된다. 제2심은「본건 분쟁의 실질」이 Y 등과 A 등 사이의 종파를 이분한 분쟁이며, 그 결과 법주의 정통성까지 다투어지기에 이른 것을 인정하였다. 이것은 목각만다라 판결의 원용을 정당화한 사정으로 소송의 배후로 거슬러 올라가 분쟁의 실질을 파악한 것이라 할 수 있다. 한편, 최고재판소는 분쟁의 실질에 대해 직접 언급은 하지 않고, 징계사유의 존부—징계처분의 효력의 유무—본건 소송이 순차적으로 사법심사에서 누락되는 것을 주장하는 데 지나지 않는다. 그러나 목각만다라 판결이 원고가 교의 해석을 소송에서 다투려고 했다는「당사자의 주장입증」을 사정으로 들었던 것에 비추어 보면, 본건에서도 쟁점과 소의 밀접관련성을 넘는 소송각하를 정당화하는 특별한 사정이 필요하다고 보는 것이 자연스럽다(大沢・後掲 참조). 당사자가 모두 본안 판결을 구하고 있는 본건에서는 역시 제2심이 말하는「분쟁의 실질」에서 구할 수밖에 없으며, 그 의미는 처분의「효력의 유무가 당사자 간의 분쟁의 본질적 쟁점을 이룬다」라는 본 판결의 표현에 들어있다고 해석해야 할 것이다(市川・後掲 외 참조). 조사관 해설도 본 판결이 이러한 점을 배려한 것임을 시사한다(魚住・後掲).

5. 본 판결의 의의

본건은 창가학회를 비판하여 일연정종에 의해 처분된 승려에 대해 말사(末寺)에서 명도가 청구되는 등 일련의「정신회 소송(正信会訴訟)」의 일환이다. 이전의 하급심 판결은 명도를 인정하는 경향이 있었는 데 비해, 본 판결 후에는 모든 소송이 각하되고 있다. 또한 본건과는 별도로 Y들은 일연정종 등을 피고로 하여 A가 일연정종의 관장・대표임원의 지위를 갖지 않는다는 것의 확인을 구하는 소송을 제기하였으나, 관장소송 판결(최3소판 1993년 9월 7일 民集 47권 7호 4667면)은 본 판결을 인용하고 있지는 않지만, 마찬가지로 소송을 각하했다.

주의해야 할 것은 일련의 소송에서 재판소가 소송을 각하한 결과 말사(末寺)측이 사찰건물의 점유를 회복할 수 없는 한편, 처분된 승려는 활동이 곤란하기 때문에 많은 말사가 황폐해졌다는 사정이다(井上・後掲 참조). 이와 관련하여 최3소판 1998년 3월 10일 判時 1683호 95면은 승적박탈 처분에 붙여진 대표임원으로부터 사찰건물의 점유를 박탈한 종교법인에 대한 점유회수소송을 인용하고 있으며, 이러한 실력행사에 따른 분쟁 해결을 허용하지 않는 자세를 밝히고 있다. 또한 1992년 일연정종이 창가학회를 파문한 뒤 일연정종과 피포괄 관계를 해소하려고 한 말사 주직이 탈계(脱階)처분(=승적박탈처분)되어, 말사로부터 명도를 요구받은 사안에서도 최고재판소는 본 판결을 인용하여 소송을 각하했다(최2소판 2002년 2월 22일 判時 1779호 22면). 이와 같이 본 판결은 일연정종 관계의 소송에 여전히 긴 그림자를 드리우고 있다.

Part Ⅱ 응용편

확인문제

1. 사법권이란 어떠한 국가작용인가?
2. 법률상의 쟁송이란 무엇인가?
3. 연화사 사건의 쟁점을 요건사실론에 따라 정리하시오.
4. 종덕사 사건, 본문사 사건, 목각만다라 사건, 연화사 사건의 각 최고재판소 판결의 관계를 정리하여 설명하시오.

응용문제

설문 1 X는 Y寺의 주지로 종교법인 Y의 대표임원이었으나 본산 M의 관장 A로부터 처분을 받았다. 다음의 각 사안에 대해 재판소는 어떠한 사법심사를 해야 하는가?

(1) A가 X의 교의위반을 이유로 파문하여 Z를 상대로 Z가 주지의 지위에 없다는 것의 확인소송을 제기하였다.

(2) A가 X의 아동매춘행위를 이유로 X에게 변명의 여지를 주지 않고 X에게 설법 등의 종교의식을 주재하는 것을 1년간 금지하여 X가 M 및 A를 상대로 처분무효소송을 제기하였다.

(3) A가 X의 교의위반을 이유로 파문하여 Y의 규칙에 「대표임원의 선임 및 파면은 책임임원의 호선으로 결정한다」고 규정되어 있을 경우, X를 제외한 Y의 책임임원이 X에게 통지 없이 회합을 열어 X의 해임을 결의했으므로 X가 Y를 상대로 X가 대표임원의 지위에 있다는 확인소송을 제기하였다.

(4) A가 X의 교의위반을 이유로 파문하여 Y의 규칙에 「대표임원은 주지의 직에 있는 자로 충당한다」고 규정되어 있을 경우, Y가 X를 상대로 단가장(檀家帳)・출납장 등의 인도를 요구하는 소송을 일으켰다.

설문 2 X는 Y사의 주직으로 종교법인 M의 피포괄종교법인인 Y의 대표임원이다. Y의 규칙에는 「대표임원은 주직의 직에 있는 자로 충당한다」고 규정되어 있으므로 M의 관장 A는 X를 파문처분 하였다. 다음의 각 사안에 대해 재판소는 어떠한 사법심사를 해야 하는가?

(1) A는 미국에서도 M의 신자를 많이 모으는 방침을 세워 이를 위한 활동자금으로 말사(末寺)에서 거액의 상납금을 모으기로 했다. 이로 인해 말사 주직의 반수 이상이 반발하여 X가 반대운동의 리더가 되었다. A는 「교의의 유포에 반대하는 것은 교의에 위반된다」는 이유로 X를 파문했다. Y는 X에 대해 사찰건물의 명도를 요청하여 소송을 제기하였다.

(2) X는 A로부터 감시인 역으로 파견되어 있던 Y의 책임임원 2명을 해임하고 대신 자신의 처 · 자식을 임명한 뒤, 책임임원회의 의결에 따라 Y와 M의 포괄관계를 폐지하기 위한 규칙변경을 하였으므로 A는 X를 파문처분하였다(종교법인법 제26조, 제78조 참조). Y는 X에 대해 사유(寺有)건물의 명도를 요구하여 소송을 제기하였다.

(3) M의 종규는 「관장은 관장추대회의에서 선정한다」고 규정하고 있다. X가 「관장추대회의가 열리지 않았음에도 불구하고 A는 관장을 자칭하였다」는 주장을 반복하였으므로 A는 X를 파문하고 Z를 Y사의 새로운 주지에 임명하였다. Z가 O은행 T지점에서 Y명의의 1000만 엔의 예금지불을 받으려 했으나, T지점장은 Z가 Y의 대표임원이 아니라 하여 예금지불을 거부했다. Y는 O은행에 대해 예금지불을 요구하여 소송을 일으켰다.

설문 3 다음과 같은 종교법인법의 개정은 헌법상 허용되는가?

(1) 각 종교법인의 대표임원의 선임에 대해 「대표임원은 주직의 직에 있는 자로 충당한다」 등의 충직규정을 법인의 규칙에 두는 것을 금지하는 것

(2) 포괄종교법인에게 종교단체의 운영을 적절히 도모하기 위해 종교법인 심의기관을 두는 것을 의무화하여, 법인의 임원과 피포괄법인의 임원직에 있는 자를 처분할 때는 동 기관에 자문해야 하는 것으로 하는 것

(3) 종교관계자, 유식자(有識者)들로 구성된 종교법인임원회를 문화청의 외국(外局)으로 두어, 종교법인의 임원의 선임 · 처분의 효력에 대해 불복이 있는 자는 재판소에 소송을 제기하기 전에 동 위원회의 재정을 받아야 한다고 함과 동시에, 당해 선임 · 처분의 효력이 재판에서 논쟁된 경우에 재판소가 교의해석이나 신앙상의 사항에 대해 동 위원회의 재정을 존중해야 하도록 하는 것

Part Ⅲ 이론편

전개문제

종교단체의 내부분쟁에서의 적절한 사법심사의 자세는 어떠한 것인가? 이 논점에 관한 민사소송법의 학설을 정리한 뒤 그것을 헌법의 관점에서 검토하시오.

1. 헌법과 민사소송법

Part Ⅰ에서 검토한 연화사 판결은 민소법에서 중요 판례이므로 이를 첫머리에서 언급하는 판례도 보인다. 이것은 동 판결이 「심판권의 한계」를 배우기 위한 형태의 소재임과 동시에, 사법심사의 자세를 둘러싼 다양한 학설이 주장되고 있기 때문이다. 이에 대해, 헌법에서는 「사법권의 한계」에 관한 논의가 한때 깊이 검토되었으나(특히 佐藤幸・後掲①), 최근에는 그다지 활발하지 않으며 교과서・연습서를 펼쳐보아도 소송의 각하인지 기각인지, 적절한 사법심사의 본연의 자세는 어떠한 것인지에 대해서 논하고 있는 것은 적다. 그러나 로스쿨 시기의 헌법교육에서는 단적으로 위헌・합헌의 형태뿐 아니라, 실정법규의 해석에서 어떠한 형태로 헌법론이 제시되는가를 가르치고, 나아가 위법론을 실무에 활용하는 능력을 기르는 것도 요구된다고 생각된다. 종교단체의 내부분쟁과 사법심사의 관계에 한하여 보더라도 민소법의 분야에서 주장되는 학설은 스스로를 근거짓는 이외의 견해를 비판할 때 종종 헌법수준의 논의에 호소하고 있다. 따라서 Part Ⅲ에서는 일반 분야에 따라 소송각하설・자율적 결정 수용설・주장입증책임설과 그 비판을, 거기에 얼굴을 들이내미는 헌법수준의 의논에 유의하면서 간단히 검토함으로써 독자에게 유기적인 학습으로의 일조가 될 것을 기대한다.

2. 소각하설

소각하설은 Part Ⅰ에서 본 연화사 판결의 입장이기도 하며, 종교상의 교의가 전제문제에 관련된 경우에는 소송의 내용이 권리의무관계의 존부(存否)라 하더라도 소송을 각하해야 한다는 것이다. 그 헌법적 함의는 Part Ⅳ에서 다시 검토하는 것으로 하고, 여기서는 동 판결에 대한 비판적 견해를 개관해보자. 첫째, 공격방어 방법에 착안하여 법률상의 쟁송성을 부정하는 실질론은 특히 교의와는 무관한 이유로 처분된 자가 소송에서 편의적으로 종교상의 교의에 관한 쟁점을 만들어 낸 경우를 생각하면 판단의 안정을 잃게 된다. 둘째, 소송을 각하한 경우에는 분쟁을 법외의 실력의 논쟁에 맡김에 따라 재판을 받을 권리가 침해된다는 것이 자율적 결정 수용설에서의 비판의 요점이다(高橋・後掲 참조).

단, 여기서 주목할 것은 자율적 결정 수용설의 논자(論者)가 일반적으로 같은 소송각하의 결론이면서도 이타만다라(板まんだら) 판결을 더욱 지지하는 점이다. 이타만다라 판결을 지지하는 헌법수준의 논거로는 「신앙 또는 교의의 본질」과 「사법권의 본질적 한계」를 들 수 있는데 비해(佐藤功 · 後揭), 연화사 판결을 비판할 때는 종교적 결사의 자유에의 배려가 결여되어 있다는 지적을 받는다(佐藤幸 · 後揭 ③). 이것은 사법권의 본질적 한계론과 「자율권의 존중」론이 이타만다라 판결과 연화사 판결의 문맥에서 대항적으로 다루어지고 있음을 나타내는 것이다. 또한 자율적 결정 수용설은 「어떤 쟁점이 교의에 깊이 관여한다 해도 그것은 당해 쟁점에 대해 사법심사가 미치지 않는다는 것을 의미할 뿐으로, 소송 전체를 부적법이라 해서는 안 된다」고 연화사 판결을 비판하였으나, 같은 비판은 이타만다라 판결에도 파급된다. 따라서 이타만다라 판결을 지지하는 논거로서 정말 중요한 것은 헌법론이 아니라, 본건 소송이 「베일에 가린 종교분쟁」(桐ヶ谷 · 後揭)이며 기부금은 종교상의 헌금이므로(佐藤幸 · 後揭 ③) 분쟁해결의 필요성이 크지 않다(新堂 · 後揭①)고 하는 사안의 특수성 평가라는 면에 있다고 할 수 있다.

3. 자율적 결정 수용설

현재 다수설인 자율적 결정 수용설에는 다양한 변경이 있다. 우선 대략적으로 말하자면, 종교단체의 자율권에 기초하여 재판소가 그 자율적 결정을 전면적으로 존중해야 한다는 것이 주장되었다(新堂 · 後揭①, 松浦 · 後揭를 참조). 연화사 사건에서 재판소는 처분이 유효하다는 것을 인정하고 X의 청구를 용납해야 된다. 이러한 견해에는 입증책임설에서 따가운 비판이 있었으나(中野 · 後揭①, 大沢 · 後揭도 참조), 여기서는 「재판소가 교의에 관한 사실을 인정 · 판단한 후 그에 기초하여 권리의무의 존부를 실체 판단하는 결과가 된다」는 지적에 주목하고 싶다. 이 비판에 따르면 前記의 견해는 물론, 연화사 사건 제1심 판결(竹下 · 後揭도 참조)도 제반 간접사실로부터 혈통승계에 대한 심증을 재판관이 형성한다는 점에서 모두 법률상의 쟁송의 요건 ②에 반하는 것이 된다.

이러한 비판을 기초로 「어떤 사실의 존부의 판단이 종교단체의 자율권에 속하는 경우에는 당사자가 당해 사실에 대한 단체의 판단내용을 입증하는 것이 허용된다」는 입증주제의 변경이 허용된다고 주장하는 견해가 유력하다(伊藤 · 後揭, 관장소송 판결의 大野正男 재판관 반대의견도 참조). 최근에는 「자율적 결정을 세속적 권리관계에 반영할 때 일정 배려 또는 수정의 여지를 남겨야 한다」는 주장도 있으며, 예를 들어 연화사 사건에서는 재판소가 처분을 유효하다고 인정하면서 명도청구를 기각할 가능성(민법 제579조 2항 참조)을 검토해야 한다(山本 · 後揭). 그 설명으로는 신교의 자유와 종교단체의 자율권에 따라 前者에서는 수속법적인 입증주제의 변경이, 後者에서는 실체법적인 권리의 발생원인의 변경이 각각 발생하게 된다. 따라서 이들 견해는 「항상 주류파의 편을 드는 결과가 된다」라는 종래의 자율적 결정 수용설의 난점을 심리의 결과로 회피할 수 있다는 점에서도 교묘한 해석론이기는 하다. 그러나 헌법의 인권규정이 어떻게 객관법의 평면에서 작용하며 하위의 실체법 · 절차법에 영향을 미치는지는 명확하지 않다. 이 점은 오히려 이후 헌법과 민소법의 대화에 따라 깊어져야 할 과제이다. 또한 자율권의 존중과 표리의 관계에 있는 한정된 사법심사의 자세에 대해서는 Part Ⅳ를 참조하기 바란다.

4. 주장입증책임설

마지막 견해는 빠르게는 이타만다라 판결의 데라다 이쓰로우(寺田逸郎) 재판관 의견에서 보이며, 재판소는 전제문제가 교의에 관련되어 있었다 하더라도 본안 판결을 내려야 하며, 재판소가 인정할 수 있는 요건사실에 대해서는 주장 Ⅳ 입증책임을 적용해야 한다는 것이다(中野 · 後掲①②). 연화사 사건의 경우 X가 처분의 존재에 대해 주장 · 입증책임을 갖지만, 종교적인 혈통승계의 사실을 주장하여도 재판소가 그것을 인정할 수 없어 처분이 존재하지 않게 되므로, 건물명도청구는 기각된다. 이 견해는 소각하설 · 자율적 결정 수용설에 대해 「소송물과 요건사실의 구성」을 벗어나는 것이라 비판하여, 종교단체에 세속법의 논리에 따른 주장 · 입증을 요구하는 것이 된다. 헌법론으로는 재판소의 권한이 「재판」이 아닌 「사법」이며, 소송의 배후의 「분쟁의 실질」에 안이한 배려를 하는 것에 경종을 울리는 것으로 받아들일 수 있다(재판과 사법의 구별에 대해서는 佐藤幸 · 後掲 ② 참조). 이 견해에 따르면 많은 종교법인이 대표임원에 대해 충직(充職)규정을 가지고 있는 현황에서는 종교단체가 항상 소송에서 불리해지므로 신교의 자유 보장에 반한다는 비판도 있으나, 오히려 이 견해의 목적은 종교단체의 규칙도 세속적 판단이 가능한 것이어야 한다는 것이다. 이러한 발상은 「공(公)」의 장(場)에 신앙 · 가치관과 같은 「사(私)」의 주장을 개입해서는 안 된다는 「입헌주의」의 이미지(長谷部 · 後掲)와도 일맥상통하는 것이나, 사권(私権)실현의 수속인 민사소송에의 접근에 이러한 장애물을 두는 것은 그야말로 국가권력에 의한 신교의 자유의 침해는 아닌지라는 의문이 남는다(山本 · 後掲 참조).

또한 자율적 결정 수용설 · 주장입증책임설은 모두 재판을 받을 권리를 주장하나, 주장입증책임설은 이 권리를 사법권의 한계가 아닌, 신교의 자유와의 대항관계에 두고 있는 점에 주의할 필요가 있다. 여기서는 재판을 받을 권리는 법률상의 쟁송에 해당하는 분쟁의 해결이 아니라 법률상의 쟁송에 해당해야 하는 분쟁의 해결을 구하는 것으로 이해될 것이다. 헌법 제32조는 법률상의 쟁송에 해당할 경우에 분쟁당사자의 소권을 보장하는 것뿐 아니라, 오히려 어떤 분쟁이 법률상의 쟁송에 해당하는가의 판단도 향도(嚮導)하는 것이다. 이것은 결국 소송 자체가 법률상의 쟁송의 요건 ①, ②를 만족하는 것일 경우는 법률상의 쟁송을 인정해야 하며, 전제문제나 분쟁의 실질이 본안 심리의 문제에 머물러야 한다는 헌법해석(渋谷・後掲 참조)과 동일하게 귀속되는 것처럼 생각된다.

Part Ⅳ 두 번째 소재

하카마다(袴田) 사건

최고재판소 1988년 12월 20일 대법정 판결
1985년(オ) 제4호 가옥명도 등 청구사건
判時 1307호 113면, 判タ 694호 92면

사실 개요

Y(袴田里見, 피고・공소인・상고인)는 오랜 세월 X(일본공산당, 원고・피공소인・피상고인)의 간부로 활동하며 동시에, 1963년 이래 X가 소유한 본건 건물을 점유하여 사용하고 있었다. 1977년 10월 당 대회에서 당 중앙위원에 선출되지 않은 Y는 당 내부에 관한 「수기(手記)」를 주간지에 발표하여 동년 12월 X로부터 제명처분(본건 처분)을 받았다. X는 Y에 대해 본건 건물의 명도를 요구하여 제소하였고, Y는 처분이 수속적・실체적으로 위법・무효하다고 하여 청구기각을 요구했다.

제1심 판결(동경 地八王子支判 1983년 5월 30일 判時 1085호 77면)은 「정당의 내부적 자율권」의 존중을 전제로 제명처분의 이유・적부(適否)는 사법심사의 대상이 아니나, 「당해 처분의 수속 자체가 현저하게 불공정하거나 당해 처분이 정당 내부의 수속규정에 위배되어 이루어진 경우」는 사법심사의 대상이 된다고 판시하여, 본건에서는 절차상의 하자가 없으므로 제명처분이 유효하다고 하여, Y의 청구를 허용하였다. 제2심 판결(동경 고판 1984년 9월 25일 判時 1134호 87면)은 「절차적인 문제」와 더불어 「당해 처분의 이유의 유무의 인정이 현저하게 자의에 미치며 그 처분의 선택이 불법한 동기에 기초하거나 제재의 목적을 현저하게 일탈하는 등 제재권의 남용이 있는가에 대해서」도 사법심사의 대상이 된다고 판시한 뒤, 본건 처분의 효력을 저해하는 사정이 없다고 하여 X의 공소를 기각했다.

X는 헌법 제21조 위반 등을 이유로 상고했으나 최고재판소 제3소법정은 이하와

같이 말하여, 전원 일치로 상고를 기각했다.

상고심=최고재판소

■ 법적 구성

정당은 「내각적으로 통상 자율적 규범을 가지며 그 구성원인 당원에 대해 정치적 충성을 요구하거나 일정 통제를 설정하는 등의 자치권능을 가지고, 국민이 그 정치적 의사를 국정에 반영시켜 실현시키기 위한 가장 유효한 매체이며, 의회제민주주의를 지탱하는 데 있어 매우 중요한 존재이다」. 「정당에 대해서는 고도의 자주성과 자율성을 부여하여 자주적으로 조직운영을 할 수 있는 자유를 보장하지 않으면 안 된다」. 이러한 「정당의 결사로서의 자주성에 비추어 보면, 정당의 내부적 자율권에 속하는 행위는 법률로 특별한 규정이 없는 한 존중해야 하므로 정당이 조직 내의 자율적 운영으로 당원에 대해 한 제명, 그 외의 처분의 당부(当否)에 대해서는 원칙적으로 자율적인 해결에 맡기는 것이 적합하다고 하여, 정당이 당원에 대해 한 처분이 일반시민법 질서와 직접적인 관계를 갖지 않는 내부적인 문제에 머무르는 한, 재판소의 심판권은 미치지 않는다고 해야 한다. 한편, 위 처분이 일반 시민으로서의 권리이익을 침해할 경우라 할지라도 위 처분의 당부는 당해 정당이 자율적으로 정한 규범이 공서양속에 반하는 등의 특단의 사정이 없는 한 위 규범에 비추어, 위 규범을 가지고 있지 않을 때는 조리(条理)에 기초하여 적정한 수속에 따라 이루어졌는지의 여부에 따라 해결되어야 하며, 그 심리도 위의 점에 한정된다」.

■ 적용

본 소송 청구는 사법심사의 대상이 되지만 「위 청구의 원인으로서의 제명처분은 본래 정당의 내각규율 문제로서 그 자치적 조치에 맡겨져야 하는 것이므로 그 당부에 대해서는 적정한 수속을 이행했는가의 관점에서 심리 · 판단되어야 한다」. 원심이 정당하다고 인정한 사실관계에 따르면 「Y는 자율적 규범으로 당 규약을 가지며 본건 제명처분은 위 규약에 따라 내려진 것이라 할 수 있으므로 규약이 공서양속에 반하는 등의 특단의 사정이 있는 것에 대해 주장 · 입증도 없는 본건에서는 그 절차에 어떠한 위법도 없다고 해야 하므로 위의 제명 각 처분은 유효하다」.

기본 해설

1. 「부분사회의 법리」

단체의 내부문제가 사법권의 한계에 해당하는 것은 과거에는 통상 「부분사회의 법리」로 설명되었다. 최고재판소도 지방의회는 「자율적인 법규범을 가진 사회 또는 단체」이며 의원에 대한 징계처분은 법률상의 쟁송이 아니지만 제명처분에는 사법심사가 미친다고 하였다(최고재판소 1960년 10월 19일 民集 14권 12호 2633면). 또한 도야마대학 판결은 구국립대학의 단위수여 인정행위를 「일반 시민법질서와 직접적인 관계를 갖지 않는 내부적인 문제」에 머무른다고 한 반면(최3소판 1977년 3월 15일 民集 31권 2호 234면), 전공과 수료인정은 학생의 「공의시설인 국공립대학을 이용할 권리」에 관련되므로, 사법심사의 대상이 된다고 하였다(최3소판 1977년 3월 15일 民集 31권 2호 280면).

이 법리를 본건에 적용한다면 연화사 사건의 제1심과 마찬가지로 Y에 대한 제명처분이 단체의 내부규율 문제인지 아니면 「일반 시민법질서」에 관계되는지가 문제가 될 것이다. 본건의 최고재판소(이하, 본 판결)는 제1심・제2심과는 달리, 이러한 「내부・외부 이원론」(渡辺・後掲 참조)을 명시하고 있으나, 이러한 부분사회의 법리에서 유래한 단어는 실제로 비유적인 역할밖에 하고 있지 않다. 도야마 사건 판결과 같이 어떤 처분이 단체 구성원으로서 수인해야 하는 범위에 머무르고 있는가에 대한 판단은 용이하지 않으며(竹下・後掲 참조), 한편으로 같은 건물의 명도청구임에도 불구하고 Part Ⅰ에서 본 연화사 사건 최고재판소 판결이 법률상의 쟁송을 부정하고 있기 때문이다.

현재의 학설은 다나카 코타로(田中耕太郎) 최고재판소 소장의 소수의견(최대결 1953년 1월 16일 民集 7권 1호 12면)에서 유래한 일반적・포괄적인 부분사회론에 비판적이며, 개개 단체의 목적・성질・기능과 그 자율성・자주성을 지지하는 헌법상의 근거에 비추어 사법권의 한계를 비판해야 한다고 하였다(芦部・後掲, 佐藤幸・後掲① 참조). 정확히 말하면 여기서의 물음의 사정(射程)은 법률상의 분쟁에 관하여 어떠한 사법심사의 자세가 적절한가는 어떠한 헌법상의 근거에 의한 것인가에까지 미친다. 가령 종교단체의 내부분쟁이 법률상의 쟁송에 해당하지 않는다 할지라도 그 결론은 종교단체가 「부분사회」이기 때문이 아니라 가장 적절한 사법심사의 본연의 자세로 정당화되지 않으면 안 되는 것이다(野坂・後掲① 참조).

2. 본건과 연화사 사건의 사안의 이동(異同)

본 판결과 연화사사건은 판결의 시기가 근접해 있다는 점에서도 자주 대비된다.

우선, 사실의 구별로서는 ①종교단체의 교의해석에 관한 연화사 사건에 대해 당 강령의 해석 등은 본건과 관계가 없었다. ②전자는 처분권한·처분이유의 存否가, 후자는 처분수속의 타당성이 각각의 쟁점이었다. ③전자는 종파이분의 분쟁을 배경으로 하지만, 후자의 배후에는 격렬한 분파항쟁 등이 존재하지 않는다. 이러한 사안과 결론의 대응관계는 정당에 관한 판례가 적기 때문에 곧바로 판단하기는 어려우나(일본신당 사건에 대해서는 본서 23장 참조), ①~③에 한하면 종득사 사건·본문사 사건이 오히려 본건에 가깝다고 할 수 있다. 연화사 사건 및 일련의 일연정종 관련 소송은 단체 일반의 내부분쟁으로서도 예외적 사례이며, 종득사 판결·본문사 판결의 선례로서의 의의는 잃지 않는다고 볼 수 있을 것이다.

3. 본 판결과 연화사 사건의 법적 구성의 이동(異同)

Part Ⅰ에서 보았듯이 연화사 판결이 재판소의 종교적 중립성을 강조하여 처분의 효력에 대해 판단하지 않고 소송을 각하한 것에 비해, 본 판결은 한정된 사법심사의 자세를 보인 뒤 정당의 자율권을 존중하여 처분을 유효로 용납하고 있다. 도대체 정당에 대해서는 자율적 결정의 존중, 종교단체에 대해서는 종교적 중립성이라는 구별은 어떻게 설명할 수 있을 것인가? 정당과 달리 「종교단체가 말하는 것은 알 수 없으므로」 그것을 존중하기에는 「내키지 않는다」라는 「재판소의 심정」을 추측하는 견해가 있으나(大野·後揭), 종교상의 교의에 관한 재판소의 판단능력의 결여만이 이유라고 한다면, Part Ⅲ에서 보았듯이 분쟁해결의 책임방기를 정당화하는 것은 곤란하다.

따라서 분쟁해결의 필요성을 고려해보더라도 정당과 종교단체를 특별히 다르게 취급하는 것에 대해서, 예를 들어 다음과 같은 설명을 예상할 수 있다. 우선, 재판소가 정당의 자율권을 존중하는 것은 당의 대내적 규율을 강화하고 당의 방침에 반하는 당원을 배제하는 것이 용이해진다. 반대파는 당내에 머무르며 당의 방침에 따를지, 아니면 당을 나와서 새롭게 정당을 결성할지를 선택하게 되는 결과, 내적으로는 통일되어 순화된 정당이 국민의 앞에서 경합하는 것이다. 본 판결은 이러한 다당제의 사정으로부터 정당을 「국민의 정치의사형성의 매체」로 이해했다고 볼 수 있다. 이에 비해 재판소가 종교단체의 자율적 결정을 존중하지 않을 경우 그 대내적 규율은 약해진다. 주류파가 반대파를 제명처분에 붙인다 하더라도 사찰 소유건물의 명도를 실현할 수 없으며, 동시에 반대파는 의연하게 교단 내에 머무르고 있다고 할 수 있다. 특히, 심한 종파항쟁이 되기 쉬운 교의에 관한 분쟁에 대해서는 「종교단체의 communal 특성」을 배려한다면 재판소가 그 일시적인 국면을 기판력으로 고정해서는 안 된다(石川·後揭). 오히려 이 같은 분쟁은 「착실한 노력」으로 「단체내부에서 오랜 세월에 걸쳐 자치적으로 해결되어야 한다」(魚住·後揭). 이 같은 설명이 성립된다고 하면 정당과 종교단체에 대한 판례의 태도 차이는 나름대로 합리적인 것이라 할 수 있다.

이상의 설명은 정당을 국민 총체와 관련된 「공적(公的)」, 한편으로 종교단체를 시민사회에 대해서도 폐쇄적인 「사적(私的)」 단체로 대조적으로 다루는 것이 전제가 된다. 그러나 정당의 법적 성격을 둘러싼 논쟁(林 · 後揭 참조)은 별도로 하여도 종교법인법이 종교단체에 법인격을 부여하여 시민사회 내의 존재로서 정위(定位)한 것과 위의 전제가 쉽게 정합하지는 않는다. 한편, 2대정당제를 상정한 경우 위의 설명은 오히려 국민의 「정치과정의 자유」를 침해할지도 모른다. 또한 당내 항쟁을 일삼는 정당에 대해서는 국민이라는 「심급」이 철퇴를 가할 것으로 낙관된다 하더라도 종교단체의 내부분쟁은 그것이 진지한 신앙의 논쟁이라면 어느 정도 장기화 · 격화되어 최종적으로는 개개인의 「내면의 법정」의 문제가 될 우려가 있다. 재판소가 종교단체의 사회적 · 재산적 기반에 관한 분쟁을 방치한 결과 만일 대립하는 두 파가 함께 무너진다면, 이것은 특히 교단에 속하는 것으로 비로소 의미가 있는 유형의 신앙에 관해서 개인의 신교의 자유를 해치는 것이 아닌지, 종교단체와 정당에 대한 판례의 태도의 차이로부터 우선은 이상과 같은 헌법상의 논쟁을 유도할 수 있을 것이다.

4. 한정된 사법심사의 자세

단체의 자율적 결정을 존중할 때는 그 과도함에 대한 대책으로 한정된 사법심사의 자세가 동반된다. 또한 제2심이 처분의 실체에까지 어느 정도 개입한 심사를 보이고 있는 것에 비해, 최고재판소는 절차심사에 스스로를 한정했다고 볼 수 있다. 상세히 보면, 최고재판소는 「자율적으로 정한 규범」의 적용이므로 처분의 당부는 재판소의 심리판단 밖에 있는 부분사회의 법리를 출발점으로 하여 그 적용에 관한 절차 심사를 기초로 다시 2가지 방향으로 심사의 범위를 확장했다고 볼 수 있다. 첫째는 「당해 규범이 공서양속에 반하는가?」, 둘째는 당해 규범이 없을 경우 「조리(条理)에 기초하여 적정한 절차에 따라 판단되었는가」의 심사를 재판소는 할 수 있다고 한 점이다. 두 번째 점은 본문사 판결의 영향에 따른 것이라 생각되며, 첫 번째 점은 학설의 대세가 요구하는 부분과도 합치한다. 「스스로가 정한 규칙에 따라 스스로를 통제할」 것을 정당에 요구하는 것은 구성원의 정치적 결사의 자유에도 적합하며, 한편으로 재판소가 매일매일 국가법 이외의 규범을 해석 · 적용하고 있는 것으로 보아(案念 · 後揭 참조) 이러한 한도의 절차심사를 인정하는 데는 헌법상 문제가 없다고 생각된다. 학설상으로는 「보다 실질적인 절차심사」를 요구할 것(藤井 · 後揭), 제2심과 마찬가지로 실체심사를 요구할 것(竹下 · 後揭) 등이 있으나, 문제는 결국 정당의 자율권과 사법심사의 균형을 어디에서 유지하는지, 그 전제로서 정당의 자율권의 근거와 내실을 어떻게 해석하는지에 귀착한다.

설문

당 강령이나 매니페스토(manifesto)의 해석을 둘러싸고 X당을 이분하는 분쟁이 발생하여 X당수 A가 변명의 기회를 주지 않고 반대파 간부 Y를 제명처분하자, Y가 당 임원의 지위확인 및 당 직원으로서의 급여 지불을 요구하여 소송을 제기하였다. 또한 X당의 징계규칙은「당원의 제명처분은 처분대상자의 변명을 듣고 나서 당규위원회의 판단에 기초하여 당수가 실시한다. 단, 긴급의 경우는 전항의 규정에 상관없이 당수가 처분을 실시한다」고 규정되어 있다. ①X의 대리인 ②Y의 대리인으로서 각각 생각되는 법적 구성을 논하고, ③재판소는 어떠한 사법심사를 행해야 하는가에 대한 본인의 생각을 논하시오.

❙참고문헌❙

芦部信喜『憲法』(岩波書店, 第3版・高橋和之 補訂, 2002年)

安念潤司「司法権の概念」ジュリスト増刊『憲法の争点』(有斐閣, 第3版, 1999年)

石川健治「宗教団体内部の紛争と裁判権の限界」ジュリ臨増1046号[1993 重判] (1994年)

市川正人「宗教団体内部の懲戒処分と司法権」法学教室115号(1990年)

伊藤真「宗教団体の内部紛争に関する訴訟の構造と審判権の範囲」教法10号(1991年)

井上治典「宗教団体の懲戒処分の効力をめぐる司法審査のあり方」『民事手続の実践と理論』(信山社, 2003年)

魚住庸夫「宗教団体内部においてされた懲戒処分の効力を前提問題とする具体的な権利義務ないし法律関係に関する訴訟と裁判所法3条にいう法律上の争訴」『最高裁調査官解説 民事篇 1989』(法曹会, 1991年)

大沢秀介「宗教団体の内部自治と司法権」ジュリスト947号(1989年)

大野正男「最高裁蓮華寺判決への疑問」宗教法10号(1991年)

片井揮夫「法律上の地位の前提たる宗教上の地位と裁判所の審判権」判タ829号(1994年)

加藤新太郎「審判権の限界と要件事実」月刊司法書士2005年2月号

桐ヶ谷章「板まんだら事件 衣を被った宗教紛争と司法権」法学セミナー増刊『憲法訴訟』(日本評論社, 1983年)

笹川紀勝「宗教団体の内紛と司法審査」芦部信喜先生 還暦記念『憲法訴訟と人権』(有斐閣, 1985年)

笹田栄司「宗教法人の代表役員の地位をめぐる紛争と司法権」憲法判例百選Ⅱ(有斐閣, 第4版, 2000年)

佐藤功「宗教上の教義と裁判所」法学セミナー1981年7月号

佐藤幸治 ①「憲法訴訟と司法権」(日本評論社, 1986年)

同 ②「現代国家と司法権」(有斐閣, 1988年)

同 ③「現代国家と宗教団体」佐藤幸治=木下毅『現代国家と宗教団体』(有斐閣, 1992年)

同 ④「宗教団体紛争と司法権」佐藤幸治外『ファンダメンタル憲法』(有斐閣, 1994年)

宍戸常寿「司法権と裁判所」山内敏弘編『新現代憲法入門』(法律文化社, 2004年)

渋谷秀樹「憲法訴訟要件論」(信山社, 1995年)

宗教法人研究会編「Q&A宗教法人の管理運営」(ぎょうせい, 再版, 1995年)

新堂幸司 ①「民事訴訟法学の基礎」(有斐閣, 1998年)

同 ②「民事訴訟法学の展開」(有斐閣, 2000年)

高橋宏志「審判権の限界」ジュリスト増刊『民事訴訟法の争点』(有斐閣, 第3版, 1998年)

滝沢孝臣「特定の者が宗教法人の代表役員の地位にあることが争われている訴訟と裁判所法3条にいう法律上の争訴」「最高裁調査官解説 民事篇1993년도(下)』(法曹会, 1996年)

竹下守夫「団体の自律的処分と裁判所の審判権」書研所報36号(1990年)

長岡徹「宗教団体内部においてされた懲戒処分の効力を前提問題とする具体的な権利義務ないし法律関係に関する訴訟と裁判所法3条にいう法律上の争訴」判評377号[判時 1346号](1990年)

中野貞一郎 ①「宗教団体の自律と裁判所の審判権」判タ704号(1989年)

同 ②「民事訴訟法の論点Ⅱ」(判例タイムズ社, 2001年)

野坂泰司 ①「団体の内部自治と司法権」法学教室110号(1989年)

同 ②「宗教上の教義に関する紛争と司法権」憲法判例百選Ⅱ(有斐閣, 第4版, 2000年)

長谷部恭男「憲法と平和を問い直す」(筑摩書房, 2004年)

林知更「政治過程の統合と自由(1)」国家学会雑誌115巻5・6号(2002年)

平野武「宗教団体の内部紛争と司法権」ジュリスト増『憲法の争点』(有斐閣, 第3版, 1999年)

藤井俊夫「事件性と司法権の限界」(成文堂, 1992年)

松浦馨「宗教団体の自律的結果承認の法理」三ヶ月古稀『民事手続法学の革新 中巻』(有斐閣, 1991年)

山本和彦「民事訴訟法の基本問題」(判例タイムズ社, 2002年)

渡辺康行「政党の内部自治と司法審査」憲法判例百選Ⅱ(有斐閣, 第4版, 2000年)

(宍戸常寿)

제34장 입법부작위 위헌소송

[논점]

(1) 국가배상법 제1조는 입법행위 · 입법부작위에 적용되는가?
(2) 입법부작위가 허용되기 위한 요건은 어떠한 것인가?
(3) 국가배상소송 이외에 입법부작위를 다투는 소송으로는 어떠한 것을 생각할 수 있는가?

Part Ⅰ 기본 소재

재택투표제도 폐지 사건

최고재판소 1985년 11월 21일 제1소법정 판결
1978년(オ) 제1240호 손해배상청구사건
民集 39권 7호 1512면, 判時 1177호 3면

사실 개요

1950년 4월 공포된 공직선거법 제49조 및 동법 시행령 50, 52, 53, 58조는 투표현장 자서주의의 예외인 부재자투표 절차의 일환으로 재택투표제도를 정하고 있었다. 그런데 1951년 4월 통일지방선거에서 재택투표제도를 악용하여 다수의 선거위반이 있었기 때문에 국회는 1952년 개정법률로 재택투표제도를 폐지하고, 그 후 동 제도를 부활하는 입법도 시행하지 않았다. 때문에 보행이 불가능하거나 곤란한 상태였던 X 등은 1968년에서 1972년 사이에 시행된 8번의 국회의원 등의 선거에서 선거권을 행사할 수 없었다.

X(원고, 항소인, 상고인)는 상기 개정법률은 신체장애 등으로 인해 투표소에 가는 것이 불가능하거나 현저하게 곤란한 자에 대해 일반 통상인과 동일하게 정해진 투표소에 가서 투표하라는 것으로, 신체장애자 등을 개인으로 존중하지 않고 국민주권의 원리에 근거한 선거권 행사를 박탈하고 투표 등에 관해 신체상의 결함 그 외의 불합리한 이유로 차별하는 등 헌법 제13조, 제15조 제1항 · 제3항, 제14조 제1항, 제47조에

위반하는 것으로, 국회의원에게 그 법률개정을 시행한 것 및 그 후에도 입법으로 재택투표제도를 부활시키지 않은 것에 고의 또는 중대한 과실이 있는 것이라 하여, 국가배상법 제1조 제1항에 근거하여 국가(Y(피고, 피공소인, 피상소인))에 대해 위자료 80만 엔을 요구했다.

이에 대해, Y측은 재택투표제도는 투표의 기재가 선거관리위원회에 의해 관리되고 있지 않은 가정에서 이루어지므로 투표의 비밀을 현저히 침해하여 선거의 자유공정을 기대하기 어렵다고 하여, 이러한 폐해를 없애기 위해 재택투표제도를 폐지한 것이므로 상기 개정법률은 헌법에 위반하지 않는다고 주장했다.

제1심=삿포로 지방재판소

삿포로 지방재판소 小樽支部 1974년 12월 9일 판결
民集 39권 7호 1550면, 判時 762호 8면

(a) 재택투표제도 폐지의 헌법문제

입법기관이「선거구, 투표방법, 그 외 양 의원의 의원선거에 관한 사항」(헌법 제47조)을 정하는 데 있어서「보통평등선거의 원칙에 적합한 제도」를 설정해야 하며, 법률에 의한 구체적인 선거제도의 규정에 따라「일부의 자에 대해 법률의 규정상 선거권이 부여되어 있어도 그 행사 즉, 투표를 하는 것이 불가능하거나 현저하게 곤란하여 그 투표의 기회를 박탈당하는 결과가 되는 것이 도저히 어쩔 수 없다고 하는 합리적 이유가 존재하지 않는 한 허용되지 않는 것이라 해석해야 하며」상기 이유의 존부(存否)에 대해서는 선거권의 기본적 권리로서의 중요성을 충분히 고려하여 신중하고 엄격하게 판단할 필요가 있다.

공직선거법이 채택하는 투표현장 자서주의 하에서는「형식적으로는 모든 유권자에 대해 투표의 기회가 보장되지만」,「선거의 의사와 능력은 있으나 신체장애 등으로 인해 선거당일 투표소에 가는 것이 불가능하거나 현저하게 곤란한 자에게 투표를 하는 것이 불가능하거나 현저하게 곤란해지는 것도 부정하기 어렵다」.「투표는 선거권 행사의 유일한 형식이므로 추상적으로 선거인의 자격 즉, 선거권이 보장되어 있어도 구체적인 선거제도를 정하는 데 있어서 사실상 투표가 불가능하거나 현저하게 곤란한 경우는 이것을 실질적으로 보면 선거권을 박탈하는 것과 같다」.

(b) 재택투표제도 폐지의 합리적 이유의 존부

1951년 통일지방선거에서는 재택투표제도가 악용되어 선거위반이 다발하였으므로「당시 뭔가 시정조치를 취할 필요」가 있었다고 해석되며, 개정법률의 입법목적 자체는 정당했다. 그러나 입법목적이 정당하다 하더라도「일부의 자의 선거권 행사를 불가능 또는 현저하게 곤란하게 하는 선거권 제약은 필요불가결한 합리적 이유가 있을 경우에 한해야 하며」, 위 제약에 합리성이 있다고 평가되는 것은「위의 폐해의 제거라는 동일한 입법목적을 달성할 수 있는 보다 제한적이지 않은 다른 선택수단이 없거나 이것을 이용할 수 없는 경우에 한정되는 것으로 해석해야 한다」.

「상기 폐해의 시정이라는 입법목적을 달성하기 위해 재택투표제도 전체를 폐지하지 않고 보다 제한적이지 않은 다른 수단을 이용할 수 없었다는 사정에 대해 피고의 주장・입증은 없는 것이라 해야 하므로, 그 외의 점에 관해서는 판단할 것도 없이 위 법률개정에 근거하여 원고와 같은 신체장애자의 투표를 불가능 또는 현저하게 곤란하게 한 국회의 입법조치는 前記 입법목적의 달성 수단으로 그 재량의 한도를 넘어 필요불가결한 합리적 이유가 없는 것이므로」 헌법 제15조 제1항・제3항, 제44조, 제14조 제1항에 위반된다.

(c) 국회의 과실

국회의 입법행위도 국가배상법 제1조 제1항의 적용을 받아「공무원의 고의, 과실」은「합의제 기관의 행위의 경우……국회의원의 통일적 의사활동인 국회 자체의 고의, 과실을 논하는 것으로 족하다」. 본건에서는「국회가 법률개정에 따라 위헌의 결과를 낳는 것을 인식하고 있었음을 인정하는 데 충분한 증거는 없으나」, 중・참 양 의원에 국정조사권이 부여되어「그 조직, 기구 등에서 타 입법기관의 전례가 없을 정도로 완비되어 있는 것은 공지의 사실이므로, 입법을 하는 데 있어서 위헌이라는 중대한 결과를 낳지 않도록 신중하게 심의, 검토해야 할 고도의 주의의무를 지니고 있으므로……이러한 위헌의 법률개정을 한 것은 그 공권력 행사에 있어 위의 주의의무에 위반하는 과실이 있는 것이라 해석된다」.

■ 적용

피고인 국가는 원고 X에 대해「본건 법률개정에 따라 발생한 손해를 배상해야 하며……X는 본건 법률개정이 이루어진 당시 위의 입법행위에 따라 이후 자기의 선거권 행사가 모두 불가능하거나 현저하게 곤란해진 것에 대해 적지 않은 정신적 고통을 받은 것이 인정된다」. 상기 이유를 감안하여 이후의 입법상황 등에 비추어 X의 위자료는 금 10만 엔이라 인정하는 것이 상당하다.

제2심=삿포로 고등재판소

삿포로 고등재판소 1978년 5월 24일 판결
民集 39권 7호 1590면, 判時 888호 26면

(a) 국회의원의 입법행위 또는 입법부작위에 대한 국가배상법 적용의 가부(可否)

「국회의원이 헌법상 일정 입법을 행해야 할 의무가 있음에도 불구하고, 당해 입법을 하지 않을 때는……국회의원의 『그 직무를 행함에 대해서』에 해당하며」, 다음으로 「국회의 입법행위 또는 입법부작위에서 공무원으로서의 국회의원의 『고의 또는 과실』도 각 국회의원의 개별적, 주관적 의사를 전제로 할 필요는 없으며 결론적으로 국회의 의사 즉, 각 국회의원의 의사를 전제로 이것을 판단하면 충분한 것이라 해석된다」. 헌법 제51조는 국회의원이 원내에서 행한 위법행위를 적법으로 간주하거나, 위헌의 입법 또는 헌법상의 의무에 위반하여 입법을 하지 않음으로써 타인에게 손해를 입혔다 하더라도 국가는 배상책임을 지지 않는다는 취지를 포함하는 것이 아니라, 현행 국가배상제도에서 동조가 가지는 의미는 「국회의원은 국회에서 연설, 토론 또는 표결을 하는 데 있어 고의 또는 중대한 과실로 인해 위법으로 타인에게 손해를 주었다 하더라도 국가로부터 국가배상법 제1조 제2항에 의해 구상(求償)을 받지 않는다는 것이 헌법상 보장되어 있는 것일 뿐」이며, 「헌법 제51조의 규정을 근거로 국회의원의 입법행위 또는 입법부작위에 의해 국가가 국가배상법에 의한 배상책임을 지지 않는다는 항소인의 前記 주장은 타당」하지 않다.

(b) 투표기회의 확보에 대한 입법의무

「헌법에서의 선거권 내지 그 행사로서의 투표의 기회 보장은 헌법에서의 선거가 정당하고 공정하게 이루어져야 한다는 것의 요청 내지 선거의 자유를 위한 투표의 비밀 보장과는 이른바 차원을 달리한 보장이며」, 「원칙적으로 후자보다 우월한 보장이다」. 「국회가 제정하는 투표방법에 대한 법률은 합리적이라 인정되는 필수불가결한 사유가 없는 한, 모든 선거인에 대해 투표의 기회를 확보하는 것과 같은 것이어야 하며, 만일 투표방법에 대한 법률이 선거권을 가진 국민의 일부의 자에 대해 합리적이라 인정되는 필수불가결한 사유가 없음에도 불구하고, 투표의 기회를 확보할 수 없을 때는 국회는 투표방법에 대한 법률을 개정하여 당해 선거권을 가진 국민이 투표의 기회를 확보받도록 해야 할 헌법상의 입법의무를 가지는 것이라 하지 않을 수 없다」.

(c) 입법부작위의 합헌성 심사의 가부

「투표방법을 어떻게 결정할 것인가, 어떤 일정한 투표방법을 채택할 것인가는 원칙적으로 일반의 경우와 마찬가지로 국회의 재량에 맡겨져 있다」. 그러나 「국회의 입법 내지 국회의원의 국회에 대한 법률의 발안권, 의결권은 완전히 무제약적인 자유재량에 맡겨진 것이라 해석할 수 없으며, 어디까지나 헌법을 정점으로 한 현행 법질서의 허용범위 내에서만 자유재량이라 하지 않을 수 없다.……국회가 어떤 일정한 입법을 해야 하는 것이 헌법상 명문으로 규정되어 있거나 그것이 헌법해석상 명백한 경우 국회는 헌법에 의해 의무 지워진 입법을 하지 않으면 안 되는 것이라 해야 하며, 만일 국회가 헌법에 의해 의무 지워진 입법을 하지 않을 때는 그 부작위는 위헌이며 위헌이라고 하지 않으면 안 된다」. 「그러나 국회가 헌법에 의해 의무 지워진 입법을 단지 행하지 않은 것만으로 재판소는 국회의 당해 입법부작위의 합헌성 판단을 해서는 안 되며」, 「국회가 헌법에 의해 의무화된 입법을 하지 않는 것으로 한때 또는 헌법에 의해 의무 지워진 입법을 적어도 당분간 하지 않는 것으로 하고 나아가 그 뒤 합리적이라 인정되는 상당기간 내에 당해 입법을 하지 않은 때는 국회는 헌법에 의해 의무 지워진 입법을 고의로 방치하기에 이른 것이라 할 수 있다」. 「예를 들어, 중・참의원에 대해 일정한 입법을 해야 할 것을 요청하는 청원이 있고」, 「위 청원에 이러한 입법을 하는 것이 헌법에 의해 의무 지워진 경우 각 의원(議院)이 마땅히 해야 할 위원회가 위 청원을 심사하여(국회법 제80조 제1항) 본 회의에 붙이는 것을 유보한다고 결정했다면, 이에 따라 당해 의원(議院)이 각각 위 청원에 이러한 입법을 최소한 당분간 하지 않는 것으로 되며, 중・참의원이 각각 위와 같이 결정한 이상, 결국 국회가 위와 같이 결정한 것이 된다고 해야 하므로, 그 후 합리적이라 인정되는 상당기간 내에 국회가 당해 입법을 하지 않을 때는 국회는 헌법에 의해 의무 지워진 입법을 하는 것을 고의로 방치하기에 이른 것이라 할 수 있다.……이 경우의 입법부작위는 이것에 의해 입법부가 이미 특정의 소극적인 입법판단을 표명하고 있는 것이라 할 수 있으므로, 재판소가 국가배상청구 사건의 심판에서 당해 입법부작위에 대해 이것이 헌법에 적합한지 아닌지를 판단했다 하더라도, 그것은 입법부의 특정한 소극적인 입법판단에 대해 사후적인 심사를 했다는 성격을 가진 것으로, 재판소가 입법부에 대해 당해 부작위에 이러한 입법을 해야 하는 것을 지시하는 것이 아니므로, 재판소가 헌법 제81조에 따라 이미 제정된 법률의 헌법적합성을 판단하는 것과 본질적인 차이가 있는 것은 아니다」.

■ 적용

재택투표제도 부활에 대한 청원을 본회의에 붙인 것을 유보한다고 한 위원회의 결정으로부터 1년이 경과한 1969년 이후는「『질병 등으로 투표소에 갈 수 없는 재택자』를 위한 재택투표제도를 설정하는 입법을 하지 않은 것에 대해서는 국회가 이것을 고의로 방치한 것이라 하지 않을 수 없다」. 이 점에 대한 헌법적합성을 판단한다면, 늦어도 1969년 이후에는 재택투표제도 부활을 위한 입법을 하지 않은 것에 대한 합리적이라 인정되는 필수불가결한 사유가 이미 없어진 것으로 인정되므로, 1969년 이후의 본건 입법부작위는 피항소인에 대한 관계에서 국회의원선거에 있어서는 헌법 제13조, 제14조 제1항, 제15조 제1항・제3항, 제44조 단서, 제47조에, 지방선거에 있어서는 헌법 제13조, 제14조 제1항, 제15조 제1항・제3항, 제93조 제2항에 각각 위반하여「피항소인에 대해 그 선거권을 침해한 것으로서 위법한 것이었다고 하지 않을 수 없다」.

「1969년 이후 1972년 12월 10일까지의 어느 시점을 취해 보아도 당해 시점에서의 전부 또는 대부분의 국회의원은 1969년 이후의 본건 입법부작위가……피항소인과 같은『질병 등으로 투표소에 갈 수 없는 재택자』인 선거인에 대한 관계에서 위헌, 위법이라는 것을 사전에 알 수 없었던 것이라 인정하는 것이 상당하고 따라서 위 기간동안 국회의 의사라 하더라도 그것을 사전에 알 수 없었던 것이라 해야 하며」,「1969년 이후의 본건 입법부작위에 대해서는 그것이 피항소인의 선거권을 침해하는 것에 대해 위 기간 동안 국회의 구성원이었던 각 국회의원에게 고의 또는 과실이 있었던 것이라고는 할 수 없다」.

「원 판결 중 항소인 패소 부분을 취소한다. 피항소인의 청구(본심에서의 새로운 청구를 포함)를 기각한다」.

상고심=최고재판소

■ 상고 이유

상고인들은 헌법해석의 잘못으로 재택투표제도 폐지의 위헌성, 지방선거에 관한 재택투표제도 폐지의 위헌성, 입법부작위의 합헌성 판단에「청원」을 이용한 점을 들고 있다. 논점은 다양하게 나누어지나 1952년의 개정법률에 의한 재택투표제도 폐지의 위헌성을 문제로 하고 있는 점, 제2심이 국정선거와 지방선거를 구별하여 후자에 대해서는 재택투표제도의 폐지가 위헌이 아니라고 한 점, 그리고 제2심이 청원을 위헌판단의「요건」으로 한 것에 비판을 가하고 있는 점에 유의할 필요가 있다. 또한「판결에 영향을 미치는 것이 명확한 법령위반」으로 불법행위이론에 관한 위법과 과실 부정에서의 경험칙 위반을 들고 있다.

[법정의견]

(a) 입법내용의 위헌성과 국가배상법상의 위법성의 관계

「국회의원의 입법행위(입법부작위를 포함. 이하 동일)가 동항의 적용상 위법이 되는가에 대해서는 국회의원의 입법과정에서의 행동이 개별 국민에 대해 지는 직무상의 법적 의무에 위배했는가에 대한 문제로, 당해 입법내용의 위헌성 문제와는 구별되어야 하며, 만일 당해 입법내용이 헌법 규정에 위반하는 이유가 있다 하더라도 이로 인해 국회의원의 입법행위가 곧바로 위법의 평가를 받는 것은 아니다」.

(b) 개별 국민과의 관계에서 국회의원은 어떠한 법적 의무를 지는가?

「국회의원은 다양한 국민의 의향을 반영하여 국민 전체의 복지실현을 목표로 행동할 것을 요청받고 있으므로, 의회제민주주의가 적정하고 효과적으로 기능을 하기 위해서라도 국회의원의 입법과정에서의 행동으로 입법행위의 내용에 미치는 실체적 측면에 관한 것은 의원 각자의 정치적 판단에 맡기고, 그 당부는 종국적으로 국민의 자유로운 언론 및 선거에 의한 정치적 평가에 맡기는 것이 상당하다」. 「국회의원은 입법에 관하여 원칙적으로는 국민 전체에 대한 관계에서 정치적 책임을 지는데 머무르며, 개별 국민의 권리에 대응한 관계에서의 법적 의무를 지는 것이 아니라고 해야 하고, 국회의원의 입법행위는 입법내용이 헌법의 일의적인 문언에 위반하고 있음에도 불구하고, 국회가 굳이 당해 입법을 행하는 것과 같은 용이하게 상정하기 어려운 예외적 경우가 아닌 한, 국가배상법 제1조 제1항의 규정의 적용상 위법의 평가를 받지 않는 것이라 하지 않을 수 없다」.

■ 적용

상고인은 재택투표제도의 설치는 헌법이 명하고 있다는 전제로부터 본건 입법행위의 위법을 주장하지만, 「헌법에는 재택투표제도의 설치를 적극적으로 명하는 명문의 규정이 존재하지 않을 뿐 아니라, 오히려 제47조는 『선거구, 투표방법, 그 외 양의원의 국회의원 선거에 관한 사항은 법률로서 이것을 정한다』고 규정하고 있으므로, 이것은 투표방법 그 외 선거에 관한 사항의 구체적 결정을 원칙적으로 입법부인 국회의 재량적 권한에 맡긴다는 취지임이 당 재판소의 판례이다(1964년 2월 5일 대법정 판결 民集 18권 2호 270면, 1976년 4월 14일 대법정 판결 民集 30권 3호 223면 참조). 그렇다면 재택투표제도를 폐지하고, 그 후 前記 8번의 선거까지 이것을 부활하지 않은 본건 입법행위에 관하여 이것이 전시의 예외적 경우에 해당한다고 해석해야 할 여지는 없으며, 결국 본건 입법행위는 국가배상법 제1조 제1항의 적용상 위법의 평가를 받는 것이 아니라고 해야 한다」.

상고기각.

기본 해설

1. 입법행위 · 입법부작위에의 국가배상법 제1조의 적용

입법부작위란 「입법자가 아무 것도 하지 않는다」는 것이 아니라, 헌법이 예정하는 부분을 하지 않는다는 의미이다. 따라서 입법자가 법률을 제정하도록 의무 지우는 헌법상의 규범명령이 존재하지 않으면 안 되며, 덧붙여 입법부작위가 위헌이라고 판단되기 위해서는 입법과정에 비추어 「상당기간의 경과」도 중요한 요소이다. 특히, 어떤 영역에 법률이 정비되어 있지 않다는 것은 현재로서는 생각할 수 없으며, 법률의 개폐에 관하여 입법부작위가 논의되는 것이 통상이다. 즉, 본건과 같이 재택투표제도의 폐지에 의해 보행이 불가능한 유권자의 선거권 행사가 사실상 불가능한 경우를 생각하면, 판단의 대상으로 제도폐지행위(입법행위)라고도 할 수 있으며, 한편 제도를 폐지한 이후 아무런 법률을 제정하지 않은 점(입법부작위)을 들 수도 있다. 실제로 제1심은 입법행위를, 제2심은 입법부작위를 문제로 하고 있다.

이상의 문제를 재판에서 다툴 경우, 이론적으로는 입법부작위의 위헌확인소송도 있을 수 있으나, 일반적으로는 본건 사례가 그렇듯이 소송요건 등의 장애물이 비교적 낮은 국가배상소송이 이용된다. 그렇다면, 국가배상법 제1조 제1항이 규정하는 「공권력의 행사」, 「고의 · 과실」, 그리고 「위법」의 해석이 다음 문제가 된다.

「공권력의 행사」에 대해서는 판례 · 학설 모두 입법행위 또는 입법부작위가 포함되는 것으로 인정하고 있다. 제1심은 이 점에 대해 「국회의 입법행위도 국가배상법 제1조 제1항의 적용을 받는다」고 하였고, 제2심은 국가배상법 제1조 제1항의 「그 직무를 행함에 대해서」에 관하여 「공무원이 일정한 공권력을 행사해야 할 의무가 있으나 이것을 행사하지 않는 것에 대해서라는 의미를 가진다」고 하여, 「국회의원이 헌법상 일정 입법을 행해야 할 의무가 있음에도 불구하고 당해 입법을 하지 않을 때는 당해 입법부작위에 대해서 국회의원의 『그 직무를 행함에 대해서』에 해당한다」고 판시하였다. 다음으로 「고의 · 과실」에 대해서 제1심은 합의제기관의 행위의 경우 「국회의원의 통일적 의사활동인 국회 자체의 고의, 과실을 논하는 것으로 충분하다고 해석해야 한다」고 판시하였고, 제2심도 동 취지의 판시를 하였다. 또한 「위법」에 대해서 제2심 판결은 1969년 이후의 본건 입법부작위가 피항소인에 대한 관계에서 국회의원선거에 대해서는 헌법 제13조, 제14조 제1항, 제15조 제1항 · 제3항 등에 각각 위반하여(지방선거에 대해서는 상기 제2심 판례 「적용」을 참조), 「피항소인에 대해 그 선거권을 침해한 것이라 하여 위법한 것이었다고 하지 않을 수 없으므로」 재택투표제도 제2차 소송의 제1심 판결이 말하듯이 「국회가 위헌의 법률을 제정한 경우에는 당해 입법행위는 국가배상법의 적용상에도 위법이라 평가된다」(삿포로 지판 1980년 1월 17일

判時 953호 18면)고 해석하고 있는 것으로 생각된다(또한 본건 소송은 제1차 소송이다). 이 점은 명시적이지는 않으나 손해배상 10만 엔을 인정한 제1심 판결도 동일한 입장일 것이다.

이에 대해 최고재판소는 국가배상법 제1조 제1항의 적용상 위법이 되는가에 대해서는「국회의원의 입법과정에서의 행동이 개별 국민에 대해 가지고 있는 직무상의 법적 의무에 위배했는가에 대한 문제이므로」(부작위를 포함) 입법내용의 위헌성 문제와는 구별된다고 해석한다. 제1심・제2심과 달리 입법내용의 위헌성과 국가배상법상의 위법성을 구별하고, 더욱이 국회의원은 입법에 관해 개별 국민의 권리에 대응한 관계에서 법적 의무를 지는 것은 아니라고 하였다. 또한「국회의원의 입법행위는 입법내용이 헌법의 일의적인 문언에 위반하고 있음에도 불구하고 국회가 굳이 당해 입법을 행하는 것과 같은 용이하게 상정하기 어려운 예외적인 경우가 아닌 한 국가배상법 제1조 제1항의 규정의 적용상 위법의 평가를 받지 않는다」고 하여,「위법성」을 한정하는 판시를 하였다. 이것은 하급심이 전제로 했던 입법내용의 위헌성과 국가배상법상의 위법성을 동일시하는 것을 뒤엎는 것으로서, 판례・학설에 실로 큰 영향을 주는 것이었다.「마땅히 이루어져야 할 입법행위를 상정하여 구체적 입법행위의 적부(適否)를 법적으로 평가한다는 것은 원칙적으로 허용되지 않는다」는 판시에서도 이해할 수 있듯이「입법부작위의 위헌심사를 부인하는 것과 동등한 정도의 엄격한 제약을 부과했다」(芦部・後揭)고 할 수 있다.

2. 헌법 제47조 및 제51조의 이해

헌법 제47조는「선거구, 투표방법, 그 외 양 의원의 의원선거에 관한 사항은 법률에서 이것을 정한다」고 하였으나, 제1심・제2심은 그 사항에 대해 국회의 재량을 원칙적으로 인정하면서도, 한편으로는 투표기회의 확보로부터 발생하는 재량의 제약 가능성에 대해 논하고 있었다. 예를 들어, 제2심은「국회가 제정하는 투표방법에 대한 법률은 합리적이라고 인정되는 필수불가결한 사유가 없는 한 모든 선거인에 대해 투표의 기회를 확보하는 것과 같은 것이어야 한다」고 판시하였다. 이에 대해, 최고재판소는 재량의 제약 가능성에 대해서는 언급하지 않았다. 헌법 제47조가「투표방법, 그 외 선거에 관한 사항의 구체적 결정을 원칙적으로 입법부인 국회의 재량적 권한에 맡긴다는 취지임은 당 재판소의 판례로 하는 부분」이라고 하는 데 머물렀다. 최고재판소는 선거인의 투표기회의 확보에 대해서는 언급하지 않았으며,「국회는 투표방법에 대한 법률을 개정하여 당해 선거권을 가진 국민이 투표의 기회를 확보받도록 해야 하는 헌법상의 입법의무를 지는 것이라 해야 한다」고 한 제2심 판결과의 차이가 크다.

제2심은 헌법 제51조의 국회의원의 면책특권을 근거로 한「국가배상책임면제론」

을 받아들이지 않았다. 제2심은 동조의 의미를 「국회의원은 의원에서 연설, 토론 또는 표결을 하는 데 있어 고의 또는 중대한 과실로 인해 위법으로 타인에게 손해를 가했다 하더라도, 국가로부터 국가배상법 제1조 제2항에 따라 구상(求償)을 받지 않는다는 것이 헌법상 보장되어 있는 것일뿐」으로 해석한 것이다. 한편, 최고재판소는 헌법 제51조가 「국회의원의 발언·표결에 대해 그 법적 책임을 면제하고 있는 것도 국회의원의 입법과정에서의 행동을 정치적 책임의 대상으로 하는 데 머무르는 것이 국민의 대표자에 의한 정치 실현에 기한다는 목적에 적합하다」는 고려에 의한다고 판시하였다. 이러한 사고는 예외적이기는 하지만 입법행위의 위법성을 국가배상소송에서 다투는 것을 인정하고 있기 때문에 「면제론」 그 자체는 아니지만 그 쪽으로 강하게 치우치는 것이라 할 수 있다.

Part Ⅱ 응용편

확인문제

1. 「공권력의 행사」(국가배상법 제1조 제1항)에 입법행위·입법부작위가 포함되는가?
2. 대위책임설에서 보면, 국회의원의 면책특권(헌법 제51조)에 따라 국가의 손해배상 책임은 부정되는가?
3. 국가배상책임 성립의 요건인 공무원의 「고의 또는 과실」은 입법행위·입법부작위의 경우 개개 국회의원의 의사에 의해 판단되는가?
4. 국회가 위헌인 법률을 제정한 경우 당해 법률은 국가배상법상 위법이라고 평가될 수 있는가?

응용문제

설문 1 다음의 사례는 본건 최고재판소 판결이 말하는 입법행위·입법부작위가 국가배상법상 위법으로 되는 예외적 경우에 해당하는가?

(1) 의원정수배분 규정이 헌법의 선거권 평등에 반하는 정도에 이른다고 최고재판소가 판시한 경우

(2) 보상에 관한 특별입법을 제정할 의무가 「헌법해석상 명백」한 경우

(3) 전(前) 군인군속에 대해서는 전상병자유족원호법이 제정되어 있으나, 일반 민간인 전재자(戦災者)에 대해서 그것과 동등한 입법조치가 아무 것도 강구되어 있지 않은 것은 헌법 제14조 위반이라 주장되는 경우

설문 2 1953년 제정된 「나병예방법」(신법)은 1931년 제정된 구법을 계승하여 환자의 강제격리, 외출제한 등을 포함한 것이었다. 적어도 1955년도 전반에는 나병치료약이 국내외에서 높이 평가되었으며, 진행성중증환자도 격감하였다. 또한 국제회의에서도 강제격리정책의 철폐가 반복적으로 제창되고 있었음에도 불구하고, 「나병예방법」(신법)은 1996년에 이르기까지 폐지되지 않았다.

(1) 본건 최고재판소 판결에 따르면 「국회의원의 입법행위는 입법내용이 헌법의 일의적인 문언에 위반하고 있음에도 불구하고, 국회가 굳이 당해 입법을 행한다고 하는 것과 같은 용이하게 상정하기 어려운 예외적인 경우가 아닌 한」 국가배상법상 위법의 평가를 받지 않는 것이지만, 본 선례와 같이 국회의원이 1996년까지 신법을 개폐하지 않은 입법부작위는 어떻게 평가되는가?

(2) 입법부작위가 아닌 신법 자체의 위헌성을 문제로 하는 방법은 생각할 수 없는가?

Part Ⅲ 이론편

◥ 전개문제

최고재판소 1985년 11월 21일 판결은 입법부작위를 국가배상소송에서 다툴 수 있는 길을 막아버리는 것인가? 아니면 이 판결을 극복할 방책이 별도로 존재하는 것인가?

1. 입법의 정치성을 이유로 한 사법개입의 억제

본건 최고재판소 판결은 위법심사제의 대상으로서의 법률과 「당해 법률의 입법과정에서의 국회의원의 행동 즉, 입법행위」를 구별한 뒤, 후자에 대해서는 「본질적으로 정치적인 것으로서 그 성질상 법규제의 대상에 적합하지 않으며, 특정 개인에 대한 손해배상책임의 유무라는 관점에서 마땅히 이루어져야 할 입법행위를 상정하여 구체적 입법행위의 適否를 법적으로 평가하는 것은 원칙적으로 허용되지 않는다」고 하였다. 최고재판소는 입법행위의 정치성을 문제로 하고 있는 것으로 「정치적인 것」 일반을 논하는 것이 아니다. 그렇다고 하더라도 입법행위 전부를 정치적인 것이라 생각하여 법적 평가의 대상에서 제외하는 것에는 이론(異論)이 있을 수 있다(棟居・後掲, 宇賀・後掲).

또한 동 판결은 국가배상법 제1조에서의 「위법성」에 관해 「①직무상의 법적 의무에 대한 위반, ②그 의무가 피해자 개인에게 지는 의무여야 한다」는 2가지 요건을 설정하고 있다(藤田・後掲). 그런 다음, 입법행위는 원칙적으로 「법적 평가의 대상 밖」으로 되어, 국회의원은 입법에 관해서 원칙적으로 「국민 전체에 대한 관계에서 정치적 책임을 지는데 머무르며, 개별 국민의 권리에 대응한 관계에서 법적 의무를 지는 것이 아니라고 해야 한다」고 한 뒤, 예외적으로 국회의원의 입법행위가 국가배상법 제1조 제1항 규정의 적용상 위법의 평가를 받는, 즉, 국민에 대해 「법적 의무를 지는」 것이 됨을 인정한다. 여기서는 국회의원에게 법적 책임이 발생하는 것에 대해 어떤 논리가 준비되어야 하지만, 최고재판소 판례는 이 점에 대해 「입법내용이 헌법의 일의적 문언에 위반하고 있음에도 불구하고 국회가 굳이 당해 입법을 행한다고 하는 것과 같은 용이하게 상정하기 어려운 예외적 경우」라는 것이며, 이것을 구체적 논거라고 볼 수는 없을 것이다. 그렇다면, 「헌법의 일의적 문언에 위반하고 있다」라는 강렬한 말주변에도 불구하고(여기서는 「하는 것과 같은」이라는 구절도 사용되고 있다), 「용이하게 상정하기 어려운 예외적 경우」란 뜻밖에도 구체화의 여지를 남기고 있는 것인지도 모른다. 그렇지만 이때는 통상 존재하지 않는 「법적 의무」의 발생이 필요해지므로 입법행위 또는 부작위의 위헌성을 묻는 측은 구체적이고 설득력 있는 논증이 요구될 것이다.

어쨌든 본건 제1심・2심과 최고재판소 판결을 비교하면, 국가배상법 제1조 「위법」에 대한 상기 ①및 ②와 같은 본건 최고재판소 판결의 해석이 「헌법판단 회피를 쉽게 하는 수법」(宇賀・後掲 105면) 이라는 것은 확실하다. 최고재판소는 상기 ①, ②의 해석을 택함에 따라 재택투표제도의 폐지 또는 부활에 대해서 헌법판단을 가할 필요는 없다고 생각한 것이다. 이 문제는 국가배상소송이 「제도개혁소송」으로서의 역할을 해야 하는가라는 점과도 관련되는 것이며, 최고재판소 판결의 방향은 제도개혁소송으로서의 역할에 소극적으로 작용할 것으로 생각된다.

2. 1985년 최고재판소 판결의 극복가능성

본건 최고재판소 판결은 「입법내용이 헌법의 일의적 문언에 위반하고 있음에도 불구하고 국회가 굳이 당해 입법을 행한다고 하는 것과 같은 용이하게 상정하기 어려운 예외적 경우」라고 하였으나, 여기서는 1) 「헌법의 일의적 문언」이란 어떠한 의미인가?(中村=常本・後掲 참조), 2) 「……하는 것과 같은」으로 보아 「용이하게 상정하기 어려운 예외적 경우」 쪽에 중점이 있는 것이 아닐까? 라는 검토과제가 있다.

전자에 대해서는 몇 가지 하급심판례가 검토를 위한 소재를 제공한다. 1983년 12월 중의원 선거에 관해 공직선거법의 의원정수배분규정이 위헌무효라는 것을 이유로 한 국가배상청구에 대해 동경 지방재판소 1986년 12월 16일 판결은 결론적으로 상기 소송을 기각했다. 그러나 동 판결은 「본건 의원정수배분 규정이 1980년 6월 중의원의원 선거 당시에는 이미 헌법의 선거권 평등 요구에 반하는 정도에 이르렀다」고 한 최고재판소 1983년 11월 7일 대법정 판결(民集 37권 9호 1243면)을 「당 재판소에 현저한 사실」이라 한 다음, 「위의 1983년 11월 7일 시점에서 본건 의원정수배분 규정이 헌법의 선거권 평등 요구에 반하는 것으로 헌법의 일의적 문언에 위반하는 것이 명백한 것이라 해야 한다」고 판시하였다(判時 1220호 47면). 이러한 동경 지방재판소 판결은 「헌법의 일의적 문언에 대한 위반」을 최고재판소 판결에 의거한 해석으로 확정하려고 하는 것이다. 또한 동경 지방재판소 1989년 4월 18일 판결은 「국회는 전 국민을 대표하는 국권의 최고기관으로서 입법권을 가지며, 입법권 행사에는 재량이 동반되므로, 국회가 특정 입법을 하지 않는 것이 위법이 되기 위해서는」 작위의무가 「헌법상 명문으로 규정되어 있는」 경우, 또는 「헌법해석상 그 의무의 존재가 명백한 경우」여야 한다고 판시하였다(判時 1329호 36면). 헌법의 "일의적" 문언이라 해도 그것을 확정하는 데는 역시 해석이 필요한 이상, 이 같은 하급심의 움직임은 어떠한 의미로는 당연한 것이다.

본건 최고재판소 판결을 극복하는 또 하나의 길은 한센씨병 구마모토 지방재판소 판결(2001년 5월 11일 判時 1748호 30면)이 제시한다. 동 판결은 본건 최고재판소 판결과는 사안이 다르다는 점 즉, 원래 입법재량에 맡겨진 국회의원 선거의 투표방법에 관한 최고재판소 판결과 「환자의 격리라는 다른 비교 유형이 없는 매우 중대한 자유의 제한을 부과하는」 본건과는 사안이 전혀 다르다는 것을 지적하고, 또한 최고재판소 판결에서의 「입법내용이 헌법의 일의적 문언에 위반된다」는 표현은 「입법행위가 국가배상법상 위법이라고 평가되는 것이 매우 특수하고 예외적인 경우에 한정되어야 함을 강조한 것에 지나지 않는다」는 해석을 취한 것이다. 최고재판소 판결의 중심은 「용이하게 상정하기 어려운 예외적 경우」라는 점에 있으며, 「입법내용이 헌법의 일의적 문언에 위반하고 있음에도 불구하고 국회가 굳이 당해 입법을 행한다고 하는 것과 같은」이라는 부분을 그 예시로 본 것이다. 일찍이 본건 최고재판소 판결에 대해서는 「헌법의 일의적 문언에 위반된다」를 「예외적 경우의 전형적인 예로 들고 있다고 해석할 수 없는 것도 아니다」라는 견해가 있었으나(中村・後揭 참조), 구마모토 지방재판소는 이에 덧붙여, 본건 최고재판소 판결과는 사안이 다르다는 점을 강조하였다. 그런 다음, 구마모토 지방재판소는 「늦어도 1965년 이후에 신법의 격리규정을 개폐하지 않은 국회의원의 입법상의 부작위」에 대해 국가배상법상 위법성을 인정하였다.

마지막으로, 본건 최고재판소 판결과는 다소 다른 길을 찾은 「관부원위안부소송 제1심 판결」(山口地下関支 1998년 4월 27일 判時 1642호 24면)을 언급해두고자 한다. 동 판결은 「일반적으로 국가가 언제, 어떠한 입법을 해야 하는가, 또는 입법을 하지 않는가의 판단은 국회의 광범위한 재량 하에 있으며, 그 통제도 선거를 포함한 정치과정에서 이루어져야 한다는 것은 일본국헌법의 통치구조상 명확하므로」, 당 재판소도 기본적으로는 최고재판소 1985년 판결과 의견을 동일시하면서도 「위 결론 부분에서의 『예외적 경우』에 대해서는 다소 의견을 달리하여, 입법부작위에 관한 한 이것이 일본국헌법 질서의 근간적 가치에 관한 기본적 인권을 침해하고 있는 경우에도 예외적으로 국가배상법상 위법을 말할 수 있다」고 하였다. 즉, 입법부작위가 국가배상법상 위법이 되는 것은 본건 최고재판소 판결이 제시하는 「입법(부작위)의 내용이 헌법의 일의적 문언에 위반하고 있음에도 불구하고, 국회가 굳이 당해 입법을 행한다(행하지 않는다)고 하는 것과 같은」 경우에 한정되지 않는 것으로서, 헌법질서의 근간적 가치에 관한 기본적 인권의 「침해의 중대성과 그 구제의 고도의 필요성이 인정되는 경우이며(이 경우 헌법상의 입법의무가 발생한다), 더욱이 국회가 입법의 필요성을 충분히 인식하고 입법이 가능했음에도 불구하고 일정한 합리적 기간이 경과하여도 이것을 방치했다는 등의 상황적 요건, 바꿔 말하면 입법과제로서의 명확성과 합리적 시정기간의 경과가 있는 경우에도」 이것을 인정할 수 있다고 동 지방재판소는 판시하였다. 이 사안에서는 단서가 되는 입법상의 입법의무를 근거 짓는 인권조항에 대해서도 명확하지 않으므로 재판소가 「입법과제로서의 명확성과 합리적 시정기간의 경과」의 인정을 국가배상소송의 틀 내에서 담당하는 것이 어느 정도의 설득력이 있는지 검토의 여지가 있다(戸松・後揭 152면 참조).

Part Ⅳ 두 번째 소재

대만인 일본병(日本兵) 전사상(戦死傷) 보상청구 사건

최고재판소 1992년 4월 28일 대법정 판결
1985년(オ) 제1427호 손해배상청구사건
判時 1422호 91면

사실 개요

X 등은 제2차 세계대전 중 일본의 군인, 군속으로서 전장에 동원되어 전사 또는 전상한 대만 주민으로서 본인 또는 그 유족이다. 일본 국민인 군인군속의 전사상자

및 그 유족은 전상병자전역자유족등원호법과 은급법(恩給法)에 의해 보상을 받도록 되었으나, 전후 일본 국적을 상실한 X 등에 대해서는 어떠한 보상도 이루어지지 않은 것은 헌법 제14조에 위반된다는 등으로, X 등은 일본에 대해 전사상자 1명당 500만 엔의 보상을 요구했다. 또한 항소심에서 X 등은 예비적 소송으로 X 등 대만 주민 전 일본군인군속의 전사상에 관해 「국가가 일본인에 대한 것과 동등한 보상을 해야 함에도 보상입법을 행하지 않는 것은 위헌, 위법이라는 것을 확인하는」 취지의 판결을 요구했다. 이하에서는 상기 「예비적 소송」을 중심으로 검토한다.

제2심=동경 고등재판소

동경 고등재판소 1985년 8월 26일 판결
判時 1163호 41면

1. 헌법 제14조 위반에 대해서

일중국교정상화에 동반되지 않는 일화(日華)평화조약은 의의를 상실하여 대만 주민들의 보상 문제가 공중에 뜬 채로 되는 등 복잡한 국제사정이 배경에 있다는 것을 생각하면, 항소인들에게 구제, 보상을 지급하지 않는다고 한 법규 및 그 적용의 결과가 반드시 이유 없는 평등권 침해라고만은 할 수 없다. 「만일 평등권 침해가 긍정된다고 하더라도, 본소(本訴) 청구의 방법에서 그 불평등을 시정할 수는 없다고 해석된다. 즉, 일본 국적을 소유하지 않은 전(前) 일본군인군속에 대한 이러한 원호 또는 은급급부에 대해서는 국회 및 정부에서 수급의 범위, 지급금액, 지급시기, 지급방법 등의 자료를 기초로 결정해야 할 사항이며, 그 절차를 생략하고 곧바로 헌법 제14조에 기초한 구체적 청구권을 행사할 수 있다고 해석할 여지는 없다. 아마도 사실심 재판소가 한정된 증거의 결과에서 상기 각 요건을 결정하는 것은 재판소의 직책, 기능 면에서 타당성이 없는 것이 명백하기 때문이다. 따라서 항소인 등은 헌법 제14조를 근거로 구체적인 금액의 지불을 명하는 판결을 요구할 수 없다」.

2. 입법부작위에 관한 예비적 청구에 대해서

상기 소송은 실질에서 국회에 입법의무가 있다는 것의 확인을 구하는, 즉, 「강학상의 무명항고소송의 한 유형인 의무확인소송에 속한다」. 이러한 종류의 소송이 허용되기 위해서는 「(1) 행정청 또는 입법부에서 일정 내용의 작위를 해야 한다는 것이 법률상 이의를 허용하지 않을 정도로 특정되어, 행정청 또는 입법부의 제1차적인 판단권을 중시할 필요가 없을 정도로 명백할 것, (2) 사전에 사법심사에 의하지 않으면 회복하기 어려운 손해가 발생하여 사전구제의 필요성이 현저할 것, (3) 그 외 적절한 구제방법이 없을 것」의 각 요건이 충족될 필요가 있다. 만일 X 등의 주장과 같이 국회에 입법의무가 있다고 하더라도, X 등에 대한 「보상입법의 내용이 되어야 할 수급의 범위, 지급금액, 지급시기, 지급방법 등은 헌법상 일의적으로 특정하고 있다고는 도저히 말할 수 없다」고 하여, 예비적 청구를 부적법이라 하였다.

항소기각. 예비적 청구에 관련 소송각하.

상고심=최고재판소

「대만 주민인 군인군속이 원호법 및 은급법의 적용에서 제외된 것은 대만 주민의 청구권의 처리가 일본과의 평화조약 및 일화평화조약에 의해 일본국정부와 중화민국정부와의 특별취급의 주제가 되었기 때문에, 대만 주민인 군인군속에 대한 보상 문제도 양국 정부의 외교 교섭에 의해 해결될 것이 예정된 것이라 해석되며, 여기에는 충분히 합리적 근거가 있는 것이라 해야 하므로」, 본건 국적조항은 헌법 제14조에 위반하는 것이라고는 할 수 없다. 따라서 본건 국적 조항이 「위헌이라는 것을 전제로 위헌상태를 해소해야 할 입법부작위의 위헌확인을 구하는 상고인들의 예비적 청구에 관한 소송은 그 적부여하에 상관없이 이유가 없는 것이 명백하다」.

상고기각.

기본 해설

1. 제1심 판결은 「전쟁피해에 대한 국가의 구제문제는 원래 헌법이 전혀 예상하지 않은 부분이며, 국가가 이 같은 피해에 대해 구제조치를 강구할 것인가, 강구한다고 해도 어떠한 인적·물적 범위에 미칠 것인가는 국가재정, 국익, 국민감정 등 제반 사항을 종합적으로 판단하여야 하는 입법부에 위임된 입법재량의 범위 내의 문제이며, 그 구제를 위한 입법조치를 강구하지 않은 것을 이유로 입법부작위의 위법성을 다툴 만한 사항은 아니다」고 하였다(동경 지방재판소 1982년 2월 26일 判時 1032호 31면). 이에 대해, 제2심 판결은 제2심에서 추가된 보상입법부작위의 위헌확인청구에 대해 3가지 요건을 붙여 무명항고소송의 일종인 의무확인소송에 상기 청구가 속한다는 것을 인정하였다. 그리고 최고재판소는 국적조항이 위헌이 아닌 이상, 그것을 전제로 하여

「위헌상태를 해소해야 할 입법부작위의 위헌확인을 구하는 상고인들의 예비적 청구에 관련한 소송」은 그 적부여하에 상관없이 판단의 필요가 없다고 하였다.

행정사건소송법은 제3조 제1항에서 「행정청의 공권력의 행사에 관한 불복소송」이라는 포괄적 개념을 채택한 다음, 제2항 이하에서 처분의 취소소송, 재결의 취소소송, 무효확인소송, 부작위의 위법확인소송을 규정한다. 이 같은 4종류의 항고소송 이외에 행정청의 일정한 행정처분을 의무 지우는 소송 등의 법정외 항고소송(또는 무명항고소송)이 인정되는지의 여부는 「행정청의 공권력 행사에 관한 불복소송」이라는 포괄적 개념의 채택에 적극적인 의미를 부여함으로써 「장래의 학설 · 판례에 맡긴다」고 해석해 온 것이다(塩野 · 後掲). 무명항고소송의 허용성 일반에 대해 판시한 최고재판소 판례는 존재하지 않지만(司法研修所編 · 後掲 参조), 의무이행소송(義務付け訴訟)의 허용성에 대해서는 판례가 다음의 3가지 요건을 전제하고 있다고 생각된다. 즉, 「①행정청이 처분을 행해야 할 것 또는 행해서는 안 되는 것에 대해서 법률상 기속되어 있으며, 행정청에는 자유재량의 여지가 전혀 남아 있지 않은 등 제1차 판단권을 행정청에 유보하는 것이 반드시 중요하지는 않다는 것(명백성의 요건), ②사전심사를 인정하지 않은 것에 의한 손해가 크고 사전구제의 필요성이 현저하다는 것(긴급성의 요건), ③그 외 적절한 구제법이 없다는 것(보충성의 요건)」이다(참고, 司法研修所編 · 後掲 138면 이하).

2. 제2심이 이 3가지 요건을 전제로 하고 있음은 명백하다. 제2심 판결에 대해서는 무명항고소송으로서의 의무확인소송이라는 방향성을 나타낸 점을 평가하면서도 「요건의 제한이 엄격하지 않은가에 대한 의문의 여지」를 남긴다는 견해(佐藤 · 後掲)가 있으며, 그 외에 「입법부작위 위헌확인소송은 의무확인소송과는 소송의 구조, 특질이 다르므로 그 유추는 부적당하다」고 한 토나미 코우지(戸波江二) 교수의 견해가 있다. 토나미 교수는 제2심의 3가지 요건에 관해 ①입법내용의 명확성에 대해서 「입법부작위의 위헌확인소송에서는 제정되어야 할 입법내용이 헌법상 명확해야 함에는 미치지 않으며, 실제로도 입법내용은 오히려 불명확한 것이 통상이다」, ②사전 구제의 필요성에 대해서 「사전 · 사후라기보다 현 시점에서의 (계속적인) 위헌상태의 확인을 구하는 입법부작위의 위헌확인소송에서는 그것이 필요조건으로 해석되지 않는다」, ③다른 구제수단의 부존재에 대해서(보충적으로 위헌확인소송을 취하는 것도 가능하나) 「소송의 본래 청구내용과의 정합성, 입법부작위의 위헌상태를 확실히 해소할 필요성이라는 관점에서 보아 다른 소송방법이 존재했다 하더라도 독자적으로 입법부작위의 위헌확인소송을 제기하는 것을 부정할 수는 없었다」고 하였다(戸波 · 後掲).

한편, 「정성령(政省令)이나 고시는 어찌됐든, 법률이나 조례에 대해서는 그것이 의회 제정법인 만큼, 『행정청의』 공권력 행사에 대한 소송인 항고소송의 대상성을 인정하기에는 문리상의 의문이 약간 남아 있다」는 견해도 보인다(人見・後揭). 그러나 지방의회에 대해서는 의원의 제명결의에 대한「행정청의 공권력 행사」에 해당하는 것은 최고재판소 판례가 인정하고 있다. 이에 따르면, (지방)「의회가 의결을 하더라도 그 의결은 외부에 대해 지방공공단체의 행위로서 효력을 갖지 않으며, 의결에 기초하여 집행기관이 행정처분을 한 경우에 비로소 효력을 발생하므로 의결을 곧바로 행정처분이라고 할 수는 없지만, 본소에서 당부를 논하고 있는 의원징벌의 의결은 집행기관에 의한 행정처분을 기다리지 않고 직접 효력을 발생하며, 이 점에서 통상의 의결과는 그 성질을 달리하여 행정처분과 아무런 차이가 없다. 따라서 행정사건소송특례법의 적용에서 징벌의결은 이를 행정처분이라 해석하였고, 이것을 행하는 의회는 행정청이라 해석하였다」(최3소판 1951년 4월 28일 民集 5권 5호 336면) 즉, 의결이 (행정처분의 개입없이) 직접적으로 효력을 발생하는 것에 위 최고재판소 판결의 안목이 있으나, 여기에서「법령 자체가 추상적 내용이 아닌 구체적 특정 내용을 가지고 있는 경우나, 법령의 내용 자체는 추상적이지만 그 직접적 효과로서 개인의 구체적인 권리의무에 영향을 미치는 경우」에는 행정사건소송법의 테두리 내에서 법률상의 쟁송으로 소송이 적법할 것이다(村松・後揭 참조).

3. 이렇게 보면 입법부작위의 경우와 의회제정법을 동일시해도 좋은가에 대한 상세한 검토가 필요하다(의회제정법이라고 해도 법률과 조례는 구별되는가라는 문제도 있다). 행정사건소송법 제3조 제1항에서 말하는「공권력의 행사」에 법령을 포함한 근거로 법령이 (행정처분의 개입 없이) 직접적으로 효력을 발생한다는 점을 강조하면, 동경 고등재판소 판결이 제시한 요건 ①「입법내용의 명확성」은 역시 현행 행정사건소송법의 해석문제로 나올 것으로 생각된다. 단, 제정되지 않은 법령이 수급권의 근거가 된다고 주장되고 있는 경우 당해 부작위로부터 직접적인「효력」이 발생하고 있다고 구성하는 것도 불가능한 것은 아니다. 그렇다고 하면,「입법내용의 명확성」을 충족하기 위해서는「입법부의 제1차적 판단권이 행사되고 있다」고 해석할 수 있는지가 핵심이 된다. 또한 X 등이 주장하는「일본이 일본인에 대한 것과 동등한 보상을 해야 하는 보상입법을 하지 않는 것」의 위헌확인이 입법자의 선택의 폭을 일정 정도 인정하는 것이라면 동경 고등재판소 판결이 X 등에 대한「보상입법의 내용이 되어야 할 수급의 범위, 지급금액, 지급시기, 지급방법 등을 헌법상 일의적으로 특정하고 있다고는 도저히 말할 수 없다」고 한 점은 지나치게 엄격하다고 생각된다. 또한 ②및 ③의 요건에 대해서는 토나미 교수의 지적에도 있듯이 입법부작위의 위헌확인청구에 적합한지에 대한 검토의 여지가 있다.

행정청에 대한 의무이행소송이 본래 쉽게 인정되지 않는 현황에서는 입법부작위의 위헌확인을 무명항고소송의 일종인 의무확인소송으로 구성하는 것은 확실히 어려운 작업이다. 이 문제는 결국 Part Ⅲ 「이론편」의 1에서 취급한 입법과 사법의 관계의 헌법적 이해와 깊이 관련된 것이다.

추기

2004년 개정된 행정사건소송법은 지금까지의 항고소송의 범주에 의무이행소송과 금지소송을 추가하였다(행정사건소송법 제3조 제6항・제7항, 제37조 제2항・제3항・제4항). 이 의무부여소송의 법정에 따라 「구제」 방법이 다양하게 도모된다. 그러나 의무부여소송은 「행정청이 일정 처분을 해야 함에도 불구하고 이것을 하지 않을 때」 행정청에 「그 처분」을 해야 하는 취지를 명하는 것을 구하는 것이다(행정사건소송법 제3조 제6항 1호). 여기서 주목되는 것은 「일의적」으로 처분의 내용이 정해져 있다고 하지 않고, 「일정」 처분으로서 폭이 있는 것이라 했다는 점이다. 따라서 대만인 전 일본병전사상보상청구 사건 제2심 판결이 설정한, 행정청 또는 입법부가 「일정 내용의 작위를 행해야 하는 것이 법률상 이의를 허용하지 않을 정도로 특정하고 있다」라는 요건은 재고되어야 할 것이다.

또한 행정사건소송법 제4조는 「공법상의 확인소송」을 명시하고 있다. 이에 따라 행정입법의 무효확인이나 행정입법에 기초한 의무의 부존재확인을 구하는 것이 가능해지면, 상기 논의보다 진전될 것으로 기대된다. 그렇지만 항고소송의 대상인 「공권력의 행사」에 법률이나 조례가 포함되는가라는 근본문제는 여전히 남아 있을 것이다. 어찌됐든, 행정사건소송법의 개정에 의해 논의가 어떻게 움직일 것인가는 확실하지 않은 부분이므로, 이후 학설・판례의 전개를 주시할 필요가 있다(여기서의 서술은 橋本博之 『解説改訂行政事件訴訟法』(弘文堂, 2004) 59면 이하, 89면 이하를 참조하였다).

입법행위・입법부작위의 위헌성을 국가배상소송에서 논하는 것에 대해서는 재외법인선거권 최대판(최대판 2005년 9월 14일 民集 59권 7호 2087면)이 새로운 전개를 보이고 있다. 이 점에 대해서는 본서 제32장을 참조할 것.

설문

구 군인군속에 대해서는 전상병자전몰자 유족 등 원호법이 제정되어 보상을 받을 수 있는데 반해, 마찬가지로 제2차 세계대전에서 미공군의 공습을 당하여 신체장애를 입은 일반 민간인 전재자(戦災者)에 대해서는 아무런 입법조치도 강구되어 있지 않다. 후자에 대해서 국회 또는 국회의원이 입법을 제정하지 않은 것(입법부작위)은 헌법 제14조 등에 위반된다고 하여 국가배상책임을 물을 수 있는가?

▌참고문헌▐

長尾一紘「立法の不作為に対する違憲訴訟」憲法判例百選Ⅱ(有斐閣, 第4版, 2000年)
小山剛「ハンセン病国家賠償訴訟熊本地裁判決」ジュリスト1210号(2001年)
土井真一「ハンセン病患者の強制隔離政策と国の責任」ジュリスト2001年度 重要判例解説
芦部信喜『憲法』(岩波書店, 第3版・高橋和之 補訂, 2002年)
棟居快行「判例評論」330号(1986年)
宇賀克也『国家補償法』(有斐閣, 1997年)
藤田宙靖『第四版行政法Ⅰ総論【改訂版】』(青林書院, 2005年)
中村睦男=常本照樹『憲法裁判50年』(悠々社, 1997年)
中村睦男「在宅投票制度廃止違憲訴訟 最高裁判決」ジュリスト855号(1986年)
司法研修所編「-改訂-行政事件訴訟の一般的問題に関する実務的研究」(法曹会, 2000年)
佐藤幸治『憲法』(青林書院, 第3版, 1995年)
戸波江二「立法の不作為の違憲確認」芦部篇『講座 憲法訴訟第一巻』(有斐閣, 1987年)
戸松秀典『憲法訴訟』(有斐閣, 2000年)
人見剛「特殊問題-無名抗告訴訟」南博方=高橋滋편『条解行政事件訴訟』(弘文堂, 第2版, 2003年)
村松勲「法令に対する司法審査」行政判例百選Ⅱ(有斐閣, 第4版, 1999年)

(笹田栄司)

집필자 소개

赤坂正浩（あかさか・まさひろ）

1956年生
1984年　東北大学大学院方角研究科博士後期課程期満了退学
現在　神戸大学大学院法学研究科教授

〈主要著作〉
『基本的人権の事件簿』(共著, 有斐閣, 第3版, 2007年)
『憲法1人権』(共著, 有斐閣, 第3版, 2007年)
『憲法2統治』(共著, 有斐閣, 第3版, 2007年)
『ケースブック憲法』(共著, 弘文堂, 第2版, 2007年)
『ファーストステップ憲法』(共著, 有斐閣, 2005年)

石川健治（いしかわ・けんじ）

1962年生
1985年　東京大学法学部卒
現在　東京大学大学院法学政治学研究科教授

〈主要著作〉
『自由と特権の距離』(日本評論社, 1999年)
『ホーンブック憲法』(共著, 北樹出版, 改訂版, 2000年)(樋口陽一編)

内野正幸（うちの・まさゆき）

1955年生
1978年　東京大学法学部卒
現在　中央大学大学院法務研究科教授

〈主要著作〉
『差別的表現』(有斐閣, 1990年)
『社会権の歴史的展開』(信山社, 1992年)
『教育の権利と自由』(有斐閣, 1994年)
『民主制の欠点』(日本評論社, 2005年)
『公法(憲法)』(弘文堂, 2007年)

大沢秀介（おおさわ・ひでゆき）

1952年生
1978年　慶応義塾大学大学院法学研究科博士課程修了
現在　慶応義塾大学法学部・大学院法務研究科教授

〈主要著作〉
『憲法入門』(成文堂, 第3版, 2003年)
『ファーストステップ憲法』(共著, 有斐閣, 2005年)
『ケースで考える憲法入門』(共著, 有斐閣, 2006年)
『市民生活の自由と安全』(編著, 成文堂, 2006年)

大津 浩（おおつ・ひろし）

1957年生
1987年　一橋大学大学院法学研究科博士後期課程単位取得退学
現在　成城大学法学部教授

〈主要著作〉
『自治体外交の挑戦』(共編署，有信堂，1994年)
『憲法四重奏』(共著，有信堂，2002年)
『Lenouveaud dêfi de la Constitution japonaise』(共編箸，L.G.D.J.，2004年)

工藤達朗（くどう・たつろう）

1956年生
1981年　中央大学大学院法学研究科博士前期課程修了
現在　中央大学大学院法務研究科教授

〈主要著作〉
『憲法の勉強』(尚学社，1991年)
『ドイツの憲法裁判』(編箸，中央大学出版部，2002年)
『ファーストステップ憲法』(共著，有斐閣，2005年)
『ケースで考える憲法入門』(共著，有斐閣，2006年)
『よくわかる憲法』(編著，ミネルヴァ書房，2006年)

駒村圭吾（こまむら・けいご）

1960年生
1988年　慶膨義塾大学大学院法学研究科公法学専攻博士課程単位取得満期退学
現在　慶膳義塾大学法学部≦大学院法務研究科教授

〈主要著作〉
『権力分立の諸相』(単著，南窓社，1999年)
『ジャーナリズムの法理』(単著，嵯峨野書院，2001年)
『新・市民社会論』(共著，風行社，2001年)
『論点探求・憲法』(編著，弘文堂，2005年)

小山 剛（こやま・ごう）

1960年生
1990年　慶応義塾大学大学院法学研究科後期博士課程修了
現在　慶鰐義塾大学法学部・大学院法務研究科教授

〈主要著作〉
『基本権保護の法理』(成文堂，1998年)
『基本権の内容形成』(尚学社，2004年)
『憲法学説に聞く』(編著，日本評論社，2004年)

笹田栄司（ささだ・えいじ）

1955年生
『実効的基本権保障論』(信山社，1993年)
『裁判制度』(信山社，1997年)
『司法制度の現在と未来』(編著，信山社，2000年)
『基本的人権の事件簿』(共著，有斐閣，第3版，2007年)
『ケースで考える憲法入門』(共著，有斐閣，2005年)

宍戸常寿（ししど・じょうじ）

1974年生
1997年　東京大学法学部卒業
現在　一橋大学大学院法学研究科准教授

〈主要著作〉

『憲法裁判権の動態』(弘文堂，2005年)
『憲法学の現代的論点』(共著，有斐閣，2006年)
『新現代憲法入門』(共著，法律文化社，2004年)(山内敏弘編)
『論点探求憲法』(共著，弘文堂，2005年)(小山　剛・駒村圭吾編)
『メディアと制度』(共著，東京大学出版会，2005年)(D・フット・長谷部恭男編)

鈴木秀美（すずき・ひでみ）

1959年生
1990年　慶応義塾大学大学院法学研究科後期博士課程単位取得退学
現在　大阪大学大学院高等司法研究科教授

〈主要著作〉

『放送の自由』(信山社，2009年)
『放送制度の現代的展開』(共著，有斐閣，2001年)(舟田正之・長谷部恭男編)
『情報法入門』(共著，法律文化社，1999年)(石村善治・堀部政男編)

畑尻　剛（はたじり・つよし）

1950年生
1982年　中央大学大学院法学研究科博士後期課程単位取得満期退学
現在　中央大学法学部・大学院法務研究科教授

〈主要著作〉

『憲法裁判研究序説』(尚学社，1988年)
ペーター・ヘーベルレ『文化科学の観点からみた立憲国家』(共編訳，尚学社，2002年)
『ドイツの憲法裁判一連邦憲法裁判所の組織・手続・権限』(共著，中央大学出版部，2002年)
『憲法裁判の国際的発展一日独共同研究シンポジウム一』(共編著，信山社，2004年)

宮地　基（みやじ・もとい）

1960年生
1990年　神戸大学大学院法学研究科博士後期課程単位取得退学
現在　明治学院大学法学部教授

〈主要著作〉

「ドイツ連邦憲法裁判所による議事手続に対する違憲審査」明治学院論叢法学研究76号(2003年)
「憲法訴訟における『訴えの利益』－ドイツ憲法異議訴訟における権利保護の必要性概念を手がかりとして」栗城寿夫先生古稀記念論文集『日独憲法学の創造力・下』(信山社，2003年) 所収
「人格の自由な発展の権利-その憲法裁判における機能について－」明治学院論議法学研究585号(2002年)
「憲法に基づく外国人の滞在の権利の保障－ドイツ連邦憲法裁判所判例を手がかりとして」明治学院論議法学研究50号(1995年)

棟居快行（むねすえ・としゆき）

1955年生
1973年　東京大学法学部卒業
現在　大阪大学大学院高等司法研究科教授

〈主要著作〉
『人権論の新構成』(信山社，1992年)
『憲法フィールドノート』(日本評論社，第3版，2006年)
『憲法学の発想１』(信山社，1998年)
『憲法学再論』(信山社，2001年)

村田尚紀（むらた・ひさのり）

1958年生
1983年　東京大学法学部卒業
1988年　一橋大学大学院法学研究科博士後期課程単位取得退学
現在 関西大学大学院法務研究科教授
博士(法学)

〈主要著作〉
『委任立法の研究』(単著，日本評論社，1990年)
『ブリマブック憲法』(共著，法律文化社，2000年)
『憲法を学ぶ』(共著，有斐閣，第4版，2001年)
『新現代憲法入門』(共著，法律文化社，2004年)

矢島基美（やじま・もとみ）

1955年生
1985年　上智大学大学院法学研究科博士後期課程単位取得満期退学
現在　上智大学法学部教授

〈主要著作〉
「日本国憲法における『個人の尊重』，『個人の尊厳』と『人間の尊厳』について」栗城壽夫先生古稀記念『日独憲法学の創造力 上』(信山社，2003年)
「『自己決定権』をめぐる議論に寄せて(上)(下)」上智法学論集43巻４号(2000年)
「政教分離原則論攷ー最近の最高裁判決を踏まえて」上智法学論集41巻3号(1998年)
「国家元首の『仲裁』的機能についてーフランス第共和制憲法の『仲裁』規定を手がかりとしてー」佐藤功先生喜寿記念『現代憲法の理論と現実』(青林書院，1993年)

山元 一（やまもと・はじめ）

1951年生
1992年　東京大学大学院法学政治学研究科博士課程修了
現在　東北大学大学院法学研究科教授

〈主要著作〉
「≪法≫≪社会像≫〈民主主義〉ーフランス憲法思想史研究へのー視角(1)～(5・完)」国家学会雑誌106巻～107巻(1993～1994年) 所収
ルイ・ファヴオルー(山元一訳)『憲法裁判所』(敬文堂，1999年)
『憲法学説に聞く』(編著，日本評論社，2004年)

역자 약력

민 병 로

현 전남대학교 법학전문대학원 교수
일본 와세다대학 법학석사·법학박사
일본 와세다대학 법학부 연구조수
한국헌법학회 이사, 한국공법학회 이사

주요논문

- 일본의 입법과정과 특징, 공법학연구, 제12집 제1호(2011.2.)
- 일본 시민사회의 구조와 법인화, 민주주의와 인권 제10권 제2호(2010.8.)
- 헌법전문과 5·18정신, 헌법학연구, 제14권 제3호(2008.9.)
- 인간의 존엄과 미출생 생명의 헌법상 지위, 공법연구, 제35집 제3호(2007.2.)
- 일본의 사법제도 개혁의 현황과 과제, 공법연구, 제34집 제2호(2005.12.)
- 일본국헌법 개정에 관한 고찰, 성균관법학, 제17집 제1호(2005.6.)
- 사법권의 개념과 헌법소송, 공법연구, 제32집 제1호(2003.11.)

역저

- 東アジアにおけるアメリカ憲法(共著)
- 地方自治法(共著)
- 憲法裁判所10年史(共訳)
- 일본의 사법심사제(저)
- 행정학개론(공역)

손 형 섭

일본 동경대학 법학박사
서울대학교 학문후속세대연구원(Post-Doc.)
헌법재판소 헌법연구원
한국공법학회 연구간사, 한국헌법학회 연구간사 등
경찰대학, 고려대학, 단국대학, 중앙대학 강의

주요논문

- 일본 재외선거제도와 그 시사점에 대한 연구, 공법연구, 제39집 제3호(2011.2.)
- 일본에서 의원(議院)의 자율권의 내용과 범위, 유럽헌법연구 제8호(2010.12.)
- 인터넷 선거운동의 자유화에 관한 법적 연구 — Condorcet의 배심정리를 적용하여 —, 세계헌법연구(2010.8.)
- 연예인의 프라이버시권 법리 - 일본의 "스마프 쫓아가기 사건"의 검토와 적용을 중심으로, 법조(2009.8.)
- 일본의 헌법재판소설치 논의에 관한 연구, 헌법학연구(2009.3.)

저서

- 韓国憲法裁判所(監修) 日本加除出版株式会社(2010.12.)
- 개인정보보호법제에 관한 입법평가(공저), 한국법제연구원(2008)

일본판례헌법

인쇄 | 2011년 10월 10일
발행 | 2011년 10월 15일

편저 | LS憲法研究会 編
역자 | 민병로·손형섭
발행 | 김윤수
발행처 | 전남대학교출판부

등록 | 1981. 5. 21. 제53호
주소 | 500-757 광주광역시 북구 용봉로 77
전화 | (062) 530-0571~3
팩스 | (062) 530-0579
홈페이지 | http://altair.chonnam.ac.kr/~cnup

값 40,000원

ISBN 978-89-7598-942-1 (93360)

이 도서의 국립중앙도서관 출판시도서목록(CIP)은 e-CIP홈페이지(http://www.nl.go.kr/ecip)와 국가자료공동목록시스템(http://www.nl.go.kr/kolisnet)에서 이용하실 수 있습니다.
(CIP제어번호 : CIP2011004290)